深圳市安托山集团

深圳市安托山集团成立于1998年，拥有下属企业11个，员工1000多人，拥有各种机械设备600多套及一流的爆破技术队伍。主要经营各种石料、混凝土、PHC管桩、政府重大工程、市政工程、军工产品、节能电机、智能电源、LED节能系统等项目，具有市政公用工程施工总承包一级资质、土石方工程专业承包一级资质和一级爆破工程施工资质，属深圳市政公用工程施工总承包Ⅰ组及土石方工程专业承包Ⅱ组预选承包商。连续17年被评为危爆物品安全管理先进单位，连续7年被评为福田区纳税百佳民营企业，并通过ISO9001:2008质量管理体系认证、ISO14001:2004环境管理体系认证及GB/T28001—2001职业健康安全管理体系认证，乃深圳市111强民营领军骨干企业、深圳市发展循环经济十佳企业、广东省守合同重信用企业、广东省名牌产品、广东省著名商标，中国驰名商标、国家守合同重信用企业、国家级爆破技术特等奖获得单位。

1999年，集团投资1.8亿元成立了混凝土公司，拥有四组电脑全自动控制生产线，是东南亚规模最大、生产工艺自动化程度最高、设备最先进、环保意识最强的混凝土搅拌站。创造了国内两个第一：第一次不用硅粉而用粉煤灰作掺和料生产C80级混凝土；第一次用C80级混凝土直接做墙、柱结构。通过了中国环境标志认证和ISO9001:2008质量管理体系认证，参编国家标准及行业标准近20项，被评为深圳首届37项循环经济示范项目，深圳市特区建立30年建设先进单位，深圳市工程建设标准化试点企业，深圳市高新技术企业，2011年度全国混凝土标准化工作十佳企业，中国混凝土行业优秀企业，华夏建设科学技术奖三等奖、北京市科学技术奖二等奖及深圳市科学技术奖二等奖获得单位。

2000年，集团投资6000万元建立管桩公司，集研究、开发、生产和销售为一体，主要生产Φ400～Φ1200mm PHC高强混凝土管桩，同时研发了Φ1200～Φ1600mm规格管桩，填补了国内大型管桩的空白，被评为深圳市高新技术项目、高新技术企业，被广东省质监局和广东省经贸委评定为广东省质量管理先进企业，三次被深圳市政府列为政府重大项目，首批循环经济示范项目，广东省名牌产品，中国混凝土行业优秀企业，国家四部委认定为国家重点新产品，通过了ISO9001:2008质量管理体系认证。形成了石料供应、混凝土及管桩生产、销售、工程施工一体化的产业结构，建立了循环经济发展的模式。

2004年，集团投资10多亿元，向高科技项目转型，建造了安托山高科技工业园，占地约20万平方米，建筑面积约56万平方米，集工业、研发、办公、商住、商务酒店为一体，面向世界现代化工业、科技产业、各类孵化加工基地，并于2006年成立特种机械公司、2007年成立特种机电公司、2009年成立技术公司，研发稀土永磁无铁芯宽电机，双永磁工频无刷同步发电机，高空系留飞艇、小型涡喷发动机等军工项目及新能源节能技术，通过了ISO9001:2008质量管理体系认证、ISO14001:2004环境管理体系认证、军方武器装备质量体系认证及武器装备科研生产保密资格，被评为国家高新技术企业、国家重点新产品、广东省高新技术产品、深圳市高新技术企业和自主创新产品企业，列入国家发展改革战略性新兴产业示范项目、《国家重点节能技术推广目录》及《节能产品惠民工程高效电机推广目录》。通过循环经济模式的传统产业，向高科技节能产业战略转型，实现了传统产业与高科技产业功能互补、同步发展的循环经济模式。

“以人为本，科技领先”，是集团矢志不移的基本经营理念，“坚持循环经济，走可持续发展”是集团坚定不移的发展方式，安托山集团将在继续大力发展循环经济利用模式的同时，加大在节能减排领域的产业开发，加大向高科技转型的力度，向社会提供更优质的环保、节能产品和服务。

BGI Research
深圳华大生命科学研究院

深圳华大生命科学研究院（原“深圳华大基因研究院”）是致力于生命科学、生物技术和医疗应用领域的多组学研发的非营利机构。其目标是：实现基础研究重大技术突破和领先技术开发，成为生物产业发展核心驱动力；建设全贯穿、高通量、低成本的核心算法和组学平台，支撑医疗健康、农业育种等应用项目；规划与实施大科学项目，树立科学标志性成果，协助推动形成产业标准；始终走在生物科学研究前沿，推动科学研究及产业发展。

深圳华大生命科学研究院主要致力于个人基因组、脑科学、肿瘤、生育健康和动植物分子育种等方向的研究，以人类健康、动植物、微生物类重大科学项目为依托，深入探讨DNA水平、RNA水平、DNA与组蛋白修饰水平、蛋白质水平、网络/系统生物学水平、元组水平、群体与进化组学水平、代谢组学水平、合成生物学水平、单细胞水平等方面的科学研究与核心技术开发。

部分成果展示

项目

1
中丹合作构建
丹麦人泛基因组图谱的最新成果
在*Nature*发表

2
参与破译珍珠粟基因组
最新成果发表于*Nature Biotechnology*

3
参与揭示皮肤颜色遗传机制
最新成果发表于*Cell*

4
揭示肥胖和减重干预人群
肠道微生物和血清代谢组变化
最新成果发表于*Nature Medicine*

5
基因组研究
揭示鸟类特有保守序列
成果发表于*Nature Communications*

6
揭示中国心脏冠状动脉
粥样硬化患者的肠道微生物特征
最新成果发表于*Nature Communications*

7
女性生殖道微生态研究
获重大突破
最新成果发表于*Nature Communications*

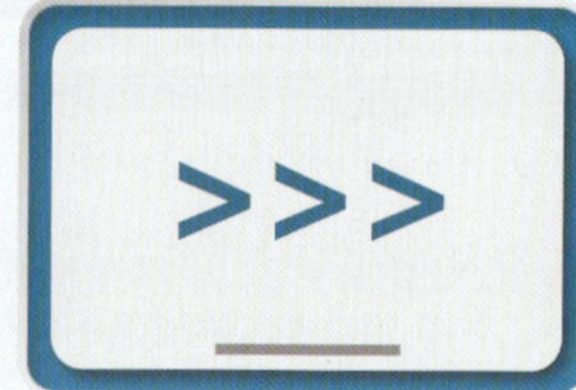

▶ **助力制定临床医学检测标准 参与构建的多项国家参考品发布**

▶ **举办第十二届国际基因组学大会（ICG-12）**

2018

Science & Technology

Almanac

深圳科技年鉴

《深圳特区科技》杂志社 编

辽宁科学技术出版社

·沈阳·

责任编辑：王玉宝
装帧设计：李长伟

图书在版编目（CIP）数据

深圳科技年鉴 . 2018/《深圳特区科技》杂志社编. -- 沈阳 : 辽宁科学技术出版社，2018.12

ISBN 978-7-5591-1017-6

Ⅰ. ①深… Ⅱ. ①深… Ⅲ. ①科学研究事业－深圳－2018－年鉴 Ⅳ. ①G322.765.3-54

中国版本图书馆CIP数据核字(2018)第259347号

深圳科技年鉴.2018

Shenzhen Keji Nianjian 2018

《深圳特区科技》杂志社 编

辽宁科学技术出版社出版发行
（邮编：110003 地址：沈阳市和平区十一纬路29号）
深圳市和谐印刷有限公司印刷 新华书店经销
2018年12月第1版 2018年12月第1次印刷
开本：215mm×275mm
字数：1300千字 印张：43.75 插页：4
ISBN 978-7-5591-1017-6 定价：360.00元

《深圳科技年鉴》编委会

基本情况

南方科技大学（简称南科大）是深圳在中国高等教育改革发展的宏观背景下，创建的一所高起点、高定位的公办创新型大学，它肩负着为我国高等教育改革发挥先导和示范作用的使命，并致力于服务创新型国家建设和深圳创新型城市建设。

南科大被确定为国家高等教育综合改革试验校。2012年4月，教育部同意建校，并赋予学校探索具有中国特色的现代大学制度、探索创新人才培养模式的重大使命。

南科大借鉴世界一流理工科大学的学科设置和办学模式，以理、工、医为主，兼具特色人文社会学科，在本科、硕士、博士层次办学，在一系列新的学科方向上开展研究，使学校成为引领社会发展的思想库和新知识、新技术的源泉。

南科大将发扬“敢闯敢试、求真务实、改革创新、追求卓越”的创校精神，突出“创知、创新、创业”（Research, Innovation and Entrepreneurship）的办学特色，努力服务创新型国家建设及深圳国际化现代化创新型城市建设，快速建设成为聚集一流师资、培养拔尖创新人才、创造国际一流学术成果并推动科技应用的国际化高水平研究型大学，为尽早实现创建世界一流研究型大学的宏伟目标打下坚实基础。

科研概况

南方科技大学成立6年以来，累计获批各类竞争性纵向科研项目及横向项目共788项，资助经费130584.8万元，其中纵向项目684项，经费118381.7万元，横向项目S104项，经费12203.1万元。近三年我校科研项目及经费增长迅速。

2017年，我校积极争取重大科研项目，在纵向科研项目、横向科技合作项目等都取得显著成效,获得各级各类科技项目324项，资助经费70978.9万元，其中纵向项目253项，总经费60135.5万元，横向项目71项，总经费10843.4万元。我校教师在国内外学术期刊和会议发表论文1453篇，其中期刊论文1352篇（以南科大为第一单位或通信单位发表的期刊论文为790篇）、会议论文101篇，参与编写著作33本。

2012-2017南科大获得科研项目数量

2012	2013	2014	2015	2016	2017
15	32	95	125	197	324

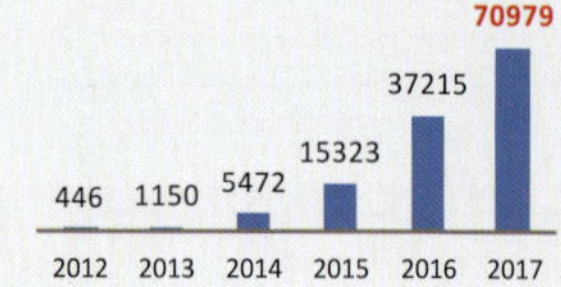

创新团队建设

2017年我校广创团队获得重大突破，6个广创团队获得立项资助，获批经费总计1亿元，实现了我校广创团队零的突破，当年获批数量与中山大学并列全省第一，共有三个产业化团队和三个应用基础研究类团队入选。产业化团队包括：刘科院士为带头人的“新型甲醇基燃料内燃机研发及产业化团队”，资助金额1000万元；赵予生教授为带头人的“超硬超强纳米聚晶材料研发与产业化创新团队”，资助金额1000万元；王海江教授为带头人的“燃料电池核心部件开发团队”，资助金额2000万元。应用基础研究类团队包括：俞大鹏院士为带头人的“量子科学与工程团队”，资助金额2000万元；翟继先副教授为带头人的“植物表观遗传前沿机制海外青年英才研究团队”，资助金额2000万元；郭传飞副教授为带头人的“超柔性机电团队”，资助金额2000万元。

2017年我校深圳市孔雀团队计划项目获批2项，分别是物理系赵予生教授牵头的“超硬材料的纳米聚晶研发与产业化团队”和计算机科学与工程系姚新教授牵头的“新一代智慧物流网络服务平台研发团队”，获批经费合计5000万元；获批孔雀技术创新项目14项，获批经费累计1200万元。

重大项目

在国自然的重点重大项目申请上，2017年我校化学系刘心元副教授获得优青资助，数学系汤涛教授、物理系赵予生教授获得重点基金项目资助，陈晓非院士获得重大项目资助，郭红卫、万敏平、匡星星三位教授获得重大研究计划重点支持项目资助，陈十一院士获得重大研究计划战略研究项目资助。

平台建设

2017年我校获批“广东省细胞微环境与疾病研究重点实验室”和“广东省土壤与地下水污染防控及修复重点实验室”，资助经费累积2000万元，实现我校省级科研平台零的突破。获批深圳市重点实验室3项，分别是“深圳市量子科学与工程重点实验室”“深圳市高机能材料增材制造重点实验室”和“深圳市计算智能重点实验室”；获批发改委工程实验室3个，分别是“深圳海洋油气钻采装备与管缆工程实验室”“深圳车用燃料电池电堆工程实验室”和“环境物联网技术与应用工程实验室”。学科扶持计划获批4000万元。在深圳市十大行动计划中，量子研究院获批1亿元，格拉布斯研究院获批3000万元。

横向项目

2017年我校签订的横向技术合同数和合同额都有较大增长，签订横向技术合同数71项，比上年同期增加46项；合同额1.08亿元，比上年同期增加1.02亿元；到款额0.267亿元，比上年同期增加0.26亿元。2017年横向技术合同中，签订技术开发合同额仍居首位，合同额为8556.5万元，占合同总额的78.9%，其他三类合同（技术转让、技术服务、技术咨询）之和占合同总额的21.3%。

人文社科建设

2017年度学校根据我校“以理学、工学学科为主，兼具医学和特色人文社会学科”发展定位，提出建设新型特色文科，探索一流理工科大学中的文科发展方向和路径。2017年度我校文科类科研项目开始起步并取得较大进步，竞争性科研项目获资助共210.5万元，其中，艺术中心毕宝仪老师获得国家艺术基金人才培养类项目资助共150万元，实现我市该项目零的突破。

科研成果

截至2017年12月31日我校教师在国内外学术期刊和会议发表论文1453篇，其中期刊论文1352篇（以南科大为第一单位或通信单位发表的期刊论文为790篇）、会议论文101篇，参与编写著作33本。在自然指数（Nature Index）方面，南科大排名大幅提升，2017年南科大自然指数加权论文值为55.62（2016年1月至2017年12月），在中国大学自然指数排行榜中排名第28位。仅三年时间，南科大在自然指数中的排名从中国内地大学55位升至28位。

奖励情况

自建校以来我校奖励工作取得可喜进展，一批优秀科研成果和科技人才获得重大奖励，为国家的经济发展和科技进步做出了突出贡献。在奖励方面，获得国家级科技奖励3个，省部级科技奖励4个，深圳市科技奖励4个。2017年9月，陈十一校长荣获香港求是科技基金会颁发的2017年“求是杰出科学家奖”。何佳清教授的“热电材料结构与性能的关联性研究”获深圳市自然科学奖二等奖，这也是我校首次获得深圳市自然科学奖。2018年1月，我校环境科学与工程学院教授胡清参与的“流域水环境重金属污染风险防控理论技术与应用”项目荣获2017年度国家科学技术进步奖二等奖。

专利情况

2017年我校申请国内专利总数为248项，其中，发明专利为198项，占申请总数的79.8%；获国内授权专利29项，其中，发明专利为14项，占授权总数的48.3%；申请国外及地区专利28项，获国外及地区授权专利4项。

科技交流与合作

国内科技交流与合作

2017年我校继续加强与地方政府和各类企业的全面合作，全年在智能制造、环保、新材料、计算机、制药化学等5个学科领域开展了技术交流对接会，有效对接企业700余家、投资机构120余家，逐渐形成了由点到面的技术交流对接模式，全面推进南科大创新链与产业链、资金链实现实质性对接。

一、搭建产学研合作创新模式，支撑学校与地方政府和企业的合作

在积极开展创新型大学服务社会的过程中，技术转移中心针对地方机构、行业的经济发展状况及需求，深入挖掘整合学校现有的科技与人力资源，突出战略重点，积极开拓市场，探索产学研合作创新模式，树立与区域、企业的“合作平台”，支撑学校与地方政府及各类企业合作的可持续发展。

（一）加强与地方政府、行业协会、领跑企业的合作

1.与地方政府的合作

加强与地方组织沟通合作，实施政策引导，营造科技创新、企业发展、人才聚集的良好态势，推动科技创新、科技成果转化。通过加强与当地政府高层的交流与沟通，以及双方共同组织开展多项活动，建立多种合作机制，使得区域性的合作上升到一个更高的层面。2017年，主要推动南科大与云南省科技厅联合BICI成立云南国际协同创新中心、与台州市建立南科大-台州研究院、在宝安区建立南科大技术转移分中心、与龙华区共建龙华工业技术研究院等合作。

2.与行业协会的合作

中心在对外推广合作过程中，与深圳市新材料在线，深圳市生物医药协会、深圳市生命科学与生物技术协会、产业园区南山智园、天安数码城等建立紧密的信息互动交流平台，为加快技术推广、产业对接提供良好的转移环境。

3.与行业领跑企业合作

与重点行业、重点企业的合作是实现跨越式发展的有效途径。2017年，科技开发部加强了与华为、华大基因、乐土医疗、银宝山新、TCL等行业领跑企业的科技合作，签订了一批较大的合作项目，合同额也有了较大的增长，并积极探索从寻找合作项目作为切入点，由科技项目合作逐步深入带动校企全面合作。

4.提高服务能力和执行力

为提高技术转移中心员工的工作效率和职业素能，不定期组织相关业务培训和讨论，提高工作人员的服务能力和执行力。针对专利申请、横向项目审批、公司设立、科技机构设立、科研成果转化申请等校内流程梳理并出台相应实施细则，进一步完善细化了工作流程，确保流程清晰明确。

（二）探索创新合作模式，建设技术转移服务平台

作为南科大产学研体系的中枢机构，在南科大产学研管办分离、小职能、大业务的机制带领下，技术转移中心以大局观和全新的运作模式开展技术转移工作，对南科大当前学科建设、人才培养、未来发展能肩负强有力的支撑。为搭建与区域、企业的“合作平台”，支撑学校与地方政府及各类企业合作的可持续发展，技术转移中心不断探索，努力建设成熟完善的技术转移服务平台。

1.建立知识产权线上管理平台，对校内专利、横向课题、科技机构和成立公司进行统筹管理，搭建信息资源相对完备数据库，加强对我校知识产权的管理，更创益地服务于南科大先进技术资源。

2.建立科研成果转移转化平台，梳理出台我校科技成果转化管理操作流程，有效支撑我校科研成果的转化。

3.建立科技机构设立平台，制定科技机构成立程序，规范科技机构的运作和后期管理。

建立科研成果转化无形资产评估平台，支撑校内各研究团队对技术成果进行价值评估，有效保障了学校和教师团队的合法权益。

4.建立南科大-地方技术转移分中心，推进南科大在教育、科技、产业和社会服务等领域与地方政府间的紧密合作,加快学校科研成果转化进程。

二、加强内部管理建设，提升核心竞争力

2017年，技术转移中心对外积极探索产学研合作的创新机制、拓展合作渠道，促进我校与各类企业的紧密合作与良性互动；对内狠抓内部管理建设，提升团队核心竞争力，开拓高效、创新新局面。主要从三个方面加强内部管理：

1.加强制度流程建设

搭建知识产权线上管理系统，进一步简化了专利申请审批流程，节约老师们的申请时间，改善服务流程，实现学校知识产权运营工作全线上统一化管理。明确学校科研成果转化流程，科技机构设立流程，校办企业设立流程，确保学校科技成果创新与产业化转化进程。响应学校党政办关于贯彻落实教育部、广东省教育厅发布“放管服”制度建设工作的号召，安排专人专项对接，协助梳理《南方科技大学教师到企业兼职从事科技成果转化活动管理办法》和《南方科技大学科研人员科技成果转化奖励办法》。

2.加强信息渠道建设

技术转移中心依托内外网络，不断更新发布科技交流信息和科研项目成果，2017年技术中心通过有组织地到各院系进行项目调研，收集可推广项目，编制校内8大学科领域的《项目汇编》手册，以最直观的信息宣传手段使南科大创新科研出成果为各地方、企业所了解和关注，并积极收集地方和企业需求信息，及时反馈给院系与教师，为学校科研做出市场导向。

3.加强执行力建设

部门工作目标的实现，取决于其管理的科学性与执行的有效性。为避免管理中的疏忽与漏洞，中心内部采用专人专岗负责制，明确各岗位职责，实现业务开展范围，开展进程，开展效果全流程跟踪，发现问题及时反应，确保工作进度，并通过内外部的沟通与交流，及时对新问题进行调整。同时采用周例会任务分解，周报任务总结方式，对员工工作进展进行监督指导，较好地消除了管理中遇到的盲点和疏漏的地方，同时也避免了资源的浪费。

4.加强风险管控建设

中心为保障学校科研成果价值，提前做好知识产权布局，通过引入知名律所及会计事务所的方式，针对转化提前建立完善的公司治理结构，采取股权、债权相结合的模式，高效协助校办企业成长。在科技机构成立及科研成果转化过程中，中心组织搭建专家评审小组，对申请事项进行全面考量评价，从而达到确保学校及教师权益、规避风险的效果。

三、主办专项交流会，构建创新链、产业链、资本链实质对接

以校企技术交流会、行业高峰论坛为平台，营造高校与产业界资源信息互通环境，以企业拜访，产业技术需求对接为纽带，链接学校优势学科研究与市场发展需求匹配，实现优势互补和互惠互赢，推动科技创新，科研成果转化，确保双方可持续发展。

全年中心根据学校优势学科与产业需求方向，在以下5个领域开展多种形式的技术交流对接：

1.智能制造领域产业对接：汇聚了施耐德、华为、创维等260余家制造业相关优秀企业和深创投、分享投资等30余家金融投资机构。

2.环保领域产业对接：汇聚了中电建、中广核、中能建、中国水务集团等30余家全国环保行业领军企业以及19位国内外环保方向知名院士，与深圳市政府部门搭建国际化环境与发展联盟。

3.计算机智能与未来网络领域对接：汇聚100余家智慧行业优秀企业，结合大学的优势学科领域和领跑行业的科技成果，搭建一个跨领域的知识分享、信息交流和资源对接的平台。

4.新材料领域技术交流对接：交流会吸引近200家企业、投资机构代表及从事新材料应用研究的教授、学者，双方就新材料产业的发展展开交流。

5.制药化学反应及工艺技术对接:汇聚了礼来制药、默沙东、艾伯维公司、百时美施贵宝等100余家国内外化学制药相关优秀企业的工艺专家和企业领袖。

中心通过展板、展品、多媒体等集中宣传、展示、推介我校的重点科技成果，受到广泛关注和好评，极大地促进了我校科技成果的交流与推广。有效对接企业700余家、投资机构120余家，逐渐形成了由点到面的技术交流对接模式，全面推进南科大创新链与产业链、资金链实现实质性对接。

国际科技交流与合作

一、组织国际科研会议

11月中旬20名国内外专家在我校召开中国散裂中子源高压谱仪建设研讨会，专家们就高压线站的设计、慢化器的选择、安全问题等展开了热烈的讨论，并前往东莞参观散裂中子源。同时，下半年积极筹备2018年初的自然会议-材料电化学研究与应用大会，此次会议为自然系列期刊参与最多的一次学术会议。

二、拓展国际合作伙伴

推动香港大学 - 南方科技大学的科研合作，协作强势科研，优势学科的强强联合，加速联合实验室建设。筹备南方科技大学 - 哥伦比亚大学实时三维海洋观测中心，探讨如何建立三维实时海洋观测实验平台，解决在开放的海域和极地地区进行海洋观测的技术难题，从根本上改变目前的海洋观测情况，加快我校在海洋科学领域的国际化步伐。

三、制定未来工作计划

积极探索前瞻性、高水平的科研国际合作模式与途径，以提升我校教师的国际学术地位及影响力为目标，拟通过走出去、请进来的方式，注重实质性合作，为南科大成为世界一流研究大学做出贡献。

地址：广东省深圳市南山区学苑大道1088号　电话：+86-755-8801 0000　邮编：518055

深圳无线电检测技术研究院

深圳无线电检测技术研究院（简称研究院）是受深圳市人民政府委托，由国家无线电监测中心与深圳市福田区人民政府合作创建的产业公共技术服务平台，为深圳市及粤港澳湾区提供高水平、一站式、全方位的无线电相关技术服务。

研究院成立于2010年11月，位于深圳国际创新中心，实验室面积5000平方米。投资总额达8000万元人民币。研究院具备国际一流的测试和科研能力，主要集中在无线电射频、协议、信息安全等多个技术领域，覆盖移动通信、物联网、智能电网、专业无线通信、广播电视、雷达导航和交通运输等70多个行业，具备国内外权威授权资质30余项，测试数据被全球100多个国家和地区认可。可开展包括无线电设备CTA、CCC认证、国推RoHS、北斗导航认证、欧盟CE、美国FCC、加拿大IC、日本TCM等国家和地区政府性认证，以及GCF&PTCRB、CCF、蓝牙组织、Wi-Fi Alliance、CTIA、VDE等产业联盟认证检测业务，为产业提供国内和国际“一站式”检测认证服务，帮助企业的产品快速、高效进入全球市场。

依托研究院平台优势，运营的深圳维天认证中心（以下简称认证中心）具有独立法人资格，是国家无线电管理技术机构下设的第三方认证机构,可开展音

视频设备、信息技术设备和电信终端设备的强制性产品认证及各类无线电设备、无线电管理技术设施、移动通信设备、信息技术设备、短距离微功率设备等自愿性产品认证。

研究院拥有一支高素质的技术研究团队，具备多年的无线电技术管理及无线电设备测试经验，研究领域涵盖无线电新技术检测方法研究、复杂电磁环境仿真与评估、下一代移动通信关键技术研究、面向垂直行业的无线电技术应用开发等。为支持深圳市智能交通产业在智能网联汽车以及车载无线信息服务设备制造产业的发展，研究院建立了智能交通无线信息服务设备检测认证公共服务平台，同时借助国家无线电技术渠道资源开展智慧物联无线电技术公共服务平台建设，进一步推动以城市信息产业为基础的智慧城市建设。研究院积极响应国家5G重大发展战略，自主研制并发布了全球首套“面向5G终端的射频前端测试平台”，填补了我国高性能射频前端产品特别是面向5G终端射频测试领域的空白。在面向垂直行业无线电技术应用方面，研究院自主研发了“电网运行数据移动监测平台”，是无线电技术与智能电网需求深度融合的典型案例，该系统相关研发成果先后获得中国通信学会科学技术奖和上海市科学技术进步奖，提供了专业的无线解决方案。

为进一步发挥国家级研究机构在地方的引领作用，研究院承担无线电技术领域省市级科研项目10余项，累计申请科研经费2500万元，累计发表论文近60篇。涵盖宽带移动通信、无线专业通信、短距离通信、智能交通、物联网、无线电监测及地铁CBTC系统等前沿无线技术领域。相关科研成果获得省部级科技奖励4项，申请国家专利19项，软件著作权6项，牵头并参与制定行业标准共17项。

未来，研究院将重点促进业务多元化发展，专注于无线电领域的检测认证、产品研发、科研标准化、政府支撑等工作。我们将以严谨务实的工作作风和追求极致的服务理念，不断提升核心能力和服务水平，为客户创造价值，努力带动粤港澳湾区无线电产业创新和公共技术服务水平，希望为更多行业合作伙伴搭建产业合作平台。

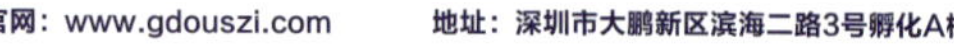
官网：www.gdouszi.com　地址：深圳市大鹏新区滨海二路3号孵化A栋
联系方式：宋彦丽 0755-89320340 13823565076
招聘网址：http://www.gdouszi.com/rczp/index_24.aspx?lcid=1

广东海洋大学深圳研究院

一、文字简介

广东海洋大学深圳研究院（下称“研究院”）是深圳市大鹏新区管理委员会和广东海洋大学于2016年5月23日共建的、以企业化方式运作的事业单位，是按照投资主体多元化，建设模式国际化，运行机制市场化，管理制度现代化要求，建设的专业性、开放性、公益性、企业化运作、产学研紧密结合的新型研发平台。研究院实行理事会领导下的院长负责制，理事会为最高决策层，由科研单位、企业、政府和投资基金主体组成。同时，还将下设创新基金、创新平台和孵化空间等多个与国际接轨的新型产业化平台。

二、科技成果与产业化

研究院面向海洋产业发展需求，立足源头创新，布局生物、生命、生态、生活、智能五大领域为重点研发方向，发挥深圳地域与机制、人才、产业、金融优势，汇聚了全国、全世界顶尖的海洋人才与资源，实现了“人才、研发、应用、产业、金融”五位一体产业链条快速联动发展。

人员规模日趋壮大，涉海专业人才90多人，汇集了一批教授、博士、高级研究人员和海归学者。其中海归学者22人，博士毕业47人；高级职称以上61人，其中正高级职称29人。2017年承担科研资金超过3000万元，发表论文33篇，申请专利53项，新增国家级领军人才1名。

获批国内首个《石珊瑚捕捉证》《水生野生动物驯养繁殖许可证》，建立国内首个集采集、驯养、繁育、救护资质于一体的珊瑚保育救护基地，正式挂牌成为“广东省水生野生动物救护基地”“全国海洋珍稀濒危野生动物救护单位”，标志着国内珊瑚与珊瑚礁海洋生物有了第一个救护基地，也为开展珊瑚礁生态修复工作提供了合法途径与技术保障;实现了省级平台建设上的突破，建立了水生动物健康评估工程技术研究中心;成为广东省海洋意识教育基地、全国海洋意识教育基地、国家级摩托艇训练基地教学单位。

作为创新基地，自身孵化海洋产业相关企业43家，持股19家。致力于金融助力的科技成果转化，推动产业链条快速联动发展，在滨海旅游、水上运动、海洋活性功能制品、海洋牧场、海洋能源、海洋材料、海洋智能以及海洋生态修复、海洋金融等方面取得一系列产业化成果。在滨海旅游方面，已与蓝极体育、佳兆业集团、东部华侨城、珠海九州港集团等12个知名企业联手开展产业化运作；在医药保健品行业，我院已与韩国marine biological、深圳健康元、深圳太太药业、大闽集团等23家企业成功孵化产业实体和园区建设。在金融方面，与招商证券、君创资本、深创投、松禾资本等8家知名金融企业形成紧密的投融资体系。

三、社会贡献

研究院珊瑚保育团队凭借珊瑚保护公益项目在海洋保护领域的突出贡献和社会影响力，荣获第七届中国公益节唯一一个环保类金奖——2017年度绿色典范奖，承办的大鹏半岛海洋生态保护与恢复项目获得2018深圳关爱行动“百佳市民满意项目”称号，2018年6月，组织放流1470万尾（只）鱼、虾、贝苗，3只绿海龟和1只玳瑁，开创了我国“政府引导、企业出资、第三方实施、社会参与”的海洋生态补偿新模式；水产动物良种创建团队培育的凡纳滨对虾“兴海1号”获批国家农业农村部颁发的水产新品种证书。获得具有适应性强、生长速度快、养殖活率高、遗传性状稳定等特点的凡纳滨对虾“兴海1号”，此新品种适合在我国养殖环境条件下采用多种模式进行养殖，且平均成活率提高了15%；水生动物健康评估中心发起深圳海区微生物资源调查活动，成为广东省和深圳市第一个以海洋微生物为对象的调查活动，不仅将建立深圳海区微生物种质资源库和基因库，还将进一步开发利用微生物活性物质，提升海洋微生物资源的开发利用，为深圳全球海洋中心城市建设贡献力量。

2017年，研究院正式开办“海洋大学堂”科普课堂，构建以“海洋+教育+旅游”为主题的创新教学模式，打造以体验式、互动式为主的海洋科普教育品牌，充分利用大众传播资源的能力，将研究院科研成果在社会上进行推广，荣获2018海洋生态保护贡献奖。

生物领域	生命领域	生态领域	生活领域	智能领域
◆ 良种创建	◆ 功能食品	◆ 典型生态	◆ 滨海旅游	◆ 海洋气象
◆ 功能基因	◆ 生物制品	◆ 物理海洋	◆ 水上运动	◆ 海洋遥感
◆ 病害防治	◆ 美容保健	◆ 海洋地质	◆ 特色小镇	◆ 智能海工
◆ 精准营养	◆ 海洋医药	◆ 海洋监测	◆ 海洋文化	◆ 智能机器
◆ 微生物				◆ 海洋规划

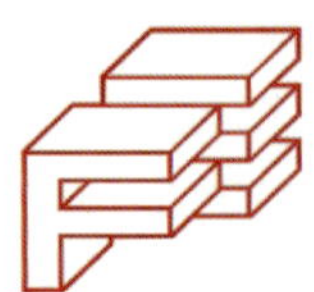

深圳市远东石油钻采工程有限公司
SHENZHEN FAR EAST OIL DRILLING ENGINEERING LTD.

公司简介

深圳市远东石油钻采工程有限公司，是一家从事海上和陆上石油钻井工具、管材、设备的研发、生产、销售、租赁、维修、保养以及技术咨询和海上平台作业的民营企业。

本公司建立了完善的质量管理体系和安全管理体系，具备美国石油协会颁发的API证书，2015年11月再次荣获国家级高新科技企业证书，目前已拥有二十几项国家专利。其中“外悬挂弃井组合工具”“不间断连续循环装置”等技术的研制成功填补了国内空白，有力提升了企业的核心竞争能力。

多年来，公司遵守“以人为本、客户至上、实事求是、开拓进取”的经营理念，以“安全第一、质量第一、信誉第一”为企业宗旨。在陆上和海洋石油勘探开发过程中，为多家著名的中外石油公司提供了优质、安全、高效的技术服务，得到了客户的一致好评，在行业中享有极高的信誉。

本公司拥有一批工作经验丰富的技术专家和管理精英，具备技术创新和研发以及技术服务、企业管理等方面的实力，为油田提供从钻井、修井、打捞、完井、弃井等多方面的技术支持和优质服务。荣获了“国家科学技术进步二等奖”“优秀服务商”“优秀承包商”“工程质量优秀奖”“安全作业优秀奖”“优秀服务金奖”等。本公司与国内著名的高校和研发机构有密切合作关系，与国内国际知名的供应厂商也有广泛的业务往来，为公司的发展搭建了广阔的合作平台。

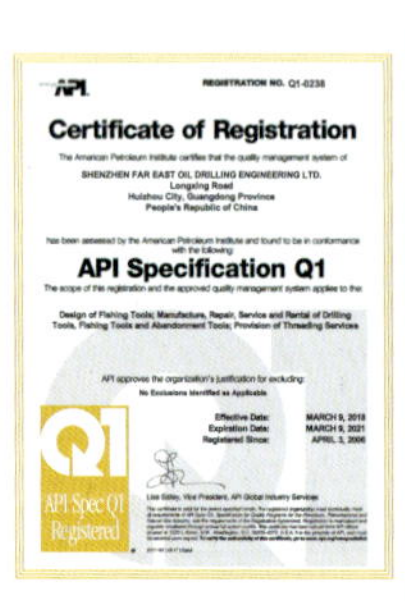

产品研发

技术创新是远东的发展之本，多年来远东一直坚持自主创新，为国内外海上/陆地平台提供优质工具、设备和作业服务。

结合技术创新的发展战略，远东积极探索技术创新模式和科研机制；针对石油发展领域的难点问题，进行重点技术攻关，研制出一系列先进、高效的钻采工具，实现技术创新领域的重点突破。

“外悬挂弃井组合工具”：由远东公司自己研发、设计、制造的新型弃井工具，被列为国家十二五重大专题项目之一，并已取得国家发明专利。这项发明成果打破了国外深水弃井的垄断局面，填补了我国深水弃井组合工具的空白，为中国民族工业的发展书写了浓墨重彩的一笔。

“连续循环钻井装置”：当在钻井作业过程中，不仅在钻进，而且在卸或接立柱，甚至于起下钻的过程中，都可以通过一套专用设备，控制和改变流体入井的流向而不必停止循环，从而保持了在各种作业工序下井内的连续循环，这种技术称为连续循环钻井技术。该技术的应用，对于保持井内压力稳定平衡，避免和减少井下喷、漏、卡、垮等复杂情况的发生，确保安全快速钻进，降低钻井成本有着十分重要的作用。这一在2006年世界IADC年会上被授予“世界石油工程技术创新特别贡献奖”的新技术，远东公司通过引进、集成和创新，于2011年研发成功该项新技术，填补了国内技术空白。而后更是有突破性的创新，世界首创将连续循环钻井技术应用于空气连续循环钻井中，获得巨大成功。

2017年，远东公司的“极窄窗口连续循环微压差定量控制钻井”技术作为中海油海上高温高压钻井八大关键技术之一，获得了国家科技进步奖一等奖。由远东公司承担的“井口控制连续循环钻井及水下井口弃井工具优化设计和应用”课题，被列入国家十三五重大专项，预计2020年6月份前完成。

联系方式

总部：中国深圳市南山区海德三道天利商务中央广场A 座1106室

总机：(86)755-26694302

传真：(86)755-26694008

邮件：mail@feode.com

网址：www.feode.com

厂部：中国惠州市大亚湾经济技术开发区龙兴路3号

深圳市妇幼保健院

担当社会责任　拓展品牌服务　加强学科建设　坚持创新发展

深圳市妇幼保健院成立于1979年，是一所集妇幼保健、医疗、预防、科研、教学为一体的三级甲等妇幼保健院。医院一院两址，分红荔院区和福强院区，总占地面积3.5万㎡，业务用房建筑面积7.5万㎡。编制床位600张，实际开放790张。2017　年，门急诊工作量达174万余人次，全年出院总数5万余人次，单院年分娩量2万余人。在岗职工1730人，正高140人，副高338人；博士51人，硕士317人；博导5人，硕导21人。

深圳市妇幼保健院还担负全市妇幼保健业务指导职责，在全市形成以市、区妇幼保健院、综合医院、社康中心组成的两级三层妇幼保健网络架构，持续扎实推进出生缺陷干预、“降消”项目和妇幼安康工程项目，保证了我市妇幼保健各项工作的质量，有效控制了孕产妇死亡率、婴幼儿死亡率等妇幼保健质量指标。

医院目前是：

- 三级甲等妇幼保健院
- 南方医科大学附属深圳妇幼保健院
- 卫生部产前超声诊断技术培训基地
- 全国首批产前超声培训基地
- 全国“子宫颈癌早诊早治示范基地”
- 全国新生儿围产期医学专科医师培训基地
- 全国综合医院中医药工作示范单位
- 聚焦超声全国临床示范基地（广东省首家）
- 全国产科麻醉培训基地
- 全国新生儿皮肤护理培训基地（深圳唯一一家）
- 全国示范孕妇学校
- 全国角膜塑形安全监控哨点单位
- 国家“吴阶平医学基金会乳腺癌早诊早治项目培训基地”
- 国家级儿童早期发展示范基地
- 国家卫计委“优质护理示范工程——围产期母婴护理服务实训基地”称号（位列全国前十，广东省仅3家）
- 国家住院医师规范化培训基地协同单位
- 中国妇幼保健协会“妇科内分泌与常见病培训基地”
- 中国妇幼保健协会示范孕妇学校
- 中国女性职业压力应激与围产期抑郁中心
- 中国妇产科心身医学协作组成员单位
- 广东省重症孕产妇救治中心
- 广东省重症新生儿救治中心
- 广东省产前诊断专项技术指导中心
- 广东省区域性产前诊断中心
- 广东省新生儿专科护士培训基地（广东省排名第二）
- 广东省助产专科护士培训基地
- 深圳市助产专科护士培训基地
- 南方医科大学-深圳市妇幼保健院助产联盟基地
- 母婴友好示范项目医院
- 改善医疗服务示范医院
- PAC区域示范医院，流产后关爱（PAC）项目优质服务医院，PAC服务示范基地（市卫生系统唯一一家）
- 2015-2017年“改善医疗服务先进典型”全国优质医疗服务示范科室
- 儿童健康管理示范基地
- 儿童眼保健示范单位
- 岭南罗氏妇科流派传承工作室工作站
- 张玉珍全国名老中医药专家传承工作室工作站
- 检验科通过国家认可委ISO15189实验室认可评审

科研技术方面硕果累累：

» 组建深圳市妇幼医学研究所，设立科研项目办和院内科研基金、博士科研基金，促进高水平科研产出

» 获国家重点研发计划子课题2项，国家自然科学基金重点项目1项，国家自然科学基金面上项目5项

» 产科牛建民教授团队破解孕期血压升高“窗口期”之迷，在国际权威期刊《Hypertension》杂志上刊登

» 生殖医学中心覃春容博士获美国生殖医学年会“基础科学奖”，年度唯一的基础科学奖首次授予华人

» 产科开展深圳市首例B超引导下注射氯化钾选择性减胎术、胎盘植入病例腹主动脉球囊预置术、植入性凶险型前置胎盘剖宫产中应用输尿管支架放置术、双胎之一膀胱穿刺抽液术、动态血压在妊娠期高血压疾病中的监测、动态血糖在妊娠期糖尿病中监测、羊水板层小体检测评估胎肺成熟度等新技术和新项目，填补本市空白

» 新生儿科成功抢救23周出生、体重480克的超早产儿“早早”，保持了目前国内抢救存活的出生体重最轻的超早产儿记录

» 妇科引进深圳市首台“高强度聚焦超声消融治疗仪”，填补我市无创治疗技术领域空白

» 启动子宫颈癌“医学人工智能”研究项目，联合腾讯、中山医疗等企业合作研发子宫颈癌人工智能阴道镜辅助诊断系统

拥有多个国家级、省级、市级重点专科：

» 1个国家临床重点专科：新生儿科

» 4个广东省临床医学重点专科：新生儿科、产科、儿科、中医妇科

» 2个深圳市医学重点学科：新生儿科、产科

» 4个深圳市医管中心直属医院领先发展学科：新生儿科、产科、生殖医学科、产前诊断

» 1个深圳市中医特色专科：中西医结合妇科

» 1个深圳市出生缺陷预防控制重点实验室

» 15个院内重点学科：产科、红荔院区妇科、福强院区妇科、新生儿科、儿科、中医科、超声科、生殖医学中心、医学遗传中心、麻醉科、乳腺科、口腔病防治中心、新生儿疾病筛查中心、儿童心理与康复科、儿童健康科(含儿童保健科)

同时也是广东省重症孕产妇救治中心、广东省重症新生儿救治中心、广东省产前诊断专项技术指导中心、深圳市孕产妇急危重症救治中心、深圳市新生儿疾病筛查中心、深圳市新生儿科质量控制中心、深圳市产科质量控制中心、深圳市乳腺科质量控制中心。

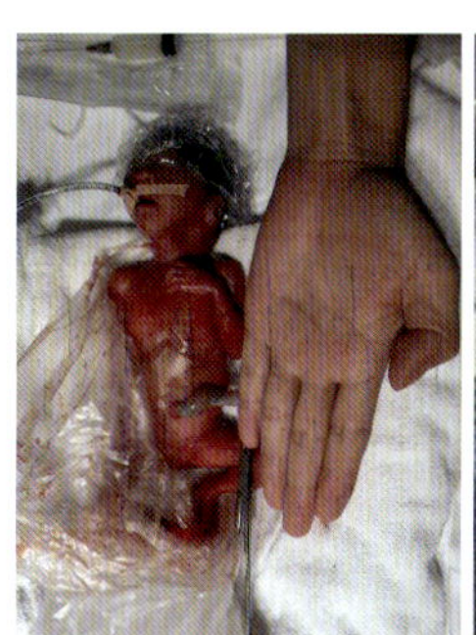

23周，480克的早早　　出院时的早早

2017年成功抢救23周出生、体重480克的超早产儿，保持了目前国内抢救存活的出生体重最轻的超早产儿记录

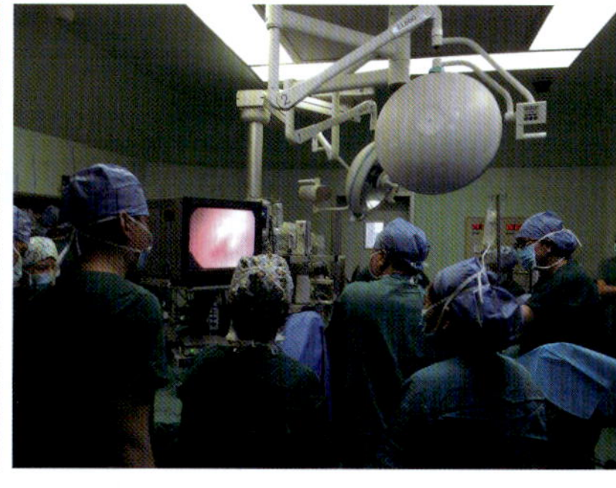

产科开展深圳市首例B超引导下注射氯化钾选择性减胎术、胎盘植入病例腹主动脉球囊预置术等新技术

“深圳生物样本库”在深圳市妇幼保健院正式挂牌成立

在深圳率先开展子宫肌瘤无创治疗技术，广东省首家聚焦超声全国临床示范基地落户该院

深圳市妇幼保健院与华大基因联手建立“出生缺陷防治精准医学中心”

姚吉龙院长作为“环境因素对出生缺陷影响的研究”项目负责人，参与国家重点研发计划课题

产科牛建民教授破解孕期血压升高“窗口期”之谜，在国际权威期刊《Hypertension》杂志上刊登；2018年8月，获得国家自然科学基金重点项目1项

生殖医学中心覃春容博士论文获美国生殖医学年会“基础科学奖”，年度唯一的基础科学奖首次授予华人

目录

第一章 概况

第一节 2017 年深圳市科技创新工作情况报告 002

第二节 2017 年深圳市科技服务工作发展回顾 005

第二章 政策法规

深圳市科技创新委员会关于《深圳市印发促进重大科研基础设施和大型科学仪器共享管理暂行办法实施细则》的通知 010

深圳市市场和质量监督管理委员会关于印发《深圳市科学技术奖（标准奖）奖励办法实施细则》的通知 014

深圳市市场和质量监督管理委员会关于印发《深圳市科学技术奖（专利奖）奖励办法实施细则》的通知 017

第三章 科技资源环境

第一节 深圳市高新技术产业园区 022

第二节 深圳虚拟大学园 025

第三节 深圳光启高等理工研究院 027

第四节 国家超级计算深圳中心 030

第五节 中国科学院深圳先进技术研究院 032

第六节 深圳华大生命科学研究院 034

第七节 深圳清华大学研究院 037

第四章 深圳科技投融资体系

第一节 2017 年深圳创投行业分析报告 042

第二节 2017 年深企对外投资分析报告 046

第五章 知识产权保护

第一节 知识产权创造和运用 054

第二节 知识产权执法 055

第三节 知识产权市场完善 056

第四节 知识产权管理和服务 057

第五节 深圳 2017 年知识产权统计分析报告 060

第六章 各区科技发展

第一节 宝安区科技发展 088

第二节 龙岗区科技发展 090

第三节 福田区科技发展 092

第四节 南山区科技发展 095

第五节 罗湖区科技发展 097

第六节 盐田区科技发展 099

第七节 坪山区科技发展 101

第八节 龙华区科技发展 103

第九节 光明新区科技发展 105

第十节 大鹏新区科技发展 107

第七章 科技服务体系

第一节 科技咨询与服务机构 110

一、深圳市科技专家委员会 110

二、《深圳特区科技》杂志社 111

第二节 科技交流 113

一、深圳市科学馆 113

二、深圳市科技开发交流中心 114

第三节 科技推广 117

一、深圳市技术转移促进中心 117

二、深圳会展中心管理有限责任公司 117

附件 1：深圳市技术转移及服务机构发展研究分析 118

附件 2：第十九届高交会优秀组织奖名单（139 个）................ 123

附件 3：第十九届高交会优秀展示奖名单（102 个）................ 124

附件 4：第十九届高交会优秀产品奖名单（471 家）................ 124

第四节 科技社会组织 134

一、民办非企业名录 134

二、社会团体 136

三、深圳市院士（专家）工作站......138
四、企业科协名录......138

第八章 科学普及

第一节 科技活动......144
第二节 青少年科技教育......153

第九章 科技新闻

第一节 自主创新篇......156
第二节 产业篇......191
第三节 企业篇......216

第十章 科技发展研究报告

2017 年度深圳集成电路产业发展报告......236

第十一章 科技企业办事指南

第一节 认定与申报......270
国家高新技术企业认定......270
2018 国家高新技术认定申请指南......270
深圳市高新技术认定......273
2018 年度深圳市高新技术企业认定申请指南......273
深圳市高新技术项目认定申请指南......275
科技奖励......277
2018 年度深圳市科学技术奖励申请指南......277
第二节 政府资助与申请......280
孔雀计划......280
2019 年深圳市海内外高层次人才创新创业团队资助申请指南......280
2019 年深圳市海外高层次人才创新创业专项资金创业场租补贴申请指南......284
2019 年创业资助项目申请指南......286
2019 年深圳市海外高层次人才创新创业专项资金技术创新项目申请指南......293
科技创新计划......296
2019 年基础研究学科布局项目申请指南......296
2019 年基础研究自由探索项目申请指南......299
技术创新......302
2019 年技术攻关项目申请指南......302
2018 年度企业研究开发资助......305
国家高新技术企业培育资助申请指南......305
协同创新计划......307
2018 年深圳市深港创新圈项目申请指南......307
2018 年深圳市国际科技合作项目申请指南......310
2019 年国家和省计划项目配套申请指南......313
创新环境建设计划......315
重点实验室组建项目......315
2018 年重点实验室组建项目申请指南......315
2019 年重点实验室组建项目申请指南......319
2018 年度工程技术研究中心组建项目申请指南......322
2019 年度工程技术研究中心组建项目申请指南......325
公共技术服务平台......328
2018 年公共技术服务平台组建项目申请指南......328
2019 年公共技术服务平台组建项目申请指南......331
科技金融......334
2018 年深圳市银政企合作项目贴息申请指南......334
2019 年深圳市银政企合作项目贴息申请指南......336
2018 年深圳市银政企合作项目入库申请指南......338
2019 年深圳市银政企合作项目入库申请指南......340
2018 年深圳市科技保险项目申请指南......342
2019 年深圳市科技保险项目申请指南......344
科技金融服务体系建设......346
2018 年深圳市科技金融服务体系建设项目申请指南......346
2018 年深圳市天使投资引导项目申请指南......348
2019 年股权投资项目申请指南......350
深圳市 2018 年委托贴息转贷项目申请指南......353
2018 年科技应用示范项目申请指南......356
2019 年科技应用示范项目申请指南......359
2018 年“健康大数据与疾病防控”科技专项应用示范项目申请指南......362
2018 年“安全生产”科技专项应用示范项目申请指南......365
2018 年“天蓝水清”科技专项应用示范项目申请指南......368
2018 年深圳市科技计划项目验收申请指南......371
2018 年度科技创新券服务机构入库申请指南......375
2018 年度科技创新券申请指南......377
2018 年度科技创新券兑现申请指南......379
创客空间项目在线申请指南......381
2018 年创客服务平台项目申请指南......383
2018 年个人创客项目申请指南......385
创业资助项目在线申请指南......387
2018 年度科技企业孵化器项目申请指南......392

第十二章 科技名录

第一节 高新技术企业名单

一、2017 年深圳市新增国家高新技术企业名单 396

二、深圳市高新技术企业名单 430

第二节 2018 年度深圳市科学技术奖拟奖名单 442

一、市长奖 2 名 442

二、自然科学奖 5 项 442

三、技术发明奖 2 项 443

四、科技进步奖 49 项 443

五、青年科技奖 8 名 446

六、专利奖 25 项 446

七、标准奖 15 项 448

第三节 科技成果

2017 年科技成果登记一览表 449

第四节 科技计划项目

一、2017 年第一批市科技计划项目验收结果 460

二、2017 年第二批市科技计划项目验收结果 492

三、2017 年第三批市科技计划项目验收结果 509

四、2017 年第四批市科技计划项目验收结果 523

五、2017 年第五批市科技计划项目验收结果 538

六、2017 年第六批市科技计划项目验收结果 551

七、2017 年第七批市科技计划项目验收结果 567

第十三章 创新载体

第一节 重点实验室 588

第二节 工程中心 589

第三节 重大基础设施 590

第四节 公共技术服务平台 591

第五节 技术中心 592

第六节 工程实验室 594

第七节 深圳市科技企业孵化器 596

第八节 国家级平台 597

第一章 概况

第一节 2017 年深圳市科技创新工作情况报告

第二节 2017 年深圳市科技服务工作发展回顾

第一节 2017年深圳市科技创新工作情况报告

2017 年，深圳市紧紧围绕“五位一体”总体布局和“四个全面”战略布局，牢固树立新发展理念，把创新作为引领发展的第一动力和建设现代化经济体系的战略支撑，以建设国际科技、产业创新中心为目标，以体制机制创新为引领，遵循“四链融合”规律，在灵活的市场化机制、企业创新主体两大创新源动力的驱动下，在人才、载体和企业三大关键创新因素的支撑下，推动科技创新与体制机制创新紧密结合、补齐短板与提升创新能力紧密结合、科技与经济紧密结合、国内与国际“两种资源”紧密结合，以科技创新推动产业创新，以产业创新促进科技创新，实现科技产业同频共振，稳步推进各项工作，取得了良好的进展。

一、高新技术产业产值持续快速增长

全市高新技术产业产值达到 21378.78 亿元，同比增长 11.22%；实现增加值 7359.69 亿元，同比增长 12.19%。全社会研发投入持续提高。初步核算，全社会研发投入有望超过 900 亿元，占 GDP 比重达到 4.13%。科技创新对经济增长的贡献率提升。初步测算，我市 2017 年度科技进步贡献率 61.2%，同比增长 0.5 个百分点。2013—2017 五年来，我市科技进步贡献率由 57.8% 提高到 61.2%，提高了 3.4 个百分点，年均增速 1.44%。主要知识产权数量持续增长。国内发明专利申请量 60258 件，同比增长 22.60%；国内发明专利授权 18926 件，同比增长 7.13%；PCT 国际专利申请量 20457 件，同比增长 4.12%；国内有效发明专利拥有量达 106917 件，有效发明专利 5 年以上维持率达 86.3%。创新型企业数量稳步增长。2017 年，新增国家高新技术企业 3193 家，总数达到 11230 家；新增市高新技术企业 1759 家，总数达到 4530 家。创新人才引进与培育力度加大。2017 年新引进“孔雀计划”创新团队 30 个，累计引进“孔雀计划”创新团队 116 个；13 个团队入选第六批“珠江人才计划”引进创新创业团队，累计引进“珠江人才计划”创新团队 44 个。创新载体量质齐升。2017 年，新增 3 家、累计挂牌成立 5 家诺贝尔奖科学家实验室，正式授牌 7 家海外创新中心，启动 4 家基础研究机构建设和 2 个广东省实验室建设；新增各类创新载体 195 家，累计建成创新载体 1688 家；新设立省级新型研发机构 11 家，累计设立省级新型研发机构 41 家。科技奖励取得新突破。由 19 家深圳高校、科研机构及企业主持或参与完成的 15 个项目获得国家科技奖，其中 3 个项目为主持完成；获得技术发明奖 7 项，占该奖项授奖总数的 10.6%，是深圳建市以来在该奖项取得的最好成绩。

二、深化科技创新体制机制改革

一是深化科技投入方式改革。充分发挥市场的决定性作用和更好地发挥政府的引导作用，实施科技金融计划，2017 年银政企新入库项目 172 个，累计入库项目 1089 个；对 75 个银政企合作贴息项目予以 1568 万元贴息支持，累计对入库企业予以 5600 多万元贴息支持 ,400 多家入库企业获得合作银行贷款，合作银行发放贷款总额近 60 亿元，有效缓解了广大中小微企业的融资难、融资贵压力，激发了中小微企业的创新创业活力。二是进行科技计划管理体制改革。为减少处室自由裁量权，指南征集改为专家评审，完善处室考察表，增加量化考核指标，调整专家与处室评分权重，严格实行处室、专家背靠背独立评分原则。为进一步规范专家管理，重要项目评审专家从 5 人增加到 7 人，打分规则变为“掐头去尾取平均分”，对部分项目开展异地评审。为强化科技计划全流程管理，增设立项抽查复核环节，对拟立项专家评分较低的项目进行集中审议，对部分项目进行抽查专项审计；加大项目验收管理工作力度，设立深圳市科技诚信异常名录，对诚信异常的项目、项目负责人及项目组成员进行处罚。为强化市区联动，将创业资助等项目下放至各区考察推荐。三是构建廉政风险防控生态体系。制定出台《深圳市科技创新委员会廉政风险防控生态体系建设实施方案（试行）》，制定 10 类 35 项具体任务措施，努力构建适应创新驱动新形势需要的科技管理风险防控生态体系，实现科技计划管理向科技创新治理的“真转真变”。

三、完善创新驱动政策体系

一是印发实施《深圳市科技创新“十三五”规划》。二是推进《关于促进科技创新的若干措施》落实。在前期已出台 51 项配套办法的基础上，今年又正式印发实施《深圳市十大海外创新中心建设实施方案》等 2 项配套实施办法，积极推进《深圳市科研机构创新绩效分类评价办法》等 3 项配套办法。三是推进《深圳经济特区国家自主创新示范区条例》立法进程。配合市人大法制委员会，开展相关研究讨论、进行立法调研，积极推进条例立法进程。四是出台《深圳促进重大科研基础设施和大型科学仪器共享管理暂行办法实施细则》，加快推进我市重大科研基础设施和大型科学仪器向社会开放共享，进一步提高科技创新资源利用效率和共享水平。

四、集聚科技创新资源

一是加大创新人才引进与培育力度。深入实施“孔雀计划”，2017 年新引进“孔雀计划”创新团队 30 个，13 个团队入选第六批“珠江人才计划”引进创新创业团队，累计引进“珠江人才计划”创新团队 44 个、“孔雀计划”创新团队 116 个。遵循人才成长路线图，获知领域机构和领域人才国内和国际的前三名，使引进与培育相结合。二是积极培育各类创新载体。加快实施深圳超算中心扩容工程。遵循技术发展路线图，完善科研机构和科技基础设施建设。2017 年新增重点实验室、工程实验室、工程研究中心、企业技术中心等各类创新载体 195 家，累计建成创新载体 1688 家，其中国家级 110 家，省级 253 家。新设立省级新型研发机构 11 家，累计建成省级新型研发机构 41 家。三是推进重大基础研究平台建设。深圳网络空间科学与技术广东省实验室获省政府授牌，正式启动筹建，同步推进健康科学省实验室筹建工作。启动两个实验室用地选址及实验室主任遴选工作，筹备组建战略咨询委员会、学术委员会。后续将以国家实验室的建设要求和标准为目标，力争通过 5 年左右的建设与培育，取得重大进展，积极争取纳入国家实验室的战略布局。四是做好重点领域科技和产业发展规划。遵循技术发展路线图，在人工智能、集成电路、生物与生命健康、新材料、石墨烯等领域开展深入研究，编制产业发展报告，加大技术攻关力度。

五、紧密结合科技与经济

一是强化企业创新主体地位。实施国家高新技术企业培育计划，引导和支持企业加强技术研发能力，培养扩大科技型企业规模，2017 年新增国家级高新技术企业 3193 家，累计达 1.123 万家。积极开展深圳市高新技术企业认定工作，新增市高新技术企业 1759 家，总数达到 4530 家。二是不断推进科技成果转化。与科技部共建国家技术转移南方中心，积极构建技术交易中心平台，筹建深圳科技创新服务大厦。2017 年，技术合同认定登记金额 555 亿元。拥有国家技术转移示范机构 13 家，占全省的 40%，拥有市级备案技术转移机构 57 家。三是科技奖励取得新突破。由 19 家深圳高校、科研机构及企业主持或参与完成的 15 个项目获得国家科技奖，其中 3 个项目为主持完成；获得技术发明奖 7 项，占该奖项授奖总数的 10.6%，是深圳建市以来在该奖项取得的最好成绩。

六、激发四创联动新活力

一是强化创新创业创投创客“四创联动”。组织实施创客专项计划，进行政策宣讲活动，累计培育了 75 家创客服务平台和 281 家创业孵化载体。开展科技创新券资助，2017 年向 1525 家中小微企业发放创新券总额 11162 万元，向 88

家服务机构兑换 3213.3 万元。二是搭建“双创”平台。举办第三届国际创客周，59 场系列活动再创全民“双创”新热潮。举办第 9 届“深创赛”，报名总量达 4220 个，同比增长 65.3%，其中企业组报名同比增长 133%。推荐 76 名优秀选手参加第六届中国创新创业大赛（国赛），深圳选手荣获国赛新能源节能环保行业总决赛成长组第一名、初创组第二名，电子信息行业总决赛成长组第二名、初创组第三名，以及 6 个行业总决赛优胜奖共 22 个。举办 2017 中国（深圳）IT 领袖峰会，进一步提升峰会国际化、专业化水平，成为推进大众创新的重要平台。举办 2017 深圳国际石墨烯高峰论坛，推进石墨烯等二维材料的研究和产业化应用，为国内外杰出科学家与企业家搭建了交流与合作的平台。

七、提升创新国际竞争力

一是拓宽深化国际合作。2017 年共资助 38 个国际科技合作计划项目，资助金额 2069.7 万元。进一步拓展国际科技合作网络，承办 2017 中国（广东）—美国投资合作交流会深圳高科技与创新产业专题论坛、2017 中国（深圳）—加拿大（安大略）创新与国际合作论坛，协助澳大利亚南澳州代表团在深举办高新技术企业合作交流活动。出访南非、英国、法国和西班牙，在伦敦成功举办中国（广东）—英国（伦敦）经贸合作交流会深圳高新技术产业专题对接会。与以色列创新署联合组织实施“深圳 - 以色列科技项目联合资助计划”，完成第六批项目征集工作。二是强化区域创新合作。充分利用深港科技合作的创新机制，将深港打造成为粤港澳大湾区创新主引擎。2017 年对 8 个深港创新圈项目予以 1400 万元资助，累计联合资助深港合作项目 77 项，双方共投入资金超过 4 亿元。与香港贸发局签署《深港创新及科技产业化合作备忘录》，开展全面合作。积极配合市港澳办，与香港创新及科技局对接，推动河套地区港深创新及科技园筹建工作。

八、强力推进专项工作

一是积极推进“十大行动计划”。规划建设十大诺奖科学家实验室，海外创新中心等基础研究机构。格拉布斯研究院、中村修二激光照明实验室、科比尔卡创新药物开发研究院、瓦谢尔计算生物研究院及深圳盖姆石墨烯研究中心等 5 家诺奖实验室挂牌成立。美国旧金山海外创新中心、美国波士顿海外创新中心、美国西雅图海外创新中心、英国伦敦海外创新中心、法国伊夫林海外创新中心、加拿大多伦多海外创新中心、以色列特拉维夫 - 海法海外创新中心等首批 7 家深圳市海外创新中心正式授牌。数字生命研究院、华大生命科学研究院、量子科学与工程研究院等首批基础研究机构启动筹建。二是争创国家可持续发展议程创新示范区。牵头组织国家可持续发展议程创新示范区申报创建工作，会同市发改委等 12 个职能主管部门，编制完成《深圳市可持续发展规划（2017—2030 年）》和《深圳市国家可持续发展议程创新示范区建设方案（2017—2020 年）》，并通过了国家可持续发展实验区部际联席会议审核，被科技部列为首批创建国家可持续发展议程创新示范区备选地区之一。三是积极落实“八大抓手”。组织起草《深圳市落实广东省创新发展大会实施方案》，将我市 2017 年重点工作任务分解为 46 个细项评价监测指标，开展相关工作。46 个指标基本按时间节点完成任务，其中工业技术改造投资额等 19 个指标已提前完成全年任务。四是参与国家重点研发计划重点专项。结合我市产业优势，按照科技部与市委市政府有关要求，先期启动合成生物学重点专项，已与科技部签署《部市联动组织实施国家重点研发计划“合成生物学”重点专项框架协议》。五是促进高新区扩容提质。研究制定《关于促进深圳国家自主创新示范区暨高新区创新发展的改革方案》，进一步强化高新区（示范区）管委会职能，做好高新区管理范围调整研究。

第二节 2017年深圳市科技服务工作发展回顾

2017 年，在市委市政府的正确领导，中国科协、广东省科协的指导支持下，深圳市科协深入学习宣传贯彻习近平新时代中国特色社会主义思想和党的十九大精神。以推动科协系统深化改革为动力，认真履行“四服务”职责定位，科协组织的政治性、先进性、群众性明显增强，开放型、枢纽型、平台型的组织特色进一步显现，为服务深圳建设现代化国际化创新型城市和国际科技、产业创新中心做出了积极贡献。

一、科技服务系统改革

根据中央、省委、市委有关群团改革的总体部署，结合新问题新任务，市科协加紧制定了《深圳市科协系统深化改革实施方案》，做到制定方案与深化改革同步进行。截至目前，省科协原则同意了市科协的改革方案，市科协已按程序将《改革方案》审议稿上报市委全面深化改革领导小组（2018年5月，市委办正式印发）。

一是改革联系服务科技工作者的体制机制。进一步提高科协领导机构中基层科技工作者代表比例，完善常委会和全委会工作机制。进一步深化市科协机关和直属事业单位改革，优化和完善市科协机关和直属事业单位机构设置及职能配置，正式分设学会学术部（加挂企业工作办公室牌子）和科学技术普及部，使机构职能进一步符合“四服务”的职责定位要求。加强市区联动，进一步推动科协组织向高校、园区和企业延伸。探索“互联网 +”服务模式，改进市科协网站的服务功能。

二是改革学会治理结构和治理方式。进一步修订完善并出台深圳市科协团体会员制度，推动学会治理结构改革，指导各级学会加强组织建设，依照法律和章程独立自主开展工作。进一步推进学会秘书处实体化、专职化、年轻化建设，扶持和培养一批学会成为改革创新的示范性学会。

三是创新面向社会提供公共服务产品的机制。进一步创新服务学术活动机制，净化学术环境，创新服务科技成果转化机制，实施创新驱动助力工程；进一步创新承接政府转移职能工作，按照市委全面深化改革总体部署，进一步明确目标，突出重点，服务政府职能转变和简政放权改革。

四是加强对科技工作者的政治引领。加强思想政治引领，增强政治性；改革学会党建工作机制，创新学会党组织运行机制，引导科技工作者自觉践行社会主义核心价值观。

二、科技工作者服务

在 2017 年首个“全国科技工作者日”期间，市科协提前部署，早做安排，成功组织开展了系列活动，受到广大科技工作者的热烈欢迎。推动以市委市政府的名义在深圳特区报刊发《致广大科技工作者的慰问信》，组织召开了“全市科技工作者代表座谈会”，省委常委、市委书记王伟中出席会议并讲话，来自高校、科研院所、科技型企业、新型研发机构、政府部门的科技工作者代表在座谈会上建言献策，得到市委主要领导的高度重视与相关部门的及时回应，科技工作者的诉求得以快速落实。

与深圳金融人才协会、深圳欧美同学会、麻省理工学院中国创新创业论坛等海内外人才协会、科技团体及科技工作者建立常态化工作联系，在人才服务、创新创业活动组织等方面进行紧密合作。搭建高层次人才活动平台，为高层次人才创业企业与建行等金融机构进行金融合作牵线搭桥并促成合作。在 2017 年第十九届高交会上，举办深圳市高层次人才创新创业展，组织 20 家深圳优秀高层次人才企业近 30 多个具有世界先进水平的项目参加展示和交流。

成功推荐了杨焕明院士参选并获得首届全国创新争先奖

章，推荐了郑海荣等参加中国青年科技奖评选，推荐了 12 位优秀人才作为市人才公园展示人才的人选。加强与宣传部门的合作，通过宣传一线基层科技工作者，推出一批奋力创新、精忠报国的先进典型，引领科技工作者创新争先；完成《深圳市青年科技奖实施细则》修订工作，进一步激发了青年科技工作者创新创业热情。2017 年度青年科技奖获得者随后在《Nature》发表了三篇论文，后续效应持续扩大。

在中国科协海智基地建设方面，积极筹建中国科协海智计划广东（深圳）基地创新创业工作室，打造联系海外团体和汇聚科技创新要素的平台。2017 年 5 月在光明留学生创业园挂牌成立了深圳海智基地的首个工作站。在中国科协（深圳）海外人才创新创业离岸基地建设方面，引进了“英国皇家工程院院士 Bill Roscoe 教授团队”、矩阵新材料团队等重量级团队，成功举办牛津、波士顿等地区的海外创新创业大赛。组织了“2017 年海外大众创业万众创新活动·荷兰站系列活动”，与荷兰主流创投界建立了合作关系，活动受到全国双创周组委会的充分肯定。

在深圳市科协的推动下，市政府于 2017 年 7 月正式印发《深圳市人民政府关于印发深圳市院士（专家）工作站管理与资助办法（试行）的通知》。2018 年，经资格审核、专家评审和综合评价后确定了 34 家申报单位为建站单位。院士（专家）工作站的建设，将进一步发挥院士、专家的技术引领作用，帮助企业培育科技创新团队，集聚创新资源，突破关键技术制约，推动产学研紧密合作。

三、科协品牌活动

成功举办第二届深圳海洋发展论坛。海洋发展论坛影响力持续提升，国家科技部、国家海洋局、海军装备部等相关部门领导，中国科学院、清华大学、浙江大学、天津大学等高校以及国家海洋局第一研究所、中船重工 710 所以及中海油、中集集团、招商局工业集团、中国华信能源有限公司等专家和企业家等 40 余位代表参加研讨会。省委常委、市委书记王伟中出席会议并做重要指示。市委常委、秘书长郭永航，市政府副市长高自民等市领导参加研讨会。会议对国际海洋产业发展趋势进行了研讨，并对深圳全球海洋中心城市建设提出积极建议，受到了市委市政府领导的高度认可。

成功举办第二届深圳国际科技影视周。此次科影周活动细分为 7 个板块 12 个专题，继续延续上一届“未来”的科技元素主题，通过整合和利用“科技 + 文化 + 影视 +N”等内容和元素，打造了一个集“科、新、高、特、趣”特点的大众科技影视周。科影周期间，举办了“深圳国际气候影视大会”“2017 中国科教影视科蕾杯三十周年纪念活动”“‘晨星水滴’中国原创科幻大赛”“科技拍客大赛”“科普影片公益展映”“智能科技展”“科学文化展”等多层次、多体系的专题活动，充分展示了科技与影视交融的魅力和深圳创新之都的风采，让广大市民获得更多的参与感和获得感。参加“深圳国际气候影视大会”的优秀作品入选在 2017 瑞士达沃斯论坛中国角进行宣传展示。

自主创新大讲堂等品牌活动反响热烈。2017 年自主创新大讲堂活动继续侧重于各类学术论坛的举办，全年共举办各类学术论坛 93 期；各类学术论坛邀请演讲嘉宾级别较往年明显提高，全年邀请院士、高校教授与教授级高工专家共计 57 人； 2017 年大讲堂科学馆专场逐渐步入正轨，影响力正在逐步提升，举办场次、听众人数较去年有较大增加。经统计，2017 年度共举办自主创新大讲堂活动 130 期，参与听众 2 万人次以上。

2017“深圳杯”数学建模挑战赛（原夏令营）成功举办。自 2010 年来该赛事已举办六届，吸引了近 300 名来自全国各大高校的学生前来深圳。本届挑战赛活动探讨的 4 个问题与深圳直接相关，利用数学思维为深圳发展提出解决方案，也为深圳未来发展大数据等产业提出了积极建议。

四、科普工作开展

推动市政府印发《深圳市全民科学素质行动计划纲要实施方案(2017—2020 年)》。方案提出实施青少年、城市劳动者、社区居民、领导干部及公务员四大人群和科普基础设施工程等九个重点任务。首次成立了深圳市全民科学素质纲要实施工作办公室，22 个市直单位作为成员单位，有效保障纲要的实施。2017 年进行的全民科学素质水平测评达到 18.3%。罗湖区发布了《罗湖区全民科学素质行动计划纲要实施方案（2017—2020 年）》。宝安区完成了《宝安区全民科学素质行动计划纲要实施方案（2017—2020 年）》编制工作。

推动科普主题活动持续开展。深圳市科协积极动员社会力量参与科普工作，依托广大学会、协会、科普基地、企业科协等开展多种形式科普活动。“科普进社区”“科技文化节”“少年科普行”已经形成深圳市科协青少年科普品牌。积极在“全国科技活动周”“全国防灾减灾日”“全国食品安全周”“全国科普日”等活动期间开展“科普进社区”活动，全年开展各类“科普进社区”活动上百场次，参加的青少年及家长达 5 万人次，形成强大的社会效应。2017 年，深圳市科学馆累计接待人数超过 20 万人次，开放天数 260 天，累计接待团队 40 余次，科普展教与科普活动继续优化升级，科普宣传工作推陈出新，科技馆新馆建设工作持续推进。

面向基层的科普阵地进一步扩大。2017 年，我市新增省级科普教育基地 2 家，目前共 25 家；新增市级科普教育基地 24 家，目前共 118 家。组织开展了“十佳科普教育基地评选”活动，推荐罗湖区南湖街道办事处和平社区（工作站）等 3 家省级科普示范社区获得 2017 年国家基层科普行动计划奖补资助。截至 2017 年我市共创建国家级科普示范社区 20 家。推荐龙岗区成为 2017 年科普信息化试点县（市、区），宝安区科技馆为 2018 年“科普中国”落地应用 e 站。

青少年科技教育蓬勃发展，青少年科学素质稳步提升。各区进一步重视青少年科普工作，科技辅导员队伍、校园科技馆、创新（创客）工作室建设全面铺开。盐田区科协携手区教育局聘任 16 位来自华大基因的科研骨干和专家作为盐田区首批科技教育副校长，将盐田区科技创新教育推上一个新的高度。坚持组织开展示范性青少年科技创新活动，通过举办“青少年科技创新大赛”“机器人比赛”“三模比赛”“绿动机关创客赛”等活动，推动中小学校科学特色教育向普及化、课程化、社团化、制度化发展。2017 年全市参与科技创新竞赛活动的青少年学生达到 10 多万人次。我市青少年在全省、全国以及国际科技竞赛中继续斩获桂冠。在 2017 年的美国匹兹堡国际发明展和纽伦堡国际发明展中，仅龙岗区就各有 3 名学生摘得金奖等荣誉。

成功举办 2017 年“科学与中国”院士专家巡讲团暨深圳“科技驱动发展创新引领未来”巡讲活动。活动邀请了中国科学院 20 名院士和“科学与中国”巡讲团的 11 名专家开展了 68 场高层次公益科普讲座和报告。活动辐射到全市多所大中小学校以及科研机构，通过讲座报告在全市范围内普及科学知识、传播科学思想、弘扬科学精神、倡导科学方法，激励广大青少年献身科学事业，培养社会公众全面正确认识科学技术。

五、学会管理及平台工作建设

学会自身能力建设进一步加强。目前市科协所属学会 92 家，团体会员 80 家。专职工作人员队伍、固定办公场所总体运营良好的学会及团体会员占总数的 90%。现阶段全市学会理事会班子基本实现年轻化，秘书处实现专职化。全年利用科协大讲堂平台等举办专职干部培训班 4 期，推荐学会专职人员参加统战部、民政局等单位举办的专职社团人员培训 200 多人次。各学会、协会、研究会依据《深圳经济特区行业协会条例》，积极修订章程，调整内部管理制度，加强学会办事机构职业化建设，学会的专业化服务、市场化运作、国际化发展水平进一步凸显。

学会服务能力进一步提升。2017 年 5 月市科协召开学会工作会议以来，各学会按照新时期科协工作思路，在学会能力提升、创新助力工程、高端学术活动、决策咨询及市场化运作方面取得新进展。学会举办各类学术、交流活动 1000 多场次，举办科学普及活动 2000 多场次。学会组织的吸引力和凝聚力进一步增强。全年委托学会、协会及相关机构举办教育培训、技术交流、科研合作、创新创业比赛及关爱活动等 200 多场次，顺利完成中国科协委托“科技信息推广应用一站式服务项目”，服务企业500多家。2017年在成功与中国化学会、南方科技大学共同举办全国中学生化学奥林匹克竞赛暨冬令营活动的基础上，促成中国化学会年会在深圳举行，吸引了4000多名学科专家莅临深圳，为国家级学会与深圳合作起到示范效应。

深港、云深科技社团交流紧密频繁，围绕深港、云深两地科技、经济发展变化需求，不断加强联盟自身建设，扩大联盟活动范围和社会影响力，提高联盟及成员行业服务能力，面向科技创新企业和科技工作者提供优质的服务。成员间的联系进一步常态化，联盟的经济效益进一步加强。2017年，深港科技社团联盟举办不同类型的主题活动达100多场，其中“2017年深港科技界交流年会”“2017两岸四地CIO论坛”“中国（深圳）金融信息服务发展论坛”等活动的品牌影响逐步体现。

市科技开发交流中心以“中国深圳”科技展团名义在2017年度累计组织281家深圳中小型科技企业赴德国、美国、英国、俄罗斯、阿联酋和北京参加了6场国内外科技展会，累计展出面积3181平方米。通过“走出去”参加展会推动企业国际化发展，同时提升了深圳在国内外的影响力，进一步发挥了展会经济对我市优势新兴产业开拓国内外市场的促进作用。

2017年度向深圳的企业和研究机构推介了国际合作项目56项。积极参与组织深圳市政府等各级部门有关落实政府间国际合作协议的活动，2017年协助奥地利驻广州总领事馆组织“中国—奥地利纳米科技及新材料研讨和对接洽谈会”，与清华大学Open FIESTA中心共同承办2017联合国可持续发展全球大学生创新营活动，组织推荐深圳企业参加在美国休斯敦举办的“中美创新与对接投资大会”，各项活动取得良好效果。

六、科技智库建设

经深圳市科技专家委员会办公室的沟通联系，增补被誉为“生命科学界的爱因斯坦”、DNA双螺旋结构的发现者和“DNA之父”的诺贝尔奖获得者、美国科学院院士詹姆斯·沃森博士为深圳市高级顾问，进一步提升了科技专家委员会的智库影响力。

围绕深圳市战略性新兴产业以及未来产业的发展需求，积极组织所属学会广泛开展决策咨询活动，全年完成了《深圳市创新原动力及其经验研究》《深圳市发展人工智能产业的路径问题与建议》等科技思想库课题17项，为推动深圳科技创新发展与科协组织自身建设提出了积极的意见建议。此外，还完成了中国科协委托的关于《女科技工作者创新创业研究》及《科协组织促进科技成果转化研究》两项课题。

市科协2018年6月新建立了科协六届常委会10个专门委员会，设定了职责与任务，以更加精准地为党和政府决策服务。并与科协界别政协委员、科技专家委员会委员，共同搭建起更加完善的决策咨询机制。

2017年，市科协开展了青年科技奖、院士专家工作站等项目评选工作。市专家委员会办公室承接了深圳市龙岗区、龙华区、盐田区、大鹏新区和市人力资源和社会保障局等单位，以及福建省晋江市科技和知识产权局委托“海峡计划”创业团队和项目的专家评审任务。2017年共组织了33批次评审，参加评审专家657人次，评审项目1688项。

第二章
政策法规

深圳市促进重大科研基础设施和大型科学仪器共享管理暂行办法实施细则

深圳市科学技术奖（标准奖）奖励办法

深圳市科学技术奖（专利奖）奖励办法实施细则

深圳市科技创新委员会
关于印发《深圳市促进重大科研基础设施和大型科学仪器共享管理暂行办法实施细则》的通知

深科技创新〔2017〕117 号

各有关单位：

为进一步推动大型科学仪器设施共享工作，根据《深圳市促进重大科研基础设施和大型科学仪器共享管理暂行办法》（深府办〔2016〕33 号）的有关规定，结合我市实际，我委制定了《深圳市促进重大科研基础设施和大型科学仪器共享管理暂行办法实施细则》，现予印发，请遵照执行。

深圳市科技创新委员会

2017 年 5 月 3 日

深圳市促进重大科研基础设施和大型科学仪器共享管理暂行办法实施细则

第一章 总则

第一条 为促进我市重大科研基础设施和大型科学仪器的共享，根据《深圳市促进重大科研基础设施和大型科学仪器共享管理暂行办法》（以下简称《办法》）规定，制定本实施细则。

第二条 《办法》第三条第一款所称的“科学研究和技术开发活动”是指新技术、新产品等的研制开发及科技创新活动，不包括法定测试、检验、医疗服务、批量生产等非研究开发行为。

第三条 《办法》第三条第二款规定用于共享的“大型科学仪器设施”是指本市行政区域内的高等学校、科研院所、企业等单位利用超过 30%（含 30%）的财政资金或国有资本出资购置、建设且单台套原值超过 30 万（含 30 万）的大型科学仪器设施。

本市行政区域内涉密仪器不在《办法》规定共享范围之内。

第二章 信息报送

第四条 本市行政区域内负责管理大型科学仪器设施的高

等学校、科研院所、企业等单位（以下统称管理单位）应当按照《办法》第十条要求向深圳市大型科学仪器设施资源共享管理中心（以下简称市共享管理中心）报送大型科学仪器设施的名称、类别、型号、应用范围、服务价格、存放地点等详细信息。

管理单位应制定本单位的大型科学仪器设施开放共享管理制度，指定责任部门和责任人负责本单位大型科学仪器设施的信息报送和开放共享工作，责任部门和责任人须在市共享管理中心备案。

第五条 管理单位应在市共享管理中心确定的深圳市大型科学仪器共享平台门户网站（以下简称共享平台），通过大型科学仪器设施信息报送系统填报相关信息。相关信息经市共享管理中心审查核实后在共享平台发布。

第六条 对于新购、新建的大型科学仪器设施，管理单位应当在安装调试验收完成之日起 1 个月内，在共享平台上报送相关信息。管理单位应保证信息的真实性和完整性。

第七条 已有的大型科学仪器设施，管理单位应在本实施细则发布之日起两个月内完成信息报送。因特殊情况在两个月内报送确有困难的，管理单位应在共享平台上向市共享管理中心提交延迟报送大型科学仪器设施信息申请书。市共享管理中心同意延期报送的，管理单位应当自市管理中心同意延期之日起三个月内完成信息报送。

第八条 大型科学仪器设施信息发生变化的，管理单位应在发生变化后一个月内在共享平台上更新信息，确保信息的及时有效、准确完备。

第九条 市共享管理中心应当对管理单位报送的本市大型科学仪器设施信息进行汇总、分类，并通过共享平台向社会发布。

第十条 市共享管理中心对管理单位报送信息的真实性、完整性进行年度抽查，并将抽查情况通过共享平台向社会公布。抽查结果作为年度大型科学仪器设施共享服务考核评估依据。

第十一条 鼓励管理单位将非财政资金或非国有资产购置、建设的大型科学仪器设施的信息或信息库向市共享管理中心报送，通过共享平台向社会发布。

第三章 共享与服务

第十二条 经市共享管理中心审查核实，在共享平台公布的仪器设施即为共享平台入网仪器设施（以下简称入网仪器设施），入网仪器设施面向社会其他单位、个人（以下统称用户）提供服务。

第十三条 用户通过共享平台预约使用入网仪器设施的，管理单位应当与用户签订合同，约定服务内容、收费标准、知识产权归属、保密要求、损害赔偿、违约责任、争议处理等事项。

第十四条 用户与管理单位签订合同后，各自履行相关义务，共同完成合同约定的各项服务内容。

第十五条 管理单位对外提供开放共享服务，按照有关规定，可以按照成本补偿和非营利性原则收取综合服务费，用于材料消耗、水、电等运行费以及人力成本的支出，服务收入纳入单位预算，由单位统一管理。鼓励管理单位将该收入的相应部分作为人力成本支出，按照一定比例发放给大型科学仪器设施管理和操作人员。

第十六条 为鼓励大型科学仪器设施共享，降低共享服务成本，用户可依照市科技创新券规定使用创新券抵扣部分共享服务费。

第十七条 在完成共享服务后，管理单位应在共享平台填报共享服务过程的相关信息（如服务时间、数量、人员、费用等）并经用户确认，用户有义务对管理单位提供的服务进行评价，管理单位有义务对用户的履约情况进行评价，为市共享管理中心考核评估全市共享服务情况提供依据。

第十八条 市共享管理中心和管理单位应当加强定期组织各项业务技能培训，提高大型科学仪器设施管理和操作人员业务素质。

市共享管理中心应加强共享平台和相关政策的宣传推广力度，扩大共享范围，提高共享效率。

第四章 联合评议

第十九条 市大型科学仪器设施共享联席会议办公室（以下简称联席会议办公室）设在市科技创新委员会，在市大型科学仪器设施共享联席会议（以下简称联席会议）的指导下，负责制定大型科学仪器设施评议的标准、程序、方法，组织实施本市市级财政经费安排范围内的联合评议工作，遵循“统筹规划、合理布局、需求导向、开放共享”的原则，对新购、新建大型科学仪器设施的必要性进行评议。

第二十条 管理单位申请使用市财政资金全额或者部分出资新购、新建单台套价格在 50 万元（含 50 万元）以上的大型科学仪器设施的，需提交大型科学仪器设施购置联合评议申请，申请报告内容包括：购置建设目标的必要性，科研项目的需求程度、共享方案、购置的预算方案和实施管理能力等内容。

第二十一条 评议申请由市共享管理中心收集后，上报联席会议办公室，联席会议办公室按照“公开、公平、公正、规范”的原则，组织技术、经济、管理等相关领域的专家或委托中介机构，对申购的大型科学仪器设施进行评议。

联合评议内容包括：

（一）申请单位现有大型科学仪器设施共享服务及使用情况；

（二）本市现有同类仪器设施的资源状况（如分布、使用状况）；

（三）相关科学发展和科研需要购置仪器设施的合理性和必要性；

（四）新购仪器设施的共用共享方案。

第二十二条 市共享管理中心自联合评议之日起四十个工作日内向申请单位反馈评议结果。该评议结果是市政府采购中心对新购、新建大型科学仪器设施采购合规性审查的证明材料之一。评议结果为不予批准的，申请单位应自行按有关程序向原经费（项目）审批部门申请调整采购品目。

第二十三条 区财政资金出资的新购、新建的大型科学仪器设施可参照本实施细则进行评议。评议结束后，应将评议结果报联席会议办公室备案。

第五章 考核评估

第二十四条 市共享管理中心按照“公开、公平、公正”的原则，每年对全市大型科学仪器设施共享服务情况进行考核评估。

第二十五条 凡加入市共享服务平台的管理单位，都须接受共享服务情况的考核评估。

第二十六条 对管理单位大型科学仪器设施共享服务情况的考核评估内容包括大型科学仪器设施共享服务业绩（包括共享服务机时数、年度共享服务仪器用户数、共享服务合同签约数、合同金额及到账金额等）、服务质量（包括内部的服务质量管理、用户满意度等）、功能开发、人才培养（包括管理和技术人员配备情况、技能培训情况）及信息公开（包括仪器信息填报完整性、信息及时更新等）等情况。

第二十七条 管理单位大型科学仪器设施共享服务情况考核评估期为上一年的 1 月 1 日到 12 月 31 日，考核评估流程如下：

（一）管理单位按照市共享管理中心每年发布的考核评估通知，在规定的时间内按照考核评估要求如实填报考核评估材料；

（二）市共享管理中心组织专家或委托中介机构进行考核评估。实施考核评估时，可采用现场抽查的办法，包括对共享服务相关原始记录和大型科学仪器设施运行管理情况的核实；

考核评估结果分为优秀、合格、不合格，市共享管理中心在一个月内将考核结果上报市科技创新委员会和联席会议其他成员单位，并通过各主管部门和共享平台向社会公布。

第六章 附则

第二十八条 有下列情形之一的，由市共享管理中心责令限期整改。逾期不整改的，市共享管理中心将有关情形上报市科技创新委员会和联席会议其他成员单位，市科技创新委员会会同联席会议其他成员单位予以通报，并采取停止管理单位新购仪器设备、在申报科技计划（专项、基金等）项目时不准购置仪器设备等方式予以约束：

（一）管理单位错报、漏报、瞒报大型科学仪器设施相关信息的；

（二）管理单位未提供开放共享服务或开放共享时间较少、用户投诉次数多、用户评价较差的；

（三）管理单位经考核，评价结果为不合格的。

第二十九条 本实施细则由市科技创新委员会负责解释。

第三十条 本实施细则自发布之日起施行，有效期 3 年。

深圳市市场和质量监督管理委员会关于印发《深圳市科学技术奖（标准奖）奖励办法实施细则》的通知

深市质规〔2017〕7号

各有关单位：

为规范深圳市科学技术奖（标准奖）评审工作程序，保障评审质量，根据《深圳市科学技术奖励办法》（深府〔2016〕87号）的规定，我委制定了《深圳市科学技术奖（标准奖）奖励办法实施细则》，并已经市法制办审查通过，现予以印发，请遵照执行。

特此通知。

深圳市市场和质量监督管理委员会

2017年12月5日

深圳市科学技术奖（标准奖）奖励办法实施细则

第一章 总则

第一条 为规范深圳市科学技术奖（标准奖）（以下简称“标准奖”）评审工作程序，保障评审质量，根据《深圳市科学技术奖励办法》（深府〔2016〕87号）的规定，制定本实施细则。

第二条 本实施细则适用于标准奖的申请、受理、评审、公示及授奖等各项活动。

第三条 标准奖每年评审一次，每年授奖项目不超过15项，每项奖励30万元。

第四条 市市场监督管理部门负责标准奖的受理及评审组织工作。

第二章 申请及受理

第五条 市市场监督管理部门每年发布标准奖申请指南，明确申请时间、申请范围、申请材料及受理方式。

第六条 申请标准奖的单位必须是在深圳市注册（登记或依法设立）的企、事业单位或社会组织。申请的标准项目应当符合《深圳市科学技术奖励办法》规定，标准项目已经获得国家、广东省、深圳市政府科技奖励的不得再申请。

第七条 申请标准奖的标准项目必须已经正式批准发布，且实施时间在二年以上四年以内。

第八条 国际标准项目的范围为ISO、IEC、ITU等国家标准委认可的国际标准组织所制定的标准，以及其他重要的国际性标准组织制定的国外先进标准。

第九条 申请单位为制定该标准项目的主导完成单位。

主导完成单位确定方法如下：

（一）国家标准、行业标准、深圳市技术标准文件主导完成单位为该标准“前言”中注明的第一起草单位。如果第一起草单位为非深圳市注册的单位，而第二起草单位为深圳市注册单位，且第二起草单位能够提供该标准归口管理单位出具的在该标准制定中发挥关键作用的书面证明，则确定第二起草单位为主导完成单位；

（二）国际标准主导完成单位为在国际标准制定工作中发挥了关键作用，且其提案唯一被采纳为该国际标准核心内容的深圳市注册单位。

第十条　申请标准奖应在规定的时间内向市市场监督管理部门提交下列材料：

（一）《深圳市科学技术奖（标准奖）申请书》（原件，网上申请成功后自动生成打印并加盖申请单位公章）；

（二）营业执照、法人证书、法人登记证或有关主管部门批准成立的文件（提交加盖申请单位公章的复印件）；

（三）法定代表人身份证或者法人委托书及代理人身份证（验原件，提交加盖申请单位公章的复印件）；

（四）已经发布实施的国际标准、国家标准、行业标准和深圳市技术标准文件项目文本（原件）；

（五）法定主管部门批准发布该标准的文件（提交加盖申请单位公章的复印件）；

（六）标准项目为国家标准、行业标准、深圳市技术标准文件且申请单位为该标准项目第二起草单位的（第一起草单位为非深圳市注册的单位），应提交该标准归口管理单位出具的主导制定该标准的有效证明材料（提交加盖申请单位公章的复印件）；

（七）标准项目为国际标准的，须提交主导制定该标准的有效证明材料（提交加盖申请单位公章的复印件）；

（八）标准项目的技术水平证明（如标准审查时的专家评审意见、项目鉴定结论等）（提交加盖申请单位公章的复印件）；

（九）标准项目的经济及社会效益证明（原件）；

前款所列的材料需一式七份，并按前款所列的顺序用A4 规格纸装订成册。

第十一条　市市场监督管理部门对申请材料进行形式审查，全部材料均符合要求的予以受理；符合申请条件但材料不全的，一次性告知需补足的材料，要求申请单位限期补足；不符合申请条件的，当场告知不予受理。

第三章 评审

第十二条 市市场监督管理部门应当组建专家评审委员会（以下简称评委会），评委会由 7 名以上单数专家组成。市市场监督管理部门派出观察员参加评委会。

第十三条　评委会专家实行回避制度，且来自同一单位的专家不超过 1 名。

第十四条　评委会设主任委员 1 名，主任委员应具有奖励评审经验和资深标准化工作经验，由评委会委员推举产生。主任委员负责主持评审会议，按时提交评审结果。

第十五条　评委会可以根据当年度申请标准奖项目的数量，在初审环节设立若干评审小组进行评审。各评审小组由 3 名或 3 名以上专家组成，设组长 1 名。组长负责主持评审小组的评审工作，按时提交评审结果。

第十六条　评委会应从符合国家及深圳市产业发展政策、创新性、技术先进性、标准实施情况、经济效益和社会效益等方面对标准项目进行评价，具体评定指标如下：

（一）符合国家及深圳市产业发展政策：标准属于《深圳市产业结构调整优化和产业导向目录》鼓励发展类产业领域情况；

（二）创新性：标准中所含的技术或者管理或者服务创新情况；

（三）技术先进性：标准中含有先进研究成果或者自主知识产权情况；

（四）标准实施情况：标准在相关领域内应用广泛普及情况；

（五）经济效益：标准促进产业结构调整优化，提升产品在国际、国内市场的竞争力，形成优势产业等情况；

（六）社会效益：标准保障人体健康和人身财产安全、保护环境、提高管理效能、保护消费者等情况。

第十七条　标准奖评审分初审和复审环节，按以下规则进行：

（一）初审环节

1. 市市场监督管理部门将形式审查合格的标准项目提交给专家评委会进行评审；

2. 评委会各专家对该项目进行独立评分。评委会所有专家评分的平均分为该项目评审得分；

3. 评委会根据各项目得分从高到低按顺序确定入围复审项目名单，入围复审项目总数不超过 18 个，同一申请单位入围复审项目不超过 2 个。

如当年度申请标准奖项目的数量较多，评委会认为需要设立评审小组的，则按以下规则进行：

（1）市市场监督管理部门将形式审查合格的标准项目提交给专家评委会，专家评委会指定相应的评审小组进行评审；

（2）各评审小组专家对该项目进行独立评分。同一评审小组所有专家评分的平均分为该项目评审得分；

（3）各评审小组将项目评审得分报评委会；

（4）评委会根据各项目得分从高到低按顺序确定入围复审项目名单，入围复审项目总数不超过 18 个，同一申请单位入围复审项目不超过 2 个。

（二）复审环节

1. 评委会对入围复审项目进行复审；评委会专家对入围复审项目进行质询，由申请单位答辩。评委会可以根据情况组织专家对申请单位进行现场核查，现场核查人数不少于 3 人；

2. 评委会各专家综合书面材料、质询情况及现场核查情况对入围复审项目再次进行独立评分。评委会所有专家评分的平均分为该项目复审得分；

3. 评委会根据复审得分情况提出推荐获奖项目名单报市市场监督管理部门，推荐获奖项目总数不超过 15 个，推荐备选项目总数不超过 3 个。

第四章 公示及授奖

第十八条　评委会推荐的拟奖项目，市市场监督管理部门按照《深圳市科学技术奖励办法》的规定，向市财政委、市科技创新委、市国税局、市地税局、深圳海关征求违法违规情况及是否同意拟奖的意见，未提出反对意见的，视为同意拟奖。拟奖项目经审核符合相关规定条件的，上报市科学技术奖励委员会办公室（以下简称市奖励办），由市奖励办统一向社会公示。公示时间不少于 10 天。

任何组织或者个人对公示项目有异议的，应当在公示规定时间内向市奖励办提出；逾期且无正当理由的，不予受理。

第十九条　提出异议的组织或者个人应当提供书面材料以及合法、有效的证明。提出异议的组织或者个人应当表明真实身份。自然人提出异议的，异议材料应当记载明确的联系方式（通信地址、电话号码等），并签署真实姓名；组织提出异议的，书面材料应当由其法定代表人签字确认，并加盖公章。市奖励办应当在接到异议材料后，对异议材料进行审查，符合相关规定的，予以受理，并自受理之日起 10 天进行核查。

第二十条 经公示无异议的项目或者有异议项目经核查无违规的，由市奖励办将拟奖名单报经市科学技术奖励委员会（以下简称市奖励委）审定后报市政府批准。对有异议项目，经市奖励办核查异议成立的，由市奖励办提交核查报告报市奖励委审定。

第二十一条　标准奖由市政府颁发证书和奖金。获奖单位备齐获奖证明、收款收据和银行账户等材料后到市市场监督管理部门办理拨款手续。

第五章 附则

第二十二条 本实施细则自 2018 年 1 月 1 日起施行，有效期 5 年。《深圳市科学技术奖（标准奖）奖励办法实施细则》（深市监规〔2013〕12 号）同时废止。

深圳市市场和质量监督管理委员会关于印发《深圳市科学技术奖（专利奖）奖励办法实施细则》的通知

深市质规〔2017〕8 号

各有关单位：

为规范深圳市科学技术奖（专利奖）评审工作程序，保障评审质量，根据《深圳市科学技术奖励办法》（深府〔2016〕87 号）的规定，我委制定了《深圳市科学技术奖（专利奖）奖励办法实施细则》，已经市法制办审查通过，现予以印发，请遵照执行。

特此通知。

深圳市市场和质量监督管理委员会

2017 年 12 月 7 日

深圳市科学技术奖（专利奖）奖励办法实施细则

第一章　总则

第一条　为规范深圳市科学技术奖（专利奖）（以下简称专利奖）评审工作程序，保障评审质量，根据《深圳市科学技术奖励办法》（深府〔2016〕87 号）（以下简称《奖励办法》），制定本实施细则。

第二条 本实施细则适用于专利奖的申请、受理、评审、公示、授奖等活动。

第三条 专利奖每年评审一次，奖项不分等级，每年授奖总数不超过 25 项，获奖项目中发明专利项目不少于 80%。

第四条　市知识产权主管部门负责深圳市专利奖评审的组织、协调和管理工作。

第二章　申请及受理

第五条　市知识产权主管部门根据《奖励办法》和本实施细则，发布年度深圳市专利奖申报指南。

第六条 申请深圳市专利奖应当具备以下条件：

（一）专利权人是组织的，应当由专利权人进行申请，且专利权人必须是在深圳市行政区域内注册、具备独立法人资格的企事业单位；

专利权人为自然人的，应当与实施单位联合申请。专利权人应拥有本市户籍或者是联合申请单位的法定代表人或者股东，联合申请单位应在深圳市行政区域内注册、具备独立法人资格；

（二）申请项目为已获得国家知识产权局授权的专利，且该专利权有效、稳定；

（三）专利技术水平高、原创性强，对促进本领域的科技创新有突出的作用；

（四）该专利已经实施，取得显著的经济效益或社会效益；

（五）专利文本质量较高；

（六）针对该专利的保护措施较完善；

（七）该专利及其产品符合国家、省、市的产业政策。

第七条 有下列情形之一的，不得申请专利奖：

（一）已经获得国家、广东省、深圳市专利奖的；

（二）作为主要知识产权证明，获得深圳市科学技术奖的；

（三）专利权属存在争议的；

（四）专利处于无效宣告程序中的；

（五）机关单位、国家机关工作人员；

（六）国防专利和未解密的保密专利。

第八条 专利权人在申请专利奖时，应当提交下列申请材料：

（一）《深圳市专利奖申报书》（原件）；

（二）专利权人是组织的，需提交营业执照或者法人登记证等主体资格证明文件（复印件）；专利权人是自然人的，需提交第二代身份证（复印件）并签名，同时提交联合申报单位的营业执照或者法人登记证等主体资格证明文件（复印件）；

（三）专利证书（复印件）；

（四）专利公告文件（复印件），包括授权公告时的扉页、权利要求书、说明书及其附图或外观设计图等；

（五）发明专利项目需提交国家知识产权局近 3 个月内出具的专利登记簿副本（原件），实用新型和外观设计专利需提供新颖性检索报告或者专利权评价报告（复印件）；

（六）专利权人为两个或者两个以上的，需提交所有专利权人书面同意文件（原件），并指定其中一个专利权人进行申请；

专利权人与实施单位联合申请的，需提交实施单位对该专利享有合法实施权的材料，如专利实施许可合同及国家知识产权局的许可备案证明（复印件）等；

（七）经济效益证明或者社会效益说明。经济效益证明为会计师事务所出具的申请专利奖项目的专项审计报告（原件），应包括该专利项目的产品生产量、项目投资额、销售额、利税、出口额等经济指标; 社会效益说明应提供相应证明材料;

（八）专利项目的产品属于药品、食品、农药等涉及生命安全的特殊产品的，应当提交有关部门依法准予生产的市场准入证明材料（复印件）；

（九）其他需提交的材料 .

第九条 市知识产权主管部门通过本部门官网接收申请人的资料，进行形式审查，对不符合规定的申请材料，一次性要求申请单位限期补正，逾期未补正或者经补正后仍不符合规定的，视为放弃申请。

第十条 形式审查合格的，由深圳市专利奖评审委员会进行评审。

第三章 评审组织

第十一条 市知识产权主管部门根据当年申报的数量、技术领域分布等情况，组织专利奖评审委员会进行评审；

专利奖评审委员会专家主要从深圳市知识产权主管部门知识产权专家库中抽取产生，必要时，可以从国家知识产权局、广东省知识产权局以及深圳市科技主管部门的专家库中选取，深圳市专利奖评审委员会专家成员当年度产生，负责当年度深圳市专利奖评审工作；

专利奖评审委员会由 9 名或 9 名以上单数专家组成。

第十二条 评审委员会设主任委员 1 名，由评审委员会委员民主选举产生。主任委员负责主持评审会议，按时提交评审结果。

第十三条 专利奖评审委员会根据专利奖的申报数量以及申报项目的技术领域分布情况，设立若干个专业评审组，各专业评审组由相关技术领域 4 名或 4 名以上专家组成，设组长 1 名。

第十四条 评审专家应遵守相关管理办法，实行回避制度，来自同一单位的专家不超过 1 名。

第十五条 评审专家因特殊原因不能正常履行评审工作职责的，评审委员会应当及时书面告知市知识产权主管部门，经评审委员会主任委员批准，可以报请市知识产权主管部门从专家库中重新选取专家。

第四章 评审标准

第十六条 专利奖的授奖项目应当从专利文本质量、技术先进性、专利运用、经济效益、社会效益、保护措施和成效等方面进行综合评价。

第十七条 发明、实用新型专利的具体评价指标：

（一）文本质量（15%）：专利文本质量优良，技术方案保护合理；

（二）技术先进性（25%）：与国内外现有专利技术相比，具有突出的创新水平和显著的进步；其核心技术或者关键技术相比当前同类技术处于领先水平，实用性好、通用性好；

（三）专利运用及经济效益（25%）：专利实施及运用良好，利用该专利项目优势，提高了产品市场竞争力；专利产品新增销售收入、净利润或者纳税额明显，产生了显著的经济效益；

（四）社会效益和发展前景（20%）：专利的实施对促进本市科技、经济和社会进步取得显著效果，推动了本领域和相关领域的技术进步，对本市产业结构调整起到促进作用，具有良好的发展前景；

（五）保护措施和成效（15%）：专利保护策略和专利管理制度完善，保护措施合理有效，专利保护成效显著。

第十八条 外观设计专利的具体评价指标：

（一）文本质量（15%）：专利图片或照片清楚完整，保护范围合理；

（二）设计要点及理念的表达（25%）：外观设计具有独特性、美学效果、寓意表达、结构合理性、安全可靠性、工业适用性；

（三）专利运用及经济效益（25%）：专利实施及运用良好，利用该专利项目优势，提高了产品市场竞争力；专利产品新增销售收入、净利润或者纳税额明显，产生了显著的经济效益；

（四）社会效益和发展前景（20%）：专利的实施对促进本市科技、经济和社会进步取得显著效果，推动了本领域和相关领域的技术进步，对本市产业结构调整起到促进作用，具有良好的发展前景；

（五）保护措施和成效（15%）：专利保护策略和专利管理制度完善，保护措施合理有效，专利保护成效显著。

第五章 评审程序

第十九条 专利奖实行专业评审组评审和评审委员会评审两轮评审制度。获得区专利奖的项目可以直接进入评审委员会评审环节。

第二十条 专业评审组按照下列规则进行初评：

（一）专家审阅材料：专业评审组专家根据分组情况分别审阅申请材料，了解项目的基本情况；

（二）企业现场答辩：企业答辩采取申请单位自我陈述与专家提问相结合的方式，按项目组别进行。申报单位在答辩环节中参加人数不超过 3 人。专家将答辩情况予以记录，作为下一步评分的主要参考之一；

（三）评分：专业评审组专家对每一项目以记名方式进行独立评分，各专家的平均分为该项目初评阶段得分。专家应在评分表上签字确认；

（四）入围名单确定：专业评审组根据各项目得分从高到低排序确定入围项目名单报评审委员会。各专业评审组入围项目数量由评审委员会在专业评审组初评前集体讨论确定。

第二十一条 评审委员会评审程序：

（一）现场考察：评审委员会根据需要，对专业评审组提出的入围项目名单进行现场考察；专家根据现场考察情况做出定性评价意见；考察人员应当在考察评价意见表上签字，并将考察评价意见存档；

（二）综合评分：评审委员会各专家根据书面申报材料、项目答辩情况和现场考察情况对入围项目以记名方式进行独立评分，所有专家评分的平均分为该项目最后得分；

（三）评审委员会按得分从高到低排序确定推荐拟奖和候补项目名单，推荐拟奖项目 25 项，候补 5 项。

第二十二条 评审委员会专家对其出具的分数和意见负责，并在评分表及相关评审表格上签字确认，有不同意见的，可以在签字时作书面说明。

第六章 公示及授奖

第二十三条 评审委员会推荐的拟奖项目和候补项目，市知识产权主管部门按照《深圳市科学技术奖励办法》的规定，向市财政委、市科技创新委、市地税局、市国税局、深圳海关征求违法违规情况及是否同意拟奖的意见，未提出反对意见的，视为同意拟奖。拟奖项目经审核符合相关规定条件的，作为拟奖项目报市科学技术奖励委员会办公室（以下简称市奖励办），由市奖励办统一向社会公示，公示时间不少于10天。

任何组织或者个人对公示项目有异议的，应当在公示规定时间内向市奖励办提出；逾期且无正当理由的，不予受理。

第二十四条 提出异议的组织或者个人应当提供书面材料以及合法、有效的证明。

提出异议的组织或者个人应当表明真实身份。自然人提出异议的，异议材料应当记载明确的联系方式（通信地址、电话号码等），并签署真实姓名；组织提出异议的，书面材料应当由其法定代表人签字确认，并加盖公章。

市奖励办应当在接到异议材料后，对异议材料进行审查，符合相关规定的，予以受理，并自受理之日起 10 天进行核查。

第二十五条 经公示无异议的项目或者有异议项目经核查无违规的，由市奖励办将拟奖名单报经市科学技术奖励委员会（以下简称市奖励委）审定后报市政府批准。

对有异议项目，经市奖励办核查异议成立的，由市奖励办提交核查报告报市奖励委审定。

第二十六条 专利奖由市政府颁发获奖证书和奖金。获奖单位备齐获奖证明、收款收据和银行账户等材料后到市知识产权主管部门办理拨款手续。

奖金根据《深圳市知识产权专项资金管理办法》（深财规〔2014〕18 号）的标准予以发放，每项奖励 30 万元。

第七章 附则

第二十七条 本实施细则自 2018 年 1 月 1 日起施行，有效期 5 年。《深圳市科学技术奖（专利奖）奖励办法实施细则》（深市监规〔2013〕13 号）同时废止。

第三章
科技资源环境

第一节 深圳市高新技术产业园区
第二节 深圳虚拟大学园
第三节 深圳光启高等理工研究院
第四节 国家超级计算深圳中心
第五节 中国科学院深圳先进技术研究院
第六节 深圳华大生命科学研究院
第七节 深圳清华大学研究院

第一节 深圳市高新技术产业园区

一、概况

深圳高新区始建于 1996 年 9 月，规划面积 11.5 平方公里，是国家“建设世界一流高科技园区”6 家试点园区之一，是“国家知识产权试点园区”和“国家高新技术产业标准化示范区”“国家海外高层次人才创新创业基地”和“国家新型工业化产业示范基地”。

火炬统计年报显示，2017 年，深圳高新区实现营业收入 7009 亿元；工业总产值 4332 亿元；实现净利润 1068 亿元，上缴税费 526 亿元。

深圳高新区前瞻布局生命健康、人工智能、无人机、机器人等未来产业，着力培育新经济增长点。以中兴通讯、腾讯公司、创维集团、海王集团、迈瑞医疗、海能达为代表的一批具有国际竞争力的自主创新型企业迅速崛起，成为我国企业参与国际竞争的先锋队。大疆创新、光峰光电、奥比中光、柔宇科技等独角兽企业不断涌现，体现了高新区奔腾不息的活力。

经过数十年技术引进吸收再创新的积累，深圳高新区正加速从技术开发应用向基础科学研究、前沿技术创新转变，从跟随模仿创新向战略引领创新跃升，2017 年，深圳高新区 PCT 专利申请量达 7535 件，约占全市的 37%。深圳高新区国内发明专利申请量 18949 件、授权量 5948 件，均占全市的约 30%。

二、人才引进

提高新引进人才一次性租房和生活补贴标准，本科每人 1.5 万元、硕士 2.5 万元、博士 3 万元，大专以上毕业生可不用积分入籍深圳；为解决人才住房问题，深圳成立了国有独资的人才安居集团有限公司，以“圆安居梦想、聚天下英才”。深入实施“孔雀计划”，单个团队项目平均资助强度2000万元，最高 1 亿元，深圳高新区已引进“孔雀计划”创新团队 6 个。

积极吸引留学归国人员，市财政每年安排 1000 万元、科技三项经费每年安排 2000 万元，作为支持出国留学人员来深创业资金。留学归国人员来深创业踊跃，2017 年入驻留学生创业园的小微留学人员创业企业 55 家，累计引进留学人员 1217 人。留学生创业大厦二期已安排华因康、青铜剑、诺康医疗、六滴等中型留学生创业企业 21 家。

三、园区建设

通过优化园区规划，加快建设以产城融合的新一代科技综合体，解决高新区研发办公空间不足，成本攀升的难题。2017 年，腾讯滨海大厦、百度华南总部、深圳湾科技生态园二三期、高新区创投大厦、银河科技大厦、联合总部大厦等一批重大产业项目竣工投入使用；高新区北区产业升级改造工作加速推进，目前酷派信息港一期城市更新项目、源政创新服务基地项目已基本建成，新增产业用房 15 万平方米；神州通、莱宝真空、豪威科技等多个更新项目进展顺利，北区 20 个建设项目累计完成投资额 68 亿元，今年前 11 个月完成投资额 10.9 亿元，北区升级改造完成后，预计可提供 360 万平方米的产业研发空间；高新技术企业联合总部大厦产业用房 56876.51 平方米已由政府财政资金回购，作为创新型产业用房以优惠租金配置给符合条件的科技企业；在市政府投融资园区内实行租金减免制度，2017 年为中小科技企业节省租金约 8000 多万元，进一步减轻企业负担，调控了高新区研发办公用房的价格。

四、科技金融体系完善

2017 年，深圳高新区科技金融工作持续发力，逐步实现了科技与金融的渗透和融合。继续支持国家专利技术深圳交易中心、深圳市联合产权交易所、深圳非公开科技企业柜台交易市场、新产业技术产权交易所和高新区创投广场积极开展业务。科技金融联盟现有各类投融资机构及高科技企业成员单位300家，新增12家，联盟在各区设立了6个分中心、48个工作站。举办2017年中国科技金融高峰论坛暨首届中国科技金融联盟工作交流会等各类活动30多场，为科技型企业搭建"全方位、专业化、一站式"的创新型金融服务平台。

五、产业培育

高度重视和积极探索创新型企业集群的梯次培育和动态跟踪，配合全市积极营造适合中小企业生长发育的产业、人文和环境生态，从引进为主向自主培育为主、战略引进为辅转变，逐步建立起现代化的、植根深圳本土的高新技术产业体系。高新区孕育发展了从移动通信、程控交换到光纤光端、网络设备的通信产业群，从即时通信、电子商务、移动互联网到智能终端的互联网产业群，从集成电路设计、嵌入式软件、行业应用软件、软件服务外包到系统集成的软件与集成电路设计产业群，从诊断试剂、基因疫苗、化学药物到大型成套医疗设备的生物医药（医疗器械）产业群等一批配套完善、门类齐全的产业集群。

积极实施国家高新技术企业培育计划，建立国家高新技术企业培育库，对入库企业，按入库当年研发实际支出的10%的比例予以资助，资助额超过300万元的按300万元资助；对出库企业，按出库当年研发实际支出的10%的比例予以资助，资助额超过300万元的按300万元资助。2017年，高新区新增国家高新技术企业498家，累计达1595家。

六、双创工作

为落实国务院推进大众创业、万众创新的政策，顺应互联网时代"草根创新""全民创新"的趋势，2017年8月6日下午，2017"创响中国"深圳站活动在华润深圳湾体育中心成功举办。活动以"青春深圳•创赢未来"为主题，有1个标志性活动、5类对接活动和10场特色活动。9月15日至21日，深圳举办了2017全国双创周深圳活动暨第三届深圳国际创客周，共有59个系列活动，充分展示深圳双创活动的优秀成果以及在构建双创生态等方面取得的先进经验，在全市营造更加浓厚的双创氛围。

深圳高新区深入落实《深圳市促进创客发展三年行动计划（2015—2017年）》《深圳市关于促进创客发展的若干措施（试行）》等政策措施，扩大创客专项资金规模，加强创客空间、创客服务平台建设。推动科研仪器设备向社会开放共享，扩大柴火空间、深圳湾创业广场、创客市集等创客空间品牌的国际知名度和影响力，发起设立中国创客联盟。短短1年多时间，高新区创客空间迅速增长到100多家，"北有中关村、南有深圳湾"的创新创业创投创客新格局初步形成。

七、服务质量提升

充分利用深圳体制机制优势，更好地发挥管委会的职能作用，切实加大行政服务供给水平和质量，加快推进简政放权、落实"强区放权"要求，坚持放管结合、加强市区联动，充分发挥所在区政府的积极性，确实优化公共服务流程，让企业少跑路，快办事。

坚持把生态环境摆到与经济发展同等位置，健全环境形势分析长效机制，努力打造绿色发展示范区。规划建设高新区科技公园，完成绿道"公共目的地"建设，规划建设远足径，为市民提供更多绿色休闲空间。规划建设多处新一代科技综合体，遵循"以人为本，产业融合"的理念，为科技人员提供工作、生活、学习、休闲一体化的创新空间，打造宜居宜业的美丽高新区。

针对目前高新区交通拥堵状况，配合市交委研究制订《深圳高新区交通改善近期实施方案》，从道路打通、干道强化、公交提升、慢行再造、管理加强等五大工程着手缓解高新区交通压力，高新区交通拥堵状况已有明显改善，途经高新区的地铁9号线西延线已正式开工，13、15号线已纳入地铁四期规划，沙河西路快速化改造提前启动，高新区交通拥堵治理远期工程全面提速。

狠抓园区“两新”党组织、企业联合党委建设工作，党组织的覆盖面和影响力不断扩大。在保持高新区中区企业联合党委高效顺畅运行的基础上，与南山区政府一同推动成立了高新区南区企业联合党委，党建工作已成为企业科学发展的“助力器”；积极解决高新区就餐难问题，引导扶持高新区用地企业、餐饮公司兴办员工饭堂，彻底解决了高新区企业员工基本就餐问题，配合市区市监部门加强对饭堂食品安全、价格、卫生、服务等方面的监管，加大园区食品安全整治力度，有效改善园区就餐环境；全力维护园区社会安全稳定，积极做好园区企业建设和安全生产监管，建立了园区所有在建项目工地信息库，与市、区安监部门联动加强监管，推动落实企业安全生产主体责任，建设信息化数字防控系统，提高园区社会治安技防能力，建立了“警企联动”对讲机联防系统，案发率逐年下降。

八、国际合作

通过发挥经济特区开放优势，深圳高新区努力在全球范围集聚配置创新资源，在更高层次上参与全球科技合作。2017年，高新区国际商务平台已有来自34个国家和地区的49家境外机构入驻，依托平台，制定了深圳“一带一路”国际合作联盟章程，协助深圳企业在海外设立公司或机构，建立了商务合作关系。举办“中韩项目对接会”“走进柬埔寨”国际项目对接会等活动，为高新区企业国际合作提供更多路径。

第二节 深圳虚拟大学园

一、概况

深圳虚拟大学园成立于 1999 年，是深圳市委市政府为大力发展高新技术产业而实施的具有战略意义的创新举措，是我国第一个集成国内外院校资源，以一园多校、市校共建模式建设的创新型产学研结合示范基地。深圳虚拟大学园在政府和院校共同支持下，根植于深圳特区、毗邻港澳、服务周边、辐射全国，不断成长壮大，聚集 60 所国内外知名院校，设立 51 家事业单位法人建制机构，国家大学科技园已建成清华大学、北京大学等 15 家产业化基地，12 家研究院被认定为“广东省新型研发机构”。

深圳虚拟大学园通过以市场为导向的体制机制创新，在人才培养、科研工作、创新创业、成果转化、深港合作等方面为深圳经济建设与发展做出了突出贡献，也为成员院校深化教学科研改革、服务社会、支持地方经济发展进行了卓有成效的探索，实现了市校共赢。

二、人才培养

深圳虚拟大学园积极构建创新型开放式教育培训体系，充分发挥优质教育资源集聚优势，已形成从学士到硕士、博士的在职学历学位培养和从短期专项到为企业量身定做的订单式人才培养体系。累计培训各类人员 29.7 万人，其中培养博士 1887 名，硕士 44243 名，本科生 61761 名，订单培训 96932 名。

深圳虚拟大学园博士后科研工作站工作有序开展。2017 年新入站博士后 23 人，出站 14 人；积极组织在站博后申请中国博士后科学基金，1 人获得中国博士后科学基金第 10 批特别资助，9 人获得中国博士后科学基金第 61、62 批面上资助，2 人获得国家自然科学青年基金，2 人入选广东省“珠江人才计划”博士后资助项目。

三、科研工作

深圳虚拟大学园产学研工作持续深化、科研实力不断增强，已成为特色鲜明、专业突出的高端人才宜聚地、研发机构聚集地和中小科技企业集散地。依托深圳对科技的持续高投入，深圳虚拟大学园大力整合成员院校校本部科技研发的优势和力量，积极参与深圳的科研工作，设立研发机构 262 家，其中获批市级以上重点实验室、工程实验室等创新载体 70 家，省级重点实验室、工程技术研究中心 8 家，国家工程实验室 1 家，省部共建国家重点实验室培育基地 1 家。2017 年深圳虚拟大学园承担国家级科技项目 149 项，金额 1.02 亿元；承担省部项目 38 项，金额 1700 万元；承担市科技计划项目 242 项，金额 2.37 亿元；获得发明专利 185 项，软件著作权 35 项，发表论文 641 篇。

经过近年来扎实的科研工作，深圳虚拟大学园科研产出成绩喜人。如香港城市大学的副校长、深圳研究院院长吕坚教授团队，成功研制全球首创的超纳镁合金材料，在国际顶尖科学学术期刊《自然》上发表封面文章。深港产学研基地深圳固高科技有限公司，参与的“支持工业互联网的全自动电脑针织横机装备关键技术及产业化”项目获得了国家科学技术进步奖二等奖。西北工业大学深圳研究院商澎教授和香港浸会大学深圳研究院张戈教授牵头承担了国家载人航天工程空间生命科学试验项目。

四、创新创业

深圳虚拟大学园是国家级孵化器和国家大学科技园，多次被评为国家级优秀孵化器（A 类），拥有良好的创新创业沃土和氛围。优先引进高层次创新创业人才，实施和承接“孔雀计划”等重大人才工程，加大海内外创新团队引进力度，目前深圳虚拟大学园有孔雀团队 12 个。

深圳虚拟大学园园区有 17 家院校孵化器，孵化企业 1000 余家；深圳虚拟大学园自有孵化面积 6.8 万平方米，包括虚拟大学园大楼、虚拟大学园产业化综合大楼、虚拟大学园重点实验室平台大楼等。截至 2017 年底，虚拟大学园孵化器在孵企业 95 家，累计毕业企业 139 家。

深圳虚拟大学园大学生创业园总面积近 1000 平方米，累计入驻大学生创业企业 39 家。创业园为入园创业企业提供包括场地、经费、公共服务、创业导师等在内一系列优惠和服务，旨在将创业园建设成为能够服务全深圳市乃至全国大学生创业者的创业乐园。

五、成果转化

深圳虚拟大学园致力于打造科研资源和产业化资源的连接服务平台，践行正向创新和逆向实践相结合的技术价值实现路径——既以科研本身的学科逻辑催生技术成果、寻找市场，又以企业产品开发为起点，向创新链的上游传递技术需求，并通过促进产学研合作和提供支撑服务实现创新。

2017 年，深圳虚拟大学园新增成果转化 111 项，新增技术服务 213 项；累计转化科技成果 1744 项，技术服务 801 项。

六、深港合作

香港高等教育资源在粤港澳区域内最为丰富，深圳的产业创新对香港研发有着较强的市场需求。深圳虚拟大学园勇于担当，吸纳香港科教资源，深化深港合作，形成了港校资源的高度聚集和与内地院校协同发展的有效融合。

香港高校依托虚拟大学园平台，开展科学研究、联合人才培养、培育高科技创业企业等工作。累计承担国家、广东省、深圳市项目 1302 项，获得支持经费 10.78 亿元；累计在深联合培养各类人才 9511 名；在深设立科研机构 54 家，转化成果及技术服务 342 项；注册企业 113 家，注册资金约 2.9 亿港元。

七、学术论坛

2017 年深圳虚拟大学园举办 10 场名校名师公益课堂，演讲嘉宾是来自成员院校的 10 位知名专家学者。“深圳虚拟大学园名校名师公益课堂”在深圳全民终身教育学习活动周评为“2017 年终身学习的品牌”。名校名师公益课堂已经在城市文化建设中形成了具备一定影响力的品牌形象，为提升城市整体文化素质和创新创业能力贡献了一分力量。

深圳虚拟大学园成功举办“深圳市博士后中医药学学术研讨会暨深圳博士后创新讲堂”。各成员院校组织举办各类学术会议和论坛，如香港中文大学深圳研究院举办的“3D 生物打印与再生医学国际论坛”“创新技术平台与精准医疗产学研论坛”，北京理工大学深圳研究院举办的“第二届亚澳火安全材料科学与工程研讨会”，南京大学深圳研究院举办的“第六届电声技术国际研讨会”，中山大学深圳研究院举办的“智能金融与区块链技术论坛”，兰开夏科技（深圳）有限公司举办的“跨国产学研合作模式研讨会”等。

八、联席会议

一年一度的深圳虚拟大学园联席会议作为独有的制度安排，已成为深圳虚拟大学园可持续发展的重要传承方式。2017 年联席会议以“厚植名校优势，再创科教新局”为主题，探讨分享深圳虚拟大学园近年来在国家、省市大力推行科技创新及成果转化的宏观背景下，将与成员院校同心协力在产学研转化方面探索经验、抓机遇、迎挑战，共同擦亮深圳“科技之都”“设计之都”的名片。深圳市科创委主任梁永生主持会议，市委常委、副市长高自民出席联席会并致辞，市科创委党组书记、副主任邱宣作深圳虚拟大学园工作报告，清华大学副校长尤政院士、北京航空航天大学副校长房建成院士、西北工业大学常务副校长黄维院士、深圳市光科全息技术有限公司创始人郭滨刚博士、南方科技大学创新创业学院刘科院长在会议上分别做交流发言。

第三节 深圳光启高等理工研究院

一、概况

光启是一家专注于颠覆式创新的全球化创新集团，2010年由杜克大学、牛津大学5位博士归国创立，总部位于中国深圳，现已发展成一个全球创新共同体（光启GCI），创新机构分布在21个国家和地区，总人数超过2600人。光启以明代科学家徐光启来命名，励志为中华科技复兴而努力。光启专注于颠覆式的创新，掌握了智能超材料技术、新型航空装备技术和人工智能技术及相关核心自主知识产权，拥有世界级的创新研发团队，融合电子信息领域、数理统计领域等学科的各种先进技术。

光启在全球率先研制、推广特种电磁超材料航空结构、超级WiFi系统、光子认证系统、光子支付、智慧城市空间大数据平台“云端”号、“旅行者”号临近空间飞行平台、超级智能系统、立体无人消防装备等系列产品，业务领域涉及航空航天工业、新型空间服务、智能装备、智慧城市、公共安全、新型无线通信等。其独树一帜的技术、产品和解决方案有着广阔的应用前景。光启由一系列源头创新和产业化平台组成，包括深圳光启高等理工研究院，超材料电磁调制技术国家重点实验室，上市平台光启科学、光启技术等。

二、专利和标准化工作

截至2018年7月，光启的专利申请总量超过4850件，授权专利超过2850件。其中，超材料专利申请量超过2350件，授权量超过1600件，在这一领域具有明显优势。2017年，光启的专利申请量达687件，专利授权量584件。

光启积极参与标准化工作，全国电磁超材料技术及制品标准化技术委员会在全球率先开展超材料领域标准的制定工作，其秘书处设在光启，主导和参与该领域国家标准（含国家军用标准）、深圳市地方标准以及企业标准制定等工作。由光启领衔，检测监管机构、十余家科研院所及相关产业的企业共同起草的全球第一份超材料领域的国家标准《电磁超材料术语》，已正式实施。目前，在制订过程中的国家标准有《机载超材料天线罩通用规范》《机载吸波超材料通用规范》和《超材料平板卫星天线通用规范》，这3项国家标准计划在2019年完成制定工作。2017年6月，全国电磁超材料技术及制品标准化技术委员会在四川省成都市召开年会及标准审定会，审定了《机载超材料天线罩通用规范》（送审稿）、《机载吸波超材料通用规范》（送审稿），审查讨论了2017年国标立项计划。

三、科技成果产业化

随着技术融合的深化，产业应用的加速，光启的科技成果创新持续发展，使已有的产品发挥更大的价值，面对新的需求研发革命性科技产品，更好地服务国家、城市和个人。同时，光启通过全球创新共同体（光启GCI），凝聚国内外的创新者，共同开展科技创新活动，构建美好未来。

2017年9月，由深圳光启高等理工研究院牵头进行的“超材料及其相关器件关键技术研发”项目作为国家科技部批准的首个超材料领域“863”项目通过验收。验收的通过，标志着我国超材料研究的理论水平和技术支撑水平都有了大幅度提升。

在2018年全国人大会议上，深圳光启高等理工研究院院长刘若鹏向中共中央总书记、国家主席、中央军委主席习近平汇报了光启在超材料领域的研发成果，获得总书记多次回应。

光启超材料技术的工程化研究在2010—2017年取得了

重大进展：突破了超材料承受百万伏高强电压雷击、4.5MPa水压情况下保持高隐身性能等新能力，并拓展了隐身频段范围，打破了隐身、探测这一对矛盾性指标的兼容限制。在技术突破之外，光启超材料技术在世界范围内率先完成了从0到1的超材料工业体系构建，开创了工业级超材料的设计、超算、制造、生产、检测、标准的全链条全过程体系。目前，这项技术已经应用在了我国新一代先进战斗机、无人机、新型舰船、潜艇等尖端装备上。

2017年内，继东莞之后，光启智慧城市空间大数据平台“云端”号先后在遵义市服役、在成都市首飞，应用领域进一步拓展至地质灾害监测预警、气象观测资讯、环境监测、市政管理、城市安全管理、应急通信等诸多领域。2017年9月，“云端”号与光启H1系留无人机配合公安部第三研究所与新疆公安厅在阿克苏地区开展“空天地”一体化的反恐示范应用大型科研实验获得成功。

2017年10月，临近空间飞行器“旅行者”3号试飞成功，携带活体乌龟进入海拔21公里的临近空间(也称“近太空”)，飞行4个多小时完成生保测试后安全返回，验证了载人近太空旅行多项关键技术的有效性，标志着我国临近空间探索相关技术达到新的技术高度。11月中旬，这只“近太空第一龟”亮相第十九届中国国际高新技术成果交易会，与光启的众多创新产品一起，接受了公众的检验。

面对公共领域新的挑战，光启基于自身军用尖端技术与军用民用航空、人工智能领域的探索，在2017年开始了新的“创新无人区”的探索实践。

光启以军用光电雷达技术、军用探针技术等核心技术为基础，融合当前最新的大数据、人工智能、图像识别、雷达追踪、综合研判等高新科技，实现对视觉感知、WiFi、RFID、手机嗅探等技术的革命性突破，重新构建、编排AI在城市级解决方案的应用，从而研发出用于公共安全领域的超级智能系统。这一系统，以“人”为核心对象，通过雷达扫描方式自动发现和识别进入治安防御区域内的目标对象，并进行全域实时追踪，时刻了解目标对象的行踪、行为，达到安全预防效果。这一系统已在深圳龙岗大运会场馆、重庆解放碑、上海外滩进行了实战应用，具备了规模部署的能力。

针对公共安全领域，高层灭火、危化品工厂灭火等世界性难题，光启以成熟的工业级无人航空器为平台，创新研发了集高楼灭火、场地灭火、火场监视和应急通信等功能为一体，可实现空中大范围立体作业，提高灭火效率，降低人员伤亡的立体无人消防装备，并开展了消防实战演练，取得了良好的应用效果。

同时光启通过一系列产业化公司，将最新研发成果推向海外或将整合世界各地的优秀创新技术于中国落地。

2017年1月，光启国际创新总部在以色列特拉维夫正式成立，启动光启全球创新共同体基金与孵化器，聚焦于活跃在机器人、航空、虚拟现实/增强现实、通信与物联网技术、数字健康领域的以色列创新企业，吸纳全球创新力量，将科技转变为生产力。

同月，光启战略投资专注于发动机创新技术研发及制造的英国企业Gilo Industries Group(简称Gilo)，共同研发与提升新型航空装备技术。

5月，光启成都未来技术研究院与光启旗下加拿大飞行机器人公司开展研发合作，正式发布新型无人机充电站xStation，完善SkyX智能无人巡检系统。11月SkyX在墨西哥成功开展百余公里的石油管道巡线试验。

四、创新平台建设与人才培养

超材料电磁调制技术国家重点实验室于2011年经国家科技部批准组建，实验室依托于深圳光启高等理工研究院建立，2015年11月通过验收。2017年度，实验室围绕超材料领域发展重大需求方向，集中力量突破引领产业发展的超材料核心关键技术、行业共性技术及其成果转化，取得了显著成果。

截至2017年底，光启已先后建成并通过验收的省、市级重点实验室、工程实验室共计14个，包括广东省超材料微波射频重点实验室、深圳市变换光学与空间调制技术重点实验室、深圳市数据科学与建模技术重点实验室、深圳市人造微结构开发重点实验室、深圳市光学与太赫兹超材料重点实验室和深圳市超材料制备与封装技术重点实验室等，拥有丰富的创新载体资源和先进的超材料设计、制备、测试技术。

光启设有全国首个专注于超材料研发与产业化的企业博士后工作站，具备独立招收资格，累计招收 147 人，出站 28 人，其中不少人已经成为超材料领域的核心复合型人才。

此外，光启拥有近五十余名高层次留学人才及科技专家，近 300 名在岗研究员，组成了光启科技创新与成果转化的中坚力量。

五、产业联盟建设

2017 年 3 月，光启与中国平安强强联手，发起“智能 WiFi 网络应用产业联盟”，联盟会员包括平安讯科、南京芝麻信息科技有限公司、深圳市华讯方舟软件信息有限公司、深圳奇迹智慧网络有限公司、深圳市计算机网络公共安全协会等第一批会员单位，意在推动 WiFi 行业良性发展，推进智慧城市建设。

2017 年 9 月，光启正式入驻雄安。这一举措产生了显著产业集聚效应。光启与河北省人民政府及保定市人民政府签订了备忘录和战略合作协议，超材料创新产业基地、新型转子发动机创新产业基地拟在保定市选址建设；也与中国电信集团、建信信托、中京华宇、解放军第三三零二工厂、河北敬业集团等 5 家企业签订战略合作协议，全面布局军民融合、警民合作、智慧城市等相关垂直细分领域。全面合作的开展，促使多项具备高科技、新兴产业、创新型机构等特点的军民融合重大项目得以落地雄安，产生了巨大的产业聚合效应，对推动军民融合机制创新、拓展军民融合深度广度产生了积极的影响。

第四节 国家超级计算深圳中心

一、概况

国家超级计算深圳中心（深圳云计算中心）（以下简称超算中心）是隶属深圳市科技创新委员会的事业单位，实行企业化管理，总投资 12.3 亿元。一期建设用地面积 1.2 万平方米，总建筑面积 4.3 万平方米。中心配置国产曙光 6000 超级计算机系统，是深圳市建市以来由市政府投资最大的国家级重大科技基础设施，主机系统由中国科学院计算技术研究所研制、曙光信息产业（北京）有限公司制造，2010 年 5 月经世界超级计算机组织实测确认，运算速度达每秒 1271 万亿次，排名世界第二。超算中心作为国家 863 计划、广东省和深圳市重大项目承担单位，于 2013 年获得国家科技进步二等奖。

中心设置了行政管理部、市场销售部、高性能计算部、云计算部、系统运行部、项目管理部 6 个部门。中心工作人员平均年龄 31 岁，博士、硕士和具有中级技术职称和中级技术职称以上人员占全体工作人员 80% 以上，多数具有海外留学和工作经历。

2017 年，超算中心经营收入达年度计划指标的 125.7%，创历史新高；超级计算机平均使用率为 76.54%，IDC 使用率为 97%，计算机系统运行稳定，无重大信息与生产安全事故；中心承担国家重点专项 4 项，云计算个人用户超 1200 万人，机构用户达 2 万家，组织、接待科普教育人数 1000 余人，充分发挥了国家级重大科技基础设施的作用。

二、重点工作

持续推动中心扩容升级项目，为完成中心扩容工作打下坚实基础；积极做好资源调整及改造工作，不断提升系统运维及信息安全管理水平。

1. 按计划推进扩容升级项目工作，为完成中心扩容项目奠定基础

（1）按时完成中心扩容升级项目方案

根据 2016 年 11 月市政府常务会议的精神，为响应深圳市政府“十大行动计划”决策，确保中心扩容升级方案按时完成，中心领导带队组织相关人员对三家 E 级计算机研制单位以及各超算中心进行调研，仅四天五夜便完成六个城市、十个单位的调研工作；为做好 E 级计算机资源使用规划，中心深入开展了需求调研工作，组织召开用户需求座谈会以及专家研讨会，并根据会议意见不断修改完善，扩容升级方案。在工作人员共同努力下，三个月时间便完成该方案，并于 2 月 28 日呈报市政府；为加速项目落地，中心积极协调市科创委、市规土委、南山区政府等多个委局办，通过实地考察分析，拟定超算中心扩容升级与中科曙光公司深圳总部建设用地解决方案。4 月下旬，市规土委、南山区政府和市科创委达成 7450 平方米的升级机房用地的一致意见；10 月，市规土委南山管理局批复升级换代建设项目选址意见书（深规土选 NS-2017-0112 号），为 E 级计算机落户深圳提供用地保障。

（2）认真编制扩容项目可研报告

今年 5 月初，中心通过公开招标确定咨询单位，并开展资料整理、需求收集、科研报告编撰工作，通过中心内部讨论及外部专家评审，报告内容不断完善。经科创委讨论及审批，扩容改造可研报告已正式上报市经信委，目前专家评审工作已完成。9 月，科创委将扩容改造项目可行性研究报告提交市发改委，10 月，市政府投资项目评审中心组织专家对该报告进行评审。

此外，中心根据科创委工作指示，组织召开了超算中心

E 级计算机需求专家研讨会。经与会专家研讨，同意中心 E 级计算机应用于高性能计算、云计算、大数据以及人工智能等多个技术领域“超算 +”模式和各种应用的功能参数，为 E 级超级计算机选型确定了核心技术指标。科创委组织召开 E 级计算机选型论证会确定中心将与曙光公司合作事宜，促进双方联合向国家科技部申请高性能计算重点专项 E 级高性能计算机系统研制项目。

2. 健全管理制度，强化岗位责任，统筹管理资源，提升系统运维及信息安全管理水平

（1）完善管理流程，细化岗位职责，逐步提升中心系统运维管理水平

结合全员岗位考核结果以及外部专家的考核意见，中心认真剖析运维管理现状，从规范运维操作流程、细化事件处理过程以及提升运维工作主动性出发，建立运维考核规范，逐步提升中心的系统运维水平

（2）完善信息安全管理方案，实施部署桌面云终端，加强中心信息安全管理水平

实施部署桌面云，将办公、开发、测试、运维等工作全面切换至桌面云终端，对杀毒软件、规范软件安装、信息数据拷贝和备份等进行统一管理；完成中心 ISO27001 体系 2017 年度外部复审工作，确保中心信息安全管理体系持续运作。

（3）积极做好资源调整及改造工作，提高计算资源使用效率，缓解高性能计算资源紧张问题

由于机器老化、资源紧张等问题，中心资源已无法满足日益增长的用户需求。中心利用自有资金复购 200 台高配置机架服务器，目前均投入使用；通过迁移超级计算机云主机业务、改造云分区部分机柜，释放 550 多个计算节点用于高性能业务，缓解了中心高性能计算资源紧张、用户排队时间长等问题；完成新公有云部署、扩容及用户的迁移工作，为客户、科创委网站提供了稳定的运行环境；通过对高性能计算分区进行存储升级、改造，提高了高性能计算分区存储性能，突破了系统存储瓶颈，保障了高性能计算作业稳定运行。

第五节 中国科学院深圳先进技术研究院

一、概况

2006年2月，中国科学院、深圳市及香港中文大学友好协商，在深圳共同建设中国科学院深圳先进技术研究院（以下简称"先进院"），实行理事会管理，探索体制机制创新。先进院以提升粤港地区及我国先进制造业和现代服务业自主创新能力，推动我国自主知识产权新工业建立，成为国际一流工业研究院为使命，目前已初步构建了以科研为主的集科研、教育、产业、资本为一体的微型协同创新微创新体系。

先进院现有7个研究所，包括先进集成技术研究所、生物医学与健康工程研究所、先进计算与数字工程研究所、生物医药与技术研究所、广州中国科学院先进技术研究所、中国科学院深圳先进院-麻省理工学院麦戈文联合脑认知与脑疾病研究所、合成生物学研究所（筹），1个前瞻中心，1所特色学院（深圳先进技术学院）。面向国民经济主战场，设立多支投资基金，并建设多个特色产业育成基地（深圳龙华、平湖和上海嘉定），以及深圳创新设计研究院、深圳北斗应用技术研究院、中科创客学院、济宁中科先进技术研究院、天津中科先进技术研究院、珠海先进技术研究院、苏州先进技术研究院等专业创新平台。

二、科研成果

2017年，先进院新增纵向科研项目498项，总额50011万元，超额完成28%，创历史新高。其中国家级13460万元，中科院4392万元，广东省3976万元，深圳市28183万元。国自然获批80项，其中国家杰青项目1项，为深圳唯一。中国科学院院级科研仪器研制项目获批4项，取得历史最好成绩，其中院级重大科研仪器研制1项。深圳市脑解析与脑模拟重大基础设施、人造生命设计合成测试设施建议书评审，进入正式立项程序。生物医学大数据基础设施、脑科学国际创新研究院、合成生物学研究院取得阶段性进展。获批首个先进院为第一完成单位的国家科学技术发明二等奖，获批何梁何利奖1项、全国创新争先奖1项、吴文俊人工智能奖2项，广东省科学技术奖3项、深圳市科学技术奖4项。新增专利申请1303件，超额完成90%，在中科院排名第一。

三、学术影响

2017年，先进院新增发表论文1149篇，影响因子大于20的论文发表7篇（其中2篇以第一单位发表），SCIENCE、NATURE子刊发表5篇，其中SCI论文656篇，JCR一区论文380篇，论文质量显著提升。新增国际（地区）合作交流项目20项，获批金额1712万元，在生物医学、新能源、新材料、信息技术、大数据、人工智能等领域的国际科技交流合作实现了与国际学术前沿的深度结合。成立先进院学术委员会并召开第一次会议，审议通过人工智能、脑科学、合成生物三个重大科研布局和实施。2017年，先进院主办的学术期刊《集成技术》出版6期，累计出版34期，年度合计发行7400余册，刊物国际关注度、全文下载数及被引用频次进一步提升，稿件发表周期也进一步缩短。

四、人才引进

2017年，先进院新增90人次入选各类人才计划。获批人才项目合同经费1.23亿元，持续提升在国家、地方的竞争力。先进院人员规模日趋稳定，总人数达2453人，其中员工1203人，海归人员530人。2017年度，先进院新引进"千人计划"专家2人，"青年千人"4人，中国科学院率先行动"百人计划"4人，广东省领军人才2人，深圳市"鹏城学者"

特聘教授4人。人才培养显著，年度新入选新世纪百千万国家级人才1人，国务院特殊津贴2人，杰青1人，广东省特支计划领军人才3人，青年拔尖人才6人，省杰青1人。新增“孔雀计划”技术创新项目19项，新获批深圳市孔雀人才30人次，深圳市高层次人才18人次，累计326人次，占博士生员工总数近70%。

五、成果转化

2017全年先进院横向到款总金额超1.4亿元，其中工业委托5857万元、产学研超8000万元，均创历史最好水平。其中产学研抓住机遇、科学组织，实现项目申报300多项，获批115项，留院金额9800万元，到款比2017年大幅提高50%以上；工业委托克服困难，专业服务科研单元，以新建18个联合实验室为抓手，大力提高工业合作质量，联合实验室合同额5650万元，超全年工业委托合同额60%；外溢机构建设实现珠海和苏州先进院开业，并开拓了中山作为产业中试基地的新模式。

六、高交会

第十九届高交会，先进院以“立足粤港澳大湾区、建设国际一流新型科研机构”为主题，以国家双创基地建设为有效支撑，组织38个中心、141项成果、500多名师生参与高交会的交流，接待观众10多万人次。在高交会现场先进院开展5个主题专场成果对接，吸引超100多家企业，收集合作意向200个；获36项高交会优秀产品奖，创历史新高，三项成果获得十大人气产品奖（第三名、第六名、第十名）；诺奖实验室十年成就引人注目；两大基础设施建设获深圳主要领导重视，有效促进了合作的落实。

七、对外合作与交流

2017年，先进院接待了来自加拿大、挪威、奥地利、法国、英国、越南、俄罗斯、澳大利亚、韩国等多个国家及香港地区的代表团到访交流，总人次近600人。先进院出访总数401人次212批次，较2016年度增长了45%，其中66%的出访人员因论文获得各大国际期刊和会议收录而受邀参会，33%的出访人员由于与国外高校、研究机构开展科研合作获邀出访。成功举办了23次国际学术研讨和合作对接会，其中200人以上的国际会议有8次，如“智能呼唤未来国际院士论坛”“IEEE信息与自动化国际会议”“第11届医疗器械和生物传感国际研讨会”“国际前沿声学论坛”“可视计算前沿技术国际研讨会”“2017先进功能材料与原子力显微技术国际研讨会”“第588次香山科学会议——非人灵长类脑与认知”等，国际交流与海外影响力进一步提升。

第六节 深圳华大生命科学研究院

一、简介

1999年9月9日，随着“国际人类基因组计划1%项目”的正式启动，华大在北京正式成立。2007年，华大主力南下深圳成立深圳华大基因研究院。研究院自成立以来，坚持秉承华大的学术传统和创新精神，专注于科研探索，从事前瞻性基础研究，同时注重目标导向，促进基础研究、应用研究与产业化对接融通。深圳华大基因研究院于2008年获深圳市人民政府批准成为事业单位，又于2017年被深圳市政府授牌成为深圳市十大基础研究机构之一，并正式更名为深圳华大生命科学研究院（以下简称“研究院”）。

华大曾被顶级学术期刊《自然》评为“世界领先的遗传学研究中心”和“基因组学、蛋白质组学和生物信息分析领域的领头羊”。研究院作为华大创新发展的驱动器，已拥有世界领先的大规模测序、生物信息、高通量质谱、农业基因组、蛋白组等技术和大型数据处理超级计算中心，并拥有世界一流水平的科研队伍，开展了一系列与重要动植物、人类健康、环境与能源等领域相关的组学研究，致力于推动生命健康、基因组学、农业育种等领域的发展，始终走在生物科学研究前沿，推动生命科学研究及相关产业发展。

二、科研成果

近年来，华大在各个科研领域全面开花。《自然》增刊“2017自然指数——企业科研”的数据显示，2012至2016年期间，华大在全球高质量科研产出排名中位列第十二位，荣登中国排名榜首。

截至2017年12月，华大累积已发表论文2399篇，被SCI收录的有1966篇，在GCNNS上发表的文章共计349篇；在知识产权方面，华大累计已申请国内外专利2182件，已获得授权发明专利647件。此外，华大还自主研发了多项软件工具、实验设备，并建立了庞大的数据库应用系统。

研究院积极申报各级政府各类科技计划项目，主动参与国家重大科学部署。截至2017年底，共计承担（或参与）各级各类科研项目/课题307项，其中在研项目/课题132项，其余均已顺利完成结题验收。在各级政府的大力支持和帮助下，华大充分发挥领域创新资源优势，积极完善基础设施配套条件和技术创新团队，形成了覆盖生物信息学、人类基因组学、农业基因组学、微生物及海洋生物学等领域学科的全方位科研体系，建有从国家到地方各级各类创新载体22个，引进或建成创新团队2个。

2017年，研究院独立或合作完成或启动了众多重要科研项目，包括主导了人工合成真核生物酿酒酵母2号染色体的从头设计与全合成、联合破译珍珠粟基因组、完成首个中国人群的冠状动脉粥样硬化患者的宏基因组研究、揭示非洲化蜜蜂攻击性强度快速降低的演化机制、启动万种植物基因组计划等。

三、突出科研领域

1.新一代基因组测序技术研发方向

基于研究院自主开发的核心测序技术，华大相继转化推出BGISEQ系列国产测序仪。其中BGISEQ-1000型测序仪是全球第一个被批准的无创产前基因检测（NIPT）医疗器械，BGISEQ-500型桌面测序仪和配套试剂也先后获批医疗器械注册证，允许应用于临床，真正实现了测序仪的国产自主可控，将测序成本降低50%。

2.合成生物学研究方向

在世界首例合成真核生物基因组项目“酵母基因组合成

国际计划（Sc2.0）”中，研究院参与完成了4条酿酒酵母长染色体的化学全合成。该研究利用小分子核苷酸精准合成了活体真核染色体，首次实现人工基因组合成序列与设计序列的完全匹配，得到的酵母基因组具备完整的生命活性。该研究结果2017年3月10日在《科学》以封面文章发表，我国也成为继美国之后第二个具备真核基因组设计与构建能力的国家。相关成果被列为“2017年中国十大科技进展新闻”榜首。

3．人体共生微生物方向

2008年研究院作为唯一一个非欧盟单位参与欧盟人体肠道微生物菌群计划（MetaHIT计划），是全球最早开展人体共生微生物研究的机构之一，成功构建了迄今为止最为完整的人类肠道微生物参考基因集，该成果作为封面文章在Nature发表并被Science评为21世纪前十年“重大科学突破”之一，文章目前引用量为3225次。

4．动植物基因组方向

研究院先后发起和参与了一系列大型动植物基因组计划，如“千种植物转录组研究计划”“万种植物基因组计划”等。完成了多项国际重大动植物基因组研究工作，包括黄瓜、熊猫、蚂蚁、马铃薯、白菜、大豆、番茄、谷子、胡萝卜、醉蝶花、虫黄藻等，全球70%动植物基因组破译都有华大的贡献。2017年华大参与发起“地球生物基因组计划”(简称“EBP”计划），该计划堪称生命科学史上的最大计划，有助于整合世界各地的生物基因组研究，使之形成更有价值的科研体系，促进物种研究工作有序而高效地进行，帮助我们全面了解地球生命演化的奥秘，极大地推动物种保护工作的开展。

5．脑科学方向

建成了技术国际领先的以单细胞组学为中心的神经细胞研究系统，包括神经元细胞核分选和提取技术，高通量、低成本的单细胞全长转录本RNA分选建库系统和高覆盖率的染色质开放区域捕获分析系统。率先开展了从遗传机制解读脑相关疾病的国际科研大项目，如自闭症和阿尔茨海默氏症。构建了包括脑细胞在内的单细胞表达谱标准数据库。相关技术和研究成果发表在《Cell》《Nature子刊》等杂志。

6．人工智能方向

研究院在强大的存储、共享和计算能力的支持下，结合先进的人工智能技术，深度挖掘、融合大数据和多组学信息，提高对疾病发展趋势和规律的预测能力。采用“基因+影像”相结合的方式，从基因之“因”推理影像表型之“果”，从影像表型之“果”追溯基因之“因”，可在出生缺陷的防控中，实现已知出生缺陷的全面防控，在肿瘤癌症识别和心脑血管等方向提供早筛早诊及预防。

四、深圳国家基因库运营情况

为更加有效地保护、开发和利用中国宝贵的遗传资源，维护国家生物信息安全，提升中国在生物技术领域的战略制高点，2011年1月，国家发展改革委员会批复，依托深圳华大生命科学研究院组建深圳国家基因库。同年10月，深圳国家基因库建设方案获得国家发展改革委员会、财政部、工业和信息化部、卫生和计划生育委员会四部委批复。2016年9月22日，深圳国家基因库大鹏基地正式投入运营。

目前，深圳国家基因库初步建成“三库两平台”的业务结构和功能，“三库”由生物样本资源库、生物信息数据库和生物活体库组成，“两平台”为数字化平台、合成与编辑平台。国家基因库以对海量生物资源的存、读、写能力为基础，搭建起基因资源挖掘公益性、开放性、支撑性、引领性服务平台，并有序与NCBI（美国国立生物技术信息中心）、EMBL-EBI（欧洲生物信息研究所）、DDBJ（日本DNA数据库）等基因库开展数据交换与资源共享，与末日种子库、德国海德堡大学、美国史密斯森尼学会等形成全球联盟体系，促进基因组学在精准健康、精准农业、海洋开发、微生物应用等方面的前沿探索与产业转化，催生新技术、新产品和新模式，助力消除疾病，引领健康人生，真正实现基因资源的共有、共为、共享。

五、人才队伍建设

华大汇聚了一批具有国际化视野和良好科研素质的优秀人才。他们产学研兼备，组成了一支各专业交叉、多领域互补的骨干人才队伍，既充满科技创新精神，又具备产业开拓能力。

截至 2017 年 12 月，华大正式在职高层次人才 549 人，其中，千人计划人才 2 人，杰出人才 1 人，国家级领军人才 18 人，地方级领军人才 6 人，后备级人才 12 人，孔雀计划引进人才 75 人，获博士后工作站独立招生资格人才 38 人。

同时，华大还拥有自己的专家顾问团队，成员都是基因科技、人类健康等各个研究领域的专家学者及企事业单位的杰出管理者，其中包括美国冷泉港实验室董事长、1962 年诺贝尔生理学或医学奖获得者 James D. Watson，前盖茨基金会全球健康总裁、葛兰素史克制药公司研发主席 Tadataka（Tachi） Yamada，哈佛教授 George Church 等。

六、战略合作

深圳华大生命科学研究院注重与全球合作伙伴建立长久合作关系。合作范围涉及癌症研究、流行病学、肠道微生物、动植物基因组以及农业研究等方方面面，合作对象包括 31 个国家 351 个国际科研机构 32 个国内合作省份 298 座合作城市。与澳门科技大学、中山大学、中科院等知名高等院校开展项目合作，涉及生命健康、农业科学、海洋科学等多个方向的研究。研究院与国际生物和环境样本库协会（ISBER）、全球生物多样性联盟（GGBN）、人类基因变异组计划（HVP）、国际罕见病联盟 (IRDiRC)、国际儿童脑瘤组织联盟（CBTTC）、国际癌症基因组联盟 (ICGC)、联合国粮食及农业组织 (FAO)、国际基因合成联盟 (IGSC)、世界自然基金会（WWF）、Gates 基金会等多个国际联盟及行业组织建立了战略合作关系，在人类健康、生物多样性、生物进化机制等方面开展了合作研究；通过国际大型科研合作，如万种鸟类基因组学研究（B10K）、万种线粒体基因组计划（MT10K）、万种脊椎动物基因组计划 (G10K)、千种昆虫转录组进化研究（1KITE）、百种社会性昆虫基因组计划 (ISIGR) 等，与国际顶尖科研机构组成合作联盟，推动全球生物多样性遗传资源保护和战略性开发，引领基因组学研究领域的话语权。2017 年 4 月，研究院与美国非营利医学研究机构艾伦研究所签署了基于基因组学研究的科研合作备忘录，携手共同推动脑科学研究，促进相关科技领域发展。2017 年 10 月，深圳华大生命科学研究院与英国曼彻斯特大学签署联合科研协议，双方将共同推动合成生物学及代谢工程科研教育和场景应用。

第七节 深圳清华大学研究院

一、概况

深圳清华大学研究院（下称“研究院”）是深圳市政府和清华大学于1996年12月共建的、以企业化方式运作的正局级事业单位，是一个高层次、综合性、开放式的产学研相结合的实体，实行领导小组领导下的院长负责制。

研究院经过21年的探索，逐步形成“科技创新孵化器”的经营发展模式，建立了完善的产学研相融合的科技创新孵化体系。研究院的建设，以机制体制创新为核心，以学校与地方相结合、研发与孵化相结合、科技与金融相结合、国内与海外相结合的“四个结合”为手段，以研发平台、创新基地、投资孵化、科技金融、国际合作和人才培养六大板块的建设为基本内容，打造产学研深度融合的立体孵化体系，全方位孵化成果、项目、企业、人才，形成创新价值的循环增值。研究院创造了五个“第一”：中国第一家新型科研机构；第一个提出新型科研机构“四不像”运行管理模式；第一个成立了新型科研机构的创业投资公司；第一个创建了新型科研机构的科技金融平台；在北美成立创新创业中心，是第一个新型科研机构的海外创新创业中心。2015年，“深圳清华大学研究院产学研深度融合的科技创新孵化体系建设”项目获得广东省科学技术奖特等奖。

研究院现有员工329名，研发人员290人，汇集了一批教授、博士、高级研究人员和海归学者，其中国家海外高层次人才引进计划（千人计划）3人，973计划首席科学家5人，深圳高层次人才17人、海外高层次人才8人，南山区领航人才15人，广东省创新团队2个，广东省自然科学基金研究团队1个，深圳市海外高层次人才创新创业团队4个。现拥有国家级研发服务中心1个、广东省重点实验室2个、广东省工程中心6个、广东省部产学研示范基地1个、深圳市重点实验室9个、深圳市工程实验室9个、深圳市公共服务平台4个，与企业成立联合实验室33家，发起成立各类产学研创新联盟7个，每年投入科研开发和实验室建设费用超过6000万元。

二、科技工作

（一）科技成果与产业化

依据珠三角地区及国内外科技、产业发展趋势和企业需求，研究院先后投入6亿元组建研发平台，建成了宽带无线通信研究所、电子信息技术研究所、新材料与生物医药研究所、光机电与先进制造研究所、新能源与环保技术研究所、航空航天技术研究所和综合技术研究所，共14个实验室和22个研发中心，集聚了由200多名教授、博士、高级研究人员和海归学者组成的科研团队。截至2017年年底，研究院获国家技术发明二等奖1项，国家科技进步二等奖2项，中国产学研合作创新奖2项，环境保护科学技术三等奖1项，广东省科学技术特等奖1项，广东省科技进步特等奖1项，深圳市科学技术市长奖1项、深圳市知识产权金梧桐—最佳运用奖1项等国家、省部、市级奖20余项；申请专利470余项，其中70%以上是发明专利；承担了包括国家“863”、“973”、国家重大专项、科技支撑计划、国家重点研发计划、国家自然科学基金重点项目、广东省教育部产学研重大专项等重点课题。

在推出大量科研成果的同时，研究院先后与370多家企业签订技术合同，促进了一批科技成果的产业化：组织实施了高端半导体激光器、盐碱地治理改造、数字电视与多媒体、石英晶体力敏传感器、红外快速体温检测仪、RPIR快速生化污水处理、电力线载波通信芯片、双层人工皮肤等300多项科技成果转化。

（二）高新技术企业孵化与科技金融

研究院作为创新基地，成功孵化了一批高新技术企业，截至 2017 年年底，引进和孵化了 1600 多家高科技企业，培育企业市值超过 1500 亿元，其中有 21 家在 A 股成功上市，30 家在新三板挂牌，为区域经济发展和产业结构优化升级注入科技创新动力，为深圳乃至国家战略性新兴产业发展提供有效支撑。

基于技术与资本结合的成功经验，研究院致力于金融助力的科技成果转化，借力于科技特色的金融体制创新，强化科技与金融的结合，已在前海发起设立的力合金融控股公司已与多家银行开展合作，包括国开行、建行、浦发、招行等银行，获得授信额度超过 12 亿元，形成了包括科技担保公司、科技小贷公司、融资租赁公司为支撑的金融产业链，构建了综合金融服务平台。

（三）创新基地建设

研究院立足深圳，辐射珠三角，不断拓展园区基地，形成了一系列高新产业园区和服务机构。截至 2017 年年底，已建成清华信息港（深圳）、清华科技园（珠海）、力合（佛山）科技园、东莞创新中心等。这些创新基地，为研究院科技创新孵化体系的建设，提供了广阔的发展空间。

（四）人才培养

致力于培养高层次人才，截至 2017 年年底，研究院的博士后科技工作站，累计招收博士后近 100 名，累计开设各类型培训班千余期，服务于珠三角地区各行业领军企业及政府内训项目。

（五）国际合作

研究院坚持走国际化的道路， 国内与海外互为支撑，以此形成了“一部六中心”的国际合作网络，致力于国际技术转移、跨境投资并购和海外团队引进三大目标，成立了一支主要从事跨境科技投资的国际创新猎投基金，探索跨境投资与产业升级双重增值模式，不断在国际技术转移领域开拓创新。

2017 年，研究院从美国引进清华校友、前 BP 石油公司专家龙威博士领衔的第三代微流动数字化技术平台及海洋油气探采应用创新团队及产业化项目，其成果将打破国外在油气探采数字化与智能化技术领域的垄断，填补国内空白，有望直接为我国海上油气钻井每年节省投资 20 亿元。在大湾区油气探采中规模应用，有望提高油气产量 10%，创造经济效益 2000 亿元以上。项目成果支持在粤建立全球海洋油气精准探采信息与决策中心，实现全球海洋油气资源分布快速探测与开发决策，支持我国在全球的能源战略布局。该团队已获得广东省创新团队和深圳市“孔雀”计划立项支持。

三、公共技术研发平台建设

（一）光机电与先进制造研究所

光机电与先进制造研究所从事光机电一体化、传感器技术、LED 照明、先进制造、超精细表面加工、半导体激光芯片技术及应用、微机电系统等方向前沿技术、应用基础和应用研究的综合性、开放型研究。

2017 年，研究所共发表文章 10 篇，SCI 收录 5 篇，EI 收录 1 篇，申请专利 16 件，其中发明专利 8 件，授权专利 13 件，新增 1 项国家重点研发计划课题，实现了铁路港口货运集装箱重量重心检测系统等项目的产业化。

（二）电子信息技术研究所

电子信息技术研究所研究领域包括面向电子系统、视频广播和通信三大应用的电子设计自动化领域中的方法学，设计 / 工具流程，以及高端模拟、射频、面向应用的数字芯片和系统芯片的前 / 后端设计；数字电视技术，包括数字电视的技术和应用开发、系统级设计、工程实验服务。

2017 年，研究所新增 1 个广东省工程技术研究中心，突破了植入式 ECG 监测系统和植入式无线颅内压监测系统中各项关键技术；成功实现了智能双耳助听器项目的产业化落地；AMOLED 显示驱动芯片等多项研究课题获得深圳市技术攻关立项支持。

（三）宽带无线通信研究所

宽带无线通信研究所研发领域包括空间飞行器平台测控

数传一体机技术、磁检测技术，信道编码、宽带无线通信技术及系统。

2017 年，研究所重点围绕灵巧通信卫星测控数传、遥测遥控、姿控分系统的设计及实现，致力于研发基于 COTS 小卫星软件无线电模块，以加快微小卫星星载模块的研究与产业化开发；完成了 UWB 传输技术等两期国家重大专项计划中核心芯片的研发；“连续时空电磁频谱感知及大数据处理关键技术”已完成总体方案设计及样机制作，并通过领域内专家评审；与企业合作开发的道闸检测器、交通断面流量检测系统实现产业化。

（四）新材料与生物医药研究所

新材料与生物医药研究所先后通过广东省和深圳市批准搭建了广东省生物医用材料及植入器械工程技术研究中心、广东省锂离子电容器工程技术研究中心、深圳高端生物医用材料产业化技术开发公共服务平台、深圳可降解生物活性材料工程实验室、深圳锂离子电容器工程实验室及深圳清华大学研究院分析测试中心等公共服务平台。

2017 年，研究所重点产业化成果——双层人工皮肤项目取得 CFDA Ⅲ 类注册证；首款国产椎间盘通过国家型式检验，进入临床试验，开展对比实验；腰椎精准运动康复项目，应用示范立项推广；天然调血脂药物研究领域取得突破性进展，CCS 系列活性化合物高脂血症新药临床前试验已进入收尾阶段。

（五）新能源与环保技术研究所

新能源与环保技术研究所以节能减排为目标，先后承担了国家、省、市、粤港合作等纵向课题 100 余项，发表论文 160 多篇。

2017 年，研究所重点攻关环保电池材料、树脂涂层材料、纳米材料等领域，获得多项深圳市技术攻关立项支持；自主创新技术——RPIR 快速生化污水处理技术入选广东省水污染防治技术指导目录，先后承担了深圳四联河、沙湾河、新桥河等河道截污控源工程以及江苏响水县污水处理厂提标改造等项目，合同总额逾 8000 余万元；为化工企业量身定制的废水废气治理解决方案效果显著，为比亚迪公司等企业节省 60% 的环保费用，获得市场高度认可。

（六）航空航天技术研究所

航空航天技术研究所拥有自主知识产权的高精度三坐标测量机，突破误差建模与修正、微动精密传感、智能控制和智能测量软件等多项关键技术，达到国内领先、国际先进水平，打破了国外在此领域的长期垄断；无人直升机系统技术实验室重点研发无人机飞行控制与导航测试系统、旋翼动力学测试系统等关键技术，打破国际垄断，孵化的 XV-2 植保机试飞成功。

（七）综合技术研究所

研究院于 2017 年成立综合技术研究所，下设智慧油气、创新战略、城乡发展、电池材料等多个研发中心。

2017 年，研究所新增广东省创新团队 1 支、深圳市“孔雀”团队 1 支，承担了多项国家、省、市各级重点科研项目。

第四章
深圳科技
投融资体系

第一节 2017 年深圳创投行业分析报告
第二节 2017 年深企对外投资分析报告

第一节 2017年深圳创投行业分析报告

一、前 言

2017 年，创投行业经历了不平凡而又成果丰硕的一年。

经过了 2015 年双创风口，以及 2016 年大范围的资本寒冬之后，2017 年中国股权投资市场开始出现了明显的回暖。随着中国供给侧结构性改革的持续推进，以及 IPO 退出通道的提速，行业募资规模持续上升。创投领域方面，尽管整体上缺乏热点，但互联网、人工智能、汽车、医疗健康、金融科技领域内的创投活动依旧活跃，呈现出百家争鸣的局面。

整体来看，在资本市场监管“稳中求进”的总基调下，2017 年 IPO 审核呈现加速态势，伴随着美股和港股的屡创新高，风险资本也迎来了一个重要的“丰收年”。

二、2017 年深圳创投行业分析说明

本报告所指的创投行业包括早期投资、风险投资（VC）和私募股权投资（PE）三个阶段。

为了样本的代表性，本报告的样本数据主要覆盖了深圳主流一、二、三线创投机构的相关数据。

为了分析的准确性，本次分析的数据样本来源只包含证券交易体统、中国证券投资基金业协会、深圳市政府相关部门、证券公司研究部门、清科与投中等全国性投资类知名数据平台等已公开披露的信息和部分创业机构实地调研获得的信息。数据样本的时间跨度主要是从 2015—2017 年。

创投行业的主要业务构成可以概括为四个字: 募、投、管、退，即募集基金、项目投资、投后管理、项目退出。由于基金募集是有期限和周期循环的，基金募集规模的数量和基金管理规模是每月动态变化的，数据采集十分困难，本报告分析主要集中于项目的投资及退出，通过项目投资金额总量来反映基金管理规模，通过项目退出反映管理效益。

三、2017 年深圳创投行业概况

2017 年深圳创投行业的发展主要体现了行业规范化与集聚化、投资战略眼光领先、项目 IPO 成功丰硕三大特点。

2016 年以来，私募行业的监管进行全面升级，特别是被誉为“史上最严厉备案新规”的《关于进一步规范私募基金管理人登记若干事项的公告》（以下简称《公告》）公布后，去年在中国基金业协会登记的私募机构数量、资金规模及从业人数的大幅缩减。截至 2017 年 11 月，自《公告》发布以来，协会已注销私募基金管理人达 13745 家。截至 2017 年 12 月底，中国证券投资基金业协会已备案私募股权、创业基金管理人数量 13200 家，管理基金规模 7.09 万亿元，深圳已备案私募股权、创业基金管理人数量 2255 家，约占比 18%，管理基金规模 1.67 万亿，占比 15.05%；展望 2018 年，整个市场亦将会在更加严格、规范、透明的监管体系下迎来新一轮加速前行。

在行业投资的选择上，深圳创投机构的投资方向，再一次走在全国的前列，主要集中于现在国家所倡导的“四新”领域，尤其是独角兽企业的投资，深圳创投机构又一次走在全国前面。根据不完全统计，在国家 2018 年公布的独角兽企业名单中，深圳创投机构一共累计投资了 52 家，接近全国独角兽企业的三分之一。

四、2017 年深圳创投行业分析

（一）基金募集与管理

从全国来看，据 Wind 的数据显示，2017 年我国股权投资基金募资金额相比 2016 年增长了 237%，达到了 5940.82 亿元。值得注意的是，相比于募资金额的大幅增长，2017 年股权基金募资案例数则下降了 11.1%，表明整个行业在历经泡沫破灭、大浪淘沙般的重新洗牌后，之前不合格的基金管理人已基本退出，大型知名投资机构正越来越得到投资人的

青睐。

图 1 2015-2017 股权投资市场募资总额及案例数变动情况

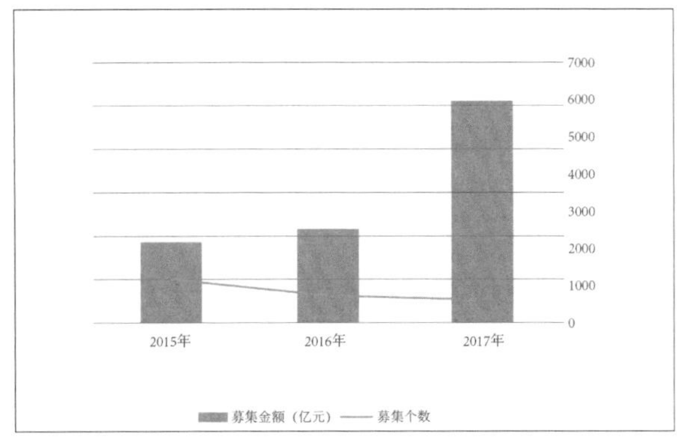

2017 年深圳创业企业发布拟募集和正在募集的基金一共 247 只，拟募集和正在募集资金接近 2000 亿元。2017 年与 2016 年相比，从募集基金数量和资金规模，深圳创投行业与全国的基本一致，就是募集基金数量增速同比略有下降，但募集基金总额同比增长较快。这一方面是由于创投机构的分化：资金向品牌知名度高、基金业绩好、管理团队出色的创投机构集中。同时这也导致创投机构的单只基金募集的规模在扩大，导致基金的数量在下降。品牌知名度和基金管理业绩较弱的机构，在募集基金的数量和规模上都在缩小。另一方面是由于中国基金业协会的在基金管理人和基金产品备案和相关信息发布强监管下，不少不合格投资机构和基金产品也逐步退出。

（二）基金投资

1. 投资金额和数量

根据 Wind 数据显示，2017 年，我国股权基金累计投资金额已经达到 5245.55 亿元，相较 2016 年增长了 64.7%；而从案例数来看，则呈现明显的逐年下降趋势，这一方面是由于以“国家队”为主要出资人的产业基金规模一般较大，另一方面则是强者愈强的马太效应下，头部公司拿走了绝大部分的风险投资。深圳的创投企业主要是以民营投资机构为主，产业基金、政府引导基金不多，面临着资金流的日益紧张的状况，因此 2017 年深圳创投行业的金额跟案例趋势均有所下降。2017 深圳创投行业的投资总额累计达到 481 亿元，同比下降 17%；投资项目数量 907 个，同比下降 8%。

图 2 2015-2017 股权投资市场募资总额及案例数变动情况

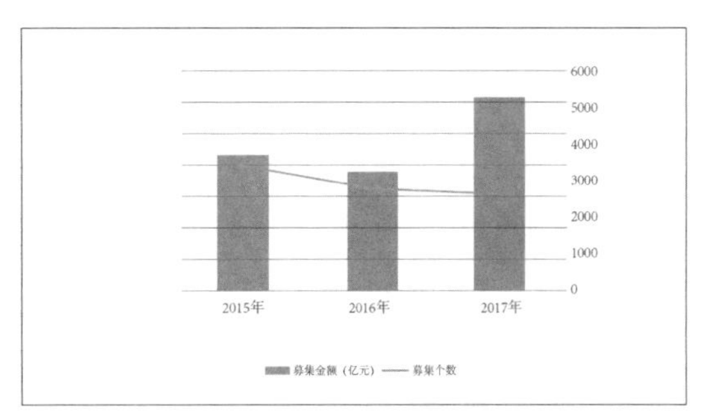

图 3 2015-2017 深圳创投行业金额及增长情况

图 4 2015-2017 深圳创投行业投资数量及增长情况

2. 投资区域分析

从全国看，创投机构投资主要都分布在三个区域，即华北地区、华东地区以及华南地区，也就是围绕北京、上海和深圳三个中心地（如图 5）。

图 5 私募股权类基金投资区域统计

地域分布	2016 年				2017 年			
	投资金额（亿元）	占比	投资案例数	占比	投资金额（亿元）	占比	投资案例数	占比
华东地区（含上海）	1035.14	33.47%	884	35.83%	999.61	19.50%	958	37.85%
西北地区	1.55	0.05%	16	0.65%	12.98	0.25%	33	1.30%
中南地区（含广东）	525.59	16.99%	502	20.35%	411.02	8.02%	502	19.83%
西南地区	27.63	0.89%	68	2.76%	54.56	1.06%	86	3.40%
东北地区	9.65	0.31%	20	0.81%	4.73	0.09%	21	0.83%
华北地区（含北京）	1493.12	48.28%	977	39.60%	3643.98	71.08%	931	36.78%
北京市	1476.34	47.74%	936	37.94%	3520.44	68.67%	875	34.57%
上海市	439.47	14.21%	433	17.55%	649.19	12.66%	521	20.58%
深圳市	335.55	10.85%	283	11.47%	254.78	4.97%	288	11.38%
江苏省	160.64	5.19%	124	5.03%	61.85	2.08%	63	6.29%

数据来源：Wind，融中研究（注：货币转换汇率以最新汇率为计算依据）

2017 年深圳创投行业投资区域与全国的一样，主要也是以华北地区、华东地区以及华南地区为主，投资金额 447 亿元，占投资比例的 93%（如图 6）。

图 6 2017 深圳创投机构投资区域分布

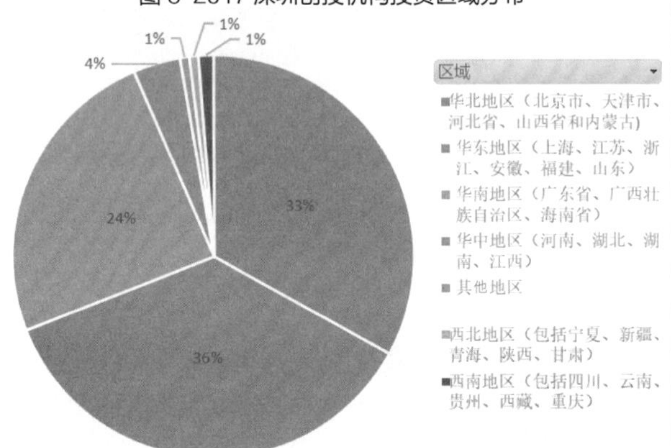

3. 投资行业分析

据调查统计的数据，2017 年深圳创投机构投资的行业延续了 2016 年的风向，在医疗健康、文化娱乐、企业服务和智能硬件这四个行业继续加大投资，同时电子商务、汽车交通、工具软件、金融这四个行业的投资金额比重有所增加，上述 8 个行业共投资 413 亿元，占总投资额的 86%。如图 7：

图 7 2017 深圳创投机构投资行业分布

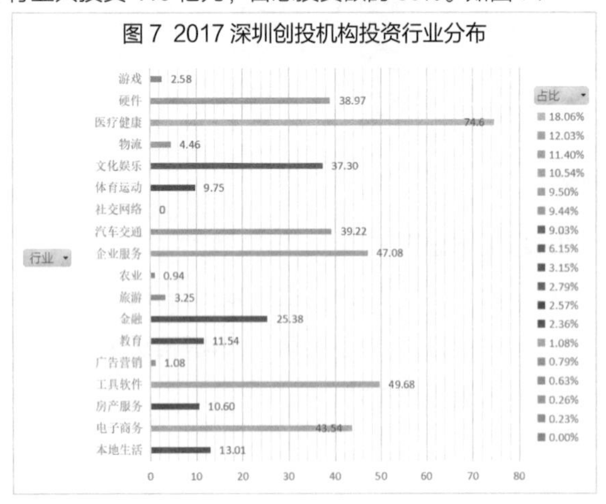

（三）基金退出

我国基金管理机构的投资退出主要包括 IPO 上市、并购、新三板挂牌转让、股权转让、并购、管理层收购退出方式等。

根据清科研究中心旗下私募通数据统计，2017 年中国股权投资基金退出案例数量达到 3,409 笔，同比下降 30%。其中 IPO 退出 1,069 笔，占比 31.4%，股权转让 756 笔，占比 22.2%、新三板退出 675 笔，占比 19.8%，并购 451 笔，占比 13.2%，管理层收购退出方式 107 笔，占比 3.1%。（如图 8）。值得注意的是得益于 IPO 提速，而新三板的政策红利迟迟未兑现，IPO 退出重新取代新三板成为 2017 年最主要的退出渠道。据数据统计，2017 年一共 438 家公司成功实现 IPO，数量创下中国资本市场有史以来之最，可称为 IPO 之年，标志着我国股权投资行业进入了一个新时代。

图 8 2017 年深圳创投机构投资退出方式

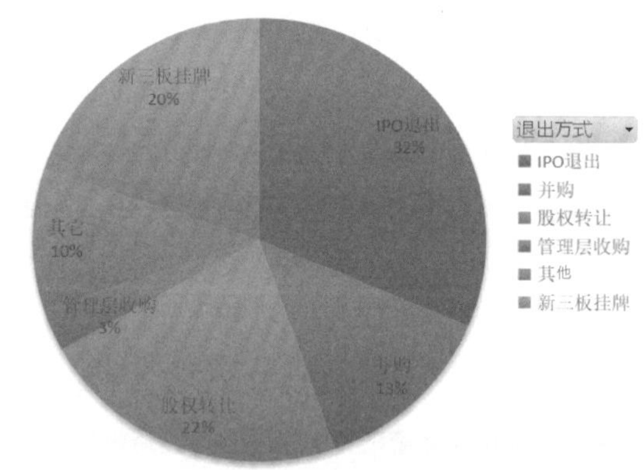

深圳创投机构 2016 年投资的企业 IPO 的数量是 58 家，2017 年是 76 家，这些项目都在准备退出和获得 IPO 退出方式的条件。同时，根据调研的数据，2017 年深圳创投机构的项目退出总数为 895 个，退出比例的分布如图 9：

图 9 2017 年深圳创投机构投资退出情况

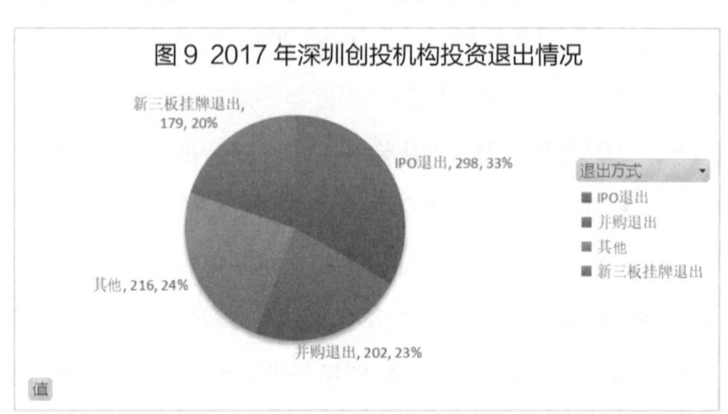

2017年，深圳创投机构所投项目退出的主要形式为IPO与并购，而挂牌新三板推出的比例下降，这个主要是由于2017年国家加大了IPO的力度，而新三板由于流动性和再融资等问题，导致企业挂牌新三板的意愿在下降。

结束语

2017年，中国经济在产业转型升级中稳步健康发展，在消费升级，新兴产业崛起的过程中，深圳创投行业在此大的新的经济新常态下，领军中国的行业地位得到巩固和稳步发展，推动了深圳乃至中国的科技创新与发展，展望2018年，更值得期待的一个新辉煌在续写当中！

（深圳市投资商会提供）

第二节 2017年深企对外投资分析报告

前言

本报告所指的深企主要是指实体企业，不包括房地产、金融以及创投行业。

为了样本的代表性，本报告的样本数据主要覆盖了深圳上市公司企业和各行业突出企业的相关数据。

为了数据分析的准确性，本次分析的数据样本来源只包含证券交易系统、深圳市政府相关部门、企业官网、企查查等全国性知名数据平台等已公开披露的信息和部分企业实地调研获得的信息。数据样本的时间跨度主要是从 2015—2017 年。

一、深企对外投资（国内和境外）概况

得益于国家政策红利，自 2015 年来，深圳对外投资的规模越来越大，投资结构进一步优化，投资区域分布更为广泛，投资行业领域更加丰富，投资主体日趋完善，展现出稳定增长的态势。根据统计的数据，2017 年，深企对外投资已经突破 3500 亿。

投资规模不断攀升。据调查数据统计，深企 2015 年对外投资达到 1809 亿，2016 年对外投资达到 3141 亿，2017 年对外投资达到 3657 亿，保持着持续稳定的增长。

投资区域分布越来越广泛。据调查数据统计，深企境外投资分布达到了 130 多个国家和地区，国内投资已经覆盖 31 个省和直辖市，基本覆盖国内全部地区。

投资行业领域更加丰富。目前，深企对外投资已涵盖国民经济 18 个行业大类。除批发和零售业、农林牧渔业、采矿业等传统产业以外，近年来对科学研究和技术服务业、信息传输软件和信息技术等领域的投资增长较快，同时受益于“一带一路”的战略方针、PPP 模式的创新、国家侧以及政府对个别行业的补贴优惠政策，电力、热力、燃气及水生产和供应业，水利、环境和公共设施管理业，建筑业等领域的投资大大提高，对外投资产业结构进一步优化。

二、深企对外投资分析

企业对外投资主要受政策、行业、区域等的影响，因此本报告主要通过投资规模、投资行业、投资区域、投资方式等四个维度进行分析，并分国内投资和境外投资。

（一）国内投资

伴随着深圳经济的高速发展，深企国内投资已成为企业发展良好的途径，越来越多的企业走出深圳，投资规模越来越大，区域也从沿海城市、华东地区慢慢覆盖到全国。

1. 投资规模

根据统计的数据，2017 年深企国内投资突破 3000 亿，同比增长 15.65%（如图 1），投资的规模越来越大，保持着持续稳定的增长。

图 1 2015-2017 年深企国内投资总金额及增长率

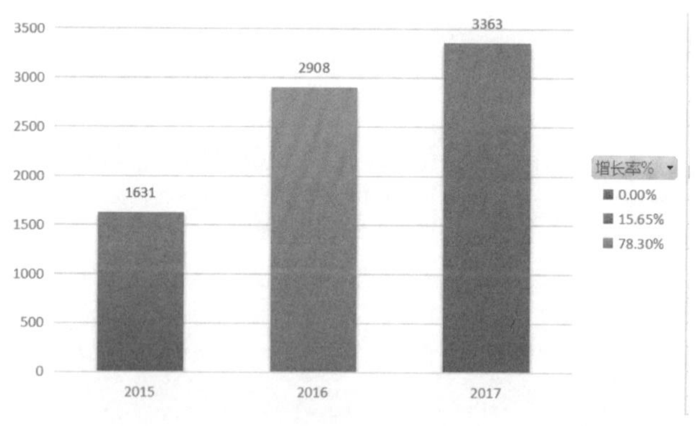

2. 投资行业分析

根据统计的数据，2017 年深企国内投资已涵盖国民经济 18 个行业大类。其中制造业，文化、体育和娱乐业，水利、

环境和公共设施管理业，建筑业这四个行业的投资占深企国内投资的 75%，分别占投资的 28%、23%、14%、10%（如图 2）。

图 2 2017 年深企国内投资行业分布

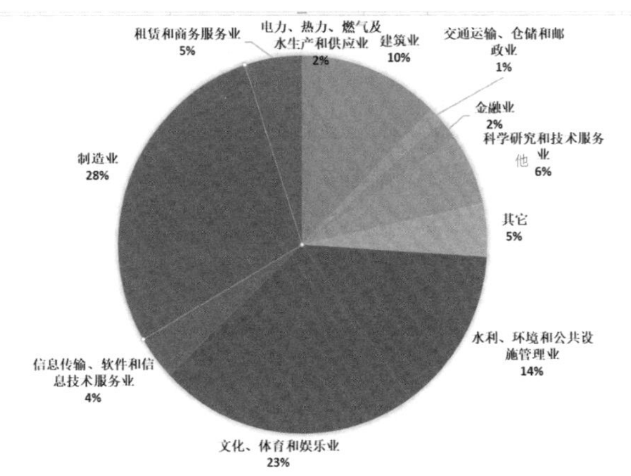

2015—2016 年，中国制造业遭遇寒流，产能严重过剩、结构不合理、成本优势不再，制造业 PMI 指数连续多月低于荣枯线。为此，国家将制造业的发展提升到了国家战略的高度，出台了一系列的相关政策，指引制造业的发展。在国家《中国制造 2025》，打造制造业强国、《关于深化制造业与互联网融合发展的指导意见》，培育制造业与互联网融合新模式及《“十三五”国家战略性新兴产业发展规划》等一系列的政策和规划引导下，深圳制造业的转型升级，取得了阶段性的成果，制造业的投资建设也稳定增长，2017 年深企制造业国内投资约 953 亿人民币（如图 3）。

图 3 2015 年 -2017 年深企国内投资（制造业）金额及增长率

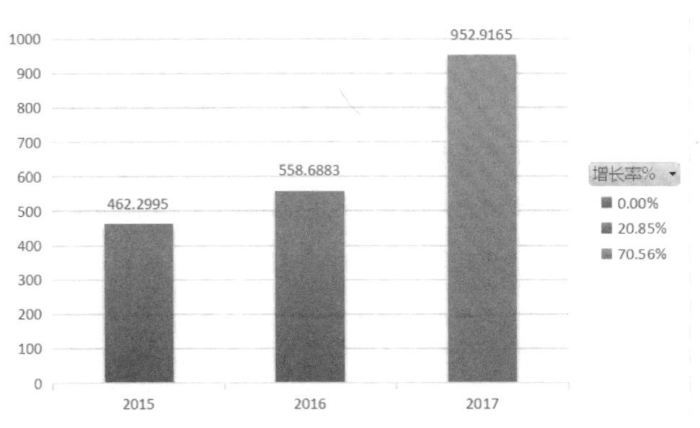

近年来，深企华侨城集团大力发展文化、旅游产业，在河北、天津、四川、海南、云南等全国多个地方进行文化、旅游产业方面的投资，平均一个项目的投资额都超过 100 亿，因此深企文化、体育和娱乐业的投资占比也高（如图 4）。

图 4 2015 年 -2017 年深企国内投资（文化、体育和娱乐业）金额及增长率

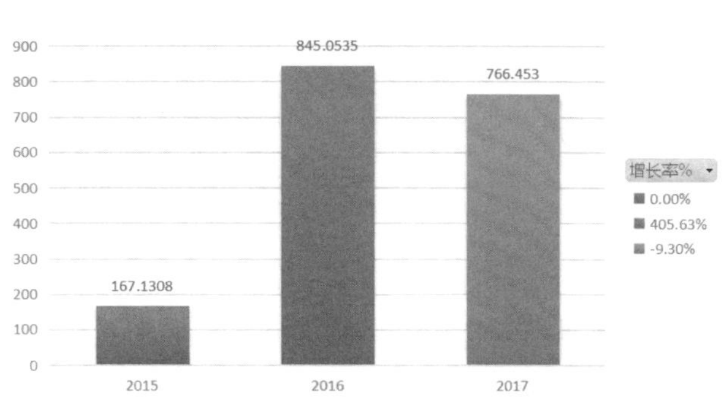

目前国家“一带一路”沿线项目投资和国家“美丽乡村”的投资建设主要集中在基础建设、环境整治、景观等方向，因此建筑业、水利、环境和公共设施管理迎来了难得的机遇。神州长城、铁汉生态、美丽生态、文科园林、格林美、东旭蓝天等深企上市公司纷纷中标 PPP 项目，投资力度加大，投资规模越来越大，近几年的投资规模如图 5、图 6。

图 5 2015-2017 年深企国内投资（建筑业）金额及增长率

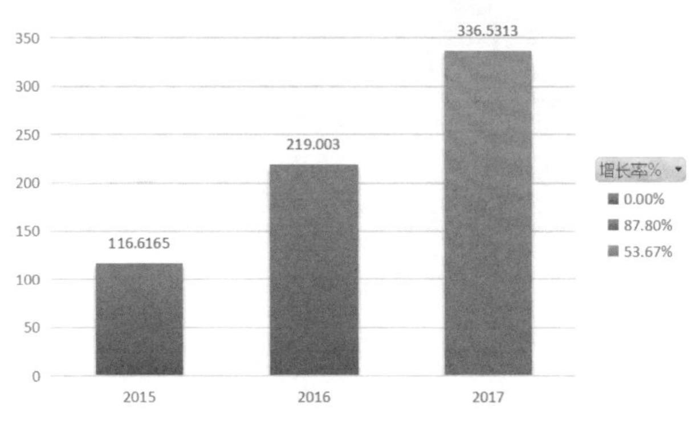

图 6 2015-2017 年深企国内投资（水利、环境和公共设施管理）金额及增长率

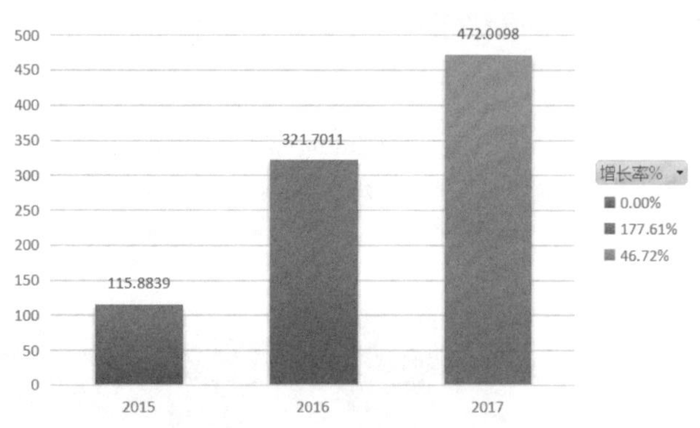

3. 投资区域分析

近年来深企国内投资已基本覆盖所有区域。随着社会发展，科技越来越发达，交通越来越便利，除了沿海一线城市，很多二、三、四线城市发展也是日新月异，深企布局全国的投资已成为企业发展的必然之路。根据统计的数据，2015 至 2017 年深企国内各地区的投资占比差距已经越来越小，2017 年华北地区的投资已超过了华南地区、华东地区，华南地区同比减小，广东、广西、海南、上海、江苏、浙江、安徽、福建、山东不再是一枝独秀（如图 7、图 8）。

图 7 2015-2017 年深企国内投资区域分布

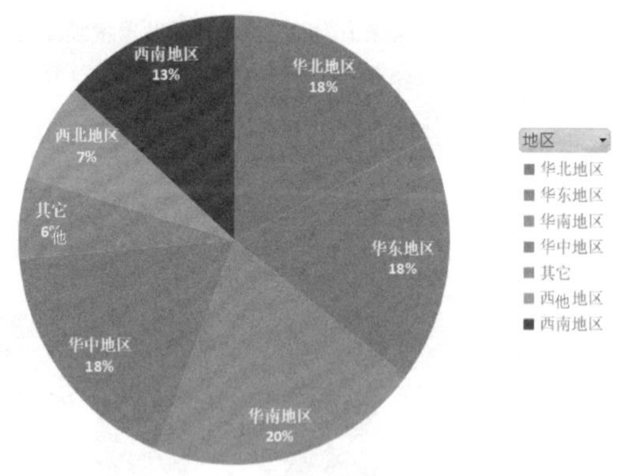

图 3-8 2015-2017 年深企国内投资区域分布

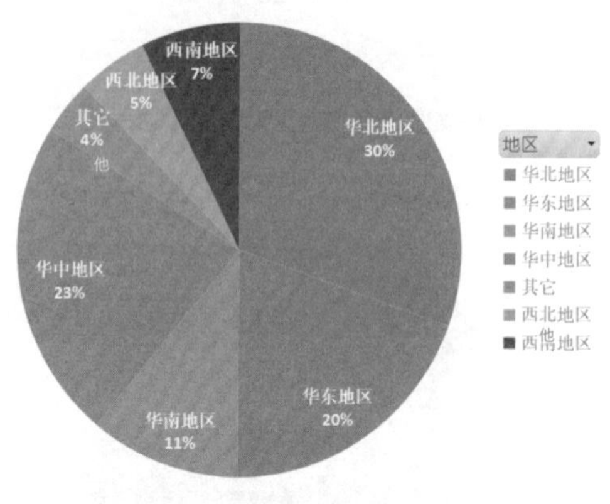

4. 投资方式分析

以前，企业对外投资更多的是设立子公司，对子公司增资，加大投资。近年来，很多企业已经通过并购、与基金管理公司合作成立产业基金进行投资等方式进行产业链投资、多元化经营或者升级转型。随着社会经济的发展，加强产业结构调整，促进产业升级转型已成为我国经济发展的重要课题。很多企业已经遭遇瓶颈，甚至于生产经营已经出现下滑，打造产业链或者产业结构调整，升级转型已成必然。企业通过并购、成立基金进行产业链投资或产业结构调整、升级转型可以大大缩短周期，实现企业的持续发展。

（二）境外投资

近年来，我国拉开了新的改革开放大局，政府以“一带一路”建设为引领，秉持“共商、共建、共享”原则，积极稳妥推进对外投资合作。

作为改革开放的前沿，深企积极响应国家的政策，走出国门，对外投资，实现全球化发展。据据统计的数据，2015 年至 2017 年，深企境外投资超过了 700 亿人民币，主要以科学研究和技术服务业，建筑业，信息传输、软件和信息技术服务业，租赁和商务服务业，电力、热力、燃气及水生产和供应业为主，占投资额的 83%。除了华为、中海集运等个别企业是全球化战略，更多的深企投资主要在“一带一路”的沿线国家，东南亚及西亚。“一带一路”的战略方针带动

了整个国家包括深企的境外投资。

三、深企对外投资排名

（一）2017 年深企国内投资排名

根据统计的数据，我们将电力、热力、燃气及水生产和供应业，租赁和商务服务业，制造业，科学研究和技术服务业，信息传输、软件和信息技术服务业，水利、环境和公共设施管理业，建筑业，交通运输、仓储和邮政业，文化、体育和娱乐业，金融业这十个行业进行了排名，数据来源于证券交易系统、深圳市政府相关部门、企业官网、企查查等全国性知名数据平台等已公开披露的信息和部分企业实地调研获得的信息。

表 4-1 电力、热力、燃气及水生产和供应业

排名	企业名称
1	深圳能源集团股份有限公司
2	深圳市科陆电子科技股份有限公司
3	东旭蓝天新能源股份有限公司
4	深圳市大生农业集团有限公司
5	深圳市兆新能源股份有限公司
6	深圳科士达科技股份有限公司
7	深圳珈伟光伏照明股份有限公司
8	深圳市沃尔核材股份有限公司
9	深圳市拓日新能源科技股份有限公司
10	茂硕电源科技股份有限公司

表 4-2 租赁和商务服务业

排名	企业名称
1	深圳正威（集团）有限公司
2	中国国际海运集装箱（集团）股份有限公司
3	东旭蓝天新能源股份有限公司
4	深圳华侨城股份有限公司
5	深圳市东阳光实业发展有限公司
6	深圳市联建光电股份有限公司
7	神州数码信息服务股份有限公司
8	腾邦集团有限公司
9	深圳市惠程电气股份有限公司
10	深圳市天健（集团）股份有限公司

表 4-3 制造业

排名	企业名称
1	深圳市华星光电技术有限公司
2	深圳正威（集团）有限公司
3	中国国际海运集装箱（集团）股份有限公司
4	深圳市沃特玛电池有限公司
5	中国宝安集团股份有限公司
6	深圳市长盈精密技术股份有限公司
7	美盈森集团股份有限公司
8	国药集团一致药业股份有限公司
9	华润三九医药股份有限公司
10	立讯精密工业股份有限公司

表 4-4 科学研究和技术服务业

排名	企业名称
1	华为技术有限公司
2	深圳市科陆电子科技股份有限公司
3	长园集团股份有限公司
4	深圳正威（集团）有限公司
5	惠科股份有限公司
6	深圳市北航旭飞科技有限公司
7	深圳欧菲光科技股份有限公司
8	深圳市华星光电技术有限公司
9	华测检测认证集团股份有限公司
10	深圳市航盛电子股份有限公司

表 4-5 信息传输、软件和信息技术服务业

排名	企业名称
1	惠科股份有限公司
2	深圳达实智能股份有限公司
3	深圳市金证科技股份有限公司
4	深圳市中兴微电子技术有限公司
5	深圳键桥通讯技术股份有限公司
6	深圳日海通讯技术股份有限公司
7	海能达通信股份有限公司
8	深圳市新国都技术股份有限公司
9	深圳市金立科技有限公司
10	深圳市华夏光彩股份有限公司

表 4-6 水利、环境和公共设施管理业

排名	企业名称
1	深圳市铁汉生态环境股份有限公司
2	深圳文科园林股份有限公司
3	深圳美丽生态股份有限公司
4	深圳市飞马国际供应链股份有限公司
5	深圳高速公路股份有限公司
6	格林美股份有限公司
7	深圳华控赛格股份有限公司
8	深圳世纪星源股份有限公司
9	东江环保股份有限公司
10	深圳市能源环保有限公司

表 4-7 建筑业

续表

排名	企业名称
1	深圳市铁汉生态环境股份有限公司
2	神州长城股份有限公司
3	深圳达实智能股份有限公司
4	深圳广田集团股份有限公司
5	中铁建设投资集团有限公司
6	东旭蓝天新能源股份有限公司
7	深圳市沃尔核材股份有限公司
8	深圳市名家汇科技股份有限公司
9	深圳市华阳国际工程设计股份有限公司
10	深圳正威（集团）有限公司

表 4-8 交通运输、仓储和邮政业

排名	企业名称
1	深圳赤湾石油基地股份有限公司
2	深圳高速公路股份有限公司
3	深圳市盐田港股份有限公司
4	深圳太平洋联合航空科技有限公司
5	深圳市海王生物工程股份有限公司
6	深圳市农产品股份有限公司
7	招商局物流集团有限公司
8	深圳市桑达实业股份有限公司
9	深圳市飞马国际供应链股份有限公司
10	中航国际控股股份有限公司

表 4-9 文化、体育和娱乐业

排名	企业名称
1	深圳华侨城股份有限公司
2	深圳市名家汇科技股份有限公司
3	深圳大通实业股份有限公司
4	深圳市兆驰股份有限公司
5	大晟时代文化投资股份有限公司
6	深圳市联建光电股份有限公司
7	深圳市麦达数字股份有限公司
8	三通国际控股（深圳）有限公司
9	恒大农牧集团有限公司
10	深圳市华宇讯科技有限公司

表 4-10 金融业

排名	企业名称
1	深圳市东阳光实业发展有限公司
2	深圳市爱施德股份有限公司
3	比亚迪股份有限公司
4	深圳能源集团股份有限公司
5	君胜控股集团有限公司
6	深圳市赢时胜信息技术股份有限公司
7	中国长城科技集团股份有限公司
8	深圳正威（集团）有限公司
9	深圳市盐田港集团
10	中兴通讯股份有限公司

（二）2017 年深企境外投资分析

“一带一路”的国家政策给企业境外投资提供了便利，近年来，深企纷纷走出国门，对沿线国家进行投资，投资规模越来越大。根据统计的数据，我们将深企 2015—2017 年的境外投资进行汇总，数据来源于证券交易系统、深圳市政府相关部门、企业官网、企查查等全国性知名数据平台等已公开披露的信息和部分企业实地调研获得的信息。

根据统计的数据，2015—2017 年，深企境外投资 705 亿人民币，每年的投资金额和增长情况如图 9：

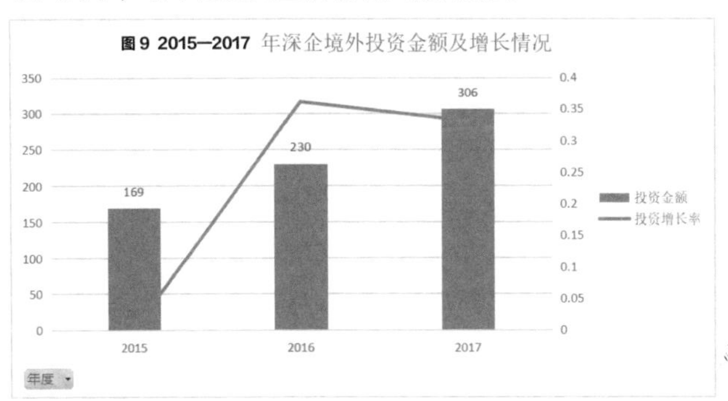

图 9 2015—2017 年深企境外投资金额及增长情况

投资区域的分布主要集中于亚洲、欧洲和美洲，如图 10：

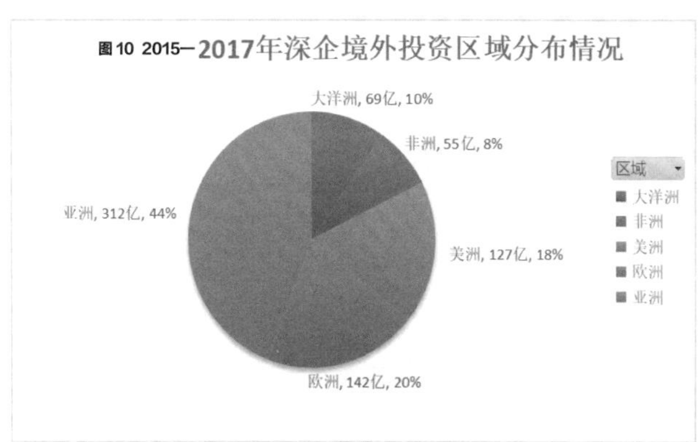

图 10 2015—2017年深企境外投资区域分布情况

在各大洲投资的行业分布如下图 11~14：

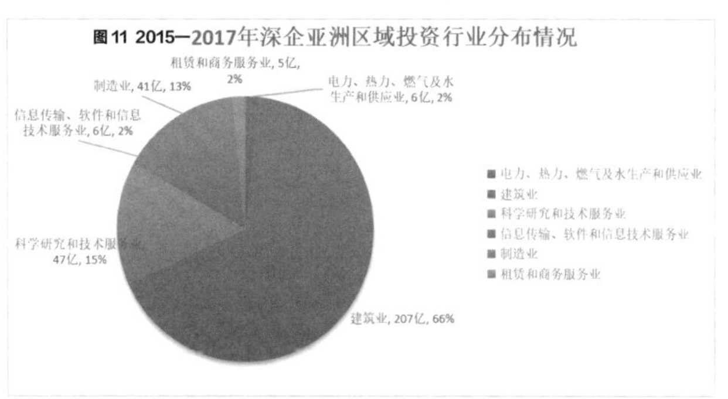

图 11 2015—2017年深企亚洲区域投资行业分布情况

其中在亚洲，深企投资主要集中于建筑业、科研技术服务与制造业。

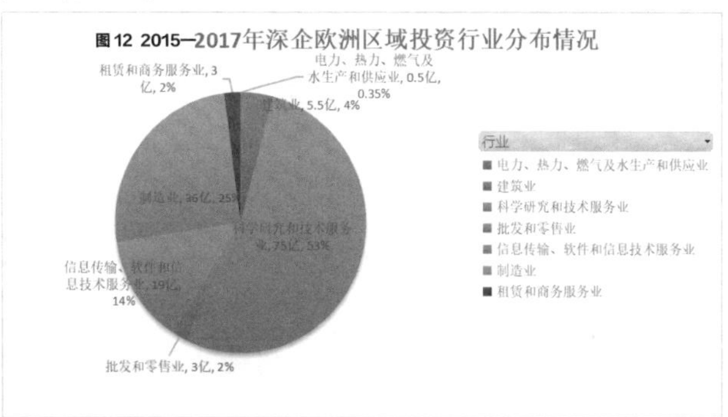

图 12 2015—2017年深企欧洲区域投资行业分布情况

而在欧洲，深企投资主要集中于科学研究与技术服务。

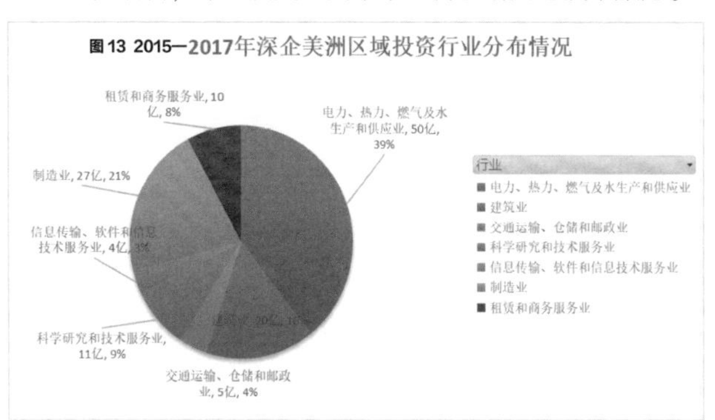

图 13 2015—2017年深企美洲区域投资行业分布情况

在美洲的投资，深企主要集中于电力、运输、科研等。

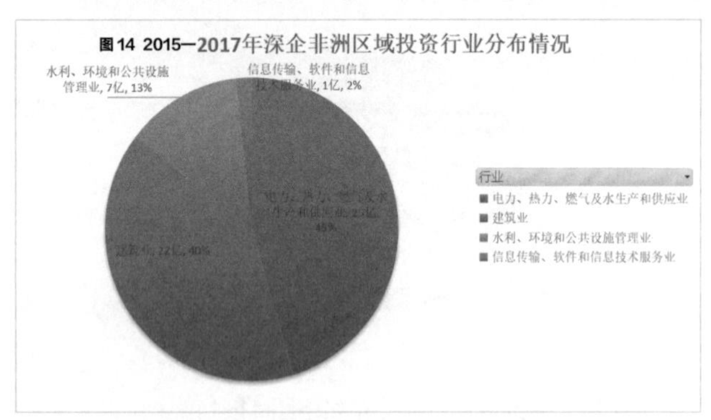

图14 2015—2017年深企非洲区域投资行业分布情况

在非洲的投资，深企主要集中于基础设施、电力能源和建筑业。

（三）深企在“一带一路”沿线国家和地区的投资

根据统计的数据，2015—2017 年，“一带一路”沿线国家共投资 373 亿。三年的投资情况如图 15：

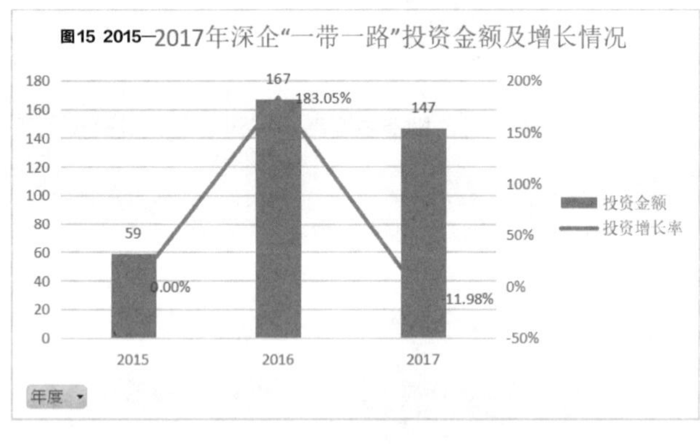

图15 2015—2017年深企“一带一路”投资金额及增长情况

深企在过去三年参与投资“一带一路”沿线国家的数量已经达 27 个，投资行业主要以电力、热力、燃气及水生产和供应业、建筑业、制造业为主，投资 352 亿，占比 94.37%。如图 16：

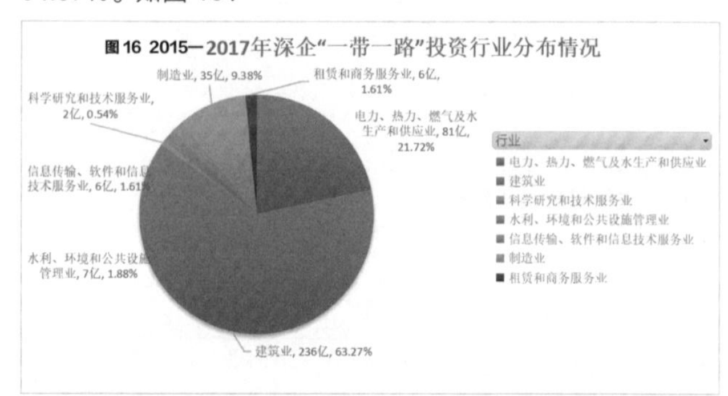

图16 2015—2017年深企“一带一路”投资行业分布情况

结束语

2017 年，中国经济在产业转型升级中稳步健康发展，深企走出深圳，在更广阔的范围内参与市场竞争、优化资源配置、追求利益最大化，有利于企业发展的壮大，也有利于深圳产业的发展。展望 2018 年，随着国家“一带一路”倡议越来越得到全球各国的积极响应与参与，立足粤港澳大湾区的深企，必将在对外投资领域续写新的更大的辉煌！

（深圳市投资商会提供）

第五章
知识产权保护

第一节 知识产权创造和运用

第二节 知识产权执法

第三节 知识产权市场完善

第四节 知识产权管理和服务

第五节 深圳 2017 年知识产权统计分析报告

第一节 知识产权创造和运用

一、知识产权创造能力

2017 年，深圳市知识产权产出继续保持稳定增长，数量和质量均大幅提升，多项指标居全国前列。深圳国内专利申请量达 177103 件，同比增长 21.89%；其中发明专利申请 60258 件，同比增长 6.96%。国内专利授权 94250 件，同比增长 25.59%；其中发明专利授权 18926 件，同比增长 7.13%；截至 2017 年底，深圳累计有效发明专利量达 106917 件，同比增长 12.11%，占全国有效发明专利总量 (1413911 件) 的 7.56%。每万人口发明专利拥有量为 89.78 件，为全国平均水平 (9.8 件) 的 9.2 倍。有效发明专利维持 5 年以上的比例达 86.72%，居全国大中城市首位。PCT 国际专利申请量突破 2 万件，达 20457 件，占全国申请总量的 43.07%(不含国外企业和个人在中国的申请)，连续 14 年居全国大中城市第一名，其中华为、中兴位列全球 PCT 申请量前两位。

2017 年，深圳市商标申请量为 392978 件，同比增长 55.16%；商标注册量为 182748 件，同比增长 30.76%；截至 2017 年底，深圳累计有效注册商标 708114 件，有效注册商标数量居全国大中城市第三名。新增中国驰名商标 5 件，新增广东省著名商标 43 件，截至 2017 年底，深圳累计拥有中国驰名商标 171 件，广东省著名商标 549 件，深圳商标品牌的影响力进一步提升。

2017 年，深圳市一般作品著作权登记量 9605 件，同比增长 177.04%，占广东省登记量 (54641 件) 的 17.58%；计算机软件著作权登记量 84652 件，同比增长 94.38%，占全国计算机软件著作权登记总量 745387 件的 11.36%，占广东省登记量 (219860 件) 的 38.50%。

二、知识产权运用能力

第十九届中国专利奖评审中，深圳获专利金奖 5 项，占全国总数的 20%，居全国大中城市第一，其中深圳微芯生物、国民技术、华为终端、华讯方舟获专利金奖各 1 项，腾讯科技获外观设计金奖 1 项。第三届中国商标金奖评审中，深圳获金奖 3 项，占全国总数的 12%，其中深圳大疆科技获商标创新奖，大疆科技、华为技术获马德里商标国际注册特别奖，截至 2017 年底，深圳共获商标金奖 8 项，在全国名列前茅。2017 年中国十大著作权人年度评选中，深圳欢乐动漫公司获评专家特别提名奖。2017 年，深圳企业作为专利权人的专利 (职务发明) 达 156055 件，占全市国内专利申请总量的 88.12%，深圳企业作为创新主体的地位明显。

第二节 知识产权执法

一、加大知识产权行政执法力度

2017 年，深圳市市场和质量监督管理委员会开展全市知识产权专项执法和护航、闪电、剑网等专项行动，实施最严格的保护措施，全年共查处知识产权侵权案件 896 件，结案 850 件，移送公安机关涉嫌犯罪案件 28 件，罚没款 574.36 万元，其中商标案件 558 件，专利案件 291 件，同比增长 153%，版权案件 47 件，同比增长 68%。深圳市文体旅游局以“扫黄打非”等综合治理方式开展知识产权保护，共查处行政案件 284 件，收缴各类非法出版物 30.7 万余件，罚没款 106.13 万元。深圳海关开展“龙腾”行动和中国制造海外形象维护“清风”行动，共采取知识产权保护措施 2088 批次，涉及货物总数 1302 万件，案值逾 1.26 亿元，同比增长 256%。

二、加大知识产权司法保护

深圳市公安机关开展“云端 2017”专项行动和“春雷行动”，共受理侵犯知识产权案件 431 件，立案 394 件，破案 308 件，刑事拘留 650 人，提请逮捕 415 人，移送审查起诉 304 人。深圳市检察机关审查逮捕阶段受理侵犯知识产权案件 361 件，批准逮捕 466 人；审查起诉阶段受理案件 358 件，决定起诉 656 人，主要涉及假冒注册商标罪、销售假冒注册商标的商品罪。深圳市各级人民法院新收知识产权案件 28027 件，与 2016 年受理案件总数 (21609 件) 相比，增幅达 29.7%，其中新收民事一审案件 23607 件，新收民事二审案件 3774 件，刑事案件 639 件，审结知识产权案件 27668 件。

三、知识产权保护机制建设

2017 年，深圳市政府提升知识产权联席会议规格，市委常委、常务副市长刘庆生担任联席会议召集人，黄敏副市长担任副召集人，强化统筹协调能力。深圳市市场和质量监督管理委员会推动在工业设计行业建立首个重点行业知识产权工作站，在钟表行业建立首个知识产权境外服务工作站，建立重点企业知识产权保护直通车制度，推动建立中国 (深圳) 知识产权保护中心，加入全国专利管理部门与电商平台之间的执法协作机制。深圳市经济贸易和信息化委员会推动展会主办单位制定知识产权侵权投诉处理规则、设立侵权投诉接待机构，加强展会知识产权保护体系建设。深圳市公安局为高新企业开辟“绿色通道”，通过“送法上门”等举措，助力高新企业知识产权保护。深圳市司法局建立《证据保全公证事项受理标准》，上线“云上公证”平台，创新知识产权公证机制。深圳市文体旅游局建立网上巡查、以人查书的监管机制，与网监、电信、互联网运营商联动执法，打击互联网领域侵权盗版。深圳市公平贸易促进署加强美国“337 调查”案件案情分析，研究完善应对机制。深圳市人民检察院成立市知识产权法律保护研究中心，开展侵犯知识产权犯罪专题调研，提出强化侵犯知识产权犯罪案件办理的对策建议。

2017 年 12 月，经最高人民法院批复同意，深圳市中级人民法院在前海成立知识产权法庭，推进知识产权审判领域改革创新，发挥知识产权司法保护的主导作用；南山区人民法院建立知识产权互联网调解中心 (知识产权巡回法庭)；宝安区人民法院推进技术调查员制度，依托专家团队出具技术调查报告，解决技术难题。深圳海关建立关际情报信息共享机制，强化侵权货物查处。深圳市贸促委探索知识产权纠纷调解，与福田、前海等法院建立诉调对接机制。

第三节 知识产权市场完善

一、知识产权金融体系建设

2017 年，深圳市不断完善知识产权质押融资再担保机制、坏账补偿机制和风险补偿基金机制，知识产权质押融资风险补偿体系基本确立。11 月，深圳以中央财政资金 1000 万元为引导，社会配资 2000 万元，设立了深圳市知识产权质押融资风险补偿基金。2017 年，深圳举办两期知识产权质押融资对接会，专利质押融资登记 144 项，登记金额近 42 亿元。与平安产险集团签订战略合作协议，在全国范围内首推全新险种——专利被侵权损失保险，截至 2017 年底，深圳共有 759 家企业的 5671 件专利投保，保障总额达 20 亿元。

二、知识产权交易平台建设

深圳市积极推进南方知识产权运营中心建设，出台《国家知识产权运营公共服务平台南方运营中心（深圳）试点平台工作方案》，以市场化的方式打造集知识产权许可、交易、股权投资、质押融资、证券化、创投基金、众筹、高端咨询等为一体的知识产权运营大平台。2017 年 12 月，国家知识产权局正式批复同意深圳设立中国（南方）知识产权运营中心。深圳市继续推动战略性新兴产业和未来产业领域知识产权联盟建设，截至 2017 年底，深圳市产业知识产权联盟备案数量已达 17 家。

三、知识产权交易情况

深圳市推动建立知识产权交易机制，实现交易双方快速匹配，降低交易成本。截至 2017 年底，国家专利技术（深圳）展示交易中心共计展出 3300 项以上专利技术产品，累计发布预交易专利信息 15800 余项，可交易专利项目 6692 项，覆盖了电子机械、新能源等近 30 个技术领域。2017 年度，该中心共完成专利交易 190 件，交易额度达 468 万元。历年累计完成专利交易 1565 件，累计交易额度达 8503 万元。

第四节 知识产权管理和服务

一、知识产权政策法规体系建设

2017 年，深圳市政府办公厅印发《深圳市知识产权综合管理改革试点工作方案》（深府办〔2017〕20 号），提出深化知识产权体制机制改革、依法实施最严格的知识产权保护、提升知识产权运用和服务水平等三个方面 19 项试点任务；深圳市政府与国家知识产权局共同签署《国家知识产权局深圳市人民政府知识产权合作框架协议》，以共创知识产权强国建设高地合作机制、共建知识产权重大政策法规体系、共推知识产权重大工程项目、共同深化知识产权领域改革为主要内容，提出 20 项工作任务；出台《深圳市新形势下进一步加强知识产权保护的工作方案》（深知联办〔2017〕1 号），从加强知识产权保护司法保护、行政保护等八个方面提出 36 条具体措施；印发《深圳市知识产权区域布局试点工作方案》（深府办函〔2017〕1 号），启动知识产权区域布局试点工作。深圳市司法局出台《深圳市律师办理专利法律服务操作指引》等两项知识产权法律服务工作指引。

深圳市前海管理局研究制定《前海蛇口自贸片区关于大力推进知识产权生态系统建设的指导意见》，推动知识产权在自贸区全面运用和聚合发展。深圳市公平贸易促进署组织编印《深圳企业应对国际贸易摩擦经验总结汇编》《美国 337 调查应对指南》，提高我市企业应对国际贸易摩擦工作能力。

二、知识产权示范培育

2017 年，深圳市市场和质量监督管理委员会加强企业知识产权管理规范国家标准的推广工作，对通过贯彻实施知识产权管理规范国家标准认证的企业给予每家 20 万元的资助。截至年底，深圳通过认证的企业达 671 家，居全省各城市第二名。

深圳市积极开展国家、省、市三级知识产权优势企业及国家级知识产权示范企业培育、推荐及认定工作，深圳超多维光电子有限公司、深圳华大基因科技有限公司 2 家企业获评 2017 年度国家知识产权示范企业，健康元药业集团股份有限公司等 6 家企业被评为 2017 年度国家知识产权优势企业。深圳市绎立锐光科技开发有限公司等 3 家企业被认定为 2017 年广东省知识产权示范企业，深圳市大疆创新科技有限公司等 7 家企业被评为 2017 年广东省知识产权优势企业。深圳市联创科技集团有限公司等 20 家企业被评为深圳市知识产权优势企业。2017 年，平安科技（深圳）有限公司、深圳市欢乐动漫股份有限公司 2 家企业被广东省版权局评选为版权兴业示范基地，至此深圳获评广东省版权兴业示范基地的单位达 23 家。

三、知识产权公共服务体系建设

2017 年，深圳市积极推动一批国家级平台和项目落户深圳。3 月，国家工商总局商标局深圳商标受理窗口正式运行，全年受理商标注册申请 10696 件，受理量居全国第一。7 月，中国版权保护中心粤港澳版权登记大厅在罗湖区开业，提供版权一站式窗口服务。12 月，国家知识产权局批复同意在深圳大学建设国家知识产权人才培训基地，批复同意在深圳建设中国（南方）知识产权运营中心，承担国家知识产权运营公共服务平台金融创新试点平台建设任务。深圳国家知识产权局专利代办处开通专利权质押融资登记全流程服务和国家知识产权局深圳市专利信息服务中心检索及分析系统。深圳市标准院获批成立国内首个省级知识产权服务标委会——广东省知识产权服务标准化技术委员会。

2017 年，深圳市知识产权专项资金投入 2.649 亿元，用于资助和奖励国内外发明专利、PCT 专利申请、境外商标注册和计算机软件著作权登记等公共服务项目。引进爱谱仕德（深圳）知识产权咨询代理有限公司、工信赛瑞（深圳）知识产权研究院有限公司等 7 家国内外高端知识产权服务机构入驻深圳开展业务，培育深圳市世纪恒程知识产权代理事务所等 6 家知识产权运营机构，建设深圳市联创知识产权服务中心等 4 个知识产权服务平台。2017 年 4 月，国家知识产权局同意在福田区建设国家知识产权服务业集聚发展示范区，为全国第 4 个国家知识产权服务业集聚发展示范区。11 月，南山区成立知识产权保护中心，提供行政执法、司法保护、仲裁调解和市场运营“一站式”服务。12 月，罗湖区推动建设全国首个珠宝产业知识产权综合服务中心。

深圳市知识产权服务机构和人才队伍建设不断加强，截至 2017 年底，深圳市专利代理机构（不含分支机构）达 144 家，专利代理资格人数 897 人，外地代理机构在深分支机构 25 家，从业人员数量达 3000 人。深圳市经国家工商总局商标局登记备案的商标代理机构有 1919 家，经广东省版权局批准的作品著作权登记代办机构有 3 家。

四、知识产权宣传

2017 年 4 月，深圳市市场和质量监督管理委员会发布 2016 年度深圳市知识产权十大事件和《深圳市 2016 年知识产权发展状况白皮书》，联合深圳市科学技术协会举办第六届青少年知识产权大奖赛、公益讲师团进校园活动。深圳国家知识产权局专利代办处联合南山区科技创新局、深圳湾科技发展有限公司组织“深圳湾知识产权双创服务宣传周”活动。深圳市公安局利用警营开放日等节点，通过披露典型案例、拆解犯罪手法等，提高市民辨假识假能力。深圳市文体旅游局以“绿书签进校园”“扫黄打非进基层”等多种形式开展宣传。深圳市人民检察院在科技园区设立 3 家知识产权检察室。深圳市中级人民法院通过网络视频直播知识产权案件庭审，发布《2016 年深圳法院知识产权保护状况》白皮书和十大知识产权典型案例。深圳海关召开“4·26”知识产权保护宣传周和“龙腾行动”新闻发布会。宝安区搭建政府、服务机构和企业“三位一体”的知识产权信息交流平台，开展知识产权宣传工作“四进”和宣传周公益跑等活动。龙岗区利用政府网站、微信公众号等多种媒介开展宣传，选取典型案例进行庭审直播。坪山区举办知识产权高端峰会，邀请知名专家和全区 100 余家企业的 180 余位高管参会。

五、知识产权培训

2017 年，深圳市市场和质量监督管理委员会结合市场主体创新创业需求，举办“知识产权金融与新 IP 业务设计与分享”等 50 余场专题培训。深圳国家知识产权局专利代办处举办 57 场知识产权公益培训。深圳市司法局邀请省高院开展“商标侵权认定标准问题”等专题研讨会和专题讲座。深圳市人民检察院举办“知识产权典型案例剖析沙龙”，对企业知识产权保护、防范职务犯罪等提出针对性建议。深圳市中级人民法院开展课题研究和学术研讨，推荐案例获得全国法院系统 2017 年度优秀案例分析暨第四届全国青年法官优秀案例评选活动优秀奖。深圳海关举办“知识产权海关保护培训班”，邀请华为、中兴等知名公司讲授鉴别知识和侵权风险趋势。福田区针对华强北创客组织开展知识产权培训，举办“IP 驾驭型机构中高层团队特训”等公开课程。中国版权保护中心在罗湖举办第八届全国版权经纪人专业培训班。龙岗区联合第三方机构对制造业、战略性新兴产业调查摸底，对珠宝眼镜、软件互联网等行业进行指导培训。龙华区组织知识产权培训下基层活动，对执法部门、中小企业进行培训。坪山区对网吧、影院、娱乐场所负责人进行集中培训，对 3000 份非法出版物现场进行销毁。

六、知识产权人才培养

2017 年，深圳市印发实施《深圳经济特区人才工作条例》，拓展和深化“孔雀计划”，吸引海外知识产权高端人才来深就业创业。深圳大学知识产权学院知识产权实务高级研修班

(第四期)招收来自知识产权优势企业及知识产权服务机构的学员共 30 人，该研修班培养人员已达 129 人。

2017 年 12 月底，国家知识产权局批复同意在深圳大学设立国家知识产权人才培训基地。福田区以深圳市国新南方知识产权研究院为依托，设立深圳市首个知识产权博士后创新实践基地，其中进入国家知识产权专家库的专家 10 人，全国知识产权领军人才 11 人，全国专利信息领军人才 4 人，全国专利信息师资人才 4 人，入选全国百千万人才推荐名单 7 人，第一批全国专利信息实务人才 11 人。深圳市继续开展知识产权职称评审试点工作，推进专利代理人职业资格与知识产权职称评审的衔接，全市评审通过 36 人，其中高级 9 人、中级 26 人、初级 1 人。截至 2017 年底，共有 263 人申报知识产权专业技术职称，231 人通过评审，其中副高(副研究员)58 人、中级(助理研究员)135 人、初级(实习研究员)38 人；按专业分，专利类 183 人、商标类 41 人、版权类 7 人。

七、知识产权工作对外合作交流

2017 年，深圳市积极推动对外合作交流，不断拓展企业合作交流空间。5 月，深圳市市场和质量监督管理委员会、深圳市公安局分别与美国专利商标局进行交流，加强知识产权国际执法合作，推动深圳企业在美国进行知识产权布局和保护。

深圳市市场和质量监督管理委员会承办中非知识产权制度与政策高级研讨座谈会，推动与非洲 22 个国家知识产权审查部门的交流合作，帮助企业走进非洲；承办中美欧日韩五局合作深圳产业界推介会，引导深圳企业拓展海外市场、加强专利布局；11 月，组织安排日本特许厅代表团访问深圳，与我市部分企业交流日本知识产权最新政策。深圳市公平贸易促进署与美国奥斯顿、高盖茨、科文顿、布林克斯等知名律师所开展美国“337 调查”应对应诉合作交流。深圳海关与美国亚马逊公司代表团、日本贸易技术协会代表团等相关机构开展知识产权执法交流协作。

第五节 深圳2017年知识产权统计分析报告

2017 年，深圳认真贯彻落实国家、省等上级部门工作部署要求，按照书记系列指示，以打造知识产权强国建设高地为目标，以国家知识产权局与深圳市政府战略合作框架协议为指引，以知识产权综合管理改革试点为契机，深入实施知识产权战略，深化知识产权领域改革，实施最严格的知识产权保护，有效促进了我市知识产权工作数量和质量双提升，为一流营商环境的营造提供了强有力的支撑。

一、2017 年深圳知识产权基本情况

（一）专利申请及授权总体情况

1. 2017 年，深圳国内专利申请量为 177103 件，同比增长 21.89%；其中，发明专利申请 60258 件[1]，申请量在全国各大城市中居第二名[2]，同比增长 6.96%。

2. 2017 年，深圳国内专利授权 94250 件，同比增长 25.59%；其中，发明专利授权 18926 件，同比增长 7.13%，授权量在全国各大城市中居第三名[3]。其中，华为技术有限公司的发明授权 3293 件，居全国企业第二名。

3. 2017 年，深圳 PCT 国际专利申请量 20457 件，占全国申请总量的 43.07%，在全国各大城市中居第一名。全国企业申请排名前十名当中，有 8 个都是深圳的企业；其中华为技术有限公司申请 3850 件，居全国第一。

4. 截止到 2017 年底，深圳累计发明专利申请 397380 件，累计国内有效发明专利达到 106917 件，在全国各大城市中居第二名[4]，同比增长 12.11%；每万人国内有效发明专利 89.78 件，在全国各大城市中居第二名[5]。

5. 2017 年，第十九届中国专利奖评审中，深圳获专利金奖 5 项（含外观设计金奖），占全国专利金奖总数的 20%。

（二）境外专利公开总体情况

1. 2017 年，深圳 PCT 国际专利公开 16722 件，在全国各大城市中居第一名，同比增长 24.79%。其中，华为技术有限公司、中兴通讯股份有限公司的 PCT 国际专利公开量分别有 4024 件与 2965 件，居全球企业的第一名与第二名。

2. 2017 年，深圳境外发明专利公开量共 16573 件[6]，其中，欧洲专利、美国专利、印度专利的公开量居前三名，占境外发明专利公开总量的 76.47%。欧洲专利公开量同比增长最大，达 24.88%。

（三）新兴产业专利布局情况

1. 2017 年，深圳的 5G 技术的国内专利、PCT 国际专利、美国专利、欧洲专利的专利公开量都在全国主要城市中居第一名，更领先几个国际创新城市（国家），包括东京、硅谷、纽约、以色列。

2. 2017 年，深圳的石墨烯技术的 PCT 国际专利公开量在全国主要城市中居第一名，且领先几个国际创新城市（国家），包括东京、硅谷、纽约、以色列。

3. 2017 年，深圳的机器人技术的国内专利、PCT 国际专利的公开量在全国主要城市中居第一名，并与东京不分轩

备注：由于国家知识产权局对 2016 年度部分专利数据作了调整，本统计报告在计算同比增长时，仍按照原有口径计算。

1 深圳的数据已经过国家知识产权局深圳专利代办处清洗和校对，与国家知识产权局公开数据略有差异。本统计报告有关数据一般保留到小数点后两位，部分数据保留到小数点后一位。

2 北京发明申请 90806 件，在全国各大城市中居第一名；上海发明申请 50249 件，在全国各大城市中居第三名。

3 根据国家知识产权局 2017 中国专利简要统计数据，北京发明授权 46091 件；上海发明授权 20681 件。

4 北京有效发明专利量 205320 件，在全国各大城市中居第一名；上海有效发明专利量 10033 件，在全国各大城市中居第三名。

5 根据国家知识产权局 2017 中国专利简要统计数据，北京每万人有效发明专利 94.5 件。

6 不包括 PCT 国际专利公开量。

轻，且领先几个国际创新城市（国家），包括硅谷、纽约、以色列。

4. 2017 年，深圳的区块链技术的 PCT 国际专利、美国专利、欧洲专利的公开量都在全国主要城市中居第一名，并且与硅谷竞逐全球领先地位。

（四）商标申请注册总体情况

1. 2017 年，深圳商标申请量为 392978 件，在全国主要城市中居第二名，同比增长 55.16%。

2. 2017 年，深圳商标注册核准量为 182748 件，在全国主要城市中居第三名，同比增长 30.76%。

3. 截止到 2017 年底，深圳累计有效注册商标 708114 件，在全国主要城市中居第三名，同比增长 27.49%。

二、2017 年深圳国内专利发展态势

（一）专利申请量与授权量现况与趋势分析

专利申请量是体现城市经济发展水平和创新发展程度的重要指标。2017 年，深圳国内专利申请量为 177103 件，同比增长 21.89%。其中，发明专利申请 60258 件，同比增长 6.96%。

图 1 主要城市 2017 年发明专利授权量对比

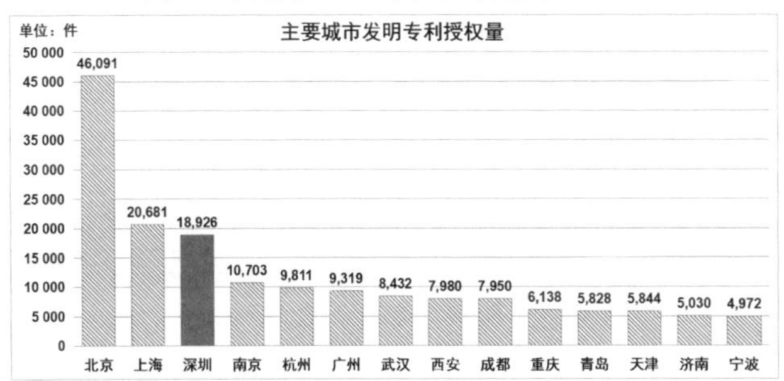

数据来源：国家知识产权局专利数据库、TechGlory 专利数据库

2017 年，深圳国内专利授权 94250 件，同比增长 25.59%。国内发明专利授权量为 18926 件，仅次于北京与上海，在全国各大城市中居第三名，居全国副省级城市的第一，如图 1 所示。但发明专利授权量同比增长仅 1.77%，增速有减缓趋势，如图 2 所示。

数据来源：国家知识产权局专利数据库、TechGlory 专利数据库

图 2 主要城市 2017 年发明专利授权量增长率对比

（二）专利申请与经济发展态势分析

2017 年，深圳国内专利申请量为 177103 件，2017 年深圳生产总值 (GDP) 22438.4 亿元，每亿元 GDP 产出的专利申请量为 7.89 件，同比增长 5.91%。

（三）专利申请主体分析

2017 年，深圳国内申请量前 100 名企业的专利申请总量为 39689 件，占深圳申请总量的 22.41%；发明专利申请总量 29156 件，占深圳发明专利申请总量的 48.39%。可见，大中型企业是深圳发明专利申请的主体，企业创新能力与发明专利申请呈正相关关系。

2017 年，深圳国内发明专利申请量前 10 名企业如表 1 所示，其中有 8 个企业超过 1000 件。排名前 3 名依次为华为技术有限公司、努比亚技术有限公司、中兴通讯股份有限公司。其中，华为技术有限公司的发明专利申请量超过 3000 件。

表 1 2017 年深圳国内发明专利申请量排名前 10 名企业

排名	申请人名称	所属区域	发明专利申请量
1	华为技术有限公司	龙岗区	3948
2	努比亚技术有限公司	南山区	2827
3	中兴通讯股份有限公司	南山区	2538
4	腾讯科技（深圳）有限公司	南山区、福田区	2282
5	比亚迪股份有限公司	坪山区	1386
6	深圳市华星光电技术有限公司	光明新区	1241
7	平安科技（深圳）有限公司	福田区	1179

续表

排名	申请人名称	所属区域	发明专利申请量
8	深圳天珑无线科技有限公司	南山区	1007
9	宇龙计算机通信科技（深圳）有限公司	南山区	648
10	深圳金立通信设备有限公司	福田区	643

数据来源：国家知识产权局深圳专利代办处

2017 年，深圳国内发明授权量前 10 名企业如表 2 所示，排名前 3 名依次为华为技术有限公司、中兴通讯股份有限公司、腾讯科技（深圳）有限公司。其中，华为技术有限公司的发明专利授权量超过 3000 件。

表 2 2017 年深圳国内发明专利授权量排名前 10 名企业

排名	申请人名称	所属区域	发明专利授权量
1	华为技术有限公司	龙岗区	3293
2	中兴通讯股份有限公司	南山区	1699
3	腾讯科技（深圳）有限公司	福田区、南山区	788
4	深圳市华星光电技术有限公司	光明新区	778
5	比亚迪股份有限公司	坪山区、大鹏新区	405
6	华为终端有限公司	龙岗区	267
7	宇龙计算机通信科技（深圳）有限公司	南山区、福田区	261
8	鸿富锦精密工业（深圳）有限公司	龙华区	211
9	努比亚技术有限公司	南山区	166
10	深圳海洋王照明工程有限公司	南山区	162

数据来源：国家知识产权局深圳专利代办处

2017 年，深圳 PCT 国际专利申请量前 10 名企业如表 3 所示，排名前三名依次为华为技术有限公司、中兴通讯股份有限公司、深圳大疆创新科技有限公司。其中，华为技术有限公司的 PCT 国际专利申请量超过 3000 件，遥遥领先其他企业。申请量前 10 名企业占全市 PCT 国际专利申请总量的 50.64%，可见大中型企业也是深圳 PCT 国际专利的申请主体。

表 3 2017 年深圳 PCT 国际专利申请量排名前 10 名企业

排名	申请人名称	所属区域	PCT 国际专利申请量
1	华为技术有限公司	龙岗区	3850
2	中兴通讯股份有限公司	南山区	2477
3	深圳大疆创新科技有限公司	南山区	851
4	腾讯科技（深圳）有限公司	福田区、南山区	620
5	惠科股份有限公司	宝安区	564
6	深圳市华星光电技术有限公司	光明新区	475
7	深圳传音通讯有限公司	南山区	449
8	平安科技（深圳）有限公司	福田区	446
9	深圳华星光电半导体显示技术有限公司	光明新区	316
10	深圳柔宇科技有限公司	南山区、龙岗区	311

数据来源：国家知识产权局深圳专利代办处

（四）专利质量情况

1. 有效发明专利密度分析

截止到 2017 年底，深圳国内有效发明专利总量达到了 106917 件[7]，在全国各大城市中居第二名，如表 4 所示；发明专利密度达到 89.78 件 / 万人，在全国各大城市中居第二名，高全国平均水平 (9.80 件 / 万人）一个数量级，如图 3 所示。深圳作为全国自主创新示范区、国家知识产权示范城市，发明专利密度在全国起到了示范、引领与带头作用，为接下来建设国际科技、产业创新中心奠定了良好的基础。

表 4 2017 年全国主要城市国内有效发明专利拥有量[8]

排名	城市	有效发明专利拥有量（单位：件）
1	北京	205320
2	深圳	106917
3	上海	100433
4	杭州	41317
5	南京	39932

7 数据来源：国家知识产权局深圳专利代办处

8 深圳的有效发明专利量由国家知识产权局深圳专利代办处提供，其他城市的有效发明专利量数据来源为国家知识产权局专利数据库与 TechGlory 专利数据库。

续表

排名	城市	有效发明专利拥有量（单位：件）
6	广州	36397
7	武汉	29371
8	成都	29265
9	西安	29251
10	天津	28601
11	重庆	22306
12	青岛	20890
13	宁波	18764
14	济南	17846
全国		13558460

数据来源：国家统计局、国家知识产权局专利数据库、国家知识产权局深圳专利代办处、TechGlory 专利数据库

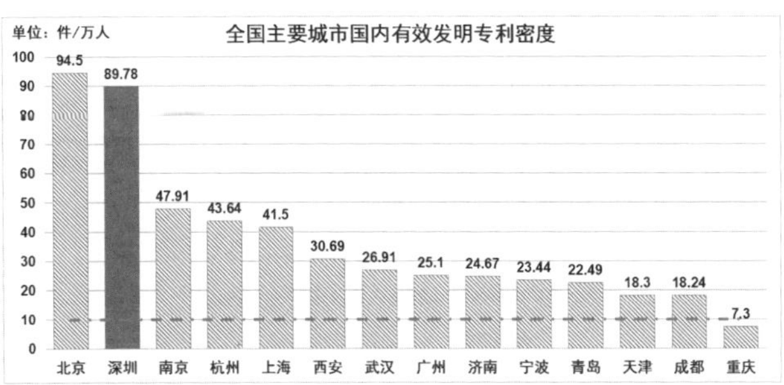

数据来源：国家统计局、国家知识产权局专利数据库、国家知识产权局深圳专利代办处、TechGlory 专利数据库；红虚线为全国平均水平。

图 3 2017 年全国主要城市国内有效发明专利密度

2. 有效发明专利维持年限分析

截止到 2017 年底，深圳有效发明专利中维持年限超过 5 年[9] 的专利量为 92723 件，占有效发明专利（106917 件）的比例为 86.72%，在全国各大城市中居第一名，如表 5 与图 4 所示。从维持年限的分布可见，深圳国内有效发明的整体质量在全国各大城市中居前列，丰富了“深圳质量”的内涵。

表 5 2017 年全国主要城市维持年限 5 年以上的有效发明专利占比

序号	城市	维持年限 5 年以上有效发明专利拥有量（单位：件）
1	北京	145378
2	深圳	92723
3	上海	73467
4	杭州	27977
5	南京	24703
6	广州	24163
7	西安	17617
8	成都	17413
9	天津	17281
10	武汉	17029

数据来源：国家知识产权局专利数据库、TechGlory 专利数据库

图 4 2017 年全国主要城市维持年限超过 5 年的发明专利占比

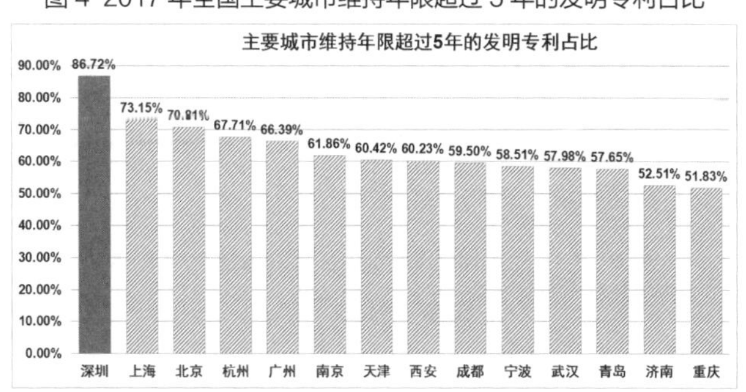

数据来源：国家知识产权局专利数据库、TechGlory 专利数据库

3. 有效发明专利申请主体分析

截止到 2017 年底，深圳有效发明专利量及相应的深圳占比[10] 的排名前 10 名企业如表 6 所示，前三名分别是华为技术有限公司、中兴通讯股份有限公司、腾讯科技（深圳）有限公司。其中，华为技术有限公司的有效发明专利量超过 2.4 万千件，占深圳有效发明专利总量的 22.86%；中兴通讯股份有限公司的有效发明专利量超过 1.6 万千件，占深圳有效发明专利总量的 15.34%。

表 6 2017 年深圳国内有效发明专利量排名前 10 名企业

排名	申请人名称	有效发明专利量	有效发明专利的深圳占比
1	华为技术有限公司	24437	22.86%

9 以发明授权专利在 2017 年内缴纳第 5 年（及以上）年费作为维持年限超过 5 年的依据。

10 占深圳有效发明专利总量 106917 件的比例

续表

排名	申请人名称	有效发明专利量	有效发明专利的深圳占比
2	中兴通讯股份有限公司	16402	15.34%
3	腾讯科技（深圳）有限公司	3735	3.49%
4	比亚迪股份有限公司	3316	3.10%
5	深圳市华星光电技术有限公司	2732	2.56%
6	海洋王照明科技股份有限公司	2368	2.21%
7	鸿富锦精密工业（深圳）有限公司	1660	1.55%
8	华为终端有限公司	1087	1.02%
9	宇龙计算机通信科技（深圳）有限公司	1067	1.00%
10	群康科技（深圳）有限公司	978	0.91%

数据来源：国家知识产权局专利数据库、TechGlory 专利数据库

截止到 2017 年底，深圳有效发明专利中维持年限超过 5 年的专利量及相应的深圳占比[11] 排名前 10 名企业如表 7 所示，前三名分别也是华为技术有限公司、中兴通讯股份有限公司、腾讯科技（深圳）有限公司。

表 7 2017 年深圳国内有效发明专利量排名前 10 名（维持年限超过 5 年）

排名	申请人名称	有效发明专利量	有效发明专利的深圳占比
1	华为技术有限公司	24072	25.96%
2	中兴通讯股份有限公司	17166	18.51%
3	腾讯科技（深圳）有限公司	3387	3.65%
4	比亚迪股份有限公司	3092	3.33%
5	海洋王照明科技股份有限公司	2272	2.45%
6	华为终端有限公司	2091	2.26%
7	鸿富锦精密工业（深圳）有限公司	2037	2.20%
8	深圳市华星光电技术有限公司	1501	1.62%
9	深圳光启高等理工研究院	692	0.75%
10	深圳富泰宏精密工业有限公司	483	0.52%

数据来源：国家知识产权局专利数据库、TechGlory 专利数据库

11 占深圳维持年限 5 年以上的有效发明专利总量 92723 件的比例

（五）各区情况

1. 各区国内专利申请授权情况

由于产业结构差异，2017 年，各区在专利申请数量、授权数量、专利类型的分布、有效发明专利数量都存在差异，如图 5、图 6 所示。

南山区作为深圳高新技术产业的聚集区，企业整体的自主创新能力突出，专利申请与授权量均处于全市领先地位，尤其更重视发明专利的申请。宝安区、龙岗区、龙华区、福田区等几个区的专利竞争水平次之。而其他行政区（新区）由于大型企业较少，专利申请、授权量都处于劣势。

数据来源：国家知识产权局深圳专利代办处

图 5 2017 年深圳各区专利申请量及三种专利的占比

数据来源：国家知识产权局深圳专利代办处

图 6 2017 年深圳各区专利授权量及三种专利的占比

针对有效发明专利数量，中大型企业集中的南山区与龙岗区合计占了全市的 68.61%，如图 7 所示。

由于深圳各区的常住人口数差距较大，有效发明专利密度相较于前述的专利申请量与授权量有显著差别。如图 8 所示，南山区、龙岗区、大鹏新区的有效发明密度均大于深圳整体的有效发明专利密度 89.78 件 / 万人，其中南山区更高达 339.48 件 / 万人。具体分析如下：

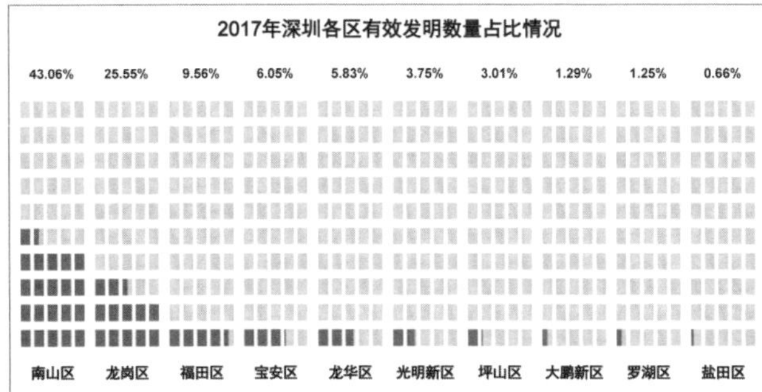

数据来源：国家知识产权局深圳专利代办处

图 7 2017 年深圳各区有效发明数量占比情况

数据来源：国家知识产权局深圳专利代办处

图 8 2017 年深圳各区有效发明专利密度（单位：件 / 万人）

南山区的发明专利主要申请人包括努比亚技术有限公司、中兴通讯股份有限公司、深圳天珑无线科技有限公司等；发明授权专利的主要申请人包括中兴通讯股份有限公司、宇龙计算机通信科技（深圳）有限公司、努比亚技术有限公司等。该区的有效发明专利密度 339.48 件 / 万人，居全市第一名。

龙岗区的发明专利主要申请人包括华为技术有限公司、深圳元征科技股份有限公司、巧夺天工（深圳）科技有限公司等；发明授权专利的主要申请人包括华为技术有限公司、华为终端有限公司、深圳金洲精工科技股份有限公司、深圳元征科技股份有限公司。该区的有效发明专利密度 127.41 件 / 万人，居全市第二名。

大鹏新区的发明专利主要申请人为中广核工程有限公司；发明授权专利主要申请人也是中广核工程有限公司。该区的有效发明专利密度 97.73 件 / 万人，居全市第三名。

坪山区的发明专利主要申请人包括比亚迪股份有限公司、深圳沃特玛电池有限公司、深圳沃尔核材股份有限公司等；发明授权专利的主要申请人包括比亚迪股份有限公司、深圳沃尔核材股份有限公司、深圳新宙邦科技股份有限公司等。该区的有效发明专利密度 78.79 件 / 万人。

光明新区的发明专利主要申请人为深圳市华星光电技术有限公司、深圳华星光电半导体显示技术有限公司等；主要发明授权专利申请人包括深圳市华星光电技术有限公司、深圳贝特瑞新能源材料股份有限公司、信泰光学（深圳）有限公司等。该区的有效发明专利密度 71.50 件 / 万人。

福田区的发明专利主要申请人包括腾讯科技（深圳）有限公司、平安科技（深圳）有限公司、深圳金立通信备有限公司等；发明授权专利的主要申请人包括腾讯科技（深圳）有限公司、深圳光启创新技术有限公司、中广核研究院有限公司等。该区的有效发明专利密度 68.10 件 / 万人。

龙华区的发明专利主要申请人包括鸿富锦精密工业（深圳）有限公司、富泰华工业（深圳）有限公司、广东容祺智能科技有限公司等；发明授权专利的主要申请人包括鸿富锦精密工业（深圳）有限公司、赛恩倍吉科技顾问（深圳）有限公司、富泰华工业（深圳）有限公司等。该区的有效发明专利密度 40.22 件 / 万人。

盐田区的发明专利主要申请人为深圳泰衡诺科技有限公司；发明授权专利主要申请人为深圳中兴微电子技术有限公司、深圳华大基因股份有限公司。该区的有效发明专利密度 31.08 件 / 万人。

宝安区的发明专利主要申请人包括惠科股份有限公司、深圳赛亿科技开发有限公司、德昌电机（深圳）有限公司等；发明授权专利的主要申请人包括德昌电机（深圳）有限公司、深圳崇达多层线路板有限公司、深圳麦克韦尔股份有限公司等。该区的有效发明专利密度 21.42 件 / 万人。

罗湖区的发明专利主要申请人包括深圳供电局有限公司、深圳茁壮网络股份有限公司、深圳华琥技术有限公司等；发明授权专利的主要申请人包括深圳供电局有限公司、深圳倍轻松科技股份有限公司。该区的有效发明专利密度 13.29 件 / 万人。

有效发明专利密度高的南山和龙岗等区，体现出高价值专利由大中型企业申请集中的态势，可见该区域研发创新和专利申请是由大中型企业和机构所主导；而有效发明专利密度低的宝安和罗湖区，中小微企业专利申请活跃但偏重实用新型的申请，与各区的产业发展重点基本相符。

2. 高新区专利申请授权情况

深圳高新区包括南山区科技园园区、深圳湾园区、留仙洞园区、大沙河创新走廊等区域，知识产权工作基础扎实，被国家知识产权局认定为“国家知识产权示范园区”和“专利审查员实践基地”，为引进国家资源推动全市知识产权事业发展提供了一个很好的平台。高新区的企业知识产权创造能力突出，一直以来是深圳发明专利申请集中区。

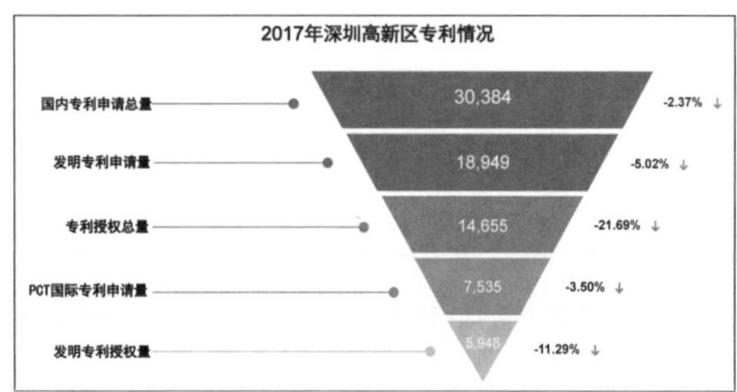

数据来源：国家知识产权局深圳专利代办处

图 9 2017 年深圳高新区专利情况

如图 9 所示，2017 年高新区的国内专利申请总量为 30384 件，同比下降 2.37%，其中发明专利申请量 18949 件，同比下降 5.02%，两者均低于深圳整体的平均水平。

2017 年高新区专利授权总量为 14655 件，同比下降 21.69%，其中发明专利授权量 5948 件，同比下降 11.29%。拥有的有效发明专利 36981 件，占全市有效发明总量的 34.59%。

2017 年高新区 PCT 国际专利申请量为 7535 件，占全市申请总量的 36.83%，同比下降 3.50%。

2017 年高新区的国内专利申请总量、专利授权总量、发明专利授权量、PCT 国际专利申请量都呈现微量下滑，显示科技型企业有从高新区外移的现象。

三、2017 年深圳境外专利发展态势

（一）总体情况

2017 年，深圳的 PCT 国际专利公开量为 16616 件，同比增长 27.64%。除了 PCT 以外，深圳的境外发明专利公开量为 16573 件，排名靠前的境外地区分别是欧洲、美国、印度、日本；增长率较高的是欧洲与日本。排名前 10 的境外地区及发明专利公开量如表 8 所示。

表 8 2017 年深圳境外地区发明专利公开量

境外专利地区	发明专利公开量	同比增长率
PCT	16616	27.64%
欧洲	5808	24.88%
美国	5753	3.94%
印度	1113	-33.15%
日本	995	54.74%
中国台湾	442	-13.62%
德国	269	0.75%
中国香港	231	-13.16%
加拿大	150	-42.53%
韩国	126	-78.61%

数据来源：欧洲专利局专利数据库、TechGlory 专利数据库

（二）PCT 国际专利

1. 深圳申请现况与趋势

2017 年，我国 PCT 国际专利申请量达到 48882 件[12]，同比增长 13.4%，超越日本，成为全球申请量第二的国家，仅次于美国的 56624 件。其中，深圳的 2017 年 PCT 国际专利申请量达 20457 件[13]，占全国申请总量的 43.07%，但同比增长 4.12%，低于全国的增长率 13.4%，说明深圳的增幅已逐渐趋缓。

2017 年，深圳 PCT 国际专利申请量排名前三名依次为华为技术有限公司、中兴通讯股份有限公司、深圳大疆创新

12 数据来源：WIPO http://www.wipo.int/pressroom/zh/articles/2018/article_0002.html

13 数据来源：国家知识产权局深圳专利代办处

科技有限公司。其中，华为技术有限公司的 PCT 国际专利申请量超过 3000 件，遥遥领先其他企业；申请量前 10 名企业占全市 PCT 国际专利申请总量的 50.64%，可见大中型企业也是深圳 PCT 国际专利申请的主体。

2017 年深圳 PCT 国际专利申请量排名前 10 名企业如表 9 所示，其中，中兴通讯股份有限公司、深圳市华星光电技术有限公司，申请量大幅下滑，都是负增长；但 2016 年的 PCT 申请量不足 10 件，且不在深圳前 100 名的惠科股份有限公司、深圳传音通讯有限公司、平安科技（深圳）有限公司、深圳华星光电半导体显示技术有限公司，在 2017 年却异军突起，海外布局意图相当明显。

表 9 2017 年深圳 PCT 国际专利申请量排名前 10 名企业

排名	申请人名称	专利申请量	同比增长率
1	华为技术有限公司	3850	3.33%
2	中兴通讯股份有限公司	2477	-27.10%
3	深圳大疆创新科技有限公司	851	54.17%
4	腾讯科技（深圳）有限公司	620	38.70%
5	惠科股份有限公司	564	N/A
6	深圳市华星光电技术有限公司	475	-20.83%
7	深圳传音通讯有限公司	449	N/A
8	平安科技（深圳）有限公司	446	N/A
9	深圳华星光电半导体显示技术有限公司	316	N/A
10	深圳柔宇科技有限公司	311	43.98%

数据来源：国家知识产权局深圳专利代办处

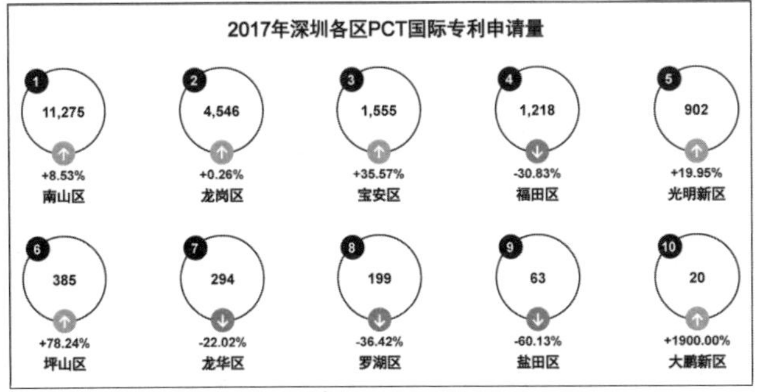

数据来源：国家知识产权局深圳专利代办处
中央大圆圈内为申请量，左上角圆圈内为申请量排名，圆圈下方为同比增长率

图 10 2017 年深圳各区 PCT 国际专利申请量

2017 年，深圳 PCT 国际专利申请同比增长 4.12%，增速减缓，其中，大鹏新区、坪山区、宝安区的增长率最高，都超过 35%，尤其是大鹏新区在 2016 年仅有 1 件 PCT 国际专利申请，但在 2017 年已经高速增长到 20 件。另外，福田区、龙华区、罗湖区、盐田区都是负增长，各区的申请量及同比增长率如图 10 所示。

2. 专利公开现况与趋势分析

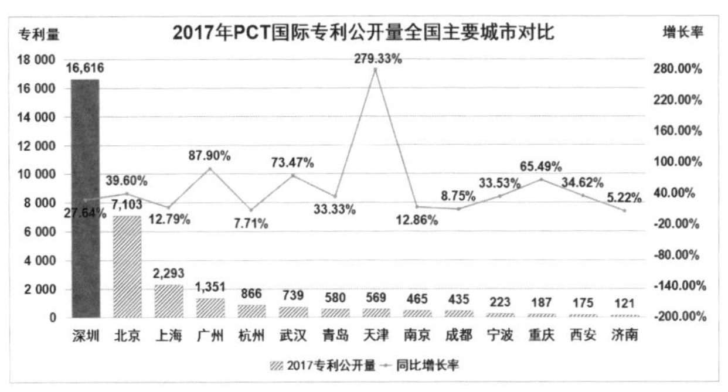

数据来源：欧洲专利局专利数据库、TechGlory 专利数据库

图 11 2017 年 PCT 国际专利公开量全国主要城市对比

2017 年，全国主要城市 PCT 国际专利公开量如图 11 所示，深圳的公开量最高，但同比增长率天津最高。

3. 国际创新城市对比

2017 年，在几个重点的国际创新城市（国家）：东京、硅谷、纽约、以色列当中，深圳的 PCT 国际专利公开量仅次于日本东京，大幅领先硅谷[14]，但深圳公开量的增长率最高，如图 12 所示。

4. 申请主体分析

2017 年，深圳的 PCT 国际专利公开量前三名是华为技术有限公司、中兴通讯股份有限公司、深圳市华星光电技术有限公司；其中，华为技术有限公司与中兴通讯股份有限公司的公开量在全球排前两名。

表 10 所示为 2017 年深圳的 PCT 国际专利公开量前 10

14 硅谷不是一个行政区划地名，在地图上一般不做标注。在地理上，硅谷起先仅包含圣塔克拉拉山谷 (Santa Clara Valley)，主要位于旧金山湾区南部圣塔克拉拉县 (Santa Clara County)，包含（约 40 千米）该县下属的帕罗奥多市 (Palo Alto) 到县府圣何塞市 (San Jose) 一段长约 25 英里的谷地；之后逐渐扩展到包含圣塔克拉拉县 (Santa Clara County)、西南旧金山湾区圣马特奥县 (San Mateo County) 的部分城市（比如门洛帕克）以及东旧金山湾区阿拉米达县 (Alameda County) 的部分城市，比如费利蒙等地。

数据来源：国家知识产权局深圳专利代办处

图 12 2017 年国际创新城市 PCT 国际专利公开量对比

名企业，其中腾讯科技（深圳）有限公司与 TCL 数码科技（深圳）有限责任公司的增长率都超过 200%。

表 10 2017 年深圳 PCT 专利公开量排名前 10 名企业

排名	申请人名称	专利公开量	同比增长率
1	华为技术有限公司	4025	8.93%
2	中兴通讯股份有限公司	2966	-28.22%
3	深圳市华星光电技术有限公司	972	-16.35%
4	腾讯科技（深圳）有限公司	566	223.43%
5	宇龙计算机通信科技（深圳）有限公司	517	103.54%
6	深圳大疆创新科技有限公司	239	21.32%
7	TCL 数码科技（深圳）有限责任公司	193	221.67%
8	努比亚技术有限公司	192	82.86%
9	深圳市中兴微电子技术有限公司	178	28.06%
10	比亚迪股份有限公司	159	23.26%

数据来源：WIPO、欧洲专利局专利数据库、TechGlory 专利数据库

5. 专利质量分析

以被引用数作为专利质量的重要参考指标，截止到 2017 年底，深圳的 PCT 国际专利申请被引用数最高的前 10 名如表 11 所示，最高引用数为 93，是华为技术有限公司的专利。前 10 名中，有七件都是华为技术有限公司的通讯类专利，另有一件是比亚迪的电动汽车专利。

（三）美国专利情况

1. 专利公开现况与趋势分析

2017 年，深圳的美国专利公开量 5753 件，在全国各大城市中居第一位，北京与上海分别居第二与第三名，如图 13 所示。

数据来源：欧洲专利局专利数据库、TechGlory 专利数据库

图 13 2017 年美国专利公开量全国主要城市对比（单位：件）

2. 国际创新城市对比

2017 年，在几个重点的国际创新城市（国家）：东京、深圳、硅谷、纽约、以色列当中，东京与硅谷的美国专利公开量分别居第一与第二名，深圳位居第三。在增长率方面恰好相反，专利公开量分别居第一与第二名的东京与硅谷都是负增长，但公开专利量最低的纽约增长率最高，深圳仍位居第三，如图 14 所示。

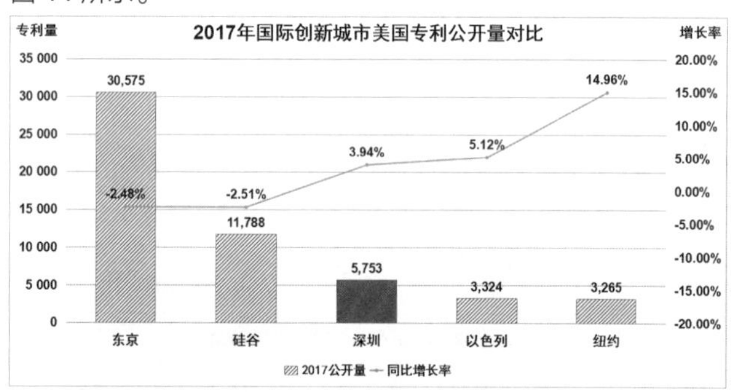

数据来源：欧洲专利局专利数据库、TechGlory 专利数据库

图 14 2017 年国际创新城市美国专利公开量对比

3. 专利申请主体分析

2017 年，深圳的美国公开专利量中，排名前三名的申请人分别是华为技术有限公司、深圳市华星光电技术有限公司、中兴通讯股份有限公司。其中，华为技术有限公司维持稳定的增长率，但深圳市华星光电技术有限公司却是负增长。排名前 10 名的申请人如表 12 所示，其中深圳大疆创新科技有

表 11 截止到 2017 年具有高被引用数的深圳 PCT 国际专利

排名	专利号	专利名称	申请人名称	被引用数
1	WO2011137793A1	METHOD APPARATUS AND NETWORK SYSTEM FOR ACHIEVING REMOTE UPDATE OF ZIGBEE DEVICES	华为技术有限公司	93
2	WO2006040653A1	COMMUNICATION BETWEEN A RADIO EQUIPMENT CONTROL NODE AND MULTIPLE REMOTE RADIO EQUIPMENT NODES	TELEFONAKTIEBOLAGET LM ERICSSON； 华为技术有限公司； NEC CORPORATION; NORTEL NETWORKS SA; SIEMENS AG	86
3	WO2007128165A1	A SHORT-RANGE WIRELESS NETWORKS SYSTEM AND ERECTION METHOD WHICH ALLOT TIME SLOTS WITH MULTI-CHANNEL RF TRANSCEIVER	XIONG Fangen	73
4	WO2008009157A1	METHOD FOR REDUCING FEEDBACK INFORMATION OVERHEAD IN PRECODED MIMO-OFDM SYSTEMS	华为技术有限公司	70
5	WO2015120626A1	MULTIBAND COMMON-CALIBER ANTENNA	华为技术有限公司	63
6	WO2011085650A1	PARABOLIC ANTENNA	华为技术有限公司	60
7	WO2013013465A1	CASSEGRAIN RADAR ANTENNA	深圳光启高等理工研究院；光启创新技术有限公司	58
8	WO2010060370A1	CHARGING DEVICE FOR ELECTRICALLY DRIVABLE VEHICLE	比亚迪股份有限公司	56
9	WO2004045108A1	METHOD FOR IMPLEMENTING A FUNCTION OF CLOSED LOOP TRANSMITTING DIVERSITY ON THE DEDICATED CHANNEL	华为技术有限公司	54
10	WO2012171205A1	PHASED-ARRAY ANTENNA AIMING METHOD AND DEVICE AND PHASED-ARRAY ANTENNA	华为技术有限公司	53

数据来源：WIPO、欧洲专利局专利数据库、TechGlory 专利数据库

限公司的增长率最高，达 209.52%。

表 12 深圳 2017 年美国专利公开量排名前 10 名企业

排名	申请人名称	美国专利公开量	同比增长率
1	华为技术有限公司	2337	15.81%
2	深圳市华星光电技术有限公司	718	-19.96%
3	中兴通讯股份有限公司	562	9.55%
4	腾讯科技（深圳）有限公司	246	-31.86%
5	天马微电子股份有限公司	226	20.21%
6	深圳大疆创新科技有限公司	195	209.52%
7	鸿海精密股份工业有限公司	130	-48.62%
8	华为终端有限公司	81	-57.37%
9	富泰华工业（深圳）有限公司	78	-53.29%
10	宇龙计算机通信科技（深圳）有限公司	73	192.00%

续表

数据来源：欧洲专利局专利数据库、TechGlory 专利数据库

4. 专利质量分析

以被引用数作为专利质量的重要参考指标，截止到 2017 年底，深圳的美国公开专利被引用数最高的前 10 名如表 13 所示。其中排名第一的是鸿富锦精密工业有限公司的手机保护套专利，被引用数 214；排名第二的是华为技术有限公司的通讯类专利。前 10 名当中，仍是华为技术有限公司的专利占多数。

表 13 2017 年具有高被引用数的深圳美国专利

排名	专利号	专利名称	申请人名称	被引用数
1	US20090111543A1	PROTECTIVE SLEEVE FOR PORTABLE ELECTRONIC DEVICES	深圳鸿富锦精密工业有限公司；鸿海精密股份工业有限公司	214
2	US7903553B2	Method apparatus edge router and system for providing QoS guarantee	华为技术有限公司	168
3	US20090114556A1	PROTECTIVE SLEEVE FOR PORTABLE ELECTRONIC DEVICES	深圳鸿富锦精密工业有限公司；鸿海精密股份工业有限公司	142
4	US20090221310A1	MESSAGE INTERWORKING METHOD SYSTEM ENTITY AND MESSAGE DELIVERY REPORT PROCESSING METHOD SYSTEM THE ENTITY TERMINAL FOR MESSAGE INTERWORKING	华为技术有限公司	128
5	US20080307108A1	STREAMING MEDIA NETWORK SYSTEM STREAMING MEDIA SERVICE REALIZATION METHOD AND STREAMING MEDIA SERVICE ENABLER	华为技术有限公司	114
6	US20080039104A1	METHOD AND SYSTEM FOR ROUTING CONTROL	华为技术有限公司	110
7	US20100264799A1	LED LAMP	富准精密工业（深圳）有限公司；鸿准精密股份工业有限公司	107
8	US20100164857A1	DISPLAYING DEVICE TERMINAL OF DISPLAYING DEVICE AND DISPLAY METHOD	深圳华为通信技术有限公司	106
9	US20090231292A1	ELECTRONIC DEVICE CONFIGURED TO RECEIVE TOUCH SENSOR	深圳鸿富锦精密工业有限公司；鸿海精密股份工业有限公司	106
10	US20070177631A1	Multiplexing scheme in a communication system	华为技术有限公司	106

数据来源：WIPO、欧洲专利局专利数据库、TechGlory 专利数据库

（四）欧洲专利情况

1. 专利公开现况与趋势分析

2017 年，深圳的欧洲专利公开量 5808 件，在全国各大城市中居第一位，同比增长 24.88%。北京与上海分别居第二与第三名，如图 15 所示。

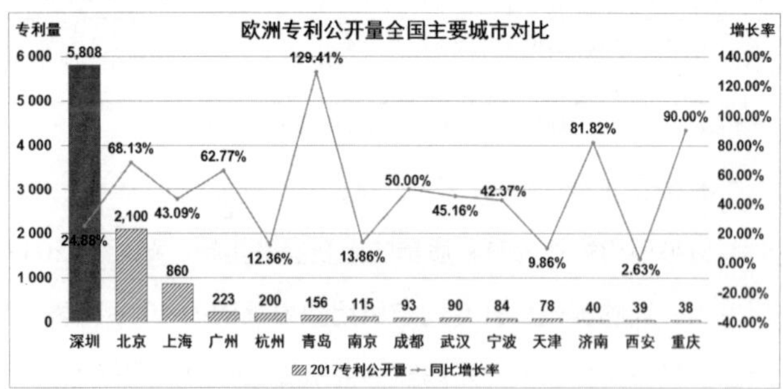

数据来源：欧洲专利局专利数据库、TechGlory 专利数据库

图 15 欧洲专利公开量全国主要城市对比（单位：件）

2. 国际创新城市对比

2017 年，在几个重点的国际创新城市（国家）当中，东京的欧洲专利公开量居第一名，深圳居第二名，但深圳增长率在五个城市（国家）中位居第一，如图 16 所示。

数据来源：欧洲专利局专利数据库、TechGlory 专利数据库

图 16 2017 年国际创新城市欧洲专利公开量对比

3. 专利申请主体分析

2017 年，深圳的欧洲公开专利量中，排名前三名的申请人分别是华为技术有限公司、中兴通讯股份有限公司、华为终端有限公司。其中，华为技术有限公司维持稳定的增长率，但华为终端有限公司却是负增长。排名前 10 名的申请人如表 14 所示，其中以深圳市中兴微电子技术有限公司的增长率最高，达 466.67%；深圳大疆创新科技有限公司的增长率次之，达 262.50%。

表 14 2017 年深圳欧洲专利公开量排名前 10 名企业

排名	申请人名称	欧洲专利公开量	同比增长率
1	华为技术有限公司	3511	28.61%
2	中兴通讯股份有限公司	1104	11.40%
3	华为终端有限公司	184	-39.27%
4	比亚迪股份有限公司	116	10.48%
5	深圳大疆创新科技有限公司	87	262.50%
6	宇龙计算机通信科技（深圳）有限公司	68	94.29%
7	深圳市合元科技有限公司	58	114.81%
8	深圳市中兴微电子技术有限公司	51	466.67%
9	腾讯科技（深圳）有限公司	39	56.00%
10	深圳市汇顶科技股份有限公司	33	106.25%

数据来源：欧洲专利局专利数据库、TechGlory 专利数据库

4. 专利质量分析

以被引用数作为专利质量的重要参考指标，截止到 2017 年底，深圳的欧洲公开专利被引用数最高的前 10 名如表 15 所示，大部分是华为技术有限公司的专利；排名第一的专利，被引用数为 92。

（五）日本专利情况

1. 专利公开现况与趋势分析

2017 年，深圳的日本专利公开量 995 件，在全国各大城市中居第一位，同比增长 54.74%。北京与上海分别居第二与第三名，排名前 10 名如图 17 所示。

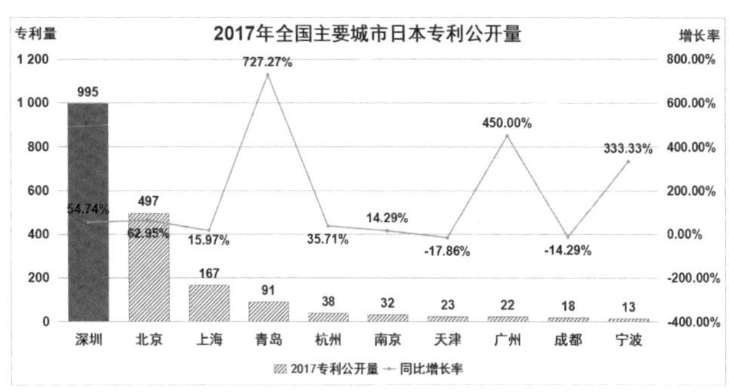

数据来源：欧洲专利局专利数据库、TechGlory 专利数据库

图 17 日本专利公开量全国主要城市对比（单位：件）

2. 国际创新城市对比

2017 年，在几个重点的国际创新城市（国家）当中，东京的日本专利公开量居第一名，深圳居第二名，但增长率可观，如图 18 所示。

数据来源：欧洲专利局专利数据库、TechGlory 专利数据库

图 18 2017 年国际创新城市日本专利公开量对比

3. 专利申请主体分析

2017 年，深圳的日本公开专利量中，排名前三名的申请人分别是华为技术有限公司、中兴通讯股份有限公司、深圳大疆创新科技有限公司。排名前 3 名的申请人如表 16 所示，其中以深圳大疆创新科技有限公司的增长率最高，达 530.43%。

表 16 2017 年深圳日本专利公开量排名靠前企业

排名	申请人名称	专利公开量	同比增长率
1	华为技术有限公司	598	45.85%
2	中兴通讯股份有限公司	164	30.16%
3	深圳大疆创新科技有限公司	145	530.43%

数据来源：欧洲专利局专利数据库、TechGlory 专利数据库

表 15 2017 年具有高被引用数的深圳欧洲专利

排名	专利号	专利名称	申请人名称	被引用数
1	EP1713290A1	SEPARATED BASE STATION SYSTEM NETWORK ORGANIZING METHOD AND BASEBAND UNIT	华为技术有限公司	92
2	EP2001167A1	A ROOT PATH COMPUTATION METHOD IN SHORTEST PATH BRIDGE	华为技术有限公司	76
3	EP1968250A1	A SYSTEM FOR INTERCONNECTING BETWEEN AN OPTICAL NETWORK AND A WIRELESS COMMUNICATION NETWORK AND COMMUNICATION METHOD THEREOF	华为技术有限公司	59
4	EP1826926A1	AN IMPLEMENT METHOD OF SHORT RATE TRAFFIC SIGNAL TRANSMITTED IN OPTICAL TRANSPORT NETWORK	华为技术有限公司	57
5	EP2579456A1	CONTROL METHOD FOR FAST TRACKING POWER SOURCE FAST TRACKING POWER SOURCE AND SYSTEM	华为技术有限公司	51
6	EP2073543A1	SYSTEM AND METHOD FOR REALIZING MULTI-LANGUAGE CONFERENCE	华为技术有限公司	49
7	EP1940185A1	A METHOD AND SYSTEM AND APPARATUS FOR REALIZING BANDWIDTH ASSIGNMENT AND DISPATCH MANAGEMENT BASED ON RELAY STATION	华为技术有限公司	49
8	EP1796405A1	METHOD AND APPARATUS OF SERVICE IDENTIFYING AND ROUTING IN MULTIMEDIA BROADCAST/MULTICAST SERVICE SYSTEM	华为技术有限公司	47
9	EP2242205A1	A METHOD FOR SELECTING A POLICY AND CHARGING RULES FUNCTION ENTITY IN THE NON-ROAMING SCENARIO	中兴通讯股份有限公司	41
10	EP1798883A1	A METHOD FOR ASSIGNING FREQUENCY SPECTRUM BANDWIDTHE OF A OFDM AND OFDMA COEXISTENCE SYSTEM	中兴通讯股份有限公司	39

数据来源：WIPO、欧洲专利局专利数据库、TechGlory 专利数据库

（六）韩国专利情况

1. 专利公开现况与趋势分析

2017 年，深圳的韩国专利公开量 126 件，主要以华为技术有限公司占多数；深圳的韩国专利公开量在全国各大城市中居第一位，同比增长 -78.61%。北京与上海分别居第二与第三名，也是负增长，排名前 10 名如图 19 所示。

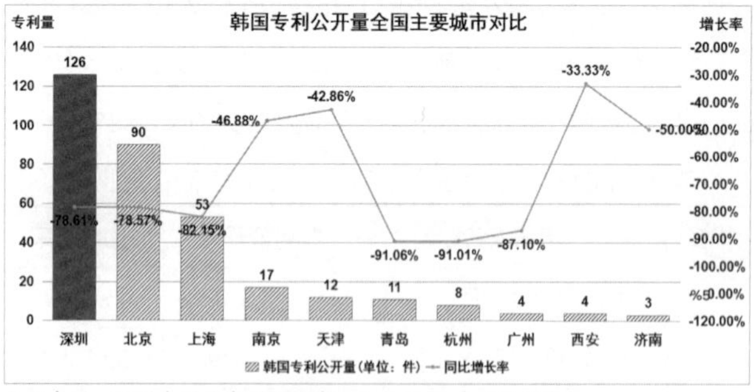

数据来源：欧洲专利局专利数据库、TechGlory 专利数据库

图 19 韩国专利公开量全国主要城市对比（单位：件）

2. 国际创新城市对比

2017 年，几个重点的国际创新城市（国家）当中，东京的韩国专利公开量居第一名，深圳居第三名，如图 20 所示。

数据来源：欧洲专利局专利数据库、TechGlory 专利数据库

图 20 2017 年国际创新城市韩国专利公开量对比

四、2017 年深圳新兴产业专利布局

（一）5G 通信技术

1. 国内专利

2017 年，深圳的 5G[15] 国内专利公开量 63 件，在全国各大城市中居第一位，同比增长 125.00%，如图 21 所示。5G 累计专利量 299 件，在全国各大城市中居第二位，仅落后北京。

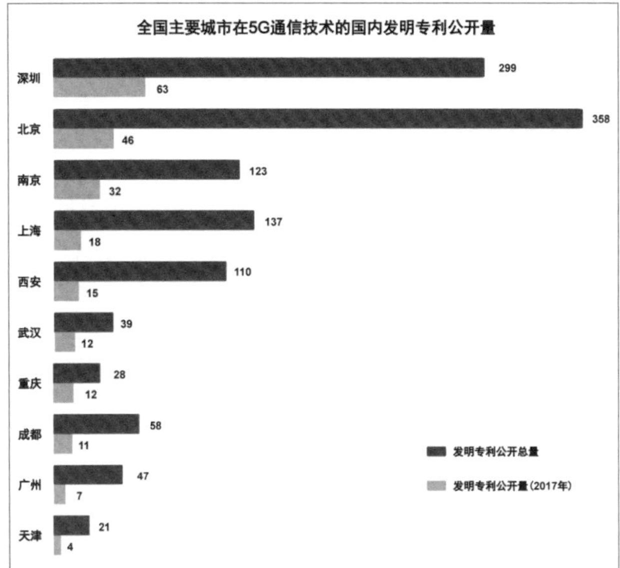

数据来源：欧洲专利局专利数据库、TechGlory 专利数据库

图 21 全国主要城市在 5G 通信技术的国内发明专利公开量

2017 年，深圳的 5G 国内专利公开量中，排名第一与第二的分别是华为技术有限公司 (42 件) 与中兴通讯股份有限公司 (10 件)。

2.PCT 国际专利

2017 年，深圳 5G 的 PCT 国际专利公开量 56 件，在全国各大城市中居第一位，排名第二的北京仅有 4 件；累计 PCT 国际专利公开量 167 件，也是在全国各大城市中居第一位，排名第二的北京仅有 45 件。

2017 年，深圳 5G 的 PCT 国际专利公开量中，排名第一与第二的分别是华为技术有限公司 (45 件) 与中兴通讯股份有限公司 (11 件)。

2017 年，在几个重点的国际创新城市 (国家) 当中，对于 5G 的 PCT 专利公开量中，深圳排名第一，如表 17 所示。

15 2016 年 11 月 18 日，国际移动通信标准化组织 3GPP 的 RAN1(无线物理层)#87 次会议上，最终确定了 5G 增强移动宽带场景的信道编码技术方案，其中：Polar Code(极化码) 作为控制信道的编码方案；LDPC(Low Density Parity Check Code，低密度奇偶校验码) 作为数据信道的编码方案。本报告以 5G 增强移动宽带场景的信道编码技术方案作为 5G 技术的代表。

表 17 5G 通信技术国际科技创新城市 2017 年 PCT 专利对比

城市 (国家)	2017 年发明专利公开量
深圳	56
硅谷	16
东京	6
以色列	0
纽约	0

数据来源：欧洲专利局专利数据库、TechGlory 专利数据库

3. 美国专利

2017 年，深圳 5G 的美国专利公开量 30 件，在全国各大城市中居第一位，同比增长 50.00%，排名第二的上海仅有 2 件；累计美国专利公开量 89 件，也是在全国各大城市中居第一位，排名第二的北京仅有 11 件。

2017 年，深圳 5G 的美国专利公开量中，排名第一的是华为技术有限公司，有 23 件；其余申请人都不足 10 件。

在几个重点的国际创新城市 (国家)：东京、硅谷、纽约、以色列当中，对于 2017 年 5G 的 PCT 专利公开量，深圳排名第一，如图 22 所示。

数据来源：欧洲专利局专利数据库、TechGlory 专利数据库

图 22 5G 通信技术国际科技创新城市 2017 年美国专利对比

4. 欧洲专利

2017 年，深圳 5G 的欧洲专利公开量 26 件，在全国各大城市中居第一位，同比增长 73.33%，排名第二的北京仅有 1 件；累计欧洲专利公开量 68 件，也在全国各大城市中居第一位，排名第二的北京仅有 9 件。

2017 年，深圳 5G 的欧洲专利公开量中，排名第一的是

华为技术有限公司，有 18 件；其余申请人都不足 10 件。

在几个重点的国际创新城市 (国家) 当中，对于 2017 年 5G 的欧洲专利公开量中，深圳排名第一，如表 18 所示。

表 18 5G 通信技术国际科技创新城市 2017 年欧洲专利对比

城市 (国家)	2017 年发明专利公开量
深圳	26
东京	18
纽约	8
硅谷	2
以色列	1

数据来源：欧洲专利局专利数据库、TechGlory 专利数据库

5. 日本专利

2017 年，深圳及全国各大城市并没有 5G 的日本专利公开；但深圳累计日本专利公开量 28 件，在全国各大城市中居第一位。

6. 韩国专利

2017 年，全国各大城市中仅有深圳有一件 5G 的韩国专利公开，属于华为技术有限公司的专利；深圳累计韩国专利公开量 30 件，在全国各大城市中居第一位。

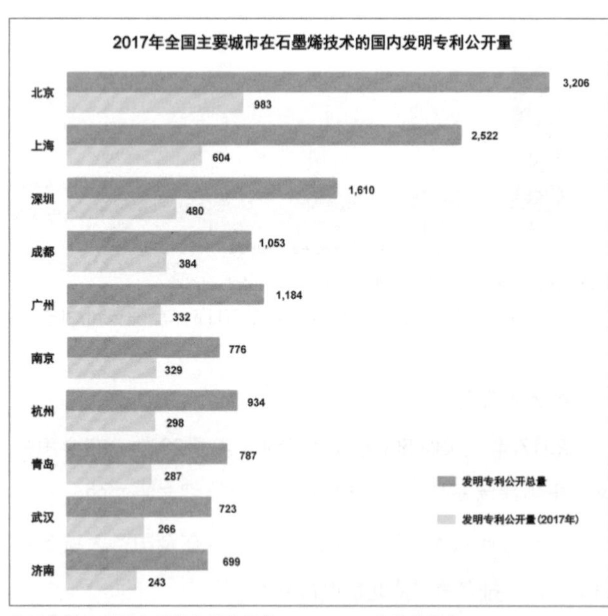

数据来源：欧洲专利局专利数据库、TechGlory 专利数据库

图 23 2017 年全国主要城市在石墨烯技术的国内发明专利公开量

(二) 石墨烯技术

1. 国内专利

2017 年，深圳的石墨烯技术国内专利公开量 480 件，在全国各大城市中居第三位；石墨烯累计专利量 1610 件，在全国各大城市中也居第三位，落后北京与上海，如图 23 所示。

2017 年，深圳的石墨烯国内专利公开量中，前三名分别是深圳市华星光电技术有限公司、深圳大学、中国科学院深圳先进技术研究院，如表 19 所示。

表 19 深圳在石墨烯技术的发明专利公开量前 10 名

排名	申请人	发明专利公开总量	发明专利公开量 (2017 年)
1	深圳市华星光电技术有限公司	98	35
2	深圳大学	52	34
3	中国科学院深圳先进技术研究院	52	20
4	深圳以捷创新科技有限公司	18	18
5	深圳沃特玛电池有限公司	21	17
6	深圳佩成科技有限责任公司	16	16
7	清华大学深圳研究生院	57	15
8	华为技术有限公司	38	12
9	比亚迪股份有限公司	28	12
10	深圳先进技术研究院	24	10

数据来源：欧洲专利局专利数据库、TechGlory 专利数据库

2.PCT 国际专利

2017 年，深圳的石墨烯 PCT 国际专利公开量为 110 件，在全国各大城市中居第一位，排名前五名如图 24 所示；累计 PCT 国际专利公开量 222 件，也在全国各大城市中居第一位。

2017 年，深圳的石墨烯 PCT 国际专利公开量中，排名前三名的分别是深圳市华星光电技术有限公司 (29 件)、XIAO LIFANG (20 件)、华为技术有限公司 (13 件)。

2017 年，在几个重点的国际创新城市 (国家): 东京、硅谷、纽约、以色列当中，对于石墨烯技术的 PCT 国际专利公开量中，深圳排名第一，同比增长率也最高，如图 25 所示。

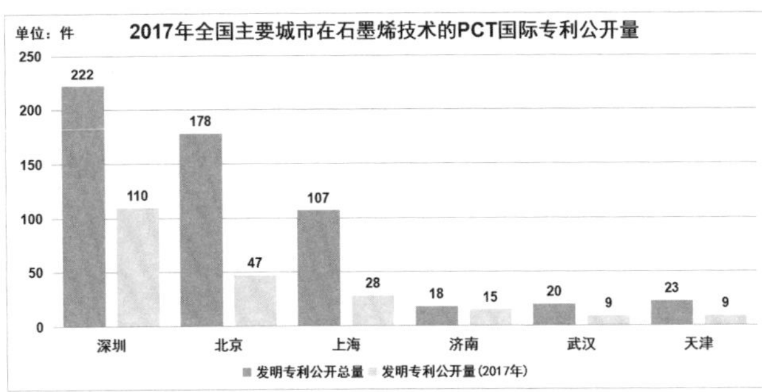

数据来源：欧洲专利局专利数据库、TechGlory 专利数据库

图 24 2017 年全国主要城市在石墨烯技术的 PCT 国际专利公开量

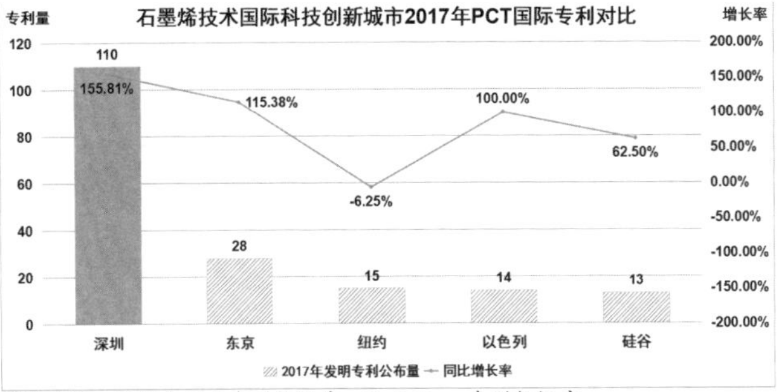

数据来源：欧洲专利局专利数据库、TechGlory 专利数据库

图 25 石墨烯技术国际科技创新城市 2017 年 PCT 国际专利对比

3. 美国专利

2017 年，深圳的石墨烯技术美国专利公开量 27 件，在全国各大城市中居第二位，前五名如图 26 所示；累计美国专利公开量 87 件，也在全国各大城市中居第二位。

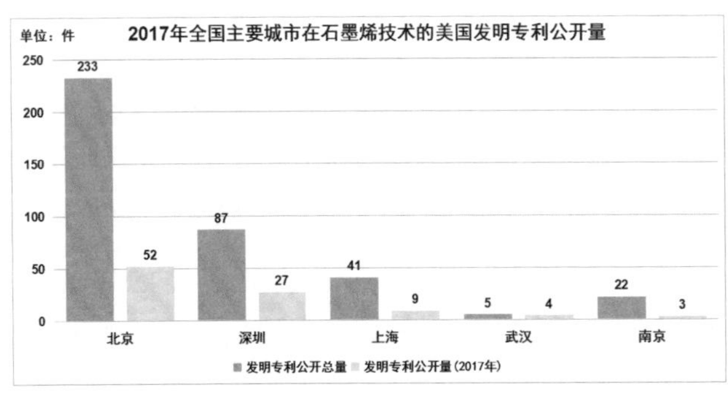

数据来源：欧洲专利局专利数据库、TechGlory 专利数据库

图 26 2017 年全国主要城市在石墨烯技术的美国发明专利公开量

2017 年，深圳的石墨烯美国专利公开量中，排名第一的是深圳市华星光电技术有限公司，有 17 件。

2017 年，在几个重点的国际创新城市（国家）中，对于石墨烯技术的美国专利公开量中，深圳排名第二，落后于东京，但同比增长率最高，如图 27 所示。

图 27 石墨烯技术国际科技创新城市 2017 年美国专利对比

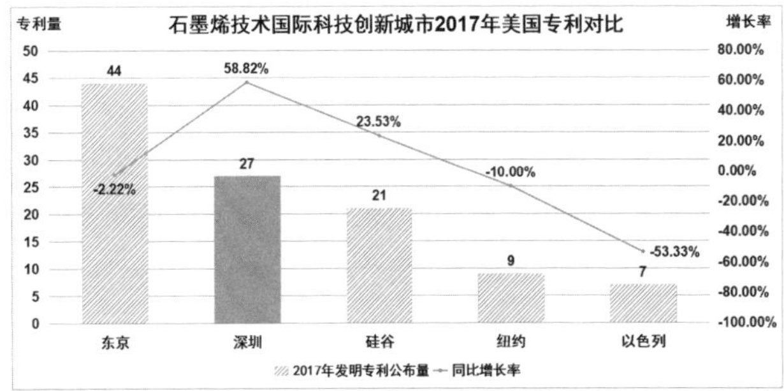

数据来源：欧洲专利局专利数据库、TechGlory 专利数据库

4. 欧洲专利

2017 年，深圳的石墨烯欧洲专利公开量 6 件，在全国各大城市中居第二位；累计欧洲专利公开量 45 件，在全国各大城市中居第一位，如图 28 所示。

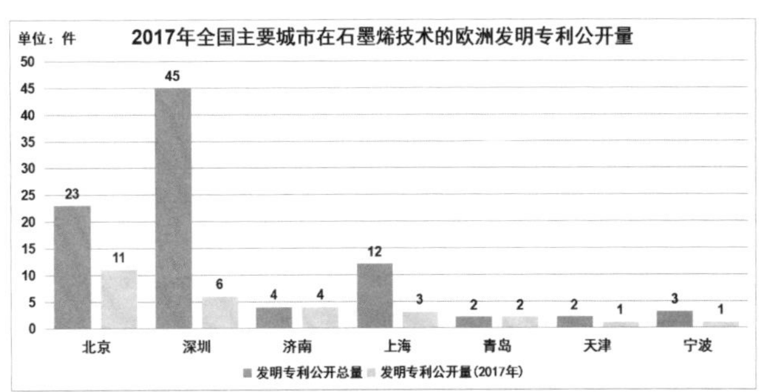

数据来源：欧洲专利局专利数据库、TechGlory 专利数据库

图 28 2017 年全国主要城市在石墨烯技术的欧洲发明专利公开量

2017 年，在几个重点的国际创新城市（国家）：东京、硅谷、纽约、以色列当中，对于石墨烯技术的欧洲专利公开量中，深圳有 6 件，排名第二，落后于东京的 18 件，其他城市（国家）的公开量都很少。

5. 日本专利

2017 年，深圳的石墨烯日本专利公开量仅 1 件，申请人是深圳欧菲光科技股份有限公司；但深圳的累计日本专利公开量 56 件，在全国各大城市中居第一位。

6. 韩国专利

2017 年，深圳的石墨烯韩国专利公开量仅 1 件，申请人是深圳欧菲光科技股份有限公司；深圳的累计韩国专利公开量 21 件，在全国各大城市中居第二位，落后于上海的 31 件。

（三）机器人技术

1. 国内专利

2017 年，深圳的机器人技术国内专利公开量 1638 件，在全国各大城市中居第一位，同比增长率最高；累计专利量 3895 件，在全国各大城市中居第三位，落后北京与上海，如图 29 所示。

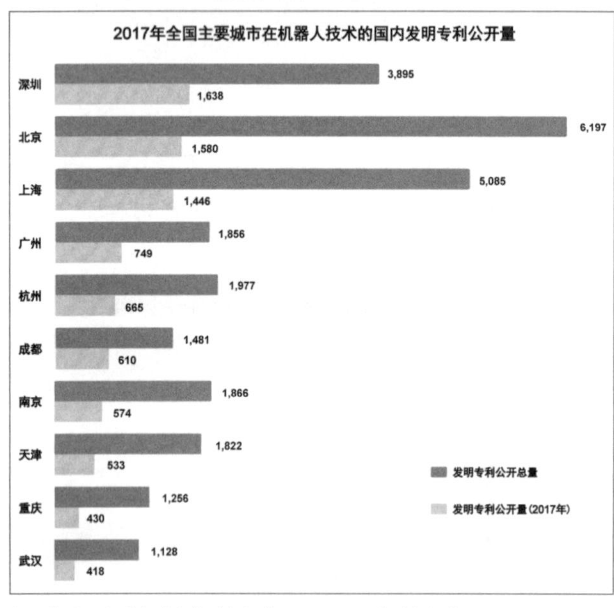

数据来源：欧洲专利局专利数据库、TechGlory 专利数据库

图 29 2017 年全国主要城市在机器人技术的国内发明专利公开量

2017 年，深圳的机器人技术国内专利公开量前 10 名如表 20 所示，其中前三名分别是深圳优必选科技有限公司、哈尔滨工业大学深圳研究生院、深圳前海勇艺达机器人有限公司。

表 20 深圳在机器人技术的发明专利公开量前 10 名

排名	申请人	发明专利公开总量	发明专利公开量（2017 年）
1	深圳优必选科技有限公司	64	55
2	哈尔滨工业大学深圳研究生院	77	40
3	深圳前海勇艺达机器人有限公司	63	38
4	深圳光启合众科技有限公司	32	32
5	王杨	33	32
6	深圳狗尾草智能科技有限公司	41	31
7	深圳前海达闼云端智能科技有限公司	29	29
8	深圳晓控通信科技有限公司	29	29
9	旗瀚科技有限公司	29	24
10	周末	23	23

数据来源：欧洲专利局专利数据库、TechGlory 专利数据库

2.PCT 国际专利

2017 年，深圳的机器人技术 PCT 国际专利公开量 130 件，在全国各大城市中居第一位；累计 PCT 国际专利公开量 299 件，也在全国各大城市中居第一位，如图 30 所示。

图 30 2017 年全国主要城市在机器人技术的 PCT 国际发明专利公开量

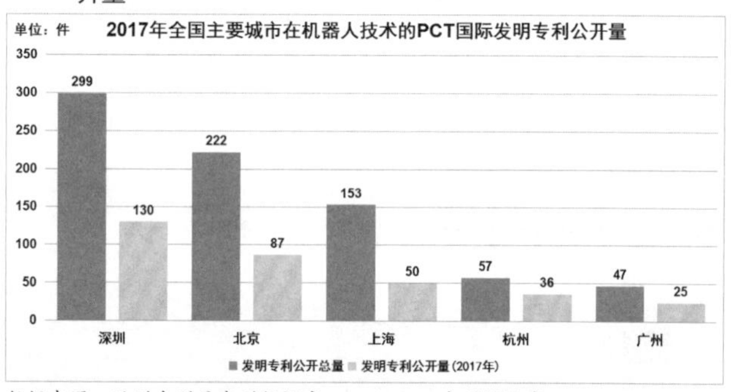

数据来源：欧洲专利局专利数据库、TechGlory 专利数据库

2017 年，深圳的机器人技术 PCT 国际专利公开量中，排名前二名的分别是深圳大疆创新科技有限公司与深圳光启合众科技有限公司，各有 14 件与 10 件。

2017 年，几个重点的国际创新城市（国家）当中，对于机器人技术的 PCT 国际专利公开量中，深圳排名第一，同比增长率也最高，如图 31 所示。

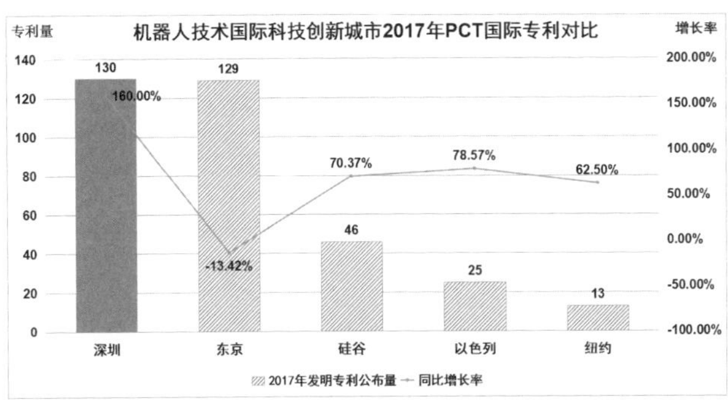

数据来源：欧洲专利局专利数据库、TechGlory 专利数据库

图 31 机器人技术国际科技创新城市 2017 年 PCT 国际专利对比

3. 美国专利

2017 年，深圳的机器人技术美国专利公开量 32 件，在全国各大城市中居第二位，排名前五名如图 32 所示；累计美国专利公开量 251 件，在全国各大城市中居第一位。

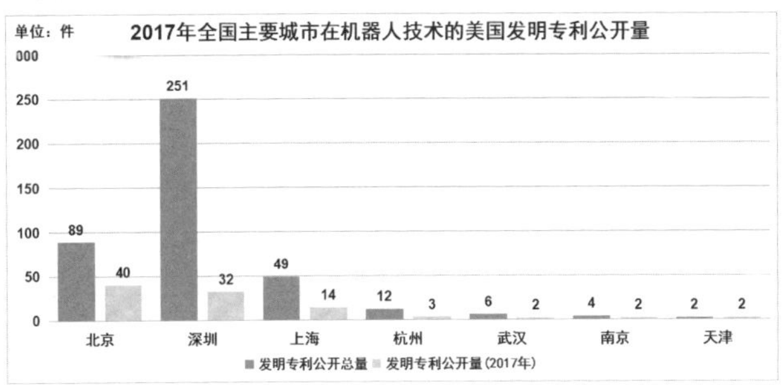

数据来源：欧洲专利局专利数据库、TechGlory 专利数据库

图 32 2017 年全国主要城市在机器人技术的美国发明专利公开量

2017 年，在几个重点的国际创新城市（国家）当中，对于机器人技术的美国专利公开量中，深圳排名第四，落后于东京、硅谷及以色列，如图 33 所示。

数据来源：欧洲专利局专利数据库、TechGlory 专利数据库

图 33 机器人技术国际科技创新城市 2017 年美国专利对比

4. 欧洲专利

2017 年，深圳的机器人技术欧洲专利公开量 9 件，在全国各大城市中居第一位；累计欧洲专利公开量 19 件，也在全国各大城市中居第一位，如图 34 所示。

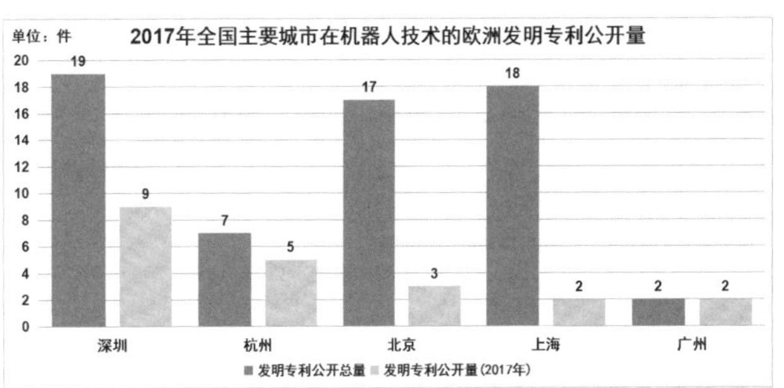

数据来源：欧洲专利局专利数据库、TechGlory 专利数据库

图 34 2017 年全国主要城市在机器人技术的欧洲发明专利公开量

2017 年，几个重点的国际创新城市（国家）当中，对于机器人技术的欧洲专利公开量中，深圳排名第四，落后于东京、以色列及硅谷，如图 35 所示。

数据来源：欧洲专利局专利数据库、TechGlory 专利数据库

图 35 机器人技术国际科技创新城市 2017 年欧洲专利对比

5. 日本专利

2017 年，深圳的机器人技术日本专利公开量 8 件，在全国各大城市中居第一位；累计日本专利公开量 76 件，也在全国各大城市中居第一位。

6. 韩国专利

2017 年，深圳的机器人技术韩国专利公开量仅 2 件，累计韩国专利公开量 20 件，在全国各大城市中居第三位，落后于上海的 39 件与北京的 31 件。

（四）区块链技术

1. 国内专利

2017 年，深圳的区块链技术国内专利公开量 174 件，在全国各大城市中居第二位；累计专利量 412 件，在全国各大城市中也居第二位，落后于北京，如图 36 所示。

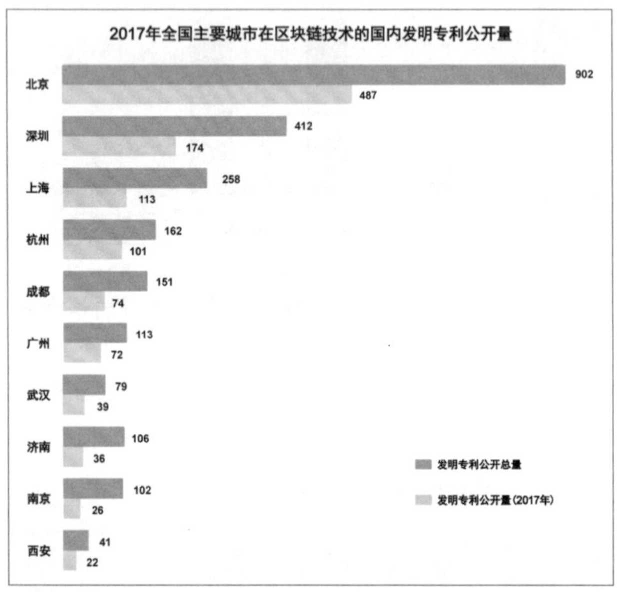

数据来源：欧洲专利局专利数据库、TechGlory 专利数据库

图 36 2017 年全国主要城市在区块链技术的国内发明专利公开量

2017 年，深圳的区块链技术国内专利公开量前三名分别是华为技术有限公司 (27 件)、腾讯科技（深圳）有限公司 (19 件)、深圳前海达闼云端智能科技有限公司 (17 件)。

2.PCT 国际专利

2017 年，深圳的区块链技术 PCT 国际专利公开量 36 件，在全国各大城市中居第一位；累计 PCT 国际专利公开量 368 件，也在全国各大城市中居第一位，如表 21 所示。其中申请量排名第一的是华为技术有限公司，有 19 件。

表 21 2017 年全国主要城市在区块链技术的 PCT 国际发明专利公开量

城市	发明专利公开总量	发明专利公开量 (2017 年)
深圳	368	36
北京	98	8
上海	35	3
杭州	19	2
武汉	4	1
广州	2	1

数据来源：欧洲专利局专利数据库、TechGlory 专利数据库

2017 年，在几个重点的国际创新城市（国家）当中，对于区块链技术的 PCT 国际专利公开量，深圳排名第二，落后于硅谷，如图 37 所示。

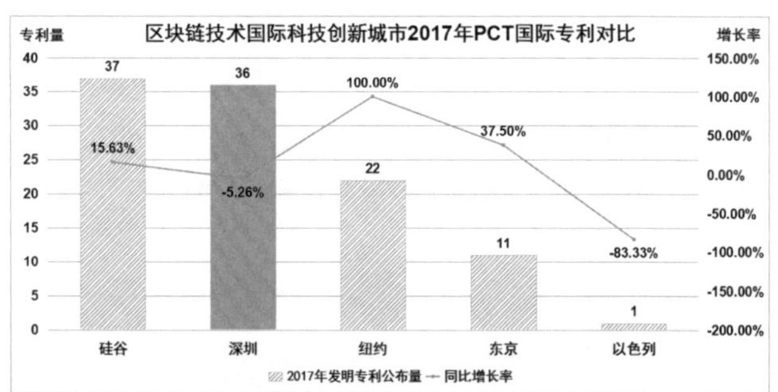

数据来源：欧洲专利局专利数据库、TechGlory 专利数据库

图 37 区块链技术国际科技创新城市 2017 年 PCT 国际专利对比

3. 美国专利

2017 年，深圳的区块链技术美国专利公开量 35 件，在全国各大城市中居第一位；累计美国专利公开量 298 件，在全国各大城市中也居第一位，如图 38 所示。其中公开量排名第一的是华为技术有限公司，有 30 件。

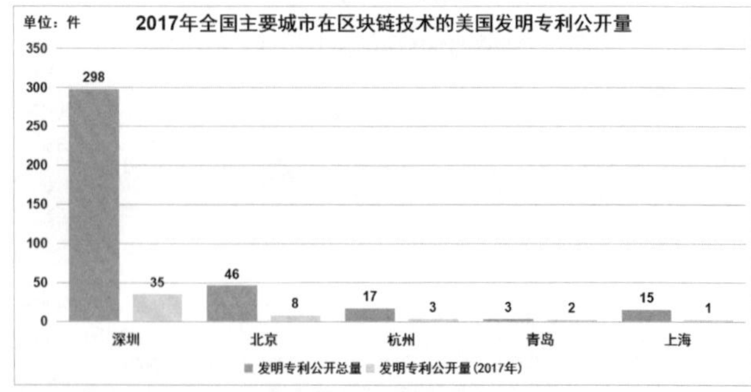

数据来源：欧洲专利局专利数据库、TechGlory 专利数据库

图 38 2017 年全国主要城市在区块链技术的美国发明专利公开量

2017 年，在几个重点的国际创新城市（国家）当中，对于区块链技术的美国专利公开量，深圳排名第三，落后于硅谷与纽约，如图 39 所示。

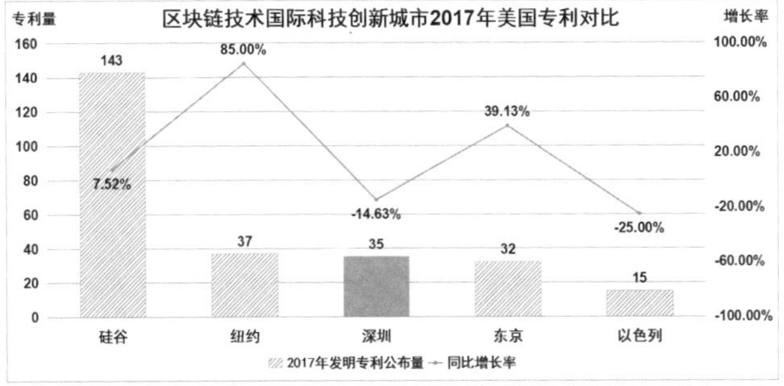

数据来源：欧洲专利局专利数据库、TechGlory 专利数据库

图 39 区块链技术国际科技创新城市 2017 年美国专利对比

4. 欧洲专利

2017 年，深圳的区块链技术欧洲专利公开量 60 件，累计欧洲专利公开量 508 件，都在全国各大城市中居第一位，如表 22 所示。其中公开量排名第一的是华为技术有限公司，有 47 件。

表 22 2017 年全国主要城市在区块链技术的欧洲发明专利公开量

城市	发明专利公开总量	发明专利公开量（2017 年）
深圳	508	60
北京	23	7
西安	22	2
上海	8	1

数据来源：欧洲专利局专利数据库、TechGlory 专利数据库

2017 年，几个重点的国际创新城市（国家）当中，对于区块链技术的欧洲专利公开量中，深圳 60 件排名第一，如图 40 所示。

图 40 区块链技术国际科技创新城市 2017 年欧洲专利对比

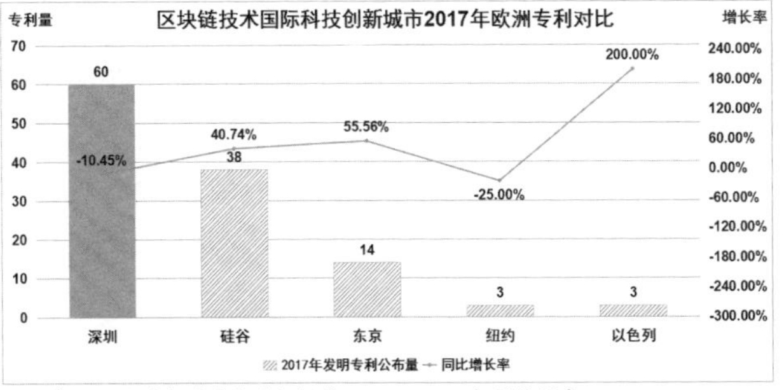

数据来源：欧洲专利局专利数据库、TechGlory 专利数据库

5. 日本专利

2017 年，深圳的区块链技术日本专利公开量 2 件，在全国各大城市中居第一位，专利申请人是华为技术有限公司；累计日本专利公开量 153 件，也在全国各大城市中居第一位。

6. 韩国专利

2017 年，全国各大城市的区块链技术没有韩国专利公开，其中，深圳的累计韩国专利公开量 106 件，在全国各大城市中居第一位。

（五）基因与免疫技术

1. 国内专利

2017 年，深圳的基因与免疫技术[16]国内专利公开量 173 件，在全国各大城市中居第六位；累计专利量 873 件，在全国各大城市中居第七位，落后于北京，如图 41 所示。

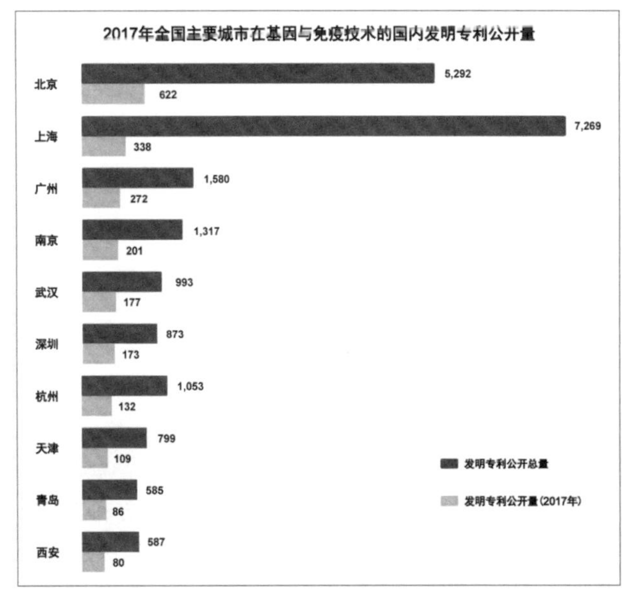

数据来源：欧洲专利局专利数据库、TechGlory 专利数据库

图 41 2017 年全国主要城市在基因与免疫技术的国内发明专利公开 量

2017 年，深圳的基因与免疫技术国内专利公开量前三名分别是深圳翰宇药业股份有限公司、深圳大学、北京大学深圳研究生院、深圳先进技术研究院（并列第三），如表 23 所示。

16 根据 WIPO 的 35 项技术领域中的基因与免疫技术的范围。

表 23 深圳在基因与免疫技术的发明专利公开量前 10 名

排名	申请人	发明专利公开总量	发明专利公开量(2017年)
1	深圳翰宇药业股份有限公司	146	23
2	深圳大学	44	13
3	北京大学深圳研究生院	17	10
4	深圳先进技术研究院	41	10
5	中国科学院深圳先进技术研究院	13	9
6	深圳华大基因研究院	26	8
7	中国农业科学院生物技术研究所	12	7
8	深圳市农科集团有限公司	9	7
9	深圳市免疫基因治疗研究院	6	6
10	深圳华大基因科技有限公司	41	5

数据来源：欧洲专利局专利数据库、TechGlory 专利数据库

2.PCT 国际专利

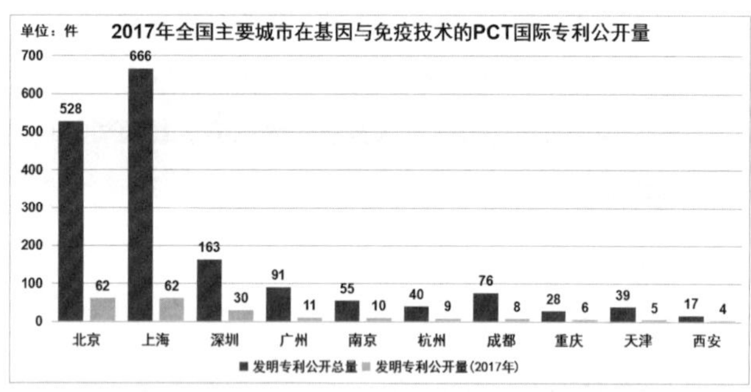

数据来源：欧洲专利局专利数据库、TechGlory 专利数据库

图 42 2017 年全国主要城市在基因与免疫技术的 PCT 国际专利公开量

2017 年，深圳的基因与免疫技术 PCT 国际专利公开量 30 件，在全国各大城市中居第三位，其中排名第一的是深圳翰宇药业股份有限公司，有 9 件；深圳的累计 PCT 国际专利公开量 163 件，也在全国各大城市中居第三位，如图 42 所示。

2017 年，在几个重点的国际创新城市(国家)当中，对于基因与免疫的 PCT 国际专利公开量中，深圳与硅谷同列名第四，如图 43 所示。

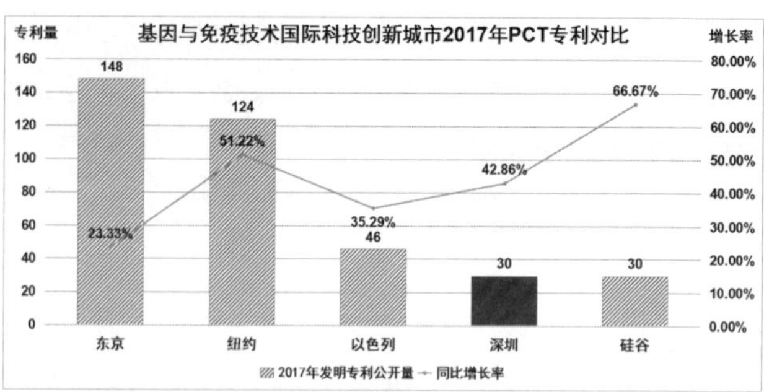

数据来源：欧洲专利局专利数据库、TechGlory 专利数据库

图 43 基因与免疫技术国际科技创新城市 2017 年 PCT 专利对比

3. 美国专利

2017 年，深圳的基因与免疫技术美国专利公开量仅有 4 件，累计美国专利公开量 18 件，在全国各大城市中的表现并不突出。

对比几个重点的国际创新城市(国家)，深圳也居末位，如表 24 所示。

表 24 基因与免疫技术国际科技创新城市 2017 年美国专利对比

城市(国家)	2017 年发明专利公开量	同比增长率
纽约	127	5.83%
东京	121	-22.44%
以色列	78	-8.24%
硅谷	37	32.14%
深圳	4	-33.33%

数据来源：欧洲专利局专利数据库、TechGlory 专利数据库

4. 欧洲专利

2017 年，深圳的基因与免疫技术欧洲专利公开量 17 件，在全国各大城市中居第三位，落后于上海与北京，其中公开量排名第一的申请人是深圳华大基因，有 6 件；累计欧洲专利公开量 31 件，也在全国各大城市中居第四位，落后于上海的 213 件、北京的 186 件与武汉的 33 件。

2017 年，在几个重点的国际创新城市(国家)：东京、硅谷、纽约、以色列当中，对于基因与免疫技术的欧洲专利公开量中，深圳居末位，如表 25 所示。

表 25 基因与免疫技术国际科技创新城市 2017 年欧洲专利对比

城市（国家）	2017 年发明专利公开量	同比增长率
东京	193	-10.65%
纽约	99	26.92%
以色列	84	-6.67%
硅谷	24	-20.00%
深圳	17	183.33%

数据来源：欧洲专利局专利数据库、TechGlory 专利数据库

5. 日本专利

2017 年，深圳的基因与免疫技术无日本专利公开量，累计日本专利公开量 24 件，落后于上海的 204 件与北京的 149 件。

6. 韩国专利

2017 年，深圳的基因与免疫技术无韩国专利公开量，累计韩国专利公开量 16 件，落后于上海的 111 件与北京的 55 件。

五、商标工作态势

（一）商标注册核准总体情况

1. 商标国内申请量

2017 年，深圳的国内商标申请量为 392978 件，在广东省居第一位，在全国主要城市居第二位，如图 44 所示，同比增长 55.16%。

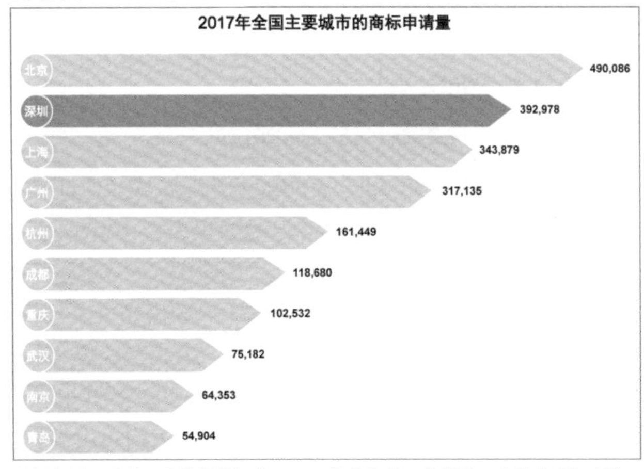

数据来源：国家工商总局商标局，2017 年度各省、自治区、直辖市商标申请与注册统计详表

图 44 2017 年全国主要城市的商标申请量

近年来，深圳商标国内申请量实现快速增长，主要原因如下：一是商事制度的改革有效激发了市场活力和发展力，新登记企业量大幅增长，我市商标事业随之迅速发展；二是新《商标法》和实施条例的修改健全完善了商标法律制度，营造了良好的商标法治环境；三是市场监管部门的指导、宣传和培训，公众的商标品牌意识大大增强；四是商标注册申请便利化改革取得阶段性成效。

2. 商标注册核准量

2017 年，我市商标注册核准量共计 182748 件，在广东省居第一位，在全国主要城市居第三位，同比增长 30.76%，如图 45 所示。

图 45 2017 年全国主要城市的商标注册核准量

序号	城市（国家）	商标注册核准量	序号	城市（国家）	商标注册核准量
1	北京	264231	6	成都	58362
2	上海	192661	7	重庆	52639
3	深圳	182748	8	南京	32779
4	广州	148999	9	武汉	29373
5	杭州	78899	10	青岛	27965

数据来源：国家工商总局商标局，2017 年度各省、自治区、直辖市商标申请与注册统计详表

2017 年我市商标注册核准量的大幅增长，是由于 2014 年 5 月 1 日国家工商总局正式施行新《商标法》后，进一步简化了商标注册和审查程序，商标注册更加便利、快捷。

3. 累计有效注册商标量

截止到 2017 年底，深圳累计有效注册商标数量 708114 件，在全国主要城市中居第三名，同比增长 27.49%，如图 46 所示。

（二）国际商标申请态势

品牌国际化水平是衡量一个国家和地区综合竞争力的重要标志，开展商标国际注册与保护是提升品牌国际化水平的重要基础。2017 年，市场监管部门在境外商标注册与布局等方面进行了大量公益培训，马德里商标国际注册知识得到一

数据来源：国家工商总局商标局，2017 年度各省、自治区、直辖市商标申请与注册统计详表

图 45 2017 年累计有效商标注册量前十城市排名

定程度的普及，加上商标国际注册激励补贴政策的支持，全市马德里商标国际注册方面成绩进一步提升。

2017 年，深圳马德里商标注册核准量 285 件，同比增长 70.66% (2016 年 167 件)。截止到 2017 年底，深圳累计拥有马德里商标量共计 2098 件。

(三) 商标类别分布情况

1.2017 年注册商标类别分布情况

截止到 2017 年底[17]，深圳注册商标核准类别的前 10 名如表 27 所示，所有类别都是正增长，而且其中第 35 类 (广告销售)、第 25 类 (服装鞋帽)、第 41 类 (教育娱乐)、第 30 类 (方便食品)、第 21 类 (厨房洁具)、第 43 类 (餐饮住宿) 的同比增长率都超过 100%。

表 27 2017 年深圳核准注册商标商品类别前十名情况表

排名	类别	2017 年核准注册商标 (件)
1	9- 科学仪器	38888
2	35- 广告销售	31129
3	25- 服装鞋帽	19029
4	42- 科技服务	13374
5	41- 教育娱乐	11828
6	11- 灯具空调	9268
7	30- 方便食品	8443
8	21- 厨房洁具	8338
9	14- 珠宝钟表	8131
10	43 餐饮住宿	8105

数据来源：商业软件

对比于 2016 年，第 25 类 (服装鞋帽) 上升至第三名，第 42 类 (科技服务) 下降一位，位于第四，第 14 类 (珠宝钟表) 下降二位，位于第九，第 30 类 (食品) 提升显著，排名第 7。第 35 类 (广告销售)、第 25 类 (服装鞋帽)、第 41 类 (教育娱乐) 服务商标增长率均达到 110% 以上，充分表明深圳服务业在快速发展。

2. 深圳累计注册商标类别分布情况

截止到 2017 年底，深圳累计有效注册商标在商品和服务类别前五名依次为第 9 类 (科学仪器)、第 35 类 (广告销售)、第 25 类 (服装鞋帽)、第 42 类 (科技服务) 和第 11 类 (灯具空调)，共计 310718 件。今年的排名与去年相比稍有变动。其中，第 21 类 (厨房洁具)、第 41 类 (教育娱乐)、第 28 类 (体育器材) 的增长率都超过 40%。排名前二十类如表 28 所示。

表 28 深圳累计有效注册商标商品和服务前二十类别分布表

排名	类别	累计有效注册商标 (件)	同比增长
1	9- 科学仪器	138249	25.61%
2	35- 广告销售	61544	39.86%
3	25- 服装鞋帽	47825	26.68%
4	42- 科技服务	34917	38.04%
5	11- 灯具空调	28183	30.59%
6	14- 珠宝钟表	25476	24.91%
7	41- 教育娱乐	25402	40.53%
8	30- 方便食品	21736	27.79%
9	3- 日化用品	20926	28.83%
10	36- 金融物管	18950	36.39%
11	43- 餐饮住宿	18335	36.23%
12	7- 机械设备	15415	27.07%

17 统计数据截止日期为 2017 年 12 月 31 日，以下同。

续表

排名	类别	累计有效注册商标（件）	同比增长
13	20-家具制品	15372	27.27%
14	18-皮革皮具	15121	25.12%
15	5-医用用品	14910	26.12%
16	38-通信服务	14148	37.09%
17	16-办公用品	13697	32.66%
18	29-食品	13235	33.77%
19	21-厨房洁具	12861	40.91%
20	28-体育器材	12655	40.41%

数据来源：商业软件

（四）区域分布情况

2017年，商标申请量与注册核准量的前三名都是南山区、福田区、宝安区，但累计有效商标量则是福田区排名第一，南山区位居第三。申请量、注册核准量、累计有效商标量排名前5的区域如图46所示。

数据来源：商业软件

图46 2017年深圳各区商标申请情况前五名

（五）重点企业商标注册情况

1. 电子行业

电子行业在商标分类中，主要集中在第9类上，一直是深圳的支柱产业，每年均排在全市商标累计核准注册量的第一名。第9类商品主要涉及计算机、科学等科技含量较高的电子产品，是深圳高新技术企业主要的注册类别。

2017年，第9类累计有效商标注册量前10名变动不大，如表29所示，腾讯科技（深圳）有限公司2741件排名第一。

表29 第9类累计有效商标注册量企业排名前10名

排名	商标注册人名称	数量（件）
1	腾讯科技（深圳）有限公司	2741
2	华为技术有限公司	1006
3	中兴通讯股份有限公司	447
4	深圳市华创融信投资发展有限公司	347
5	深圳市华商联合投资有限公司	343
6	深圳市同洲电子股份有限公司	305
7	深圳深缆科技有限公司	287
8	深圳红云资本管理有限公司	237
9	中国平安保险（集团）股份有限公司	189
10	深圳市华认技术服务有限公司	178

数据来源：商业软件

2. 服装行业

服装行业是深圳的传统支柱产业之一，商标注册主要分布在第25类，涵盖服装、鞋、帽等产品。深圳服装行业品牌建设是国家首批产业集群区域品牌建设试点示范项目，服装区域品牌集聚效应、知名度和美誉度逐年增强。2017年，第25类累计有效商标注册量前10名如表30所示，腾讯科技（深圳）有限公司288件排名第一。

表30 第25类累计有效商标注册量企业排名前10名

排名	商标注册人名称	数量（件）
1	腾讯科技（深圳）有限公司	288
2	深圳市集知海服装有限公司	193
3	深圳汇洁集团股份有限公司	128
4	深圳市华商联合投资有限公司	112
5	深圳市华创融信投资发展有限公司	96
6	深圳市运程无限贸易有限公司	93
7	深圳市龙浩天地有限公司	77
8	深圳市欧莎世家服饰有限公司	68
9	深圳锦帛商贸有限公司	67
10	深圳市淑女屋时装股份有限公司	66

数据来源：商业软件

续表

3. 服务行业

深圳服务行业商标注册量的增长集中在第 35 类、第 41 类、第 42 类，所占比重逐年增强。

表 31 第 35 类累计有效商标注册量企业排名前 10 名

排名	商标注册人名称	数量（件）
1	腾讯科技（深圳）有限公司	690
2	中国平安保险（集团）股份有限公司	261
3	深圳市千竹科技有限公司	256
4	深圳市信德缘贸易发展有限公司	143
5	顺丰控股（集团）股份有限公司	120
6	深圳美西西餐饮管理有限公司	85
7	深圳诺普信农化股份有限公司	83
8	天虹商场股份有限公司	76
9	中兴通讯股份有限公司	71
10	招商银行股份有限公司	69

数据来源：商业软件

第 35 类主要涉及广告、商业经营和管理等服务，电商与微商平台的发展是该类商标增长的重点。第 35 类累计有效商标注册量排名前 10 的企业如表 31 所示，腾讯科技（深圳）有限公司 690 件排名第一。

第 41 类商标主要涉及教育、提供培训、娱乐、文体活动，腾讯科技（深圳）有限公司排名第一，领先第二名中国平安保险（集团）股份有限公司达 2138 件。第 41 类累计有效商标注册量排名前 10 的企业如表 32 所示，腾讯科技（深圳）有限公司 2274 件排名第一。

表 32 第 41 类累计有效商标注册量企业排名前 10 名

排名	商标注册人名称	数量（件）
1	腾讯科技（深圳）有限公司	2274
2	中国平安保险（集团）股份有限公司	136
3	深圳市创梦天地科技有限公司	112
4	深圳第七大道科技有限公司	74

续表

排名	商标注册人名称	数量（件）
5	华为技术有限公司	62
6	招商银行股份有限公司	55
7	深圳第 26 届世界大学生夏季运动会组委会执行局	54
8	佳兆业集团（深圳）有限公司	48
9	博雅网络游戏开发（深圳）有限公司	45
10	深圳市大富配天投资有限公司	43

数据来源：商业软件。

第 42 类商标主要涉及计算机编程及相关服务、科学技术服务等服务，第 42 类累计有效商标注册量排名前 10 名企业如表 33 所示，腾讯科技（深圳）有限公司以 1263 件排名第一，领先第二名中国平安保险（集团）股份有限公司达 1038 件。

表 33 第 42 类累计有效商标注册量企业排名前 10 名

排名	商标注册人名称	数量（件）
1	腾讯科技（深圳）有限公司	1263
2	中国平安保险（集团）股份有限公司	225
3	华为技术有限公司	158
4	中兴通讯股份有限公司	136
5	深圳市同洲电子股份有限公司	115
6	深圳市信德缘贸易发展有限公司	92
7	宇龙计算机通信科技（深圳）有限公司	75
8	深圳市创梦天地科技有限公司	69
9	深圳市名雕装饰股份有限公司	64
10	顺丰控股（集团）股份有限公司	58

数据来源：商业软件

4.LED 行业

自“十三五”规划开始后，节能减排是深圳的重中之重，LED 照明产品受到市政府高度重视。LED 行业的产品主要分布在第 11 类，累计有效商标注册量排名前 10 的企业如表 34 所示，深圳市运程无限贸易有限公司 212 件排名第一。

表 34 第 11 类累计有效商标注册量企业排名前 10 名

排名	商标注册人名称	数量（件）
1	深圳市运程无限贸易有限公司	212
2	比亚迪股份有限公司	175
3	深圳市八方网络科技有限公司	78
4	深圳市大富配天投资有限公司	57
5	深圳市华米投资有限公司	55
6	深圳市陆地方舟新能源电动车集团有限公司	51
7	深圳市标圣科技有限公司	47
8	腾讯科技（深圳）有限公司	46
9	深圳市天东电子科技有限公司	44
10	深圳市台铃电动车有限公司	39

数据来源：商业软件

5. 珠宝行业、钟表行业

深圳的珠宝首饰行业和钟表行业在全国举足轻重，经济效益显著，商标主要集中在第 14 类，累计有效商标注册量排名前 10 如表 35 所示，深圳市信德缘贸易发展有限公司以 318 件排名第一。

表 35 第 14 类累计有效商标注册量企业排名前 10 名

排名	商标注册人名称	数量（件）
1	深圳市信德缘贸易发展有限公司	318
2	腾讯科技（深圳）有限公司	165
3	飞亚达（集团）股份有限公司	82
4	华为技术有限公司	75
5	周大生珠宝股份有限公司	74
6	深圳市金维斯投资管理有限公司	65
7	深圳市运程无限贸易有限公司	65
8	深圳市缘与美实业有限公司	64
9	恒大集团有限公司	61
10	深圳市金城银域珠宝首饰有限公司	53

数据来源：商业软件

六、结语

2017 年，深圳市知识产权工作取得巨大的成绩，但也存在一些问题，如高校与科研机构的数量有限，导致高端研发支撑不足，知识产权创造仍依赖大中型企业，小微企业知识产权管理能力和创造能力有待提升，PCT 国际专利申请数量高但国家阶段的布局不足等，亟须在“十三五”期间认真加以解决，从而为深圳建设成为国际科技、产业创新中心，国际知识产权先驱城市奠定良好的基础。

第六章
各区科技发展

第一节 宝安区科技发展
第二节 龙岗区科技发展
第三节 福田区科技发展
第四节 南山区科技发展
第五节 罗湖区科技发展
第六节 盐田区科技发展
第七节 坪山区科技发展
第八节 龙华区科技发展
第九节 光明新区科技发展
第十节 大鹏新区科技发展

第一节 宝安区科技发展

一、高新技术产业发展

2017年，全年宝安区高新技术产业实现产值4169亿元，同比增长11.4%，占规上总产值62.7%。国高企业总数达3030家，占全市27%，跃居全国区县第二、全省区县第一。全区三种专利申请量34698件，授权量19910件，申请量和授予量位居全市二。

二、创新载体建设

全年新增科技桃花源（“科技桃花源”是宝安的知名创新载体品牌）31个，目前全区科技桃花源达63家；新增4个国家级孵化器，全区国家级孵化器总数达7个。目前，全年实现新增创新空间311万平方米，总数达680万平方米。

联合区地税局、统计局及各街道共同推进主营业务收入5亿元以上工业企业研发机构全覆盖任务，全面完成省委省政府部署的“5亿元以上工业企业研发机构全覆盖”任务。

组建2个创新联盟（智能硬件产业技术创新联盟和新型显示产业技术创新联盟），全区总数达12家；新增省市级创新平台9个。跟进科技招引项目856项，已入驻园区800家。

三、科技人才引进

聘任孙家栋等15名专家为宝安区人民政府第二届科技顾问；引进捷豹电波科技“5G毫米波研发团队”、易瑞生物“易瑞快检团队”、前海信息技术“云芯一号”等3个高端研发孔雀团队；新增高层次人才89人，全区高层次科技创新人才总数达到581人，高级创新团队总数达到25个。

四、科研资金扶持

2017年，累计支出科研专项资金3.68亿元，扶持了近2000个优秀科技项目，主要包括科技成果转化应用8017万元，产学研深度合作协同创新966万元，创新型企业培育工程10942万元，发展科技企业孵化器和众创空间6652万元，高层次科技创新平台建设3992万元，大众创业万众创新739.7万元，其他创新型驱动发展资金投入5523万元。

五、高新园区建设

修订国家自主创新示范区宝安九大园区实施方案，根据深圳市关于高新区扩区部署统筹推进相关工作。统筹推进广深科技创新走廊规划有关工作，梳理宝安区实施重点项目并拟定初步工作方案；指导厂房改造业主做好园区产业定位和运营方案编制，完成骏丰中城智造创新园等19个拟改造项目的产业评估；完成凤凰第一工业区等13个“双差”地块的摸底调研，提出更新改造方案和建议。深入调查区内重点企业用地用房需求，建立企业空间需求项目库。

航天科技公园项目预计12月初形成概念深化设计方案初稿。卫星科普教育基地已完成用地规划预审、可行性研究等手续批复；完成了建筑方案设计、初步设计和概算的编制和专家评审工作；道路下穿高铁设计在招标等。

六、科技项目引进

引进321家区外企业进驻科技桃花源；引进6个海外与粤港澳项目（新西兰奥克兰大学纳弘熠岦新材料研发项目、法国线上游戏主题平台项目、香港防伪图码项目、香港创客教育项目、中韩高科技技术交流中心、韩国GG电子商务O2O服务平台），落实引进珠海云洲军用无人艇项目、与清华启迪签订战略合作协议等2项区政府重大科技项目招引工作。

七、深化产学研合作

打造以“院士创新工作室”为亮点的宝安区产学研合作

示范基地，组建“领亚·姚建铨院士创新工作室”，双方将就太赫兹通信项目和海洋信息及通信项目展开深度合作。组织诺普信、创鑫激光、亚太卫星等科技企业与宋宝安院士、林尊琪院士、孙家栋院士等 3 位院士开展核心技术攻关并积极筹建院士创新工作室、申报深圳市院士工作站。邀请中科院院士开展首届“院士宝安行活动”，组织大族激光、中源智人、科聚新材料等公司就产学研合作与院士进行对接。

第一批院士工作站宝安区有 5 家企业入选，分别是创鑫激光、创世纪、华讯方舟、诺普信、裕同包装。同时，以项目为纽带，积极引导企业联合高校院所开展产学研协同创新，安排专项资金 865.9 万元帮扶欣旺达、景旺电子等区内高科技企业与清华大学、武汉大学深圳研究院、华南理工大学、浙江大学等国内知名高校、科研院所开展 37 个产学研协同技术攻关项目；完成《宝安区产学研合作项目库》和《宝安区产学研合作情况报告》。

八、企业服务工作

开展 20 场国家高新技术企业咨询、政策宣讲活动，参与企业 2200 多家，发动 1661 家企业申报 2017 年度国家高新技术企业，占全市总申报量的 25%，申报量增长 31.6%，申报的企业中 93% 参加过专题辅导。举办宝安桃花源创新论坛 4 期、科技金融服务活动 22 场、创新宝安系列活动 20 场。募集 400 万元额度检测费补贴向区内企业发放科技创新券，截至目前已向 51 家企业发放 107 万元。

九、大赛及展会工作

组织 24 家企业参展第十九届高交会，宝安展区备受瞩目成效显著，6 天展览接待近 18 万人次，意向交易额达 3 亿元;组织中国第六届创新创业大赛电子行业总决赛，区内两家参赛企业获奖，为深圳市仅有的两家获奖企业；组织 51 家科技企业参展第二届宝博会，吸引观众人数 25000 多人次；承办 2017 年全国双创周深圳活动暨第三届深圳国际创客周宝安分会场活动；组织第四届深圳宝安创新创业大赛，报名项目 1623 个，其中，区内项目 968 个，区外项目 655 个（包含国际项目 103 个），报名总数全市第一、历年最多， 72 个企业项目获奖。此外，宝创赛成功晋级中国创新创业大赛行业赛项目 16 个，占全市 76 个晋级国赛项目的 21%，为全市第一。

十、科普工作

全年举办各类科普活动 700 余场，放映科普电影 1270 场，参与者达 31 万余人次；成功举办并组织了“科技少年成长营”等 3 个大型创客活动、“2017 FIRST 少儿创意赛华南区选拔赛”以及“2017FIRST 科技挑战赛深圳选拔赛”等赛事。

第二节 龙岗区科技发展

一、高新技术产业发展

2017 年，全区实现高新技术产业产值 6436.91 亿元，同比增长 19.7%，占工业产值的 81.1%；实现高新技术产业增加值 1844.54 亿元，同比增长 18.3%，占工业增加值 82.3%；全区实现新兴产业增加值 2314.21 亿元，同比增长 18.6%，占地区生产总值的 60%。

全年新增国家高新技术企业 540 家，累计 1325 家；新增创新平台 19 家，累计 150 家。新增 2 个诺贝尔奖科学家实验室、1 家海外创新中心。

全社会研发投入超过 410 亿元，占 GDP 比重达 10.9%。专利申请量 24686 件（中小企业占比达八成），增长 22.1%，占全市的 13.8%，全市排名第三，其中发明专利申请量 7449 件，全市排名第二。专利授权量 14846 件，增长 22.3%，占全市的 16.6%，全市排名第三，其中发明专利授权量 4108 件，占全市的 22.3%，全市排名第二。

企业获市级以上科技进步奖 10 项（国家级 1 项、省级 7 项、市级 2 项）。其中，深圳市贝斯达医疗股份有限公司“构造强磁共振系统的关键技术与成像方法”项目获国家科学技术进步奖二等奖；华为技术有限公司“高可靠、高性能、高效能的高端存储关键技术及应用”项目获广东省科学技术奖特等奖。

二、科技产业政策扶持

全面加大研发扶持，对高端科技企业给予最高 1000 万元研发投入激励和最高 1000 万元租金扶持，引导培育一批高含金量、高附加值的企业群体，推动高成长性中小科技企业快速发展；以政策创新带动新型科研机构建设模式创新，鼓励引进社会资本参与新型科研机构建设，并给予最高 1000 万元建设扶持及 1000 万元场地租金扶持；引入产业资金银行监管机制。为进一步规范事前项目管理，保证专款专用，研究制定了《龙岗区科技主管部门专项资金委托银行监管操作规程》，并与工行、中行、建行等多家银行签订“资金委托监管协议”。

完成科技计划项目扶持近 2000 项，扶持金额 3.37 亿元，覆盖新材料、新能源、医疗器械、电子信息等高新技术、战略性新兴产业领域，以及医疗卫生等社会管理领域。

三、创新园区建设

2017 年，区科技创新局对口服务的龙岗天安、星河 world、天安云谷、中海信等四大创新园区，完成固定资产投资 26.1 亿元，引进企业 342 家，在园企业达 1145 家，实现产值 2256 亿元。

坚持“放管服”并举，实施创新园区“一窗式”科技服务，委托天安云谷等园区运营方前置受理企业申报资料。针对企业最关心的“我能获得什么扶持”“扶持金额是多少”等热点问题，提供“科技政策计算器”服务，实现企业与可享政策、扶持额度、申报指南等信息的快速匹配查询，受到企业好评。

坂雪岗科技城、大运新城、国际低碳城纳入“广深科技创新走廊”十核多节点规划。坂田街道获评全市首批十大创新创业基地。

四、科技人才引进

深入实施“深龙英才计划”，会同区人才办推动建立市“孔雀计划”展示交流中心，引进培育高层次人才 140 人、省创新创业团队和市“孔雀计划”团队 12 个，高层次人才及团队总量位居全市第二。

五、科技金融投融资体系完善

建立多元化科技金融投融资体系，健全金融机构发放企业贷款风险补偿机制，区科技金融服务平台累计授信额度1.16亿元。完善检验检测认证、知识产权、科技金融、创意设计等科技服务链条，新增科技服务机构10家，累计116家。龙岗技术转移促进中心累计撮合技术交易303例，交易额超2.8亿元。

六、科技创新环境建设

新增创客空间5家，累计35家，各创客空间汇集创客项目超过1500个，可提供工位超1万个。协办“深创赛”第一届国际赛，5个参赛团队落户龙岗。承办第六届深创赛暨首届启迪杯创新创业大赛，组织498个团队参赛，数量全市第二，依思普林公司摘得新能源行业国赛一等奖，8支优秀团队落户龙岗。组织全国双创周龙岗活动，在15个活动点集中展示36场系列活动，两项指标领跑全市。承办2017年深港科技界交流年会相关活动，展示了龙岗日新月异的创新驱动发展形象。

七、科普工作

大力推动全区科普信息化建设，龙岗区获评2017—2018年度广东省科普信息化建设试点区。紧抓全国科技活动周、全国科技工作者日、全国科普日和学术交流月等重要节点，以点带面统筹推进基层科普工作，组织安全生产、科技创新、健康生活等主题科普活动逾300场。

八、高交会及双创周工作

第十九届高交会于11月16日至21日在深圳会展中心举行，区科技创新局组织42家企业在龙岗展区集中参展，并协调华为、柔宇等20多家企业赴展。展区累计接待游客15万人，收获优秀展示奖和优秀组织奖两项荣誉，量子引擎科技公司等8家企业获优秀产品奖；龙岗展区展出的“仿生攀爬式斜拉桥缆索检测机器人”“艾娃系列机器人”“瑞森可机器人”“MUST智能注塑过程控制系统”“数据存储处理器”“太赫兹探测光谱仪”等科技成果，彰显龙岗区在前沿尖端技术领域的领先研发实力。

9月15日至21日，深圳市举办全国双创周深圳活动暨第三届深圳国际创客周活动，龙岗分会场在15个活动点组织36场系列活动，活动点和场次居全市之首。龙岗科技创新促进会承办“大院大所双创汇”活动，包括国际技术转移路径与产业化、中科院普惠计划项目介绍以及产业技术发布专题讲座，期间中科龙岗与怡丰等6家企业签订战略合作协议，有效促进了科技成果在龙岗的转化与落地。

第三节 福田区科技发展

一、概况

2017 年福田区高新技术产业增加值为 429.37 亿元，增速 8.6%，占地区生产总值的 11.2%，新认定国家高新技术企业 441 家，总数达 1063 家。全年专利申请数为 16332 件，其中发明专利申请数为 5295 件；专利授权数为 9911 件，其中发明专利授权数为 2251 件。福田区知识产权代理机构已增至 66 家，占深圳总数的 44.9%，全国知识产权服务品牌（培育）机构有 9 家，2017 年 4 月，举行了“国家知识产权服务业集聚发展示范区”揭牌仪式，福田区成为全国首家获此殊荣的区级政府。创新载体体系日益丰富，福田区共拥有各类创新载体 119 家，科技孵化器园区 5 家，2017 年园区入驻企业 546 家，营业收入 91 亿元，税收 2.7 亿元，园区大专以上学历 11022 人，硕士以上学历 472 人，博士以上学历 101 人。全区共有市级以上众创空间 18 家，国家级 10 家，2017 年共孵化项目 972 个，引入投资资金 5 亿元，初步形成创客空间、孵化器、科技园区有机结合的全要素孵化培育体系。双创活力持续激发，2017 年上半年，国家发改委批文支持深圳华强北片区开展新型智能终端产业集聚试点示范，在深圳市十大专项行动的双创示范基地申报中，华强北双创示范基地以区域第一名的佳绩荣列首批十大双创示范基地。福田区还代表深圳市申报国家双创示范基地，并获批国务院“双创示范基地”，招商引智优化产业结构，通过发挥产业空间资源优势以及提供产业发展专项资金政策扶持的方式，积极引进了涵盖“互联网 +”“新能源”“智慧城市”“人工智能”“生物医药”等领域的项目共 24 个，其中，中天泽智装备还获评 2017 年深圳十大优秀落户企业。全区新引进人才 2.47 万人，其中“千人计划”人才 4 人，累计 16 人，新认定“福田英才”83 人。开放创新取得新突破，联合深圳巴士集团在福田保税区全球首发试运行智能驾驶公交，建立对接以色列希伯来大学专利许可和开发的“中以国际创新中心”，并与香港生产力促进局共同成立“香港生产力促进局深圳创新及技术中心”。

二、努力推动深港科技创新特别合作区的建设发展

落马洲河套片区地处深港“直接结合部”，同时位于深港两地的中心点，在科技创新、实体经济领域开展跨地区协同创新有无可比拟的便利条件。经过积极协调，深圳市政府已正式发文将深港科技创新特别合作区纳入深圳高新区扩区区域。港深科技创新特别合作区被定位为：聚焦科技创新和实体经济，深港共建一批突破型、前沿型国家重大科研基础设施和世界级大科学设施集群，集聚全球尖端研发机构，跟踪对接前沿技术创新动态，构建国际化创新创业孵化平台。

建设深港协同创新中心，作为福田区为将来发展深港科技创新特别合作区的桥头堡，该中心将发挥人才、项目、资源的储备功能，已于 2017 年 9 月 30 日在长富金茂大厦正式挂牌。同时福田国家创新中心已正式入驻开展运作，已先后引进中国 - 以色列国际创新中心、南方科技大学、深港科技合作促进会、香港生产力促进局深圳创新及技术中心、城际电服（深圳）有限公司、柔电芯云（深圳）科技有限公司等高端创新资源，其中，南方科技大学是首个进驻福田保税区的综合性高校资源。

三、助力辖区企业做大做强

抓好科技扶持政策修订工作。根据企业需求，结合北京中关村软件园、武汉光谷的经验以及产业发展需求，明确福田高科技扶持重点，修订科技扶持产业政策，增加了新项目

落户项目支持科技金融信贷专项、国高企业认定奖励、R&D投入支持、新兴产业企业高成长支持等专项类的政策，加大众创空间、创客服务平台、电子商务、园区企业的政策扶持力度。今年产业发展专项资金科技创新分项共安排预算 1.7 亿元，截至目前，召开过 4 次区产业发展专项资金科技创新分项（简易程序）项目审议会议，3 次区产业发展专项资金科技创新分项（专责小组程序）审议会议。通过审议并支持项目数约 1500 个，支持总额已基本超过 1.7 亿元，比去年增加 30%。本年还修改完善了科技金融政策，增加了合作银行，放宽了贴息条件。引导银行以更低的门槛和更宽松的条件为高科技企业提供贷款。2017 年以来，共有 18 家企业备案申请“孵化贷”及“成长贷”等贷款。

抓好国家高新技术企业认定工作。我局与深圳市科技中介同业公会合作，结合近年对企业摸底调查的情况，针对福田区国家高新技术存量企业采取专人负责提醒、督促企业申报等方式，联系指导企业开展国家高新技术企业申报工作。今年 3 月、4 月、6 月分别在多丽国际电子商务产业园、深圳文化创意园、车公庙泰然片区举办了多次“2017 年福田区国家高新技术企业宣传辅导会”，参会专家与参会企业进行了对国高申报的答疑交流；同时采取园区驻点方式，每周在园区进行专家驻点答疑，现场面对面直接辅导园区科技企业申请国高企业认定；再者主动沟通联系在库企业以及去年认定未通过企业，发动他们积极参与国高企业认定，大力抓好国高企业申请与认定工作。

抓好挂点服务企业工作。2017 年完成区领导挂点调研服务企业 41 家，完整收集企业情况和诉求，了解企业发展现状以及存在的实际困难，掌握行业发展动态以及行业共性问题，听取企业对福田经济社会建设的意见和建议，响应企业诉求，协调解决制约行业、企业发展的关键问题。

四、知识产权示范区建设

2017 年 4 月 28 日在工商物价大厦举行“国家知识产权服务业集聚发展示范区”揭牌仪式。福田区成为全国首家区级政府的“国家知识产权服务业集聚发展示范区”。该示范区将在促进知识产权发展、构建“高精尖”经济结构中发挥重要作用，为深圳知识产权强市建设作出新贡献。

积极筹建中一知识产权城。深圳中一专利商标事务所已与深圳报业集团签订合作协议，于 9 月 12 日举行深圳知识产权城揭牌仪式。福田区将把“中一知识产权城”项目打造为深圳市与福田区的知识产权重点项目，建成全板块全链条高品质的知识产权综合服务平台，为企业和机构提供专业、权威、高端的一体化服务。

组建南方知识产权运营中心。深圳市知识产权局于 2017 年 4 月 28 日同意深圳市福田投资发展公司等 3 家公司，按照市场化、国际化、专业化的原则，承接组建南方知识产权运营中心。该中心将促进深圳知识产权的运用与转化，帮助深圳知识产权向创新价值链上端攀升，力争将中心建设成为具有全球影响力的创新要素交易与实现载体。

五、建福田双创生态圈

一是打造华强北创新创业大街。今年初，我局局长亲自带队到北京、武汉等地，通过多方调研与学习，结合发展定位，精心筹备，加强沟通，积极争取国家、省、市相关资源支持，赋予华强北区域新内涵，依托众创空间营造创新氛围，打造华强北创新创业大街。举办以“双创”为主题的大型盛会，推动华强北引领深圳市双创示范基地蓬勃发展，助力华强北打造世界级创客天堂。今年上半年，国家发改委批文支持深圳华强北集聚区（福田区）开展新型智能终端产业积聚区试点示范。深圳市十大专项行动之双创示范基地申报中，华强北双创示范基地以区域第一名的佳绩荣列首批十大双创基地，且代表深圳市申报国家双创示范基地。

二是推动华强北产业转型升级。委托专业机构，摸底调研华强北片区产业发展现状，召开华强北企业、众创空间、创客、行业协会及政府部门专题会议，梳理华强北重点产业；多次现场调研走访华强北，加强与华强北业主代表的沟通，努力寻求共建华强北低成本产业园区的可行方法，同时，制定并印发了《华强北创新发展行动计划（2017-2019年）》（福府办〔2017〕8号）、《福田区华强北智慧产业创新创业示范基地行动计划》（福府办函〔2017〕44号），全面提升华强北产业的创新力与竞争力。

三是弘扬创客文化，根据国家发改委和中国科协的统一部署，2017年全国双创活动周于9月15日—21日举行，福田区也于同期举办创客周系列活动，我区共举办市级双创活动4个、区级双创活动5个。本次创客周活动是我区首次承办深圳创客周主会场活动，这是市委市政府对我区双创工作的认可，也是对我区双创事业发展的激励。

第四节 南山区科技发展

一、高新技术产业发展

2017 年，新兴产业在南山区占 GDP 比达 64%，成为经济增长主引擎——国高企业总数达 2941 家，其中新增 718 家；菜鸟网络等 13 家企业成长为“独角兽”，占全国 1/12；上市企业累计 145 家，居全国区（县）第二，其中新增上市企业 23 家。

第十九届中国专利奖，南山区企业获奖 36 项，占全市的 65.5%。深圳微芯生物科技有限责任公司、国民技术股份有限公司 2 家企业获中国专利金奖，占深圳获奖数 50%；腾讯科技（深圳）有限公司成为深圳市唯一获得中国外观设计金奖的企业。

截至目前，南山区已支持区内机构在美国硅谷、旧金山、波士顿、西雅图，英国牛津，加拿大多伦多，以色列特拉维夫和新加坡等全球创新高地设立 11 个海外创新中心和国际科技成果转化中心。同时，苹果研发中心落户蛇口网谷万联大厦，高通创新中心落户阿里巴巴深圳大厦，空中客车创新中心落户深圳湾科技生态园；2017 年成功引进 ARM、植物干细胞研究院等优质项目，均已落户深圳湾科技生态园。

二、科技创新资金扶持

认真修订科技创新扶持资金实施细则，降低对企业研发投入的扶持门槛，提高对国家高新技术企业资助标准，“领航计划”团队引进支持范围由“小孔雀”扩展到“大孔雀”。同时认真审核、仔细把关，全年扶持项目达 2200 多个。

三、知识产权战略推进

南山智园和深圳软件产业基地作为中小企业知识产权战略推进工程试点单位，已通过国家知识产权局评审；建成深圳南山知识产权保护中心，引进中细软、科易网、七号网等知名服务机构，形成知识产权创新一条龙服务体系；导入市场监管、公检法司、仲裁委员会等行政与司法保护机构，形成知识产权保护一条龙体系。

2017 年，南山区国内专利申请量达 57277 件，占全市 32.3%，其中发明专利申请量 31363 件，占全市 52%；PCT 国际专利申请量 11275 件，占全市 55.1%，占全国 23.7%；国内专利授权量 24589 件，占全市 26%，其中发明专利授权量 7551 件，占全市 39.8%；每万人发明专利拥有量达 339 件（按照 2016 年南山区人口 135.63 万人计算）。

四、科创人才培养及引进

南科大汤涛教授当选中科院院士，实现深圳本土中科院院士“零的突破”；院士总数 15 名，占全市 50%；“千人计划”专家 230 人，超过全省 40%；“孔雀人才”总数 1901 人，占全市的 70%；省、市创新团队总数 84 个，全市的 72%，其中新增团队 7 个。

五、军民融合产业发展

充分发挥南山区产业优势，全面布局商业航天、智能制造、新材料等 10 大军民融合产业，初步形成集聚发展效应。注重开放创新，与军工产业链条进行有效匹配。积极导入国内外创新资源，国防科大、西北工大、哈工大等国防科研院所，纷纷来南山布局；摩比天线等企业就无人系统、传感器等领域与德国、奥地利、以色列相关企业达成合作意向。开拓军企对接渠道，发挥“互联网 + 大数据”作用，打造市场化运营的国家军民融合综合公共服务平台（南山）区域示范子平台，破解军企供需对接难题；创新军地协同机制，与国防科工局经济技术发展中心共建军民融合创新示范基地，打造集军工认证、评估、检测、技转、孵化功能为一体的军民融合服务体系。

六、科技产业园区建设

按照南山区科技创新轴和总部经济带的布局以及六大重点片区建设规划，大力推进战略性新兴产业和未来产业基地和园区建设——加快深圳清华研究院新大楼和湾区创新大厦建设，打造区域唯一具有创新创业特色的高标准综合服务中心；加快智城建设，解决南山区战略性新兴产业、未来产业的发展空间需求。

七、“双创”工作推动

新增众创空间 55 家、孵化器 16 个，前海创投孵化器“以投带创”模式写入国务院文件；新增国家、省、市级创新载体 44 个，总数达到 937 个，占全市 60%；3 家诺贝尔奖科学家实验室（中村修二激光显示实验室、格拉普斯研究院和盖姆石墨烯研究中心）落户南山，占全市 60%；中集智能化海洋装备、中德微纳制造业创新中心布局南山，占全市的 40%。

成功举办创新南山 2017“创业之星”大赛。大赛十年，共有 5000 多个项目和企业直接落户南山，走出金信诺、茂硕电源、大疆创新等 6 家上市公司和 1 家独角兽企业。创新智园国际创客中心运营管理模式，体现国际特色、深港合作特色，成功引进清华 I-space、中科创客学院、香港 OS 平台等创客机构。

八、“互联网 + 政务服务”推进

强化迭代式开发模式，推进“一门式、一网式”政府服务模式改革，简化、优化公共服务流程，加强深圳市网上办事大厅南山分厅建设和功能拓展，为企业和基层群众提供优质、高效、便捷的政务服务，营造良好的营商环境，90% 以上事项实现“零”跑腿；完成南山区应急指挥平台建设工作，实现区政府和 8 个街道办、区公安局网络互通，实现“看得见”“听得着”“指挥得了”的目标；加快南山智慧城区建设，完成“智慧南山”顶层规划设计单位选聘工作，以大数据及可视化指挥等重点核心技术为依托，初步实现社会治理事务的快速应急处理。

九、科普工作

打造科普精品活动。全国科普日、科技活动周、科普进社区、南山区科普文化节、“科普三进”系列活动等多个品牌活动为公众所熟悉；加强科普教育基地建设，南山区共有科普教育基地 33 家，年度接待量约 5 万人次；建设高水平综合交流平台，先后举办了“中国科学与幻想原创作品大赛”“南山博士论坛”“深港知识服务业论坛” 等一批在国内外有影响力的精品交流项目。其中，南山博士论坛以每年 30 场的频率举办了 20 年，已累计邀请 500 多位国内外专家前来演讲，成为深圳乃至全国的品牌论坛。

第五节 罗湖区科技发展

一、高新技术产业发展

2017 年，罗湖区 98 家企业通过评审获得国家高新技术企业资质，其中，申报企业 170 家，新增 81 家，超额完成深圳市考核区“新增目数标 42 家，认定目标数 86 家，最低申报数 100 家”的任务目标。

2017 年，罗湖区社会研发投入 R&D 数据预计核出 47 家，合计 3.96 亿元，全区社会研发投入 R&D 占 GDP 比重达到 0.22%，增速达到 107%，远超全市 15% 平均增速。

2017 年，罗湖区三种专利申请量 8977 件，同比增长 57.10%，其中发明专利申请量 1620 件，同比增长 65.13%。

全年罗湖区新增创新载体 7 家，完成既定 5 家任务指标。截至 12 月底，辖区创新载体共计 54 个，其中重点实验室 18 个（含国家级 1 个，实现突破），工程中心 11 个，公共服务平台 12 个，技术中心 3 个，工程实验室 10 个。

二、大梧桐新兴产业带建设

2017 年，罗湖区成立大梧桐新兴产业带建设领导小组，集中优势资源，重点推进产业带建设，先后编制《大梧桐新兴产业带综合规划》《大梧桐新兴产业带产业规划》《罗湖区北部片区产业空间拓展报告》，梳理空间现状，明确产业定位与布局。基于以上规划，制定年度实施计划，明确战略目标，主动融入全市创新发展体系。产业带已纳入深圳战略性新兴产业发展十三五规划、2017 年市政府工作报告与广深科技创新走廊创新节点，得到广泛支持与认同。产业带建设成效获得马兴瑞省长批示与关注，许瑞生副省长亲临罗湖进行调研。

产业带已建成产业园区 8 个，建筑面积共 68 万平方米。同时启动了 17 个产业化城市更新项目，其中 8 个项目已开工建设，4 个项目通过产业规划审核。

出台《罗湖区创新型产业用房管理办法》，强化创新型产业用房建设与管理，全区共有创新型产业用房项目 31 个（含已建成、在建、待建），合计面积 506396.66 平方米，2017 年新增创新型产业用房面积 11078 平方米。

成功推动罗湖区清水河片区成规模、连片区地块土地整备工作，清水河片区已挖潜土地资源 68.9 万平方米，用于出让引进总部企业或政府主导建设创新型产业用房，打造产业带核心引领区。整合清水河片区连片土地资源 36 万平方米，由政府主导打造红岗国际创新广场，作为产业带核心与引领项目。2017 年 11 月 18 日，大梧桐新兴产业带开园暨红岗国际创新广场奠基活动的举办，标志着大梧桐新兴产业带建设步入新阶段。

成功引进软通动力华南总部、云康健康集团、中欧金融科技研究院、瀚海基因、赛宝研究院、海外人才离岸基地等重点项目，多个项目已纳入深圳市十大行动计划范畴。新引进项目 2017 年新增销售收入 34.1 亿元。

成功举办首届大梧桐创新创业大赛及市创新创业大赛半决赛，大赛设 11 个国内赛区和 2 个海外赛区，459 个企业和团队参加比赛，全市排名第三，其中 10 个项目进入国家决赛，2 个项目进入深圳市决赛。通过大赛，超过 10 个创新创业大赛获奖项目或企业，正逐步落户罗湖发展。

三、高新技术产业服务

罗湖区科技创新局全年走访辖区高新技术企业 200 余家，宣讲产业政策，帮助企业解决实际困难 100 余项；聘请专业团队，为辖区 100 多家企业进行国高申报辅导，包括集体辅导与一对一专业辅导；挖掘 150 多家符合“四上”标准未入库战新企业；与专利代理机构合作，通过大梧桐创新创业大赛项目等发掘专利，帮助企业申请发明专利超过 1000 余件。

截至 2017 年底，罗湖区科技创新局组织项目签约、成果发布、政策宣讲、论坛沙龙、交流互动等各类活动超过 80 场，共举办政策宣讲、专利申请、国高申报、R&D 数据填报等各类专项培训会 15 场；2017 年全国双创周期间，组织辖区孵化器、创客空间负责人赴上海主会场与当地优秀创客空间交流学习，同时组织辖区创客空间开展双创主题活动 6 场；辖区 16 家企业携人工智能、互联网、生命健康及智慧城市等领域创新成果参展第 19 届高交会。

全面修订《罗湖区产业转型升级专项资金科技创新实施细则》，从提升基础创新能力、提升产业创新能力、提升企业创新能力、提升创新支撑能力四个维度，支持辖区科技企业发展与生态链构建；全年扶持企业资金超过 1.3 亿元，为 2016年的4倍，共扶持企业 141 家，扶持项目 202 个；与银行、投资机构广泛开展科技金融项目合作，推动解决辖区中小企业融资难问题。

四、“智慧罗湖”建设

年初制定《智慧罗湖年度实施方案（2017）》，并以此为路径稳步推动全区信息化工作，重点推进“智慧政务”“智慧城区管理”“智慧民生服务”等领域。

“地网”建设工作。辖区已建成和在建视频监控点超过 8000 个，目前实现全区各部门共享共用，并依权限可以通过一级平台调用，有力支持应急、三防、城市管理工作。

完成了电子政务网全新改版、优化了用户体验、建立市民主页，强化便民服务。2017 年底，网站信息量已达 20 多万条，访问量达 4169136 人次。

在全市首推精准停车智能服务，实时汇聚罗湖实时停车位数据，经清洗校核后共享给百度、腾讯、高德、凯立德等知名导航软件，实现辖区停车精准导航。项目上线一年以来，应用停车数据日均使用频率已达 50 万人次。

五、科普工作

全面贯彻落实《全民科学素质行动计划纲要》，积极开展各项科普宣传活动，全年共举办各类科普活动 130 场。

创建微生物菌科、珠宝溯源、中科美城、罗湖书城、罗外初中实验部和罗芳小学 6 个科普教育基地；组织人民桥社区、银湖社区和新秀社区申报科普示范社区；组织和平社区率先建立全市首个科普信息化社区试点。

抓好全国科技活动周、全国科技工作者日、全国科普日等主题活动，推动全年科普宣传活动全面展开；做好日常科普宣传活动，举办金光华大型科普展、“手拉手结对子”、科普影视周、流动宇航馆等活动，提升居民科学素质水平；举办 2017 年罗湖区第五届青少年科技创新大赛、大型“六一”创客集市、四大科技（科普）夏令营等活动，促进罗湖区青少年科技教育发展。

3 月接待国际航空运动联合会主席费雷茨布林克先生与第四届亚洲航空运动联合会峰会 40 多名代表；7 月，与云南、贵州等地方共同举办“携手传科普，交流促创新”微生物科普交流会；7 月至 8 月与香港童子军开展“维和少年团”国防科技夏令营；11 月，接待西安市科协调研罗湖区和平社区科普信息化建设情况。

利用全区科普画廊宣传科普知识，4 期共更新了 800 幅科普挂图；与罗湖医院集团合作，向近 8000 名机关干部职工发送科普短信，全年累计发送 32 万余条，12 月份针对学习宣传贯彻十九大精神内容发送短信。

第六节 盐田区科技发展

一、高新产业发展

2017年，盐田区共有20家企业被成功认定为国家高新技术企业，其中13家为首次认定，区内被认定的国家高新技术企业总量达40家，连续三年增长25%以上。全区规上高技术产品制造业产值保持较快增长，完成产值171.64亿元，占全区规上工业总产值的25.62%。

二、工业园区建设及新兴产业培育

2017年，周大福高新技术研发生产中心项目建成并投入使用；海格零售物流中心、中兴国际研发培训中心、百富新现代物流园、嘉长源半山总部基地等项目基本建成；腾邦海捣网跨境商品展示交易中心、华大基因中心成坑产业发展基地等一批重点项目快速推进。

全年累计投入资金8383.45万元，对港口物流、黄金珠宝、生物科技等几大重点产业和78个优质企业项目予以支持，码隆科技等企业参与国际竞争并荣获人工智能“世界杯”WebVision挑战赛冠军等世界级殊荣。

大力扶持辖区优质企业上市或进入新三板挂牌融资，积极发挥民营经济的主体作用，鼓励民营企业加快调整结构、做大做强，推动市场主体、特别是产业主体、企业主体繁荣发展。华大基因于2017年7月成功上市，品新科技、安能物流等辖区多家重点企业发展势头良好。

三、高新技术企业服务

印发出台了《2017年盐田区“百人服务百企专项活动”工作方案》，26位区领导分别挂点109家企业，收集并协调解决有关人才住房、人才招工、资金扶持、业务协调、规划建设、海关业务等问题70多个，全年拨付了4000万元专项资金用于鼓励支持重点外贸企业开拓业务，设立了20亿元的创业专项基金，定向支持园区优质企业项目发展。

强化实施专人跟踪服务企业项目制度，根据每个企业项目特征和发展趋势制定个性化的服务方案。重点做好北山科技创业园和创意港企业的日常管理服务工作及深港电商广告产业园的考评工作，着力推进公共实验室、知识产权平台、人才交流服务中心、智能服务终端等产业公共服务配套建设。

四、科技创新政策制定

出台了《盐田区关于支持企业提升竞争力和促进科技创新的若干措施》，全面完善和升级辖区科技创新政策体系；实施《盐田区2017年创新驱动行动方案》，积极完善创客空间，大力培育创客文化；先后出台《盐田区招商引资促进办法（试行）》《盐田区创新型产业用房管理实施细则（试行）》等营商政策；修订完善了《盐田区产业发展资金管理规定（修订）》政策。

五、创新载体建设

推动粤豪公司成立K-gold金饰（中国）研发推广中心；周大福高新科研中心大楼正式投入使用；码隆开展建设人工智能研究中心；华大以“产学研”一体化的创新发展模式，发布了全球通量最高的基因测序仪，搭建起了全球最大的“五机一库”大平台，已成为全球最大的基因组学研发机构。

清华大学深圳研究院智慧医疗影像中心、院士领衔的深圳市长明新材料科技、深圳基因产学研资联盟等30家涵盖基因测序、影像诊疗、干细胞研究、生物传感设备等领域的重点项目和企业落户大百汇生命健康产业园；推动安发集团签署了中国区总部落户协议；盐田建筑科技创新园、骏晖国际等新引进大型项目落户取得实质性进展; 关键词教育集团、铜道电商集团、唐人城网络科技集团、高盛鸿轩公司等一批优质总部型企业签约落户。

六、两展两赛工作

利用 2017 深圳国际 BT 领袖峰会和生物 / 生命健康产业展览会、盐田区高新技术产品发布暨营商环境推介会等平台，举办了 2017 年生物与生命科技创新创业大赛等活动，并组织企业参加第十九届中国国际高新技术成果交易会，集中宣传展示盐田区科技创新领域的最新成果和先进技术，营造创新创业的浓厚氛围。其中，盐田区举办的生物与生命科技创新创业大赛所选送项目包揽了市创赛行业赛和总决赛团队组冠军。

第七节 坪山区科技发展

一、高新产业发展

2017 年，坪山区高新技术产值 1038.88 亿元，同比增长 16.3%；国家级高新技术企业 257 家（新增 122 家），增长 90.3%；创新平台 46 个（新增 12 个），增长 35.3%。累计引进高层次人才 187 人（新增 90 人），增长 92.8%；引进院士团队 5 个（新增 4 个），同比增长 400%；国家级领军人才 10 人（新增 3 人），增长 42.9%；千人计划 8 人（新增 6 人），增长 300%；孔雀人才 22 人（新增 8 人），增长 57.1%。

二、创新载体建设与人才引进

大力引进与主导产业配套的创新载体。与国家商用密码检测中心合作建设全国首个商用密码检测机构(鼎铉商用密码测评技术（深圳）公司)成功挂牌，试点工作迈出了具有里程碑意义的一步；与重庆车辆检测研究院合作建设“坪山新能源车检测中心（深圳渝鹏新能源汽车检测研究有限公司）”；北理工电动车辆国家重点实验室深圳中心、中国基因测序技术与产业联盟、沃特玛新能源汽车产业创新联盟纷纷落户坪山。

引入的 5 个著名院士团队，其中外籍院士团队 2 个，占 40%；2015 年以来引进海外归国人才团队 61 个，其中包括外籍人才 19 名。国际创新资源转移转化平台纷纷落户，中欧、中以创新中心正式运作，中加、深台创新中心加速推进。光韵达 3D 打印创新中心、本征方程石墨烯创新中心纳入市“十大制造业创新中心”。新增马峦创客汇、三和空间以及极光王等 3 家市级创客空间，三和空间进入国家级创客空间。高端创新要素集聚生态加速形成。

本征方程石墨烯锂电池工程研究院、深圳市奥谱太赫兹技术研究院等 6 个高端研发团队落地，加速推进中国科学院、苏州生物医学工程技术研究院、深圳工程技术研究院等 5 个高端研发团队落地。

三、科技管理体制优化

印发实施《深圳市坪山区＜关于加快科技创新发展的若干措施＞的实施办法》及《深圳市坪山区科技创新专项资金管理办法》，扶持企业 240 余家，发放专项资金 2.5 亿元。

为了解决科技创新空间存量不足、增量有限的瓶颈问题，坪山区完善产业空间收购决策机制。截至目前，约累积收购 39.2 万平方米，正在推进的租赁项目约 59.33 万平方米。

四、双创工作持续推进

3 月 29 日，以区委区政府名义举办坪山区首届创新发展大会。会上，“科技创新 20 条”发布，坪山区分别与吴奇院士、比亚迪、本征方程等 8 家机构签订战略合作协议。

深创赛精彩纷呈。国际赛 8 个分赛区汇集 260 余个项目、60 余家投资机构、近 300 人齐聚坪山。目前，获奖项目“早期肠癌血清分子诊断”“波浪能项目”已落户坪山。国内赛(第九届中国深圳创新创业大赛坪山预选赛暨第二届“坪山麒麟杯”创新创业大赛)吸引参赛项目 600 余个、70 家投资机构、近 900 人参加活动，其中 12 个项目在市赛行业总决赛获奖，获奖率为 63.16%。

五、论坛峰会及对外交流

国际生物医药产业创新发展峰会邀请了包括加图·洛朗森在内的 7 位院士、海内外专家学者、企业界和知名投资机构 400 多名代表参加。在会上与加图院士、苏州医工所签订合作协议。

首届“三湾”创新创业论坛成功举办，深圳、台湾及硅谷从业人员围绕半导体行业发展碰撞智慧、描绘蓝图；新能源（汽车）科技创新发展论坛聚集了国家千人计划专家李功赋、韩培刚等业界大咖及以比亚迪、沃特玛、巴斯巴、开沃等新能源企业的250多家企业400多名高管和顶尖专家学者；国际医药健康产业跨境创新孵化与合作论坛吸引海内外的300余名专家齐聚坪山；首届深港澳国际青年创新创业交流活动集聚三地科技创新力量200余人，探讨三地科技创新合作发展。

第八节 龙华区科技发展

一、创新载体建设

2017年，龙华区国家高新技术企业总量居全市第三，新增560家，同比增长47%。新增省级工程中心1家、市级工程实验室1家、市级技术中心3家；新增区级工程中心1家。累计拥有国家、省、市、区多层次创新载体共75家，包括国家级企业技术中心1家，省级工程中心3家。新增国家级众创空间1家，市级孵化器5家，创客空间4家，创客服务平台2家，累计拥有国家、市、区多层次创客服务平台、创业孵化载体51家，其中国家级5家，市级18家，区级28家。

二、人才引进

2017年，新引进院士6名，国家“千人计划”7名，深圳市“孔雀计划”人才63名。累计引进院士8名，国家“千人计划”22名，广东省“珠江计划”4名，深圳市“孔雀计划”人才141名，共引进各类高层次人才574名。新引进广东省创新团队2个，市“孔雀计划”创新团队3个，累计引进省市创新创业团队13个。其中，集成电路先进封装全自动智能检测研发团队带头人陈鲁，创办了深圳中科飞测科技有限公司，其主导的科研项目，获得国家科技部重点研发计划“重大科学仪器设备开发”重点专项立项；以李德林为带头人的深圳首创光伏团队是国内稀缺的专职高效薄膜太阳能电池科研团队与新能源材料研发科研团队，累计获得38项美国授权发明专利。

三、重点项目引进

目前，已成功吸引深圳启辰新能源科技有限公司落户；与赛仕软件（北京）有限公司签订“SAS深圳龙华大数据智能制造创新中心合作协议”；与中科院自动化研究所签订“深圳人工智能与大数据研究院共建框架协议”；与北斗开放实验室等机构签订“航天科技成果转化创新产学研示范基地暨军民融合协同创新示范基地合作共建战略合作协议”。与南京航空航天大学无锡研究院、南京航空航天大学增材制造（3D打印）研究所、北京航天航星控股有限公司签订四方合作共建深圳南航增材制造产学研项目协议。

四、“两区”建设推进

加快高新区建设。严格审核城市更新项目，确保高新区内产业用地面积稳定；积极协调解决高新区企业诉求，提升园区公共服务，打造宜业宜居环境；积极争取上级部门支持，推进深圳高新区扩区覆盖龙华，研究依托深圳北站建设高铁枢纽经济示范区，将北站商务中心区打造成深圳北科技企业聚集基地。

加快国家自主创新示范区建设。编制完成《龙华区科技创新“十三五”规划》《深圳国家自主创新示范区龙华园区产业发展规划（2017—2021）》《深圳国家自主创新示范区龙华园区空间布局规划（2017—2021）》《深圳国家自主创新示范区龙华园区实施方案（2017—2021）》等一系列政策文件。开展“近四年龙华区科技创新专项资金研究”等一批软科学项目研究。

五、展会工作

成功举办了首届“国际纳米孔技术检测应用（深圳）学术研讨会”、龙华区军民融合发展论坛、2017中国（深圳龙华）创投领袖峰会、2017年龙华区重点项目签约仪式暨科技金融论坛、第二届中国深圳航空航天产业发展高峰论坛、"千人计划"百名专家龙华产业对接会等11场形式多样的创新创业活动；开展了第九届中国深圳创新创业大赛龙华区赛暨深圳龙华第一届创新创业大赛、2017 网易中国创业家大赛深圳赛区、第六届中国创新创业大赛创客大赛和“龙华之星”创业创新大赛等 5 个双创赛事。

组织参加了第十九届高交会，期间举办了 2017 年龙华区重点项目签约仪式暨科技金融论坛、第二届中国·深圳航空航天产业发展高峰论坛、新材料产业前沿发展高峰论坛等三场论坛活动。并组织上百家企业进行重点片区实地考察活动。高交会期间，达成合作意向 2500 余宗，预计成交金额逾 2000 万元。

六、企业服务强化

积极服务各类中小微科技企业，统计发布了中小微企业 100 强名录。认真贯彻落实市、区领导挂点企业服务工作，积极协助解决了深越光电、锦绣科学园、宝德科技、顺络电子、致尚科技、稳健医疗、鑫昌隆等一批辖区企业的诉求；持续跟进富士康国际研发中心建设项目、东阳光项目、国家电动汽车产业计量中心项目、深圳数字生命研究院项目、康佳集团加速器项目、中科院大数据研究中心项目、中英高端装备产业研究院项目、深圳南航增材制造创新研究院及航天科技成果转化创新产学研示范基地等项目进展；简化扶持资金受理等一批事项办理流程。通过“创新龙华”微信公众号宣传扶持政策、发布受理通知等，并利用各类科技创新创业活动开展政策宣讲 28 场次。

七、科普工作

组织开展 23 场科普进社区、进校园活动，发放科普读物 3 万余本，宣传折页超 10 万张。进一步营造了全民学科学的氛围，提高了社区居民的科学素养。积极会同各相关单位开展龙华区科学馆建设，预计 2022 年可建成投入使用。

八、信息化工作

2017 年 2 月 27 日成立“智慧龙华”工作领导小组并设立办公室，负责项目的统筹、协调、推进工作；2017 年 5 月正式印发《“智慧龙华”发展规划（2017—2025）》，指导未来几年内全区“智慧龙华”建设工作。

以国家 A 级机房建设标准建成区核心数据中心机房，完成区政府网络机房改造和云计算平台搭建，促进区各部门间的信息融合共享；完成“无线龙华”公共场所 Wi-Fi 覆盖项目，共计建成 1500 个 AP 点并投入使用，市政公园、社区工作站等重要公共场所免费无线局域网覆盖率基本达到 100%。

第九节 光明新区科技发展

一、高新技术产业发展

截至2017年底，新区国家级高新技术企业数量达614家，较2016年的360家增长70.6%。

新组建国家级企业创新平台1个（华星光电AMOLED工艺技术国家工程实验室），市级以上各类企业科技创新平台达49个。2017年新区55家5亿元以上工业企业，建立研发机构54家，覆盖率提升至98%。据2017年公布的统计结果，新区R&D占GDP比重已达到4.04%，创历史新高。

以贝特瑞、华星光电为主要参与单位的石墨烯制造业创新中心及新型显示制造业创新中心列入市经贸信息委十大制造业创新中心。深圳市先进石墨烯应用技术研究院孵化“硅碳负极材料”等孵化项目申请深圳市石墨烯重大科技产业专项。华星光电“第8.5代薄膜晶体管液晶显示器件产业化项目”荣获2016年度广东省科学技术奖一等奖。

二、科技创新政策制定

会同专业机构深入调研，深入开展《科技创新资源集聚研究》《光明新区产业创新中心建设实施方案》《“智能+”行动计划》等课题，明确新时期光明新区创新驱动发展的目标与路径。

印发《光明新区科技创新发展十二项行动计划实施方案》，将创新主体培育、创新载体建设、创新创业提升、创新资源集聚4个方面有机结合，将产业空间、科技金融、知识产权、人才引进、产业转化等12项具体任务统筹谋划，加快推动创新从单一技术创新向技术、产业、金融、管理、商业模式等综合创新转变。

印发《光明新区关于加快科技创新资源集聚的若干措施》，从技改倍增、研发投入、科技服务、空间利用、强化招商、质量发展6个方面，对新区“1+18”专项扶持政策进行大幅修编完善，进一步扩大政策覆盖面及扶持力度。

三、创新载体建设

全力推进科学城建设。积极主动对接中大、南科大、北大、中科院等高等科研机构，密切联动市发改委、市科创委和市规土委，提出了新区2.0平方千米核心区的科学城范围，纳入我市科学城一期建设重点片区，助推新区高端科研人才快速集聚和科学研究跨越式发展。

加快石墨烯制造业创新中心建设。与市经贸信息委签署了深圳市石墨烯制造业创新中心示范基地共建协议，承担石墨烯产业上共性技术研发、产品检验检测、标准研究制定、项目孵化培育等公共服务职能。推进新区石墨烯制造业创新中心示范基地的项目引进和基地建设工作。

加大市检测院项目引进。通过主动拜访对接、一对一专项服务以及进一步提高政策吸引力等多种方式，加大力度推动由检测院建设的3个国家级中心，包括国家电动汽车产业计量中心、国家环保产品质量监督检验中心（广东）、国家分布式光伏发电系统质量监督检验中心（广东）等重点项目尽快落户新区，提升新区科技服务业整体水平。

多条块对接各类科技资源。积极对接特建发、创新投等企业，以及市人工智能协会、市智能制造促进会、市工业总会等商协会，从用房资源、金融资源和企业资源等多方面建立联动渠道，加快优化新区科技创新生态体系。

四、科技企业服务

新区积极主动，通过企业走访、一对一辅导、召开培训会等方式，全力推进了企业技术改造工作的落实，2017年技术改造投资任务圆满完成。

在科技企业服务上，取得了两个方面的重要成绩。一是在主动开展送政策下企业活动上，新区联合办事处开展政策宣讲会，落实“1+18”系列文件等扶持政策，开展经济发展专项资金扶持三个批次，拨付资金约1.68亿元，资助项目达1104个；二是在推动品牌创建工作上，组织举办了光明新区“创品牌、促转型、强发展”专题研讨交流会暨“知识产权改变生活质量”专题讲座，作为深圳首届国际品牌周光明分会场活动，加强了企业的品牌建设意识和企业的知识产权保护能力。

五、高交会工作

围绕第十九届高交会“聚焦创新驱动 提升供给质量”的主题，携欧菲光、东盈迅达、兰度生物、喜德盛等20家高新技术企业组成“光明新区科技组团”参加展览。开幕当天在深圳会展中心玫瑰二厅举行重点科技项目签约仪式，与市经贸信息委签订市区共建深圳市石墨烯制造业创新中心示范基地战略合作协议。分别引进南方科技大学俞大鹏院士（中国科学院）、深圳大学骆静利院士（加拿大工程院）石墨烯项目中试基地落户新区。与深圳市计量质量检测研究院签订战略合作协议。并在高交会期间开展科普进社区活动2场，招商推介活动1场、新材料产业专题论坛1场和政策宣讲1场。

第十节 大鹏新区科技发展

2017年，大鹏新区围绕“三岛一区”和国际生物谷建设，加快实施创新驱动发展战略，推动科研载体建设和成果转化，促进战略性新兴产业发展——深圳国际生物谷坝光核心启动区等重点片区改造建设稳步推进，《广深科技创新走廊规划》将深圳国际生物谷列为十大核心创新平台之一，国家基因库、中国农业科学院深圳农业基因组研究所、广东海洋大学深圳研究院等创新机构日益壮大，生命科学产业园、海洋生物产业园等创新创业孵化平台加快建设，乐土沃森生命科技中心等一批重大项目落户，科技创新产业集聚效益初步形成。

一、加快科技创新驱动发展

（一）专利申请与授权

2017年，大鹏新区高新技术产业主要集中在电子信息和新能源、新材料领域，海洋、生物、生命健康产业快速发展。战略性新兴产业成为区内经济增长主引擎。2017年区内战略性新兴产业增加值占GDP比重69.2%，位于全市前列。同年专利申请量达445件，其中发明专利申请158件，实用新型专利申请量241件，外观设计专利申请量46件；专利授权量183件，其中发明专利授权30件，实用新型专利授权136件，外观设计专利授权17件。与2016年相比，专利申请量增长17.7%，专利授权量增长57.8%。PCT申请量从2016年的1件增长至20件。

（二）科技基础设施完善

2017年，大鹏新区与乐土集团签订合作协议，计划建设国际生命科技中心项目；深圳国家基因库（二期）纳入我市十大重大科技基础设施先行启动建设项目；诺贝尔生理或医学奖得主巴里·马歇尔教授团队联合深圳大学创建的马歇尔生物医学工程实验室落户大鹏新区，力争认定为“十大诺奖实验室”；中国农业科学院深圳农业基因组研究所加快建设农业部农业基因数据分析重点实验室；新区生物医药类第一个公共服务平台类项目——生命科学产业园公共技术服务平台竣工投入使用。目前，大鹏新区拥有市级以上创新载体21个，自主创新能力进一步提高。

（三）科技人才团队项目引进

2017年，大鹏新区加强与市相关部门互联互动，共享优质项目信息，与各区投资推广部门紧密合作，同时建立市、区、街道办事处联动网络招商工作平台，吸引优质项目落户。举办深圳国际生物谷坝光核心启动区战略发展研讨会、2017生物医药研发及产业全球化高峰论坛等活动达10场次，深圳国际生物谷推介活动首次走出国门，辐射范围包括北京等城市以及以色列、约旦、美国、法国等国。拟引入“DNA之父”、诺奖得主詹姆斯·沃森牵头的科研团队，推动国际生命科技中心等24个生物及生命健康领域项目落户，项目同比增长50%。坝光核心启动区储备47个意向落户项目，包括北科国际生命健康城、中航时尚大鹏新区总部基地等。

（四）高新技术企业培育

2017年，大鹏新区注重培育高新技术企业，引入专业机构——深圳市高新技术产业协会为辖区企业申请高新认定等提供咨询及辅导服务，通过宣讲高新技术产业政策，对申报企业提供一对一个性化辅导，大大提高了高新申报通过率。2017年共9家企业通过国家高新技术企业认定，总数达31家，较2016年增长19.2%。年内举办多场政策解读会和知识产权培训讲座，引导企业加强自主创新。同时，搭建参展平台推广高新企业，充分利用深圳生物展、高交会等展会平台，组织高新企业参展，创造交流合作、推广技术和产品的机会。

（五）科技研发

2017 年，大鹏新区通过科技扶持政策，对科技企业和科研机构的研发给予资金扶持，帮助科技企业提升自主创新水平。2017 年共扶持 53 个科技项目，扶持金额达 1500 多万，项目集中在科技研发和科技配套领域。

二、“智慧大鹏”建设

2017 年，大鹏新区加快推进“智慧城区”建设。在规划方面，制定了《“大鹏新区 智慧城区”总体规划 (2014—2020)》等相关顶层设计文件和《智慧大鹏建设实施方案（2017—2020）》。在工作机制方面，成立智慧大鹏建设领导小组，审议重点建设项目、流程优化等内容，推动智慧大鹏建设进程。在项目方面，“智慧旅游”建设全面启动；统筹审核信息化项目 20 余个，推进“智慧大鹏”建设项目共建共享；与深圳电信、深圳联通以及腾讯等公司分别签订《互联网 + 战略合作框架协议》，共同打造“互联网 + 旅游”“互联网 + 城市”互联网 + 产业”“互联网 + 金融”。在信息基础设施建设方面，推动基站建设的共建共享，缓解“通信难”，协调铁塔公司完成 50 个站点的规划建设，大力提升相关区域语音及数据业务承载能力。

2017 年，大鹏新区运行指挥中心完成初步设计，公共信息资源共享平台投入运行，电子政务应用支撑平台和统一门户初步建成，政务云平台和大数据中心建设有序推进，空间地理综合服务平台项目稳步推进，协同办公系统不断完善。信息安全保障全面加强，联合市经贸信息委在新区召开全市网络与信息安全突发事件应急演练，提升事件应急处置能力，着力提升技术防护能力，启动信息安全加固项目，注重日常监测和应急值守。启动新区政务光纤主干网络项目，提高政务网络运行效率。

三、科普活动

2017 年，大鹏新区科普工作围绕新区特色，成效显著。揭牌成立“大鹏新区科学馆（昆虫馆）”，为大鹏新区群众提供集知识性、科学性、趣味性、互动性、体验性于一体的科普体验。以行和知、线上和线下相结合的方式开展 2017 年科普活动——展示、挖掘、梳理和整合新区的生物、生态及自然科普旅游资源。活动开展 5 期活动，组织 5 所学校共 250 名学生及家长参加，围绕生物基因、海洋保护，地球故事、天文探秘、环保科技等系列主题科普课程，将“教室”搬到了中国农业科学院基因组研究所、深圳国家基因库、中国水产科学研究院南海所深圳试验基地、大鹏半岛国家地质公园、深圳市天文台、盐田环保电厂等科普教育基地，实现了“走出去”计划，开辟了科普微课堂等，从多维度提升了大鹏新区家庭科学文明素养。和深圳市科学技术协会共同主办了“深圳科普行——深圳大鹏半岛国家地质公园博物馆”活动，组织本市 500 名老年朋友和孩子们参观大鹏地质博物馆和游览大鹏美景，通过地球探秘展厅、大鹏半岛展厅、矿物展厅、城市与地质环境展厅及临时展厅等景点，全面体验博物馆的魅力，普及地质科学知识。

第七章
科技服务体系

第一节 科技咨询与服务机构

第二节 科技交流

第三节 科技推广

第四节 科技社会组织

第一节 科技咨询与服务机构

一、深圳市科技专家委员会

（一）机构职能

深圳市科技专家委员会（以下简称“专家委”）是深圳市人民政府于 1996 年批准成立，由深圳市具有较高科学技术水平、丰富的实践经验并具备开拓创新精神的科学技术工作者所组成的市政府的科学技术咨询评议机构。深圳市科技专家委员会办公室为专家委常设办事机构。2009 年政府机构改革前隶属深圳市科技和信息局管理，现为深圳市科学技术协会直属具有独立法人资格的，财政全额拨款的事业单位。

主要职能：接受市政府及有关部门委托，对政府中长期科学技术研究发展规划、计划制定，重大科技项目立项，重大科技成果评价提供咨询、论证和建议。对我市高新技术产业发展战略、方针、政策、法规、办法等提出咨询建议，参与政府科技资源配置的评审工作。对我市科技改革、科研机构设置、调整，科技人才引进和培养，国内外科技交流活动和开展国际合作等工作提出咨询建议。

（二）科技工作

1. 承担各类科技项目评审工作

专家委 2017 年度承担本系统专家评审任务有：2017 年度青年科技奖励、院士专家工作站、第二届深圳（国际）科技影视周深圳十大创新人物评选、推荐第十五届中国青年科技奖深圳候选人和软科学项目结题等评审；承接了深圳市龙岗区、龙华区、盐田区、大鹏新区内部分单位和市人力资源和社会保障局等专家评审任务。截至 2017 年 10 月 31 日，共组织了 33 批次评审，评审项目数为 1688 项，参加评审专家累计 657 人。专家委评审在工作中秉承认真负责和客观公正的态度，受到委托方的一致肯定。

2. 开展专家学术交流活动

2017 年专家委计划组织召开专家研讨会 4 场，专家沙龙 3 场。截至 2017 年 10 月底，已经召开了“区块链技术与应用”专家等研讨会 2 场，“图像与声音领域技术展望”等专家沙龙 2 场。邀请国家“千人计划”等专家学者近 20 名做了主题演讲，来自深圳企事业单位的 300 名专家参与了研讨，印刷会刊 1 册。

3. 软科学项目立项与验收工作

组织专家组对高级顾问牵头的《深圳创新原动力及其经验研究》课题进行结题验收。专家组一致认为该课题在深圳创新历史沿革方面做了纵向的梳理，工作调研翔实，基础材料丰富；该课题从典型企业、金融体系、政策演变等多角度论述了深圳创新源动力的表征体系，有助加深对深圳创新源动力的理解。该课题还对新时期深圳市创新驱动战略实施提出了意见和建议。

4. 增补深圳市高级科技顾问

为增强深圳市科技专家委员会的力量，根据单位推荐，报市政府审批，增补詹姆斯·沃森为深圳市高级顾问。詹姆斯·沃森（James Dewey Watson）博士为诺贝尔奖获得者、美国科学院院士，20 世纪最著名科学家之一，是当今世界上最具影响力的科学家之一。作为 DNA 双螺旋结构的发现者，沃森博士被誉为“生命科学界的爱因斯坦 ”和“DNA 之父”。目前，詹姆斯·沃森将和深圳的科研机构正开展广泛的交流与合作。

5. 专家库系统和网站升级改造

“深圳市科技专家库”始建于 2007 年，系统架构较为落后、兼容性差、系统结构不完善。专家委委托系统开发商经过两轮调研和需求分析，对专家库系统和网站进行了升级。同时，一并协助科协进行了网站进行升级改造。此外，专家委还开通微信公众号，增设对外发布信息的平台。

6. 配合市科协开展工作

协助市科协召开首届科技工作者日系列活动，组织安排部分专家参加市委书记王伟中同志主持的全市科技工作者代表座谈会，会上代表们为深圳科技事业的发展建言献策。会后，经专家委收集整理，上报部分代表建议。

市科协首次成立专门委员会，专家委协助组织并推荐了委员委员 10 余名负责决策咨询专门委员会的日常工作。

二、《深圳特区科技》杂志社

（一）概况

《深圳特区科技》杂志于 1984 年创刊，是由深圳市科学技术协会主管，经国家新闻出版署正式批准，国内外公开发行的科技期刊。每月 15 日出版面向全国发行，读者涵盖企业创始人、经营者及投资者，以报道特区科技事业成就、科技工作动态、科技成果转化等为主要内容，突出介绍港澳台及海外科技发展新进展，对促进科技传播交流合作具有重要意义。

（二）科技工作

2017 年，杂志社全年累计出版 11 期《深圳特区科技》月刊，着重阐述了战略新兴产业概貌，内容涵盖互联网、新能源、新材料、新一代信息技术以及创新人才等多个领域，全记录深圳科技产业发展的轨迹，深度报道科技创新推动产业新布局的现状。

继续承编出版发行《深圳科技年鉴》（2017 年版），汇编了深圳市全年度科技系统的重要统计数据以及权威报告，为政府部门及科研单位决策提供参考依据，是反映深圳科技事业发展变化的综合性史料文献和参考书。连续编辑出版《第 19 届中国国际高新技术成果交易会》导刊，为参展部门和单位提供权威项目信息及最新展会动态和深圳衣食住行资讯的导缆。

同期，编辑制作《深圳科协》（双月刊）、《企业科协》（季刊）、罗湖《大梧桐》等内刊，聚焦各政府部门，企、事业单位科技发展前沿资讯动态，搭建科技创新发展开拓借鉴学习与信息共享的平台。

其中，《深圳科协》（双月刊）全年共出版了 6 期，内容围绕深圳科技创新发展为中心主题，追踪深圳科协及各学会、协会、科普基地、科技行业领军企业最新动态，第一时间汇集一手科普活动资讯信息，同时关注国内各地科普政策，为关注科普工作的读者带来较全面、深度的科普新闻报道和政策解读。

《企业科协》专刊全年共出版 4 期，以深圳企业科技工作为中心主题，介绍企业科协建设方面的政策动态、深圳市企业科协的工作进展、行业领军科协企业优秀经验，以及其他地区开展此项工作的优秀典范，以供广大科技工作者参考阅读，对推动企业科协开展交流，促进科协系统各学会、协会、研究会与科技企业进行信息共享与协作具有重要影响。

2017 年杂志社承接《深圳市全民科学素质行动计划纲要实施方案（2017—2020 年）》的起草工作，前期走访调研为纲要的出台做了大量的基础工作。此外，受深圳市科协委托，全年共制作 3 期科普长廊，在市科学馆户外橱窗展示，助力科普发展，为市民提供更多的科学知识的阵地。

（三）科普活动

2017 年，杂志社组织了 23 场 “少年科普行”系列公益科普活动，逾千人次的亲子团队先后走进仙湖植物园、通明瓷爱谷、高交会、小梅沙海洋世界、东部华侨城、市兰科植物保护研究中心、红树林自然保护区、太空科技南方研究院、前海生命科学馆等科普教育基地观摩学习，向广大公众，尤其是少年儿童提供丰富多彩的周末科普之旅，通过实践以寓教于乐的方式将身边的科技置身于少年儿童的心中。

“科普进社区、进校园、进工业园区”系列活动全年共计开展 49 场，通过展览、体验、互动等形式，让社区民众切身体会科普知识在生活和学习中的运用，了解科学技术给生活带来的变化与影响，树立全民学科学、爱科学、用科学的良好风尚。活动先后走进罗湖区、福田区、南山区、宝安区、盐田区、龙华新区、光明新区共 23 个街道社区，围绕“科技引领未来”“关爱生命 热爱生活”“普及保障 智创未来”“节能减排 从我做起”的主题开展科普活动，在福田区园岭街道、罗湖区金光华广场等人流密集的地方通过展览展示、互动体验等方式向社区民众普及科学知识。其中，2017 年 5 月 26 日，“科普进社区”走进罗湖，在全国科技周以“科技让生活更精彩”为主题纪念“全国科技工作者日”的展演，将智慧罗湖网、食用油知识等内容制作成科普剧以话剧的形式第一次搬上舞台在金光华广场上表演亮相。6 月 27 日“科普进社区”活动在宝安区进行创新试点，围绕无偿献血点滴大爱、科技改变生活、循环经济与环保、城市公共安全与保障、节能减排绿色出行与照明五个主题开展系列宣传；第一次将公益与科技融为一体，通过文艺表现和访谈的形式，呼吁关注地贫儿的生长，普及无偿献血的知识，让深圳这座充满爱心的城市更加耀眼。

第二节 科技交流

一、深圳市科学馆

（一）机构职能

深圳市科学馆是由市政府投资建设的重点文化设施，也是国内最早建成的科普场馆之一，建筑面积 12000 平方米，为深圳市科学技术协会直属具有独立法人资格的财政核拨补助事业单位。深圳市科学馆主要职能是通过开展科普展览教育、科普宣传，提高市民和青少年科技素质、培养科技人才，是深圳市主要科普阵地之一。

（二）科普展教

1. 展品展项维护升级，提高科普资源质量

2017 年深圳科技馆继续推进展品维护升级工作，保障展品完好率保持在 95% 以上，思维展厅“比试脑电波”和“意念大比拼”、水展区“永动梦幻”和“流体演示”共 4 件展品得到优化升级。

在展品展项创意设计征集的基础上，深圳市科学馆新增多项展品，包括引领展区和思维展区科学与艺术展品展项以及设计与布展项目，水展区“钢琴喷泉”“水弦琴”“手摇旋涡”“海洋内波”展品等，进一步丰富了展示内容。

2. 科普进校园，增进馆校合作

2017 年深圳市科学馆流动科普累计完成科普进校园（社区）工作 10 次，包括龙岗区区属小学、深圳高级中学东校区、龙岗区南湾沙塘布学校、龙岗区庆林小学、龙岗区平安里学校、坪山高级中学等，充分利用馆内科普资源，丰富了市中小学的科学教育形式，增加了馆校合作的有益经验。

3. 完成 2018 年度新增展品展项方案创意设计征集工作

2017 年下半年，深圳市科学馆开始启动 2018 年新增展品展项方案创意设计征集，在现有展品展项的基础上，继续丰富和完善科学馆的科普展品，不断满足观众的科普需求、提高科学馆科普质量。

4. 科普志愿者工作顺利开展

2017 年，深圳市科学馆与福田中学深入合作，福田中学学生社团为深圳市科学馆提供科普志愿服务共计 300 余人次。馆校合作既为中学生提供了合理有效的社会实践岗位，也使科学馆活动内容不断增添新的活力。

（三）科普活动

1. 积极开展教研活动，继续扩大科普项目优势

深圳市科学馆积极开展教研活动，亲子实验团队自主开发“真假皇冠”“恐龙时代”实验课程，科学表演团队开发了以“液氮冰激凌”为代表的新项目，收到观众的一致赞誉。在开发新实验的基础上，推进教案建档工作，不断积累课程开发经验。

2. 增加活动场次，服务能力大幅提升

为满足观众的参观需求，科普活动部调整优化服务时段，挖掘潜力，服务能力大幅提升。周末，科学表演台的服务场次增加到每天 6 场；亲子实验室活动场次由每天 2 场增加到每天 6 场，亲子实验、创客空间、乐高项目合用场地，活动时间上下午错开排列，使场地资源得到最大限度的发挥。深圳市科学馆还新增了科普场地，将原 104 教室改造成科普场地，用于开展创客类活动，使得市科学馆的课程类活动场次最高达到每天 11 场，缓解了科普活动报名极度紧张的状况，提升了科普服务质量和观众满意度。

3. 开展大型科普活动，“将观众领进来”

国务院批准自 2017 年起将每年 5 月 30 日设立为“全国科技工作者日”，为迎接我市第一个“全国科技工作者日”，在市科协的指导下，科学馆高度重视，协调资源，举办科普活动近 30 次，并特别组织“疯狂科学魔法秀”大型活动，

受到观众朋友们的热烈欢迎。

2017 年暑期，深圳市科学馆开展为期 40 天的 “小小讲解员”活动，面向全市小学生，经过现场面试，从 50 多名报名人选中出 23 位小小讲解员，经过“礼仪培训 - 展品试讲 - 现场讲解”等一系列环节，使他们各个都成了科普小专家。小讲解员们累计进行讲解 370 余次，服务观众近 4000 人次。

9 月 16 日 “全国科普日”当天，深圳市科学馆认真组织开展了以“创新驱动发展 科学破除愚昧”为主题，形式新颖、内容丰富的科普活动。其中，开展科普表演 6 场，创客空间和亲子实验活动 3 场，3D 电影 5 场，电磁舞台表演 2 场，地震小屋 8 场和弧幕剧场 4 场，仅科普秀表演服务人次就近千人。

4. 积极开展交流活动，“让科普走出去”

深圳市科学馆于 2017 年 4 月 24 日至 26 日前往东莞科学技术博物馆参加了第五届全国科技辅导员大赛，孙逊、李采月等两位同志获得展品辅导个人赛的优秀奖；由深圳市科学馆自编、自导、自演的科普剧《光影奇案》获得科学表演赛——其他科学表演三等奖。

2017 年 6 月 26 日至 7 月 3 日，为庆祝香港回归祖国二十周年，积极响应中国科协的号召，按照《香港航天科普展览设计方案》的要求，深圳市科学馆委派 6 名同志前往香港执行航天科普主题展览讲解任务，李宇高和赵方同志被评为优秀个人。

9 月 8 日，深圳市科学馆派员前往佛山东平小学开展欢乐科普行佛山站活动，为推动全社会普及科学知识、弘扬科学精神，提高我省公民科学素养贡献力量。

（四）科普宣传

2017 年，深圳市科学馆联手深圳广电集团，在科学馆科普工作和活动宣传上广开渠道，《艺术范》栏目和《城市发现》栏目先后与深圳市科学馆合作进行宣传报道。“小小讲解员”活动和“全国科普日”期间，广电集团员工深入馆内科普一线，采集了丰富多彩的素材，在深圳移动频道和 DV 频道上宣传报道，取得了很好的社会反响。

在网站内容更新上，深圳市科学馆确定了信息专管员，采集馆内动态新闻，着重科学馆宣传报道，在“深圳市科学技术协会”和“深圳市科学馆”官方网站上及时信息更新，为公众了解科学馆、走近科学馆打开了新的窗口。

7 月，深圳市科学馆在中国数字科技馆“今日头条”平台上注册和初步运营，截至 10 月，深圳市科学馆在今日头条客户端累计推送文章和视频 23 条，阅读总量达 20000 次，随着推送数量和质量的提升，阅读量日趋上涨，“深圳市科学馆”头条号影响力逐渐增大。

微信平台上深圳市科学馆官方微信公众号关注人数突破 14000 人，且人数每天不断增加，2017 年通过微信平台推送科普动态新闻 60 余条，小小讲解员活动单次信息阅读量达到 30000。受众不断增加，科普手段不断丰富，使科学馆影响到越来越多的人，科学馆的科普水平和社会效力与日俱增。

（五）新馆建设项目推进

深圳科技馆（新馆）项目是我市“十三五”重点民生工程，2017 年被列入市政府重点工作，在科协的大力推动下，深圳科技馆（新馆）建设项目受到市领导的高度关注，先后组织召开多次会议，推进深圳科技馆（新馆）选址建设工作。11 月 17 日，市规土委正式核发了新馆项目的选址意见书和用地预审意见。深圳市科学馆将继续密切配合市科协，继续推进新馆建设项目进度。

二、深圳市科技开发交流中心

（一）机构职能

深圳市科技开发交流中心成立于 1987 年 8 月，2009 年政府机构改革前隶属深圳市科技和信息局管理，现在是深圳市科学技术协会直属具有独立法人资格的事业单位，属财政全额拨款单位。交流中心是代表深圳市最早开展国际科技交流合作的专业服务部门之一，是代表深圳市最早开展留学人员回国创业的政府服务机构，在海外及港澳台地区拥有较好的公信力和影响力。

目前，交流中心下设办公室、交流合作部、会议展览部、科技情报部 4 个部门。现机构主要职能为承担深圳市对外科技交流与合作、海外招才引智及创新创业服务、“中国深圳”科技展团海外参展、科技专业服务等工作。

（二）科技工作

1. 国际交流

承担了科技部国际合作司、中国科学技术交流中心国家资源平台“深圳站”的工作，2017 年度向深圳的企业和研究机构推介了国际合作项目 56 项。

加强与中国科学技术交流中心的纵向联系，积极推进深圳企业参与该渠道的科技交流合作项目，组织推荐深圳企业参加由科技部中国科学技术交流中心主办，在美国休斯敦举办的“中美创新与对接投资大会”。

积极参与深圳市政府等各级部门有关落实政府间国际合作协议的活动，推动企业参与国际科技组织及国际大科学计划。协助奥地利驻广州总领事馆，组织“中国—奥地利纳米科技及新材料研讨和对接洽谈会”等卓有成效的科技交流活动；与清华大学 Open FIESTA 中心共同承办 2017 联合国可持续发展全球大学生创新营（iSDG Shenzhen Assembly 2017）活动，来自哈佛大学、日内瓦大学、巴黎城市大学等 12 所海外知名大学的 20 余支项目团队参加。

2. 人才引进服务

作为深圳市人才办指定的人才工作联系点的承担单位，落实市人才办关于人才联络的各项工作: 根据市人才办要求，推荐了 12 位优秀人才作为市人才公园展示人才的人选；根据人社局要求，开展了推荐 2017 年“广东省特支计划”杰出人才人选的工作。

充分发挥深圳高层次人才联谊会秘书处的作用，完成联谊会日常工作，组织举办各种会员活动，促进高层次人才的联谊交流和跨界合作，积极开展人才的宣传推荐工作。包括：在市科协组织的优秀学会评选中，高层次人才联谊会获得了 2016 年优秀学会称号；举办深圳市高层次人才新春座谈会；组织深圳市高层次人才联谊会第一届理事会第三次会议；组织会员参加市科协与市广电集团主办的深圳市创新创业十大人物评选活动，其中陈宁、林海晖入选；组织会员参加第二届科技影视周活动、前往贵州大学开展科技交流活动暨革命传统教育培训；举办主题为“不忘初心 携手前行”的深圳高层次人才创新创业交流会，组织高层次人才进行创业拓展训练；为高层次人才创业企业与建行等金融机构进行金融合作牵线搭桥，目前已有 3 家创业企业与建行达成初步合作协议；策划设立“第十九届高交会深圳市高层次人才创新创业展”，组织约 20 家深圳优秀高层次人才企业，近 30 多个具有世界先进水平的项目参加展示和交流。

创新海智基地工作，建立引智平台。筹建中国科协海智计划广东（深圳）基地创新创业工作室，以充分发挥海智基地的引智作用，打造联系海外团体和汇聚科技创新要素的平台。截至 10 月底已完成了方案策划、施工单位征集等工作；创新海智工作模式，探索在科技园区、研究机构和创新型企业建立海智工作室，充分发挥创新要素集聚的优势，进一步推动海外人才项目在深圳落地并产业化。分别在光明留学生创业园、深港产学研合作促进会挂牌成立深圳海智基地工作站。

积极与深圳市金融人才协会、深圳市欧美同学会、麻省理工学院等海内外人才协会、科技团体及科技工作者建立常态化工作联系，在人才服务、创新创业活动组织等方面进行紧密合作。为深圳引进海外技术项目和人才、吸引海外高层次人才来深圳创新创业，推动科技和产业项目合作，提供有力保障。协助举办“海智创新论坛——超高场超导磁共振技术论坛”；举办 2017 海智活动之麻省理工明珠创业团队光明行活动；与光明新区留创园合作举办深圳科技工作者光明行暨光明新区留创园引智主题活动；协助海智专家邱启裕博士的生物医药团队及美国医学专家潘为平等一行来深考察活动。

3. 国际科技展览

受市政府委托，市科技开发交流中心以“中国深圳”科技展团名义，在 2017 年度累计组织 281 家深圳中小型科技企业赴德国、美国、英国、俄罗斯、阿联酋和北京参加了 6 场国内外知名科技展会，累计展团展出面积 3181 平方米，接待参观人数共 55000 人次。通过参展，使企业有效了解世界产品发展趋势和市场需要，进而调整优化自身产品结构，生产更多高品质和高技术产品，推动企业实现从“深圳制造”到“深圳智造”的转变，同时提升了深圳在国内外的影响力，进一步发挥了展会经济对我市优势新兴产业开拓国内外市场的促进作用。

4. 科技专业服务

协助深圳市科协开展对外科技交流等活动的组织，参与“深圳市科协六届二次全委会议”“科技影视周”等多个重大活动的组织实施。

负责全市高新技术企业、软件企业因公赴港澳证件的办理，以及市科协机关及下属事业单位因公赴港澳及出国证件的办理。严格按照市外事办有关规定执行，并及时进行自查自纠。全年受理高新技术企业及软件企业因公出境手续122批，共计181人次，新增备案企业1家，其中出国团组9批，共17人，赴港澳团组113批，共164人。

第三节 科技推广

一、深圳市技术转移促进中心

（一）机构职能

深圳市技术转移促进中心是深圳市科技创新委员会直属正处级事业单位，主要职能为技术市场提供相关服务；开展技术转移工作，贯彻落实技术转移法律法规、规划和计划，技术转移公共服务平台建设及技术转移交流与合作，为技术转移机构建设、运营提供咨询服务，开展技术转移人才培训，技术合同登记与技术市场统计分析以及国家技术转移南方中心运营工作，受委托承担国家、省、市创新创业人赛的组织实施工作及主管部门交办的其他工作。

（二）科技工作

1. 国家技术转移南方中心建设工作

（1）构建南方中心的技术交易中心

经过一年研究，目前已形成技术交易中心建设方案。随着科技成果转化三部曲、国家技术转移体系建设方案、技术转移服务规范等系列措施密集发布，我国技术转移工作已进入窗口期。为满足深圳市的产业发展需求，更好吸引国际国内科技资源，充分发挥深圳科技、产业、金融的独特优势，打造具有公信力的公益性技术交易平台，突破技术转移难题，实现技术转移规范化、规模化，进一步推动深圳经济、社会发展。

（2）筹建深圳科技创新服务大厦

为了更好推进南方中心工作，为交易中心提供物理载体，目前正在加快推进深圳科技创新服务大厦（国家技术转移南方中心）相关工作。

2. 深创赛及其他赛事组织

（1）“深创赛”报名总量、企业组、团队组报名均创新高，企业组报名同比超过 132%。

通过精准发送短信、广发宣传通知、召开推介会等多种途径宣传推广，“深创赛”报名总量、企业组、团队组报名均创新高。报名总量达到 4220 个，同比增长 65.3%。其中，企业组报名量为 2322 个，同比增长 132.9%，团队组报名量为 1898 个，同比增长 22.0%。深圳赛区推荐的项目荣获中国创新创业大赛新能源节能环保行业总决赛成长组第一名、初创组第二名，电子信息行业总决赛成长组第二名、初创组第三名，以及 6 个行业总决赛优胜奖共 22 个。

（2）承接其他各类赛事

圆满完成了第六届电子信息行业总决赛和中国创新创业大赛创客大赛。

（三）技术合同登记工作及技术转移指数研究

2017 全年共登记技术合同 9048 份，同比下降 7.92%。2017 年合同交易金额 555 亿元，其中技术交易金额为 548 亿元，同比上升 18.42%。技术合同交易金额继续居计划单列市第一位，占据广东省半壁江山。

已完成深圳市技术转移指数报告，计划在 2018 年 1 月发布。

（四）科技悬赏奖及技术转移机构备案

科技悬赏奖工作已完成研究报告。根据市领导要求，委托第三方机构开展相关研究。目前，正在针对深圳市情况修改完善方案。

新增 6 家市级技术转移机构，市级技术转移机构已达 70 家。

二、深圳会展中心管理有限责任公司

（一）机构职能

深圳会展中心管理有限责任公司（深圳市中国国际高新技术成果交易中心）主要负责承办包括中国国际高新技术成果交

易会在内的各类商业性和非商业性重要会展和品牌会展；负责深圳会展中心展馆经营管理；展览和会议的组织与经营；为展览和会议提供工程设计及施工、广告、餐饮、商务等配套服务。

每年承接并服务的各种展览逾百个，展览总面积超过300万平方米，位列全国展馆前列。其中，承办的中国国际高新技术成果交易会是中国规模最大、最具影响力的科技类展会，被誉为“中国科技第一展”。

（二）会展工作

1. 展会工作

全年在会展中心举办展览项目114场次，展览总面积达325万平方米；承办会议、餐饮项目近3000场次。

开展积极有效的营销活动，大力扶持“希望展会”，剔除低端消费类展会项目，积极引进政府重点扶持的战略新兴产业展会。同时，加强国际合作，引进先进的会展国际化管理和服务，打造会展业沟通的国际平台。

2. 服务提升

提升服务水平，确保展会配套服务业务持续增长。广告业务进一步梳理流程，倡导“界面亲和”的服务理念，提升服务质量，同时，拓展非展会广告业务渠道，增强盈利能力；会务餐饮业务方面，优化会议活动排期，加大新项目拓展，做好各类餐饮服务工作，提高餐饮服务满意度，加强对餐饮供应商的监管，确保食品卫生安全；展装业务方面，在服务意识、工程质量、安全意识提升上下功夫，同时，加强学习创新力度，设计并推广系列绿色特装展台方案，积极开展相关的对外交流与合作。

3. 高交会工作

第十九届高交会以“聚焦创新驱动 提升供给质量”为主题，展览、高端论坛、新品发布、技术交流、项目路演、创客之夜、投融资配对洽谈、海外买家采购洽谈等一系列内容精彩纷呈，名人荟萃、名企云集、新品聚会。展会总面积达12万平方米，包括中国在内近40个国家的3000多家展商、逾万个项目参展，超过80个国家和地区的海内外客商到会，观众超过50万人次，中外媒体超过250家。高交会的国际化、专业化有新的提升，国家相关部委、市委市政府、展商、观众、新闻媒体及社会各界都给予了高度评价。

此届高交会，无论是国家部委展区、省市展区、高校展区，还是外国展区，展示的成果和项目均体现了国内外科技经济发展的最新成果和较高水平，吸引了包括欧盟在内的49个外国团组参展本届高交会，专业展云集了来自美国、日本、德国、韩国、法国、瑞士、葡萄牙、芬兰等国家大批行业名企；论坛邀请了来自英国、阿根廷、芬兰、德国、新加坡、瑞典、美国、立陶宛等国的近70位中外嘉宾发表演讲，其中有外国政府主管科技经济的部长级官员、诺贝尔奖获得者、中外院士、科学家、经济学家，以及微软、谷歌、英特尔、IBM、思科、博世、空中客车、百度等跨国公司及知名企业高层等。

附件1：深圳市技术转移及服务机构发展研究分析

2017年，深圳市紧紧围绕“四个坚持、三个支撑、两个走在前列”的重要批示，不断优化有利于自主知识产权产生和转移的创新创业环境，不断完善以市场为导向的技术成果转移、扩散的长效机制，进而构建了运行高效、市场化的技术转移服务体系，技术市场发展成效斐然，有力支撑了“中国制造2025”“互联网+”、军民融合发展、“一带一路”建设等国家战略实施，为深圳推进供给侧结构性改革、实施创新驱动发展战略、构建开放型经济新体制提供了有力支撑。

一、深圳市技术转移情况

（一）深圳市技术市场年度数据

1. 技术合同成交额稳步上升。2017年，经登记的技术合同达9048份，同比略降；合同成交额555.09亿元，同比增长18.4%；其中，技术交易额548.25亿元，同比增长 19.4%; 平均单项合同成交额 605.93 万元，比去年增长 129.14 万元，同比增长 27.09%。深圳市技术合同成交额在广东省占比接近 60%，继续保持计划单列市第一位的地位。

2. 技术开发和技术转让合同占据主流。2017 年，技术开发合同登记 7210 份，占全年总合同数的 80%；合同成交额 320.78 亿元，占总合同成交额的 57.79%。技术转让合同数量 698 项，占比 7.72%；合同成交额 228.05 亿元，占总合同成交额的 41.08%。

3. 电子信息技术交易领跑战略新兴产业。电子信息领域技术交易持续保持高位增长，2017 年全年合同成交额 505.84 亿元，占总成交额的 91.1%，远超居第二位的先进制造领域（21.62 亿元，3.90%）和第三位的生物医药和医疗器械领域（12.70 亿元，2.29%）。

4. 重大技术合同占总成交额八成。2017 年，1000 万元以上的重大技术合同成交 339 项，同比增长 0.3%；技术交易额 470.40 亿元，同比增长 23.9%，占全市技术合同技术交易总额的 85.8%。平均每份重大技术合同成交额 1.39 亿元，比上年上涨了 23.54%，是全市技术合同平均成交额的 22.9 倍，全省技术合同平均成交额的 25.5 倍。

5. 企业技术交易继续保持主体地位。2017 年，企业输出 8561 项技术，合同成交额 550.35 亿元，同比增长 18.6%，分别占全市总额的 94.62% 和 99.15%。其中，内资企业输出技术 7730 项，同比微降，技术交易额 302.86 亿元，是技术输出的主力军。此外，高等院校、科研机构等事业法人技术转让数量与去年基本持平，全年共输出 402 项技术，技术交易额 3.30 亿元。其中，高等学校输出技术合同 278 项，比上年增长 4.9%，成交额 1.95 亿元，同比增长 21.3%；科研机构输出技术合同 97 项，成交额 1.28 亿元。

6. 区域数据分级明显。2017 年深圳市登记的技术合同成交金额排名前三位的区依次是：龙岗区登记合同 714 项，成交金额 236.61 亿元，占全市成交额六成以上；南山区登记合同 5296 项，占全市合同量过半，成交金额 83.14 亿元；福田区登记合同 2401 项，成交金额 24.51 亿元。排名靠后的罗湖区、宝安区、盐田区提升潜力巨大。

7. 合同成交额占 GDP 比重持续上升。2017 年深圳市实现生产总值 (GDP)22438.39 亿元，技术合同成交额占全市 GDP 的 2.47%，较 2016 年增长了 0.07 个百分点，为深圳经济增长贡献了一份力量。

8. 国际技术引进及输出数量稳步增长。2017 年，深圳市引进国外技术的数量为 387 项，同比增长了 4.31%，技术交易额 176.89 亿元，略有下降；技术合同输出到其他国家和地区 383 项，同比增长 16.41%；技术交易额自去年创新高后，稳定保持在 20 亿元附近，共流向了二十多个国家和地区，其中规模相对较大的有日本、美国、韩国、加拿大和新加坡等国家和地区。电子信息技术领域的技术交易仍占据主要地位，这表明深圳市以电子信息技术为代表的高新技术产业，具备了较强的技术竞争力，在全球价值链中的影响力正逐步显现。

9. 深圳对国内的技术输出金额大幅增长，主要集中在长三角、珠三角和环渤海地区。2017 年深圳市国内输出技术合同数达 8278 项，同比下降 9.3%，但技术交易额 351.2 亿元，同比增长 67.4%。深圳与国内其他地区交易规模较大的有上海、广东（除深圳）、北京、陕西、江苏、湖北和山东等地；与上海地区技术交易额超越与广东省的交易额，成为排名第一的地区，合同数量 451 项，技术交易额 127.97 亿元，技术交易额增幅 2049.2%。

（二）我国技术转移发展情况

2017 年，我国技术市场发展情况如下：1. 技术市场活力持续释放，技术转移规模显著提升。2017 年全国成交技术合同 36.76 万项，合同成交额 13424 亿元，同比增长 17.68%；2017 年全国技术市场合同成交额占 GDP 的比重稳步上升至 1.62%，较上年提高了 0.09 个百分点。2. 技术交易领先队列稳定，区域技术转移服务体系加速融合。2017 年技术合同登记成交额排在前 10 名省市构成不变，排名略有变动，依次为北京、湖北、广东、陕西、江苏、上海、天津、山东、四川、辽宁，登记项数和金额分别占全国的 76.23%

和 83.37%。

当前，我国已建立较为完备的技术转移管理体系，呈现以下特点：1. 政策核心由引进跟踪转向自主创新，由政府主导转向市场驱动。2. 政策重心由中央下移地方，政策主体多元化、协同化。3. 技术转移体制多层次化发展。4. 国家技术转移示范机构管理体系规范化。

2017 年，国务院于 2017 年 9 月 15 日印发了《国家技术转移体系建设方案》，国家质检总局、国家标准委于 2017 年 9 月 29 日批准发布《技术转移服务规范》国家标准。地方层面，武汉市新政表现尤为突出，出台涵盖进一步促进科技成果转化 10 条新政的《关于进一步促进科技成果转化的意见》，并且于 2017 年 8 月 14 日在全国率先组建科技成果转化局，成立院士专家顾问团。

（三）深圳市技术转移体系的差异化特征

1. 更具竞争力的政策环境。深圳加强顶层设计，结合国际科技、产业创新中心和现代化国际化创新型城市的发展定位，与时俱进出台系列推进技术转移的战略规划和政策。完成《科技创新促进条例》《技术转移条例》立法，出台《前海深港现代服务业合作区总体发展规划》，每年发布《深圳知识产权发展白皮书》，制定《深圳市促进科技成果转移转化实施方案》等，进一步优化科技成果转化与创新创业生态环境，健全科技成果转移转化体系。

2. 3+2 技术转移服务体系。深圳以高新技术产业为基础，以市场需求为导向，大力构建以知识产权服务、全球创新网络服务、新型技术转移服务的体系，同时构筑创新人才高地和科技金融体系，形成了从技术研发到产业化提供全链条的技术转移服务 3+2 体系。

3. 技术转移平台建设成效显著。实施服务机构准入制、服务对象开放制、连锁服务网络化、专业服务系列化、特色服务品牌化的“两制三化”模式。根据创新企业的需求，提供技术孵化与二次开发、技术投融资、知识产权服务、技术经纪与信息服务等“处方式”“定制式”服务。举办高交会、文博会、物博会、中国国际人才交流大会、中国（深圳）IT领袖峰会、深圳国际创客周等系列品牌展会，为技术转移搭建了国际化、市场化、专业化的交流合作平台服务。

二、深圳市技术转移机构情况

（一）深圳市技术转移机构运营成效

技术卖方机构数保持稳定，成交额显著增长。2017 年，在全市技术市场认定登记的技术合同中共有卖方机构 1288 家，比去年新增 18 家，同比上涨 1.42%。活跃的技术交易机构约九成来自企业，内资企业技术交易规模以绝对性优势居全市前列。内资企业类机构 1135 家，新增 48 家，占总登记数的 88.12%。

登记备案的技术转移机构新增 5 家。截至 2017 年末，深圳市已登记备案的技术转移机构共有 69 家，其中国家技术转移示范机构 13 家，占整个广东省的 40%。

（二）国内外转移平台发展情况

在国家顶层设计的支撑下，我国区域性的技术转移平台大量涌现。从 2013 年 9 月国家技术转移集聚区在北京成立、2014 年 11 月国家技术转移南方中心落地深圳至今，全国共成立了 11 家国家技术转移区域中心。国家技术转移区域中心发展呈现出资源集聚化、服务专业化、链接国际化、功能资本化的主要特征。

国外众多知识转移服务机构纷纷将服务互联网化，陆续出现了美国 Yet 2.com、英国技术集团 BTG、史太白技术转移中心 STC、欧洲企业网络 EEN 等大型网上技术转移服务平台。虽然近年我国科技服务业发展迅猛、规模不断壮大，但是依旧缺乏全链条、全环节的网上技术转移服务平台。

（三）深圳市技术转移机构的差异化特点

1. 现代化的组织结构。深圳市已登记备案的技术转移机构中，由独立运作的企业法人或其内设机构设立的技术转移机构最多。很多企业根据自身的生产经营需要，设立技术转移专门部门，承担企业的技术转移和推广工作。

2. 灵活的运营方式。深圳市各技术转移机构除提供技术信息搜集、筛选、加工、分析，技术咨询与评估，技术集成与运营，中间试验、工业性试验，技术转让与技术代理等服务外，还积极开展技术交流与培训、知识产权、定制研发、企业孵化、跨国技术转移、法律与诉讼等服务。

3. 专业化服务能力。深圳市的技术转移服务机构通过探索和创新服务模式，技术转移服务内容除了技术交易的基本活动，还涉及技术评估、知识产权法律、技术甄别等大量复杂性高、专业性强的技术支撑服务，为技术转移的专业性提供保证。

三、深圳市技术转移存在的问题及发展建议

（一）深圳市技术转移存在的主要问题

1. 政策实施和评价有待加强。国家层面已经形成了较为全面系统的技术转移法律法规体系，但在地方落实中会出现条文分散、针对性不强、配套性差等问题，因此地方要加快拿出具体配套实施方案、细则办法，进一步明确主管部门的权威地位、参与单位的权利义务，建立政策成效的量化机制和动态评估机制。

2. 高校院所科技成果转化体量有限。高校院所占比深圳全市技术转移市场份额很低，科技成果不能及时转化的问题十分突出。2017 年全市事业法人输出技术合同 402 项，成交额 3.29 亿元，占比不到 1%，远低于全省平均水平。

3. 国际技术输出能力有待强化。深圳市国际技术转移仍以技术吸纳为主，技术输出上处于劣势。深圳市大量的中小微企业重视短期经济效益、对技术学习和自主创新重视不足。技术转移机构缺乏独立的国际科技合作服务人员，难以对国际技术转移提供有力支撑。

4. 技术转移服务平台发展滞后。深圳市技术转移机构多是围绕本系统资源和自身业务建立自己的信息系统，系统缺乏聚合资源功能，技术转移相关专业机构参与度低，共享协作的良好机制尚未形成。

5. 高素质复合型技术转移人才缺乏。国外技术转移机构中往往汇集的多是高学历、多元化专业人才。目前，我市技术转移机构人员构成难以应对复杂的技术转移活动需求。

（二）深圳市技术转移及机构发展建议

1. 完善技术转移政策体系

加快形成促进技术转移的协同机制。在市委、市政府领导下，多部门协作配合，建立技术转移联席会议，由市科技部门负责，做好技术转移的促进、协调和服务工作，各参与部门加强协作配合，在资源配置、任务落实等方面形成促进科技成果转移转化的合力。

研究制定技术转移体系建设、服务管理等系列政策及实施细则，推动高校、科研院所和企业制定相应管理办法，依法依规促进技术转移。

深入实施知识产权战略。支持企业开发、申请、转让和许可实施专利，特别是发明专利；支持国家技术转移示范机构建立知识产权维权援助中心，尤其是推动建立知识产权涉外应对和援助机制；组建百人公益律师队伍，打造科技成果转移转化知识产权维权公益服务平台。

2. 开展科技成果转移转化示范

培育科技成果转移转化示范机构。支持在深高校、科研院所及企业建设创新载体，培育一批符合深圳产业发展需求的科技成果转移转化示范机构；支持在深高校、科研院所及企业主动吸纳、利用全球科技创新资源，建立各种国际科技合作平台、国际科技合作基地。

推进深港科技成果转移转化示范区建设。充分利用前海和 CEPA 政策，打造深港科技成果转移转化国家示范区，形成政策叠加效应和工作合力。

3. 增强技术转移主体内生动力

激发高校院所研发平台技术转移活力。支持有条件的在深高校院所建设技术转移试点，开展体制机制创新与政策先行先试，探索一批可复制、可推广的经验与模式；进一步完善高校院所年度科技成果转移转化情况报告制度。

强化企业技术转移的主体地位。支持企业与高等学校、科研院所等单位联合设立新型研发机构或技术转移机构，共同开展研究开发、成果应用与推广、标准研究与制定等，推

动新型研发机构成为技术转移生力军。在市级科技项目中明确成果转化任务，设立与科技成果转移转化直接相关的考核指标。

4. 搭建一批技术转移信息平台

建立科技成果信息汇交平台。依托国家技术转移南方中心建设区域性的科技成果信息平台，制定科技成果信息采集、加工与服务规范，加强与国际技术转移机构合作，完善科技成果信息共享机制，积极推动南方中心在粤港澳大湾区布局。

建设区域性技术交易平台。建设技术交易平台，实现线上线下技术交易，积极融入全国技术交易市场网络体系；加强技术交易数据的统计分析工作，为制定相关扶持政策提供决策依据。

建设军民融合技术转移平台。建设军民融合成果信息与推广转化平台，建设开放的军民仪器设备资源融合协同创新平台，成立军民融合促进中心，创立军民融合产业联盟。

5. 增强技术转移市场化服务功能

加快国家技术转移南方中心建设。支持与各区（新区）、其他技术转移转化服务平台联动，建设技术转移全球交易、知识产权运用、技术项目中试熟化、国际并购等服务平台网络。借鉴发达国家及国内其他省市的做法，由国家技术转移南方中心运营管理科技创新券，探索与珠三角其他城市对接，探索实现珠三角区域创新券的“通用通兑”。

大力发展技术转移服务机构。研究制定《深圳市技术转移服务机构管理办法》，建立技术转移服务机构认定、考核、分类管理机制；研究制定《深圳市技术转移服务补贴管理办法》，采用“普惠加重点”相结合的方式，充分调动社会各界开展技术转移服务的积极性。

6. 促进跨区域技术转移发展

积极形成国际国内技术转移协作网络。推动深圳技术转移机构与国际知名机构建立深度合作交流渠道，支持本市技术转移服务机构在海外设立分支机构，发起组建粤港澳大湾区技术转移服务联盟。

大力推动国际技术转移合作。推动中国科协（深圳）海外人才离岸创新创业基地建设取得实际性进展。鼓励企业通过对外直接投资、技术转让与许可等方式实施外向型技术转移。鼓励企业在海外设立研发机构、国际科技创新中心、海外孵化器。

积极构建全球权威展示交流网络。扩大现有在深知名产业展会在科技创新成果展示、发布、交易等方面的国际影响力，积极参与国际权威性专业展会。筹办中国（深圳）国际技术转移大会，汇集全球高端资源，打造具有全球影响力的技术转移区域品牌。

7. 强化技术转移人才队伍建设

壮大技术转移人才队伍。依托行业领先机构或载体，筹建技术转移学院。支持有条件的高校以多种形式开设创新创业专业及课程，培养一批复合型技术转移服务人才。探索建立高端技术转移人才评价机制。研究制定高端技术转移人才评价标准，为高端技术转移人才在生活各方面提供便利条件；在专业技术职称评聘中为参与技术转移、成果转化和产业化的技术经纪人提供一定比例的名额，畅通职业发展通道。

8. 构筑技术转移投融资服务网络

加大财政支持技术转移力度。充分财政科技专项资金等作用，积极探索多种模式，引导各类资本投向科技创新创业，推动科技成果转移转化。各类创新载体、孵化载体的资金专项中将技术转移服务作为评价指标之一。

拓宽成果转化资金市场化供给渠道。引导银行、天使投资人和创投机构加大对初创期科技企业和科技成果项目的投入。建立和完善技术成果质押融资多层次风险保障机制，鼓励融资性担保机构为中小企业技术成果质押融资提供担保服务，引导企业开展同业担保业务。

设立科技成果转化联合基金。探索部市合作新模式，推进部市共同出资成立科技成果转化联合基金。发挥市、区财政资金引导作用，探索符合条件的社会资本与联合基金共同设立及技术孵化子基金，促进产业与资本更好地融合。

附件 2：第十九届高交会优秀组织奖名单（139 个）

国家高新技术展（9 个）：

商务部、科学技术部、工业和信息化部、国家发展和改革委员会、农业部、国家知识产权局、中国科学院、中国工程院、工业和信息化部国际经济技术合作中心；

综合类展（85 个）：

广东、北京、天津、河北、黑龙江、上海、福建、江西、厦门、甘肃、山西、辽宁、吉林、大连、江苏、浙江、山东、河南、湖北、湖南、云南、新疆、澳门、青岛、四川、重庆、陕西、内蒙古、西藏、贵州、安徽、广西、海南、青海、宁夏、新疆生产建设兵团、北京大学、北京航空航天大学、北京交通大学、大连理工大学、复旦大学、华北电力大学、吉林大学、兰州大学、辽宁工程技术大学、南方科技大学、南京航空航天大学、南开大学、清华大学、厦门大学、山东大学、上海交通大学、深圳大学、深圳技术大学、天津大学、武汉大学、西安交通大学、西北工业大学、香港城市大学、香港理工大学、深圳虚拟大学园、中国地质大学、中国农业大学、深圳市高层次人才联谊会、德国巴伐利亚州政府、俄罗斯联邦教育科技部、希腊 - 中国经济委员会、立陶宛科学技术创新局、比利时王国驻广州总领事馆瓦隆地区商务处、比利时布鲁塞尔外国投资与贸易促进局、欧盟驻华代表团、英国驻广州总领事馆、阿根廷拉里奥哈省、捷克驻华大使馆、波兰驻华大使馆、日本贸易振兴机构、韩国大田市大学产学协力联合团、韩国国家信息通信产业振兴院、巴布亚新几内亚投资推广署、爱沙尼亚企业管理局、伊朗技术出口管理公司、马来西亚“一带一路”总商会、巴基斯坦信息技术部软件出口局、深圳中科创客学院有限公司、深圳市投资商会；

专业类展（32 个）：

国家信息中心、美国国际数据集团、深圳市建设科技促进中心、深圳市绿色建筑协会、深圳市住房与建设局、香港贸易发展局、深圳市水务局、台湾贸易中心、“一带一路”环境技术交流与转移中心（深圳）、瑞中企业家协会（北欧创新中心）、深圳市新材料行业协会、香港软件行业协会、深圳市福田区科技创新局、深圳市龙岗区科技创新局、深圳市龙华区科技创新局、深圳市罗湖区科技创新局、深圳市南山区科技创新局、深圳市宝安区科技创新局、深圳市大鹏新区经济服务局、深圳市光明新区经济服务局、韩国 NEXNINE 国际会议展览公司、深圳市坪山区科技创新服务署、深圳市盐田区科技创新局、台湾区电机电子工业同业公会、深圳市人工智能行业协会、深圳市智能控制技术与应用协会、深圳市航空航天协会、深圳市创明展览设计有限公司、广东省制造业协会、广东省激光行业协会、深圳市特种技术装备协会、深圳市物联网智能技术应用协会；

中国高新技术论坛（3 个）：

北京易财金咨询有限公司、深圳市吾往科技有限公司、深圳市用户至上科技有限公司；

人才高交会（10 个）：

深圳市人力资源和社会保障局、深圳市人才集团有限公司、深圳广播电影电视集团新闻中心、深圳广电集团交通广播 FM106.2、深圳市一览网络股份有限公司、富士康科技集团、比亚迪股份有限公司、HRoot、深圳市展动力人才资讯有限公司、深圳市优必选科技有限公司。

附件 3：第十九届高交会优秀展示奖名单（102 个）

国家高新技术展（共 6 个）：

商务部、科学技术部、农业部、国家知识产权局、中国科学院、工业和信息化部国际经济技术合作中心；

综合展类（共 55 个）：

江苏展团、西藏展团、北京展团、浙江展团、厦门展团、宁夏展团、内蒙古展团、甘肃展团、山东展团、大连展团、广西展团、上海展团、四川展团、吉林展团、青海展团、湖南展团、福建展团、辽宁展团、海南展团、新疆展团、河北展团、云南展团、澳门展团、广东展团、江西展团、湖北展团、河南展团、天津展团、黑龙江展团、安徽展团、青岛展团、山西展团、深圳大学、香港城市大学、西北工业大学、清华大学、上海交通大学、北京大学、香港理工大学、中国农业大学、厦门大学、大连理工大学、吉林大学、天津大学、华北电力大学、北京交通大学、兰州大学、西安交通大学、武汉大学、山东大学、深圳技术大学、南京航空航天大学、辽宁工程技术大学、南开大学、深圳市高层次人才联谊会；

专业展（共 41 个）：

国家信息中心、美国国际数据集团、英特尔（中国）有限公司、同方股份有限公司、中国广核电力股份有限公司、深圳市坪山区科技创新服务署、深圳市宝安区科技创新局、维信诺、深圳市水务局、深圳市光明新区经济服务局、香港软件行业协会有限公司、深圳市龙华区科技创新局、深圳市南山区科技创新局、深圳市水务集团有限公司、“一带一路”环境技术交流与转移中心（深圳）、中电建水环境治理技术有限公司、深圳市住房和建设局、深圳大学城管理办公室、深圳市龙岗区科技创新局、深圳市罗湖区科技创新局、深圳职业技术学院、深圳市大鹏新区经济服务局、深圳市盐田区经济促进局、海航量子智能（深圳）投资有限公司、中广核环保产业有限公司、深圳市索菱实业股份有限公司、深圳市天泉环保科技有限公司、中冶华天工程技术有限公司、深圳市福田区科技创新局、深圳奥比中光科技有限公司、苏伊士新创建有限公司、深圳市铁汉人居环境科技有限公司、韩端科技（深圳）有限公司、深圳市邦悦物联科技有限公司、深圳市云之梦科技有限公司、深圳市华鑫精工机械技术有限公司、深圳市信电科技有限公司、深圳光启梦想科技有限公司、广东省激光行业协会、深圳市创明展览设计有限公司、深圳市特种技术装备协会。

附件 4 ：第十九届高交会优秀产品奖名单（471 家）

单位	产品名称
中兴通讯股份有限公司	中兴通讯 GoldenData 大数据解决方案
南京航空航天大学	超高分辨率光矢量分析仪
苏州同玄新材料有限公司	新型气凝胶纳米节能材料
天津大学	混合式光纤传感技术及其在工程安全监测领域中的应用
深圳市铁汉人居环境科技有限公司	8901 微森林生态空气净化器
宁夏东方钽业股份有限公司	铌射频超导腔
深圳看到科技有限公司	看到科技 Obsidian（黑曜石） 3D VR 相机
深圳盛世电梯股份有限公司	永不坠落的电梯
天使智心（北京）科技有限公司	飞行员心理选拔与训练系统
同方股份有限公司	DT 时代城市大脑 - 智慧决策支持系统产品
中国科学院重庆绿色智能技术研究院	多属性动态人脸识别系统

单位	产品名称
天津大学	高端医药产品精制结晶技术的研发与产业化
先控捷联电气股份有限公司	储能式串并联双变换补偿式 UPS 产业化项目
深圳市铁汉人居环境科技有限公司	8202 微森林香薰净化器
福建兴华农林高新技术研究所	现代营林耕作技术研究《现代营林耕作法》
广东省生物资源应用研究所	柑橘黄龙病 HLB 快速检测诊断试剂盒
中远船务（启东）海洋工程有限公司	“希望”系列圆筒型超深水海洋钻探平台
武汉光谷北斗控股集团有限公司	北斗桥梁安全监测系统
天津大学	柴油机低噪声设计关键技术及应用
中科健康产业集团股份有限公司深圳分公司	中科牌番茄红素
中国水产科学研究院珠江水产研究所	海水养殖鱼类疫苗研究与产业化
桂林南药股份有限公司	青蒿琥酯系列产品
武汉大学资产经营投资管理有限责任公司	自体肝移植关键技术建立与应用
中国水产科学研究院黑龙江水产研究所	鲤优良品种选育技术
宁波越凡医疗科技有限公司	HeadaTerm 头痛贴
珠海维尔康生物科技有限公司	人工智能型高频电外科设备
中国医学科学院医学生物学研究所	肠道病毒 71 型灭活疫苗（人二倍体细胞）
上海交通大学	石墨烯及石墨烯基锂离子电池
集美大学	低致敏性系列食品开发
中国热带农业科学院海口实验站	香蕉纤维纺织品
中国水产科学研究院淡水渔业研究中心	杂交青虾“太湖 1 号”
南京航空航天大学	可多车协同运行的视觉导引全向运动 AGV
中国电信股份有限公司深圳分公司	中国电信 5G 应用
中国科学院深圳先进技术研究院	新一代高分辨率人造视网膜
北京维德维康生物技术有限公司	荧光定量快速检测系统
中国医学科学院医学生物学研究所	Sabin 株脊髓灰质炎灭活疫苗（Vero 细胞）
华北电力大学	流型调控换热器及关键技术
哈尔滨富里金生物科技有限公司	中科六号抑菌凝胶
中国科学院深圳先进技术研究院	心电监测运动衣
武汉兰丁医学高科技有限公司	Landing 宫颈癌人工智能云筛查机器人
广东沙之州能源科技有限公司	能源管理系统
方大炭素新材料科技股份有限公司	高温气冷堆炭堆内构件
深圳市信电科技有限公司	净风 400 空气净化机
深圳市中邦（集团）建设总承包有限公司	建筑工地运输车辆节能快速清洗设备
中国科学院华南植物园	双抗高产水稻新品种“植优 523”的 高产高效配套技术集成与示范
中国科学院华南植物园	兜兰的杂交育种及其种苗繁殖方法
中国水产科学研究院黑龙江水产研究所	盐碱水域鱼类综合利用开发技术研究
中国水产科学研究院黄海水产研究所	工厂化对虾高密度养殖设施工程 优化与养殖的方法
北京康力优蓝机器人科技有限公司	优友 类人型商用服务机器人
天津大学	混合驱动水下航行器关键技术与应用
航天图景（北京）科技有限公司	无人机时空大数据
浩全科技有限公司	SoldEazy 商机易
深圳市中科睿成智能科技有限公司	腾讯早教机
浙江沃科电子科技有限公司	车载卫星指挥通信机 / 卫星电视机移动接收机 / 卫星手机
中国科学院深圳先进技术研究院	AcCluster 天阙云存储
中山云景天信息技术有限公司	智能猫眼
深圳市理邦精密仪器股份有限公司	i15 血气生化分析仪
深圳巨影投资发展有限公司	工业级 4.0 全封闭式恒温 3D 打印机 Y6045PLUS
复旦大学	复旦智能服务机器人
广州极飞科技有限公司	极飞 P20 植保无人机
吉林省福斯匹克科技有限责任公司	FPX2203 高清 CMOS 图像传感器
炬芯（珠海）科技有限公司	智能陪伴机器人 SoC 解决方案 -ATS3703

单位	产品名称
深圳桑达商用机器有限公司	SC8100 自助收银系统解决方案
天水华洋电子科技股份有限公司	半导体集成电路引线框架 QFN176
西安交通大学	MEMS 耐高温压力传感器及技术
中国科学院深圳先进技术研究院	人工智能应用与金融科技
中国科学院深圳先进技术研究院	全向重型智能搬运 AGV
中兴通讯股份有限公司	中兴通讯人工智能训练平台 uSmartMind
珠海奥美健康科技有限公司	非接触式生命体征监护仪
杭州术康医疗科技有限公司	多科室手术导航机器人系统
河南龙旺钢化真空玻璃有限公司	钢化真空玻璃
中国科学院深圳先进技术研究院	超硬纳米金刚石涂层精密刀具
深圳大学	饰面型无机防火涂层
北京低碳清洁能源研究所	可控交联聚乙烯
云南昆钢石头纸环保材料有限公司	石头纸环保包装容器系列产品
云南省贵金属新材料控股集团有限公司	半导体集成电路用镍铂靶材
深圳市环源科技发展有限公司	RRS 水解碳化技术
农业部南京农业机械化研究所	智能遥控履带式高附着高穿透果园喷雾机
中国水产科学研究院南海水产研究所	网箱养殖军曹鱼加工关键技术推广
中国水产科学研究院南海水产研究所	斑节对虾“南海 1 号”新品种
南阳东仑生物光碳科技有限公司	二氧化碳捕集剂 - 光碳核肥
北京视友科技有限责任公司	Ego 冥想脑波舱
海默科技（集团）股份有限公司	水下多相流量计
北京信息科技大学	智能运载机器人
大连理工大学	X 射线实时成像与图像处理系统
东软集团股份有限公司	C4-Alfus 下一代座舱系统
兰州艾微通物联网科技有限公司	主客观相结合的精神健康测评系统
武汉精测电子技术股份有限公司	TFT-LCD 面板自动光学检测设备
小普未来科技（深圳）股份公司	超能健康马桶盖
中国科学院深圳先进技术研究院	嵌入式人工智能视觉技术
中国科学院沈阳计算技术研究所有限公司	仪器设备共享服务平台
大连华信计算机技术股份有限公司	大连华信精益物流 MES
山东山大华天软件有限公司	三维轻量化浏览器 SView
福建仙芝楼生物科技有限公司	仙芝楼牌灵芝孢子油软胶囊
深圳市无电通科技有限公司	无线动能开关
上海外高桥第三发电有限责任公司	冷凝法烟气除湿减排干烟技术
佛山水木金谷环境科技有限公司	棕榈石、生态砌块
广东省焊接技术研究所（广东省中乌研究院）	核电大型容器全位置环缝焊接关键技术开发
新疆紫晶川梭高新农业股份有限公司	免洗即食蔬菜
中国水产科学研究院淡水渔业研究中心	吉富罗非鱼“中威 1 号”
中国水产科学研究院淡水渔业研究中心	中华绒螯蟹“诺亚 1 号”
中国科学院半导体研究所	用于地壳形变观测的高精度光纤钻孔应变仪
深圳大洋特种玻璃有限公司	特种玻璃
贝尔顺（中国）科技股份有限公司	贝尔顺 GY2 骨传导运动耳机
鹰驾科技（深圳）有限公司	鹰驾 360°全景驾驶辅助系统
大连理工大学	微纳米结构喷印成型系统
树根互联技术有限公司	根云工业互联网平台
温州墨熵微电子有限公司	电梯物联设备与云平台系统
中国电信股份有限公司深圳分公司	中国电信金融大数据风控管理平台
中国科学院深圳先进技术研究院	NxCells 下一代微集群
中兴通讯股份有限公司	中兴通讯三合一智会一体机 TCS310
广东斯特林医疗器械有限责任公司	数字化手术纱布及其监测工作站
河北华北柴油机有限责任公司	防爆柴油机

单位	产品名称
广州奥克林餐厨降解设备有限公司	奥克林餐厨垃圾降解设备
东岚高科（青岛）有限公司	海藻绵制品
浙江优众新材料科技有限公司	4 英寸图形化蓝宝石衬底
广东省石油与精细化工研究院	高性能热塑性动态硫化橡胶的研发及产业化
广东省石油与精细化工研究院	序批式中恒温厌氧 + 微生物强化 装置组合式处理技术
深圳市水务（集团）有限公司	一站式可移动污泥脱水集成装置
中国热带农业科学院南亚热带作物研究所	南亚 12 号澳洲坚果
中国热带农业科学院椰子研究所	椰子新品种及其配套技术的推广利用
东莞市红火安全科技有限公司	恒速式缓降器系列、链式群体逃生器、 电梯防坠保护器、火灾救生舱
深圳光启梦想科技有限公司	旅行者号
深圳光启梦想科技有限公司	光启马丁飞行包
一飞智控（天津）科技有限公司	“乘”系列无人直升机平台
中领世能（天津）科技有限公司	电安堡——智能集成电力安全装置
北京智能车联产业创新中心有限公司	智能汽车与智慧交通示范区解决方案及 v2x 系统
广东为辰信息科技有限公司	车联网安全系统
深圳市中驱电机有限公司	低转速高力矩直驱式轮毂电机
苏州思必驰信息科技有限公司	思必驰 DUI 开放平台
同方股份有限公司	UOS 4.0 新一代全栈式 OpenStack 开源云平台
新疆讯飞丝路声谷信息科技有限公司	晓译汉维翻译智能终端
中国科学院深圳先进技术研究院	分布式网络能源信息安全系统
珠海市联电科技有限公司	基于 RFID 技术的移动通信室分监控系统
长春市罡恒电子有限责任公司	电脑仿生治疗仪
珠海联邦制药股份有限公司	甘精胰岛素原料及其制剂
宁夏康亚药业股份有限公司	美洛昔康滴眼液
北京进化者机器人科技有限公司	服务型机器人小胖
山西大同大学	机掘巷道新型自移式超前支架
汕头市中冠机械有限公司	全自动伺服调速充填封口包装机
上海极清慧视科技有限公司	极清无损影像智能摄影机
深圳市三盛环保科技有限公司	有机垃圾处理设备及产品
中国科学院深圳先进技术研究院	废旧锂离子电池回收及资源化处理
中国科学院深圳先进技术研究院	环保型高效低成本铝 - 石墨双离子电池
中国科学院深圳先进技术研究院	无氰镀金导电金球
中国科学院深圳先进技术研究院	可见近红外宽波段响应新型探测器
中国科学院深圳先进技术研究院	纳米铜导电油墨
深圳市康风环境科技发展有限公司	AOP-KF · 固体碱生物洁净技术在手术室中的应用
华北电力大学	电站锅炉炉膛温度场声学在线监测系统
福建省建筑科学研究院	土壤固化剂
广东省石油与精细化工研究院	海生物污染控制技术
南开大学	蓖麻油基生物航空煤油
郑州宜康木业科技有限公司	一种无甲醛木材胶粘剂及其制备方法
河源富马硬质合金股份有限公司	高性能整体硬质合金锯片铣刀
北京农田管家信息技术有限公司	农业无人机共享服务平台
楚雄德尔思紫胶有限公司	改性紫胶
东莞市格铂生态科技有限公司	幸运之光智能花盆
福建兴华农林高新技术研究所	“治理滩涂互花米草与修复湿地生态研究” 及其成果产品 “滩涂米草除控剂”
深圳市水务（集团）有限公司	深水水务科技研发的污水净化装置
天津大学	农林废弃物清洁热解气化多联产关键技术与装备
西安冰果智能航空科技有限公司	Bing-30 固定翼无人机
中国科学院华南植物园	果蔬产品物流保鲜技术的规模化应用
中国热带农业科学院农产品加工研究所	辣木精粹
中国水产科学研究院珠江水产研究所	乌斑杂交鳢良种选育与健康养殖技术

单位	产品名称
深圳市农科集团有限公司	智能植物栽培墙
深圳市天益智网科技有限公司	健康管理机器人
深圳市天益智网科技有限公司	变电站巡检机器人
东莞伟景智能科技有限公司	3D 智能眼
深圳市轻准科技有限公司	察打一体武装无人机
山西阿瑞斯自动化科技有限公司	阿瑞斯 I 型便携式长航时热成像无人机
深圳市城市公共安全技术研究院有限公司	深圳市“智慧建造”智能监管平台
安道利佳智能科技（北京）股份公司	安道利佳楼道智能代步器
珠海云洲智能科技有限公司	M40 多功能无人艇
北京中航智科技有限公司	TD220 共轴双旋翼无人直升机
四川九洲电器集团有限责任公司	食品安全追溯云平台
安徽声讯信息技术有限公司	声讯语音速记本
北京升哲科技有限公司	α 物联网基站
广州川鸿电子有限公司	二维扫描模组
卡斯柯信号有限公司	地铁无人驾驶 CBTC 信号模拟演示系统
深圳爱拼信息科技有限公司	完美志愿
深圳大普微电子科技有限公司	企业级智能固态硬盘
深圳市盾盘科技有限公司	防泄密盾盘
新疆天泰电通电力发展有限公司	基于智能绝缘子配网故障定位系统
中国科学院深圳先进技术研究院	环境气象
中国科学院深圳先进技术研究院	面向网联汽车的城市级停车诱导系统平台关键技术及应用
上海交通大学	多维高分辨率数字病理扫描仪
上海交通大学	软体康复机器人手套
深圳锦帛方激光科技有限公司	极耳成型机
苏州清听声学科技有限公司	定向音响聚音宝
中国科学院深圳先进技术研究院	用于废水处理的高效硼掺杂金刚石阳极
中国科学院深圳先进技术研究院	基于铝负极的高效低成本新型电池
中国科学院深圳先进技术研究院	用于薄晶圆加工的临时键合胶材料
河南恒鑫丰安防科技有限责任公司	高防护性玻璃
大连理工大学	高交换容量、高强度离子交换膜材料和技术
宁德市星宇科技有限公司	高性能钕铁硼永磁辐射环
北京恒聚化工集团有限责任公司	风光热储一体化系统装置（W-SSG）
甘肃蓝科石化高新装备股份有限公司	蒸发结晶装置
湖北鼎龙控股股份有限公司	彩色聚合碳粉
山东大学	新型环路热管式低温太阳能海水淡化设备
中国水产科学研究院东海水产研究所	长江口重要渔业资源养护关键技术与应用
广州映博智能科技有限公司	派宝机器人 X1
重庆信科设计有限公司西藏分公司	人脸视频大数据分析系统
深圳市华阳新材料科技有限公司	螺旋喷嘴
即购科技（深圳）有限公司	JIGO 人脸识别精准线下场景广告终端
北京八亿时空信息工程有限公司	基于裸眼 3D 的虚拟旅游系统
弗徕威智能机器人科技（上海）有限公司	家庭服务机器人维拉
福建海图智能科技有限公司	海图智能小型水下机器人
广东中科南海岸车联网技术有限公司	车联网云平台复合应用体系
广州市行心信息科技有限公司	临床辅助决策支持系统
广州中国科学院沈阳自动化研究所分所	基于互联网融合的印染智能化生产系统
晋江林氏正大电子科技有限公司	骨传导耳机
深圳奥比中光科技有限公司	3D 传感器
深圳跨视界智能科技有限公司	行云 watch2 智能手表
深圳时空壶技术有限公司	WT2 翻译耳机
深圳市安亿通科技发展有限公司	大数据智能分析平台

单位	产品名称
深圳市安印科技有限公司	安印电子印章
深圳市康益恒科技有限公司	机器人智慧社区健康综合服务平台
深圳市锐视界立体显示技术有限公司	智能裸眼 3D 广告机
深圳市证通电子股份有限公司	小僮
深圳市智搜信息技术有限公司	天机智讯
深圳市卓炜视讯科技有限公司	内置安卓系统远距离激光夜视仪
深圳职业技术学院	基于电力信号计算分析的电联网监控系统
武汉依迅电子信息技术有限公司	武汉互联网 + 北斗智慧城市综合管理系统
西安荣林电子科技有限公司	油气井工况智能化测控系统 V2.0
浙江盛洋科技股份有限公司	高频高性能射频电缆项目
深圳无微华斯生物科技有限公司	基于近红外荧光纳米颗粒的超高灵敏免疫层析技术
新疆英派生物科技开发有限公司	妇康源泡腾片
深圳华迈兴微医疗科技有限公司	M2 微流控化学发光分析系统
北京推想科技有限公司	推想科技智能 X 线辅助筛查产品（AI-DR）
深圳市亚晔实业有限公司	无人值守远程多功能报警平台
深圳市大道智创科技有限公司	安保机器人“E 巡 机器警长”
广州中国科学院工业技术研究院	电池包及电池管理系统
广州市德百顺电气科技有限公司	臭氧水消毒机
中国科学院深圳先进技术研究院	反应型高导热绝缘压敏胶带材料
深圳大学	类石墨烯包覆氧化亚锰海洋防污材料
云南锡业锡材有限公司	无铅锡基焊料
香港理工大学	能够创造洁净能源和环境的石墨烯 / 碳纳米管纳米纤维
广东亚太新材料科技有限公司	新能源汽车碳纤维复合材料电池盒
新疆金风科技股份有限公司	金风科技 6 兆瓦风力发电机组
深圳市清研环境科技有限公司	RPIR 快速生化污水处理装备
广州海绵城市建设科技有限公司	无机环保海绵透水砖
东海水产研究所	水产品温和加工与冷杀菌关键技术研究与示范
集美大学	海藻多功能系列产品
中国水产科学研究院淡水渔业研究中心	福瑞鲤综合选育新技术
苏州能斯达电子科技有限公司	薄膜压力传感器
中国科学院大学	微颗粒实时在线监测仪
深圳视界信息技术有限公司	八爪鱼采集器软件
云南大红山管道有限公司	长距离固液两相流顺序输送多品级矿物新工艺
江苏华滋海洋工程有限公司	85000 立方超大型乙烷、乙烯液罐
重庆迪马工业有限责任公司	电磁对抗反制车
馥川（上海）网络科技有限公司	“环动网铁”城市交通系统
深圳市时空数码科技有限公司	全息互动
深圳市中舟智能科技有限公司	小伊机器人
宝德科技集团股份有限公司	宝德自研八路服务器 PR88000G
北京大上科技有限公司	全球第一款电子墨水显示器 Paperlike HD
北京交通大学	教育几何机器人
北京枭龙科技有限公司	Techlens T2 企业级 AR 智能眼镜
广东巨细信息科技有限公司	家庭医生签约系统
弩飞科技有限公司	安心扫
三维码（厦门）网络科技有限公司	三维码
上海旦迪通信技术有限公司	北斗 LNA 低噪放集成模块
上海市地下空间设计研究总院有限公司	工程建设全过程信息化管理
上海恬胜信息科技有限公司	团队协作工具
深圳纳德光学有限公司	GOOVIS 智能眼镜
深圳前海维度新科有限公司	灵希镜
深圳桑达商用机器有限公司	SC8100 自助收银系统

单位	产品名称
深圳市车米云图科技有限公司	车米 720°智能驾驶终端
深圳市伏茂斯科技开发有限公司	光感触摸按键
深圳市科迪文化传播有限公司	拼装编程教育机器人
深圳市女娲机器人科技有限公司	智能人形机器人“小天”
深圳市视鑫数码有限公司	USB 高清数字摄像机
深圳市宇航软件股份有限公司	MES 系统
卫保数码有限公司	智能人体监测芯片 ActivHearts
中国科学院深圳先进技术研究院	元宝智能陪护机器人
重庆光电信息研究院有限公司	小青快乐成长体验箱
西藏月王藏药科技有限公司	青稞红曲饮片
广东宝莱特医用科技股份有限公司	WF200 超声多普勒胎心仪
深圳市晶科辉电子有限公司	石墨烯加热低频痛经治疗仪
河北沃邦电力科技有限公司	WBCZ 抑制谐波式动态智能电容器
重庆中电天时精密装备技术有限公司	时栅角度传感器
华侨大学	工程机械（农机）智能控制系统产品平台
晋煤激光科技股份有限公司	iLEP 系列 3DLP 激光投影机
北京信息科技大学	微纳级半导体光电参数检测仪
北京信息科技大学	皮肤感知自主柔性变形搜救机器人
江西工程学院	工业机械臂下象棋机器人
中科院广州化学有限公司	预拌湿混建筑砂浆改性剂
深圳市博富隆新材料科技有限公司	生物基沥青混合料改性剂
中国科学院深圳先进技术研究院	一体化超高倍率双离子电池
中国电信股份有限公司北京研究院	基于人工智能的数据中心节能解决方案
华侨大学	新能源电动汽车电机控制器
北京恒聚化工集团有限责任公司	大功率垂直轴风力发电装置
柔电（武汉）科技有限公司	可弯曲的柔性电子阅读器
绍兴明透装甲材料有限责任公司	民用防弹中空玻璃
山西大同大学	光伏电场太阳能电池板清洗机器人
珠海市云筒环保科技有限公司	RS 系列积分扫码资源分类回收箱
青岛天安数码城有限公司	注塑机快速换模磁力模板
常州二维碳素科技股份有限公司	石墨烯高导电复合膜 4#
中国科学院兰州化学物理研究所	纳米贵金属催化剂
中国热带农业科学院农产品加工研究所	高良姜系列产品
中国热带农业科学院农产品加工研究所	海南名香精油产品
卒子科技（深圳）有限公司	智能花盆
深圳市意臣工业设计有限公司	SONICAM VR 全景摄像机 SONICAM VR Camera
福水智联技术有限公司	基于 NB-IoT 窄带物联网的智能远传水表
中铁第四勘察设计院集团有限公司	Ⅲ型板式无砟轨道设计建造一体化平台及轨道精调设备
北京深鉴智能科技有限公司	视频结构化及人脸识别硬件分析平台
深圳狗尾草智能科技有限公司	holoera× 琥珀虚颜
北京中安未来科技有限公司	中安电子护照阅读器
城通科技有限公司	「云端生产管理系统 (CPIS)」
东峡大通（北京）管理咨询有限公司	ofo 小黄蜂 / NFC 智能锁 / NB-IoT 物联网智能锁
福建福昕软件开发股份有限公司	福昕互联 PDF
广州钛启信息科技有限公司	图眼智能车载抬头显示辅助驾驶解决方案
广州中国科学院软件应用技术研究所	中科食安食品溯源平台
海南爱心椰雕工艺品有限公司	爱心助残智能椰雕
清华大学	基于类脑计算的系统架构和软件支撑
深圳大学	母婴康
深圳大学	基于计算机视觉的体感交互系统
深圳大学	基于物联网的妊娠健康与糖尿病监测及大数据分析平台

单位	产品名称
深圳码隆科技有限公司	ProductAI 商品识别平台
深圳曼顿科技有限公司	智慧空开
深圳纳德光学有限公司	智能眼镜 GOOVIS
深圳鳍源科技有限公司	鳍源科技 Fifish 水下机器人
深圳前海维度新科有限公司	灵智黑板
深圳赛飞百步印社科技有限公司	自助打印复印设备 - 无人文体社
深圳市宝康床垫有限公司	智能止鼾颈椎理疗枕
深圳市大愚智能技术有限公司	大力机器人
深圳市独尊科技开发有限公司	独尊校园安全系统
深圳市砝石激光雷达有限公司	蜂眼多层安全防护激光雷达
深圳市宏电技术股份有限公司	宏电智慧水利水务信息化管理系统
深圳市吉影科技有限公司	水下机器人波塞冬
深圳市佳维思科技有限公司	优奈云柜
深圳市联软科技股份有限公司	安略统一管控平台
深圳市量子视觉科技有限公司	20 目 10K3D 一体化 VR 摄影机 AURA
深圳市瑞云科技有限公司	一种提供用户进行远程渲染的装置
深圳市三方圆生物科技有限公司	三方圆食品安全智慧监管
深圳市艺者科技有限公司	“艺术者 - 版画收藏中心”版画展
深圳市游安科技有限公司	智能自动救助泳衣
深圳星行科技有限公司	无人驾驶 Level 4 解决方案
天津锋时互动科技有限公司	微动 Vdrive 车载手势识别解决方案
值得看云技术有限公司	值得看云直播摄像机豌豆摄手
中国科学院重庆绿色智能技术研究院	安检人证比对辅助终端
中国科学院深圳先进技术研究院	低温等离子体医疗设备
深圳大学	聚醚砜 / 羟基磷灰石骨骼材料研制及其产业化
深圳大学	可降解高纯镁骨科用器械
山西振东安特生物制药有限公司	胶体果胶铋胶囊
深圳前海冰寒信息科技有限公司	PEGASI 倍佳睡智能睡眠眼镜
智德益康医疗科技（深圳）有限公司	互联网 + 智慧病房系统
深圳市中科电工科技有限公司	防水防触电安全插座
中国科学院深圳先进技术研究院	超薄导热 PI 胶带
深圳大学	热解熔析对废 PCB 和漆包线综合回收技术
集美大学	硅冶炼炉余能回收工艺及其装置
上海大学	三维石墨烯基碳材料
广东亚太新材料科技有限公司	碳纤维复合材料引擎盖
兰州科天投资控股股份有限公司	水性板材
卒子科技（深圳）有限公司	智能种菜机
深圳市农科集团有限公司	雁吹雪 3 号铁皮石斛
深圳市科卫泰实业发展有限公司	反制器
中国热带农业科学院热带生物技术研究所	海南沉香香水
北京旷视科技有限公司	旷视科技安防天眼系统
西北工业大学	“浮云鼎”对转升力风扇飞行平台
深圳市拉斐尔光学有限公司	梵・卡罗负离子眼镜
广州中国科学院沈阳自动化研究所分所	船舶设备智能管理系统
国云科技股份有限公司	G-Cloud 云操作系统
江门市共升教育科技有限公司	互动课堂 v3.0
青岛萨纳斯智能科技股份有限公司	大数据自动化部署和监控产品
山西大同大学	全地形六足侦察机器人
深圳大学	基于 WiFi 的室内智能安防技术及系统
深圳市翠园科技有限公司	小 Q 花盆
深圳市嘉利信息技术有限公司	早教机器人

单位	产品名称
深圳市金鑫网科技有限公司	智能净水物联网解决方案
深圳市联程共享电动汽车租赁有限公司	互联网 + 新能源汽车（分时共享出行服务）
深圳市量子引擎科技有限公司	VR 轨道交通培训
深圳市迈圈信息技术有限公司	车载多功能刷卡机
深圳市三方圆生物科技有限公司	多参数食品安全快速检测分析仪
深圳市山龙智控有限公司	驱控一体机 CD6040
深圳市数泽科技有限公司	三维重建与手术导航系统
深圳大学	高分辨率多通道环扫型消化道超声内窥镜
西藏班公湖藏药材开发有限责任公司	西藏草本牙膏
华侨大学	多靶点小分子抗癌新药 TW9183 的开发及其关键中间体的产业化
穆棱鑫明医疗器械制造有限公司	医用特种内窥镜
阿勒泰戈宝茶股份有限公司	戈宝红麻牌五味子罗布麻茶
南京航空航天大学	超长时长保温结构一体化医药冷链用保温箱
深圳市前海安测信息技术有限公司	安测中医治未病服务系统
斯坦德机器人（深圳）有限公司	Oasis 背负式机器人
西安赛锐特机电测控科技有限公司	流体壁面剪应力测试仪及相关微传感器
厦门硕擎科技有限公司	激光投影虚拟键盘 & 钢琴（Serafim Keybo 爱键盘）
深圳市航智精密技术有限公司	磁通门电流传感器
厦门市三和泰科技有限公司	人工智能物理聚合涂料制备及应用
深圳大学	一种节能高效的大型直饮水处理系统
上海电气分布式能源科技有限公司	微网运营管理系统
山西文龙中美环能科技股份有限公司	煤矿低浓度瓦斯利用技术
珠海燕通环境科技股份有限公司	辐射天花与新风技术系统
青岛华高墨烯科技股份有限公司	石墨烯电热保暖救生衣
深圳市华科创智技术有限公司	110 寸银纳米电容式触摸屏
中国热带农业科学院热带作物品种资源研究所	益智酱系列产品
深圳市农科集团有限公司	太空蝴蝶兰
深圳市农科集团有限公司	螺旋藻养殖机
深圳市天益智网科技有限公司	室内清扫机器人
深圳市天益智网科技有限公司	人形智能机器人
中国科学院大学	洛伦兹力微颗粒探测仪
深圳大学	基于混凝土的可组合式人工浮岛
北京中科寒武纪科技有限公司	寒武纪深度学习处理器
吉林大学	油页岩地下原位转化技术与工艺
深圳市意臣工业设计有限公司	球形投影仪
珠海市四维时代网络科技有限公司	指尖艺术
深圳市易晨虚拟现实技术有限公司	vDesign Home
天绘北斗信息技术江苏有限公司	防拆定位手环
深圳市非兔健康科技有限公司	云足
深圳市华星光电技术有限公司	健康护眼显示技术
大连理工大学	智能手机建筑结构安全快速诊断技术
大连理工大学	电动汽车远程监控和数据采集系统
吉林省仁和政通数码科技有限公司	仁和正通企业服务云平台
江门市寰讯信息科技有限公司	AR 绘声绘画
马克艾斯信息科技（厦门）有限公司	马克小 V(FlyPano) 手机全景 VR 取像器
南京泓众电子科技有限公司	小咔
青岛萨纳斯智能科技股份有限公司	萨纳斯智慧互联制造管控系统
深港产学研基地	基于云计算的纳米器件与电路在线模拟系统（i-MOS）
深圳大学	荔康医疗
沈阳泰科易科技有限公司	TE720 畅拍版全景相机
天津宅美智能科技有限公司	穆博宅美智能控制中心 3.0

单位	产品名称
大连海事大学	高压水射流清洗及切割技术
大连理工大学	大型复杂曲面数字化配对加工设备
广州智能装备研究院有限公司	CRC1 六轴机器人控制器
国机智能科技有限公司	基于机械臂的智能轮椅
连云港源钰金属制品有限公司	采用 3D 打印壳模之快速鋳造法
清华大学	超大规模集成电路用化学机械抛光设备
上海交通大学	云平台智能钻攻数控系统
大连理工大学	3D-BOX
深圳大学	智能维检空中机器人
维信诺	维信诺 5.99 英寸柔性 AMOLED 全面屏
香港城市大学	由结构形态转换实现的自主式沉降上浮系统
珠海格力智能装备有限公司	弹琴机器人
珠海格力智能装备有限公司	激光焊接机器人
珠海市商友智能机械研究院有限公司	全自动面膜折叠机器人
大连理工大学	3,3- 二甲基丁醇氧化制备 3,3- 二甲基丁醛技术
大连理工大学	叔丁胺及其他多支链伯胺的合成新工艺
广东鸿特精密技术（台山）有限公司	发动机油底壳
广东鸿特精密技术（台山）有限公司	发动机链条前盖
广东省焊接技术研究所（广东省中乌研究院）	高性能系列药芯焊丝
广东省石油与精细化工研究院	涂料用有机硅基材润湿剂
江苏迪泰克精密仪器有限公司	土壤重金属快速检测仪
内蒙古第一机械集团股份有限公司	北地牌车厢可卸式垃圾运输汽车
深圳市金特安科技有限公司	金特安开式环保轮胎
深圳中雅机电实业有限公司	阵列式消声器
四川蒙特新能源科技有限公司	200kw 全自动无焦油气化炉
天津晨祥丰凯新材料科技有限公司	纳米多孔碳气凝胶
天津中环电子照明科技有限公司	QD-LED 封装产品
武汉大学资产经营投资管理有限责任公司	基于印刷型传感器与互联网的智能儿童安全系统
武汉大学资产经营投资管理有限责任公司	“球宝”多功能智能捡球车
西北工业大学	欧卡小型无人环保船
张家港市先锋轮胎有限公司	轮胎涂层技术和防水材料
珠海奥释科技有限公司	星期五健身单车
佛山夸克兄弟科技有限公司	高速矢量推进水陆两栖气垫船
工业和信息化部电子第五研究所	质量可靠性整体解决方案
广东科创航天科技有限公司	基于微小卫星通信的物联网星座
广东省航空航天装备技术研究所	高精度手持式三维扫描仪
广州玖的数码科技有限公司	吧迪乐
吉林省东宇航空技术有限公司	多用途载人直升机和多用途固定翼飞机
江西科骏实业有限公司	zSpace-VR 虚拟仿真教育平台
苏州绿的谐波传动科技有限公司	精密谐波减速器
珠海大象磨料磨具有限公司	创新工具 - 施米德金属切割锯片
农业部南京农业机械化研究所	2BQT-400 气力式通用精密育苗播种流水线
农业部南京农业机械化研究所	智能化变量施肥播种技术与装备
深圳裕策生物科技有限公司	肿瘤免疫治疗基因检测产品
中国科学院深圳先进技术研究院	细胞冷冻预处理自动机
农业部南京农业机械化研究所	丘陵用步行型多功能甘薯藤蔓粉碎还田机
山西大同大学	煤矿井下炮眼快速封堵技术及环保型堵塞材料研究
中国科学院深圳先进技术研究院	黑蒜酵素
山西省水利水电科学研究院	天地一体化水利大数据仿真平台
华诺森（武汉）生物医药技术有限公司	最新型硅水凝胶隐形眼镜矫正片和美瞳
南京航空航天大学	SLM 成形设备
中国电信股份有限公司深圳分公司	1-DATA 智能管理平台

第四节 科技社会组织

一、民办非企业名录

序号	名称	联系人
1	深圳市因特二网数码研究所	颜政
2	深圳市天然源药物研究所	潘晓明
3	深圳市戈兰德国际企业战略研究所	俞军海
4	深圳市中科微量元素生物工程研究所	聂存良
5	深圳市武大金球中药现代化工程技术研究中心	朱寿会
6	深圳市岩龙肿瘤防治研究所	李岩
7	深圳市志中医药研究所	左志中
8	深圳市现代中医药创新疗法研究所	王安
9	深圳市世盟针灸推拿研究所	骆仲达
10	深圳市赛博微量元素生物工程研究所	张红梅
11	深圳市南方民营科技研究院	周万雄
12	深圳市灵通心理科学研究所	吴昌红
13	深圳陕科产学研中心	徐志仁
14	深圳华南智能卡工程技术研发中心	高晶
15	深圳市达美施肝病研究所	应天明
16	深圳市先进智能技术研究所	冯展
17	深圳市诚信信息工程研究院	唐尖兵
18	深圳市多米分微生物研究所	张德宝
19	深圳市北科细胞工程研究所	胡祥
20	深圳市化合物半导体工程技术研究院	马宏
21	深圳市永兴元保险发展服务中心	颜红
22	深圳市阳光通教育技术研究中心	余文胜
23	深圳金岸产业创新研究所	代明
24	深圳市欧恩光电技术研究所	郑国恩
25	深圳市立华中医前列腺病研究所	杨立华

续表

序号	名称	联系人
26	深圳市普罗超声生物医学研究所	万振华
27	深圳市创捷数字视频研究所	黄育存
28	深圳市全人思维与心理发展研究所	刘英琦
29	深圳市华中师大文化产业研究院	马敏
30	深圳市北科区域发展研究院	郑顺平
31	深圳市中元品牌价值研究中心	方永灼
32	深圳市湘雅生物医药研究院	谭孟群
33	深圳市怡化金融智能研究院	黄益民
34	深圳自律量化管理研究院	印友海
35	深圳市研创建筑科技研究中心	李道炎
36	深圳市民科科技咨询中心	章霖
37	深圳市兰大管理科学研究院	周绪红
38	深圳市科仙生物能源研究所	张炳泉
39	深圳市中和亚健康研究所	谢天成
40	深圳市学之友全脑教育研究院	徐凤霞
41	深圳市大众健康发展研究院	由其尧
42	深圳市名囊科技转化研究所	路丽芳
43	深圳市百绿生物染色体杂交研究所	朱培坤
44	深圳市鼎诚技术经济评价中心	陈淦林
45	深圳市君融财富管理研究院	毛丹平
46	深圳市恒信教育科学研究所	朱雁群
47	深圳五洲龙新能源汽车研究所	邓先泉
48	深圳艾泰克公共绩效与信息化研究所	张健
49	深圳市卓越质量管理研究院	沈斌
50	深圳市高协高技术产业化促进中心	王丽

续表

序号	名称	联系人
51	深圳市富盛微量元素研究所	翁坤荣
52	深圳市泛珠三角创新技术发展研究院	邓耀庆
53	深圳中新英语简易音标电子化研究所	白云峰
54	深圳华南专家成果开发研究所	刘春江
55	深圳市全程心理卫生研究所	叶伟泽
56	深圳市高登微电子数字技术研究院	魏晓林
57	深圳市科协学会服务中心	张囡囡
58	深圳市中康应用心理学研究所	易红春
59	深圳市爱心残疾人辅具用品研发中心	吴忠柱
60	深圳市乾坤公共安全研究院	杨金才
61	深圳市环境友好金属材料工程技术研究开发中心	刘沙
62	深圳市博大智能技术研究所	苏华
63	深圳市国科信息工程研究院	罗牧之
64	深圳市沃华石油化学添加剂应用技术研究所	黄勇
65	深圳市金科律科技服务中心	胡维光
66	深圳中财华路财经研究院	金文明
67	深圳市贝尔信智能技术研究所	郑长春
68	深圳市卓成混凝土模块研究所	朱朝晖
69	深圳市国信卓越绩效研究院	曲辛田
70	深圳市中鹏智创新管理研究院	成海清
71	深圳市都会城市研究院	高海燕
72	深圳市中绿生态科技研究所	黄文良
73	深圳市中博生物农业发展研究中心	任路
74	深圳市桂章类风湿骨质增生脊柱炎研究所	邓耀庆
75	深圳迈克威自动化研究所	文阳洋
76	深圳市东方半导体能源技术研究所	—
77	深圳市天力克生物工程研究所	黄瑶雄
78	深圳市湘雅抗衰老生命科学研究所	谭孟群
79	深圳市中环能节能减排促进中心	钟如仕
80	深圳关区物料损耗科学研究所	廖用铁

续表

序号	名称	联系人
81	深圳市绿创人居环境促进中心	钟如仕
82	深圳光启软科学研究院	刘若鹏
83	深圳市科联专家服务中心	林佩新
84	深圳市开源互联网安全研究中心	万振华
85	深圳西利标识研究院	张西利
86	深圳市无尘洁净技术应用设计研究院	姚光普
87	深圳市社普远程技术研究发展中心	刘甸
88	深圳市日理江澍传感材料科学与工程研究院	江澍
89	深圳市观筑建筑发展交流中心	赵星
90	深圳市凯比特生物资源与环境研究所	黄定波
91	深圳市立信考试技术研究中心	朱雁群
92	深圳市中信华威建筑废弃物综合利用研究所	杨正松
93	深圳市铁汉生态环境研究院	张琼
94	深圳市先进质量管理技术研究院	刘名概
95	深圳深循节能减排促进中心	朱志华
96	深圳市风华新材料应用工程研究所	杨会岭
97	深圳市华天生物能源研究院	吴峰
98	深圳市科学技术普及推广中心	王玲
99	深圳市紫荆博商管理科学研究所	曾任伟
100	深圳市中昆生物研究院	莫晖
101	深圳市两宜史丰收速算法研究推广中心	史丰宝
102	深圳市深中科学思维研究院	魏尚平
103	深圳市欧纺服装研究院	周世康
104	深圳市中联信智能信息系统安全与绩效评估研究院	潘国瑞
105	深圳市格兰德温度和微粒研究所	冯星民
106	深圳市三航工业技术研究所	杨金铭
107	深圳市中美康士粒细胞研究所	李晓祥
108	深圳市安科安全生产科学研究所	叶波
109	深圳市新星铝镁钛轻合金研究院	周志
110	深圳市深大华之粹油料植物研究院	廖伟良

续表

序号	名称	联系人
111	深圳市土木再生城乡营造研究所	黄伟文
112	深圳市达科格位数论代数运算系统研究所	温建华
113	明德创新企业成长研究中心	李序蒙
114	深圳市智通国际科技创新研究中心	康哲
115	深圳市阿西莫夫智能信息技术研究所	任晓坚
116	深圳市华强电子产业研究所	郑毅
117	深圳市帝企鹅南北极科普交流中心	王相益
118	深圳市国创新能源研究院	孙业帅
119	深圳市科中大高分子材料研究所	张少高
120	深圳市诺威电器电子产品及元器件研究所	张贵生
121	深圳市华测标准物质研究院	王在彬
122	深圳市华讯方舟通信技术研究院	吴光胜
123	深圳市天地智能交通研究院	邓文杰
124	深圳市基准精密技术研究院	李军旗
125	深圳市生命谷生命科学研究院	刘牧龙
126	深圳市光泰产业计量工程研究院	朱崇全
127	深圳市韩合集成电路研究院	康哲
128	深圳市深高发展教育研究院	陈力鹏
129	深圳市亮睛视觉研究所	贺极苍
130	深圳市中科考试测评技术研究所	贾一男
131	深圳市尚龙数学技术与交叉学科产业化研发中心	李毅
132	深圳市真和丽生态环境科技研发中心	—
133	深圳市赛欣瑞科技创新中心	温暖玲
134	深圳市中经南方企业管理研究院	陈寿
135	深圳市嘉鹏道路材料再生研发中心	戴天宇
136	深圳市华商企业创新发展研究院	姜军
137	深圳市大深生物医学工程转化研究院	王丽华
138	深圳市心安医学通讯技术研究所	贾乃仁
139	深圳市现代创新发展研究院	喻杉
140	深圳市华大基因研究中心	徐讯

续表

序号	名称	联系人
141	深圳市必科信新能源应用科技研究院	宗卫斌
142	深圳市国际低碳发展研究院	李贵才
143	深圳市自由自在儿童发展研究所	周红梅
144	深圳市为德实验动物科技服务中心	王洪军
145	深圳市国研翡翠研究院	肖猷波
146	深圳市安和城市风险管理研究院	陈小姐
147	深圳市宏略创新管理研究院	刘敏婷
148	深圳市优型科技创新研究院	周攀峰
149	深圳市微米有机垃圾资源化利用服务中心	梅志鹏
150	深圳市公共防伪技术与物联网应用研究院	高雅菲

二、社会团体

序号	学会名称	联系人
1	深圳市地理学会	郭芳英
2	深圳市分析测试协会	刘 雅
3	深圳市光学学会	杨 强
4	深圳市兰花协会	李利强
5	深圳市环境科学学会	轩红杰
6	深圳市园林学会	李 婵
7	深圳市生态学会	陈汉辉
8	深圳化学化工学会	韩战锋
9	深圳市潜能开发研究会	罗宝玲
10	深圳市气象减灾学会	钟文娟
11	深圳市地质学会	周辛南
12	深圳市食品科学技术学会	张永红
13	深圳市数学学会	邹 娟
14	深圳市电脑学会	白鉴聪
15	深圳市水产学会	杨小立
16	深圳市机械工程学会	杜建铭
17	深圳市计算机用户协会	李蓟宁

续表

序号	学会名称	联系人
18	深圳市电子学会	张 玲
19	深圳市真空学会	李颖贞
20	深圳光机电一体化促进会	邓老师
21	深圳自动化学会	刘 佳
22	深圳市制冷学会	徐国栋
23	深圳市电气节能研究会	靳 颖
24	深圳市纺织工程学会	吴 兵
25	深圳市仪器仪表学会	刘亚琴
26	深圳现代生物技术学会	王玉清
27	深圳市太阳能学会	熊若彤
28	深圳市土木建筑学会	刘福义
29	深圳造船工程学会	黄泽慧
30	深圳市嵌入式系统与单片机技术学会	牟俊杰
31	深圳市照明学会	彭 杰
32	深圳市通信学会	李银松
33	深圳信息软件协会	何丽丽
34	深圳市电机工程学会	陈 晨
35	深圳市模具技术协会	刘成洋
36	深圳市中医药学会	李忠新
37	深圳市药学会	马瑞琴
38	深圳市针灸学会	皮 敏
39	深圳市抗癌协会	王 正
40	深圳市营养学会	宋金萍
41	深圳市抗衰老研究会	罗文堂
42	深圳市生物医学工程学会	柳 飞
43	深圳市心理卫生协会	贺芳莲
44	深圳市自闭症研究会	唐 莒
45	深圳市微量元素研究会	罗叶帝奎
46	深圳市体育科学学会	丁晓云
47	深圳市保健科技学会	梁凯林

续表

序号	学会名称	联系人
48	深圳市品牌学会	郑少波
49	深圳市记忆研究会	王 鉴
50	深圳市信息无障碍研究会	黄飞鸿
51	深圳市技术经济与管理现代化研究会	穆苔莉
52	深圳市发明家协会	韩思远
53	深圳市室内设计师协会	曾醒辉
54	深圳市青少年科技教育协会	刘 波
55	深圳图书情报学会	王 洋
56	深圳市设计联合会	张天军
57	深圳市安全生产科学技术学会	范 俊
58	深圳市科普志愿者协会	王洁琼
59	深圳市印刷技术学会	黄秋平
60	深圳市创新型城市促进会	杨均丽
61	深圳市烟草学会	邓薇娜
62	深圳市老年科技工作者协会	张秋惠
63	深圳市慢性病防治研究会	袁 芹
64	深圳市科技文化研究会	李嫦娟
65	深圳市工程师联合会	黎安琪
66	深港科技合作促进会	邓小昆
67	深圳市平衡医学研究会	马泽健
68	深圳市科技专家协会	刘 丹
69	深圳市 CIO 协会	陈吉俭
70	深圳市绿色低碳科技促进会	尹 武
71	深圳市铁路技术研究会	裘友学
72	深圳市可持续发展研究会	麦 珉
73	深圳市视光学会	杨浩江
74	深圳市低碳经济研究会	徐朝霞
75	深圳市涂料技术学会	李 阳
76	深圳市智能化学会	石锡铭
77	深圳市青少年科学发展促进会	赵小明

续表

序号	学会名称	联系人
78	深圳市移动互联网促进会	全 华
79	深圳市初等数学研究会	杨老师
80	深圳市营养师协会	彭子睿
81	深圳市高层次人才联谊会	程作君
82	深圳市流行创新官协会	沈 婷
83	深圳市企业创新发展促进会	张啸林
84	深圳市军民融合发展协会	曾 峰
85	深圳市心理咨询师学会	牛万春
86	深圳市老年保健协会	胡新天
87	深圳市海洋学会	刘志萍
88	深圳市航空航天人才协会	林晓锐
89	深圳市创客协会	马雪芹
90	深圳市千人专家联合会	曹 慧
91	深圳市专家人才联合会	郭清蓝
92	深圳市脑健康科学研究会	江安宁
93	深圳市教育科学发展促进会	徐建山
94	深圳市数学科普学会	罗振华

三、深圳市院士（专家）工作站

序号	建站单位
1	深圳华大海洋科技有限公司
2	深圳雅鑫建筑钢结构工程有限公司
3	中集海洋工程有限公司
4	深圳市鹰眼在线电子科技有限公司
5	深圳市航天食品分析测试中心有限公司
6	深圳市创鑫激光股份有限公司
7	深圳市创世纪机械有限公司
8	深圳高速工程顾问有限公司
9	中科遥感（深圳）卫星应用创新研究院有限公司
10	华讯方舟科技有限公司

续表

序号	建站单位
11	深圳亦诺微医药科技有限公司
12	深圳华润九新药业有限公司
13	深圳市科创数字显示技术有限公司
14	深圳市市政设计研究院有限公司
15	深圳市建筑设计研究总院有限公司
16	深圳市金新农科技股份有限公司
17	深圳诺普信农化股份有限公司
18	研祥智能科技股份有限公司
19	深圳百乐宝生物农业科技有限公司
20	深圳市尚维高科有限公司
21	深圳怡丰自动化科技有限公司
22	深圳市卫光生物制品股份有限公司
23	旗瀚科技有限公司
24	深圳市城市交通规划设计研究中心有限公司
25	深圳中科飞测科技有限公司
26	深圳微健康基因科技有限公司
27	深圳市特发信息股份有限公司
28	深圳爱湾医学检验实验室
29	深信服科技股份有限公司
30	深圳市裕同包装科技股份有限公司
31	深水海纳水务集团股份有限公司
32	深圳新阳蓝光能源科技股份有限公司
33	深圳航天智慧城市系统技术研究院有限公司
34	深圳华意隆电气股份有限公司

四、企业科协名录

序号	企业科协名称
1	研祥智能科技股份有限公司
2	深圳市水务（集团）有限公司
3	深圳达实智能股份有限公司

续表

序号	企业科协名称
4	深圳奥特迅电力设备股份有限公司
5	深圳市嘉达高科产业发展有限公司
6	深圳广田装饰集团股份有限公司
7	深圳市海川实业股份有限公司
8	深圳市联创科技集团有限公司
9	深圳市航盛电子股份有限公司
10	深圳大明世纪集团有限公司
11	深圳市中深装建设集团有限公司
12	深圳华远微电科技有限公司
13	麦格雷博电子（深圳）有限公司
14	深圳普迈仕精密制造技术开发有限公司
15	深圳市奥拓电子股份有限公司
16	深圳市弘南科通信设备有限公司
17	深圳市南山区百旺学校
18	深圳实验承翰学校
19	深圳市安普康科技有限公司
20	深圳市科荣软件有限公司
21	深圳市龙吉顺实业发展有限公司
22	深圳市坪山新区阳光小学
23	深圳市龙岗区名星学校
24	深圳市坪山新区秀新学校
25	深圳市龙科源水产养殖有限公司
26	深圳市创显光电有限公司
27	深圳市东汇精密机电有限公司
28	深圳市振华兴科技有限公司
29	深圳市雅歌投资有限公司
30	深圳市科达利实业股份有限公司
31	深圳市蓝蓝科技有限公司
32	慧锐通智能科技有限公司
33	深圳市锦雅电子数码科技有限公司

续表

序号	企业科协名称
34	深圳市南航电子工业有限公司
35	好优投科技（深圳）有限公司
36	中建钢构有限公司
37	惠科电子（深圳）有限公司
38	深圳中科金证科技有限公司
39	深圳市艾宇森自动化技术有限公司
40	深圳市亚哲科技有限公司
41	深圳御泽天投资有限公司
42	深圳市日联科技有限公司
43	深圳市永兴元科技有限公司
44	深圳市路远自动化设备有限公司
45	深圳市东方风光新能源技术有限公司
46	深圳市金证科技股份有限公司
47	深圳市正东源科技有限公司
48	中兴通讯股份有限公司
49	深圳产学研科技服务有限公司
50	深圳市莎朗照明有限公司
51	深圳市金泰克半导体有限公司
52	深圳市康时源科技有限公司
53	深圳市博升通信有限公司
54	深圳市志凌伟业技术股份有限公司
55	深圳市福浪电子有限公司
56	深圳市海芝通电子股份有限公司
57	深圳市领亚电子有限公司
58	深圳市春旺环保科技股份有限公司
59	深圳市升达康科技有限公司
60	深圳市桑山电子有限公司
61	深圳市慧明眼镜有限公司
62	深圳市中科电工科技有限公司
63	深圳人因工程技术研究院

续表

序号	企业科协名称
64	摩比天线技术（深圳）有限公司
65	深圳市伞友咖啡创业服务平台
66	深圳麦亚信科技股份有限公司
67	深圳新阳蓝光能源科技股份有限公司
68	深南电路有限公司
69	宏伟建设工程股份有限公司
70	深圳市恒泰互联有限公司
71	深圳市松柏实业发展有限公司
72	深圳前海启能科技创新服务有限公司
73	深圳市金蜜蜂科技有限公司
74	深圳市雷铭科技发展有限公司
75	深圳市鼎煜信息技术有限公司
76	深圳海天雄电子有限公司
77	深圳市古安泰自动化技术有限公司
78	深圳市三鼎光电科技有限公司
79	深圳市中戈科技有限公司
80	深圳市蓝盾数码技术发展有限公司
81	深圳市宝鹰建设集团股份有限公司
82	深圳市鑫宇环检测有限公司
83	深圳市领航通移动视讯有限公司
84	深圳市兴源智能仪表股份有限公司
85	深圳市鸿湨高科产业发展有限公司
86	深圳市天鼎微波科技有限公司
87	深圳市超视科技有限公司
88	深圳市博通智能技术有限公司
89	深圳市龙岗区平安里学校
90	深圳市浩丰股份有限公司
91	深圳市易尚展示股份有限公司
92	豪迈高新技术园

续表

序号	企业科协名称
93	深圳市中虹天意实业有限公司
94	深圳波顿集团
95	深圳市艺博堂环境艺术工程设计有限公司
96	深圳市方泰认证咨询有限公司
97	深圳市万凯荣科技有限公司
98	深圳市证通佳明光电有限公司
99	深圳市数博环球电子有限公司
100	深圳蓝盾装备科技有限公司
101	深圳市倍特力电池有限公司
102	德中堂（深圳）医药科技有限公司
103	深圳博士创新技术转移有限公司
104	深圳市希顺有机硅科技有限公司
105	深圳市金肯科技有限公司
106	深圳市鹏烽科普有限公司
107	深圳九星智能航空科技有限公司
108	深圳中科创客学院有限公司
109	深圳城市学院
110	哈尔滨工业大学深圳研究生院
111	深圳市光辉电器实业有限公司
112	深圳市倍测检测有限公司
113	深圳市猎采之家信息技术有限公司
114	深圳市世纪阳光照明有限公司
115	深圳市乐高乐教育投资发展有限公司
116	深圳市时尚易城投资发展有限公司
117	深圳市英威腾交通技术有限公司
118	华润集团
119	蓝盾西点教育文化管理（深圳）有限公司
120	深圳波士邦网络科技有限公司
121	中安国通卫星科技开发有限公司

五、深圳市软件行业协会

（一）协会概况

深圳市软件行业协会 (SSIA) 成立于 1988 年，由软件研发、销售、系统集成和信息服务、软件产业咨询、人才培训、投融资服务等领域企事业单位自愿组成，是中国软件行业协会下属地方软件行业协会。协会现有会员单位约 3500 家，2013 年被评为 5A 级行业协会，是全国成立最早、会员最多的地方软件行业协会。

（二）科技工作

1. 软件政策服务

2017 年协会共办理软件企业评估 995 家，较 2016 年增加 238 家。其中，首次评估企业 608 家，同比增长 68.4%；软件产品评估 3497 件，比 2016 年增加 461 件。

协会受市经信委委托继续承担软件和集成电路企业所得税优惠政策的第三方核查工作，全市共 493 家企业申报 2016 年度软件和集成电路企业所得税优惠政策备案，其中，464 家企业通过核查，通过率 94.2%，申报企业数较上一年度增加 83 家；涉及减免税额 32.7 亿元，较上一年度增加 11.6 亿元，增幅达 55%。

61 家企业申报国家规划布局内重点软件和集成电路设计企业优惠备案，其中，60 家企业通过核查，通过率 98.4%，申报企业数较上一年度增加 13 家；涉及减免税额 50.1 亿元，较上一年度增加了 21.9%。

软件产品增值税即征即退方面，2015、2016 和 2017 年分别退税 105 亿元、130 亿元和 135 亿元。

2. 产业统计及课题研究

2017 年深圳软件产业继续稳步发展，全年实现软件业务收入达 5966.3 亿元，同比增长 14.7%，软件业务收入规模多年居全国大中城市第二位；2017 年软件出口发展平稳，出口额 238.3 亿美元，同比增长 6.1%，多年稳居全国第一。全市软件产业利润总额达 1541.6 亿元，同比增长 21.9%，利润率（占软件收入）达 25.8%, 人均利润 25.7 万元；贡献税金总额 701.3 亿元，同比增长 15.7%，占深圳市全年税收 9.2%，人均税金总额达 11.7 万元。

研发投入进一步扩大，全市软件产业研发投入 1367.6 亿元，同比增长 11%，占软件收入的 22.9%。深圳 PCT 国际专利申请量达 20457 件，占全国申请总量 43.1%，连续 14 年居全国大中城市第一名，其中华为、中兴分别以 4024 件和 2963 件位列全球 PCT 申请量前两位。计算机软件著作权登记量 84652 件，同比增长 94.4%，占全国总量的 11.4%，占全省总量的 38.5%。

协会继续加强产业研究工作，经过大量数据分析及企业走访，已完成多项课题研究项目，如《年度软件产业分析报告》《大数据产业发展研究报告》《云计算产业发展研究报告》《移动互联网产业发展报告》等。同时协会积极配合政府相关统计调查工作，了解企业发展过程中的遇到的困难和问题以及行业发展趋势，为政府制定相关政策办法建言献策。

3. 知识产权服务

协会为企业提供软件产品测试服务及计算机软件著作权登记服务。2016 年协会共办理软件产品测试 6071 件，较 2016 年增加 1048 件；计算机软件著作权登记 4982 件，较 2016 年增加 312 件。

协会下属专利代理机构——深软翰琪，为软件企业提供国内国际专利、商标、著作权等知识产权服务。2017 年专利申请量共 525 件，其中，实用新型 172 件、发明专利 63 件、外观设计 52 件、专利保险 238 年。商标申请量共 60 件，其中，新申请 8 件、商标变更 / 转让 45 件、复审 / 异议 2 件、省著名商标 3 件、商标续展 2 件。

4. 信息系统集成评审及服务

2017 年，协会联合深圳市国测软评有限公司获得中国电子信息联合会信息系统集成资质工作办公室认定，成为深圳地区唯一信息系统集成资质评审 B 级机构，为 20 家系统集成服务企业提供评审服务。国测软评同时作为国家信息中心软件评测中心授权的业务合作伙伴，截至 2017 年年底已完成 38 个评测项目。

5. 会员服务

协会 2017 年主要开展了软件企业优惠政策宣讲和个人信息保护宣贯两个方面的培训座谈会。企业优惠政策宣讲方面，联合龙华区、福田区、南山区国税部门分别开展了研发费用加计扣除座谈会和软件产品增值税退税讲座，超过 212 家会员单位派员参加了活动；个人信息保护宣贯方面，与北京软协联合组织开展了个人信息保护评价宣贯会，包括东华软件、千方科技、网络安全联盟、软交所等企业参加了宣贯会。

6. 新技术推广服务

协会和华为联手推广华为软件开发云，华为云一站式 DevOps 平台将华为多年实践从项目开发、测试、管理到监控运维标准流程与工具以云服务的形式对外开放，帮助更多软件开发企业和从业者站在华为软件开发云的肩膀上实现转型与业务创新。为保证华为云和产业更好结合起来，协会与华为技术专家走访产业中有代表性的企业，针对不同的领域不同的业务类型打造更有针对性的开发云解决方案。

第八章
科学普及

第一节 科技活动

第二节 青少年科技教育

第一节 科技活动

2017 年自主创新大讲堂场次情况

场次	举办日期	主题	主讲嘉宾	嘉宾简介	承办单位	举办地点	规模（人次）	备注
1	2017 年 1 月 8 日	科技创新与领导力开发	杨　鹏	清华大学继续教育学院首席教练，教授，加拿大埃里克森学院认证教练，加拿大中文电台认证主持人，致力于企业管理问题的系统解决实施与领导力开发。	深圳市科技文化研究会	人民大厦三楼深圳厅	72	创新型城市
2	2017 年 2 月 18 日	未来一百年，人类将到哪里	郑永春 石兰涛	郑永春：中国科学院国家天文台科学传播中心主任、研究员，香江学者联谊会理事长，中国科普作家协会副理事长。石兰涛：深圳资深科普专家，深圳市天文学会发起人，中国自然科学学会理事。	深圳市中科思达青少年科学探索研究中心	科学馆一楼多功能厅	105	科普
3	2017 年 2 月 24 日	我国土壤污染防治现状及相关管理对策	林玉锁	环保部南京环境科学研究所土壤污染防治研究中心主任，研究员，国家环境保护土壤环境管理与污染控制重点实验室主任，环保部科技创新土壤污染防治学科首席专家，享受国务院政府特殊津贴专家，最高人民法院环境资源审判咨询专家，教育部高等教育环境科学和环境工程学科指导委员会委员，国家标准化委员会土壤质量标准技术委员会委员，土壤环境监测标准技术委员会主任。	深圳市环境监测行业协会	环境监测中心站 303 会议室	153	创新型城市
4	2017 年 2 月 24 日	智慧医疗形势下智慧医院的建设	李进保	深圳达实智能股份有限公司智慧城市首席专家，深圳智慧城市建设协会技术专家，深圳自动化学会技术专家。	深圳自动化学会	南山区学府路深圳市软件产业基地 5B 座 440 室	145	创新型城市
5	2017 年 2 月 24 日	自主创新中标准与专利的博弈	黄永衡	标准化教授级高级工程师，广东开放大学教授、桂林理工学院客座教授，中国标准化杂志社编委，广东省标准化协会副会长。	深圳市智慧安防行业协会	四川宾馆二楼芙蓉厅	152	创新型城市
6	2017 年 2 月 25 日	“健康中国 2030” 之新形势下营养健康产业的创新发展	王旭峰	首都保健营养美食学会执行会长，北京营养师俱乐部理事长，中国互联网新闻中心食品安全专业委员会委员，中国营养联盟副秘书长，北京市农业局 12316 热线首席专家，北京营养学会宣教分会委员，国家高级营养师培训师。	深圳市营养师协会	科学馆一楼多功能厅	202	创新型城市
7	2017 年 2 月 27 日	压力调适与情绪健康	李　光 孙正庚	李光：中国名医理事会常务理事，广州中医药大学针灸推拿学院特色技术培训中心主任，深云科技社团创新联盟副理事长。孙正庚：孙正光，中华传统文化师资联盟副主任，中国人民大学培训学院客座讲师，清华大学继续教育学院客座培训师。	深圳市抗衰老研究会	福田区福田会堂 3 楼多功能厅	149	创新型城市
8	2017 年 2 月 28 日	让技术融入建筑——建筑智能化设计新时代	陈建飚 耿望阳	陈建飚：广东省建筑设计研究院，教授级高级工程师、电气专业总工程师、副总工程师、国家注册电气工程师。耿望阳：华南理工大学建筑设计研究院，教授级高级工程师，副总工程师。	深圳市建筑电气与智能化协会	科学馆一楼多功能厅	185	科学技术
9	2017 年 3 月 4 日	物联网蓝海市场	刘海军 丁　浩	刘海军：深圳蜂群物联网公益基金会 CEO，“中国社会企业奖”标准制定委员会特邀专家。丁浩：路云区链网络技术有限公司 CEO，先后在华为核心网从事研发、解决方案 MKT 和一线行销工作。	深圳市物联网智能技术应用协会	科学馆一楼多功能厅	153	创新型城市

续表

场次	举办日期	主题	主讲嘉宾	嘉宾简介	承办单位	举办地点	规模（人次）	备注
10	2017 年 3 月 11 日	可持续城市及深圳低碳发展之路	韩宁旭 喻圻亮	韩宁旭：深圳大学鹏城学者特聘教授（长聘），同济大学兼职教授，广东省滨海土木工程耐久性重点实验室总学术顾问兼总学术负责。喻圻亮：深圳职业技术学院建筑设计专业主任、副教授，广东省招投标专家库专家。	深圳市中绿城节能环保促进中心	科学馆一楼多功能厅	55	创新型城市
11	2017 年 3 月 18 日	“健康中国 2030” 之 ω-3 脂肪酸的秘密	刘焕兰 宋 毅	刘焕兰：广州中医药大学教授、博士生导师，广东老干部大学客座教授。宋毅：深圳市营养师协会副会长，原外科主治医师，诚致生物开发有限公司副总裁。	深圳市营养师协会	科学馆一楼多功能厅	134	科学技术
12	2017 年 3 月 25 日	为深圳市民健康保驾护航	邹其俊 梁凯林	邹其俊：国务院特贴专家、教授、主任医师，深圳市首席健康专家，曾担任党和国家领导人保健医师，原深圳市人民医院院长。梁凯林：中国管理科学研究院研究员、中国健康管理研究院副院长、教授，国家注册高级健康管理师，深圳市民健康管理工程委员会副主委。	深圳市保健科技学会	科学馆一楼多功能厅	47	创新型城市
13	2017 年 3 月 26 日	科普兴趣的培养与科普的推动	汪志伟 谢辉廷	汪志伟：Mad Science 课程系统认证优秀教师，近 100 场科普公开课授课经验。谢辉廷：Mad Science 课程系统认证优秀教师，各大培训机构为课程研发的专业顾问，9 年从事儿童教育培训经验，亚洲青少年户外教育协会会员。	深圳市科普志愿者协会	市中心书城趣阅岛	96	科普
14	2017 年 3 月 30 日	传统中医疗法的创新应用	陈柏书 崔韶阳	陈柏书：宝安区中医药治未病中心主治医师、深圳市中医药学会外治法专业委员会秘书。崔韶阳：深圳市福田区中医院康复科主治医师，中国中医康复专业委员会委员，中国老年保健协会老年痴呆及相关疾病专业委员会委员，深圳市中西医结合疼痛委员会委员。	深圳市抗衰老研究会	龙岗区粮库一号路深粮储备库一楼多功能厅	49	创新型城市
15	2017 年 4 月 8 日	节能环保创新与绿色城市发展	侯志坚 何跃军	侯志坚：深圳职业技术学院副教授，主要从事空调系统仿真、优化控制及新型节能技术开发等领域研究。何跃军：深圳职业技术学院机电学院副教授，从事电气自动化技术领域教学与科研工作。	深圳市中绿城节能环保促进中心	科学馆一楼多功能厅	48	创新型城市
16	2017 年 4 月 15 日	人工智能应用的创新热点	王怀清	1994 年至 2011 年任教于香港城市大学，担任商学院信息系统学系教授，航贸及金融研究中心副主任，2012 年担任南方科技大学教授，兼任华中科技大学客座教授，武汉理工大学客座教授及信息学院名誉院长。美国科学基金、中国长江学者的评审专家。	深圳市企业创新发展促进会	科学馆一楼多功能厅	115	创新型城市
17	2017 年 4 月 18 日	未来智能家居发展趋势——智慧生态圈的探索	李 莉 李志罡	李莉：青岛海尔智能家电科技有限公司总经理。李志罡：教授级高级工程师，深圳市建筑电气与智能化协会副会长	深圳市建筑电气与智能化协会	罗湖区红桂大酒店 18 楼多功能厅	160	创新型城市
18	2017 年 4 月 20 日	能源与新能源汽车	孙世刚	物理化学家，厦门大学教授，中国科学院院士，国际电化学会会士，英国皇家学会会士	深圳化学化工学会	深圳市龙城高级中学	600	创新型城市
19	2017 年 4 月 22 日	智慧城市，智能防雷	熊 江 孙成群	熊江：教授级高工，中南建筑设计院有限公司电气总工，中国勘察设计协会建筑电气工程设计分会副理事长，住建部建筑电气标准化技术委员会委员。孙成群：教授级高工，北京建筑设计研究院有限公司总工，中国建筑学会电气分会副理事长。	深圳市防雷协会	科学馆一楼多功能厅	137	创新型城市

续表

场次	举办日期	主题	主讲嘉宾	嘉宾简介	承办单位	举办地点	规模（人次）	备注
20-29	2017年4月24日-2017年5月23日	放飞科技梦想—无人机科普进校园	张颂阳 张　研 陈维龙	张颂阳：原梅丽小学副校长、广东省航空联谊会会员、深圳市航空航海车辆模型运动协会理事。张研：有比较丰富的青少年无人机辅导经验，多次带队参加国内无人机比赛及飞行表演。陈维龙：无人机教练，小型遥控飞行器研发技术人员，参加过多次大型赛事并在多所学校开展青少年无人机辅导工作。	深圳市老年科技工作者协会	全市10所中小学校	531	科普
30	2017年4月28日	企业产品创新，加快转型升级	高建华	营销战略专家、教授、中国第一位首席知识官CKO，现任北京洋为中用管理咨询公司首席顾问。	深圳市质量强市促进会	罗湖区富临大酒店三楼华凤殿	152	创新型城市
31	2017年5月6日	物联网中的信息安全与隐私保护	程朝辉 樊俊锋	程朝辉：深圳奥联信息安全技术有限公司的首席技术官。樊俊锋：深圳市纽创信安科技开发有限公司CEO。	深圳市物联网智能技术应用协会	科学馆一楼多功能厅	116	创新型城市
32	2017年5月12日	卓越绩效管理创新，助推转型升级	江奇峰	博士，香港路透咨询集团公司总裁。广东省政府质量奖、深圳市市长质量奖、全国质量奖专家评委、评审组长。	深圳市质量强市促进会	罗湖区富临大酒店三楼华凤殿	126	创新型城市
33	2017年5月13日	健康中国、营养先行，全谷物、营养+	冯　雷	营养免疫学研究员（教授）、深圳市营养师协会荣誉理事长、深圳市儿童医院创院院长、深圳市健康教育科普专家团首席专家、北美微生物学会终身会员。	深圳市营养师协会	科学馆一楼多功能厅	195	创新型城市
34	2017年5月13日	气象与深圳大气环境	李　磊	正研级高工，深圳市国家气候观象台副台长，深圳市地方级高层次领军人才，现从事城市气候、大气环境等领域研究。	深圳市气象减灾学会	深圳大学城图书馆四楼413学术报告厅	106	科学技术
35	2017年5月17日	“正气存内，邪不可干”—谈都市人如何养生	陈尚杰 马　征	陈尚杰：博士生导师，南方医科大学附属深圳宝安医院康复科主任。马征：深圳市抗衰老研究会特约讲师，深圳北京同仁堂宝安店中医专家。	深圳市抗衰老研究会	宝安区海华社区星光老年之家	100	科学技术
36	2017年5月19日	现代企业信息化之路	苏广民	深圳自动化学会专家，智能制造与测控技术专业委员会秘书长，原华为公司信息中心主管、采购专家团主任、终端供应链运营主管。	深圳自动化学会	大中华国际金融中心二期东方新天地广场A栋群楼6层	46	创新型城市
37	2017年5月20日	科技创新对供应链的推动作用	仲玉凯	管理学博士，《玩具世界》专栏作家，中国玩具协会高级玩具设计师专业培训讲师。擅长于产品开发、品质管理、供应链管理。曾在全球第二大玩具公司负责产品开发工作，并在全球第一大公司沃尔玛负责技术、品牌开发、品质及供应链管理工作。	深圳市科技文化研究会	科学馆一楼多功能厅	53	创新型城市
38	2017年5月26日	节能降耗 绿色经济——磁悬浮中央空调的应用与推广	马志强	深圳国能环保节能科技有限公司高级制冷工程师，兼任河南省暖通空调冷冻节能协会热泵专家委员会副主任委员、招标评审专家、大学讲师。	深圳市电气节能研究会	罗湖区长安大酒店18楼会议室	82	科学技术
39	2017年6月3日	关注台风，感知身边的天气灾害	李晴岚	中科院深圳先进技术研究院研究员，长期从事气候和气象预报研究，参与多个省、市重点科研项目、国际气候变化项目，在台风研究方面具有扎实的理论基础和丰富的研究经验。	深圳市气象减灾学会	罗湖书城三楼活动区	100	科普

续表

场次	举办日期	主题	主讲嘉宾	嘉宾简介	承办单位	举办地点	规模（人次）	备注
40	2017年6月3日	手把手教你小儿推拿日常保健疗法	武涛 武艳	武涛：深圳市老中医协会秘书长，中级小儿推拿师，党政管理专家。武艳：高级小儿推拿师，中医世家，执业保健按摩师。中科院心理学研究院心理咨询师。哈佛莱儿童健康管家创始人。	深圳市老中医协会	科学馆一楼多功能厅	147	科学技术
41	2017年6月7日	营养与健康	任莉莉	医学硕士，中国营养保健协会理事，深圳市食品科技学会常务理事，为深圳职业技术学院食品专业营养课程负责人，中国健康教育中心、国家卫计委新闻宣传中心“中国企业健康促进行动特聘巡讲专家”。	深圳市食品科学技术学会	深圳市职业技术学院西校区德业楼107	162	科普
42	2017年6月10日	开启人类健康的“自然智能”模式	王玉雪	中社佑三儿童健康教育基金理事，北京佑三药业有限公司副总，北京佑三生物科技发展有限公司副总。	深圳市营养师协会	科学馆一楼多功能厅	138	创新型城市
43	2017年6月14日	中医科学防治教师职业病	张显惠 盛鹏杰	张显惠：主任医师，深圳市名老中医、深圳市医药科技成果评委专家。华中科技大学同济医学院主任医师、教授。盛鹏杰：副主任医师、罗湖区中医院中医康复科主任、广州中医药大学兼职副教授。	深圳市抗衰老研究会	景秀中学3楼电教室	67	科学技术
44	2017年6月17日	氢分子医学对慢性病的防控	高增坤	深圳市科力恩氢分子生物医学研究院副院长，中山大学医学应用技术研究院副院长，深圳大学医院理疗科主任，中华医学会会员。	深圳市科力恩氢分子生物医学研究院	科学馆一楼多功能厅	46	科学技术
45	2017年6月20日	创新创业规划与自我管理	张晓峰 詹益肖	张晓峰：中山大学政治社会学副教授，深圳南山博士论坛主讲嘉宾，东莞劲胜精密组件股份有限公司战略规划顾问。詹益肖：赛格创客教育副总经理，太空人教育品牌创始人，前小西儿童机器人创始人。	深圳市科普志愿者协会	深圳技师学院多媒体报告厅	129	创新型城市
46	2017年6月21日	细胞技术和生命健康	高东 王知源	高东：博士，合一康生物技术研发中心重大项目负责人，深圳市高层次专业人才后备级人才，曾在中山大学肿瘤医院、深圳大学药学院从事肿瘤学及其药物研发博士后工作。王知源：主任医师，人体细胞科技展览馆负责人，曾任广州医科大学附属医院生物治疗中心主任，从事免疫细胞治疗各种恶性肿瘤和细胞预防肿瘤、干细胞美容抗衰老的临床研究。	深圳市科普志愿者协会	保税区市花路8号旅游创意园一楼会议室	44	科学技术
47	2017年6月22日	微生物大世界科技引领未来	沈亚恒 刘彬	沈亚恒：广东省微生物研究所华南微生物资源中心研究员，主要从事我国真菌资源调查及其资源研究、开发、推广应用工作，主持广东省科普教育基地：广东省微生物研究所真菌标本馆的对外科普工作。刘彬：主任护师，广东省健康科普专家，国家二级心理咨询师，二级公共营养师，高级健康管理师，中国红十字救护培训师。	深圳市乙品华堂绿色产品科技发展有限公司（深圳市微生物菌科科普基地）	桂园街道办事处七楼会议室	128	创新型城市
48	2017年6月24日	空气和水污染的防治	程瑞端 陈白杨	程瑞端：深圳职业技术学院机电工程学院副教授，深圳市制冷学会理事，深圳市土木建筑学会热泵空调专业委员会会员。陈白杨：哈尔滨工业大学（深圳）教授、博士生导师，深圳市孔雀计划B类（地方级）人才。	深圳市中绿城节能环保促进中心	科学馆一楼多功能厅	51	创新型城市
49	2017年6月24日	小行星的观测和命名	朱进	北京天文馆研究员、馆长。北京古观象台台长，《天文爱好者》杂志主编，中国天文学会普及工作委员会常务副主任，中国自然科学博物馆协会副理事长，天文馆专业委员会主任，北京科学技术普及创作协会副理事长，第12届、13届北京市人大代表。	深圳市中科思达青少年科学探索研究中心	科学馆一楼多功能厅	95	科普

续表

场次	举办日期	主题	主讲嘉宾	嘉宾简介	承办单位	举办地点	规模（人次）	备注
50	2017年6月28日	用于下一代电力电子转化系统的核心元器件：氮化镓功率器件	刘新科	深圳大学材料学院副研究员，新加坡国立大学电气与计算机工程博士学位，深圳市孔雀计划B类人才，深圳大学"荔园优青"。	深圳市电气节能研究会	深圳职业技术学院东校区图书馆西厅	62	科学技术
51	2017年7月1日	高效节能反射型建筑外墙隔热涂层	吕维忠	深圳大学化学与环境工程学院教授、博士生导师，中国硅酸盐学会溶胶-凝胶分会理事，中国窗膜与涂膜隔热玻璃学会专家。	深圳市中绿城节能环保促进中心	科学馆一楼多功能厅	69	科学技术
52	2017年7月8日	会吃才会赢	张锦周	医学硕士，主任医师，深圳市疾病预防控制中心营养与食品安全所所长，深圳市营养学会副理事长，深圳市预防医学会营养与食品安全专业委员会主任委员。	深圳化学化工学会	科学馆一楼多功能厅	89	创新型城市
53	2017年7月14日	分析检测实验室安全管理与应对措施	赖小林 杨国武	赖小林：化工专业高级工程师，深圳市城市公共安全技术研究院工业安全卫生部副总经理，从事危化、工矿商贸、职业卫生技术咨询与城市公共安全风险评估等工作。 杨国武：教授级高工，深圳市计量质量检测研究院食品检测所所长，广东省食品安全标准专家，深圳市食品安全专家委员会副主任委员，全国生化检测技术标准化委员会委员。	深圳市分析测试协会	惠州大亚湾翡翠山华美达酒店第2会议厅	237	科学技术
54	2017年7月15日	秋季养生与常见病的防治	邸振福 郝奇瑞	邸振福：主任医师，教授，深圳市中医药研究所副所长，中华中医药学会脾胃病专业委员会深圳分会副主任委员，深圳市预防医学会理事。 郝奇瑞：深圳市和御道中医馆馆长，北京大学"中华养生研究与临床应用课题组"专家委员会委员。	深圳市抗衰老研究会	科学馆一楼多功能厅	105	科普
55	2017年7月21日	企业品牌价值培育，助力转型升级	汪颜彬	高级工程师，工信部品牌培育评审专家，参与国家品牌培育实施指南标准修订。现任国家工信部电子五所项目总监、湖南大学特聘教授，深圳市知名品牌评审专家，中国认证认可委员会CCAA国家注册高级审核员。	深圳市质量强市促进会	科学馆一楼多功能厅	113	创新型城市
56	2017年7月22日	互联网和物联网技术在环境管理中的创新应用	傅 宁	北京力鼎创软科技有限公司总裁，国家高级工程师（教授级），长期从事环境信息化相关工作，参与环保部多次重要信息化项目及环境信息化长期规划政策。	深圳市环境科学学会	科学馆一楼多功能厅	167	创新型城市
57	2017年7月22日	怎么让孩子不生病	李海朋	中医学硕士、主治医师，广东省传染病学会委员；深圳市中医儿科学会委员；广东省名中医学术继承人。	深圳市通识科技教育发展研究中心	深圳中心书城北区大阶梯	100	科学技术
58	2017年7月29日	中国当下的素食热与素食创业热	毛能之	作家、集写作人、策划人、主持人、旅程策划人。	深圳市营养师协会	科学馆一楼多功能厅	92	创新型城市
59	2017年8月5日	日常生活行为的碳排计算	张静进	深圳国家高技术产业创新中心助理研究员，主要从事绿色低碳发展、生态文明建设和节能环保产业等领域的研究。	深圳市华夏应对气候变化技术促进中心	科学馆一楼多功能厅	176	创新型城市
60	2017年8月12日	健康中国2030—运动营养学的创新发展	常翠青	博士、副研，北京大学第三医院营养生化研究室主任。中国营养学会常委理事，《World Review of Nutrition and Dietetics》顾问委员，《营养学报》编委。	深圳市营养师协会	科学馆一楼多功能厅	106	创新型城市

续表

场次	举办日期	主题	主讲嘉宾	嘉宾简介	承办单位	举办地点	规模（人次）	备注
61	2017年8月13日	儿童急性上呼吸道感染诊治中的热点问题	马融	国家级中医儿科专家，天津中医药大学第一附属医院原院长，医学博士、博士生导师、教授、主任医师。国家卫计委"有突出贡献中青年专家"，国务院政府特殊津贴专家，兼任国务院学位委员会评议委员、国家药典委员会委员、中华中医药学会理事。	深圳市通识科技教育发展研究中心	深圳中心书城北区大阶梯	100	科学技术
62	2017年8月16日	"冬病夏治"谈艾灸	桂蜀华	副教授，广州中医药大学博士研究生毕业，于广州中医药大学从事中医方剂教学及临床研究，内科师从李可，继承吕英学术思想，擅长运用经方治疗失眠、复发性口腔溃疡、痛经等妇科、内科常见病。	深圳市老年科技工作者协会	科学馆一楼多功能厅	167	创新型城市
63	2017年8月17日	IE技术与残疾人创新服务	段鹰 陈官生	段鹰：博士、重庆大学工业工程系副主任，负责或主研完成了国家自然科学基金项目、重庆市科委科技攻关等科研项目30余项。陈官生：硕士、富士康集团高级工程师，IE专家，10多年来致力于研究IE技术创新服务残疾人，参与、主持了富士康集团残疾人工作招聘、评估、培训、岗位环境改善等工作。	深圳工业总会	科学馆一楼多功能厅	153	创新型城市
64	2017年8月19日	实施技术创新驱动发展，引导转型升级	杨勇	管理学博士、高级工程师、TRIZ（技术创新方法）高级培训老师，兼深圳市科技创新委/深圳市人力资源保障局创业项目评审专家，武汉大学深圳研究生院特聘教授、深圳大学大学生创业项目评审专家等职。	深圳市质量强市促进会	科学馆一楼多功能厅	132	创新型城市
65-72	2017年8月24日-2017年9月24日	化学与日常生活系列科普活动	房芳 余媛 陈洁	房芳：南方科技大学化学系工程中心负责人，工程师；余媛：深圳市第二实验学校年级主任，化学高级教师；陈洁：深圳化学化工学会副秘书长，长期从事基层科普工作。	深圳化学化工学会	深圳各街道基层社区	240	科普
73	2017年8月26日	航空的前世今生与飞行安全技术要领	李辉	中国南方航空深圳分公司飞机维修厂技术培训室主任工程师，从事民航飞机工程技术工作十多年，曾获得"南航集团技术能手和国资委中央企业技术能手"称号。	深圳市气象减灾学会	科学馆一楼多功能厅	138	科学技术
74	2017年9月2日	生态与环境	李皓	德国汉诺威大学自然科学博士，环境科普自由撰稿人。	深圳市中科思达青少年科学探索研究中心	科学馆一楼多功能厅	31	创新型城市
75	2017年9月9日	功能性食品防治代谢性疾病的研究	凌文华	中山大学预防医学研究所教授、博士生导师，中山大学公共卫生学院院长，中山大学预防医学研究所所长，中山大学卫生干部培训中心主任。研究方向：营养与疾病，植物化学物与健康及疾病。	深圳市营养师协会	科学馆一楼多功能厅	109	科学技术
76-84	2017年9月15日-2017年9月25日	最新航空技术与国防教育系列讲座	陈洪 傅前哨 徐邦年 郑永春	陈洪: 原空军指挥学院教授，空军大校(正师职); 傅前哨: 空军《航空杂志》社副编审、《航空知识》杂志社编委会委员、中国航空史研究会理事。徐邦年：空军指挥学院研究员，教授、博士生导师。郑永春：中国国家天文台研究员，博士，嫦娥探月工程的科研人员，行星科学家，首位获得美国天文学会行星科学分会颁布的2016年卡尔•萨根奖的华人。	深圳市中科思达青少年科学探索研究中心	全市各中小学校、活动中心	2990	科普
85-94	2017年9月15日-2017年9月29日	创新铺就废品的再生之路	蓝航英 陈志红 曾伏虎	蓝航英：原深圳市竹园小学校长，中学高级教师，曾获中国老科协突出贡献奖，全国环境教育优秀教师。陈志红：小学高级教师，曾任罗湖明珠小学副校长、深圳市福民小学教导主任。曾伏虎：中学高级教师，曾任西丽小学校长，南海小学校长，南山区关工委讲师团成员。	深圳市老年科技工作者协会	全市十所中小学	500	科普

续表

场次	举办日期	主题	主讲嘉宾	嘉宾简介	承办单位	举办地点	规模（人次）	备注
95	2017年9月16日	能源物联网技术应用及趋势	赵荣宝 郭连忠	赵荣宝：工学博士，高级工程师，“深物联”能源物联网专业委员会主任，深圳自动化学会副会长。郭连忠：深圳市金龙宇资产顾问有限公司总经理。国内多家高校客座教授和各协会绿色生态低碳经济的授课专家。	深圳市物联网智能技术应用协会	科学馆一楼多功能厅	94	科学技术
96	2017年9月17日	解码微生物膳食微科普	孙群露 孙志涛	孙群露：宝安区疾病预防控制中心，科长，副主任医师，营养与食品卫生硕士研究生，中山大学硕士研究生导师，从事营养与食品卫生工作多年。孙志涛：营养药膳师，高级营养配餐员，营养配餐员考评员，国家一级公共营养师，国家中式烹调高级考评员。	深圳市乙品华堂绿色产品科技发展有限公司（深圳市微生物菌科科普基地）	深圳市中心书城趣阅岛	98	科学技术
97	2017年9月22日	红树林的生态系统	徐华林	博士，高级工程师，广东内伶仃福田国家级自然保护区管理局科研室暨环境教育中心负责人。	深圳市环境科学学会	深圳南山外国语学校文华学校	203	科普
98	2017年9月23日	健康由肝开始——都市人群防治肝病	李晓良 牟惠琴	李晓良：教授主任医师，现任深圳市第三人民医院中医科科主任。国家第二批名老中医学术思想继承人，市名中医（学术继承指导老师）。牟惠琴：甘肃中医学院教授，硕士生导师，中医临床基础教研室主任，中华中医学会风湿病学会委员。	深圳市老中医协会	科学馆一楼多功能厅	156	创新型城市
99	2017年9月23日	节能环保与绿色住宅	冯明发	深圳职业技术学院教授、深圳市机器人协会理事，深圳市专家库的专家。发表论文20余篇，主持各类科研25项。曾任自动化实训室主任、电子专业主任和电子系主任工作。	深圳市中绿城节能环保促进中心	科学馆一楼多功能厅	120	创新型城市
100	2017年9月23日	推动空管科技创新，维护深圳空域安全	李　斌 刘达宝	李斌：中国民用航空深圳空中交通管理站气象台预报室主任，兼民航中南空管局气象教员、气象检查员，主任工程师。刘达宝：航空空管知识科普青年专家，中国民用航空深圳空中交通管理站气象台资深观测员，气象台团支部副书记。	深圳市气象减灾学会	深圳少年儿童图书馆一楼多功能厅	142	创新型城市
101	2017年9月26日	从大气复合污染到区域大气污染联防联控	王雪梅 叶代启	王雪梅：教授、博导，现任中山大学大气科学学院和暨南大学环境与气候研究院副院长。国家杰出青年科学基金获得者，科技部重点研发计划首席科学家。叶代启：华南理工大学环境工程系主任，华南理工大学环境科学与工程学院学术与学位委员会委员。	深圳市环境监测协会	深圳市环境监测中心站303会议室	151	创新型城市
102	2017年9月26日	智慧酒店及酒店控制节能技术	廖鸣镝	广州市设计院信息与智能化设计中心主任，中国勘察设计协会工程智能化分会专家，广东省建筑智能化协会专家，深圳市建筑电气与智能化协会副会长。	深圳市建筑电气与智能化协会	科学馆一楼多功能厅	149	科学技术
103	2017年9月30日	气候变化背景下中国海洋灾害现状与变化	陈新平	副研究员，德国汉堡大学海洋科学博士、博士后。现在国家海洋局负责海洋防灾减灾工作。	深圳市华夏应对气候变化技术促进中心	宝安区东山书院一楼多媒体教室	150	科普
104	2017年10月13日	清洁能源与低碳城市	陈贺能	中科院物理研究所、荷兰FOM原子分子物理研究所高级工程师。	深圳市老年科技工作者协会	科学馆一楼多功能厅	158	创新型城市
105	2017年10月14日	青少年儿童铅中毒诊断与防治	朱　溪	国际人体微量元素研究会香港总会营养师导师；香港国际青少年儿童铅中毒防治基金会理事；原国家航空工业部工程师。	深圳市太合心铅中毒防治研究中心	科学馆一楼多功能厅	121	科学技术

续表

场次	举办日期	主题	主讲嘉宾	嘉宾简介	承办单位	举办地点	规模（人次）	备注
106	2017年10月21日	关注老年营养、创新养老服务	孙晶丹 邓建煦	孙晶丹：深圳市营养师协会会长，北京大学深圳医院原主管医师，国家一级公共营养师、健康管理师，国际药膳师。邓建煦：原深圳大学法学院教授，资深营养学者。	深圳市营养师协会	科学馆一楼多功能厅	68	创新型城市
107	2017年10月28日	商业模式创新——基于市场营销的视角	王永贵	国家社科重大项目首席专家，国务院政府特贴专家，百千万工程国家级人选，国家有突出贡献中青年专家，教育部新世纪人才，教育部霍英东基金项目获得者。	深圳市中鹏智创新管理研究院	南山区海景嘉途酒店东翼楼五楼万代兰厅	116	创新型城市
108	2017年10月28日	鹰击长空辽无际，空管安全重泰山	牛新越	航空管制中级工程师，民航深圳空中交通管理站塔台管制（教）员，空管科普专家。	深圳市气象减灾学会	科学馆一楼多功能厅	107	创新型城市
109	2017年11月1日	BIM在智能建筑中的应用	韩正峰	高级工程师，高级项目经理，现任达实智能股份有限公司达实大厦改扩建项目BIM负责人、智能化负责人、绿建负责人。	深圳自动化学会	深圳职业技术学院东校区阶梯教室103	158	创新型城市
110	2017年11月4日	立体成像技术的发展与创新	丁守谦 李进良	丁守谦：曾任南开大学信息学院电子科学系教授，现为中国电子学会会士，享受国务院特殊津贴。李进良：教授级高级工程师，原任信息产业部第七研究所总工程师，现任第七研究所《移动通信》杂志顾问、享受政府特殊津贴专家。	深圳市老年科技工作者协会	科学馆一楼多功能厅	155	科学技术
111	2017年11月9日	绿色节能显示技术	张志宽	香港科技大学电机电子工程学系博士，深圳市聚飞光电股份公司技术总监及实验室负责人，并组建国家CNAS实验室。	深圳市电气节能研究会	长安大酒店18楼会议室	66	科学技术
112	2017年11月10日	办公族如何做好健康管理	张军 姚公元	张军：深圳市中医院骨科副主任医师，中华中医药学会外治分会全国常委，深圳市按摩师协会副会长。姚公元：主任医师、原福田区第二人民医院副院长，首批深圳市医学专家委员会成员，深圳市科技成果进步奖专家评审委员会成员。	深圳市抗衰老研究会	福田区南园街道文化站二楼多功能厅	84	创新型城市
113	2017年11月11日	爱因斯坦和宇宙大爆炸	何香涛	北京师范大学天文学系教授，博士生导师。国际天文学会会员。曾任中国天文学会副理事长，北京市天文学会理事长。当选第七、八、九、十届全国人民代表大会代表。曾获美国天文学会的Chretien国际观测奖、中国天文学会最高奖张钰哲奖。	深圳市宇航科普协会	科学馆一楼多功能厅	48	科普
114	2017年11月18日	天气预报中的“预”科技与“报”传播	魏晓琳 李海龙	魏晓琳：中山大学理学博士，高级工程师，现任深圳市气象局气象预报一级主管。李海龙：工程师，深圳市气象局天气预报员，深圳天气官方微博小编，深圳天气官方微信推文主要作者，气象服务渠道组组长，深圳天气APP开发团队负责人。	深圳市气象减灾学会	科学馆一楼多功能厅	111	科普
115	2017年11月19日	宝宝小小舌头，揭秘健康大秘密	万力生	医学博士，教授，主任中医师，硕士研究生导师，广东省名中医，市儿童医院学科带头人，中医科主任。	深圳市通识科技教育发展研究中心	中心书城北区大台阶	100	科普
116	2017年11月19日	学懂影响健康的几个因素	于月明	主任中医师，广州中医药大学教授，吉林省针灸学会针灸临床专业委员会常务委员，广东省中西医结合学会“治未病”专业委员会委员，广东省中医养生专家库成员，广东省全科医师学会委员。	深圳市抗衰老研究会	深圳中心书城趣阅岛	61	创新型城市
117	2017年11月23日	顶级会议场所视听会议系统设计	陈醒康	声美华声学及通讯科技顾问公司资深主任，影音系统设计专业资深专家。英国声学专业注册会员（MIOA）及国际认可视听多媒体系统设计师（CTS-D）。	深圳市建筑电气与智能化协会	科学馆一楼多功能厅	132	创新型城市

续表

场次	举办日期	主题	主讲嘉宾	嘉宾简介	承办单位	举办地点	规模（人次）	备注
118	2017年11月25日	如何组建高效的销售团队	王哲卫	美国营销国际协会SMEI中国特聘专家；北京大学、中国航天长征学院客座教授；曾任Unisys、Informix、DEC等跨国企业销售高管。	深圳市中鹏智创新管理研究院	科学馆一楼多功能厅	138	创新型城市
119	2017年12月1日	探秘微生物走进“菌”世界	李挺 肖正端	李挺：广东省微生物研究所助理研究员，曾获“广州市十佳科普讲解员大赛”优秀奖、广州市科普基地联盟“科普先进工作者”等。肖正端：广东省微生物研究所助理研究员，从事真菌资源的调查与应用研究，并负责标本馆管理及相关科普工作。	深圳市乙品华堂绿色产品科技发展有限公司（深圳市微生物菌科科普基地）	桂园街道办事处七楼会议室	110	科普
120	2017年12月2日	建筑设备运行节能优化策略	李建维	智能建筑环境技术专业博士，国家注册公用设备（暖通空调）工程师，主要从事中央空调系统设备在运营阶段的运行节能技术研究。	深圳市中绿城节能环保促进中心	科学馆一楼多功能厅	80	创新型城市
121	2017年12月9日	智慧科技小镇的未来建设与发展	蔡旭东 蔡剑斌	蔡旭东：深圳洲斯移动物联网公司创始人、董事长兼总经理，青岛市第十五届人大代表、物联网及企业管理复合型高技术人才。蔡剑斌：德诺迈斯科技有限公司创始人兼总裁，中国五金制品协会理事长、中国智能家居产业联盟会员。	深圳市物联网智能技术应用协会	科学馆一楼多功能厅	86	创新型城市
122	2017年12月14日	论深圳城市规划--建设海绵城市，打造全球海洋中心	刘建 俞露	刘建：博士、教授，PMP(项目管理专家)，深圳大学硕士生导师、南澳大利亚大学博士生导师，深圳大学建设工程生态技术研究所所长。俞露：高级工程师，注册咨询工程师，现任深圳市城市规划设计研究院副总工程师、低碳生态规划研究中心主任，国家发展改革委员会PPP专家库工程类专家。	深圳市科普志愿者协会	深圳信息职业技术学院学思楼阶梯教室1	277	创新型城市
123	2017年12月16日	厨房医学	梁淑芳	英国皇家内科院士、香港儿科学院荣授院士、英国皇家内科荣授院士及香港医学专科学院荣授院士（儿科）、香港中文大学医学博士、国际喂哺母乳顾问，现为私人执业之儿科专科医生，香港中文大学荣誉临床副教授。	深圳市营养师协会	科学馆一楼多功能厅	62	创新型城市
124	2017年12月16日	如何应对宝宝感冒	李佳曦	中医儿科学博士，深圳市儿童医院中医科主治医师，现任深圳市中医药学会养生专业委员会常务委员，深圳市中西医结合学会儿科专业委员会委员、深圳市中医药学会儿科专业委员会委员。	深圳市通识科技教育发展研究中心	中心书城北区大台阶	100	科普
125	2017年12月21日	化学品职业性健康损害及风险评估	周伟 冯献芳	周伟：副主任医师，注册安全工程师，广东省物理因素专业委员会副主任委员，深圳市预防医学会毒理学评价专业委员会副主任委员。冯献芳：高级工程师，现任深圳市环境监测中心站无机分析室副主任。	深圳市环境监测协会	环境监测中心站303会议室	156	科学技术
126	2017年12月22日	农业航空应用技术现状与发展前景	刘琪	深圳高科新农技术有限公司工程师，国家精准农业航空施药技术国际联合研究中心核心成员。	深圳自动化学会	科学馆一楼多功能厅	80	科学技术
127	2017年12月23日	建立创新体系，培育创新人才	成海清	博士，国内知名的产品创新管理专家，具有10年以上科技创新型企业基层、中层及高层管理经验，10年以上创新管理研究、咨询与培训服务经验。	深圳市中鹏智创新管理研究院	科学馆一楼多功能厅	161	创新型城市
							15245	

第二节 青少年科技教育

一、科技教育活动

1. 青少年科技创新大赛

2017 年 12 月 16 日，第 33 届市创新大赛在深圳市青少年活动中心成功举行。青少年科技创新大赛是目前我国规模最大、层次最高的青少年科技教育活动。每年从区赛到市赛吸引近十万名中小学生参加，参与力度最广、面积最大。近几年来，我市科技创新大赛的成绩一直名列全省前列，在南京、广州、香港、杭州举办的创新大赛全国赛中，闯入决赛的深圳代表队成绩不俗，为广东省在全国赛中取得优异成绩做出了重大贡献。

2. 机器人竞赛

机器人竞赛活动走出国门扬威海外。在赛事方面，让教练员更好地熟悉规则，训练学生，为比赛做好充分的准备，每年 3 月组织教练员培训班，4 月举行比赛。2017 年 7 月 22 日第十七届中国青少年机器人竞赛在中山实验中学圆满闭幕，全国 31 个省市区、兵团和港澳 513 支代表队共 1980 多名师生参加了此次比赛。深圳市代表广东省出战的 3 支队伍均获得国赛一等奖的好成绩，其中南山区第二外国语学校获得初中组 FLL 项目冠军；福永中学获得初中组综合技能项目一等奖第五名; 新安中学(集团)第一实验学校的创意项目“无臂残疾人书写助手——基于语音智能书写机械手”获得中学组创意项目优秀创意奖。

3. 七巧板比赛

作为深圳市科学技术协会主办三大赛事之一的七巧板比赛，深受小学生喜爱。比赛于 2018 年 1 月 6 日在罗湖区红岭小学举办，分为三大板块开展——常规赛、亲子赛及创意赛。比赛吸引了来自全市 8 个区 90 所学校 1000 名师生参与。通过主题创作、多幅组合、智力美画等创造活动，对提高小学生的综合运用能力、空间想象能力和抽象思维能力，锻炼动手和动脑能力有重要意义，同时有助于培养学生的团结协作精神。

二、合作交流

1. 深港青少年交流

由香港中文大学、深港科技社团联盟、深圳市科学技术协会联合主办的“2017 年深两岸三地创新创业交流活动”于 2017 年 6 月 28 日 -30 日举行。邀请深圳、台湾、香港的约 30 名大学生参加此次活动。内容包括邀请嘉宾介绍深圳市创新科技及扶持政策、组织参观与科技有关的初创公司如华大基因、腾讯等大型科技企业，开阔两岸三地学生对创新科技领域的眼界，增长知识，并加强两岸三地青年的科技文化交流。

通过举办这类深港交流活动，让同学们亲身体验两地文化迥异，为他们学习优点，积累知识，促进文化碰撞融合，加深了解，增强深港青少年凝聚力，推动深港合作向更深层次迈进，开拓良好平台。

2017 年 11 月 30 日至 12 月 3 日，第六届清华南山协同创业中心（i-Space）深港澳台青年创新创业交流营在清华大学深圳研究生院举办。本届交流营组委会在健康、硬件、新能源、社交、电商、文化、环保、社会创新和教育培训等领域选拔出了 49 支高校组创业团队和 14 支社会组创业团队，围绕“共建双创新生态：融合、协同、共享”的主题，以“青年学生”为核心，搭建跨区域创想交流平台。旨在激发首创精神，整合创业资源，厚植创新文化，培养具备创新意识、团队精神、全球胜任力以及新时代使命感的优秀青年。通过论坛、讲座、参观、项目挑战赛等丰富多彩的活动形式，为青少年们开阔视野，收获友谊的同时也在商界精英与创业导师的交流中加深了对当下创新创业大潮的理解与把握。

“2017 年两岸四地青年创新创业交流营”是由清华大学深圳研究生院、深圳市科学技术协会、共青团深圳市委员会、南山区委区政府、龙岗区委区政府、清华 - 伯克利深圳学院和清华大学港澳研究中心联合主办的大型两岸青年创新交流活动，迄今已举办六届。

2. 开展“院士专家进校园”

2017 年 9 月 25 日，围绕“推动创新、协调服务、拓展提升、开放协同、普惠共享”为主题，“科学与中国”院士专家巡讲团暨深圳“科技驱动发展 创新引领未来”巡讲活动开幕仪式在深圳大学师范学院国际报告厅举行。作为全国科普日的重点活动之一，来自中国科学院的 20 名院士和“科学与中国”巡讲团的 11 名专家走进全市各大中小学校、社区和企业，开展 68 场高层次公益科普讲座和报告，营造尊重科学、崇尚科学的浓厚氛围，激发全社会的创新热情和创造活力。

活动还吸引了中国新闻网、央广网、深圳新闻网、深圳卫视、广东科技报、深圳特区报、深圳商报、晶报、南方日报、深圳特区科技等 10 家中央和地方媒体进行现场报道。其中，深圳晚报、晶报等都在要闻头条进行报道，深圳特区报连续 4 天在要闻板块对活动进行了综合报道及专题报道。

3. 发挥“科学教育特色学校”辐射作用

以示范学校开展科技教育工作和科技创新活动为重点，发挥科技教育示范学校的辐射作用，积极选拔优秀学子参加每年在暑假举行的“高校科学营”，并且组织本市的“高校夏令营”活动，带领学生到香港、台湾等高校，扩大青少年学生的视野，引导他们积极参与各项科技教育活动，在活动中提高各方面的能力。

三、科技教师队伍建设

为了帮助青少年科技辅导员在教学活动中从实际出发结合专业特点强化科技实践活动，不断增加科技教育含金量，提高学生创新精神和综合实践能力的培养，积极组织开展辅导员培训。即每年组织各区辅导员及科技工作者观摩全国青少年科技创新大赛；开展各级各类的培训学习，如参加省机器人、市级七巧板等赛前培训、邀请国内省内著名科普讲师在全市做科普报告；免费发放有关青少年科技教育活动的书籍和资料。据统计，2017 年一年共组织培训和讲座 100 场次，近十万人次的科技辅导员参加培训活动。

第九章
科技新闻

第一节 自主创新篇

第二节 产业篇

第三节 企业篇

第一节 自主创新篇

科技创新为深圳发展增添新动能

92.34 分，创新驱动发展，深圳排名全省第一。这是深圳在广东省创新驱动发展工作考核中获得的佳绩。

当前，深圳正全面深化科技体制改革，深入实施创新驱动发展战略，发挥科技创新在供给侧结构性改革中的引领作用，以建设现代化国际化创新型城市和更高水平国家自主创新示范区为目标，积极构建综合创新生态体系，创新发展，经济发展质量再攀升。

深圳科技创新为转型发展增添新动能，众多创新企业更是突出重围，纷纷领跑“卡位”，令深圳创新经济为全球经济发展带来“一缕东方的亮色”。

科技创新向引领式迈进

深圳华傲数据成立仅 6 年，布局政府、金融、互联网等领域，成为国内大数据行业的领跑者。华傲数据被《哈佛商业评论》评为“引领中国大数据发展”的先锋公司，是仅有的三家中国企业之一，也是数据清洗领域唯一一家中国公司。

越来越多的深圳企业，正在成为行业的“小巨人”，在引领式创新上发挥重要作用。

深圳创新发展由“跟跑”向“领跑”的转变，综合创新生态日臻完善，离不开政府的顶层设计，离不开一系列强有力的政策组合拳为创新驱动发展提供政策保障和战略引领。

去年 3 月，深圳出台《关于促进科技创新的若干措施》等一系列政策，直指创新驱动的核心、载体和根基，形成了“创新科技管理机制，打造科技体制改革先行区；提升产业创新能力，打造新兴产业聚集区；强化对外合作，打造开放创新引领区；优化综合创新生态体系，打造创新创业生态区”的政策框架。

去年前三季度，全市国内发明专利申请 3.9336 万件，同比增长 35.5%，总累计 32.0132 万件。国内发明专利授权量 1.4584 万件，同比增长 20.8%，总累计 10.8379 万件。4G 技术、超材料、基因测序、新能源汽车、3D 显示、无人机等领域创新能力跻身世界前沿。

创新型经济成增长“主引擎”

目前，深圳经济稳中有进，创新型经济发展水平正逐步提高，且更具含金量。华为、大疆等一批高科技企业的增速领先全球同行。

市科技创新委相关负责人表示，深圳作为首个国家创新型城市和国家自主创新示范区，近年来在创新驱动发展上取得积极成效，成为典型的创新型经济体，率先实现了新常态下动力转换和新一轮转型升级。

统计数据显示，过去五年，深圳全社会研发投入增长 113%，2015 年达 709 亿元，占 GDP 比重 4.05%，共获得国家技术发明一等奖、国家科技进步一等奖等奖励 56 项，比“十一五”增加 80%。累计建成重点实验室、工程实验室、工程研究中心、企业技术中心等各类创新载体 1487 家，成为强化原始创新、实现重点跨越的重要支撑。

深圳大力实施生物、互联网、新能源、新材料、文化创意、新一代信息技术、节能环保等七大战略性新兴产业，深入推进国家战略性新兴产业发展试点，加快建设产业基地和集聚区，2015 年七大战略新兴产业总规模达到 2.3 万亿元，对 GDP 增长的贡献率超过 50%。此外，深圳加快培育未来产业，落实生命健康、机器人、可穿戴设备和智能装备等五大未来产业规划和政策，打造新的经济增长点，加快阿波罗等未来产业园发展，建设全国海洋经济科学发展示范市，成立航空航天、无人机等创新联盟。

去年前三季度，深圳高新技术产业产值 13415.94 亿元，同比增长 11.39%，增加值达 4450.33 亿元，同比增长 12.75%。PCT 国际专利申请累计 1.5386 万件，同比增长 53.57%，占全国的 50.97%。创新型经济成为经济增长的“主引擎”，成为深圳实现有质量的稳定增长和可持续的全面发展的重要推动力。

“双创”激发新动能

“双创周”成果丰硕，激发无限创新活力。2016 年全国“双创周”深圳主会场活动和第二届深圳国际创客周活动期间，67 万人参加创客工坊、创客马拉松等 169 场活动，其中主展场参观人数达 40 余万人次。参与的创新企业超过 200 家，各类科技成果展品超过 400 项，涉及全国 26 个省市地区，意向交易额 100 余亿元。

拥有创新基因的深圳，成为国际创客之都，深圳崇尚创新、包容失败，为创新企业和创客提供了良好的土壤。

为激发全民双创活力，深圳出台促进创客发展政策，设立 5 亿元创客专项资金和 3 亿元创客基金，从创客空间、创客人才、创客服务等方面全方位支持创客发展。

2016 年，深圳新增国家级高新技术企业逾 2500 家，累积超过 8000 家。去年成功举行的高交会、电子信息产业博览会、国际人才交流大会、“BT+IT”领袖双峰会等展会及会议的国际化、专业化水平不断提升，已成为深圳链接国外科技交流的关键平台，吸引更多国家和地区前来寻求商机，同时成为推进大众创新的重要平台。

（《深圳特区报》2017 年 1 月 4 日）

第15届深圳企业创新纪录成果发布
自主知识产权项目成亮点

1 月 6 日，第十五届深圳企业创新纪录成果发布会暨深圳工业总会 2016 年度年会在五洲宾馆隆重举行。第十届全国人大常委会副委员长、中国工业经济联合会名誉会长顾秀莲，原航空航天工业部部长、深圳工业总会最高顾问林宗棠等专程来深祝贺。李灏、陈思平、张效民、周长瑚、廖军文等深圳市老领导，以及市（区、新区）有关部门负责人及企业代表近千人出席大会。

深圳市政协副主席张晓莉在致辞中充分肯定深圳工业总会为推动深圳工业化进程做出的无私奉献，尤其持续十五载开展“深圳企业创新纪录”审定发布和“深圳知名品牌”培育评价活动，在大力倡导实体经济中创建“深圳工业大奖”和“百优工匠”等服务平台，为推动全市企业自主创新、品牌建设、质量强市，树立了学习标杆，做出突出贡献。顾秀莲在会上表示，深圳市委市政府十分重视发挥社会组织的突出作用，深圳工业总会自成立以来，以推动工业化进程为使命，在配合政企开展品牌建设、自主创新、低碳环保、转型发展等方面做了大量工作，连续十五届开展的企业创新纪录审定发布活动，已有 945 家企业的 2190 项自主创新成果获得认定和奖励，在全国大中城市中位居前列，充分展现深圳企业的创新活力。

本届年会特邀工总首席科学家、中国石墨烯产业奠基人冯冠平作产业发展前沿报告，重点介绍了目前广受热捧的石墨烯应用及相关产业。他指出，石墨烯在新材料领域性能优越，应用前景广阔，深圳拥有全国最大的石墨烯产业应用市场，具有高端人才聚集、研究成果突出、产业配套完备等占领世界制高点的独特优势，完全有可能成为未来石墨烯产业中心，创建全球的“烯谷”。深圳工业总会会长吴光权在讲话中指出，本会 2016 年在大力开展品牌建设、打造国际信誉品牌、推动企业自主创新、培育工匠精神、扩大国际交往等方面取得了令人瞩目的成绩。2017 年工业总会将充分整合资源，促进协同发展，为会员创造更大价值。

会议隆重举行了第 15 届深圳企业创新纪录发布仪式。该活动由深圳工总具体组织、13 个政府部门、57 家行业协会共同参与开展。经广泛征集、专业评审，第十五届“深圳企业创新纪录”共审定通过 156 个项目，共有 30 家创新企业获得表彰。其中，研祥智能科技股份有限公司董事长陈志列等 13 位企业家荣获“企业家卓越贡献奖”，深圳市洪涛装饰股份有限公司等 14 家企业荣获“自主创新标杆企业”，深圳连硕自动化科技有限公司等 9 家企业荣获“自主创新示范企业”，广东爱得威建设（集团）股份有限公司等 7 家企业荣获“节能环保示范企业”，深圳华大优选科技有限公司等 8 家企业荣获“自主创新新锐企业”。本届企业创新纪录申报项目除装饰、电子、机械等传统行业外，也有智能系统设备、新能源、新材料、机器人等新兴行业。其中涉及授权发明专利的新纪录项目有 66 项，项目总数同比增加 20.7%，成为展示深圳企业创新成果的又一亮点。

广东省人民政府参事、深圳工业总会执行主席王肇文在接受记者采访时表示，深圳企业创新纪录已成为全市推动自主创新、科技进步、展示创新成果的演兵场，对于推动实施国家创新驱动战略、深圳开展国家创新型城市建设和建设质量强市发挥了积极作用。会议举行了 2016 年度总结表彰活动。包括稳健医疗用品股份有限公司在内的 22 家企业被授予“履行社会责任杰出企业”称号，包含深圳市三旺通信技术有限公司在内的 21 家企业被授予“履行社会责任优秀企业”称号。为促进深圳市技能人才队伍建设，弘扬崇尚技能、尊重人才的深圳工匠精神，助力实体经济发展，深圳工业总会首次表彰了工匠培育先进集体和一批工匠群体。21 家企业被授予“深圳工匠培育示范单位”，90 人被授予“深圳百优工匠”称号。

（央广网 2017 年 1 月 9 日）

让科技创新成为引领经济发展原动力

“深圳实现质量型发展，与科技创新分不开，要让科技创新成为新常态下引领深圳经济发展的原动力”。在深圳市政协六届三次会议分组讨论会上，委员们认为，深圳应积极借势，抓住创新创业的有利契机，在产学结合、成果孵化、产业集聚和驱动转型等多方面发力，不断挖潜科技创新的原动力，引领深圳经济全面快速发展。

打造梯队式“组合引擎”

在提及深圳经济未来发展趋向时，“‘科技创新’是新常态下深圳发展的原动力”这一观点得到委员共鸣，引起热烈讨论。“龙华区挂牌后，不少产业园都在招兵买马，对科技创新型人才和企业更是求贤若渴。”委员仙新民提到，科技与创新不仅是企业发展的核心动力，更是区域和城市发展的牵引力。

“科技创新一直是深圳发展的灵魂，在科技创新的驱动下，华为、腾讯等已经成为影响力巨大的龙头企业。”委员杨浩勃表示，在这些科技创新龙头企业的带动下，深圳还应进一步加大扶持中小型科技创新企业发展，形成梯队式的“组合引擎”，不断拉动深圳经济的持续发展。

加快产业集聚和企业转型

委员居学成认为，科技创新一定要在产学结合和科研落地上形成实效，让科研成果迅速转化为产业成果，才能进一步加速深圳产业的驱动发展，加快企业的转型升级。委员罗文华提出，促进企业有效减负，包括政策扶持、税收减免等，让科技创新企业实现产业集聚，为深圳城市和经济发展创造更大的价值。

“科技创新型企业的价值和潜力巨大，要给他们更多的发展空间和发展引领。”委员们建言，要加大对科技创新企业的多渠道扶持力度，让企业能够在短时间内优化价值和产能，与国际前沿科技和发展成果形成有效对接，抢占科研与市场先机。

加速布局高端制造业

“科技创新需要在加大研发的基础上布局高端制造业、特别是人工智能产业。”委员们认为，目前仍存在一些影响人工智能快速发展的核心因素，包括数据、产业环境与人才。其中，顶尖人工智能科学家仍然严重匮乏，但单凭企业的力量，不足以解决尖端人才引入难题。

“深圳如果想要在新一轮高科技竞争中胜出，就需要加快推进人工智能产业。”委员邹胜龙认为，深圳正努力向具有世界影响力的国际一流科技产业创新中心迈进，人工智能是不可忽视的一大领域。

委员们建议，应充分发挥深圳的地域优势、政策优势、经济优势、环境优势等，从政策层面和产业发展层面，明确深圳政府对于人工智能行业的支持力度，打造深圳在人工智能领域的先发优势，非常核心的一步就是要有规划地引入人工智能领域的尖端人才，并为人工智能顶尖人才提供薪资补贴和配套服务，消除其后顾之忧，并且通过产学研相结合，多渠道培养人工智能人才。

重视发挥“新老”人才创新力量

科技创新发展的内核是人才创新力量的集结和优势发挥。“人才的交流引进对深圳未来科技创新至关重要。”委员康飞宇和李勇提出，要建立全方位系统性的人才引进制度，为人才集聚提供前提保障。

“深圳不但要重视孔雀团队等创新型科研人才和团队的引进，也要重视发挥为深圳发展打下奠基作用的‘老’人才持续作用发挥，他们的经验和积累对深圳未来发展依然充满鲜活的重要作用。”委员们纷纷表示。

（《深圳特区报》2017 年 1 月 12 日）

强化深圳创新引领作用

深圳“两会”落幕，广东“两会”开启。在代省长马兴瑞所做的政府工作报告中，多次提及深圳。2017 年是省“十三五”规划实施的重要一年，推进供给侧结构性改革的深化之年，也是广东全面建成小康社会的攻坚年，在这样一个承上启下的重要年份，深圳作为广东重要一分子，要承担哪些使命？该有何种作为？记者仔细梳理省政府工作报告中的“深圳元素”，发现广东派出的“深圳任务”在今年的深圳政府工作报告中都能找到相应的部署、计划、安排。

强化深圳创新引领作用

在安排 2017 年工作时，报告中首次出现“深圳”字眼的是在“深入实施创新驱动发展战略”的工作安排中。报告在“加快国家科技产业创新中心”的工作安排中提出，“强化广州、深圳创新引领作用”；在“加快科技创新平台体系建设”时提出培育壮大高新技术企业，争取年底前达到 2.3 万家”，在“加强关键核心技术攻关和成果转化”等工作安排中提出，加强无人智能技术、精准医学与干细胞等核心技术攻关；在部署“深入推进大众创业、万众创新”时提出“办好高交会、科博会等重大科技展会”。

如何强化创新引领？从深圳政府工作报告中可以看出深圳主动作为，“引领创新”的安排部署。深圳提出实施新一轮创新发展战略布局，加快建设国际科技、产业创新中心，从今年起实施“十大行动计划”，布局十大重大科技基础设施、设立十大基础研究机构、实施十大重大科技产业专项、打造十大“双创”示范基地等，今年深圳要新增国家级高新技术企业 2000 家，这些任务目标的实现，对于全省“加快形成以创新为主要引领和支撑的经济体系和发展模式”必然将发挥至关重要的作用。

加快华星光电 11 代液晶面板等重大项目建设

报告中提出要“持续扩大有效投资”，全年安排省重点项目建设投资 5400 亿元，其中就包括推进赣深客专、深中通道等项目。去年开始启动建设的赣深客专、深中通道，不仅将为全省拉动投资、经济稳增长发挥重要作用，更重要的是将为深圳更好发挥辐射带动作用、促进全省区域协调发展和加快广东对外合作发展打造战略通道。

在“坚定不移推进供给侧结构性改革”方面，报告提出要加快现代产业体系建设，其中包括加快华星光电 11 代液晶面板等重大项目建设。去年，总投资 538 亿元的华星光电 11 代液晶面板生产线在深圳开工建设，一旦建成，将成为全球最高世代、也是投资最大的液晶面板生产线。华星光电项目之所以备受广东深圳重视，因为它是中国显示产业发展的标志性和里程碑式的项目，被寄予了推动中国成为全球显示产业制造强国的深厚期待。

强化大前海区域联动发展和深港跨境金融创新

在“全面提升开放型经济水平”方面，报告提出要把自贸区打造成高水平对外开放门户枢纽。其中提出“强化大前海区域联动发展和深港跨境金融创新”。在加快外经贸转型升级的工作安排中，提出“加快发展服务贸易，推进广州、深圳服务贸易创新发展试点”。

这些工作在深圳今年的工作部署中也有相关安排。深圳政府工作报告中提出“打造前海蛇口自贸片区高水平对外开放门户枢纽”，其中，“坚持依托香港、服务内地、面向世界，加强前海深港合作，建设深港基金小镇”“加快桂湾金融先导区等建设”“构建‘大前海’发展格局，促进前海与周边区域协同联动”等都在今年的安排部署中。

推进深莞惠经济圈深度融合

在“更大力度统筹区域城乡协调发展”方面，报告提出要“提升珠三角优化发展水平”，包括“推进三大经济圈建设深度融合”“携手港澳推进珠三角世界级城市群和粤港澳大湾区建设”等。

深莞惠经济圈作为“三大经济圈”之一，是广东促进区域协调发展的重大战略安排。深圳去年提出实施“东进战略”，为深莞惠经济圈深度融合提供了更大的想象空间。深圳在今年的工作安排中明确提出“加快赣深客专、深茂铁路深圳至江门段、穗莞深城际线和深中通道、外环高速等建设，促进交通基础设施互联互通，推动深莞惠‘3+2’经济圈等深度融合发展。”

粤港澳大湾区建设的构想，最早也是出自深圳。目前，粤港澳大湾区已纳入国家、省“十三五”规划纲要，以及国家“一带一路”规划，国家发展改革委正在编制起草《粤港澳大湾区发展规划》。始终在全球坐标系下谋划开放布局的深圳，正按照胡春华书记“从更高层面、更大范围统筹谋划推动全省区域发展”的要求，把携手建设粤港澳大湾区作为重塑开放发展新优势的重大战略主动谋划，以共建粤港澳大湾区构建开放发展新格局。

加快深圳北理莫斯科大学建设

加快补齐率先全面建成小康社会民生短板，也是今年省政府工作报告中的一个重要内容。其中全面推进教育现代化的工作安排中，提出“加快广东以色列理工学院、深圳北理莫斯科大学等中外合作办学机构和项目建设”。

（《深圳商报》2017 年 1 月 20 日）

“十大行动计划”让深圳创新“再提速”

近日，深圳“十大重大科技基础设施”之一的“国家未来网络试验设施”建设项目，正式得到国家发改委的同意批复。深圳将与江苏省、教育部、中科院共同完成该项目。2 个月前，诺贝尔化学奖获得者中村修二来到深圳，为一座以他名字命名的实验室揭牌。但中村修二还没有“抢得头筹”，2016 年 10 月，以诺贝尔化学奖获得者格拉布斯命名的实验室已在深圳落成。

这是国家级重大科研基础设施首次布局在深圳，也是深圳着眼国际科技产业创新中心建设、布局全球创新圈的具体行动。其背后所折射出的是深圳在大力实施创新驱动发展战略方面思路的日益成熟。在充分发挥“深圳优势”的同时，更加注重补齐“深圳短板”，将发挥产业创新的优势与补齐基础研究的短板结合起来，全面提升创新的软硬环境，抢占未来竞争制高点，打造全球创新生态圈。

毫无疑问，创新已经成为深圳的一张亮丽名片，很有自身的特点和优势，比如说市场化运作、汇聚创新资源、融入创新全球化、参与国际竞争、科技和金融联姻、营造良好创新环境……但是，也要清醒地看到深圳创新中存在的短板，主要体现在深圳科研院校数量较少，一流的研究型大学和综合性科研机构不多，基础研究人才缺乏，原始创新能力不强……

因此，补齐创新中“深圳短板”势在必行。此次启动新一轮创新战略布局，加速推进“十大行动计划”，包括十个重大科技基础设施、十大基础研究机构、十大诺贝尔奖科学家实验室、十大科技产业转型专项、十大海外创新中心、十大制造业创新中心、十大未来产业集聚区、十大生产性服务业公共服务平台、十大“双创”示范基地和十大人才工程，这些计划都立足源头创新，有利于补齐深圳在创新领域的短板。

同时，“十大行动计划”涵盖创新硬件、基础设施、人才引进、空间载体、产业布局等各方面，从创新源头到产业链上下游及配套服务系统布局。“十大行动计划”的推进将深圳的创新生态链打造得更加完整，吸引全球创新要素聚集，推动深圳创新生态进一步优化，服务创新经济发展，为全国创新发展提供更多可复制可推广的经验。

抓创新就是抓发展，谋创新就是谋未来。推动创新驱动发展，最关键的是要“扬长补短”。对于深圳而言，既要把市场化程度高、制造业发达、科技成果转化成产业的能力强等“长板”挖掘出来，也要把等创新源头动力不足、基础研究人才缺乏等“短板”补上。唯有如此，深圳国际科技产业创新中心建设的目标方可实现，创新驱动发展之路也才能行稳致远。

（南方网 2017 年 2 月 22 日）

深圳：加快完善创新创业生态体系

从珠江口的宝安智谷到坂雪岗科技城的华为总部基地，从大亚湾旁的大鹏海洋生物产业基地到坪山区新能源汽车产业集群，行走在深圳，处处都能感受到深圳国家自主创新示范区抢抓改革发展先机，实施创新驱动战略带来的创新创业热潮。

立足优势 创新元素齐汇聚

成立于 2014 年 5 月份的深圳国家自主创新示范区是我国首个以城市为基本单元的国家自主创新示范区，总面积 397 平方千米，涵盖了深圳 10 个行政区和新区的产业用地，相当于在深圳圈定了一个“科技特区”。

深圳建设国家自主创新示范区，已有经济特区开发开放和制造业多年累积打下的坚实基础——不仅在于其遥遥领先的国际专利申请量和研发投入，更在于其根植于“双创”沃土、相对完善的产业链与创新链。

曾在美国硅谷工作多年的谢帼望，回国后在深圳创办了一家智能硬件孵化器公司。她说，深圳有着高密度的供应链和高效的生产能力，硬件产品从构想到成品，再到小批量生产，转化速度极快，是公认的“硬件创业天堂”。

深圳还有国内首屈一指的创投环境和孵化氛围。已投资过多家企业的松禾资本创始合伙人罗飞说，深圳创业投资机构和孵化器众多，有着广泛的产业资源。“这本身就是一个庞大的资源池，不同项目之间总能产生一些奇妙的‘化学反应’。比如，一个运动耳机的团队入驻一个孵化器，其背后的资本曾经投资过国内最大的跑步社交软件，这样两个项目就有了共享渠道和资源的可能。”罗飞说。

南山区是深圳国家自主创新示范区的核心区域之一，这里汇聚了超过 200 家众创空间、1700 多个团队和 6500 多名创客，已经形成了大企业“顶天立地”、小企业“铺天盖地”，既有“参天大树”又有“小苗苗”的创新创业“雨林”生态。

深圳市科技创新委员会主任梁永生表示，深圳科技发展和创新能力建设已经取得令人瞩目的成绩，要立足于现有优势，激发全社会创造活力，构建更加完善的综合创新生态体系，建成“更高水平”的国家自主创新示范区。“简单地说，就是在人才、载体和企业三大关键创新因素的支撑下，进一步推进深圳科技发展和创新能力建设，服务产业、引领产业，并且部署前瞻基础研究。”

不同于一些自主创新示范区“一区多园”的建设模式，深圳国家自主创新示范区的核心任务之一，就是要建成集合包含人才资源、基础研究、科技服务、金融支持、商业模式等诸多创新元素在内的区域综合创新生态体系。

强化服务 顶层设计显特色

曾有专业人士直言深圳创新发展的不足和短板：核心技术自主创新能力仍需增强，一些关键领域的研发能力不足，部分高新技术产品附加值还不高；缺乏高水平的开放式国际交流平台，科技服务机构的对外开放意识和涉外业务开拓能力相对落后。

针对这些不足，两年多来，深圳注重规划引领，着力完善创新政策体系，强化示范区政策顶层设计，在已有的科技创新促进条例、技术转移条例、自主创新“33 条”等一系列政策措施的基础上，深圳出台国家自主创新示范区发展规划、空间布局规划和建设实施方案；2016 年 3 月份出台《关于促进科技创新的若干措施》等系列政策，就“优化综合创新生态体系，打造创新创业生态区”制定了“强化知识产权保护和运用”“支持众创空间建设发展”“强化金融对科技创新的服务支持”等诸多措施。

2016年10月份，《深圳经济特区国家自主创新示范区条例（草案）》首次提请深圳市人大常委会审议。《条例（草案）》提出，政府职能从研发管理向创新服务转变，政府不再直接管理科技项目;建立创新型产品和服务政府首购制度，为产品更好地开拓市场“加油”；允许取得香港执业资格的专业人士直接为前海深港现代服务业合作区内的组织和个人提供专业服务等。

综合开发研究院（中国·深圳）副院长曲建对记者说，一揽子体现“深圳服务”特色的政策设计，有助于进一步形成“小政府、大社会”的管理格局，将破除科技创新领域的体制机制障碍，助力深圳建设综合创新生态体系，为建设更高水平的国家自主创新示范区提供制度保障。

补齐短板 紧缺人才蜂拥至

深圳在人才数量和结构上面临着高技能人才缺口大、高层次人才比例小、人才分布不均衡等突出矛盾。不集聚科技人才，那么增强科技创造原动力、提高创新国际竞争力将成为一句空话。深圳选择以“促进人才优先发展”作为突破口，培养引进高精尖人才和紧缺专业人才。

2016年3月，《关于促进人才优先发展的若干措施》出台，提出20条81项措施178个政策点，涵盖人才引进、培养、评价、流动、使用、激励等各个环节，重点着眼于破除束缚人才的体制机制障碍，聚天下英才而用之。“人才新政”出台后，人才安居、医疗、教育、出入境便利等配套措施先后落地。

澳大利亚国家工程院外籍院士刘科是全球知名能源专家，2016年他作为“杰出人才”来到深圳，受聘于南方科技大学就任清洁能源研究院院长。如今，他已将工作重心转到深圳，正带领南方科大相关团队攻关清洁能源项目。“人才新政”出台后，已有5名全职院士扎根深圳;深圳还新认定“孔雀计划”人才388人，高层次人才和团队接踵而至。

各类创新人才和团队为这座创新之都带来了不竭的创新动能。仅2015年以来，深圳已新组建智能机器人、基因免疫治疗、神经科学、大数据、石墨烯等一批新型研发机构。截至2016年底，深圳市级以上重点实验室、工程实验室、工程中心和企业技术中心等创新载体累计达1487家，其中国家级创新载体94家。

不仅要引进人才、留住人才、用好人才，还应就地培养创新人才。深圳要在国际创新竞赛中由“跟跑”变为“领跑”，做好前瞻性基础研究尤为重要。

高等教育一直是深圳的“短板”，如何突破？深圳另辟蹊径，通过高起点筹建高校、引入知名高校共建深圳校区、兴办特色学院等改革创新之举奋起直追。两年来，清华-伯克利深圳学院、香港中文大学深圳校区已经开始招生教学，北京大学、清华大学、中国人民大学、中国科学院大学、武汉大学等国内知名高校与深圳签约共建深圳校区。2016年10月，《关于加快高等教育发展的若干意见》出台，提出到2025年，深圳将建立国际化开放式创新型高等教育体系，建设成为南方重要的高等教育中心。

两年多来，深圳推出的供给侧系列政策举措，源源不断地为国家自主创新示范区补给创新要素，创新基础能力建设实现重大跨越，创新型经济主引擎作用更加突出。

（《经济日报》2017年1月16日）

创新成为深圳经济发展主引擎

科技是国家强盛之基，创新是民族进步之魂。

习近平总书记指出，“国家要走创新发展之路”。2015年1月，习近平总书记对深圳工作做出重要批示，要求深圳牢记使命，勇于创新，不断增创新优势、迈上新台阶。

几年来，深圳牢记习近平总书记的嘱托，坚持创新驱动发展战略，抢抓新一轮科技和产业变革战略机遇，努力建成更高水平的国家自主创新示范区，通过打造综合创新生态体系，持续加大研发投入，加强创新载体建设，涌现出一大批创新型企业，创新成为推动深圳经济发展的主引擎。

谋创新就是谋未来。深圳30多年来跨越式发展，可以说每一次都是踩准节奏、不断主动升级的结果。从深圳速度到深圳质量，深圳创新发展理念，坚持质量引领、创新驱动，推进新一轮创新发展战略布局，加快建设国际科技、产业创新中心。深圳，这座创新之城，正全力加速“领跑”。

转型升级 先进制造和新兴产业蓬勃发展

今年2月，深圳企业海能达中标俄罗斯2017年FIFA联合会杯及2018年FIFA世界杯Tetra通信网络建设项目。近几年，无论是北美电力、中哈油气管道，还是英国司法部、甚至英女王诞辰60周年安保系统，以及F1方程式、世界杯足球赛等各类国际“高大上”的重要场合，海能达越来越频繁地出现。

海能达等企业成为深圳推动产业转型升级、实现创新发展的鲜活企业“样本”。

正当全球经济面临新旧动能转换之际，深圳在发展高新技术产业的同时，毅然淘汰高耗能、高污染、低产出的产业，布局战略性新兴产业和未来产业，推动产业转型升级。

“深圳从2009年开始实施战略性新兴产业规划，2013年底出台未来产业规划，目前形成了相对比较完备的战略性新兴产业发展规划。”市发改委相关负责人介绍。

新能源汽车、医疗设备、基因检测……一个个新兴产业在深圳崛起，从深圳走向世界。

发力先进制造，挺起制造业这一实体经济的“脊梁”。2016年，深圳出台支持科技创新、企业提升竞争力、人才优先发展等三大重磅政策，其中诸多措施为制造业做大做强注入了新的动力。

深圳转型升级成效显著，战略性新兴产业和先进制造业迅猛发展。2016年，深圳战略性新兴产业对GDP增长贡献率提高到53%，先进制造业占工业比重超过70%。

创新驱动 加速向引领式创新迈进

近几年全球经济持续低迷，深圳经济一枝独秀，持续增长。华为、大疆等一批高科技企业的增速，领先全球同行，全球竞争话语权不断增强。

唯有创新才有出路。在深圳，创新基因早已融入城市的血脉。

深圳把创新提高到城市发展战略的高度，加强创新体系顶层设计，深圳先后出台全国首部国家创新型城市总体规划、促进科技创新的地方性法规、自主创新“33条”、创新驱动发展“1+10”文件等系列政策，构建了覆盖各领域的创新政策体系，在全国率先提出了创新驱动发展战略作为城市的主导战略。

“深圳提出了下一步科技、产业创新发展的‘十大行动计划’，今年一季度启动基础研究机构、诺贝尔奖科学家实验室和海外创新中心的建设工作。”市科技创新委相关负责人表示。

新的创新载体加速落户深圳。目前，中国内地首个以诺贝尔奖得主命名的研究机构——南科大格拉布斯研究院，其办公楼正在进行装修，工地一片忙碌。南科大格拉布斯研究院执行院长张绪穆告诉记者，研究院定位为超前规划、超高标准配置的国际顶尖级别的研究平台。

世界一流、诺奖级，是格拉布斯研究院的招牌，它从一个侧面显现出深圳建设国际科技、产业创新中心的雄心壮志。几组数据，折射出深圳的创新活力。2016 年，深圳全社会研发投入超过 800 亿元，占 GDP 比重提高至 4.1%，超过欧美发达国家水平；PCT 国际专利申请量增长约 50%，占全国一半，连续 10 年位居全国各大城市之首；全市拥有国家、省、市级各类创新载体 1493 家，覆盖经济社会发展主要领域，为强化原始创新提供了有力支撑。

深化双创 激活全民智慧点燃“双创”激情

2013 年，海归博士黄源浩带着核心团队来到深圳，在南山区租了一间不大的办公室，成立了奥比中光。不久，黄源浩的 3D 传感团队获得深圳市“孔雀计划”团队第一名，市政府支持了 4000 万元资金。

短短几年间，在 3D 传感领域，奥比中光与微软、苹果、英特尔等国际巨头媲美，苹果、微软、英特尔之后，全球第四家量产 3D 传感器的公司，申请专利超过 120 项，相关技术领先全球。

黄源浩等创业家书写了精彩动人的创业篇章，深深打上了深圳的烙印。还有无数创业者在继续践行他们的创业梦想。

为促进创客发展，推动大众创业、万众创新，激发全社会的创新创业活力，深圳先后出台了《深圳市促进创客发展三年行动计划（2015—2017 年）》《深圳市关于促进创客发展的若干措施（试行）》等政策，设立 5 亿元创客专项资金和 3 亿元创客基金，从创客空间、创客人才、创客服务等方面全方位支持创客发展。

目前，全球五百强在深圳设立总部的数量已突破 275 家。深圳正成为全球“创客之都”，培育了 40 家创客服务平台和 194 家创业孵化载体。目前，深圳经认证和资助的孵化载体（包括创客空间和孵化器等）共 180 家，在孵企业 6000 余家。到 2017 年底，预计全市创客空间数量将超过 300 家。

创新城市的创业激情被彻底点燃。自率先启动商事登记制度改革以来，深圳累计实有商事主体逾 265 万户，深圳创业密度居全国大中城市首位。商事制度改革简政放权，有效激发了市场活力，深圳商事主体呈“井喷式”增长，有力促进了大众创业、万众创新。深圳，已成为名副其实的创业之都。

（《深圳特区报》2017 年 3 月 5 日）

全球坐标系下的深圳创新发展新动能

“从‘Copy to China’（拷贝到中国）到‘Copy from China’（从中国拷贝），说明我们已经为世界发展贡献越来越多原创的东西。”今年全国“两会”上，马化腾的这句话火了。

在创新界人士看来，这不仅为中国互联网领域的自主创新“正”了名，更成为对深圳近年来创新发展的最佳注解。

从 20 世纪 80 年代靠劳动力要素，90 年代依靠资本投入，到 21 世纪的今天，科技创新已成为这座城市经济增长的重要推动力。

如今的深圳，不仅获批成为我国首个以城市为基本单元的国家自主创新示范区，2016 年更是定下了建设国际科技、产业创新中心的历史性目标。多重力量的相互作用下，自主创新正日益成为这座雄心勃勃城市的一张名片。

在5日全国“两会”发布的政府工作报告中，李克强总理明确提出，以创新引领实体经济转型升级。“实体经济从来都是我国发展的根基，当务之急是加快转型升级。要深入实施创新驱动发展战略，推动实体经济优化结构，不断提高质量、效益和竞争力。”

时代的嘱托，国家的期待，无疑将风头正劲的创新先锋城市——深圳推向前台。

当创新按下加速键，在深入实施创新驱动发展战略的强大信号背后，在全球新一轮科技革命和产业变革中，这座城市正在进行怎样的思考？未来，又将如何在全球坐标系下逐梦发力？

从“抄袭”到“被抄袭”
引领式创新助力深企竞逐全球话语权

一组数据可以说明深圳目前的创新实力到底有多强。2016年，深圳全社会研发投入超过800亿元，占GDP比重达4.1%，超过欧美发达国家水平；PCT国际专利申请量增长约50%，占全国一半。

资料显示，仅2016年深圳就获得16项国家科技奖。一个又一个的创新成果背后，手握“自主创新”密码的深企们，开始加速进军国际市场，进而重构世界产业版图。

在通信技术领域，谁掌握了标准技术，谁就拥有了话语权。而由此衍生的标准必要专利（SEP）已成为各科技大厂合法抢占市场占有率与巩固核心技术的手段或武器。

2016年11月18日，在美国内华达州里诺结束的3GPPRAN第187次关于5G短码方案讨论的会议上，深圳华为推荐的PolarCode（极化码）方案获得认可，成为5G控制信道eMBB场景编码的最终解决方案。

相比3G时代最后一刻挤入标准、4G时代做跟随者，如今中国企业成为5G标准的重要参与者可谓让人欢欣鼓舞，这也标志着中国公司首次进入基础通信框架协议领域。

华为不是唯一。2016年8月，《纽约时报》专门为腾讯微信做了一个短片，名为《中国如何正在改变你的互联网》，该短片用了整整5分钟时间着重介绍了微信（WetChat）带来的震撼，以至于欧美公司也竞相“抄袭”。

当华为、腾讯等行业巨头正马不停蹄地处理着来自全球客户源源不断的订单时，蛰伏在深圳各处成千上万的“独角兽”们也开始默默崛起，竞逐全球话语权。

在龙岗大运软件小镇的一间厂房里，柔宇科技世界首条超薄柔性显示模组及柔性触控量产线高速运转。据了解，创建于2012年的深圳市柔宇科技有限公司从创立之初便在深圳和美国硅谷均设有研发中心，其核心技术领域之一是创造了当前世界纪录的新型超薄彩色柔性显示器，其厚度仅有0.01毫米，卷曲半径可达1毫米。

而柔宇科技新型超薄彩色柔性显示技术还因其壁垒高，被国际学术界和工业界广泛认为是21世纪最具颠覆性和代表性的电子信息革命者之一，有望创造下一代信息产业的新生态。

布局创新系统生态“补短板”
“十大行动计划”助力特区深度突围

唯有创新，才有出路。

近年来，尽管深圳把创新提高到城市发展的战略高度，不断加强创新体系顶层设计，先后出台全国首部国家创新型城市总体规划、促进科技创新的地方性法规、自主创新“33条”、创新驱动发展“1+10”文件等系列政策，但大型科研基础设施少、一流研究型大学和综合性科研机构不多、基础研究人才缺乏、原始创新能力不强等问题依然困扰着深圳。

“深圳的创新既有成绩，也有一些短板。国家‘十三五’规划明确深圳科技、产业创新中心的定位，深圳将面临新的发展需求。”在1月17日举行的深圳市六届人大三次会议记者会上，广东省委常委、深圳市委书记、市长许勤在回答记者提问时表示，深圳将在2017年起实施“十大行动计划”，对新一轮创新驱动发展和产业升级进行布局。

从个案创新到系统生态布局，在观察人士看来，“十大行动计划”将助力特区在创新发展上深度突围。

据了解，“十大行动计划”包括十个重大科技基础设施、十大基础研究机构、十大诺贝尔奖科学家实验室、十大科技产业转型专项、十大海外创新中心、十大制造业创新中心、十大未来产业集聚区、十大生产性服务业公共服务平台、十大“双创”示范基地和十大人才工程，涵盖了创新硬件、基础设施、人才引进、空间载体、产业布局等从创新源头到产业链上下游及配套服务等方方面面。

其中，在布局十大重大科技基础设施这一项中，深圳将力争在信息科学与安全、生命科学与健康等领域建设国家实验室，加快推进未来网络实验设施建设和深圳超算中心扩容，规划布局国家基因库二期、生物医学大数据等重大科技基础设施。

在实施十大科技产业转型专项中，将集中资源加大研发、产业化、应用等链条支持力度，加快在石墨烯、微纳米、机器人、5G 移动通信、金融科技、VR/AR 等 10 个领域出台专项支持计划，抢占前沿技术产业化先机，增强创新型经济发展后劲。

目前，国内首个以诺奖得主命名的研究机构——深圳格拉布斯研究院已经揭牌，该实验室由南方科技大学与诺贝尔化学奖得主罗伯特·格拉布斯（Robert H. Grubbs）合作建立，是中国内地首个以诺贝尔奖得主命名的研究机构，将建成世界领先的新医药、新材料、新能源领域的科研中心。

主动融入粤港澳大湾区
全力打造世界经济新增长极

今年全国“两会”期间，粤港澳大湾区建设也成为关注热点。

而在总理的政府工作报告中，更是明确提出，要推动内地与港澳深化合作，研究制定粤港澳大湾区城市群发展规划，发挥港澳独特优势，提升在国家经济发展和对外开放中的地位与功能。

放眼全球，湾区经济的发展潜力已经过了充分验证。全球 60% 的经济总量集中在入海口，世界上 75% 的大城市、70% 的工业资本和人口集中在距海岸 100 千米的海岸带地区。纽约湾区、旧金山湾区、东京湾区等世界一流湾区，都具有湾区经济典型特征，成为带动全球经济发展的重要增长极和引领科技创新的领头羊。

视野拉回深圳。加快建设国际科技、产业创新中心，除了实施“十大行动计划”等新一轮战略布局外，如何在全球坐标系下谋划开放布局，主动融入粤港澳大湾区发展大潮中来，也是深圳当下重塑开放发展新优势的一项重大战略。

在年初市政府工作报告中，深圳明确表示，将把携手建设粤港澳大湾区作为重塑开放发展新优势的重大战略，以创新投资贸易规则为突破口，以构建新的战略通道为抓手，以区域协同联动为支撑，实现更高水平内外联动和双向开放。

具体而言，深圳将拓展深港澳紧密合作新空间。以香港回归 20 周年为契机，全方位加强与香港在经贸、金融、教育、科技等各领域合作，谋划启动一批重大合作项目，加快落马洲河套地区深港合作开发，建设深港创新及科技园，探索深港 VC/PE 通等。深圳还将进一步加强与澳门在文化创意、特色金融、旅游等领域合作，联手开拓葡语国家市场。

其次，深圳将打造前海蛇口自贸片区高水平对外开放门户枢纽。突出制度创新核心任务，对照最高标准，加大投资贸易规则、跨境金融等创新力度，形成更多可复制可推广的创新成果。

与此同时，深圳还将坚持依托香港、服务内地、面向世界，加快前海深港现代服务业合作区建设，打造深港基金小镇，全年新引进港企 2000 家以上、香港青年创新创业团队 80 余个。推进桂湾金融先导区等建设提速，全年完成固定资产投资 420 亿元以上。

在中国综合开发研究院副院长曲建看来，粤港澳大湾区可谓是给了深圳一个展示建设全球创新中心的广阔区域，深圳可以自行选择相对应的创新要素，从而推动整个区域的发展。“这需要深圳的眼光不能只看到深圳，而是要着眼于整个粤港澳大湾区，最终目标是要带动整个中国从大国走向强国。”

“两会”声音

全国人大代表马化腾：深圳可建立科研项目全球悬赏制度

“应支持深圳在构建开放创新体系上先行先试，除了建立与国际接轨的人才招聘、科研资助制度，还可以建立科研项目全球悬赏制度，利用全球创新资源。”5日，十二届全国人大五次会议开幕，全国人大代表、腾讯公司董事会主席兼首席执行官马化腾提交了《关于支持深圳加快建设国际科技、产业创新中心的建议》，希望深圳建设创新特区，在新经济市场准入、行业监管等方面综合授权、先行试点，率先营造国际领先的创新创业制度环境。

“北上深应代表国家参与全球竞合格局”

马化腾认为，创新正加速重塑全球经济版图和力量格局，无论是国家间的竞争，还是城市间的比拼，都突出表现在创新能力和产业结构的较量上。根据国际经验，科技强国一般都有若干个科技、产业创新中心，如美国有洛杉矶、旧金山、休斯敦等世界知名的创新中心，德国有慕尼黑、德劳斯顿、帕德博恩等欧洲一流创新中心。

而深圳连续三年位居福布斯“中国大陆城市创新力”排行榜首位，国家级高新技术企业占广东省的一半，形成了大企业“顶天立地”、中小企业“漫山遍地”的企业发展格局，在产业基础、创新能力、创新文化、创新环境等方面均具备一定优势，综合创新生态体系完善。

“我国在全球创新格局中位势还不高，创新发展的经验还不足，需要深圳等具备条件的地区发挥先行先试作用。国家‘十三五’规划纲要已明确要‘加快建设深圳科技、产业创新中心’，这有利于形成深圳与上海、北京等城市一起，共同代表国家参与全球竞合的格局，抢占世界科技创新与产业发展制高点。”马化腾说，建设具有国际影响力的科技、产业创新中心，也有利于打造一批世界先进城市。

“建立与国际接轨的海外高层次人才招聘制度”

马化腾建议，深圳应发挥特区立法权，率先制定实施促进科技创新、发展新经济的法规，并在新经济准入监管制度改革上先行先试，对按现行规定需要审批准入的新技术、新产品、新业态、新模式，允许深圳率先制定相关标准规则，建立风险可防可控的管理机制，在市域范围内开展。

“另一方面，对比纽约、伦敦、北京、上海等国内外其他创新中心，深圳重大科技基础设施建设滞后。建议国家发改、科技等部门根据国家战略需求和市场导向，支持在深圳布局信息科学、生命科学等国家实验室，及新能源汽车、下一代通信技术等国家工程实验室。”

此外，马化腾还建议深圳在构建开放创新体系上先行先试，在海外高层次人才引进上，建立与国际接轨的人才招聘、科研资助制度，完善外籍人才居留权制度，开展技术移民试点。

全国政协委员梁志敏：将深圳打造成全球新技术新成果转移转化先导区

来自深圳的全国政协委员梁志敏提出，在新一轮科技革命中，深圳要发挥创新驱动发展排头兵作用。

梁志敏在日常工作中接触过很多高新科技型企业。他认为，深圳在产业基础、创新能力、创新文化、创新环境等方面，具备了建设国际科技、产业创新中心的基础，但也面临重大科技基础设施偏少、高端创新资源不足、当前市场准入和监管体制机制制约新经济快速发展等问题。

梁志敏建议，国家应支持深圳根据国家战略需求和市场导向，自主规划布局重大科技基础设施，集聚高端创新资源，实现资源优化配置；支持深圳在营造创新创业法治环境、新经济市场准入和监管机制等方面综合授权、先行试点；支持深圳在吸引国际优秀人才、参与国际创新合作及国际交往等方面，探索建立更加开放、更具国际竞争力的体制机制，打造全球新技术、新成果转移转化的先导区。

（《南方日报》2017年3月6日）

深圳开放创新受世界瞩目

深圳正向世界展现开放、创新的新形象和独特魅力。在博鳌亚洲论坛活动期间，深圳市政府与博鳌亚洲论坛秘书处联手举办了以“深圳·开放之城 创新之都”为主题的投资交流活动，来自国内外政、商、学界的知名人士和嘉宾共同感受深圳“开放之城”“创新之都”的魅力。

此间人士评价认为，开放和创新已融入这座城市的血脉，深圳的成功不仅在于速度，更在于实现了有质量的稳定增长，通过动力转换保持着中高速的持续发展。

开放的深圳是全球的机遇

1980 年，中国在深圳设立第一个经济特区，将其作为改革开放的窗口。自此，世界各地的资金、技术和项目陆续来到深圳，并通过这个窗口打开 960 万平方千米的巨大市场。

目前，在深圳登记的商事主体累计 265 万户，其中企业总数达 150 万户；平均每千人拥有的商事主体达 236 户，每千人拥有的企业达 134 户，高端企业密度居全国首位。其中，前海成为全市新登记外资企业首选区域。深圳开办企业便利度在广东 21 个地级市中排名第一。

世界 500 强在深圳的投资再创新高。2016 年以来，美国苹果华南运营中心、美国高通深圳创新中心、美国微软物联网实验室、美国微软教育产业联盟创新中心、新兴际华国际总部等世界 500 强项目相继落户深圳。目前，在深投资的世界 500 强企业总数累计达到 275 家，且跨国企业投资向高端领域迈进。

据统计，深圳自建市以来，实际外商直接投资额累计约 842.5 亿美元，对外开放取得了显著成就，成为中国内地市场经济最活跃的地区之一。

深圳的对外贸易全国领先，出口规模连续 24 年居全国内地城市首位，出口目的地遍布全球 226 个国家和地区。2016 年前 11 个月，深圳对“一带一路”沿线国家累计进出口 621.20 亿美元，其中出口 373.80 亿美元，以高新技术产品出口为主。

作为开放之城的深圳，“朋友圈”也越来越大。83 座国际友好交流城市的足迹遍布全球 53 个国家（地区）。根据规划，到 2020 年，深圳国际友好交流城市将达到 100 个，并将重点在美洲、中东欧和“一带一路”沿线拓展新朋友。目前，深圳机场共开通国内外客运航线 179 条，并实现了欧美澳直飞。

深圳谋划全球创新版图

深圳将创新提高到城市发展的战略高度，取得了显著效果。近几年，全球经济持续低迷，以创新为特色的深圳实体经济却一枝独秀，呈现出持续快速增长的健康态势，华为、大疆、优必选、华大基因、腾讯等一批高科技企业的增速更是领先全球同行。

统计显示，2016 年深圳实现生产总值 19492.60 亿元，同比增长 9.0%。其中，“三新”经济增加值 9827.45 亿元，占 GDP 比重 50.4%。全社会研发投入超过 800 亿元，占 GDP 比重提高至 4.1%。PCT 国际专利申请量增长 50%，占全国一半。国内发明专利申请量增长 40%。

深圳市委、市政府积极践行“五大发展理念”，主动适应和引领经济发展新常态，着力推进供给侧结构性改革，坚持质量引领、创新驱动、转型升级、绿色低碳发展方向，全力推动有质量的稳定增长和可持续的全面发展，实现了“十三五”的良好开局。

目前，深圳拥有国家级高新技术企业 8037 家，约占全省总数的 40%，这也是深圳战略性新兴产业增加值能占到 GDP40% 的原因之一。根据规划，深圳到 2020 年的全社会研发投入占 GDP 比重将达 4.25%，国家级高新技术企业预计超过 1 万家，战略性新兴产业规模达 3 万亿元。

深圳作为国家知识产权示范城市、首批知识产权区域布局试点城市，知识产权工作走在全国前列。截至目前，深圳出台了 20 多个与知识产权相关的指导文件和法规，设立了国内第一个知识产权法庭，为创新营造了良好的环境。

根据国际知识产权组织统计，截至 2016 年底，深圳累计有 69347 件 PCT 国际专利。在全球创新能力活跃的各大城市中，深圳居第二名，仅次于东京，领先硅谷、首尔等知名地区。

深圳良好的创业环境和人才政策，吸引高端人才纷至沓来，仅 2016 年，深圳就新引进全职两院院士 7 人，使这里的院士总数达到 17 人；新引进高层次人才 1229 人，"孔雀计划"团队 12 个；新引进回国留学人员 1.05 万人，同比增长 49.3%，总数超过 8 万人。

打造一流营商环境共赢未来

在今年全国"两会"上，粤港澳大湾区首次写入政府工作报告，有关部门还将研究制定粤港澳大湾区城市群发展规划，作为国家层面的经济规划。

深圳市投资推广署负责人表示，深圳正在全球坐标系下谋划全方位开放布局，将把粤港澳大湾区城市群发展作为重塑深圳开放发展新优势的重大战略机遇。深圳将致力于打造成为粤港澳大湾区城市群的创新型综合枢纽城市，全球创新、现代服务和优质要素集聚的枢纽城市，与香港、澳门、广州一起发展成为世界级首位城市组合体。

除粤港澳大湾区的发展红利外，深圳"十三五"规划也蕴含着大量投资机遇。深圳计划到 2020 年 GDP 达到 4000 亿美元左右的水平。这意味着，未来几年内，深圳年均经济增速将保持 8.2% 左右的中高速水平。

"十三五"期间，深圳计划推进的基础设施项目达 362 个，包括 40 个轨道交通工程、22 个港口机场工程、81 个道路系统工程和 28 个供水保障工程等，总体投资规模将超过 2000 亿美元。这其中不仅蕴藏着巨大的投资商机，也意味着未来深圳的综合营商环境将更加完善。

（《深圳特区报》2017 年 3 月 27 日）

坚定不移深化科技创新供给侧结构性改革

中共中央总书记、国家主席、中央军委主席、中央全面深化改革领导小组组长习近平 3 月 24 日上午主持召开中央全面深化改革领导小组第三十三次会议并发表重要讲话。会上，广东省委常委、深圳市委书记、市长许勤就深化科技创新供给侧结构性改革等情况做了汇报。

习近平总书记指出："加强科技供给，服务经济社会发展主战场。""科技供给"的重要论断启示我们，科技创新不仅引领和助推各领域的供给侧结构性改革，而且本身就是一种供给; 在科技创新方面，同样需要进行供给侧结构性改革，不断闯出新路子、开辟新境界。

科技创新，应当成为有效供给，响应现实发展需求，为全面提升城市质量提供坚实支撑。科技创新既要追求知识和真理，也要服务于经济社会发展和广大人民群众，科技创新成果应当应用于实现现代化的伟大事业中。对一座城市来说，科技创新应当助推其发展蓝图的实现，科技创新供给侧结构性改革须和城市全面发展一道部署、一道推进。对深圳而言，持续打造深圳质量、深圳标准，争当供给侧结构性改革排头兵，在落实"一带一路"倡议和推动粤港澳大湾区建设上发挥战略支点和核心引擎作用，加快建设现代化国际化创新型城市和国际科技、产业创新中心，都需要注入科技创新产生的动力。

科技创新，应当不断提高供给质量。将创新作为主导发展战略的城市，当有拿云之志，瞄准全球科技制高点，集聚高端创新资源，在战略性新兴产业和未来产业领域深度布局、强劲发力。这就需要更加注重原始创新在科技创新活动中的核心地位，以原始创新成果和重大原创性成果引领科技发展，以基础研究的突破来引领技术创新。集成创新和跟随创新，也应注重突破和超越，力求掌握更多重要关键技术、力求获得更多自主知识产权。

作为全国首个以城市为基本单元的国家自主创新示范区，深圳以科技创新提升经济等各领域发展质量，交出了一份份合格答卷。目前，深圳大力支持应用基础研究机构在深发展，一批基础研究中心已经启动建设。高级别创新平台和载体加速破壳而出，高端创新人才纷至沓来。深圳当有信心在科技创新供给侧结构性改革中走在前列，为城市发展质量全面升级提供强大驱动力。

（《深圳特区报》2017 年 3 月 27 日）

深圳“筑巢引凤”汇聚创新龙头

4 月，中国 IT 领袖峰会将又一次在深圳拉开帷幕。峰会以“迈进智能新时代”为主题，聚焦人工智能、大数据、区块链、物联网等颠覆性技术的发展，这些前沿领域恰与深圳追求创新的科技及产业路径相契合，深圳全市投资推广系统也将跟往年一样，借力峰会这个高端平台，对外展示深圳的投资发展优势，吸引国内外创新资源，尤其是 IT 龙头企业在战略规划中“选择深圳”。

“对于深圳来说，招商引‘资’除了关注‘资金项目’，更需要关注新产业、新技术、新模式、新业态等引领未来经济发展的创新资源。”市投资推广署相关负责人表示，关注“四新”是深圳招商引资工作的常态，体现出深圳招商思路的日趋成熟。深圳全面实施“筑巢引凤”战略，尤其是深耕人工智能等 IT 前沿细分领域，并实施产业链招商，通过不断优化城市营商环境来持续引进全球创新资源、汇聚全球创新龙头，助力深圳加快建设国际科技、产业创新中心。

全球 IT 创新资源在深形成汇聚态势

去年 10 月 20 日，美国高通公司深圳创新中心宣布开业，高通将整合和强化其在深圳的资源和投入，配备多个领先的实验室，设立美国之外的全球首个无线通信和物联网技术展示中心，展示高通在无线通信和物联网领域的领先技术和解决方案。

创新中心落子深圳，充分体现了高通对深圳科技创新能力及中国市场的重视。据悉，高通是深圳投资推广工作重点关注的企业，历时一年多，在其业务调整的关键时期，积极促成了其在深圳整合华南业务。

准确把握世界 500 强企业环节化投资趋势，正是投资推广工作扩大深圳总部企业版图、抓住龙头企业的一个秘诀。

去年“双创周”期间，苹果 CEO 库克宣布苹果公司计划在深投资设立深圳研发中心项目。库克表示，苹果将利用深圳在硬件、软件、先进制造技术开发和知识产权等领域的人才和能力，激发公司更多的创新并且实现效率提升。

今年初，重点项目再结硕果，由深圳市引导基金参与的厚朴——ARM 创新基金正式成立。据悉，2015 年以来，深圳主动与 ARM 公司建立起联系，2016 年 5 月，ARM 携手中科创达公司在福田区成立安创空间加速器，结合 ARM 全球生态系统资源的创业孵化加速服务，促进中国智能硬件行业创新和物联网产业发展。2016 年 6 月，ARM 与厚朴投资签署战略合作协议。

创新是深圳的灵魂，也是深圳的城市发展战略。全球 IT 创新资源已逐渐在深圳形成汇聚态势。像上述这样的国际 IT 龙头企业与深圳这座城市共谱产业创新乐曲的故事，近年来层出不穷。截至去年，累计在深投资世界 500 强企业已达到 275 家。

去年，全市投资推广系统发挥产业引领作用，不仅聚集了美国高通创新中心、美国苹果华南运营中心等一批科技巨头研发和创新中心，在物联网尖端技术领域还吸引了美国微软物联网实验室等项目。在深化机器人产业招商方面，重点引进了日本发那科华南区总部以及德国库卡机器人应用研发中心，并积极促成美国英特尔硬蛋机器人创新中心、瑞士 ABB 新能源业务研发制造中心落户。此外，英特尔、微软、夏普、浪潮、国美、oppo 等国内外 IT 行业巨头也相继在深布局相关项目。

人工智能“独角兽”争相落户深圳

从产业实际出发，深圳的投资推广工作体现出一大特点，即围绕重点领域实施产业链招商，精准满足发展需求。以人工智能为例，深圳以超前眼光布局，在优质企业引进上可谓不遗余力，近年来，人工智能“独角兽”争相将科研团队、产业项目在深圳落户。

据悉，为了加快人工智能产业招商，深圳及时跟踪前沿产业发展潮流，在深入研究产业链的同时，积极引进产业链核心企业商汤集团业务运营中心、台湾 HTC VR 应用孵化平台及 VR 研究院、美国深识全球 VR 专利库等项目，重点吸引人才资源，为产业发展储蓄技术能力。

去年 12 月 8 日，商汤科技与深圳市投资推广署签署合作，商汤集团业务运营中心宣布落户深圳，这是深圳在人工智能领域引进的又一家“独角兽”企业。据悉，商汤集团是世界深度学习领域的领先企业，在人脸识别、图像搜索等方面的技术积累、专利储备与 Google、微软处于同一水平。

“来自智能信息产业的创新型企业的驱动力量，与深圳的城市发展观可谓珠联璧合。”商汤科技的相关负责人表示，深圳已成为创新型业务落户的理想之地。据负责引进商汤项目的工作人员介绍，正在强烈推动商汤项目“升级”，推进在深设立商汤全球总部。

以智能语音交互切入人工智能领域的云知声，2014 年底设立深圳研发中心，次年又设立全资子公司深圳市云知声信息技术有限公司，正是看重深圳完备的产业链条和市场环境，“目前为止，云知声车联网客户近 100 家，市场占有率稳居行业第一，其中 80% 以上的客户集中在深圳。”相关负责人表示非常看好深圳市场前景，将着力把深圳研发中心打造为“人工智能”产品研发和实施中心。

此外，科大讯飞也计划在深圳建立语音及语言信息处理国家工程实验室 - 智能语音电视研发基地和深圳语音云创新创业平台两个项目。

多项措施欢迎企业“选择深圳”

按照总体部署，深圳未来将大力发展新产业、新业态、新产品、新服务，以结构优化促进供给升级，着力构建梯次型现代产业体系，推动战略性新兴产业和未来产业规模化。这也意味着创新型企业在深圳将迎来巨大的发展机遇。

未来五年，深圳加快建设信息经济为先导的智慧城市，深入落实“中国制造 2025”和“互联网 +”行动计划，重点发展第五代移动通信、大数据与云计算、集成电路、新型显示等关键技术，主动对接和提升在国际产业链中的分工布局。全市的创新生态将更加完善，更有助于企业创新和产业升级。

深圳全球投资推广网络日益畅通，为创新资源进一步优化配置打通了脉络。截至 2017 年底，深圳已建成覆盖全球 41 个城市、63 家机构的全球投资推广网络体系，已开通了深圳至德国、法国、日本、澳大利亚、匈牙利等 10 余条创新创业直通车，与 350 余家海内外合作机构建立广泛联系，实现深圳与世界各创新高地在项目、技术、人才、资本等创新要素互联互通。

城市创新环境的优化也离不开优质载体供给的持续发

力。去年，深圳在智能终端、石墨烯、无人机、跨境电商等领域优选布局了6家产业链专业园区，激发各类市场主体投资活力，进一步夯实了优质载体资源供给对产业转型升级的支撑作用。

展望2017年，深圳将继续聚焦下一代通信网络、人工智能、集成电路、新能源汽车、无人系统、精准医疗、区块链、共享经济、跨境电商等前沿产业领域和先进商业模式，坚持“增量优质”的原则，积极引进全球创新资源和大型龙头骨干企业，为我市经济高质量稳定发展提供新动力和活力，助推我市加快建设现代化国际化创新型城市和国际科技、产业创新中心。

（《深圳商报》2017年3月31日）

“无中生有”的科技何以风起云涌
——探寻深圳“引领式创新”发展秘诀

拥有全球最薄的彩色柔性显示屏、无人机占全球八成市场份额、机器人产值1年增长6倍……作为改革开放前沿阵地的深圳，一大批新兴企业在短短几年时间里创造了令全球瞩目的成果和业绩。

这些曾经名不见经传却一跃成为引领行业乃至引领全球的“隐形冠军”企业，正是深圳从模仿跟风、吸收消化的“跟随式创新”，迈向无中生有、从零到一的“引领式创新”的真实写照。

新兴企业创新能力“领跑”全球

近年来，深圳一批具有国际竞争力的创新型龙头企业迅速崛起，一批高成长性的创新型中小企业不断涌现。

创立于2012年的深圳市柔宇科技有限公司“白手起家”，4年多来，实现从0到1、从1到N的转变，目前在国内外储备了700余项知识产权，将产品销售到20多个国家。

“我们拥有全球最薄的0.01毫米彩色柔性显示屏核心技术，将颠覆传统汽车等多个行业的设计理念。”公司董事长刘自鸿说，柔宇成立以来一直致力于自主创新、源头创新。

除了柔宇，深圳在4G技术、超材料、基因测序、新能源汽车、3D显示、无人机等领域的创新能力已跻身世界前沿。华为、中兴分别成为全球最大和第四大通信设备制造商；大疆公司通过技术创新创造消费级无人机新市场，占据全球约80%市场份额，2016年产值突破100亿元，8年增长1万倍；优必选公司产值去年增长6倍。

“近年来，深圳坚持把创新作为城市发展主导战略，推动深圳从当年的‘科技沙漠’成长为生机勃勃的‘创新绿洲’。”深圳市科技创新委副主任邱宣说，30多年来，深圳沿着贸易、代工、模仿及授权生产、开发、创新这样一个顺序拾级而上，正逐步实现从跟随模仿式创新向源头创新、引领式创新跃升，涌现了一批在全球叫得响的创新企业。

目前，深圳市科技型企业超过3万家，国家级高新技术企业累计达8037家，5年增加近6000家，形成了强大的梯次型创新企业群。

创新思路和人才战略至关重要

自2008年以来，深圳制定出台全国首部国家创新型城市总体规划，率先发布促进科技创新的地方性法规，先后出台自主创新“33条”、创新驱动发展“1+10”文件、战略性新兴产业及未来产业规划等系列政策，从财政金融支持、人才支撑、创新载体建设、科技服务业发展等各个方面，形成了覆盖自主创新体系全过程的政策链。

“政府的支持和鼓励让我们放手试、大胆闯。”深圳市汉云科技有限公司董事长鲍伟说，公司2012年成立之初就拿到了深圳市科创委的 60 万元创业资助。今年初，公司还获得 600 万元股权贷款。

不同于国内其他城市，这些年深圳的创新模式享有盛誉，4 个 90% 一直未变：90% 的研发机构、90% 以上的研发人员在企业，90% 以上的研发投入、90% 的发明专利出自企业。

功以才成，业由才广，人才政策尤为重要。“深圳 2011 年以来实施‘孔雀计划’等人才政策，引进海外高层次人才团队，给政策、给补贴、给资源。”刘自鸿说，有了人才，就不用老跟在别人后面跑，可以自主研发核心技术，形成自身的发展能力。

截至 2017 年 4 月，柔宇科技核心团队中已有数百位国内外高端研发和管理人才，包括多位在硅谷及国际学术界、工业界有丰富经验的海内外工程师及博士。截至目前，柔宇已聚集了全球 12 个国家的 700 余位人才。

深圳市人社局数据显示，近 5 年，深圳累计引进广东省珠江人才计划团队 31 个、“孔雀计划”创新团队 76 个、“千人计划”人才 208 名、“海归”人才 7 万多人。

创新永无止境 综合创新生态体系引领未来方向

“未来在云治疗计划系统支配下，肿瘤患者再也不用排队进行漫长的等待。无论你在全球哪个位置，都可以找到顶尖的专业医生远程治疗。”坐落于深圳宝安区的海创时代医疗科技有限公司董事长田峰说，当前的“图像引导”设备制定出治疗计划方案大约需要一周时间，等到方案出来，患者肿瘤的大小、形状和位置早就发生改变，计划始终赶不上肿瘤病情变化。目前公司正在整合国内多家大医院肿瘤患者大数据，届时治疗计划方案仅需几秒钟。

截至 2017 年 4 月，深圳在生物、互联网、新能源、新材料、文化创意、新一代信息技术和节能环保七大战略性新兴产业基础上，先后前瞻布局了生命健康、海洋经济、航空航天、智能装备、机器人、可穿戴设备等未来产业，着力打造梯次型的现代产业体系，培育创新型经济新的增长点。以海创时代、华讯方舟、优必选等为代表的一批高成长性的创新型中小企业，正不断发力源头创新、成长壮大，成为深圳经济增长的重要动力。

“深圳的‘引领式创新’经验告诉我们，在创新驱动时代，必须走出单纯的跟随、模仿创新阴影，创新必须赶在前头，新在最前边。”深圳综合开发研究院常务副院长郭万达说，面对全球竞争新挑战，深圳正着力推进以科技创新为核心的全面创新，促进创新主体协同合作，提升区域创新体系整体效能，加快打造全球领先的创新之城。

（《新华社》2017 年 4 月 23 日）

深圳何以成为“创造之城”

在创新的时代，深圳作为我国一个年轻且具有活力的城市，正加快向全球科技创新高端前沿迈进，在 5G 技术、石墨烯太赫兹芯片、柔性显示、新能源汽车、无人机等多个新兴科技领域的创新能力位居世界前列，涌现出了华为、中兴、光峰光电、华讯方舟、柔宇、优必选等一批优秀的创新型企业。

2016 年，深圳国内发明专利申请量同比增长 40.7%，申请量和授权量均居全国副省级城市第一；万人发明专利拥有量 76.3 件，是全国平均水平的 9 倍以上；主导或参与制定国际标准 249 项，增长 53.7%，累计达 1384 项。深圳已从过去的“山寨之城”转变为如今的“创造之城”。

前瞻布局 构建梯次型产业体系

早在 2008 年国际金融危机之时，深圳就已着手谋划布局发展新兴产业，促进新技术、新业态、新模式等融合创新发展，夯实新经济发展的产业基石。2009 年起，深圳先后出台生物、互联网、新能源、新材料、文化创意、新一代信息技术、节能环保等七大战略性新兴产业规划及配套政策，不断培育和催生新兴业态，并于 2013 年出台了《深圳未来产业发展政策》，提前布局生命健康、海洋、航空航天等未来产业，实施创新驱动发展战略，加快转变经济发展方式，主动淘汰和转型低端落后产业，实现了结构性改革的超前引领。

“十二五”期间，深圳七大战略性新兴产业年均增长 17.4%，约为同期 GDP 增速的 2 倍。2016 年，深圳先进制造业增加值 5428.39 亿元，增长 8.5%；高技术制造业增加值 4762.87 亿元，增长 9.8%。如今，深圳已成为我国战略性新兴产业规模最大、集聚性最强的城市，创新型经济“主引擎”作用不断凸显，梯次型现代产业体系构建卓有成效。

一批创客带着全球前沿科技扎根深圳，创新创业活力全面迸发。2016 年，深圳新增创客空间 81 家、创客服务平台 32 家、孵化器 12 家，7000 余台大中型科研仪器设备向社会开放共享。同年 8 月，创立于美国硅谷的深圳市优权天成科技有限公司带着其全球最前沿的区块链技术落户深圳市盐田区，并在第十八届中国国际高新技术成果交易会中引发各界关注。优权天成首席执行官车克达介绍，其团队均来自哈佛、耶鲁、斯坦福等世界名校及以色列科研机构。公司基于其具有自主知识产权的世界首创的区块链安全与隐私解决方案，正着力开展实物资产的溯源防伪、数据安全管理、数字资产的版权确权等业务。优权天成已被列为未来 5 年盐田区重点发展和扶持的创新企业。

一批高新技术企业成长为行业龙头和领军者。华讯方舟科技有限公司是深圳高新技术龙头企业的典型代表。自 2007 年成立至今，华讯方舟坚持以科技创新为动力、市场结果为导向，实现了从产品话语权到产业链话语权的过渡，通过建设华讯 Ka 高通量同步通信卫星及遥感卫星，打造出从半导体元器件到以太赫兹通讯为主要载荷的卫星宽带网络的全方位产业生态链。2016 年，华讯方舟年产值近 130 亿元。在 2016 年全球卫星大会上，华讯方舟更是凭借其在 Ku、Ka 及 Q 波段卫星通信地面网络和兼容系统产品世界量产第一，成功入选“全球卫星竞争力 TOP10 公司”，填补了国内民用商用通信卫星在该领域的空白。

源头创新 加速成果产业化进程

创新型经济兴起的背后，离不开产学研资的相互作用。近年来，深圳市大力推进产学研合作，加大力度培育引进各式新型研发机构，累计培育了 93 家集科学发现、技术发明、产业发展“三发一体化”发展的新型研发机构，这些机构以其突出的创新能力和巨大的增长潜力，成为引领源头创新和新兴产业发展的重要力量。

其中，中科院深圳先进技术研究院集聚海内外高层次人才 2200 多人，累计培育企业超过 450 家，探索出产业与资本紧密结合的创新发展之路；深圳清华大学研究院累计孵化高新技术企业超过 1500 家，投资和创办 180 多家高新技术企业，培育了 20 家上市公司，为新兴产业的快速发展发挥了重要的孵化推动作用。

“通过产学研资相互作用，精准对接市场需求与技术研发，打通产业化全链条，集成优势资源，实现规模化生产，完成科技成果的增值，再通过良好收益反哺原始创新，如此形成的全链条良性循环，能有效解决科研成果资本化‘最后一公里’的问题，实现科技成果资本化的裂变式发展，企业也因此获得了源源不断的创新驱动力。”中物功能材料研究院副总裁幸智敏告诉记者。

基于此，中物功能材料研究院自 2013 年成立至今，已拥有涵盖国家级技术研发中心、产业化公司、公共技术服务平台、投资公司等在内的 20 家系列机构，构建了“先进材料、公共安全、高端装备、防务信息”四大产业集群，参与制订了 20 多项国家标准，获得近 800 项专利技术。

为进一步加快创新成果产业化进程，近年来深圳市还着力引进了一批海外优秀专家及团队。诺贝尔奖科学家实验室成为深圳高端人才引进和集聚的“重磅”平台。2016 年，南方科技大学与诺贝尔化学奖得主罗伯特·格拉布斯合作建立的深圳格拉布斯研究院揭牌，成为中国内地首个以诺贝尔奖得主命名的研究机构；与诺贝尔物理学奖得主中村修二合作建立的深圳市中光工业技术研究院暨中村修二激光照明实验室落户南山集成电路设计应用产业园；2017 年 4 月，由诺贝尔化学奖得主阿里耶·瓦谢尔教授领衔的香港中文大学（深圳）瓦谢尔计算生物研究院和由诺贝尔化学奖得主布莱恩·科比尔卡教授领衔的香港中文大学（深圳）科比尔卡创新药物与转化医学研究院成立。

集体突围 抢占未来竞争制高点

为实施新一轮创新发展战略布局，加快建设国际科技、产业创新中心，实现创新加快跟跑向并跑领跑迈进，尤其是在以核心技术创新为主的新兴产业和未来产业领域，深圳企业正在抱团突围，集体向全球创新链、价值链攀升，这也成为深圳未来发展的底气。

在今年博鳌亚洲论坛会场中，一款拥有立体导航避障系统的机器人吸引了全球的目光。这款机器人可通过文字、语音、视觉并结合丰富的表情及肢体动作，进行生动流畅的人机对话，为到场来宾提供智慧化服务体验。这就是来自深圳市优必选科技有限公司的 Cruzr 机器人。如今 Cruzr 机器人已在广州白云机场找到了第一份“工作”，为旅客提供智能接待、引导服务。优必选公司创始人兼 CEO 周剑认为，人工智能的发展加速了 GUI 交互方式向 CUI 交互方式的演进，机器人将成为下一代消费级的人机交互中心，其主动收集数据的方式将颠覆现有的产业生态，智能机器人将是未来人工智能生态圈的关键一环。

同样令人瞩目的还有深圳的生物和生命健康产业，近年来正以年均 20% 的增速快速发展。作为重点发展的未来产业之一，2016 年深圳生物和生命健康产业规模达到 2000 多亿元，生物医药、生命健康等领域的全球领先优势不断凸显。作为免疫细胞技术领域首家国家高新技术企业——深圳市合一康生物科技股份有限公司在大力开发具有自主知识产权的专利技术的同时，不断加大技术输出力度，实现了生物细胞技术研发由过去“引进来”到现在“走出去”的转变。“‘一带一路’倡议的深入推进，为我国生物行业发展与抢占全球话语权带来了新机遇。”合一康 CEO 罗晓玲表示。自 2015 年以来，该公司先后布局泰国、马来西亚、柬埔寨、俄罗斯等“一带一路”沿线国家，输出以免疫细胞技术为核心，结合免疫细胞治疗、细胞存储和医疗美容等私人定制化的高端特色健康服务。

统计显示，截至 2017 年，深圳科技型企业已超过 3 万家，国家级高新技术企业累计达 8037 家，5 年增加近 6000 家，形成了强大的梯次型创新企业群，成为我国企业参与国际竞争的先锋队。今年起，深圳将布局实施十大重大科技基础设施、设立十大基础研究机构、组建十大诺贝尔奖科学家实验室、实施十大重大科技产业转型、打造十大海外创新中心等“十大行动计划”，将发挥产业创新的优势与补齐基础研究的短板相结合，全面改善深圳创新的软硬环境，抢占未来竞争制高点，打造全球创新生态圈。

（《经济日报》2017 年 5 月 1 日）

打造具有全球影响力的“创新之都”

坚持把创新作为城市发展主导战略，着力攻克一批关键核心技术，以科技金融的深度融合加速科技成果转化，实施严格知识产权保护，全力打造人才聚集高地，争创国家可持续发展议程创新示范区，建设“广深科技创新走廊”，加快打造具有全球影响力的“创新之都”，是深圳全面深入贯彻落实省第十二次党代会精神，勇当“四个坚持、三个支撑、两个走在前列”尖兵的重点任务。

“坚定不移把创新驱动发展战略作为经济社会发展的核心战略和经济结构调整的总抓手，使新动力尽快超过旧动力”，是省党代会做出的一项重点部署。胡春华书记在与深圳市代表团一起审议党代会报告时，又进一步对深圳提出了“充分发挥全省创新引擎的作用，加快补齐自主创新能力短板，为全省创新发展提供有力支撑”的要求。对深圳“高看一眼”，是对深圳既往成绩的充分肯定，更是对深圳未来发展的殷切寄望。

创新发展敢为先，深圳有信心、有基础。如今的深圳，创新氛围与创新文化浓郁，创新型企业与创新型人才扎堆，全社会研发投入占 GDP 比重比肩世界发达国家，PCT 国际专利申请量连续 13 年居全国各大城市之首。在创新主引擎的强力驱动下，深圳经济社会发展实现了质量、速度有机统一，效益、结构同步优化。

把创新之火燃成燎原之势，深圳有担当、有魄力。聚焦国家区域发展战略，充分发挥辐射带动作用，高效配置创新资源，加快构建区域创新增长极，推动更大范围、更广领域、更深层次区域协同创新，推进深莞惠、珠三角、泛珠三角乃至更大区域的创新合作，深圳责无旁贷、奋力争先。

全速转动创新引擎，再创创新发展新局。推进珠三角国家自主创新示范区建设，构建珠三角各市分工互补的“1+1+7”创新发展格局，深圳要当龙头、善引领；借鉴美国 128 号公路创新廊道的经验，以广深沿线为主轴整合创新资源、打造科技创新走廊，构建区域协同创新共同体，引领区域一体化协调发展，深圳要顾大局、敢担当。珠三角城市之间从区域竞逐走向深度合作，让创新要素活起来、动起来、跑起来，铺开一张开放的智力共享网，构筑一条强大的创新密集带，必将为全省乃至全国的全面发展挺立起一道坚挺的创新脊梁。

创新才有出路，创新才有未来。深圳的创新发展虽然走在全国前列，但是对标世界发达创新城市、国际一流科技创新廊道，其现有的创新实力还无法匹配城市发展定位，其辐射带动作用还没有充分释放出来。坚持高位求进，将广深科技创新走廊打造成创新要素互通共享带、创新型产业集聚引领带与全国科技体制改革试验带，建立一套顺应市场导向、符合国际惯例的创新型体制机制，走出一条优化科技资源配置、促进创新成果转化和打造区域创新体系的新路，加快形成以创新为主要引领和支撑的经济体系和发展模式，深圳加快建成现代化国际化创新型城市与国际科技、产业创新中心以及谋划建设社会主义现代化先行区将更有底气，广东打造创新驱动发展先行省也将获得强劲动能。

创新征途永无止境。矢志创新的深圳将永不停步，砥砺前行，昂首向世界级“创新之都”迈进。

（《深圳特区报》2017 年 5 月 30 日）

用创新浇灌出更加生机盎然的“科技绿洲”

昨天是我国首个科技工作者日。深圳市委、市政府以节日贺信的形式，向辛勤工作在全市各条战线上的广大科技工作者致以问候，并向关心支持深圳科技工作的社会各界表示感谢和敬意。

2016 年 12 月，国务院批复，同意自 2017 年起，将每年 5 月 30 日设立为“全国科技工作者日”，明确由中国科协、科技部等有关部门组织实施具体工作。这意味着科技创新被摆到了更重要、更突出的位置，有助于进一步调动激发科技工作者的创新活力和潜力。

具体到深圳而言，改革开放 30 多年来，深圳在创造经济发展和城市建设奇迹的同时，也创造了科技创新的奇迹，从建市初期仅有 2 名技术人员的“科技荒漠”，迅速崛起为拥有130多万名科技工作者的“科技绿洲”。如今，深圳已成为国内公认的科技高地，科技创新已成为深圳最鲜明的城市特质之一。

人才是城市的核心竞争力。这些年来，深圳实施的引进海外高层次人才的“孔雀计划”取得了不俗成效，“海归经济”已成为深圳新的经济增长点，留学人员创办的企业集中在信息产业、生物医药、节能环保、新材料、移动互联网等领域，迅雷、华因康、柔宇科技、绎立锐光、赛百诺、华傲数据等海归骨干企业已成为深圳自主创新与产业提升的重要力量。

值得一提的是，深圳还出现了4所以诺贝尔奖得主命名的实验室，分别是去年成立的深圳格拉布斯研究院、中村修二激光照明实验室与今年4月成立的瓦谢尔计算生物研究院、科比尔卡创新药物与转化医学研究院。这种顶级实验室无疑将在全球坐标上，标示深圳科技创新的高度。

国家“十三五”规划纲要明确提出，要“加快深圳科技、产业创新中心建设”。当今世界经济的竞争，是科技创新能力的竞争，说到底是科技人才的竞争。我们希望，以国家设立科技工作者日为契机，深圳接下来还能在引进及培育一流科研人才，尤其是与国际顶尖科学家的合作方面持续发力，抢占科技创新制高点。

为此，深圳要努力营造更优的科技创新环境，除了要加强对科技和知识产权的保护力度，建立多层次的科技成果的转化市场，加快科研成果的转化速度外，还要大胆探索，进一步扫清科研体制等方面的障碍，通过着力推进科技创新、企业竞争力、人才优先发展、人才住房、高等教育等领域制度创新，打造世界一流的综合创新生态体系。

此外，还有必要在全社会普及科技意识，让公众更好地了解科技在经济发展中的地位和价值。据报道，为迎接首个“全国科技工作者日”，宝安区举办了深圳科技创新成果科普展系列活动，包括主题展示、科技工作者访谈、院士专家企业工作站交流座谈会及系列科普讲座等。我们期待类似活动还能陆续有来，更好地营造崇尚创新、尊重人才的社会氛围。这样的人文环境，也是科技创新得以活力迸发的一个重要保证。

（《晶报》2017年5月31日）

深圳自主创新：从跟跑向并跑领跑迈进

在改革、开放、创新的新征程中，深圳创造了一个又一个奇迹。今年一季度，深圳新兴产业保持较好增长势头，实现增加值1853.88亿元，增长12.8%，占GDP比重达到40.4%。深圳的创新驱动发展取得了积极的成效，丰富的创新梯级层次悄然成型，自主创新加快从跟跑向并跑领跑迈进。

党的十八大以来，深圳学习贯彻落实习近平总书记系列重要讲话及对广东、深圳工作的重要指示批示精神，全面深化科技体制改革，深入实施创新驱动发展战略，汇集全球创新资源能力不断增强，创新型经济动力十足，加快建设现代化国际化创新型城市和国际科技、产业创新中心，交出一份满意的答卷。

大中小微企业齐发力

上个月，首款量产的国产基因测序仪顺利完成人类全基因组测序数据并公开发布，标志着深圳在高端基因测序技术的源头创新领域实现了重大突破。这款测序仪出自深圳华大基因。

时间回溯到5年前，华大基因只能从美国进口测序仪，被国外供应商开出天价保修合同，并限制购置新型测序仪，华大基因的发展就像被扼住了咽喉。华大基因决定走自主研发道路，布局基因测序相关产业上游，五年后自主研发的桌面型高通量测序系统 BGISEQ-500 发布后，引起业界一片惊呼。其产品性能、通量都达到国际领先水平，测序成本只有国外同类产品的 1/3。

加快自主创新，深圳企业不断向价值链上游迈进。

同样是 5 年前，深圳创业公司柔宇，在深圳、硅谷及香港同步创立。柔宇用自己的源头创新成果，刷新了人类的想象力：2014 年研发出厚度仅 0.01 毫米、全球最薄的柔性屏幕。目前，柔宇估值突破 30 亿美元，成为全球成长最快的独角兽科技创业公司之一，在国内外贮备超过 700 项知识产权。

深圳 90% 的创新来自企业，90% 的专利生产于企业，90% 的研发机构建在企业，90% 的创新型企业是深圳本土企业……

一直以来，深圳著名的“六个 90%”，诠释着深圳的企业创新特色。

国际权威的《经济学人》曾撰文称，要研究深圳创新的最好办法，就是以创业企业的视角去观察它。深圳是“硅三角”的龙头，有着比硅谷更强大的创新生命力，深圳企业提交的国际专利数量比法国和英国都要多，并且大多是高质量专利。

截至 2016 年底，深圳 PCT 国际专利申请量连续 13 年居全国各大城市首位。根据对国际知识产权组织 (WIPO) 的 PCT 专利数据库的分析统计，截至 2016 年底，深圳累计 PCT 专利 69347 件。在全球创新相对活跃的全部城市中，深圳居第二名，仅次于东京，领先硅谷。

如今，在深圳创新企业链条上，既有华为、中兴、腾讯等大型知名巨头，也有一大批如大疆、柔宇等新近崛起的创新型科技企业，还有柴火空间等创客空间，以及各类创业型创客建立的企业，在大、中、小、微企业之间，形成了丰富的创新梯级层次。

聚集全球创新网络资源

一张流传在创客圈的“深圳创客地图”，向全球展现深圳创新活力。以被誉为“硬件好莱坞”的华强北为中心，详细记载了电子器件市场的分布、加工工厂，地图上华强北几乎所有的建筑物都标有英文名字，比如移动设备大楼、LED 大楼、传感器大楼等，老外手握地图在深圳追寻创客梦的例子多不胜数。

来自美国的 HAX 公司是美国硅谷一家专门关注智能硬件创业的孵化器，5 年前，HAX 总部迁到了深圳华强北。HAX 公司 CEO 希瑞尔告诉记者，在华强北可以接触到整个产业链，找到适合的合作伙伴。在这里不仅是为了大规模生产和组装，也是为了创建高效便捷的研发中心、调试中心和检测中心。在深圳，原本做的项目只需一半或三分之一的时间就能完成。

越来越多全球创客聚集深圳，甚至许多跨国公司在深圳设有“资讯站”，捕捉最前沿的创新趋势。

2016 年以来，美国苹果华南运营中心、美国高通深圳创新中心、美国微软物联网实验室、美国微软教育产业联盟创新中心、新兴际华国际总部等世界 500 强项目相继落户深圳。截至 2017 年 5 月，在深投资的世界 500 强企业总数累计达到 275 家，且跨国企业投资向高端领域迈进。

深圳，正以全球化的视角加速推动国际优质创新创业资源的流通与整合。

前不久，深圳市首批海外创新中心授牌仪式在市民中心举行。美国旧金山、波士顿、西雅图、英国伦敦、法国伊夫林、以色列特拉维夫 - 海法、加拿大多伦多等首批 7 家海外创新中心，准备重点建设。

“5 年后，海外创新中心将成为深圳创新资源的重要来源和深圳在全球科技生态圈的合作枢纽。”市科创委相关负责人介绍，深圳市海外创新中心以引进海外高科技项目和高端人才为目标，汇聚全球创新资源，以实现从海外团队当地孵化到创新企业引进孵化、再到新型产业落地孵化的全链条服务，为深圳建设国际科技、产业创新中心集聚新动能。

创新经济成发展主引擎

5 年来，以创新驱动推动城市发展的深圳，正在发生着可喜变化：全社会研发投入占 GDP 的比重，从 2012 年的 3.81% 升至 2016 年的 4.1%，研发投入强度全球仅次于以色列。战略性新兴产业增加值从 2012 年的 3878.22 亿元增长至 2016 年的 7847.72 亿元，年均增速 15.9%，占 GDP 的比重逐年提升，从 29.9% 增长至 40.3%，对 GDP 的贡献率提高至 53% 左右。深圳已经成为国内战略性新兴产业规模最大、集聚性最强的城市。

战略性新兴产业占 GDP 的比重逐年提升，拉动深圳经济发展的“主引擎”动力十足。

近两年，深圳扶持新兴产业发展的政策举措不断“加码”，在战略性新兴产业和未来产业的引领带动下，全市经济保持平稳健康发展。2016 年，深圳实现生产总值 19492.6 亿元，增长 9%，稳居国内大中城市第四位；公共财政收入 7901 亿元，其中地方一般公共预算收入 3136 亿元，四年翻了一番多，单位面积（平方公里）产出 GDP 和地方财政收入分别为 9.76 亿元、1.6 亿元，居全国首位；PM2.5 平均浓度降至 27 微克 / 立方米，处于国内大中城市领先水平，实现了质量、速度有机统一和效益、结构同步优化。

深圳市国新南方知识产权研究院秘书长宋兵评价说，战略性新兴产业的迅猛增长，使得深圳向创新更强、结构更优、质量更高的产业形态阔步前行，为下一轮的经济腾飞奠定了坚实基础。

（《深圳特区报》2017 年 6 月 5 日）

深圳科创委：推动科技创新向领跑迈进

十大行动计划取得实质性进展，国家高新技术企业不断扩容，创新载体达到 1578 家，核心关键技术不断取得新突破，以“孔雀团队”为代表的海内外高层次人才聚集深圳创业，综合创新生态体系不断完善……

这是深圳市科技创新领域今年上半年交出的成绩单。记者昨日从深圳市科创委获悉，今年下半年，将进一步扩大深圳在自主核心技术攻关、科技金融融合等领域的领先地位，着力在高新技术企业培育、新型研发机构建设、企业技术改造、孵化育成体系建设、高水平大学建设、创新人才队伍建设等领域加大工作力度，推动科技创新由跟跑、并跑向领跑迈进。

“十大行动计划”取得实质性进展

今年以来，深圳启动了以布局十大重大科技基础设施、设立十大基础研究机构、组建十大诺贝尔奖科学家实验室、实施十大重大科技产业专项等为内容的“十大行动计划”，被视为推动创新生态再优化、创新能力再突破、创新经济再升级，强化深圳作为全国经济中心城市和国家创新型城市地位的重要抓手。

目前，“十大行动计划”已取得实质性进展。其中，组建诺奖科学家实验室方面，已经成立了格拉布斯研究院、中村修二激光照明实验室、科比尔卡创新药物开发研究院及瓦谢尔计算生物研究院等 4 家诺奖实验室和研究机构；在海外创新中心建设方面，已正式为美国旧金山海外创新中心、美国波士顿海外创新中心、美国西雅图海外创新中心、英国伦敦海外创新中心、法国伊夫林海外创新中心、加拿大多伦多海外创新中心、以色列特拉维夫 - 海法海外创新中心等首批 7 家深圳市海外创新中心授牌；在设计基础研究机构方面，也加快了数字生命研究院、华大生命科学研究院、量子科学与工程研究院、数学研究院等首批基础研究机构的建设。

创新载体加大核心关键技术攻关

以实验室、工程研究中心、新型研发机构为代表的创新载体是深圳开展源头创新，集聚创新人才，产生创新成果的重要平台。

据统计，遵循技术成长路线图，深圳已累计建成国家、省、市级重点实验室、工程实验室、工程研究中心等创新载体1578家，其中国家级110家，省级175家，覆盖了国民经济社会发展主要领域。其中，网络空间科学与技术、基因与健康两个广东省实验室建设方案已于近日通过广东省科技厅组织的专家论证，并将以国家实验室的建设要求和标准为目标，力争通过5年左右的建设与培育，争取纳入国家实验室的战略布局。

与此同时，深圳还采取量身定制的政策措施，培育了93家集科学发现、技术发明、产业发展“三发”一体化的新型研发机构，建立了统一开放、互联互通的科技资源共享平台。

这些创新载体也成为深圳开展核心关键技术攻关的桥头堡。据介绍，今年上半年，深圳科创委通过五大科技资助计划，推动创新载体在基础前沿技术领域的创新。目前，深圳已经在石墨烯、无人机、柔性显示等领域取得全球领先的技术突破，华为短码方案成为全球5G技术标准之一。2012年以来，深圳已累计获得国家科技进步特等奖、国家技术发明一等奖等64项。

综合创新生态体系日臻完善

通过实施国家高新技术企业培育计划，引导和支持企业加强技术研发能力，培养扩大科技型企业规模。深圳深入实施引进海外高层次创新人才团队的“孔雀计划”，截至2017年8月已累计引进“珠江人才计划”创新团队44个、“孔雀计划”创新团队86个，吸引了一大批海外高层次人才来深创新创业。在深港科技合作方面，累计联合资助“深港创新圈”项目77个，启动落马洲河套地区开发，着力打造港深创新及科技园。

此外，深圳还实施了银政企合作贴息、科技保险、天使投资引导、科技金融服务体系建设和股权投资项目，使得深圳综合创新生态体系不断完善。上半年，深圳对76个银政企合作贴息项目予以1602万元贴息支持，累计对入库企业予以5600多万元贴息支持，合作银行发放贷款总额近50亿元。

多方发力推动科技创新向领跑迈进

深圳科创委相关负责人表示，今年下半年将重点在夯实科技创新基础、推动创新举措落地、完善创新生态体系等方面持续发力。

其中在夯实科技创新基础，提升原始创新能力方面，将继续深入实施“十大行动计划”，全力打造人才聚集高地，深化和拓展“孔雀计划”，培育一批高精尖人才，引进一批行业领军人才，汇聚诺贝尔奖科学家、“两院”院士、学科带头人等一批顶尖科学家、工程师、工匠和管理人才。同时积极推进创新载体建设，加快实施深圳超算中心扩容工程。此外，强化企业创新主体地位，引导和支持企业加强技术研发能力，开展国际协同创新，着力在核心芯片、科学仪器、医疗器械、人工智能、机器人、基因工程、生物医药、大数据、云计算、工业母机、石墨烯等领域攻克一批关键核心技术，强化创新的基础支撑。

而在完善综合创新生态体系方面，深圳将以科技金融的深度融合加速科技成果转化，建立从实验研究、技术开发、产品中试到规模生产的全过程科技创新融资模式，帮助企业加快跨越产品中试和上市、企业创业生存两个“死亡之谷”。同时实施严格的知识产权保护，切实保护创新者利益，使知识产权保护成为深圳创新发展的有力保障。

（《深圳商报》2017年8月24日）

深圳打造全球创新人才“栖息地”

党的十九大报告提出，以粤港澳大湾区建设、粤港澳合作、泛珠三角区域合作等为重点，全面推进内地同香港、澳门互利合作。21 日举行的记者招待会上，国家发展改革委党组书记、主任何立峰表示，粤港澳大湾区建设已迈出实质性步伐，目前已形成区域规划初稿。

深圳近日提出，将借助粤港澳大湾区建设机遇，主动对标国际一流湾区城市，在新的起点上再创新局。记者注意到，与香港联手共建世界级科技产业创新中心、打造全球创新人才的“栖息地”等，将成为深圳未来参与大湾区建设的关键内容。

湾区建设为深圳打开“新空间”

粤港澳大湾区将为深圳带来怎样的机遇？深圳又将如何在粤港澳大湾区中定位自己？结合今年 7 月签署的《深化粤港澳合作推进大湾区建设框架协议》，深圳有关方面认为，建设粤港澳大湾区为深圳带来了新的机遇，深圳将深化科技产业创新、改革开放和对港合作等先行先试功能，积极参与粤港澳大湾区规划建设。

深圳提出，在粤港澳大湾区框架下，湾区各城市合力发展的潜力必将进一步释放。深圳目前基本形成了一套与国际接轨的体制机制和营商环境，集聚了金融、航运、贸易、创新等湾区核心功能要素。深圳将与湾区各城市合力培育国际竞争新动能，共同打造一流湾区经济，促进大湾区产业链和价值链向高端延伸。

深圳提出，粤港澳大湾区为深圳拓展战略腹地和纵深提供了重要的平台和空间。深圳市将借助粤港澳大湾区建设契机，将深圳的创新、金融、航空航运、会展等要素优势与珠江西岸、粤东西北乃至泛珠三角地区的制造、资源、土地等优势充分整合，充分释放和发挥深圳的辐射引领作用。

深港联手打造科技创新高地

记者了解到，深圳已和香港达成共识，在落马洲河套地区共建“港深创新及科技园”。深圳将新建一批国家级实验室、重点实验室、工程研究中心，加强深港高等院校产学研联动，推动香港高校在河套区内设立分校、科研中心及产业化基地，推动科研成果在区内产业化。为促进香港的人才、企业在深圳发展，深圳将加快推进广深港客运专线、莲塘 / 香园围口岸等跨境基础设施项目建设。

深圳将推进前海扩区尽快获得国家批准，争取在前海蛇口自贸片区实施更加灵活的开放政策，落实前海金融创新优惠政策，开展深港科技创新合作区科技政策创新试点；依托太子湾邮轮母港加快建设中国邮轮发展试验区，率先探索实施更为便利的出入境政策，进一步增加 24 小时通关口岸数量，落实 144 小时过境免签政策；争取实施最严格的知识产权保护先行区政策，创新高等教育和职业教育办学机制，使深圳真正成为全球创新人才的“栖息地”，从而实现湾区人才流、物流、资金流、信息流的高效便捷流动。

深圳正抓紧推动建设深中通道、赣深高铁、穗莞深城际等一批重大项目，并将加快深汕特别合作区、深圳（河源）产业城、深圳中山生物健康科技创新示范区等若干重大平台和项目的合作建设。

将前海建成大湾区核心引擎

深圳提出，将在前海加快建设粤港澳深度合作示范区。主要内容包括深化深港开放合作，充分发挥香港的优势和示范作用，促进人流、物流、资金流、信息流互联互通；合作建设国际金融创新中心，稳步推进人民币国际化和资本项目可兑换，拓展离岸账户（OSA）的人民币业务功能，创新本外币账户管理模式；合作建设国际新型贸易中心和国际航运中心，探索建设具有全球影响力的高水平组合自由港；强化粤港澳创新合作，在前海合作区规划建设粤港澳创新合作特别区域，试行港资企业享受国民待遇，实施与香港趋同的税收、商事仲裁及调解、执业资格、建设标准等措施，提供与香港相衔接的公共服务和社会管理环境；深化粤港澳人才合作，允许有港澳执业资格的专业人士直接在前海合作区执业，并逐步将服务范围扩大到广东省。

深圳提出，前海将完善外商投资管理制度，推进国际贸易监管创新，构建金融安全监管体系；在建设“一带一路”供应链互联互通网络体系等方面加大力度，不断拓展与世界主要经济体合作；对标世界一流城市中心，努力把前海建设成为高水平国际化城市新标杆。

深圳还将广泛借鉴吸收港澳和国际法治成果，推进行政综合执法体制改革，率先建成“廉洁示范区”，形成国际一流的法治化国际化便利化营商环境。

（《南方日报》2017 年 10 月 25 日）

打造全球领先的创新之城
——深圳全力推进以科技创新为核心的全面创新

创新是一个民族进步的灵魂，是一个国家兴旺发达的不竭源泉。党的十八大以来，习近平总书记高度重视科技创新，提出了一系列新思想、新论断、新要求。在党的十九大报告中，习近平总书记指出，要加快建设创新型国家。要瞄准世界科技前沿，强化基础研究，实现前瞻性基础研究、引领性原创成果重大突破。

2012 年 12 月，习近平总书记在考察广东、深圳时强调，要大力实施创新驱动发展战略，加快完善创新机制，全方位推进科技创新、企业创新、产品创新、市场创新、品牌创新。五年来，作为首个国家创新型城市、首个以城市为单元的国家自主创新示范区，深圳牢记习近平总书记的殷殷嘱托，认真贯彻落实习近平总书记对广东工作做出的重要批示精神，坚持把创新作为城市发展主导战略，摆在与改革、开放同等重要的位置,加快建设现代化国际化创新型城市和国际科技、产业创新中心，努力在创新型国家建设中发挥特区示范引领作用。

今日深圳，十步芳草。在完善高效的政策体系和体制机制下，3 万家科技型企业、1617 家创新载体和数以万计的科技成果，迸发出自主创新的强大力量。深圳探索出的政府抓战略抓政策、以企业为主体的创新发展模式，为这座城市赢得了宽广的发展空间。

以世界眼光谋划创新体系

抓创新就是抓发展，谋创新就是谋未来。

2013 年 9 月，习近平总书记指出，实施创新驱动发展战略，不能“脚踩西瓜皮，滑到哪儿算哪儿”，要抓好顶层设计和任务落实。

顶层设计要有世界眼光。深圳在客观分析国内外科技发展现状后，近几年加强了创新体系的顶层设计，不断以制度创新、政策创新推动科技创新，为创新驱动发展提供政策保障和战略引领，并由此建成了一批开放式的重大科技设施、创新载体和服务平台，以内涵式发展方式弥补了城市空间短板，创造了单位面积产出居全国前列的佳绩。

几年来，深圳相继制订出台了全国首部国家创新型城市总体规划，率先发布了促进科技创新的地方性法规，并接连出台自主创新“33 条”、创新驱动发展“1+10”文件、战略性新兴产业及未来产业发展规划等一系列政策文件，从财政金融支持、人才支撑、创新载体建设、科技服务业发展等方面，全面加大对自主创新的支持力度，形成了覆盖自主创新体系全过程的政策链。

2016 年以来，按照中央关于推进供给侧结构性改革的部署要求，深圳又制订了支持企业提升竞争力、促进科技创新、人才优先发展、完善人才住房制度、高等教育发展、医疗卫生发展等一系列政策文件，以强有力的政策“组合拳”，继续保持和扩大创新政策优势。

如何让科研经费更有效率、资金落到实处？深圳为此进行了探索：充分发挥专业机构的作用，改革科技项目评审机制，既为项目竞争择优，也确保科技计划的实施目标和效果。

"增强专家在项目征集、立项、验收中的话语权，才能提高决策科学性。"据市科技创新委负责人介绍，深圳不断推动工作重点向战略规划、政策创新、服务高效的方向转变，充分发挥专家、专业机构在科技计划项目管理中的作用，逐步建立起依托专业机构管理科技项目的制度。2017 年以来，市科创委已对 4349 个征集项目进行选题评审，678 个生命健康领域的基础研究（自由探索）类项目异地委托广东省技术经济研究发展中心组织专家评审，有效回避了"近亲"评审，简化了流程。

融资难、融资贵是企业发展的老大难问题。深圳加快科技金融试点城市建设，通过实施"科技金融计划"，引导和放大财政资金的杠杆作用，形成了较完善的科技金融服务体系。目前，已入库银政企合作项目 1089 项，近 300 家入库企业获得银行贷款 50 多亿元，政府累计对入库企业贴息 5600 多万元。对急需资金扶持的重点科技计划项目，深圳以股权投资的方式予以直接支持，目前共完成股权投资项目 134 项，政府投资 12.1 亿元。此举颠覆了政府无偿资助、直接管理项目的传统方式，通过财政资金阶段性地持有股权并适时退出，为财政资金保值增值、良性循环开辟了新路。深圳还加大对企业的普惠性支持和事后资助，在全国首创普惠性"科技创新券"制度。通过这一系列创新举措，深圳基本建立了从实验研究、技术开发、产品中试到规模生产的全过程科技创新融资模式。

企业为主体形成创新"雁阵"

实施创新驱动发展战略，就是要推动以科技创新为核心的全面创新。习近平总书记指出，要坚持需求导向和产业化方向，坚持企业在创新中的主体地位，发挥市场在资源配置中的决定性作用和社会主义制度优势。

统计表明，从 17 世纪到 20 世纪 70 年代，被国际权威专家认为改变了人类生活的 160 项重大创新中，80% 以上是企业完成的。

强化企业创新主体的作用，正是深圳一以贯之、成效斐然的实践。

云天励飞，深圳众多创新主体的一个新成员。这家企业建成了全球首个"基于人工智能的安全示范区"，研发的动态人像识别系统可实现"亿万人脸，秒级定位"。截至 2017 年 11 月，该公司已建成全国最大的动态人像识别系统，并在 10 多个省市及马来西亚落地。

像这样的行业巨人，在深圳已然形成蔚为壮观的"雁阵"。诺奖得主让·梯若尔感叹："深圳拥有巨大的创新吸引力。深圳创新发展为中国经济转型升级、科技创新提供了标杆，一批创新型企业的全球影响力正在加强。"人们熟知的"六个 90%"，言简意赅地对深圳创新驱动发展模式进行了归纳——90% 的创新企业是本土企业；90% 的研发机构在企业；90% 的研发人员在企业；90% 的科研经费来源于企业；申请的专利 90% 来自企业；90% 以上的重大科研项目、发明专利来源于龙头企业。

《福布斯》曾这样评价：深圳是自发性创新的代表，开放的经济格局及市场经济先行一步，使得创新成为企业的内生动力。

今天，深圳已形成梯次创新企业链，科技型企业超过 3 万家，国家级高新技术企业 8037 家，5 年增加近 6000 家，成为中国企业参与国际竞争的先锋。一批具有国际竞争力的创新型龙头企业迅速崛起，华为、中兴分别成为全球最大和第四大通信设备制造商；腾讯成为全球最大互联网公司之一；比亚迪成为全球最大新能源汽车企业；研祥智能是全球第三大特种计算机研发制造商。同时，高成长性的创新型中小企业不断涌现，大疆占全球消费级无人机市场 80% 份额，产值 8 年增长 1 万倍；优必选产值去年增长 6 倍；超多维成长为国内最大的裸眼 3D 技术提供商……

目前，深圳企业正不断向全球创新链、价值链的上游攀升，PCT 国际专利年申请量约 2 万件，连续 13 年居全国各城市首位。世界知识产权组织等机构发布的《2017 年全球创新指数报告》指出，在全球热点地区创新集群中，深圳居第二名，仅次于东京，领先硅谷。

源头创新如虎添翼

不日新者必日退。

一个地区的创新能力，与研发投入紧密相关，创新能力强的地区，研发投入强度往往较高。深圳是一个例证。2012 年，深圳全社会研发投入占 GDP 比重为 3.81%，2016 年升至 4.1%，呈逐年攀升之势，投入强度居全球前列。从各国统计数据来看，2016 年全球只有以色列、韩国两个国家超过 4.2%。

近几年，深圳陆续建成国家超级计算深圳中心、大亚湾中微子实验室和国家基因库，参与国家未来网络科技基础试验设施建设，目前全市拥有各类创新载体 1617 家，包括国家级 110 家、省级 175 家。这些载体已成为集聚创新人才、产生创新成果尤其是源头创新成果的重要平台。同时，深圳还采取量身定制的政策措施，培育了 93 家集科学发现、技术发明、产业发展“三发”一体的新型研发机构，增强了深圳源头创新的能力。

重大科技基础设施犹如“聚宝盆”，其强大的科技集聚能力不断转换成科研成果，辐射和带动区域经济发展，增强原始创新能力和竞争力。

几年来，深圳加快以源头创新为核心的基础研究，不断推出重大科学项目和科技专项计划，相继规划建设了十大诺贝尔奖科学家实验室、海外创新中心、基础研究机构等，全市科技基础设施演变为集群化态势。其中，格拉布斯研究院、中村修二激光照明实验室等 5 家诺奖实验室已挂牌成立，7 家深圳市海外创新中心正式授牌。

源头创新，使新兴产业如虎添翼。据统计，深圳战略性新兴产业增加值从 2012 年的 3878.22 亿元增至 2016 年 7847.72 亿元，年均增速 15.9%，占 GDP 的比重从 29.9% 增至 40.3%。深圳已成为国内战略性新兴产业规模最大、集聚性最强的城市。

源头创新，使未来产业“活在当下”。全球正在兴起的虚拟现实产业，深圳已抢先一步进入标准制胜的轨道。在去年 IEEE 标准协会理事会议上，深圳提交的 5 项国际标准提案获准正式立项，这是该领域首次由中国企业主导国际标准的制定。统计显示，仅 2016 年，深圳企业参与国际标准的制修订就达 249 项，近年累计近 1400 项，每年增长 20% 左右。在超材料、虚拟现实、无人机、人工智能等未来产业领域，深圳企业均在国际标准制订中扮演着重要角色。

创新驱动的核心是人才。近年来，深圳接连出台高层次专业人才“1+6”政策、引进海外高层次人才“孔雀计划”等政策，创新科技人才管理模式，不拘一格引进人才，构筑平台培养人才，优化环境使用人才。在政策利好吸引下，深圳再现“孔雀东南飞”盛况。截至目前，深圳累计引进国家“千人计划”人才 228 名、省“珠江人才计划”创新团队 44 个、市“孔雀计划”创新团队 86 个、海归人才 7 万多人。全市“留”字号企业已突破 3900 家，超亿元产值的数十家。同时，深圳加大人才培养力度，面向全球引进优质教育资源，推进高等教育开放式跨越发展，一批特色学院在这里拔地而起。

新时代走在前列，新征程勇当尖兵。深圳认真贯彻落实习近平总书记重要讲话精神和党的十九大精神，提出以更大力度突破新技术、培育新产业、形成新动力，选择若干未来技术领域先行布局，加快天使投资母基金组建运作，实行更加积极、更加开放、更加有效的人才政策。在全球竞争加剧的新形势下，深圳正全力推进以科技创新为核心的全面创新，加快打造全球领先的创新之城。

（《深圳特区报》2017 年 11 月 7 日）

广深科技创新走廊打造中国版“硅谷”

《广深科技创新走廊规划》(以下简称《规划》)日前印发，建设广深科技创新走廊蓝图铺就。《规划》提出“三步走”的发展目标，到2050年建成国际一流的科技产业创新中心，为我国建设成为世界科技强国提供强劲支撑，打造中国版“硅谷”，形成全国创新发展重要一极。

当前，新一轮科技革命和产业变革孕育兴起，世界科技强国建设已经拉开序幕，区域发展也面临新的机遇和挑战。沿广深轴线长度约180千米的区域，集聚了高科技企业、人才、技术、信息、资本等创新要素，初步形成了广深科技创新走廊。对标美国硅谷、波士顿地区等全球知名的科技创新区域，加快建设广深科技创新走廊，不仅顺应全球产业和技术发展趋势，也是全面贯彻落实党的十九大精神和省十二次党代会精神，实现新时期创新发展取得新成效的重大部署，将更好促进粤港澳大湾区建设。

构建“一廊十核多节点”格局

“建设广深科技创新走廊是顺应全球科技发展趋势的必然要求。”广东省科技厅相关负责人表示，纵观国际创新发展经验，美国硅谷、波士顿地区等全球知名的科技创新区域，其各类创新资源呈现出“廊带”分布的特征。从广州到深圳的以高速公路、轨道等交通要道为依托的轴线区域，集聚各类创新要素。广深科技创新走廊的建设顺应全球科技发展趋势，是广东省新时期实现新发展的重要保障。

广深科技创新走廊的空间范围为：沿广深轴线区域，北起广佛交界处，经广州主城区、东莞松山湖、深圳主城区，南至深圳大鹏新区，沿广深高速、广深沿江高速、珠三环高速东段、穗莞深城际、广九铁路等复合型交通要道所形成的创新要素集聚区域，长度约180千米。

“根据大数据分析和创新要素空间聚集的动力机制，提出广深科技创新走廊‘一廊十核多节点’的空间格局。”广东省住房和城乡建设厅相关负责人介绍，一廊即广深科技创新走廊。依托广深高速、广深沿江高速等复合型的交通通道，集中穗莞深创新资源，三市连成一个产业联动、空间联结、功能贯穿的创新经济带。

十核是走廊范围内创新能力和潜力最强的十个区域，是由省级统筹指导打造的创新战略高地。根据目前的科技基础和建设情况，具体分为三类推进：一是加快发展广州大学城-广州国际创新城、广州中新知识城、深圳坂雪岗科技城、东莞松山湖; 二是着力提升广州科学城、深圳高新区的创新能级; 三是积极谋划广州琶洲互联网创新集聚区、深圳国际生物谷、深圳空港新城、东莞滨海湾新区等产业布局。

多节点是具有一定创新基础，发挥示范效应，推动区域发展的创新节点，主要以地方政府为主体加以推进。包括广州国际生物岛园区、深圳-凤凰文旅科技小镇、深圳湾超级总部基地等。

再造全球创新经济产业带

“广州、深圳两个中心城市一直是我省创新发展的强大引擎。通过广深科技创新走廊的建设，将进一步强化广深的‘双引擎’作用，辐射带动其他区域创新发展。”广东省科技厅相关负责人介绍，近年来广东省深入实施创新驱动发展战略，尤其是广州、深圳、东莞3市，创新发展能力不断提升，已经具备建设广深科技创新走廊的坚实基础和显著优势。

深圳、广州和东莞三市的创新发展基础雄厚，特别是企业创新优势突出。三市以占全国0.1%的土地面积，创造了全国6%的GDP。人均GDP13.7万元，超2万美元，超过高收入国家和地区标准。特别是在创新经济方面已有良好的创新基础，聚集广东六成以上的高新技术企业，分布着一批全球知名、行业领先的龙头企业、“独角兽”企业和潜力巨大的“瞪羚企业”。2016 年，国家高新技术企业数量达 14805 家，拥有华为、中兴、腾讯、比亚迪、华大基因、oppo、大疆创新、广汽集团、广药集团、金发科技等，多家本土世界 500 强企业扎根于此。

从科研机构来看，三市拥有双一流建设高校 2 所和建设学科 18 个。截至 2016 年底，建有 25 家国家重点实验室、16 家国家工程研究中心、97 家新型研发机构、449 家科技企业孵化器，集中布局国家超级计算广州中心、国家超级计算深圳中心、东莞散裂中子源、大亚湾中微子实验室、深圳国家基因库等重大科技基础设施；拥有本省及双聘院士 150 名，“海外高层次人才引进计划”专家 161 名，广东省“珠江人才计划”创新团队 112 个。

深圳、广州和东莞三市自主创新能力持续增强。研究与试验发展（R&D）经费支出占地区生产总值（GDP）的比重从 2011 年的 2.53％提高到 2016 年的 3.19％，超过创新型地区水平；2016 年，发明专利申请量和 PCT 国际专利申请量分别达到 10.5 万件和 2.2 万件，其中深圳的 PCT 国际专利申请量占全国总量的 47％，连续 13 年稳居全国首位。

对标美国硅谷、波士顿地区等发达国家与地区的创新政策环境，高起点、高标准制定广深科技创新走廊专项系列支持政策。“从发展普惠性科技金融、创新土地利用机制和项目审批体制、加速科技成果转化和建立协同管理机制等方面，加强政策探索，破除发展存在的制度性、体制性障碍。”该负责人介绍，推动走廊内政策互动，统筹协调走廊内的重大产业政策、科技政策、人才政策等，重点研究区域产业共建、科技资源开放共享、创新人才跨区域流动等政策措施，保障人才、技术、资金、信息等创新要素的自由流动。

“三市创新活动各有特点、形成互补。如果能充分发挥多种元素聚合叠加，必将在中国乃至全球再造一条具有国际竞争力的创新经济产业带。”广东省科技厅相关负责人表示，《规划》提出建设发展的“三步走”目标。第一步，到 2020 年科技产业创新能力领先全国；第二步，到 2030 年建成具有国际影响力的科技产业创新中心；第三步，到 2050 年建成国际一流的科技产业创新中心。

深圳拟实施六项重大工程

今年 9 月，广东省委常委会议强调，要集中力量推进广深科技创新走廊建设，发挥好深圳、广州龙头带动作用，沿广深轴线形成高度发达的创新经济带，辐射带动全省创新发展。

深圳市科技创新委相关负责人表示，深圳已启动《深圳建设广深科技创新走廊实施方案》编写工作，建设广深科技创新走廊将分四步走： 第一步：到 2020 年，成为“广深科技创新走廊”的主引擎，形成国际科技产业创新中心基本框架体系，基本形成以创新为引领的现代化经济体系。主要创新指标达到创新型国家水平。第二步：到 2025 年，成为“广深科技创新走廊”引领区，实现国际科技产业创新中心核心功能，创新能力跻身世界创新型城市行列，现代化新经济发展跻身国际先进水平。第三步: 到 2030 年，基本建成国际科技、产业创新中心，创新能力跃居世界创新型城市先进水平，强力支撑广深科技创新走廊打造“中国硅谷”，成为我国加快建设创新型国家的战略支点。第四步：到 2035 年，全面建成具有全球影响力的国际科技、产业创新中心，科技创新水平世界领先，成为代表国家参与全球竞争合作的先锋力量，为我国建成世界科技强国形成强力支撑。

广深科技创新走廊中的“十核”，深圳占了四个，接近一半。“目前，初步设想是构建‘四核十八节点’的空间格局。在规划原有的十五个创新节点上，拟增补三个备选节点。”该负责人表示，四核为深圳空港新城、深圳高新区、深圳坂雪岗科技城、深圳国际生物谷。目标是构建科技创新重要空间载体，打造全球顶尖科技产业创新平台，为广深科技创新走廊和粤港澳大湾区建设提供强大动力。

“深圳建设广深科技创新走廊拟实施六项重大工程，分别是人才集聚工程、成果转化工程、企业培育工程、产业集群工程、平台建设工程、创新环境工程，每一项工程包括若干个项目。”该负责人表示，将尽快完成《深圳建设广深科技创新走廊实施方案》编写工作，稳扎稳打地推进广深科技创新走廊深圳段建设。充分发挥深圳高新技术企业集聚、产业链配套完善、市场化程度高、深港合作等优势，着力破除人才集聚、企业培育、平台建设、技术攻关、区域发展等重点领域不平衡不充分的发展问题，进一步集聚创新型人才、先进科技成果、创新型企业，抢占关键核心技术制高点，完善创新平台体系，补齐科技创新短板，营造一流创新生态环境，率先形成以创新为主要引领和支撑的现代经济体系和发展模式，引领广深科技创新走廊和粤港澳大湾区建设，为全省建设国家科技产业创新中心和全国实施创新驱动发展战略提供“样板”支撑。

（《深圳特区报》2017 年 12 月 18 日）

研发助力深圳进入“创新新时代”

我国城市 2 万亿元“俱乐部”再添新成员。近期，广东省统计局发布修订数据，深圳 2016 年 GDP 超过 2 万亿元，成为第三个 2 万亿元城市。不少业界人士认为，在深圳创新“规模效应”带动、辐射下，广深科技创新走廊、粤港澳大湾区有望迎来广阔发展空间。

2 万亿元“俱乐部”添新成员

近期，广东省统计局发布了根据新核算方法修订的统计数据，将研发支出未计入地区生产总值部分进行补充核算。修订后，2016 年广东省 GDP 突破了 8 万亿元大关，深圳 GDP 达到 20078.58 亿元，相比修订前的 19492.60 亿元，增长 585.98 亿元，成为第三个 GDP 超 2 万亿元的城市。

不少业界专家表示，将研发投入作为固定资本形成计入国内生产总值，是近年来各国经济核算改革的一个重要趋势。今年 7 月，《中国国民经济核算体系 (2016)》已经国务院批准实施，为了体现科技创新和技术进步应有的经济价值，准确反映研发活动对地区经济的贡献，研发支出不再作为成本扣除而被纳入 GDP。

对研发的重视，正不断促使中国企业追赶世界顶尖行列。华为发布的 2016 年度财报显示，华为当年研发投入达 110 亿美元，研发占比 14.65%。2016 年苹果的研发投入为 100 亿美元，研发占比 4.60%。

伴随着高强度的研发投入，以华为为代表的深圳企业正开启新一轮的“深圳速度”。五年间，华为销售收入从 2012 年的 2202 亿元，到 2016 年的 5216 亿元，增长近 1.5 倍。从开发黑皮肤自拍的传音手机，到一飞冲天的大疆无人机，再到可折叠的柔宇柔性显示屏……深圳全社会研发投入已由 2010 年的 333 亿元，增长到 2016 年的 800 余亿元，GDP 比重提高至 4.1%，达到国际先进水平。

深圳市政府副秘书长王刚说，近年来深圳始终坚持把创新作为城市发展的主导战略，促进产学研协同创新，努力构建多个要素联动、多种主体协同的综合创新生态体系，走出了一条具有深圳特色的市场化创新之路。

广深科创走廊构建“中国硅谷”

不止是深圳，一条创新之路正在珠江之畔徐徐展开。近期，《广深科技创新走廊规划》正式印发，提出到 2050 年建成国际一流的科技产业创新中心，成为全国创新发展重要一极。

广深科技创新走廊坐落于粤港澳大湾区东侧，囊括广州、深圳、东莞三市，依托约 180 千米的高速公路、城轨等复合型交通要道，总覆盖面积达 11836 平方千米。

这里聚集了华为、腾讯、华大基因、广汽、广药等一批具有国际竞争力的龙头企业。统计显示，广州、深圳、东莞三市高新技术企业占珠三角总数的 78%。此外，三地新型研发机构占珠三角 60%，科技企业孵化器占比 76%，本科院校重点学科占比 90%。

广东省社科院区域经济研究所所长陈再齐说，珠三角国家自贸区和粤港澳大湾区建设都涉及城市群，城市之间的融合发展是难点。“从广州、深圳和东莞三座城市入手，可以让核心更加聚焦，要素更加聚集，机制更加顺畅，为更多城市之间的深度融合积累经验。”

湾区经济迎来广阔空间

来自创新主轴的技术、资本、人才等要素溢出，正将粤港澳大湾区打造成一个紧密联系、有机协同的经济体。

在深汕特别合作区从事机柜、机箱等生产的瑞祺科技产业园董事长岳勇华对未来信心满满。他说，企业在深圳经营十几年，年产值过亿元，在产业共建政策推动下落户深汕特别合作区，在今年年初完成了生产环节从深圳至合作区的搬迁，并已于 5 月投产，年销售额预计增加 30%~40%。

深圳高等金融研究院理事长刘遵义认为，从国际湾区经济经验来看，商品服务、人员、资金、信息的流通是非常重要的，珠三角相关城市与港澳之间仍要在这些方面进行努力，减少成本，提高经济效率。

美好蓝图之下，粤港澳大湾区建设，正激发起企业家们的热情。腾讯公司董事会主席兼首席执行官马化腾提出打造全球区域创新中心、“中国硅谷”的摇篮，倡设粤港澳科技湾区常态化合作机制。

深交所相关负责人说，深交所将有序扩大深港互联互通标的和额度，形成“基础设施互联互通，市场规则兼容互认，跨境服务便捷高效，监管信息充分共享”的紧密合作关系，助力粤港澳大湾区建设，逐步打造深港共同市场，实现粤港澳金融竞合有序、协同发展。

（《新华社》2017 年 12 月 19 日）

加快打造具有全球竞争力的创新先行区

今年以来，深圳始终践行新发展理念，牢牢把握新一轮科技革命和产业变革的重大机遇，坚持把创新摆在发展全局的核心位置，深入实施创新驱动发展战略，加快打造具有全球竞争力影响力的创新先行区，为在新的起点上勇当尖兵、再创新局做出新的贡献。

目前，深圳突出基础建设，超常规布局创新载体，突出深化改革，着力创新科技投入方式，不断健全科技管理体制机制，完善创新创业生态链，加快建设现代化国际化创新型城市和国际科技、产业创新中心。

超常规布局创新载体 1617 家

今年 11 月，全球第二大航空航天技术公司——空中客车公司的空客中国创新中心落户深圳，期待与深圳当地优势产业、优势技术结合起来，更快更好地推动在航空航天领域的创新。空客相关负责人表示，深圳全球领先并且独特的软硬件一体化生态系统，正好能助力空客发展。

事实上，包括英国 ARM（中国）总部、美国 WeWork 公司深圳创新中心、加拿大 Steve Mann 教授团队可穿戴技术研究院、澳大利亚悉尼科技大学深圳研究与创新中心等多个国际项目都在今年落户深圳，意味着我市整合全球资源的能力进一步提升。

一个地区的创新载体的数量和质量客观反映了该地区的创新能力。国际知名创新载体落子深圳的同时，深圳也在大力布局提升自己的创新能级。

今年以来，深圳建设了一批开放式的重大科技设施、创新载体和服务平台。目前，国家超级计算深圳中心、大亚湾中微子实验室和国家基因库建成使用，国家基因库成为全球最大的基因库之一和生物技术产业发展的战略库。国家、省、市级重点实验室、工程实验室、工程（技术）研究中心和企业技术中心等创新载体累计达到1617家，其中国家级110家，省级175家，成为集聚创新人才、产生创新成果的重要平台。

深圳创新能力不断提升，知识产权就是一项重要指标。目前，PCT国际专利年申请量约2万件，连续13年居全国各城市首位。世界知识产权组织等机构发布的《2017年全球创新指数报告》指出，在全球热点地区创新集群中，深圳居第二名，仅次于东京，领先硅谷。

改革创新科技投入方式

据了解，深圳按照中央提出的“发挥市场对技术研发方向、路线选择、要素价格、各类创新要素配置的导向作用”的要求，坚持问题导向、需求导向，不断深化科技体制机制改革，激发创新驱动引擎全速发动。

今年以来，深圳根据科技创新活动不同阶段的具体特点，建立了无偿与有偿并行、事前与事后结合、稳定支持与竞争择优相结合的财政科技多元化投入机制。

深圳不断加大财政科技投入力度，积极改革创新投入机制，通过银政企合作、科技保险、天使投资引导、股权有偿资助等支持方式，全面撬动银行、保险、证券、创投等资本市场各种要素资源投向科技创新。以银政企合作项目为例，累计入库项目917项，累计对入库企业予以5000多万元贴息支持，200多家入库企业获得合作银行贷款，合作银行发放贷款总额40多亿元。

深圳不断健全科技管理体制机制，率先构建了统一开放透明的科技管理信息系统。通过该系统的“一体化”办事平台，所有科技项目实现了网上征集、申报、受理、评审、评估、考察、合同签订以及资金拨付程序的“一站式”办理，减少了项目管理的自由裁量权和人为因素，提高了政府行政效能和科技经费使用效率，促进了科技管理与决策的规范化、法治化。依托科技管理信息系统，建立了统一开放、互联互通的科技资源共享机制，8000余台大中型科研仪器设备向社会开放共享，有效解决了科技项目重复研究和科技资源“孤岛”问题，提高科技资源使用效能。

完善创新创业生态链

“深圳的开放和经济发展令人印象深刻。”诺贝尔化学奖得主迈克尔·莱维特首次来到深圳，发现这里人人都在谈创新，充满活力和激情，这让他想到硅谷，两个都是湾区城市，气候宜人、环境优美，吸引全世界的顶尖人才聚集，是最适合创新的地方。

创新驱动的核心是人才，人才聚集为深圳“大众创业、万众创新”源源不断注入新活力。

今年以来，深圳通过政策引导，推动企业为主体的孵化载体快速发展，形成了别具特色的孵化培育生态链，覆盖创客创意到批量生产全过程全要素。目前，企业投入建设的孵化器比例大幅上升到85%以上，企业成为孵化器建设和运营的主力军。

今年9月，2017全国双创周深圳活动暨第三届深圳国际创客周在深举行，来自美国、英国、澳大利亚等15个国家和地区的351支创客团队参展，全方位、立体化、多维度展示大众创业、万众创新的丰富内涵和丰硕成果。

在推动双创工作过程中，深圳特别注重营造创新创业环境，完善创新创业生态链，积极布局建设海外创新中心，吸引全球创新创业资本集聚深圳。

深圳还大力推进创业苗圃、孵化器、加速器、科技园区相结合的科技企业孵化载体建设，着力完善全过程、全要素的孵化培育生态链，激发全社会创新创业活力。目前，全市经国家、广东省及本市财政资助或认证的孵化载体共237家，其中国家级17家，省国家孵化器培育单位20家，孵化场地面积500万平方米，在孵企业9000余家，毕业企业超过5800家，在孵企业从业人数20余万人，孵化载体主要指标均排在全省名列前茅。

（《深圳特区报》2017年12月28日）

第二节 产业篇

将全球创新力变成深圳产业力

“全社会应该关注实体经济，支持实体经济发展，走‘虚实互动、产融结合’道路。”昨日，深圳市政协委员、深圳创业标杆、三诺集团创始人兼董事长刘志雄表示，应抓住物联网崛起机遇，发力智能制造，构建万物互联、人工智能、人机交互的创新生态产业集群，以此为“风口”促进实体经济健康发展。

刘志雄提到，中央经济工作会议提出，要大力振兴实体经济。深圳高新技术企业中，制造业占了很大比重，正是因为深圳产业经济、实体经济带动了金融业等高端服务业的蓬勃发展，成为深圳经济发展的主要力量之一。“深圳不能搞‘脱实向虚’，也不可能完全‘脱虚向实’，应该着眼全球新一轮科技革命和产业变革新趋势，充分发挥金融为实体经济助力的作用。”

刘志雄建议，需要结合深圳现有优势产业和未来战略产业布局，重点突破，鼓励有投资实战经验的深商参与共建产业基金，发挥深商智慧，走出一条有深圳特色的“虚实互动、产融结合”的道路。

他说，一方面，要鼓励更多深商龙头企业家为政府产业基金做贡献，企业家把产业赚到的钱投回到产业中去，参与共建政府产业基金，聚集产业、反哺产业，更好地推动产融结合；另一方面，政府支持深商龙头企业继续做大做强，并支持微创新力量的发展壮大。

就具体的切入点而言，刘志雄建议，建立物联网产业跨界融合联盟，发挥深圳“设计之都”“创客之城”及丰富的制造产业链优势，快速形成产业集群，推动物联网生态链创新建设。同时，以声音作为物联网、人机交互的入口，建立语音交互人工智能研究院，打造“声音 + 生态”战略，占据物联网产业的制高点。

作为一位资深“老创客”，刘志雄希望在深圳建立一个全球实战型工程实践基地、工程验证中心，链接全球创新力，承接全球大量的创新创业项目在深圳产业化，将全球创新力变成深圳产业力。

（《深圳特区报》2017 年 1 月 12 日）

深圳计划2020年成为重要的节能环保产业基地和创新中心

位于大鹏新区水头村北面的一座山头，曾经是远近闻名的垃圾填埋场。记者近日来到这里看到的却是另一番景象：山坡上绿草茂盛，春意盎然，放眼望去海上碧波荡漾，草绿、天蓝、水碧，一座生态公园展现在眼前。

这只是深圳大力推进生态文明建设的一个缩影。作为国家创新型城市、循环经济和低碳试点城市，深圳出台一系列发展绿色低碳经济的政策和措施，不断推动产业转型升级，突出绿色引领，从节能减排、发展绿色交通，到构建现代绿色产业体系的系列创新发展；在生态文明建设上，从绿化面积到水质达标，再到海洋保护、节能环保和低碳出行……体制、机制创新不断推动深圳经济转型升级，成为打造深圳生态文明的“绿色引擎”。

实现经济质量和生态质量“双提升”

记者从深圳市发改委了解到，2017 年深圳万元 GDP 能耗、水耗预计分别下降 4.2% 和 10.3%，PM2.5 年均浓度 28 微克 / 立方米，饮用水源地水质达标率等各个生态环境主要指标，位居全国城市前列，实现了经济质量和生态质量的“双提升”。

在经济高速增长的同时，深圳始终把生态文明建设作为推动可持续发展的内在要求，加速体制机制创新。

深圳生态文明建设的成效，来源于好的创新制度。深圳始终坚持经济社会发展与生态环境保护并重，率先制定了《深圳经济特区循环经济促进条例》《深圳经济特区建筑节能条例》《深圳经济特区建筑项目环境保护条例》《深圳经济特区碳排放管理若干规定》等法规，出台了《深圳市餐厨垃圾管理办法》《深圳市绿色建筑促进办法》等规章，印发了《深圳市“十三五”节能减排综合性实施方案》《深圳市“十三五”主要污染物总量减排实施方案》等，节能环保产业发展的政策法规体系愈发完备。

早在 2014 年，深圳已将节能环保产业列为全市第七个战略性新兴产业。根据深圳市发改委所提供的资料显示，2017 年，深圳从事节能环保产业相关企业超过 2000 家，增长 12.7%。在高效节能领域、先进环保领域、资源循环利用领域均居全国领先水平。“计划到 2020 年，将深圳打造成我国重要的节能环保产业基地和创新中心。”深圳市发改委相关负责人说。

一花引来万花开。在一系列产业发展规划和创新创业政策引导下，深圳迸发出强大的创新能量。近年来，深圳市在节能环保产业涌现出众多骨干企业，光是该行业的上市公司就超过 50 家，并拥有一大批具有创新优势、综合实力强的龙头企业，以及增长潜力大的中小企业。在高效电机控制系统领域，拥有汇川、英威腾等；在半导体照明领域，拥有万润、九州、瑞丰、雷曼等；在水处理领域，拥有水务集团、光大环保等；在废弃物处理领域，拥有东江环保、能源环保、格林美、嘉达高科等；在节能环保服务领域，拥有铁汉生态、达实智能、世纪天涯等。

在节能环保服务业，深圳企业优势突出。目前深圳有节能服务公司超过 150 家，城市综合节能规模、建筑节能、工业节能等领域设计开发能力在国内处于领先水平。环保服务业已形成核心竞争能力，在城镇污水处理、生活垃圾处理、工业污染治理等重点领域发展迅速，形成了一批包括系统设计、设备成套、工业施工、调试运行、维护管理的专业化、社会化环保服务的总承包企业，成为深圳绿色经济发展的生力军。如今，高附加值、绿色、低能耗产业成为深圳新的“增长极”。

绿色公交成深圳亮丽风景

在深圳，只要你乘坐公交车出行，一定会踏上低碳、零排放的“绿色之旅”。记者从深圳市发改委了解到，随着新能源汽车推广步伐的加快，到去年 9 月底，深圳公交特许经营企业公交车纯电动化率达到 100%。

随着绿色出行的理念深入人心，深圳新能源汽车的推广进展顺利。目前，深圳全市已累计推广新能源汽车超过 12 万辆，其中包括 1.6 万辆纯电动公交车、1.3 万辆纯电动出租车、4.9 万辆新能源私家车等。在深圳市区，电动公交车、电动出租车、电动物流车等新能源汽车在大街小巷穿梭；立在路边的一个个充电桩，也成为当地一道特殊的风景……

“在推广新能源汽车之前，虽然深圳公交车、出租车数量只占全市机动车总量的约 1%，但行驶里程和污染物排放量却占 30% 以上。”深圳市发改委有关负责人表示，推广新能源汽车后，节能减排效果明显。以深圳巴士集团为例，该公司纯电动公交车累计行驶里程约 3.2 亿千米，节约燃油约 11.6 万吨，减少二氧化碳排放约 36 万吨，“深圳计划到 2020 年，实现出租车 100% 纯电动化”。

据这位负责人介绍，2015 年以来，针对燃油深圳公交大巴等排放量大、尾气污染重等问题，深圳集中全力推广纯电动公交大巴、出租车。针对纯电动公交大巴制定专项运营补贴政策，加快纯电动公交车的推广使用。2017 年 6 月，深圳巴士集团成全球第一家实现纯电动化的公交大巴企业。

该公司共运营纯电动公交车 5698 辆，其单车最高行驶里程约 48 万千米，单车节省燃油约 174 吨，减少二氧化碳排放约 540 吨。

安全、高效的充电设施，是加快新能源汽车市场推广的保障，为此，深圳市新能源汽车财政扶持政策重点向充电设施建设倾斜，加大对充电设施建设的补助力度。同时，针对停车位资源严重短缺、慢充桩利用率低等现状，试点推广集约型柔性充电堆技术，以快慢一体化的充电设施建设逐步替代原有的快充、慢充电设施分类建设，提高快充电设施比率和使用效率，减少充电设施的土地使用，创新充电设施的建设模式。如南方电网“变电站”加“充电站”模式，深挖现有变电站土地及供电容量潜力，同时进一步促进无线充电设施的研发使用；在应急期间或区域性扎桩区域，引入移动补电机，为电动公交大巴提供多元化充电方式，充电设施的建设逐步注重数量扩张向注重使用效率转变。

一系列行之有效的措施，在大大加快深圳新能源汽车市场推广步伐的同时，也让“深圳蓝”成为一张亮丽的名片：去年，深圳 PM2.5 年均浓度为 28 微克 / 立方米，成为全国空气质量最好的城市之一。

垃圾填埋场变身生态公园

如果说深圳是国内的经济特区，那么大鹏是深圳经济特区中的生态特区……该区凭借生态文明探索去年生产总值达 330 亿元。

据大鹏新区相关负责人介绍，因为要保护森林和海洋，也就意味着大鹏新区葵涌、大鹏、南澳三个街道的居民，基本上不能做砍树、种菜、海域养殖、开水上餐厅等破坏生态环境的事情。为保护生态环境，从 2007 年起，在大鹏新区有三个街道共 1.6 万居民，每个月人均都能收到生态补贴 1000 元，这也是深圳走在全国前列的另一项机制。

生态旅游业成为深圳绿色发展的一道亮丽风景。以大鹏新区为例，借助绵长优美的海岸线、大鹏半岛“山海相依、水火共融”的奇特地理景观等自然资源，大鹏新区实施全域 5A 战略，年接待游客已超过千万人次，年旅游业总收入突破 50 亿元。

在生态文明建设方面，大鹏新区多措并举，不遗余力。

以大鹏新区水头村北面的垃圾填埋场改造为例，作为水头垃圾填埋场项目负责人，佘高红介绍，这座占地面积约 2.2 万平方米的垃圾填埋场从 1992 年开始，一直承担着大鹏辖区的垃圾填埋任务。而到了后期，这座垃圾山存在溃坝的危险，填埋垃圾产生的沼气也有了爆炸隐患，整座垃圾山更是臭不可闻，引发周边居民的集体投诉。

针对这种情况，从 2016 年开始，大鹏新区开始立项整治水头垃圾场，经过一系列山体边坡治理工程、旧垃圾坝拆除工程、垃圾锥坡整形工程、封场覆盖系统工程等，最终于去年 10 月工程完成竣工验收。“我们计划借鉴国外将垃圾填埋场改造成生态公园的例子，对这里做无害化改造。”大鹏新区相关负责人介绍说，当地环保水务部门通过前期调研，历时 15 个月，一方面在垃圾堆铺上防渗膜，另一方面建设排水管。现在的水头垃圾场已经闻不到臭味，也解除了溃坝的危险。大鹏新区相关部门负责人介绍，虽然目前不可能将这座垃圾山再次开发建设，但建成公园是变废为宝的做法，也是国际上通用的方法，未来希望这里能成为深圳市民观光看海的好去处。

在龙岐湾畔较场尾民宿小镇，错落有致、各具特色的民宿与美丽海景完美融合。“随着海滨旅游的兴起，较场尾民宿业发展迅猛，2016 年入住游客约 90 万人次，旅游收入突破 5 亿元。”环龙岐湾景区建设管理办公室主任胡勇说。

“大鹏新区排牙山 - 七娘山节点生态恢复工程”是深圳市第一条完全意义上的生物廊道，该项目位于排牙山和七娘山衔接位置，靠近南澳镇，是深圳市生态安全廊道体系内 20 个重要生态节点之一。该项目位于大鹏半岛南澳北部山隘，坪西公路横过，节点东、南、北三个方向的边界皆位于基本生态控制线内，节点最窄处宽 870 米，占地面积 132.92 公顷，建设面积约 100 公顷，项目投资 8342 万元，主要建设内容包括土方、桥梁、植被恢复及配套设施等工程。项目建成后将是保证大鹏半岛南北向连通的重要生物通道，可促进物种交流，保障区域生态安全，是新区贯彻“保护为先”发展理念的重要举措。

生态文明建设的全力推进，使大鹏半岛越变越美，现在深圳大鹏新区的空气优良率达到 97.5%，当地空气质量连续三年排在全省第一。

（《深圳商报》2 月 23 日）

深圳打造全球科技产业创新中心

“粤港澳大湾区”写入李克强总理所做的政府工作报告这两天在广东代表团审议中不断升温，持续引发热议。

6 日上午，广东代表团全体会议向中外媒体开放。全国人大代表、广东省省长马兴瑞在回应粤港澳合作相关问题时专门讲到，总理报告提出研究制定粤港澳大湾区城市群发展规划，就是要与纽约、洛杉矶、东京等世界湾区对标，粤港澳合作未来将在粤港澳大湾区规划建设世界级湾区的过程中获得更大空间和机遇。

全国人大代表、广东省委常委、深圳市委书记、市长许勤 6 日下午在参加全团审议时提出，“粤港澳大湾区”写入总理报告对于完善区域开放发展格局、促进港澳长期繁荣稳定发展具有重要战略意义。希望从国家层面建立粤港澳大湾区的协调机制，打造世界级的金融、科技、航运、贸易、产业中心，推动成为我国新的区域增长极和全球经济版图的新亮点。

全国人大代表、广东省发改委主任何宁卡的发言就以“粤港澳大湾区”为题，呼吁国家支持粤港澳大湾区打造全球重要科技产业创新中心。

建国际一流湾区，粤港澳地区已具备基础条件

国家“十三五”规划纲要提出“支持港澳在泛珠三角区域合作中发挥重要作用，推动粤港澳大湾区和跨省区重大合作平台建设”；《国务院关于深化泛珠三角区域合作的指导意见》提出“携手港澳打造粤港澳大湾区，建设世界级城市群，构建以粤港澳大湾区为龙头，以珠江—西江经济带为腹地，

带动中南、西南地区发展，辐射东南亚、南亚的重要经济支撑带”；3月5日上午李克强总理在《政府工作报告》中提出，研究制定粤港澳大湾区城市群发展规划。何宁卡认为，国家对粤港澳大湾区建设高度重视，“目前粤港澳大湾区建设已摆上重要日程”。

“湾区经济作为重要的滨海经济形态，已成为主要经济体经济转型升级的重要载体。目前国际一流湾区有纽约湾区、旧金山湾区、东京湾区等。其共同特点是经济高度发达、创新资源集聚、生活环境优质、交通基础设施完善、区域发展格局功能明确。”何宁卡说，广东的广州、深圳等珠三角9市和香港、澳门两个特别行政区形成的粤港澳大湾区，面积5.6万平方千米，人口6672万人，经济发达活跃，外向型经济特征明显，产业结构呈现高级化发展特征，初步形成具有国际竞争力的城市群，区域合作进入深化升级阶段，已具备建成国际一流湾区和世界级城市群的基础条件。

粤港澳大湾区应成全球创新高地、经济最具活力区

何宁卡认为，打造粤港澳大湾区，建设世界级城市群，推动粤港澳三地经济社会发展迈上新台阶，引领中国实现从经济大国向经济强国的转变，既是粤港澳地区加快经济社会深度调整与转型、实现可持续发展的需要，也是助推国家提高全球竞争力和影响力的客观要求，有利于拓展港澳地区的发展新空间，保持港澳长期繁荣稳定；有利于培育比肩以纽约、伦敦、东京为中心的世界级城市群，建设高水平参与国际经济合作的新平台；有利于推动“一带一路”倡议实施，通过区域双向开放，构筑丝绸之路经济带和21世纪海上丝绸之路对接融汇的重要支撑区域；有利于探索建立高标准贸易规则，通过充分发挥港澳作用，探索建立与国际接轨的开放型经济新体制；有利于构建区域合作新机制，辐射和带动泛珠三角地区发展。

何宁卡表示：“根据发展优势和区域特点，粤港澳大湾区应努力建设成为全球创新发展高地、全球经济最具活力区、世界著名优质生活区、世界文明交流互鉴高地和国家深化改革先行示范区。”

粤港澳大湾区要重点建设“一中心三网”

何宁卡提出，要重点从几个方面谋划粤港澳大湾区发展：

一是加强基础设施互联互通。以补短板为基础，以提质增效为核心，以运营管理协同为方向，形成与区域经济社会发展相适应的基础设施体系，重点共建“一中心三网”，“一中心”是指世界级国际航运物流中心，“三网”是指多向通道网、海空航线网、快速公交网，形成辐射国内外的综合交通体系。

二是打造全球创新高地。统筹利用全球创新资源，优化创新发展模式，合作打造全球科技创新平台，构建开放型创新体系，完善创新合作体制机制，建设粤港澳大湾区创新共同体，逐步发展成为全球重要科技产业创新中心。

三是携手构建“一带一路”开放新格局。深化与沿线国家基础设施互联互通及经贸合作，强化“一带一路”倡议的起始点与节点“双重功效”。深入推进粤港澳服务贸易自由化，打造CEPA升级版。按照市场化、国际化、法治化的要求，着力构建稳定、公平、透明、可预期的世界最佳营商环境。

四是培育利益共享的产业价值链。发挥产业互补优势，加快向全球价值链高端迈进，打造具有国际竞争力的现代产业先导区。以智能化、绿色化为导向，重点依托汽车、通信装备、船舶及海洋工程装备、电子信息等跨区域优势产业链，加快推动制造业转型升级，重点培育发展新一代信息技术、生物技术、高端装备、新材料、节能环保、新能源汽车等战略新兴产业集群。结合城市规模等级，构建具有层级明确、功能协同的现代服务业体系，提升现代服务业发展水平。

五是共建金融核心圈。推动粤港澳金融竞合有序、协同发展，培育金融合作新平台，扩大内地与港澳金融市场要素双向开放与联通，打造引领泛珠、辐射东南亚、服务于“一带一路”的金融枢纽，形成以香港为龙头，以广州、深圳、澳门、珠海为依托，以南沙、前海和横琴为节点的大湾区金融核心圈。

六是共建大湾区优质生活圈。以改善社会民生为重点，

加强水、大气、土壤环境协同治理，建立绿色低碳发展合作机制，建设国家森林城市群，打造国际化教育高地，完善就业创业服务体系，促进文化繁荣发展，共建健康湾区，推进社会协同治理，把粤港澳大湾区建成绿色、宜居、宜业、宜游的世界级城市群。

建议设立粤港澳大湾区合作发展基金

在看到巨大发展机遇的同时，何宁卡认为，对标国际一流湾区和世界级城市群来看，粤港澳大湾区发展仍存在差距、面临一些问题。

他建议，国家应给予粤港澳大湾区更大的改革权限和政策支持，包括建立国家层面的协调机制。建设粤港澳大湾区是一个系统工程，涉及面广，协调任务繁重，建立一个协调有力、灵敏高效的合作机制至关重要。建议在国家层面研究建立粤港澳大湾区建设协调机制，统筹研究解决粤港澳大湾区合作发展重大问题，协调落实重大合作事项；赋予重大合作平台更多先行先试政策。支持广东自贸区积极对接更高标准的国际投资贸易规则，进一步放宽准入限制、简化审批环节，推动扩大内地与港澳企业相互投资。支持广东自贸区在资本项目可兑换、人民币跨境使用、外汇管理改革等方面先行先试，条件成熟时率先在大湾区推广；支持打造全球重要科技产业创新中心。支持合作建设广东国家大科学中心，加快对接国家科技重大专项和科技计划。推进粤港澳大湾区实验室及工程中心体系建设，提升原始创新能力。支持完善粤港澳大湾区创新合作体制机制，探索建立科技创新联席会议协调机制、科技创新战略框架、科技创业合作框架、标准体系合作机制；支持设立粤港澳大湾区合作发展基金。鼓励金融机构和社会资本共同出资设立粤港澳大湾区合作发展基金，发挥基金的引导作用，支持重大合作项目。

（《深圳商报》2017 年 3 月 7 日）

深圳IT峰会|发布《深圳IT产业发展报告》

4 月 1 日—2 日，2017 中国（深圳）IT 领袖峰会在深举行。

会上，深圳市科技创新委员会主任梁永生先生发布了《深圳 IT 产业发展报告》，以下为报告全文。

首先谢谢大家，我的报告分为三部分，由于时间关系，可能每一部分的内容都用数字说话，这样会快一些，更深刻一些。

我们从国外、国内到深圳来谈谈 IT 产业的发展情况，最后一部分我想给出我们现在面临的挑战和对策，因为这个可能在座的各位也比较关心。

先说国外的情况，产业总体发展保持平稳增长态势，大家看看这个，IT 市场的规模增速略缓，降到了 3.6%，新兴国家产业发展引擎作用凸显，这个包括亚洲的一些国家，信息技术应用促进产业智能化，这里面工业、农业和服务业与互联网的加速融合。并购重组加速，重塑市场竞争格局，一方面是信息技术的快速演进，势必带来并购重组。另一方面并购重组也形成了一个完备的生态圈。

我们回到国内，2016 年我国计算机通讯和电子制造业规模以上企业的收入是 9.84 万亿元，刚才李颖汇报的是 12 万亿元，这个数据并不矛盾，她的是全口径，我这个是规上企业。利润是 4775.3 亿元，增长 12.8%。全行业的固定资产投资 4350 亿元，移动宽带用户渗透率达到了 71.2%，这在全球比例还是很高的，比上年提高的 15.6 个百分点。产业向电子制造业演进，电子制造业的增长也进入了较低的增长空间，这块大家也可以理解，软件业收入是 4.9 万亿元，同比增长 14.9%。

互联网与制造业的深度融合将进一步改变制造业资源配

置、生产模式、竞争格局，催生大量的新业态、新服务，人工智能是本届峰会的主题，智能穿戴、智能家居、智能汽车、智能机器人等更加成熟，会成为新的经济增长点。

生态圈建设将成为 IT 企业构筑竞争力的新举措，大家看这个图，整个 IT 产业从上游、中游、下游产业链的布局向核心 + 外延生态系统发展，从单一的企业竞争演进到聚合生态圈协同效益的竞争，这个竞争将更加复杂。我国 IT 产业将保持稳定增长，平均年复合增长率大于 13%。

下面回到深圳，2016 年电子信息制造业的产值是 1.6 万亿元，同比增长 7%，规模以上工业增加值是 4393.5 亿元，占全市规模以上工业增加值的 61%。2016 年软件服务业收入 5196.7 亿元，继续保持 15% 以上的增速，实现出口额 224.3 亿美元，同比增长 4.3%。在外贸出口这样的形势下，软件业出口还是保持增长的。

2016 年电子信息百强企业中深圳共有 18 家入围，前 10 家深圳有三家，分别是华为、中兴和比亚迪。

在创新体系和创新能力方面不断优化提升，这里面有高校、科研院所、重点实验室、工程实验室为依托，体系逐步健全。2016 年苹果、微软、高通等全球知名公司在深设立研发机构，深圳企业参与的 4G、TD_LTE 关键技术应用首获国家科技进步奖，华为短码方案成为 5G 标准之一，柔性显示成为全球领先地位。

信息基础建设进一步增强，产业和政策体系进一步完善，我们颁布一些法律法规。

下面回到重点领域的介绍，首先是集成电路，深圳作为全国集成电路的集散中心、设计中心、应用中心和创新中心，自 2012 年开始深圳集成电路设计产业规模和技术水平一直位于全国城市第一位。2016 年集成电路设计产业规模为 420 亿元，连续五年位于全国首位，在 IT 设计方面有海思、中芯微电子、比亚迪微电子。在 IC 制造方面有深爱半导体、方正微电子和中芯国际。在封装测试方面有意法半导体、赛意法微电子等多家公司。第二个重点领域是云计算与大数据，深圳作为国家首个五个云计算服务创新发展试点示范城市之一，2016 年产业规模达到 338 亿元，同比增长 30%。大数据产业规模超过 200 亿元，同比增长 40%。目前深圳在云计算与大数据领域有 30 多家上市公司，腾讯、中兴、迈瑞、迅雷等公司在大数据领域持续投入，产业资本总额有望突破千亿元。

第三个重点领域是智能硬件，2014 年是智能硬件的元年，2016 年深圳市市场规模为 552 亿元，企业占比为 44.4%，相对国内其他城市占据绝对地位。深圳智能硬件产业链比较完善，所以我也向大家推荐一下，我们从上游的元器件供应商到模块提供商，到后续的方案商和下游的代工厂，整个产业链是完善的。在众多细分领域都有“独角兽”级的创业公司。

第四个重点领域是新型显示，深圳是 LED 背光源主要的生产和供应基地，LED 显示屏国内最大的生产基地，平板显示上游有导电玻璃、偏光片、背光膜等产品，中游有华星光电、深天马、深超光电等公司，下游聚集了创维、康佳、TCL 三大彩电企业以及众多彩电 OEM 厂商。另外有华为、中兴、长城、联想、富士康等一批电脑和手机制造商。

第五个重点领域是物联网，在 RFID 领域深圳有国民技术、远望谷、先施科技等 330 多家企业，其中远望谷和现施科技在超高屏领域占据国内 90% 的市场份额。深圳企业几乎垄断了国内 RFDI 读写机市场，在传感器领域企业市场和规模均居全国市场首位。

第六个重点领域是电子商务，深圳有 15 个各具特色的电子商务产业园，总建筑面积超过 200 万平方米，超过 1000 家电子商务企业入驻，从业人员超过 100 万人。这里面有中国最大最完善的电子配件 B2B 服务平台华强电子网，拥有国内第一家进出口流程外包服务平台一达通，有中国供应链服务领先企业怡亚通，国内一流的农产品信息化服务承建商中农网，国内最大的航空客运销售代理之一腾邦国际等。

接下来是我们的思考和对策，从产业发展的角度来讲，产业发展进入了新常态，体系结构有待调整，大企业和小企业比较多，中间的中型企业比较少，产业生产需要优化。我们在右侧也给了三个对策来解决面临的三个挑战。在竞争力方面，左边是众所周知的，生活成本攀升，人才的挤出效应比较大。另外土地资源有限，我们在右边也给了四条措施。请大家相信深圳吸引人才，招才引智的志愿是一直不改的，而且力度会持续加大。我们现在有人才安居房，对于各种不同层次的人才都会给予一定的住房补助或补贴。

我们从基础研究的角度，深圳缺大学校大所，基础研究能力不足。另外原始创新还处于跟跑，但是我们部分产业已经处于中高端。我们在加大基础研究的同时，也把产业这块推向更高端。

我的汇报就这么多，谢谢大家。

（《深圳新闻网》2017 年 4 月 2 日）

深圳文化产业走向内涵式发展

年初，深圳文创产业喜讯连连，迎来开门红。深圳华强方特出品的动画电影《熊出没·奇幻空间》上映不到一个月，票房已突破 5 亿，创下深圳原创动画电影票房新纪录；深圳珠宝企业 TTF 举办的中国生肖珠宝设计展在巴黎开幕，展示蕴含中国传统文化内涵的系列精美珠宝，吸引了法国影星苏菲·玛索成为 TTF 的品牌形象大使。

自 2004 年深圳提出“文化立市”战略 13 年以来，深圳文化创意产业保持了平均 20% 的增长速度，已成为我国文化输出的重要基地和主要口岸。2016 年，深圳文化创意产业增加值 1949.70 亿元，增长 11.0%，占全市 GDP 的 10%。

《深圳文化创新发展 2020（实施方案）》提出，深圳必须着眼于构建现代文化产业体系，走质量型内涵式发展之路。通过推动业态融合创新、做强做大市场主体、优化产业空间布局、打造国际知名文化展会品牌、完善国家级产业服务平台等多项措施，深圳文创产业近年来不断优化、转型、升级，持续释放强大的文化创造力。

走质量型内涵式发展新路

作为全国较早发展文化产业的城市，深圳早在 2003 年就将文化产业列为与高新技术产业、现代金融业、现代物流业并立的四大支柱产业之一。依托市场、产业和科技优势，深圳率先探索出“文化”的发展模式，使文化产业在促进经济转型升级和结构调整中发挥出重要的示范作用。

多年来，深圳坚持创新驱动战略，培育“文化”新型业态，打造领军企业和知名品牌，提升文化创意产业的发展质量，为供给侧结构性改革做出新探索。

作为文化产业龙头企业，雅昌已经由一个传统的印刷公司变成了一个文化产业公司，累计为世界多个拍卖行、美术馆和博物馆以及 10 万个艺术家、5000 个画廊和 2000 家出版社提供服务，打造了全世界最大的中国艺术品数据库，以数据为核心，充分挖掘艺术品的文化内涵，形成了全新的、高质量的文化产品，赢得国际市场的青睐。

雅昌并非孤案，随着 VR 时代的到来，深圳众多文化企业在“文化科技”的道路上不断纵深。2015 年上市的华夏动漫善用高科技，近年来与国内多个高科技企业合作，利用全息技术、VR 技术，打造出世界领先的 VR 虚拟现实主题乐园。

“文化”与“互联网”作为两大驱动力，推动深圳文化产业的整体转型和升级换代，同时激发出更多的新型业态。

“大项目驱动”夯实产业基础

如果说深圳的文化产业是一条熠熠生辉的珍珠项链，那么一个个重大项目就宛如一颗颗珍珠，绽放着绚丽的光华。

去年 12 月，深圳再添一国家级文化产业平台项目：广东国家数字出版基地深圳园区龙华项目启动，总规划建筑面积 40 万平方米，将重点发展数字技术研发、数字阅读、网络视频、影视、动漫游戏等数字出版产业，预计 2017 年底完成，入驻企业 30 家，园区年产值近 20 亿元。在龙华项目全部建设完成后，预计将入驻企业 800~1000 家，园区年产值将达到 200 亿元，纳税额近 20 亿元。

今年，龙岗区政府、华侨城集团、深圳市甘坑生态文化公司总投资 300 亿元，联合打造“甘坑新镇”项目，建设一座融合文化、科技、生态、旅游于一体的大型文化创意产业新镇。此外，开心麻花华南总部也将落户龙岗。

坪山区华谊兄弟文化城于 2015 年 12 月顺利开工，截至目前项目一期桩基工程已完成 90%， 2016 年完成固定资产投资额约 19 亿元。

文化品牌效应凸显 上市步伐加快

近年来，深圳文化企业和产品屡获大奖、殊荣，品牌效应凸显。

去年，华强文化科技集团、华侨城集团再次获评全国“文化企业 30 强”，华强文化已连续蝉联 7 届，华侨城也已 6 届获此殊荣。中兴通讯、飞亚达、浪尖、创维、嘉兰图 5 家企业被认定为国家级工业设计中心。

雅昌、华强、中青宝、第七大道、环球数码等近 20 家文化企业列入 2015—2016 年度国家文化出口重点企业和重点项目库。第 67 届美国印制大奖，雅昌斩获 47 项大奖，独揽 3 项全称大奖和 7 项金奖，连续 7 年成为全球获金奖最多的文化企业。2016 年获德国 IF 设计奖、红点奖共 140 项，比上年增长 50.5%。

深圳推动文化产业发展，资本市场是不可或缺的助推器。可喜的是，近年来，优秀文化企业纷纷迈开上市的步伐：南山区上市文化企业已达 20 多家，成为全国文化产业的翘楚，冰川网络等公司已上市，高山水、盈富通、华曦达、嘉兰图等在新三板上市；福田区一批文化企业获得资本市场青睐，建艺装饰、亚泰国际等在深交所中小板上市，深装总装饰、东文传媒、中汇影视等在新三板挂牌；罗湖区推动企业上市融资，挂牌新三板企业达到 4 家。

案例赏析

去年，华强文化科技集团第 7 次上榜“中国文化企业 30 强”，除了主题公园外，华强的动漫产品不断创新突破，成为国产第一动漫品牌。深圳华强方特出品的动画电影《熊出没·奇幻空间》在年初上映不到一个月，票房已突破 5 亿，创下深圳原创动画电影票房新纪录。《熊出没》至今共上映了四部大电影，累计票房超过 13 亿元。

华强文化自主研发的环幕 4D 电影系统输出到美国、加拿大、意大利等 40 多个国家和地区，配套 4D 影片每年出口 20 余部，还全新创意研发了多个弘扬中国古典文化、传承优秀历史文化的主题影视项目。

无论是“强起来”，还是“走出去”，华强这一从深圳崛起的文化产业集团，正依托“文化科技”，打造文化产业的深圳质量与深圳标准，展示深圳这座中国文化产业发展先锋之城的新力量。

第三方评价

过去十多年，深圳文化产业迅速崛起，在较短时期内建立起较为完备的产业体系，成功探索出“文化 科技”“文化创意”“文化旅游”“文化金融”等发展模式。深圳文化产业走质量型内涵式，具备很好的基础和优势，灵活的市场机制、扎实的产业基础、强大的制度支持，使人才和资本要素实现更高层次的融合，催生更多新业态。在经济新常态下，深圳文化企业要紧跟市场步伐，做好“文化”大文章，释放更多创新活力。

——深圳社科院副院长王为理

（《深圳特区报》2017 年 4 月 10 日）

深圳机器人产业迈向高端

“深圳机器人技术可谓一日千里。”IEEE前主席Howard Michael在第五届中国电子信息博览会的论坛上表示，20多年前他初到深圳时，看到这里的机器人和人工智能技术还非常稚嫩，施展拳脚的空间也非常有限。如今，深圳的技术创新总是在突破他的想象。

的确，深圳作为全国创新高地，机器人产业已步入快速发展阶段，随着人工智能热潮的推动，深圳机器人智能化也在不断提升，本土企业已走出一条“贸、工、技、创”的创新之路，源头创新与核心技术创新能力不断提高。

本土机器人企业崛起

近日，美国《机器人商业评论》公布全球最有影响力的50家机器人公司，中国大陆有两家公司上榜，其中一家是深圳的大疆创新。

大疆成立于2006年，主要进行无人机的商业和娱乐开发，提供航拍无人机、农业植保机等智能飞控产品和解决方案。目前，大疆占据全球消费级无人机70%以上市场份额，各类飞行平台和手持设备用户遍及全球100多个国家和地区，公司估值达100亿美元。去年逾百亿的销售额中，80%来自海外。

今年的博鳌论坛上，优必选Cruzr机器人首次在国内亮相，精准地在会场内指引与会嘉宾，提供智能服务。作为一家成立于2012年的初创企业，优必选是一家集人形机器人研发、平台软件开发运用和产品销售为一体的高科技企业。虽然仅仅成立5年时间，其估值却已超过10亿美元，成为全球人工智能100“独角兽”公司。

大疆、优必选等一批企业，正从深圳本土强势崛起，凭技术创新走向世界。

两组数据证明了深圳市机器人产业的蓬勃发展：一方面，2016年全国机器人企业数量分布，广东省以747家位列第一，增长率为13.5%，工业机器人出口量全国遥遥领先；另一方面，2016年深圳机器人企业有469家（不包括没有形成收益的新成立企业），机器人产业产值约787亿元，同比增长24.92%，工业增加值约288亿元，同比增长26.87%。

政策助推向高端迈进

“机器人产业已是深圳市新兴产业之一。”市经信委有关负责人表示，深圳一直重视发展机器人技术与相关产业，并加大政策扶持力度。经过几年扶持的积累，2016年成为我市机器人快速发展的一年，深圳机器人企业达到469家，造就大疆等一批具有影响力的龙头企业，机器人全产业链在逐步完善，市场辐射能力强大，产业应用特点显著。

中国科学院深圳先进技术研究院院长助理、深圳市机器人协会秘书长毕亚雷表示，此次发布的《2016年深圳机器人产业发展白皮书》显示，深圳市机器人产业蓬勃发展，正向高端迈进。其中，工业机器人稳步成熟，初具规模，产业链不断完善，已超过500亿产值的规模。服务机器人发展迅猛，占总产值的29.6%，形成工业和服务机器人共同高速发展的格局。

在区域分布上，深圳也在逐渐地明确分工，宝安成为智能制造的大区，南山则是研发和服务机器人企业主要的集聚地，人才、资金流、产业链组合非常有特点。

《深圳市机器人、可穿戴设备和智能装备产业发展规划（2014—2020年）》中提出了“强化自主创新能力”“提升产业发展水平”“促进产业高端集聚”“拓展现代制造服务”、“优化产业生态环境”等五大主要任务。其中，强调培育一批技术引领型国际知名企业和研究机构，机器人、可穿戴设备、智能装备关键零部件制造、人机协作、系统集成等关键共性技术实现快速突破，打破国外技术垄断，取得一批自主知识产权。自2014年起至2020年，每年深圳市财政都安排5亿元，用于设立机器人、可穿戴设备和智能装备产业发展专项资金。

（《深圳特区报》2017年4月11日）

深圳八大传统优势产业：从“加工代工”转向“智造创造”

时尚大秀，络绎不绝，添彩深圳。深圳时装周刚刚落幕，深圳国际内衣品牌展和国际超模选秀大会总决赛又在会展中心拉开帷幕，36名中外模特穿着时尚内衣和服装，再次吸引全球目光，把深圳时尚创意产业推向世界。

目前，深圳内衣、钟表、服装、珠宝、皮革、眼镜、家具、工业设计等八大传统优势产业，顺应产业发展规律和需求升级趋势，坚持抓品牌、抓设计、抓质量、抓渠道，以产品设计赢得市场青睐，以精品品质树立行业标杆，逐步实现了从“加工代工”向“智造创造”的跨越，转型升级为时尚创意产业，成为国际时尚舞台的“深圳力量”，并加速向国际国内市场输出“深圳时尚”。

自主设计自有品牌崛起

过去，深圳内衣、服装、钟表、珠宝等产业，大都为外资品牌代工，难为人知；而今，它们以自主设计、自有品牌立业，扬名海内外市场。

深圳市内衣行业协会常务副会长兼秘书长张峰伟说，改革开放以来，深圳承接香港内衣业的产能转移，不断发展壮大，并逐渐培育出自己的设计师，走上了自主研发设计和创建品牌的道路。目前，深圳内衣产业拥有员工超万人的维珍妮国际、新兴工业集团，全国内衣销量靠前的安莉芳、曼妮芬，世界著名的ODM企业维珍妮、黛丽斯，世界最大的泳衣企业福华，销售额全国第一的渠道品牌都市丽人。据统计，深圳年产各类内衣8.5亿件，年产值近450亿元，约占全国的15%，占广东的1/3。

钟表行业表现不俗。深圳现有钟表企业900家左右，是全球主要的钟表生产和配套基地，占全球钟表产量的40%以上，“深圳制造”钟表品牌占国产品牌的65%。服装产业耀眼。据统计，深圳拥有2000多家服装企业、30万名从业人员，服装品牌达到1000多个，时装研发、设计、生产居国内领先地位。去年，深圳服装业销售总额近2300亿元。

时尚品牌拓展市场

深圳时尚品牌，在全国大中城市主要商场里占据“要地”。借助深圳自主创新城市的优势，深圳内衣、钟表、黄金珠宝、服装等产品，抱团拓展内需市场。国内主要城市的知名城市综合体、大商场、大超市，深圳时尚品牌成为最抢手的商品。

以深圳内衣为例，由于不断创新求变，一块小小的布片，在内衣设计师手中演绎成拥有高附加值的时尚产品。据业内人士透露，一件深圳时尚内衣的附加值，高过一台彩电。目前，深圳内衣占据国内内衣高端市场60%的市场份额。

从传统制造产业，到走俏市场的时尚创意产业，深圳会展业起到辐射作用。目前，深圳每年举行的各类展会，大都融入时尚趋势，成为时尚产业发布的重要平台。比如，上月举行的深圳时装周期间，7天时间内80场国际时装大秀陆续登场，全球10多个国家和地区的200多个品牌及设计师到场，顶级时装秀比肩纽约、巴黎、米兰时装周。本月，全球最大规模内衣展——SIUF中国（深圳）国际品牌内衣展亮相深圳会展中心，全球时尚业界再次聚首，在深圳发布最新时尚流行趋势，不仅吸引顶级设计师到场，还吸引国内国际知名买手前往采购。

扩大国际时尚版图

深圳时尚品牌，不仅领跑全国，还吸引全球知名企业在此布局，国际大牌设计师纷纷前来“淘金”。目前，深圳聚集了大批全球顶尖的内衣、服装、钟表、皮革、黄金珠宝设计师，在为本土企业设计创新产品的同时，还为国际品牌提供解决方案。比如，欧美等地的内衣企业纷纷在深设立内衣生产厂、原料厂及研发基地，利用深圳人才资源、产业优势，降低研发和生产成本。同时，深圳产业的聚集力，吸引传统内衣、服装、钟表等产业基地的一些企业把总部迁至深圳，在深圳创立研发设计中心和品牌。

既要引进来，还要走出去。深圳市钟表行业协会会长朱舜华表示，品牌是深圳时尚版图上的最强推手。他说，深圳钟表企业 10 年来坚持前往巴塞尔参展，使得飞亚达等一批品牌的国际美誉度不断提升，向世界传播和展示“中国好制造”的内涵，从而实现与国际品牌同台比拼。

事实上，越来越多的深圳优势传统企业，走上了一条由 OEM 或 ODM 向“品牌化、国际化、时尚化”转型的道路，而且越走越宽。比如，深圳内衣挺进美国、法国等国际行业展会，在当地收获了订单和市场。深圳服装企业借助国际并购，实现“走出去”。其中，玛丝菲尔收购意大利本土一线品牌 Krizia，歌力思收购法国品牌 IRO，从而推动深圳时尚品牌与国际时尚品牌强强联合。

（《深圳特区报》2017 年 4 月 21 日）

未来产业成为深圳经济新引擎

脊柱手术机器人能模拟医生的手感，实现手术过程中的精细感知。最近，中科院深圳先进技术研究院团队研发的脊柱手术机器人，成功完成国内首例动物实验，被国际专业期刊列为世界 16 款脊柱手术机器人之一，也是国内唯一入选的机器人。

记者从有关部门了解到，深圳较早布局机器人、智能装备、生命健康、海洋等未来产业，加快转变经济增长方式，目前已取得显著成效，产业规模已超过 4000 亿元，成为深圳经济新引擎。根据规划，到 2020 年，深圳未来产业规模将达 1 万亿元，质量型发展领先优势更加凸显。

顶层设计布局未来

从“三来一补”到转型发展高新技术产业，从前瞻布局战略性新兴产业到发力未来产业，纵观深圳的发展轨迹，总能在经济发展和历史机遇中踏准节点，实现产业发展的转型升级，实现结构性改革的超前引领。

2013 年底，深圳制定了生命健康、海洋、航空航天等未来产业政策，自 2014 年起至 2020 年，连续 7 年，市财政每年安排 10 亿元专项资金，用于支持产业核心技术攻关、创新能力提升、产业链关键环节培育和引进、重点企业发展、产业化项目建设等。

2014 年，深圳又出台《深圳市机器人、可穿戴设备和智能装备产业发展规划（2014—2020 年）》和《深圳市机器人、可穿戴设备和智能装备产业发展政策》等一系列政策，培育机器人、可穿戴设备、智能装备等未来产业。

近两年，深圳扶持未来产业发展的政策举措不断“加码”，政策红利效应已然彰显，整个未来产业已形成逾 4000 亿元的产业规模，几乎每天都有新的项目、企业或产品在这方热土诞生。借助未来产业的先发优势，深圳正抢抓新一轮科技和产业变革战略机遇。

今年起，深圳实施“十大行动计划”。其中，在生命健康、海洋经济、航空航天等未来产业领域规划建设10个集聚区，培育若干千亿级产业集群，勾勒出清晰的深圳未来产业轮廓。

着眼未来，广纳良才。深圳除重点引进未来产业领域的海外高层次人才和创新团队，划拨“孔雀计划”专项资金予以支持外，还每年安排1000万元专项资金支持创业大赛优胜者在深圳实施竞赛优胜项目或者创办企业，并可优先入驻创新型产业用房。

未来产业正在形成新的竞争优势

“深圳未来产业正在形成新的竞争优势，逐渐成为新的经济增长点。”市经信委相关负责人以机器人产业为例，对未来产业的良好态势和美好前景进行了分析。这位负责人表示，深圳一直重视发展机器人技术与相关产业，并加大政策扶持力度，经过几年扶持的积累，机器人全产业链在逐步完善，且正向高端迈进。《2016年深圳机器人产业发展白皮书》显示，深圳机器人企业超过460家，产值约787亿元，同比增长24.9%，工业增加值约288亿元，同比增长26.8%。

另一组数据也显示，同属未来产业的海洋产业，也在深圳快速发展。以海洋电子信息、海洋生物、海洋高端装备等为代表的海洋未来产业，2016年产业增加值约256.1亿元，大幅超出海洋经济同期增速，占海洋生产总值的比重达18.3%。深圳正力争跻身全国海洋经济中心城市。

生命健康产业也“不甘落后”，目前年产值已突破300亿元，新一代基因测序能力位居世界第一，干细胞和肿瘤免疫细胞治疗、基因治疗等生物医疗产业发展基础较好，部分领域跃居国际领先地位，涌现出华大基因、北科生物等一批知名企业。近5年来，深圳生物产业以年均16%的增速发展。

统计表明，深圳经济近几年的快速健康发展，一定程度上得益于未来产业的高速发展。2016年，全市战略性新兴产业和未来产业增加值增长10.6%，其中互联网产业增长15.3%，机器人、可穿戴设备和智能装备产业增长20.2%，无人机、新能源汽车等新产品产量分别增长60%和146%。新兴产业对GDP增长贡献率提高至53%左右，未来产业已然成为深圳经济增长的新引擎。

深圳企业“领唱”未来

深圳大处落墨未来产业，不经意间，一批批企业快速发展，已成长为领先世界的行业翘楚，也带动了行业整体进步。

今年2月，作为深圳龙头骨干企业的中集集团，旗下公司建造的半潜式钻井平台“蓝鲸1号”正式交付。该平台作业水深和钻井深度双双打破世界纪录，是全球最先进半潜式钻井平台之一。以中集为代表的深圳企业，成为海洋未来产业的“新海标”。

大疆占据全球消费级无人机70%以上市场份额，各类飞行平台和手持设备用户遍及100多个国家和地区，公司估值达100亿美元。去年逾百亿的销售额中，80%来自海外。碳云智能正在开发的人工智能平台，有助于促进疾病治疗、健康保健、精准营养及相关研究发展，这被认为是未来发展个性化医疗的重要因素，目前公司估值达10亿美元。东方红海特卫星公司制造的全球首颗脉冲卫星已成功发射，实现了工业级产品应用于航天。

如今，中集、大疆、超多维、优必选、东方红海特、奥比中光等以龙头企业为引领、“独角兽”企业为骨干、中小型企业为基础的产业梯次体系已然形成。各企业持续加大研发力度，加快抢占标准和知识产权的制高点。比如虚拟现实产业，深圳企业正加速布局行业标准化。在去年的IEEE标准协会理事会议上，深识全球创新科技有限公司作为发起单位提交的5项有关虚拟现实和增强现实的国际标准提案，经全票通过获准正式立项。由我国企业主导国际标准的制定，在虚拟现实和增强现实领域尚属首次。2016年，全市龙头企业参与国际标准的制修订达到了249项，近年累计已接近1400项，每年增长达20%。在无人驾驶飞机、超材料、虚拟现实等领域，深圳企业都在国际标准制订中扮演了重要角色。

案例赏析

优必选成立于2012年，是一家集人工智能和人形机器人研发、平台软件开发运用及产品销售为一体的全球性高科技企业。2008年，优必选从人形机器人的核心原动力伺服舵机研发起步，逐步推出了消费级人形机器人、商业人形机器人和Jimu机器人相关产品。公司估值已经超过10亿美元，成为机器人领域的“独角兽”。2016年成功推出Jimu机器人品牌，并成功入驻全球部分AppleStore零售店。目前优必选积极打造“硬件＋软件＋服务”机器人生态圈，并力争在人工智能领域实现较大突破，让机器人走进千家万户。

第三方评价

所谓高新技术产业、战略性新兴产业和未来产业的划分，其逻辑是放眼全球，紧随技术、产业的生命周期和发展趋势，在关键的时间节点，聚焦产业链的关键环节，实现优势资源优势配置。“未来”已来，生命健康、海洋经济、航空航天、智能装备、机器人、可穿戴设备等未来产业的布局，宏观而言源于国家战略的大势所趋，中观而言源于城市竞争力的情势所迫，微观而言源于IT、DT和BT“3T融合”的技术所向，这是深圳打造可持续产业竞争力的希望所在、潜力所在。

——深圳市国新南方知识产权研究院秘书长 宋兵

（《深圳特区报》2017年4月24日）

深圳第一个未来产业园：阿波罗未来产业城蕴藏着多少新发现

“山水宜居地，未来产业城”。去年年底正式挂牌，龙岗区园山街道亮出了发展核心词。按照3月刚刚完成的最新总体概念规划，46.69平方千米的园山街道确实就在一座城的范围之内。城的名字，叫作阿波罗。

这是深圳第一个未来产业园，也是深圳第一个以军民融合为主题的产业基地。4月24日，龙岗区重点区域规划建设管理署相关负责人表示，阿波罗产业城的未来充满想象力，而且启动区的建设更是打下了一个优良“底子”，以综合管廊为主体的基础设施综合建设EPC模式，同样是深圳的首例。

由区变城：阿波罗顺势而起不断长大

阿波罗被媒体形容为“震撼”的亮相。

2014年12月22日，光启正式启用阿波罗基地，向公众展示一号空间库和“云端”号。由此，谈起深圳的空间技术，阿波罗是地标。

在龙岗重点区域署相关负责人看来，和光启空间技术一样令人惊叹的，是阿波罗未来产业城的成长速度。“它的变大，充分体现了深圳发展未来产业，推进军民融合的战略意图。”

阿波罗的命名，有一段不为人知的故事。4月19日，阿波罗未来产业城规建办相关人士表示，很多人认为得名和光启有关，毕竟阿波罗计划是20世纪最重大的科技项目。但是阿波罗的命名是一种巧合，这个片区最初属于一个叫阿波罗的农场。百度地图上，眼下还能找到这个农场，名字叫作“阿菠萝”。

最初的阿波罗概念，范围只是目前阿波罗未来产业城的核心启动区，面积为25公顷左右。这块位于大康和保安社区交界处的三面环山区域，是当年横岗街道仅有的一块连片待开发土地。从2009年开始，龙岗一直有意启动阿波罗区域建设，最初的设想只是工业区。2014年6月，深圳市政府明确阿波罗产业园为深圳市第一个未来产业园。同年，深圳获批成为首个以城市为基本单元的国家自主创新示范区，作为重要组成部分的阿波罗未来产业城已经长大为 13.27 平方千米，定位是以航空为主题的产业支点。

龙岗重点区域署提供的最新概念规划问世于今年 3 月，阿波罗产业城已经悄悄扩容至 49.34 平方千米，核心区面积 6.28 平方千米，当中的启动区为 25 公顷。相关人士表示，阿波罗产业城的面积比园山街道略大，主要是规划中的未来公园，包括了横岗街道部分山地。在去年年底之前，园山一直是横岗街道的一部分。

对于阿波罗的成长，龙岗重点区域署相关负责人总结为“因时而变，顺势而起”。深圳的“十三五”规划，明确提出要加快发展未来产业，确定的重点领域包括航空电子、无人机等。目前落户阿波罗启动区的项目，符合“十三五”规划要求的“发展前景好、技术水平高、价值含量高”标准。更为重要的是，在军民融合成为国家战略后，阿波罗未来产业城充当了深圳加快形成军民融合发展新格局的先锋。据了解，深圳今年 1 月上报《深圳国家军民融合创新示范区建设总体方案》，阿波罗未来产业城被列为国家军民融合示范区；今年 3 月，《深圳市国防科技工业军民融合深度发展“十三五”规划》将阿波罗未来产业城定位为军民融合产业基地。

“深圳东进，龙岗定位东部中心，阿波罗更是南部新兴发展带的主角”。据介绍，在龙岗落实东进战略的方案里，南部新兴发展带依托沙荷路串联大芬油画产业基地、阿波罗未来产业园、宝龙科技城等高端新兴产业资源，聚合各片区创新创智要素，引领新兴产业集聚发展。

秘境玄机：建设创新催生未来城区

“从地理位置来看，阿波罗像一个山中修行的隐士。”一位实地采访的媒体人如此说。假如没有标识牌的指引，横坪公路支线上的阿波罗入口是一条不起眼的山路，然而这条路却通往一个高科技“秘境”。

“光启未来科技城已经动工，联合飞机计划明年开始生产，邦彦项目计划 7 月动工。”4 月 19 日上午，负责阿波罗未来产业城的龙岗重点区域署工作人员在现场如此介绍核心启动区的进展。光启未来科技城去年年底正式动工后，标志性的空间库已经搬迁，眼下的启动区是一片大工地。然而，看似平常的外表之下却有着不一般的内涵。

“这里集成了综合管廊、海绵城市、智慧市政理念，可以说打下了未来城市的底子。”中国二十冶阿波罗项目副总经理赵世东如此表示。启动区的山水一路尚未成形，但是综合管廊已经画出了路径。在施工现场，赵世东指着五条通道说：“这里采用的五舱设计，是目前国内最先进的综合管廊设计，分别对应着给水、电力电信、高压电力、燃气和污水管线，最大的那条综合管廊还给未来城市作着预留，比如真空垃圾通道可以直通地面建筑。此外，雨水涵箱作为挂件依附，五舱其实是六舱。”

项目总工程师王纯岩则在介绍中表示，综合管廊将高压电缆、燃气、污水等管线全部入廊，将彻底解决城市管线导致的“蜘蛛网”“反复开挖”等问题。“管理地下的，不是人，而是机器人。比如巡视机器人可以发现燃气泄漏等险情，处理险情则可以出动灭火机器人。”王纯岩进一步介绍称，综合管廊智能监控系统作为唯一对外数据发布接口，可以便捷接入智慧城市集中监控平台，成为智慧城市的重要组成部分。

地面的道路是动脉，地下的管廊是静脉。在施工方看来，阿波罗未来产业城的核心启动区在建设阶段，就打下了一个血脉畅通的基础。赵世东表示，阿波罗的静脉采用了目前最先进的综合管廊技术，是 2.0 升级版；至于地表的动脉，启动区建成后将拥有四条对外通道，其中对门口隧道更是直接连通横坪公路主干道。

打造未来城区的基础，这得益于建设模式的创新。龙岗重点区域署相关负责人表示，启动区是目前深圳第一个市政 EPC 项目，地面平整、综合管廊、海绵城市、市政道路、河道整治都统一外包，由专业企业负责全过程的设计、采购、施工，不仅能够最大限度发挥技术优势，而且还将政府从具体事务中解放出来。

高手聚集：项目个个都是实力派

投资最大的光启未来科技城计划完工时间是 2021 年，对门山脚下的邦彦融合通信产业园完工时间预计是 2018 年底，进展最快的联合飞机项目竣工时间预计是明年 6 月。在龙岗区重点区域署相关工作人员眼里，阿波罗启动区目前落户的三家企业，个个都是实力派，而且这个区域很快将迎来第四位住客，有意落户的中物功能材料研究院同样是军民融合高手。

占地面积 5.7 公顷的光启未来科技城由光启全资子公司智飞登开发建设，去年 11 月举行了开工典礼，将建设成一个超材料智能结构及装备研发中心和产业化基地。公开资料显示，研发中心为超材料智能结构及装备业务的核心技术研发平台和产学研共建平台，产业化基地项目则是生产线。

占地面积 2 公顷的邦彦融合通信产业园项目，建设单位为邦彦技术股份有限公司，是深圳最具实力的特种设备生产企业之一。据邦彦总裁办主任郑竹子介绍，公司是舰船通信的龙头企业，占据了国内一半以上市场。公开资料显示，落户阿波罗的邦彦项目总投资 5.2 亿元，主要用于邦彦军事信息化系统研发及产业化，产品将在舰船、车载、野战、携行、移动和固定指挥所等领域全面大规模运用。按照计划，项目于今年 7 月正式动工，2018 年底完工。

先行一步的联合飞机项目动工最早，在去年 9 月就已开始厂房施工，竣工时间为明年 6 月。公司总裁助理徐淳表示，项目主要用于无人直升机产业化。联合飞机提供的资料称，公司前身为北京中航智科技有限公司，是目前第一家也是唯一承担主战型号装备研究总体的民营企业，是国内海警、海事国家级舰载直升机课题立项唯一承接单位，连续三年成为国家电网最大的无人机供应商。

一家民营企业缘何能够进入军工领域？徐淳讲述了这样的故事：在无人直升机领域，中航智是后起之秀。2014 年参加新加坡航展，就有国外企业有意收购。2015 年，在一次技术比武中，中航智的直升机拿下冠军，从而得到了“特事特办”的青睐。按照徐淳的讲述，在阿波罗飞出的无人直升机和现有直升机面貌迥异，传统直升机是单旋桨加尾桨结构，联合飞机的直升机是没有尾桨的共轴双桨，这意味着更强的抗风性。

融合先锋：定位“军民融合示范区”

龙岗重点区域署相关负责人表示，阿波罗未来产业城的定位，就是打造成为国家军民融合改革创新示范区、产城融合的引领区和大众创业万众创新的实验区。围绕“军民融合示范区”的目标，阿波罗未来产业城将着力引进军民融合项目、未来产业及其相关产业，打造以未来产业为主导的高端制造基地，成为“东进战略”重要的产业支撑。

打造“军民融合示范区”，阿波罗未来产业城有着深圳的产业支撑。去年 10 月，12 家深圳企业亮相北京举行的第二届军民融合发展高技术成果展。而在一个月后的高交会，军民融合专区展首次亮相。《深圳特区报》援引军事装备研究专家阮朝阳的表述称，深圳“民参军”企业为我国国防建设提供了多样化的优秀科技产品，为国防现代化做出新贡献。高交会首次设置军民融合专区，体现了深圳在军民深度融合领域的国家担当，是深圳贯彻落实党和国家有关军民融合国家战略的具体表现。

邦彦是深圳“民参军”的优秀代表，郑竹子认为深圳民营企业对此有着极强的热情。他表示，国防需求往往是先锋技术，是超前普通需求的“黑科技”，民企参军可以获得研发支持，有助于提升整体竞争力。在此前的多个军民融合论坛上，有专家也坦言规范严密的军工生产管理是硬标准，“民参军”有助于提升企业管理水平。

“深圳良好的配套环境，有助于联合飞机进一步做强。”徐淳也认为，落户深圳之后接触到大量无人机生产企业以及配套厂家，新技术、新材料提供了大量启发。他甚至预言：“我们的无人直升机是一个综合平台，完全可以搭载光启的新材料和邦彦的通信器材。”

在深圳加速军民融合的进程中，联合飞机是一个标志性项目。在相关表述里，联合飞机被称为“深圳军民融合制造业的重要支柱和我国无人直升机领域的中坚力量”。据徐淳透露，联合飞机项目寻找生产基地时，深圳并不是唯一选项，但是深圳的政策创新使得企业下定决心。当时，企业在深圳成立深圳联合飞机科技有限公司作为未来公司主体，全资收购北京中航智科技有限公司，统筹管理北京中航智资源及项目。按照企业的表述，深圳联合飞机科技有限公司作为深圳市开展军民融合创新发展“项目总部”模式的成功实践，真正实现公司“北京开花，深圳结果”的战略目标。

成为军民融合的先锋，阿波罗未来产业城还有更多的落子。在最新概念规划中，有着军民融合特色学院和军民融合创新研究院的布局。深圳市委市政府去年推出的《关于支持企业提升竞争力的若干措施》文件中，明确提出设立军民融合创新研究院，推进军民两用高端技术研发与成果转化。在龙岗区看来，阿波罗未来产业城最有条件和基础设立军民融合特色学院，为未来产业提供创新人才支撑。

（《深圳新闻网》2017 年 4 月 26 日）

一季度深圳新兴产业发展“亮眼”

去年 11 月 10 日，我国首颗开展 X 射线脉冲星在轨探测以及脉冲星导航技术体制验证的脉冲星试验卫星，在甘肃酒泉卫星发射中心成功发射。

这颗脉冲星试验卫星是深圳航天东方红海特卫星有限公司（简称“深圳东方红”）负责总研制，从正样研制，到整星出厂，仅耗时 10 个月，是我国研制速度最快的微小卫星项目之一。

“目前太空中在轨稳定运行的‘深圳造’卫星项目共有两个，其中去年成功发射的脉冲星试验卫星自入轨以来，运行状态良好，有序开展各项技术试验，成功获得了脉冲星观测数据，正在持续观测多颗 X 射线脉冲星，力争获得更多数据，为后续构建脉冲星导航数据库奠定基础。”深圳东方红公司相关人员 5 月 3 日接受记者采访时表示，前年首个在深圳独立完成设计、总装、测试和试验等研制任务的“开拓一号”卫星项目也依然在轨稳定运行。今年以来，公司持续开展技术攻关，其他在研型号的研制工作正在有序推进中。

这只是深圳战略性新兴产业和未来产业迅猛发展的一个缩影。

深圳市统计局提供的数据显示，2017 年第一季度，深圳经济稳中有进，主要指标表现良好。全市生产总值 4504.27 亿元，按可比价格计算，比上年同期增长 8.6%。在剖析深圳这趟经济列车的动力来源时，可以清晰地看到新兴产业（含七大战略性新兴产业、四大未来产业）保持良好增长势头，共实现增加值 1853.88 亿元（已剔除行业间交叉重复），增长 12.8%，高于上年同期的 12.1% 和上年全年的 10.6%，占 GDP 比重达到 40.4%，比上年同期提高 0.4 个百分点。

“深圳新兴产业实现领跑，这是深圳着力创新驱动、转型升级的必然结果，也说明深圳创新驱动发展动力强劲。”深圳市体制改革研究会副会长孙昌群博士说。

突破细分领域：航空航天带头起飞

在这些重点发展的新兴产业中，航空航天产业的增长态势最为明显。今年一季度，深圳航空航天实现产值 26.23 亿元，增长 25.2%，速度居其他新兴产业之首。

尽管缺少国家航空航天重大项目和资源布局，但深圳航空航天产业的发展势头十分迅猛，作为一个科技创新型城市，深圳在 2013 年即编制了航空航天产业发展规划，提出重点发展航空电子、无人机、卫星导航应用、微小卫星等产业领域，出台多项政策重点扶持产业发展。自2014年开始至2020年，深圳市财政连续7年安排70亿元扶持未来产业发展，其中就包括航空航天产业。预计到2020年，深圳航空航天产业规模将达到1500亿元。

近三年来，深圳航空航天产业规模保持年均20%以上的增速，在航空航天的一些细分领域，深圳已经出现了国际知名的巨头公司。

目前深圳航空航天产业格局已初步形成，覆盖了适航取证研发、航空电子元器件、机载模组、无人机、机场地面设施制造等领域的产业链。在航空电子领域，有振华富、国微电子、深南电路、南航电子等技术领先的企业；在无人机领域，大疆创新、一电科技等具备研发设计总装集成能力，在飞控、航拍领域居国内前列；在机场地面设施领域，中集天达登机桥生产能力居世界首位；而华为、中兴等深圳领军电子信息企业，也正在积极布局地空通信、航空数据和航空互联网技术设备等领域。

模式创新：卫星研制领域闯出“深圳模式”

主动探索模式创新是深圳航空航天产业取得突破性进展的重要原因。

深圳东方红公司在研制“开拓一号”、脉冲星试验卫星过程中，也在我国卫星研制领域闯出了一条极富特色的“深圳模式”。

其中，“开拓一号”卫星项目是国内首个系统性应用工业级元器件及单机模块打造的卫星，填补了我国高性价比微小卫星领域的空白。在模式创新方面，“开拓一号”卫星项目开创了以全工业产品研制卫星的研制模式。该模式使得大量工业级元器件以及现货产品，具备空间应用的可能性。

据介绍，“开拓一号”卫星项目所有星上产品均采用工业级元器件制造，并大量引入了工业级现货单机产品。与此同时，工作人员还对工业级元器件和单机产品开展性能摸底，制定了一套严格的规范标准，可高效处理工业产品的空间环境适应性以及可靠性等问题。

在其后研制脉冲星试验卫星过程中，深圳东方红继续沿用了高集成度、柔性化配置和平台的综合高性价比设计思路。在星上产品配套方面，系统性地解决了工业级产品应用于航天的瓶颈问题，有效缩短微小卫星研制周期，降低了微小卫星配套产品的准入门槛。

模式的创新，既为企业赢得了快速发展的机会，也为我国微小卫星的市场化进程提供了有力的技术支持。

风口创新：机器人智能装备起舞AI大潮

随着人工智能（AI）热潮席卷全球，作为我国创新之都的深圳凭借扎实的产业基础，在这场大潮中长袖善舞。数据显示，今年一季度，深圳机器人、可穿戴设备和智能装备产业表现不俗，产业增加值达到119.52亿元，同比增长19.6%。

据了解，机器人、可穿戴设备和智能装备同样属于深圳重点发展的未来产业之一，是深圳优化调整产业结构、构建梯次型现代产业体系的重要成员。根据2014年底出台的《深圳市机器人、可穿戴设备和智能装备产业发展规划（2014—2020年）》，到2020年，深圳要建成国内领先、世界知名的机器人、可穿戴设备和智能装备产业制造基地、创新基地、服务基地和国际合作基地，产业增加值超过2000亿元，并组织实施100个以上重大产业化项目，培育销售收入超1000亿元企业1家以上，100亿元企业5家以上，50亿元的骨干企业10家以上，销售收入超10亿元的快速成长型企业达50家以上。

一季度的统计数据还显示，新材料81.09亿元，增长11.7%；生物56.56亿元，增长14.9%；新能源118.64亿元，增长18%；节能环保133.13亿元，增长17.4%；文化创意505.32亿元，增长8.2%；生命健康16.27亿元，增长7.5%。

在新材料领域，深圳也具备一定的领先优势。光启研究院的超材料技术在新型航材、新一代机载和星载天线等领域有巨大应用潜力。

柔宇科技投资超过100亿元的柔宇国际柔性显示基地预

计 2017 年底正式建成投产，这种采用新型柔性材料生产的全柔性显示屏可应用于消费电子、智能交通、智能家居、运动时尚、建筑装饰等多个行业。全面投产后，产值预计可达 180 亿元 ~200 亿元。

智能叠加：海洋产业既拼高颜值更重未来感

海洋产业同样被列入深圳未来产业之一，今年一季度产值达到 93.84 亿元，增长 17.3%。海洋产业是在 2013 年被列入深圳市未来产业的，同年出台的《深圳市海洋产业发展规划（2013—2020 年）》显示，每年财政将安排专项资金，重点优先发展海洋电子信息、海洋装备、海洋生物、邮轮游艇等四个产业领域，积极培育海水淡化、天然气水合物（可燃冰）、深海矿产、海藻生物质能等海洋资源利用产业。

其中重点支持领域涵盖海洋电子信息、海洋生物、海洋高端装备、邮轮游艇、海水淡化、天然气水合物（可燃冰）、深海矿产、海藻生物质能等八大细分领域，基本上囊括了海洋产业的全产业链。其中既有“颜值”颇高的邮轮游艇，也包括街头巷尾的海产制品，更有威猛的深海探测，以及充满未来感的可燃冰、海藻燃料等。

已经在国际海洋工程领域实现了技术突破和多业务拓展的中集集团就是一家在深圳成长起来的海洋产业佼佼者。

今年 2 月 13 日，中集来福士海洋工程有限公司顺利完成了 D90 超深水半潜式钻井平台“蓝鲸 1 号”的命名和交付，该平台 3 月已抵达南海作业区域开始国家（可燃冰）勘探租约。

据统计，今年一季度，中集来福士共新增 2 个修船项目订单，2 个旅游观光船订单。此外，中集来福士还交付了海洋牧场项目，拓展挪威深海养殖业务、海上发电船业务，与挪威方已签下 2.5 亿美元的意向性订单。

尤其值得一提的是，4 月 28 日，由中集集团联合海油工程、中兴通讯等 10 余家知名企业发起组建的深圳市智能海洋工程制造业创新中心正式揭牌。该创新中心是正在组建的深圳十大创新中心之一。创新中心致力于推动海洋装备高端化、智能化发展，并努力成为国家海洋创新体系的一支生力军。

市场创新：走出去打响“深圳智造”

在数字化时代，新一代信息技术、互联网均属于重点发展的产业基础，也是深圳新兴产业中的主力军。数据显示，今年一季度，深圳新一代信息技术增加值 936.39 亿元，增长 11.2%。互联网 260.91 亿元，增长 19.3%。无论是产业规模，还是增长态势，堪称中流砥柱。

今年 4 月 28 日，在上海合作组织成员国乌兹别克斯坦共和国副总理见证下，海能达与乌兹别克某特定政府部门所推荐的实施单位乌兹别克电器设备股份有限公司在北京签署了《合作协议》。

这是继中标俄罗斯 FIFA 联合会杯及世界杯专网项目后，作为我国专网通信领域代表企业的海能达在“一带一路”上收获的另一张大订单。此举不仅帮助海能达深入开拓乌兹别克市场，更有助于在“一带一路”沿线国家中进一步扩大“深圳智造”的品牌辐射效应。

目前，“一带一路”沿线及东南亚、南美地区的发展中国家的专网通信尚处于起步阶段，潜在市场空间较大，将成为海能达拓展海外市场的重要增长极。

（《深圳商报》2017 年 5 月 4 日）

让生机勃勃的植物滋养深圳科技产业

你见过瓦隙石缝间顽强生长的小草，见过悬崖绝壁上摇曳生姿的松树吗？如果见过，你一定会感叹植物的生机勃勃，感叹植物所拥有的强大力量。

23—29 日，第 19 届国际植物学大会在国际“花园城市”

深圳召开，这里的人们有机会细细感受植物带来的巨大力量。该大会 6 年一届，此次系首次在中国举办，也是首次在发展中国家举办。大会规模空前，截至 7 月 22 日，共有 6953 人注册，分别来自 109 个国家和地区，注册人数已创历届之最。

植物对人类的影响之大难以描述，从衣食住行以至生活的方方面面，处处可见植物身影。植物世界对人类而言，还是一个巨大的宝库。这个宝库潜力无限，人类尚无法探究其中一二。当植物与科学结合起来，产生的巨大力量让人震撼。例如，抗疟疾药奎宁又称金鸡纳霜，原因就是其主要成分就是从金鸡纳树中提取出来的，奎宁的诞生，让世界上无数人从疟疾的肆虐中获救。在中医学里，植物更是当仁不让的主角。数千年来，植物为人类健康做出了重要贡献，也让中华传统文化之一的中医学延续至今。

在今天，生物制药、基因测序等新兴高科技产业同样离不开植物。对植物的每一个新的研究结果，都可能对人类世界有重大影响——这就是植物巨大力量的体现。国际植物学大会的举办，让深圳人更直观地看到植物学研究的重要性。

国际植物学大会来到中国，为何选择深圳作为举办城市？

深圳的植物资源丰富。深圳有野生高等植物 2500 种左右。这些多姿多彩的植物，广泛分布在梧桐山、七娘山、羊台山、塘朗山等国家森林公园、国家地质公园、郊野公园中。据历次深圳野生植物调查统计，深圳共有国家重点保护野生植物 12 种，广东省重点保护野生植物 2 种。植物爱好者想一览稀有植物，那就向深圳的山野进发，必能如愿以偿。

深圳是中国首个划定生态控制线的城市，本地濒危植物全部得到保存，城市 50% 面积在绿化覆盖之下。政策的保护，让深圳成为中国乃至世界最美的城市之一。

当然，更为重要的是，深圳创新力十足并且极为重视科研。深圳的创新载体数量，2010 年为 419 家，2016 年 1493 家；在专利方面，PCT（专利领域的国际合作条约）专利申请数量，2010 年约为 5500 件，2016 年约 2 万件，占全国总量 50% 左右；在国家级高新技术企业方面，2010 年深圳有 1354 家，2016 年超过 8000 家。作为研发支出纳入 GDP 核算改革的全国唯一试点城市，深圳的研发投入，由 2010 年 333 亿元到 2016 年超过 800 亿元，占 GDP 比重也提高到 4.1%，相当于世界排名第二的韩国。

深圳凭着“外在”与“内在”，尤其是科研实力，吸引了国际植物学大会组委会的目光。国际植物学大会选择在深圳举办，是对深圳一直以来坚持创业创新、坚持科教兴市战略的最大褒奖。

这也是深圳的契机，大会的举办，将进一步推动深圳相关产业的发展，并带动深圳科技实力的加强和提高。

深圳需要把握这种契机。因为，中央、省里对深圳有着更大的期望。

在广东省第十二次党代会上，胡春华同志要求深圳市深入学习贯彻习近平总书记重要批示精神，按照省第十二次党代会的部署，科学谋划未来发展，加快建成现代化国际化创新型城市。充分发挥全省创新引擎的作用，加快补齐自主创新能力短板，借鉴美国 128 号公路创新廊道的经验，以广深沿线为主轴整合创新资源、打造科技创新走廊，为全省创新发展提供有力支撑，辐射带动周边地区加快发展，进一步完善对口帮扶机制，推动区域经济更紧密合作。

深圳要打造成为科技创新走廊上的重要节点，深入参与粤港澳大湾区建设，需要更多如举办国际植物学大会之类的“良性刺激”，带动企业、市民、资本对科研的兴趣和投入，不断提高城市科技水平。

植物是绿色的，是生机盎然的。可以说，国际植物学大会的举办，让生机勃勃的植物滋养了深圳的科技产业。7 天的时间很快就会过去，国际植物学大会也终将落幕。但这剂科技产业发展“催化剂”的作用，将在深圳未来的科研、创新中慢慢显现。

（《深圳新闻网》2017 年 7 月 26 日）

深圳新兴产业优势产业持续领跑
航空航天产业战绩不俗

今年8月，3Glasses与微软合作的蓝珀S1微软版MR开发者套装正式面市销售，这是目前全球唯一量产的具有全套输入输出交互设备的Windows MR开发机，可以无缝接入微软体系。

这款产品也是3Glasses创始人兼CEO王洁与微软Holographic项目负责人Alex Kipman，于去年底举行的Windows硬件工程产业创新峰会上握手后，在可穿戴设备和智能装备领域结出的最新成果。

像3Glasses这样的创新案例在深圳层出不穷。依托新一代信息技术、互联网、新材料、新能源、生物、节能环保、文化创意等为代表的七大战略新兴产业，以及海洋、航空航天、生命健康、机器人、可穿戴设备和智能装备等在内的未来产业，深圳新兴产业发展迅速，成为推动经济发展的重要生力军。

据统计，今年上半年，深圳新兴产业保持较好增长势头，实现增加值3936.03亿元（已剔除行业间交叉重复），增长13.9%，分别高于一季度和上年同期1.1个和1.8个百分点，占GDP比重达到40.5%，比上年同期提高0.5个百分点。进入三季度，深圳经济依然延续这一健康的发展态势。

新一代信息技术成创新发展中坚力量

新经济是以新技术、新产品、新模式、新业态、新产业等为主要内容，代表时代先进生产力的一种新的经济结构和经济形态。

透过数据看发展，深圳新兴产业发展呈现鲜明的时代特点，优势产业持续领跑，龙头效应持续扩散，隐形冠军不断涌现。其中，在新兴产业中占比最高的新一代信息技术，是深圳创新发展当之无愧的中坚力量。作为中国重要的IT产业制造基地、研发基地、出口基地和物流中心，深圳信息产业规模约占全国的1/8到1/7，中国电子信息产业前10强总部或区域总部均落户深圳。在坂雪岗科技城、深圳软件产业基地、深圳湾技术生态园内，集结着华为、中兴、海能达等一批享誉中外的龙头骨干企业。

今年上半年，华为实现销售收入2831亿元人民币，同比增长15%。在协助全球运营商持续推进全行业的数字化转型过程中，华为引领了5G合作创新。全国工商联主办的2017中国民营企业500强评选中，华为以5215.74亿元的营收，位居榜首。

8月22日，深圳创新资源最集中的南山区，诞生了第137家上市公司，当天在深圳证交所创业板挂牌上市的盛弘电气股份有限公司，曾在2009年时参加创新南山的“创业之星”大赛。经过数年的发展，当年的创客已成长为国内大功率电力电子技术行业里的“小巨人”。

航空航天产业增速居前

从深圳新兴产业增幅的横向比较看，航空航天产业和新能源产业的增长态势尤为明显。其中航空航天产业继一季度增长25.2%后，上半年的增长速度达34.4%，称冠其他新兴产业。若将统计区间再拉长，可以发现近三年来，深圳航空航天产业规模保持着年均20%以上的增速，形成了覆盖适航取证研发、航空电子元器件、机载模组、无人机、机场地面设施制造等领域的产业链。在航空电子、无人机、航空物流、航空航天、微小卫星研制等细分领域，崛起了国微电子、深南电路、大疆创新、顺丰快递、深圳东方红等一批声名远播的公司。

此外，深圳新能源产业上半年的增加值达 286.67 亿元，同比增长 26.9%，也远超全市 GDP 和工业增加值的增幅。这一产业发展态势与深圳长期践行的“绿色低碳”城市发展理念不谋而合。

目前深圳已形成从设备制造到能源服务的完整新能源产业链，核能、太阳能、生物质能及纯电动汽车等重点产业领域发展迅猛，其中纯电动汽车研发与应用更是堪称全球典范，不仅涌现出了比亚迪、五洲龙、沃特玛等一批行业领军企业，而且深圳也是全球新能源汽车保有量最多的城市，穿行在街头巷尾一辆辆纯电动汽车，是绿色深圳的流动风景线。

龙头骨干企业研发投入不断增加

记者注意到，深圳新兴产业中的龙头骨干企业在研发投入上不断加码，通过持续发挥创新引领作用，已占据全球创新链中的关键环节，引导国内外创新资源、创新要素、创新人才、创新资本在深圳形成集聚集群发展态势，成为推动深圳加快建设国际科技、产业创新中心的重要旗手。而一批批具备国际化视野的企业，亦使得深圳在全球创新网络中的枢纽城市位置日益凸显。

今年 7 月，海能达通信股份有限公司收购了加拿大诺赛特公司，成功进入卫星通信新领域。这是其近年来整合国内外创新资源的最新举措。目前，海能达已在德国巴特明德、哈尔滨、南京、鹤壁等地建立 9 个专网通信研发中心，累计申请专利 1205 项，每年的研发投入占到当年销售收入的 15% 以上。随着众多海外子公司和国际化研发团队的建立，“深圳智造”的全球竞争力不断提升，去年该公司海外营收占比达到 43%，不断收获海外核心订单，并通过加速在“一带一路”沿线布局，扩大了“深圳智造”的品牌辐射半径。

（《深圳商报》2017 年 10 月 23 日）

2017年深圳机器人产业规模突破800亿元

10 月 28 日，中科院深圳先进技术研究院院长助理、产业合作与发展处处长、深圳市机器人协会秘书长毕亚雷 28 日在深圳表示，深圳机器人产业尤其是服务机器人产业近年来发展十分迅猛，预计今年深圳机器人产业规模将突破 800 亿元。

毕亚雷当天在 2017 世椿智能战略发布会上表示，近年来深圳机器人产业产值平均增长速度超过 24%，去年全市机器人产业产值规模就已经达 787 亿元。未来数年来内，深圳机器人产业发展水平将达到全市战略性新兴产业的整体水平。

记者了解到，由深圳市经济贸易和信息化委员会、中科院深圳先进技术研究院与深圳市机器人协会共同起草的《2016 年度深圳机器人产业发展白皮书》(征求意见稿) 显示，2016 年深圳机器人企业数量达 469 家。其中，工业机器人稳步成熟，初具规模，产业链不断完善，2016 年工业机器人企业超 330 家，产业产值约 564 亿元；服务机器人细分领域突起，企业数量激增，服务机器人企业超 139 家，产业产值 223 亿元。

该白皮书 (征求意见稿) 指出，深圳市机器人全产业链在逐步完善、市场辐射能力逐步增强、产业应用特点也日趋显著。在区域分布方面，深圳市宝安和南山机器人企业占到全市一半以上，其中工业机器人在宝安区分布最广，服务机器人则更多集中在南山区。

深圳市宝安区经济促进局产业经济研究所所长杜生鸣当天在会上称，宝安区接下来将出台支持智能制造、机器人等领域的大企业大项目发展政策，重点解决企业用地、人才住房等痛点问题。

作为国家级高新技术上市企业，深圳市世椿智能装备股份有限公司最新研发的六轴机器人在轻小产品零件组装等方面具备优势。该公司董事长时军伟表示，对深圳机器人产业发展前景十分看好，该公司将有望在2018年实现营业收入2.5亿元，利润达2500万元。

（中国新闻网 2017 年 10 月 28 日）

3C产业场景创新成深圳机器人产业最大机遇

11 月 20 日，深圳市“第三届 3C 产业智能制造高峰论坛暨深圳市第九届职工技术创新运动会机器人自动化技术及应用竞赛发布会”在深圳会展中心玫瑰 3 厅举行。本次大会由中国科学院深圳先进技术研究院和深圳市总工会联合主办，深圳市机器人协会承办。

深圳市机器人协会秘书长毕亚雷致辞时表示，深圳的 3C 产业发展如火如荼，3C 智能制造的转型以及 3C 产品的智能化，成为深圳机器人发展的两大引擎。基于 3C 产品，面向3C产业的场景创新是深圳机器人产业的最大创新机遇。毕亚雷指出，深圳作为机器人年产值超 700 亿元的城市，3C 行业里的人才辐射也会成为一道风景。

本次论坛上，广东埃华路机器人工程有限公司总经理黎广信、深圳市中科德睿智能科技有限公司总经理王卫军、深圳橙子自动化有限公司 CEO 邵勇峰等专家还对 3C 产业智能制造技术及应用、未来发展方向精彩的分享。

深圳市总工会副主席冯艳玲介绍，由深圳市总工会主办、深圳市机器人协会承办的深圳市第九届职工技术创新运动会机器人自动化技术及应用竞赛将于 11 月 26 日至 12 月 9 日在深圳举办。本次大赛旨在加快培养和选拔大批适应工业机器人领域高技能人才，为工业机器人制造企业、系统集成商和应用企业培养急需人才，满足广大制造领域对制造人员素质不断增长的需求，提升企业核心竞争力，充分发挥工业机器人技术技能人员在推动制造业转型升级中的重要作用。

深圳市机器人协会副秘书长贾彦分别从竞赛宗旨、举办单位、竞赛项目标准与内容、参赛选手条件及报名方式、竞赛安排、竞赛奖励办法等方面对大赛项目进行了详细介绍。并特别鼓励大家积极报名参赛，一等奖获得者，除了获得 30000 元奖金之外，深圳市总工会还将授予“五一劳动奖章”，享受终身劳模荣耀。

（金羊网 2017 年 11 月 21 日）

深圳文化产业 投入产出排第一

近日，2017 中国城市创意指数（CCCI2017）在“第三届深圳管理创新对话论坛”上发布，北京、上海、香港、深圳、杭州、广州、重庆、苏州、天津、台北分别位居指数榜前十强。其中，台北、香港、澳门三个城市是今年首次纳入指数分析与排名。相关分析还显示，2017 年各大城市的 CCCI 与城市 GDP 高度相关，相关系数高达 0.934，这也意味着 CCCI 将成为 GDP 新的风向标。

报告分析认为，总体而言，我国文化产业发展仍呈现明显的区域发展不均衡。前十名中有 9 个城市属华东、华南以及华北地区。西南地区的重庆表现较为抢眼，首次入榜前十，而华中地区的武汉今年却无缘前十，西北、东北地区无一城市入榜前十。

近年来为了提高文化产业竞争力水平，每个城市在了解自身优势的同时，也要找出自己的劣势。报告以深圳为例分析，深圳在人均拥有公共图书馆图书数量（册）、每十万人专利申请授权数（份）、文化产业投入产出比（%）等指标上排名第一位，但可以看到，深圳人均可支配收入排名全国第 12，城镇居民教育文化娱乐服务消费支出却排名第 27，甚至在城镇居民教育文化娱乐服务消费支出占全部消费的比例上，深圳排名第 47。这说明深圳的文化产业面临着需求拉动力不足的问题，深圳人将钱花在教育文化娱乐方面的比例还非常低。如何引导深圳人民加大教育文化娱乐服务消费支出，提高需求，仍然是深圳文化产业发展需要努力的方向。

（《晶报》2017 年 12 月 12 日）

深圳第三产业发展空间巨大

昨天下午，在 2017 中国深商大会“聚焦大湾区，菁英潮时代”论坛环节，众多大咖讨论粤港澳大湾区大背景下各行业的发展机遇和挑战。其中，第一太平戴维斯华南区高级董事吴睿从“房地产”角度给出见解：深圳第三产业的发展有大量空间。这个空间会带来什么？第一是写字楼的需求，第二是大量人才的涌入，提升了对住房的需求，特别是对高级住宅的需求。

第三产业发展空间大

吴睿分析认为，通过研究可以看出，湾区核心城市拥有非常强的人口集聚能力，而三大湾区第三产业的 GDP 占比超过 80%，但深圳只有 62%，未来还有接近 20% 的空间，可以说第三产业未来有长足的发展空间。

至于粤港澳大湾区对深圳带来的影响，吴睿归纳为四点：加快经济发展、加强交通建设、增强人口聚集效应、产业结构高端化。他同时提到，深圳未来三年将迎来甲级写字楼供应高峰。预测随着大湾区构建的不断成熟，整体空置率会回到一个成熟市场的合理水平。

将迎来想象力经济时代

未来的机遇属于强者，作为“设计之都”的深圳将有什么新的发展理念？洛可可集团创始人、董事长贾伟表示，该公司打造的人工智能互联网平台吸引全球众多优秀设计师加入，“个人 + 平台”能够打造出全球范围内的超级设计师。如今，用户、设计师和使用者在一起做“共享设计”，打造了不少智能化科技爆款产品。

贾伟表示，共享经济有三大机会，一是全球的消费升级；二是万物互联，产品变得更有想象力；三是渠道革命，渠道也变得更有想象力，智能渠道、无人零售。“想象力将是未来一个非常大的革命性概念。”

他向大家举了一个例子，“猫王”是深圳这两年特别火的创客，以前是做收音机的，洛可可一直想寻找一个“创客标杆”，便在洛可可平台上发明了一个模式，叫作线上设计中心，让大量的设计师加入猫王的团队，成为猫王的设计合伙人。“以前猫王一年的销量才 800 台，现在一个月的销量高达 10 万台。”

数字经济带来“下一个风口”

量子资本总裁宁志翔带来了“下一个风口”的主题演讲。他表示，互联网经济已经走出了一个纠结的有阴影的时代，未来将会步入一个光明的时代，这个时代就是数字经济。

“我们经常在互联网经济里面看到很多失败的项目，为什么失败呢？因为有两个可能发生，第一个可能是我们太容易想象快速发财的故事了，第二个可能是我们太容易想象简单粗暴落地的可能性，所以造成我们很多的失败。”宁志翔认为，下一步的互联网经济走入了一个新的时代，就是数字经济。它最核心的点，就是互联网、大数据、人工智能和实体经济的深度融合。数字经济的发展前景在于4个点；低成本、高效率、开放式、透明度。

数字经济又能带来怎样的创新呢？宁志翔重点提到了模式的创新，包括交易网络、线上线下、信用服务、安全共享四个方面。“没有一个最好的模式，但一定有一个合理的模式，我认为在数字经济模式里面，就有这样的可能性。首先是安全的，其次是便捷的。”

宁志翔希望数字经济能够不断在深圳落地，在深圳建立第一个数字经济云平台，通过资本投入，吸引深圳的上市公司和企业入驻，实现万亿元交易额和百亿元利润。

（《深圳特区报》2017年12月27日）

第三节 企业篇

第15届深圳企业创新纪录成果发布

深圳企业的创新活力有目共睹。昨晚，在第十五届“深圳企业新纪录”成果发布会暨深圳工业总会2016年度年会上，共有156个项目、30家创新企业获得表彰。

全国人大常委会原副委员长顾秀莲，深圳市政协副主席张晓莉、王大平，市老领导李灏、周长瑚、廖军文、张效民、陈思平等参加活动。

当天下午，顾秀莲一行前往我市妇幼保健院福强院区等地进行考察。她表示，深圳市委市政府十分重视发挥社会组织的突出作用，深圳企业在自主创新、培育工匠精神、扩大国际交往等方面取得了令人瞩目的成绩。

记者从年会上获悉，在连续十五届的企业创新纪录审定发布活动中，已有945家企业的2190项自主创新成果获得认定和奖励，在全国大中城市中位居前列，充分展现深圳企业的创新活力。

在本届的获奖项目中，除装饰、电子、机械等传统行业外，也有智能系统设备、新能源、新材料、机器人等新兴行业。其中涉及授权发明专利的新纪录项目有66项，成为展示深圳企业创新成果的又一亮点。

（《深圳特区报》2017年1月7日）

深圳有多强？
就看这20强企业为深贡献26%的GDP

3月21日，深圳市统计局正式搬迁至市民中心办公，并举行2016年深圳市GDP总量贡献最大的20强企业（以下简称“20强企业”）的颁奖授牌仪式。记者了解到，去年深圳GDP贡献20强企业合计实现增加值5171.42亿元，占深圳市GDP比重近三成，其中包括华为、中兴、比亚迪、腾讯等实体经济企业，以及招商、平安等服务实体的金融企业。

华为去年增加值超过1000亿元

企业强则经济强，大型龙头企业对于经济发展具有重要推动作用，对于地区的经济影响举足轻重。记者了解到，2016年深圳GDP贡献20强企业按行业统计，金融企业最多，达9家，占比45%；工业7家；信息传输、软件和信息技术服务业2家，交通运输业2家。按经济份额统计，7家工业企业合计总量最大，达2866.14亿元，占20强企业总量的55.4%，占全市规模以上工业增加值总量的39.8%。

值得一提的是，20强企业中前三名均为工业企业，其中华为公司是我市唯一一家增加值超过1000亿元的企业，其增加值占20强工业总量50.5%。9家金融企业实现增加值

1649.41 亿元，占 20 强企业总量为 31.9%，占全市金融业总量超过一半，达 57.3%。2 家信息传输、软件和信息技术服务业企业增加值为 469.56 亿元，占 20 强企业总量为 9.1%，占全市营利性服务业增加值中比重达到 20.9%。2 家交通运输企业实现增加值 186.31 亿元，占 20 强企业总量为 3.6%，占全市交通运输、仓储和邮政业总量的 31.3%。

9 家金融企业去年负增长 13.3%

不过，需要指出的是，去年 20 强企业增长正负相差悬殊。记者从市统计局了解到，去年 20 强企业增加值增速中，既有增长 64.0% 的企业，也有增长 -27.1% 的企业。其中正增长的企业 14 家，9 家企业增速达两位数，尤其是分别受益于新能源汽车需求、信息技术和新消费的比亚迪汽车有限公司、腾讯科技（深圳）有限公司、中信银行信用卡中心 3 家企业增速超过 35%。另一方面，因股票市场低迷、国际油价处于低谷和生产转型阵痛等因素影响，在 20 强企业中有 6 家企业同比负增长，其中工业 2 家、金融业 4 家。

从经营效益看，7 家工业企业共实现营业利润 478.92 亿元，增长 7.0%，但有部分企业利润负增长；9 家金融企业实现营业利润 1712.16 亿元，受资本市场影响，增长 -13.3%；2 家信息传输、软件和信息技术服务企业营业利润为 318.95 亿元，增长达 26.5%；交通运输 2 家企业实现营业利润 29.64 亿元，企业效益显著提升，增速高达 51.5%。

（《深圳商报》2017 年 3 月 22 日）

以优秀企业文化直面时代变革浪潮

深圳企业的发展历程以及深圳企业文化的发展历程都证明，抱持一种核心价值，围绕它打造独特创新卓越的文化思想体系，往往是成为一家优秀企业的必经之路，这条路自然艰难且孤独，但实现一家企业的社会价值与宏大抱负，除此别无捷径。

3 月 24 日，由中国首席文化官俱乐部、新优势企业文化咨询和传播机构主办，深圳企业文化研究会、深圳市中航九方资产管理有限公司协办的 2017 年首席文化官公益论坛在深圳市福田区举行。本届论坛以“未来视野——2017 至 2019 企业文化建设的方向与策略”为主题，吸引了万科、顺丰控股、招商证券、港华燃气、卓越集团等 200 多家企业首席执行官与企业文化管理者的参与。

对于企业文化，深圳理应拥有更独到的感触与见解。企业是深圳经济版图的主体，三十多年来从外来引进到自发孕育，今天的深圳企业已经超过 100 万家，其中的从业人员超过 800 万人，占据深圳总人口很大一部分。围绕他们而形成的企业文化，对整个城市发展进程起到的是决定性作用。优秀的企业文化，不仅成为深圳企业走向全国、走向世界的核心竞争力，同时也代表了深圳创新驱动、科技引领、绿色发展的前进方向。在深圳历史上，蛇口工业区、华侨城、万科、华为等深圳知名企业都具有特色鲜明的企业文化，成为这些企业创新发展的一大驱动力，而随着这些企业的发展壮大，深圳企业文化也逐渐在世界范围内形成独树一帜的影响力。

深圳企业文化的创新，已成为重塑深圳城市精神和创新城市文化的重要基石。世界观决定方法论，企业文化便是企业的世界观，而这种世界观也将对员工，即广大的深圳人打下深刻烙印。有什么样的员工就会有什么样的企业文化，反之亦然，人与企业文化互为影响，互为砥砺。优秀的人才打造优秀的企业文化，而优秀的企业文化又反过来塑造优秀的人才。确保这一良性循环的持续运转，是保持深圳生命力的重要法则。

企业文化建设的使命是引导未来产业经济乃至城市发展

的方向。这一点在当今这个瞬息万变的时代显得尤为重要，无论是对于人才还是对于企业，如今都面临着艰辛探索的局面。企业文化建设中，应当于何处坚守？又应当于何处改变？如何掌握坚守与改变的尺度？一味坚守可能原地踏步，一味迎合改变又难免随波逐流。古往今来，一切成功或曾经成功过的伟大企业，它们的辉煌都在于能够辩证统一地解决这些核心问题，及时摆脱了旧有窠臼的陷阱，踩准了新时代的节拍，又成功地在纷繁复杂的洪流浪潮中坚守住了自我特色，从而脱颖而出。

企业文化是一家企业的战略觉悟。当同行业所有企业的觉悟都相差不远时，大家的影响力、竞争力和营收力自然也相差不远。所有企业都相差不远，必然导致所有企业的集体平庸。深圳企业的发展历程以及深圳企业文化的发展历程都证明，抱持一种核心价值，围绕它打造独特创新卓越的文化思想体系，往往是成为一家优秀企业的必经之路，这条路自然艰难且孤独，但实现一家企业的社会价值与宏大抱负，除此别无捷径。

未来视野应是企业始终关注的视野和方向。我们已经再次迎来新一波技术革命的黎明。人工智能、大数据与互联互通的网络正在深刻地重塑人们的生活、定义万物的价值。历史上的每一次技术革命以及相继到来的社会适应过程，都伴随着无数企业的彷徨、迷茫以及战略抉择。唯一不变的只有人们对于美好生活的不懈追求，而企业对于社会的重要意义之一便在于让人们离美好生活更近一点。塑造优秀企业文化，用以解答企业进入新时代的变与不变，应是每一家有远大抱负的企业的重要课题，同时这也是一座城市生生不息、永葆生机与活力的根源所系。

（《深圳晚报》2017 年 3 月 27 日）

深圳成为我国“独角兽”企业主要集聚区

科技部火炬中心主任张志宏 25 日在此间介绍说，在大众创业、万众创新的浪潮中，“独角兽”企业已成为推动经济中高速增长、迈向中高端水平的重要引擎。2015 年我国“独角兽”企业只有 70 家，而到了 2016 年已达 131 家，其中技术驱动型占绝大多数，104 家诞生在国家级高新区。

“独角兽”企业是指成立 10 年以内、估值超过 10 亿美元、获得过私募投资且尚未上市的企业。作为爆发式成长的代表，“独角兽”企业被认为是新经济时代科技创新的集中体现。

我国目前已经有 16 个城市出现了“独角兽”企业，其中，北京、上海、深圳、杭州依托良好的创新创业生态，成为我国“独角兽”企业主要集聚区域，均超过 10 家，且主要集中在国家级高新区。这也恰恰说明，全国高新区一流的创业生态环境已成为孕育“独角兽”企业的巨大摇篮。

（《深圳特区报》2017 年 3 月 27 日）

深圳企业唱主角力挺中国制造

作为全球规模最大的电子产品采购展，“环球资源电子展”昨日在香港亚洲国际博览馆开幕，此次春季电子展分两期，首期 3600 个展位，重点展示消费类电子、虚拟现实及游戏设备、电子元件及智能生活产品。记者采访发现，深圳企业占据六成多，其带来的创新技术产品，令全球采购商眼前一亮。

虚拟现实产业热度不减

VR 产业热度，依然不减。记者发现，展馆内设置了虚拟现实及游戏体验区，采购商可以亲身体验最新的商业及娱乐应用 VR、3D 及 4D 游戏，这也成为本次展览会上的一大亮点。

“目前，VR 行业存在缺乏标准和内容的问题，我们与微软公司进行了合作，微软将会为我们提供内容平台，这上面将有 2 万多款视频和游戏内容。”在展馆现场，深圳市虚拟现实技术有限公司副总裁陈英姿说，该公司深耕 VR 行业 15 年，凭借自主研发技术产品，去年底成为微软官方中国区唯一指定合作伙伴。目前，该公司最新产品 3Glasses 蓝珀 S1 是已量产且稳定供货的头戴式显示设备。

陈英姿表示，希望能与微软一起共同定义 VR 标准。“至今全球已有超过四亿台电脑安装了 Windows10，Windows10 用户可在 3Glasses 蓝珀 S1 上使用 Windows Holographic Shell 的功能串联虚实世界，在虚拟的世界里运行超过，000 款已收录的通用 Windows 应用，直接将网上的 3D 内容从 Microsoft Edge 浏览器里中拖拽到物理世界中。”她说，有微软庞大的用户数作为基础，无疑能促进行业标准的建立，加速产生更符合市场需求的产品和内容。她表示，3Glasses 蓝珀 S1 及后续产品接入微软的底层系统，降低对主机和显示卡性能的要求，对用户更加友好，并就虚拟现实的交互方式与微软进行探讨与合作，共同定义交互标准。

中国制造依然受买家青睐

纵使中国制造面临多重挑战，中国始终是国际买家所青睐的主要采购市场。主办方表示，2017 年环球资源春季展的买家预先登记情况恰恰证实了这一点，众多世界领先品牌和大型零售商的代表均已预先登记，纷纷远道而来参展采购，寻找新的合作伙伴及创新的产品及技术，以满足本国消费者对新产品的需求。

中国制造之所以被看好，得益于自主创新迭出，总有令人惊喜的创新产品出现。展会首日，深圳市倍斯特科技股份有限公司就与东旭光电科技股份有限公司合作推出石墨烯基锂离子电池产品，这款新产品的发布吸引了很多买家驻足。记者了解到，这款电池产品相当于移动充电宝，它能实现快速蓄电。

倍斯特董事长兼总经理潘良春说，以往 5000 毫安的电池需要充电 5 小时，而这款石墨烯基锂离子电池产品只需 15 分钟就可蓄满电，效率提升 20 倍，而且利用该产品充电的电子设备续航能力和续航寿命也将延长。

人工成本是阻碍企业发展“头敌”

全球制造业情形如何？环球资源旗下商业管理媒体《世界经理人》与新媒体《秦朔朋友圈》近期联合发布一项制造业最新调研报告显示，印度、越南、美国目前是“中国制造”的强有力对手。

环球资源首席执行官裴克为表示，目前“中国制造”在全球贸易中处于“三明治”格局。因为中国内地过早进入了低成本的挤出效应，印度、越南一些自然资源丰富、人工成本相对低廉的国家，正在快速发展制造业，加之美国通过制度、体制的创新，实现高端回流，导致中国制造没有主动权和主导权。

同时，企业面临的多方面压力当中，人工成本、原材料成本和税收负担较为突出。其中，成本高企已经成为制约企业经营发展的头号阻碍，也是制约企业转型升级的重要因素。

环球资源电子组总裁黄谭伟表示，中国的人工和原材料成本虽在不断增加，但相比于美国制造业，仍具有成本优势。此外，中国有着完备的产业链及配套供应链，这些是支撑整个制造体系最重要的因素。同时，中国企业也应认识美国制造业回流给中国带来的机会，借助美国本土先进的高端制造技术，加强自身的创新和设计能力，发展自有品牌，加快企业转型升级，从“制造”向“智造”发展。

过去几十年的积淀使得今天的中国成为全球生产基地，国人引以为傲的“中国制造”一直是中国大国经济的重要标签。中国制造的市场潜力和产业链配套对海外的制造业还是有着巨大的吸引力，中国制造业需要在以往优势的基础上加快转型步伐，向产业链、价值链上游转移，从加工业变为高附加值的高利润产业，加快从“制造大国”到“设计强国”的转变，成为高端品牌的“缔造者”，中国制造业产业升级势在必行。

（《深圳特区报》2017 年 4 月 12 日）

“飞”出来的深圳智造

深圳是蜚声中外的无人机王国，涌现出一大批无人机品牌企业。与众多无人机企业扎堆民用消费市场不同，深圳一电科技有限公司（英文简称 AEE）却另辟蹊径，不仅成功跃上我国警用旋翼无人机市场的一哥位置，更凭借物联网技术的蓬勃发展，“飞”出了一片新天地。

锐意创新打造细分领域隐形冠军

4 月 18 日下午，记者特地赶到位于深圳市宝安区石岩街道的 AEE 一电科技园，实地探访这位在我国无人机领域里行事风格低调的细分领域隐形冠军。

一电科技园位于石岩松白路边，远远地就能看到楼体上醒目的“AEE”标志，这个霸气的企业简称是英文“ace electronic enterprise（一流电子企业）”的缩写。工人们正在对一电科技园内的两栋旧厂房进行大规模装修改造。不久后，这里将出现一座融汇了研发、展示、竞技功能的无人机王国。

“嗡……”，进入一电科技厂区，就能听到螺旋桨高速旋转后发出的声响，在厂区空旷处，几架白色的无人机在空中任意游走，或急速攀升，或悬浮在树顶。

这些正在进行飞行训练的人员是一电科技的客户，不远处就是一电科技的办公楼。2015 年，这家公司占据着我国警用旋翼无人机市场八成比例，去年这一市场份额仍然维持在六成以上，就连当下正在热播的电视剧《人民的名义》中，演员也佩戴着该公司生产的执法记录仪。

回溯一电科技的身世，就是一部跨界融合的创新史。

AEE 在发展的 18 年里，共经历了三次技术突破性创新，1999 年填补无线音视频传输技术及产品在国内的空白。2006 年一电科技在全球率先提出“运动相机”细分品类，推出了全球第一款可以带在头上、身上、手臂上，满足极限运动状态下的录像、声控、红外功能的运动摄像机，被国外媒体誉为“CHINA EYE”（中国眼）。

2008 年，一电科技在自身储备三维摄像、图传等技术的基础上，决定进入无人机领域。

“当时德国、美国等技术先进国家制造的传统无人机在飞行器、前端拍摄装备、遥控器、地面控制站上都是完全分离的。这让我们萌生了做一体无人机系统的想法。”一电科技董事长张叶女士介绍，一电无人机使用的是自己生产的机载摄像机，飞行器与摄像机集成在一起，而不是后期安装，这种高集成度形成了产品的独特优势。

2009 年，一电科技生产了全球首款四旋翼一体无人机。

2011 年，一电科技作为首家在北美无人系统展亮相的中国企业，展示了全球首款一体无人机系统，一鸣惊人。

实践军民融合发展道路

与大多数专注于民用消费领域的无人机企业不同，一电科技重点选择在军事侦察、执法侦查、安全监控、抢险救灾、搜救搜查、气象监测、专业拍摄拍照等专业领域深耕，实践出一条军民融合发展的路径。

2016 年 5 月 10 日，全国首个由企业组建的民兵无人机侦查分队在一电航空技术有限公司成立。这支特殊的民兵无人机侦查分队配备了 9 套无人机装备，主要承担侦察、探测、预警等任务。

这只是一电科技在军民融合发展道路上实施的创新之一。

据介绍，一电科技的无人机系统主要应用于公安、军队、消防、森林、环保等专业领域。在国内警用多旋翼无人机市场上保持着冠军宝座。在国外市场上亦保持着相当高的知名度。

在西班牙，AEE 无人机通过了 10 千米自动往返、高清实时回传画面、60 分钟空中续航、深井侦察、失联自动返航等一系列严苛的测试科目。在荷兰， AEE 无人机系统帮助荷兰警方在城市巡逻、航拍监控、防范冲突、维护稳定等方面不断提升管理水平。

公开资料显示，一电科技是唯一参与原总装备部《无人飞行器系统》军用标准起草的企业，也是唯一参与公安部警用《无人飞行器系统》行业标准起草的企业。

去年 5 月举行的第八届中国国际警用装备博览会上，一电科技展示了其设计生产的中国首架装备级旋翼机 A-200。去年 10 月举行的第二届军民融合高技术成果展上，一电科技展示的多款创新产品也获得了好评。

持续钻研创出多项世界第一

在一电科技展厅内，“AEE”品牌产品琳琅满目，其中不乏多款创造了世界第一的产品：全球首款集成式多旋翼无人机、全球首款 4K 专业级高清运动摄像机、全球首款光学变焦运动摄像机及全球最小的高清摄像机、全球唯一可实现实时 4×4K 机内画面合成的全景摄像机等。

记者注意到一套代号为“警鹰 F100”的警用无人机系统，它囊括了飞行器、自动跟踪天线、地面控制站、遥控器等部分，最大飞行速度为每小时 100 千米，最高飞行高度可达 3000 米，飞行距离可达 10 千米。它可以外挂各种机载设备执行任务，续航时间达 45 分钟，可抵抗 6 级狂风。

而在民用无人机市场上，一电科技也有涉足。在产品展厅内，张叶向记者展示了一款市场反响热烈的自拍无人机，这款黑色的正方形无人机约有两个巴掌大小，采用了螺旋桨全保护设计，四周设置了保护框，无人机在飞行过程中可以根据红外自行躲开障碍物。而另一款外形像一枚小火箭的白色自拍无人机支持脸部识别，能够实现智能跟拍。

与同行多采取“概念 + 代工”模式生产无人机不同，一电科技不仅在深圳有自己固定的研发基地、生产基地，在美国洛杉矶、德国慕尼黑均成立了分公司。其中一电科技园内就拥有近 10 万平方米的研发生产基地。

目前，在一电科技 1500 多名员工中，研发人员占了三分之一，企业拥有各项发明专利、PCT 国际专利 600 余项。

无人机跨界融合成万物互联新载体

近年来，深圳无人机产业发展迅猛。张叶认为，无人机是一个飞行的空中机器人，需要讲究飞得安全，飞得智能。值得注意的是，在一电科技最新的产品画册中，无人机已经被归为“人机智能”产品。

张叶表示，无人机行业的发展在未来会加速与智能终端的深度整合，比如车载无人机、手机航拍及操控等。未来无人机将作为一个智能应用平台，随着市场细分和消费者多元化的需求，无人机的应用范围会变得更广。

去年 7 月 6 日，一电科技与阿里、上汽在杭州共同发布了“无人机 + 互联网汽车”，这也是深圳无人机企业深度介入互联网科技生态圈的最新例子。一电科技针对阿里互联网汽车操作系统平台开发的智能软硬件，能够从智能飞控和图像实时传输方面与互联网汽车进行融合，让汽车行业进入“云眼”时代。

去年 10 月在杭州举行的阿里“飞天·进化”云栖大会上，一电科技军警装备级无人机系统与阿里 YunOS、上汽互联网汽车等共同打造的智能硬件生态圈，使各终端大数据能够在互联网平台上实现万物互联互通。

期待无人机在空中画出更多美丽弧线

“很多美丽的故事都发生在空中，未来无边无垠的天空一定会发生更多美好的事情。”这是张叶在参加 2017 中国（深圳）IT 领袖峰会“无人驾驶与智慧环境”主题论坛时的开场白。

在一众来自创投界、智能硬件界的男嘉宾围绕无人驾驶所做的高谈阔论中，张叶的这番说法充满诗情画意。

张叶认为，无人技术的目的是提高安全性的同时节约时间，使交通更有效率。而使交通更有效率的，除了无人驾驶汽车，还有无人机。

“无人机当下的价值在于，一方面可以以较低成本完成偏远地区的物流服务，其次可以收集城市交通数据，为无人车的驾驶乃至整个城市的智慧交通提供数据支撑。”

张叶认为，随着国家政策法规对空域管理的日益完善，作为通用航空组成部分的无人机会在天空画出更多美丽的弧线。

（《深圳商报》2017 年 4 月 19 日）

深圳企业致力“一带一路”建设
打造“三大品牌”

6 月 8 日下午，深圳企业参与“一带一路”建设专题研讨会在深圳上海宾馆浦江厅成功举办。该研讨会是由市直机关工委和市贸促委共同举办的深圳企业贯彻“一带一路”建设活动周的重点活动之一。市委常委、组织部部长郑轲出席研讨会并发表讲话，市贸促委主任叶健德主持会议，市直机关工委书记胡锦做了总结讲话，10 家企业代表及 2 位专家学者参与研讨。

研讨会以习近平总书记关于“一带一路”建设的重要讲话精神为指导，充分运用“一带一路”国际合作高峰论坛系列成果，围绕深圳企业如何把握国际机遇，充分运用技术、资金、人才、管理等各方面的优势，坚持深圳质量、深圳标准，并按照市场化的原则积极“走出去”；与政府层面就如何建立健全协调、扶持机制与制度，创新金融支持“一带一路”建设等话题进行沟通和商议。

市委组织部部长郑轲在致辞中表示，深圳在“一带一路”建设中已经迈出了坚实步伐。面向未来，深圳充分发挥经济特区改革开放的窗口作用，着力深化与“一带一路”沿线国家、城市在各领域的交流合作，进一步强化企业的投资主体地位，以特区企业的使命担当服务于“一带一路”建设，为振兴世界经济贡献力量。

会上，招商物流、中兴通讯、中建钢构、深圳投控、深圳地铁、联成远洋渔业等企业有关负责人发言，讲述了企业参与“一带一路”建设的实践经历，并针对企业参与“一带一路”建设过程中遇到的困难提出了相关建议。

招商物流副总经理陈海容表示，近年来，招商局集团努力践行国家“一带一路”倡议，积极推动国际化，加强全球化布局。截至 2016 年底，招商局境外企业总资产达到 4544 亿元人民币、销售收入 487 亿元、实现利润 50 多亿元，境外实体企业 184 家，分布于五大洲 43 个国家和地区，与“一带一路”高度契合。中白商贸物流园是“一带一路”上标志性项目中白工业园园区内最大投资、最大规模、最早开工、最早建成、最早运行的项目，得到商务部、国资委，特别是习近平主席、张德江委员长、张高丽副总理的高度认可。

中国华西企业有限公司党委书记董事长李安表示，一是建议市委市政府推动建立“深企合力开拓”的工作机制，以多种方式整合投融资、建设、营运、维护等全产业链企业，抱团出海，突出整体优势，全面参与国际业务竞争与合作；二是建议政府在合法合规的基础上，为企业提供人员、资金进出的快捷通道。

深圳市投资控股有限公司副总经理刘征宇针对企业“走出去”面临的难题，建议政府有关部门建立必要的“容错机制”，鼓励企业大胆参与“一带一路”建设；同时构建由政府、协会和企业各方参与的沟通协调机制，针对“一带一路”建设过程中遇到的具体问题，集中各方资源，为项目投资建设出谋划策，解决问题。

市直机关工委书记胡锦做了总结发言，他认为，深圳企业参与“一带一路”建设创造了很多亮点，也积累了一些经验。深圳企业在参与“一带一路”建设中，要打造“三大品牌”：一是要在参与“一带一路”建设中打造“深圳品牌”，吸引更多的国际产业巨头前来深圳落户，创建共赢发展的新格局。二是要在参与“一带一路”建设中打造“深企品牌”，在明星深企的带动下，更多具有核心竞争力的深圳企业参与到“一带一路”建设中，把深企“王牌军”优势扩大为“集团军”优势，让“深企品牌”响彻“一带一路”。三是要在参与“一带一路”建设中打造“党建品牌”，充分发挥先锋模范作用，更好地服务于企业“一带一路”建设。

研讨会的举办，达到了凝聚共识、整合资源、加强合作、扩大影响的良好效果，为我市全面深入贯彻落实习近平总书记关于广东工作“四个坚持、三个支撑、两个走在前列”的重要批示精神和市委、市政府关于加强“一带一路”建设工作、构建21世纪海上丝绸之路桥头堡、大力发展粤港澳湾区经济的重大战略部署，调动以央企为主体的深圳企业积极参与“一带一路”建设的积极性做出了积极努力。

（深圳新闻网 2017 年 6 月 8 日）

70家深圳企业走进埃塞俄比亚寻商机

由中国国际贸易促进委员会、深圳市人民政府主办的“中国（深圳）——埃塞俄比亚贸易投资推介会暨深圳精品展示会”19日在埃塞俄比亚首都亚的斯亚贝巴召开，共有70家深圳企业携带最先进产品来到埃塞俄比亚，寻求贸易和投资机遇。

这批深圳企业共展示了2000件产品，涉及电子行业、智能装备与可穿戴设备、新能源、生物医疗、珠宝钟表、服装及制造业等领域。展会吸引了来自埃塞俄比亚、肯尼亚、坦桑尼亚、莫桑比克等东非国家的逾百位企业代表来到现场，与参展的深圳企业面对面交流。

深圳市副市长陈彪在展会开幕式上说，埃塞俄比亚是非洲最具影响力的国家之一，经济发展迅猛，发展潜力巨大，是中国推进“一带一路”建设的重要落脚点。作为中国改革开放的窗口，深圳将积极寻求包括埃塞俄比亚在内的国际交流合作，进一步搭建贸易投资平台，深化在能源、交通、通信、旅游、制造业等领域的合作，携手共谋发展。

埃塞俄比亚投资委员会负责人菲祖姆·阿雷加在现场做了投资环境和产业状况推介。他表示，埃塞俄比亚拥有较完善的营商政策及硬件设施，地理位置优越，综合实力在非洲国家中较为出众，对投资者也有较好的保护和激励措施，因此已吸引了不少中国企业前来掘金。

深圳市志腾永盛科技有限公司市场主管毛晓锋认为，近年来，埃塞俄比亚经济发展迅速，市场潜力巨大，将会是电子类产品的重要消费国，是国内科技企业不容错失的潜在市场。

近年来，埃塞俄比亚是非洲经济快速增长的国家之一。目前，已有一批深圳企业在埃塞俄比亚投资，并积极开展经贸交流活动，涉足能源、交通、通信、制造业等领域。埃塞俄比亚已成为深企“走出去”的重要目标区域之一。

（《新华社》2017 年 6 月 19 日）

深圳又有3家机构入选国家“双创”示范基地

6月21日，记者从中国政府网获悉，国务院办公厅印发《关于建设第二批大众创业万众创新示范基地的实施意见》（下称“《意见》”），公布了第二批“双创”示范基地名单。入选名单中，包括区域示范基地、高校和科研院所示范基地和企业示范基地三种类型，来自深圳的福田区、中国科学院深圳先进技术研究院、腾讯公司入选。去年公布的首批双创示范基地共28个，深圳市南山区和招商局集团有限公司入选。

华强北，梦想开始的地方

位于深圳中心城区，面积78.66平方千米，仅占全市总面积的4%，常住人口144万，每平方千米的GDP产出约46亿——高出新加坡1/3，是香港的2.5倍，人均GDP2013年已超越韩国……这是此次入选区域示范基地的深圳市福田区给出的亮眼“成绩单”。

福田区将战略性新兴产业、未来产业摆在经济发展突出位置，并以全球化视野，打造金融产业高地，促进产业转型升级。

多元化的创客中心、新潮时尚的咖啡馆、华强北的街头巷尾……都不难见到创客的身影，“创客之城”已成为深圳广为人知的标签之一。来自澳大利亚的Mike Reed目前扎根于福田华强北HAX孵化器，他告诉记者，全世界都找不到一个像深圳这样的城市，这里有完善的电子产业链、全球最大的电子市场，还有聚集于此的创新创业者们。

同样入选“双创”示范基地的腾讯于1998年在深圳成立。这家互联网“巨头”的成长也离不开同为双创示范基地的福田区。

1998年，马化腾还是个初出茅庐的小伙子，他与4位“小伙伴”共同创办了深圳市腾讯计算机系统有限公司，地址选在深圳华强北赛格科技园。几位年轻人在华强北一待就是6年，互联网梦想落地开花。

科研机构的“双创”模式

深圳的创新势力越来越壮大，深圳造的“黑科技”产品早已步入寻常百姓家。与此同时，深圳的高校和科研院所也在不断发力，试图改观人们“深圳缺乏大院大所”的刻板印象。

中国科学院深圳先进技术研究院入选高校和科研院所示范基地。长期以来，深圳先进院协同国内外科研机构、大学、企业和科技孵化器等，不断完善知识产权和技术创新激励机制，建设深圳“双创”支撑平台和服务体系。

记者了解到，深圳先进院“双创”示范基地将建设“1个本部+1个专业服务机构+5个创新载体”的双创生态体系——每年引进百名“海归”，培养300名研究生，同时中科创客学院培养数万人次“双创”人才，形成多层次“双创”人才培养体系。此外，基地还将鼓励员工、学生创新创业，对接社会资源，培养具有影响力在产业群。

深圳市发改委、中科院科技促进发展局表达了对“先进院国家双创示范基地”的支持，鼓励深圳先进院充分发挥科研、教育、产业、资本四位一体微创新体系的优势，更全面、更系统、更深入地做好“双创”示范基地建设工作，探索并形成可复制、可推广的科研机构“双创”模式。

（《南方日报》2017年6月22日）

深圳一年新增中小企业37.3万家同比增长33.1%

2016年深圳新增中小企业37.3万家，同比增长33.1%，中小企业发展势头强劲。这是深圳市人大常委会日前审议的《深圳市政府关于提请审议深圳市2016年中小企业发展情况报告》披露的。

报告显示，截至2016年底，深圳全市工商登记注册的中小企业149.8万家，占企业总数的99.7%。2016年全年，深圳新增中小企业37.3万家，同比增长33.1%。中小企业上缴税收2910.45亿元，约占深圳全市企业上缴税收的51.5%。

创新动力持续增强是深圳市中小企业发展的一个显著特点。截至2016年底，深圳市国家级高新技术企业达到8037家，其中中小企业占比超过80%；进入创新型中小微企业培育梯队的企业达到2670家，同比增长64.8%；中小企业授权专利数65230件，占深圳授权专利总数的68.4%。深圳中小板和创业板上市企业增至156家，首发募集资金1113亿元，连续10年位居全国大中城市首位。

报告同时指出，在制造业领域，深圳中小企业的创业难度增大。近年来，深圳新成立的制造业企业仅占新成立企业总量的3.1%左右，且呈下降趋势。

"主要发达经济体开始引导高端制造业回流，国内低端制造业部分向东南亚等国家迁徙，制造业竞争激烈化伴随传统优势消退，对本土中小企业的影响不可忽视。"深圳市经贸信息委主任郭立民说。

郭立民表示，深圳市将加强制造业扶持政策创新，加强产业集聚区、创业创新载体布局和建设，加大租金补贴力度，进一步降低工业用地招拍挂出让的准入门槛，鼓励更多优质中小企业参与竞买。同时创新产业用地使用方式，鼓励大企业腾出空间建设创业和创新基地，推动更多空间资源向中小企业倾斜。

（新华网2017年6月29日）

这6家深圳企业跻身世界500强腾讯为首次上榜

7月20日晚间消息，美国《财富》杂志发布新一期世界500强排行榜，中国上榜公司数量继续增长，今年达到了115家，其中包括6家总部位于深圳的企业。

今年上榜500家公司的总营业收入为27.7万亿美元，净利润之和为1.52万亿美元，均小幅增长。

沃尔玛连续四年排名第一，2016年营业收入达4858.7亿美元，同比提升0.8%。排在二、三位的都是中国公司——国家电网和中石化。中石油和丰田汽车分列第四和第五。苹果再次进入前十位，排名第九，但其凭借456.87亿美元的利润问鼎最赚钱的公司。利润榜的前五名除了排在第一位的苹果公司，其余均为中国的商业银行——工商银行、建设银行、农业银行和中国银行。

10家中国公司首次上榜，它们是安邦保险集团、恒力集团、阳光金控、阿里巴巴、碧桂园、腾讯、苏宁云商、厦门建发集团、国贸控股集团和新疆广汇。

（《深圳商报》2017年7月21日）

7家世界500强企业扎根
深圳总部经济强势崛起

从位于福田核心区的平安金融中心一路向西大约 16 千米到前海，包括平安集团、腾讯、招商银行、正威国际、恒大集团等商业巨头的总部大楼均分列于这条轴线上。根据日前最新发布的《财富》世界 500 强榜单，上述 5 家企业入围，加上总部位于盐田的万科和总部位于龙岗坂田的华为，7 家世界 500 强企业总部位于深圳。其中，平安集团、华为公司、正威国际是中国最大的 3 家民营企业。

近年来，深圳阿里中心、百度国际总部、高通创新中心等国内外科技巨头的国际总部、区域总部或职能性总部纷纷设在深圳。这座城市的创新力、人才吸引力、市场管理能力正吸引着企业“用脚投票”，深圳总部经济正强势崛起。

中国综合开发研究院旅游与地产研究中心主任宋丁认为：“企业的壮大需要更大的市场平台和更多的创新动能，在深圳既能充分发挥市场优势又能享受规范的管理环境，适合民营企业特别是大型民营企业的发展，这是越来越多企业将总部迁至深圳的重要原因。”

创造一流营商环境“筑巢引凤”

企业的城市布局本是正常的市场行为，但涉及设立、搬迁企业总部的决策，除了市场因素考量之外，背后往往还涉及地方政府的努力。商务部研究院国际市场研究所副所长白明曾说：“深圳是移民城市，历史负担不太重，营商环境较好，制度设计的自由度相对大一些。”

据中投顾问发布的《2016—2020 年中国总部经济产业深度分析及发展规划咨询建议报告》显示，2013 年，深圳出台的《深圳湾超级总部基地规划》提出，超级总部基地是城市在全球经济产业链条中最终极地位的典型代表，是未来深圳发展成为世界城市的一个功能中心。

除深圳湾之外，深圳重点打造的总部基地还包括福田中心区、后海中心区、留仙洞片区和龙华核心区。在发展成为“世界城市”的宏伟规划中，深圳市政府在总部经济的政策扶持方面可谓不遗余力。

据了解，为了吸引大型企业安家落户，早在 2008 年 1 月，深圳下发了《关于加快总部经济发展的若干意见》，提出积极引进国内外大型企业来深设立总部或地区总部，吹响了大力发展总部经济的集结号。2012 年 8 月出台的《深圳市鼓励总部企业发展暂行办法》提出，新设立的或由原注册地迁入的符合一定条件经认定为总部企业，直接给予经济鼓励。此外，对总部企业提供自用办公用房补贴，并通过对大型企业提供便利直通车服务以及引导金融机构加大对总部企业的信贷投放等方式，为总部企业营造良好的投资发展环境。

为打造良好的营商环境，深圳市政府加大对企业减税降费、知识产权保护的支持力度。深圳市发改委提供的数据显示，深圳去年全年为企业减负 1335 亿元，今年上半年已为企业减负约 663 亿元。知识产权保护方面，2016 年，深圳 PCT 国际专利申请量约 2 万件，占全国申请总量的 46.59%（不含国外企业和个人在中国的申请），连续 13 年居全国各大城市首位。

3W 孵化器市场经理张向野认为，对于创新型企业来说，无论是从国际视野、对新事物的接收能力，还是政府对高新企业的扶持这些角度衡量，深圳都是一个非常好的选择。乐信集团 CEO 肖文杰也向记者介绍：“深圳市场驱动创新，政府扶持鼓励的政策环境也让企业少了很多后顾之忧。”

谋划布局价值链高端

倾力“筑好巢”，只为“引凤来”。深圳的“诚意”背后，是希望引进更多处于“价值链高端”企业的谋划。

2016年11月11日是一年一度的“双11”购物狂欢节，阿里巴巴董事局主席马云可能比往年更加忙碌一些。当日下午他突然现身深圳后海，宣布深圳阿里中心正式建成启用，深圳也是阿里继杭州、北京以外拥有自己办公置业场所的第三个城市。马云在启动仪式上表示：“新制造的重中之重在广东，深圳今天具备新制造能力，我们将把物联网、未来智慧制造的东西都落实在深圳。”

后海片区正聚集着越来越多的科技巨头。腾讯新总部大楼与深圳阿里中心仅有几街之隔，在这里还可以看到百度国际总部上巨大的Logo。2017年2月15日，深圳联想后海项目破土动工，这一项目总投资额超过90亿元，计划在2020年建成，拟建为集商务、商业、文化于一体的高端城市综合体，将成为联想位于深圳的总部大楼。

这种吸引力不仅局限于国内。在深圳阿里中心启用半个月之前，手机芯片“一哥”高通已宣布在后海设立深圳创业中心。截至目前，微软亚太研发集团南方总部、IBM全球采购中心、甲骨文中国研发中心、沃尔玛中国总部、UPS亚太航空转运中心等跨国公司均在深圳设立地区总部。

2016年10月，苹果CEO库克到访深圳时透露苹果将在深设立研发中心，并表示深圳工人的工艺水平遥遥领先世界其他地方，深圳对于苹果公司的制造而言，仍然是一个非常重要的城市，现在苹果在深圳已经雇用了10万名工人。

手机中国联盟秘书长王艳辉在接受记者采访时说，跨国企业在深圳设立创新中心，看重的是深圳以及其周边地区乃至整个中国科技业、制造业的创新能力。这反映出的是一个巨大变化，至少在高通、苹果这样的跨国巨头眼里，深圳已经不再是原来的“山寨之都”。

深圳三诺集团董事长、市政协常委刘志雄认为，这种变化离不开深圳市委市政府的战略部署和资源配置顶层设计。为应对实体经济长远可持续发展，深圳坚持以物联网和人工智能为主要产业方向，以“科技创新+设计创新”双轮驱动为路径，以产融深度结合为重要推手，以打造“全球人才供应链体系”为基石，以生态型产业空间为载体，通过“路径、方向、推手、基石、载体”五大维度来营造支撑实体经济未来发展的生态环境，形成智能制造产业包括其企业总部的集群效应。

作为一家从传统制造业成功转型的科技企业，20年内，三诺的总部地址从松岗搬到华强北，再迁到车公庙，又迁到后海，三诺的发展轨迹与这座城市的经济脉络完美贴合。刘志雄认为，发展总部经济一定要高度重视其空间载体，其建议深圳以产业为核心，将城市整体规划作为最高战略来设计，构建产城融合新模式，打造产业空间新载体，为深圳发展提供超强的后劲。

总部集群凸显城市引力

深圳总部集聚效应带来的是实打实的经济效益。2016年数据显示，深圳89家总部企业贡献税收443.9亿元，增长29%。值得一提的是，深圳入围中国企业500强的18家企业贡献税收460.1亿元，增长26%。

总部经济发展的背后，也意味着有产业的腾挪。2016年深圳市政府工作报告指出，过去5年间，越来越多的传统企业通过转型升级走上高端制造业的道路。

华南城市研究会副会长孙不熟分析认为，目前在深设立总部的企业大部分来自IT行业。一方面，说明它们看中深圳在IT产业里的城市地位;另一方面，因为深圳是我国对外开放的高地，开放的营商环境有利于这些企业走出去，走向国际化。

总部位于南山的乐信集团成立于2013年，公司的智能金融应用已经领先全国。目前发展成为继腾讯之后的深圳第二大互联网公司，并成为中国最快实现年销售额破百亿的互联网公司之一、广东十大互联网创新企业，其CEO肖文杰认为这些成就离不深圳发展环境的支持。肖文杰对记者表示：

“深圳是最佳的创业沃土。对于创业者和成熟的企业来说，深圳拥有温暖湿润的气候环境，毗邻香港，腹地广阔，处于大湾区的重要区域位置。在城市文化上，深圳是有着跟其他城市截然不同的滨海、移民文化，它更加自由、开放、包容失败。”

阿里巴巴集团首席市场官董本洪曾如此评价深圳：“深圳对于中国有特殊的意义，代表了一种精神，雄心勃勃、面向全球又继往开来。”

在宋丁看来，企业总部在深“抱团”或将形成良性的示范效应。“不少企业都往深圳赶，有的也正在往这赶的路上，就会逐渐形成这样一个趋势，未来也还会有不少企业将会加入深圳，不止 IT 互联网，还有房地产、金融业等领域内的大企业，深圳总部经济发展势头良好。”

“大企业把区域总部放在深圳，这是对深圳的一个很大的认可。”孙不熟表示。

（《深圳晚报》2017 年 8 月 8 日）

深圳47家企业成为“广东省重点农业龙头企业”

8 月 10 日，记者从深圳市农业产业化龙头企业协会获悉，8 月 9 日，省农业厅公布了 2016 年度广东省重点农业龙头企业名单，深圳市 47 家企业被认定为广东省重点农业龙头企业，我市被认定的企业数量由 2015 年 40 家增加到 47 家。

根据《广东省重点农业龙头企业认定与监测办法》有关规定，省农业厅组织有关单位对 2016 年省重点农业龙头企业的申报和监测企业进行了评审和复核，并将复核意见书面征求省委农办、省发展改革委、财政厅、商务厅、国土资源厅、科技厅、林业厅、地税局、海洋与渔业厅、工商局、国税局、供销社、中国农业银行广东省分行等单位意见，并按规定进行了公示，公示期满后报省政府确认。

经省人民政府同意，省农业厅公布广东省重点农业龙头企业名单（共 709 家）。原已挂牌的省重点农业龙头企业，不在2016年省重点农业龙头企业公布名单中的，自然丧失“广东省重点农业龙头企业”称号，不再享受省重点农业龙头企业的优惠政策。深圳市农业产业化龙头企业协会秘书长陆祖才告诉记者，深圳的这些上榜企业都是保障我市市民菜篮子食品安全的重点企业，一直以来都坚持履行食品安全的主体责任，是我市创建国家食品示范城市的生力军。

（深圳新闻网 2017 年 8 月 10 日）

附：深圳市省级农业龙头企业名单

1. 深圳市农产品股份有限公司
2. 深圳天俊实业股份有限公司
3. 深圳市源兴果品股份有限公司
4. 深圳市果菜贸易有限公司
5. 深圳市农牧实业有限公司
6. 深圳市寰通农产品有限公司
7. 深圳市华盛实业股份有限公司
8. 深圳联合水产发展有限公司
9. 深圳市康达尔（集团）股份有限公司
10. 深圳市旺泰佳农业开发有限公司
11. 深圳市和众农业开发有限公司
12. 深圳市春谷园粮食物流有限公司
13. 深圳市泛亚物流有限公司
14. 深圳市好生活农副产品配送服务有限公司
15. 望家欢农产品集团有限公司
16. 创世纪种业有限公司
17. 深圳市联成远洋渔业有限公司
18. 深圳市深宝实业股份有限公司
19. 深圳市粮食集团有限公司
20. 深圳市华之粹生态科技有限公司
21. 深圳市联益米业有限公司

22. 深圳市丹尔斯顿实业有限公司
23. 华润五丰农产品（深圳）有限公司
24. 深圳市芭田生态工程股份有限公司
25. 深圳市澳华农牧有限公司
26. 深圳市海诚达农业开发有限公司
27. 深圳市联众食品有限公司
28. 深圳市湖尔美农业生物科技有限公司
29. 深圳市鑫荣懋农产品股份有限公司
30. 深圳市福荫食品集团有限公司
31. 深圳市鑫安然农业科技发展有限公司
32. 深圳市中泰米业有限公司
33. 禄苑农业开发集团有限公司
34. 深圳市光明集团有限公司
35. 深圳市金新农科技股份有限公司
36. 深圳市昶裕隆实业有限公司
37. 深圳市灿城实业有限公司
38. 深圳比利美英伟营养饲料有限公司
39. 华润五丰米业（中国）有限公司
40. 深圳市水湾远洋渔业有限公司
41. 深圳农牧美益肉业有限公司
42. 深圳市创天然水产品有限公司
43. 深圳市家顺康食品有限公司
44. 深圳市稼贯福实业有限公司
45. 深圳市欧歌丽农业科技发展有限公司
46. 深圳盛宝联合谷物股份有限公司
47. 深圳市龙洋兴粮油供应有限公司

2017“一带一路”海内外企业合作洽谈会将在深圳召开

9月19日上午，2017“一带一路”海内外企业合作洽谈会(简称合洽会)新闻发布会在厦门会展中心召开，宣布“合洽会”将于11月18日至20日在深圳召开。

据了解，2017“合洽会”，依托国家“一带一路”倡议的导向，立足粤港澳大湾区和粤、闽、浙等地品牌企业，联合最广泛的海内外企业家群体，每年都将邀请“一带一路”沿线国家政要及企业代表、相关学者专家等出席，促进企业之间沟通了解、深化合作。

2017“合洽会”，以“拥抱新契机、共建海丝路”为主题，深入探讨“一带一路”贸易投资便利化及粤港澳大湾区在“一带一路”倡议中的定位与机遇等议题，紧密结合当前国际投资合作的新趋势，全面贯彻国家发展新战略，配合国家区域经济协调发展战略的实施，促进企业增进了解、深化合作。“合洽会”承办方潮汕联合控股董事长罗芬女士在发布会上表示：“深圳是举世公认的国际化大都市，希望通过'合洽会'加强海内外企业交流互动，能建立起海内外企业投资交流的舞台和桥梁。”

据介绍，在“合洽会”期间，将会有丰富专业的展会活动，有效对接合作伙伴与前沿权威信息，致力于打造“一带一路”倡议下海内外企业投资信息交流和商贸交往以及项目对接、和解决区域经济一体化、打破贸易投资壁垒、进而促进项目对接交易、推动“一带一路”倡议实施的大平台。

与此同时，在“合洽会”期间，组委会还将会推出精心筛选的中外投资项目供参会投资商选择。“合洽会”举办的“一带一路交流对接会”和“资本与项目对接交流会”等采取会前撮合，大会期间面对面洽谈、会后跟进服务的方式进行，成为“一带一路”海内外企业投资合作项目的最佳“孵化器”。

（深圳新闻网 2017年9月19日）

深圳涌现大量小而美创新型企业

大疆创新的消费级无人机走俏全球市场，生产人形机器人的优必选科技成为“独角兽”企业，土巴兔领跑互联网家装市场……记者昨日采访了解到，得益于良好的创新创业环境，深圳涌现出大量小而美的创新型企业，为经济社会发展注入活力。

中小企业发展势头强劲

近年来，深圳推进商事登记制度改革，优化投资环境，吸引大批企业进驻，中小企业发展势头强劲。

目前，深圳无论是创业密度还是商事主体增长速度均位居全国首位。截至 2016 年底，深圳工商登记注册的中小企业 149.8 万家，占企业总数 99.6%；2016 年全年，新增企业 37.3 万家，同比增长 33.1%；中小企业上缴税收 2910.45 亿元，约占深圳全市企业上缴税收 51.5%。

深圳实体经济活跃，尤其是中小企业活跃度高，今年上半年涌现一批新晋纳入统计范畴的中小企业，包括工业 949 家，服务业 930 家，批发业 1122 家，零售业 143 家。

业内人士指出，深圳中小企业手握高端核心技术，蕴含巨大的经济效益创造潜力。具体来说，这些中小企业具备三个突出特点，一是智能化，二是轻资产，三是跨界式。这些中小企业在促进经济结构调整、升级产业结构、拉动经济增长、扩大社会就业、突破技术创新等方面扮演重要角色，已经成为加快经济社会发展的一股重要力量。

以高质量产品抢占市场

深圳中小企业之所以能迸发出强劲的经济活力，关键在于以自主创新提升核心竞争力，并以过硬的产品质量抢市场。

截至 2016 年底，深圳市国家级高新技术企业达到 8037 家，其中中小企业占比超过 80%；进入创新型中小微企业培育梯队的企业达到 2670 家，同比增长 64.8%；中小企业授权专利数 65230 件，占深圳授权专利总数的 68.4%。

坚持创新，不断研发，已成为深圳市中小企业发展的显著特点。这些年，深圳涌现一大批高科技制造企业，如大疆、大族激光、优必选、金蝶、迈瑞等，这些企业正是凭借不断创新发展，形成行业领先技术，得以打开广阔市场，迸发出强大的创造力。

目前，深圳中小企业重视产品质量，坚持以质量、品牌、信誉制胜，通过沿用超高质量标准、设置严苛的质量测试、引进国外先进质量管理方法、参与行业质量标准制定等各种途径，提升产品品质。作为全球领先的多旋翼无人机系统制造商，深圳一电航空技术有限公司（AEE），率先通过多项管理体系认证，同时引进并推广工业工程（IE）技术等先进管理方法，保证国内外高端客户对产品高品质的要求。现如今，生产产品畅销全球 50 多个国家，直销全球数千个大型连锁卖场。

政策扶持力助企业做强

深圳中小企业实现创新发展，得益政府的大力扶持。深圳先后实施降低创新型企业注册门槛、简化审批程序，建立中小企业发展专项资金、减免中小企业增值税、提供研发资金、创新公共服务体系，降低工业用地招拍挂出让的准入门槛等一系列涉及公共服务、空间、融资、人才、创新等方面的保障，为深圳中小企业创业创新营造良好的发展环境。

据统计，今年 5 月份，全市制造业新登记企业 1596 户，同比增长 29%，信息传输和计算机服务软件业新登记企业 3603 户，同比增长 3.8%。

目前，面对中小企业发展中面临的创业难度大、土地资源紧张、房价高、融资困难，劳动力成本上涨、运营成本负担重、人才流动频繁等问题，深圳正加快探索和完善产业扶持政策，引导要素资源流向中小企业，推进创业和创新体系建设，千方百计减轻企业负担，助推中小企业做强做大。

（《深圳特区报》2017 年 10 月 17 日）

深圳新材料诞生全球领先企业

新材料是制造业转型升级的基础，材料的变革将带来产业的突破。继深圳贝特瑞、光启、柔宇科技等新材料企业之后，又一匹新材料领域的“黑马”杀出。在 11 月 25 日举行的 2017 深圳国际全触与显示展上，华科创智带来全球首创的直径为 20 纳米的“银纳米线”，其一举超越了目前国际最先进的美国 30 纳米直径量产标准，产品将解决在大尺寸屏的触控技术，有望改变全球智能触控技术格局，为中国新型产业发展提供新的引擎。

记者了解到，这家成功研发并实现量产“银纳米线”新材料的华科创智成立于 2014 年 9 月，创立时间不长。不过，其孵化于香港科技大学深圳产学研基地，并与研发银纳米线新材料十多年的香港科技大学教授温维佳的“孔雀团队”合作，其公司创始人喻东旭又曾在联想、比亚迪等知名企业任职，多年在手机和触控市场摸爬滚打，对技术、市场有着敏锐的嗅觉。研发与市场的结合，让华科创智得到了深创投、国科瑞华等机构先后投资，并获得工信部授予的重点支持新材料企业、国家高新技术企业等荣誉。

“不过，创业阶段相当难熬了，从 2014 年 9 月到 2015 年 8 月期间，银纳米线的合成参数还在直径 50~60 纳米之间，一直没有新的突破。”喻东旭接受记者采访表示，终于在经过两年半的蛰伏和探索后，华科创智成功研发出直径 20 纳米的银纳米线新材料，并成功从实验室走进车间，最终实现产业化。记者了解到，华科创智目前在龙岗拥有占地 18000 平方米的生产基地，其成功研发的直径 20 纳米的“银纳米线”与 ITO、金属网格等其他材料比较，具有导电性、透光性、弯曲性、稳定性的优势，可以大大节约材料和制造成本，成功解决了大尺寸电容屏的触控技术，可广泛应用于会议一体机、教学一体机、纯平触摸广告机、智能幼教机、双击亮熄屏等领域，三星、美的、华星光电、柔宇等均成了华科创智的客户和合作伙伴。

未来，华科创智将以银纳米线为基础，开发全新柔性透明电极为核心的全产业链。喻东旭表示，公司基于银纳米线的生产的柔性透明导电膜可应用于银纳米电容屏、PDLC 调光膜、柔性触控及 OLED 照明市场，“而最核心的是我们拥有关键的技术和研发团队，并领先 3~5 年。”记者了解到，华科创智 200 名员工中，有 80 位研发人员。其中一组主攻材料研发，另一组主攻应用研发，研发投入占销售比超过 30%。“目前已签订 2018 年订单产值超 8 亿元，现与希沃、鸿合、创维、华星光电、美的、柔宇以及来自加拿大、美国的客户深度合作。”喻东旭告诉记者，目前公司产能为 65 英寸基准月产 1 万片，43 英寸基准月产 4 万片，从今年 4 月实现产业化至今，已实现营收超 1 亿元。明年华科创智将继续扩大生产线，预计月产能达到 65 英寸基准 10 万片。他认为，大尺寸触摸显示正迎来加速发展的时期，整个终端市场将在两三年内达到千亿规模，无论是个人还是公共领域，从手机、平板、电脑，到家居生活等都将实现智能应用，触控将成为未来世界交互的重要载体，而华科创智将成为智能触控技术的引领者。

深圳今年新材料产业增加值将超 400 亿元

在深圳最新出台的战略性新兴产业发展“十三五”规划中，新材料被列为五大重点发展方向，并明确指出，到 2020

年，深圳要努力构建具有国际竞争力的新材料产业集群，产业规模达到2300亿元。

据统计，目前深圳新材料企业超过3000家，其中规模以上企业超过500家，全市新材料技术专利超过1万件，深圳一批科研机构和企业在全国乃至全球新材料的细分领域占据龙头地位。据中商产业研究院发布的《2017—2022年深圳新材料行业发展前景及投资机会分析报告》显示，2016年，深圳新材料产业规模超过1650亿元，其中增加值达373.4亿元，同比增长19.6%，并预计2017年深圳新材料产业增加值达417.56亿元，新材料产业已成深圳新的经济增长点。

（《深圳商报》2017年11月26日）

盛产国家级高新技术企业，深圳为什么能？

政策沃土给了企业创新“基肥”。法治阳光给企业提供创新“养料”。此外，还离不开企业自身勇于突破、锐意进取、矢志求新的企业精神支撑。创新强，则产业强；产业强，则城市强。

23日举行的第五届深圳自主创新百强中小企业颁奖大会，透露了一个令人振奋的消息：深圳经认定的国家级高新技术企业总数首次破万，达到10988家，其中80%为中小企业。

近段时间以来，深圳“新喜”不断：先是上半年经济数据发布，深圳GDP增量罕见地超越北京、上海；紧接着在新一期的《财富》世界500强中，深圳上榜民企数量居全国第一；而在世界知识产权组织（WIPO）发布的《2017年全球创新指数报告》中，深港地区的创新指数超越硅谷，居全球第二，凸显了深圳令人瞩目的创新实力，标注了深圳自主创新的高度。

深圳国家级高新技术企业总数破万，是从量变到质变的一个飞跃，是这座城市企业群体在自主创新征程上勇攀高峰的一个精彩缩影。据了解，目前深圳已形成梯次创新企业链——3万多家科技型企业、1万多家国家级高新技术企业、一批各行业的创新型龙头企业，组合形成一个庞大的创新企业“雁阵”。其中，既有华为、中兴、腾讯、比亚迪等全球性的龙头企业，又有大量中小创新型企业、“独角兽”企业和细分领域的“小巨人”企业。庞大的创新企业基数撑起万盏高新企业“明灯”，让深圳这个创新高地星光璀璨。

深圳的创新“业绩”何能如此亮眼？因为深圳早已将改革创新根植于发展肌理之中，在国内率先提出把自主创新战略作为城市发展的主战略，并精心布局、大力推动自主创新，使得高新技术企业“量质齐优”。

政策沃土给了企业创新“基肥”。去年深圳出台了《关于促进科技创新的若干措施》，把政策焦点放在企业身上，针对企业面临的税费负担较重、融资不畅、发展空间不足等“疑难杂症”，从支持企业做大做强做优、提升创新能力、开拓市场、强化产业用地和空间保障、创新财政金融政策支持、优化企业发展环境等方面“对症下药”，营造一流的营商环境，消除企业的后顾之忧，让企业沿着先进的技术和产业发展方向轻装前行。对中小企业政策不仅“扶上马”还再“送一程”，可谓急企业之所急，帮企业之所需。在优渥的政策支持和鼓励下，高新技术企业争相涌现。

法治阳光给企业提供创新“养料”。对于创新型企业而言，技术是核心竞争力，保护知识产权尤为重要。如果没有法律的有力保障，那么各种技术创新都可能被山寨，企业创新就会失去动力，从而阻滞经济社会的持续发展。深圳作为“创新之城”，在知识产权保护上亦走在前面。通过知识产权管理体制的改革创新，深圳率先实现了知识产权的统一管理和执法，使得企业创新的预期更准、发展的动力更强劲。

此外，深圳高新技术企业“量质齐优”，离不开企业自身勇于突破、锐意进取、矢志求新的企业精神支撑。置身于国家创新型城市，抬望眼，“敢为天下先”观念的激荡之声、“鼓励创新，宽容失败”的创新之境，无不激荡企业血液里的创新激情。

创新强，则产业强；产业强，则城市强。深圳市“十三五”规划纲要提出了“加快建设国际科技、产业创新中心”的目标。实现这一目标，深圳要继续全面发力，弥补自主创新中的薄弱环节，不断提高自主创新能力，持续锻造参与全球竞争的核心竞争力。

（《深圳特区报》2017 年 11 月 27 日）

第十章
科技发展研究报告

2017 年度深圳市集成电路产业发展报告

2017年度深圳市集成电路产业发展报告

根据美国半导体协会 (SIA) 的数据 ,2017 年全球半导体产业规模达到 4122 亿美元，相较 2016 年增幅达 21.6%，创下近年来最高的年营收增长纪录，主要原因是存储器芯片需求大幅增加，其销售额增长量占据全球半导体产业收入增长量的三分之二左右。按区域来看，美洲区增速最高，达到 31.9%；亚太区其次，增速为 18.9%；欧洲区第三，增速为 16.3%；最后一位日本，增速也达到了 12.6%。

2017 年中国集成电路产业延续增长势头。从产业规模来看，2017 年中国集成电路产业销售额达到 5411.3 亿元，同比增长 24.8%。设计、制造、封测三个产业销售额分别为 2073.5 亿元、1448.1 亿元及 1889.7 亿元，增长速度分别为 26.1%、28.5% 及 20.8%，其中制造业增速最快，显现出大基金和地方基金的扶持作用。

2017 年深圳市集成电路产业总体年销售收入达到 668.40 亿元，产业规模的增速达到 17.41%。其中产业规模最大的设计业销售收入为 590.02 亿元，同比增长 19.55%，占全国设计企业销售额的 28.46%，居全国首位。封测业销售收入为 62.24 亿元，同比增长 16.34%；制造业销售收入为 16.14 亿元，同比下降 1.58%；2017 年深圳集成电路设计业仍呈现“一超多强”的格局，企业规模分化加剧，主要企业业绩表现稳定。2017 年深圳有 4 家集成电路设计企业入围全国十大设计企业，其中海思以 362.58 亿元的销售额继续保持中国集成电路设计企业领头军的地位；中兴微电子销售额 66.10 亿元，排名第三；汇顶科技则以 36.80 亿元位列第六；敦泰科技以 23.7 亿元位列第九。

深圳在集成电路制造领域的发展相比而言比较滞后。2017 年深圳的集成电路制造业总规模为 16.14 亿元，仅占全国的 1.11%。如果不补强深圳在制造领域的短板，会严重影响深圳优势的设计业的进一步发展，从而影响深圳整个集成电路产业的发展。深圳市的集成电路封测企业基本可满足中低端产品的封测要求，但在新封装技术和高端产品服务等方面仍比较欠缺。为了能够适应国内外信息产业及集成电路飞速发展的形势，满足物联网、人工智能、VR/AR 等创新应用和产业发展的需求，深圳的封测企业仍需努力向高端新技术转型。

2017 年，由于市场需求带动和国家政策支持的双重推动，我国集成电路产业继续快速增长。《国家集成电路产业发展推进纲要》第一阶段目标已基本实现，已初步具备参与国际市场竞争、支撑信息技术产业发展的基础。《中国制造 2025》、“互联网 +”行动指导意见等国家战略的实施，为集成电路产业创造了越来越广阔的市场和发展机遇。

《2017 年度深圳市集成电路产业运行分析报告》是对过去一年深圳市集成电路产业发展状况的总结和分析，也对未来发展策略提出了思考。国家集成电路设计深圳产业化基地与深圳半导体行业协会联合组成报告撰写小组，从 2018 年 1 月底开始，向企业发放调查问卷收集资料，和对重点企业实地走访，并在形成初稿后召开专家研讨会征询意见，收到的数据真实有效。截至 4 月初共收集到 81 家企业的反馈数据，包括集成电路设计企业 63 家，封测企业 15 家，制造企 3 家，基本囊括了深圳集成电路产业上下游相关的具有一定规模的企业。报告撰写小组对收集到的原始数据进行归纳和整理，并且和历史数据进行对比，以反映产业整体的发展变化趋势。

本报告的调研与编写由国家集成电路设计深圳产业化基

地和深圳市半导体行业协会共同完成。其中，赵秋奇副主任负责整个调研和编写的统筹工作，企业调研由刘奇、韩翔宇、罗云辉、寿爱华等共同完成；第一部分和第二部分由马芝、张钊撰写；第三部分由刘奇撰写；第四章由罗云辉、马芝、刘奇、邓川撰写；第五部分和第六部分由王巍撰写，第七部分由孙亚春撰写；附件由刘奇撰写；全文由邓川、刘奇统稿。本报告的编写得到了深圳半导体产业官、产、学、研、用各个方面的大力支持与配合，在此我们表示衷心感谢。希望本报告能够给广大关心和支持深圳集成电路产业发展的各级领导、专家和业内人士提供参考。本报告仅供内部参考，由于水平所限，如有不足之处欢迎批评指正。

一、2017 年全球半导体产业发展概述

（一）发展现状

1. 产业规模

根据世界半导体贸易统计组织（WSTS）披露的数据，全球半导体行业规模近年来一直保持这高速稳定的增长，在 1994 年全球半导体行业突破 1000 亿美元，2000 年突破 2000 亿美元，2010 年将近 3000 亿美元，2017 年这一数字则是达到了 4122 亿美元，同比增长 21.6%，增长的主要原因在于存储器芯片大幅增加的需求，其销售额增长量占据全球半导体产业收入增长量的三分之二左右。

从半导体细分市场来看，三大主要市场分别为逻辑电路、MOS 微处理器以及内存，需求量逐年递增。除此之外，DRAM（动态随机存储器）、模拟 IC、功率器件、MCU、传感器等在内的多种类型芯片的需求量也在不断增长。按区域来看，美洲区增速最高，达到 31.9%；亚太区其次，增速为 18.9%；欧洲区第三，增速达到 16.3%；日本增速也达到了 12.6%。

2. 2017 年全球半导体企业排名

从国际权威调研机构 Gartner 发布的数据来看，三星半导体在 2017 年荣登全球半导体榜首，英特尔终于从其垄断了 25 年的宝座上跌落下来，屈居第二位。西部数据增长迅速，2017 年进入榜单，排名第九位。其余老牌半导体企业如海力士、美光均有不同程度的上升。

图 1-1 2011 - 2017 年全球半导体产业销售收入规模增长情况

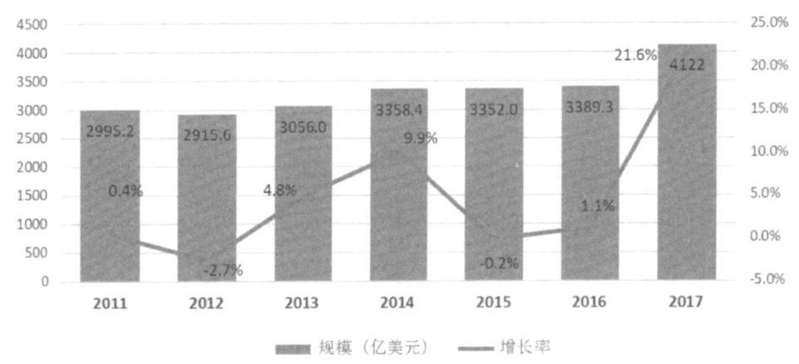

数据来源：SIA, 2018. 04

从榜单中企业类型来看，前 10 大半导体企业中，IDM 型企业有 8 家，Fabless 型企业则有 2 家。这些企业中来自美国的企业有 5 家，占据了榜单总数的一半，其余企业来自韩国的有 2 家，来自新加坡、日本和欧洲地区的则均有 1 家。由于 2017 年存储器产品市场的需求极度旺盛，导致存储器产品价格不断上升，主要的几家存储器大厂营收增长非常迅猛，其中三星半导体同比增长 52.6%，SK 海力士同比增长 79%，美光同比增长 78.1%，东芝增长 29.2%，西部数据则更是大幅增长 102%，并首次进入全球半导体企业前 10 位。

表 1-1 2017 年全球前 10 大半导体企业排名

2017 年排名	2016 年排名	厂商	销售额（百万美元）	增长率 (%)
1	2	Samsung	61215	52.6
2	1	Intel	57712	6.7
3	4	SKHynix	26309	79
4	6	Micron	23062	78.1
5	3	Qualcomm	17063	10.7
6	5	Broadcom	15490	17.1
7	7	TI	13806	16
8	8	Toshiba	12813	29.2
9	18	WesternDigital	9181	102.2
10	9	NXP	8651	-7

数据来源：Gartner. 2018. 04

表 1-2 2017 年全球前 10 大 IC 设计企业排名

排名	厂商	2016 营收（百万美元）	2017 营收（百万美元）	增长率(%)
1	Qualcomm	15414	17078	11%
2	BroadcomLtd.	13846	16065	16%
3	Nvidia	6389	9228	44%
4	MediaTek	8809	7875	-11%
5	Apple*	6493	6660	3%
6	AMD	4272	5249	23%
7	HiSilicon	3910	4715	21%
8	Xilinx	2311	2475	7%
9	Marvell	2407	2390	-1%
10	Unigroup**	1880	2050	9%

数据来源：ICInsights, 2018. 04

表 1-3 2017 年全球前 10 大晶圆代工厂排名

排名	厂商	2016 营收（百万美元）	2017 营收（百万美元）	增长率 (%)
1	台积电	29437	32040	55.9
2	格罗方德	4999	5407	9.4
3	联电	4587	4898	8.5
4	三星	4284	4398	7.7
5	中芯	2914	3099	5.4
6	高塔半导体	1249	1388	2.4
7	力晶	870	1035	1.8
8	世界先进	801	817	1.4
9	华虹宏力	721	807	1.4
10	东部高科	666	676	1.2

数据来源：拓墣产业研究院

3. 2017 年全球 10 大 IC 设计企业排名

根据研究机构 ICInsights 公布的全球 10 大 IC 设计企业排名来看，其中有两家总部位于中国的 IC 设计公司跻身前 10。中国最大的半导体公司华为海思以年增长率 21% 位居第七，该公司销售利润大部分都是从智能手机供应商华为 (Huawei) 内部转让获取。另一家是紫光集团，主要包括展锐和 RDA 部分。2017 年，全球纯 IC 设计公司销售额超过 1000 亿美元，创历史新高。高通 2017 年营收 170.78 亿美元、年增 11%，蝉联全球 IC 设计龙头；新博通营收 160.65 亿美元、年增 16%，跃居第 2；Nvudia 营收暴增 44% 成长最猛，以 92.28 亿美元一举夺下第 3。前 10 大公司中仅有 2 家营收衰退，联发科去年营收大跌 11%，排名自第 3 滑落至第 4。

4.2017 年全球 10 大晶圆代工厂排名

根据拓墣产业研究院最新公布的 2017 年全球十大晶圆代工厂排名来看，整体与 2016 年相同，前 3 分别为台积电、格罗方德和联电，其中台积电进一步拉大了与竞争者的距离，2017 年营收增长达到了 55.9%。同时格罗方德受益于产能的提升以及利用率的提升，2017 年的营收也有 9.4% 的增长，巩固了自己的位置。三星一直以来都是台积电最主要的竞争对手之一，但是由于 2017 年三星代工业务大客户仅有高通 1 家，限制了营收增长，排名第 4 位；中芯国际则受限与自己的产能和 28nm 工艺的良率问题，致使自己的成长率低于全球市场的平均水平排在第 5 位。

表 1-4 2017 年全球前 10 大晶圆代工厂排名

排名	厂商	2016 营收（百万美元）	2017 营收（百万美元）	增长率 (%)
1	日月光	4896	5207	6.4
2	安靠	3894	4063	4.3
3	长电科技	2874	3233	12.5
4	矽品	2626	2684	2.2
5	力成	1499	1893	26.3
6	天水华天	823	1056	28.3
7	通富微电	689	910	32.0
8	京元电	623	675	8.3
9	联测	689	674	-2.2
10	南茂	568	596	4.9

数据来源：拓墣产业研究院

5. 2017 年全球 10 大封测企业排名

2017 年移动通信电子产品需求量上升，带动高 I/O 数与高整合度先进封装渗透率，同时也提升了市场对封测产量、质量的要求，全球 IC 封测产值摆脱 2016 年微幅下滑状况，2017 年产值年成长 2.2%，达 517.3 亿美元，其中专业封测

代工 (OSAT) 占约整体产值的 52.5%。根据拓墣产业研究院最新公布的数据来看，2017 年全球十大封测代工厂商营收排名与 2016 年并无太大差异，前三名依次为日月光、安靠、长电科技。2017 年中国封测厂商采用高阶封装技术 (FilpChip、Bumping 等) 及先进封装技术 (Fan-In、Fan-Out、2.5DIC、SiP 等) 使产能持续增加，加上企业并购带来的营收，致使江苏长电、天水华天、通富微电在 2017 年增长率多达两位数；力成受惠于高性能运算应用与大数据存储内存需求提升，通过强化与美光的合作，交出年营收成长 26.3% 的成绩。

（二）2017 年全球半导体产业趋势

1. 资本市场逐渐冷却

在经历了 2015 年、2016 年连续两年的并购大年，并购市场都达到了千亿美元级别，但是由于收购目标的减少，监管审查的日益严格和交易双方不断的讨价还价等一系列原因，致使 2017 年半导体行业在资本市场略显冷清。通过 ICInsights 的调查报告：2017 年世界半导体产业并购交易总值为 277 亿美元（同比下降 72.2%），远低于 2015 年的 1073 亿美元和 2016 年的 998 亿美元。

2. 竞争加剧

虽然资本市场动作较小，但各大半导体厂商都在加大资本支出，根据 ICInsights 最新发布的报告，2017 年半导体行业资本支出增长 35%，达到 908 亿美元，单三星一家公司 2017 年的资本支出比 2016 年翻了一番达到 200 亿美元左右。其他厂商也在进行积极的布局，英特尔于 2017 年正式量产其 10 纳米 FinFET 工艺，SK 海力士宣布考虑扩产 DRAM，台积电宣布 3 纳米工厂将落户台南，再加上自 2015 年开始中国境内规划了 10 来条新产线，产能紧张状况在一两年之后或将发生大逆转。

3. 存储器市场不断增长

存储器需求的不断增长是 2017 年全球半导体营收增长的主要因素。ICInsights 报告显示，2017 年 DRAM 市场规模同比增长 55%，NAND 闪存市场规模同比增长 35%，其中 DRAM 价格在 1 年时间内翻了 1 倍多。依靠 DRAM 和 NAND 闪存的优良表现，存储器大厂都分别创下了新高，三星半导体更是打破了英特尔雄踞 25 年之久的全球半导体厂商排行第一的位置；西部数据营收大幅增长 102%，首次进入全球半导体企业前 10。

二、2017 年中国集成电路产业发展概况

（一）发展现状

1. 产业规模

2017 年是中国集成电路产业业绩表现强势的一年，占据全球市场规模之首的中国集成电路产业，延续了近几年的快速增长之势，并且较 2016 年仍有较明显的增速。根据中国半导体行业协会统计，2017 年中国集成电路产业销售额达到 5411.3 亿元，同比增长 24.8%。

图 2-1　2013 － 2017 年中国集成电路产业销售收入规模及增长率

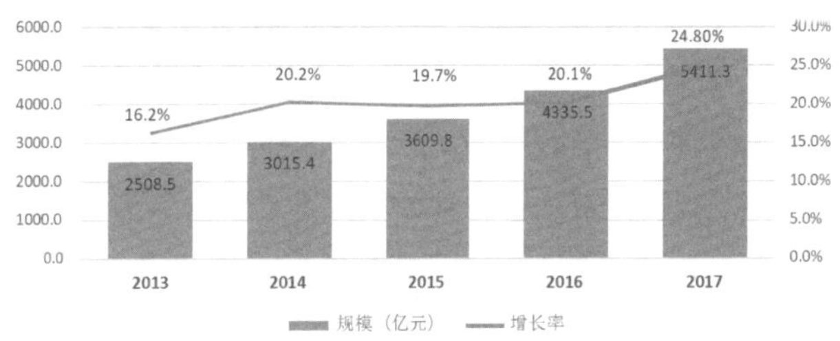

数据来源：中国半导体行业协会，2018. 04

图 2-2　2016 － 2017 年中国集成电路产业各产业链销售收入及增长

数据来源：中国半导体行业协会，2018. 04

2. 产业结构

（1）产业链结构

2017 年中国集成电路产业各环节再次实现快速增长，从产业结构来看，芯片设计业与芯片制造业所占比重呈逐年上升趋势，产业结构更趋平衡。其中，集成电路制造业增速最快，

表 2-1　2017 年中国集成电路企业 Top20

2017	2016	企业名称	销售收入（亿元）	企业类型
1	1	深圳市海思半导体有限公司	362.6	IC 设计
2	3	三星（中国）半导体有限公司	274.4	芯片制造
3	4	江苏新潮科技集团有限公司	242.6	封装测试
4	3	中芯国际集成电路制造有限公司	201.5	芯片制造
5	5	南通华达微电子集团有限公司	198.8	封装测试
6	7	SK 海力士半导体（中国）有限公司	130.6	芯片制造
7	15	英特尔半导体（大连）有限公司	121.5	封装测试
8	6	清华紫光展锐	110.0	IC 设计
9	13	上海华虹宏力半导体制造有限公司	94.9	芯片制造
10	9	天水华天电子集团	90.0	封装测试
11	8	威讯联合半导体（北京）有限公司	78.9	封装测试
12	11	华润微电子有限公司	70.6	芯片制造
13	12	深圳市中兴微电子技术有限公司	66.1	IC 设计
14	10	恩智浦半导体	64.5	封装测试
15	14	华大半导体有限公司	52.1	IC 设计
16	17	台积电（中国）有限公司	48.5	芯片制造
17	18	北京智芯微电子科技有限公司	44.9	IC 设计
18	16	英特尔产品（成都）有限公司	40.0	封装测试
19	—	安靠封装测试（上海）有限公司	39.5	封装测试
20	—	深圳市汇顶科技股份有限公司	36.8	IC 设计

数据来源：根据中国半导体行业协会、赛迪顾问资料整理 .2018.04

注：以上企业以集团为排名主体，以上数据为企业总销售收入，包含集成电路及半导体分立器件产品。华大半导体有限公司包括：澜起、盛科、飞腾、成都华微、九天销售数据。

2017 年同比增长 28.5%，销售额达到 1448.1 亿元，设计业和封测业继续保持快速增长，增速分别为 26.1% 和 20.8%，销售额分别为 2073.5 亿元和 1889.7 亿元。

（2）厂商结构

纵观 2017 年度国内前 20 大集成电路企业，其中 IC 设计企业 6 家，芯片制造企业 6 家，封测企业 8 家。过百亿的企业已达 8 家，且海思的销售额已达 362.6 亿元。排名前 20 家集成电路企业销售额占中国集成电路产业总销售额的比重达到 43.8%，产业集聚效应明显。

清华紫光展锐是紫光集团通过连续 3 次国际并购和 1 次外资入股，斥资 27.77 亿美元组建而成。展讯于 2013 年 12 月 23 日被紫光集团收购。2014 年 7 月 18 日紫光集团收购锐迪科，并于 2016 年将展讯与锐迪科整合为紫光展锐。2016 年，清华紫光展锐以 125 亿元的销售业绩成为我国 IC 设计第 2 名、集成电路企业第 6 名的企业。

恩智浦收购飞思卡尔后，原 2015 年中国半导体封测企业排名第 4 位、集成电路企业排名第 9 位的飞思卡尔半导体（中国）有限公司，则被恩智浦半导体所替代。2015 年 10 月 21 日，英特尔宣布将其与美光合资开发的最新非易失性储存技术引入中国，并在辽宁大连投资 55 亿美元用于升级英特尔大连工厂以生产“非易失性储存”设备。2016 年英特尔半导体（大连）有限公司以 45.8 亿元，同比增长 207.2% 的业绩入围前 20。

以上外资企业均为封闭式管理，核心的研发团队并不在国内，对提高我国集成电路产业的技术水平作用不大。

3. 产业环境

（1）国家政策扶持情况

2014 年国务院印发了《国家集成电路产业发展推进纲要》，并制定了集成电路产业三大发展目标：2015 年产业销售超过 3500 亿元；到 2020 年行业年均增速超过 20%；到 2030 年，集成电路产业链主要环节达到国际先进水平，一批企业进入国际第一梯队，实现跨越发展。

为贯彻落实《国家集成电路产业发展推进纲要》，扶持较大规模和较强实力的本土集成电路企业的发展，2014 年 9 月国家集成电路产业投资基金正式成立。和之前国家扶持集成电路产业的方式相比，此次采用产业投资基金形式，资金来源多渠道，资金的运用也更加市场化。同时，国家对集成电路企业加大了支持力度，在税收等各方面相继推出了各项支持政策。通过成立国家集成电路产业发展领导小组、设立国家产业投资基金等一系列保障措施切实地推动我国集成电路产业持续、健康的发展。

表 2-2 2011—2016 中国集成电路产业相关政策一览表

颁布时间	政策措施	部门	文号
2011.01	《进一步鼓励软件产业和集成电路产业发展的若干政策》	国务院	国发〔2011〕4 号
2011.11	《关于退还集成电路企业采购设备增值税期末留抵税额的通知》	财政部国家税务总局	财税〔2011〕107 号
2014.06	《国家集成电路产业发展推进纲要	国务院	—
2015.03	《关于进一步鼓励集成电路产业发展企业所得税政策的通知》	财政部、国家税务总局、发展改革委、工业和信息化部	财税〔2015〕6 号
2016.05	《关于印发国家规划布局内重点软件和集成电路设计领域的通知》	国家发展改革委、工业和信息化部、财政部、税务总局	发改高技〔2016〕1056 号
2016.5	《关于软件和集成电路产业企业所得税优惠政策有关问题的通知》	财政部、国家税务总局、发展改革委、工业和信息化部	财税〔2016〕49 号

数据来源：广东赛迪工业和信息化研究院，2016. 11

（2）广东省主要城市集成电路产业发展情况

广东省是全球最大的电子信息产品生产地，也是中国集成电路产业较为发达的地区。但因为集成电路产业具有资金密集、人才密集的特点，所以广东省的集成电路产业主要集中在省内经济最发达、且人才环境最优越的珠三角地区，尤其是深圳、广州、珠海、东莞等城市。深圳市是国内单个城市集成电路设计业产值最高的城市，龙头企业优势明显。深圳已经凭借市场、资金、信息、人才的优势成为珠三角集成电路设计产业的发展引擎。广州拥有几家具有一定实力的集成电路设计企业，如广州安凯、新岸线等，但缺乏龙头企业。珠海市的集成电路产业也是以设计业为代表，拥有珠海全志、炬力等几家大型设计企业，且在制造方面有珠海南科集成电子有限公司的 6 英寸线。

表 2-3 广东省主要城市集成电路产业发展情况

地区	产业
广州	拥有几家具有一定实力的设计公司，但缺乏龙头企业
东莞	着力发展设计业，吸引企业落户以服务周边电子信息产业
珠海	以设计业为代表，但产业仍待做强做大
惠州	着力引进集成电路设计，封测企业落户，积极推动集成电路产业发展
深圳	设计业全国居首位，制造业和封测业有待提高

数据来源：根据公开资料整理 .2018.04

但从整体来看，珠海市的产业仍待做大做强。东莞市以松山湖高新技术开发区为中心着力发展集成电路设计业，以服务周边电子信息产业。惠州市着力引进集成电路设计、封测业落户，积极推动集成电路产业发展。从总体来看，广东省主要城市集成电路产业协同发展，并加强与香港、澳门的合作，粤港澳大湾区区域合作显现。

（二）基本特点

1. 产业规模持续增长，产业结构趋于合理

自 2001 年至 2017 年间，我国集成电路产业和市场快速发展。市场规模由 1260 亿元增加至约 13225 亿元。2017 年中国集成电路产业延续增长势头，从产业规模来看，2017 年中国集成电路产业销售额达到 5411.3 亿元，同比增长 24.8%。设计、制造、封测三个产业销售额分别为 2073.5 亿元、1448.1 亿元及 1889.7 亿元，增长速度分别为 26.1%、

28.5% 及 20.8%，其中制造业增速最快，充分体现出大基金和地方基金的扶持作用。

从总体上来看，我国集成电路产业规模持续高速增长，产业结构趋于合理。

图 2-3　2001—2017 年中国集成电路产业规模和市场规模

数据来源：中国半导体行业协会，2018. 04

2. 发展环境不断完善，核心制造日益凸显

新一代信息技术加速向制造业领域渗透，正在重塑全球制造业生产方式和产业形态，制造业融合创新不断深入也给国内制造业转型发展带来难得机遇。中国制造业总体大而不强，主要制约因素是自主创新能力薄弱，集成电路等核心技术和关键元器件受制于人。在此背景下，国家出台《中国制造 2025》战略规划，坚持创新驱动、智能转型、强化基础、绿色发展，加快从制造大国转向制造强国，并将“推动集成电路及专用装备发展”作为重点突破口。

《中国制造 2025》、“互联网 +”行动指导意见等国家战略的实施，更加激发了市场的内在活力，集成电路产业的发展环境不断优化，集成电路产业的核心地位日益凸显。

图 2-4 我国集成电路产业的核心地位日益凸显

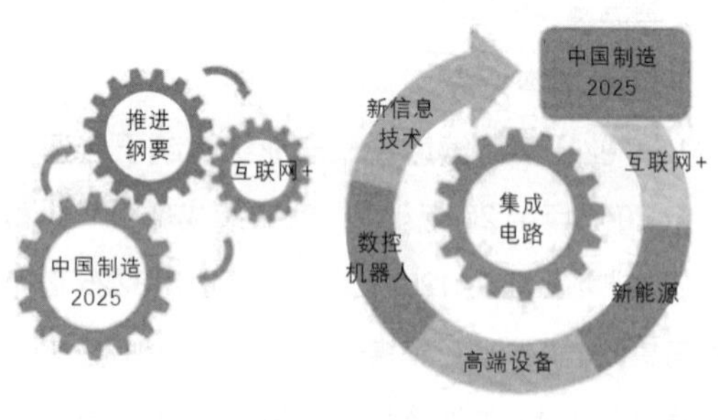

数据来源：中国半导体行业协会，2018. 03

3. 投资基金积极性高涨，助力产业突破金融瓶颈

2014 年《国家集成电路产业发展推进纲要》的发布和国家集成电路产业投资基金的成立，使集成电路产业形成了国内各行业中最为完备的政策支持体系。国家集成电路产业投资基金正持续对集成电路全产业链进行投资，支持集成电路设计、制造、封装测试、设备材料、应用等每一个细分领域的 2-3 家龙头企业。国家大基金还同时支持并购重组，并与地方、企业基金合作，营建集成电路产业投资生态链。

同时，国家大基金充分发挥了杠杆作用，引领、吸引了更大规模的资本投资。各地方政府和企业积极成立或准备成立集成电路产业投资基金，将与国家大基金一起有效突破集成电路产业发展的金融瓶颈。

4. 技术水平稳步提升，创新成果不断涌现《中国制造 2025》战略明确提出要“着力提升集成电路设计水平，不断丰富知识产权 (IP) 核和设计工具，突破关系国家信息与网络安全及电子整机产业发展的核心通用芯片，提升国产芯片的应用适配能力”。2017 年，我国半导体产业技术水平明显提升，应用领域不断扩展，技术创新速度明显加快。

在由中国半导体行业协会、中国电子材料行业协会、中国电子专用设备工业协会和中国电子报社联合主办的“第 12 届（2017 年度）中国半导体创新产品和技术”评选活动中，经过评选委员会按照评审条件和程序进行严格的综合评价，评选出 54 项创新产品和技术。本次评选中，集成电路产品和技术共有 20 个获奖项目，占到了总奖项的 37%。分立器件（半导体功率器件、光电器件）、MEMS 有 8 个获奖项目，占 15%。集成电路制造技术 2 个获奖项目，集成电路封装测试技术 9 个获奖项目，半导体设备和仪器 7 个获奖项，半导

图 2-5“ 第 11 届（2016 年度）中国半导体创新产品和技术”获奖情况

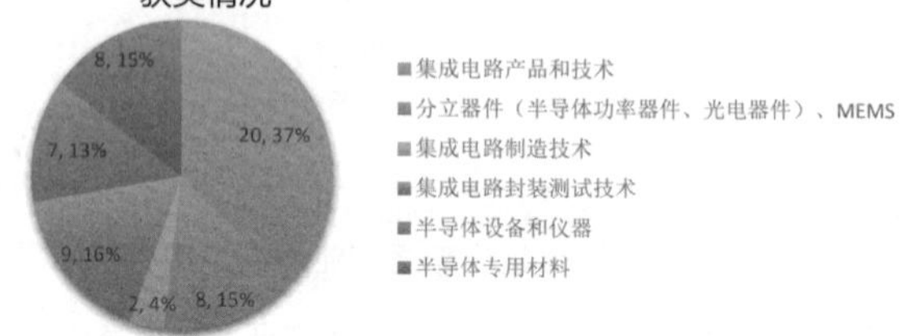

数据来源：中国半导体行业协会，2018. 04

体专用材料 8 个获奖项目。

表 2-4 “第十二届（2017 年度）中国半导体创新产品和技术”获选项目

序号	专业序号	单位	产品和技术
一、集成电路产品和技术			
1	1	北京君正集成电路股份有限公司	智能视频处理器芯片 T20
2	2	杭州国芯科技股份有限公司	高集成度 DVB-S2 高清 SoC 芯片
3	3	晶晨半导体（上海）有限公司	64 位可升级智能电视 SoCT966
4	4	珠海全志科技股份有限公司	高集成度多核智能硬件应用处理器
5	5	盛科网络（苏州）有限公司	SDN 高密度万兆以太网交换芯片
6	6	北京智芯微电子科技有限公司	高安全互感器电子标签
7	7	炬芯（珠海）科技有限公司	高性能智能蓝牙音频 SoCATS2825
8	8	珠海市杰理科技股份有限公司	一体化低功耗双模蓝牙系统 SoC 芯片 BR17
9	9	无锡华润矽科微电子有限公司	符合 Qi1.2 标准的无线充电发送端控制电路 CS4967
10	10	北京中科汉天下电子技术有限公司	面向 4GLTE 的基于标准 CMOS 工艺的可重构射频前端模块 HS8816
11	11	灿芯半导体（上海）有限公司	面向新一代工业物联网应用的通信系统解决方案
12	12	湖南国科微电子股份有限公司	高集成度多模卫星导航芯片 GK9501
13	13	杭州万高科技股份有限公司	无晶振、低功耗单相多功能电能计量芯片
14	14	新相微电子（上海）有限公司	光学指纹识别的电源管理芯片
15	15	新相微电子（上海）有限公司	高品质超高清电视液晶显示驱动芯片 NV2047
16	16	北京时代民芯科技有限公司	双通道 12 位 1.6GSPSA/D 转换器 MAT2022
17	17	上海富瀚微电子股份有限公司	高性能网络摄像机芯片 FH8812
18	18	中国科学院电子学研究所	高精度硅基 MEMS 谐振式压力传感器
19	19	无锡华润矽科微电子有限公司	智能独立式感烟火宅探测报警系列电路 CS2108
20	20	河北美泰电子科技有限公司	汽车自动驾驶 MEMS 惯性与卫星组合导航系统
二、分立器件（半导体功率器件、光电器件）、MEMS			
21	1	北京哈斯韦尔科技有限公司	230° 正弦波形产生模块 HSM-
22	2	杭州士兰微电子股份有限公司	用于变频驱动的高效率智能功率模块
23	2	江苏捷捷微电子股份有限公司	高冲击性能低漏电密度的单向低压
24	4	杭州士兰明芯科技有限公司	中功率 LED 器件
25	5	深圳比亚迪微电子有限公司	车用 IGBT 模块 BG600F12LNP 系列
26	6	西安芯派电子科技有限公司	新一代工业级大电流超结 MOSFET
27	7	苏州锴威特半导体有限公司	1500V 高压功率 MOSFETCS4N150
28	8	无锡华润华晶微电子有限公司	600V 沟槽场双屏蔽型高压 MOSFET 芯片
三、集成电路制造技术			
29	1	上海华虹宏力半导体制造有限公司	0.11 微米超低漏电（ULL）嵌入式存储工艺平台
30	2	无锡华瑛微电子技术有限公司	半导体晶圆表面湿处理（钝化）设备和工艺
四、集成电路封装与测试技术			
31	1	华进半导体封装先导技术研发中心有限公司	大板集成扇出先进封装技术
32	2	华天科技（昆山）电子有限公司	硅基晶圆级扇出型封装技术

续表

序号	专业序号	单位	产品和技术
33	3	江苏长电科技股份有限公司	应用于高速高功率芯片的新型激光工 艺高散热 IC 封装技术
34	4	江阴长电先进封装有限公司	晶圆级六面包覆极小型芯片尺寸封装产品
35	5	天水华天技股份有限公司	基于引线框架的小外形倒装封装技术
36	6	苏州通富超威半导体有限公司	多芯片高功率倒装封装技术
37	7	苏州日月新半导体有限公司	微机电系统（MEMS）集成电路堆叠封装产品
38	8	浙江洁美电子科技股份有限公司	电子元器件用塑料载带一体化成型技术
39	9	通富微电子股份有限公司	基于高可靠汽车电子智能控制的传感器封装技术
五、半导体设备和仪器			
40	1	北京中科电子装备有限公司	12 英寸全自动划片机
41	2	中微半导体设备(上海)有限公司	中微 MOCVD 设备 PrismoA7TM
42	3	苏州艾科瑞思智能装备股份有限公司	慧芯系列集成电路点胶装片机
43	4	北京北方华创微电子装备有限公司	硅外延 APCVD 设备
44	5	盛美半导体设备(上海)有限公司	时序能激气穴震荡兆声波无损伤清洗技术
45	6		先进封装电镀设备 UltraECPap
46	7	北京七星华创流量计有限公司	US700 气体质量流量控制器
六、半导体专用材料			
47	1	安集微电子科技(上海)股份有限公司	集成电路用二氧化硅化学机械抛光液
48	2	北京科华微电子材料有限公司	深紫外正性光刻胶 KMPDK1080
49	3	南京国盛电子材料有限公司	碳化硅 MOSFET 用外延片
50	4	昆山艾森半导体材料有限公司	一种侧蚀小的铜蚀刻液 GCTECU312 系列

续表

序号	专业序号	单位	产品和技术
51	5	北京达博有色金属焊料有限责任公司	键合银丝 HS1/HSG1
52	6	广东华特气体股份有限公司	氟氪氖、氟氩氖稀混光刻气
53	7	有研半导体材料有限公司	200mm 低微缺陷（LowCOP）硅片
54	8	上海新阳半导体材料股份有限公司	干法蚀刻清洗液 SYS9050

数据来源：中国半导体协会，2018. 03

三、国内各城市 IC 产业举措

（一）国内省、市集成电路相关产业政策

表 3-1　部分城市近年出台的集成电路相关产业优惠政策简表

省市	发布时间	政策名称
上海	2000.12	《关于本市鼓励软件产业和集成电路产业发展的若干政策规定》
	2012.08	《上海市软件和集成电路企业设计人员专项奖励办法》
	2012.09	《上海市软件和集成电路企业核心团队专项奖励办法》
	2017.04	《关于本市进一步鼓励软件产业和集成电路产业发展的若干政策》
北京	2014.02	《关于印发北京市进一步促进软件产业和集成电路产业发展若干政策的通知》
	2017.12	《北京市加快科技创新发展集成电路产业的指导意见》
天津	2016.01	《天津经济技术开发区促进集成电路设计产业发展的暂行办法》天津
	2014.02	《滨海新区加快发展集成电路设计产业的意见》
	2014.03	《天津市滨海新区集成电路产业集群化发展战略规划》
广东省	2017.08	《广东省战略性新兴产业发展“十三五"规划》
江苏省	2015.07	《省政府关于加快全省集成电路产业发展的意见》
浙江省	2017.12	《浙江省进一步加快集成电路产业发展的实施意见》
福建省	2016.04	《福建省“十三五”战略性新兴产业发展专项规划》

续表

省市	发布时间	政策名称
安徽省	2014.09	《关于加快集成电路产业发展的意见》
山东省	2014.08	《关于贯彻国发〔2014〕4 号文件加快集成电路产业发展的意见》
湖南省	2016.12	《湖南省电子信息制造业“十三五”发展规划》
	2016.12	《湖南省“十三五”科技创新规划》
湖北省	2014.09	《湖北省集成电路产业发展行动方案》
陕西省	2011.10	《关于进一步鼓励软件产业和集成电路产业发展的实施意见》
		《关于加快推进集成电路产业发展的实施意见》
	2016.09	《陕西省“十三五”战略性新兴产业发展规划》
甘肃省	2014.08	《关于印发甘肃省贯彻落实国家集成电路产业发展推进纲要的实施意见的通知》
河南省	2017.11	《河南省电子信息产业转型升级行动计划（2017—2020 年）》
河北省	2016.11	《集成电路产业发展意见》
合肥市	2014.12	《关于印发合肥市促进集成电路产业发展政策的通知》
	2013.03	《合肥高新区关于鼓励集成电路设计产业发展的若干意见》
	2013.10	《合肥市集成电路产业发展规划（2013-2020 年）》
	2016.08	《合肥高新区促进集成电路产业发展政策》
长沙市	2015.10	《长沙经济技术开发区促进集成电路产业发展试行办法》
南京市	2016.03	《关于加快推进集成电路产业发展的意见》
	2016.03	《关于加快推进集成电路产业发展的若干政策》
杭州市	2017.09	《杭州市集成电路产业发展规划》
苏州市	2016.03	《关于推进软件和集成电路产业发展的若干政策》
无锡市	2013.07	《关于无锡市微电子产业规划（2013-2020）的通知》
	2016.12	《无锡市加快集成电路产业发展的政策意见》
昆山市	2017.02	《关于推进昆山开发区集成电路产业发展的意见（试行）》
宁波市	2017.04	《关于加快推进集成电路产业发展的实施意见》

续表

省市	发布时间	政策名称
晋江市	2016.10	《晋江市集成电路产业发展规划纲要（2016-2025）》
	2017.02	《晋江市集成电路产业优秀人才认定标准（试行）》
厦门市	2016.06	《加快发展集成电路产业实施意见》
	2016.03	《厦门集成电路产业发展规划纲要》
	2016.09	《关于落实软件和集成电路产业企业所得税优惠政策有关事项的通知》
	2016.06	《厦门市人民政府关于印发加快发展集成电路产业实施意见的通知》
	2017.06	《关于印发海沧区扶持集成电路产业发展办法的通知》
广州市	2016.11	《广州市战略性新兴产业第十三个五年发展规划》
	2018.01	《关于加快 IAB 产业发展的实施意见》（穗开管办〔2017〕77 号）
东莞市	2016.11	《东莞集成电路产业发展白皮书》
珠海市	2015.02	《进一步促进珠海市软件和集成电路设计产业发展意见的通知》
	2016.09	《珠海高新区扶持软件和集成电路设计产业发展暂行规定》

注：详表请见件附 1——部分城市近年出台的集成电路相关产业优惠政策详表

图 3-1 我国集成电路产业基金分布情况

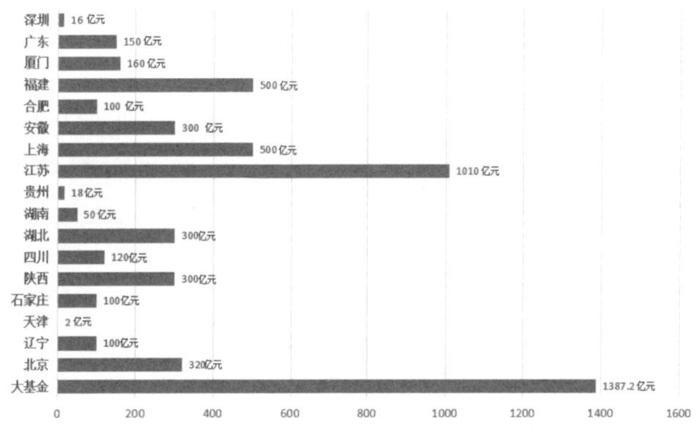

数据来源：截止 2017 年底公开数据

（二）投资基金高涨，打开融资渠道

2014 年国家集成电路产业投资基金（也称大基金）的成立，首期 1387 亿元，使集成电路产业形成了国内各行业中最优先的金融支持体系。截至 2017 年底，大基金累计有效

决策投资 67 个项目，累计项目承诺投资额 1188 亿元，实际出资 818 亿元，分别占一期募资总额的 86% 和 61%。投资项目覆盖了集成电路设计、制造、封装测试、装备、材料、生态建设等各环节，实现了产业链上的完整布局。

表 3-2 全国集成电路基金汇总

省市	日期	相关基金	基金规模（亿元）
中央	2014.09	国家集成电路产业投资基金	1387.2
北京市	2013.12	集成电路产业发展股权投资基金	300.0
	2015.07	集成电路海外平行基金	20.0
广东省	2016.06	广东省集成电路产业投资基金	150.0
湖北省	2015.08	湖北集成电路产业投资基金	300.0
福建省	2016.03	厦门国资紫光联合发展基金	160.0
	2016.06	安芯产业投资基金	500.0
湖南省	2016.03	国微集成电路创业投资基金	50.0
江苏省	2015.07	南京市浦口区集成电路产业专项发展基金	10.0
	2016.12	南京市集成电路产业专项发展基金	600.0
	2016.12	无锡市集成电路产业投资基金	200.0
	2017.01	昆山集成电路产业发展基金	200.0
辽宁省	2016.06	辽宁省集成电路产业投资基金	100.0
陕西省	2016.09	陕西省集成电路产业投资基金	300.0
四川省	2016.05	四川省集成电路和信息安全产业投资基金	120.0
深圳市	2017.01	深圳鸿泰基金	16.0
上海市	2016.02	集成电路产业基金	500.0
石家庄市	2016.11	集成电路产业投资基金	100.0
贵州省	2015.12	华芯集成电路产业投资有限公司注册资本	18.0
合肥市	2015.10	集成电路产业投资基金	100.0
天津市	2014.11	集成电路设计产业促进专项资金	每年 2.0
安徽省	2017.05	安徽集成电路产业投资基金	300.0

数据来源：公开资料 . 2017. 12

表 3-3 中国（大陆地区）主要城市近两年集成电路销售额表

地区与主要城市		2016 年（亿元）	2017 年预计（亿元）	同比增长
长江三角洲	上海	338.30	376.91	11.41%
	杭州	56.99	75.11	31.80%
	无锡	65.00	95.00	46.15%
	苏州	32.50	40.00	23.08%
	南京	34.00	50.00	47.06%
	合肥	13.42	24.67	83.83%
	小计	540.21	661.69	22.49%
珠江三角洲	深圳	420.00（实际 493.53）	579.17（实际 590.02）	37.90%（实际 19.55%）
	珠海	27.60	46.00	66.67%
	香港	12.40	15.20	22.58%
	福州	15.00	15.13	0.87%
	厦门	21.00	32.00	52.38%
	小计	496.00	687.50	38.61%
京津环渤海	北京	325.61	365.00	12.10%
	天津	13.71	19.01	38.66%
	大连	7.03	7.99	13.66%
	济南	8.00	11.45	43.13%
	小计	354.35	403.45	13.86%
中西部地区	成都	38.00	46.70	22.89%
	西安	35.96	77.16	114.57%
	武汉	25.00	33.00	32.00%
	重庆	7.00	9.48	35.43%
	长沙	22.00	27.00	22.73%
	小计	127.96	193.34	51.09%
	总计	1518.52	1945.98	28.15%

数据来源：中国半导体行业协会集成电路设计分会年会，2017.11.16
本报告注：根据深圳 IC 基地统计深圳集成电路设计业实际销售额 2016 年为 493.53 亿元，2017 年为 590.02 亿元。

党的十八大以来，以习近平为核心的党中央高度重视作为信息安全核心的 IC 产业发展。2013 年 9 月，马凯副总理调研 IC 产业发展情况，首站来到深圳，在深圳 IC 基地听取汇报，并走访了多家 IC 设计、信息安全和通信行业的龙头企业。2014 年 6 月，经国务院同意，工信部印发了《国家集成电路产业发展推进纲要》。

表 3-4 近两年中国集成电路销售额前十名城市排名

排序	2016 年		2017 年	
	城市	销售额（亿元）	城市	预计销售额（亿元）
1	深圳	420.00（实 493.53）	深圳	579.17（实际 590.02）
2	上海	338.30	上海	376.91
3	北京	325.61	北京	365.00
4	无锡	65.00	无锡	95.00
5	杭州	56.99	西安	77.16
6	成都	38.00	杭州	75.11
7	西安	35.96	南京	50.00
8	南京	34.00	成都	46.70
9	苏州	32.50	珠海	46.00
10	珠海	27.60	苏州	40.00
总计				1751.05

数据来源：中国半导体行业协会集成电路设计分会年会，2017. 11. 16

本报告注：根据深圳 IC 基地统计深圳集成电路设计业实际销售额 2016 年为 493.53 亿元，2017 年为 590.02 亿元。

在新时代国家大力推动集成电路产业发展的带动下，各地方政府也纷纷出台了各种对集成电路企业的优惠扶持政策。

大基金也充分发挥了杠杆作用，引领和撬动了更大规模的资本投资。各地方政府和企业积极成立集成电路产业投资基金，合计达 4046 亿元，将与国家大基金一起有效突破集成电路产业发展的金融瓶颈。近 3 年国内 IC 产业投资并购项目多达 31 宗，资金合计超过 283 亿美元（约合 1798 亿元人民币）。

（三）相关举措带动各地 IC 产业发展

国家和地方在集成电路产业的相关举措，促进了各地相关领域的加速发展，许多城市都把 IC 产业作为 IT 产业和战略性新兴产业的核心大力促进，2017 年我国 IC 设计业销售额为 2073.5 亿元，比 2016 年增长 26.1%，全国 IC 设计企业主要聚集在长三角、珠三角、京津环渤海和中西部地区，IC 设计销售额占比分别为 34%、35%、21% 和 10%。其中长江三角洲地区有 5 个城市、珠江三角洲地区和中西部地区各有 2 个城市进入前十，京津环渤海地区有 1 个城市进入前十。这 10 个城市的产业规模之和达到 1751.05 亿元。2017 年增长最快的 4 个城市西安、合肥、珠海和厦门中西安和合肥增长率分别达到了 114.57%、83.83%，深圳增速位列第 9 名。

其中部分优势城市如北京、上海、合肥、南京、杭州、成都、长沙、厦门、珠海等在集成电路产业基础、产业政策、产业链配套、重点企业及产品等方面的支撑下都各有突出的领域和发展亮点（详见附件）。除了以上城市之外，如天津、西安、武汉、苏州、无锡、广州、福州、沈阳、东莞、晋江等城市也都很强的竞争力，如华灿、中科曙光、中颖、富瀚微、圣邦、长电、华天、长江存储、晶方、江丰、至纯、晶盛机电、长川、精测电子、拓荆科技、晶瑞、鼎龙、江丰电子、南大光电、江化微等企业在设计、制造、封测、装备、材料等领域也都各有优势，在某些领域也居于国内领先地位。可以看到，这些城市在官、产、学、研各界共同努力下，通过建立集成电路产业园区、政策及资金倾斜等方式，在各自优势领域不遗余力地发展集成电路产业。随着创新能力的逐渐加强，一些企业有望在重点领域获得突破，在国内国际的产业分工中占得一席之地。其他城市积极主动布局和大力度赶超已经开始对国内 IC 设计业龙头地位的深圳形成挑战。

四、深圳市集成电路产业现状及发展趋势

（一）深圳集成电路设计产业状况及发展趋势

图 4-1 2007—2017 年深圳集成电路设计业销售额及增长率情况

数据来源：深圳 IC 基地调研整理，2018.05

1. 设计规模持续增长，保持国内领先地位

根据对深圳市主要的集成电路设计企业的调研数据可知，参与调研统计的 63 家设计企业 2017 年度总销售额合计为人民币 590.02 亿元，占全国销售额 28.46%，其中境内销售额合计为 580.7 亿元人民币，境外销售额合计为 1.4 亿美元。同比增长 19.55%，连续 6 年位于全国城市首位。目前，IC 设计业占全市集成电路产业规模的 88.28%，是深圳集成电路产业的支柱。

图 4–2 设计业规模最大的十大城市

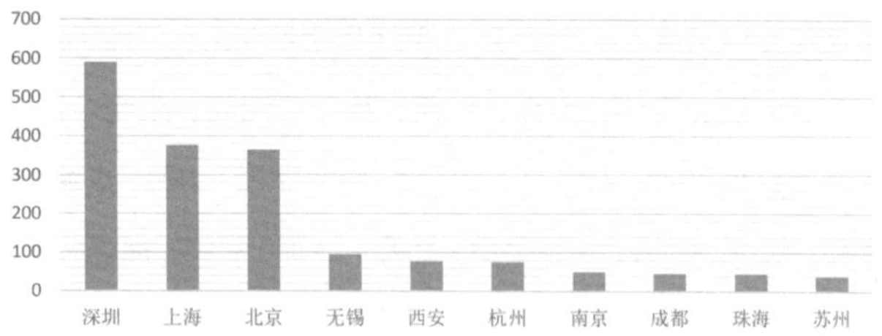

数据来源：中国半导体行业协会集成电路设计分会年会，2017.11.16

深圳市海思半导体有限公司、深圳市中兴微电子技术有限公司、深圳市汇顶科技股份有限公司、敦泰科技（深圳）有限公司等四家企业进入全国集成电路设计公司排名前十名，其中海思的销售额为 362.6 亿元仍居全国设计类企业之首。

表 4–1 2017 年中国集成电路设计十大企业

排名	企业名称	2017 年销售额（亿元）
1	深圳市海思半导体有限公司	362.6
2	清华紫光展锐	110
3	深圳市中兴微电子技术有限公司	66.1
4	华大半导体有限公司	52.1
5	北京智芯微电子科技有限公司	44.9
6	深圳市汇顶科技股份有限公司	36.8
7	杭州士兰微电子股份有限公司	31.8
8	格科微电子（上海）有限公司	25.2
9	敦泰科技（深圳）有限公司	23.7
10	北京中星微电子有限公司	20.5

数据来源：根据公开数据和深圳 IC 基地调研整理 . 2018 . 05

2. 设计企业数量增加，技术实力持续增强

2017 年深圳集成电路设计类企业数量为 170 家，总体产业规模同比增长 19.6%。反映了深圳设计企业经过了一系列的整合、重组、并购及优胜劣汰之后，已经趋于稳定增长。

近年，除了国家大力支持、各地方政府相继出台扶持政策之外，海外留学人员回国创业、国内成熟企业在异地开设分支机构，部分设计企业在完成并购重组后，核心人员再创业等因素是集成电路设计企业数量增加的原因。

图 4–3 2017 年深圳集成电路设计企业数量及增长率情况

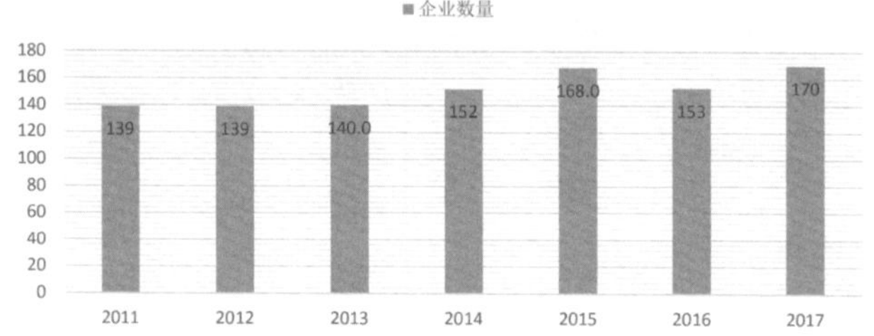

数据来源：根据公开数据和深圳 IC 基地调研整理，2018.05

市政府持续支持国家集成电路设计深圳产业化基地的建设和运行，基地公共技术服务平台服务于全市近 170 家 IC 设计企业的技术创新和产品研发。随着大批 IC 设计企业的创立、孵化和壮大，深圳 IC 设计技术能力已接近国际领先水平。

深圳已涌现出了一批在国内外市场表现抢眼或有技术突破的高端 IC 产品。海思半导体 10nmFinFET 工艺的麒麟 970 芯片创新设计了 HiAI 移动计算架构，加持人工智能专用硬件处理单元 NPU，全面提升 AI 运算力性能；汇顶指纹识别芯片市占全球首位，其不久还将推出 3D 指纹技术，汇顶还进军 NB-IoT 领域，开拓千亿市场，已成为中国 IC 企业成长的典范；国民技术专注入信息安全技术，参与制定的可信平台模块（TPM2.0）标准，在金融 IC、移动支付领域已可替代国外产品；比亚迪的 1200V200AIGBT 芯片 BWG193N120L 其相关芯片已在新能源汽车上进行了 7 年充分的验证，荣获 2017 年第 12 届“中国芯”最具潜质产品称号；人工智能领域云天励飞自主研发的深度学习神经网络处理器芯片，在相同运算力下比麒麟 970 的性能提高 4.4 倍，预计 2019 年上半年正式商用；紫光同创的 Titan 系列高性能 FPGA 产品采用 40nm 工艺制造、拥有近 2500 万

门规模，预计2018年内开始量产。大普微电子研发出世界上第一款数据存储处理器（DPU）芯片和智能固态硬盘Nida-F1.0，其产品寿命、盘内计算、智能数据缓存等3项技术均达到世界领先水平。此外，海思半导体和中兴微电子的多款40G和100G光网络芯片；敦泰科技、贝特莱的多点触控和指纹识别芯片；芯海科技的高精度低功耗人体健康检测SOC芯片；在功率半导体领域尚阳通等也有多年的研发和积累；国微技术、锐能微、中颖、基本半导体等一批代表性企业在通讯、视频解码、生物识别、电源管理、MCU及化合物半导体领域都有很强的竞争力和市占率。

图4-4 2017年深圳集成电路设计企业销售额分布情况

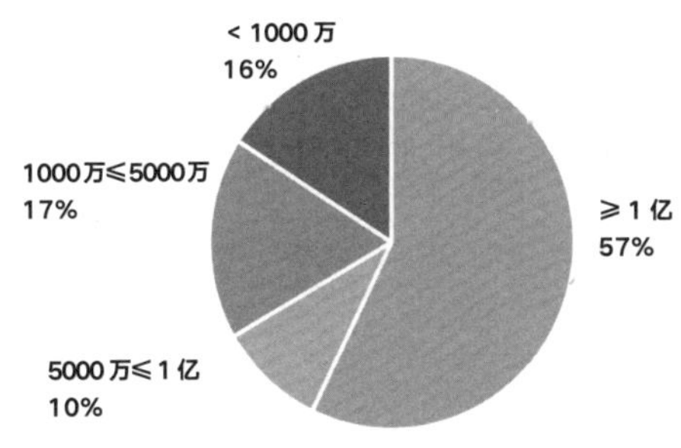

数据来源：深圳IC基地调研整理，2018.05

3. 龙头企业优势明显，企业规模分化加剧

2017年，在深圳集成电路设计业的总产业规模的590.02亿元中，仅海思一家以362.6亿元的销售额独占61.5%，保持国内最大集成电路企业的地位，汇顶指纹识别芯片市场占有率全球第一，他们的龙头优势愈发明显。

参与本次调研的63家企业中销售额超过1亿元的有36家，销售额在5000万~1亿元区间的企业有6家，1000万~5000万元区间的企业有11家，1000万元以下的企业有10家，分布情况如图4-4所示。

由表4-2可以看出，瑞斯康微电子（深圳）有限公司实现了销售额增长710.49%的业绩，增速排名第一。辉芒也实现了68.89%的增长，较2016年排名提前了4位增速排名第二，国微技术以63.49%增速排名第三。排名前25位企业的销售额占了总体销售额的95%，少数IC企业龙头企业的优势显现，同时也反映出深圳其他中小集成电路企业竞争力相对较弱。主要是因为半导体工艺不断向纳米级演进，企业所需研发投入快速增加，半导体领域的技术提升与创新的门槛也在不断抬升，研发周期长，成本明显提高，集成电路中小型企业独自承担高额的研发支出越来越难，企业规模分化加剧。

表4-2 2017年深圳集成电路设计企业销售额Top20

2017排名	2016排名	企业名称	2016年境内外销售额（万元）	2017年境内外销售额（万元）	同比增长率
1	1	深圳市海思半导体有限公司	3030000.00	3625846.52	19.66%
2	2	深圳市中兴微电子技术有限公司	556700.00	660967.71	18.73%
3	3	深圳市汇顶科技股份有限公司	315000.00	367954.61	16.81%
4	4	敦泰科技（深圳）有限公司	233000.06	236590.00	1.54%
5	5	深圳市江波龙电子有限公司	141709.00	140000.00	-1.21%
6	6	深圳比亚迪微电子有限公司	78507.08	84000.00	7.00%
7	—	深圳市金泰克半导体有限公司	44539.00	65492.65	47.05%
8	10	深圳国微技术有限公司	33471.19	54720.92	63.49%
9	7	国民技术股份有限公司	70612.41	53006.86	-24.93%
10	8	深圳市国微电子有限公司	51013.07	51360.00	0.68%

续表

11	9	深圳市远望谷信息技术股份有限公司	48447.84	50166.40	3.55%
12	11	深圳市明微电子股份有限公司	31302.94	40337.34	28.86%
13	12	深圳市富满电子集团股份有限公司	28624.11	37316.00	30.37%
14	—	瑞斯康微电子（深圳）有限公司	3528.36	28596.96	710.49%
15	15	深圳芯智汇科技有限公司	20533.00	27957.45	36.16%
16	—	深圳市欧克蓝科技有限公司	22716.61	23532.00	3.59%
17	14	深圳市文鼎创数据科技有限公司	25672.72	20435.40	-20.40%
18	17	美芯集成电路（深圳）有限公司	14100.83	19770.89	40.21%
19	—	深圳市稳先微电子有限公司	—	16911.00	—
20	24	辉芒微电子（深圳）有限公司	9797.13	16644.62	69.89%
合计			4759275.35	5621607.33	

数据来源：根据公开数据和深圳 IC 基地调研整理，2018. 05

表 4-3 2017 年深圳集成电路设计企业工艺水平情况

序号	单位名称	一般设计规模（万门）	最高设计规模（万门）	一般特征线宽(微米)	最小特征线宽(微米)	设计类型
1	深圳市海思半导体有限公司	8000	20000	0.014	0.01	数字、数模混合、射频
2	深圳市中兴微电子技术有限公司	10000	15000	0.028	0.014	数字、数模混合、射频
3	深圳开阳电子股份有限公司	6000	20000	0.04	0.014	数字、数模混合
4	深圳市森国科科技股份有限公司	1000	2000	0.04	0.022	数字、数模混合、射频
5	深圳合络科技有限公司	100	1000	0.18	0.028	数模混合
6	芯海科技（深圳）股份有限公司	10	300	0.18	0.04	数字、数模混合、射频
7	深圳市欧克蓝科技有限公司	100	400	0.065	0.04	数字、数模混合、射频
8	深圳市南方集成技术有限公司	100	2000	0.18	0.04	数字、数模混合
9	深圳市国微电子有限公司	100	5500	0.13	0.04	数字、数模混合、射频
10	深圳市富满电子集团股份有限公司	100	1000	0.18	0.04	数字、数模混合、射频双极
11	深圳市傲科光电子有限公司	0	0	0.1	0.04	数模混合、射频
12	深圳骏通微集成电路设计有限公司	100	100	0.13	0.04	数模混合、射频
13	国民技术股份有限公司	50	60	0.09	0.04	数字、射频
14	深圳芯邦科技股份有限公司	100	100	0.11	0.055	数模混合
15	深圳市中科汉天下电子有限公司	100	400	0.11	0.055	数字、射频、双极
16	深圳市微纳集成电路与系统应用研究院	100	100	0.055	0.055	DSP+Codec 的 SOC 芯片
17	深圳市锐能微科技有限公司	100	500	0.18	0.055	数字、数模混合、射频
18	深圳市南方硅谷微电子有限公司	0	0	0.18	0.055	数模混合
19	深圳市力合微电子股份有限公司	500	1000	0.055	0.055	数字、数模混合、射频

续表

序号	单位名称	一般设计规模（万门）	最高设计规模（万门）	一般特征线宽(微米)	最小特征线宽(微米)	设计类型
20	深圳市爱普特微电子有限公司	80	300	0.5	0.055	数模混合
21	晶门科技（深圳）有限公司	2000	10000	0.13	0.055	数模混合
22	敦泰科技（深圳）有限公司	120	200	0.11	0.055	数字、数模混合
23	深圳国微技术有限公司	200	800	0.13	0.065	数字、数模混合
24	深圳比亚迪微电子有限公司	50	1000	0.18	0.09	数字、数模混合、BCD 和纯模拟
25	深圳市中微半导体有限公司	100	500	0.13	0.095	数字
26	泉芯电子技术（深圳）有限公司	3	10	0.35	0.1	数模混合
27	深圳市华普微电子有限公司	100	200	0.13	0.11	其他
28	深圳市创成微电子有限公司	100	120	0.11	0.11	DSP
29	深圳市爱协生科技有限公司	50	100	0.11	0.11	数字、数模混合
30	深圳贝特莱电子科技股份有限公司	10	20	0.13	0.11	数模混合
31	深圳希格玛和芯微电子有限公司	1	10	0.5	0.13	数字、数模混合、射频、双极
32	深圳市远望谷信息技术股份有限公司	1	3	0.18	0.13	数模混合
33	深圳市天微电子股份有限公司	10	50	0.35	0.13	数字、数模混合、双极
34	深圳市汇春科技有限公司	3	50	0.5	0.13	MCUSENS
35	深圳集成微电子有限公司	1	10	0.18	0.13	数字、数模混合、射频
36	瑞斯康微电子（深圳）有限公司	70	100	0.18	0.13	数模混合
37	深圳市稳先微电子有限公司	1	10	0.35	0.15	数模混合
38	深圳芯智汇科技有限公司	0	0	0.35	0.18	数模混合
39	深圳芯瑞晟微电子有限公司	20	100	0.18	0.18	数模混合
40	深圳市芯艺电子有限公司	1	50	0.35	0.18	数字、数模混合、射频
41	深圳市芯茂微电子有限公司	5	10	0.5	0.18	数模混合
42	深圳市纳芯威科技有限公司	1	2	0.35	0.18	数模混合
43	深圳市乐得瑞科技有限公司	5	10	0.18	0.18	嵌入式 MCU 应用芯片
44	深圳市华芯邦科技有限公司	5	12	0.5	0.18	数字、数模混合
45	深圳慧能泰半导体科技有限公司	40	100	0.18	0.18	数模混合
46	美芯集成电路（深圳）有限公司	100	300	0.35	0.18	数模混合、射频
47	峰岹科技（深圳）有限公司	0	0	0.18	0.18	数模混合
48	深圳市长运通半导体技术有限公司	1	2	0.35	0.35	双极
49	辉芒微电子（深圳）有限公司	5	25	0.5	0.5	数字、数模混合

数据来源：根据公开数据和深圳 IC 基地调研整理，2018. 05

图 4-5　2017 年深圳集成电路企业设计类型分布情况

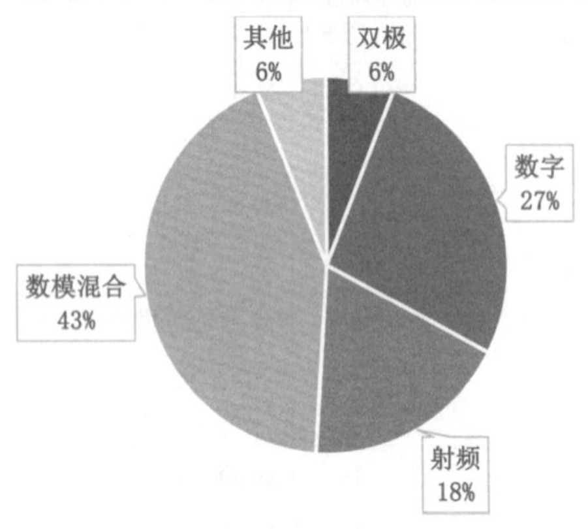

数据来源：深圳 IC 基地调研整理，2018.05

4. 工艺水平持续提升，设计能力接轨国际

从最小特征线宽看，深圳集成电路设计企业的技术水平有了总体提升。其中，海思已进入到 10 纳米的工艺水平。中兴微、开阳（艾科创新）、瑞斯康，进入 14 纳米工艺水平。森国科、合络科技都已经进入 28 纳米工艺水平，达到 40 纳米的工艺水平的企业从 2016 年的 7 家提升到 2017 年的 16 家。

图 4-6　2017 年深圳集成电路企业最小特征线宽工艺水平分布情况

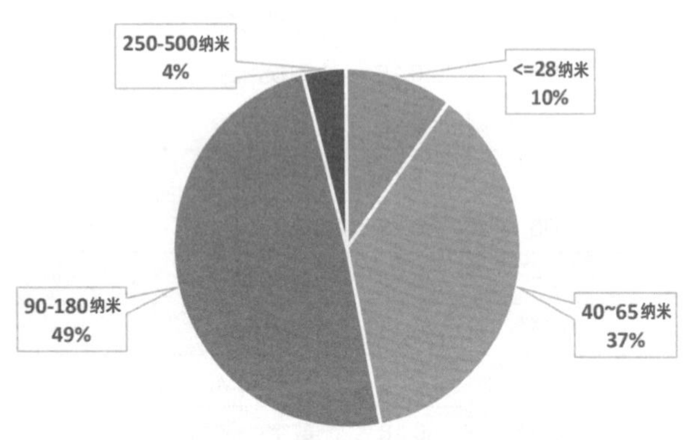

数据来源：深圳 IC 基地调研整理，2018.05

5. 企业注重知识产权，专利数量持续增长

集成电路设计是一个以知识产权（专利）为核心组成的高技术产业，其在产业进步及企业技术提升方面发挥着重要作用。随着国内对知识产权保护力度的不断加大，深圳企业的技术水平不断提升，国内设计企业的产品开始面向全球市场，深圳集成电路设计企业也越来越注重自主知识产权问题，在自主创新意识不断提高的同时，也在着力提升自主创新的能力，专利申请普遍受到深圳集成电路设计企业的重视。

图 4-7　2017 年深圳集成电路企业一般特征线宽工艺水平分布情况

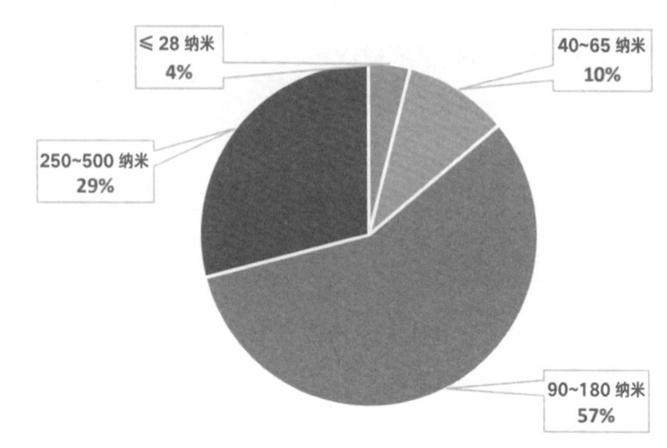

数据来源：深圳 IC 基地调研整理 2018.05

据深圳 IC 基地不完全统计，2017 年深圳集成电路设计企业共申请专利 2543 件，其中发明专利 1808 件，实用新型 293 件，布图保护 119 件；其中授权专利数 1289 件，授权发明专利 953 件，授权实用新型 191 件，布图保护 122 件。海思、中兴、汇顶、芯海科技居前 4 强。

图 4-8　2017 年深圳集成电路企业专利申请情况

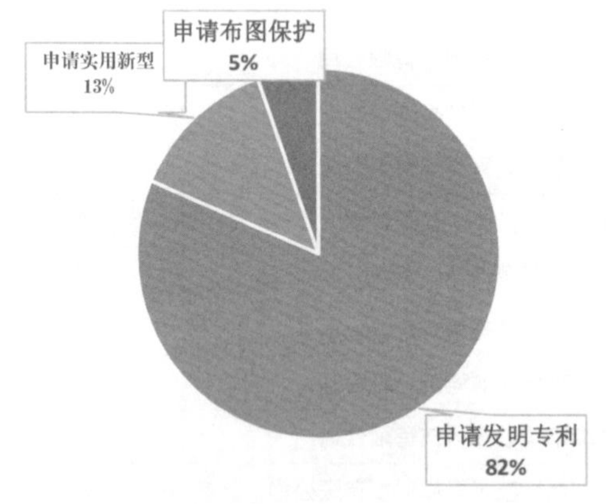

数据来源：根据公开数据和深圳 IC 基地调研整理，2018.05

其中，汇顶科技 2017 年申请专利数大幅提升，从 2016 年的 73 件增长为 995 件，增长达 13 倍之多，居当年增速和总量之首，反映出其创新能力的快速增长并具备了全球的竞争力。芯海科技作为中型企业发展潜力不可小视，其主要产品涵盖高精度 ADC、低 / 微功耗 MCU、混合信号 SOC 等，

面向当前热门的智慧健康、智慧家居应用领域，其 2017 年度的专利申请数量为 114 件，位居专利数为三位数的第一梯队之中。比亚迪经过近年的技术积累和沉淀，在其专注的通信、显示及照明驱动、触控及汽车电子领域实力可期。统计显示，目前深圳 IC 企业累积申请专利数已达 9416 件，发明专利累积 7495 件，实用新型专利累积 1455 件、布图保护累积 918 件。

以上数据表明，深圳 IC 设计企业在技术积累、原始创新能力方面又有进一步的提高，随着企业的持续进步，未来在构建知识产权体系及自主的 IP 生态系统，加强共性和关键技术的研究和攻关，摆脱对国外的依赖，实现前瞻领域有所布局，让更多行业达到自主可控方面，IC 企业必有所作为，整体产业也将迈向到价值链上游。

6. 行业人才需求增大，企业招聘人才困难设计业是集成电路产业的核心产业，人才更是核心产业的核心。

图 4-9 2016 年深圳集成电路设计企业人数分布情况

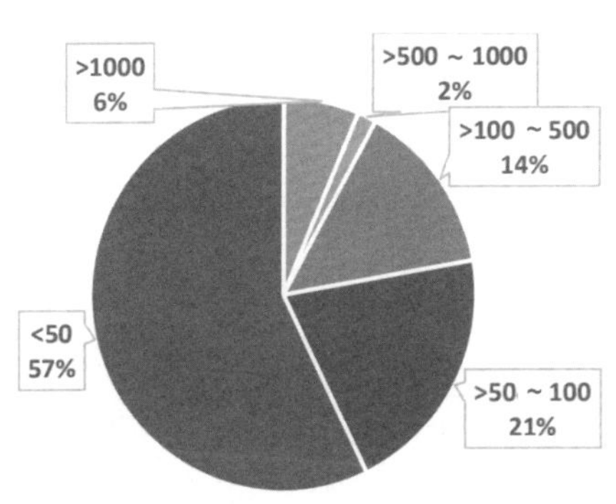

数据来源：深圳 IC 基地调研整理，2018. 05

集成电路人才也是我国集成电路产业发展短板。“十三五”期间，我国预计需要芯片设计人才 14 万人，据统计真正进入到这个行业的人才不到 7 万人，缺口近半。经调研，2017 年深圳市集成电路设计业的从业人数为 17,754 万人，较 2016 年的 16,439 人增加了 1315 人。超过 1000 人的公司有 4 家，分别是海思、中兴微、比亚迪、汇顶，其中汇顶设计人员总数首次跨入四位数，这 4 家大企业的设计人数总和占深圳设计业总人数的 78.2%。此外，人才较集中的企业还有国微电子、国民技术、国微技术等，资源倾向于大企业的情况明显。由 4—9 可知，深圳的集成电路设计企业仍以少于 50 人的小微型设计企业为主。

从学历背景来看，硕士学历人才还是深圳集成电路设计业的从业主力，从业人员质量整体提升。值得注意的是：除海思、中兴微及汇顶少数几家设计人员有明显增加，其他中小企业人员基本维持不变，有十几家企业甚至出现人才净减少的现象。数据反映深圳的集成电路设计人才有逐渐向大企业移动甚至向其他城市流动的趋势。

图 4-10 2017 年深圳集成电路设计企业新增设计人员学历组成情况

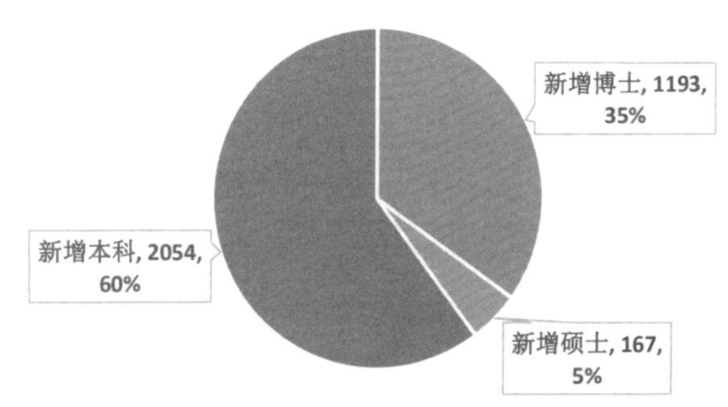

数据来源：深圳 IC 基地调研整理，2018. 05

统计显示 2017 年底企业已经有超过千人的人才缺口，深圳集成电路专业人才供给严重不足。与全国整体形势相同，企业招聘人才困难是深圳集成电路企业面临的严峻问题。

（二）深圳集成电路制造产业状况及发展趋势

2017 年，中国集成电路制造业继续高速增长，产业规模 1448.1 亿元，增速超过设计业和封测业达到 28.5%，居 3 大产业之首。在《中国制造 2025》中，已明确地制定了目标：至 2020 年芯片自给率将达到 40%，2025 年达 50%。但作为全球最大的集成电路消费市场，我国的芯片自给率仅为 27%。

2017 年国内 10 大集成电路制造企业排名中，三星（中国）半导体的表现最为亮眼，2017 年的销售额高达 274.4 亿元，排名第一；而中芯国际 2017 年的销售额 201.5 亿元，排名第二；而其余上榜企业中，只有排名第三和第四的 SK 海力

表 4-4 2017 年深圳集成电路设计企业专利申请情况

单位名称	当年申请专利数				当年授权专利数				累计授权专利数			
	总数	发明专利	实用新型	布图保护	总数	发明专利	实用新型	布图保护	总数	发明专利	实用新型	布图保护
深圳市汇顶科技股份有限公司	995	673	58	0	75	39	36	0	217	104	106	7
深圳市海思半导体有限公司	439	439	0	0	546	546	0	0	4778	4778	0	0
深圳市中兴微电子技术有限公司	244	242	0	2	85	81	0	4	767	745	22	4
芯海科技（深圳）股份有限公司	114	87	26	1	39	19	19	1	118	49	39	30
深圳比亚迪微电子有限公司	83	60	23	0	84	51	31	0	481	278	199	0
国民技术股份有限公司	59	46	10	3	67	61	3	3	519	327	167	25
深圳市文鼎创数据科技有限公司	50	27	22	0	32	14	13	0	248	58	102	0
深圳市江波龙电子有限公司	39	28	7	0	32	19	7	0	380	88	181	0
深圳市明微电子股份有限公司	47	16	17	14	53	16	17	20	363	86	96	219
深圳国微技术有限公司	28	14	11	0	21	9	12	0	108	59	38	0
深圳市天微电子股份有限公司	26	2	0	1	3	2	0	1	98	20	11	67
深圳市爱协生科技有限公司	25	14	8	2	3	1	1	1	16	8	1	7
深圳贝特莱电子科技股份有限公司	23	11	10	2	11	5	4	2	26	6	13	7
深圳市华芯邦科技有限公司	21	5	5	11	17	1	5	11	60	5	22	29
深圳市远望谷信息技术股份有限公司	21	6	15	0	6	4	2	0	0	417	75	209
深圳市锐能微科技有限公司	20	12	5	3	5	3	1	1	32	10	12	10
深圳市矽电半导体设备有限公司	19	0	19	0	1	1	0	0	32	8	24	0
深圳市汇春科技有限公司	15	6	6	3	2	0	1	1	38	12	6	13
深圳开阳电子股份有限公司	20	14	1	5	8	2	1	5	133	67	32	34
展讯通信（深圳）有限公司	13	0	0	0	0	0	0	0	2	2	0	0
深圳市稳先微电子有限公司	13	8	4	1	9	7	1	1	53	21	25	7
峰岹科技（深圳）有限公司	11	7	4	0	4	1	2	1	32	7	25	0
深圳市纳芯威科技有限公司	11	1	1	9	9	0	0	9	37	4	3	30
深圳市乐得瑞科技有限公司	10	4	5	1	3	0	1	1	20	3	15	2
美芯集成电路（深圳）有限公司	10	1	4	0	2	0	0	0	11	2	3	2
深圳希格玛和芯微电子有限公司	10	3	0	7	10	3	0	7	42	4	9	29
深圳市金泰克半导体有限公司	10	4	0	0	5	0	0	0	42	1	18	0
深圳市芯茂微电子有限公司	10	7	1	2	7	3	2	2	17	3	3	11
深圳芯智汇科技有限公司	9	7	0	0	0	0	0	0	14	4	1	8
深圳市中微半导体有限公司	9	0	2	7	9	0	2	7	17	0	2	15
辉芒微电子（深圳）有限公司	9	5	4	0	4	3	1	0	72	61	5	0

续表

单位名称	当年申请专利数				当年授权专利数				累计授权专利数			
	总数	发明专利	实用新型	布图保护	总数	发明专利	实用新型	布图保护	总数	发明专利	实用新型	布图保护
深圳芯邦科技股份有限公司	10	8	0	2	6	6	0	0	38	37	1	0
深圳市创成微电子有限公司	8	5	3	0	3	1	2	0	39	1	9	29
深圳市国微电子有限公司	8	5	3	0	27	25	2	0	82	59	16	7
深圳市傲科光电子有限公司	12	5	2	5	6	0	1	5	7	0	1	6
深圳市森国科科技股份有限公司	7	5	0	1	2	0	0	1	10	3	0	1
晶门科技（深圳）有限公司	6	6	0	0	5	5	0	0	19	17	2	0
深圳市依崇微电子科技有限公司	5	1	1	3	5	1	1	3	5	1	1	3
深圳骏通微集成电路设计有限公司	6	4	0	2	0	0	0	0	4	2	0	2
深圳君正时代集成电路有限公司	5	—	5	0	1	0	0	0	0	0	0	0
深圳市力合微电子股份有限公司	4	2	0	2	7	5	0	2	26	24	0	2
深圳慧能泰半导体科技有限公司	4	2	2	0	4	2	2	0	6	2	4	0
泉芯电子技术（深圳）有限公司	3	2	1	0	2	1	1	0	24	18	2	3
深圳市长运通半导体技术有限公司	3	0	3	0	3	0	3	0	101	11	68	0
深圳市南方硅谷微电子有限公司	3	3	0	0	0	0	0	0	13	11	2	0
深圳市欧克蓝科技有限公司	3	2	1	0	5	4	1	0	13	4	9	0
瑞斯康微电子（深圳）有限公司	3	1	1	1	6	4	1	1	31	6	18	7
深圳市南方硅谷微电子有限公司	3	3	0	0	0	0	0	0	13	11	2	0
深圳市中科汉天下电子有限公司	2	2	0	0	0	0	0	0	6	0	0	3
深圳华视微电子有限公司	2	2	0	0	2	1	0	1	8	0	2	6
深圳市微纳集成电路与系统应用研究院	1	0	1	0	10	6	2	2	10	2	6	2
深圳芯瑞晟微电子有限公司	1	0	0	1	1	0	0	1	8	2	0	6
深圳市爱普特微电子有限公司	1	1	0	0	0	0	0	0	7	0	0	7
深圳市励创微电子有限公司	0	0	0	0	2	1	1	0	16	2	10	4
深圳市富满电子集团股份有限公司	30	0	2	28	40	0	12	28	89	13	33	43
深圳集成微电子有限公司	0	0	0	0	0	0	0	0	29	0	7	22
敦泰科技（深圳）有限公司	0	0	0	0	0	0	0	0	14	14	0	0
深圳市华普微电子有限公司	0	0	0	0	0	0	0	0	25	18	7	0
合计	2543	1808	293	119	1289	953	191	122	9416	7495	1455	918

士、英特尔半导体（大连）销售额超过了100亿元，分别为130.6亿元和121.5亿元。之后依次为华润微电子（94.9亿元）、台积电（中国）（48.5亿元）、西安微电子技术研究所（27亿元）、武汉新芯（22.2亿元）、和舰科技（21.1亿元）。其中，只有排名第九的武汉新芯是新入榜企业。

据ICInsights的报告显示，截止到2016年底，12英寸（约30.5厘米）晶圆占据全球晶圆产能的63.6%，并预测到2021年该比例将增加至71.2%，其年均复合增长率（CAGR）为8.1%。就中国而言，英特尔、台积电、格罗方德等大厂纷纷来中国大陆建厂，中芯国际也接连启动上海、深圳两处12

英寸晶圆产线项目。2017 年，中国的 12 寸晶圆厂新建项目成喷发势态。

纵观目前国内各地区对集成电路产业的布局，集成电路制造业占据了主要的位置。反观深圳的布局，则是主攻集成电路设计产业，在集成电路制造领域的发展相比而言比较滞后。2017 年深圳的集成电路制造业总规模为 16.14 亿元，同比下降 1.58%，仅占全国的 1.11%。

表 4-5 2017 年中国集成电路制造 10 大企业

排名	企业名称	2017 年销售额（亿元）	2016 年销售额（亿元）	增长率（%）
1	三星（中国）半导体有限公司	274.4	237.5	15.5%
2	中芯国际集成电路制造有限公司	201.5	202.2	-0.3%
3	SK 海力士半导体（中国）有限公司	130.6	122.7	6.4%
4	英特尔半导体（大连）有限公司	121.5	45.8	165.3%
5	上海华虹（集团）有限公司	94.9	50.2	89.0%
6	华润微电子有限公司	70.6	56.7	24.5%
7	台积电（中国）有限公司	48.5	39.6	22.5%
8	西安微电子技术研究所	27	25.0	8.0%
9	武汉新芯集成电路制造有限公司	22.2	—	—
10	和舰科技（苏州）有限公司	21.1	17.5	20.6%

数据来源：中国半导体行业协会，2018, 04

深圳集成电路制造业企业有中芯国际、方正微电子以及深爱半导体 3 家，其中中芯国际 12 英寸线已建成投产，这对于深圳整体的集成电路制造业起到了重要的推进作用。

（三）深圳集成电路封测产业状况及发展趋势

1. 封测产业规模持续增长，新型封装技术开始普及

集成电路封测产业作为集成电路产业链中不可或缺的重要环节，是伴随着集成电路芯片不断发展和变化的，近年来在整个集成电路产业链中的地位日见凸显。2017 年，中国

表 4-6 中国集成电路主要制造企业 12 英寸线情况汇总

企业	地点	产能（万片/月）	主要生产项目	备注
三星	西安	10	NANDFlash	现有产线
英特尔	大连	5	3DNANDFlash	现有产线
SK 海力士	无锡	16	DRAM	现有产线
华力微	上海	3.5	晶圆代工	现有产线
中芯国际	上海	1.5	晶圆代工	现有产线
中芯国际	北京	1.5	晶圆代工	现有产线
长江存储	武汉	2.5	NOR/NANDFlash	现有产线
联电	厦门	5	40/55nm 晶圆代工	现有产线
晶合	合肥	4	90nm 面板驱动代工	投产时间：2017 年下半年
中芯国际	深圳	4	晶圆代工	预计投产时间：2018 年三季度
中芯国际	上海	7	14nm 晶圆代工	预计投产时间：2019 年上半年
晋华集成	泉州	6	DRAM	预计投产时间：2018 年下半年
台积电	南京	2	16nm 晶圆代工	预计投产时间：2018 年下半年
万代	重庆	2	功率半导体元件	2018 年上半年正式投产
华力微	上海	4	28/14nm 代工	目前在建
华虹宏力	无锡	4	特色工艺产线	19 年下半年逐步达产
长鑫存储	合肥	2	DRAM	预计 2019 年年底投产

数据来源：公开资料汇总整理 . 2018 . 03

表 4-7 2017 年度深圳集成电路制造企业情况表

序号	公司名称	生产线	工艺技术水平（微米）	产能（万片 / 月）	2017 年收入合计（万元）	增长率（%）
1	深圳深爱半导体股份有限公司	5、6 英寸	0.5	12	43467.27	-59.3
2	深圳方正微电子有限公司	6 英寸	0.5	6	32822.69	18.8
3	中芯国际集成电路制造（深圳）有限公司	8、12 英寸	0.35~0.05	3	85092.94	-5.6

数据来源：深圳 IC 基地调研整理 , 2018, 04

集成电路封测产业销售额达到 1889.7 亿元，同比 2016 年增长 20.8%。目前，中国集成电路封装企业主要集中于长江三角洲、中西部地区、京津环渤海湾地区和珠江三角洲。2017 年中国集成电路封测 10 大企业有 7 家位于长江三角洲，2 家位于中西部地区，1 家位于京津环渤海湾地区，与 2016 年的 10 大封测企业相比 ,2017 年并无变化。

表 4-8 2017 年中国集成电路封测 10 大企业

排名	企业名称	2017 年销售额（亿元）	2016 年销售额（亿元）	增长率（%）
1	江苏新潮科技集团有限公司	242.6	193.0	25.7
2	南通华达微电子集团有限公司	198.8	135.7	46.5
3	天水华天电子集团	90	66.6	35.1
4	威讯联合半导体（北京）有限公司	78.9	83.0	-4.9
5	恩智浦半导体	64.5	58.9	9.5
6	英特尔产品（成都）有限公司	40	39.7	0.8
7	安靠封装测试（上海）有限公司	39.5	30.1	31.2
8	海太半导体（无锡）有限公司	35	32.4	8.0
9	上海凯虹科技有限公司	30	30.4	-1.3
10	晟碟半导体（上海）有限公司	29.4	27.6	6.5

数据来源：中国半导体行业协会 . 2018 . 04

深圳在集成电路设计领域连续 6 年位于全国各大城市之首，但在集成电路封测领域却一直相对薄弱。2017 年深圳的集成电路封测业规模为 62.24 亿元，虽然同比增长 16.34%，但仍仅占全国总产业规模的 3.29%。

表 4-9 中国集成电路制造企业 12 英寸线分布情况

地区	企业
北京	中芯国际（北京）晶圆代工
陕西	三星（西安）NAND Flash
湖北	长江存储 NOR / NAND Flash
安徽	晶合（合肥）90 纳米面板驱动代工
辽宁	英特尔（大连）3D NAND Flash
江苏	SK 海力士（无锡）DRAM
	台积电（南京）16 纳米晶圆代工
	德克玛（淮安）图像传感器
上海	中芯国际（上海）14 纳米晶圆代工
	华为微（上海）晶圆代工
	中芯国际（上海）晶圆代工
福建	联电（厦门）40 / 50 晶圆代工
	晋华集成（泉州）NOR / NAND Flash
广东	中芯国际（深圳）晶圆代工

数据来源：公开资料汇总整理 . 2018 . 01

图 4-11 2014—2017 年深圳集成电路制造业销售收入规模及增长率

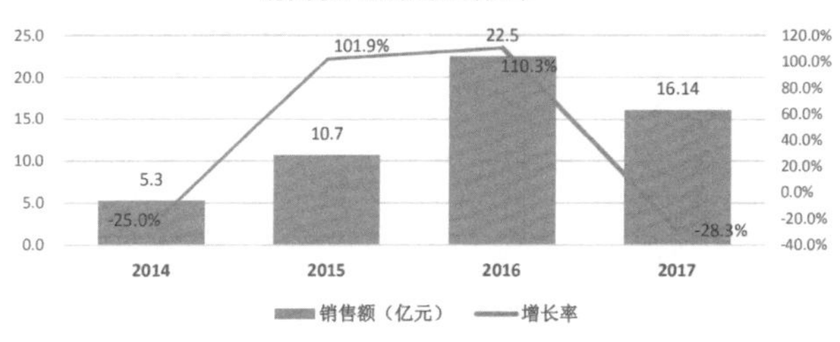

数据来源：深圳 IC 基地调研整理 . 2018 . 04

目前深圳的主要封测企业有 16 家，采用的封测工艺类型主要有 DIP、HDIP、SOP、ESOP、SSOP、TSSOP、wBGA 封装测试、3D 封测等。

表 4-10 2017 年度深圳集成电路主要封测企业情况表

序号	企业名称	2016 年境内外销售额（万元）	2017 年境内外销售额（万元）	同比增长率
1	深圳赛意法微电子有限公司	237208.00	257338.11	8.49%
2	深圳佰维存储科技股份有限公司	75229.44	140953.61	87.36%
3	深圳安博电子有限公司	21052.41	47889.83	127.48%
4	华润赛美科微电子（深圳）有限公司	45147.67	44667.14	-1.06%
5	气派科技股份有限公司	32201.61	41200.73	27.95%
6	沛顿科技（深圳）有限公司	39590.00	27707.47	-30.01%
7	深圳市金誉半导体有限公司	48900.42	21210.42	-56.63%
8	深圳市劲升迪龙科技发展有限公司	6797.00	15164.00	123.10%
9	深圳电通纬创微电子股份有限公司	7414.00	9273.00	25.07%
10	深圳凯智通微电子技术有限公司	3632.85	5337.59	46.93%
11	深圳市华宇半导体有限公司	3208.30	3710.84	15.66%
12	深圳市时创意电子有限公司	—	2891.57	—
13	深圳市森邦半导体有限公司	1090.00	2248.70	106.30%
14	深圳康姆科技有限公司	12908.77	2091.19	-83.80%
15	深圳市展芯科技有限公司	600.00	400.00	-33.33%
16	深圳市赛美创新半导体有限公司	160.00	321.28	100.80%

数据来源：深圳 IC 基地调研整理，2018，04

其中规模最大的封测企业是深圳赛意法微电子有限公司，其 2017 年的销售额为 25.73 亿元，占了深圳封测业总规模的 41.3%。目前赛意法的封装形式主要有 SO、TO、FLIPCHIP、DIPs、SmOP、DPAK 和生物芯片等约 20 种，产品涵盖消费类电子、汽车电子、通信产品、计算机、工业自动化、生物医疗、安全与智能芯片等。深圳佰维存储科技股份有限公司专注于 NANDFLASH 产品和电子产品微型化的应用与生产，产品和服务包括 SSD 固态盘、嵌入式存储芯片、SIP 模块及封装测试业务等，其产品已广泛应用到手机、GPS、Car-PC、平板电脑、数字机顶盒、学习机等各大需要内置存储的消费类产品，其 2017 年销售额为 14.1 亿元，比 2016 年同比增长 87.36%。深圳安博电子有限公司 2017 年销售额实现了大幅增长，增幅达 127.48%，主要受益于电容式指纹传感芯片在智能手机终端的快速普及应用，共享单车市场的扩大增加了导航定位芯片的出货需求，以及各类 MCU 芯片和 NORFLASH 芯片在消费类电子和智能家电市场的需求增长，蓝牙芯片在物联网、智能家居方面的应用，都导致了芯片封装和测试的业绩增长。华润赛美科微电子（深圳）有限公司主要从事数字和模拟集成电路、分立器件等产品的晶圆测试以及成品 IC 测试等后工序服务（晶圆切割、挑粒及封装）。气派科技股份有限公司，则对关键技术工艺进行关，解决 Flip-Chip、BGA、CSP、WLCSP、MCM、SiP 和 TSV 的关键技术和工艺难题，逐步形成批量生产能力。从总体来说，深圳集成电路封测业在 2017 年规模持续增长，新封装技术逐渐普及。

图 4-12 2014—2017 年深圳集成电路封测业销售收入规模及增长率

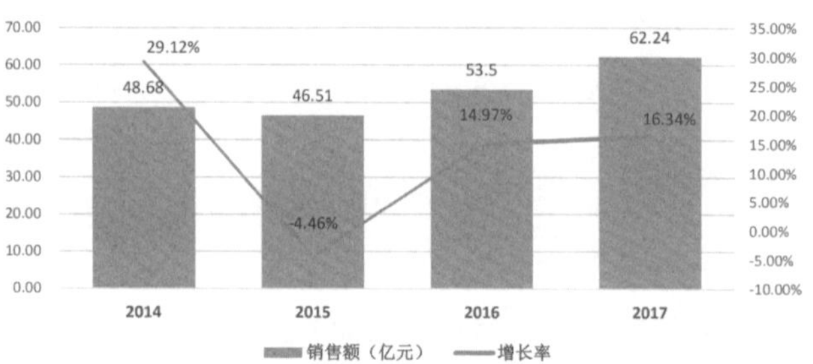

数据来源：深圳 IC 基地调研整理，2018．04

2. 封测产业环节基本完备，高端封测技术服务欠缺

目前深圳的封装、测试及测试设备产业链各环节较为完备，基本可满足中低端产品的封测要求，但高端封测技术服务欠缺。为了适应国内集成电路产业飞速发展的形势，满足

集成电路设计产业产品创新和发展的需求，各封测企业也正在加大研发投入。据调研统计显示，2017 年深圳封测企业共申请专利 120 件，同比 2016 年深圳封测企业共申请专利 77 件，增长 55.8%，反映了深圳封测企业对提高技术水平和技术创新的高度重视。

集成电路封装技术伴随着封装芯片的功能和元件数的增加而呈递进式发展，从 DIP、SOP、QFP、MLF、MCM、BGA 到 CSP、SIP，技术指标越来越先进。其中三维叠层封装（3D 封装）被业界普遍看好，三维叠层封装的代表产品是系统级封装（SIP），SIP 实际上就是一系统级的多芯片封装，它是将多个芯片和可能的无源元件集成在同一封装内，形成具有系统功能的模块，因而可以实现较高的性能密度、更高的集成度、更小的成本和更大的灵活性。随着热门应用领域物联网、和包含可穿戴设备在内的智能硬件对封装的尺寸、可靠性甚至重量的要求都越来越高，相关芯片对倒装技术（FlipClip，FC，也称覆晶封装技术）、晶圆级芯片规模封装 WLCSP（WaferLevelChipScalePackaging、3D 和 SiP 等新型高端封装技术服务的要求也越来越迫切。

与国内其他地区的封测企业相比，深圳的封装企业大部分规模小，技术能力相对落后，在 3D、SiP 等高端封测技术服务方面仍然欠缺，整体技术水平有待提高。

五、深圳集成电路产业发展特点

（一）人工智能应用成为芯片设计热点

随着智能音箱、数字货币、AlphaGo 出现，人工智能成为科技界的热点。2017 年亚马逊、Google、苹果等巨头们，甚至是小米，争相进入智能家居市场是，智能家居市场已经成为广阔的蓝海。无论是亚马逊的 Alexa、Google 的 GoogleAssistant，还是苹果的 HomePod，都在接入更多软硬件服务的同时，越来越多地走入人们的日常生活。根据市场调查机构 NPDGroup 的统计，目前在美国接入互联网的家庭中，大约有 15% 正在使用智能家居设备。这一数字比 2016 年时，增长了约 5%。

图 4-13 2017 年深圳集成电路封测业专利申请分布情况

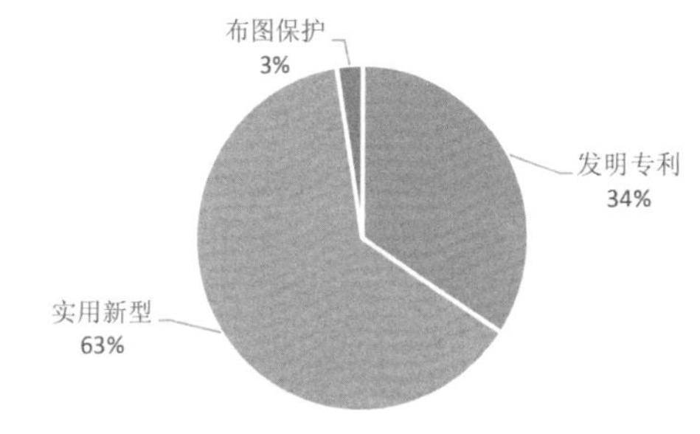

数据来源：深圳 IC 基地调研整理，2018.04

人工智能和物联网等技术的日渐成熟，是这一行业能够兴盛的最主要动力。从目前的市场看，人工智能包含智能音箱、自动驾驶、图像处理、安防监控等几个较为成熟的应用。因应这一市场，语音识别芯片、图像处理芯片、神经网络计算芯片等成为芯片设计的热点。海思在麒麟 970 处理器中集成了 NPU 模块，用于快速图像识别，增强拍照性能并优化照片效果；云天励飞正在研发视频分析芯片，用于视频监控终端的人脸识别；炬芯科技推出了智能语音识别芯片 ATS3605D 和多麦语音采集套片 ATT300X。

（二）新兴“独角兽”企业开始涉足芯片研发

深圳现有的集成电路设计的龙头企业海思、中兴微、创维半导体、比亚迪等均为依托整机厂商母公司资源，主力研发以满足母公司应用定制化、个性化、差异化需求产品的企业模式。

近年来，深圳新兴的大疆创新、奥比中光、云天励飞等明星企业在无人机、视觉识别、安防监控等应用技术领域取得了很好的成绩，在各自领域占据领先位置。这些企业原本都不涉及芯片研发。但是随着企业的发展壮大，出于进一步优化产品性能、建立技术领先优势的需求，它们势必要在底层技术方面有所突破。因此这些“独角兽”企业先后开始组建芯片研发团队，大疆创新设计的无人机主控芯片，奥比中光设计的 3D 深度计算芯片，云天励飞设计的安防监控智能识别芯片都已在研发或应用适配过程中。由此可见，深圳整机企业通过构建 IC 设计能力提升产品竞争力的趋势仍在持续。

全球产业也在发生同样的改变，芯片设计逐渐成为大型整机企业产品竞争的新战场。自台积电创立，世界集成电路生产从 IDM 模式（垂直厂商）走向 Foundry 模式，诞生了高通、博通等一大批优秀的 Fabless 芯片厂商。然而，随着苹果、三星、华为等整机商自主研发芯片，“Foundry 加 Fabless”的模式有望再次被改变。如今，苹果不但自主研发了 iphone 应用处理器，其内部的 GPU 也已经转为自主研发，而且正在进一步开发通信基带芯片；华为使用自家的海思麒麟系列处理器；海信发布中国首颗自主画质引擎芯片 Hi-ViewPro;小米也发布了自主研发的小米松果处理器“澎湃 S1”和“澎湃 S2”；步步高系的 OPPO 和 VIVO 先后入股芯片处理器公司苏州雄立科技有限公司等越来越多的整机厂商加入到了集成电路设计的行业中来。

图 5-1　深圳集成电路企业产品及应用领域分布情况

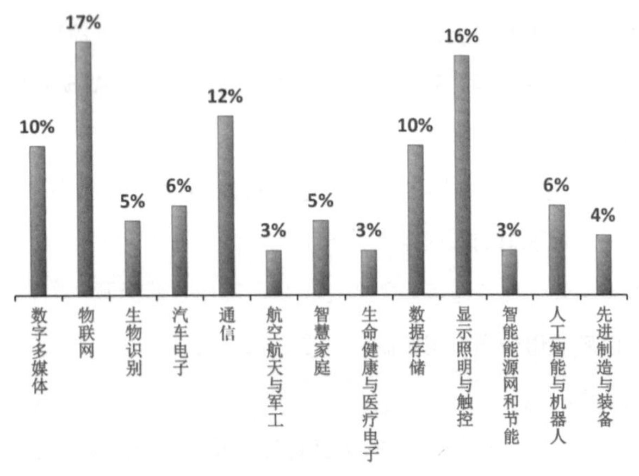

数据来源：深圳 IC 基地调研数据整理 . 2017 . 05

（三）设计以市场为导向，产品多元化发展

集成电路企业以市场为导向，以应用为牵引，以技术为支撑，科学的判断和准确把握产业发展趋势，坚持“需求牵引、重点跨越、支撑发展、引领未来”的原则，以技术创新、机制体制创新、模式创新为推动力，实现深圳集成电路产业高质量增长和跨越式发展。将深圳建设成国内领先、世界知名的集成电路产业基地，有着十分重要的意义。

云计算、物联网、大数据、智能装备等新产品和新业态快速发展，移动智能终端及芯片呈爆发式增长，直接拉动了集成电路产业各类新兴应用市场，市场需求呈现持续快速增长。近年来我国加大了对战略性新兴产业的扶持力度，智能手机、智能电视、可穿戴设备等智能终端成为新的增长点，同时我国信息安全建设需求迫切，芯片国产化替代步伐不断加速，有力推动了国内集成电路企业加快发展。

从集成电路产品的市场需求方面看，数据存储、CPU、MCU、传感器、射频及通信、汽车电子、医疗健康、安全加密、驱动与电源管理等集成电路产品的市场需求增加。

根据对深圳市 63 家集成电路设计企业调研结果统计显示，深圳的集成电路设计企业产品紧贴市场需求，向多元化发展。其中应用于电源与驱动、显示照明与触控领域的产品所占比重最高。而应用于热门领域物联网的产品比重也占了 13% 的份额。指纹识别与传感器、智能卡与移动支付等热门领域的产品比重增加。

（四）从业人数增加，人才资源倾向于大企业

经调研，2017 年深圳市集成电路设计业的从业人数为 17754 人。较 2016 年的 16439 人增加了 1315 人。超过 1000 人的公司有 4 家，分别是海思、中兴微、比亚迪、汇顶；此外，人才较集中的企业还有国微电子、国民技术、国微技术等，资源倾向于大企业的情况明显；目前深圳的集成电路设计企业仍以少于 50 人的小微型设计企业为主。从学历背景来看，硕士学历人才已成为深圳集成电路设计业的从业主力，从业人员质量整体提升。

（五）深港增加互动，共同推进产业发展

深圳比邻香港，两地政府紧密合作共同打造的“深港创新圈”效果显著。2015 年 4 月 13 日，由深港两地 23 家微电子领域科研机构、骨干企业共同发起成立了深港微电子协同创新联盟，目前已有 30 家成员单位。2016 年，深圳 IC 基地和联盟一起积极搭建微电子国际创新的高端平台，助力深港微电子产业达国际领先水平。扩展关注相关领域，与其他行业互动，关注人工智能、虚拟现实 / 增强现实、健康与智慧家庭等领域对微电子的创新需求。

在“深港创新圈”的大框架下，深圳 IC 基地利用地理优势与香港合作密切。深圳 IC 基地本着优势互补、资源共享、互惠互利的原则，分别与香港科技大学、香港科技园等有关单位签署了协议，内容涉及人才培训、职业训练、测试、失效分析、MPW、3D 封装、流片、市场、宣传等方面，旨在借助深圳 IC 基地的资源平台，发挥深圳的市场优势，利用香港在集成电路领域的人才和设备的优势，共同推动香港与深圳两地的集成电路产业的发展。

六、深圳集成电路产业当前面临的主要问题

近年来，深圳集成电路产业一直保持良好的发展势头，产业规模迅速增长。龙头企业优势持续加强，创新企业及技术亮点不断涌现，应用领域也得到深耕和拓展。但依然面临不少困难和瓶颈，阻碍产业向更高的目标迈进。

（一）人才是制约深圳集成电路发展的最大瓶颈

深圳高端芯片设计产业环境较上海有差距，尤其是高端人才缺乏。深圳有越来越多的企业的产品开发进入到创新、引领的阶段，需要更多高层次领军人才，深圳由于高校研究机构少、外企总部相对较少的原因，这些高端人才的招聘也十分困难，直接影响到企业的创新和向更高层次的迈进。导致很多深圳整机企业被迫选择在有高端人才优势的上海设立芯片研发中心，研发高端芯片。

另一方面，高昂的房价和生活成本，导致深圳对集成电路相关领域人才尤其是新进人才的吸引力降低。再加上深圳高校及研究机构较少，IC 工程师也有很大的缺口，企业招人难的问题日益严重。IC 设计企业也纷纷在成都、西安、合肥、武汉、南京等城市设立研发分支机构。这些城市有两个共同点:一是高校资源丰富，特别是拥有在电子信息领域实力较强的高校；二是这些城市房价相对便宜，生活成本较低。

（二）粤港澳大湾区城市产业布局互补性有待加强

粤港澳大湾区中的深圳、珠海、广州、香港等几个城市在集成电路产业领域有较强的实力；其中，香港、广州高校教育资源丰富，人才培养方面在全国范围也具备较强的竞争力。但是这些城市基本处于各自为政的状态，在产业发展和人才培养方面缺乏有效的合作。在产业布局方面，深圳、广州、珠海、香港等城市互补性不强，强项均主要在设计领域，而制造、封装、测试等环节均未形成规模优势，与土地资源匮乏的深圳相比，广州等城市也为在制造、封装、测试等领域形成自己的优势。人才培养方面，香港、广州的高校对集成电路相关人才的培养重视程度不够，高校相关专业未形成规模，而且香港、广州、深圳等地地域割裂严重，没有形成良好的人才流动机制。

反观长三角地区，上海、无锡、苏州、杭州、南通等城市各具特色，上海各方面综合实力最强，无锡的制造、苏州和南通的测试和封装、杭州的设计以及新兴的南京，形成了完整的产业配套体系，协同作用显著；人才方面，上海、南京、杭州等教育强市源源不断地为产业输送人才，人员流动顺畅活跃，形成良好的人才培养及成长环境。

所以，粤港澳大湾区深圳、广州、珠海、香港等城市在产业布局、人才培养等方面亟须加强合作。

（三）高端芯片设计企业缺乏，对高端应用的支撑不足

深圳地区设计企业大概可以分为两类。一类为市场为导向的民营企业，中小企业居多，上规模的企业也多是以滚雪球的方式发展壮大，这种类型的设计公司产品策略多以眼前的市场需求为主，追求投入少见效快，产品定位通常较为低端，缺乏长远的战略布局。另一类为大型整机企业旗下的设计公司，以海思和中兴微为代表，这种类型的设计公司产品多供给企业内部使用，对产业生态带动能力不强。

人工智能、云计算等有发展潜力的应用，需要高端芯片产品的支撑，需要有开放的高端芯片设计企业。在通用处理器 CPU、图形处理器 GPU、神经网络处理器 NPU、应用处理器 AP、车规级芯片等领域，深圳还缺乏有竞争力的芯片设计企业和设计人才。高端芯片设计企业的缺失导致深圳人工智能、云计算、自动驾驶等高端应用的支撑力不足，从而制约了深圳相关应用产业的发展。

（四）场地不足且成本过高，深圳企业外迁严重

近两年来，深圳的房价不断急速攀升，根据美国经济咨询公司 Longview 的研究发现，深圳已成为全球房价第二贵的城市，仅次于加州圣何塞。高额的房价和企业发展所面临的场地不足问题，一方面制约了企业进一步做大做强，另一方面也使企业在面对国内其他地域的招商引资诱惑时缺少抵抗力，成为深圳企业外迁的重要原因。

经过多年的孵化和发展，包括芯海、江波龙、开阳等多家“成长型”企业已由小变大，需要更大的办公场地来容纳研发和市场等部门的人员，进行更大规模的产业化，但高额的场地成本已经明显制约了这些企业的发展。与此同时，这些已经具备一定实力的企业都已成为外地招商引资的对象，除众多的各项扶持优惠政策外，外地省市在经营场地上的优惠政策和优势是吸引这些企业外迁的重要原因。

表 6-1　深圳与上海、苏州、南通商务成本比较

城市	写字楼租金（元 / 平方米 / 天）	最低工资标准（元 / 月）	土地最低价（元 / 平方米）
深圳	6	2030	600
上海	10	2190	840
苏州	4	1820	480
南通	2	1820	384

数据来源：南通经济技术开发区招商资料，2017，03

特别是对集成电路封测企业来说，场地不足和成本过高是制约企业发展的重要因素。在参与 2016 年度调研的 15 家封测企业中，有 8 家提出了因场地问题发展受限的问题，其严重性可见一斑。事实上，气派科技股份有限公司已因场地问题，企业发展空间不足，于 2016 年外迁至东莞市。江波龙、电通纬创、金誉等企业已经或正在考虑部分外迁。

（五）深圳缺乏创新产业政策，企业成为其他省市招商重点

为贯彻落实《国家集成电路产业发展推进纲要》，扶持集成电路企业的发展，自 2014 年起国家陆续颁布了一系列政策法规，将集成电路产业确定为战略性产业之一，大力支持集成电路行业的发展。

全国其他省市，特别是集成电路产业发展的主要城市也都出台了各项集成电路产业的扶持政策及各种招商引资政策，并已将深圳的集成电路企业作为重点的招商引资目标。

在全国大力发展集成电路产业的大环境下，很多二线、三线城市也纷纷加大对集成电路产业的支持和投入，以较低的租金和人力成本吸引着企业研发重心的外迁。这也为深圳集成电路整体产业的发展带来了一定影响。

（六）制造产业链配套不完善，制造、封测差距进一步拉大

深圳发展集成电路设计产业的最大优势是拥有丰富的应用市场资源。但深圳的集成电路产业链上却长期存在着设计强、制造封装弱的产业短板。IC 设计作为集成电路产业链中的一环，对上下游配套支撑服务依赖度较高，包括封装、测试、晶圆制造等。而且现在的集成电路产业对先进制造工艺、封装工艺的依赖性越来越强，如果不补强深圳在制造、封装领域的短板，会严重影响深圳优势的设计业的进一步发展，从而影响深圳整个集成电路产业的发展。传统上，长三角在制造和封装上具备优势，而且随着台积电在南京开设新厂、江阴长电资本市场大额并购的实施，长三角在制造封装领域的优势有不断增大的趋势，深圳在这些环节的短板变得越来越突出。实际上，作为从 IDM 体系中分离出来的制造和封装环节，本身应该和设计端紧密联系、互相促进才能最大程度发挥其产业支撑作用。台积电和台湾集成电路设计业就是互为促进的。因此深圳作为境内集成电路设计业最发达的地区，有需求也有力量支撑先进制造和封装产业的落地发展，在深圳大力发展制造和封装环节也能最大限度发挥他们和设计业的协同促进作用。

（七）设计和应用上下游企业沟通合作有待加深

深圳从单纯的集成电路购买到集成电路设计，再到现在如华为海思、中兴通讯与中兴微这样整个系统平台的搭建，说明深圳集成电路设计业已经掌握了一定的技术，并且可以推动设计与应用全面、系统的融合发展。那么就要充分发挥“中国芯”自主研发，本地研发更能贴近本地市场和应用需求的优势，加强上游芯片厂商和方案商的合作互动，建立良好的技术生态圈。

一直以来，深圳对集成电路产品一直是采用“拿来主义”的态度，更多重心放在方案开发、采购配套、系统整机集成和分销出口等环节上。但随着产业形势的变化，深圳的集成电路和电子产业面临重大的危机和挑战，同时面临历史性的重大发展机遇。

电子信息产业链正演化和缩短为三个环节：芯片设计和制造封装、整机代工生产和品牌 / 软件互联网公司。处于上游的芯片设计和制造封装正成为硬件技术的核心，而下游的品牌 / 软件互联网服务成为价值实现的核心，是社会关注的焦点和资本市场的宠儿。传统上，深圳处于核心地位的中间环节，正在被分割和颠覆！如果没有上游核心的芯片和下游的软件和互联网服务，整机代工生产制造的地位越来越低并且向内地迁移，商贸物流中心的优势地位又被互联网渠道弱化。

整机厂商中，华为的成功就是较为典型的例子，在国产手机整机厂商面对小米的冲击中，只有华为不仅抵挡住了还成功反击，而其最核心的武器就是海思手机芯片。事实上，不仅华为、苹果、三星、LG、小米等整机企业，甚至Google、360、百度这样的互联网企业都在大力投资硬件企业甚至是芯片公司，或者和芯片公司成立合资公司。向上游芯片的延伸，成为他们实现产品差异化和独特性，在成本和上市速度上选择的关键点。

因此对深圳电子产业来说，在物联网 (IoT)、人工智能、大数据等新机遇到来时，更应整合上下游资源，以集成电路设计产业为龙头，推动深圳中小企业产业集群转型升级，打造智能硬件的“创客之都”和“创新和创意之都”。

七、深圳集成电路产业发展建议

未来 5 至 10 年是全球 IC 产业的重大变革期，也是我市产业发展的重要战略机遇期。“中兴通讯事件”使全民认识了集成电路的重要性，同时也促使各地各级政府拿出相应发展本地集成电路产业的各种对策。

根据本次调研情况，结合深圳实际情况，建议深圳从保障国家信息安全、国防安全和经济安全的重大需求出发，从夯实深圳信息技术产业、相关战略性新兴产业和未来产业技术基础的现实需求出发，把 IC 产业作为我市第一重要的产业，倾全市之力加以促进。建议集中力量突破集成电路关键技术，以集成电路设计与应用、特色工艺线、高端封测为侧重点，以完善集成电路产业链为支撑，大力促进集成电路技术创新和产业做大做强作为我市发展 IC 产业的策略，坚持需求牵引、重点跨越、支撑发展、引领未来的原则，实现深圳 IC 产业高质量增长和跨越式发展。

（一）成立市一级发展领导小组，统筹规划确立战略高度

强化产业顶层设计，完善政策体系，统筹协调集成电路产业发展。深圳已经是国务院牵头成立的国家集成电路产业发展领导小组成员。建议参照国务院做法，由深圳市领导牵头，成立专门负责深圳集成电路产业发展工作的市一级领导小组，协调重大事项，制定集成电路发展政策、支持方向和发展重点。

（二）推出便于落实和富有实效的促进 IC 产业发展的优惠政策

参照其他城市的产业优惠政策，尽快出台深圳市支持集成电路产业的相关优惠政策和规划，在财政、税收、金融、土地、科技、外贸、人才、住房等方面，大力促进集成电路设计产业发展，进而推动整个深圳电子信息产业的发展。

（三）建设深圳 IC 设计与应用产业聚集基地，为 IC 产业拓展发展空间

针对深圳集成电路企业场地不足且成本过高的问题，建议加快安排集成电路产业集聚基地的场地，推进已立项的重大项目“深圳集成电路设计产业园”。

通过认定集成电路特色产业园区，支持现有园区开展行业协同创新工作，形成技术支撑强大、配套资源齐全、服务功能完善、产业发展氛围良好的产业园区，为集成电路企业构建优良的创业环境，鼓励企业入驻产业园区，推动集成电路产业链的纵向整合，打造集共性技术研发、协同技术创新、集成电路设计与应用于一体的企业集群。

（四）建设深港微电子学院，多渠道构建微电子人才培养体系

随着近几年深圳房价及综合生活成本的急剧上升，深圳对外地高校人才的吸引力逐年降低。产业在迅速发展，集成电路人才数量没有得到及时的补充，人才供不应求，成为制约深圳集成电路产业发展的重要因素之一。

建议政府一方面通过减税、优先提供安居房或保障房、加大专项人才的住房补贴力度、解决优秀人才子女基础教育阶段的入学问题等政策手段，提升集成电路人才在深圳奋斗的幸福感和归属感，帮助企业吸引和留住外来人才；另一方面积极筹建深港微电子学院，促进深圳的大学、院校以及其他科研机构加大集成电路设计相关专业的招生规模和人才培养力度，为我市的集成电路产业发展储备人才。

在引进高端领军型人才方面，建议制定引入国际领先的集成电路设计团队的专项政策，并纳入深圳市政府高端人才引进的“孔雀计划”，以保障深圳集成电路设计产业快速发展和迈上新台阶。

（五）设立地方 IC 产业发展基金，通过并购重组帮助企业做大做强

联合政府、社会等多方资源，设立地方 IC 产业发展基金，并设相应管理机构，进行商业化运作。针对深圳第一梯队的集成电路企业，对接国家大基金，给予相应比例的配套投入，促进大基金对深圳集成电路产业投资项目的落地；针对第二梯队的集成电路企业，解决企业融资需求，帮助企业提升研发能力，提高管理水平，推动企业并购重组，做大做强。

（六）以应用带动技术创新，以设计带动 IC 产业整体发展

深圳电子信息产业整机企业“大且强”的优势是深圳集成电路产业快速发展的特色资源。集成电路设计公司和大的强势整机企业联姻是集成电路设计企业纵向整合资源，获得稳定出货的重要保障。

建议通过政策引导，鼓励本地整机厂商采购国产集成电路；鼓励整机厂商与国内 IC 设计公司建立合作或建立芯片研发部门；借助专业平台搭建上下游企业桥梁；以展会等多种形式积极宣传本地集成电路企业产品、技术及成功案例；扶持本地芯片推广平台，充分利用移动互联网时代，媒体社交化的红利，提升市场推广的效率等方式，创新建设整机企业与 IC 设计企业多种联动机制。

（七）积极引进国际著名研究机构，为赶超国际前沿技术提供支撑

积极吸引欧洲微电子中心（IMEC）在深圳建设创新研究院，积极引进 IC 领域世界知名科学家及团队来深圳发展。通过引进国际著名研究机构在深圳设立 IC 技术创新研发中心等举措，夯实深圳在国内 IC 产业发展的基础地位，抢占国际国内 IC 技术研究和创新的制高点。

（八）继续完善 IC 设计公共技术平台和服务体系，支持 IC 设计企业创业、创新

随着我市 IC 设计产业规模的逐年扩大，IC 技术水平的不断提高，企业保护知识产权的意识日益强烈，企业对深圳 IC 基地公共技术平台的依赖性越来越强，并希望平台资源更多，技术服务更深入、更广泛、更高端。建议继续加大扶持力度，持续支持 IC 公共技术平台的建设、运行和服务。

附件　部分优势城市的突出领域和发展亮点

1. 北京：首善之地区，占地利人和

北京有清华、北大、北航、北理工、中科院和中国电子等重点院校和众多的国家级研究机构，在集成电路人才、智力储备方面有明显优势，同时作为北方工业重镇，北京也有非常好的工业基础优势。作为首善之地，北京在集成电路制造、设计、装备等各领域在全国都处重要位置。制造领域的中芯北方在北京有两座300毫米晶圆厂，其中一座300毫米为先进制程晶圆厂；在IC设计领域，清华紫光、紫光国芯、中星微电子、龙芯中科、寒武纪、智芯微、兆易创新、大唐半导体、华大电子、君正、耐威科技等一批集成电路企业在通讯、5G、通用CPU、信息安全、人工智能、工控、NORFLASH、移动支付、嵌入式CPU及感传器等领域优势明显，其中龙芯中科的龙芯3B3000已实现全自主可控，其已在超级计算机采用，龙芯的1E和1F系列宇航级抗辐照芯片已应用于北斗卫星；君正的低功耗嵌入式CPU兼容MIPS32的微处理器技术Xburst在业内32位CPU中处领先位置；中国电科14所——国睿中数自主研发的“华睿”系列高端DSP芯片，其中“华睿1号”已经成功应用于十多型雷达产品中，“华睿2号”采用八核异构架构，峰值处理能力达到400Gflops，与国外新一代同类处理器相比，性能毫不逊色；兆易创新GD32MCUGD32F130C6T6获得中国芯最佳市场表现产品奖。此外，在半导体装备方面，北京也拥有北方华创、中国电科45所等中国高端设备制造领先企业和机构，北方华创的14纳米等离子硅刻蚀机等多种高端集成电路的关键设备已批量进入主流代工厂大生产线，并取得了良好的使用效果。在《北京市加快科技创新发展集成电路产业的指导意见》中指出，北京未来将在关键技术不断突破，重点领域集成电路设计技术达到国际领先水平。

2. 上海：产业配套强，政策力度大

上海是中国集成电路先进制造、封装测试、设备的重镇，在集成电路制造领域拥有中芯国际、华力微、华虹宏力这样的重量级企业，目前中芯国际正加速冲刺14纳米先进工艺。在设备制造领域中微半导体进入台积电7纳米刻蚀设备五大主要供应商名录。同时在IC设计方面，上海的展锐、华大半导体、兆芯、瑞芯微、复旦微电子、灿芯半导体、格科微等一批IC设计企业在通信基带芯片、工控IC、CPU、MCU、GPU、FLASH、ASIC和图像传感器等领域有相当的基础，是国内相关领域的领先企业。上海的政策对制造业及设计业的支持力度也非常大。在土地、人才、税收方面给予支持。2017年，在原有政策的基础上，进一步聚焦支持上海集成电路领域重大项目建设、自主创新技术研发、企业培育和专业人才培养及引进等方面。同时，2017年完成了《软件和集成电路专项资金管理办法》《上海集成电路工程产品首轮流片专项奖励实施细则》等相关配套实施细则的编制并发布，为集成电路产业的发展营造了良好的政策环境。目前上海500亿集成电路产业基金已全面启动，必将进一步惠及上海的集成电路制造、设计、装备材料等企业。

3. 合肥：众志可成城，打造“IC之都”

近年，从安徽省到合肥市共6次发文支持IC产业发展。合肥市把集成电路产业作为先导产业，着力营造优良的产业发展环境，在打造合肥为中国“IC之都”指引下，逐渐实现了集成电路产业“从无到有、从弱到强”的转变，已初现规模和成效。受益于政策和空间优势，合肥正在逐渐建立起完整的产业生态，涉及集成电路研发设计，生产制造、封装测试、材料设备等领域。截至目前，合肥已有集成电路企业约129家，其中设计企业102家，制造企业3家，封装测

试企业 8 家，设备和材料制造企业 16 家。在设计领域，杰发科技、集创微电子、联发科技、兆芯电子、中感微电子、恒烁半导体、龙迅半导体、格易和宏晶等数家超亿元的企业增长势头强劲。在制造环节，晶合作为安徽省首家百亿级的 12 英寸晶圆代工企业，已开始试生产，未来可达到月产能 4 万片，有望成为全球最大的专注于面板驱动芯片的制造商；富芯微 5 英寸（约 12.7 厘米）线建成投产；投资 180 亿元的合肥长鑫 12 英寸通用 DRAM 存储预计也将于 2018 年下半年问世，以生产 19 纳米 DRAM 产品为主，预计最大月产将能高达 12.5 万片的规模，合肥将由此跻身全球存储器制造重镇的行列。在封装测试环节，新汇成项目已投产，全部达产后可实现 3 万片 12 英寸晶圆、5 万片 8 英寸（约 20.3 厘米）晶圆的月封装量；通富微电一期项目投产，预期 2017 年度营业收入 1.5 亿元，出货 23 亿颗，总产值将超过 4 亿元，待全部达产可形成年产消费类、通信类等集成电路约 217 亿颗；此外新汇成的晶圆凸块封测项目投产，矽迈微、华进半导体和 COF 半导体相继落户合肥。在设备和材料环节，安徽易芯半导体的 12 英寸芯片级单晶硅片项目，打破了国际大尺寸硅片公司对国内的技术封锁，填补了国内空白；合肥芯碁微电子双台面激光直接成像设备打破了国外高端激光直写曝光设备垄断；大华半导体封装专有生产装备和精密模具实现量产销售。合肥政府和集成电路产业界发展 IC 产业勠力同心，众志成城。

4. 南京：电子信息强，打造“芯片城”

南京也是高校分布密集的城市，并都设微电子方面的学科，有相当的人才优势，以南京为中心周边 200 千米范围内，是我国重要的电子信息产业基地，具有传统的电子产业基础优势。2017 年南京市半导体集成电路产业销售收入约 79 亿元，同比增长 43.6%，销售收入超过 3000 万元的企业有 29 家，以设计业为主。2016 年南京市设立了南京集成电路产业专项资金，并在《关于加快推进集成电路产业发展的若干政策》明确要求：市、区各类科技、产业、人才等专项资金优先支持集成电路产业发展，向符合条件的集成电路企业和项目倾斜。南京市已经成为集成电路的热点城市，除中电熊猫、国博电子、国盛电子等多家国字号集成电路企业外，多家重点企业近年多布局南京：台积电南京 12 英寸晶圆厂 2017 年 9 月举行进机典礼，预计 2018 年 5 月开始出货，将以 16 纳米切入量产，规划月产能 2 万片；紫光南京半导体产业基地及新 IT 投资与研发总部项目，总投资 2600 亿元人民币，其中约 300 亿美元投向紫光南京半导体产业基地，主攻 3DNANDFLASH；2016 年 11 月，全球排名第 4 的 EDA 公司华大九天已宣布在南京高新区投资成立南京九芯电子科技有限公司，并签约华大九天南京 EDA 研发中心以及互动电视应用运营等项目；新思科技 (Synopsys) 区域总部宣布落户南京，目前有华大半导体、紫光展锐、中星微电子集团、华大九天等全国集成电路行业“领头羊”先后入驻。全国排名前十的 IC 设计公司，已有 3 家在此设立了研发机构。南京 IC 设计企业产品主要包括通信芯片（含混合集成电路）、电源管理芯片、卫星导航芯片、MCU 及数字电路等。南京正打造一批核心技术强和市场占有率高的重点企业和产品，预计 2025 年将集聚 1000 家以上 IC 企业，产值超过千亿元，使南京市成为全国具有重要影响力的“芯片之城”。

5. 成都：国防之重镇，军民融合强

成都一直都是西南地区最重要集成电路产业力量，是国内重要电子信息产业基地，目前成都汇聚了一大批产业链各环节的龙头及优秀企业，除了引进英特尔、华为、德州仪器、恩智浦、格罗方德等全球知名科技领军企业之外，还有中国电子（华大九天、澜起科技等）、中国电科等大型央企入驻。在此基础上，成都还培育了像振芯科技、海威华芯等颇具本地特色的企业。集成电路产业的加速发展夯实了成都的集成电路产业基础。中西部地区集成电路产业产值较去年同比上升达 51%。良好的产业氛围还吸引了紫光集团在成都预计

总投资2000亿元成立成都天府新区紫光IC国际城。格罗方格晶圆成都制造基地Fab11晶圆代工厂已经封顶，将建立一个基于22纳米的世界级FD-SOI生态系统。未来发展方面，成都将依托现有集成电路产业基础，以及成都特有的军工产业背景，包括在军工科研领域的雄厚的基础及实力，紧扣军民融合国家战略，深度落实国家对军民融合提出的要求，将成都打造成全国军民融合新标杆。

6. 厦门：毗邻台湾省，布局大东南

近年来厦门市对集成电路产业非常重视和支持，从规划、空间布局、招商、政策、人才、园区建设、公共服务体系建设等多个维度创新举措。2015年7月揭牌成立的厦门两岸集成电路自贸区产业基地，2017年成立了厦门半导体投资集团有限公司目前已经开始公共技术服务体系建设。厦门已经形成了较好的产业集聚效应，联芯、三安、紫光、通富微电、士兰微等一批行业龙头相继厦门落户，其中三安集成电路是中国第一家面向通用市场，具备规模化研发、制造能力的化合物半导体晶圆代工服务公司，公司聚焦微波集成电路与功率器件两大市场领域；2017年厦门海沧区政府还与士兰微与签订战略合作框架协议，项目总投资220亿元，规划建设两条12英寸特色工艺晶圆生产线及一条先进化合物半导体器件生产线；厦门市还引进国家集成电路领域重点骨干研究所——中电58所在厦建立研发中心和技术转移中心。厦门集成电路产业基本形成了涵盖IC设计、制造、封测、装备与材料，以及上下游配套应用在内的全产业链，厦门2017年完成产值近150亿元，增长近40%，其中规模以上企业产值居全国前六，设计产业产值增速位居全国第四。目前厦门市集成电路企业共计170家，初步形成产业集聚。

7. 杭州：长三角腹地，产业后劲大

杭州居于长三角腹地，产业链配套完整，集成电路产业发展亦有地利人和之势。总部位于杭州的中天微系统是目前国内（大陆地区）为数极少的专业IP公司之一，其完全自主的C-SKY核心已经开始走向成熟，代表性嵌入式CPU核C-SKYCK610以面向中高端嵌入式应用，具有高性能、低功耗和高代码密度等特征被国内多家IC公司采用，截至2016年底，基于中天架构的SoC芯片产销数超5亿颗。IDM型企业士兰微电子在IC设计、制造、封测等领域都有涉足，其在功率半导体和MEMS等领域也都有布局，发展潜能大。国芯科技是国内数字电视领域解调解码芯片出货量最大、产品线最齐全的本土芯片设计企业，其有线数字电视解调芯片、卫星解调芯片和卫星解调解码SOC芯片在国内市场份额占据首位，国芯科技还采用NPU、DSP等多项先进技术，将算法、软件、硬件深度整合，开发全新语音交互的AI芯片，极具成长性。此外，杭州市晶图微芯、中科微电子、万工科技、友旺电子（分立器件）等一批集成电路设计企业也生机勃勃。

8. 长沙：军民融合地，市场更可期

长沙从2015年起每年安排1亿元用于发放集成电路产业发展专项资金，重点对产业培育、税收、研发、投资并购、贴息贷款、上市、人才引进等提供政策性优惠措施。长沙也非常重视集成电路产业服务平台的建设，逐渐吸引集成电路企业聚集长沙。国防科大“天河”超算、中车时代8英寸IGBT产线、中国电科48所离子注入机、国科存储等环节对接国家战略形成了四大“国家队”，并涌现出一大批有自主创新能力的企业。长沙景嘉微是国内GPU领域的领头羊，2017年公司图形显控领域产品报告期内实现营业收入2.28亿元，除供应军品外，目前公司也在加快布局民用市场，其民用芯片2017年实现营收1725万元，虽然同比增长140.39%，其景美系列GPU芯片，是国内首个具有完全自主知识产权的高性能GPU产品，景嘉微民品芯片正在起步，未来在VR，AI领域表现值得期待。其在军用整合和民用市拓展的双轮驱动之下，有望实现爆发增长。国科微自主

研制的 GK2 系列固态硬盘主控芯片，其 2017 年 11 月推出的主控芯片 GK2301，成为国内首款获得中国信息安全测评中心、国家密码管理局双重认证，完全拥有自主知识产权的产品，打破了国外厂商长期以来对存储主控芯片的垄断。该芯片提供完整消费级、工业级固态存储解决方案，公司已先后推出了支持 NDS 高级安全的解码芯片、H.265 高清芯片高清安防监控芯片等一系列拥有核心自主知识产权的芯片，在多个领域填补国内空白、实现替代进口。

9. 珠海：毗邻粤港澳，发展 IC 集群

近年来，珠海市信息产业增长强劲，创新活跃，成为珠海经济发展的支柱性产业之一，形成了以软件和集成电路设计为特色的产业集群。其最具特色的集成电路设计行业 2017 年实现收入 46 亿元，同比增长 66.7%，产业规模继续列全国前十。珠海市以集成电路设计企业见长，如全志科技、炬力、艾派克、欧比特、建荣科技等在嵌入式 CPU、音视频解码、工业控制、计算机周边及消费类 IC 等方面有突出特点。珠海毗邻港、澳，在建的港珠澳大桥竣工后，珠海将成为内地唯一与香港、澳门同时陆路相连的城市，天然的区位优势造就了全国第二大口岸城市，成为“一带一路”特别是 21 世纪海上丝绸之路建设的重要支点城市。2017 年 6 月出台了《珠海市信息产业发展规划 (2017—2021 年)》提出，依托行业龙头企业，提升珠海市软件产业集群规模和竞争力，建设国家级集成电路高端设计基地，到 2021 年，建成具有国际竞争力的新一代信息技术产业集群，产值达到 1350 亿元。

深圳市疾病预防控制中心（Center for Disease Control and Prevention, CDC）是由深圳市政府举办的实施疾病预防控制与公共卫生技术管理和服务的公益事业单位。有在编人员210余人，其中博士57人、硕士111人；正高69人、副高69人。有博导5人，硕导26人，兼职教授14人。2010年设立博士后科研工作站，已培养出站11人，在站13人。

中心已建成国家、省、市各层级学科平台17个，引进三名工程团队6个。五年来，先后获得国家、省、市科研立项181项，资助金额达6590万元，其中国家自然科学基金立项20项，在全国疾病预防控制系统中仅次中国疾病预防控制中心；主持“十三五”国家科技重大专项“艾滋病和病毒性肝炎等重大传染病防治”1项，子课题2项；获中华医学奖三等奖1项，中华预防医学奖二等奖1项、三等奖1项，广东省科技进步奖二等奖2项、三等奖4项，市科技进步奖一等奖3项、二等奖6项；授权发明专利13项；在核心期刊上发表论文论著859篇，其中SCI论文246篇；培养硕士、博士116人，带教实习生347名，各类进修人员626人。

深圳市疾病预防控制中心

重大传染病监控重点实验室

深圳市重大传染病监控重点实验室主要承担传染病和健康相关因素的参比检测与监测，开展传染病、食物中毒等突发性公共卫生事件的病原微生物应急检验，进行病原微生物检测与监测的相关应用性研究和研究生的培养。2012年成为广东省十二五医学病原体参比检测和生物安全重点实验室，2013年成为国家生物产业公共服务平台“深圳病原体资源库”。

本实验室为军事医学科学院“病原微生物生物安全国家重点实验室”的联合实验室，与厦门大学共同建立了分子诊断教育部工程中心深圳中心；与中国科学院武汉病毒所联合成立了“中国南方病毒病研究中心”。

主要技术能力和平台：拥有生物安全三级实验室（BSL-3），能够开展埃博拉、禽流感、炭疽等9个高致病性病原体的检测、分离和培养，同时14个生物安全二级实验室能够开展104个病原体的检测；具备生物传感器检测病原体及其代谢产物技术；病毒基因条码分子分型技术；细菌PFGE分子分型技术；FilmArray 2.0系统同时检测多个病原体的快速筛查技术。承担广东省病原体参比检测的职能。

毒理实验室

深圳市疾病预防控制中心毒理实验室于1997年建立，1999年被评为深圳市第一批医学重点实验室，2000年通过中国合格评定国家认可委员会的实验室认可。2007年批准为深圳市现代毒理学重点实验室。现为广东省医学重点实验室、深圳市市级重点实验室、深圳市医学优势重点学科。现有广东省医学领军人才1名，广东省杰出青年医学人才2名；市政府特殊津贴专家1名，市高层次领军人才2名，市后备级人才3名，市海外高层次人才1名；中国毒理学会认证毒理学家4名。

现拥有6000多万元可进行细胞、基因组、表基因组、蛋白质组及实验动物整体水平检测及研究的先进仪器设备，同时拥有获得广东省科技厅颁发的SPF级和普通级实验动物使用许可证的动物实验中心。

实验室主要研究方向为：化学污染物致机体损伤的分子机制与生物标志物研究；化学品的毒性评价与纳米材料的生物安全性评价研究；食品安全性检验技术研发及风险评估体系建立。实验室同时负责接受客户实验室委托，对食品、消毒剂、一次性卫生用品和化学品等产品进行毒性检测及安全性评价工作。

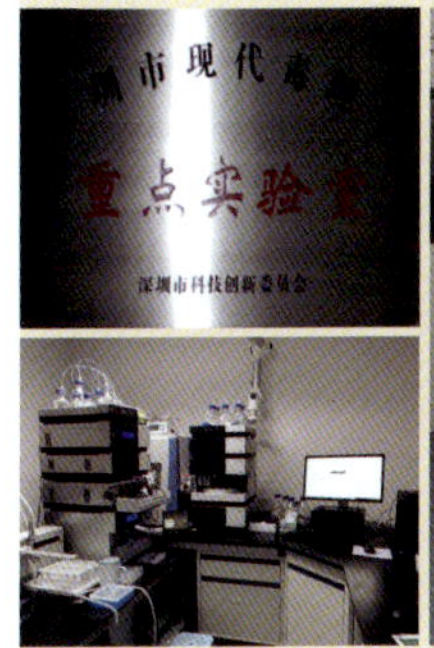

Q Exactive液质联用系统

XTREME Ⅱ小动物活体成像系统

龙岗区

科技创新局

区科技创新局内设5个科室（办公室、科技发展规划科、科技创新促进科、新兴产业发展科、自主创新推进科）、1个参公单位（区科学技术协会）、2个事业单位（区科技企业管理办公室、区科技创新服务中心）、1个二类事业单位（区技术转移促进中心）。干部职工47人（公务员19人、参公人员3人、事业单位职员10人、雇员5人、聘员10人），部门领导1正1副（空缺副职2人），其他处级干部2人（区科协专职副主席肖朝阳；调研员陈红，兼任区政协副主席）。内设机构领导职数9名，正科级5名（实有5名），副科级4名（实有2名）。

朱　云：区科技创新局局长　区科学技术协会主席

曹伊鸿：区科技创新局副局长

赵　雄：区科技创新局副局长

董　鲁：区科技创新局副局长

肖朝阳：区科学技术协会专职副主席

陈　红：区政协副主席、区科技创新局调研员

深圳市南山区疾病预防控制中心

中心网站：https://www.sncdc.cn
电话：26413125
传真：26072310
微信公众号：sznscdc（健康南山）

深圳市南山区疾病预防控制中心是政府为实施疾病预防控制与公共卫生技术管理和服务而成立的公益事业单位。中心前身是1984年7月成立的深圳市南山区卫生防疫站。2004年6月8日，根据国家疾病预防控制和卫生监督体制改革精神，深圳市南山区疾病预防控制中心组建成立，2015年与区健康教育所合署办公。

中心主要职责是：负责辖区疾病预防与控制、突发公共卫生事件应急处置、疫情报告与健康相关因素信息管理、健康危害因素监测与干预、实验室检测分析与评价、健康教育与健康促进、技术管理与应用研究指导。开展传染病监测与预警，承担疫情报告与健康相关因素信息管理，参与重大预防接种事故调查处置等工作；组织实施公共卫生健康危害因素监测、技术指导、卫生学评价和干预，组织、指导开展重大突发公共卫生事件技术调查、危险性评价等工作；组织开展病原微生物、毒物、污染物检测、检验及相关鉴定工作，承担卫生行政部门委托的与卫生监督执法相关的检测检验、分析评价、技术鉴定等工作；开展健康教育与健康促进工作，承担多项基层公共卫生服务工作。

中心拥有一支高素质的专业技术队伍。中心人员编制75人，目前有编制职工70人。学历结构:博士6人，硕士25人，本科29人，大专及以下10人；职称结构：正高12人，副高21人，中级21人，初级及以下16人。另有临时聘用人员及购买服务人员75人。

中心重视质量管理。中心在1992年通过省计量认证，2001年通过中国实验室国家认可、ISO9001质量认证，2001年档案综合管理晋升为省特级单位；2004年获得广东省职业健康检查资格和职业卫生技术服务资质认证；2006年获得建设项目职业病危害评价（乙级）资质认证；2009年通过公共场所集中空调通风系统卫生学评价资质认证；2012年获得食品检验机构资质认定。目前，中心获得实验室资质认定检测能力7类296项；中国合格评定国家认可委员会（CNAS）检测能力5类74项；职业卫生技术服务资质认定检测能力63项；食品检验机构资质认定检测能力15类247项；公共场所卫生检验、检测、评价机构技术能力检测能力5类35项。

中心信息化建设不断加强，信息化应用服务体系较为完善。设立了对外服务门户网站和内网集成服务平台，实施了新一代实验室信息管理系统，升级了办公自动化信息管理系统并实现异地、移动办公,搭建了远程、区域视频会议系统；建立了基本信息安全体系并通过信息安全等级保护测评。

深圳市宝安区疾病预防控制中心

SHENZHEN BAOAN DISTRICT CENTER FOR DISEASE CONTROL AND PREVENTION

地址：深圳市宝安区新安街道海秀路3号
电话：0755－2778 5794
网址：www.bacdc.net
邮箱：szbacdc@263.net

职业卫生技术服务机构资质证书
Certificate of Occupational Health Service

中国合格评定国家认可委员会
实验室认可证书

检验检测机构
资质认定证书

深圳市宝安区疾病预防控制中心为宝安区卫生和计划生育局下属副处级事业单位，中心加挂宝安区卫生检验中心、宝安区职业病防治所，三块牌子一套班子。

现有员工117人，其中博士9人，硕士30人，本科50人；正高职称11人，副高27人，中级31人，国家级特聘顾问3名。主要职能是疾病预防与控制、突发公共卫生事件应急处置，疫情报告及相关因素信息管理，健康危害因素监测与干预，实验室检测分析与评价，健康教育与健康促进，技术管理与应用研究指导。

本中心实验室是宝安区的重点实验室，获得实验室认可、实验室资质认定（计量认证）、食品检验检测机构资质认定、深圳市公共场所卫生检验与评价、HIV初筛及确证实验室、广东省职业卫生技术服务机构（乙级）、深圳市公共场所卫生检验、检测评价机构。除常规监测检验外，还可开展食品中兽药残留、食品中重金属、工作场所有机溶剂检测、病原菌的分离鉴定、流感等病毒分离鉴定、基因分型和序列分析、HIV确证实验等。

本中心是全国艾滋病防治示范区，是CFETP（中国现场流行病学培训基地）第一个区级基地，创建了艾滋病防治、卫生检验、职业卫生、传染病防制与学校卫生五大区级重点学科，成立了全市首个博士工作室。是中山大学等一批高等院校的教学实践基地，深圳市医疗卫生机构科技影响力评价排名位列区级公共卫生机构第一。

本中心的工作理念是爱国敬业，创新引领，作风优良。工作愿景是：预防为主，防治结合；政府主导，联防联控；社会动员，全员参与；公卫联盟，健康促进；把疾控工作关口前移，提高全区居民素养。

【医院概况】

南方医科大学深圳医院是按照公立三级甲等医院标准，由深圳市政府投资兴建，委托南方医科大学全面管理的市属公立医院，也是南方医科大学深圳地区第一所直属附属医院。医院于2015年12月28日开业，是深圳市“三名工程”的首个落地“名院”项目。

医院占地面积8.24万平方米，规划总床位2500张，一期展开床位1000张，一期工程投资20亿元，建筑面积171204平方米，设计日均门诊量8000人次。正在建设的二期工程总建筑面积约36万平方米，建设内容包括门急诊医技楼、住院楼、科研教学楼、地下停车场和相关配套设施。

南方医科大学深圳医院自开业以来从国内外引进大批知名专家、教授及高水平人才。截至2018年4月，全院在岗人员达到1405人，卫生技术人员1167人，其中具有高级职称人员223人，具有研究生学历人员361人，博士研究生导师13人，硕士研究生导师22人，享受国务院政府特殊津贴人员1人。

2017年院门急诊51万人次，出院近2万人次，住院手术量5000余例；平均住院日7.93天，病床使用率70.91%，病床年周转次数30.43次。医院已全部展开三级综合医院所要求的临床专科，加入120急救中心，成立“卒中中心”和“胸痛中心”，开展了一系列临床新业务新技术，顺利完成了多例高难度手术，疑难重症救治能力日渐增强，具备三级医院服务能力。医院集医疗、教学、科研为一体，以攻克疑难重症为建设目标，一切以病人为中心，致力于打造深圳西部地区医疗标杆医院，切实履行“大病不出深圳”的名院职责。

【医学创新】

2017年，南方医科大学深圳医院开展了临床新技术项目80项，其中主要有整形烧伤科的复杂疤痕整形、背部体表巨大肿瘤切除术、修复术、耳再造手术；消化内科的内镜下食管憩室切开术、经口内镜下胃幽门肌切开术（G-POEM）、O-POEM、超声内镜下胰腺假性囊肿穿刺+支架内引流术；早癌ESD术，完成国内首例在超声内镜辅助下门脉高压伴梗阻性黄疸患者胰腺假性囊肿内镜穿刺引流术。普外科的腹腔镜食管裂孔疝修补+抗反流手术；神经内科的颈动脉闭塞再通术、椎动脉颅内闭塞再通术、大脑中动脉闭塞再通术；口腔科的CAD/CAM椅旁即刻修复技术、3D MD face system、insignia数字化矫治系统、儿童乳牙预成冠等；儿童耳鼻喉科的新生儿先天性耳畸形无创矫治术、喉狭窄激光成形术等。

此外，临床还相继开展了颈内动脉和椎动脉狭窄血管成形术、冠状动脉搭桥手术、腹腔镜下胰十二指肠切除术、腹腔镜食管裂孔疝修补+抗反流手术、胸锁乳突肌锁骨头骨膜瓣气管修补术、人工耳蜗植入术、耳再造手术、成人耳畸形手术、复杂疤痕整形、头面部巨大神经纤维肉瘤修复、3D打印人工骨材料及人工椎体技术、呼吸睡眠障碍监测技术、口腔椅旁数字化修复、儿童乳牙金属预成冠、牙周内窥镜等多项高难度技术。医院通过ECMO技术成功抢救了11名危重病人，开展了血浆置换和免疫吸附CRRT技术。

科研教育平台建设方面，中华口腔医学会牙周专业国家级规培基地、全国银屑病生物治疗研究中心、全国首家儿童耳鼻咽喉微创手术培训基地、广东省护士教育培训基地相继落户南方医科大学深圳医院。医院骨科获批成为广东省医学3D打印应用转化工程技术研究中心临床基地、深圳市数字外科3D打印重点试验室；中心实验室获批成为深圳市病毒肿瘤学重点实验室。

【医院科研】

2017年南方医科大学深圳医院共获各级科研项目68项，获资助经费692.5万元，其中国家自然科学基金5项，广东省自然科学基金1项、广东省科技发展专项资金1项、广东省医学科研基金2项、广东省中医药局课题1项，深圳市科创委自由探索项目12项、深圳市科创委学科布局项目1项、深圳市卫生计生系统科研项目9项、宝安区科创局医疗卫生科研项目25项，大学临床研究启动计划项目11项。2017年南方医科大学深圳医院发表SCI收录论文26篇、国内核心期刊论文8篇。

【学科建设】

消化内科、肾内科、病理科、护理学、围产医学五个学科入选深圳市重点“品牌学科”建设之列。部分学科发展迅速，特色优势逐步显现。神经内科、消化内科、普通外科、儿童耳鼻喉科、皮肤科、医学影像科、骨科共7个学科为医院三年重点发展学科。2017年医院陆续引进了南方医科大学钟世镇院士数字骨科团队、姚开泰院士鼻咽癌研究团队、弗莱堡大学Siewert院士心衰外科医学团队等七个“三名工程”高层次人才团队。开展了一系列临床新业务新技术，顺利完成多例高难度手术，为深圳市培养了大批高水平专科护理人才，提升了医院的学科实力和社会知名度。

深圳市南山区人民医院

深圳市南山区人民医院（深圳市第六人民医院）是南山区人民政府举办的一所三级甲等综合医院，是深圳市首家通过国家新标准复评的三甲医院，国家C-DRG收付费改革试点单位；是全市十七家区域医疗中心之一，是全省第一家获批国家住院医师规范化培训主基地的区级医院；通过中国胸痛中心、国家卒中中心认证；多次被评为深圳市社保信用等级AAA单位，已开通省内、跨省异地医保及新农合异地医保住院直接结算业务。

医院始于1946年“宝安县卫生院”，1991年随南山区成立而更名为“南山区人民医院”；2005年增名“深圳市第六人民医院”，2009年挂牌“华中科技大学协和深圳医院”，2011年晋升广东省三级甲等综合医院，2012年成为广东医科大学深圳南山临床学院。2016年成为深圳市首家通过“新国标”复审的三甲医院。2017年，牵头成立“国家临床重点专科·南山医院疼痛专科联盟”，为深圳市首个跨省的疼痛医学专科联盟。2018年，与中国医学科学院肿瘤医院深圳医院合作建设南山肿瘤中心。

承担全区及其周边医疗、教学、科研、急救、康复和社区全科医学等工作，致力于打造服务“南山—前海”中心城区的国际化医疗平台。目前开放床位1155张，改扩建工程竣工后，总建筑面积可达59.24万平方米，规划床位2500张。目前设有37个临床科室、14个医技科室、23个行政后勤科室和24家“院办院管”的社康中心。现拥有双源CT、西门子SENSATION多排螺旋CT、1.5T超导型SYMPHONY核磁共振机、3.0T磁共振机、DSA、多台数字化X光机、各种彩色多普勒超声仪与影像学检查设备及开展各项腔镜手术和检查必需的多媒体、内镜等多项大型诊疗设备。

截至2018年上半年，医院共有职工2331人。院本部共有职工2053人，社康中心职工278名。全院共有博士研究生120人（其中博士后6人），深圳市高层次专业人才8人，海外高层次人才（孔雀计划）3人，享受深圳市政府特殊津贴专家1人，南山区领航人才4人。高级职称人员共计504名，中级职称人员共计922名，中级以上职称人员占全院员工总数的61.18%；初级职称人员538名。有国家级临床重点专科1个（疼痛科）；国家综合医院中医药示范单位1个（中医科）；省级临床重点专科2个（康复医学科、感染科）及多个市、区级重点学科、优势学科群和2个市级重点实验室（感染科、疼痛科）。

2017年，我院门诊总诊疗人次303.77万，其中院本部198.07万，社康105.7万。出院49362人次，住院手术量13946台，其中，三、四级手术8586台，人均住院费用为12208.35元，人均门急诊费用为243.94元。

近年来，我们积极谋划发展新景，坚持公益性质，以居民健康为中心，将院本部与社康统筹发展，确立“顶天立地”发展战略，运用三甲医院的优势，构建一体化的城市健康服务体系。

我们全力深化三甲内涵，注重医疗质量与安全。落实改善医疗服务行动计划，提升患者就医体验，引进美国先进的急救理念、方法和技术，构建“创伤救治南山模式”，把病人进院到确定手术所需时间从126分钟缩短到56分钟，显著降低创伤病人死亡率。全市率先开展日间手术试点；加强平台学科建设，完成危急重症医学部，南山区域影像、区域检验、区域临床病理诊断平台建设；建成严重创伤、急性心梗、脑卒中、高危孕产妇救治四条绿色救命通道。南山区域检验中心通过ISO15189监督评审。持续推进优质护理服务，运用品管圈提升质量与安全；与武汉协和医院开展“协南合作”近10年，将进一步深化合作；引入6个市级“三名工程”高层次医学团队，6个区级“三名工程”高层次医学团队；推进住院医师规范化培训，推动临床技能中心建设。

我们全力拥抱信息时代，拥有门诊自动化药房管理系统，实现了药方发药智能化管理。借助大数据国家工程实验室平台，南山医院建立健康医疗大数据研究中心。建立人工智能医学影像联合实验室，食管癌AI诊断在全国率先落地，中央电视台多次采访。实现两个专病的在线智慧质控，并开通全国首个微信商保平台。南山移动支付获2016年度中国“互联网+”十佳优秀案例。启动互联网医院试点，已完成互联网医院总体架构设计，平台已进入试运行阶段，可实现门诊预约挂号、医生在线咨询、智慧停车等功能。

医院坚持“临床立院，科教兴院”理念，近5年获得国家自然科研基金11项；省科技厅项目8项、省自然科学基金9项和省教育厅项目5项；深圳市科创委项目105项、广东省卫计委项目26项和广东省中医药管理局项目5项；市卫计委科研项目84项、区卫计局项目171项，获得科研经费资助近3714.6万元；共发表学术论文1359篇，其中SCI 111篇，统计源期刊730篇，共编撰专著10余部；近5年举办各级继续教育项目222项，其中国家级37项，省级52项。

下一步，医院将全面贯彻落实习近平新时代中国特色社会主义思想和党的十九大精神，坚持新时期卫生与健康工作方针，坚持党的领导，以广东省高水平医院建设为重点，实施健康深圳建设和改善医疗服务行动计划，逐步完善现代医院管理制度，依靠深化改革和管理创新，全力推进改扩建工程，朝着建设区域国际医疗服务中心的目标迈进。

地址：深圳市南山区桃园路89号
总机：0755-26553111转各科室
急诊电话：0755-26565339　26553111-23100
传真：0755-26565025

交通指南
地铁：罗宝线（1号线）桃园站C出口；机场线（11号线）南山站H出口（步行约 800米）
公交站台：市六医院或市六医院东
公交线路：36 58 122 204 223 226 331 332 337 382 B796 M182 M206 M242 M343 M349 M372 M453 M492 M562等

深圳市龙华区人民医院

THE PEOPLE'S HOSPITAL OF LONGHUA, SHENZHEN

深圳市龙华区人民医院始建于1976年，是一所集医疗、教学、科研、预防、保健和健康教育于一体的区级公立三级综合医院；是广东省高等医学院校教学医院、广东医科大学硕士研究生培养基地、国家级住院医师规范化培训基地协同基地，全国健康促进与教育优秀实践基地。2017年，医院完成门急诊468万人次、出院4.7万人次、手术3.83万人次、婴儿分娩9591例，服务体量连续多年居深圳市综合医院前列。

医院以专科建设为抓手推动医疗质量稳步提升，口腔科是深圳市重点专科、深圳市十大优势医学重点学科，脊柱外科、泌尿外科、产科、呼吸内科、消化内科、医学影像科、皮肤科、新生儿科是龙华区重点学科，神经内科、康复医学科、手外科、检验科、超声科是龙华区重点学科建设单位，口腔3D数字化与临床功能形态转化重点实验室、中心实验室、医学检验中心、泌尿系统结石病防治中心实验室是龙华区重点实验室。

深圳市龙华区人民医院下辖27家社区健康服务中心，业务用房总面积3.2万m^2，服务范围约70.5平方公里，分布在民治、龙华和大浪3个街道（21个社区工作站，61个居委会），服务人口总数约200万人。2017年社康门诊量256万人次，占我院门诊总人次的54.7%。各社区健康服务中心设有预防保健科、全科诊疗科、内科、外科、妇产科、妇女保健科、儿科、儿童保健科、口腔科、精神科、急诊医学科、康复医学科、医学检验科、医学影像科、中医科，各类标准诊疗设备齐全，为服务社区居民健康提供强有力保障。2017年，完成社区诊疗284万人次，社区服务量位列全市第一；完成家庭医生签约服务22万人，签约率居全市前列。

医院始终坚持“人才立院，科教兴院”发展战略，近3年，我院获得国家自然科学基金立项3项、省级课题立项6项，市厅级项目39项，获得财政资助近400万元；发表学术论文907篇，其中统计源核心期刊435篇，SCI收录30篇。截止到2018年7月，共获得专利17项，其中1项外观设计专利，16项实用新型专利。

医院有完备的人才建设制度，科室配备良好的科技人才梯队，其中高级职称314人，博士及博士后41人，硕士257人，组成了技术精湛的医疗人才骨干队伍；目前，我院有3名深圳市孔雀计划海外高层次C类人才、1名深圳市高层次后备级人才、5名深圳市龙华区龙舞华章C类人才以及9名龙华区公共事业高层次人才。

近三年，我院加大科研经费投入，年研究开发和配套经费超1000万元，为医学研究的顺利开展提供了较充足的经费支持，为临床、教学、科研提供了较雄厚的力量。

重点学科建设

2017年第三届互联网医疗大会

全科医学建设

与广东医科大学签订临床教学合作协议

首届“中国医师节”表彰

临床科研建设

临床技能中心建设

地址：深圳市龙华区景龙建设路38号　　邮编：518109

电话：0755-29001099　　网址：http://www.lhhos.com/

深圳平樂骨傷科醫院
Shenzhen Pingle Orthopaedic Hospital
廣州中醫藥大學附屬深圳平樂骨傷科醫院
The Affiliated Shenzhen Pingle Orthopaedic Hospital of Guangzhou University of Traditional Chinese Medicine

扫一扫关注医院微信

罗湖院区：
地址：深圳市罗湖区金塘街40号、45号及金华街15号
邮编：518010
总机：0755—82247153
传真：0755—82247352
网址：www.szplgk.com

坪山院区：
地址：深圳市坪山新区深汕路坑梓段252号（坑梓汽车站对面）
电话：0755—28328011

深圳平乐骨伤科医院（深圳市坪山区中医院）成立于1986年，是集医疗、教学、科研和预防保健为一体的国有卫生事业单位，深圳市首家三级甲等中医骨伤专科医院、广州中医药大学非直属附属医院、南方医科大学教学医院、广东省非物质文化遗产传承保护基地、全国微创骨科示范中心、中华中医药学会无痛骨伤科医院示范单位。医院现有职工778人，其中拥有副主任医师以上职称的高级技术人才65名，中级技术职称116人，本科以上学历450人，其中硕、博士学位人员104名，有海外留学经历人员6名。

公共服务

医院以建设具有国内一流现代化的新院区为依托，以罗湖院区中医骨伤、慢病防治为基础，以坪山院区医养结合医疗模式为外延，建成一体两翼、三位一体的平乐医疗集团。

目前罗湖院区核定床位400张；坪山院区开放床位150张，坪山院区是以骨伤科为主，覆盖内、外、妇、儿、五官、康复、针灸、骨伤科等专业的综合性中医院。医院还在欢乐海岸开设中医诊所，为南山片区市民的就诊提供了极大的便利。

医院专科服务能力强，2013年通过专家评审，晋级成为省内首批78家人工关节置换技术准入单位之一、深圳市首批具备可开展髋、膝关节置换两种手术资质的四家医院之一。

科研与教学

医院经过30余年的建设，已发展成为一家集医疗、教学、科研和预防保健为一体享誉岭南大地的专科医院。2003年相继成为广州中医药大学、河南中医学院等医学高等院校实习基地，2008年成为广州中医药大学教学医院，2012年成为广州中医药大学非直属附属医院及南方医科大学教学医院，2018年，成为福建中医药大学教学医院，现有博士生导师1人，硕士生导师5人，11人被聘为广州中医药大学教授，17人被聘为副教授，4人被聘为讲师。

近3年医院有近20项科研课题获得国家、省、市级立项，科研能力不断提升，同时，在不同级别的科技期刊中发表论文300余篇。

医疗卫生三名工程

2018年8月，引进上海中医药大学王拥军教授中医骨伤科团队，王拥军教授是博士生导师、博士后指导老师，上海中医药大学副校长，上海中医药大学脊柱病研究所所长，国家教育部重点实验室主任，国家“973”计划项目首席科学家，国家杰出青年科学基金获得者，教育部长江学者奖励计划特聘教授，教育部“创新团队”负责人，科技部重点领域“创新团队”负责人，新世纪百千万人才工程国家级人选，上海市“劳模创新工作室”负责人。荣获2项国家科技进步奖二等奖以及上海市科技进步奖一等奖、中华医学科技奖一等奖、全国高等学校科学技术进步奖一等奖等20项奖励。

我院与王拥军教授团队将在精准医疗、临床转化和科研教学等方面开展合作，确定了三个发展方向：1.中医药防治慢性筋骨病临床队列研究与应用基础研究；2.建立深圳市慢性筋骨病中医药骨健康联盟；3.建立慢性筋骨病临床转化应用与平台。

中山大学附属第七医院

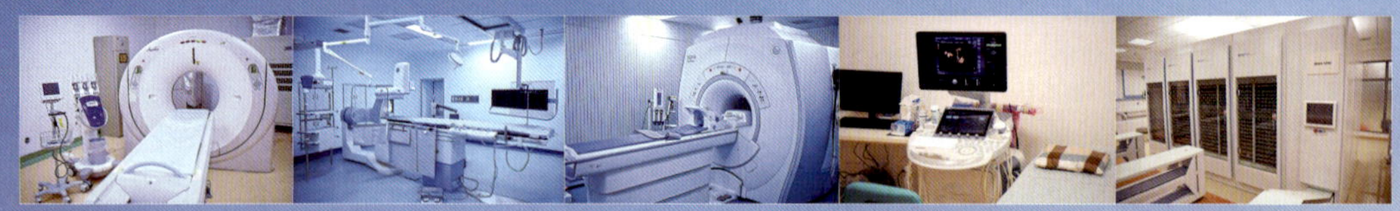

医院简介

中山大学附属第七医院位于深圳市光明区圳园路628号，是由深圳市政府投资建设、中山大学运营管理的直属附属医院，是中大医科品牌在新时代最具代表性的传承和发展。医院占地面积23.52万平方米，规划总床位4000张；其中一期工程床位800张，2018年5月11日开业。

地址：深圳市光明新区新湖街道圳园路628号

接诊时间

门诊时间：周一至周五 上午8:00-12:00
下午2:30-5:30
周六至周日 上午8:00-12:00
急诊时间：周一至周日 0:00-24:00

公共交通指引路线

公交（中大附七站）
M356、325、B901、M490、B784、M215、M218、M411、高峰专线133、高峰专线135、高峰专线168

高铁（光明城站）
换乘公交M215或高峰专线135号

地铁（6号线建设中）

定位

3个中心——国家级区域医疗卫生中心
应急与灾难医学中心
保健康复中心

目标

6个最——深圳地区规模最大
临床专科门类最齐全
诊疗量最大
诊疗技术最先进
高层次医护人员最多
医德医风最好

核心价值观

3个满意——让党和政府满意
让老百姓满意
让员工满意

- 传承百年中大医科文化，提供同质化高水平医疗服务
- 规划建设世界级医疗中心，打造粤港澳大湾区医疗高地
- 全面开展多学科联合诊疗模式（MDT）
- 打造高度信息化的智慧医院
- 打造深圳名医摇篮和医学人才“蓄水池”
- 重视学术交流、建设世界一流的开放式医学科研平台、引进高层次海内外人才

科研人才与成果

中山七院高度重视科研工作，大力引进高层次研究人才并为其创造优越的研究条件，目前已经引进专职科研人才29人，其中高层次专职科研人才14名，拟引进专职科研人才14人，其中高层次专职科研人才9名。筹备以来，科研成果已初步展现：2017年至今，以我院为第一作者单位或通讯作者单位发表学术论著67篇，其中SCI论文18篇。2017年未开业即获1项国家自然科学基金应急项目；2018年又斩获国家自然科学基金10项，立项金额429万元（深圳市首位）。此外2018年，还获国家外专局高端外专项目1项、广东省自然科学基金2项、广东省医学科研基金4项、广东省中医药局管理项目1项、广东省生物医学创新平台培育建设B类项目1项、深圳市卫生系统科研项目7项、深圳市科创委基础研究·自由探索项目11项、深圳市高水平医学学术会议1项、中山大学青年教师培育项目1项。

深圳中山泌尿外科醫院

SHENZHEN ZHONGSHAN UROLOGICAL HOSPITAL

地址：深圳市福田区福强路 1001　邮编：518045　电话：0755-88361001

医院概况

深圳中山泌尿外科医院创建于 1987 年，现为二级专科医院，以生殖医学（"试管婴儿"）和泌尿外科为重点和特色学科，同时开设男科、妇科、外科、中医科和康复门诊，是深圳市独具特色的社会办专科医院。医院连续六年荣获深圳市医保信用等级 AAA 单位，在 2014-2017 年开展的深圳市医疗行业公众满意度调查中连续多次获得社会办医院满意度前三名的优异成绩。2016 年，经深圳中山泌尿外科医院辅助妊娠的第 20000 名试管婴儿诞生，为深圳最早开展体外受精-胚胎移植（IVF-ET）辅助生殖且试管婴儿出生数量最多的生殖中心。建院 31 年来，深圳中山泌尿外科医院秉承"以人为本，热忱服务，坚守诚信，开拓进取"的院训精神，以精湛的医术和高度的责任感承载生命的重托，努力建设成为"高水平的临床诊疗和研究型医院"。

公共服务

医院重点科室生殖医学中心成立于 1997 年 7 月，是深圳市首家生殖医学中心，也是首批获得卫生部门批准实施辅助生殖技术的生殖医学中心之一，最早为深圳市民提供第一代、第二代和第三代试管婴儿技术服务。成立至今，试管婴儿成功率始终保持国内领先水平，目前单周期妊娠率达 65%，多周期累计妊娠率达 93%。截至 2016 年，经生殖中心诞生的婴儿逾 20000 名，是深圳出生试管婴儿最多的生殖中心。

深圳中山泌尿外科医院近三年治疗周期数、年龄及成功率

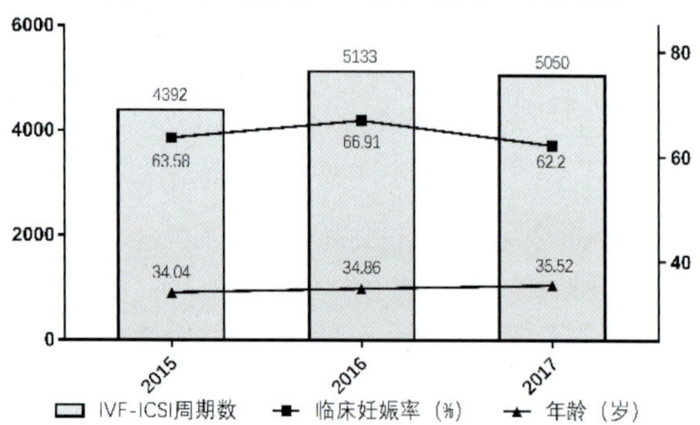

生殖医学中心拥有经验丰富的临床医生团队和先进的医疗设备。目前拥有全职科研人员 40 余人，博士研究生 14 人，硕士研究生 22 人。具有高级职称 7 人，中级职称 25 人。团队专业领域涉及妇产科学（临床）、生殖医学（临床）、胚胎学、分子生物学、生物化学、免疫学和遗传学等多个专业，人才结构合理，团队合作能力强。

生殖医学中心发展过程中，基于医院生殖助孕中心的成功经验和实践探索，组建了以"生殖免疫"为特色的"围着床期生殖免疫重点实验室"，主要从事围着床期胚胎丢失的机制和临床干预策略的研究。通过数字化病理分析评估平台、常规生殖病理平台、外周血免疫评估平台、自身抗体评估平台，对复发性流产、反复种植失败、多次生化妊娠丢失患者进行精确诊疗，进一步改善临床妊娠结局及提高出生人口质量。

科学研究与自主创新

生殖医学中心将临床诊疗与科学研究相互结合，秉承"科研来源于临床，服务于临床"的理念，围绕临床面临的问题开展科学研究，希望最终实现针对患者的精准诊疗。

生殖医学中心下设"生殖助孕中心"、"生殖助孕保胎中心"、"生殖医学临床研究中心"及"生殖与遗传研究所"四个部门，已发展成为以科研创新为特色的生殖医学中心，是深圳市唯一一家拥有市重点实验室并承担国家级科研课题的生殖中心，也是深圳市唯一一家中华医学会生殖医学分会委员单位。

2010 年至 2018 年 8 月，我院共获批国家级课题 6 项，省市级课题 36 项，获得政府财政资助 2282.64 万元。截至 2018 年 6 月，深圳中山泌尿外科医院共发表科研论文 423 篇，包括 37 篇 SCI 文章，334 篇中文核心期刊文章和 52 篇国际会议论文。生殖医学中心共发表科研论文 192 篇，包括 37 篇 SCI 文章，103 篇中文核心期刊文章和 52 篇国际会议论文。多项研究成果已被成功转化应用于临床诊疗过程中，共申请获批专利 15 项，其中包括发明专利 5 项及实用新型专利 10 项。

生殖医学中心科研立项情况　　生殖医学中心科研论文发表情况

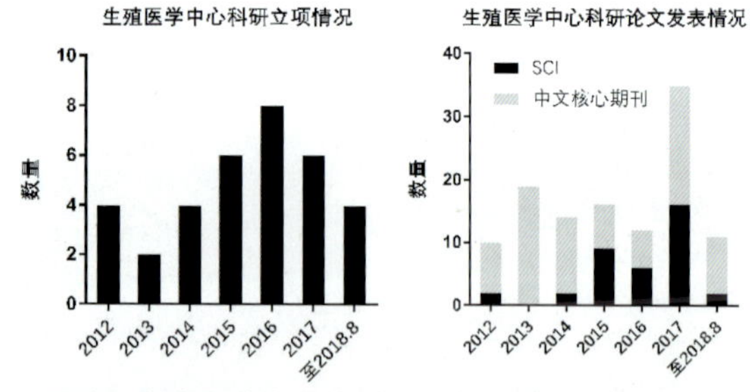

同时，我院生殖中心的科研人员承担了包括《Seminars in immunopathology》、《Journal of Assisted Reproduction and Genetics》、《Systems Biology in Reproductive Medicine》、《American Journal of Reproductive Immunology》、《Journal of Reproductive Immunology》在内的 10 余家杂志的审稿义务，年审稿超过 50 篇。

医院微信

生殖中心微信

免疫中心微信

国内外交流与合作

深圳中山泌尿外科医院先后主办四届（2014-2017）“生殖免疫新进展国际学术研讨会”，累计邀请到上百位国内外知名专家学者，就免疫学和生殖免疫学的前沿进展、年度最受关注的热门基础研究和临床治疗方向进行了精彩的报告与交流。推动了学术界对于生殖免疫的学习，促进我国生殖免疫学的研究及临床应用的发展。2018 年，深圳中山泌尿外科医院和复旦大学附属妇产科医院共同承办了“中美联合生殖免疫大会暨第 38 届美洲生殖免疫大会暨第 6 届中国生殖免疫大会”，进一步加强了国内外生殖免疫学者的联系与合作。此外，深圳中山泌尿外科医院的临床医生与科研人员多次受邀参加各类国际和国内学术会议，并在会上做精彩报告和演讲，进一步扩大了深圳中山泌尿外科医院在生殖医学领域的影响力。

深圳中山泌尿外科医院通过多种合作形式，不断提升团队的核心竞争力。2016 年，医院引进复旦大学附属妇产科医院李大金教授生殖免疫诊疗创新团队，成立生殖免疫联合研发中心。2017 年，生殖中心与武汉大学等单位联合申报项目荣获湖北省科技进步二等奖和全国妇幼健康科学技术二等奖。近年来，深圳中山泌尿外科医院先后聘请了 6 位国外知名教授作为科学顾问，并派遣大量的骨干医生和科研人员前往境内外知名高等院校和大型研究机构提高深造。

“医疗卫生三名工程”生殖免疫李大金教授团队启动仪式

我院生殖医学中心引进国家 973 项目首席科学家、复旦大学附属妇产科医院副院长李大金教授作为带头人的生殖免疫诊疗团队，共建“复旦大学附属妇产科医院-深圳中山泌尿外科医院生殖免疫联合研发中心”

- **启航**
  - 1987 年，应深圳市政府邀请，成立深圳中山泌尿外科医院
  - 1997 年，成立“生殖医学中心”
  - 1998 年，深圳首例试管婴儿诞生
  - 1999 年，深圳首例卵胞浆内单精子显微注射试管婴儿诞生
  - 2000 年，中国首例混血试管婴儿诞生
- **成长**
  - 2001 年，中国首例激光辅助孵化试管婴儿诞生
  - 2002 年，中国首例不活动精子行卵胞浆内单精子显微注射后，卵子电激活试管婴儿诞生
  - 2003 年，世界首例原核移植试管婴儿妊娠
  - 2005 年，国内率先开展 FNA-Mapping 取精技术
  - 2006 年，国内率先开展微刺激促排卵方案
  - 2007 年，国内率先开展精子 DNA 完整性检测判断受精能力
  - 2010 年，成熟应用玻璃化冷冻技术
  - 2011 年，成熟开展低等级胚胎囊胚培养
- **发展**
  - 2009 年，成立“深圳中山生殖与遗传研究所”
  - 2010 年，原“反复种植失败和反复性流产诊疗中心”正式成立
  - 2011 年，获批深圳市“优势医学重点学科（群）生殖实验室”及“博士后创新实践基地”
  - 2012 年，组建“深圳市围着床期生殖免疫重点实验室”
  - 2014 年，中心更名为“生殖免疫诊疗中心”
  - 2016 年，获批深圳市“医疗卫生三名工程”，与国家 973 项目首席科学家李大金教授团队建立生殖免疫联合研发中心
  - 2018 年，成立“生殖医学临床研究中心”
- **创新**
  - 2006 年，开始尝试生殖免疫治疗，从临床免疫学角度探讨提高辅助生殖率的方式
  - 2009 年，利用流式细胞术和液相芯片技术开展淋巴细胞功能学、自身抗体与妊娠结局相关性研究
  - 2013 年，国内率先建立子宫内膜容受性免疫细胞谱
  - 2014 年，率先在生殖领域引入数字化病理分析平台
  - 2017 年，获批子宫内膜容受性评估相关专利
- **收获**
  - 2012 年，生殖免疫研究开始发表 SCI 论文
  - 2015 年，获评深圳市科技进步一等奖
  - 2016 年，开始首个国家自然科学基金项目
  - 2017 年，开始首个广东省科技发展专项资金资助项目
  - 2018 年，荣获美国生殖免疫协会“John Gusdon”奖

深圳市福田区风湿病专科医院

简介

深圳市福田区风湿病专科医院是于2017年2月21日经福田区机构编制委员会批复设立的国有公办医院。医院前身为深圳市福田区人民医院香蜜湖风湿病分院，于2002年成立，十六年来一直聚焦风湿病专科为发展重点，是华南地区首家具有风湿病中西医结合综合治疗特色的优势学科品牌医院，是深圳市医学重点学科。5年内将建设成为华南地区最大的风湿病精准医疗中心，打造风湿病专科精准医学和转化医学的医疗高地，为风湿病患者实现个体化精准医疗。

学术地位独特

独立前是广东医科大学的风湿病研究所及风湿病学科硕士研究生培养基地，博士后创新实践基地。是一家起点高、实力强、规模大的高水平专科特色医院。由中国中西医结合学会风湿病专业委员会副主任委员、中华医学会风湿病学分会委员、广东省医学会风湿病学分会副主任委员、深圳市风湿病学科的创始人和学术带头人、深圳市高层次专业人才地方级领军人才、深圳市政府特殊津贴专家、知名风湿病专家叶志中担任医院院长和风湿病研究所所长。风湿病住院和门诊病人量在市内遥遥领先。特诊病人数占专科门诊20%，病人主要来源为区外，其余有来自市外13%、省外9%、港澳台及国外8%。现在已发展成为具有核心竞争力和服务优势的知名品牌专科医院。目前正在申请审批定级为三级风湿病专科医院。

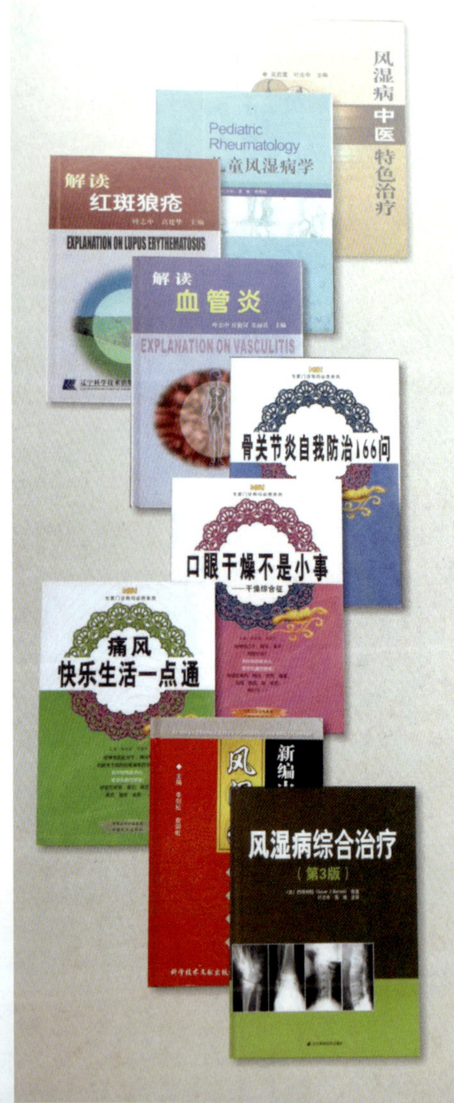

学科规模与特色

医院目前已开设风湿专科住院病床80张，年底将增至100张；未来五年计划逐步增加至200张住院病床。

门诊部设有风湿免疫10个特色病门诊。10个特色病门诊包括：红斑狼疮门诊、类风湿关节炎门诊、强直性脊柱炎门诊、骨质疏松门诊、风湿与生育门诊、痛风门诊、血管炎门诊、颈肩腰腿痛门诊、骨关节炎门诊、肌病门诊。

住院部按风湿病亚专科设置三个科，即风湿一科（红斑狼疮及结缔组织病科）、风湿二科（脊柱及关节炎科）和风湿三科（风湿中西医结合科）。

专科医院共设有4个中心：深圳市风湿免疫检测中心、远程医疗疑难病会诊中心、精准医疗中心和名医专家特诊中心。

医院现有工作人员127人，其中医师48人，护士43人，医技16人；高级职称19人，中级职称40人，初级职称48人。其中博士后1人，博士3人，硕士16人；风湿科团队职称构成：正高级8人，副高级10人，中级12人，初级29人；6人有留学进修经历，硕导3人。

科研教学与人才培养

独立前广东医科大学风湿病研究所依托医院建设，在科研、教学、医疗等各方面迅速发展，有稳定的科研方向和承担有国家省市区各级科研项目；学术队伍精干，结构合理，实行专职与兼职相结合，积极吸收相关学科的科技、教学、医务人员参加研究工作，充分发挥研究生和高年级大学生在科技工作中的作用；根据国家关于科技体制改革、教育体制改革的精神积极进行改革，实行科研、教学、医疗相结合，与大湾区的广东医科大学、中山大学、深圳大学、香港中文大学等发展多种形式的横向联系。研究所拥有相应的专业科研设备，如全自动流式点阵发光免疫分析仪、全自动化学发光免疫分析系统、全自动血液流变仪、荧光显微镜、莱卡偏振光显微镜、流式细胞仪、芯片生物分析仪、全自动感染免疫分析仪、免疫化学系统、ABI7300型荧光定量PCR仪、流式细胞仪、单孔细胞核转染系统、微孔板化学发光检测仪、-86℃超低温冰箱、液氮罐，台式高速冷冻离心机、超声波细胞粉碎仪、伯乐 ChemiDoc MP化学发光成像系统、Olympus倒置相差显微镜、BIO-RAD680酶标仪、CO_2培养箱、生物安全柜等仪器设备，价值1000多万元，足以支持本专科重点研究领域的科研工作。研究所已培养硕士研究生12名，获得省部级科学技术奖二等奖2项，三等奖1项；获得国家发明专利授权1项，实用新型专利授权7项；获得国家级课题立项6项，省级立项6项，市级立项20项；发表论文175篇，其中SCI论文23篇；专著主编9部，副主编3部。2018年科研喜获丰收，获得国家自然科学基金立项1项，省课题立项1项，深圳市科创委基础研究学科布局立项1项，自由探索立项1项，合计获得资助经费共249万元。

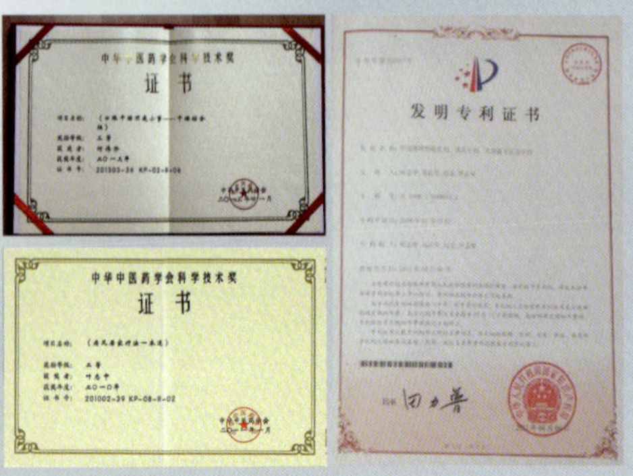

深圳市检验检疫科学研究院

单位简介

深圳市检验检疫科学研究院（以下简称“检科院”）是由原深圳市科技信息局（现深圳市科技创新委员会）和原深圳出入境检验检疫局（现转隶深圳海关，以下简称“原深圳局”）于2006年联合发起组建，经深圳市政府批准成立的公益性事业单位。

口岸移动核辐射监测车

深圳口岸手持式智能测温仪启用仪式

创新载体建设

检科院已建设2个国家级创新载体及7个深圳市创新载体，其中深圳市超宽带通讯与射频识别重点实验室及深圳市生化分析与检测公共技术创新服务平台分别被深圳市科创委评估为优秀。

科技创新及成果

（一）科研创新。近年来，检科院围绕国家和地方科技创新及应用需求，不断加大科技研发投入，积极参与各层次科技创新活动，已承担各类科研建设项目共计113项，科技研发投入累计超过2亿元。

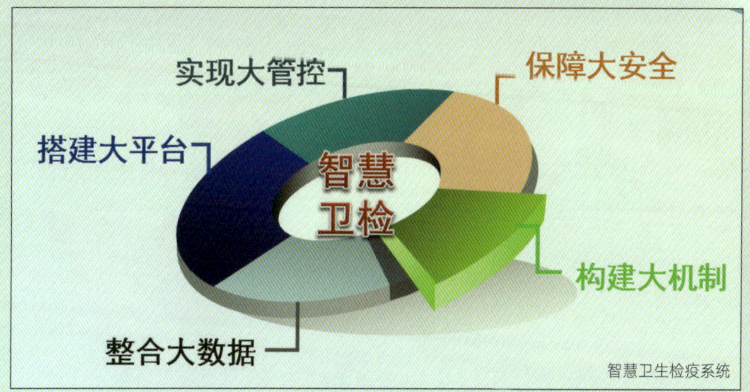

智慧卫生检疫系统

（二）标准引领。检科院在跨境电商、卫生检疫、动植物检疫、食品安全等领域共获得标准立项275项，连续多年地方标准立项数量排名深圳市各申报单位前列，制订的跨境电商领域、电子雾化器（液）、转基因生物标识等诸多地方标准为国内首创，多次获中央电视台、人民网、新华网等中央媒体及省市主流媒体报导。

（三）技贸服务。2016年，检科院设立技术性贸易措施工作部，立足深圳优势产业，开展包括出口家具、轻纺消费品、ICT（电子信息技术）产业、民用无人机、广播电视及LED照明等产业的前瞻性技术性贸易措施研究，共承担原质检总局、深圳市共22项技术贸易措施研究项目，相关研究成果及研究报告多次获国家领导人批示，如成功预判2017年美国联邦委员会关于广播电视标准ATSC3.0的推广实施；有力阻击了世界范围首发的无人机TBT通报；推动深圳市无人机标准体系建设完善；助力信息通讯产业技术性贸易措施国际研讨会连续2年在深圳召开等。

（四）成果输出。共申请专利134项，其中获授权发明专利31项，实用新型专利62项，外观专利1项，商标权1项，获软件著作权27项，发表论文268篇，论著16部。获得各类科研奖项65项，包括原质检总局科技兴检一等奖1项、二等奖4项、三等奖3项，广东省科学技术二等奖3项、三等奖2项，深圳市科技进步奖12项（含深圳市标准奖3项）及中国信息化（质检领域）一等奖2项等。

（五）成果转化。2011年检科院被认定为原质检总局科技成果推广转化基地以来，围绕电子信息技术、口岸智能化装备、生物科技三大领域进行攻关，在智能检测监测设备的研制和市场转化、IT和RFID技术在智慧口岸、智慧城市的工程应用、RFID及物联网技术在食品安全方面的工程应用、生物检测试剂/盒开发和商业化、中小型科技企业孵化、技术标准服务等领域取得了不俗的成绩，成功转化智慧卫生检疫系统、智慧实验室建设系统、口岸旅客携带物探测仪、口岸人脸识别系统、车载核生化物质探测定位系统、口岸智能体温探测仪、便携式快筛检测仪及配套试剂盒等26项科技信息化成果，取得了良好的社会和经济效益。

社会服务

检科院以用户需求为导向，利用基地、重点实验室和平台等创新载体开展对外服务。2015年检科院分别通过CNAS认可和CMA认证，具备开展射频终端检测资质；作为深圳市首批入库及试点单位开展深圳市创新券服务，整合了原深圳局各技术中心超过2500项检验检疫及认证服务项目，为深圳市中小微企业提供产品研发设计服务、基础应用研究和试验发展服务等8大类服务，进一步提升服务企业的层次，助力“大众创业万众创新”战略发展；2016年获得“政府预选自营电商项目尽职核查”及“政府采购合同履约评价抽检”业务资质，承接政府职能转移获得成效，获得深圳市相关单位的高度评价。

中国科学院深圳先进技术研究院

Shenzhen Institutes of Advanced Technology, Chinese Academy of Sciences

地址：深圳市南山区西丽大学城学苑大道1068号
电话：0755-86392288
传真：0755-86392299
网址：www.siat.ac.cn

先进院国家双创示范基地启动

自2006年中国科学院、深圳市人民政府和香港中文大学投资共同建设中国科学院深圳先进技术研究院（以下简称“先进院”），实行理事会领导下的院长负责体制，形成了“科研、教育、产业、资本”四位一体的微创新生态，建院11年来，累计承担科研项目总金额逾47亿元，在全国科研机构中名列前茅；2017年，先进院合同经费9.67亿元，到账8.45亿元，横向合作到款1.4亿元，均创历史新高，深圳市竞争性科研经费获批稳居第一。国自然获批80项，国家杰青项目1项，深圳市唯一；新增专利申请1303件达历史新高，申请量、授权量以及PCT申请量均居中国科学院第一；新增发表论文1149篇（Nature/Science系列文章5篇），其中SCI论文656篇，中科院排名24，国际合作论文235篇，中科院排名13，论文WFC指数，深圳科研机构排名第1。作为第一完成单位获批首个国家科学技术发明二等奖，获批何梁何利奖1项、全国创新争先奖1项、吴文俊人工智能奖2项，广东省科学技术奖3项、深圳市科学技术奖4项。2017年度先进院获批“国家双创示范基地”，深圳唯一高校科研机构代表；获广东省科技厅授予“广东省自然科学基金管理先进工作单位”荣誉称号，占深圳1/2。新增人才项目合同经费1.23亿元，新增“千人计划”“青年千人”“百人计划”等各类人才计划90人，青千引进数位列中科院第2。2017年度新增国际合作与交流项目20项，经费总计1712万元。在生物医学、新能源、新材料、信息技术、大数据、人工智能等领域的国际科技交流合作实现了与国际学术前沿的深度结合。累计培养学生近7000人，培养质量大幅提升；累计持股企业191家，孵化企业637家，对外投资新增8810万元。新增国家级载体2个，省部级载体7个，市级载体2个；新成立合成生物学研究所，新建苏州先进技术研究院。

先进院人员规模日趋稳定，截至2017年12月总计2453人，其中员工1203人，海归人员530人。2017年度，先进院新引进“千人计划”专家2人，“青年千人”4人，中国科学院率先行动“百人计划”4人，广东省领军人才2人，深圳市“鹏城学者”特聘教授4人；人才培养显著，年度新入选新世纪百千万国家级人才1人，国务院特殊津贴2人，杰青1人，广东省特支计划领军人才3人、青年拔尖人才6人，省杰青1人。新增“孔雀计划”技术创新项目19项；新获批深圳市孔雀人才30人次，深圳市高层次人才18人次，累计326人次，占博士生员工总数近70%。

2017年6月21日，先进院入选国家“双创”示范基地，建立了第一个国家级示范基地，初步建立了从“-1—N”的完整双创培育发展的双创模式，开展了中科-斯坦福创业营等国际化高水平的创业培育项目，服务创客超过20000人，科学创新教育覆盖青少年4000多人，红土创客基金已投资项目5个，投资金额近1亿元人民币。在国务院第四次双创督查和发改委组织的全国示范基地的评估中获得好评。此外，面向国家战略需求与院重大局合作，成功承办JW科技委发起、中科院主办、深圳市支持的科学院首届“率先杯”未来科技创新大赛，获批包括JW科技委、总院、深圳市政府1000万元的大赛资助。

品牌活动“公众科学日”“创新知行荟”让先进院的科研成果走向大众。获评广东省科普基地，与南山区政府共建“粤港澳大湾区青少年创新科学教育基地”。“博士课堂”品牌擦亮中科实验学校，先进院与南山区高标准、高起点联合办学，创新模式探索工作初显成效。

第十九届高交会，先进院以“立足粤港澳大湾区、建设国际一流新型科研机构”为主题，以国家双创基地建设为有效支撑，组织38个中心、141项成果、500多师生参与高交会的交流，接待观众10多万人次，在高交会现场先进院开展5个主题专场成果对接，吸引超100多家企业，收集合作意向200个；获36项高交会优秀产品奖，创历史新高，三项成果获得十大人气产品奖（第三名、第六名、第十名）；诺奖实验室十年成就引人注目；两大基础设施建设获深圳主要领导重视，有效地促进了合作的落实。

2017年学生屡获嘉奖，累计获奖达114人次。其中，1人获得中国科学院大学“院长特别奖”；1人获得中国科学院大学“院长优秀奖”；1人获得“朱李月华优博奖”；1人获得中国科学院大学“必和必拓奖学金”；2人获得中国科学院大学“三好学生标兵”称号；5人获得中国科学院大学“优秀学生干部”称号；2人获得中国科学院大学“优秀毕业生”称号；41人获得中国科学院“优秀学生”称号；近50人次获得“国科大优秀学生”称号、广州教育基地奖、创新创业大赛金奖、银奖等奖励。另外，留学生中有3人获得CAS-TWAS奖学金；3人获得中国政府奖学金；1人获得UCAS全额奖学金；1人获得泰国政府奖学金；2人获得深圳大运基金会奖学金。

2017年，先进院接待了来自加拿大、挪威、奥地利、法国、英国、越南、俄罗斯、澳大利亚、韩国等多个国家代表团到访交流，总人次近600人。先进院出访总数401人次212批次，较2016年度增长了45%。成功举办了23次国际学术研讨和合作对接会，其中200人以上的国际会议有8次，国际交流及海外影响力进一步提升。

2017年，先进院主办的学术期刊《集成技术》出版6期，累计出版34期。刊物国际关注度、全文下载数及被引用频次进一步提升；稿件发表周期也进一步缩短，2017年平均发表周期为3个月，单篇最快36天发表（从收稿到纸刊印刷出版）。

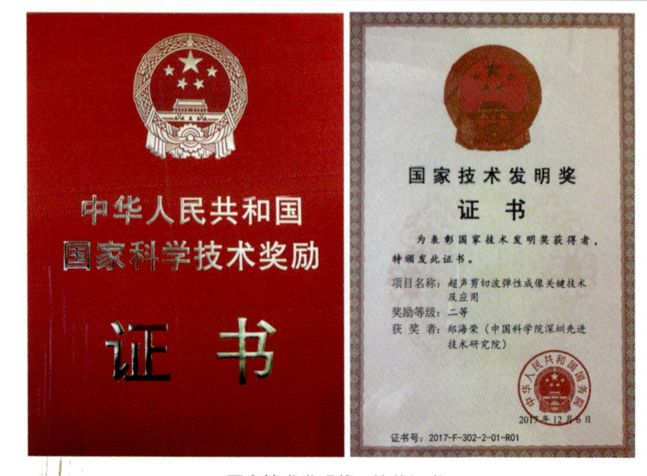

国家技术发明奖二等奖证书

深圳市勘察研究院有限公司

电话：0755-83357534/83328287　　传真：0755-83364623　　网址：http://www.sziri.com

深圳市勘察研究院有限公司原为基建工程兵水文地质部队第912团，是一支具有光荣传统和辉煌业绩的英雄部队，曾被原国家计委和国家地质总局授予“重大贡献单位”和“大庆式基本建设突击队”光荣称号,被中国人民解放军基建工程兵命名为“标兵团队”。1983年遵照国务院、中央军委命令，集体转业进驻深圳，成立深圳市工程地质勘察公司（简称深圳工勘）。1994年根据市编委深编[1994]　82号文件更名为深圳市勘察研究院，1999年从事业单位改为国有企业，2003年改制为经营者和员工全员持股的有限责任公司。由股东会、董事会、监事会、经理层组成公司治理系统，实行股东会、员工持股会、员工代表等多方参与的共同治理结构。

2002年2月通过ISO9001-2000认证；2003年通过广东省质量技术监督局的计量认证（CMA）；2005年通GB/T19001-2000—ISO9001：2000质量管理体系复评和GB/T24001-2004—ISO14001-2004环境管理体系及GB/T28001-2001职业健康安全管理体系认证。

公司主要承担各类工程地质勘察、水文地质勘察、工程测量、岩土工程、地质灾害防治工程；建设场地地震安全性评价、基桩质量检测、岩土试验和水质分析、文物保护工程勘察设计与规划编制、各类地基与基础施工等业务。

现有各类专业技术人员400多人，其中国家注册土木工程师（岩土）、注册测绘工程师、注册建造师110余人。高级工程师以上专业技术人员90多名，硕士博士以上学历100余人。公司勘察、物探、测绘、实验、施工等仪器设备配置以自动化、智能化和先进性、稳定性为标准。主要有低空摄影测量系统、全数字摄影测量系统、无人飞机(飞艇）低空对地航摄系统、倾斜摄影三维建模软件、自动化监测系统、水下地形导航测量系统、智能型钻孔电视成像系统、CCTV管道检测系统、地质雷达、探地雷达、数字陀螺经纬仪、0.5秒级全自动全站仪、0.3mm级电子精密水准仪、KTG全自动实验系统、图形工作站、瑞雷波仪以及意大利土力SR80、德国宝峨旋挖机等先进系统和高端设备。

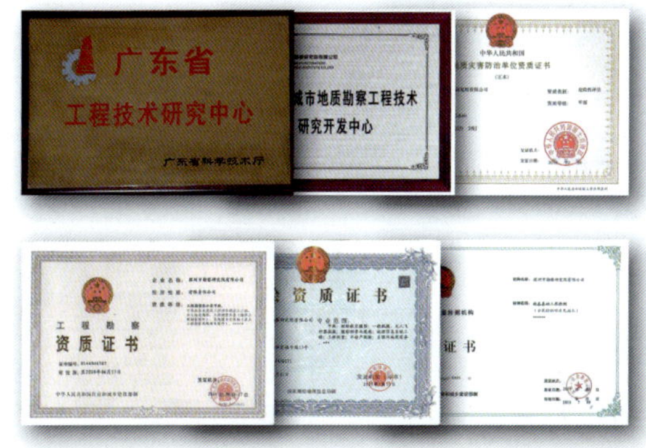

公司主要业绩：

进深30多年来累计完成各类工程15000多项，其中，大型重点工程1000余项。主编和参编国家和地方标准、规范、手册等30余部，获国家、建设部和省、市优秀工程奖和科技进步（成果）奖300余项。拥有专利和软件著作权登记项目近30项。近年来获全国测绘地理信息金奖项目近10项。公司先后被建设部、国家统计局、深圳市政府和行业协会评为“全国工程勘察先进单位”“全国城市勘测金奖单位”“建设部城市勘测工作先进单位”“全国勘察设计行业综合实力百强”“行业企业文化先进单位”“深圳市勘察设计单位50强第一名”“深圳市先进企业”“深圳市文明企业”“深圳市勘察设计行业优秀企业”“顾客满意服务明星单位”“全国工程勘察与岩土行业诚信单位”“2007—2016连续10年广东省诚信示范企业”“广东省雇主责任示范企业”“广东省守合同重信用企业”（2010~2018,连续9年）、全国“十佳岩土工程企业”“国家高新技术企业”等。2016年初被评为“深圳老字号”企业，2017年被评为深圳市履行社会责任三星级企业，并在国家地理信息百强企业中排第19名，2018年再次被评为“深圳知名品牌”。

深圳市神经科学研究院

Shenzhen Institute of Neuroscience(SION)

单位名称：深圳市神经科学研究院
英文名称：Shenzhen Institute of Neuroscience(SION)
网址：www.sions.cn
联系电话：0755-86956837
地址：深圳市南山区粤兴二道6号虚拟大学园重点实验室平台大楼6楼

研究院的宗旨

建成特色鲜明、核心技术优势突出的人脑功能区精准定位与脑功能康复研究基地，打造国际一流、面向临床应用的脑科学创新研究、技术服务及交流、产品开发、人才培养、高新企业孵化的创新型研究机构，为在最大程度上减轻脑疾病为我市和国家所带来的沉重社会和经济负担作出贡献。

深圳市神经科学研究院（以下简称为“研究院”）是深圳市人民政府批准设立的具有独立法人资格的二类事业单位。研究院实行企业化运作，不核定事业编制。研究院由深圳虚拟大学园管理服务中心和深圳大学联合举办。研究院的设立是深圳市委市政府为加快我市脑与神经科技研究，使我市的研究尽快切入国家脑科学发展战略而做出的前瞻性布局。作为创新型科研机构，我们致力于面向临床应用的脑科学创新研究。

研究院目前有30余名正副研究员，其中包括院士1名，国家特聘专家2名，教育部长江学者特聘教授和讲座教授各1名，国家973计划项目首席科学家2名，国家杰出青年基金获得者2名，国家级杰出青年人才2名等。研究院设有脑功能分析检测中心、脑功能康复与保护研发中心（包括TMS实验室、近红外实验室、医学超声实验室、脑电实验室、神经康复实验室）。

2018年，研究院主持新立项科研项目4项，包括国家自然科学基金青年基金项目1项、深圳市基础研究学科布局项目2项、深圳市基础研究学科探索项目1项。总经费接近500万元。2018年，研究院继续深入夯实基础和应用基础研究。引进一项新的技术应用到语言神经科学研究领域，目前已完成测试实验，数据处理分析进行中，期待取得新的研究进展。理清思路，重点突破，研究院成果转化工作正式启动。此外，研究院积极参与国家脑计划的前期准备工作，积极倡导、支持广东省及深圳市的脑科学研究，并在此间承担重要的研究和建设任务。

谭力海 / 深圳神经科学研究院院长

谭力海，博士，深圳神经科学研究院院长，深圳大学特聘教授，国家级特聘专家，国家重点基础研究计划项目首席科学家，国家脑科学计划实施方案专家组成员，深圳市重大项目和广东省创新创业重大项目负责人。长期从事神经影像研究并应用到语言研究，已发表百余篇学术论文。他是最早利用功能磁共振成像技术研究语言（特别是中文）的学者之一。首次揭示中文阅读障碍具有不同于英文的神经模式。他是国际脑科学领域大脑语言中枢“文化特异性理论”（Culture-specific Theory）的主要创立者。他的研究团队应用神经影像技术对人脑处理语言的区域进行精准定位，研究结果为我国脑损伤病人手术前的语言脑功能区的临床诊断提供了重要科学根据，经济和社会效益显著。他的团队还致力于在基因、脑、行为三个层面对中文失读症和汉语口吃患者进行系统研究，以探寻我国国民语言障碍的特定脑功能异常模式和基因表达，为早期干预设计科学方案。

深圳职业技术学院

地址：广东省深圳市南山区留仙大道7098号　邮编：518055　电话：0755-26731000　网址：www.szpt.edu.cn

一、学校概况

深圳职业技术学院1993年创建，是国内最早独立举办高等职业技术教育的院校之一。建校以来，深职院人艰苦创业，开拓进取，不断创新教育教学理念、办学体制机制和人才培养模式，创造了中国高职教育的多个第一。学校依托珠三角产业发展，秉承深圳特区改革创新精神，坚持把立德树人作为学校教育的根本任务，立足于职业教育产教融合的办学特色，各项事业取得骄人成绩，被誉为中国高职教育的"一面旗帜"。为紧密契合"中国制造2025"等国家重大战略和深圳创新驱动发展战略，学校在2016年底召开的第三次党代会工作报告中提出"三个服务、五个定位、一个率先"的战略发展目标，始终坚持为党和国家服务、为深圳经济社会发展服务、为学生健康成长成才服务，努力成为职业教育创新发展的先行者、复合式创新型高素质技术技能人才的摇篮、企业家的摇篮、深圳中小微企业技术研发中心、深圳市民终身教育学校与中国职业教育师资培训重要基地，率先建成中国特色、世界一流职业院校，为世界职业教育发展贡献"深圳模式"。

学校现有留仙洞、西丽湖、官龙山、华侨城、凤凰山五个校区，校园总面积236.02万平方米，校舍建筑面积58.84万平方米，其中教室10.75万平方米，图书馆5万平方米，体育馆2.58万平方米，实训实习场所10.08万平方米。现有固定资产总值22.39亿元，其中教学仪器设备总值8.69亿元。图书馆藏有纸质图书253.9万册，电子图书130万册，电子期刊60.54万册，中外文数据库46个，音视频16.07万小时。

全校现有教职员工2294人，其中专任教师1182人，正高209人，副高656人，博士349人，享受国务院特殊津贴专家1名，国家"万人计划"教学名师1人、国家级教学名师2人、省级教学名师7人、广东特支计划教学名师4人、青年珠江学者1人、"千百十"工程省级培养对象5人。学校拥有教育部首批黄大年式教师团队1个；引进美国康纳尔大学诺贝尔化学奖得主罗德·霍夫曼教授团队，共建霍夫曼先进材料研究院；成立由"长江学者"孙立宁教授领衔的智能制造技术研究院。

学校办学成绩显著。2001年首家通过国家示范性高职院校实践教学基地优秀评估，2009年通过国家示范性高等职业院校建设项目验收，成为我国高等职业教育领域首批国家级示范校。近年来，学校先后荣获"全国文明单位""全国职业教育先进单位""全国一流高职院校建设单位""首批全国创新创业典型经验高校""全国高校毕业生就业工作先进集体""中国十大最具就业力高职院校""全国毕业生就业工作典型经验高校""全国职业院校就业竞争力示范校""中国十大创新型高职院校""黄炎培优秀学校奖""全国高校实践育人创新创业基地""广东省文明单位""广东省职业技术教育工作先进集体""广东省首批大学生创新创业教育示范学校""广东省一流高职院校建设单位""深圳市创新创业基地"等荣誉称号。

二、科研发展情况

学校坚持以"产学研用"一体化的科研导向，重视技术转移和科技成果转化。近年来，学校不断深化科研体制机制改革，大力加强与政府职能部门以及行业企业合作，组建成立了应用技术研发院、文化创意产品研发院、经济与社会发展研究院等三大综合性研发平台，建成33个省部、市区级科研平台,抢抓产业发展新机遇，服务地方经济社会和中小企业发展。学校积极探索以应用为导向的高职科研模式，重视产学研合作、科研应用开发与成果转化。学校承担各级各类项目4489项，其中国家级项目69项,省部级项目374项，市区级项目735项，校级项目1026项，技术转移（横向）项目2285项。

学校教师出版各类学术专著191部，出版编著99部、译著13部，文集、作品集63部，发表学术论文12901篇，其中核心刊物以上发表3685篇。61项成果分别获国家教育部、广东省及深圳市等各级奖励。

目前学校共有33个市区级以上科研平台，其中省部级平台8个、市级平台21个、区级平台4个，具体为：国家荔枝龙眼综合实验站1个，国家体育总局体育文化研究基地1个，国家职业教育研究院深圳分院1个，省高校工程技术开发中心2个，省非物质文化遗产研究基地1个，省科技厅工程技术开发中心2个，市重点实验室4个,市学科建设实验室1个，市区级公共技术服务平台11个，人才培养支撑平台1个，市级职业鉴定及培训平台1个，市级工程技术实验室2个，市级创客创业园科技孵化器3个，南山区技术中心2个。学校共组建校级科研创新平台16个,校级科研创新团队24个。

学校中国职业教育运行机制协同创新发展中心已组建12个协同创新分中心，电子与通信工程学院"信息通信技术协同育人平台"、计算机工程学院"IT国际化人才培养与技术服务协同育人平台"被认定为广东省协同育人平台。

共申请专利1932件，获得各类专利授权1397件。申请软件著作权304件，获得登记304件。累计申请作品著作权212件,获得登记212件。

自2015年2月我校博士后创新实践基地获得批准成立以来，目前已有8名博士后正式入站工作，1名博士正在办理相关手续、申请进入我校博士后基地工作中。自2001年开始，我校与国内133所高校签订联合培养研究生协议，累计联合培养硕士研究生659人，博士生24人。

学校参加了历年来19届高新技术成果交易会和文化产业博览会，参展项目和成果达356项。参加了第五届中国电子信息博览会，参展项目18项；参加了5届文博会，参展项目达60项，承办了4届文博会分会场，参展项目达81项。学校积极为区域经济和社会发展服务，共完成技术（知识）转移项目1998项，到账经费2.113713亿元。

深圳信息职业技术学院

地址：深圳市龙岗区龙翔大道2188号
邮编：518172
电话：0755-89226692
网址：网址：www.sziit.edu.cn

一、学校简介

深圳信息职业技术学院创办于2002年4月，是经广东省人民政府批准、教育部备案，由深圳市人民政府举办的公办全日制高等院校。学校拥有现代化、生态型、信息化的校园，占地92.6万平方米（1389亩），建筑面积58.86万平方米。学校现有教学科研仪器设备总值为36786.36万元，图书馆藏书131.33万册。

学校现有教职工796人，在590位专任教师中，副高及以上职称教师301人，其中，博士、博士后275人，“双师素质”教师九成。学校坚持科研引领、教研创新、突出应用、服务社会。已主持国家自然科学基金等国家级项目27项、省市级科研项目605项，教研课题国家级6项、省市级49项，深圳市首批教育科研专家工作室1个。获得国家级高等学校教学成果一等奖1项、二等奖2项，省级教学成果一等奖6项、二等奖4项，广东省科学技术二等奖2项、三等奖2项，国家教师科研基金重点课题科研成果一等奖1项，深圳市科技进步奖2项，深圳市科技创新奖2项，深圳市科学技术奖自然科学奖1项，深圳市哲学社会科学优秀成果奖7项，中国人工智能学会进步奖二等奖；拥有发明专利62项，实用新型专利203项。

学校坚持校企合作办学，积极推进产教融合协同育人，在校内构建了“三会两办”的办学机制，并打造了“学院+行业企业”的校企合作模式。学校用2万平米实训场地，引企入校，建有2个省级创新平台、1个先进土木研究中心、1个智能制造实训中心、5个校级协同创新中心等创新载体。学校有国家级高等职业教育实训基地2个，省级高等职业教育实训基地11个，省级公共实训中心1个，省级大学生校外实践教学基地12个，深圳市高职教育校外公共实训基地33个。

青春深信成新锐，勇向潮头唱大风。学校跨越发展，已跻身全国高职院校“第一方阵”。学校将继续开拓奋进，勇于不断创新，努力把学校打造成有特色国际化一流职业院校。

二、创新机构

学校实现机制创新释放活力，以机构建设为统领，集成规模可观的人才、技术、设备、资金等要素，对接特定产业，聚焦该产业发展趋势与需求，开展技术研发、成果转化、人才培养、企业（项目）孵化、对外合作与交流等工作，有力促进我校科研发展上台阶、科研实力树品牌、科研工作出特色、社会服务出亮点。

1、信息技术研究所

信息技术研究所是学院下属的综合性科研机构，致力于前沿信息技术研究、信息领域学科发展、核心研发团队建设和面向各级管理部门及全社会提供综合科技信息服务，在推进学院的科技创新方面发挥“尖刀连”的作用。

经过多年的技术积累，研究所形成了人工智能团队、机器视觉团队和视频编码团队：

人工智能团队与富士康科技集团紧密合作，《基于人脸识别的园区视频监控系统智能化改造》获深圳市科技应用示范项目立项。该项目充分利用现有设备的情况下，对富士康龙华科技园区的视频监控系统进行智能化改造。

2017年11月16日第十九届高交会期间，
校党委书记刘锦、校长孙湧为广东省智能视觉工程技术研究中心揭牌

机器视觉团队与富士康D次集团签订项目开发协议，提供缺陷检测和成像质量分析服务。

视频编码团队获得国家自然科学基金项目《基于内容的智能视频编码优化研究》和深圳市学科布局项目《H.265视频流媒体播出关键技术研究》，进入国家视频编码标准AVS小组，正积极准备提交未来视频编码提案。

现有平台广东省智能视觉工程技术研究中心、深圳市可视媒体处理与传输重点实验室和校级面向中小企业的机器视觉公共服务平台。

2、滨海土木工程技术研究所

滨海土木工程技术研究所是学校重点建设的现代化研究中心。研究所以滨海环境下土木工程设施的耐久性为研究主题，以混凝土的纳米尺度改性、金属腐蚀与防护和结构性能分析为主要研究方向。

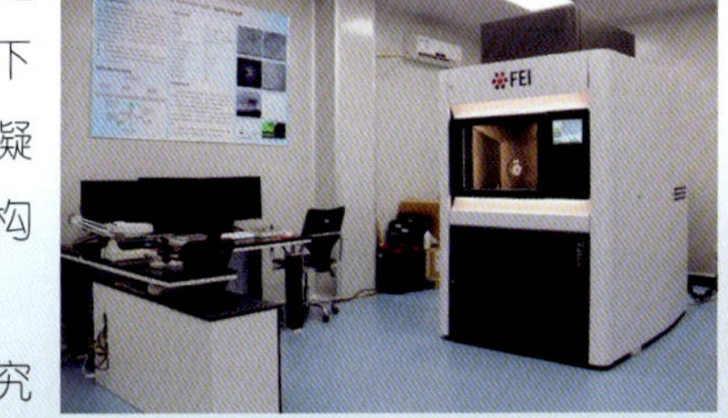

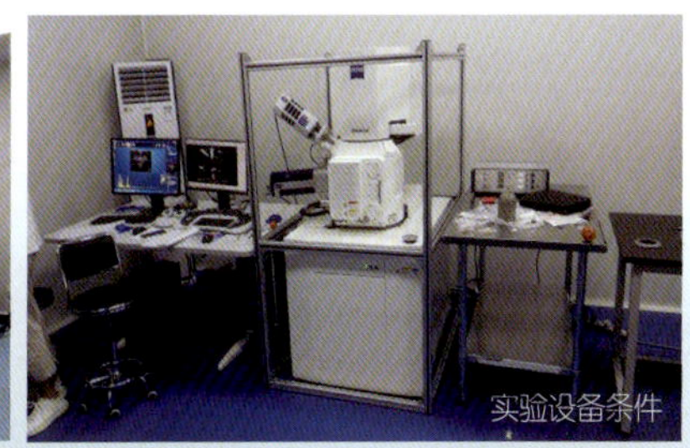

实验设备条件

实验室拥有科研人员9人，其中助理研究员1人，博士后5人。目前承担国家自然科学基金3项，深圳市科研课题3项，其中重点项目1项。

研究中心实验场地2000平方米，实验设备70余台套，总价值8000多万元，包括材料制备及处理设备、材料分析与微观表征设备、材料腐蚀检测系统、滨海腐蚀环境模拟系统、材料性能宏观表征设备系统、计算模拟服务器。可以完成从材料性能设计与分析、结构力学性能和耐久性性能试验。

深圳市联创知识产权服务中心

深圳市联创知识产权服务中心（国家专利技术（深圳）展示交易中心）（以下简称“中心”）是经市政府和国家知识产权局批准、市民政局登记批准设立的从事知识产权运营服务与技术转移服务的专业机构，是国家知识产权局第二批认定的全国专利技术展示交易试点单位，深圳技术转移中心挂牌技术转移机构。我单位以公益性的模式开展各项工作，承担的主要工作是为我市知识产权供需各方提供技术及产品展示、咨询、交易和宣传培训等相关的公共服务并于2014年荣获“第二批国家专利运营试点单位”和“广东省知识产权运营机构培育试点单位”，2014年获得“深圳市知识产权优势企业”，2018年获得“深圳市专利交易展示服务平台”，在业界享有良好的知名度。

“深圳市专利交易展示服务平台”授牌仪式图片（右二为该中心张鹏主任）

公司地址：深圳市南山区科技北二路航天微电机大厦D座二层202室
网址：www.szipee.org
联系人：汤小姐
固话：0755-26470311
邮箱：szpatent@szipee.org

中心知识产权特色业务

一、知识产权交易

截止到2017年底，共计展出3300项以上专利技术产品，累计发布预交易专利信息15800余项，可交易专利项目6692项，覆盖了电子机械、新能源等近30个技术领域。累计完成专利交易1565件，累计交易额度达8503万元。2017年度，我中心共完成专利交易190件，交易额度达468万元。

我中心在南山数字文化产业基地有200多平方米的展厅专门用于优秀技术产品的展示与展览，并且通过高交会、各种培训活动收集优秀项目不断丰富项目展示，进行项目推介。中心成立至今已接收了超过7000人次/单位的专利展示申请；至2017年底共计展出3300项以上专利技术产品。

三、企业项目申报

中心为企业提供项目申报服务，帮助企业完成“国家高新技术企业”“双软企业”认定，帮助企业完成各类科技项目、融资及后备人才认定等申报工作。中心已帮助几十家企业完成国高、双软和各级政府项目申报工作，成功率极高。此类服务为企业节约项目申报成本，获得最大政策扶持提供了有力保证。

二、知识产权投融资服务

我国每年自主创新的大量专利技术因无法实现市场转化而束之高阁。事实证明：知识产权只有通过市场转化实现产品的服务价值才是有意义的。我中心在专利技术的转移和转化中积累了大量的经验，通过中心帮助，将技术推广给相关领域的企业，能够实现技术成果转化，实现技术产业化。

四、知识产权维权服务

中心经过调查分析专利权人的现状，借鉴国外专利运营的最新模式，与专业的专利律师开展长期合作，面向企业推出专利维权服务。根据企业的要求，针对市场上出现的侵犯企业专利权的公司或个人，进行相关的法律诉讼。

五、公益活动

中心每年都接受深圳市知识产权局等合作机构的委托，组织企业参加知识产权行业的各类展示交易会，包括中国国际高新技术成果交易会国家知识产权局展区（深圳）、中国国际专利技术与产品交易会（大连）、中国杨凌农业高新科技成果博览会（西安）等；并承办相关的知识产权培训活动。中心成立至今，已经举办50多场大型活动及展会，推介了一批又一批优秀专利技术项目。

特色服务：

- 软件企业及产品评估
- 软件产业统计及分析
- 软件著作权登记及软件产品测试
- 信息系统集成评审及评测服务
- 会议展览服务
- 政策及税务咨询服务
- 投融资服务
- 人才及技术服务
- 特色会员服务

行业向导：

- 贯彻国务院关于"优化产业发展环境，增强科技创新能力，提高产业发展质量和水平"的指示
- 明确在国际化产业环境中的定位，找到适合的产业发展路径，研究产业发展所面临的关键问题，推动产业向高端化发展

产业推手：

- 聚集产业智慧，为政府和企业做好参谋
- 组织企业间、政企间交流合作，推动企业并购重组，整合优化产业链
- 挖掘优质服务的内在价值，推广优质服务资源，帮助企业良性发展
- 推动与国内外产业的交流合作，倡导总部经济发展模式，立足全国，放眼全球

深圳市软件行业协会(SSIA)成立于1988年，由从事软件研发、销售、系统集成和信息服务以及为软件产业提供咨询、人才培训、投融资服务等有关企事业单位自愿结合组成，是中国软件行业协会下属的地方软件行业协会，现有会员单位约3500家，是全国会员最多的地方软件行业协会，也是全国最早成立的地方软件行业协会之一。2013年被评估为5A级行业协会。

地址：深圳市南山区海天一路深圳软件产业基地5栋A座602室
网址：http://www.ssia.org.cn
联系电话：83758301　83661275　83544163

创设绿电
光耀未来

深圳供电规划设计院有限公司前身是深圳供电规划设计院，成立于1984年，属南方电网公司深圳供电局有限公司多经企业，是中国电力规划设计协会常务理事单位。2002年改制成现深圳院后，勘察设计产值逐年增加，2005年的产值超过亿元，2008年产值超两亿元，2011年产值近3亿元。深圳院通过十年的企业能力建设，现已成为南方电网的一支颇有实力的电力工程勘察设计队伍。2003年和2005年两次荣获“中国深圳行业十强企业”，2006年分别获得“深圳市勘察设计优秀企业”（首届）、“深圳供电局多经先进单位”及“首届深圳最具人才成长价值企业”；2008年1月取得质量、环境和职业健康安全三标管理体系认证证书；2008年获得“南方电网抗冰救灾贡献奖”；2007年、2008年和2009年连续三年荣获“深圳市南山区纳税百强企业”；2010年获得“企业信用评价AAA级信用企业”；2011年蝉联第二届“深圳市勘察设计优秀企业”；2012年荣获“广东省守合同重信用企业”。

资质和业务范围

a）院现拥有的资质

1）工程咨询甲级（工咨甲22420070001）；

2）电力工程设计甲级（A144001933）；

3）工程勘察乙级（191238-ky）。

b）承担的主要业务范围

1）电力工程项目总承包；

2）电力系统规划设计；

3）电力工程（送电）勘察设计；

4）电力工程（变电）勘察设计；

5）电力工程（配电）勘察设计；

6）电力系统工程通信设计；

7）编制电力工程概/预/决算书和项目技术经济分析；

8）电力工程规划咨询；

9）电力工程评估咨询；

10）电力工程项目管理；

11）编制电力工程项目建议书；

12）编制电力工程项目可行性报告；

13）编制电力工程项目申请报告；

14）编制电力工程资金申请报告；

15）计算机控制系统设计。

第十一章 科技企业办事指南

第一节 认定与申报

第二节 政府资助与申请

扫码可在线查询相关信息

第一节 认定与申报

国家高新技术企业认定

2018国家高新技术认定申请指南

一、申请内容

国家高新技术企业认定以及证书有效期即将到期或已到期的企业需重新申请认定（2015年及以前认定的需重新认定）。

二、设定依据

《高新技术企业认定管理办法》（国科发火〔2016〕32号）；

《高新技术企业认定管理工作指引》（国科发火〔2016〕195号）。

三、审批数量及方式

审批数量：无数量限制。

审批方式：自愿申报、专家评审、审批机关审定。

四、审批条件

1. 企业申请认定时须注册成立一年以上；

2. 企业拥有核心知识产权，通过自主研发、受让、受赠、并购等方式获得，并对其主要产品（服务）在技术上发挥核心支持作用；

3. 发挥核心支持作用的技术属于《国家重点支持的高新技术领域》规定的范围；

4. 企业从事研发和相关技术创新活动的科技人员占企业当年职工总数的比例不低于10%；

5. 企业近三个会计年度（实际经营期不满三年的按实际经营时间计算，下同）的研究开发费用总额占同期销售收入总额的比例符合如下要求：

（1）最近一年销售收入小于5000万元（含）的企业，比例不低于5%；

（2）最近一年销售收入在5000万元至2亿元（含）的企业，比例不低于4%；

（3）最近一年销售收入在2亿元以上的企业，比例不低于3%。

其中，企业在中国境内发生的研究开发费用总额占全部研究开发费用总额的比例不低于60%；

6. 近一年高新技术产品（服务）收入占企业同期总收入的比例不低于60%；

7. 企业创新能力评价应达到相应要求；

8. 企业申请认定前一年内未发生重大安全、重大质量事故或严重违纪违法行为。

五、申请材料

（一）企业登录深圳市科技业务管理系统在线填报，按要求填报有关材料并完成提交，提供通过该系统打印的申请书纸质文件原件；

（二）证明企业依法成立的相关注册登记证件（复印件）；

（三）知识产权相关材料、科研项目立项证明、科技成果转化、研究开发的组织管理等相关材料（复印件，验原件）；

（四）企业高新技术产品（服务）的关键技术和技术指标、生产批文、认证认可和相关资质证书、产品质量检验报告等相关材料（复印件，验原件）；

（五）企业职工和科技人员情况说明材料，并附加盖公章的科技人员信息表；

（六）经市财政部门确认的国家高新技术企业认定审计中介机构出具的企业近三个会计年度研究开发费用和近一个会计年度高新技术产品（服务）收入专项审计或鉴证报告（原件，副本可提供复印件），并附研究开发活动说明材料；

（七）经具有资质的中介机构鉴证的企业近三个会计年度的财务会计报告（包括会计报表、会计报表附注和财务情况说明书。原件，副本可提供复印件）；

（八）近三个会计年度企业所得税年度纳税申报表（复印件，验原件）。

以上材料一式二份（正本和副本），复印件需加盖申请单位公章，A4 纸双面打印 / 复印，非空白页（含封面）需连续编写页码，装订成册（胶装），在书脊处注明公司名称及申请年度。

申请国家高新技术企业认定的企业，首先需到国家“高企工作网”注册登记，注册登记时行政区域选择深圳市（注册登记信息务必与申请书中保持一致），注册登记成功后，凭法人授权委托书（原件）、企业营业执照（原件，留复印件，盖公章）及经办人身份证（留复印件）等有效证明到上步中路深圳科技大厦二楼 203 室（联系电话：83671377、83671210）办理注册用户激活手续。

六、申请表格

本指南规定提交的表格，申请人登录深圳市科技业务管理系统在线填报。

七、受理机关

受理机关：深圳市科技创新委

第一批次：

网上受理时间：2018 年 04 月 25 日—2018 年 05 月 31 日（截止至 18:00）

书面材料受理时间：2018 年 6 月 12 日—6 月 22 日

第二批次：

网上受理时间：2018 年 06 月 15 日—2018 年 07 月 13 日（截止至 18:00）

书面材料受理时间 : 2018 年 7 月 16 日—7 月 27 日

办公时间：

星期一至星期五（节假日除外）

上午：9：00—12：00

下午：14：00—17:45。

咨询电话：0755—88102193、0755—88127373、0755—88127569

办理地点：深圳市福田区福中三路市民中心 B 区行政服务大厅西厅 18~28 窗口

八、审批决定机关

深圳市科技创新委会同深圳市财政委员会。

九、审批程序

企业自我评价——国家“高企工作网”注册登记——深圳市科技业务管理系统注册登记——网上申报——向市

科技创新委员会提交申请材料——市科技创新委员会组织专家评审——深圳市高新技术企业认定办公室审查认定——全国高新技术企业认定管理工作领导小组办公室备案——社会公示——颁发证书

十、审批时限

成批处理

十一、审批条件及有效期限

证　件：证书

有效期限：三年

十二、审批的法律效力

享受政府规定的各项优惠政策

十三、收费

不收费

十四、年审或年检

无年审

深圳市高新技术认定

2018 年度深圳市高新技术企业认定申请指南

一、申请内容

深圳市高新技术企业认定以及证书有效期即将到期或已到期的企业需重新申请认定（2015 年及以前认定的需重新认定）。

二、设定依据

《深圳市高新技术企业认定管理办法》（深科信规〔2009〕1 号）。

三、审批数量及方式

审批数量：无数量限制。

审批方式：自愿申报、专家评审、审批机关审定。

四、审批条件

1. 在深圳注册一年以上的企业；

2. 申请认定的企业均需符合《深圳市高新技术企业认定管理办法》第二章的规定。

（说明：为减轻企业负担，2018 年起，国家高新技术企业认定、深圳市高新技术企业认定、国家高新技术企业培育入库三个业务合并办理，科技部门统一发布申请指南、企业根据实际情况自愿选择申报其中一个或多个业务，仅需填报一份申请书。）

五、申请材料

（一）登录深圳市科技业务管理系统在线填报，按要求填报有关材料并完成提交，提供通过该系统打印的申请书纸质文件原件。

（二）证明企业依法成立的相关注册登记证件（复印件）。

（三）经具有资质的中介机构鉴证的企业近三个会计年度的财务会计报告（复印件，验原件）。

（四）经市财政部门确认的国家高新技术企业认定审计中介机构出具的企业近三个会计年度研究开发费用和近一个会计年度高新技术产品（服务）收入专项审计或鉴证报告（原件，副本可提供复印件），并附研究开发活动说明材料（复印件，验原件）。

（五）企业高新技术产品（服务）的关键技术和技术指标、生产批文、认证认可和相关资质证书、产品质量检验报告（复印件）。

（六）近三个会计年度企业所得税年度纳税申报表主表及附表（复印件）。

（七）知识产权相关材料、科研项目立项证明、科技成果转化、研究开发的组织管理文件（复印件）。

（八）企业职工和科技人员情况说明材料，并附加盖公章的科技人员信息表。

为减轻企业负担，2018 年起，国家高新技术企业认定、深圳市高新技术企业认定、国家高新技术企业培育入库三个业务合并办理，科技部门统一发布申请指南、企业根据实际情况自愿选择申报其中一个或多个业务，仅需填报一份申请书。

申请国家高新技术企业认定的企业，首先需到国家“高企工作网”注册登记，注册登记时行政区域选择深圳市（注册登记信息务必与申请书中保持一致），注册登记成功后，凭法人授权委托书（原件）、企业营业执照（原件，留复印件，盖公章）及经办人身份证（留复印件）等有效证明到上步中路深圳科技大厦二楼 203 室（联系电话：83671377、83671210）办理注册用户激活手续。

资料一式二份（正本和副本），复印件需加盖申请单位公章，A4 纸双面打印 / 复印，非空白页（含封面）需连续编写页码，装订成册（胶装），在书脊处注明公司名称及申请年度。

六、申请表格

本指南规定提交的表格，申请人登录深圳市科技业务管理系统在线填报。

七、受理机关

受理机关：深圳市科技创新委。

第一批次：

网上受理时间：2018 年 04 月 25 日—2018 年 05 月 31 日（截止至 18:00）

书面材料受理时间：2018 年 06 月 12 日—2018 年 06 月 22 日

第二批次：

网上受理时间：2018 年 06 月 15 日—2018 年 07 月 13 日（截止至 18:00）

书面材料受理时间 :2018 年 07 月 16 日—2018 年 07 月 27 日

第三批次：

网上受理时间：2018 年 08 月 14 日—2018 年 09 月 14 日（截止至 18:00）

书面材料受理时间：2018 年 09 月 17 日—2018 年 09 月 28 日

咨 询 电 话：0755—88127569、0755—88102193、0755—88127373

办理地点：深圳市福田区福中三路市民中心 B 区行政服务大厅西厅 18~28 窗口

八、审批决定机关

全国高新技术企业认定管理工作领导小组办公室

九、审批程序

企业自我评价——深圳市科技业务管理系统注册登记——网上申报——向市科技创新委员会提交申请材料——市科技创新委员会组织专家评审——深圳市高新技术企业认定办公室审查认定——社会公示——颁发证书

十、审批时限

成批处理。

十一、审批条件及有效期限

证　件：深圳市高新技术企业证书。

有效期限：三年。

十二、审批的法律效力

申请人凭深圳市高新技术企业证书享受政府规定的各项政策。

十三、收费

不收费。

十四、年审或年检

无年审。

深圳市高新技术项目认定申请指南

一、申请内容

深圳市高新技术企业认定。

二、设定依据

《关于加强高新技术企业培育的通知》（深科技创新〔2017〕278 号）。

三、审批数量及方式

审批数量：无数量限制。

审批方式：自愿申报、专家评审、审批机关审定。

四、审批条件

（一）项目符合国家、广东省、深圳市技术和产业政策的要求，属于《国家重点支持的高新技术领域》规定的范围。

（二）项目所采用的技术是先进和成熟的，且经过产品（样品、样机）技术鉴定，已具备商品化生产条件（对国家专卖产品、食品、医药类产品需取得主管部门有关生产的批件）。

（三）项目实施后能形成一定的经济规模，且有良好的国内外市场和较好的经济效益。

（四）项目承担单位为具有法人资格的企事业单位，有较强的技术实力（或技术支撑单位）。

（五）项目实施具备良好环境，所需的能源与原材料有保障。

（六）知识产权权属清晰。

（七）项目拟入驻深圳市高新技术园区或者参加用地招拍挂等事项。

（八）其他需要符合的条件。

五、申请材料

（一）登录深圳市科技业务管理系统在线填报申请书，提供通过该系统打印的申请书纸质文件原件。

（二）加盖公章的法人代表身份证复印件两份（复印件）。

（三）项目可行性研究报告。

（四）可说明技术来源的相关材料。如技术转让、技术许可、合作生产、合作开发的合同或协议复印件（复印件）。

（五）项目拟入驻深圳市高新技术园区或者参加用地招拍挂证明材料（复印件）。

（六）深圳市高新技术项目认定申报书。

（七）营业执照或事业单位、社会团体登记证书（复印件）。

（八）税务登记证（复印件）。

（九）组织机构代码证（复印件）。

（十）上一年度财务审计报告或通过审查的事业单位财务决算报表（复印件）。

（十一）税务部门提供的单位上年度完税证明复印件（复印件）。

（十二）属于特殊行业的企业需提供特殊行业许可证或入网证。对生物医药、医疗器械、通信等有特殊行业管理要求的高新技术产品，申报时必须提交行业规定许可生产、销售的必备文件的复印件（复印件）。

（十三）辅助材料：为了对申报表和必备材料未充分说明的内容做进一步阐述，帮助评审专家了解情况，申报单位可根据项目的具体情况提交下列材料：

1. 鉴定证书或其他相当的技术证明材料。

2. 技术标准、产品性能测试报告(开发软件的企业需提供:该产品的软件需求说明书、系统设计报告、用户手册、测试大纲、测试报告和用户试用材料等报告）。

3. 由权威子机构出具近期的查新报告。

4. 若环境污染等项目需提交环境达标证明。

5. 用户试用意见相关材料。

6. 属专利技术的项目可附加专利证书。

六、申请表格

本指南规定提交的表格，登录深圳市科技业务管理系统在线填报。

七、受理机关

（一）受理机关：深圳市科技创新委

（二）受理时间：常年受理，分批公示

（三）办公时间：星期一至星期五

上午：9:00—12:00

下午：14:00—17:45（法定节假日除外）

咨询电话：0755—88103994、0755—88102193、

0755—88127569

办理地点：深圳市福田区福中三路市民中心 B 区行政服务大厅西厅 18~28 号窗口

八、审批决定机关

深圳市科技创新委

九、审批程序

申请人网上申报——向深圳市科技创新委收文窗口提交申请材料——市科技创新委对材料进行初审——组织专家评审并进行现场考察——社会公示——对公示无异议的，向申请人出具认定文件；对公示有异议则不通过的，书面通知申请人，并说明理由——申请人领取批文。

十、审批时限

20 个工作日。

十一、审批条件及有效期限

证　件：深圳市高新技术企业证书。

有效期限：两年。

十二、审批的法律效力

申请人凭批准文件申请入驻深圳市高新技术园区或者参加用地招拍挂等事项。

十三、收费

不收费。

十四、年审或年检

无年审。

科技奖励

2018 年度深圳市科学技术奖励申请指南

一、审批内容

深圳市科学技术奖市长奖、自然科学奖、技术发明奖、科技进步奖四类奖项的评定。

二、设定依据

（一）《深圳市科学技术奖励办法》，深圳市人民政府，深府〔2016〕87 号；

（二）《深圳市科学技术奖励办法实施细则》，深圳市科技创新委员会，深科技创新规〔2016〕3 号。

三、奖励强度与方式

奖励强度：有数量限制，受市科学技术奖奖金年度总额控制。

市长奖、自然科学奖、技术发明奖、科技进步奖四类奖项奖金标准如下：

（一）市长奖每名 300 万元；

（二）自然科学奖一等奖奖金 100 万元，二等奖奖金 50 万元；

（三）技术发明奖一等奖奖金 100 万元，二等奖奖金 50 万元；

（四）科技进步奖中的技术开发类和重大工程类项目一等奖奖金 100 万元，二等奖奖金 50 万元；社会公益类项目一等奖奖金 50 万元，二等奖奖金 30 万元。

审批方式：单位申报、专家评审、答辩或现场考察、社会公示、审批机关审定。

四、审批条件

申请奖励应当符合以下条件：

（一）申请市长奖的，应当是在当代科学技术前沿取得重大突破或者在科学技术发展中有卓越贡献，或是在科学技术创新、科学技术成果转化和高技术产业化中创造巨大经济效益或者社会效益的自然人；应当由市、区人民政府有关部门推荐提名。

（二）申请自然科学奖的，应当是在基础研究和应用基础研究中阐明自然现象、特征和规律，做出重要科学发现的自然人。申请项目仅限于在国内立项的科学研究成果，其代表性论文、论著公开发表时间 2 年以上（即 2015 年 12 月 31 日前发表），并要求每位完成人必须是代表性论文或论著的作者，且每篇代表性论文、论著的第一作者或通信作者必须作为该项目的完成人。

（三）申请技术发明奖的，应当是运用科学技术知识做出产品、工艺、材料及其系统等重要技术发明的自然人。申请项目必须有已经获得国家授权的发明专利，且推广应用时间在 2 年以上（即 2015 年 12 月 31 日前已应用）。本项目前 3 位完成人（含少于 3 位完成人的）必须是项目授权知识产权的发明人。

（四）申请科技进步奖的，应当是在应用推广先进科学技术成果，完成重大科学技术工程、计划、项目等方面做出突出贡献的组织或者自然人。申请项目研究成果整体推广应用时间在 2 年以上（即 2015 年 12 月 31 日前已应用）。对涉及有审批要求的项目，必须提交相应的行业许可批准证明材料（如新药、动植物新品种、食品、通信设备、医疗器械等），且获得批准时间达到 2 年以上（即 2015 年 12 月 31 日前已获得批准）。重大工程类项目要有国家、省或者市发改部门立项批文，并提交 2015 年 12 月 31 日前的工程竣工验收报告。

存在下列情况之一的，不予奖励：

（一）同一人同一年度作为两个或两个以上申请项目完成人参加市科学技术奖评定的。

（二）上两个年度（指 2016 年度或 2017 年度）市科学技术奖自然科学奖、技术发明奖和科技进步奖获奖项目完成人，作为完成人申报本年度市科学技术奖自然科学奖、技术发明奖和科技进步奖的。

（三）在市科学技术奖以往年度获奖项目或本年度其他申请项目中所列的代表性论文专著、主要知识产权证明、主要技术评价证明材料，重复使用的。

（四）申请项目第一完成人未征求未列入报奖主要完成人的知识产权权利人（发明专利指发明人）、论文专著作者的同意，并签署承诺的。

（五）申请项目代表性论文（专著）的第一作者、通信作者未列入申请项目完成人时，其本人未出具知情同意证明的。

（六）列入国家或省市级科技计划、基金支持的申请项目，未出具整体验收通过相关证明材料的。

（七）属于两个以上（含两个）完成人合作完成的申请项目，未提交完成人合作关系证明、出具合作完成的证明材料的。

（八）申请单位或完成人列入科技诚信异常名录的。

（九）《深圳市科学技术奖励办法实施细则》第六条规定的其他条件。

五、申请材料

（一）登录深圳市科技业务管理系统在线填报申请书，提供通过该系统打印的申请书纸质文件原件。

（二）根据每类奖项申请书填写说明的要求，提交相应的附件材料复印件（验原件）。

（三）申请技术发明奖、科技进步奖技术开发类或重大工程类的，还需提交：

1. 申请项目的专项审计报告：统计范围为申请项目整体应用推广开始截止至 2017 年底；出具申请项目专项审计报告的第三方专业机构为依法注册成立的会计师事务所，由申请单位自行选定。

2. 申请项目的完成人所在完成单位及推广应用情况中所列应用单位产生的经济效益，其完成单位及应用单位须出具由法定代表人签名、单位盖章的应用证明。

以上材料一式两份，复印件需加盖申请单位公章，A4 纸正反面打印 / 复印，非空白页（含封面）需连续编写页码，装订成册（胶装）。

申请单位对申请材料的合法性、真实性、准确性和完整性负责。如有虚假，我委核实后将不予奖励，并将申请单位列入我委科研诚信负面清单，视情节轻重，依法追究相关责任。

六、申请表格

本指南规定提交的表格，登录深圳市科技业务管理系统在线填报。

七、审批受理机关

（一）受理机关：市科技创新委。

（二）受理时间：

网上填报受理时间：6 月 1 日至 8 月 3 日

（截止至 18：00）

书面材料受理时间：8 月 6 日至 8 月 10 日

（三）联系人：朱永锋、王伟

（88102264、88102159）

（四）受理地点：市民中心行政服务大厅西厅 18—28 号窗口。

八、审批决定机关

市科技创新委会（市奖励办）提出拟奖名单报市奖励委审定后，报市政府批准。

九、审批程序

申请人网上申报——向市科技创新委收文窗口提交申请材料——市科技创新委（市奖励办）对申请材料进行初审——组织专家评审——市科技创新委（市奖励办）拟定拟奖名单——社会公示——市科技创新委（市奖励办）报市奖励委审定拟奖名单——市科技创新委（市奖励办）报市政府批准——市科技创新委（市奖励办）拨付奖金。

十、审批时限

每年一次，成批处理。

十一、审批证件及有效期限

证件：批准文件和证书。

有效期限：无。

十二、审批的法律效力

申请人凭批准文件获得市科学技术奖奖金和荣誉证书。

十三、收费

不收费。

十四、年审或年检

无年审 。

第二节 政府资助与申请

孔雀计划

2019 年深圳市海内外高层次人才创新创业团队资助申请指南

一、申请内容

对来我市工作的海内外高层次人才团队创新创业予以资助。

重点支持领域：互联网、生物、新能源、新材料、新一代信息技术、节能环保、海洋、航空航天、生命健康、机器人、可穿戴设备、智能装备等新兴产业。

二、设定依据

（一）《深圳市委市政府关于实施引进海外高层次人才“孔雀计划”的意见》（深发〔2011〕9 号）；

（二）《深圳市委市政府关于促进人才优先发展的若干措施》（深发〔2016〕9 号）；

（三）《深圳市海外高层次人才“孔雀计划”资金管理暂行办法》（深财规〔2013〕1 号）；

（四）《深圳市科技研发资金管理办法》

（深财科〔2012〕168 号）；

（五）《深圳市科技计划项目管理办法》（深科技创新规〔2012〕9 号）。

三、支持强度与方式

支持强度：有数量限制，受专项资金年度总额控制。单个团队项目资助金额 1000 万元至 1 亿元，平均资助强度 2000 万元左右。其中，海外青年团队最高资助强度 2000 万元。对依托单位为企业的团队，资助金额不高于项目申报预算总额的 50%。

支持方式：无偿资助。依托单位为非预算管理单位的资助资金分两期拨付，签订合同后拨付 60%，通过中期考核后按规定拨付余款；预算管理单位按相关规定分年度拨付。

鼓励各区结合全市产业布局和各自优势，择优培育、资助具有成长潜力的创新创业预备项目团队。

四、办理条件

申请团队资助应当符合以下条件：

（一）申请单位是在深圳市或深汕合作区内依法注册、具有独立法人资格的单位。

（二）团队包括 1 名带头人和 2 名及以上核心成员，团队成员之间稳定合作 2 年以上。团队成员应具有良好的道德品质和职业操守，具备较强的创新创业能力，研究水平和成果居本领域、本行业前列，科研成果创新性突出或产业化前景好。

（三）海内外高层次团队由海外高层次人才（海外专家、留学回国人员或有丰富海外工作经历人员，海外学习、工作经历需在 2 年以上）或国内高层次人才（诺贝尔奖获得者、中国、美国、英国、德国、澳大利亚、以色列等国科学院、工程院院士，中组部“千人计划”、中科院“百人计划”、教育部“长江学者奖励计划”入选者，国家杰出青年科学基金项目、优秀青年科学基金项目获得者）组成。

海外青年团队由海外高层次人才组成，带头人及核心成员均应具有博士学位。

（四）团队中海外高层次人才从海外回国或来华工作时间、国内高层次人才来深圳工作时间均须在 2015 年 1 月 1 日之后。

（五）海内外高层次人才创新创业团队带头人年龄不得超过 60 岁（1958 年 1 月 1 日之后出生），团队平均年龄不得超过 55 岁，国家“千人计划”顶尖人才及创新团队项目入选者，诺贝尔奖获得者，中国、美国、英国、德国、澳大利亚、以色列等国科学院、工程院院士作为带头人全职来深工作可放宽至 65 岁（1953 年 1 月 1 日之后出生）；海外青年团队带头人及核心成员年龄均不超过 45 岁（1973 年 1 月 1 日之后出生）。

（六）团队获得资助后需在深圳连续工作 5 年以上，团队带头人及其他核心成员一半或以上须全职（每年 9 个月或以上）在深工作，并与市外单位没有全职聘用合同关系，其他成员在深圳工作时间年均须达到 3 个月或以上。项目执行期内，带头人不得更换，其他核心成员变更依照相关规定报主管部门审批。团队全职人员，如尚未与依托单位签订正式劳动合同，须签订意向性合同，并承诺入选后 3 个月内签订正式劳动合同并到岗。

（七）申报单位同一项目每年只能申报一次，不得多头申报和重复申报。凡以相同项目多头申报、重复套取政府资金的，一经发现立即取消该单位两年内所有项目的资助资格。“同一项目”是指经我委使用相应软件对申报项目进行查重后，相似度为 30% 以上（含 30%）的项目。

（八）已列入科技诚信异常名录的单位和人员，不得申报。

本年度申报基础研究（自由探索、学科布局）、技术攻关、创业资助、深港创新圈、国际科技合作（研究开发项目）、股权投资、重点实验室、工程中心、公共技术服务平台、科技应用示范、孔雀（孔雀团队、创业资助、技术创新）、创客（创客创业资助）计划的企业和高校、科研机构项目组成员，有申报总量限制：

1. 申请单位为企业的，原则上只能单独或者联合申报 1 项；2015 年以来获得国家、广东省和部级科技奖励的企业或 2016 年、2017 年深圳市工业百强企业，可以单独或者联合申报 2 项。

2. 申请单位为高校或者科研机构的，其项目组成员只能单独或联合申报 2 项。

五、团队举荐

（一）符合前述办理条件的团队，经由相关领域 3 名推荐人（诺贝尔奖获得者，中国、美国、英国、德国、澳大利亚、以色列等国科学院院士、工程院院士）联合举荐，可免函审直接进入答辩环节，举荐意见可供答辩评审参考。推荐信须对团队人员水平和项目的必要性、创新性及可行性等给予肯定性评价。同一推荐人每年只可推荐一个团队。

（二）已获批我市孔雀团队 5 个及以上的依托单位可举荐本单位新引进的创新创业团队，被举荐团队须符合前述办理条件。举荐单位曾获批 5 个孔雀团队即拥有 1 个举荐名额，曾获批 10 个孔雀团队即拥有 2 个举荐名额，以此类推；每举荐 1 个新团队，单位举荐名额减 1。单位推荐信须对团队人员水平和项目的必要性、创新性及可行性等给予肯定性评价，同时明确单位对团队成员到岗、资金使用、项目推进等承担主体责任，并为团队提供场地、经费等保障支持。经单位举荐的团队，可免函审直接进入答辩环节，单位举荐意见可供答辩评审参考。

（三）深圳市委市政府或市科技产业领导小组要求部署的团队，如符合前述办理条件，可免函审直接进入答辩环节。

六、申请材料

（一）登录深圳市科技业务管理系统在线填报申请书，提供通过该系统打印的申请书纸质文件原件；

（二）申请单位组织机构代码证、税务登记证、工商营业执照复印件（或具有组织机构代码、纳税人识别号、社会保险登记编码的“一照四号”营业执照复印件）；

（三）申请单位法定代表人身份证复印件；

（四）申请单位2017年度纳税证明复印件；

（五）申请单位2017年度财务审计报告复印件（注册未满一年的可不提供；审计工作尚未完成的，可暂由财务报表替代，最迟4月30日前上传审计报告）；

（六）海外专家须提供我市外国专家局出具的就业许可证复印件（验原件），留学回国人员须提供我市或其他城市出具的出国留学人员资格证明复印件（验原件），有海外工作经历的须提供海外任职证明材料复印件（如工作签证、任职经历证明等，验原件，外文须提供中文翻译）；

（七）团队成员与申报单位签订的劳动合同或意向性合同复印件（验原件）；

（八）团队成员身份证或护照、学历学位证书复印件（加盖申请单位公章）；

（九）团队成员发表的代表性论著、论文的首页和摘要复印件（外文须提供中文翻译）、主持（参与）过的主要项目、相关专利证书、产品证书、奖励证书等证明材料复印件以及团队成员之间的合作经历证明材料。

（十）项目可行性研究报告原件。

（十一）以举荐方式申报的团队，提交举荐材料（院士推荐信、依托单位推荐信、依托单位已入选我市“孔雀团队”的团队清单等）。

以上材料一式两份，A4纸正反面打印/复印，非空白页（含封面）需连续编写页码，装订成册（胶装），书脊注明“2019年深圳市孔雀团队申报书”、团队名称、带头人姓名、申报单位。申报书及附件材料均需加盖用人单位封面章、骑缝章。线上（申报系统）与线下纸质材料必须一致。

项目申报材料中拟取得的学术、技术及经济效益等指标应严肃、科学，申报指标将作为项目评审、合同签订、过程管理、验收结题及项目评估的依据，原则上不予调整。特提请各申报单位严肃对待。

项目申报单位对申请材料的合法性、真实性、准确性和完整性负责。如有虚假，我委核实后将不予立项资助，并将申报单位列入我委科研诚信负面清单，视情节轻重，依法追究相关责任。

七、申请表格

本指南规定提交的表格，登录深圳市科技业务管理系统在线填报，网上成功提交后打印递交。

八、受理机关

受理机关：市科技创新委。

网上填报受理时间：2018年2月28日至4月4日（截止至18:00）。

书面材料受理时间：2018年4月8日至4月13日。

办公时间：星期一至星期五（法定节假日除外），

上午：9：00—12：00，下午：14：00—17：45。

联系电话：88121039、88102204。

受理地点：市民中心行政服务大厅西厅18~28号窗口。

九、决定机关

市人才工作领导小组。

十、办理程序

申请单位网上申报——向市科技创新委收文窗口提交申

请材料——市科技创新委组织专家函审、答辩评审、现场考察——市科技创新委会同市财政委审核——市政府及人才工作领导小组审定——社会公示——市科技创新委下达资金计划——申请单位与市科技创新委签订项目合同书—拨付经费。

十一、办理时限

成批处理。

十二、证件及有效期限

证件：批准文件。

有效期限：申请人应当在收到批准文件之日起 1 个月内，与深圳市科技创新委员会签订项目合同书。

十三、法律效力

申请人凭批准文件获得深圳市海外高层次人才创新创业专项资金资助。

十四、收费

不收费。

十五、年审或年检

无年审。

市科技创新委对项目进行跟踪管理、中期考核并组织验收。

2019年深圳市海外高层次人才创新创业专项资金创业场租补贴申请指南

一、申请内容

对已获得海外高层次人才创新创业专项创业资助、团队资助或广东省创新科研团队资助的企业予以场租补贴。

二、设定依据

《深圳市委市政府关于实施引进海外高层次人才“孔雀计划”的意见》，中共深圳市委，深发〔2011〕9号。

三、支持强度与方式

支持强度：有数量限制，受深圳市海外高层次人才创新创业专项资金年度总额控制。

自企业设立之日起二年内给予500平方米以下部分每月每平方米30元场租补贴，自企业设立之日第三年给予500平方米以下部分每月每平方米15元场租补贴。补贴截止时间为2017年12月31日。

支持方式：事后资助。自愿申报、委托审计、社会公示、受理机关审定。

四、办理条件

申请创业场租补贴应当符合以下条件：

（一）申报主体必须是已获得我市海外高层次人才创新创业专项资金创业资助、团队资助或广东省创新科研团队资助的企业；

（二）申请补贴的场地应为获得海外高层次人才创新创业专项资金创业资助、团队资助或广东省创新科研团队资助的项目使用，且申请补贴期间项目仍在正常开展或已通过验收。

（三）2018年度已经申报的企业本次不再接受重复申报。

五、申请材料

（一）登录深圳市科技业务管理系统在线填报申请书，提供通过该系统打印的申请书纸质文件原件；

（二）组织机构代码证复印件；

（三）公司营业执照复印件；

（四）国地税税务登记证复印件（非事业单位提供）；

（五）单位法定代表人身份证复印件；

（六）有效租房合同复印件（验原件）；

（七）申请补贴期内交纳房租发票复印件（验原件）；

（八）申请补贴期内的财务审计报告（当年的可提交财务报表）和纳税证明复印件；

（九）项目已通过验收的提供验收证书复印件。

以上材料一式二份，复印件需加盖申请单位公章，A4纸正反面打印/复印，非空白页（含封面）需连续编写页码，装订成册（胶装）。

项目申报材料中拟取得的学术、技术及经济效益等指标应严肃、科学，申报指标将作为项目评审、合同签订、过程管理、验收结题及项目评估的依据，原则上不予调整。特提请各申报单位严肃对待。

项目申报单位对申请材料的合法性、真实性、准确性和完整性负责。如有虚假，我委核实后将不予立项资助，并将申报单位列入我委科研诚信负面清单，视情节轻重，依法追究相关责任。

六、申请表格

本指南规定提交的表格，登录深圳市科技业务管理系统在线填报。

七、受理机关

（一）受理机关：市科技创新委。

（二）受理时间：

网上填报受理时间:2018 年 1 月 26 日—2018 年 3 月 16 日。

书面材料受理时间:2018 年 3 月 19 日—2018 年 3 月 30 日。

办公时间：星期一至星期五

上午：9：00—12：00

下午：14：00—17：45

（三）联系电话：88121039、88102204。

（四）受理地点：市民中心行政服务大厅西厅 18~28 号窗口。

八、决定机关

市科技创新委会同深圳市财政委员会（以下简称市财政委）。

九、办理程序

申请人网上申报——向市科技创新委收文窗口提交申请材料——市科技创新委委托审计——市科技创新委会同市财政委审定——社会公示——市科技创新委、市财政委共同下达资金计划——拨付经费。

十、办理时限

每年一次，成批处理。

十一、证件

证件：批准文件。

十二、法律效力

申请人凭批准文件获得深圳市海外高层次人才创新创业专项资金资助。

十三、收费

不收费。

十四、年审或年检

无年审和年检。

2019 年创业资助项目申请指南

一、科技型中小微企业和留学回国人员创业资助项目

（一） 申请内容

以培育具有核心创新能力，高成长性的源头创新型企业为目标，而实施的对科技型中小微企业和留学回国人员创办的科技型企业的研发资助。

重点支持领域：互联网、生物、新能源、新材料、新一代信息技术、节能环保等战略性新兴产业；海洋、航空航天、生命健康、机器人、可穿戴设备和智能装备产业等未来产业；金融科技、先进制造、安全生产、资源环境等促进生态文明建设及民生改善的科技领域。

（二） 设定依据

1.《关于促进科技创新的若干措施》，深圳市委，深发〔2016〕7 号；

2.《深圳经济特区科技创新促进条例》，深圳市第五届人民代表大会常务委员会公告，第 144 号；

3.《深圳市人民政府关于大力推进大众创业万众创新的实施意见》，深圳市人民政府，深府〔2016〕61 号；

4.《关于加强自主创新促进高新技术产业发展的若干政策措施》，深圳市人民政府，深府〔2008〕200 号；

5.《深圳市科技计划项目管理办法》，深圳市科技创新委员会、深圳市财政委员会，深科技创新规〔2012〕9 号；

6.《深圳市科技研发资金管理办法》，深圳市财政委员会、深圳市科技创新委员会，深财科〔2012〕168 号。

（三） 办理方式

审批数量：有数量限制，受科技研发资金、战略性新兴产业资金和未来产业资金年度总额控制，单个项目资助强度不超过 100 万元。

审批方式：单位申报、各区（新区）考察推荐、专家评审、社会公示、决定机关审定。

（四 ） 办理条件

申请科技型中小微企业创业资助应当符合以下条件：在深圳市依法注册、具有独立法人资格、符合国家《关于印发中小企业划型标准规定的通知》（工信部联企业〔2011〕300 号）中规定的科技型中小微企业，或深汕合作区内注册的深圳企业，依法注册成立时间为 2013 年 1 月 1 日至 2017 年 1 月 1 日，2017 年度营业收入在 50 万元以上 5000 万元以下。申请企业至少拥有 1 项知识产权（发明专利、实用新型专利、计算机软件著作权）。

申请留学人员创业资助应当符合以下条件：留学回国人员在深圳创办的科技型企业，依法注册成立时间为 2013 年 1 月 1 日至 2017 年 1 月 1 日，留学人员回国时间为 2013 年 1 月 1 日至 2018 年 1 月 1 日，留学回国人员占申请企业注册登记中股份（含技术股）15% 以上比例。申请企业至少拥有 1 项知识产权（发明专利、实用新型专利、计算机软件著作权）。

申报单位未获得过市级科技型中小微企业创业资助和留学回国人员创业资助。

省科技特派员入驻企业予以优先支持。

本年度申报基础研究（自由探索、学科布局）、技术攻关、创业资助、深港创新圈、国际科技合作（研究开发项目）、

股权投资、重点实验室、工程中心、公共技术服务平台、科技应用示范、孔雀（孔雀团队、创业资助、技术创新）、创客（创客创业资助）计划的企业和高校、科研机构项目组成员，有申报总量限制：

1. 申请单位为企业的，原则上只能单独或者联合申报 1 项；2015 年以来获得国家、广东省和部级科技奖励的企业或 2016 年、2017 年深圳市工业百强企业，可以单独或者联合申报 2 项。

2. 申请单位为高校或者科研机构的，其项目组成员只能单独或联合申报 2 项。

（五） 办理材料

1. 登录深圳市科技业务管理系统在线填报申请书，提供通过该系统打印的申请书纸质文件；

2. 组织机构代码证复印件、税务登记证复印件、工商营业执照复印件（或具有组织机构代码、纳税人识别号、社会保险登记编码的“一照四号”营业执照复印件）；

3. 法人代表身份证复印件；

4. 2017 年度完税证明复印件；

5. 2017 年度财务审计报告（审计工作尚未完成的，可暂由财务报表替代，最迟 4 月 30 日前上传审计报告）；

6. 项目可行性研究报告；

7. 项目组成员社会保险缴纳凭证复印件；

8. 知识产权证明复印件；

9. 申请留学回国人员创业资助须提供：市外国专家局出具的出国留学人员资格证明复印件；企业信用信息单（申请人占股比例，网上打印加盖公章）；留学回国人员与申报单位签订的劳动合同复印件；

10. 可选择提供查新报告、检测报告、获奖证书、国家/省计划文件等项目技术水平相关证明材料复印件；

11. 申请人应谨慎填写项目申报书的人员信息、研发内容、技术经济指标、经费安排等内容，申请书中内容将作为合同内容生成依据。

以上材料一式两份，复印件需加盖申请单位公章（除第 2 项材料外，其他复印件需验原件），A4 纸正反面打印/复印，非空白页（含封面）需连续编写页码，装订成册（胶装）。

项目申报材料中拟取得的学术、技术及经济效益等指标应严肃、科学，申报指标将作为项目评审、合同签订、过程管理、验收结题及项目评估的依据，原则上不予调整。特提请各申报单位严肃对待。

项目申报单位对申请材料的合法性、真实性、准确性和完整性负责。如有虚假，我委核实后将不予立项资助，并将申报单位列入我委科研诚信负面清单，视情节轻重，依法追究相关责任。

（六） 办理表格

本指南规定提交的表格，申请人登录深圳市科技业务管理系统在线填报。

（七）受理机关

1. 受理机关：市科技创新委。

2. 受理时间：

网上填报时间：2018 年 1 月 12 日—2018 年 2 月 23 日

书面材料提交时间：2018 年 2 月 24 日—2018 年 3 月 9

办公时间：星期一至星期五上午：9：00—12：00

下午：14：00—17：45

3. 联系人及联系电话：

电子信息领域：88101054、88127371

生物与资源领域：88121057、88121058

材料与能源领域：88103124、88125027

先进制造领域：88125001、88102172

4. 受理地点：市民中心行政服务大厅西厅 18~28 号窗口。

（八）决定机关

市科技创新委会同市财政委。

战略性新兴产业、未来产业领域资助项目由市新兴高技术产业发展领导小组审定。

（九）办理程序

申请单位网上申报——向市科技创新委收文窗口提交纸质申请材料——市科技创新委对申请材料进行初审——各区（新区）科技主管部门按照项目申请单位实际经营地址进行考察推荐——市科技创新委组织专家评审——市科技创新委会同市财政委审定（战略性新兴产业、未来产业领域资助项目由市新兴高技术产业发展领导小组审定）——社会公示——市科技创新委、市财政委共同下达项目资金计划（战略性新兴产业、未来产业领域资助项目由市新兴高技术产业发展领导小组下达）——签订项目合同书——拨付资助经费。

（十） 办理时限

结合受理情况，按申报顺序，分批处理。

（十一）证件

证 件：批准文件。

有效期限：申请单位应当在收到批准文件之日起 1 个月内，与市科技创新委签订项目合同书。

（十二）法律效力

申请人凭批准文件获得深圳市科技研发资金、战略性新兴产业资金、未来产业资金资助。

（十三）收费

不收费。

（十四）年审或年检

无年审。

市科技创新委按照项目合同书对项目进行跟踪管理和组织验收。

二、创客创业资助项目

（一）申请内容

中国创新创业大赛、中国（深圳）创新创业大赛、全国农业科技创新创业大赛竞赛等优胜者在深圳实施竞赛项目的资助以及创客企业的资助。

（二）设定依据

（一）《深圳市关于促进创客发展的若干措施》，深圳市政府，深府〔2015〕46 号；

（二）《深圳市创客专项资金管理暂行办法》，深圳市财政委员会、深圳市科技创新委员会，深财规〔2015〕10 号。

（三）办理方式

支持强度：有数量限制，受创客专项资金年度总额控制，单个项目资助强度不超过 50 万元。

支持方式：申请人申报、专家评审、答辩（有必要时进行现场考察）、社会公示、审批机关审定。

（四）办理条件

1．申请创业大赛优胜项目创客创业资助的企业应当符合以下条件：

2016、2017 年获得中国创新创业大赛行业总决赛优秀企业或团队、中国（深圳）创新创业大赛总决赛或行业决赛一、二、三等奖及优胜奖以及全国农业科技创新创业大赛初创组优胜者，并同时满足以下条件：

（1）在深圳注册设立企业实施竞赛项目；

（2）2015 年 1 月 1 日以后在深圳依法注册设立具有独立法人资格的企业。

2．申请普通创客创业资助的企业应当符合以下条件：

2017 年 1 月 1 日及以后在深圳依法注册设立具有独立法人资格的创客企业。

本年度申报基础研究（自由探索、学科布局）、技术攻关、创业资助、深港创新圈、国际科技合作（研究开发项目）、股权投资、重点实验室、工程中心、公共技术服务平台、科技应用示范、孔雀（孔雀团队、创业资助、技术创新）、创客（创客创业资助）计划的企业和高校、科研机构项目组成员，有申报总量限制：

1. 申请单位为企业的，原则上只能单独或者联合申报 1 项；2015 年以来获得国家、广东省和部级科技奖励的企业或 2016、2017 年深圳市工业百强企业，可以单独或者联合申报 2 项。

2. 申请单位为高校或者科研机构的，其项目组成员只能单独或联合申报 2 项。

（五）申请材料

1. 登录深圳市科技业务管理系统在线填报申请书，提供通过该系统打印的申请书纸质文件原件；

2. 团队负责人、法人代表身份证复印件；

3. 大赛晋级决赛相关证明材料复印件；

4. 项目可行性研究报告原件；

5. 可选择提供知识产权证、查新报告、检测报告、获奖证书、国家 / 省计划文件等项目技术水平相关证明材料复印件（验原件）；

6. 普通创客创业企业可选择提供创客空间推荐函或进驻创客空间的证明材料。

7. 项目申报材料中拟取得的学术、技术及经济效益等指标应严肃、科学，申报指标将作为项目评审、合同签订、过程管理、验收结题及项目评估的依据，原则上不予更改。请各申报单位科学，严谨制定申请指标。

以上材料一式两份，复印件需加盖申请单位公章，A4 纸正反面打印 / 复印，非空白页（含封面）需连续编写页码，装订成册（胶装）。

项目申报材料中拟取得的学术、技术及经济效益等指标应严肃、科学，申报指标将作为项目评审、合同签订、过程管理、验收结题及项目评估的依据，原则上不予调整。特提请各申报单位严肃对待。

项目申报单位对申请材料的合法性、真实性、准确性和完整性负责。如有虚假，我委核实后将不予立项资助，并将申报单位列入我委科研诚信负面清单，视情节轻重，依法追究相关责任。

（六）申请表格

本指南规定提交的表格，申请人登录深圳市科技业务管理系统在线填报。

（七）受理机关

1. 受理机关：市科技创新委。

2. 受理时间（按申报顺序，分批处理）：

网络填报受理时间：2018 年 1 月 26 日至 2018 年 3 月 16 日

书面材料受理时间：2018 年 3 月 19 日至 2018 年 3 月 30 日

办公时间：星期一至星期五上午：9：00—12：00

下午：14：00—17：45

3. 联系人： 88127983。

4. 受理地点：市民中心行政服务大厅西厅 18~28 号窗口。

（八）决定机关

市科技创新委会同市财政委员会（以下简称市财政委）。

（九）办理程序

申请人网上申报——向市科技创新委收文窗口提交申请材料——市科技创新委对申请材料进行初审——组织专家评审，答辩或者现场考察——市科技创新委会同市财政委审定——社会公示——市科技创新委、市财政委共同下达项目资金计划——申请单位与市科技创新委签订项目合同书——

拨付资助经费。

（十）办理时限

结合受理情况，按申报顺序，分批处理。

（十一）证件

证件：批准文件。

有效期限：申请单位应当在收到批准文件之日起 1 个月内，与市科技创新委签订项目合同书。

（十二）法律效力

申请人凭批准文件获得深圳市创客专项资金资助。

（十三）收费

不收费。

（十四）年审或年检

无年审。市科技创新委按照项目合同书对项目进行跟踪管理和组织验收。

三、海外高层次人才创新创业专项资金创业项目

（一）申请内容

对来我市创办企业的海外高层次人才的创业项目予以资助。

重点支持领域：互联网、生物、新能源、新材料、新一代信息技术等战略性新兴产业；海洋、航空航天、生命健康、机器人、可穿戴设备、智能装备等未来产业。

（二）设定依据

1.《深圳市委市政府关于实施引进海外高层次人才“孔雀计划”的意见》，中共深圳市委，深发〔2011〕9 号；

2.《深圳市科技计划项目管理办法》，深圳市科技创新委员会、深圳市财政委员会，深科技创新规〔2012〕9 号；

3.《深圳市科技研发资金管理办法》，深圳市财政委员会、深圳市科技创新委员会，深财科〔2012〕168 号。

（三）办理方式

支持强度：有数量限制，受深圳市海外高层次人才创新创业资金年度总额控制。

支持方式：自愿申报、专家评审、现场考察、社会公示、受理机关审定。

（四）办理条件

申请创业项目资助应当符合以下条件：

1. 申报单位应当是具有 2 年以上海外学习或工作经历的海外专家、留学回国人员等高层次人才（即项目负责人）在深圳市创办的科技型企业；

2. 截止至 2017 年 12 月 31 日，项目负责人所在企业注册时间均不超过 5 年；

3. 项目负责人已按照《深圳市海外高层次人才确认办法》获得企业技术与创新创业类或科研学术与教育卫生类人才确认并处于深圳市海外高层次人才确认有效期内（截至 2018 年 3 月）；

4. 项目负责人为申请企业股东，且在项目执行期内须全职在申请单位工作；

5. 申报单位如已获得深圳市留学回国人员创业资助项目、深圳市海外高层次人才创新创业专项资金创业项目、深圳市出国留学人员创业前期费用补贴及其他同类计划资助，不得申报。

本年度申报基础研究（自由探索、学科布局）、技术攻关、创业资助、深港创新圈、国际科技合作（研究开发项目）、股权投资、重点实验室、工程中心、公共技术服务平台、科技应用示范、孔雀（孔雀团队、创业资助、技术创新）、创客（创客创业资助）计划的企业和高校、科研机构项目组成员，

有申报总量限制：

1. 申请单位为企业的，原则上只能单独或者联合申报1项；2015年以来获得国家、广东省和部级科技奖励的企业或2016、2017年深圳市工业百强企业，可以单独或者联合申报2项。

2. 申请单位为高校或者科研机构的，其项目组成员只能单独或联合申报2项。

（五）申请材料

1. 登录深圳市科技业务管理系统在线填报申请书，提供通过该系统打印的申请书纸质文件原件；

2. 组织机构代码证复印件；

3. 营业执照复印件；

4. 法人代表身份证复印件；

5. 税务登记证复印件；

6. 2017年度完税证明复印件；

7. 2017年度财务审计报告复印件（注册未满一年的可提供验资报告，验原件；审计工作尚未完成的，可暂由财务报表替代，最迟4月30日前上传审计报告）；

8. 企业信用信息单（项目负责人占股比例，网上打印加盖公章）；

9. 深圳市海外高层次人才证书复印件（验原件）；

10.2年以上海外学习或工作经历的证明材料，海外专家须提供我市外国专家局出具的就业许可证复印件，留学回国人员须提供我市或其他城市外国专家局出具的出国留学人员资格证明复印件，有海外工作经历的须提供海外任职证明材料复印件（如工作签证、任职经历证明等，验原件，外文须提供中文翻译）；

12. 项目负责人与申报单位签订的劳动合同复印件（验原件）；

13. 项目负责人身份证和学位证复印件（验原件）；

14. 项目负责人获得海外院校、机构录取、录用证明文件复印件（验原件）；

15. 项目负责人的相关专利证书、产品证书、奖励证书等复印件，发表的代表性论著、论文的首页和摘要复印件（外文须提供中文翻译）、主持（参与）过的主要项目证明材料复印件；

16. 项目可行性研究报告原件。

以上材料一式两份，复印件需加盖申请单位公章，A4纸正反面打印/复印，非空白页（含封面）需连续编写页码，装订成册（胶装）。

项目申报材料中拟取得的学术、技术及经济效益等指标应严肃、科学，申报指标将作为项目评审、合同签订、过程管理、验收结题及项目评估的依据，原则上不予调整。特提请各申报单位严肃对待。

项目申报单位对申请材料的合法性、真实性、准确性和完整性负责。如有虚假，我委核实后将不予立项资助，并将申报单位列入我委科研诚信负面清单，视情节轻重，依法追究相关责任。

（六）申请表格

本指南规定提交的表格，登录深圳市科技业务管理系统在线填报。

（七）受理机关

1. 受理机关：市科技创新委。

2. 受理时间：

网络填报受理时间：2018年1月26日至2018年3月16日

书面材料受理时间：2018年3月19日至2018年3月30日

办公时间：星期一至星期五上午：9：00—12：00

下午：14：00—17：45

3. 联系电话：88121039、88102204。

4. 受理地点：市民中心行政服务大厅西厅 18~28 号窗口。

（八）决定机关

市科技创新委会同深圳市财政委员会（以下简称市财政委）。

（九）办理程序

申请人网上申报——向市科技创新委收文窗口提交申请材料——市科技创新委组织专家评审、答辩或现场考察——市科技创新委会同市财政委审定——社会公示——市科技创新委、市财政委共同下达资金计划——申请单位与市科技创新委签订项目合同书——拨付经费。

（十）办理时限

每年一次，成批处理。

（十一）证件

证件：批准文件。

有效期限：申请人应当在收到批准文件之日起 1 个月内，与市科技创新委签订项目合同书。

（十二）法律效力

申请单位凭批准文件获得深圳市海外高层次人才创新创业专项资金资助。

（十三）收费

不收费。

（十四）年审或年检

无年审。

市科技创新委按照项目合同书对项目进行跟踪管理和组织验收。

2019 年深圳市海外高层次人才创新创业专项资金技术创新项目申请指南

一、申请内容

对来我市工作并担任研发项目负责人的海外高层次人才研发项目和成果转化项目予以资助。

重点支持领域：互联网、生物、新能源、新材料、新一代信息技术等战略性新兴产业；海洋、航空航天、生命健康等未来产业；先进制造和涉及民生改善的科技领域。

二、设定依据

（一）《深圳市委市政府关于实施引进海外高层次人才“孔雀计划”的意见》，中共深圳市委，深发〔2011〕9 号；

（二）《深圳市科技计划项目管理办法》，深圳市科技创新委员会、深圳市财政委员会，深科技创新规〔2012〕9 号；

（三）《深圳市科技研发资金管理办法》，深圳市财政委员会、深圳市科技创新委员会，深财科〔2012〕168 号。

三、支持强度与方式

支持强度：有数量限制，受深圳市海外高层次人才创新创业专项资金年度总额控制，平均资助强度 100 万元。

支持方式：自愿申报、专家评审、答辩或现场考察、社会公示、受理机关审定。

四、办理条件

申请技术创新项目资助应当符合以下条件：

（一）申请单位是在深圳市依法注册的独立法人；

（二）项目负责人已按照《深圳市海外高层次人才确认办法》获得企业技术与创新创业类或科研学术与教育卫生类人才确认，并处于深圳市海外高层次人才确认有效期内（截至 2018 年 3 月）；

（三）项目负责人在项目执行期内须全职在申请单位工作；

（四）申报单位同一项目每年只能申报一次，不得多头申报和重复申报。凡以相同项目多头申报、重复套取政府资金的，一经发现立即取消该单位两年内所有项目的资助资格。“同一项目”是指经我委使用相应软件对申报项目进行查重后，相似度为 30% 以上（含 30%）的项目；

（五）已列入科技诚信异常名录的单位和人员，不得申报。

本年度申报基础研究（自由探索、学科布局）、技术攻关、创业资助、深港创新圈、国际科技合作（研究开发项目）、股权投资、重点实验室、工程中心、公共技术服务平台、科技应用示范、孔雀（孔雀团队、创业资助、技术创新）、创客（创客创业资助）计划的企业和高校、科研机构项目组成员，有申报总量限制：

1. 申请单位为企业的，原则上只能单独或者联合申报 1 项；2015 年以来获得国家、广东省和部级科技奖励的企业或 2016 年、2017 年深圳市工业百强企业，可以单独或者联合申报 2 项。

2. 申请单位为高校或者科研机构的，其项目组成员只能单独或联合申报 2 项。

五、申请材料

（一）登录深圳市科技业务管理系统在线填报申请书，提供通过该系统打印的申请书纸质文件原件。

申请人应认真填写项目申报书的人员信息、研发内容、技术经济指标、经费安排等内容，申请书中内容将作为合同内容生成依据。

（二）企业营业执照或事业单位登记证书复印件；

（三）法人代表身份证复印件；

（四）税务登记证复印件（非事业单位提供）；

（五）2017 年度纳税证明复印件（非事业单位提供）；

（六）2017 年度财务审计报告或通过审查的事业单位财务决算报表复印件（注册未满一年的可提供验资报告，验原件；审计工作尚未完成的，可暂由财务报表替代，最迟 4 月 30 日前上传审计报告）；

（七）深圳市海外高层次人才证书复印件（验原件）；

（八）2 年以上海外学习或工作经历的证明材料，海外专家须提供我市外国专家局出具的就业许可证复印件（验原件），留学回国人员须提供我市或其他城市外国专家局出具的出国留学人员资格证明复印件（验原件），有海外工作经历的须提供海外任职证明材料复印件（如工作签证、任职经历证明等，验原件，外文须提供中文翻译）；

（九）项目负责人与申报单位签订的劳动合同复印件（验原件）；

（十）项目负责人身份证和学位证复印件（验原件）；

（十一）项目负责人获得海外院校、机构录取、录用证明文件复印件（验原件）；

（十二）项目负责人的相关专利证书、产品证书、奖励证书等复印件，发表的代表性论著、论文的首页和摘要复印件（外文须提供中文翻译）、主持（参与）过的主要项目证明材料复印件；

（十三）项目可行性研究报告原件。

以上材料一式两份，复印件需加盖申请单位公章，A4 纸正反面打印 / 复印，非空白页（含封面）需连续编写页码，装订成册（胶装）。

项目申报材料中拟取得的学术、技术及经济效益等指标应严肃、科学，申报指标将作为项目评审、合同签订、过程管理、验收结题及项目评估的依据，原则上不予调整。特提请各申报单位严肃对待。

项目申报单位对申请材料的合法性、真实性、准确性和完整性负责。如有虚假，我委核实后将不予立项资助，并将申报单位列入我委科研诚信负面清单，视情节轻重，依法追究相关责任。

六、申请表格

本指南规定提交的表格，登录深圳市科技业务管理系统在线填报。

七、受理机关

（一）受理机关：市科技创新委。

（二）受理时间：

网上填报受理时间：2018 年 1 月 26 日至 2018 年 3 月 16 日。

书面材料受理时间：2018 年 3 月 19 日至 2018 年 3 月 30 日。

办公时间：星期一至星期五上午：9：00—12：00，

下午：14：00—17：45。

（三）联系电话：88121039、88102204。

（四）受理地点：市民中心行政服务大厅西厅 18~28 号窗口。

八、决定机关

市科技创新委会同深圳市财政委员会（以下简称市财政委）。

九、办理程序

申请人网上申报——向市科技创新委收文窗口提交申请材料——市科技创新委组织专家评审、答辩或现场考察——市科技创新委会同市财政委审定——社会公示——市科技创新委、市财政委共同下达资金计划——申请单位与市科技创新委签订项目合同书——拨付经费。

十、办理时限

每年一次，成批处理。

十一、证件及有效期限

证件：批准文件。

有效期限：申请单位应当在收到批准文件之日起 1 个月内，与市科技创新委签订项目合同书。

十二、法律效力

申请单位凭批准文件获得深圳市海外高层次人才创新创业专项资金资助。

十三、收费

不收费。

十四、年审或年检

无年审。

市科技创新委对项目进行跟踪管理和组织验收。

科技创新计划

2019 年基础研究学科布局项目申请指南

一、申请内容

以获取自主知识产权、原始创新成果、培养创新型人才等为目标，发展科学知识的独创性基础研究项目资助。成果形式主要以论文、著作、专利等为主。

学科布局重点支持科研人员结合产业需求，针对已有较好基础的研究方向或领域开展深入、系统的创新性研究，推动若干重要领域或科学前沿取得突破。

重点支持领域：互联网、生物、新能源、新材料、新一代信息技术、节能环保等战略性新兴产业；海洋、航空航天、生命健康、机器人、可穿戴设备和智能装备产业等未来产业；先进制造、安全生产、资源环境等促进生态文明建设及民生改善的科技领域。

二、设定依据

（一）《深圳经济特区科技创新促进条例》，市四届人大常委会第二十次会议通过，2008 年 7 月 22 日；

（二）《关于促进科技创新的若干措施》，深圳市委，深发〔2016〕7 号；

（三）《深圳市科技计划项目管理办法》，深圳市科技创新委员、深圳市财政委员会，深科技创新规〔2012〕9 号；

（四）《深圳市科技研发资金管理办法》，深圳市财政委员会、深圳市科技创新委员会深财科〔2012〕168 号。

三、支持强度与方式

支持强度：有数量限制，受科技研发资金、战略性新兴产业资金和未来产业资金年度总额控制，单个学科布局项目资助强度不超过 300 万元。

支持方式：学科布局项目采用“先征集、再选题、发指南，后申报”的模式，根据我市经济社会发展需求凝练选题，以“单位申报、专家评审、处室考察、社会公示、审批机关审定”的方式确定承担单位，予以支持。

四、办理条件

（一）申请单位应当是在深圳市或深汕合作区内依法注册，具有独立法人资格的高等院校、科研机构以及具有基础研究能力的国家、省、市级企业重点实验室依托单位。

（二）项目负责人年龄在项目完成年度不得超过 60 周岁（1961 年 1 月 1 日之后出生），国家“千人计划”顶尖人才及创新团队项目入选者、中国科学院、中国工程院院士可放宽至 65 岁（1956 年 1 月 1 日之后出生）。

申请单位非全职聘用的在职工作人员作为项目负责人申请基础研究类项目，应当提供申请单位的聘用合同复印件，并提供包含聘任岗位、聘任期限和每年在申请单位工作时间的说明，以及本项目相关在深自有科研用房和仪器设备清单等证明材料。

（三）项目负责人具有承担基础研究课题的经历，具有高级专业技术职务（职称）。在站博士后研究人员、正在攻读研究生学位人员不得作为项目负责人进行申请。

（四）有合作单位的，应注意以下事项：

1. 合作申报单位仅限 1 个。

2. 申请书中填报合作单位名称并加盖合作单位公章，同时提供合作协议书。协议书中须注明双方研究内容分工、财政资金及自筹资金分配、知识产权归属等，申请单位应承担大部分研发内容，资金分配比例大于等于单个合作单位资金分配比例。如果项目无合作单位，则明确填写“无合作单位”。

3. 项目组前五位成员中至少三位为申请单位研究人员。

4. 有企业参与的，自筹经费金额应不低于市财政资金资助企业的金额，并提供自筹经费投入承诺书。

5. 项目负责人在以往市级科技计划或其他机构（如科技部、国家自然科学基金、省科技厅等）资助项目基础上提出的新项目，应在项目可行性报告中明确阐述二者的异同、继承与发展关系。

（五）申请项目如获资助，产生的知识产权归属申请单位或合作申报单位，但所发表的论文、著作等第一署名单位应为申请单位。

（六）申请财政性资金资助的申请人和项目负责人应当提交项目知识产权合规性声明。

五、限项申请规定

详见附件。

六、申请材料

（一）登录深圳市科技业务管理系统在线填报申请书，提供通过该系统打印的申请书纸质文件原件。

（二）组织机构代码证、税务登记证、工商营业执照复印件（或具有组织机构代码、纳税人识别号、社会保险登记编码的“一照四号”营业执照复印件）（非事业单位提供）。

（三）法人代表身份证复印件（非事业单位提供）。

（四）上年度完税证明复印件（非事业单位提供）。

（五）2017 年审计报告。

（六）事业单位登记证（事业单位提供）。

（七）项目可行性研究报告原件（提纲详见附件）。

（八）高级专业技术职务（职称）证书、科研成果及学术水平的相关证明材料（学历证明、高层次人才证书、获奖证书等）复印件。

（九）非全职聘用的在职工作人员应提供聘任（用）合同复印件，以及本项目相关的在深自有科研用房和仪器设备清单等证明材料（盖单位公章）。

（十）申请人或企业在研（包括主持和参与）市级基础研究项目（学科布局、自由探索）、技术攻关、创业资助、科技应用示范、孔雀计划（孔雀团队、创业资助）项目未超 3 项证明（盖单位公章）。

（十一）知识产权诚信承诺书（模板详见附件）。

（十二）有合作单位的，须提供合作协议（加盖双方单位公章）。

（十三）有企业参与的，须提供自筹经费投入承诺书。

（十四）涉及动物实验及临床研究项目，须提供伦理审查委员会意见。

以上材料（二）~（六）由申请单位管理员在业务系统统一上传，其他材料由申请人上传。同时准备纸质材料一式两份，复印件需加盖申请单位公章，A4 纸正反面打印 / 复印，非空白页（含封面）需连续编写页码，胶装成册。所有材料的电子版和纸质版务必保持一致。

项目申报材料中拟取得的学术、技术及经济效益等指标应严肃、科学，申报指标将作为项目评审、合同签订、过程管理、验收结题及项目评估的依据，原则上不予调整。特提请各申报单位严肃对待。

项目申报单位对申请材料的合法性、真实性、准确性和完整性负责。如有虚假，我委核实后将不予立项资助，并将申报单位列入我委科研诚信负面清单，视情节轻重，依法追究相关责任。

七、申请表格

本指南规定提交的表格，申请人登录深圳市科技业务管理系统在线填报。

八、审批受理机关

（一）受理机关：市科技创新委。

（二）受理时间：

网上填报受理时间：2018 年 4 月 13 日—2018 年 5 月 2 日

书面材料受理时间：2018 年 5 月 3 日—2018 年 5 月 8 日

办公时间：星期一至星期五上午：9：00—12：00，下午：14：00—17：45

（三）联系电话：

电子信息领域：88127371、88101054

生物与环境领域：88121057、88121058

材料与能源领域：88125027、88103124

智能制造领域：88125001、88103956

（四）受理地点：市民中心行政服务大厅西厅 18~28 号窗口。

九、审批决定机关

市科技创新委会同市财政委员会（以下简称市财政委）。

战略性新兴产业、未来产业领域资助项目由市新兴高技术产业发展领导小组审定。

十、审批程序

项目征集——形式审查——专家论证—项目指南发布——单位申报——受理申报材料——组织专家评审及现场考察——社会公示——下达文件——项目经费拨付。

十一、审批时限

结合受理情况，按申报顺序，分批处理。

十二、审批证件及有效期限

证件：批准文件。

有效期限：申请单位应当在收到批准文件之日起 1 个月内，与市科技创新委签订项目合同书。

十三、审批的法律效力

申请人凭批准文件获得深圳市科技研发资金、战略性新兴产业资金、未来产业资金资助。

十四、收费

不收费。

十五、年审或年检

无年审。市科技创新委按照项目合同书对项目进行跟踪管理和组织验收。

2019 年基础研究自由探索项目申请指南

一、申请内容

以获取自主知识产权、原始创新成果、培养创新型人才等为目标，鼓励科研人员积极开展前沿的、学科交叉的创新研究。成果形式主要以论文、著作、专利等为主。

重点支持领域：互联网、生物、新能源、新材料、新一代信息技术、节能环保等战略性新兴产业；海洋、航空航天、生命健康、机器人、可穿戴设备和智能装备产业等未来产业；先进制造、安全生产、资源环境等促进生态文明建设及民生改善的科技领域。

二、设定依据

（一）《深圳经济特区科技创新促进条例》，深圳市第五届人民代表大会常务委员会公告，第 144 号；

（二）《关于促进科技创新的若干措施》，深圳市委深圳市人民政府，深发〔2016〕7 号；

（三）《深圳市科技计划项目管理办法》，深圳市科技创新委员会 深圳市财政委员会，深科技创新规〔2012〕9 号；

（四）《深圳市科技研发资金管理办法》，深圳市财政委员会、深圳市科技创新委员会，深财科〔2012〕168 号。

三、支持强度与方式

支持强度：有数量限制，受科技研发资金、战略性新兴产业资金和未来产业资金年度总额控制，单个项目资助不超过 50 万元。

支持方式：采用“单位申报、合规性审查、专家评审、社会公示、审批机关审定”的方式予以支持。

四、办理条件

（一）申请单位应当是在深圳市或深汕合作区内依法注册，具有独立法人资格的高等院校、科研机构以及具有基础研究能力的国家、省、市级企业重点实验室依托单位。

（二）申请人应具有承担基础研究项目或者其他从事基础研究经历，并符合下列条件之一：

1. 具有高级专业技术职务（职称）；

2. 具有博士学位；

3. 有两名与其研究领域相同、具有高级专业技术职务（职称）的科学技术人员推荐。

（三）申请人（或主要参与者）必须是申请单位（或合作单位）的在职研究人员，项目完成年度不超过 60 周岁。

申请单位非全职聘用的在职工作人员作为申请人申请基础研究类项目，应当提供申请单位的聘用合同复印件，并提供包含聘任岗位、聘任期限和每年在申请单位工作时间的说明（申请单位或其人事部门盖章）。

（四）申请人为博士后在站人员的，需提供合作导师签字的单位承诺函。

（五）申请单位应具备较好的科研实验条件，申请人须提供本项目相关在深自有科研用房和仪器设备清单等证明材料（加盖单位公章）。

（六）有合作单位的，应注意以下事项：

1. 合作单位仅限 1 个。

2. 申请书中填报合作单位名称，提供合作协议书，并加盖合作单位公章。协议书中须注明双方研究内容分工、财政资金及自筹资金分配、知识产权归属等，申请单位应承担大部分研发内容，资金分配比例大于等于单个合作单位资金分配比例。如果项目无合作单位，则明确填写“无合作单位”。

3. 申请单位项目组成员（前五位）应占三位以上。

4. 有企业参与的，自筹经费金额应不低于市财政资金资助企业的金额，并提供自筹经费投入承诺书。

（七）申请单位或申请人应遵循以下原则：

1. 申请人或企业同年只能申请 1 项基础研究类项目（学科布局或自由探索）。

2. 申请人或企业在研（包括主持和参与）市级基础研究项目、技术攻关项目和创业资助项目不超过（含）3 项。

3. 以相同或基本相同的项目申请书在不同机构中以同一申请人或者不同申请人的名义进行多处申请的，我委核实后将不予立项资助，并将申报人列入我委科研诚信负面清单。对于申请人在以往市级科技计划或其他机构（如科技部、国家自然科学基金、省科技厅等）资助项目基础上提出的新项目，应明确阐述二者的异同、继承与发展关系，作为附件随申请书一并报送。

（八）申请项目如获资助，产生的知识产权归属申请单位（含合作单位），所发表的论文、著作等第一署名单位应为申请单位（含合作单位）。

五、申请材料

（一）登录深圳市科技业务管理系统在线填报申请书，提供通过该系统打印的申请书纸质文件原件。

（二）组织机构代码证、税务登记证、工商营业执照复印件（或具有组织机构代码、纳税人识别号、社会保险登记编码的“一照四号”营业执照复印件）（非事业单位提供）。

（三）法人代表身份证复印件（非事业单位提供）。

（四）上年度完税证明复印件（非事业单位提供）。

（五）2017 年审计报告（审计工作尚未完成的，可暂由财务报表替代，最迟在 2018 年 4 月 30 日前上传审计报告）。

（六）事业单位登记证（事业单位提供）。

（七）项目可行性研究报告原件。

（八）申请人主持或参与国家、省、市项目的清单（企业提供单位的项目情况），以及本项目相关研究内容获得其他渠道或项目资助的情况说明（盖单位公章）、科研成果及学术水平的相关证明材料（含职称证书或学历证明、高层次人才证书、获奖证书等）复印件。

（九）申请人聘任（用）合同复印件（申请单位或其人事部门盖章）。

（十）申请人或企业主持和参与市级基础研究项目、技术攻关项目和创业资助项目未超 3 项证明（盖单位公章）。

（十一）本项目相关的在深科研用房和仪器设备清单等证明材料（加盖单位公章）。

（十二）在站博士后申请项目须提供全国博管委或有关省、市人事部门出具的进站文件、工作协议复印件，以及合作导师签字的依托单位书面承诺函原件，承诺在项目资助期内在站工作或出站后留在依托单位继续从事科学研究。

（十三）高级专业技术职务（职称）或具有博士学位人员以外的科研人员申报项目，需提供两名与其研究领域相同、具有高级专业技术职务（职称）的科研人员推荐信。

（十四）合作协议。

（十五）有企业参与的，须提供自筹经费投入承诺书。

（十六）涉及动物实验及临床研究项目，须提供伦理审查委员会意见。

以上材料（二）~（六）由申请单位管理员在业务系统统一上传，其他材料由申请人上传。同时准备纸质材料一式两份，复印件需加盖申请单位公章，A4 纸正反面打印 / 复印，非空白页（含封面）需连续编写页码，胶装成册。所有材料的电子版和纸质版务必保持一致。

项目申报材料中拟取得的学术、技术及经济效益等指标应严肃、科学，申报指标将作为项目评审、合同签订、过程管理、验收结题及项目评估的依据，原则上不予调整。特提请各申报单位严肃对待。

项目申报单位对申请材料的合法性、真实性、准确性和完整性负责。如有虚假，我委核实后将不予立项资助，并将申报单位列入我委科研诚信负面清单，视情节轻重，依法追究相关责任。

六、申请表格

本指南规定提交的表格，申请人登录深圳市科技业务管理系统在线填报。

七、受理机关

（一）受理机关：深圳市科技创新委员会

（二）受理时间（按申报顺序，分批处理）：

网上填报受理时间：2018 年 1 月 12 日—2018 年 2 月 14 日

书面材料受理时间：2018 年 2 月 22 日—2018 年 3 月 7 日

办公时间；

星期一至星期五上午：9：00—12：00 下午：14：00—17：45

（三）联系电话：

电子信息领域：88127371、88101054

生物与环境领域：88121057、88121058

材料与能源领域：88125027、88103124

智能制造领域：88125001、88103956

（四）受理地点：市民中心行政服务大厅西厅 18—28 号窗口

八、决定机关

科技研发资金资助项目由深圳市科技创新委会同深圳市财政委员会审定。

战略性新兴产业、未来产业资金资助项目由深圳市新兴高技术产业发展领导小组审定。

九、办理程序

申请人网上申报——窗口受理纸质申报材料——专家评审、合规性审查——制定资助方案——审批机关审定——社会公示——下达资助通知——签订项目合同书——项目经费拨付——项目后续过程管理——项目验收、科技报告及相关统计。

十、办理时限

结合受理情况，按申报顺序，分批处理。

十一、证件

证件：批准文件。

有效期限：申请单位应当在收到批准文件之日起 1 个月内，与深圳市科技创新委员会签订项目合同书。

十二、法律效力

申请人凭批准文件获得深圳市科技研发资金、战略性新兴产业资金、未来产业资金资助。

十三、收费

不收费。

十四、年审或年检

无年审。

深圳市科技创新委员会按照项目合同书对项目进行跟踪管理和组织验收。

技术创新

2019年技术攻关项目申请指南

一、申请内容

以增强我市高新技术产业核心竞争力，提升产业整体自主创新能力，突破产业发展重大共性关键技术为目标，聚焦我市战略新兴产业、未来产业和促进生态文明建设及民生改善的科技领域等瓶颈性关键技术，对深圳市高新技术产业重点领域、优先主题、重大专项的关键技术攻关予以资助。

重点支持领域：

电子信息领域：物联网、大数据、云计算、人工智能、信息安全、5G和核心芯片、量子信息与通信、第三代半导体；

生物科技领域：重大新药创制、健康保障、水和大气污染防治、固废处理、生物育种、海洋生态技术和公共安全；

材料能源领域：石墨烯、材料基因工程、高性能先进金属新材料、新能源汽车、燃料电池和高效节能；

智能装备领域：医疗器械、机器人与智能装备、智能无人系统、增材制造和激光制造、航空航天和海工装备。

二、设定依据

（一）《深圳经济特区科技创新促进条例》，深圳市第五届人民代表大会常务委员会公告，第144号；

（二）《关于促进科技创新的若干措施》，深圳市委，深发〔2016〕7号；

（三）《深圳市科技计划项目管理办法》，深圳市科技创新委员、深圳市财政委员会，深科技创新规〔2012〕9号；

（四）《深圳市科技研发资金管理办法》，深圳市财政委员会、深圳市科技创新委员会，深财科〔2012〕168号。

三、审批数量及方式

审批数量：受科技研发资金、战略性新兴产业资金和未来产业资金年度总额控制，单个项目资助强度最高不超过1000万元。

审批方式：采用“先征集、再选题、后申报”的模式，根据我市经济社会发展需求在征集课题中凝练选题，在我委网站挂出课题申请指南，然后以“单位申报、专家评审、答辩或者现场考察、社会公示、审批机关审定”的方式确定承担单位予以支持。

四、办理条件

申请深圳市技术攻关项目资助应当符合以下条件：

（一）申请单位应当是在深圳市或深汕合作区内依法注册、具有独立法人资格的国家或深圳市高新技术企业、技术先进型服务企业，高校、科研机构和社会组织只能作为合作单位参与项目。

（二）申请单位应当有良好的研发基础和条件、健全的财务制度和优秀的技术及管理团队，能提供相应的配套资金，具备承担大型高技术研究开发或者产业化项目能力。省科技特派员入驻企业予以优先支持。

（三）项目负责人必须为申请单位的全职在职人员，项目完成年度不超过60周岁。项目组成员总人数的50%以上须在深圳购买社会保险，来自牵头单位的项目组主要成员数量应占50%以上。

（四）有合作单位的，应注意以下事项：

1. 合作协议中应注明牵头申请单位应负责技术攻关研发内容的 50% 以上；

2. 牵头申请单位资金分配比例不少于单个合作单位的分配比例；

3. 申请书中填报合作单位名称并加盖合作单位公章。如果项目无合作单位，则明确填写“无合作单位”。

（五）申请单位申报 2019 年度技术攻关项目应遵循以下原则：

本年度申报基础研究（自由探索、学科布局）、技术攻关、创业资助、深港创新圈、国际科技合作（研究开发项目）、股权投资、重点实验室、工程中心、公共技术服务平台、科技应用示范、孔雀（孔雀团队、创业资助）、创客（创客创业资助）计划的，有申报总量限制：

1. 申请单位为企业的，原则上只能单独或者联合申报 1 项；

2015 年以来获得国家、广东省和部级科技奖励的企业或 2016 年、2017 年深圳市工业百强企业，可以单独或者联合申报 2 项。

2. 申请单位为高校或者科研机构的，其项目组成员只能联合申报 2 项。

五、申请材料

（一）登录深圳市科技业务管理系统在线填报申请书，提供通过该系统打印的申请书纸质文件；

（二）组织机构代码证、税务登记证、工商营业执照复印件（或具有组织机构代码、纳税人识别号、社会保险登记编码的“一照四号”营业执照复印件）；

（三）国家或深圳市高新技术企业认定证书复印件、技术先进型服务企业认定证书复印件；

（四）法人代表身份证复印件；

（五）2017 年度完税证明复印件；

（六）2017 年度财务审计报告复印件（审计工作尚未完成的，可暂由财务报表替代，最迟 2018 年 4 月 30 日 18:00 前上传审计报告）；

（七）项目可行性研究报告；

（八）项目组成员社会保险缴纳凭证复印件；

（九）合作协议复印件（如有合作单位）；

（十）可以选择提供知识产权证 (包括专利和软件著作权)、查新报告、检测报告、获得国家省部级科技奖励的获奖证书、国家省计划立项文件、广东省企业科技特派员派驻协议书、深圳市工业百强企业证书等证明材料复印件；

（十一）知识产权诚信承诺书。

以上材料一式两份，复印件需加盖申请单位公章，除第（二）、（四）和（五）项材料外，其他复印件需验原件，A4 纸正反面打印 / 复印，非空白页（含封面）需连续编写页码，装订成册（胶装）。

项目申报材料中拟取得的学术、技术及经济效益等指标应严肃、科学，申报指标将作为项目评审、合同签订、过程管理、验收结题及项目评估的依据，原则上不予调整。特提请各申报单位严肃对待。

项目申报单位对申请材料的合法性、真实性、准确性和完整性负责。如有虚假，我委核实后将不予立项资助，并将申报单位列入我委科研诚信负面清单，视情节轻重，依法追究相关责任。

六、申请表格

本指南规定提交的表格，申请人登录深圳市科技业务管理系统在线填报。

七、受理机关

（一）受理机关：市科技创新委

（二）受理时间：

网上填报受理时间：2018 年 4 月 13 日—2018 年 5 月 2 日（截止至 18:00）

书面材料受理时间：2018 年 5 月 3 日—2018 年 5 月 8 日

办公时间：星期一至星期五上午：9：00—12：00，下午：14：00—17:45

（三）联系电话：

电子信息领域：88127371、88101054

生物与资源领域：88121057、88121058

材料与能源领域：88100739、88103124

先进制造领域：88125001、88103956

（四）受理地点：市民中心行政服务大厅西厅 18~28 号窗口

八、决定机关

市科技创新委会同市财政委。

战略性新兴产业、未来产业领域资助项目由市新兴高技术产业发展领导小组审定。

九、办理程序

项目征集——发布课题——申请人网上申报——提交纸质申请材料——市科技创新委对申请材料进行初审——专家评审，答辩或者现场考察——市科技创新委会同市财政委审定（战略性新兴产业、未来产业领域资助项目由市新兴高技术产业发展领导小组审定）——社会公示——市科技创新委、市财政委共同下达项目资金计划（战略性新兴产业、未来产业领域资助项目由市新兴高技术产业发展领导小组下达）——申请单位与市科技创新委签订项目合同书——拨付资助经费。

十、办理时限

结合受理情况，按申报顺序，分批处理。

十一、证件

证件：批准文件。

有效期限：申请单位应当在收到批准文件之日起 1 个月内，与市科技创新委签订项目合同书。

十二、法律效力

申请人凭批准文件获得深圳市科技研发资金、战略性新兴产业资金、未来产业资金资助。

十三、收费

不收费。

十四、年审或年检

无年审。

市科技创新委按照项目合同书对项目进行跟踪管理和组织验收。

2018 年度企业研究开发资助
国家高新技术企业培育资助申请指南

一、审批内容

1. 支持企业建立研发准备金制度，对其按规定支出，符合加计扣除政策，且属于《国家重点支持的高新技术领域》的研发项目，按上年度研发实际支出，予以一定比例事后资助。

2. 实施国家高新技术企业培育计划，对国家高新技术企业培育入库、出库企业给予研发支持。

（说明：为减轻企业负担，2018 年起，企业研究开发资助、国家高新技术企业培育资助两个业务合并办理，科技部门统一发布申请指南、企业根据实际情况自愿选择申报其中一个或多个业务，仅需填报一份申请书。）

二、设定依据

（一）《关于促进科技创新的若干措施的通知》（深发〔2016〕7 号）；

（二）《关于加强高新技术企业培育的通知》（深科技创新〔2017〕278 号）。

三、审批数量及方式

审批数量：受本年度财政预算安排总量控制。

审批方式：自愿申报、审批机关审定。

四、审批条件

（一）在深圳市依法注册、具有独立法人资格的企业，或深汕特别合作区内的深圳企业；

（二）按照国家税务总局《关于企业研究开发费用税前加计扣除政策有关问题的公告》（国家税务总局公告 2015 年第 97 号，见附件）要求对研发费用进行归集并设置辅助账；

（三）申请企业在税务部门办理了加计扣除；

（四）销售收入 2000 万元及以上的企业应建立了内部研发机构；

（五）企业开展的研发活动应符合《国家重点支持的高新技术领域》所规定的范围；

（六）纳税信用等级 C 级及以上（A 级最高）；

（七）遵守国家统计法律法规；

（八）申请国家高新技术企业培育资助的，应是 2017 年入库、出库的企业（名单见附件）。

五、申请材料

（一）登录深圳市科技业务管理系统（业务申请—> 市科技创新委 → 科技政策 → 研发资助）在线填报申请书，提供通过该系统打印的申请书纸质文件原件；

（二）组织机构代码证、税务登记证、工商营业执照复印件（或具有组织机构代码、纳税人识别号、社会保险登记编码的“一照四号”营业执照复印件）；

（三）法人代表身份证复印件；

（四）上年度完税证明复印件；

（五）上年度财务审计报告（注册未满一年的可提供验资报告）复印件；

（六）研发项目登记材料（深圳市科技业务管理系统项目登记模块打印的 PDF 文档及登记所附材料）；

（七）建立内部研发机构证明材料复印件（销售收入2000万元及以上企业提供）；

企业在申请前，应先登录深圳市科技业务管理系统（业务申请—> 市科技创新委 → 科技政策 → 项目登记）进行研发项目登记（系统已开通）；企业在研发项目登记前，应先进入“科研人员（专家）登录”模块，进行科研人员登记。

以上材料一式二份（正本与副本），复印件需加盖申请单位公章，A4纸双面打印/复印，非空白页（含封面）需连续编写页码，装订成册（胶装），在书脊处注明公司名称及“企业研发、高企培育资助（2018）”字样。

六、申请表格

本指南规定提交的表格，登录深圳市科技业务管理系统在线填报。

七、审批受理机关

（一）受理机关：深圳市科技创新委员会。

（二）受理时间：

网络填报受理时间：5月3日至6月3日

（截止至18：00）。

书面材料受理时间：6月12日至6月22日。

办公时间：星期一至星期五（法定节假日除外）

上午：9：00—12：00

下午：14：00—17：45

（三）联系电话：88101105

（四）受理地点：市民中心行政服务大厅西厅18~28号窗口。

八、审批决定机关

深圳市科技创新委员会深圳市财政委员会。

九、审批程序

申请人网上申报——向市科技创新委提交申请材料——统计、税务部门核对数据——市科技创新委会同市财政委审定——社会公示——市科技创新委会同市财政委下达资助资金——拨付资金。

十、审批时限

每年一次，成批处理。

十一、审批证件及有效期限

证件：批准文件。

申请单位在收到批准文件之日起1个月内办理资金拨付。

十二、审批的法律效力

申请人凭批准文件获得相关资助。

十三、收费

不收费。

十四、年审或年检

无年审。

协同创新计划

2018年深圳市深港创新圈项目申请指南

一、审批内容

深港两地机构合作进行的科技研发项目，包括通过深港联合评审的联合资助项目和深圳单方资助项目。

重点支持领域：互联网、生物、新能源、新材料、新一代信息技术、节能环保等战略件新兴产业；海洋、航空航天、生命健康等未来产业; 先进制造和涉及民生改善的科技领域。

二、设定依据

（一）《深圳经济特区科技创新促进条例》，市四届人大常委会第二十次会议通过，2008年7月22日；

（二）《深圳市科技计划项目管理办法》，深圳市科技创新委员会、深圳市财政委员会，深科技创新规〔2012〕9号；

（三）《深圳市科技研发资金管理办法》，深圳市财政委员会、深圳市科技创新委员会，深财科〔2012〕168号。

三、审批数量及方式

审批数量：有数量限制，受科技研发资金年度总额控制。单个项目最高资助200万元，资助比例不超过项目研发投入资金的50%。

审批方式：单位申报、专家评审、答辩或者现场考察、深港联合评审、深港联合立项或深圳单方立项、社会公示、审批机关审定。

四、审批条件

申请联合研发项目资助应当符合以下条件：

（一）申请单位应当是在深圳市依法注册、具有独立法人资格的企业、高等院校和科研机构。

（二）申请单位已与香港的企业、高等院校、科研机构签订合作协议，明确技术、人力、设备、资金投入、知识产权归属等权利义务，共同开展研究活动。

（三）通过联合评审后转为深圳单方资助的项目需另行提交经费预算表，明确财政资金在港开支的金额及用途。

本年度申报基础研究（自由探索、学科布局）、技术攻关、创业资助、深港创新圈、国际科技合作（研究开发项目）、股权投资、重点实验室、工程中心、公共技术服务平台、科技应用示范、孔雀（孔雀团队、创业资助）、创客（创客创业资助）计划的，有申报总量限制：

（1）申请单位为企业的，原则上只能单独或者联合申报1项；2015年以来获得国家、广东省和部级科技奖励的企业或2016年、2017年深圳市工业百强企业，可以单独或者联合申报2项；

（2）申请单位为高校或者科研机构的，其项目组成员只能联合申报2项。

五、申请材料

申请联合研发项目资助应当提供以下材料：

（一）登录深圳市科技创新委员会（以下简称市科技创新委）科技业务管理系统 http://apply.szsti.gov.cn/ 在线填报申请书，提供通过该系统打印的申请书纸质文件原件；

（二）组织机构代码证、税务登记证、工商营业执照复印件（或具有组织机构代码、纳税人识别号、社会保险登记编码的"一照四号"营业执照复印件）（非事业单位提供）；

（三）事业单位登记证复印件（事业单位提供）；

（四）法人代表身份证复印件（非事业单位提供）；

（五）上年度完税证明复印件（非事业单位提供）；

（六）上年度财务审计报告或通过审查的事业单位财务决算报表复印件（注册未满一年的可提供验资报告，验原件）；

（七）项目可行性研究报告原件；

（八）香港合作单位向香港政府提交的项目申请书复印件；

（九）合作协议书复印件（验原件）；

（十）可以选择提供知识产权证、查新报告、检测报告、获奖证书、国家省计划文件等技术水平证明材料复印件（验原件）；

（十一）知识产权诚信承诺书。

以上材料一式两份，复印件需加盖申请单位公章，A4 纸正反面打印 / 复印，非空白页（含封面）需连续编写页码，装订成册（胶装）。

通过联合评审后转为深圳单方资助的项目需另行提交经费预算表，明确财政资金在港开支的金额及用途。

项目申报材料中拟取得的学术、技术及经济效益等指标应严肃、科学，申报指标将作为项目评审、合同签订、过程管理、验收结题及项目评估的依据，原则上不予调整。特提请各申报单位严肃对待。

项目申报单位对申请材料的合法性、真实性、准确性和完整性负责。如有虚假，我委核实后将不予立项资助，并将申报单位列入我委科研诚信负面清单，视情节轻重，依法追究相关责任。

六、申请表格

本指南规定提交的表格，申请人登录市科技创新委科技业务管理系统 http://apply.szsti.gov.cn/ 在线填报。

七、受理机关

受理机关：市科技创新委。

受理时间：网上填报受理时间：2018 年 4 月 26 日至 2018 年 6 月 15 日（截止至 18:00）。

书面材料受理时间：2018 年 6 月 19 日至 2018 年 6 月 29 日。

办公时间：星期一至星期五上午：9：00—12：00，下午：14：00—17：45。

联系电话：88103764，88127383。

受理地点：市民中心行政服务东大厅西厅 18—28 号窗口。

八、审批决定机关

市科技创新委会同深圳市财政委员会（以下简称市财政委）。

九、审批程序

申请人网上申报——向市科技创新委收文窗口提交申请材料——市科技创新委联合香港创新科技署确定联合受理项目清单——市科技创新委对申请材料进行初审——组织专家评审、答辩或者现场考察——市科技创新委与香港创新科技署召开联合评审会确定拟联合资助和深圳单方资助的项目——市科技创新委会同市财政委审定——社会公示——市科技创新委、市财政委共同下达项目资金计划——申请单位与市科技创新委签订项目合同书——市财政委拨付资助经费

十、审批时限

每年一次，成批处理。

十一、审批证件及有效期限

证件：批准文件。

有效期限：申请单位应当在收到批准文件之日起 1 个月内，与市科技创新委签订项目合同书。

十二、审批的法律效力

申请人凭批准文件获得深圳市科技研发资金资助。

十三、收费

不收费。

十四、年审或年检

无年审。

市科技创新委按照项目合同书对项目进行跟踪管理和组织验收。

2018 年深圳市国际科技合作项目申请指南

一、申请内容

国际科技合作研究开发项目和国际科技合作交流活动项目资助。

重点领域：互联网、生物、新能源、新材料、新一代信息技术等战略性新兴产业；海洋、航空航天、生命健康等未来产业；先进制造和涉及民生改善的科技领域。

重点支持具有国际领先水平、弥补我市产业链缺失环节的技术合作项目，鼓励我市企业和科研机构与外国先进科研机构进行前瞻性研究合作。

二、设定依据

（一）《深圳经济特区科技创新促进条例》，市四届人大常委会第二十次会议通过，2008 年 7 月 22 日；

（二）《关于深化科技体制改革提升科技创新能力的若干措施》，深圳市人民政府，深府〔2012〕123 号；

（三）《关于加强自主创新促进高新技术产业发展的若干政策措施》，深圳市人民政府，深府〔2008〕200 号；

（四）《深圳市科技计划项目管理办法》，深圳市科技创新委员会、深圳市财政委员会，深科技创新规〔2012〕9 号；

（五）《深圳市科技研发资金管理办法》，深圳市财政委员会、深圳市科技创新委员会，深财科〔2012〕168 号；

（六）《深圳市市级行政事业单位因公出国（境）经费管理规定》，深财预〔2013〕61 号。

三、支持强度与方式

支持强度：有数量限制，受科技研发资金年度总额控制。单个项目最高资助 100 万元，且国际科技合作研究开发项目资助比例不超过中方研发投入资金的 50%，国际科技合作交流活动项目资助比例不超过实际发生合理费用的 50%。

国际科技合作研究开发项目：采用事前资助方式。

国际科技合作交流活动项目：采用事后资助方式，对 2017 年 1 月 1 日至 2017 年 12 月 31 日期间已举办的国际科技合作交流活动进行资助。

四、办理条件

（一）申请国际科技合作研究开发项目资助应当符合以下条件：

1. 申请单位应当是在深圳市或者深汕合作区内依法注册、具有独立法人资格的单位；

2. 申请单位已与国外注册的企业、高等院校、科研机构签订合作协议，明确技术、人力、设备、资金投入及知识产权归属等权利义务，进行合作研发等科研活动，合作研发的成果由双方共有或者由中方所有；

重点支持以色列、美国、加拿大、英国、丹麦和澳大利亚等与我市已签署有关科技合作协议的国家和地区开展的国际科技合作项目。

（二）申请国际科技合作交流活动项目资助应当符合以下条件：

1. 申请单位应当是在深圳市或者深汕合作区内依法注册、具有独立法人资格的单位，并且是国际科技合作交流活动的组织者或承办者；

2. 国际科技合作交流活动应当是在深圳举办，具有国际影响的国际科技合作学术交流会议、国际行业技术论坛等科技交流活动（参加人数100人以上，其中外宾人数30人以上）；或者承办已与我市签订政府间科技合作协议的国家和地区间的各类国际科技合作交流活动；或者在国外举办的大型科技合作交流推介会、科技合作项目对接会；

3. 财政预算管理事业单位在国外举办的国际科技交流活动项目，项目应经市外事部门批准，申报单位应将申报项目资金纳入本单位预算管理，出境人员应按所在单位外事、人事制度报批管理。市政府及其部门举办的国际科技交流合作活动，不列入本指南资助范围；

4. 在国内举办的国际科技合作交流活动，参照《在华举办国际会议经费管理办法》（财行〔2015〕371号）编制和执行预算。在国外举办的，按照《因公临时出国经费管理办法》（财行〔2013〕516号）规定和标准执行；

5. 申请单位不得就同一支出事项申请市科技研发资金其他计划或者其他市级财政资金资助。

五、申请材料

（一）申请国际科技合作研究开发项目资助应当提供以下材料：

1. 登录深圳市科技业务管理系统在线填报申请书，提供通过该系统打印的申请书纸质文件原件；

2. 组织机构代码证复印件；

3. 营业执照或事业单位、社会团体登记证书复印件；

4. 法定代表人身份证复印件；

5. 税务登记证复印件（非事业单位提供）；

6. 上年度完税证明复印件（非事业单位提供）；

7. 上年度财务审计报告或通过审查的事业单位财务决算报表复印件（注册未满一年的可提供验资报告，验原件）；

8. 项目可行性研究报告原件；

9. 与境外机构签订的合作协议书复印件（验原件，如只有外文，需翻译成中文；并需提交境外机构法定代表人签字有效的证明原件）；

10. 境外合作机构的有效注册登记证书复印件（如只有外文，需翻译成中文）。

以上材料一式两份，复印件需加盖申请单位公章，A4纸正反面打印/复印，非空白页（含封面）需连续编写页码，装订成册（胶装）。

（二）申请国际科技合作交流活动项目资助应当提交以下材料：

1. 登录深圳市科技业务管理系统在线填报申请书，提供通过该系统打印的申请书纸质文件原件；

2. 组织机构代码证复印件；

3. 营业执照或事业单位、社会团体登记证书复印件；

4. 法定代表人身份证复印件；

5. 税务登记证复印件（非事业单位提供）；

6. 上年度完税证明复印件（非事业单位提供）；

7. 上年度财务审计报告或通过审查的事业单位财务决算报表复印件（注册未满一年可不提供）；

8. 单位的资质证明文件复印件（验原件，如果需要）；

9. 按规定提交相关活动的批文、协议、合同复印件（验原件）；

10. 活动总结报告（内容包括：活动的基本情况、规模和规格，出席会议的重要嘉宾，活动的主要内容、成效和启示等）；

11. 组织活动、会议的邀请函；

12. 活动现场的彩色照片；

13. 出席会议的名单（包括单位名称、姓名、职务、联系方式）；

14. 出席学术交流会议的境外人员和嘉宾的护照或身份证明材料；

15. 项目执行所发生的费用清单和支出单据、集中支付凭证及所涉及的相关合同（协议）书；

16. 项目经费使用情况表。

以上材料一式两份，复印件需加盖申请单位公章，A4纸正反面打印/复印，非空白页（含封面）需连续编写页码，装订成册（胶装）。

项目申报材料中拟取得的学术、技术及经济效益等指标应严肃、科学，申报指标将作为项目评审、合同签订、过程管理、验收结题及项目评估的依据，原则上不予调整。特提请各申报单位严肃对待。

项目申报单位对申请材料的合法性、真实性、准确性和完整性负责。如有虚假，我委核实后将不予立项资助，并将申报单位列入我委科研诚信负面清单，视情节轻重，依法追究相关责任。

六、申请表格

本指南规定提交的表格，申请人登录深圳市科技业务管理系统在线填报。

七、受理机关

（一）受理机关：市科技创新委

（二）受理时间：

网上填报受理时间：2018 年 3 月 2 日至 2018 年 4 月 10 日（截止至 18:00）。

书面材料受理时间：2018 年 4 月 11 日至 2018 年 4 月 24 日

办公时间：星期一至星期五上午：9：00—12：00

下午：14：00—17：45

（三）联系电话：88103764、88127383

（四）受理地点：市民中心行政服务大厅西厅 18~28 号窗口

八、决定机关

市科技创新委会同深圳市财政委员会（以下简称市财政委）

九、办理程序

国际科技合作研究开发项目：申请人网上申报——向市科技创新委收文窗口提交申请材料——组织专家评审或者审计、答辩或者现场考察——市科技创新委会同市财政委审定——社会公示——市科技创新委、市财政委共同下达项目资金计划——申请单位与市科技创新委签订项目合同书——拨付资助经费。

十、办理时限

每年一次，成批处理。

十一、证件及有效期限

证件：批准文件。

有效期限：申请单位应当在收到批准文件之日起 1 个月内，与市科技创新委签订项目合同书（国际科技合作交流活动项目除外）。

十二、法律效力

申请人凭批准文件获得深圳市科技研发资金资助。

十三、收费

不收费。

十四、年审或年检

无年审。

市科技创新委按照项目合同书对项目进行跟踪管理和组织验收（国际科技交流活动项目除外）。

2019年国家和省计划项目配套申请指南

一、申请内容

国家科技部、广东省科技厅的科技计划项目及国家科技重大专项的配套资助。

重点支持领域：互联网、生物、新能源、新材料、新一代信息技术、节能环保等战略性新兴产业；海洋、航空航天、生命健康、机器人、智能装备和可穿戴设备等未来产业；先进制造和涉及民生改善的科技领域。

二、设定依据

（一）《关于促进科技创新的若干措施》，中共深圳市委，深发〔2016〕7号；

（二）《深圳市科技计划项目管理办法》，深圳市科技创新委员会、深圳市财政委员会，深科技创新规〔2012〕9号；

（三）《深圳市科技研发资金管理办法》，深圳市财政委员会、深圳市科技创新委员会，深财科〔2012〕168号；

（四）《深圳市对国家和广东省科技计划项目配套资助实施细则》，深圳市科技创新委员会、深圳市财政委员会，深科技创新〔2014〕83号。

三、支持强度与方式

支持强度：有数量限制，受配套专项资金年度总额控制，配套资金比例一般不超过1：1（上级主管部门有明确配套金额或配套比例要求的，在不超过当年配套资金总规模前提下，按上级主管部门要求安排配套）；同一项目在国家和省均立项的，只配套其中一个项目。

国家重点实验室、国家工程（技术）研究中心、国家技术创新中心等国家级重大创新载体及其深圳分支机构的重大项目配套支持最高3000万元；广东省重点实验室、工程中心、公共技术平台等创新载体建设项目的配套支持最高1000万元；优先资助即将完成的立项项目。

支持方式：单位申报、委托审计、答辩或者现场考察、社会公示、审批机关审定。

四、审批条件

（ ）申请单位应当是已获得国家和省科技计划项目，且在深圳市依法注册、具有独立法人资格的企业、高等院校、科研机构和其他社会组织，或深汕合作区内注册的深圳企业；

（二）获国家和省，经费实际到账日期为2016年1月1日到2017年12月31日，未予配套或配套不全的项目。

五、申请材料

（一）登录深圳市科技业务管理系统在线填报申请书，提供通过该系统打印的申请书纸质文件原件；

（二）组织机构代码证、税务登记证、工商营业执照复印件（或具有组织机构代码、纳税人识别号、社会保险登记编码的“一照四号”营业执照复印件）（非事业单位提供）；

（三）法定代表人身份证复印件；

（四）2017年度完税证明复印件（非事业单位提供）；

（五）2017年度财务审计报告（审计工作尚未完成的，可暂由财务报表替代，最迟4月30日前上传审计报告）或通过审查的事业单位财务决算报表复印件（注册未满一年的可提供验资报告，验原件）；

（六）申请国家和省项目时的可行性研究报告复印件；

（七）国家和省项目下达文件、任务书或合同书，拨款经费进账凭证或相关证明复印件（验原件）；

（八）国家、省要求配套的文件和深圳有配套承诺的文件。

以上材料一式两份，复印件需加盖申请单位公章，A4 纸正反面打印 / 复印，非空白页（含封面）需连续编写页码，装订成册（胶装）。

项目申报材料中拟取得的学术、技术及经济效益等指标应严肃、科学，申报指标将作为项目评审、合同签订、过程管理、验收结题及项目评估的依据，原则上不予调整。特提请各申报单位严肃对待。

项目申报单位对申请材料的合法性、真实性、准确性和完整性负责。如有虚假，我委核实后将不予立项资助，并将申报单位列入我委科研诚信负面清单，视情节轻重，依法追究相关责任。

六、申请表格

本指南规定提交的表格，申请人登录深圳市科技业务管理系统在线填报。

七、审批受理机关

（一）受理机关：市科技创新委

（二）受理时间：

网络填报受理时间：2 月 5 日至 3 月 9 日（截止至 18:00）

书面材料受理时间：3 月 12 日至 3 月 16 日

（三）办公时间：星期一至星期五

上午：9：00—12：00

下午：14：00—17：45

（四）联系电话：88101557、88101935

（五）受理地点：市民中心行政服务大厅西厅 18~28 号窗口。

八、审批决定机关

市科技创新委会同市财政委员会（以下简称市财政委）。

国家科技重大专项地方配套项目由市国家科技重大专项工作领导小组审定。

九、审批程序

申请人网上申报——向市科技创新委收文窗口提交申请材料——市科技创新委对申请材料进行初审——委托审计、答辩或者现场考察——市科技创新委会同市财政委审定——社会公示——统计局数据核对——市科技创新委、市财政委共同下达项目资金计划（国家科技重大专项地方配套项目由市国家科技重大专项工作领导小组下达）——签订项目合同书——拨付资助经费。

十、审批时限

结合受理情况，按申报顺序，分批处理。

十一、审批证件及有效期限

证件：批准文件。

有效期限：承担单位应当在收到批准文件之日起 1 个月内，与市科创委签订项目合同书。

十二、审批的法律效力

申请人凭批准文件获得深圳市科技研发资金、国家科技重大专项地方配套资金资助。

十三、收费

不收费。

十四、年审或年检

无年审。

创新环境建设计划

重点实验室组建项目

2018 年重点实验室组建项目申请指南

一、申请内容

以培养人才、开展基础研究、支撑产业和社会发展为目标的实验室建设项目资助。

重点支持领域：互联网、生物、新能源、新材料、新一代信息技术、节能环保等战略性新兴产业；海洋、航空航天、生命健康、机器人、可穿戴设备和智能装备等未来产业以及资源环境、安全生产等民生科技领域。

二、设定依据

（一）《深圳经济特区科技创新促进条例》，市四届人大常委会第二十次会议通过，2008 年 7 月 22 日；

（二）《关于促进科技创新的若干措施》，深圳市委，深发〔2016〕7 号；

（三）《深圳市科技计划项目管理办法》，深圳市科技创新委员、深圳市财政委员会，深科技创新规〔2012〕9 号；

（四）《深圳市科技研发资金管理办法》，深圳市财政委员会、深圳市科技创新委员会深财科〔2012〕168 号。

三、支持强度与方式

支持强度与数量：受科技研发资金、战略性新兴产业资金和未来产业资金年度总额控制，单个市级重点实验室组建项目资助 500 万元，各单位应独立申报，高校、科研机构每单位申报数不超过 3 个，企业限申报 1 个。

支持方式：单位申报、专家评审、答辩或者现场考察、社会公示、审批机关审定。

四、办理条件

申请单位能为实验室提供足够的资金、技术、后勤和学术交流等配套条件，并具备以下条件：

（一）申请单位应当是在深圳市及深汕合作区依法注册、具有独立法人资格的高等院校、科研机构、具有基础研究能力的企业。

（二）实验室研究方向明确，目标清晰。实验室主要研究领域不得与已建市级重点实验室相同。

（三） 实验室主任或副主任、学术带头人和其他专职科研人员不得在已建市级创新载体兼职（包括但不限于重点实验室、工程实验室、工程技术研究中心、企业技术中心、公共技术服务平台、孵化器等）。专职科研人员总数20 人以上（不含博士后等短期聘用人员），其中学术带头人 2 人以上，骨干科研人员 5 人以上，项目获立项后，上述所有专职科研人员 3 年内不得作为专职科研人员申请新的市级重点实验室。鼓励实验室培育和引进海内外高层次人才和团队充实科研人员队伍。

（四）整体科研水平国内先进，代表性成果国内领先，非企业类重点实验室具备承担国家级、省级、市级重大科研项目的能力，实验室研究团队近 2 年（2015 年 1 月 1 日至 2016 年 12 月 31 日，下同）获批立项的省部级以上科研项目不少于 7 项（主持承担国家级项目不少于 1 项），项目立项总金额 700 万元以上；实验室近 2 年被 SCI、EI、ISTP、ISR 等收录的论文合计不少于 20 篇（其中被 SCI、EI 收录的期刊论文不少于 10 篇）或获得授权知识产权（包括发明、实用新型、非简单改变产品图案和形状的外观设计、软件著作权、集成电路布图设计专有权、植物新品种）总计不少于 20 项（其中授权发明专利、软件著作权、集成电路布图设计专有权或植物新品种总计不少于 10 项）。

企业类重点实验室应具有健全的研发体系和知识产权管理体系，近 2 年获得授权的知识产权总计不少于 20 项（其中授权发明专利、软件著作权、集成电路布图设计专有权或植物新品种总计不少于 10 项）；实验室有能力和资源从事行业前沿、关键技术研究，与高等院校、科研机构等建立了长期稳定的产学研合作关系。

（五）具备较好的科研实验环境，科研用房面积 700 平方米以上，仪器设备及专用软件的现值不低于 700 万（软件类实验室相应的现值不低于 400 万）。

（六）企业类重点实验室依托单位须为认定的国家或深圳市高新技术企业；申请单位近 2 年每年的主营业务收入超过 5 亿元，研发投入占主营业务收入的比例不低于 4%；近 2 年每年经税务部门确认的研发费用加计扣除额在 2000 万元以上，或每年按高新技术企业认定管理办法经专项审计的研发费用 4000 万元以上。

（七）该计划属于竞争类计划。竞争类科技计划项目是指技术攻关、创业资助、深港创新圈、国际科技合作（研究开发项目）、股权投资、重点实验室、工程中心、公共技术服务平台、科技应用示范、孔雀计划（孔雀团队、技术创新资助、创业资助）、创客计划（创客创业资助、个人创客）等。申报单位需符合以下条件：

1. 申报单位为企业的，只能单独或者联合申报 1 项；已承担 2017 年度同类竞争项目的，不得申报。

2. 申报单位为企业且为 2014 年以来获得国家、广东省和部级科技奖励或 2016 年深圳市工业百强企业，可以单独或者联合申报 2 项；已承担 2017 年度同类竞争项目的，可以单独或者联合申报 1 项。

3. 申报单位为高校或者科研机构的，其项目组成员只能单独或者联合申报 2 项；该项目组成员已承担 2017 年度竞争类项目的，只能单独或者联合申报 1 项。

4. 申报单位为高校或者科研机构且为 2014 年以来获得国家、广东省和部级科技奖励的，其项目组成员可以单独或者联合申报 2 项；该项目组成员已承担 2017 年度竞争项目 1 项的，可以单独或者联合申报 2 项。

（八）申报单位同一项目每年只能申报一次，不得多头申报和重复申报。凡以相同项目多头申报、重复套取政府资金的，一经发现立即取消该单位两年内所有项目的资助资格。“同一项目”是指经我委使用相应软件对申报项目进行查重后，相似度为 30% 以上（含 30%）的项目。

（九）已列入科技诚信异常名录的单位和人员，不得申报。

五、申请材料

（一）登录深圳市科技业务管理系统在线填报申请书，提供通过该系统打印的申请书纸质文件原件，申请人应认真填写项目申报书的人员信息、研发内容、技术经济指标、经费安排等内容，申请书中内容将作为合同内容生成依据；

（二）组织机构代码证、税务登记证、工商营业执照复印件（或具有组织机构代码、纳税人识别号、社会保险登记编码的“一照四号”营业执照复印件）或事业单位、社会团体登记证书复印件；

（三）法定代表人身份证复印件；

（四）上年度纳税证明复印件（企业类重点实验室依托单位提供）；

（五）企业类重点实验室依托单位需提供国家或深圳市高新技术企业证书复印件；最近两年研发经费加计扣除申报表或含最近两年研发经费投入情况的高新技术企业认定用专项审计报告复印件（验原件）；

（六）科研用房面积、设备及专用软件现值相关证明材料；

（七）申请的重点实验室组建项目需提供仪器设备清单和实验室人员名单；

（八）项目可行性研究报告原件；

（九）实验室专职科研人员近 2 年获得立项的省部级以上科研项目及科研成果（论文、专利、奖项等）相关证明材料复印件（验原件）；

（十）依托单位为实验室提供资金、技术、后勤和学术交流等配套条件的承诺函原件。

以上材料一式两份，复印件需加盖申请单位公章，A4 纸正反面打印 / 复印，非空白页（含封面）需连续编写页码，装订成册（胶装）。

六、申请表格

本指南规定提交的表格，申请单位登录深圳市科技业务管理系统在线填报。

七、审批受理机关

（一）受理机关：市科技创新委。

（二）受理时间：

网络填报受理时间：2017 年 6 月 27 日至 2017 年 7 月 26 日。

书面材料受理时间：2017 年 6 月 27 日至 2017 年 7 月 31 日。

（三）联系人及联系电话：

电子信息科技领域：曾鑫鹏、李时
（88101054、88103596）

生物与资源领域：王绍文、刘擎
（88121057、88121058）

材料与能源领域：张俊、蒋斌
（88100739、88103124）

先进制造领域：王佳佳、张智勇
（88125001、88103956）

受理地点：市民中心行政服务大厅 11~12 号窗口。

八、决定机关

市科技创新委会同市财政委员会（以下简称市财政委）。

战略性新兴产业、未来产业领域资助项目由市新兴高技术产业发展领导小组审定。

九、办理程序

申请单位网上申报——向市科技创新委收文窗口提交申请材料——市科技创新委对申请材料进行初审——组织专家评审、答辩或者现场考察——市科技创新委会同市财政委审定（战略性新兴产业、未来产业领域资助项目由市新兴高技术产业发展领导小组审定）——社会公示——市科技创新委、市财政委共同下达项目资金计划（战略性新兴产业、未来产业领域资助项目由市新兴高技术产业发展领导小组下达）——申请单位与市科技创新委签订项目合同书——拨付资助经费。

十、办理时限

成批处理。

十一、证件

证件：批准文件。

有效期限：申请单位应当在收到批准文件之日起 1 个月内，与市科技创新委签订项目合同书。

十二、法律效力

申请单位凭批准文件获得深圳市科技研发资金、战略性新兴产业和未来产业专项资金资助。

十三、收费

不收费。

十四、年审或年检

无年审。市科技创新委按照项目合同书对项目进行跟踪管理和组织验收。

2019 年重点实验室组建项目申请指南

一、申请内容

以培养人才、开展基础研究、支撑产业和社会发展为目标的实验室建设项目资助。

重点支持领域：互联网、生物、新能源、新材料、新一代信息技术、节能环保等战略性新兴产业；海洋、航空航天、生命健康、机器人、可穿戴设备和智能装备等未来产业以及资源环境、安全生产等民生科技领域。

二、设定依据

（一）《深圳经济特区科技创新促进条例》，市四届人大常委会第二十次会议通过，2008 年 7 月 22 日；

（二）《关于促进科技创新的若干措施》，深圳市委，深发〔2016〕7 号；

（三）《深圳市科技计划项目管理办法》，深圳市科技创新委员、深圳市财政委员会，深科技创新规〔2012〕9 号；

（四）《深圳市科技研发资金管理办法》，深圳市财政委员会、深圳市科技创新委员会深财科〔2012〕168 号。

三、支持强度与方式

支持强度与数量：受科技研发资金、战略性新兴产业资金和未来产业资金年度总额控制，单个市级重点实验室组建项目资助 500 万元，各单位应独立申报，高校、科研机构每单位申报数不超过 3 个，企业限申报 1 个。

支持方式：单位申报、专家评审、答辩或者现场考察、社会公示、审批机关审定。

四、办理条件

申请单位能为实验室提供足够的资金、技术、后勤和学术交流等配套条件，并具备以下条件：

（一）申请单位应当是在深圳市及深汕合作区依法注册、具有独立法人资格的高等院校、科研机构、具有基础研究能力的企业。

（二）实验室研究方向明确，目标清晰。实验室主要研究领域不得与已建市级重点实验室相同。（已建市级重点实验室可在以下网址查询 http://www.szsti.gov.cn/services/resources/list/）

（三）实验室主任或副主任、学术带头人和其他专职科研人员不得在已建市级创新载体兼职（包括但不限于重点实验室、工程实验室、工程技术研究中心、企业技术中心、公共技术服务平台、孵化器等）。专职科研人员总数 25 人以上（可包括不多于 5 名博士后等短期聘用人员），其中学术带头人 2 人以上，骨干科研人员 5 人以上，项目获立项后，上述所有专职科研人员 3 年内不得作为专职科研人员申请新的市级重点实验室。鼓励实验室培育和引进海内外高层次人才和团队充实科研人员队伍。

（四）整体科研水平国内先进，代表性成果国内领先，非企业类重点实验室具备承担国家级、省级、市级重大科研项目的能力，实验室研究团队近 2 年（2016 年 1 月 1 日至 2017 年 12 月 31 日，下同）获批新立项的省部级以上科研项目不少于 7 项（主持承担国家级项目不少于 1 项），项目立项总金额 700 万元以上；实验室近 2 年被 SCI、EI、ISTP、ISR 等收录的论文合计不少于 20 篇（其中被 SCI、EI 收录的期刊论文不少于 10 篇）或获得授权知识产权（包括发明、实用新型、非简单改变产品图案和形状的外观设计、软件著作权、集成电路布图设计专有权、植物新品种）总计不少于20项（其中授权发明专利、软件著作权、集成电路布图设计专有权或植物新品种总计不少于10项）。

企业类重点实验室应具有健全的研发体系和知识产权管理体系，近2年获得授权的知识产权总计不少于20项（其中授权发明专利、软件著作权、集成电路布图设计专有权或植物新品种总计不少于10项）；实验室有能力和资源从事行业前沿、关键技术研究，与高等院校、科研机构等建立了长期稳定的产学研合作关系。

（五）具备较好的科研实验环境，科研用房面积700平方米以上，仪器设备及专用软件的现值不低于700万（软件类实验室相应的现值不低于400万）。

（六）企业类重点实验室依托单位须为认定的国家或深圳市高新技术企业；申请单位近2年每年的主营业务收入超过5亿元，研发投入占主营业务收入的比例不低于4%；近2年每年经税务部门确认的研发费用加计扣除额在2000万元以上，或每年按高新技术企业认定管理办法经专项审计的研发费用在4000万元以上。

（七）申报单位同一项目每年只能申报一次，不得多头申报和重复申报。凡以相同项目多头申报、重复套取政府资金的，一经发现立即取消该单位两年内所有项目的资助资格。“同一项目”是指经我委使用相应软件对申报项目进行查重后，相似度为30%以上（含30%）的项目。

（八）本年度申报基础研究（自由探索、学科布局）、技术攻关、创业资助、深港创新圈、国际科技合作（研究开发项目）、股权投资、重点实验室、工程中心、公共技术服务平台、科技应用示范、孔雀（孔雀团队、创业资助、技术创新）、创客（创客创业资助）计划的企业和高校、科研机构项目组成员，有申报总量限制：

1. 申请单位为企业的，原则上只能单独或者联合申报1项2015年以来获得国家、广东省和部级科技奖励的企业或2016年、2017年深圳市工业百强企业，可以单独或者联合申报2项。

2. 申报单位为高校或者科研机构的，其项目组成员（学术带头人及骨干科研人员）只能单独或者联合申报2项。

五、申请材料

（一）登录深圳市科技业务管理系统在线填报申请书，提供通过该系统打印的申请书纸质文件原件，申请人应认真填写项目申报书的人员信息、研发内容、技术经济指标、经费安排等内容，申请书中内容将作为合同内容生成依据；

（二）组织机构代码证、税务登记证、工商营业执照复印件（或具有组织机构代码、纳税人识别号、社会保险登记编码的“一照四号”营业执照复印件）或事业单位、社会团体登记证书复印件；

（三）法定代表人身份证复印件；

（四）上年度纳税证明复印件（企业类重点实验室依托单位提供）；

（五）企业类重点实验室依托单位需提供国家或深圳市高新技术企业证书复印件；最近两年研发经费加计扣除申报表或含最近两年研发经费投入情况的高新技术企业认定用专项审计报告复印件（验原件，2017年审计工作尚未完成的，可暂由财务报表替代，最迟4月30日前上传专项审计报告）；

（六）科研用房面积、设备及专用软件现值相关证明材料；

（七）申请的重点实验室组建项目需提供仪器设备清单和实验室人员名单；

（八）项目可行性研究报告原件；

（九）实验室专职科研人员近2年获得立项的省部级以上科研项目及科研成果（论文、专利、奖项等）相关证明材料复印件（验原件）；

（十）依托单位为实验室提供资金、技术、后勤和学术交流等配套条件的承诺函原件。

以上材料一式两份，复印件需加盖申请单位公章，A4纸正反面打印/复印，非空白页（含封面）需连续编写页码，装订成册（胶装）。

项目申报材料中拟取得的学术、技术及经济效益等指标应严肃、科学，申报指标将作为项目评审、合同签订、过程管理、验收结题及项目评估的依据，原则上不予调整。特提请各申报单位严肃对待。

项目申报单位对申请材料的合法性、真实性、准确性和完整性负责。如有虚假，我委核实后将不予立项资助，并将申报单位列入我委科研诚信负面清单，视情节轻重，依法追究相关责任。

六、申请表格

本指南规定提交的表格，申请单位登录深圳市科技业务管理系统在线填报。

七、审批受理机关

（一）受理机关：市科技创新委。

（二）网上填报时间：2018 年 1 月 11 日—2018 年 2 月 1 日

书面材料提交时间：2018 年 2 月 2 日—2018 年 2 月 14 日

（三）联系电话：

电子信息科技领域： 88101054、88103596

生物与资源领域： 88121057、88121058

材料与能源领域：88125027、88103124

先进制造领域： 88125001、88102172

受理地点：市民中心行政服务大厅西厅 18~28 号窗口。

八、决定机关

市科技创新委会同市财政委员会（以下简称市财政委）。战略性新兴产业、未来产业领域资助项目由市新兴高技术产业发展领导小组审定。

九、办理程序

申请单位网上申报——向市科技创新委收文窗口提交申请材料——市科技创新委对申请材料进行初审——组织专家评审、答辩或者现场考察——市科技创新委会同市财政委审定（战略性新兴产业、未来产业领域资助项目由市新兴高技术产业发展领导小组审定）——社会公示——市科技创新委、市财政委共同下达项目资金计划（战略性新兴产业、未来产业领域资助项目由市新兴高技术产业发展领导小组下达）——申请单位与市科技创新委签订项目合同书——拨付资助经费。

十、办理时限

成批处理。

十一、证件

证件：批准文件。

有效期限：申请单位应当在收到批准文件之日起 1 个月内，与市科技创新委签订项目合同书。

十二、法律效力

申请单位凭批准文件获得深圳市科技研发资金、战略性新兴产业和未来产业专项资金资助。

十三、收费

不收费。

十四、年审或年检

无年审。市科技创新委按照项目合同书对项目进行跟踪管理和组织验收。

2018年度工程技术研究中心组建项目申请指南

一、申请内容

以提高企业自主创新能力和核心竞争能力为目标而组建的工程技术研究中心项目资助。

重点支持领域：互联网、生物、新能源、新材料、新一代信息技术、节能环保等战略性新兴产业；海洋、航空航天、生命健康、机器人、可穿戴设备和智能装备等未来产业以及资源环境、安全生产等民生科技领域。

二、设定依据

（一）《深圳经济特区科技创新促进条例》，市四届人大常委会第二十次会议通过，2008年7月22日；

（二）《关于促进科技创新的若干措施》，深圳市委，深发〔2016〕7号；

（三）《深圳市科技计划项目管理办法》，深圳市科技创新委员会、深圳市财政委员会，深科技创新规〔2012〕9号；

（四）《深圳市科技研发资金管理办法》，深圳市财政委员会、深圳市科技创新委员会深财科〔2012〕168号。

三、支持强度与方式

支持强度与数量：受科技研发资金、战略性新兴产业资金和未来产业资金年度总额控制，单个项目资助强度最高不超过500万元，每单位限申报1个。

审批方式：单位申报、专家评审、答辩或者现场考察、社会公示、审批机关审定。

四、办理条件

（一）依托单位应当是在深圳市及深汕合作区依法注册的独立法人；

（二）依托单位须为国家或深圳市高新技术企业，在所属领域整体研发实力和地位应达国内先进、深圳领先水平，近2年每年经税务部门确认的研发费用加计扣除额在500万元以上，或每年按高新技术企业认定管理办法经专项审计的研发费用1000万元以上；近2年（2015年1月1日至2016年12月31日，下同）获得授权的知识产权（包括发明、实用新型、非简单改变产品图案和形状的外观设计、软件著作权、集成电路布图设计专有权、植物新品种）总计不少于15项（其中发明专利、软件著作权、集成电路布图设计专有权或植物新品种总计不少于7项）；

（三）具备工程技术试验条件和基础设施，研发专门用房面积500平方米以上，仪器设备及专用软件的现值不低于700万元（软件类实验室相应的现值不低于400万元）；

（四）拥有岗位专职研发人员20人以上，其中具有中级以上职称或硕士以上学位不少于10人（其中具有高级职称或博士学位不少于3人）。

（五）该计划属于竞争类计划。竞争类科技计划项目是指技术攻关、创业资助、深港创新圈、国际科技合作（研究开发项目）、股权投资、重点实验室、工程中心、公共技术服务平台、科技应用示范、孔雀计划（孔雀团队、技术创新资助、创业资助）、创客计划（创客创业资助、个人创客）等。申报单位需符合以下条件：

1. 申报单位为企业的，只能单独或者联合申报1项；已承担 2017 年度同类竞争项目的，不得申报。

2. 申报单位为企业且为 2014 年以来获得国家、广东省和部级科技奖励或 2016 年深圳市工业百强企业，可以单独或者联合申报 2 项；已承担 2017 年度同类竞争项目的，可以单独或者联合申报 1 项。

3. 申报单位为高校或者科研机构的，其项目组成员只能单独或者联合申报 2 项；该项目组成员已承担 2017 年度竞争类项目的，只能单独或者联合申报 1 项。

4. 申报单位为高校或者科研机构且为 2014 年以来获得国家、广东省和部级科技奖励的，其项目组成员可以单独或者联合申报 2 项；该项目组成员已承担 2017 年度竞争项目 1 项的，可以单独或者联合申报 2 项。

（六）申报单位同一项目每年只能申报一次，不得多头申报和重复申报。凡以相同项目多头申报、重复套取政府资金的，一经发现立即取消该单位两年内所有项目的资助资格。"同一项目"是指经我委使用相应软件对申报项目进行查重后，相似度为 30% 以上（含 30%）的项目。

（七）已列入科技诚信异常名录的单位和人员，不得申报。

五、申请材料

（一）登录深圳市科技业务管理系统在线填报申请书，提供通过该系统打印的申请书纸质文件原件，申请人应认真填写项目申报书的人员信息、研发内容、技术经济指标、经费安排等内容，申请书中的内容将作为合同内容生成依据；

（二）组织机构代码证、税务登记证、工商营业执照复印件（或具有组织机构代码、纳税人识别号、社会保险登记编码的"一照四号"营业执照复印件）；

（三）法定代表人身份证复印件；

（四）上年度纳税证明复印件；

（五）申请单位国家或深圳市高新技术企业证书复印件；

（六）最近两年研发经费加计扣除申报表或含最近两年研发经费投入情况的高新技术企业认定用专项审计报告复印件（验原件）；

（七）科研用房面积、仪器设备及专用软件现值相关证明材料；

（八）项目可行性研究报告原件；

（九）工程中心仪器设备清单和研发人员名单；

（十）知识产权相关的证明材料复印件（验原件）；

（十一）专职研发人员情况的相关证明材料复印件（包括专职研发人员基本情况表，2017 年 5 月社会保险单位缴交明细表复印件，主要研发人员的学历、学位和职称复印件，验原件）。

以上材料一式两份，复印件需加盖申请单位公章，A4 纸正反面打印 / 复印，非空白页（含封面）需连续编写页码，装订成册（胶装）。

六、申请表格

本指南规定提交的表格，申请单位登录深圳市科技业务管理系统在线填报。

七、受理机关

（一）受理机关：市科技创新委。

（二）受理时间：

网络填报受理时间：2017 年 6 月 27 日至 2017 年 7 月 26 日。

书面材料受理时间：2017 年 6 月 27 日至 2017 年 7 月 31 日。

（三）联系人及联系电话：

电子信息科技领域：曾鑫鹏、李时

（88101054、88103596）

生物与资源领域：王绍文、刘擎

（88121057、88121058）

材料与能源领域：张俊、蒋斌

（88100739、88103124）

先进制造领域：王佳佳、张智勇

（88125001、88103956）

（四）受理地点：市民中心行政服务大厅 11~12 号窗口。

八、决定机关

市科技创新委会同市财政委员会（以下简称市财政委）。

战略性新兴产业、未来产业领域资助项目由市新兴高技术产业发展领导小组审定。

九、办理程序

申请单位网上申报——向市科技创新委收文窗口提交申请材料——市科技创新委对申请材料进行初审——组织专家评审、答辩或者现场考察——市科技创新委会同市财政委审定（战略性新兴产业、未来产业领域资助项目由市新兴高技术产业发展领导小组审定）——社会公示——市科技创新委、市财政委共同下达项目资金计划（战略性新兴产业、未来产业领域资助项目由市新兴高技术产业发展领导小组下达）——申请单位与市科技创新委签订项目合同书——拨付资助经费。

十、办理时限

成批处理。

十一、证件及有效期限

证件：批准文件。

有效期限：申请单位应当在收到批准文件之日起 1 个月内，与市科技创新委签订项目合同书。

十二、法律效力

申请单位凭批准文件获得深圳市科技研发资金、战略性新兴产业和未来产业专项资金资助。

十三、收费

不收费。

十四、年审或年检

无年审。市科技创新委按照项目合同书对项目进行跟踪管理和组织验收。

2019年度工程技术研究中心组建项目申请指南

一、申请内容

以提高企业自主创新能力和核心竞争能力为目标而组建的工程技术研究中心项目资助。

重点支持领域：互联网、生物、新能源、新材料、新一代信息技术、节能环保等战略性新兴产业；海洋、航空航天、生命健康、机器人、可穿戴设备和智能装备等未来产业以及资源环境、安全生产等民生科技领域。

二、设定依据

（一）《深圳经济特区科技创新促进条例》，市四届人大常委会第二十次会议通过，2008年7月22日；

（二）《关于促进科技创新的若干措施》，深圳市委，深发〔2016〕7号；

（三）《深圳市科技计划项目管理办法》，深圳市科技创新委员会、深圳市财政委员会，深科技创新规〔2012〕9号；

（四）《深圳市科技研发资金管理办法》，深圳市财政委员会、深圳市科技创新委员会深财科〔2012〕168号。

三、支持强度与方式

支持强度与数量：受科技研发资金、战略性新兴产业资金和未来产业资金年度总额控制，单个项目资助强度最高不超过500万元，每单位限申报1个。

审批方式：单位申报、专家评审、答辩或者现场考察、社会公示、审批机关审定。

四、办理条件

（一）依托单位应当是在深圳市及深汕合作区依法注册的独立法人；

（二）依托单位须为国家或深圳市高新技术企业，在所属领域整体研发实力和地位应达国内先进、深圳领先水平，近2年每年经税务部门确认的研发费用加计扣除额在500万元以上，或每年按高新技术企业认定管理办法经专项审计的研发费用1000万元以上；近2年（2016年1月1日至2017年12月31日，下同）获得授权的知识产权（包括发明、实用新型、非简单改变产品图案和形状的外观设计、软件著作权、集成电路布图设计专有权、植物新品种）总计不少于15项（其中发明专利、软件著作权、集成电路布图设计专有权或植物新品种总计不少于7项）；

（三）具备工程技术试验条件和基础设施，研发专门用房面积500平方米以上，仪器设备及专用软件的现值不低于700万元（软件类实验室相应的现值不低于400万元）；

（四）拥有岗位专职研发人员20人以上，其中具有中级以上职称或硕士以上学位不少于10人（其中具有高级职称或博士学位不少于3人）。

（五）申报单位同一项目每年只能申报一次，不得多头申报和重复申报。凡以相同项目多头申报、重复套取政府资金的，一经发现立即取消该单位两年内所有项目的资助资格。“同一项目”是指经我委使用相应软件对申报项目进行查重后，相似度为30%以上（含30%）的项目。

（六）本年度申报基础研究（自由探索、学科布局）、技术攻关、创业资助、深港创新圈、国际科技合作（研究开发项目）、股权投资、重点实验室、工程中心、公共技术服务平台、科技应用示范、孔雀（孔雀团队、创业资助、技术创新）、创客（创客创业资助）计划的企业和高校、科研机构项目组成员，有申报总量限制：

1. 申请单位为企业的，原则上只能单独或者联合申报 1 项 2015 年以来获得国家、广东省和部级科技奖励的企业或 2016 年、2017 年深圳市工业百强企业，可以单独或者联合申报 2 项。

2. 申请单位为高校或者科研机构的，其项目组成员只能单独或联合申报 2 项。

五、申请材料

（一）登录深圳市科技业务管理系统在线填报申请书，提供通过该系统打印的申请书纸质文件原件，申请人应认真填写项目申报书的人员信息、研发内容、技术经济指标、经费安排等内容，申请书中内容将作为合同内容生成依据；

（二）组织机构代码证、税务登记证、工商营业执照复印件（或具有组织机构代码、纳税人识别号、社会保险登记编码的“一照四号”营业执照复印件）；

（三）法定代表人身份证复印件；

（四）上年度纳税证明复印件；

（五）申请单位国家或深圳市高新技术企业证书复印件；

（六）最近两年研发经费加计扣除申报表或含最近两年研发经费投入情况的高新技术企业认定用专项审计报告复印件（验原件，2017 年审计工作尚未完成的，可暂由财务报表替代，最迟 4 月 30 日前上传专项审计报告）；

（七）科研用房面积、仪器设备及专用软件现值相关证明材料；

（八）项目可行性研究报告原件；

（九）工程中心仪器设备清单和研发人员名单；

（十）知识产权相关的证明材料复印件（验原件）；

（十一）专职研发人员情况的相关证明材料复印件（包括专职研发人员基本情况表，2017 年 12 月社会保险单位缴交明细表复印件，主要研发人员的学历、学位和职称复印件）。

以上材料一式两份，复印件需加盖申请单位公章，A4 纸正反面打印 / 复印，非空白页（含封面）需连续编写页码，装订成册（胶装）。

项目申报材料中拟取得的学术、技术及经济效益等指标应严肃、科学，申报指标将作为项目评审、合同签订、过程管理、验收结题及项目评估的依据，原则上不予调整。特提请各申报单位严肃对待。

项目申报单位对申请材料的合法性、真实性、准确性和完整性负责。如有虚假，我委核实后将不予立项资助，并将申报单位列入我委科研诚信负面清单，视情节轻重，依法追究相关责任。

六、申请表格

本指南规定提交的表格，申请单位登录深圳市科技业务管理系统在线填报。

七、受理机关

（一）受理机关：市科技创新委。

（二）网上填报时间：2018 年 1 月 11 日—2018 年 2 月 1 日

书面材料提交时间：2018 年 2 月 2 日—2018 年 2 月 14 日

（三）联系人及联系电话：

电子信息科技领域：88101054、88103596

生物与资源领域：88121057、88121058

材料与能源领域：88125027、88103124

先进制造领域：88125001、88102172

（四）受理地点：市民中心行政服务大厅西厅 18~28 号窗口。

八、决定机关

市科技创新委会同市财政委员会（以下简称市财政委）。

战略性新兴产业、未来产业领域资助项目由市新兴高技术产业发展领导小组审定。

九、办理程序

申请单位网上申报——向市科技创新委收文窗口提交申请材料——市科技创新委对申请材料进行初审——组织专家评审、答辩或者现场考察——市科技创新委会同市财政委审定（战略性新兴产业、未来产业领域资助项目由市新兴高技术产业发展领导小组审定）——社会公示——市科技创新委、市财政委共同下达项目资金计划（战略性新兴产业、未来产业领域资助项目由市新兴高技术产业发展领导小组下达）——申请单位与市科技创新委签订项目合同书——拨付资助经费。

十、办理时限

成批处理。

十一、证件及有效期限

证件：批准文件。

有效期限：申请单位应当在收到批准文件之日起 1 个月内，与市科技创新委签订项目合同书。

十二、法律效力

申请单位凭批准文件获得深圳市科技研发资金、战略性新兴产业和未来产业专项资金资助。

十三、收费

不收费。

十四、年审或年检

无年审。

市科技创新委按照项目合同书对项目进行跟踪管理和组织验收。

公共技术服务平台

2018 年公共技术服务平台组建项目申请指南

一、申请内容

为推进科技资源开放共享、高效利用而组建的公共技术服务平台的项目资助。

重点支持领域：互联网、生物、新能源、新材料、新一代信息技术、节能环保等战略性新兴产业；海洋、航空航天、生命健康、机器人、可穿戴设备和智能装备等未来产业以及资源环境、安全生产等民生科技领域。

二、设定依据

（一）《深圳经济特区科技创新促进条例》，市四届人大常委会第二十次会议通过，2008 年 7 月 22 日；

（二）《关于促进科技创新的若干措施》，深圳市委，深发〔2016〕7 号；

（三）《深圳市科技计划项目管理办法》，深圳市科技创新委员、深圳市财政委员会，深科技创新规〔2012〕9 号；

（四）《深圳市科技研发资金管理办法》，深圳市财政委员会、深圳市科技创新委员会深财科〔2012〕168 号。

三、支持强度与方式

支持强度：受科技研发资金、战略性新兴产业资金和未来产业资金年度总额控制，单个项目资助强度最高不超过 500 万元，每单位最多申报 2 项。

支持方式：单位申报、专家评审、答辩或者现场考察、社会公示、审批机关审定。

鼓励各单位按照《深圳市促进重大科研基础设施和大型科学仪器共享管理暂行办法》，通过共享提供和获取科研仪器设施资源。本计划重点支持因缺失或能力不足而严重影响我市战略性新兴产业和未来产业发展的重大公共技术服务平台建设。

四、办理条件

（一）申报单位应当是在深圳市或深汕合作区依法注册的独立法人；

（二）从事技术服务的专业人员不少于 15 人，项目负责人具有较高的专业水平以及组织管理与协调能力；

（三）具备对外提供检测、分析、测试、生物资源与实验材料等公共技术服务的装备能力和场地条件，原则要求拥有的仪器设备及专用软件的现值不低于 600 万元，检测、分析、测试专用场地面积不低于 400 平方米，已提供规模化的相关技术服务 3 年以上，2015、2016 年度每年来自我市机构的服务收入不少于总营业收入的 50%。

（四）该计划属于竞争类计划。竞争类科技计划项目是指技术攻关、创业资助、深港创新圈、国际科技合作（研究开发项目）、股权投资、重点实验室、工程中心、公共技术服务平台、科技应用示范、孔雀计划（孔雀团队、技术创新资助、创业资助）、创客计划（创客创业资助、个人创客）等。申报单位需符合以下条件：

1. 申报单位为企业的，只能单独或者联合申报 1 项；已承担 2017 年度同类竞争项目的，不得申报。

2. 申报单位为企业且为 2014 年以来获得国家、广东省和部级科技奖励或 2016 年深圳市工业百强企业，可以单独或者联合申报 2 项；已承担 2017 年度同类竞争项目的，可以单独或者联合申报 1 项。

3. 申报单位为高校或者科研机构的，其项目组成员只能单独或者联合申报 2 项；该项目组成员已承担 2017 年度竞争类项目的，只能单独或者联合申报 1 项。

4. 申报单位为高校或者科研机构且为 2014 年以来获得国家、广东省和部级科技奖励的，其项目组成员可以单独或者联合申报 2 项；该项目组成员已承担 2017 年度竞争项目 1 项的，可以单独或者联合申报 2 项。

（五）申报单位同一项目每年只能申报一次，不得多头申报和重复申报。凡以相同项目多头申报、重复套取政府资金的，一经发现立即取消该单位两年内所有项目的资助资格。“同一项目”是指经我委使用相应软件对申报项目进行查重后，相似度为 30% 以上（含 30%）的项目。

（六）已列入科技诚信异常名录的单位和人员，不得申报。

五、申请材料

（一）登录深圳市科技业务管理系统在线填报申请书，提供通过该系统打印的申请书纸质文件原件，申请人应认真填写项目申报书的人员信息、研发内容、技术经济指标、经费安排等内容，申请书中内容将作为合同内容生成依据；

（二）组织机构代码证、税务登记证、工商营业执照复印件（或具有组织机构代码、纳税人识别号、社会保险登记编码的“一照四号”营业执照复印件）或事业单位、社会团体登记证书复印件；

（三）法定代表人身份证复印件；

（四）近 3 年（2014—2016）的平台专项审计报告复印件（含平台设备原、现值、全部收入、服务收入等内容的汇总及明细清单，验原件）；

（五）项目可行性研究报告原件；

（六）科研用房面积、仪器设备及专用软件现值相关证明材料；

（七）公共技术服务平台仪器设备清单和服务人员名单；

（八）专职技术服务人员情况的相关证明材料复印件（包括专职技术服务人员基本情况表、2017 年 5 月社会保险单位缴交明细表复印件、主要专职技术服务人员的学历、学位和职称复印件，验原件）；

（九）取得相关资质的相关证明材料复印件（验原件）。

以上材料一式两份，复印件需加盖申请单位公章，A4 纸正反面打印 / 复印，非空白页（含封面）需连续编写页码，装订成册（胶装）。

六、申请表格

本指南规定提交的表格，申请单位登录深圳市科技业务管理系统在线填报。

七、受理机关

（一）受理机关：市科技创新委。

（二）受理时间：

网络填报受理时间：2017 年 6 月 27 日至 2017 年 7 月 26 日。

书面材料受理时间：2017 年 6 月 27 日至 2017 年 7 月 31 日。

（三）联系人及联系电话：

电子信息科技领域：曾鑫鹏、李时
（88101054、88103596）

生物与资源领域：王绍文、刘擎
（88121057、88121058）

材料与能源领域：张俊、蒋斌
（88100739、88103124）

先进制造领域：王佳佳、张智勇
（88125001、88103956）

（四）受理地点：市民中心行政服务大厅 11~12 号窗口。

八、决定机关

市科技创新委会同市财政委员会（以下简称市财政委）。

战略性新兴产业、未来产业领域资助项目由市新兴高技术产业发展领导小组审定。

九、办理程序

项目征集——指南发布——申请单位网上申报——向市科技创新委收文窗口提交申请材料——市科技创新委对申请材料进行初审——组织专家评审、答辩或者现场考察——市科技创新委会同市财政委审定（战略性新兴产业、未来产业领域资助项目由市新兴高技术产业发展领导小组审定）——社会公示——市科技创新委、市财政委共同下达项目资金计划（战略性新兴产业、未来产业领域资助项目由市新兴高技术产业发展领导小组下达）——申请单位与市科技创新委签订项目合同书——拨付资助经费。

十、办理时限

成批处理。

十一、证件及有效期限

证件：批准文件。

有效期限：申请单位应当在收到批准文件之日起 1 个月内，与市科技创新委签订项目合同书。

十二、法律效力

申请单位凭批准文件获得深圳市科技研发资金、战略性新兴产业和未来产业专项资金资助。

十三、收费

不收费。

十四、年审或年检

无年审。市科技创新委按照项目合同书对项目进行跟踪管理和组织验收。

2019年公共技术服务平台组建项目申请指南

一、申请内容

为推进科技资源开放共享、高效利用而组建的公共技术服务平台的项目资助。

重点支持领域：互联网、生物、新能源、新材料、新一代信息技术、节能环保等战略性新兴产业；海洋、航空航天、生命健康、机器人、可穿戴设备和智能装备等未来产业以及资源环境、安全生产等民生科技领域。

二、设定依据

（一）《深圳经济特区科技创新促进条例》，市四届人大常委会第二十次会议通过，2008年7月22日；

（二）《关于促进科技创新的若干措施》，深圳市委，深发〔2016〕7号；

（三）《深圳市科技计划项目管理办法》，深圳市科技创新委员、深圳市财政委员会，深科技创新规〔2012〕9号；

（四）《深圳市科技研发资金管理办法》，深圳市财政委员会、深圳市科技创新委员会深财科〔2012〕168号。

三、支持强度与方式

支持强度：受科技研发资金、战略性新兴产业资金和未来产业资金年度总额控制，单个项目资助强度最高不超过500万元，每单位最多申报2项。

支持方式：单位申报、专家评审、答辩或者现场考察、社会公示、审批机关审定。

鼓励各单位按照《深圳市促进重大科研基础设施和大型科学仪器共享管理暂行办法》，通过共享提供和获取科研仪器设施资源。本计划重点支持因缺失或能力不足而严重影响我市战略性新兴产业和未来产业发展的重大公共技术服务平台建设。

四、办理条件

（一）申报单位应当是在深圳市或深汕合作区依法注册的独立法人；

（二）从事技术服务的专业人员不少于15人，项目负责人具有较高的专业水平以及组织管理与协调能力；

（三）具备对外提供检测、分析、测试、生物资源与实验材料等公共技术服务的装备能力和场地条件，原则要求拥有的仪器设备及专用软件的现值不低于600万元，检测、分析、测试专用场地面积不低于400平方米，已提供规模化的相关技术服务3年以上，2016、2017年度每年来自我市机构的服务收入不少于总营业收入的50%。

（四）申报单位同一项目每年只能申报一次，不得多头申报和重复申报。凡以相同项目多头申报、重复套取政府资金的，一经发现立即取消该单位两年内所有项目的资助资格。“同一项目”是指经我委使用相应软件对申报项目进行查重后，相似度为30%以上（含30%）的项目。

（五）本年度申报基础研究（自由探索、学科布局）、技术攻关、创业资助、深港创新圈、国际科技合作（研究开发项目）、股权投资、重点实验室、工程中心、公共技术服务平台、科技应用示范、孔雀（孔雀团队、创业资助、技术创新）、创客（创客创业资助）计划的企业和高校、科研机构项目组成员，有申报总量限制：

1. 申请单位为企业的，原则上只能单独或者联合申报 1 项 2015 年以来获得国家、广东省和部级科技奖励的企业或 2016 年、2017 年深圳市工业百强企业，可以单独或者联合申报 2 项。

2. 申请单位为高校或者科研机构的，其项目组成员只能单独或联合申报 2 项。

五、申请材料

（一）登录深圳市科技业务管理系统在线填报申请书，提供通过该系统打印的申请书纸质文件原件，申请人应认真填写项目申报书的人员信息、研发内容、技术经济指标、经费安排等内容，申请书中内容将作为合同内容生成依据；

（二）组织机构代码证、税务登记证、工商营业执照复印件（或具有组织机构代码、纳税人识别号、社会保险登记编码的“一照四号”营业执照复印件）或事业单位、社会团体登记证书复印件；

（三）法定代表人身份证复印件；

（四）近 3 年（2015.1.1—2017.12.31）的平台专项审计报告复印件（含平台设备原、现值、全部收入、服务收入等内容的汇总及明细清单，验原件，2017 年审计工作尚未完成的，可暂由财务报表替代，最迟 4 月 30 日前上传专项审计报告）；

（五）项目可行性研究报告原件；

（六）科研用房面积、仪器设备及专用软件现值相关证明材料；

（七）公共技术服务平台仪器设备清单和服务人员名单；

（八）专职技术服务人员情况的相关证明材料复印件（包括专职技术服务人员基本情况表。2017 年 12 月社会保险单位缴交明细表复印件，主要专职技术服务人员的学历、学位和职称复印件）；

（九）取得相关资质的相关证明材料复印件（验原件）。

以上材料一式两份，复印件需加盖申请单位公章，A4 纸正反面打印 / 复印，非空白页（含封面）需连续编写页码，装订成册（胶装）。

项目申报材料中拟取得的学术、技术及经济效益等指标应严肃、科学，申报指标将作为项目评审、合同签订、过程管理、验收结题及项目评估的依据，原则上不予调整。特提请各申报单位严肃对待。

项目申报单位对申请材料的合法性、真实性、准确性和完整性负责。如有虚假，我委核实后将不予立项资助，并将申报单位列入我委科研诚信负面清单，视情节轻重，依法追究相关责任。

六、申请表格

本指南规定提交的表格，申请单位登录深圳市科技业务管理系统在线填报。

七、受理机关

（一）受理机关：市科技创新委。

（二）受理时间：网上填报时间：2018 年 1 月 11 日—2018 年 2 月 1 日

书面材料提交时间：2018 年 2 月 2 日—2018 年 2 月 14 日

（三）联系人及联系电话：

电子信息科技领域： 88101054、88103596

生物与资源领域： 88121057、88121058

材料与能源领域：88125027、88103124

先进制造领域： 88125001、88102172

（四）受理地点：市民中心行政服务大厅西厅 18~28 号窗口。

八、决定机关

市科技创新委会同市财政委员会（以下简称市财政委）。

战略性新兴产业、未来产业领域资助项目由市新兴高技术产业发展领导小组审定。

九、办理程序

申请单位网上申报——向市科技创新委收文窗口提交申请材料——市科技创新委对申请材料进行初审——组织专家评审、答辩或者现场考察——市科技创新委会同市财政委审定（战略性新兴产业、未来产业领域资助项目由市新兴高技术产业发展领导小组审定）——社会公示——市科技创新委、市财政委共同下达项目资金计划（战略性新兴产业、未来产业领域资助项目由市新兴高技术产业发展领导小组下达）——申请单位与市科技创新委签订项目合同书——拨付资助经费。

十、办理时限

成批处理。

十一、证件及有效期限

证件：批准文件。

有效期限：申请单位应当在收到批准文件之日起 1 个月内，与市科技创新委签订项目合同书。

十二、法律效力

申请单位凭批准文件获得深圳市科技研发资金、战略性新兴产业和未来产业专项资金资助。

十三、收费

不收费。

十四、年审或年检

无年审。

市科技创新委按照项目合同书对项目进行跟踪管理和组织验收。

科技金融

2018 年深圳市银政企合作项目贴息申请指南

一、申请内容

对 2014—2017 年科技金融银政企合作入库项目予以贷款贴息资助。

二、设定依据

（一）《关于深化科技体制改革 提升科技创新能力的若干措施》，深圳市人民政府，深府〔2012〕123 号；

（二）《关于促进科技和金融结合的若干措施》，深圳市人民政府，深府〔2012〕125 号；

（三）《深圳市科技计划项目管理办法》，深圳市科技创新委员会、深圳市财政委员会，深科技创新规〔2012〕9 号；

（四）《深圳市科技研发资金管理办法》，深圳市财政委员会，深圳市科技创新委员会，深财科〔2012〕168 号；

（五）《深圳市科技研发资金投入方式改革方案》，深圳市科技创新委员会、深圳市财政委员会，深科技创新〔2013〕287 号。

三、支持强度与方式

支持强度：受科技研发资金年度贴息总额控制，贴息比例按基准利率计算，根据项目所属产业领域、企业性质和规模等因素设定贴息梯次，并根据实际贷款金额、银行信用风险、当年资金规模等因素确定具体贴息比例，最高 100%。

支持方式：事后资助。单位申请、委托审计、社会公示、受理机关审定。

四、办理条件

（一）申请项目已列入深圳市银政企合作项目库；

（二）申请单位为原入库项目承担单位；

（三）申请单位已获得合作银行（浦发银行或农业银行）贷款，且贷款用于该项目的研发；

（四）申请贴息的贷款总额不超过 1000 万元；

（五）申请项目不在市科技创新委员会委托贴息转贷项目之列。

五、申请材料

（一）登录深圳市科技业务管理系统在线填报申请书，提供通过该系统打印的申请书纸质文件原件；

（二）组织机构代码证复印件、税务登记证复印件、工商营业执照复印件（或具有统一社会信用代码的营业执照）；

（三）法人代表身份证复印件；

（四）上年度完税证明复印件；

（五）贷款合同复印件；

（六）贷款进账单复印件；

（七）付息凭证复印件；

（八）项目可行性研究报告原件。

以上材料一式两份，复印件需加盖申请单位公章，A4 纸正反面打印 / 复印，非空白页（含封面）需连续编写页码，装订成册（胶装）。

六、申请表格

本指南规定提交的表格，申请人登录深圳市科技业务管理系统在线填报。

七、受理机关

（一）受理机关：市科技创新委。

（二）受理时间：

网上填报受理时间：2017 年 7 月 31 日至 2017 年 8 月 31 日。

书面材料受理时间：2017 年 7 月 31 日至 2017 年 9 月 6 日。

办公时间：星期一至星期五上午：9：00—12：00，
下午：14：00—17：45。

（三）联系方式：周行椿、陈颖（88103764、88127383）

（四）受理地点：市民中心行政服务大厅 11~12 号窗口。

八、决定机关

市科技创新委会同市财政委（以下简称市财政委）。

九、办理程序

申请人网上申报——向市科技创新委收文窗口提交申请材料——市科技创新委委托审计——市科技创新委会同市财政委审核——社会公示——市科技创新委会同市财政委下达资金计划——拨付经费。

十、办理时限

分批处理。

十一、证件

证件：批准文件。

十二、法律效力

申请人凭批准文件获得深圳市科技研发资金资助。

十三、收费

不收费。

十四、年审或年检

无年审。

2019 年深圳市银政企合作项目贴息申请指南

一、申请内容

对 2014—2017 年科技金融银政企合作入库项目予以贷款贴息资助。

二、设定依据

（一）《关于深化科技体制改革 提升科技创新能力的若干措施》，深圳市人民政府，深府〔2012〕123 号；

（二）《关于促进科技和金融结合的若干措施》，深圳市人民政府，深府〔2012〕125 号；

（三）《深圳市科技计划项目管理办法》，深圳市科技创新委员会、深圳市财政委员会，深科技创新规〔2012〕9 号；

（四）《深圳市科技研发资金管理办法》，深圳市财政委员会，深圳市科技创新委员会，深财科〔2012〕168 号；

（五）《深圳市科技研发资金投入方式改革方案》，深圳市科技创新委员会、深圳市财政委员会，深科技创新〔2013〕287 号。

三、支持强度与方式

支持强度：受科技研发资金年度贴息总额控制，贴息比例按基准利率计算，根据项目所属产业领域、企业性质和规模等因素设定贴息梯次，并根据实际贷款金额、银行信用风险、当年资金规模等因素确定具体贴息比例，最高 100%。

支持方式：事后资助。单位申请、委托审计、社会公示、受理机关审定。

四、办理条件

（一）申请项目已列入深圳市银政企合作项目库；

（二）申请单位为原入库项目承担单位；

（三）申请单位已获得合作银行贷款，且贷款用于该项目的研发；

（四）申请贴息的贷款总额不超过 1000 万元；

（五）申请项目不在市科技创新委员会委托贴息转贷项目之列。

五、申请材料

（一）登录深圳市科技业务管理系统在线填报申请书，提供通过该系统打印的申请书纸质文件原件；

（二）组织机构代码证复印件、税务登记证复印件、工商营业执照复印件（或具有统一社会信用代码的营业执照）；

（三）法人代表身份证复印件；

（四）上年度完税证明复印件；

（五）贷款合同复印件；

（六）贷款进账单复印件；

（七）付息凭证复印件；

（八）项目可行性研究报告原件。

以上材料一式两份，复印件需加盖申请单位公章，A4 纸正反面打印 / 复印，非空白页（含封面）需连续编写页码，装订成册（胶装）。

项目申报材料中拟取得的学术、技术及经济效益等指标应严肃、科学，申报指标将作为项目评审、合同签订、过程管理、验收结题及项目评估的依据，原则上不予调整。特提请各申报单位严肃对待。

项目申报单位对申请材料的合法性、真实性、准确性和完整性负责。如有虚假，我委核实后将不予立项资助，并将申报单位列入我委科研诚信负面清单，视情节轻重，依法追究相关责任。

六、申请表格

本指南规定提交的表格，申请人登录深圳市科技业务管理系统在线填报。

七、受理机关

（一）受理机关：市科技创新委。

（二）受理时间：

网上填报受理时间：2018 年 2 月 5 日至 2018 年 3 月 20 日（截止至 18:00）。

书面材料受理时间：2018 年 3 月 21 日至 2018 年 4 月 3 日。

办公时间：星期一至星期五上午：9：00—12：00，下午：14：00—17：45。

（三）联系电话：88103764、88127383。

（四）受理地点：市民中心行政服务大厅西厅 18~28 号窗口。

八、决定机关

市科技创新委会同市财政委（以下简称市财政委）。

九、办理程序

申请人网上申报——向市科技创新委收文窗口提交申请材料——市科技创新委委托审计——市科技创新委会同市财政委审核——社会公示——市科技创新委会同市财政委下达资金计划——拨付经费。

十、办理时限

分批处理。

十一、证件

证件：批准文件。

十二、法律效力

申请人凭批准文件获得深圳市科技研发资金资助。

十三、收费

不收费。

十四、年审或年检

无年审。

2018 年深圳市银政企合作项目入库申请指南

一、申请内容

银政企合作支持的科技研发入库项目。

重点支持领域：互联网、生物、新能源、新材料、新一代信息技术、节能环保等战略性新兴产业；海洋、航空航天、生命健康等未来产业；先进制造和涉及民生改善的科技领域。

二、设定依据

（一）《关于深化科技体制改革 提升科技创新能力的若干措施》，深圳市人民政府，深府〔2012〕123 号；

（二）《关于促进科技和金融结合的若干措施》，深圳市人民政府，深府〔2012〕125 号；

（三）《深圳市科技计划项目管理办法》，深圳市科技创新委员会、深圳市财政委员会，深科技创新规〔2012〕9 号；

（四）《深圳市科技研发资金管理办法》，深圳市财政委员会，深圳市科技创新委员会，深财科〔2012〕168 号；

（五）《深圳市科技研发资金投入方式改革方案》，深圳市科技创新委员会、深圳市财政委员会，深科技创新〔2013〕287 号。

三、支持方式

单位申报、专家评审、受理机关入库审查、社会公示。

四、办理条件

（一）申报单位为在深圳市依法注册、具有独立法人资格的企业，或深汕合作区内注册的深圳企业；

（二）企业上年度研究开发费用占营业收入比例不低于 4%；

（三）企业上年度 60% 以上的营业收入来自高新技术产业、战略性新兴产业、未来产业和民生科技领域的产品或服务；

（四）项目为科技研发项目；

（五）项目不在市科技创新委员会委托贴息转贷项目之列。

对符合以上条件，且符合中小企业标准的企业予以入库。中小企业划定标准详见《中小企业划型标准规定》（工信部联企业〔2011〕300 号）。

五、申请材料

（一）登录深圳市科技业务管理系统在线填报申请书，提供通过该系统打印的申请书纸质文件原件；

（二）组织机构代码证复印件、税务登记证复印件、工商营业执照复印件（或具有统一社会信用代码的营业执照）；

（三）法人代表身份证复印件；

（四）上一年度完税证明复印件；

（五）上一年度财务审计报告复印件（注册未满一年的可提供验资报告，验原件）；

（六）可以选择提供知识产权证、查新报告、检测报告、获奖证书、国家省计划文件等技术水平证明材料复印件（验原件）；

（七）项目可行性研究报告原件。

以上材料一式两份，复印件需加盖申请单位公章，A4 纸正反面打印 / 复印，非空白页（含封面）需连续编写页码，装订成册（胶装）。

六、申请表格

本指南规定提交的表格，申请人登录深圳市科技业务管理系统在线填报。

七、受理机关

受理机关：市科技创新委。

网上填报受理时间：2017 年 7 月 31 日至 2017 年 8 月 31 日。

书面材料受理时间：2017 年 7 月 31 日至 2017 年 9 月 6 日。

办公时间：星期一至星期五上午：9：00—12：00，

下午：14：00—17：45。

联系方式：周行椿、陈颖，88103764、88127383。

有关贷款事宜请咨询以下合作银行联系人：

浦发银行深圳分行：文炎卿 82020668 18575533232，梁 焕 88691626 13928098806。

农业银行深圳分行：陈俊伟 25590940 18948180221，王海燕 25939168。

受理地点：市民中心行政服务东大厅 11~12 号窗口。

八、决定机关

市科技创新委。

九、办理程序

申请人网上申报——申请人向市科技创新委受理窗口提交申请材料——专家评审——市科技创新委审查纳入银政企合作项目库——社会公示。

十、办理时限

分批处理。

十一、证件

批准文件。

十二、法律效力

申请人凭批准文件获得银政企合作入库资格。

十三、收费

不收费。

十四、年审或年检

无年审。

2019 年深圳市银政企合作项目入库申请指南

一、申请内容

银政企合作支持的科技研发入库项目。

重点支持领域：互联网、生物、新能源、新材料、新一代信息技术、节能环保等战略性新兴产业；海洋、航空航天、生命健康等未来产业；先进制造和涉及民生改善的科技领域。

二、设定依据

（一）《关于深化科技体制改革 提升科技创新能力的若干措施》，深圳市人民政府，深府〔2012〕123 号；

（二）《关于促进科技和金融结合的若干措施》，深圳市人民政府，深府〔2012〕125 号；

（三）《深圳市科技计划项目管理办法》，深圳市科技创新委员会、深圳市财政委员会，深科技创新规〔2012〕9 号；

（四）《深圳市科技研发资金管理办法》，深圳市财政委员会，深圳市科技创新委员会，深财科〔2012〕168 号；

（五）《深圳市科技研发资金投入方式改革方案》，深圳市科技创新委员会、深圳市财政委员会，深科技创新〔2013〕287 号。

三、支持方式

单位申报、专家评审、受理机关入库审查、社会公示。

四、办理条件

（一）申报单位为在深圳市依法注册、具有独立法人资格的企业，或深汕合作区内注册的深圳企业；

（二）企业上年度研究开发费用占营业收入比例不低于 3%；

（三） 企业上年度 60% 以上的营业收入来自高新技术产业、战略性新兴产业、未来产业和民生科技领域的产品或服务；

（四）项目为科技研发项目；

（五）项目不在市科技创新委员会委托贴息转贷项目之列。

对符合以上条件，且符合中小企业标准的企业予以入库。中小企业划定标准详见《中小企业划型标准规定》（工信部联企业〔2011〕300 号）。

五、申请材料

（一）登录深圳市科技业务管理系统在线填报申请书，提供通过该系统打印的申请书纸质文件原件；

（二）组织机构代码证复印件、税务登记证复印件、工商营业执照复印件（或具有统一社会信用代码的营业执照）；

（三）法人代表身份证复印件；

（四）上一年度完税证明复印件；

（五）上一年度财务审计报告复印件（注册未满一年的可提供验资报告，验原件）；

（六）可以选择提供知识产权证、查新报告、检测报告、获奖证书、国家省计划文件等技术水平证明材料复印件（验原件）；

（七）项目可行性研究报告原件。

以上材料一式两份，复印件需加盖申请单位公章，A4 纸正反面打印 / 复印，非空白页（含封面）需连续编写页码，装订成册（胶装）。

项目申报材料中拟取得的学术、技术及经济效益等指标应严肃、科学，申报指标将作为项目评审、合同签订、过程管理、验收结题及项目评估的依据，原则上不予调整。特提请各申报单位严肃对待。

项目申报单位对申请材料的合法性、真实性、准确性和完整性负责。如有虚假，我委核实后将不予立项资助，并将申报单位列入我委科研诚信负面清单，视情节轻重，依法追究相关责任。

申报银政企入库项目的企业，一旦申报即表明授权我委将企业申报信息推送相关政府部门。

六、申请表格

本指南规定提交的表格，申请人登录深圳市科技业务管理系统在线填报。

七、受理机关

受理机关：市科技创新委。

网上填报受理时间：2018 年 2 月 5 日至 2018 年 3 月 20 日（截止至 18:00）。

书面材料受理时间：2018 年 3 月 21 日至 2018 年 4 月 3 日。

办公时间：星期一至星期五上午：9：00—12：00
下午：14：00—17：45。

联系电话：88103764、88127383。

有关贷款事宜请咨询以下合作银行联系人：

浦发银行深圳分行：鲁阳戈 13590360515，李瑛 88266522，18825238981。

农业银行深圳分行：陈俊伟 22280147，13823504323。

受理地点：市民中心行政服务东大厅西厅 18~28 号窗口。

八、决定机关

市科技创新委。

九、办理程序（流程图）

申请人网上申报——申请人向市科技创新委受理窗口提交申请材料——专家评审——市科技创新委审查纳入银政企合作项目库——社会公示。

十、办理时限

分批处理。

十一、证件

批准文件。

十二、法律效力

申请人凭批准文件获得银政企合作入库资格。

十三、收费

不收费。

十四、年审或年检

无年审。

2018 年深圳市科技保险项目申请指南

一、申请内容

科技保险项目保费资助。

重点支持领域：互联网、生物、新能源、新材料、新一代信息技术、节能环保等战略性新兴产业和民生科技领域。

二、设定依据

（一）《关于深化科技体制改革 提升科技创新能力的若干措施》，深圳市人民政府，深府〔2012〕123 号；

（二）《关于促进科技和金融结合的若干措施》，深圳市人民政府，深府〔2012〕125 号；

（三）《深圳市科技计划项目管理办法》，深圳市科技创新委员会、深圳市财政委员会，深科技创新规〔2012〕9 号；

（四）《深圳市科技研发资金管理办法》，深圳市财政委员会，深圳市科技创新委员会，深财科〔2012〕168 号；

（五）《深圳市科技研发资金投入方式改革方案》，深圳市科技创新委员会、深圳市财政委员会，深科技创新〔2013〕287 号。

三、支持强度与方式

支持强度：有数量限制，受科技研发资金年度总额控制。每家企业资助最高 50 万元，且不超过企业实际保费支出的 50%。

支持方式：单位申报、委托审计、社会公示、受理机关审定。

四、办理条件

（一）申报单位为在深圳市依法注册、具有独立法人资格的企业，或深汕合作区内注册的深圳企业；

（二）申报单位上年度研究开发费用总额占营业收入总额比例不低于 3%；

（三）企业申请资助的保险为《关于加强和改善对高新技术企业保险服务有关问题的通知》（保监发〔2006〕129 号）和《关于中国人民财产保险股份有限公司试点经营科技保险业务的批复》（保监发〔2008〕190 号）规定的，经保险监督管理部门审核备案的险种；

（四）投保日在 2015 年 1 月 1 日以后，且保险完结日在 2017 年 8 月 31 日以前。

申请资助的科技保险项目未获得其他财政资金资助，且不得再申请其他财政性资金支持。

五、申请材料

（一）登录深圳市科技业务管理系统在线填报申请书，提供通过该系统打印的申请书纸质文件原件；

（二）组织机构代码证复印件、税务登记证复印件、工商营业执照复印件（或具有统一社会信用代码的营业执照）；

（三）法人代表身份证复印件；

（四）上一年度完税证明复印件；

（五）上一年度财务审计报告复印件（注册未满一年的不必提供）；

（六）申请单位与保险公司签订的科技保险合同复印件

加盖单位公章（验原件），由保险公司出具的保单；

（七）支付科技保险费的原始发票复印件加盖单位公章（验原件）。

以上材料一式两份，复印件需加盖申请单位公章，A4 纸正反面打印 / 复印，非空白页（含封面）需连续编写页码，装订成册（胶装）。

六、申请表格

本指南规定提交的表格，申请人登录深圳市科技业务管理系统在线填报。

七、受理机关

（一）受理机关：市科技创新委。

（二）受理时间：

网上填报受理时间：2017 年 7 月 31 日至 2017 年 8 月 31 日。

书面材料受理时间：2017 年 7 月 31 日至 2017 年 9 月 6 日。

办公时间：星期一至星期五上午：9：00—12：00，

下午：14：00—17：45。

（三）联系方式：周行椿、陈颖（88103764、88127383）

（四）受理地点：市民中心行政服务大厅 11~12 号窗口。

八、决定机关

市科技创新委会同市财政委（以下简称市财政委）。

九、办理程序

申请人网上申报——向市科技创新委收文窗口提交申请材料——市科技创新委委托审计——市科技创新委会同市财政委审核——社会公示——市科技创新委会同市财政委下达资金计划——拨付经费。

十、办理时限

分批处理。

十一、证件

证件：批准文件。

十二、法律效力

申请人凭批准文件获得深圳市科技研发资金资助。

十三、收费

不收费。

十四、年审或年检

无年审。

2019 年深圳市科技保险项目申请指南

一、申请内容

科技保险项目保费资助。

重点支持领域：互联网、生物、新能源、新材料、新一代信息技术、节能环保等战略性新兴产业和民生科技领域。

二、设定依据

（一）《关于深化科技体制改革提升科技创新能力的若干措施》，深圳市人民政府，深府〔2012〕123 号；

（二）《关于促进科技和金融结合的若干措施》，深圳市人民政府，深府〔2012〕125 号；

（三）《深圳市科技计划项目管理办法》，深圳市科技创新委员会、深圳市财政委员会，深科技创新规〔2012〕9 号；

（四）《深圳市科技研发资金管理办法》，深圳市财政委员会，深圳市科技创新委员会，深财科〔2012〕168 号；

（五）《深圳市科技研发资金投入方式改革方案》，深圳市科技创新委员会、深圳市财政委员会，深科技创新〔2013〕287 号。

三、支持强度与方式

支持强度：有数量限制，受科技研发资金年度总额控制。每家企业资助最高 50 万元，且不超过企业实际保费支出的 50%。

支持方式：单位申报、委托审计、社会公示、受理机关审定。

四、办理条件

（一）申报单位为在深圳市依法注册、具有独立法人资格的企业，或深汕合作区内注册的深圳企业；

（二）申报单位上年度研究开发费用总额占营业收入总额比例不低于 3%；

（三）企业申请资助的保险为《关于加强和改善对高新技术企业保险服务有关问题的通知》（保监发〔2006〕129 号）和《关于中国人民财产保险股份有限公司试点经营科技保险业务的批复》（保监发〔2008〕190 号）规定的，经保险监督管理部门审核备案的险种；

（四）投保日在 2016 年 1 月 1 日以后，且保险完结日在 2018 年 4 月 3 日以前。

申请资助的科技保险项目未获得其他财政资金资助，且不得再申请其他财政性资金支持。

五、申请材料

（一）登录深圳市科技业务管理系统在线填报申请书，提供通过该系统打印的申请书纸质文件原件；

（二）组织机构代码证复印件、税务登记证复印件、工商营业执照复印件（或具有统一社会信用代码的营业执照）；

（三）法人代表身份证复印件；

（四）上一年度完税证明复印件；

（五）上一年度财务审计报告复印件（注册未满一年的不必提供）；

（六）申请单位与保险公司签订的科技保险合同复印件加盖单位公章（验原件），由保险公司出具的保单；

（七）支付科技保险费的原始发票复印件加盖单位公章（验原件）。

以上材料一式两份，复印件需加盖申请单位公章，A4 纸正反面打印/复印，非空白页（含封面）需连续编写页码，装订成册（胶装）。

项目申报材料中拟取得的学术、技术及经济效益等指标应严肃、科学，申报指标将作为项目评审、合同签订、过程管理、验收结题及项目评估的依据，原则上不予调整。特提请各申报单位严肃对待。

项目申报单位对申请材料的合法性、真实性、准确性和完整性负责。如有虚假，我委核实后将不予立项资助，并将申报单位列入我委科研诚信负面清单，视情节轻重，依法追究相关责任。

六、申请表格

本指南规定提交的表格，申请人登录深圳市科技业务管理系统在线填报。

七、受理机关

（一）受理机关：市科技创新委。

（二）受理时间

网上填报受理时间：2018年2月5日至2018年3月20日（截止至18:00）。

书面材料受理时间：2018年3月21日至2018年4月3日。

办公时间：星期一至星期五上午：9：00—12：00，下午：14：00—17：45。

（三）联系电话：88103764、88127383

（四）受理地点：市民中心行政服务大厅西厅18~28号窗口。

八、决定机关

市科技创新委会同市财政委（以下简称市财政委）。

九、办理程序

申请人网上申报——向市科技创新委收文窗口提交申请材料——市科技创新委委托审计——市科技创新委会同市财政委审核——社会公示——市科技创新委会同市财政委下达资金计划——拨付经费。

十、办理时限

分批处理。

十一、证件

证件：批准文件。

十二、法律效力

申请人凭批准文件获得深圳市科技研发资金资助。

十三、收费

不收费。

十四、年审或年检

无年审。

科技金融服务体系建设

2018 年深圳市科技金融服务体系建设项目申请指南

一、申请内容

科技金融服务体系建设项目资助。

二、设定依据

（一）《关于深化科技体制改革 提升科技创新能力的若干措施》，深圳市人民政府，深府〔2012〕123 号；

（二）《关于促进科技和金融结合的若干措施》，深圳市人民政府，深府〔2012〕125 号；

（三）《深圳市科技计划项目管理办法》，深圳市科技创新委员会、深圳市财政委员会，深科技创新规〔2012〕9 号；

（四）《深圳市科技研发资金管理办法》，深圳市财政委员会，深圳市科技创新委员会，深财科〔2012〕168 号；

（五）《深圳市科技研发资金投入方式改革方案》，深圳市科技创新委员会、深圳市财政委员会，深科技创新〔2013〕287 号。

三、支持强度与方式

支持强度：有数量限制，受科技研发资金年度总额控制。单个项目最高资助 100 万元，且不超过实际发生合理费用的 50%。

支持方式：事后资助。单位申报、委托审计、答辩或者现场考察、社会公示、受理机关审定。

四、办理条件

（一）申请单位应当是在深圳市依法注册、具有独立法人资格的机构，或深汕合作区内注册的深圳企业；

（二）申请单位开展下列综合性或专业性的科技金融服务：

创投服务，科技金融人才培训服务，信用体系服务，投贷联动服务，科技金融高端学术会议论坛，不涉及债权和股权的众筹项目，集合债、区域集优债等多渠道融资服务，以及其他科技金融服务。

申请单位不得就同一支出事项申请其他科技计划资助或者其他市级财政资金资助。

五、申请材料

（一）登录深圳市科技业务管理系统在线填报申请书，提供通过该系统打印的申请书纸质文件原件；

（二）组织机构代码证复印件；

（三）营业执照或事业单位、社会团体登记证书复印件；

（四）法定代表人身份证复印件；

（五）税务登记证复印件（非事业单位提供）；

（六）上年度完税证明复印件（非事业单位提供）；

（七）上年度财务审计报告或通过审查的事业单位财务决算报表复印件（注册未满一年不必提供）；

（八）项目总结报告；

（九）项目执行所发生的费用清单和支出单据、集中支付凭证及所涉及的相关合同（协议）书。

以上材料一式两份，复印件需加盖申请单位公章，A4 纸正反面打印 / 复印，非空白页（含封面）需连续编写页码，装订成册（胶装）。

项目申报材料中拟取得的学术、技术及经济效益等指标应严肃、科学，申报指标将作为项目评审、合同签订、过程管理、验收结题及项目评估的依据，原则上不予调整。特提请各申报单位严肃对待。

项目申报单位对申请材料的合法性、真实性、准确性和完整性负责。如有虚假，我委核实后将不予立项资助，并将申报单位列入我委科研诚信负面清单，视情节轻重，依法追究相关责任。

六、申请表格

本指南规定提交的表格，申请人登录深圳市科技业务管理系统在线填报。

七、受理机关

受理机关：市科技创新委。

网上填报受理时间：2018 年 2 月 5 日至 2018 年 3 月 20 日（截止至 18:00）。

书面材料受理时间：2018 年 3 月 21 日至 2018 年 4 月 3 日。

办公时间：星期一至星期五上午：9：00—12：00，下午：14：00—17:45。

联系电话：88103417、88127383。

受理地点：市民中心行政服务大厅西厅 18~28 号窗口。

八、决定机关

市科技创新委会同市财政委员会（以下简称市财政委）。

九、办理程序

申请人网上申报——向市科技创新委收文窗口提交申请材料——市科技创新委委托审计、答辩——市科技创新委会同市财政委审定——社会公示——市科技创新委、市财政委共同下达项目资金计划——拨付经费。

十、办理时限

分批处理。

十一、证件

证件：批准文件。

十二、法律效力

申请人凭批准文件获得深圳市科技研发资金资助。

十三、收费

不收费。

十四、年审或年检

无年审。

2018 年深圳市天使投资引导项目申请指南

一、申请内容

对经备案的创投机构投资的天使投资项目企业资助。

重点支持领域：互联网、生物、新能源、新材料、新一代信息技术、节能环保等战略性新兴产业；海洋、航空航天、生命健康等未来产业; 先进制造和涉及民生改善的科技领域。

二、设定依据

（一）《关于深化科技体制改革 提升科技创新能力的若干措施》，深圳市人民政府，深府〔2012〕123 号；

（二）《关于促进科技和金融结合的若干措施》，深圳市人民政府，深府〔2012〕125 号；

（三）《深圳市科技计划项目管理办法》，深圳市科技创新委员会、深圳市财政委员会，深科技创新规〔2012〕9 号;

（四）《深圳市科技研发资金管理办法》，深圳市财政委员会，深圳市科技创新委员会，深财科〔2012〕168 号；

（五）《深圳市科技研发资金投入方式改革方案》，深圳市科技创新委员会、深圳市财政委员会，深科技创新〔2013〕287 号。

三、支持强度与方式

支持强度：有数量限制，受科技研发资金年度总额控制。对经备案的创投机构投资的天使投资项目企业，按其获得实际现金投资额的 2%，予以最高 50 万元一次性资助。

支持方式：单位申报、委托审计、社会公示、受理机关审定。

四、办理条件

（一）在深圳市依法注册、具有独立法人资格，或深汕合作区内注册的深圳企业，且经备案的创投机构投资的天使投资项目企业；

（二）项目为科技研发项目。

五、申请材料

（一）登录深圳市科技业务管理系统在线填报申请书，提供通过该系统打印的申请书纸质文件原件；

（二）组织机构代码证复印件、税务登记证复印件、工商营业执照复印件（或具有统一社会信用代码的营业执照）；

（三）法人代表身份证复印件；

（四）单位上一年度完税证明复印件；

（五）上一年度财务审计报告复印件（注册未满一年的可提供验资报告，验原件）；

（六）投资相关证明文件。

以上材料一式两份，复印件需加盖申请单位公章，A4 纸正反面打印 / 复印，非空白页（含封面）需连续编写页码，装订成册（胶装）。

项目申报材料中拟取得的学术、技术及经济效益等指标应严肃、科学，申报指标将作为项目评审、合同签订、过程管理、验收结题及项目评估的依据，原则上不予调整。特提请各申报单位严肃对待。

项目申报单位对申请材料的合法性、真实性、准确性和完整性负责。如有虚假，我委核实后将不予立项资助，并将申报单位列入我委科研诚信负面清单，视情节轻重，依法追究相关责任。

六、申请表格

本指南规定提交的表格，登录深圳市科技业务管理系统在线填报。

七、受理机关

（一）受理机关：市科技创新委。

（二）受理时间：

网上填报受理时间：2018 年 2 月 5 日至 2018 年 3 月 20 日（截止至 18:00）。

书面材料受理时间：2018 年 3 月 21 日至 2018 年 4 月 3 日。

办公时间：星期一至星期五上午：9：00—12：00，下午：14：00—17：45。

（三）联系电话：88103764、88127383。

（四）受理地点：市民中心行政服务大厅西厅 18~28 号窗口。

八、决定机关

市科技创新委会同市财政委员会（以下简称市财政委）

九、办理程序

申请人网上申报——向市科技创新委收文窗口提交申请材料——市科技创新委会同市金融办审核——市科技创新委委托审计——市科技创新委会同市财政委审定——社会公示——市科技创新委会同市财政委下达资金计划——拨付资助经费。

十、办理时限

分批处理

十一、证件

证件：批准文件。

十二、法律效力

申请人凭批准文件获得深圳市科技研发资金资助。

十三、收费

不收费。

十四、年审或年检

无年审。

2019 年股权投资项目申请指南

一、申请内容

对从事高新技术产品研究开发的中小微企业予以股权投资支持。

重点支持领域：互联网、生物、新能源、新材料、新一代信息技术等战略性新兴产业；海洋、航空航天、生命健康、机器人、可穿戴设备、智能装备等未来产业。

二、设定依据

（一）《关于促进科技创新的若干措施》，深圳市委深圳市人民政府，深发〔2016〕7 号；

（二）《深圳市财政产业专项资金股权投资管理办法（试行）》，深圳市人民政府办公厅，深府办〔2015〕19 号；

（三）《深圳市科技计划项目管理办法》，深圳市科技创新委员会、深圳市财政委员会，深科技创新规〔2012〕9 号；

（四）《深圳市科技研发资金管理办法》，深圳市财政委员会，深圳市科技创新委员会，深财科〔2012〕168 号；

（五）《深圳市科技研发资金投入方式改革方案》，深圳市科技创新委员会、深圳市财政委员会，深科技创新〔2013〕287 号。

三、支持强度与方式

支持强度：有数量限制，受年度股权投资资金总额控制。

支持方式：单位申请、专家评审、答辩或现场考察、股权评估、社会公示、决定机关审定。

四、办理条件

（一）申请单位为在深圳市依法注册、具有独立法人资格的有限责任公司、股份有限公司或深汕合作区内注册的深圳企业；

（二）申请单位为从业人员 1000 人以下或营业收入 4 亿元以下的中小微企业；

（三）本年度申报基础研究（自由探索、学科布局）、技术攻关、创业资助、深港创新圈、国际科技合作（研究开发项目）、股权投资、重点实验室、工程中心、公共技术服务平台、科技应用示范、孔雀（孔雀团队、创业资助、技术创新）、创客（创客创业资助）计划的企业和高校、科研机构项目组成员，有申报总量限制：

1. 申请单位为企业的，原则上只能单独或者联合申报 1 项；2015 年以来获得国家、广东省和部级科技奖励的企业或 2016 年、2017 年深圳市工业百强企业，可以单独或者联合申报 2 项。

2. 申请单位为高校或者科研机构的，其项目组成员只能单独或联合申报 2 项。

五、申请材料

（一）登录深圳市科技业务管理系统在线填报申请书，提供通过该系统打印的申请书纸质文件原件；

（二）组织机构代码证复印件、营业执照复印件和税务登记证复印件（已完成三证合一的可以只提供营业执照复印件）；

（三）法人代表身份证复印件，加盖申请单位公章；

（四）上年度完税证明复印件；

（五）2017 年审计报告（审计工作尚未完成的，可暂由财务报表替代，最迟 4 月 30 日前上传审计报告）；

（六）股东会批准文件和责任股东承诺书原件，责任股东为自然人的，同时提供合法身份证明；

（七）项目可行性研究报告原件；

（八）项目技术水平的证明材料（根据情况选择提供）包括：知识产权证明、查新报告、检测报告、获奖证书、国家省级技术水平证明材料；获创业投资有关证明材料（若有则提供）。

以上材料一式两份，复印件需加盖申请单位公章，A4 纸正反面打印 / 复印，非空白页（含封面）需连续编写页码，按照申请材料清单顺序装订成册（胶装）。

项目申报材料中拟取得的学术、技术及经济效益等指标应严肃、科学，申报指标将作为项目评审、合同签订、过程管理、验收结题及项目评估的依据，原则上不予调整。特提请各申报单位严肃对待。

项目申报单位对申请材料的合法性、真实性、准确性和完整性负责。如有虚假，我委核实后将不予立项资助，并将申报单位列入我委科研诚信负面清单，视情节轻重，依法追究相关责任。

六、申请表格

本指南规定提交的表格，申请人登录深圳市科技业务管理系统在线填报。

七、受理机关

（一）受理机关：

市科技创新委 .

（二）受理时间：

网上填报时间：

2018 年 1 月 11 日—2018 年 2 月 1 日

书面材料提交时间：

2018 年 2 月 2 日—2018 年 2 月 14 日

（三）办公时间：

星期一至星期五上午：9：00—12：00

下午：14：00—17:45

（四）联系人及联系电话：

电子信息领域：88127371、88101054

生物与环境领域：88121057、88121058

材料与能源领域：88125027、88103124

先进制造领域：88125001、88103956

（五）受理地点：市民中心行政服务大厅西厅 18~28 号窗口。

八、决定机关

市科技创新委会同市财政委员会（以下简称市财政委）。

战略性新兴产业、未来产业领域股权投资项目由市新兴高技术产业发展领导小组审定。

九、办理程序

申请人网上申请——申请人向市科技创新委受理窗口提交申请材料——市科技创新委组织专家评审、答辩或现场考察——市科技金融服务中心组织股权评估——市科技创新委会同市财政委审定投资方案（战略性新兴产业、未来产业领域资助项目由市新兴高技术产业发展领导小组审定）——社会公示——市科技创新委、市财政委共同下达项目资金计划（战略性新兴产业、未来产业领域资助项目由市新兴高技术产业发展领导小组下达）——申请单位与市科技金融服务中心签订股权投资合同——申请人与市科技金融服务中心按法定程序办理股权变更。

十、办理时限

成批处理。

十一、证件

证件：批准文件。

十二、法律效力

申请人凭批准文件获得财政专项资金股权投资。

十三、收费

不收费。

十四、年审或年检

无年审。市科技创新委按照项目合同书对项目进行跟踪管理和组织验收，市科技金融服务中心依据股权投资合同跟踪项目进展。

深圳市 2018 年委托贴息转贷项目申请指南

一、申请内容

科技型中小企业自主知识产权科技成果产业化项目的委托全贴息转贷资助。

支持领域：高新技术领域。

二、设定依据

（一）《深圳经济特区科技创新促进条例》，市四届人大常委会第二十次会议通过，2008 年 7 月 22 日；

（二）《关于促进科技创新的若干措施》，深圳市委，深发〔2016〕7 号。

（三）《关于促进人才优先发展的若干措施》，深圳市委，深发〔2016〕9 号。

（四）《关于加强自主创新促进高新技术产业发展的若干政策措施》，深圳市人民政府，深府〔2008〕200 号；

（五）《深圳生物产业振兴发展政策》，深圳市人民政府，深府〔2009〕180 号；

（六）《深圳互联网产业振兴发展政策》，深圳市人民政府，深府〔2009〕238 号；

（七）《深圳新能源产业振兴发展政策》，深圳市人民政府，深府〔2009〕240 号；

（八）《深圳新材料产业振兴发展政策》，深圳市人民政府，深府〔2011〕124 号；

（九）《深圳新一代信息技术产业振兴发展政策》，深圳市人民政府，深府〔2011〕210 号；

（十）《深圳市人民政府关于印发未来产业发展政策的通知》，深圳市人民政府，深府〔2013〕122 号；

（十一）《深圳节能环保产业振兴发展政策》，深圳市人民政府，深府〔2014〕33 号；

（十二）《深圳市人民政府关于印发机器人、可穿戴设备和智能装备产业发展政策的通知》，深圳市人民政府，深府〔2014〕97 号；

（十三）《关于加快发展民生科技若干措施》，深圳市人民政府办公厅，深府办〔2012〕53 号；

（十四）《深圳市科技计划项目管理办法》，深圳市科技创新委员会、深圳市财政委员会，深科技创新规〔2012〕9 号；

（十五）《深圳市科技研发资金管理办法》，深圳市财政委员会、深圳市科技创新委员会，深财科〔2012〕168 号。

三、支持强度与方式

支持强度：有数量限制，受科技研发资金年度总额控制；每个项目资助最高不超过 500 万元，借款期限为 1~2 年；每家企业原则上每年只能申报 1 个项目；每家企业累计资助不超过 3 次。

支持方式：企业自愿申报、政府机关组织考察推荐、受委托借款机构审定。

四、办理条件

从事高新技术领域科技研发及其产业化工作，年销售收入在 5000 万元以下的在深圳市及深汕合作区依法注册的深圳企业。对人才创办的种子期、初创期科技型企业，予以优先推荐。

五、申请材料

（一）登录深圳市科技业务管理系统在线填报申请书，提供通过该系统打印的申请书纸质文件原件；

（二）组织机构代码证复印件、税务登记证复印件、工商营业执照复印件（或具有组织机构代码、纳税人识别号、社会保险登记编码的“一照四号”营业执照复印件）；

（三）法人代表身份证复印件；

（四）税务登记证复印件（非事业单位提供）；

（五）税务部门提供的单位上年度完税证明复印件（非事业单位提供）；

（六）上一年度财务审计报告（注册未满一年的可不提供）复印件（验原件）；

（七）项目技术水平的证明材料（根据情况选择提供）包括知识产权证、查新报告、检测报告、获奖证书、国家省计划文件及其他证明材料；

（八）项目自有资金来源承诺函。

以上材料一式两份，复印件需加盖申请单位公章，A4 纸正反面打印 / 复印，非空白页（含封面）需连续编写页码，装订成册（胶装）。

项目申报材料中拟取得的学术、技术及经济效益等指标应严肃、科学，申报指标将作为项目评审、合同签订、过程管理、验收结题及项目评估的依据，原则上不予调整。特提请各申报单位严肃对待。

项目申报单位对申请材料的合法性、真实性、准确性和完整性负责。如有虚假，我委核实后将不予立项资助，并将申报单位列入我委科研诚信负面清单，视情节轻重，依法追究相关责任。

六、申请表格

本指南规定提交的表格，登录深圳市科技业务管理系统在线填报。

七、受理机关

（一）受理机关：市科技创新委。

（二）受理时间：

网上填报受理时间：2018 年 2 月 5 日至 2018 年 3 月 20 日（截止至 18:00）

书面材料受理时间：2018 年 3 月 21 日至 2018 年 4 月 3 日

办公时间：星期一至星期五上午：9：00—12：00

下午：14：00—17：45

（三）联系电话：88103764、88127383。

（四）受理地点：市民中心行政服务大厅西厅 18~28 号窗口。

八、决定机关

市科技创新委会同深圳市财政委员会（以下简称市财政委）。

九、办理程序

申请人网上申报——向市科技创新委收文窗口提交申请材料——市科技创新委对申请材料进行初审——组织现场考察——市科技创新委向市财政委员会推荐——市财政委员会向委托借款机构推荐——受委托借款机构组织评估——受委托借款机构与企业签订借款合同——下达经费。

十、办理时限

成批处理。

十一、证件

证件：批准文件。

十二、法律效力

申请人获得深圳市科技研发资金委托全贴息转贷款

资助。

十三、收费

不收费。

十四、年审或年检

无年审。

2018年科技应用示范项目申请指南

一、申请内容

深圳市自主知识产权科技成果在公共服务领域进行推广的应用示范项目资助，包括新技术、新产品的应用示范等。

重点支持领域：互联网、生物、新能源、新材料、新一代信息技术、节能环保等战略性新兴产业；海洋、航空航天、生命与健康，机器人、可穿戴设备和智能装备等未来产业；先进制造和涉及民生改善的科技领域。

二、设定依据

（一）《深圳经济特区科技创新促进条例》，2008年7月22日市四届人大常委会第20次会议通过，2013年12月25日市五届人大常委会第26次会议修正；

（二）《关于促进科技创新的若干措施》，深圳市委，深发〔2016〕7号；

（三）《深圳市生物产业振兴发展政策》，深圳市人民政府，深府〔2009〕180号；

（四）《深圳市互联网产业振兴发展政策》，深圳市人民政府，深府〔2009〕238号；

（五）《深圳市新能源产业振兴发展政策》，深圳市人民政府，深府〔2009〕240号；

（六）《深圳市新材料产业振兴发展政策》，深圳市人民政府，深府〔2011〕124号；

（七）《深圳市新一代信息技术产业振兴发展政策》，深圳市人民政府，深府〔2011〕210号；

（八）《深圳节能环保产业振兴发展政策》，深圳市人民政府，深府〔2014〕33号；

（九）《深圳市未来产业发展政策》，深圳市人民政府，深府〔2013〕122号；

（十）《深圳市机器人、可穿戴设备和智能装备产业发展政策》，深圳市人民政府，深府〔2014〕97号；

（十一）《深圳市科技计划项目管理办法》，深圳市科技创新委员、深圳市财政委员会会，深科技创新规〔2012〕9号；

（十二）《深圳市科技研发资金管理办法》，深圳市财政委员会、深圳市科技创新委员会深财科〔2012〕168号。

三、支持强度与方式

审批数量：有数量限制，受科技研发资金、战略性新兴产业资金、未来产业专项资金年度总额控制。科技应用示范项目实施年限为两年，单个项目资助强度不超过500万元。

审批方式：单位申报、专家评审、答辩或者现场考察、社会公示、审批机关审定。

四、办理条件

（一）申请单位：在深圳市依法注册、具有独立法人资格的单位，或深汕合作区内注册的深圳企业；拥有自主知识产权的科技成果；与使用单位签订具有法律约束力的《科技应用示范项目协议》，明确任务分工及知识产权归属和利益分配机制（使用单位为两家及两家以上的，申请单位应与每一家使用单位分别签订《科技应用示范项目协议》）。

（二）示范范围：深圳市及深汕合作区。

（三）申请单位应当具有本单位近2年内获得授权的与申请项目密切相关的发明专利、实用新型专利或计算机软件著作权。

（四）项目负责人及核心成员应当具有科技成果应用推广经验。

（五）该计划属于竞争类计划。竞争类科技计划项目是指技术攻关、创业资助、深港创新圈、国际科技合作（研究开发项目）、股权投资、重点实验室、工程中心、公共技术服务平台、科技应用示范、孔雀计划（孔雀团队、技术创新资助、创业资助）、创客计划（创客创业资助、个人创客）等。申报单位需符合以下条件：

1. 申报单位为企业的，只能单独或者联合申报 1 项；已承担 2017 年度同类竞争项目的，不得申报。

2. 申报单位为企业且为 2014 年以来获得国家、广东省和部级科技奖励或 2016 年深圳市工业百强企业，可以单独或者联合申报 2 项；已承担 2017 年度同类竞争项目的，可以单独或者联合申报 1 项。

3. 申报单位为高校或者科研机构的，其项目组成员只能单独或者联合申报 2 项；该项目组成员已承担 2017 年度竞争类项目的，只能单独或者联合申报 1 项。

4. 申报单位为高校或者科研机构且为 2014 年以来获得国家、广东省和部级科技奖励的，其项目组成员可以单独或者联合申报 2 项；该项目组成员已承担 2017 年度竞争项目 1 项的，可以单独或者联合申报 2 项。

（六）申报单位同一项目每年只能申报一次，不得多头申报和重复申报。凡以相同项目多头申报、重复套取政府资金的，一经发现立即取消该单位两年内所有项目的资助资格。“同一项目”是指经我委使用相应软件对申报项目进行查重后，相似度为 30% 以上（含 30%）的项目。

（七）已列入科技诚信异常名录的单位和人员，不得申报。

五、申请材料

（一）登录深圳市科技业务管理系统在线填报申请书，提供通过该系统打印的申请书纸质文件原件；

（二）单位组织机构代码证复印件；

（三）营业执照或事业单位、社会团体登记证书复印件；

（四）法定代表人身份证复印件；

（五）税务登记证复印件（非事业单位提供）；

（六）上年度完税证明复印件（非事业单位提供）；

（七）上年度财务审计报告或通过审查的事业单位财务决算报表复印件（验原件）；

（八）申请项目相关的自主知识产权证明材料复印件；

（九）科技应用示范项目实施方案（包括示范项目的建设方式、总投资概算、技术方案、商业运营模式等）；

（十）申请单位与每一家科技成果使用单位签订的《科技成果应用示范项目协议》复印件（验原件）；

（十一）示范项目的科技查新报告（一年以内）；

（十二）其他需补充的有关材料。

以上材料 式两份，复印件需加盖申请单位公章，A4 纸正反面打印 / 复印，非空白页（含封面）需连续编写页码，装订成册（胶装）。

六、申请表格

登录深圳市科技业务管理系统在线填报。

七、受理机关

（一）受理机关：市科技创新委。

（二）受理时间：

网上填报受理时间：6 月 20 日—7 月 20 日

书面材料受理时间：6 月 20 日—7 月 24 日

（三）联系人及联系电话：

电子信息领域：曾鑫鹏、李时
（88101054、88103596）

生物与资源领域：王绍文、刘擎
（88121057、88121058）

材料与能源领域：张俊、蒋斌

（88100739、88103124）

智能装备制造领域：王佳佳、张智勇

（88125001、88103956）

（四）受理地点：市民中心行政服务大厅 11~12 号窗口。

八、决定机关

市科技创新委会同市财政委。

战略性新兴产业、未来产业领域资助项目由市新兴高技术产业发展领导小组审定。

九、办理程序

申请人网上申报——向市科技创新委收文窗口提交申请材料——市科技创新委对申请材料进行初审——组织专家评审、处室答辩或者现场考察——市科技创新委会同市财政委审定（战略性新兴产业、未来产业领域资助项目由市新兴高技术产业发展领导小组审定）——社会公示——市科技创新委、市财政委共同下达项目资金计划（战略性新兴产业、未来产业领域资助项目由市新兴高技术产业发展领导小组下达）——申请单位与市科技创新委签订项目合同书——拨付资助经费。

十、办理时限

分批处理。

十一、证件

证件：批准文件。

有效期限：申请人应当在收到批准文件之日起 1 个月内，与市科技创新委签订项目合同书。

十二、法律效力

申请人凭批准文件获得深圳市科技研发资金、战略性新兴产业资金、未来产业专项资金资助。

十三、收费

不收费。

十四、年审或年检

无年审。

市科技创新委对项目进行跟踪管理和组织验收。

2019 年科技应用示范项目申请指南

一、申请内容

深圳市自主知识产权科技成果在公共服务领域进行推广的应用示范项目资助，包括新技术、新产品的应用示范等。

重点支持领域：互联网、生物、新能源、新材料、新一代信息技术、节能环保等战略性新兴产业；海洋、航空航天、生命与健康，机器人、可穿戴设备和智能装备等未来产业；先进制造和涉及民生改善的科技领域。

二、设定依据

（一）《深圳经济特区科技创新促进条例》，2008 年 7 月 22 日市四届人大常委会第 20 次会议通过，2013 年 12 月 25 日市五届人大常委会第 26 次会议修正；

（二）《关于促进科技创新的若干措施》，深圳市委，深发〔2016〕7 号；

（三）《深圳市生物产业振兴发展政策》，深圳市人民政府，深府〔2009〕180 号；

（四）《深圳市互联网产业振兴发展政策》，深圳市人民政府，深府〔2009〕238 号；

（五）《深圳市新能源产业振兴发展政策》，深圳市人民政府，深府〔2009〕240 号；

（六）《深圳市新材料产业振兴发展政策》，深圳市人民政府，深府〔2011〕124 号；

（七）《深圳市新一代信息技术产业振兴发展政策》，深圳市人民政府，深府〔2011〕210 号；

（八）《深圳节能环保产业振兴发展政策》，深圳市人民政府，深府〔2014〕33 号；

（九）《深圳市未来产业发展政策》，深圳市人民政府，深府〔2013〕122 号；

（十）《深圳市机器人、可穿戴设备和智能装备产业发展政策》，深圳市人民政府，深府〔2014〕97 号；

（十一）《深圳市科技计划项目管理办法》，深圳市科技创新委员、深圳市财政委员会，深科技创新规〔2012〕9 号；

（十二）《深圳市科技研发资金管理办法》，深圳市财政委员会、深圳市科技创新委员会深财科〔2012〕168 号。

三、支持强度与方式

审批数量：有数量限制，受科技研发资金、战略性新兴产业资金、未来产业专项资金年度总额控制。科技应用示范项目实施年限为两年，单个项目资助强度不超过 500 万元。

审批方式：单位申报、专家评审、答辩或者现场考察、社会公示、审批机关审定。

四、办理条件

（一）申请单位：在深圳市依法注册、具有独立法人资格的单位，或深汕合作区内注册的深圳企业；拥有自主知识产权的科技成果；与使用单位签订具有法律约束力的《科技应用示范项目协议》，明确项目示范金额、示范地点、任务分工及知识产权归属和利益分配机制（使用单位为两家及两家以上的，申请单位应与每一家使用单位分别签订《科技应用示范项目协议》）。

（二）示范范围：深圳市及深汕合作区。

（三）申请单位应当具有本单位近 2 年内获得授权的

与申请项目密切相关的发明专利、实用新型专利、计算机软件著作权或具有自主知识产权的优良品种、畜禽新品种（配套系）。

（四）申报单位同一项目每年只能申报一次，不得多头申报和重复申报。凡以相同项目多头申报、重复套取政府资金的，一经发现立即取消该单位两年内所有项目的资助资格。“同一项目”是指经我委使用相应软件对申报项目进行查重后，相似度为 30% 以上（含 30%）的项目。

（五）申请科技应用示范项目之前，申请单位应充分考虑项目实施的各类风险，尤其是安全生产、生态文明和环境保护风险。科技应用示范项目及其所依附的设备、设施应经第三方产品质量、安全和环保检测合格；同时，需要制定操作规程、应急预案，并对员工和使用对象进行培训、演练后，该项目方可投入运行使用。科技应用示范项目投入运行使用期间，应加强运行使用管理和保养维修，确保其正常运行使用，防范和避免因该项目的运行使用导致发生安全生产、生态文明和环境保护等方面的事故或产生次生灾害。

本年度申报基础研究（学科布局、自由探索）、技术攻关、创业资助、深港创新圈、国际科技合作（研究开发项目）、股权投资、重点实验室、工程中心、公共技术服务平台、科技应用示范、孔雀计划（孔雀团队、创业资助、技术创新）、创客计划（创客创业资助）计划的企业和高校、科研机构项目组成员，有申报总量限制：

1. 申报单位为企业的，原则上只能单独或者联合申报 1 项；2015 年以来获得国家、广东省和部级科技奖励的企业或 2016、2017 年深圳市工业百强企业，可以单独或者联合申报 2 项。

2. 申报单位为高校或者科研机构的，其项目组成员可以单独或者联合申报 2 项。

五、申请材料

（一）登录深圳市科技业务管理系统在线填报申请书，提供通过该系统打印的申请书纸质文件原件；

（二）单位组织机构代码证复印件；

（三）营业执照或事业单位、社会团体登记证书复印件；

（四）法定代表人身份证复印件；

（五）税务登记证复印件（非事业单位提供）；

（六）2017 年度完税证明复印件（非事业单位提供）；

（七）2017 年度财务审计报告（审计工作尚未完成的，可暂由财务报表替代，最迟 4 月 30 日前上传审计报告）或通过审查的事业单位财务决算报表复印件（验原件）；

（八）申请项目相关的自主知识产权证明材料复印件；

（九）科技应用示范项目实施方案（包括示范项目的建设方式、总投资概算、技术方案、商业运营模式等）；

（十）申请单位与每一家科技成果使用单位签订的《科技成果应用示范项目协议》复印件（验原件）；

（十一）示范项目的科技查新报告（一年以内）；

（十二）其他需补充的有关材料。

以上材料一式两份，复印件需加盖申请单位公章，A4 纸正反面打印 / 复印，非空白页（含封面）需连续编写页码，装订成册（胶装）。

项目申报材料中拟取得的学术、技术及经济效益等指标应严肃、科学，申报指标将作为项目评审、合同签订、过程管理、验收结题及项目评估的依据，原则上不予调整。特请各申报单位严肃对待。

项目申报单位对申请材料的合法性、真实性、准确性和完整性负责。如有虚假，我委核实后将不予立项资助，并将申报单位列入我委科研诚信负面清单，视情节轻重，依法追究相关责任。

六、申请表格

登录深圳市科技业务管理系统在线填报。

七、受理机关

（一）受理机关：市科技创新委。

（二）受理时间：

网上填报时间：2018 年 1 月 11 日—2018 年 2 月 1 日

书面材料提交时间：2018 年 2 月 2 日—2018 年 2 月 14 日

（三）联系人及联系电话：

电子信息领域：88101054、88127371

生物与资源领域：88121057、88121058

材料与能源领域：88100739、88103124

智能装备制造领域：88125001、88103956

（四）受理地点：市民中心行政服务大厅西厅 18~28 号窗口。

八、决定机关

市科技创新委会同市财政委。

战略性新兴产业、未来产业领域资助项目由市新兴高技术产业发展领导小组审定。

九、办理程序

申请人网上申报——向市科技创新委收文窗口提交申请材料——市科技创新委对申请材料进行初审——组织专家评审、处室答辩或者现场考察——市科技创新委会同市财政委审定（战略性新兴产业、未来产业领域资助项目由市新兴高技术产业发展领导小组审定）——社会公示——市科技创新委、市财政委共同下达项目资金计划（战略性新兴产业、未来产业领域资助项目由市新兴高技术产业发展领导小组下达）——申请单位与市科技创新委签订项目合同书——拨付资助经费。

十、办理时限

分批处理。

十一、证件

证件：批准文件。

有效期限：申请人应当在收到批准文件之日起 1 个月内，与市科技创新委签订项目合同书。

十二、法律效力

申请人凭批准文件获得深圳市科技研发资金、战略性新兴产业资金、未来产业专项资金资助。

十三、收费

不收费。

十四、年审或年检

无年审。

市科技创新委对项目进行跟踪管理和组织验收。

2018 年“健康大数据与疾病防控”科技专项应用示范项目申请指南

一、申请内容

深圳市自主知识产权科技成果在公共服务领域进行推广的应用示范项目资助，包括新技术、新产品的应用示范等。

重点支持领域：出生缺陷防治、重大疾病防控、慢病管理等涉及民生改善的科技领域。

二、设定依据

（一）《深圳经济特区科技创新促进条例》，2008 年 7 月 22 日市四届人大常委会第 20 次会议通过，2013 年 12 月 25 日市五届人大常委会第 26 次会议修正；

（二）《关于促进科技创新的若干措施》，深圳市委，深发〔2016〕7 号；

（三）《深圳市生物产业振兴发展政策》，深圳市人民政府，深府〔2009〕180 号；

（四）《深圳市互联网产业振兴发展政策》，深圳市人民政府，深府〔2009〕238 号；

（五）《深圳市新能源产业振兴发展政策》，深圳市人民政府，深府〔2009〕240 号；

（六）《深圳市新材料产业振兴发展政策》，深圳市人民政府，深府〔2011〕124 号；

（七）《深圳市新一代信息技术产业振兴发展政策》，深圳市人民政府，深府〔2011〕210 号；

（八）《深圳节能环保产业振兴发展政策》，深圳市人民政府，深府〔2014〕33 号；

（九）《深圳市未来产业发展政策》，深圳市人民政府，深府〔2013〕122 号；

（十）《深圳市机器人、可穿戴设备和智能装备产业发展政策》，深圳市人民政府，深府〔2014〕97 号；

（十一）《深圳市科技计划项目管理办法》，深圳市科技创新委员、深圳市财政委员会会，深科技创新规〔2012〕9 号；

（十二）《深圳市科技研发资金管理办法》，深圳市财政委员会、深圳市科技创新委员会深财科〔2012〕168 号。

三、支持强度与方式

审批数量：有数量限制，受科技研发资金、战略性新兴产业资金、未来产业专项资金年度总额控制。科技应用示范项目实施年限为三年，单个项目资助强度不超过 500 万元。

审批方式：单位申报、专家评审、答辩或者现场考察、社会公示、审批机关审定。

四、办理条件

（一）申请单位：在深圳市依法注册、具有独立法人资格的单位，或深汕合作区内注册的深圳企业；拥有自主知识产权的科技成果；与使用单位签订具有法律约束力的《科技应用示范项目协议》，明确项目示范金额、示范地点、任务分工及知识产权归属和利益分配机制（使用单位为两家及两家以上的，申请单位应与每一家使用单位分别签订《科技应用示范项目协议》）。

（二）示范范围：深圳市及深汕合作区。

（三）申请单位应当具有本单位近 2 年内获得授权的与

申请项目密切相关的发明专利、实用新型专利、计算机软件著作权。

（四）申报单位同一项目每年只能申报一次，不得多头申报和重复申报。凡以相同项目多头申报、重复套取政府资金的，一经发现立即取消该单位两年内所有项目的资助资格。“同一项目”是指经我委使用相应软件对申报项目进行查重后，相似度为 30% 以上（含 30%）的项目。

（五）申请科技应用示范项目之前，申请单位应充分考虑项目实施的各类风险，尤其是安全生产、生态文明和环境保护风险。科技应用示范项目及其所依附的设备、设施应经第三方产品质量、安全和环保检测合格；同时，需要制定操作规程、应急预案，并对员工和使用对象进行培训、演练后，该项目方可投入运行使用。科技应用示范项目投入运行使用期间，应加强运行使用管理和保养维修，确保其正常运行使用，防范和避免因该项目的运行使用导致发生安全生产、生态文明和环境保护等方面的事故或产生次生灾害。

本年度申报基础研究（学科布局、自由探索）、技术攻关、创业资助、深港创新圈、国际科技合作（研究开发项目）、股权投资、重点实验室、工程中心、公共技术服务平台、科技应用示范、孔雀计划（孔雀团队、创业资助、技术创新）、创客计划（创客创业资助）计划的企业和高校、科研机构项目组成员，有申报总量限制：

1. 申报单位为企业的，原则上只能单独或者联合申报 1 项；2015 年以来获得国家、广东省和部级科技奖励的企业或 2016、2017 年深圳市工业百强企业，可以单独或者联合申报 2 项。

2. 申报单位为高校或者科研机构的，其项目组成员可以单独或者联合申报 2 项。

五、申请材料：

（一）登录深圳市科技业务管理系统在线填报申请书，提供通过该系统打印的申请书纸质文件原件；

（二）单位组织机构代码证复印件；

（三）营业执照或事业单位、社会团体登记证书复印件；

（四）法定代表人身份证复印件；

（五）税务登记证复印件（非事业单位提供）；

（六）2017 年度完税证明复印件（非事业单位提供）；

（七）2017 年度财务审计报告或通过审查的事业单位财务决算报表复印件（验原件）；

（八）申请项目相关的自主知识产权证明材料复印件；

（九）科技应用示范项目实施方案（包括示范项目的建设方式、总投资概算、技术方案、商业运营模式等）；

（十）申请单位与每一家科技成果使用单位签订的《科技成果应用示范项目协议》复印件（验原件）；

（十一）示范项目的科技查新报告（一年以内）；

（十二）其他需补充的有关材料。

以上材料一式两份，复印件需加盖申请单位公章，A4 纸正反面打印 / 复印，非空白页（含封面）需连续编写页码，装订成册（胶装）。

项目申报材料中拟取得的学术、技术及经济效益等指标应严肃、科学，申报指标将作为项目评审、合同签订、过程管理、验收结题及项目评估的依据，原则上不予调整。特请各申报单位严肃对待。

项目申报单位对申请材料的合法性、真实性、准确性和完整性负责。如有虚假，我委核实后将不予立项资助，并将申报单位列入我委科研诚信负面清单，视情节轻重，依法追究相关责任。

六、申请表格

登录深圳市科技业务管理系统在线填报。

七、受理机关

（一）受理机关：市科技创新委。

（二）受理时间：

网上填报受理时间：2018 年 6 月 13 日—2018 年 7 月 2 日（截止至 18:00）

书面材料受理时间：2018 年 6 月 29 日—2018 年 7 月 3 日

办公时间：星期一至星期五上午：9：00—12：00，下午：14：00~17:45

（三）联系人及联系电话：

生物科技处：88103567

（四）受理地点：市民中心行政服务大厅西厅 18~28 号窗口。

八、决定机关

市科技创新委会同市财政委。

战略性新兴产业、未来产业领域资助项目由市新兴高技术产业发展领导小组审定。

九、办理程序

申请人网上申报——向市科技创新委收文窗口提交申请材料——市科技创新委对申请材料进行初审——组织专家评审、处室答辩或者现场考察——市科技创新委会同市财政委审定（战略性新兴产业、未来产业领域资助项目由市新兴高技术产业发展领导小组审定）——社会公示——市科技创新委、市财政委共同下达项目资金计划（战略性新兴产业、未来产业领域资助项目由市新兴高技术产业发展领导小组下达）——申请单位与市科技创新委签订项目合同书——拨付资助经费。

十、办理时限

分批处理。

十一、证件

证件：批准文件。

有效期限：申请人应当在收到批准文件之日起 1 个月内，与市科技创新委签订项目合同书。

十二、法律效力

申请人凭批准文件获得深圳市科技研发资金、战略性新兴产业资金、未来产业专项资金资助。

十三、收费

不收费。

十四、年审或年检

无年审。市科技创新委对项目进行跟踪管理和组织验收。

2018 年“安全生产”科技专项应用示范项目申请指南

一、申请内容

深圳市自主知识产权科技成果在公共服务领域进行推广的应用示范项目资助，包括新技术、新产品的应用示范等。

重点支持领域：安全生产风险防控、监测预警、应急救援与高毒物质预防等研究领域。

二、设定依据

（一）《深圳经济特区科技创新促进条例》，2008 年 7 月 22 日市四届人大常委会第 20 次会议通过，2013 年 12 月 25 日市五届人大常委会第 26 次会议修正；

（二）《关于促进科技创新的若干措施》，深圳市委，深发〔2016〕7 号；

（三）《深圳市生物产业振兴发展政策》，深圳市人民政府，深府〔2009〕180 号；

（四）《深圳市互联网产业振兴发展政策》，深圳市人民政府，深府〔2009〕238 号；

（五）《深圳市新能源产业振兴发展政策》，深圳市人民政府，深府〔2009〕240 号；

（六）《深圳市新材料产业振兴发展政策》，深圳市人民政府，深府〔2011〕124 号；

（七）《深圳市新一代信息技术产业振兴发展政策》，深圳市人民政府，深府〔2011〕210 号；

（八）《深圳节能环保产业振兴发展政策》，深圳市人民政府，深府〔2014〕33 号；

（九）《深圳市未来产业发展政策》，深圳市人民政府，深府〔2013〕122 号；

（十）《深圳市机器人、可穿戴设备和智能装备产业发展政策》，深圳市人民政府，深府〔2014〕97 号；

（十一）《深圳市科技计划项目管理办法》，深圳市科技创新委员、深圳市财政委员会，深科技创新规〔2012〕9 号；

（十二）《深圳市科技研发资金管理办法》，深圳市财政委员会、深圳市科技创新委员会深财科〔2012〕168 号。

三、支持强度与方式

审批数量：有数量限制，受科技研发资金、战略性新兴产业资金、未来产业专项资金年度总额控制。科技应用示范项目实施年限为三年，单个项目资助强度不超过 500 万元。

审批方式：单位申报、专家评审、答辩或者现场考察、社会公示、审批机关审定。

四、办理条件

（一）申请单位：在深圳市依法注册、具有独立法人资格的单位，或深汕合作区内注册的深圳企业；拥有自主知识产权的科技成果；与使用单位签订具有法律约束力的《科技应用示范项目协议》，明确项目示范金额、示范地点、任务分工及知识产权归属和利益分配机制（使用单位为两家及两家以上的，申请单位应与每一家使用单位分别签订《科技应用示范项目协议》）。

（二）示范范围：深圳市及深汕合作区。

（三）申请单位应当具有本单位近 2 年内获得授权的与申请项目密切相关的发明专利、实用新型专利、计算机软件著作权。

（四）申报单位同一项目每年只能申报一次，不得多头申报和重复申报。凡以相同项目多头申报、重复套取政府资金的，一经发现立即取消该单位两年内所有项目的资助资格。“同一项目”是指经我委使用相应软件对申报项目进行查重后，相似度为 30% 以上（含 30%）的项目。

（五）申请科技应用示范项目之前，申请单位应充分考虑项目实施的各类风险，尤其是安全生产、生态文明和环境保护风险。科技应用示范项目及其所依附的设备、设施应经第三方产品质量、安全和环保检测合格；同时，需要制定操作规程、应急预案，并对员工和使用对象进行培训、演练后，该项目方可投入运行使用。科技应用示范项目投入运行使用期间，应加强运行使用管理和保养维修，确保其正常运行使用，防范和避免因该项目的运行使用导致发生安全生产、生态文明和环境保护等方面的事故或产生次生灾害。

本年度申报基础研究（学科布局、自由探索）、技术攻关、创业资助、深港创新圈、国际科技合作（研究开发项目）、股权投资、重点实验室、工程中心、公共技术服务平台、科技应用示范、孔雀计划（孔雀团队、创业资助、技术创新）、创客计划（创客创业资助）计划的企业和高校、科研机构项目组成员，有申报总量限制：

1. 申报单位为企业的，原则上只能单独或者联合申报 1 项；2015 年以来获得国家、广东省和部级科技奖励的企业或 2016、2017 年深圳市工业百强企业，可以单独或者联合申报 2 项。

2. 申报单位为高校或者科研机构的，其项目组成员可以单独或者联合申报 2 项。

五、申请材料

（一）登录深圳市科技业务管理系统在线填报申请书，提供通过该系统打印的申请书纸质文件原件；

（二）单位组织机构代码证复印件；

（三）营业执照或事业单位、社会团体登记证书复印件；

（四）法定代表人身份证复印件；

（五）税务登记证复印件（非事业单位提供）；

（六）2017 年度完税证明复印件（非事业单位提供）；

（七）2017 年度财务审计报告或通过审查的事业单位财务决算报表复印件（验原件）；

（八）申请项目相关的自主知识产权证明材料复印件；

（九）科技应用示范项目实施方案（包括示范项目的建设方式、总投资概算、技术方案、商业运营模式等）；

（十）申请单位与每一家科技成果使用单位签订的《科技成果应用示范项目协议》复印件（验原件）；

（十一）示范项目的科技查新报告（一年以内）；

（十二）其他需补充的有关材料。

以上材料一式两份，复印件需加盖申请单位公章，A4 纸正反面打印 / 复印，非空白页（含封面）需连续编写页码，装订成册（胶装）。

项目申报材料中拟取得的学术、技术及经济效益等指标应严肃、科学，申报指标将作为项目评审、合同签订、过程管理、验收结题及项目评估的依据，原则上不予调整。特请各申报单位严肃对待。

项目申报单位对申请材料的合法性、真实性、准确性和完整性负责。如有虚假，我委核实后将不予立项资助，并将申报单位列入我委科研诚信负面清单，视情节轻重，依法追究相关责任。

六、申请表格

登录深圳市科技业务管理系统在线填报。

七、受理机关

（一）受理机关：市科技创新委。

（二）受理时间：

网上填报受理时间：2018 年 6 月 29 日—2018 年 7 月 13 日（截止至 18:00）

书面材料受理时间：2018 年 7 月 11 日—2018 年 7 月 18 日

办公时间：星期一至星期五上午：9：00—12：00，下午：14：00—17:45

（三）联系人及联系电话：

生物科技处： 88121058

（四）受理地点：市民中心行政服务大厅西厅 18~28 号窗口。

八、决定机关

市科技创新委会同市财政委。

战略性新兴产业、未来产业领域资助项目由市新兴高技术产业发展领导小组审定。

九、办理程序

申请人网上申报——向市科技创新委收文窗口提交申请材料——市科技创新委对申请材料进行初审——组织专家评审、处室答辩或者现场考察——市科技创新委会同市财政委审定（战略性新兴产业、未来产业领域资助项目由市新兴高技术产业发展领导小组审定）——社会公示——市科技创新委、市财政委共同下达项目资金计划（战略性新兴产业、未来产业领域资助项目由市新兴高技术产业发展领导小组下达）——申请单位与市科技创新委签订项目合同书——拨付资助经费。

十、办理时限

分批处理。

十一、证件

证件：批准文件。

有效期限：申请人应当在收到批准文件之日起 1 个月内，与市科技创新委签订项目合同书。

十二、法律效力

申请人凭批准文件获得深圳市科技研发资金、战略性新兴产业资金、未来产业专项资金资助。

十二、收费

不收费。

十四、年审或年检

无年审。市科技创新委对项目进行跟踪管理和组织验收。

2018年“天蓝水清”科技专项应用示范项目申请指南

一、申请内容

深圳市自主知识产权科技成果在公共服务领域进行推广的应用示范项目资助，包括新技术、新产品的应用示范等。

重点支持领域：大气环境治理和水污染防治等研究领域。

二、设定依据

（一）《深圳经济特区科技创新促进条例》，2008年7月22日市四届人大常委会第20次会议通过，2013年12月25日市五届人大常委会第26次会议修正；

（二）《关于促进科技创新的若干措施》，深圳市委，深发〔2016〕7号；

（三）《深圳市生物产业振兴发展政策》，深圳市人民政府，深府〔2009〕180号；

（四）《深圳市互联网产业振兴发展政策》，深圳市人民政府，深府〔2009〕238号；

（五）《深圳市新能源产业振兴发展政策》，深圳市人民政府，深府〔2009〕240号；

（六）《深圳市新材料产业振兴发展政策》，深圳市人民政府，深府〔2011〕124号；

（七）《深圳市新一代信息技术产业振兴发展政策》，深圳市人民政府，深府〔2011〕210号；

（八）《深圳节能环保产业振兴发展政策》，深圳市人民政府，深府〔2014〕33号；

（九）《深圳市未来产业发展政策》，深圳市人民政府，深府〔2013〕122号；

（十）《深圳市机器人、可穿戴设备和智能装备产业发展政策》，深圳市人民政府，深府〔2014〕97号；

（十一）《深圳市科技计划项目管理办法》，深圳市科技创新委员、深圳市财政委员会，深科技创新规〔2012〕9号；

（十二）《深圳市科技研发资金管理办法》，深圳市财政委员会、深圳市科技创新委员会深财科〔2012〕168号。

三、支持强度与方式

审批数量：有数量限制，受科技研发资金、战略性新兴产业资金、未来产业专项资金年度总额控制。科技应用示范项目实施年限为三年，单个项目资助强度不超过500万元。

审批方式：单位申报、专家评审、答辩或者现场考察、社会公示、审批机关审定。

四、办理条件

（一）申请单位：在深圳市依法注册、具有独立法人资格的单位，或深汕合作区内注册的深圳企业；拥有自主知识产权的科技成果；与使用单位签订具有法律约束力的《科技应用示范项目协议》，明确项目示范金额、示范地点、任务分工及知识产权归属和利益分配机制（使用单位为两家及两家以上的，申请单位应与每一家使用单位分别签订《科技应用示范项目协议》）。

（二）示范范围：深圳市及深汕合作区。

（三）申请单位应当具有本单位近2年内获得授权的与申请项目密切相关的发明专利、实用新型专利、计算机软件著作权。

（四）申报单位同一项目每年只能申报一次，不得多头申报和重复申报。凡以相同项目多头申报、重复套取政府资金的，一经发现立即取消该单位两年内所有项目的资助资格。“同一项目”是指经我委使用相应软件对申报项目进行查重后，相似度为 30% 以上（含 30%）的项目。

（五）申请科技应用示范项目之前，申请单位应充分考虑项目实施的各类风险，尤其是安全生产、生态文明和环境保护风险。科技应用示范项目及其所依附的设备、设施应经第三方产品质量、安全和环保检测合格；同时，需要制定操作规程、应急预案，并对员工和使用对象进行培训、演练后，该项目方可投入运行使用。科技应用示范项目投入运行使用期间，应加强运行使用管理和保养维修，确保其正常运行使用，防范和避免因该项目的运行使用导致发生安全生产、生态文明和环境保护等方面的事故或产生次生灾害。

本年度申报基础研究（学科布局、自由探索）、技术攻关、创业资助、深港创新圈、国际科技合作（研究开发项目）、股权投资、重点实验室、工程中心、公共技术服务平台、科技应用示范、孔雀计划（孔雀团队、创业资助、技术创新）、创客计划（创客创业资助）计划的企业和高校、科研机构项目组成员，有申报总量限制：

1. 申报单位为企业的，原则上只能单独或者联合申报 1 项；2015 年以来获得国家、广东省和部级科技奖励的企业或 2016、2017 年深圳市工业百强企业，可以单独或者联合申报 2 项。

2. 申报单位为高校或者科研机构的，其项目组成员可以单独或者联合申报 2 项。

五、申请材料

（一）登录深圳市科技业务管理系统在线填报申请书，提供通过该系统打印的申请书纸质文件原件；

（二）单位组织机构代码证复印件；

（三）营业执照或事业单位、社会团体登记证书复印件；

（四）法定代表人身份证复印件；

（五）税务登记证复印件（非事业单位提供）；

（六）2017 年度完税证明复印件（非事业单位提供）；

（七）2017 年度财务审计报告或通过审查的事业单位财务决算报表复印件（验原件）；

（八）申请项目相关的自主知识产权证明材料复印件；

（九）科技应用示范项目实施方案（包括示范项目的建设方式、总投资概算、技术方案、商业运营模式等）；

（十）申请单位与每一家科技成果使用单位签订的《科技成果应用示范项目协议》复印件（验原件）；

（十一）示范项目的科技查新报告（一年以内）；

（十二）其他需补充的有关材料。

以上材料一式两份，复印件需加盖申请单位公章，A4 纸正反面打印 / 复印，非空白页（含封面）需连续编写页码，装订成册（胶装）。

项目申报材料中拟取得的学术、技术及经济效益等指标应严肃、科学，申报指标将作为项目评审、合同签订、过程管理、验收结题及项目评估的依据，原则上不予调整。特请各申报单位严肃对待。

项目申报单位对申请材料的合法性、真实性、准确性和完整性负责。如有虚假，我委核实后将不予立项资助，并将申报单位列入我委科研诚信负面清单，视情节轻重，依法追究相关责任。

六、申请表格

登录深圳市科技业务管理系统在线填报。

七、受理机关

（一）受理机关：市科技创新委。

（二）受理时间：

网上填报受理时间：2018 年 6 月 29 日—2018 年 7 月 13 日（截止至 18:00）

书面材料受理时间：2018 年 7 月 11 日—2018 年 7 月 18 日

办公时间：星期一至星期五上午：9：00—12：00

下午：14：00—17：45

（三）联系人及联系电话：

生物科技处：88121058

（四）受理地点：市民中心行政服务大厅西厅 18~28 号窗口。

八、决定机关

市科技创新委会同市财政委。

战略性新兴产业、未来产业领域资助项目由市新兴高技术产业发展领导小组审定。

九、办理程序

申请人网上申报——向市科技创新委收文窗口提交申请材料——市科技创新委对申请材料进行初审——组织专家评审，处室答辩或者现场考察——市科技创新委会同市财政委审定（战略性新兴产业、未来产业领域资助项目由市新兴高技术产业发展领导小组审定）——社会公示——市科技创新委、市财政委共同下达项目资金计划（战略性新兴产业、未来产业领域资助项目由市新兴高技术产业发展领导小组下达）——申请单位与市科技创新委签订项目合同书——拨付资助经费。

十、办理时限

分批处理。

十一、证件

证件：批准文件。

有效期限：申请人应当在收到批准文件之日起 1 个月内，与市科技创新委签订项目合同书。

十二、法律效力

申请人凭批准文件获得深圳市科技研发资金、战略性新兴产业资金、未来产业专项资金资助。

十三、收费

不收费。

十四、年审或年检

无年审。

市科技创新委对项目进行跟踪管理和组织验收。

2018 年深圳市科技计划项目验收申请指南

一、受理对象

市财政专项资金事前资助、按照深圳市科技计划项目合同（以下简称“合同”）规定应当申请验收的项目。

二、设定依据

《深圳市科技计划项目管理办法》深圳市科技创新委员会，深科技创新规〔2012〕9 号；

《深圳市科技计划项目验收实施办法》，深圳市科技创新委员会，深科技创新〔2015〕267 号。

三、验收方式

市科技创新委组织相关领域专家，以会议审核、集中答辩或现场答辩方式进行验收。其中，资助金额小于 100 万元的项目一般采取会议审核方式进行验收；资助金额大于等于 100 万元的项目一般采取集中答辩方式进行验收（重点实验室、工程技术研究中心、公共技术服务平台等对研发场地有要求的项目，以及孔雀团队等资助金额大、要求高的项目一般采取现场答辩方式进行验收）。

具体答辩日期和地点以市科技创新委事前通知为准。

四、申请条件

（一）合同到期申请验收

1. 承担单位已按合同约定完成了研究任务，实现了预期目标；

2. 项目承担单位（以下简称“承担单位”）在合同到期后 6 个月内，将纸质验收申请资料交至行政服务大厅市科技创新委受理窗口（以窗口出具的受理回执为准）。

（二）申请复议验收

1. 承担单位已按《深圳市科技计划项目复议验收通知书》要求补充、完善了相关资料；

2. 承担单位在《深圳市科技计划项目复议验收通知书》规定时限内，将纸质复议验收申请资料交至行政服务大厅市科技创新委受理窗口（以窗口出具的受理回执为准）。

（三）申请项目延期

1. 承担单位为完成合同约定的研发任务，被迫延长开发周期，无法按期申请验收；

2. 项目延期原则上只能申请一次，且延长不超过 1 年；

3. 承担单位应在合同到期前，登录深圳市科技业务管理系统提交项目延期申请，经单位管理员审核通过后，将纸质申请交至行政服务大厅市科技创新委受理窗口。

五、申请材料（除明确要求外，一般只需要提供复印件，验原件）

（一）合同到期申请验收应提交以下纸质材料

1. 深圳市科技计划项目验收申请书原件。

2. 深圳市科技计划项目合同复印件。

3. 主项目的验收通过证明复印件（限国家和省配套项目，且主项目已经上级部门验收的提供）。

4. 我委同意变更合同的书面批复资料复印件（限合同到期日，技术参数、知识产权、文章等指标，或者设备采购预算等信息发生过变更的项目提供）。

5. 项目实施总结报告原件。

6. 项目科技报告原件。

7. 证明合同约定技术指标完成情况的第三方检测报告或公开发表的文章复印件。基础研究项目既可以提供第三方检测报告，也可以提供公开发表的文章。其他类别项目只可提供第三方检测报告。

第三方检测报告是指，合法具有相关领域检测资质的第三方机构（独立于承担单位、合作单位及其利益相关方以外的机构）针对合同约定技术指标完成情况出具的检测结果。

提供第三方检测报告的，送检单位必须是合同约定的项目承担单位。检测机构必须具有相应技术领域的检测资质。既有承担单位，又有合作单位的项目，既可由承担单位独立提供，也可由承担单位、合作单位分别提供。

提供公开发表文章的，除文章本身要符合以下第 8 条关于文章的要求外，还应包含证明指标的推导、演算等内容。

8. 知识产权指标完成情况统计表原件（限合同约定了知识产权指标的项目提供）。

9. 证明合同约定数量和质量的文章或著作的复印件（著作仅需提供首页、目录页和最后有关编辑、发行信息的页面）。文章或著作未正式发表但已收到用刊通知的，应提供用刊通知和文章全文（著作内容同上）的复印件。文章或著作内容应与项目研究方向相关，致谢部分应注明项目编号（限合同约定了文章发表指标的项目提供）。

项目组成员必须是文章或著作的第一作者或通信作者，且该第一作者或通信作者在文章或著作中标注的所属单位也必须是项目承担单位。仅以承担单位内设的实验室或其它内设科研机构作为第一作者或通讯作者所在单位进行标注的文章或著作不能作为完成相应指标的依据（重点实验室、工程技术研究中心和公共技术服务平台项目除外）。

10. 证明合同约定数量和质量的专利申请受理回执、专利授权证书复印件。专利内容应与合同研究内容相关。项目承担方为单位法人的，该单位应为专利权人；项目承担方为自然人的，该自然人应为专利权人（限合同约定了专利申请、授权指标的项目提供）。

11. 证明合同约定数量的软件著作权证书复印件。软件应与合同研究内容相关。项目承担方为单位法人的，该单位应为软件著作权人；项目承担方为自然人的，该自然人应为软件著作权人（限合同约定了软件著作权指标的项目提供）。

12. 承担单位申请验收时上年度财务报告复印件。

13. 深圳市科技计划项目专项审计报告复印件（限资助额大于或等于 100 万元的项目提供）。

14. 深圳市科技计划项目经费决算表原件（限资助额小于 100 万元的项目提供）。

15. 合同约定了人员培养目标的，承担单位应对照下列情况提供相应证明。

1）以获得学位为培养目标，且培养对象为在校学生的，如果合同到期时学生仍未毕业，应提供相应数量的培养人员名单和学生所在学校出具的委托培养证明（含委托培养单位名称、培养人员名单、培养目标，加盖学生所在院系公章或学校学生处 / 教务处公章）。如果合同到期时学生已毕业，应提供相应人员的学位证书复印件。

2）以获得学位为培养目标，且培养对象为社会人员的，应提供被培养人员的学位证书复印件和这些人员合同执行期内的社保购买证明复印件（加盖单位公章）。

社保购买证明应以人为单位按月汇总提供。合同约定培养几个人就要提供几个人的证明。培养对象如果是在合同执行期间加入项目组参与研发工作的，从加入项目组当月开始提供证明即可。

3）以获得职称为培养目标的，应提供职称证书或培训证书复印件，和这些人员合同执行期内的社保购买证明复印件（加盖单位公章）。具体要求与上述“以获得学位为培养目标，且培养对象为社会人员的”相同。

16. 专项审计报告，或项目决算表的表二至表十七中填报的所有支出，应提供以下证明材料。

1）承担单位与供货方或服务提供方签订的合同复印件；

2）供货方或服务提供方向承担单位开具的发票、收据复印件；

3）承担单位向供货方或服务提供方付款的银行转账凭证复印件；

4）供货方向承担单位提供的货物清单（含货名、型号、单价、数量等）；

5）服务提供方向承担单位提供的服务名录（含服务名称、服务内容，收费标准、服务次数等）；

6）承担单位向项目组成员中无工资性收入的相关人员（如在校研究生）和项目组临时聘用人员支付劳务费的银行转账凭证复印件；

7）承担单位向本单位项目组成员中在册员工及长期聘用人员支付人员费的银行转账凭证复印件；

8）承担单位支付绩效支出的银行转账凭证复印件。

（二）申请复议验收时应提交以下纸质材料

1. 深圳市科技计划项目复议验收申请书原件；

2. 深圳市科技计划项目复议验收通知书复印件；

3. 深圳市科技计划项目合同复印件（仅提供纸质版，电子版不必在市科技创新委科技业务管理系统中上传）；

4. 按复议验收通知书要求补充的材料复印件；

合同到期申请验收和申请复议验收的纸质材料装订要求如下：

1. 一式二份，统一使用白色封皮，页码连续编写，按附件所列清单顺序胶装。一本装订不下的可分上、下两册装订。

2. 打印（复印）资料时请使用 A4 纸双面打印（复印），复印件需加盖申请单位公章。

3. 书脊标注本项目验收年度（如 2017 年）及项目名称、单位名称。

（三）申请项目延期的纸质材料要求，以深圳市科技业务管理系统（http://apply.szsti.gov.cn）申报单位人员登录页面右侧的“变更业务申请操作指引”为准。

六、申请表格

（一）合同到期申请验收

本指南规定需提交的深圳市科技计划项目验收申请书，请登录市科技创新委科技业务管理系统 http://apply.szsti.gov.cn/ 在线填报。其他表格、提纲等请从指南附件下载填报。

（二）申请复议验收

本指南规定需提交的深圳市科技计划项目复议验收申请书，请登录市科技创新委科技业务管理系统 http://apply.szsti.gov.cn/ 在线填报。

七、受理机关

（一）合同到期申请验收和申请复议验收

1. 受理机关：深圳市科技创新委员会

2. 受理日期：全年受理

3. 受理地点：行政服务大厅西厅 18~28 号窗口

4. 联 系 人：吕 睿、杨 俊 枫；88103477，88102191，88121260

（二）申请项目延期

1. 受理机关：深圳市科技创新委员会

2. 受理日期：全年受理

3. 受理地点：行政服务大厅西厅 18~28 号窗口

4. 联系人：深圳市科技创新委员会合同签订责任人，联系电话（以合同为准，原 8200XXXX、8210XXXX 电话已改为 8810XXXX、8812 XXXX）

八、决定机关

深圳市科技创新委员会。

九、审定程序

（一）合同到期申请验收

申请单位网上申报——市科技创新委网上初审——申请单位向窗口提交纸质申请材料——市科技创新委对纸质申请材料进行核验——组织专家集中答辩或者现场答辩验收——审定验收结论—向社会公布验收结论

（二）申请复议验收

申请单位网上申报——市科技创新委网上初审——申

请单位向窗口提交纸质申请材料——市科技创新委对纸质申请材料进行核验——组织专家复议验收——审定复议验收结论——向社会公布复议验收结论。

（三）申请项目延期

项目负责人在业务系统中提交变更申请至单位管理员——单位管理员审核通过后提交申请——变更申请人向市科技创新委窗口提交变更申请书的纸质材料（需单位盖章）——窗口接受纸质材料后受理——市科技创新委审定——将审定结果告知申请人。

十、对合同到期项目和复议验收项目的验收答辩安排

按照申请顺序，分批组织专家验收并审定验收结论。

十一、项目验收审定证件及有效期限

证件：验收证书。

有效期限：长期有效。

十二、法律效力

（一）申请单位凭验收证书和合同期内相应票据，可按合同预算提取项目资助资金的保证金部分。保证金比例以合同约定为准。

（二）验收结论为“不通过”的项目，市科技创新委自公布验收结论之日起三年内不予受理项目承担单位（企业）或项目组成员（高校、科研机构）申请市科技计划项目立项资助，也不推荐其申报国家级和省级科技计划项目。

十三、收费

不收费。

十四、年审或年检

无年审或年检。

2018 年度科技创新券服务机构入库申请指南

一、申请内容

为科技型中小微企业和创客提供具体科研活动直接相关的科技服务，接收并兑现科技创新券的服务机构入库（服务机构是指提供科技服务的企业、高等院校、科研机构和科技服务机构等）。

二、设定依据

（一）《国务院关于大力推进大众创业万众创新若干政策措施的意见》，国发〔2015〕32 号；

（二）《深圳市科技计划项目管理办法》，深科技创新规〔2012〕9 号；

（三）《深圳市创客专项资金管理办法》，深财规〔2015〕10 号。

三、审批数量和方式

审批数量：无数量限制。

审批方式：单位申报、部门审核、社会公示、审批机关审定。

四、审批条件

（一）申请单位应当是在深圳市依法注册、具有独立法人资格的服务机构；

（二）本年度科技创新券重点支持研究开发服务、技术转移服务、检验检测认证服务、知识产权服务，且服务机构应具备相应科技服务资质：

（三）申请单位应当具备科技服务能力，有一定数量的专业人员，并具有从事相关科技服务一年以上的业务基础；

（四）申请单位需提供由国家或省市批准的资质证明、服务内容及收费标准（如：由物价部门核定的收费项目及市场指导价格）。事业单位所提供的科技服务收费应按相关财务制度和收费管理规定执行；

（五）入库服务机构的有效期为三年，每年的服务内容以当年的服务机构申请指南为准。

五、申请材料

（一）登录深圳市科技业务管理系统在线填报申请书，提供通过该系统打印的申请书纸质文件原件，法定代表人签字并加盖公章；

（二）组织机构代码证复印件；

（三）营业执照或事业单位、社会团体登记证书复印件；

（四）法定代表人身份证复印件；

（五）税务登记证复印件（非事业单位提供）；

（六）上年度完税证明复印件（非事业单位提供）；

（七）上年度财务审计报告或通过审查的事业单位财务决算报表复印件（注册未满一年的可提单位财务报表，验原件）；

（八）国家或省市批准的资质证明、服务内容及收费标准复印件。

以上材料一式两份，复印件需加盖申请单位公章，A4 纸正反面打印 / 复印，非空白页（含封面）需连续编写页码，装订成册（胶装）。

表 1 .2018 年度科技创新券适用范围及服务机构资质

序号	服务类别	服务子类	申请单位资质
1	研究开发服务	基础应用研究和试验发展服务、产品研发设计服务、开放科研设施服务	拥有市级以上认证的重点实验室、工程中心、公共技术平台的机构
			在"深圳市科技创新资源共享平台"备案大型仪器设备的机构
		云计算服务	1. 具备中国工信部颁发的增值电信业务经营许可证及 IDC/ISP； 2. 建立完善的信息安全保护措施及制度，获国际云安全联盟 CSA 的 C—STAR 安全认证、ISCCC 信息安全管理体系认证或国际信息安全标准体系 ISO27001 认证等认证； 3. 云服务收费企业租户数超过 500 个以上； 4. 三年以上云服务运营业务基础； 5. 具有健全的服务质量保障体系。
2	技术转移服务	科技成果转移转化服务	市级以上认定的技术转移机构（创新券兑现需提供在市技术转移中心备案的技术转移合同）
3	检验检测认证服务	检验检测分析服务	检验检测认证机构（创新券兑现需提供样品流转单、检验检测认证报告等证明材料）
		检测结果国际互认服务	
		资质认证服务	拥有市级以上认证或第三方认证资质的机构（创新券兑现需提供市级以上认证证书）
4	知识产权服务	知识产权代理服务	拥有相应知识产权代理资质的机构（创新券兑现需提供国家知识产权局或省市以上知识产权机构证明文件）
		知识产权检索分析服务	拥有知识产权代理资质的机构（兑现需提供 STN 国际联机检索、国家知识产权局专利检索咨询中心等第三方检索机构出具检索报告）

六、申请表格

本指南规定提交的表格，申请人登录深圳市科技业务管理系统在线填报。

七、审批受理机关

（一）受理机关：市科技创新委

（二）受理时间：

网络填报时间：2 月 12 日至 3 月 30 日（截止至 18：00）

书面材料受理时间：4 月 1 日至 4 月 8 日

办公时间：

星期一至星期五，上午：9：00—12：00

下午：14：00—17：45

（三）联系电话：88127983

业务系统技术支持：86576088

（四）受理地点：市民中心行政服务大厅西厅 18~28 号窗口。

八、审批决定机关

市科技创新委员会同市财政委员会（简称市财政委）。

九、审批程序

申请单位网上申报——申请单位向市科技创新委收文窗口提交申请材料——委托审计——市科技创新委审核——市财政委复核——社会公示——市科技创新委下达入库通知书。

十、审批时限

结合受理情况，按申报顺序，分批处理。

十一、审批证件

证件：批准文件。

十二、审批的法律效力

凭批准文件加入深圳市科技创新券服务机构库。

十三、收费

不收费

十四、年审或年检

无年审

2018 年度科技创新券申请指南

一、申请内容

对科技型中小微企业和创客向服务机构购买科技服务的科技创新券资助（科技创新券是指利用财政资金支持科技型中小微企业和创客向服务机构购买科技服务而发放的配额凭证。以创新券支付的科技服务费用原则上不超过总费用的 50%。实际资助金额以创新券兑现金额为准）。

二、设定依据

（一）《深圳市科技创新券实施办法（试行）》，深科技创新规〔2015〕1 号；

（二）《深圳市科技计划项目管理办法》，深科技创新规〔2012〕9 号；

（三）《深圳市创客专项资金管理办法》，深财规〔2015〕10 号；

（四）《关于加强高新技术企业培育的通知》（深科技创新〔2017〕278 号）。

三、审批数量和方式

审批数量：中型企业、小型企业、微型企业、创客个人单次申领额度上限分别为 20 万元、10 万元、5 万元、1 万元。申请次数受年度预算总额控制。

审批方式：单位申报、部门审核、社会公示、审批机关审定。

四、审批条件

（一）申请人为在深圳市依法注册、具有独立法人资格、无不良记录，且有自主研发经费投入和研发活动的中小微企业或创客个人（购买国家高新技术企业认定服务的不受企业类型限制，每家企业不超过 2 万元），中小微企业划定标准详见《中小企业划型标准规定》（工信部联企业〔2011〕300 号）；申请人为创客个人的应通过创客空间或其他商事主体申请；

（二）申请单位在申领年度内有与科技研发活动相关的科技服务需求；且科技服务需求在入库服务机构提供的服务项目内：

表 1. 2018 年度科技创新券适用范围

序号	服务类别	服务子类
1	研究开发服务	基础应用研究和试验发展服务
		产品研发设计服务
		开放科研设施服务
		云计算服务
2	技术转移服务	科技成果转移转化服务
3	检验检测认证服务	检验检测分析服务
		检测结果国际互认服务
		资质认证服务
4	知识产权服务	知识产权代理服务
		知识产权检索分析服务
5	国家高新技术企业认定服务	国家高新技术企业认定服务

（三）科技创新券支持的服务内容以合同签订日期所在年度入库的服务内容为准（对 2017 年已发放但尚未使用完仍在有效期内的创新券，支持范围以 2018 年度入库的服务内容为准）；

（四）申请单位前次申领额度未使用完的不得再次申领

科技创新券（余额小于 2000 的视为使用完）；对已申请或取得其他市级财政资金的项目，科技创新券不重复支持。

（五）科技创新券持有单位与服务机构（科技服务提供方）应无任何投资与被投资，隶属、共建、产权纽带等影响公平公正市场交易的关联关系。

五、申请材料

（一）登录深圳市科技业务管理系统在线填报申请书；

（二）组织机构代码证件、营业执照或者事业单位（社会团体）登记证、税务登记证复印件；

（三）法人代表身份证复印件，加盖申请单位公章；

（四）上年度完税证明、上年度财务审计报告复印件（注册未满一年的可不提供）。

六、申请表格

本指南规定提交的表格，申请人登录深圳市科技业务管理系统在线填报。

七、审批受理机关

（一）受理机关：市科技创新委

（二）受理时间：

网络填报时间：2 月 12 日至 3 月 30 日 (截止至 18:00)

只需网络填报，无须提交纸质材料。

办公时间：

星期一至星期五，上午：9：00—12：00

下午：14：00—18：00

（三）联系电话： 88127983

业务系统技术支持：86576088

八、审批决定机关

市科技创新委员会。

九、审批程序

申请人网上申报——专家评审（委托审计）——市科技创新委审核——社会公示——市科技创新委发放科技创新券。

十、审批时限

结合受理情况，按申报顺序，分批处理。

十一、审批证件及有效期限

证件：批准文件。

有效期限：申请单位应当在收到批准文件之日起 1 个月内领取科技创新券，逾期未领视为自动弃权；科技创新券有效期一年。

十二、审批的法律效力

申请人凭批准文件获得科技创新券。

十三、收费

不收费。

十四、年审或年检

无年审。

2018 年度科技创新券兑现申请指南

一、申请内容

对服务机构已接收科技创新券并完成科研活动直接相关科技服务事项后的兑现。

二、设定依据

（一）《深圳市科技创新券实施办法（试行）》，深科技创新规〔2015〕1 号；

（二）《深圳市科技计划项目管理办法》，深科技创新规〔2012〕9 号；

（三）《深圳市创客专项资金管理办法》，深财规〔2015〕10 号。

三、审批数量和方式

审批数量：有数量限制，受市创客专项资金年度总额控制，采用事后资助方式。

审批方式：单位申报、部门审核、委托审计、社会公示、审批机关审定。

四、审批条件

（一）创新券兑现需满足下面全部条件：

1. 申请单位是深圳市科技创新券已入库服务机构，按照相关规定与持券单位签订了科技服务合同、接收了创新券并按服务合同约定完成了相关科技服务事项；

2. 科技创新券仅支持 2016 年 1 月 1 日（含）之后签订的科技服务合同（协议）；科技创新券支持的服务内容以合同签订日期所在年度审核入库的服务内容为准；

3. 服务协议（合同）的双方应无任何投资与被投资，隶属、共建、产权纽带等影响公平公正市场交易的关联关系；

4. 企业持创新券缴费的科技服务项目的兑现金额，原则上不超过服务总费用的 50%，实际资助金额以创新券兑现金额为准。

（二）有下列情形之一的，不予兑现：

1. 未按要求提供兑现申请材料（如自筹资金财务凭证、服务证明材料等）的项目，不予兑现；

2. 未按服务内容要求使用创新券的项目，不予兑现；

3. 科技服务合同（协议）签订日期和科技服务项目完成日期不在资助期限，不予兑现；

4. 持券单位与服务机构存在投资与被投资，隶属、共建、产权纽带等影响公平公正市场交易，不予兑现；

5. 服务机构提供的间接服务（如外包服务），不予兑现；

6. 已申请或取得其他市级财政资金的项目，不予兑现；

7. 提供虚假材料、骗取财政资金的项目，不予兑现，并依法追究法律责任。

五、申请材料

（一）登录深圳市科技业务管理系统在线填报申请书，提供通过该系统打印的申请书纸质文件原件，法定代表人签字并加盖公章；

（二）科技服务项目实施有关财务证明复印件（自筹资金银行转账凭证和科技服务合同费的等额发票）；

（三）提供科技服务合同的复印件。服务合同需包含但不限以下条款：服务内容说明、收费标准及收费金额；服务内容所对应的具体科研活动的关联性说明；未能足额兑现部分的处理方案；

（四）提供科技服务过程证明文件（如派工单、样品流转单等）和完成科技服务的证明材料（如技术解决方案、检验检测认证报告、审计报告、咨询报告等）资料复印件；

（五）提供实施科技服务项目主要人员如项目负责人或专家的简介、资质及在职证明；

（六）提供科技服务执行期服务机构银行流水（非事业单位、非上市公司提供）；

（七）组织机构代码证件、营业执照或者事业单位（社会团体）登记证、税务登记证复印件；

（八）法人代表身份证复印件，加盖申请单位公章；

（九）上年度完税证明、上年度财务审计报告或者通过审查的事业单位财务决算报表复印件。

以上材料一式两份，复印件需加盖申请单位公章，A4 纸正反面打印 / 复印，非空白页（含封面）需连续编写页码，装订成册（胶装）。

六、申请表格

本指南规定提交的表格，申请人登录深圳市科技业务管理系统在线填报。

七、审批受理机关

（一）受理机关：市科技创新委。

（二）受理时间：

网络填报时间：2 月 5 日至 3 月 30 日（截止至 18:00）

书面材料受理时间：4 月 1 日至 4 月 8 日

办公时间：

星期一至星期五，上午：9：00—12：00

下午：14：00—17:45

（三）联系电话：88127983

业务系统技术支持：86576088

（四）受理地点：市民中心行政服务大厅西厅 18~28 号窗口。

八、审批决定机关

市科技创新委员会同市财政委员会(以下简称市财政委)。

九、审批程序

申请单位网上申报——申请单位向市科技创新委收文窗口提交申请材料——市科技创新委委托审计——市科技创新委会同市财政部门审核——社会公示——市科技创新委、市财政委共同下达项目资金计划——科技创新券兑现。

十、审批时限

结合受理情况，按申报顺序，分批处理。

十一、审批证件及有效期限

证件：批准文件。

有效期限：申请单位应当在收到批准文件之日起 1 个月内，办理科技创新券兑现事宜。

十二、审批的法律效力

凭批准文件将获得科技创新券兑现。

十三、收费

不收费。

十四、年审或年检

无年审。

创客空间项目在线申请指南

一、审批内容

对符合条件的创客空间为创客提供空间及服务予以资助。

二、设定依据

（一）《深圳市关于促进创客发展的若干措施》，深圳市政府，深府〔2015〕46 号；

（二）《深圳市创客专项资金管理暂行办法》，深圳市财政委员会、深圳市科技创新委员会，深财规〔2015〕10 号。

三、支持强度与方式

支持强度：有数量限制，受创客专项资金年度总额控制，资助额不超过实际发生支出的 50%，单个项目最高资助 500 万元。资助费用为近 2 年为创客个人或企业创新创业提供服务支撑所发生的相关支出，主要包括设备费、会议费、出版 / 文献 / 信息传播 / 知识产权事务费、专家费，场地租金、水电、管理费、宽带网络支出等创客空间 2016 和 2017 年发生的建设运营费用。

支持方式：采用事后资助方式。

四、审批条件

（一）在深圳市依法登记注册、具有独立法人资格的企事业单位、社会组织；或深汕合作区内注册的深圳企业；

（二）可自主支配场地面积 500 至 3000 平方米，其中创客个人或企业使用的场地（含公共服务场地）占 75% 以上；

（三）可自主支配场地内的入驻创客团队、创客企业（截至本年度 1 月 1 日，成立时间不超过 12 个月）不少于 20 个，且截至申报截止日创客团队或企业的入驻时间不少于 3 个月；

（四）拥有为创客提供创新创业辅导的专业团队，其中专职人员不少于 3 人；

（五）截至申报截止日，创客空间运营时间不少于 1 年；

（六）已获创客空间事前资助的单位，其项目须经验收合格，且由财政资助经费支出的费用不得重复申报资助。

五、申请材料

申请创客空间项目资助应当提供以下材料：

（一）登录深圳市科技业务管理系统在线填报申请书，提供通过该系统打印的申请书纸质文件原件；

（二）组织机构代码证复印件；

（三）营业执照或事业单位、社会团体登记证书复印件；

（四）法定代表人身份证复印件；

（五）税务登记证复印件（非事业单位提供）；

（六）上年度完税证明复印件（非事业单位提供）；

（七）上年度财务审计报告或通过审查的事业单位财务决算报表复印件（验原件）；

（八）自有房产证明或租赁合同等证明文件（验原件）；

（九）创客项目或创客企业入驻协议（验原件）；

（十）经创客签字的创客项目简介或加盖入驻创客企业公章的营业执照复印件；

（十一）经创客签字的或加盖入驻创客企业公章的知识产权证明材料；

（十二）上年度 12 月份专职管理人员社保清单；

（十三）空间运营模式介绍及申报补贴期内的创客空间运营情况总结；

（十四）空间与合作的中介服务机构（包括法律事务所、会计事务所、咨询机构和风险投资机构等金融机构）签署的为创客服务的合作协议的复印件等；

（十五）近 2 年发生的建设运营费用的发票、合同、单据等证明材料复印件；

（十六）提供完成填报 2017 年众创空间火炬统计报表证明材料或按时填报统计报表承诺书。

以上材料一式两份，复印件需加盖申请单位公章，A4 纸正反面打印 / 复印，非空白页（含封面）需连续编写页码，装订成册（胶装）。

项目申报材料中拟取得的学术、技术及经济效益等指标应严肃、科学，申报指标将作为项目评审、合同签订、过程管理、验收结题及项目评估的依据，原则上不予调整。特提请各申报单位严肃对待。

项目申报单位对申请材料的合法性、真实性、准确性和完整性负责。如有虚假，我委核实后将不予立项资助，并将申报单位列入我委科研诚信负面清单，视情节轻重，依法追究相关责任。

六、申请表格

本指南规定提交的表格，申请人登录深圳市科技业务管理系统在线填报。

七、审批受理机关

（一）受理机关：市科技创新委

（二）网上填报受理时间：2018 年 02 月 13 日—2018 年 03 月 23 日（截止至 18:00）

书面材料受理时间：2018 年 03 月 26 日—2018 年 03 月 30 日

办公时间：星期一至星期五上午：9：00—12：00 下午：14：00—17:45。

（三）联系电话：88127983

（四）受理地点：市民中心行政服务大厅西厅 18~28 号窗口。

八、审批决定机关

市科技创新委会同深圳市财政委员会（以下简称市财政委）。

九、审批程序

申请人网上申报——向市科技创新委收文窗口提交申请材料——市科技创新委对申请材料进行初审——市科技创新委组织专家评审（专项审计）、答辩或现场考察——市科技创新委会同市财政委审定——社会公示——市科技创新委、市财政委共同下达资金计划——拨付经费。

十、审批时限

成批处理。

十一、审批证件及有效期限

证件：批准文件。

有效期限：申请单位应当在收到批准文件之日起 1 个月内，与市科技创新委签订项目合同书（创客空间项目除外）。

十二、审批的法律效力

申请单位凭批准文件获得创客专项资金资助。

十三、收费

不收费。

十四、年审或年检

无年审。

市科技创新委对项目进行跟踪管理和组织验收。

2018 年创客服务平台项目申请指南

一、审批内容

对符合条件的创客服务平台为创客提供专业技术服务予以资助。重点支持开源软件硬件、开模打样、小批量制造、检测认证和科技产品众筹推广等服务平台。

二、设定依据

（一）《深圳市关于促进创客发展的若干措施》，深圳市政府，深府〔2015〕46 号；

（二）《深圳市创客专项资金管理暂行办法》，深圳市财政委员会、深圳市科技创新委员会，深财规〔2015〕10 号。

三、审批数量及方式

支持强度：有数量限制，受创客专项资金年度总额控制。资助额不超过实际发生支出的 50%，单个项目最高资助 300 万元。资助费用为 2016 和 2017 年为创客个人或企业创新创业提供服务支撑所发生的相关支出，主要包括设备费、会议费、出版 / 文献 / 信息传播 / 知识产权事务费、专家费等服务平台发生的建设运营费用。

支持方式：采用事后资助方式。

四、审批条件

（一）申请单位应当是在深圳市依法注册、具有独立法人资格的企业，或深汕合作区内注册的深圳企业，注册资本不少于 100 万元人民币；

（二）拥有为创客提供开放式服务的专业团队，专职团队人数不少于 5 人；

（三）具备为创客提供开源软件硬件、开模打样、小批量制造、检测认证和科技产品众筹推广等服务能力和条件；

（四）近两年为创客团队、创客企业（提供服务时企业成立不超过 12 个月）提供专业服务的案例不少于 20 个；

（五）截至申报年度 1 月 1 日，创客服务平台运营时间不少于 1 年；

（六）已获创客载体事前资助的单位，其项目须经验收合格，且由财政资助经费支出的费用不得重复申报资助。

五、申请材料

申请创客服务平台项目资助应当提供以下材料：

（一）登录深圳市科技业务管理系统在线填报申请书，提供通过该系统打印的申请书纸质文件原件；

（二）组织机构代码证复印件；

（三）营业执照或事业单位、社会团体登记证书复印件；

（四）法定代表人身份证复印件；

（五）税务登记证复印件（非事业单位提供）；

（六）上年度完税证明复印件（非事业单位提供）；

（七）上年度财务审计报告或通过审查的事业单位财务决算报表复印件（验原件）；

（八）上年度 12 月份专职管理人员社保清单；

（九）为创客开展专业服务的核心自主知识产权证明材料复印件；

（十）为创客提供服务的流程或制度证明材料复印件；

（十一）平台可自主支配场地证明材料复印件；

（十二）平台为创客开展专业服务所必备的软硬件设施

证明材料复印件；

（十三）平台运营模式介绍及申报补贴期内的运营情况总结；

（十四）20 个为创客团队、初创企业提供专业服务案例的相关证明材料复印件；

（十五）近 2 年发生与为创客提供专业技术服务直接相关的建设运营费用的发票、合同、单据等证明材料复印件。

以上材料一式两份，复印件需加盖申请单位公章，A4 纸正反面打印 / 复印，非空白页（含封面）需连续编写页码，装订成册（胶装）。

项目申报材料中拟取得的学术、技术及经济效益等指标应严肃、科学，申报指标将作为项目评审、合同签订、过程管理、验收结题及项目评估的依据，原则上不予调整。特提请各申报单位严肃对待。

项目申报单位对申请材料的合法性、真实性、准确性和完整性负责。如有虚假，我委核实后将不予立项资助，并将申报单位列入我委科研诚信负面清单，视情节轻重，依法追究相关责任。

六、申请表格

本指南规定提交的表格，登录市科技创新委科技业务管理系统在线填报。

七、审批受理机关

（一）受理机关：市科技创新委。

（二）网上填报受理时间：2018 年 02 月 13 日—2018 年 03 月 23 日（截止至 18:00）

书面材料受理时间：2018 年 03 月 26 日—2018 年 03 月 30 日

办公时间：星期一至星期五上午：9：00—12：00

下午：14：00—17：45。

（三）联系电话： 88127983

（四）受理地点：市民中心行政服务大厅西厅 18~28 号窗口。

八、审批决定机关

市科技创新委会同深圳市财政委员会（以下简称市财政委）。

九、审批程序

申请人网上申报——向市科技创新委收文窗口提交申请材料——市科技创新委对申请材料进行初审——市科技创新委组织专家评审（专项审计）、答辩或现场考察——市科技创新委会同市财政委审定——社会公示——市科技创新委、市财政委共同下达资金计划——拨付经费。

十、审批时限

成批处理。

十一、审批证件及有效期限

证件：批准文件。

有效期限：申请单位应当在收到批准文件之日起 1 个月内，与市科技创新委签订项目合同书（创客服务平台项目除外）。

十二、审批的法律效力

申请单位凭批准文件获得创客专项资金资助。

十三、收费

不收费。

十四、年审或年检

无年审。

市科技创新委对项目进行跟踪管理和组织验收。

2018 年个人创客项目申请指南

一、申请内容

面向创客个人的创新创业项目资助。

二、设定依据

（一）《深圳市关于促进创客发展的若干措施》，深圳市政府，深府〔2015〕46 号；

（二）《深圳市促进创客发展三年行动计划（2015—2017 年）》，深圳市政府，深府函〔2015〕165 号；

（三）《深圳市创客专项资金管理暂行办法》，深圳市财政委员会、深圳市科技创新委员会，深财规〔2015〕10 号。

三、支持强度与方式

支持强度：有数量限制，受市创客专项资金年度总额控制；创新创业项目最高资助不超过 50 万元。

支持方式：单位申报、专家评审、答辩或者现场考察、社会公示、审批机关审定。

四、办理条件

申请人须是有依托单位的创客个人；依托单位须是在深圳市依法登记注册、有独立法人资格的创客空间、孵化载体、高等院校或技工学校。

五、申请材料

申请个人创客项目资助应当提供以下材料：

（一）登录深圳市科技业务管理系统在线填报申请书，提供通过该系统打印的申请书纸质文件原件；

（二）组织机构代码证复印件；

（三）营业执照或事业单位、社会团体登记证书复印件；

（四）法定代表人身份证复印件；

（五）税务登记证复印件（非事业单位提供）；

（六）上年度完税证明复印件（非事业单位提供）；

（七）上年度财务审计报告或通过审查的事业单位财务决算报表复印件（注册未满一年的可提供验资报告，验原件）；

（八）创客个人的身份证明（包括居民身份证或护照）。

以上材料一式两份，复印件需加盖申请单位公章，A4 纸正反面打印 / 复印，非空白页（含封面）需连续编写页码，装订成册（胶装）。

六、申请表格

本指南规定提交的表格，申请人登录深圳市科技业务管理系统在线填报。

七、受理机关

（一）受理机关：市科技创新委

（二）受理时间：

网上填报受理时间：7 月 21 日—8 月 21 日

书面材料受理时间：7 月 21 日—8 月 23 日

（三）联系人：蔡晟、李莜（88127983，88103994）

（四）受理地点：市民中心行政服务大厅 11~12 号窗口。

八、决定机关

市科技创新委会同深圳市财政委员会（以下简称市财政委）。

九、办理程序

申请人网上申报——向市科技创新委收文窗口提交申请材料——市科技创新委对申请材料进行初审——市科技创新委组织专家评审、答辩或现场考察——市科技创新委会同市财政委审定——社会公示——市科技创新委、市财政委共同下达资金计划——申请单位与市科技创新委签订项目合同书——拨付经费。

十、办理时限

成批处理。

十一、证件及有效期限

证件：批准文件。

有效期限：申请单位应当在收到批准文件之日起 1 个月内，与市科技创新委签订项目合同书。

十二、法律效力

申请单位凭批准文件获得创客专项资金资助。

十三、收费

不收费。

十四、年审或年检

无年审。

市科技创新委对项目进行跟踪管理和组织验收。

创业资助项目在线申请指南

深圳市科技创新委员会 2018 年创业资助项目申请指南

为进一步推进大众创业、万众创新，激发创新主体的积极性和创造性，所实施的对创业型企业的研发资助，分为科技型中小微企业和留学回国人员创业资助、创客创业资助、海外高层次人才创新创业专项资金创业资助。

一、科技型中小微企业和留学回国人员创业资助项目

（一）申请内容

以培育具有核心创新能力，高成长性的源头企业为目标，对科技型中小微企业和留学回国人员创办的科技型企业予以研发资助。

重点支持领域：互联网、生物、新能源、新材料、新一代信息技术、节能环保等战略性新兴产业；海洋、航空航天、生命健康、机器人、可穿戴设备和智能装备产业等未来产业；金融科技、先进制造、安全生产、资源环境等促进生态文明建设及民生改善的科技领域。

（二）设定依据

1.《关于促进科技创新的若干措施》，深圳市委，深发〔2016〕7 号；

2.《深圳经济特区科技创新促进条例》，深圳市第五届人民代表大会常务委员会公告，第 144 号；

3.《深圳市人民政府关于大力推进大众创业万众创新的实施意见》，深圳市人民政府，深府〔2016〕61 号；

4.《关于加强自主创新促进高新技术产业发展的若干政策措施》，深圳市人民政府，深府〔2008〕200 号；

5.《深圳市科技计划项目管理办法》，深圳市科技创新委员会 深圳市财政委员会，深科技创新规〔2012〕9 号；

6.《深圳市科技研发资金管理办法》，深圳市财政委员会 深圳市科技创新委员会，深财科〔2012〕168 号。

（三）办理方式

审批数量：有数量限制，受科技研发资金、战略性新兴产业资金和未来产业资金年度总额控制，单个项目资助强度不超过 100 万元。

审批方式：单位申报、各区（新区）考察推荐、专家评审、社会公示、申请机关审定。

（四）办理条件

申请科技型中小微企业创业资助应当符合以下条件：在深圳市依法注册、具有独立法人资格、符合国家《关于印发中小企业划型标准规定的通知》（工信部联企业〔2011〕300 号）中规定的科技型中小微企业，或深汕合作区内注册的深圳企业，依法注册成立时间为 2012 年 1 月 1 日至 2016 年 1 月 1 日，2016 年度营业收入在 50 万元以上 5000 万元以下。申请企业至少拥有 1 项知识产权（发明专利、实用新型专利、计算机软件著作权）。

申请留学人员创业资助应当符合以下条件：留学回国人员在深圳创办的科技型企业，依法注册成立时间为 2012 年 1 月 1 日至 2016 年 1 月 1 日，留学人员回国时间为 2012 年 1 月 1 日至 2017 年 1 月 1 日，留学回国人员占申请企业注册登记中股份（含技术股）15% 以上比例。申请企业至少拥有 1 项知识产权（发明专利、实用新型专利、计算机软件著作权）。

申报单位未获得过科技型中小微企业创业资助和留学回

国人员创业资助。

省科技特派员入驻企业予以优先支持。

（五）办理材料

1. 登录深圳市科技业务管理系统在线填报申请书，提供通过该系统打印的申请书纸质文件；

2. 组织机构代码证复印件、税务登记证复印件、工商营业执照复印件（或具有组织机构代码、纳税人识别号、社会保险登记编码的“一照四号”营业执照复印件）；

3. 法人代表身份证复印件；

4. 上年度完税证明复印件；

5. 上年度财务审计报告；

6. 项目可行性研究报告；

7. 项目组成员社会保险缴纳凭证复印件；

8. 知识产权证明复印件；

9. 申请留学回国人员创业资助须提供：市外国专家局出具的出国留学人员资格证明复印件；企业信用信息单（申请人占股比例，网上打印加盖公章）；留学回国人员与申报单位签订的劳动合同复印件；

10. 可选择提供查新报告、检测报告、获奖证书、国家/省计划文件等项目技术水平相关证明材料复印件；

11. 申请人应谨慎填写项目申报书的人员信息、研发内容、技术经济指标、经费安排等内容，申请书中内容将作为合同内容生成依据。

以上材料一式两份，复印件需加盖申请单位公章（除第2项材料外，其他复印件需验原件），A4纸正反面打印/复印，非空白页（含封面）需连续编写页码，装订成册（胶装）。

（六）办理表格

本指南规定提交的表格，申请人登录深圳市科技业务管理系统在线填报。

（七）受理机关

1. 受理机关：市科技创新委。

2. 受理时间（按申报顺序，分批处理）：

网络填报受理时间：6月20日至7月20日。

书面材料受理时间：6月20日至7月24日。

办公时间：星期一至星期五上午：9：00—12：00

下午：14：00—17：45

3. 联系人及联系电话：

电子信息领域：曾鑫鹏、李时

（88101054、88103596）

生物与资源领域：王绍文、刘擎

（88121057、88121058）

材料与能源领域：张俊、蒋斌

（88100739、88103124）

先进制造领域：王佳佳、张智勇

（88125001、88103956）

4. 受理地点：市民中心行政服务大厅11~12号窗口。

（八）决定机关

市科技创新委会同市财政委。

战略性新兴产业、未来产业领域资助项目由市新兴高技术产业发展领导小组审定。

（九）办理程序

申请单位网上申报——向市科技创新委收文窗口提交纸质申请材料——市科技创新委对申请材料进行初审——各区（新区）科技主管部门考察推荐——市科技创新委组织专家评审——市科技创新委会同市财政委审定(战略性新兴产业、未来产业领域资助项目由市新兴高技术产业发展领导小组审定）——社会公示——市科技创新委、市财政委共同下达项目资金计划（战略性新兴产业、未来产业领域资助项目由市新兴高技术产业发展领导小组下达)——签订项目合同书——拨付资助经费。

（十）办理时限

结合受理情况，按申报顺序，分批处理。

（十一）证件

证件：批准文件。

有效期限：申请单位应当在收到批准文件之日起1个月内，与市科技创新委签订项目合同书。

（十二）法律效力

申请人凭批准文件获得深圳市科技研发资金、战略性新兴产业资金、未来产业资金资助。

（十三）收费

不收费。

（十四）年审或年检

无年审。市科技创新委按照项目合同书对项目进行跟踪管理和组织验收。

二、创客创业资助项目

（一）申请内容

中国创新创业大赛、中国（深圳）创新创业大赛、全国农业科技创新创业大赛竞赛等优胜者在深圳实施竞赛项目的资助以及创客企业的资助。

（二）设定依据

（一）《深圳市关于促进创客发展的若干措施》，深圳市政府，深府〔2015〕46 号；

（二）《深圳市促进创客发展三年行动计划（2015—2017 年）》，深圳市政府，深府函〔2015〕165 号；

（三）《深圳市创客专项资金管理暂行办法》，深圳市财政委员会、深圳市科技创新委员会，深财规〔2015〕10 号。

（三）办理方式

支持强度：有数量限制，受创客专项资金年度总额控制，单个项目资助强度不超过 100 万元。

支持方式：申请人申报、专家评审、答辩或者现场考察、社会公示、审批机关审定。

（四）办理条件

申请创业大赛优胜项目创客创业资助的企业应当符合以下条件：近 2 年中国创新创业大赛行业总决赛优秀企业或团队、中国（深圳）创新创业大赛总决赛或行业决赛一、二、三等奖及优胜奖、全国农业科技创新创业大赛初创组优胜者在深圳实施竞赛项目并于 2014 年 1 月 1 日以后在深圳依法注册设立具有独立法人资格的企业。

申请普通创客创业资助的企业应当符合以下条件：2016 年 1 月 1 日以后在深圳依法注册设立具有独立法人资格的创客企业。

（五）申请材料

（一）登录深圳市科技业务管理系统在线填报申请书，提供通过该系统打印的申请书纸质文件原件；

（二）团队负责人、法人代表身份证复印件；

（三）大赛晋级决赛相关证明材料复印件；

（四）项目可行性研究报告原件；

（五）可选择提供知识产权证、查新报告、检测报告、获奖证书、国家 / 省计划文件等项目技术水平相关证明材料复印件（验原件）。

以上材料一式两份，复印件需加盖申请单位公章，A4 纸正反面打印 / 复印，非空白页（含封面）需连续编写页码，装订成册（胶装）。

（六）申请表格

本指南规定提交的表格，申请人登录深圳市科技业务管理系统在线填报。

（七）受理机关

1. 受理机关：市科技创新委。

2. 受理时间（按申报顺序，分批处理）：

网络填报受理时间：6 月 20 日至 7 月 20 日。

书面材料受理时间：6 月 20 日至 7 月 25 日。

办公时间：星期一至星期五上午：9：00—12：00

下午：14：00—17：45

3. 联系人：蔡晟、李莜（88127983，88103994）

4. 受理地点：市民中心行政服务大厅 11~12 号窗口。

（八）决定机关

市科技创新委会同市财政委员会（以下简称市财政委）。

（九）办理程序

申请人网上申报——向市科技创新委收文窗口提交申请材料——市科技创新委对申请材料进行初审——组织专家评审、答辩或者现场考察——市科技创新委会同市财政委审定——社会公示——市科技创新委、市财政委共同下达项目资金计划——申请单位与市科技创新委签订项目合同书——拨付资助经费。

（十）办理时限

结合受理情况，按申报顺序，分批处理。

（十一）证件

证件：批准文件。

有效期限：申请单位应当在收到批准文件之日起 1 个月内，与市科技创新委签订项目合同书。

（十二）法律效力

申请人凭批准文件获得深圳市创客专项资金资助。

（十三）收费

不收费。

（十四）年审或年检

无年审。市科技创新委按照项目合同书对项目进行跟踪管理和组织验收。

三、海外高层次人才创新创业专项资金创业项目

（一）申请内容

对来我市创办企业的海外高层次人才的创业项目予以资助。

重点支持领域：互联网、生物、新能源、新材料、新一代信息技术等战略性新兴产业；海洋、航空航天、生命健康、机器人、可穿戴设备、智能装备等未来产业。

（二）设定依据

1.《深圳市委市政府关于实施引进海外高层次人才“孔雀计划”的意见》，中共深圳市委，深发〔2011〕9 号；

2.《深圳市科技计划项目管理办法》，深圳市科技创新委员会、深圳市财政委员会，深科技创新规〔2012〕9 号；

3.《深圳市科技研发资金管理办法》，深圳市财政委员会、深圳市科技创新委员会，深财科〔2012〕168 号。

（三）办理方式

支持强度：有数量限制，受深圳市海外高层次人才创新创业资金年度总额控制。

支持方式：自愿申报、专家评审、现场考察、社会公示、受理机关审定。

（四）办理条件

申请创业项目资助应当符合以下条件：

1. 申报单位应当是具有 2 年以上海外学习或工作经历的海外专家、留学回国人员等高层次人才（即项目负责人）在深圳市创办的科技型企业；

2. 截止至 2016 年 12 月 31 日，项目负责人所在企业注册时间均不超过 5 年；

3. 项目负责人已按照《深圳市海外高层次人才确认办法》获得企业技术与创新创业类或科研学术与教育卫生类人才确认并处于深圳市海外高层次人才确认有效期内；

4. 项目负责人为申请企业股东，且在项目执行期内须全职在申请单位工作。

（五）申请材料

1. 登录深圳市科技业务管理系统在线填报申请书，提供通过该系统打印的申请书纸质文件原件；

2. 组织机构代码证复印件；

3. 营业执照复印件；

4. 法人代表身份证复印件；

5. 税务登记证复印件；

6. 上年度完税证明复印件；

7. 上年度财务审计报告复印件（注册未满一年的可提供验资报告，验原件）；

8. 企业信用信息单（项目负责人占股比例，网上打印加盖公章）；

9. 深圳市海外高层次人才证书复印件（验原件）；

10. 2 年以上海外学习或工作经历的证明材料，海外专家须提供我市外国专家局出具的就业许可证复印件，留学回国人员须提供我市或其他城市外国专家局出具的出国留学人员资格证明复印件，有海外工作经历的须提供海外任职证明材料复印件（如工作签证、任职经历证明等，验原件，外文须

提供中文翻译）；

12. 项目负责人与申报单位签订的劳动合同复印件（验原件）；

13. 项目负责人身份证和学位证复印件（验原件）；

14. 项目负责人获得海外院校、机构录取、录用证明文件复印件（验原件）；

15. 项目负责人的相关专利证书、产品证书、奖励证书等复印件，发表的代表性论著、论文的首页和摘要复印件（外文须提供中文翻译）、主持（参与）过的主要项目证明材料复印件；

16. 项目可行性研究报告原件。

以上材料一式两份，复印件需加盖申请单位公章，A4 纸正反面打印 / 复印，非空白页（含封面）需连续编写页码，装订成册（胶装）。

（六）申请表格

本指南规定提交的表格，登录深圳市科技业务管理系统在线填报。

（七）受理机关

1. 受理机关：市科技创新委。

2. 受理时间：

网络填报受理时间：6 月 20 日至 7 月 20 日。

书面材料受理时间：6 月 20 日至 7 月 26 日。

办公时间：星期一至星期五上午：9：00—12：00

下午：14：00—17:45

3. 联 系 人：胡怀江、李晓冬

（88102176、88101372）。

4. 受理地点：市民中心行政服务大厅 11~12 号窗口。

（八）决定机关

市科技创新委会同深圳市财政委员会（以下简称市财政委）。

（九）办理程序

申请人网上申报——向市科技创新委收文窗口提交申请材料——市科技创新委组织专家评审、答辩或现场考察——市科技创新委会同市财政委审定——社会公示——市科技创新委、市财政委共同下达资金计划——申请单位与市科技创新委签订项目合同书——拨付经费。

（十）办理时限

每年一次，成批处理。

（十一）证件

证件：批准文件。

有效期限：申请人应当在收到批准文件之日起 1 个月内，与市科技创新委签订项目合同书。

（十二）法律效力

申请单位凭批准文件获得深圳市海外高层次人才创新创业专项资金资助。

（十三）收费

不收费。

（十四）年审或年检

无年审。

市科技创新委按照项目合同书对项目进行跟踪管理和组织验收。

2018 年度科技企业孵化器项目申请指南

一、审批内容

对符合条件的科技企业孵化器为企业提供孵化服务予以资助。

二、设定依据

（一）《关于促进科技企业孵化载体发展的若干措施》，深圳市科技创新委员会、深圳市财政委员会，深科技创新规〔2012〕7 号；

（二）《深圳市创客专项资金管理暂行办法》，深圳市财政委员会、深圳市科技创新委员会，深财规〔2015〕10 号。

三、支持强度与方式

支持强度：有数量限制，受创客专项资金年度总额控制，资助额不超过实际发生支出的 50%，单个项目最高资助 300 万元。资助费用为 2016 和 2017 年企业为提供孵化服务所发生的相关支出，主要包括设备费、会议费、出版 / 文献 / 信息传播 / 知识产权事务费、专家费，场地租金、水电、管理费、宽带网络支出等孵化器发生的建设运营费用。

支持方式：采用事后资助方式。

四、审批条件

（一）在深圳市依法登记注册、具有独立法人资格的企事业单位；或深汕合作区内注册的深圳企业；

（二）孵化场地面积不低于 3000 平方米，其中在孵企业使用的场地（含公共服务场地）占 75% 以上；

（三）制订了较完善的科技企业孵化制度，为科技型创业企业或创新创业项目提供研发、试制、经营的场地和共享设施，开展创业辅导、投融资、市场推广等方面的孵化服务；

（四）可自主支配场地内的在孵企业（2014 年 1 月 1 日以后成立，截至申报截止日入驻时间不少于 3 个月）达 20 家以上，且在孵企业所在行业领域应属于国家重点支持的高新技术领域、深圳市战略新兴产业或未来产业；

（五）30% 以上的在孵企业拥有自主知识产权（不含商标）；

（六）孵化器自有种子资金或孵化资金不低于 300 万元人民币，并至少有 2 个资金使用案例；

（七）拥有提供孵化服务的专业团队，其中专职人员不少于 5 人；

（八）截至申报截止日，孵化器的运营时间不少于 1 年；

（九）已获科技企业孵化器事前资助的单位，其项目须经验收合格，且由财政资助经费支出的费用不得重复申报资助。

五、申请材料

（一）登录深圳市科技业务管理系统在线填报申请书，提供通过该系统打印的申请书纸质文件原件；

（二）组织机构代码证复印件；

（三）营业执照或事业单位、社会团体登记证书复印件；

（四）法定代表人身份证复印件；

（五）税务登记证复印件（非事业单位提供）；

（六）上年度完税证明复印件（非事业单位提供）；

（七）上年度财务审计报告或通过审查的事业单位财务决算报表复印件（验原件）；

（八）孵化场地房产证或委托授权管理证明（验原件）；

（九）科技企业孵化体系证明材料，主要包括：孵化器的运行机制和服务模式介绍，科技企业孵化制度复印件，孵化器（包括有合作的中介服务机构）为在孵企业提供的服务内容介绍，孵化器与合作的中介服务机构（包括法律事务所、会计事务所、咨询机构和风险投资机构等金融机构）签署的为在孵企业服务的合作协议的复印件；

（十）在孵企业证明材料，主要包括：在孵企业与孵化器签署的孵化服务协议或入驻协议复印件，加盖在孵企业公章的在孵企业营业执照复印件，加盖在孵企业公章的在孵企业知识产权证明复印件，获得国家级或市级高新技术企业认定、获得高企培育入库的在孵企业的证明材料复印件；

（十一）上年度 12 月份管理团队社保清单及接受孵化器专业培训人员的证明材料复印件；

（十二）拥有种子资金或孵化资金的相关证明材料复印件（如：存款证明、设立孵化资金的文件、如何使用孵化资金的文件等），并提供资金使用的 2 个案例证明（如：投资证明文件等）；

（十三）近 2 年发生的建设运营费用的发票、合同、单据等证明材料复印件。

（十四）提供完成填报 2017 年科技企业孵化器火炬统计报表证明材料或按时填报孵化器统计承诺书。

以上材料一式两份，复印件需加盖申请单位公章，A4 纸正反面打印 / 复印，非空白页（含封面）需连续编写页码，装订成册（胶装）。

项目申报材料中拟取得的学术、技术及经济效益等指标应严肃、科学，申报指标将作为项目评审、合同签订、过程管理、验收结题及项目评估的依据，原则上不予调整。特提请各申报单位严肃对待。

项目申报单位对申请材料的合法性、真实性、准确性和完整性负责。如有虚假，我委核实后将不予立项资助，并将申报单位列入我委科研诚信负面清单，视情节轻重，依法追究相关责任。

六、申请表格

本指南规定提交的表格，申请人登录深圳市科技业务管理系统在线填报。

七、审批受理机关

（一）受理机关：市科技创新委。

（二）受理时间：

网上填报受理时间：2018 年 02 月 13 日—2018 年 03 月 23 日（截止至 18:00）

书面材料受理时间：2018 年 03 月 26 日—2018 年 03 月 30 日

办公时间：星期一至星期五上午：9：00—12：00

下午：14：00—17：45。

（三）联系电话： 88127983

（四）受理地点：市民中心行政服务大厅西厅 18~28 号窗口。

八、审批决定机关

市科技创新委会同深圳市财政委员会（以下简称市财政委）。

九、审批程序

申请人网上申报——向市科技创新委收文窗口提交申请材料——市科技创新委对申请材料进行初审——市科技创新委组织专家评审（专项审计）、答辩或现场考察——市科技创新委会同市财政委审定——社会公示——市科技创新委、市财政委共同下达资金计划——市财政委拨付经费。

十、审批时限

成批处理。

十一、审批证件及有效期限

证件：批准文件。

有效期限：申请单位应当在收到批准文件之日起 1 个月内，与市科技创新委签订项目合同书（科技企业孵化器项目除外）。

十二、审批的法律效力

申请单位凭批准文件获得创客专项资金资助。

十三、收费

不收费。

十四、年审或年检

无年审。

市科技创新委对项目进行跟踪管理和组织验收。

第十二章
科技名录

第一节 高新技术企业名单

第二节 2018 年度科学技术奖拟奖名单

第三节 科技成果

第四节 科技计划项目

第一节 高新技术企业名单

一、2017年深圳市新增国家高新技术企业名单

序号	单位名称
1	深圳诚立胜新材料科技有限公司
2	深圳市可可卓科科技有限公司
3	深圳朗田亩半导体科技有限公司
4	深圳市科路迪机械设备有限公司
5	深圳市爱特姆科技有限公司
6	深圳市游云龙科技有限公司
7	深圳市卓耀科技有限公司
8	永德利硅橡胶科技（深圳）有限公司
9	深圳市世纪天源环保技术有限公司
10	深圳市恒创智达信息技术有限公司
11	深圳松健机器人有限公司
12	深圳先锋居善科技有限公司
13	深圳六滴科技有限公司
14	深圳市美伦医用仪器有限公司
15	深圳市富藤机电设备有限公司
16	深圳市辰翔新能源技术有限公司
17	深圳市奥维云网大数据科技有限公司
18	深圳金融电子结算中心有限公司
19	深圳市平方兆赫科技有限公司
20	深圳市贝来加尔技术有限公司
21	盛嘉伦橡塑（深圳）股份有限公司
22	深圳市海淇展示文化有限公司
23	深圳新创思维科技有限公司
24	深圳市佰兴电子科技有限公司
25	深圳市宇通联发科技有限公司
26	深圳市神州动力数码有限公司
27	深圳市蓝晨科技股份有限公司
28	深圳市博适通照明有限公司
29	深圳市极酷威视科技有限公司
30	深圳市金政软件技术有限公司
31	深圳燕浩实业发展有限公司
32	深圳市康弘环保技术有限公司
33	深圳市度摩科技开发有限公司
34	深圳奇滨电子有限公司
35	深圳市南电云商有限公司
36	深圳市格瑞达照明工程有限公司
37	深圳新圣芯光电设备有限公司
38	深圳市君美瑞信息科技有限公司
39	深圳市维力谷无线技术股份有限公司
40	深圳市航安网络科技有限公司
41	深圳市兴宇合电子有限公司
42	深圳市易捷通科技股份有限公司
43	深圳市中龙旗科技有限公司
44	深圳市宜丽家生态建材有限公司
45	深圳市柯士达光电有限公司
46	深圳市恒森微智能技术有限公司
47	深圳市健思研科技有限公司
48	凌群电脑（深圳）有限公司
49	深圳市大众新源节能科技有限公司
50	深圳市奥威尔控制技术有限公司
51	深圳市电科电源股份有限公司
52	深圳市思凯科技开发有限公司
53	深圳弘睿康生物科技有限公司
54	深圳市彬绿园林有限公司
55	深圳市远翰科技有限公司
56	深圳鹏通金融服务有限公司
57	深圳市创捷科技有限公司
58	深圳市金盈丰电子科技有限公司
59	深圳市南林科技有限公司
60	深圳市手心游戏科技有限公司
61	深圳市卡莱德光电科技有限公司
62	深圳市智胜新电子技术有限公司
63	深圳精益油脂技术有限公司
64	深圳市鸿展通科技有限公司
65	深圳中科传感科技有限公司
66	深圳市拓维模型技术有限公司
67	深圳市爱得乐电子有限公司
68	深圳市红果软件有限公司
69	哈瓦国际航空技术（深圳）有限公司
70	深圳市同行者科技有限公司
71	深圳信通环球科技有限公司
72	深圳市艾丽声电子有限公司
73	深圳市华美绿环境建设工程有限公司
74	深圳市颖博油墨实业有限公司
75	深圳市冠群电子有限公司
76	深圳耐诺科技股份有限公司
77	深圳市普特生物医学工程有限公司
78	深圳市喜途伞业有限公司
79	深圳市博阅科技股份有限公司
80	深圳市乐惠光电科技有限公司
81	深圳市朋格幕墙设计咨询有限公司
82	深圳市森斯环境艺术工程有限公司
83	深圳市阿尔泰车载娱乐系统有限公司
84	深圳市联合创新实业有限公司
85	深圳市汇川技术股份有限公司
86	深圳市绿恩环保技术有限公司
87	深圳市依崇微电子科技有限公司
88	深圳民爆光电技术有限公司
89	深圳中网信通科技有限公司
90	深圳弘范网络科技有限公司
91	深圳风会云合生态环境有限公司
92	深圳地大水务工程有限公司
93	深圳市超越新方向科技有限公司
94	深圳开启信息技术有限公司
95	深圳市骏鼎达新材料股份有限公司
96	深圳市国赛生物技术有限公司
97	深圳市杰矽科技有限公司
98	深圳市裕创意科技有限公司
99	深圳酷宅科技有限公司
100	旗瀚科技有限公司
101	深圳市纳泽科技有限公司
102	深圳市蛟龙出海科技有限公司
103	深圳市布谷鸟科技有限公司
104	深圳市恒久瑞电子科技有限公司
105	深圳市爱路恩济能源技术有限公司
106	深圳市爱贝科精密机械有限公司
107	深圳市易事达电子有限公司
108	深圳市汉华光电子有限公司
109	深圳市科奥信电器有限公司
110	深圳一道通科技股份有限公司
111	深圳前海云集品电子商务有限公司
112	深圳鑫科国际商业保理有限公司
113	深圳市拓享科技有限公司
114	深圳市旅行家科技有限公司

序号	单位名称	序号	单位名称	序号	单位名称
115	深圳市延创兴电子有限公司	164	深圳市宏讯实业有限公司	213	深圳东昇射频技术有限公司
116	深圳市瑞尔时代科技有限公司	165	深圳品网科技有限公司	214	深圳市富友昌科技股份有限公司
117	深圳市铠盛通光电科技有限公司	166	深圳市金溢科技股份有限公司	215	深圳市青蓝自动化科技有限公司
118	深圳市首航新能源有限公司	167	深圳市兆驰股份有限公司	216	深圳市凌凯威电子科技有限公司
119	深圳市安信技术有限公司	168	深圳市库卡自动化设备有限公司	217	深圳市天圆科技有限公司
120	深圳市克耐克科技有限公司	169	深圳澳东检验检测科技有限公司	218	深圳市艾格斯特科技有限公司
121	深圳优克云联科技有限公司	170	德章电子技术（深圳）有限公司	219	深圳市炬烜科技有限公司
122	深圳市理邦精密仪器股份有限公司	171	深圳市华乾科技有限公司	220	深圳市佳的科技股份有限公司
123	深圳市鸿锐达科技有限公司	172	深圳市维尔晶科技有限公司	221	深圳市旗开电子有限公司
124	深圳市恩逸新能源有限公司	173	深圳市深电能售电有限公司	222	深圳市智安天下科技有限公司
125	深圳市鼎泰智能装备股份有限公司	174	深圳市品触光电科技有限公司	223	深圳富明精密工业有限公司
126	深圳市东大洋建材有限公司	175	格云特自动化科技（深圳）有限公司	224	深圳市深海捷科技有限公司
127	深圳市绿洲彩虹机电科技有限公司	176	深圳市梅塞德斯科技有限公司	225	深圳市赛纳威环境科技有限公司
128	优力大光电（深圳）有限公司	177	深圳市迈科光电有限公司	226	深圳市兴万联电子有限公司
129	深圳市凌康技术股份有限公司	178	深圳市时代聚联信息服务有限公司	227	业聚医疗器械（深圳）有限公司
130	深圳市三力高科技有限公司	179	深圳市华天启科技有限公司	228	浩海威半导体（深圳）有限公司
131	深圳市雷博斯科技有限公司	180	深圳睿云智合科技有限公司	229	深圳深宝电器仪表有限公司
132	深圳市富登科技有限公司	181	深圳市广业电子科技有限公司	230	晓能互联科技（深圳）有限公司
133	深圳比特耐特信息技术股份有限公司	182	深圳市云懋科技有限公司	231	远东幕墙制品（深圳）有限公司
134	深圳创硕光业科技有限公司	183	深圳市远润欣电子有限公司	232	深圳市迈科龙医疗设备有限公司
135	深圳市工勘岩土集团有限公司	184	深圳市帅航户外照明科技股份有限公司	233	广东品胜电子股份有限公司
136	深圳市涌歌致远科技有限公司	185	深圳市七彩虹禹贡科技发展有限公司	234	深圳铂睿智恒科技有限公司
137	深圳亚迪欣电子有限公司	186	深圳市邦尼塑料科技有限公司	235	深圳市顶尖传诚科技有限公司
138	深圳市鑫众塑料包装机械有限公司	187	深圳市迈腾电子有限公司	236	深圳高力特通用电气有限公司
139	深圳国冶星光电科技股份有限公司	188	深圳市卫光生物制品股份有限公司	237	深圳雷克维尔电子有限公司
140	深圳市比纳瑞科技有限公司	189	欣旺达电动汽车电池有限公司	238	深圳市伟鹏世纪科技有限公司
141	深圳市拓普联科技术股份有限公司	190	深圳市猎芯科技有限公司	239	深圳市蓝能世通电子有限公司
142	深圳市中科森瑞科技有限公司	191	深圳市聚电网络科技有限公司	240	深圳中兴飞贷金融科技有限公司
143	深圳市清泉水业股份有限公司	192	深圳市科普特电子有限公司	241	深圳市国元鼎盛科技有限公司
144	深圳市维亿魄科技有限公司	193	深圳日高胶带新材料有限公司	242	深圳市华士精成科技有限公司
145	深圳市星禾宏泰自动化设备有限公司	194	深圳市荣昌科技有限公司	243	深圳君正时代集成电路有限公司
146	深圳市奇鹏茂业电子有限公司	195	深圳市麦力西科技有限公司	244	深圳市宏润众达科技有限公司
147	深圳市天维思信息技术有限公司	196	深圳市欧力克斯科技有限公司	245	深圳市星火数控技术有限公司
148	深圳市诺赛特系统有限公司	197	深圳市优克联新技术有限公司	246	深圳市信驰达科技有限公司
149	深圳市移动力量科技有限公司	198	深圳市赋安安全系统有限公司	247	深圳市天成照明有限公司
150	深圳市赛华显示技术有限公司	199	深圳一诺基业科技有限公司	248	深圳柏斯生物科技有限公司
151	深圳市密姆科技有限公司	200	深圳沸石科技股份有限公司	249	深圳票联金融服务有限公司
152	深圳市汇丰源通科技有限公司	201	深圳市通力科技开发有限公司	250	深圳芯易德科技有限公司
153	深圳市梧桐世界科技股份有限公司	202	深圳市掌捷科技有限公司	251	深圳市喜悦在线网络科技有限公司
154	深圳市雷迪奥视觉技术有限公司	203	深圳市天福惠波实业有限公司	252	深圳市越宏普照照明科技有限公司
155	深圳市盛元半导体有限公司	204	深圳市全潮科技有限公司	253	深圳市飞鲨电子有限公司
156	深圳晶福源科技股份有限公司	205	深圳市景阳信息技术有限公司	254	深圳市科安数字有限公司
157	深圳西龙同辉技术股份有限公司	206	深圳前海硬之城信息技术有限公司	255	深圳市博胜电子技术有限公司
158	深圳訾岽科技有限公司	207	深圳市德润赛尔光电有限公司	256	深圳市强华科技发展有限公司
159	华星环球（深圳）农业有限公司	208	深圳市炫丽塑胶科技有限公司	257	深圳市紫金支点技术股份有限公司
160	深圳市安星数字系统有限公司	209	深圳市皓峰通讯技术有限公司	258	深圳市文浩科技有限公司
161	深圳尼索科连接技术有限公司	210	深圳前海立方信息技术有限公司	259	深圳市德彩光电有限公司
162	深圳市宏宇辉科技有限公司	211	深圳市百佳华网络科技有限公司	260	深圳汉光电子技术有限公司
163	深圳市华海联能科技有限公司	212	深圳市祥根生物科技有限公司	261	深圳比利美英伟营养饲料有限公司

序号	单位名称
262	深圳市信达德科技有限公司
263	深圳市万泽中南研究院有限公司
264	深圳市小氮科技有限公司
265	深圳市极成光电有限公司
266	深圳市环测威检测技术有限公司
267	深圳市科创数字显示技术有限公司
268	深圳市本元威视科技有限公司
269	深圳市长龙铁路电子工程有限公司
270	深圳市南方新氏科技发展有限公司
271	深圳市鹏泰建筑科技有限公司
272	深圳市浪尖科技有限公司
273	深圳给乐信息科技有限公司
274	深圳市聚赢档案管理有限公司
275	深圳市迈进科技有限公司
276	深圳徕科技术有限公司
277	深圳市海润信息科技有限公司
278	深圳市康泓威科技有限公司
279	深圳市康英科技有限公司
280	深圳可视科技有限公司
281	深圳达实智能股份有限公司
282	深圳市赛兔数码科技有限公司
283	深圳安盛生物医疗技术有限公司
284	深圳市东进技术股份有限公司
285	深圳市金证科技股份有限公司
286	深圳市百创网络科技有限公司
287	深圳市日酉辰科技有限公司
288	深圳市三方圆生物科技有限公司
289	深圳祖师汇科技股份有限公司
290	深圳小宅科技有限公司
291	深圳市至养生太科技有限公司
292	深圳市知用电子有限公司
293	深圳市车航健汽车数码科技有限公司
294	深圳华熙环境建设有限公司
295	深圳市汇梦互联网金融服务有限公司
296	深圳市金盛机电科技有限公司
297	深圳市奥圣科技发展有限公司
298	深圳市峰涛油墨科技有限公司
299	深圳市晶讯软件通讯技术有限公司
300	深圳市中络电子有限公司
301	深圳市雅迅达液晶显示设备有限公司
302	深圳市创美实业有限公司
303	深圳市长荣科机电设备有限公司
304	深圳视爵光旭电子有限公司
305	深圳华大基因科技服务有限公司
306	深圳异构域数字技术有限公司
307	深圳市鹏程翔实业有限公司
308	深圳市康祥电子有限公司
309	深圳市英特源电子有限公司
310	深圳奇迹智慧网络有限公司
311	深圳市奋达科技股份有限公司
312	深圳市易瑞来科技股份有限公司
313	深圳市华冠五金模具有限公司
314	广昌达新材料技术服务（深圳）股份有限公司
315	深圳市兴通物联科技有限公司
316	深圳市鑫君特智能医疗器械有限公司
317	深圳市富德康电子有限公司
318	深圳百科信息技术有限公司
319	深圳市万诚达科技有限公司
320	深圳云旅通科技有限公司
321	深圳市华尊科技股份有限公司
322	深圳市安众电气有限公司
323	深圳市玩视科技有限公司
324	深圳市蔚科电子科技开发有限公司
325	深圳市凯宝科技有限公司
326	深圳市奥美特科技有限公司
327	深圳市中升薄膜材料有限公司
328	深圳市斯博恩电气自动化有限公司
329	深圳前海勇艺达机器人有限公司
330	深圳市天辰防务通信技术有限公司
331	深圳市恒驱电机股份有限公司
332	深圳亿络科技有限公司
333	深圳市阿科奇电子科技有限公司
334	深圳市道网科技有限公司
335	深圳市富世达通讯有限公司
336	深圳市永昌达电子有限公司
337	深圳市微网力合信息技术有限公司
338	深圳普瑞赛思检测技术有限公司
339	深圳点圆互动科技有限公司
340	深圳市鹏瑞智能图像有限公司
341	深圳市天盈隆科技有限公司
342	深圳市广信技术有限公司
343	深圳市兴启航自动化设备有限公司
344	创富东日（深圳）科技有限公司
345	深圳市星标机电设施工程有限公司
346	深圳市力沃信息科技有限公司
347	深圳市江波龙电子有限公司
348	深圳市希可尔科技有限公司
349	深圳市信义科技有限公司
350	深圳环城自动化设备有限公司
351	深圳麦克维尔空调有限公司
352	深圳市天威视讯股份有限公司
353	深圳南方汉邦数字技术有限公司
354	深圳市华鹏辉科技有限公司
355	深圳市亿鑫越科技有限公司
356	深圳市鑫卡立方智能科技有限公司
357	深圳市井智高科机器人有限公司
358	深圳市金博联电力技术有限公司
359	深圳驰越科技有限公司
360	深圳市麦迪瑞科技有限公司
361	深圳市摩西尔电子有限公司
362	深圳凯世光研股份有限公司
363	深圳充电网科技有限公司
364	深圳市海顿热能技术有限公司
365	深圳博英特科技有限公司
366	深圳市创佳兴电子有限公司
367	深圳市东恒网络科技有限公司
368	深圳新岸线医信科技有限公司
369	深圳市丰巢科技有限公司
370	深圳市易光科技有限公司
371	深圳市金其美科技有限公司
372	深圳市奥科斯特智能装备股份有限公司
373	恒天益科技（深圳）有限公司
374	彩迅工业（深圳）有限公司
375	深圳市鸿和达水利水环境有限公司
376	深圳市创达电子有限公司
377	天维尔信息科技股份有限公司
378	深圳市中禾环保工程有限公司
379	深圳市纽邦通讯电子科技有限公司
380	雪龙数控设备（深圳）有限公司
381	深圳前海诺科兰德科技有限公司
382	深圳市天美意科技有限公司
383	深圳市金瑞凯利生物科技有限公司
384	深圳中科华通信息服务有限公司
385	深圳因赛德思医疗科技有限公司
386	深圳市硅格半导体股份有限公司
387	深圳市瑞盈创联电子科技有限公司
388	深圳市威特宝科技发展有限公司
389	深圳市高士达精密机械有限公司
390	深圳市悦鑫新能源有限公司
391	深圳市广源智能设备有限公司
392	深圳市铭思拓技术有限公司
393	深圳市合越信息技术有限公司
394	深圳市利华美科技有限公司
395	深圳市伊力科电源有限公司
396	广东汉瑞通信科技有限公司
397	深圳市希顺有机硅科技有限公司
398	深圳市华讯方舟微电子科技有限公司
399	深圳智慧人生工贸有限公司
400	深圳诺曼威科技有限公司
401	奥琦玮信息科技（深圳）有限公司
402	深圳力策科技有限公司
403	深圳市旭晟半导体股份有限公司
404	深圳蓝韵生物工程有限公司
405	深圳市红狐狸智能科技有限公司
406	深圳长城开发科技股份有限公司
407	深圳市迈科视讯电子有限公司
408	深圳市友盟贝思科技有限公司

序号	单位名称
409	深圳市中科研拓科技有限公司
410	深圳市国立旭振电气技术有限公司
411	深圳市理才网信息技术有限公司
412	深圳市证通金信科技有限公司
413	深圳市精优达科技有限公司
414	深圳市微高半导体科技有限公司
415	深圳市好盈科技有限公司
416	深圳市拓思远科技有限公司
417	深圳市亲邻科技有限公司
418	深圳市前海财通天下电子商务有限公司
419	深圳九河互联信息技术有限公司
420	深圳市慧昊光电有限公司
421	深圳赛菲尔珠宝首饰有限公司
422	深圳市思科泰技术股份有限公司
423	深圳市协力微科技有限公司
424	深圳市科航科技发展有限公司
425	深圳市东田通利电业制品有限公司
426	深圳孔雀科技开发有限公司
427	深圳蓝图基因科技有限公司
428	深圳力越新材料有限公司
429	深圳市镭神智能系统有限公司
430	深圳易嘉思科技有限公司
431	深圳市永视新电子科技有限公司
432	深圳市旭冉电子有限公司
433	深圳市昱普科技有限公司
434	深圳市德杰美格斯科技有限公司
435	深圳市海普天智能科技有限公司
436	深圳华大临床检验中心有限公司
437	恒达精密制造（深圳）有限公司
438	深圳市加顺电动车辆制造有限公司
439	深圳市智兴盛电子有限公司
440	深圳市志邦科技有限公司
441	深圳市晨洋通信产品有限公司
442	深圳市华成工业控制有限公司
443	深圳市久阳机械设备有限公司
444	深圳市英盛网络教育科技有限公司
445	华强方特（深圳）电影有限公司
446	深圳市未来工场科技有限公司
447	深圳正品创想科技有限公司
448	深圳市常工电子计算机有限公司
449	北极光电（深圳）有限公司
450	深圳市博巨兴实业发展有限公司
451	深圳市点石时代科技有限公司
452	深圳市兆恒兴电子有限公司
453	深圳市智控科技有限公司
454	格罗斯产业链服务（深圳）有限公司
455	深圳市瑞耐斯技术有限公司
456	深圳市东佳实业有限公司
457	深圳贝力佳电子科技有限公司
458	深圳竹信科技有限公司
459	深圳市微米生物技术有限公司
460	深圳市英纳仕电气有限公司
461	深圳市海亚科技发展有限公司
462	深圳市鹏亿发精密模具有限公司
463	深圳市锦辰科技有限公司
464	深圳市恒平电子有限公司
465	深圳华通威国际检验有限公司
466	深圳市彬赢光电有限公司
467	深圳市畅锐科技有限公司
468	深圳市宏申工业智能有限公司
469	深圳镭霆激光科技有限公司
470	深圳市智璟科技有限公司
471	深圳市搜了网络科技股份有限公司
472	深圳市建筑装饰（集团）有限公司
473	深圳市杰恩创意设计股份有限公司
474	深圳市四季宏胜科技有限公司
475	深圳市格亮特光电科技有限公司
476	深圳市捷豹自动化设备有限公司
477	深圳市则成电子股份有限公司
478	深圳市腾龙信息技术有限公司
479	深圳市全容电子商务有限公司
480	福瑞莱环保科技（深圳）股份有限公司
481	深圳逻辑自动化科技有限公司
482	深圳金泰格机电股份有限公司
483	深圳达骏软件设计有限公司
484	深圳市环球数码科技有限公司
485	深圳市圣盛网络科技有限公司
486	深圳市升达康科技有限公司
487	深圳森蓝忠信科技有限公司
488	深圳市坤兴科技有限公司
489	深圳市金奥博科技股份有限公司
490	深圳市浩丰科技股份有限公司
491	深圳市格利美照明有限公司
492	深圳市永霖科技有限公司
493	深圳市博亿能科技有限公司
494	深圳市海太瑞成光缆有限公司
495	先健科技（深圳）有限公司
496	深圳市神飞电子科技有限公司
497	深圳市禾芯科技有限公司
498	深圳海力德油田技术开发有限公司
499	深圳市泰比特科技有限公司
500	科立讯通信股份有限公司
501	深圳市成晟新能源技术有限公司
502	深圳市奥金瑞科技有限公司
503	深圳开发微电子有限公司
504	深圳市一特新能源有限公司
505	深圳市美可达科技有限公司
506	深圳市龙脉安信软件技术有限公司
507	深圳市元派科技有限公司
508	深圳市万拓存储技术有限公司
509	深圳市中恒美特光电有限公司
510	深圳市前海亿车科技有限公司
511	深圳市麦斯杰网络有限公司
512	深圳市小亿网络有限公司
513	东洋通信技术（深圳）有限公司
514	深圳市同一方光电技术有限公司
515	深圳市汇业达通讯技术有限公司
516	深圳市柏星龙创意包装股份有限公司
517	深圳众乐智府科技有限公司
518	深圳唐磁电气有限公司
519	深圳市慧瑞电子材料有限公司
520	深圳市挖金科技有限公司
521	深圳市新好时代电子有限公司
522	深圳市显科科技有限公司
523	时代全球（深圳）科技有限公司
524	新鼎电子（深圳）有限公司
525	深圳市东信高科自动化设备有限公司
526	深圳市西思特科技有限公司
527	深圳市智诚恒创发展股份有限公司
528	深圳市赫尔诺电子技术有限公司
529	深圳市宜诺自动化设备有限公司
530	亚洲电力设备（深圳）股份有限公司
531	深圳市雄华光学有限公司
532	深圳市轩达电子有限公司
533	深圳市德星云科技有限公司
534	深圳市灵感智慧科技有限公司
535	深圳市凯神科技股份有限公司
536	深圳市和虎科技有限公司
537	深圳市海镭激光科技有限公司
538	深圳科创新源新材料股份有限公司
539	深圳市云立方网络有限公司
540	深圳市华付信息技术有限公司
541	深圳市蜗牛窝科技有限公司
542	深圳迪亚士照明科技有限公司
543	深圳市迈顺源科技有限公司
544	深圳市谷峰电子有限公司
545	深圳市微特智能系统有限公司
546	深圳市乐夷微电子有限公司
547	深圳长飞智连技术有限公司
548	深圳市大地康恩生物科技有限公司
549	深圳小鱼儿科技有限公司
550	深圳市东升磁业有限公司
551	深圳市显控科技股份有限公司
552	深圳市中和联创智能科技有限公司
553	广东百事泰电子商务股份有限公司
554	深圳市优博讯科技股份有限公司
555	深圳市佳保安全股份有限公司

序号	单位名称	序号	单位名称	序号	单位名称
556	深圳市芽庄电子有限公司	605	深圳镭麦德光电有限公司	654	海德盟数控技术（深圳）有限公司
557	深圳市浩能时代科技有限公司	606	太平洋电信股份有限公司	655	深圳聚创致远科技有限公司
558	深圳市艾迪思特信息技术有限公司	607	深圳华美和汽车部件制造有限公司	656	深圳市润之汇实业有限公司
559	深圳市三角鑫科技有限公司	608	深圳市和合联众信息科技有限公司	657	深圳市策城软件有限公司
560	深圳市腾浪再生资源发展有限公司	609	深圳市希尔科技发展有限公司	658	精华隆智慧感知科技（深圳）股份有限公司
561	深圳中顺易金融服务有限公司	610	深圳天澄科工水系统工程有限公司	659	深圳市特辰科技股份有限公司
562	深圳市聚芯影像有限公司	611	深圳市艺博堂环境艺术工程设计有限公司	660	深圳市永旭兴业科技有限公司
563	深圳市联特通讯有限公司	612	深圳市睿搏科技集团有限公司	661	深圳市易鑫电声技术有限公司
564	深圳市泓之发机电有限公司	613	深圳市中科云科技开发有限公司	662	深圳感臻科技有限公司
565	深圳义合信达科技有限公司	614	深圳英莱生命科学有限公司	663	深圳市永恒晟光电有限公司
566	深圳市柏斯曼电子科技股份有限公司	615	深圳市思迪科科技有限公司	664	深圳市海芝通电子股份有限公司
567	深圳真品信息技术有限公司	616	深圳市国顺源科技有限公司	665	深圳市联泰兴电子科技有限公司
568	深圳市龙威盛电子科技有限公司	617	深圳市鼎元智能科技有限公司	666	深圳市七九科技有限公司
569	深圳市光比纳通信有限公司	618	深圳优圣康医学检验所有限公司	667	深圳兴旺生物种业有限公司
570	深圳市赛格导航科技股份有限公司	619	深圳市优优绿能电气有限公司	668	深圳秦云网科技有限公司
571	深圳市摩天氟碳科技有限公司	620	深圳市凯之成智能装备有限公司	669	深圳源创存储科技有限公司
572	深圳市和胜金属技术有限公司	621	风纹物联（深圳）技术有限公司	670	深圳市深讯科科技有限公司
573	深圳市卓宝科技股份有限公司	622	深圳市云海物联科技有限公司	671	深圳市和美精艺科技有限公司
574	深圳市强大创新科技实业有限公司	623	深圳市耐锐照明有限公司	672	深圳市安煋信息技术有限公司
575	深圳市泰利电源有限公司	624	深圳科诗特软件有限责任公司	673	深圳市亚美迅电子有限公司
576	深圳市宏啟光电有限公司	625	深圳市镭煜科技有限公司	674	深圳市亮佳美照明有限公司
577	深圳市俄菲照明有限公司	626	深圳市易飞行科技有限公司	675	深圳市公路交通工程试验检测中心
578	深圳市辉创软件技术有限公司	627	深圳市威特利电源有限公司	676	深圳奥维德机电有限公司
579	深圳华南城网科技有限公司	628	深圳中创华安科技有限公司	677	深圳诺胜技术发展有限公司
580	深圳达普信科技有限公司	629	深圳市吉祥腾达科技有限公司	678	深圳市芭蕾数码科技有限公司
581	深圳市鑫华邦科技有限公司	630	深圳市慧大成智能科技有限公司	679	深圳市永豪电子有限公司
582	深圳前海中盛环保科技有限公司	631	深圳市新阳唯康科技有限公司	680	深圳市爱美讯通讯设备有限公司
583	深圳市华运国际物流有限公司	632	深圳市亚来科技有限公司	681	深圳市理德铭科技有限公司
584	深圳加华微捷科技有限公司	633	深圳金语科技有限公司	682	深圳市智腾达软件技术有限公司
585	深圳市永联共建信息技术有限公司	634	深圳蓉华电子有限公司	683	深圳市江益达科技股份有限公司
586	深圳喆能电子技术有限公司	635	深圳东方酷音信息技术有限公司	684	深圳市天博智科技有限公司
587	深圳市博睿精机科技有限公司	636	深圳市纵联网络科技有限公司	685	深圳市龙吉顺实业发展有限公司
588	深圳金喜来电子股份有限公司	637	深圳市招科智控科技有限公司	686	深圳中元电子有限公司
589	深圳市寒武纪智能科技有限公司	638	深圳维普创新科技有限公司	687	深圳市杰和科技发展有限公司
590	深圳市车车安信息技术有限公司	639	深圳市合力士机电设备有限公司	688	深圳华云信息系统有限公司
591	深圳市元诺智能系统有限公司	640	深圳市同强信息技术有限责任公司	689	深圳豪邦网络有限公司
592	深圳市中擎创科技有限公司	641	深圳市光网世纪科技有限公司	690	深圳市超诺科技有限公司
593	深圳天德钰电子有限公司	642	深圳市光网视科技有限公司	691	深圳市智联云网科技有限公司
594	深圳市默贝克驱动技术有限公司	643	深圳市兆通影视科技有限公司	692	深圳市眼界科技有限公司
595	深圳市金威士得科技有限公司	644	深圳市华元智能系统集成有限公司	693	深圳市福伦达精工技术有限公司
596	深圳市铁汉生态环境股份有限公司	645	先进光电器材（深圳）有限公司	694	深圳市合元科技有限公司
597	微位（深圳）网络科技有限公司	646	深圳市互盟科技股份有限公司	695	深圳大美激光设备有限公司
598	深圳南方立讯检测有限公司	647	深圳市欧阳麦乐科技有限公司	696	深圳德讯信息技术有限公司
599	深圳市原图光电科技有限公司	648	深圳市华科创智技术有限公司	697	深圳市三锐智能技术有限公司
600	星源电子科技（深圳）有限公司	649	深圳市艾特铭客科技有限公司	698	深圳市森威尔科技开发有限公司
601	深圳市聚华太科技有限公司	650	深圳云安宝科技有限公司	699	深圳日海通讯技术股份有限公司
602	深圳市威息通讯技术有限公司	651	深圳市江航智能装备有限公司	700	深圳市工宇科技有限公司
603	深圳市朗科科技股份有限公司	652	深圳市桑鼎电力设备有限公司	701	深圳市叉旗智能有限公司
604	华润赛美科微电子（深圳）有限公司	653	深圳市正锋光电有限公司	702	深圳市厚润达金融服务有限公司

序号	单位名称	序号	单位名称	序号	单位名称
703	深圳市友基技术有限公司	752	深圳市博视科技有限公司	801	深圳市立可自动化设备有限公司
704	深圳市中科新业信息科技发展有限公司	753	深圳市飞扬一线技术有限公司	802	深圳市多度科技有限公司
705	深圳市曼斯数据信息技术有限公司	754	深圳市焱森巴巴科技有限公司	803	深圳市华汉伟业科技有限公司
706	深圳科力迩科技有限公司	755	深圳市银凯动力科技有限公司	804	深圳市诺德机器人有限公司
707	深圳市爱贝信息技术有限公司	756	深圳市瑞彩电子技术有限公司	805	深圳市优奕视界有限公司
708	深圳市越疆科技有限公司	757	中蓝能源（深圳）有限公司	806	深圳市金众工程检验检测有限公司
709	深圳市中德利科技有限公司	758	深圳市前海松果互联网金融服务有限公司	807	深圳市乐华行模具有限公司
710	都佳宜电器制品（深圳）有限公司	759	广东爱立特医疗集团有限公司	808	深圳市广发兴科技有限公司
711	深圳市墨库图文技术有限公司	760	中广核（深圳）辐射监测技术有限公司	809	深圳旗鱼工业设计有限公司
712	深圳市天泽科技实业有限公司	761	深圳市摩士龙实业有限公司	810	深圳恩鹏健康产业股份有限公司
713	深圳市爱立峰科技有限公司	762	深圳市博源电子有限公司	811	深圳市前海中电新能源科技有限公司
714	深圳市神视检验有限公司	763	深圳市元时科技有限公司	812	深圳市深群电子科技有限公司
715	深圳市创维群欣安防科技股份有限公司	764	深圳市卡卓无线信息技术有限公司	813	深圳市铭特科技股份有限公司
716	深圳市达富光通信有限公司	765	深圳市益尔智控技术有限公司	814	深圳市中孚能电气设备有限公司
717	深圳市宝德计算机系统有限公司	766	深圳市泽宇智能工业科技有限公司	815	深圳市豪恩光电照明股份有限公司
718	深圳市海源能源科技有限公司	767	深圳市精研科洁科技股份有限公司	816	深圳市宝德软件开发有限公司
719	深圳市国立智能电力科技有限公司	768	深圳市鹏跃新能源科技有限公司	817	深圳市路易丰科技有限公司
720	深圳毅能达金融信息股份有限公司	769	深圳市傲天医疗智能系统有限公司	818	深圳市美盛电子有限公司
721	深圳市先锋电力有限公司	770	深圳市三浦半导体有限公司	819	深圳市爱速客自动化设备有限公司
722	深圳市电信工程有限公司	771	深圳市智德保科技有限公司	820	深圳市鼎盛科电子有限公司
723	深圳市特发信息光网科技股份有限公司	772	深圳市卡能光电科技有限公司	821	深圳市惠贻华普电子有限公司
724	深圳市顺恒利科技工程有限公司	773	深圳车泰斗科技有限公司	822	深圳市海振邦科技实业有限公司
725	深圳市今日投资数据科技有限公司	774	捷和电机制品（深圳）有限公司	823	深圳市邦正精密机械有限公司
726	深圳市赛欧细胞生物科技有限公司	775	深圳市观麦网络科技有限公司	824	深圳市万相源科技有限公司
727	深圳市量为科技有限公司	776	深圳市智仁科技有限公司	825	超亮显示系统（深圳）股份有限公司
728	深圳市博大新能源有限公司	777	深圳市蓝科迅通科技有限公司	826	深圳市联得自动化装备股份有限公司
729	深圳北极之光科技有限公司	778	深圳市悦诚达信息技术股份有限公司	827	博立码杰通讯（深圳）有限公司
730	深圳市美兰达自动化设备有限公司	779	深圳市泉氏清科技有限公司	828	深圳市图敏智能视频股份有限公司
731	深圳市柯比电子有限公司	780	深圳市中兴创智科技有限公司	829	深圳市诺信博通讯有限公司
732	深圳市健森科技有限公司	781	深圳永贵技术有限公司	830	深圳睿境环保科技有限公司
733	深圳市华夏准测检测技术有限公司	782	深圳市德诚旺科技有限公司	831	深圳市比洋光通信科技股份有限公司
734	深圳市佛瑞斯科技有限公司	783	深圳市达利时实业有限公司	832	深圳市企恒科技有限公司
735	深圳市广盛浩科技有限公司	784	深圳格瑞克机械有限公司	833	深圳市优控电气有限公司
736	深圳市金鼎胜照明有限公司	785	深圳市广田环保涂料有限公司	834	深圳市海能达通信有限公司
737	深圳市金鹰达文化科技有限公司	786	深圳市雄脉科技有限公司	835	深圳市易尚展示股份有限公司
738	深圳市旭东数字医学影像技术有限公司	787	深圳市祥盛兴科技有限公司	836	深圳市鲁科泰网络通信技术有限公司
739	深圳市百维技术有限公司	788	深圳加仑膜技术有限公司	837	深圳市海铭德科技有限公司
740	深圳鼎晶科技有限公司	789	深圳市金诺威电子有限公司	838	深圳市昊天宸科技有限公司
741	深圳市科瑞兹科技有限公司	790	深圳市思拓通信系统有限公司	839	深圳市钜力能科技有限公司
742	深圳市新技术研究院有限公司	791	深圳美立知科技有限公司	840	深圳深超换能器有限公司
743	深圳市捷艺达科技有限公司	792	深圳市源动信息技术有限公司	841	深圳市诺泰自动化设备有限公司
744	深圳九地国际景观建筑规划设计有限公司	793	深圳市置华机电设备有限公司	842	深圳市聚和源科技有限公司
745	深圳采集云数据科技有限公司	794	深圳市振耀科技有限公司	843	深圳市普耐尔电子有限公司
746	深圳市芯威科技有限公司	795	深圳市清研环境科技有限公司	844	深圳市普尔特科技有限公司
747	仲汉电子（深圳）有限公司	796	深圳市华力特电气有限公司	845	天利航空科技深圳有限公司
748	深圳磊明科技有限公司	797	深圳市华普教育科技有限公司	846	深圳市新联兴精密压铸有限公司
749	深圳建讯原创网络科技有限公司	798	深圳市微讯科技有限公司	847	深圳市金控科技有限公司
750	深圳市华兴鼎盛科技有限公司	799	深圳市蓝禾照明有限公司	848	深圳市华威世纪科技股份有限公司
751	深圳市正生技术有限公司	800	深圳市壹财道信息咨询有限公司	849	深圳市思拓微电子有限公司

序号	单位名称
850	深圳市永顺创能技术有限公司
851	深圳中集专用车有限公司
852	深圳市高氏粘合剂制品有限公司
853	深圳圣马歌科技有限公司
854	深圳市力可兴电池有限公司
855	深圳市津田电子有限公司
856	深圳市云汇数码科技有限公司
857	深圳纽斯声学系统有限公司
858	深圳市云海麒麟计算机系统有限公司
859	深圳市智合六无线科技有限公司
860	深圳尚桥信息技术有限公司
861	深圳成光兴光电技术股份有限公司
862	深圳市智佳能自动化有限公司
863	深圳市票据宝金融服务有限公司
864	深圳市兴东芯科技有限公司
865	深圳宝为科技股份有限公司
866	深圳市红莓生物科技有限公司
867	禾麦科技开发（深圳）有限公司
868	深圳市迅雷网文化有限公司
869	深圳市宏钺智能科技有限公司
870	深圳市晟大光电有限公司
871	恩达电路（深圳）有限公司
872	深圳市诺美佳环境科技有限公司
873	深圳市升昊科技有限公司
874	记忆科技（深圳）有限公司
875	深圳市两步路信息技术有限公司
876	深圳市华域数安科技有限公司
877	深圳粤通新能源环保技术有限公司
878	深圳市博瑞斯特科技有限公司
879	深圳市壹品光电有限公司
880	深圳市华浩德电子有限公司
881	深圳市财富趋势科技股份有限公司
882	深圳市捷汇多科技有限公司
883	深圳市意林电锁有限公司
884	深圳市创客智趣通信技术有限公司
885	深圳市丰兆新材料股份有限公司
886	深圳市致趣科技有限公司
887	深圳市天一智联科技有限公司
888	深圳市大智创新科技股份有限公司
889	深圳市華博网络技术有限公司
890	深圳火眼智能有限公司
891	深圳市富创汽车科技有限公司
892	深圳鼎信芯微电子有限公司
893	深圳市鼎阳科技有限公司
894	深圳市汉界智能工程有限公司
895	深圳市康立高科技有限公司
896	深圳超群高科技有限公司
897	深圳市中冠安防科技有限公司
898	深圳市世纪龙晟科技发展有限公司
899	深圳航天信息有限公司
900	深圳市永盟智能信息系统有限公司
901	深圳宁冠鸿科技股份有限公司
902	深圳市嘉夆科技有限公司
903	深圳市天元欣环保科技有限公司
904	深圳康姆科技有限公司
905	深圳市乐视环球科技有限公司
906	深圳市谷米科技有限公司
907	深圳中物安防科技有限公司
908	深圳市华安邦数字技术有限公司
909	深圳天川电气技术有限公司
910	深圳市博英医疗仪器科技有限公司
911	深圳市民达科技有限公司
912	深圳华思软件有限公司
913	深圳市乐迈科技有限公司
914	深圳神盾卫民警用设备有限公司
915	深圳市秦通科技有限公司
916	深圳市轱辘车联数据技术有限公司
917	深圳市索源科技有限公司
918	深圳市智宇实业发展有限公司
919	深圳市宏腾通电子有限公司
920	深圳市南泽智能科技有限公司
921	深圳市东景盛电子技术有限公司
922	深圳市宁深检验检测技术有限公司
923	易充新能源（深圳）有限公司
924	深圳市广昌达石油添加剂有限公司
925	深圳市音随我动科技有限公司
926	深圳市中智盛安安全技术有限公司
927	深圳康桥软件技术有限公司
928	深圳市源茂升科技有限公司
929	深圳市泰科汉泽精密电子有限公司
930	深圳市中帝威科技有限公司
931	深圳中时利和科技有限公司
932	深圳甲艾马达有限公司
933	深圳市易电能源互联网科技有限公司
934	深圳市雅克新材料技术有限公司
935	深圳容一电动科技有限公司
936	深圳市科虹通信有限公司
937	深圳市威柯特太阳能科技有限公司
938	深圳市深普镭科技有限公司
939	深圳垦拓流体控制有限公司
940	深圳连硕三悠自动化科技有限公司
941	深圳市国方科技有限公司
942	深圳协鑫智慧能源有限公司
943	深圳市海格金谷工业科技有限公司
944	深圳市明电环球科技有限公司
945	深圳壹赛联防爆车辆有限公司
946	深圳市纬地科技有限公司
947	深圳市汉锐科技有限公司
948	深圳市诚卓能源科技有限公司
949	深圳市海之诚自动化技术有限公司
950	卓德邦科技（深圳）有限公司
951	深圳瀚星翔科技有限公司
952	深圳市金准生物医学工程有限公司
953	深圳市东仪电子有限公司
954	深圳顺络电子股份有限公司
955	深圳市鑫彩晨科技有限公司
956	深圳市安瑞科技有限公司
957	深圳市森讯达电子技术有限公司
958	深圳市亚略特生物识别科技有限公司
959	深圳市金科泰通信设备有限公司
960	深圳市朗宇芯科技有限公司
961	深圳市安泽智能工程有限公司
962	深圳市汇大光电科技股份有限公司
963	深圳市富通达工业电池有限公司
964	深圳市良胜电子有限公司
965	深圳市远望奕畅科技有限公司
966	深圳市龙海环宇自动化有限公司
967	深圳市创益新能源科技有限公司
968	深圳市欣恒坤科技有限公司
969	深圳市环泰电器有限公司
970	深圳市卡美特电子技术有限公司
971	深圳市航天泰瑞捷电子有限公司
972	精英制模实业（深圳）有限公司
973	深圳市科伟达超声波设备有限公司
974	深圳市金泰瀛环保设备有限公司
975	深圳市蓝畅科技有限公司
976	深圳市远望工业自动化设备有限公司
977	深圳壮雄科技有限公司
978	深圳市华科伟业电路科技有限公司
979	深圳市鑫塔科技有限公司
980	深圳市雷凌显示技术有限公司
981	深圳市台电实业有限公司
982	深圳市先行电气技术有限公司
983	深圳纽麦克斯信息技术有限公司
984	深圳瑞视恒通科技有限公司
985	深圳市和田古德自动化设备有限公司
986	深圳市两岸光电科技有限公司
987	联合微创医疗器械（深圳）有限公司
988	深圳市中核海得威生物科技有限公司
989	深圳市芯启源科技有限公司
990	深圳市瑞昇新能源科技有限公司
991	海信电子科技（深圳）有限公司
992	深圳市威诺华照明电器有限公司
993	深圳市普伦特科技有限公司
994	深圳市熙盛恒科技有限公司
995	深圳市创云科技有限公司
996	深圳市美创科技有限公司

序号	单位名称
997	深圳市天之眼科技有限公司
998	深圳市超越激光技术有限公司
999	深圳市前海七号网络科技有限公司
1000	东方启辰信息技术（深圳）股份有限公司
1001	深圳市共进电子股份有限公司
1002	深圳市浩能科技有限公司
1003	深圳市乾行达科技有限公司
1004	深圳市华夏网文化传播有限公司
1005	深圳市维西科技有限公司
1006	深圳市英朗光电有限公司
1007	深圳市思科瑞光电有限公司
1008	深圳市鼎盛智能科技有限公司
1009	深圳市佳劲源科技有限公司
1010	深圳前海众志联创信息技术有限公司
1011	深圳市欣诺泰电子有限公司
1012	深圳市锦凌电子有限公司
1013	深圳市慧嘉智科技有限公司
1014	深圳明心科技有限公司
1015	深圳市尚德尔科技有限公司
1016	深圳市微视科技有限公司
1017	深圳市雅腾电机有限公司
1018	深圳前海智云谷科技有限公司
1019	深圳市畅想智能技术有限公司
1020	深圳市云软信息技术有限公司
1021	深圳市兴创时代科技有限公司
1022	深圳市显盈科技股份有限公司
1023	深圳市持名科技发展有限公司
1024	深圳市纬嘉壹科技有限公司
1025	深圳市睿硂科技有限公司
1026	深圳市京泉华科技股份有限公司
1027	深圳市深蓝宇科技有限公司
1028	深圳中科健安科技有限公司
1029	深圳市雁联计算系统有限公司
1030	广东和创电子科技有限公司
1031	深圳智慧林网络科技有限公司
1032	深圳市汇川控制技术有限公司
1033	深圳市尚诚信息技术有限公司
1034	深圳芯启航科技有限公司
1035	深圳市倍通检测股份有限公司
1036	深圳市德方纳米科技股份有限公司
1037	深圳市万全智能技术有限公司
1038	硕诺科技（深圳）有限公司
1039	深圳市因科美通信有限公司
1040	深圳市中诺思科技股份有限公司
1041	深圳市艾特软件有限公司
1042	深圳市铁幕电子竞技科技有限公司
1043	深圳大道半导体有限公司
1044	深圳市英泰格瑞科技有限公司
1045	深圳市汇诚行信息科技股份有限公司
1046	深圳华中行检测校准科技有限公司
1047	深圳市鑫益嘉科技股份有限公司
1048	深圳市乐腾科技有限公司
1049	深圳信炜科技有限公司
1050	深圳市迪维迅机电技术有限公司
1051	深圳市新峰龙工业有限公司
1052	深圳奥统平技术有限公司
1053	深圳以乐电子商务有限公司
1054	深圳市元虹光电科技有限公司
1055	深圳市惠尔凯博海洋工程有限公司
1056	深圳市龙辉三和安全科技工程有限公司
1057	深圳市芯天下技术有限公司
1058	深圳市长景灯光标识有限公司
1059	深圳市科奈信科技有限公司
1060	深圳市柯雷科技开发有限公司
1061	深圳市速科环保设备有限公司
1062	深圳市好美佳智能家居股份有限公司
1063	深圳市赢诺科技有限公司
1064	深圳市四方众腾科技有限公司
1065	深圳市智捷通科技有限公司
1066	深圳市金版文化数字传媒有限公司
1067	深圳市成泰隆照明科技有限公司
1068	深圳市弘南科通信设备有限公司
1069	深圳汇网天下科技有限公司
1070	深圳市安富利信息技术有限公司
1071	深圳市星苑科技有限公司
1072	深圳乾泰能源再生技术有限公司
1073	深圳市雷赛控制技术有限公司
1074	深圳市磐鼎科技有限公司
1075	深圳市莱创讯科技有限公司
1076	深圳市东健宇电子有限公司
1077	深圳市麦士德福科技股份有限公司
1078	深圳市深蓝电子股份有限公司
1079	深圳市金美泰生物科技有限公司
1080	深圳市罗曼斯科技有限公司
1081	深圳市素沃思数码有限公司
1082	深圳市数队科技有限公司
1083	深圳市东深电子股份有限公司
1084	深圳市彩付宝科技有限公司
1085	深圳市花生数字多媒体有限公司
1086	深圳市科恩环保有限公司
1087	深圳市凯特生物医疗电子科技有限公司
1088	深圳市坦成科技有限公司
1089	深圳市蟠桃树科技有限公司
1090	深圳市丰年康科技有限公司
1091	深圳市艾优威科技有限公司
1092	深圳市威思嘉科技有限公司
1093	深圳市诺威达科技有限公司
1094	深圳平显光电设备有限公司
1095	深圳市绿力科技有限公司
1096	深圳市小猫信息技术有限公司
1097	深圳市途马科技有限公司
1098	深圳捷仕科技有限公司
1099	深圳市思百德科技有限公司
1100	深圳市本荣科技有限公司
1101	普宙飞行器科技（深圳）有限公司
1102	深圳市沃尔德电子有限公司
1103	深圳市捷恩斯威科技有限公司
1104	深圳市联邦时代有限公司
1105	深圳市盈视讯电子科技有限公司
1106	深圳市安格斯机械有限公司
1107	深圳市创能达电子科技有限公司
1108	深圳市宏发展电子有限公司
1109	深圳市乐讯科技有限公司
1110	深圳市建和智能卡技术有限公司
1111	深圳市易流科技股份有限公司
1112	深圳市铭家照明有限公司
1113	深圳市策维科技有限公司
1114	深圳市盾牌安保科技有限公司
1115	深圳市中正测绘科技有限公司
1116	深圳市伏特能源股份有限公司
1117	深圳市中磁计算机技术有限公司
1118	深圳市赛盛技术股份有限公司
1119	深圳市都乐精密制造有限公司
1120	深圳市众汉科技有限公司
1121	深圳市战音科技有限公司
1122	深圳市国电投资有限公司
1123	深圳博为教育科技有限公司
1124	深圳倍易通科技有限公司
1125	深圳市瑞宇明科技有限公司
1126	深圳市瑞雷特电子技术有限公司
1127	深圳市思博威激光科技有限公司
1128	深圳市千分一智能技术有限公司
1129	深圳市本特利科技有限公司
1130	深圳市量子视觉科技有限公司
1131	深圳市海星王科技有限公司
1132	德兴璞电子（深圳）有限公司
1133	深圳市唯酷光电有限公司
1134	深圳市歌航科技有限公司
1135	观慧科技（深圳）有限公司
1136	深圳天基权健康科技集团股份有限公司
1137	深圳我爱我家文化产业股份有限公司
1138	深圳市拓保软件有限公司
1139	深圳市五大湖新概念环保科技有限公司
1140	深圳市蓝希望电子有限公司
1141	深圳中富电路有限公司
1142	深圳市乐凡信息科技有限公司
1143	深圳市易恒信科技有限公司

序号	单位名称	序号	单位名称	序号	单位名称
1144	深圳市青柠互动科技开发有限公司	1193	深圳市立能威微电子有限公司	1242	深圳万测试验设备有限公司
1145	深圳亿上光科技有限公司	1194	深圳市摩尔环宇通信技术有限公司	1243	深圳市卡诺注塑系统有限公司
1146	广东互联碗餐饮科技有限公司	1195	深圳智能表芯科技有限公司	1244	深圳悦厚科技有限公司
1147	深圳市红岩电控设备有限公司	1196	深圳米视生物医疗有限公司	1245	深圳市卓茂科技有限公司
1148	深圳市盛思达通讯技术有限公司	1197	深圳市方易通科技有限公司	1246	深圳市美耐斯光电有限公司
1149	深圳市新华安包装制品有限公司	1198	深圳市东力科创技术有限公司	1247	深圳普创天信科技发展有限公司
1150	深圳市华科半导体有限公司	1199	深圳瑞福来智能科技股份有限公司	1248	深圳市欣迪盟新能源科技股份有限公司
1151	深圳市山艺园林绿化有限公司	1200	深圳市卓超光电精密配件有限公司	1249	深圳进化动力数码科技有限公司
1152	深圳市广佳乐新智能科技有限公司	1201	深圳市凯利华电子有限公司	1250	深圳市统先科技股份有限公司
1153	深圳市淘淘谷信息技术有限公司	1202	深圳市嘉田峪照明艺术有限公司	1251	深圳市迪威新软件技术有限公司
1154	深圳投哪金融服务有限公司	1203	深圳市睿勤科技有限公司	1252	深圳市奥德曼教育科技股份有限公司
1155	深圳市益网赢华科技有限公司	1204	深圳华越南方电子技术有限公司	1253	深圳市贝腾科技有限公司
1156	深圳市金海滨光电科技有限公司	1205	深圳市光世界科技有限公司	1254	深圳市丽琦科技有限公司
1157	深圳市数聚能源科技有限公司	1206	深圳市齐普生数字系统有限公司	1255	深圳市银浩自动化设备有限公司
1158	深圳市汇奇美科技有限公司	1207	深圳市鑫三力自动化设备有限公司	1256	深圳市智立方自动化设备有限公司
1159	深圳市迅雷网络技术有限公司	1208	深圳市智百威科技发展有限公司	1257	铂胜节能环保科技（深圳）有限公司
1160	深圳市维骏文化旅游科技有限公司	1209	深圳市云迅通科技股份有限公司	1258	深圳市福士工业科技有限公司
1161	深圳亿迈珂标识科技有限公司	1210	深圳市凯中精密技术股份有限公司	1259	深圳市博莱凯半导体照明有限公司
1162	深圳市商合网络技术有限公司	1211	深圳市格金电力电子技术有限公司	1260	深圳超俊科技有限公司
1163	深圳市雄帝科技股份有限公司	1212	深圳市博为光电股份有限公司	1261	深圳市科伦特科技有限公司
1164	深圳市大创科技信息有限公司	1213	深圳市卡德姆科技有限公司	1262	深圳市格林威交通科技有限公司
1165	深圳赛骄阳能源科技股份有限公司	1214	深圳市慧为智能科技股份有限公司	1263	深圳市必易微电子有限公司
1166	深圳市旗瀚云技术有限公司	1215	深圳市方胜瑞中科技有限公司	1264	深圳市金洲精工科技股份有限公司
1167	深圳市艾兰特科技有限公司	1216	深圳市佳康捷科技有限公司	1265	深圳市蓝色贝壳科技有限公司
1168	深圳市海之景科技有限公司	1217	深圳市闻尚通讯科技有限公司	1266	深圳市瑞霖医药有限公司
1169	鲸运科技物流（深圳）有限公司	1218	深圳市普联软件有限公司	1267	深圳市通则技术股份有限公司
1170	凯茂科技（深圳）有限公司	1219	深圳市高林达塑胶电子有限公司	1268	深圳市智鼎众为技术有限公司
1171	深圳市百盛兴业科技有限公司	1220	深圳市维都利电子有限公司	1269	深圳市来讯通信技术有限公司
1172	深圳市行知网络科技有限公司	1221	深圳市鲁光电子科技有限公司	1270	深圳市圆周率软件科技有限责任公司
1173	深圳市汇盛兴科技有限公司	1222	深圳市美亚迪光电有限公司	1271	深圳万润节能有限公司
1174	深圳市恒安鸿源磁科技有限公司	1223	深圳市瓦力自动化有限公司	1272	磊鑫达电子（深圳）有限公司
1175	深圳零度智能机器人科技有限公司	1224	深圳市美格信测控技术有限公司	1273	深圳市迈康信医用机器人有限公司
1176	深圳尚米网络技术有限公司	1225	深圳市汉亿科技有限公司	1274	深圳市巨鼎医疗设备有限公司
1177	深圳市威益德科技有限公司	1226	深圳金茂电子有限公司	1275	深圳赤湾胜宝旺工程有限公司
1178	深圳市万康佳健科技有限公司	1227	深圳市领域实业有限公司	1276	深圳市银河贝思特科技有限公司
1179	深圳市联诚发科技股份有限公司	1228	深圳市华鑫热能科技有限公司	1277	深圳市奇境信息技术有限公司
1180	赤湾集装箱码头有限公司	1229	深圳市中科鼎创科技股份有限公司	1278	深圳市早知道科技有限公司
1181	深圳天之励诚科技有限公司	1230	深圳市千鼎科技有限公司	1279	深圳熙卓科技有限公司
1182	深圳市旗云智能科技有限公司	1231	深圳市皓龙激光设备有限公司	1280	深圳市格莱特印刷材料有限公司
1183	广景视睿科技（深圳）有限公司	1232	深圳市未林森科技有限公司	1281	深圳市库贝尔生物科技股份有限公司
1184	深圳市众创立科技有限公司	1233	深圳昱朋科技有限公司	1282	深圳市银达通科技有限公司
1185	深圳市赋安智能安防系统有限公司	1234	深圳市展杰文达电子有限公司	1283	深圳市学堂科技有限公司
1186	深圳市玉沣科技有限公司	1235	深圳市聚美通用科技有限公司	1284	深圳市世纪中正科技开发有限公司
1187	深圳市铠硕达科技有限公司	1236	深圳市迈普视通科技有限公司	1285	深圳市康百得生物科技有限公司
1188	深圳市遥智科技开发有限公司	1237	深圳市证通电子股份有限公司	1286	深圳市欣达欣电子有限公司
1189	深圳市优俊电子有限公司	1238	广东奥柏瑞科技股份有限公司	1287	深圳亿维锐创科技股份有限公司
1190	深圳市国微电子有限公司	1239	深圳市格天光电有限公司	1288	深圳市民润环保科技有限公司
1191	深圳市镱豪金属有限公司	1240	深圳市诺科科技有限公司	1289	朗晴通科技（深圳）有限公司
1192	深圳市汇鑫科技股份有限公司	1241	深圳市超微系统科技有限公司	1290	深圳市汇能环保科技有限公司

序号	单位名称
1291	深圳市芯易邦电子有限公司
1292	深圳市深圳通有限公司
1293	森骏卓越精密模具（深圳）有限公司
1294	深圳前海壹互联科技投资有限公司
1295	深圳市金安科技有限公司
1296	深圳市富微科创电子有限公司
1297	深圳市云际通科技有限公司
1298	茉丽特科技（深圳）有限公司
1299	深圳市深大云伴健康科技有限公司
1300	深圳市佳迪新材料有限公司
1301	宏齐光电子（深圳）有限公司
1302	深圳星友方科技有限公司
1303	深圳中清环境科技有限公司
1304	富基电子（深圳）有限公司
1305	深圳市虹彩新材料科技有限公司
1306	深圳市国华建业电子科技有限公司
1307	深圳市卓能新能源股份有限公司
1308	深圳悦美移动科技有限公司
1309	深圳市达俊宏科技股份有限公司
1310	深圳市科美芯光电技术有限公司
1311	深圳市首谷科技有限公司
1312	深圳市中为光通信技术有限公司
1313	深圳汇生通科技股份有限公司
1314	深圳市法本信息技术股份有限公司
1315	深圳市赛翡瑞森科技股份有限公司
1316	深圳承轩浩业科技发展有限公司
1317	深圳市凯瑞奇自动化技术有限公司
1318	深圳市万恒科技有限公司
1319	深圳市景雄科技有限公司
1320	深圳市泰达讯科技有限公司
1321	深圳市贝斯达医疗股份有限公司
1322	深圳市极尚建筑装饰设计工程有限公司
1323	中青创投（深圳）科技有限公司
1324	深圳市生医联盟生物科技有限公司
1325	深圳市日锋电子有限公司
1326	深圳市金瑞电子材料有限公司
1327	深圳市欧博凯科技有限公司
1328	深圳市卓信特通讯科技有限公司
1329	深圳市朗恒电子有限公司
1330	深圳市艾昕宸电子有限公司
1331	深圳新阳蓝光能源科技股份有限公司
1332	深圳安博检测股份有限公司
1333	深圳市罗格电子科技有限公司
1334	深圳市博赛新材有限公司
1335	深圳市福华特精密技术有限公司
1336	深圳市铭诚达科技有限公司
1337	深圳市千小光电有限公司
1338	深圳市柏特瑞电子有限公司
1339	深圳市中科恒润科技发展有限公司
1340	深圳橙果医疗科技有限公司
1341	深圳云塔信息技术有限公司
1342	深圳泽瑜科技有限责任公司
1343	深圳市万嘉科技有限公司
1344	深圳宽洋网络发展有限公司
1345	深圳市赛纳电子科技有限公司
1346	深圳市丰泰瑞达实业有限公司
1347	深圳市智慧享联网络技术有限公司
1348	深圳市三顺中科新材料有限公司
1349	深圳市万网博通科技有限公司
1350	深圳市稳赢企业管理咨询有限公司
1351	深圳市倍斯特科技股份有限公司
1352	深圳市互联时空科技有限公司
1353	深圳市中科智库互联网信息安全技术有限公司
1354	深圳市阳晨电子有限公司
1355	深圳智盛信息技术股份有限公司
1356	深圳市品为科技有限公司
1357	深圳市星源材质科技股份有限公司
1358	深圳市鑫德胜电子科技有限公司
1359	深圳极钛星华信息技术有限公司
1360	深圳磊诺科技有限公司
1361	深圳逗点生物技术有限公司
1362	深圳市万家照明有限公司
1363	深圳市叁陆伍物联科技有限公司
1364	深圳先进储能材料国家工程研究中心有限公司
1365	深圳市华惠连接器有限公司
1366	深圳市微雕科技有限公司
1367	深圳市中联信信息技术有限公司
1368	深圳市联昶电子有限公司
1369	深圳市亚太未来教育科技发展有限公司
1370	深圳市中升建科科技发展有限公司
1371	深圳园林股份有限公司
1372	深圳市永达康精密科技有限公司
1373	深圳市秦安科技有限公司
1374	深圳市意科特实业有限公司
1375	色幻无线光电科技（深圳）有限公司
1376	深圳市怡化时代科技有限公司
1377	深圳市海达唯赢科技有限公司
1378	深圳市纽尔科技有限公司
1379	深圳市广智发科技有限责任公司
1380	深圳市美之影科技有限公司
1381	深圳市众力达机械有限公司
1382	深圳市德瑞斯电气技术有限公司
1383	深圳市奥利弗科技有限公司
1384	深圳市华路德电子技术开发有限公司
1385	深圳市先进清洁电力技术研究有限公司
1386	深圳市欢创科技有限公司
1387	深圳市出众网络有限公司
1388	深圳市井微网络科技有限公司
1389	深圳飞马机器人科技有限公司
1390	深圳市格瑞斯特环保技术有限公司
1391	华瑞研能科技（深圳）有限公司
1392	比瑞科技（深圳）有限公司
1393	深圳中维世纪科技有限公司
1394	深圳市中软易通科技有限公司
1395	深圳市嘉业精密五金有限公司
1396	深圳市粤大明智慧照明科技有限公司
1397	深圳市快极互动科技有限公司
1398	深圳市盛邦科技有限公司
1399	深圳触云科技有限公司
1400	深圳市聚智德科技有限公司
1401	深圳市光澜世纪科技有限公司
1402	深圳市迈斯艾尔科技发展有限公司
1403	深圳市雅诺科技股份有限公司
1404	深圳市德龙电器有限公司
1405	深圳中电数码显示有限公司
1406	深圳市峰源化工有限公司
1407	深圳市嘉立创科技发展有限公司
1408	深圳市英威腾电气股份有限公司
1409	深圳汉阳天线设计有限公司
1410	深圳市凯强热传科技有限公司
1411	深圳市泽视达科技发展有限公司
1412	深圳信新智本创意股份有限公司
1413	深圳市三德大康电子有限公司
1414	深圳市祥大源科技有限公司
1415	富顺安建工业（深圳）有限公司
1416	深圳市惟新科技股份有限公司
1417	深圳市华验防伪科技有限公司
1418	深圳市杉岩数据技术有限公司
1419	深圳达普林科技有限公司
1420	深圳市中深装建设集团有限公司
1421	深圳市精森源科技有限公司
1422	深圳市东吉联电子有限公司
1423	深圳劲卓科技有限公司
1424	深圳市睿威信息技术有限公司
1425	深圳市松博宇科技股份有限公司
1426	深圳市迈鸿汽车电子有限公司
1427	深圳市天意通防伪包装材料有限公司
1428	深圳市众学科技有限公司
1429	深圳市励创微电子有限公司
1430	深圳互惠联盟电子商务有限公司
1431	深圳市快金数据技术服务有限公司
1432	深圳市北大红杉网络科技有限公司
1433	深圳市淘米科技有限公司
1434	华强方特（深圳）智能技术有限公司
1435	凤冠电机（深圳）有限公司
1436	深圳迪能激光科技有限公司
1437	深圳市朗星泰科技有限公司

序号	单位名称	序号	单位名称	序号	单位名称
1438	深圳云天励飞技术有限公司	1487	深圳市电应普科技有限公司	1536	深圳市绿微康生物工程有限公司
1439	深圳市实佳电子有限公司	1488	深圳市源微创新实业有限公司	1537	深圳市力为自动化有限公司
1440	深圳市朝阳光科技有限公司	1489	深圳市伊欧乐科技有限公司	1538	深圳英众世纪智能科技有限公司
1441	深圳市同立方科技有限公司	1490	深圳市合力思科技有限公司	1539	深圳市翔通光电技术有限公司
1442	深圳市技湛科技有限公司	1491	深圳纵横电子商务有限公司	1540	深圳市百川海奇科技有限公司
1443	深圳市永佳天成科技发展有限公司	1492	深圳虹望奈喜美电器有限公司	1541	深圳市三正自动化有限公司
1444	深圳市祈飞科技有限公司	1493	深圳市安之源电子有限公司	1542	深圳市迅豹聚能科技有限公司
1445	中盟科技有限公司	1494	深圳洲际通航投资控股有限公司	1543	深圳视觉龙智能传感器有限公司
1446	深圳市途锐科技有限公司	1495	深圳市四格互联信息技术有限公司	1544	深圳市亿特朗科技有限公司
1447	深圳模德宝科技有限公司	1496	深圳市新一代信息技术研究院有限公司	1545	深圳市天海世界卫星通信科技有限公司
1448	深圳市全印图文技术有限公司	1497	深圳市巨能伟业技术有限公司	1546	深圳市宏日嘉净化设备科技有限公司
1449	深圳包菜网络技术有限公司	1498	深圳市力拓创能电子设备有限公司	1547	东江模具（深圳）有限公司
1450	深圳市华成峰实业有限公司	1499	深圳市前海佳途互联视讯科技有限责任公司	1548	深圳市是源医学科技有限公司
1451	深圳市雷亚德光电有限公司	1500	深圳市普德新星电源技术有限公司	1549	深圳奥视通电子有限公司
1452	深圳市高搜易信息技术有限公司	1501	深圳市爱卓依科技有限公司	1550	深圳市拓迈科技有限公司
1453	深圳市数元信安科技有限公司	1502	深圳市志航辉电子有限公司	1551	爱啃萝卜机器人技术（深圳）有限责任公司
1454	深圳市乐添科技有限公司	1503	深圳市深传互动科技有限公司	1552	深圳市凯越翔电子有限公司
1455	深圳市派游信息技术有限公司	1504	广东裕鑫丰智造电子科技有限公司	1553	深圳市海米尔信息科技有限公司
1456	中科智康科技（深圳）股份有限公司	1505	深圳市好年璟科技有限公司	1554	深圳中科强华科技有限公司
1457	深圳博美德机器人股份有限公司	1506	深圳市维特世嘉科技有限公司	1555	爱发科豪威光电薄膜科技（深圳）有限公司
1458	深圳市领芯者科技有限公司	1507	深圳市金能电池股份有限公司	1556	深圳乙方照明科技有限公司
1459	深圳邦健生物医疗设备股份有限公司	1508	深圳市伴你行电子科技有限公司	1557	深圳市不见不散电子有限公司
1460	深圳市航信科技有限公司	1509	深圳市华阳微电子股份有限公司	1558	深圳市微蜂创联科技有限公司
1461	深圳市金动科力实业有限公司	1510	深圳市宇声自动化设备有限公司	1559	深圳市蓝谷维奇科技有限公司
1462	深圳岚锋创视网络科技有限公司	1511	深圳市博纳思信息技术有限公司	1560	深圳市蓝海华腾技术股份有限公司
1463	深圳市国讯通科技实业有限公司	1512	深圳市迈思源信息技术有限公司	1561	深圳欧泰华工程设备有限公司
1464	深圳市快邮口岸科技有限公司	1513	深圳易新泰微电子有限公司	1562	慧帝科技（深圳）有限公司
1465	深圳爱玩网络科技股份有限公司	1514	深圳前海万企联金融服务有限公司	1563	深圳市志凌伟业技术股份有限公司
1466	深圳市欧普索科技有限公司	1515	深圳市人人节能设备有限公司	1564	深圳市金刚蚁机器人技术有限公司
1467	深圳市橙视科技发展有限公司	1516	深圳市王氏天茂科技有限公司	1565	深圳市中长成科技有限公司
1468	深圳市虹彩检测技术有限公司	1517	深圳市海斯比船艇科技股份有限公司	1566	深圳市瑞云科技有限公司
1469	深圳市粤创高科技有限公司	1518	深圳市迅龙创威网络技术有限公司	1567	深圳市鑫美幻想工程有限公司
1470	深圳领威科技有限公司	1519	深圳市宝泽科技有限公司	1568	深圳森工科技有限公司
1471	深圳华润九新药业有限公司	1520	深圳市帝源新材料科技股份有限公司	1569	深圳市盛迪瑞科技有限公司
1472	深圳市百睿德科技有限公司	1521	深圳市金泰科环保线缆有限公司	1570	深圳市三海科技有限公司
1473	深圳市鑫东邦科技有限公司	1522	深圳一苇科技有限公司	1571	深圳市华星祥科技有限公司
1474	深圳市崭新电子有限公司	1523	深圳盈达信息科技有限公司	1572	曦威胜科技开发（深圳）有限公司
1475	深圳市中深爱的寝具科技有限公司	1524	深圳市中鑫创科科技有限公司	1573	深圳市励拓致远科技有限公司
1476	深圳市网誉科技有限公司	1525	深圳创达云睿智能科技有限公司	1574	深圳桥通通信技术有限公司
1477	深圳市精诚信五金机械有限公司	1526	深圳市中科利亨车库设备有限公司	1575	普罗米绿色能源（深圳）有限公司
1478	深圳国微技术有限公司	1527	深圳市杲尔佳防水工程有限公司	1576	深圳市锦鸿无线科技有限公司
1479	深圳市绿芯光学有限公司	1528	深圳市夏瑞科技有限公司	1577	深圳市为海建材有限公司
1480	深圳市盈泰五金有限公司	1529	深圳安博电子有限公司	1578	深圳市迅威恒达科技有限公司
1481	深圳市维圳泰科技有限公司	1530	深圳市海派特光伏科技有限公司	1579	深圳市麦思美汽车电子有限公司
1482	深圳市滨海电子有限公司	1531	深圳市艾科林环保科技有限公司	1580	深圳市一只蘑菇科技有限公司
1483	深圳市盛天龙视听科技有限公司	1532	华强方特（深圳）动漫有限公司	1581	深圳市吟云科技有限公司
1484	深圳源兴基因技术有限公司	1533	深圳睿思科信息技术有限公司	1582	深圳市展能科技有限责任公司
1485	深圳市智物联网络有限公司	1534	深圳中科卉尔立生物科技有限公司	1583	深圳市保凌影像科技有限公司
1486	深圳市元道通信技术有限公司	1535	深圳市正东兴通讯设备有限公司	1584	深圳市希腾飞科技有限公司

序号	单位名称	序号	单位名称	序号	单位名称
1585	深圳飞世尔新材料股份有限公司	1634	深圳市同进共赢科技有限公司	1683	深圳市明南电子有限公司
1586	深圳市卡瑞思科技有限公司	1635	深圳市新潮畅想科技有限公司	1684	迅捷安消防及救援科技（深圳）有限公司
1587	国民技术股份有限公司	1636	深圳市海唯尔网络科技有限公司	1685	深圳市维克多利荧幕自动化技术有限公司
1588	深圳市有伴科技有限公司	1637	深圳市九洲电器有限公司	1686	深圳谷探科技有限公司
1589	深圳市企鹅网络科技有限公司	1638	深圳市思迅软件股份有限公司	1687	深圳市海润光电有限公司
1590	深圳市松柏实业发展有限公司	1639	深圳市环球数码创意科技有限公司	1688	深圳市塑宝通网络科技有限公司
1591	深圳市思源计算机软件股份有限公司	1640	深圳中微电科技有限公司	1689	深圳市海德模具有限公司
1592	深圳市纳芯威科技有限公司	1641	深圳二八云电子商务有限公司	1690	深圳市吉奥科技有限公司
1593	深圳市百冠电池有限公司	1642	深圳市星辰航科技有限公司	1691	深圳市联软科技股份有限公司
1594	深圳市捷翔电子有限公司	1643	深圳市汇恒文化传播有限公司	1692	深圳前海九慧金服科技有限公司
1595	深圳市世和安全技术咨询有限公司	1644	深圳市宏亚电子有限公司	1693	深圳市掌众传媒有限公司
1596	深圳云网联合手机通讯有限公司	1645	深圳市赛航科技有限公司	1694	深圳市科顺达电子有限公司
1597	深圳市华讯方舟软件信息有限公司	1646	深圳市米吉科技股份有限公司	1695	深圳市任网游科技发展有限公司
1598	深圳市瑞旺光电科技有限公司	1647	深圳市中芯键业科技有限公司	1696	深圳市博力扬光电技术有限公司
1599	深圳市易通自动化设备有限公司	1648	深圳市强生光电科技有限公司	1697	深圳市中科智联科技有限公司
1600	深圳市新美心实业有限公司	1649	深圳市凯威达电子有限公司	1698	深圳市力沣实业有限公司
1601	深圳市速联技术有限公司	1650	深圳市盘龙环境技术有限公司	1699	深圳市通规技术检测有限公司
1602	深圳市神州云海智能科技有限公司	1651	深圳格林帕科技有限公司	1700	深圳市中鹏电子有限公司
1603	深圳市东光伟业科技有限公司	1652	深圳市众视广电子有限公司	1701	深圳通感微电子有限公司
1604	深圳市安信可科技有限公司	1653	深圳市优迈德科技有限公司	1702	深圳市盈源电子有限公司
1605	深圳益邦阳光有限公司	1654	深圳市乔麟光电有限公司	1703	深圳中集天达空港设备有限公司
1606	深圳市昊一源科技有限公司	1655	深圳市鼎欣冠嵘软件有限公司	1704	深圳市富裕华科技有限公司
1607	深圳市航迅达智能科技有限公司	1656	深圳骏诚电赛科技有限公司	1705	深圳比高网络科技有限公司
1608	深圳亿科微电子有限公司	1657	深圳市鹏博辉电子有限公司	1706	深圳市丰禾原电子科技有限公司
1609	深圳市阿卡索资讯股份有限公司	1658	深圳准诺检测有限公司	1707	深圳市强中航电脑设备有限公司
1610	深圳市煜恒祥通信技术有限公司	1659	深圳瑞奥康晨生物科技有限公司	1708	深圳市艾珀尔电子科技有限公司
1611	深圳市远东华强导航定位有限公司	1660	深圳市博声医疗器械有限公司	1709	深圳市弗赛特科技股份有限公司
1612	深圳市中讯网联科技有限公司	1661	深圳市毅成威科技有限公司	1710	深圳市爱德龙电子科技有限公司
1613	烯旺新材料科技股份有限公司	1662	深圳市联祥瑞实业有限公司	1711	深圳市仕兴鸿精密机械设备有限公司
1614	海鹏辉精密工业（深圳）有限公司	1663	深圳加都佳电子科技有限公司	1712	深圳市佳恩特声学科技发展有限公司
1615	深圳市维攀微电子有限公司	1664	深圳市蓝天鹤测绘有限公司	1713	深圳市芯仙半导体有限公司
1616	深圳市汇思科电子科技有限公司	1665	深圳市宙斯盾科技有限公司	1714	深圳市唯锐科技有限公司
1617	深圳市兆捷科技有限公司	1666	深圳市嘉兆鸿电子有限公司	1715	深圳市奥斯其电器有限公司
1618	深圳市华信天线技术有限公司	1667	深圳市天亿照明工程有限公司	1716	深圳夸克时代在线技术有限公司
1619	深圳市荣华安骏机电设备有限公司	1668	深圳市高科润电子有限公司	1717	深圳市博世泰机械有限公司
1620	深圳市迈尔盛绝缘材料有限公司	1669	深圳市宝泰光电科技有限公司	1718	深圳市康帕斯科技发展有限公司
1621	深圳中科金证科技有限公司	1670	深圳线马科技有限公司	1719	深圳前海守护云健康管理有限公司
1622	悉地国际设计顾问（深圳）有限公司	1671	深圳市一熊科技有限公司	1720	深圳市赛恩思特科技有限公司
1623	深圳市锐健电子有限公司	1672	深圳市启望科文技术有限公司	1721	深圳市中图信息技术有限公司
1624	深圳智源合益科技有限公司	1673	深圳市韦斯特安防技术有限公司	1722	深圳康佳通信科技有限公司
1625	中科力函（深圳）低温技术有限公司	1674	深圳市堃琦鑫华股份有限公司	1723	深圳市双大空调工程有限公司
1626	深圳市惟拓力医疗电子有限公司	1675	深圳市远创中星计算机系统技术有限公司	1724	凯拔（中国）科技有限公司
1627	深圳市朗克思照明有限公司	1676	深圳市宏商材料科技股份有限公司	1725	深圳市迈瑞威科技有限公司
1628	深圳市水务科技发展有限公司	1677	深圳市兴灯业电子有限公司	1726	深圳市果酱时代科技有限公司
1629	深圳市若木科技有限公司	1678	深圳市林辰展华科技有限公司	1727	深圳市得宝易科技有限公司
1630	深圳市汇源德实业有限公司	1679	深圳市繁维科技有限公司	1728	深圳市思卡乐科技有限公司
1631	金工精密制造（深圳）有限公司	1680	深圳东洋旺和实业有限公司	1729	深圳威迈斯软件有限公司
1632	紫光日东科技（深圳）有限公司	1681	深圳市怡亚通供应链股份有限公司	1730	深圳市创实互联科技有限公司
1633	深圳市硅谷明天科技发展有限公司	1682	深圳市裕祥塑胶制品有限公司	1731	深圳市华宇达实业有限公司

序号	单位名称
1732	深圳集成微电子有限公司
1733	宇宙电路板设备（深圳）有限公司
1734	深圳市安嘉科技有限公司
1735	深圳市东永盛光通讯技术有限公司
1736	深圳乔合里科技股份有限公司
1737	深圳市宏科特电子科技有限公司
1738	深圳博芯科技股份有限公司
1739	深圳市安泰宇盛科技有限公司
1740	深圳市德睿创芯科技有限公司
1741	触动力科技（深圳）有限公司
1742	深圳市诚辉达电子有限公司
1743	深圳市声表电子有限公司
1744	深圳海兔互动科技有限公司
1745	深圳市爱瑞古德科技有限公司
1746	深圳市优威视讯科技有限公司
1747	深圳市易达云科技有限公司
1748	深圳联创立达环境技术有限公司
1749	深圳市辉煌国泰科技有限公司
1750	深圳市康凯斯信息技术有限公司
1751	深圳市前海欢雀科技有限公司
1752	深圳跃升电子有限公司
1753	深圳市大族能联新能源科技股份有限公司
1754	深圳德森精密设备有限公司
1755	深圳市贝瑞特电子有限公司
1756	云数信息科技（深圳）有限公司
1757	深圳市三肯光电有限公司
1758	深圳市金地楼宇工程有限公司
1759	深圳大桥化工有限公司
1760	深圳市聚成华企科技有限公司
1761	深圳市合一康生物科技股份有限公司
1762	深圳花果山科技有限公司
1763	深圳视窗信息技术股份有限公司
1764	深圳市凯莱特科技股份有限公司
1765	深圳市明鑫电源技术有限公司
1766	深圳昊达智能科技股份有限公司
1767	深圳市鸿泰合兴精密塑胶模具有限公司
1768	深圳市八百通机电科技有限公司
1769	深圳市东信通电子科技有限公司
1770	深圳市蓝游网络科技有限公司
1771	深圳市航天无线通信技术有限公司
1772	深圳市科雷特能源科技股份有限公司
1773	深圳丰威源自动化设备有限公司
1774	深圳科云浦照明有限公司
1775	深圳手付通科技股份有限公司
1776	深圳市特伯雷电子有限公司
1777	深圳市道勤众合科技有限公司
1778	深圳市诚业通信技术有限公司
1779	深圳普迈仕精密制造技术开发有限公司
1780	深圳市三基色照明有限公司

序号	单位名称
1781	深圳筑星科技有限公司
1782	深圳市金凯博自动化测试有限公司
1783	深圳汉华工业数码设备有限公司
1784	深圳市讯鹏科技有限公司
1785	深圳偶地运动科技有限公司
1786	深圳市亚的斯自动化设备有限公司
1787	深圳市航天新材科技有限公司
1788	深圳市协鼎兴自动化设备有限公司
1789	深圳市卓科光电有限公司
1790	深圳市新景恒智科技有限公司
1791	深圳永德立新能源有限公司
1792	深圳市创视达电子有限公司
1793	深圳市中易科技有限责任公司
1794	深圳金三立视频科技股份有限公司
1795	深圳市华微矽电子科技有限公司
1796	深圳市杰美晟模具有限公司
1797	深圳市南北通通信技术有限公司
1798	深圳市矽硕电子科技有限公司
1799	深圳民声第三方监管有限公司
1800	深圳市通文达电子有限公司
1801	深圳市雅尔典科技有限公司
1802	深圳乐智机器人有限公司
1803	深圳市启明星电子商务有限公司
1804	深圳市意臣工业设计有限公司
1805	深圳市金致卓科技有限公司
1806	深圳市玖润光电科技有限公司
1807	深圳市诚利德电力工程有限公司
1808	深圳梵活生命科学股份有限公司
1809	深圳市壹平台信息技术有限公司
1810	深圳市农科蔬菜科技有限公司
1811	深圳万思佳电器有限公司
1812	深圳市兆新能源股份有限公司
1813	深圳市洁泰超声洗净设备有限公司
1814	深圳中科飞测科技有限公司
1815	中科车港（深圳）实业股份有限公司
1816	深圳市倍量科技有限公司
1817	深圳市泽恩电子有限公司
1818	深圳市普林电路有限公司
1819	神显科技（深圳）有限公司
1820	深圳奥特迅电力设备股份有限公司
1821	深圳市安仕达管理软件有限公司
1822	深圳市新博电科技开发有限公司
1823	深圳市尊视激光科技有限公司
1824	香港华艺设计顾问（深圳）有限公司
1825	深圳市长勘勘察设计有限公司
1826	深圳泽惠通通讯技术有限公司
1827	深圳物配电子商务有限公司
1828	深圳市中兴新能源汽车科技有限公司
1829	深圳市傲天科技股份有限公司

序号	单位名称
1830	深圳市家校互联科技有限公司
1831	深圳市叁线数控设备有限公司
1832	深圳市优视达电子有限公司
1833	深圳市融美光科技有限公司
1834	深圳市优鹰科技有限公司
1835	深圳市天地人塑胶技术有限公司
1836	深圳市绿色半导体照明有限公司
1837	深圳市城铭科技有限公司
1838	深圳知事科技信息咨询有限公司
1839	深圳市美福莱电子有限公司
1840	深圳市万游引力科技有限公司
1841	深圳卫力集团有限公司
1842	深圳市卓芯微科技有限公司
1843	深圳市鑫昌龙新材料科技股份有限公司
1844	深圳泰昌同信科技有限公司
1845	深圳心诺智造医疗有限公司
1846	深圳前海冰寒信息科技有限公司
1847	深圳市秋田科技有限公司
1848	万安达精密零组件（深圳）有限公司
1849	深圳市朗技精密技术有限公司
1850	深圳崇德动漫股份有限公司
1851	深圳市能源环保有限公司
1852	深圳市哈德胜精密科技股份有限公司
1853	深圳康格瑞精密工业有限公司
1854	深圳市友和达自动化设备有限公司
1855	深圳市吉兴通科技有限公司
1856	深圳市华冠视讯科技有限公司
1857	深圳市网旭科技有限公司
1858	深圳市寰标检测技术有限公司
1859	深圳市诺金环保技术有限公司
1860	伟兴鑫光电（深圳）股份有限公司
1861	深圳市腾捷通信科技有限公司
1862	深圳掌趣互动科技有限公司
1863	深圳市觅客科技有限公司
1864	深圳昌恩智能股份有限公司
1865	深圳市鑫泰濠科技有限公司
1866	深圳市深测检测技术服务有限公司
1867	深圳市大鹏激光科技有限公司
1868	深圳市佳科智能工程有限公司
1869	深圳市科立讯数据技术有限公司
1870	深圳市华昊信息技术有限公司
1871	深圳市现场时代文化发展有限公司
1872	深圳市风驰计算机有限公司
1873	深圳市恒聚芯电子科技有限公司
1874	深圳市创银科技股份有限公司
1875	深圳璟和机电设备有限公司
1876	深圳市惠新锐电子有限公司
1877	深圳市一测医疗测试技术有限公司
1878	深圳市晶宝微集成电路有限公司

序号	单位名称	序号	单位名称	序号	单位名称
1879	深圳市林慧通科技有限公司	1928	深圳市恒辉达电子有限公司	1977	深圳市艾励美特科技有限公司
1880	深圳市深弈科技有限公司	1929	深圳拓搏光电有限公司	1978	深圳市明讯数码科技有限公司
1881	深圳市微距离有限公司	1930	深圳市安盾椒图科技有限公司	1979	深圳市弘玉信息技术有限公司
1882	深圳市金顺怡电子有限公司	1931	深圳佑驾创新科技有限公司	1980	深圳市宝瑞津田科技有限公司
1883	深圳市易控迪智能家居科技有限公司	1932	深圳市鑫宝成科技有限公司	1981	深圳市贺贺文化艺术有限公司
1884	深圳市集银科技有限公司	1933	深圳市亿隆光电显示技术有限公司	1982	深圳市房多多网络科技有限公司
1885	深圳市领德辉科技有限公司	1934	深圳市辂元科技有限公司	1983	深圳市简成科技有限公司
1886	深圳市金曼斯光电科技有限公司	1935	深圳市尼博电子有限公司	1984	深圳市鑫金泉钻石刀具有限公司
1887	深圳市壹厘米科技有限公司	1936	深圳市言必信科技有限公司	1985	深圳康普盾科技股份有限公司
1888	深圳市朗格鑫科技股份有限公司	1937	深圳市华鹏飞现代物流股份有限公司	1986	深圳市共安实业发展有限公司
1889	深圳市海阔信息技术有限公司	1938	深圳市哲扬科技有限公司	1987	深圳信隆健康产业发展股份有限公司
1890	深圳市联懋塑胶有限公司	1939	深圳市盈辉电子有限公司	1988	深圳市赛福力电子技术开发有限公司
1891	友贸电机（深圳）有限公司	1940	深圳睿世达信息科技有限公司	1989	深圳掌中财富互联网金融服务有限公司
1892	深圳市鑫海林电子科技有限公司	1941	深圳前海桔子信息技术有限公司	1990	深圳市新鸿镁医疗器械有限公司
1893	深圳市万骐海洋生物科技有限公司	1942	深圳市中卫信息技术有限公司	1991	深圳市智微智能科技开发有限公司
1894	深圳市涂氏精怡科技有限公司	1943	深圳市国脉科技有限公司	1992	深圳市轩瑞光电技术有限公司
1895	深圳市凯威尔电子有限公司	1944	深圳市研控科技有限公司	1993	深圳市天阳谷科技发展有限公司
1896	深圳太极云软技术股份有限公司	1945	深圳市擎天达科技有限公司	1994	深圳市科视连电子科技有限公司
1897	深圳市威宇智通科技有限公司	1946	深圳市欧莱特光电有限公司	1995	深圳市永尧电子科技有限公司
1898	深圳市光彩宏业科技有限公司	1947	深圳智扬信达信息技术有限公司	1996	深圳市正道公路工程有限公司
1899	深圳市弘亮光电股份有限公司	1948	深圳市宏强兴电子有限公司	1997	深圳市智享时代科技有限公司
1900	深圳市智狐科技有限公司	1949	深圳市雅诗卡洛科技有限公司	1998	深圳高洁雅环保科技有限公司
1901	深圳市英捷特喷码设备有限公司	1950	深圳市锴诚精密模具有限公司	1999	深圳市爱斯凯电气有限公司
1902	深圳市宁择信光电科技有限公司	1951	深圳市鹏元晟实业有限公司	2000	深圳市振钜交通工程有限公司
1903	深圳市哈工大交通电子技术有限公司	1952	深圳市安致兰德科技有限公司	2001	深圳市美丽微半导体有限公司
1904	深圳市中昌检测技术有限公司	1953	深圳珈伟光伏照明股份有限公司	2002	深圳泰格方舟科技有限公司
1905	深圳大白菜科技有限公司	1954	深圳市大树生物环保科技有限公司	2003	深圳市著牌实业股份有限公司
1906	深圳市高亮光光电科技有限公司	1955	深圳市亿硕电子电源有限公司	2004	深圳市灏仁昕科技有限公司
1907	深圳市驰卡技术有限公司	1956	深圳市科瑞隆科技有限公司	2005	深圳市鑫精工平衡机有限公司
1908	深圳市环视通数字技术开发有限公司	1957	深圳市嘉兰图设计股份有限公司	2006	深圳市温泉之家科技有限公司
1909	深圳市好上好信息科技有限公司	1958	深圳市智聪科技发展有限公司	2007	深圳市爱默斯科技有限公司
1910	深圳安托网络服务有限公司	1959	深圳安格锐电气有限公司	2008	艾佛森（深圳）科技有限公司
1911	深圳市摩码科技有限公司	1960	深圳市华辰信科电子有限公司	2009	深圳市达创威视科技有限公司
1912	深圳市艾唯通科技有限公司	1961	前海节事科技（深圳）有限公司	2010	深圳市新科聚合网络技术有限公司
1913	深圳市中联制药有限公司	1962	创世纪种业有限公司	2011	深圳市泛玛科技有限公司
1914	未来汽车科技（深圳）有限公司	1963	深圳市华伟业机电有限公司	2012	深圳市百瑞空气处理设备有限公司
1915	深圳市品素科技有限公司	1964	深圳索日太阳能科技有限公司	2013	深圳市赛盈地脉技术有限公司
1916	深圳深兄环境有限公司	1965	深圳市华科智能有限公司	2014	深圳市华创力照明科技有限公司
1917	深圳市网擎信通科技有限公司	1966	深圳新海讯光电有限公司	2015	深圳市百里和科技有限公司
1918	深圳市科拉德嵌入式技术有限公司	1967	深圳福迈斯科技有限公司	2016	深圳嘉贸气动器材有限公司
1919	深圳市精盛数控机床有限公司	1968	深圳市三讯电子有限公司	2017	深圳豪达尔机械有限公司
1920	永升精密模具（深圳）有限公司	1969	深圳市广汇源水利勘测设计有限公司	2018	利宾来塑胶工业（深圳）有限公司
1921	深圳市誉和钻石工具有限公司	1970	深圳市山月园园艺有限公司	2019	深圳市德力电气技术有限公司
1922	深圳市中物联通网络科技有限公司	1971	深圳市安泰科建筑技术有限公司	2020	深圳市鑫华龙电子有限公司
1923	深圳市豆悦网络科技有限公司	1972	深圳市飞业泰电子有限公司	2021	深圳市中兴小额贷款有限公司
1924	深圳市轻迈车业有限公司	1973	深圳市雷萨电子有限公司	2022	创颖峻网络科技（深圳）有限公司
1925	深圳市艾邦机电设备有限公司	1974	太阳高新技术（深圳）有限公司	2023	深圳市格外设计经营有限公司
1926	深圳市长宇电器有限公司	1975	深圳市顺洲装饰设计工程有限公司	2024	深圳市金融联信息咨询有限公司
1927	深圳东金汽车电子有限公司	1976	深圳萨摩耶互联网金融服务有限公司	2025	深圳奥又美云健康科技有限公司

序号	单位名称
2026	深圳技威时代科技有限公司
2027	深圳市海视达智显科技有限公司
2028	深圳市力得得力技术有限公司
2029	深圳市兴研科技有限公司
2030	炼马机电（深圳）有限公司
2031	深圳市铂睿成科技有限公司
2032	深圳市法诺游艇有限公司
2033	深圳长景视觉科技有限公司
2034	深圳市宝明科技股份有限公司
2035	深圳赋远科技有限公司
2036	深圳小西科技有限公司
2037	深圳艾迪森光电有限公司
2038	深圳市相对生物科技有限公司
2039	中建钢构有限公司
2040	深圳市深讯数据科技股份有限公司
2041	深圳市快充王科技有限公司
2042	深圳市联君科技股份有限公司
2043	深圳市拓宝莱照明科技有限公司
2044	医博士医教科技（深圳）有限公司
2045	深圳市南方安华电子科技有限公司
2046	深圳市盛世润达智能科技有限公司
2047	深圳市双环全新机电股份有限公司
2048	深圳市浩海天科技有限公司
2049	深圳市禾望电气股份有限公司
2050	深圳市得辉达智能科技有限公司
2051	深圳融天创科信息技术有限公司
2052	深圳市协联众创科技有限公司
2053	深圳市特深电气有限公司
2054	深圳特思嘉工业电子有限公司
2055	深圳金诚互动科技有限公司
2056	深圳市湖光山色智能科技有限公司
2057	深圳市天天佑安防科技有限公司
2058	深圳市力特实业发展有限公司
2059	深圳市利美泰克自控设备有限公司
2060	深圳市瑞琪世纪软件技术有限公司
2061	深圳市永联科技股份有限公司
2062	深圳市深投环保科技有限公司
2063	深圳金田弘科技开发有限公司
2064	深圳浩翔光电技术有限公司
2065	深圳众庭联合科技有限公司
2066	华为技术有限公司
2067	深圳市科皓信息技术有限公司
2068	深圳市科洛德打印耗材有限公司
2069	深圳市莎朗科技股份有限公司
2070	深圳市中泰达精密五金有限公司
2071	深圳市鼎铸环保技术有限公司
2072	深圳市门老爷科技有限公司
2073	深圳市共济科技股份有限公司
2074	深圳新基点智能股份有限公司
2075	深圳市惠和缘科技有限公司
2076	深圳小田冷链物流股份有限公司
2077	深圳力工新能源科技有限公司
2078	深圳汉尼康科技有限公司
2079	深圳市联兆电子有限公司
2080	深圳市小二极客科技有限公司
2081	芯海科技（深圳）股份有限公司
2082	深圳市极客宝贝智能科技有限公司
2083	深圳市融通电路有限公司
2084	深圳天溯计量检测股份有限公司
2085	深圳市博多电子有限公司
2086	深圳市嘉明特科技有限公司
2087	深圳市台钲精密机械有限公司
2088	深圳市迈达普科技有限公司
2089	深圳爱淘苗电子商务科技有限公司
2090	深圳市天和时代电子设备有限公司
2091	深圳市圳君实业发展有限公司
2092	深圳市万绿恒环保实业发展有限公司
2093	深圳市爱尚视科技电子有限公司
2094	深圳市康普斯节能科技股份有限公司
2095	深圳市维爱普电子有限公司
2096	深圳市启芯微电子有限公司
2097	深圳市华唯计量技术开发有限公司
2098	深圳市易基因科技有限公司
2099	深圳市迪克曼科技开发有限公司
2100	深圳市鼎泰佳创科技有限公司
2101	深圳市罗斯特传动设备有限公司
2102	深圳木成林科技有限公司
2103	深圳市皓华网络通讯股份有限公司
2104	深圳市倍力奇科技有限公司
2105	深圳市东泰国际物流有限公司
2106	深圳市华鑫伟天光电有限公司
2107	深圳市新亚电子制程股份有限公司
2108	深圳广程机电设备有限公司
2109	深圳易信科技股份有限公司
2110	舒可士（深圳）科技有限公司
2111	深圳市威廉姆自动化设备有限公司
2112	深圳爱淘城网络科技股份有限公司
2113	深圳市松大科技有限公司
2114	深圳闻信电子有限公司
2115	深圳磐汩新能源有限公司
2116	深圳九明珠信息科技有限公司
2117	深圳市华尔威体育用品制造有限公司
2118	深圳市新国都支付技术有限公司
2119	深圳市帅泰科技有限公司
2120	深圳市万泰荣力光电科技有限公司
2121	深圳市力宏达包装制品有限公司
2122	深圳来电科技有限公司
2123	深圳市华睿拓展软件有限公司
2124	深圳市丰巨泰科电子有限公司
2125	深圳市雷赛智能控制股份有限公司
2126	深圳市鼎吉通电子科技有限公司
2127	深圳原动科技有限公司
2128	深圳市罗亚配电自动化有限公司
2129	深圳市安尔通科技有限公司
2130	深圳市顺天祥电子有限公司
2131	东泰精密塑胶科技（深圳）有限公司
2132	深圳市寻视光电有限公司
2133	深圳市正东源科技有限公司
2134	深圳北斗国芯科技有限公司
2135	深圳威迈斯电源有限公司
2136	深圳市正得电工材料有限公司
2137	深圳市新众玩网络科技有限公司
2138	深圳市三鑫维科技有限公司
2139	深圳市智通电子有限公司
2140	平田精密器材（深圳）有限公司
2141	深圳市希尔光学技术有限公司
2142	兰和科技（深圳）有限公司
2143	深圳市宸电电子有限公司
2144	深圳市怡华兴电子有限公司
2145	深圳星云极客科技孵化器有限公司
2146	深圳市美弘信息技术有限公司
2147	深圳市富诺威电子科技有限公司
2148	深圳市金光能太阳能有限公司
2149	深圳汇茂科技股份有限公司
2150	深圳市力科信实业有限公司
2151	深圳市火山图像数字技术有限公司
2152	深圳市一道科技有限公司
2153	深圳众为兴技术股份有限公司
2154	深圳市海纳时代电子有限公司
2155	深圳市特发信息股份有限公司
2156	深圳立讯检测股份有限公司
2157	深圳市荣鑫胜科技有限公司
2158	深圳宝兴电线电缆制造有限公司
2159	深圳市多彩实业有限公司
2160	深圳市迪浦电子有限公司
2161	深圳市盛弘电气股份有限公司
2162	深圳市志胜威电子设备有限公司
2163	深圳市双盈科技有限公司
2164	深圳市阳光百度生物科技发展有限公司
2165	深圳市生银万国网络科技有限公司
2166	深圳市精瑞机芯有限公司
2167	深圳市融汇通金科技有限公司
2168	芯茂科技（深圳）有限公司
2169	深圳神秘智能科技有限公司
2170	深圳福能达空气与水科技发展有限公司
2171	深圳市宇祥兴光电有限公司
2172	深圳市奥拓电子股份有限公司

序号	单位名称	序号	单位名称	序号	单位名称
2173	深圳康泰生物制品股份有限公司	2222	深圳市大通互联科技有限公司	2271	深圳市有限元科技有限公司
2174	深圳市宏卡智能科技开发有限公司	2223	深圳市银通商智能卡有限公司	2272	铜道电子商务集团有限公司
2175	深圳厚屹节能技术有限公司	2224	深圳市德盟科技股份有限公司	2273	深圳市英科达光电技术有限公司
2176	深圳市金迈高智能科技有限公司	2225	深圳赢医通科技有限公司	2274	深圳灵感家科技发展有限公司
2177	深圳市太美亚电子科技有限公司	2226	聚宝互联科技（深圳）股份有限公司	2275	深圳市浩枫科技有限公司
2178	深圳市泛联科技有限公司	2227	深圳市合正汽车电子有限公司	2276	深圳市道格恒通科技有限公司
2179	深圳市智安万家科技有限公司	2228	深圳鹏锐信息技术股份有限公司	2277	深圳市中明科技股份有限公司
2180	深圳市大族数控科技有限公司	2229	深圳市美家美网络信息有限公司	2278	深圳市仁德电子科技有限公司
2181	深圳广恒威科技有限公司	2230	深圳市奇胜电器工业有限公司	2279	深圳市成为信息技术有限公司
2182	深圳市柏英特电子科技有限公司	2231	威科电子模块（深圳）有限公司	2280	深圳市三格软件科技有限公司
2183	深圳市锦固鸿五金科技有限公司	2232	深圳市拔超科技有限公司	2281	深圳市文业照明实业有限公司
2184	深圳市先亚生物科技有限公司	2233	深圳市华曦达科技股份有限公司	2282	深圳市开博视数码科技有限公司
2185	深圳市美达印刷有限公司	2234	深圳市玛斯电源有限公司	2283	深圳市易联技术有限公司
2186	深圳必旺电子商务有限公司	2235	深圳市天锐祥通讯设备有限公司	2284	深圳掌通宝科技有限公司
2187	深圳市庆昌电子有限公司	2236	深圳市紫阳照科技有限公司	2285	深圳市国之迈电子科技有限公司
2188	深圳安视睿信息技术有限公司	2237	深圳市凌雄租赁服务有限公司	2286	深圳市奥特迅软件有限公司
2189	深圳市康特客科技有限公司	2238	深圳市亘诺科技有限公司	2287	深圳市超跃科技有限公司
2190	深圳市开元达机电设备有限公司	2239	深圳恒邦新创科技有限公司	2288	深圳市光联世纪信息科技有限公司
2191	深圳市智旭科技有限公司	2240	深圳市伟亿科科技有限公司	2289	深圳前海建装网开发股份有限公司
2192	深圳市佳美伟业科技有限公司	2241	深圳市九州安域科技有限公司	2290	深圳市天道医药有限公司
2193	深圳市配天机器人技术有限公司	2242	深圳市正佑数控机床有限公司	2291	深圳市德龙华乐电子科技有限公司
2194	乔丰科技实业（深圳）有限公司	2243	深圳市轩宇车鼎科技有限公司	2292	深圳市湘津石仪器有限公司
2195	深圳市鸿彩展示器材有限公司	2244	克奥兹泵业（深圳）有限公司	2293	国泰达鸣精密机件（深圳）有限公司
2196	深圳市欣创宏图科技有限公司	2245	深圳市星皇通讯设备有限公司	2294	深圳市智信精密仪器有限公司
2197	深圳市水视界环保科技有限公司	2246	深圳杉源医疗科技有限公司	2295	深圳市力莱电源科技有限公司
2198	深圳市众鑫创展科技有限公司	2247	深圳码隆科技有限公司	2296	深圳市天宇威科技有限公司
2199	金蝶软件（中国）有限公司	2248	深圳市米神科技有限公司	2297	深圳市欣万和达电子有限公司
2200	深圳市爱牙邦医疗器械有限公司	2249	深圳市度点科技有限公司	2298	深圳自然一度科技有限公司
2201	万迅电脑软件（深圳）有限公司	2250	深圳市纳瑞科技有限公司	2299	深圳市众智联合数字展示科技有限公司
2202	深圳市新农人科技有限公司	2251	深圳市睿谷思创科技有限公司	2300	深圳市迪迪美环保科技有限公司
2203	深圳市泓铭电气有限公司	2252	深圳小木科技有限公司	2301	深圳市家惠宝智能家居有限公司
2204	深圳市东方亮彩精密技术有限公司	2253	深圳市真屏科技发展有限公司	2302	深圳咕咕鸟网络信息技术有限公司
2205	深圳市裕富照明有限公司	2254	深圳市雅上篷房技术有限公司	2303	深圳市领略数控设备有限公司
2206	深圳市华汇设计有限公司	2255	深圳市斯特纽科技有限公司	2304	深圳劲芯微电子有限公司
2207	深圳市川瑞贝科技有限公司	2256	深圳市方利来科技有限公司	2305	深圳市优洋科技有限公司
2208	深圳市旺生活互联网科技有限公司	2257	深圳市大富网络技术有限公司	2306	深圳市凯祥源科技有限公司
2209	深圳正宇视讯科技有限公司	2258	深圳市蚂蚁邦科技有限公司	2307	深圳易兴科技有限公司
2210	深圳市兴威帆电子技术有限公司	2259	美迪斯电梯有限公司	2308	深圳森钢重型钢结构工程有限公司
2211	深圳市玩呗娱乐科技有限公司	2260	深圳市翰尔德智能科技有限公司	2309	深圳市星鸿发眼镜框线科技有限公司
2212	深圳市力通威电子科技有限公司	2261	深圳市垦鑫达科技有限公司	2310	华测检测认证集团股份有限公司
2213	深圳市凌壹科技有限公司	2262	深圳市格林兄弟科技有限公司	2311	深圳市轻松到家科技股份有限公司
2214	深圳市好山水测绘科技有限公司	2263	深圳市芯科控技术有限公司	2312	深圳市通宝莱科技有限公司
2215	深圳市纳路特科技有限公司	2264	深圳品阔信息技术有限公司	2313	深圳市通达智科技有限公司
2216	深圳云停智能交通技术研究院有限公司	2265	深圳市润海通科技有限公司	2314	深圳市福之星电子有限公司
2217	深圳市欧凌镭射科技有限公司	2266	深圳市智海鑫科技有限公司	2315	深圳市微微数码有限公司
2218	深圳市鑫鸿基科技有限公司	2267	深圳市众迈科技有限公司	2316	立信染整机械（深圳）有限公司
2219	深圳市商道元信息技术有限公司	2268	深圳市诚信神火科技有限公司	2317	深圳市盛远兴科技有限公司
2220	深圳莫斯塔石照明电器有限公司	2269	深圳市中视动科技有限公司	2318	深圳市信华翰科技有限公司
2221	深圳市烽茂鸿科技有限公司	2270	深圳市金蝶精斗云网络科技有限公司	2319	深圳市豪鹏科技有限公司

序号	单位名称	序号	单位名称	序号	单位名称
2320	大族激光科技产业集团股份有限公司	2369	深圳市正统精密机械有限公司	2418	麒麟电子（深圳）有限公司
2321	深圳市深装总装饰股份有限公司	2370	深圳市安帕尔科技有限公司	2419	深圳市安居星信息科技有限公司
2322	深圳市方圆美模具有限公司	2371	深圳市斯达飞科技有限公司	2420	深圳市尤搏思科技有限公司
2323	深圳市赛格车圣智联科技有限公司	2372	深圳市科信达实业有限公司	2421	深圳市森安科技有限公司
2324	深圳乐播科技有限公司	2373	深圳市啫啫网络科技有限公司	2422	深圳市卓亚创联科技有限公司
2325	深圳市本顿科技有限公司	2374	深圳市碧维视科技有限公司	2423	深圳市光大激光科技股份有限公司
2326	深圳恒方大高分子材料科技有限公司	2375	深圳派立通科技有限公司	2424	深圳融卡智能科技有限公司
2327	深圳市视捷光电科技有限公司	2376	深圳市塘鸿森电子有限公司	2425	深圳市聚力得电子有限公司
2328	深圳诺测检测技术有限公司	2377	深圳市睿禾科技有限公司	2426	深圳市铭仕新得电子有限公司
2329	深圳迪美泰数字医学技术有限公司	2378	深圳前海优管信息技术有限公司	2427	华远电气股份有限公司
2330	深圳市鼎品电器有限公司	2379	深圳市瑞丰光电子股份有限公司	2428	深圳市中天元实业有限公司
2331	深圳市伊视贝科技有限责任公司	2380	深圳 TCL 新技术有限公司	2429	维尼健康（深圳）股份有限公司
2332	深圳市浪尖设计有限公司	2381	深圳市矽电半导体设备有限公司	2430	深圳市南博万设备开发有限公司
2333	深圳市日迅彩印股份有限公司	2382	深圳市雅晶源科技有限公司	2431	深圳市华文达电子科技有限公司
2334	深圳市明思联科科技有限公司	2383	深圳蓝波绿建集团股份有限公司	2432	深圳市富海合五金制品有限公司
2335	深圳市科创达科技有限公司	2384	深圳市安保科技有限公司	2433	深圳市捷美电子有限公司
2336	深圳市九品科技有限公司	2385	深圳洲斯移动物联网技术有限公司	2434	深圳市中图仪器股份有限公司
2337	深圳市水务工程检测有限公司	2386	深圳市鑫晨鸣科技有限公司	2435	深圳市百惠通科技有限公司
2338	深圳市先力精工科技有限公司	2387	深圳市创视微智能技术有限公司	2436	亚芯电子（深圳）有限公司
2339	深圳市赛飞奇光子技术有限公司	2388	深圳市中饰南方建设工程有限公司	2437	深圳市犇拓电子科技有限公司
2340	深圳市斯比特电子有限公司	2389	深圳市芯智科技有限公司	2438	深圳市行之成电子有限公司
2341	深圳市普源新型材料有限公司	2390	本康生物制药（深圳）有限公司	2439	深圳市智水小荷技术有限公司
2342	深圳市天地照明设计工程有限公司	2391	深圳市研通高频技术有限公司	2440	深圳市储能电子有限公司
2343	深圳市梦祥林电子有限公司	2392	深圳市诚丰乐琪科技有限公司	2441	深圳市索幄特机电设备有限公司
2344	深圳市脉隆电子有限公司	2393	深圳晶格尼特光电有限公司	2442	深圳市海光电子有限公司
2345	深圳市亿联智能有限公司	2394	深圳市贝塔电子股份有限公司	2443	深圳市科莱电子股份有限公司
2346	深圳市深超新能源科技有限公司	2395	深圳市优宝创科技有限公司	2444	深圳万百万科技有限公司
2347	深圳禾苗通信科技有限公司	2396	深圳市鑫道为科技有限公司	2445	深圳市鹏德光电有限公司
2348	深圳市皓辰电子科技有限公司	2397	深圳市千行电子有限公司	2446	深圳奥尼电子股份有限公司
2349	深圳市康佳商用系统科技有限公司	2398	深圳市恒冠电子有限公司	2447	深圳市万德和电子科技有限公司
2350	深圳市晶方圆光电科技有限公司	2399	深圳市百浪科技有限公司	2448	深圳市易捷通光电技术有限公司
2351	深圳市鸿利昌物联技术有限公司	2400	深圳市宝恒环保设备有限公司	2449	深圳市夺标环保技术有限公司
2352	深圳市健信五金有限公司	2401	深圳互娱天下科技有限公司	2450	深圳市比里通电子科技有限公司
2353	深圳市金誉宝科技有限公司	2402	深圳市元维科技有限公司	2451	深圳市研强物联技术有限公司
2354	深圳市宝科特精密科技有限公司	2403	深圳市前海绿色材料科技有限公司	2452	深圳市绿塑塑胶科技有限公司
2355	深圳市诚亿自动化科技有限公司	2404	深圳市华夏光彩股份有限公司	2453	深圳市大疆灵眸科技有限公司
2356	深圳市天之宝生物科技股份有限公司	2405	安费诺东亚电子科技（深圳）有限公司	2454	深圳鸿吉鑫科技有限公司
2357	深圳天歆科技有限公司	2406	深圳市振华兴科技有限公司	2455	深圳市双翌光电科技有限公司
2358	东之晖电子科技（深圳）有限公司	2407	深圳市欣音达科技有限公司	2456	深圳市罗博威视科技有限公司
2359	深圳市东创良盛电子技术有限公司	2408	深圳键桥通讯技术股份有限公司	2457	深圳市泛科科技有限公司
2360	深圳市标威电子有限公司	2409	深圳市赛普洁净技术有限公司	2458	深圳市宜安延保售后管理股份有限公司
2361	深圳市宏盛佳电子设备有限公司	2410	深圳随身行科技有限公司	2459	深圳泰首智能技术有限公司
2362	深圳市金峰数码通讯有限公司	2411	深圳市诚瑞丰科技股份有限公司	2460	深圳市永捷机电设备有限公司
2363	深圳市光聚通讯技术开发有限公司	2412	深圳市你我金融信息服务股份有限公司	2461	深圳市曼勤科技有限公司
2364	艾默生网络能源有限公司	2413	深圳市经伟度科技有限公司	2462	深圳智英电子有限公司
2365	深圳才纳半导体设备有限公司	2414	深圳市科羽科技发展有限公司	2463	深圳市金锐显数码科技有限公司
2366	深圳市媒讯云峰科技有限公司	2415	深圳市联博建筑工程技术有限公司	2464	深圳智加问道科技有限公司
2367	深圳市联翔照明有限公司	2416	深圳金准智能科技股份有限公司	2465	深圳市锐鼎制工科技有限公司
2368	深圳市天源恒泰通讯设备有限公司	2417	时代生物科技（深圳）有限公司	2466	深圳力搏电源有限公司

序号	单位名称
2467	深圳远荣智能制造股份有限公司
2468	深圳市正海欣科技有限公司
2469	深圳万乐药业有限公司
2470	深圳华康生物医学工程有限公司
2471	深圳太太药业有限公司
2472	深圳市赛金科技有限公司
2473	深圳市好思科技术有限公司
2474	深圳市玲涛光电科技有限公司
2475	深圳市亿信合科技有限公司
2476	深圳市赛诺威视科技有限公司
2477	深圳市普特斯科技有限公司
2478	深圳市中科联盛科技有限公司
2479	深圳市中视讯科技有限公司
2480	深圳市金汇丰精密机械有限公司
2481	深圳市德科科技有限公司
2482	深圳市科拜斯物联网科技有限公司
2483	深圳市志丰电子科技有限公司
2484	深圳市沃尔奔达新能源股份有限公司
2485	深圳第七大道科技有限公司
2486	深圳市京视智能科技有限公司
2487	深圳市瀚天鑫科技有限公司
2488	深圳市瑞捷恩科技有限公司
2489	深圳市深国际华南物流有限公司
2490	深圳市凯方达电子技术有限公司
2491	深圳市摩帝仕实业有限公司
2492	深圳市凌云视迅科技有限责任公司
2493	深圳正峰印刷有限公司
2494	深圳市龙晶微电子有限公司
2495	深圳天和顺新能源股份有限公司
2496	深圳市久理达科技有限公司
2497	深圳市铭濠科技有限公司
2498	深圳市佰特照明科技有限公司
2499	深圳市赛龙自动化科技有限公司
2500	深圳市小村机器人智能科技有限公司
2501	深圳市多翼创新科技有限公司
2502	广东南天司法鉴定所
2503	深圳智慧园区信息技术有限公司
2504	深圳市联业光电技术有限公司
2505	深圳市赛斯电气技术有限公司
2506	深圳市速嘉科技有限公司
2507	深圳市国威信电子科技有限公司
2508	深圳市北航旭飞科技有限公司
2509	深圳市有方科技股份有限公司
2510	深圳市联创科技集团有限公司
2511	深圳市佳誉祥音响电子有限公司
2512	深圳市一博电路有限公司
2513	深圳市鑫成泰科技有限公司
2514	深圳华诺网络科技有限公司
2515	深圳市凯思特医疗科技股份有限公司
2516	深圳中电捷智科技有限公司
2517	深圳市金石三维打印科技有限公司
2518	深圳市伊爱高新技术开发有限公司
2519	宏伟建设工程股份有限公司
2520	深圳市宏业兴电子有限公司
2521	深圳维示泰克技术有限公司
2522	深圳市企拍文化科技有限公司
2523	深圳市全达高分子材料科技有限公司
2524	深圳市赢时胜信息技术股份有限公司
2525	深圳市五洲龙汽车股份有限公司
2526	深圳市中宇科技开发有限公司
2527	深圳市安普特双色注塑有限公司
2528	深圳市容方电子制造有限公司
2529	深圳市瑞仕光精密科技有限公司
2530	深圳市翼跑智能科技有限公司
2531	深圳市康拓普信息技术有限公司
2532	深圳市思玛泰克科技有限公司
2533	深圳市速航科技发展有限公司
2534	深圳市德瓴科技有限公司
2535	深圳市台技光电有限公司
2536	深圳市冠航环境科技工程有限公司
2537	深圳市网娱视通科技有限公司
2538	深圳市互联通科技有限公司
2539	深圳市兴晟图信息技术有限公司
2540	深圳贝斯科林无尘科技有限公司
2541	深圳市新唯自动化设备有限公司
2542	兴固五金（深圳）有限公司
2543	深圳市视高科技发展有限公司
2544	深圳凯视通科技有限公司
2545	深圳泰山体育科技股份有限公司
2546	深圳市威标检测技术有限公司
2547	深圳市腾毅诚实业有限公司
2548	深圳派成铝业科技有限公司
2549	腾讯科技（深圳）有限公司
2550	深圳市创盈达电子有限公司
2551	深圳淇诺科技股份有限公司
2552	深圳市联诚致科技有限公司
2553	深圳市淳德科技有限公司
2554	深圳市正方行科技有限公司
2555	深圳市众磊鑫光电有限公司
2556	深圳市瀚诚科技有限公司
2557	深圳市巡鹰安防科技有限公司
2558	深圳市同跃电子有限公司
2559	深圳市寓丰网络科技有限公司
2560	绿色动力环保集团股份有限公司
2561	深圳市博来盛精密模具有限公司
2562	深圳市安亿达制冷设备有限公司
2563	深圳市千里行新材料有限公司
2564	深圳绿源轩电子技术有限公司
2565	深圳市方斯精密科技有限公司
2566	壹星光电科技（深圳）有限公司
2567	深圳中电瑞达智能技术有限公司
2568	深圳市华益盛模具股份有限公司
2569	深圳市深联创电子有限公司
2570	深圳市康冠医疗设备有限公司
2571	深圳市通易信科技开发有限公司
2572	深圳市泓意宝自动化设备有限公司
2573	深圳市国力软件有限公司
2574	深圳市嘉润康科技有限公司
2575	深圳市华万彩实业有限公司
2576	深圳市正运动技术有限公司
2577	深圳市幻实科技有限公司
2578	深圳市宏大精密科技有限公司
2579	深圳市邦华电子有限公司
2580	深圳市云速信息科技有限公司
2581	深圳市市政设计研究院有限公司
2582	深圳百乐宝生物农业科技有限公司
2583	深圳市鸿发鑫科技有限公司
2584	深圳市天合光电有限公司
2585	深圳市华源达科技有限公司
2586	深圳市觉醒网络科技有限公司
2587	深圳市普瑞美泰环保科技有限公司
2588	深圳市朗尼科智能股份有限公司
2589	深圳鸿富创科技有限公司
2590	深圳市高展科技有限公司
2591	深圳市永裕光电有限公司
2592	深圳网蓝通用科技有限公司
2593	深圳市矽晟光电科技有限公司
2594	深圳市芯斐电子有限公司
2595	深圳市艾斯克数码科技有限公司
2596	深圳市琪树科技有限公司
2597	深圳市荟友网络科技有限公司
2598	深圳亿万商网络科技有限公司
2599	深圳市蓝东明科技有限公司
2600	深圳市爱普特微电子有限公司
2601	深圳市星河电路股份有限公司
2602	深圳市申力微特电机有限公司
2603	深圳市格德精密模具有限公司
2604	深圳市小矮人软件有限公司
2605	深圳市汉科电子股份有限公司
2606	深圳市立天世纪教育装备有限公司
2607	深圳市天地瑞兴科技有限公司
2608	深圳市松本先天下科技发展有限公司
2609	深圳市拓思迪科技有限公司
2610	深圳市宏森环保科技有限公司
2611	中兴通讯股份有限公司
2612	深圳市赛维显示技术有限公司
2613	深圳市锐讯无限科技有限公司

序号	单位名称
2614	深圳市铭旭精密五金有限公司
2615	深圳市兆方智能科技有限公司
2616	深圳市东方视听设备有限公司
2617	深圳奥凯普电容器有限公司
2618	深圳尚拓激光技术有限公司
2619	深圳市星恒通实业有限公司
2620	深圳华尔德动漫科技有限公司
2621	深圳市大讯永新科技有限公司
2622	深圳格诺致锦科技发展有限公司
2623	深圳市富荣电子有限公司
2624	深圳市森瑟科技发展有限公司
2625	深圳市后天网络通信技术有限公司
2626	深圳市大华库仑科技有限公司
2627	深圳有点牛传媒有限公司
2628	深圳益智天地科技有限公司
2629	深圳市云仓宝软件技术服务有限公司
2630	深圳市泰来兴电缆有限公司
2631	声浪威音箱木制品（深圳）有限公司
2632	深圳市数港科技有限公司
2633	深圳易思智科技有限公司
2634	深圳市趣宝科技有限公司
2635	飞思未来（深圳）科技有限公司
2636	深圳市尺寸科技有限公司
2637	欣旺达电子股份有限公司
2638	深圳市启讯时代科技有限公司
2639	深圳市广立进科技有限公司
2640	深圳市鸿源精密器材有限公司
2641	深圳市华兴美科技有限公司
2642	深圳市大富方圆成型技术有限公司
2643	深圳市精密达机械有限公司
2644	深圳市盛林纸品包装有限公司
2645	深圳市天海检测技术有限公司
2646	深圳市乔本金刚石刀具有限公司
2647	深圳市金博通科技有限公司
2648	广东创辉鑫材科技有限公司
2649	深圳前海农迈天下电子商务有限公司
2650	深圳市睿华涂布科技有限公司
2651	深圳市易瞳科技有限公司
2652	深圳市荣兴达高分子材料有限公司
2653	深圳市东宸智造科技有限公司
2654	**深圳云码通科技有限公司**
2655	海林电脑科技（深圳）有限公司
2656	深圳市信维通信股份有限公司
2657	深圳市中顺和盈科技有限公司
2658	深圳市侨柏科技有限公司
2659	深圳市摩泰光电有限公司
2660	深圳市弘德隆电子科技有限公司
2661	深圳市立翔慧科光电科技有限公司
2662	深圳市极光尔沃科技股份有限公司
2663	深圳贵之族生科技有限公司
2664	深圳迪乐普数码科技有限公司
2665	深圳市安天地科技有限公司
2666	深圳市奥坤鑫科技有限公司
2667	深圳市富思源智慧消防股份有限公司
2668	深圳市瑞迪兴智能科技有限公司
2669	深圳市东银金融服务有限公司
2670	广东天鉴检测技术服务股份有限公司
2671	深圳市帝显电子有限公司
2672	深圳市银宝山新压铸科技有限公司
2673	深圳市点嘀互联网络有限公司
2674	深圳市广宁股份有限公司
2675	深圳市雨博士雨水利用设备有限公司
2676	深圳市物联光通创新科技发展有限公司
2677	深圳市建工集团股份有限公司
2678	深圳市芯思杰智慧传感技术有限公司
2679	深圳市蓝韵实业有限公司
2680	深圳市泰科盛自动化系统有限公司
2681	深圳市亚达明科技有限公司
2682	深圳市索恩达电子有限公司
2683	深圳市辉腾创新科技有限公司
2684	深圳市芯科诚成电子有限公司
2685	深圳市宝康隆科技有限公司
2686	智科光光电（深圳）有限公司
2687	深圳市凯达尔科技实业有限公司
2688	深圳市贝加电子材料有限公司
2689	捷利港信软件（深圳）有限公司
2690	深圳玩智商科技有限公司
2691	深圳葆威道科技有限公司
2692	深圳市东海浪潮工业设计有限公司
2693	深圳市小龙电器有限公司
2694	深圳和通自动化设备有限公司
2695	深圳市捷美瑞医疗技术有限公司
2696	深圳市深保警用装备科技有限公司
2697	深圳市泛海三江电子股份有限公司
2698	深圳市奥星澳科技有限公司
2699	深圳市洁润环保科技有限公司
2700	深圳市盛浜泰科技有限公司
2701	深圳市索拉太阳能有限公司
2702	深圳市旭方光电有限公司
2703	深圳市新观点科技有限公司
2704	深圳市保途者科技有限公司
2705	深圳邦普医疗设备系统有限公司
2706	深圳市鑫鸿顺科技有限公司
2707	深圳市巴谷科技有限公司
2708	深圳市明灯科技有限公司
2709	深圳市中科微光医疗器械技术有限公司
2710	深圳市壹代数码科技有限公司
2711	深圳市宇星鸿精密科技有限公司
2712	深圳市思强光电有限公司
2713	深圳市三思高科光电有限公司
2714	深圳市欧度利方科技有限公司
2715	深圳市沛田电子科技有限公司
2716	深圳市国雅智能科技有限公司
2717	深圳市几米软件有限公司
2718	深圳实证可再生能源有限公司
2719	深圳市先力得热处理有限公司
2720	深圳市快星半导体电子有限公司
2721	深圳晋阳精密模具有限公司
2722	深圳市一通检测技术有限公司
2723	深圳二三三数字科技有限公司
2724	深圳市新山幕墙技术咨询有限公司
2725	深圳市融创信息技术咨询有限公司
2726	深圳市楠轩光电科技有限公司
2727	深圳中集科技有限公司
2728	深圳市三环纪元传媒科技有限公司
2729	深圳市奥亚电子有限公司
2730	深圳市威富通讯技术有限公司
2731	深圳市唯特偶新材料股份有限公司
2732	深圳市星银医药有限公司
2733	深圳市富程威科技有限公司
2734	深圳市上亚精密技术有限公司
2735	深圳特发信息光纤有限公司
2736	深圳市星河科创智能自动化技术有限公司
2737	深圳市上融科技有限公司
2738	深圳深态环境科技有限公司
2739	深圳市福拓光电科技有限公司
2740	深圳海通信息技术有限公司
2741	普天新能源（深圳）有限公司
2742	深圳市摩记电子有限公司
2743	深圳市鹏翔运达机械科技有限公司
2744	深圳市赛特雷德科技有限公司
2745	深圳市光为光通信科技有限公司
2746	深圳市至本文化实业有限公司
2747	深圳市双赢伟业科技股份有限公司
2748	深圳灵江计算机技术有限公司
2749	深圳海云安网络安全技术有限公司
2750	深圳市亚泰国际建设股份有限公司
2751	深圳博磊达新能源科技有限公司
2752	深圳市凯泰高科技有限公司
2753	卓亚士电子（深圳）有限公司
2754	深圳市数存科技有限公司
2755	深圳泓泰鼎业电子有限公司
2756	深圳市粤港科技有限公司
2757	深圳市艾数信息技术有限公司
2758	深圳市中电照明股份有限公司
2759	卫盈联信息技术（深圳）有限公司
2760	深圳市加金宝光电有限公司

序号	单位名称
2761	深圳市自由空间标识有限公司
2762	深圳市测力佳控制技术有限公司
2763	蓝思旺科技（深圳）有限公司
2764	深圳市讯泉科技有限公司
2765	深圳前海博明传媒有限公司
2766	深圳市飞通宽带技术有限公司
2767	深圳市顺欣同创科技有限公司
2768	深圳市三通连接系统有限公司
2769	广东中绿园林集团有限公司
2770	深圳市博富隆新材料科技有限公司
2771	深圳雷杜生命科学股份有限公司
2772	深圳市卓瑞芯电子有限公司
2773	深圳力拓联合文化科技有限公司
2774	深圳市万机创意电子科技有限公司
2775	深圳市南巨星电子有限公司
2776	慧天医疗器械（深圳）有限公司
2777	深圳市中航比特通讯技术有限公司
2778	深圳市景晔交通器材有限公司
2779	深圳市景阳博创数码科技有限公司
2780	深圳市道讯科技开发有限公司
2781	深圳市邦贝尔电子有限公司
2782	深圳裕达富电了有限公司
2783	深圳冰川网络股份有限公司
2784	深圳市易米云智能科技有限公司
2785	深圳清清视界眼科产品有限公司
2786	深圳车联讯网络科技服务有限公司
2787	深圳市启元数码科技有限公司
2788	深圳市勤新科技有限公司
2789	深圳市嘉驰机电科技有限公司
2790	中弘智能高科技（深圳）有限公司
2791	深圳市保华自动化设备有限公司
2792	深圳唐恩科技有限公司
2793	深圳市天堃新能科技有限公司
2794	奇酷互联网络科技（深圳）有限公司
2795	深圳市上示科技有限公司
2796	深圳市天恩精密机械有限公司
2797	深圳市因达尔科技有限公司
2798	深圳市立创达自动化设备有限公司
2799	深圳市富方达科技有限公司
2800	深圳市斯纳达科技有限公司
2801	深圳市杰美康机电有限公司
2802	深圳富创通科技有限公司
2803	深圳市海纳电讯设备有限公司
2804	深圳市工匠社科技有限公司
2805	深圳市艾伟迪生物科技有限公司
2806	深圳市恒达无限通信设备有限公司
2807	齐力制冷系统（深圳）有限公司
2808	深圳市泰沃德自动化技术有限公司
2809	深圳市思坎普科技有限公司
2810	深圳华信系统技术有限公司
2811	深圳市思商科技有限公司
2812	深圳市弘粤驱动有限公司
2813	深圳市尚宏自动化设备有限公司
2814	深圳市缚火龙机电实业有限公司
2815	深圳市金泰壹电子有限公司
2816	深圳上美电器有限公司
2817	深圳市欣点通科技有限公司
2818	深圳市正琦印刷有限公司
2819	深圳市中钞信达金融科技有限公司
2820	深圳市昂宇电子有限公司
2821	深圳市志和兴业电子有限公司
2822	深圳市芯飞凌半导体有限公司
2823	深圳市容大感光科技股份有限公司
2824	深圳市忆捷创新科技有限公司
2825	深圳市东飞凌科技有限公司
2826	深圳美克激光设备有限公司
2827	深圳市粤华城科技股份有限公司
2828	深圳市摩天之星企业管理股份有限公司
2829	深圳市建恒测控股份有限公司
2830	深圳市路科创意设计有限公司
2831	深圳市正基电子有限公司
2832	深圳市行天下建筑工程有限公司
2833	深信服科技股份有限公司
2834	深圳市华怡丰科技有限公司
2835	深圳市国腾盛华电子有限公司
2836	深圳市鑫冠臣机电有限公司
2837	深圳市闪联信息技术有限公司
2838	深圳市文壹科技有限公司
2839	深圳市容大数字技术有限公司
2840	深圳极智联合科技股份有限公司
2841	深圳市秀武电子有限公司
2842	广东灿城农产品集团有限公司
2843	深圳市莱尚科技有限公司
2844	深圳华北工控股份有限公司
2845	深圳市思佳特实业发展有限公司
2846	深圳市研迅诚科技有限公司
2847	深圳市旭联信息技术有限公司
2848	深圳深略智慧信息服务有限公司
2849	深圳市宁益科技有限公司
2850	深圳市研川科技有限公司
2851	深圳市五峰材料股份有限公司
2852	深圳旅通软件科技有限公司
2853	深圳市科信达包装材料有限公司
2854	深圳市恒缤利科技有限公司
2855	深圳市德惠模具有限公司
2856	深圳市宏朝阳除湿净化设备有限公司
2857	深圳市深泰明科技有限公司
2858	恒业智能信息技术（深圳）有限公司
2859	深圳市泰普森科技有限公司
2860	深圳市时光电子有限公司
2861	深圳市英尔科技有限公司
2862	柏涛建筑设计（深圳）有限公司
2863	深圳市善时仪器有限公司
2864	深圳市磊科实业有限公司
2865	深圳市爱娃塔科技有限公司
2866	深圳市一变变压器有限公司
2867	深圳市中远达智能科技有限公司
2868	深圳市正达环境工程实业有限公司
2869	深圳市英捷迅实业发展有限公司
2870	深圳市火乐科技发展有限公司
2871	深圳好思维科技有限公司
2872	深圳市华臣数码通讯有限公司
2873	深圳市劲浪光电创新技术有限公司
2874	深圳市迪威视讯股份有限公司
2875	深圳市兴飞科技有限公司
2876	深圳市睿鑫智科技有限公司
2877	深圳市康康网络技术有限公司
2878	深圳市富发牌实业有限公司
2879	深圳溉朴农业科技有限公司
2880	深圳市大族三维科技有限公司
2881	麦凯申精密制造（深圳）有限公司
2882	深圳市宏康大伟科技有限公司
2883	捷开通讯（深圳）有限公司
2884	深圳市源禹环保科技有限公司
2885	深圳市康莱米电子股份有限公司
2886	深圳火星时代教育科技有限公司
2887	深圳市丰景晟电子科技有限公司
2888	深圳市汉匠自动化科技有限公司
2889	深圳市深家网络信息服务有限公司
2890	奥意建筑工程设计有限公司
2891	深圳市道通科技股份有限公司
2892	深圳市航科伟业电子科技有限公司
2893	深圳市中特新锐科技有限公司
2894	深圳豪杰创新电子有限公司
2895	深圳兰度生物材料有限公司
2896	深圳市鑫升新能源有限公司
2897	深圳波顿香料有限公司
2898	深圳市潜龙人软件有限公司
2899	深圳中建院建筑科技有限公司
2900	深圳市捷测电子科技有限公司
2901	深圳市元典科技发展有限公司
2902	深圳市中科圣杰净化设备有限公司
2903	深圳市贝斯特宁科技有限公司
2904	深圳市爱克信智能股份有限公司
2905	深圳市三联众瑞科技有限公司
2906	深圳市德昌裕塑胶制品有限公司
2907	深圳市奥智利科技发展有限公司

序号	单位名称
2908	深圳市君威斯科技有限公司
2909	深圳市蓝特电子有限公司
2910	深圳众恒电器有限公司
2911	深圳市亚太兴实业有限公司
2912	深圳市东汇精密机电有限公司
2913	深圳市安群生物工程有限公司
2914	深圳市国建工程造价咨询有限公司
2915	深圳乐流致远网络科技有限公司
2916	深圳市广天川新能源有限公司
2917	深圳赛盒科技有限公司
2918	深圳市冰旭科技有限公司
2919	深圳市和科达超声设备有限公司
2920	深圳市沃尔核材股份有限公司
2921	深圳市艾瑞捷电子有限公司
2922	深圳市天劲新能源科技有限公司
2923	深圳市传达科技有限公司
2924	深圳普赢创新科技股份有限公司
2925	深圳市道通智能航空技术有限公司
2926	深圳市泰拓尔电子科技有限公司
2927	深圳市鑫源通电子有限公司
2928	爱佩仪光电技术（深圳）有限公司
2929	深圳市华烨电子有限公司
2930	深圳市深远通科技有限公司
2931	深圳趣动智能科技有限公司
2932	深圳市锐宝智联信息有限公司
2933	深圳市旻君电子科技有限公司
2934	深圳市泰宝峰科技有限公司
2935	深圳市盟迪奥科技股份有限公司
2936	深圳市易联科电子有限公司
2937	深圳市爱绿地能源环境科技有限公司
2938	深圳天奥电梯有限公司
2939	深圳市鹏达欣科技有限公司
2940	深圳市华盛拓网络技术有限公司
2941	深圳市中数信技术开发有限公司
2942	深圳市越丹科技有限公司
2943	深圳市箫佳润之木包装有限公司
2944	深圳市鑫盛凯光电有限公司
2945	泰创科技股份有限公司
2946	深圳市潘道生物科技有限公司
2947	深圳市丰源达科技有限公司
2948	深圳市北诚自动化设备有限公司
2949	深圳市芊熠智能硬件有限公司
2950	深圳市合创电力设备有限公司
2951	深圳市天泽汉宇科技有限公司
2952	深圳市全星创展科技有限公司
2953	邑升顺电子（深圳）有限公司
2954	深圳市音煌电子科技有限公司
2955	深圳市东冠包装印刷纸品有限公司
2956	深圳市中凯科技有限公司
2957	深圳市世鼎通信科技有限公司
2958	深圳市劲华电子材料有限公司
2959	深圳前海东洋科技有限公司
2960	顺景园精密铸造（深圳）有限公司
2961	深圳市玛斯特尔科技有限公司
2962	深圳市菲格特智能科技有限公司
2963	深圳市华天通科技有限公司
2964	深圳清溢光电股份有限公司
2965	北亚美亚电子科技（深圳）有限公司
2966	深圳市泰坦时钟表科技有限公司
2967	航天建设集团深圳有限公司
2968	深圳市翠云谷科技有限公司
2969	深圳北斗通信科技有限公司
2970	深圳市稳亮电子有限公司
2971	深圳市中宸蓝天环保科技有限公司
2972	深圳市进一步网络科技有限公司
2973	深圳市振惠建混凝土有限公司
2974	深圳市电子商务安全证书管理有限公司
2975	深圳市倍科仪器设备有限公司
2976	深圳市海龙智通电子科技有限公司
2977	深圳市鹏讯网络科技有限公司
2978	深圳英智源智能系统有限公司
2979	云管端互联网软件有限公司
2980	深圳市耐美特工业设备有限公司
2981	深圳市立信创源科技有限公司
2982	海能达通信股份有限公司
2983	深圳市安一福科技有限公司
2984	深圳博源普惠数字技术有限公司
2985	深圳市永杰霖科技有限公司
2986	深圳市天音电子有限公司
2987	深圳市海腾建设工程有限公司
2988	深圳市顺昌华电子材料有限公司
2989	深圳市中兴微电子技术有限公司
2990	美禄电子（深圳）有限公司
2991	深圳市欧歌丽农业科技发展有限公司
2992	深圳市联尚光电有限公司
2993	深圳捷牛科技有限公司
2994	深圳市鑫宇欣电子有限公司
2995	深圳市中柏电脑技术有限公司
2996	深圳市南方海洋科技有限公司
2997	深圳信显光电科技有限公司
2998	深圳市科友电路技术有限公司
2999	深圳市精确科技有限公司
3000	深圳市品顺鑫科技有限公司
3001	深圳市多思迈电子有限公司
3002	深圳市鸿泰达实业有限公司
3003	深圳市精莞盈电子有限公司
3004	深圳市海菲创新科技有限公司
3005	深圳市兰星科技有限公司
3006	深圳市亮科光电有限公司
3007	深圳市维度市场研究咨询有限公司
3008	深圳市风发科技发展有限公司
3009	深圳市日水机械设备有限公司
3010	深圳市金英尔建设工程有限公司
3011	深圳信路通智能技术有限公司
3012	深圳市悦众智合网络传媒有限公司
3013	深圳东和精密技术有限公司
3014	深圳市风车互动科技有限公司
3015	深圳市博浩达电子有限公司
3016	深圳市爱浦信电子有限公司
3017	深圳市中润恒动科技有限公司
3018	深圳市巍特工程技术有限公司
3019	深圳市鹏微软件技术有限公司
3020	深圳市方元千色科技开发有限公司
3021	深圳市国扬通讯有限公司
3022	深圳市乔瑞电子科技有限公司
3023	深圳市华富洋照明科技有限公司
3024	深圳迈森自动化设备有限公司
3025	卓领电子（深圳）有限公司
3026	深圳市绿诗源生物技术有限公司
3027	深圳中科未来环境工程有限公司
3028	深圳市欣代光电有限公司
3029	深圳超诚缝纫科技有限公司
3030	深圳光启尖端技术有限责任公司
3031	深圳市格莱特科技有限公司
3032	深圳众联能创新能源科技有限公司
3033	深圳市创辉诚科技有限公司
3034	微旅有限公司
3035	深圳维恩贝特科技股份有限公司
3036	深圳市佛澳科技有限公司
3037	云擎信息技术（深圳）有限公司
3038	深圳市金钟默勒电器有限公司
3039	深圳市天威赛利机电设备有限公司
3040	深圳市英创艾伦智能科技有限公司
3041	深圳市创意时代会展有限公司
3042	深圳市百果互动科技有限公司
3043	深圳兆迪技术有限公司
3044	深圳市易孚信息科技有限公司
3045	深圳市华英智联通信技术有限公司
3046	深圳市迈特威视网络科技有限公司
3047	深圳市凌途科技有限公司
3048	深圳市懿美莱科技有限公司
3049	深圳市盛佳丽电子有限公司
3050	深圳市创芯技术有限公司
3051	深圳市博迪科技开发有限公司
3052	深圳米乔科技有限公司
3053	深圳尊豪网络科技股份有限公司
3054	深圳市创必得科技有限公司

序号	单位名称	序号	单位名称	序号	单位名称
3055	深圳市宜美特科技有限公司	3104	深圳和而泰智能控制股份有限公司	3153	天臣新能源（深圳）有限公司
3056	深圳市珞珈新材料科技有限公司	3105	中广核检测技术有限公司	3154	深圳市光通网络技术有限公司
3057	深圳市永丰生态环境有限公司	3106	深圳市艾威图技术有限公司	3155	深圳市联合东创科技有限公司
3058	深圳市环阳通信息技术有限公司	3107	深圳市思觅健康科技有限公司	3156	深圳市银众信息技术有限公司
3059	深圳易普森科技股份有限公司	3108	深圳市志海实业股份有限公司	3157	深圳光大同创新材料有限公司
3060	深圳华制智能制造技术有限公司	3109	深圳市井泰精密五金有限公司	3158	深圳市三度软件有限公司
3061	深圳市新智飞科技有限公司	3110	深圳市创立宏科技有限公司	3159	深圳市索诺瑞科技有限公司
3062	深圳市恒安特斯网络科技有限公司	3111	深圳芬雪光电有限公司	3160	深圳市深鸿海自动化设备有限公司
3063	深圳市中瑞远博软件信息有限公司	3112	深圳市昊源新辉电子有限公司	3161	深圳市艾肯麦客科技有限公司
3064	深圳市耕耘教育装备科技有限公司	3113	深圳创维—RGB 电子有限公司	3162	深圳市金酷珀电子科技有限公司
3065	深圳市励勤信息科技有限公司	3114	深圳市依福斯电气科技有限公司	3163	深圳市环球意科科技有限公司
3066	深圳市德富强机器人有限公司	3115	深圳市和普照明有限公司	3164	深圳市快易优科技有限公司
3067	深圳市索菱实业股份有限公司	3116	深圳市网信联动通信技术股份有限公司	3165	深圳市喜邦新材料有限公司
3068	深圳市兴华融网络科技股份有限公司	3117	深圳市星迪伟业科技有限公司	3166	深圳市爱康生物科技有限公司
3069	深圳市永盛杰科技有限公司	3118	国药集团致君（深圳）制药有限公司	3167	深圳市酷维智联科技有限公司
3070	深圳市惠程电气股份有限公司	3119	深圳市中冀联合技术股份有限公司	3168	深圳市灿升实业发展有限公司
3071	深圳市鑫嘉能科技有限公司	3120	深圳移航通信技术有限公司	3169	深圳市恒生智能科技有限公司
3072	邦彦技术股份有限公司	3121	深圳市创丽科技有限公司	3170	深圳市利运格电子有限公司
3073	深圳库博能源科技有限公司	3122	深圳市脸谱科技有限公司	3171	深圳市迈盛达信息技术有限公司
3074	深圳市奥富科数码科技有限公司	3123	深圳市卓溢科技开发有限公司	3172	深圳市卡曼普精密技术有限公司
3075	深圳市科尔诺电子科技有限公司	3124	深圳市鸿天盛信息技术有限公司	3173	精亮科技（深圳）有限公司
3076	深圳市荣强科技有限公司	3125	深圳同益新中控实业有限公司	3174	深圳市汉微科技有限公司
3077	深圳市天助人和信息技术有限公司	3126	深圳市联客万得科技有限公司	3175	深圳亿俊豪自控设备有限公司
3078	深圳市海豚互联网有限公司	3127	深圳奥腾光通系统有限公司	3176	深圳市触想智能股份有限公司
3079	深圳市福麒珠宝首饰有限公司	3128	深圳市山河动力电子有限公司	3177	深圳市世房环境建设（集团）有限公司
3080	深圳华力士物联网科技有限公司	3129	深圳市君思科技有限公司	3178	深圳市长城装饰设计工程有限公司
3081	深圳中科拓华科技有限公司	3130	深圳市金宇宙能源有限公司	3179	深圳市格瑞拓能源科技有限公司
3082	深圳市丰盛源电子有限公司	3131	深圳星精丰科技有限公司	3180	乐刷科技有限公司
3083	深圳市集朗科技有限公司	3132	深圳市精创兴科技有限公司	3181	深圳市立基傲鹏光电有限公司
3084	深圳市泰格莱精密电子有限公司	3133	深圳唐彩装饰设计工程有限公司	3182	深圳市东方鼎盛科技有限公司
3085	深圳七七元素科技有限公司	3134	森阳电子科技（深圳）有限公司	3183	深圳市蜀丰科技有限公司
3086	深圳市泰利创斯科技有限公司	3135	深圳市鼎典工业产品设计有限公司	3184	深圳市金创图电子设备有限公司
3087	深圳辉云科技有限公司	3136	深圳市程捷模架科技有限公司	3185	深圳市优斯比科技有限公司
3088	深圳市舒卷科技有限公司	3137	深圳广深互联云计算有限公司	3186	深圳市空间智慧交通设计咨询有限公司
3089	深圳市前海慧龙环保科技有限公司	3138	深圳市道尔智控科技股份有限公司	3187	深圳市明华光电有限公司
3090	深圳市中新石豆传媒技术有限公司	3139	深圳市懒人在线科技有限公司	3188	多多网络科技（深圳）股份有限公司
3091	深圳嘉利祥精工股份有限公司	3140	深圳市华云通达通信技术有限公司	3189	深圳市翰博士科技有限公司
3092	德图仪表（深圳）有限公司	3141	深圳市友联创科技有限公司	3190	深圳市皓璟照明科技有限公司
3093	深圳硕软技术有限公司	3142	深圳市鑫宏星磨具磨料有限公司	3191	深圳市汇科源电子科技有限公司
3094	深圳市威利安科技有限公司	3143	深圳英飞拓科技股份有限公司	3192	中铁建大桥工程局集团第二工程有限公司
3095	深圳市盛信康科技有限公司	3144	深圳市睿德锋科技有限公司	3193	深圳市好时达电器有限公司
3096	深圳海顿净化技术有限公司	3145	深圳市汇鑫利电子科技有限公司	3194	中广核研究院有限公司
3097	深圳市环源科技发展有限公司	3146	深圳市前海四方网络科技有限公司	3195	深圳雷柏科技股份有限公司
3098	魔萌动漫文化传播（深圳）有限公司	3147	深圳市自由美标识有限公司	3196	深圳市万盛华科技发展有限公司
3099	深圳海油工程水下技术有限公司	3148	深圳市索阳新能源科技有限公司	3197	深圳市前海网维信息有限公司
3100	深圳市景瑞科技有限公司	3149	深圳市鑫豪信电子科技有限公司	3198	弘凯光电（深圳）有限公司
3101	深圳市明微电子股份有限公司	3150	深圳市创思德科技有限公司	3199	深圳安凯利电池有限公司
3102	深圳市华增科技有限公司	3151	深圳市都市田园科技有限公司	3200	深圳市微众软件有限公司
3103	深圳市华百安智能技术有限公司	3152	深圳市兴科瑞拓科技有限公司	3201	深圳顺辉新源节能科技开发有限公司

序号	单位名称	序号	单位名称	序号	单位名称
3202	深圳市网心科技有限公司	3251	深圳市分享信息系统有限公司	3300	深圳市哈谷科技有限公司
3203	深圳市富泰和精密制造股份有限公司	3252	深圳市腾讯计算机系统有限公司	3301	深圳市智昊通信科技有限公司
3204	深圳前海小橙网科技有限公司	3253	深圳市联特佳精密科技有限公司	3302	深圳市快亚智能机床有限公司
3205	深圳北斗位途信息科技有限公司	3254	深圳市金视电子科技有限公司	3303	深圳市中微半导体有限公司
3206	深圳市联欣检测设备有限公司	3255	深圳市旭明消防设备有限公司	3304	深圳市纽贝尔电子有限公司
3207	深圳市汉派科技有限公司	3256	深圳市国新动力科技有限公司	3305	深圳市盈成科技有限公司
3208	深圳市创芯视讯科技有限公司	3257	深圳市德立信环境工程有限公司	3306	深圳嘉信源科技实业有限公司
3209	深圳市逐日科技有限公司	3258	深圳市鑫鸿发环保设备有限公司	3307	深圳市经纬纵横科技有限公司
3210	深圳市康进电子有限公司	3259	深圳市信泰工业自动化设备有限公司	3308	深圳市斯蒙奇科技有限公司
3211	深圳市芯海互联技术有限公司	3260	深圳市福瑞新科技有限公司	3309	深圳市霍达尔仪器有限公司
3212	深圳市金鹏建筑装饰工程有限公司	3261	深圳市天英科技开发有限公司	3310	深圳市财富云端信息技术有限公司
3213	深圳市敏特达电子有限公司	3262	博科能源系统（深圳）有限公司	3311	深圳市盛普威技术有限公司
3214	深圳市常润五金有限公司	3263	深圳市卓力能电子有限公司	3312	谷林电器（深圳）有限公司
3215	深圳市美亚迪科技有限公司	3264	深圳市欧法信科技有限公司	3313	深圳市奥泰格物联科技有限公司
3216	深圳市科中龙光电科技有限公司	3265	深圳市美恩微电子有限公司	3314	深圳市嘉万光通信有限公司
3217	深圳市鑫诺诚科技有限公司	3266	深圳市综合能源有限公司	3315	深圳市振高科技有限公司
3218	深圳市恒翼能自动化有限公司	3267	深圳市汉龙时代光电有限公司	3316	深圳市同博威科技有限公司
3219	深圳市海瑞光科技有限公司	3268	深圳市中科诺数码科技有限公司	3317	华安立高文具制品（深圳）有限公司
3220	深圳市嘉荣华科技有限公司	3269	深圳市思乐数据技术有限公司	3318	深圳晓风科技有限公司
3221	深圳市蜂联科技有限公司	3270	深圳市立人达电子科技有限公司	3319	深圳市讯通天煜科技有限公司
3222	深圳巨影投资发展有限公司	3271	深圳市凯晟科技有限公司	3320	前海世纪晟达（深圳）科技有限公司
3223	深圳前海航空航运交易中心有限公司	3272	深圳稳泰电声有限公司	3321	深圳市名家汇科技股份有限公司
3224	深圳市日出印像数字科技有限公司	3273	深圳市巨彩科技有限公司	3322	深圳市普新环境资源技术有限公司
3225	深圳市奥力正格电子有限公司	3274	深圳市禹龙通电子有限公司	3323	深圳钜宝精密模具有限公司
3226	广东未来科技有限公司	3275	深圳市江天包装材料有限公司	3324	深圳市万通达科技有限公司
3227	深圳市康尼塑胶有限公司	3276	深圳市桥桥科技有限公司	3325	深圳市卓翼科技股份有限公司
3228	深圳市沐梵照明有限公司	3277	深圳市欧克勒亚科技有限公司	3326	深圳市新图科技有限公司
3229	深圳市绿联科技有限公司	3278	深圳市同洲电子股份有限公司	3327	深圳市奇音电子有限公司
3230	深圳壹捌玖通讯科技有限公司	3279	深圳市帝杰安科技有限公司	3328	深圳市铱云云计算有限公司
3231	深圳开维教育信息技术股份有限公司	3280	深圳市星潮热点传播股份有限公司	3329	深圳市佳捷现代物流有限公司
3232	深圳盐港建设工程有限公司	3281	深圳市格视智能科技有限公司	3330	深圳市车易泊技术股份有限公司
3233	深圳市赛尔盈电子有限公司	3282	深圳市大月壕科技有限公司	3331	深圳市英诺维信自动化设备有限公司
3234	深圳市洛丁光电有限公司	3283	深圳市诚芯微科技有限公司	3332	深圳市凯立德科技股份有限公司
3235	深圳市盛讯达科技股份有限公司	3284	深圳市凯码时代科技有限公司	3333	深圳市时纬机器人有限公司
3236	深圳市擎联科技有限公司	3285	深圳市海思半导体有限公司	3334	深圳市光宝光电有限公司
3237	深圳市利万家智能技术有限公司	3286	深圳华天信通科技有限公司	3335	深圳市亿控电子科技有限公司
3238	深圳市万腾电子有限公司	3287	深圳市坚美欧电子有限公司	3336	深圳市普兰软件有限公司
3239	深圳市富城隆光电照明有限公司	3288	深圳市前海小蚂蚁文化传媒有限公司	3337	绿诺能源科技（深圳）有限公司
3240	深圳市侃佩电子有限公司	3289	深圳市伏欧尔科技有限公司	3338	深圳市中恒正科技有限公司
3241	深圳市奥耐电气技术有限公司	3290	深圳市盛立科技有限公司	3339	深圳易加油信息科技有限公司
3242	深圳市安顺节能科技发展有限公司	3291	深圳市力达创新科技有限公司	3340	深圳市格特隆光电有限公司
3243	深圳市开源通信有限公司	3292	深圳市来事达电线电缆实业有限公司	3341	远古合众科技开发（深圳）有限公司
3244	深圳市中航生命健康科技有限公司	3293	深圳市博恩实业有限公司	3342	深圳市赛迈科技有限公司
3245	深圳市欧克蓝科技有限公司	3294	毅华盛世科技（深圳）有限公司	3343	深圳市得润电子股份有限公司
3246	深圳市商德先进陶瓷股份有限公司	3295	深圳市耀德科技股份有限公司	3344	深圳市精通盛电子有限公司
3247	深圳市菲迪亚数码电子有限公司	3296	深圳市欧利德仪器仪表有限公司	3345	深圳市普博科技有限公司
3248	深圳市创世易明科技有限公司	3297	深圳市迪凯能科技有限公司	3346	深圳市信通检测技术有限公司
3249	深圳市天玑恒业科技有限公司	3298	深圳市凯弦电气自动化有限公司	3347	深圳市网联天下科技有限公司
3250	深圳市三恩时科技有限公司	3299	深圳市国显科技有限公司	3348	深圳市宇博能源设备有限公司

序号	单位名称	序号	单位名称	序号	单位名称
3349	深圳市国盛电业发展有限公司	3398	深圳市迈瑞德电子有限公司	3447	深圳市绚图新材料科技有限公司
3350	深圳易科讯科技有限公司	3399	深圳市精益精科技有限公司	3448	深圳市成像通科技有限公司
3351	深圳市坐标建筑装饰工程股份有限公司	3400	深圳市豪恩声学股份有限公司	3449	深圳市康平科技发展有限公司
3352	深圳市华保科技有限公司	3401	深圳市华一传动技术有限公司	3450	深圳市城际云科技开发有限公司
3353	深圳市协一成机械设备有限公司	3402	深圳市火种数字科技有限公司	3451	深圳市百思科电子科技有限公司
3354	深圳市鑫王牌科技发展有限公司	3403	深圳市唯内德软件开发有限公司	3452	深圳圣诺医疗设备股份有限公司
3355	深圳市领耀东方科技股份有限公司	3404	深圳兴通成机电技术有限公司	3453	深圳市比巴科技有限公司
3356	深圳华强电子交易网络有限公司	3405	深圳市易贵科技有限公司	3454	濠玮精密科技（深圳）有限公司
3357	深圳市北电正光科技有限公司	3406	深圳市芯域联合半导体科技有限公司	3455	瑞安复合材料（深圳）有限公司
3358	深圳市容大彩晶科技有限公司	3407	深圳市熙龙玩具有限公司	3456	深圳市艾利特医疗科技有限公司
3359	深圳市华拓讯科技有限公司	3408	深圳市富高康电子有限公司	3457	深圳市圣志达精密模具有限公司
3360	深圳市电陶思创科技有限公司	3409	深圳市雅码科技有限公司	3458	深圳市巨牛包装材料有限公司
3361	深圳市安全快充技术有限公司	3410	深圳中迈数字医疗技术有限公司	3459	深圳市风云实业有限公司
3362	深圳市中科美城科技有限公司	3411	深圳市欧可讯科技有限公司	3460	深圳市华博科技开发有限公司
3363	深圳市德士康科技有限公司	3412	深圳浩雄科技有限公司	3461	深圳市阿瑞仕科技有限公司
3364	深圳市龙云创新航空科技有限公司	3413	深圳市西盟特电子有限公司	3462	深圳市深宝华城科技有限公司
3365	深圳市臻美亚太科技有限公司	3414	深圳市丹耐斯机械有限公司	3463	深圳市梓晶微科技有限公司
3366	深圳市大能节能技术有限公司	3415	深圳市商汤科技有限公司	3464	深圳市凌捷信科技有限公司
3367	深圳微星星科技股份有限公司	3416	深圳市凯东源现代物流股份有限公司	3465	深圳市数博环球电子有限公司
3368	深圳市米饭儿数据科技有限公司	3417	深圳市励高表面处理材料有限公司	3466	深圳市嘉运达科技有限公司
3369	深圳市和光同诚科技有限公司	3418	深圳瑞辉精密五金有限公司	3467	深圳平安综合金融服务有限公司
3370	深圳海能动力控股有限公司	3419	深圳合一智控有限公司	3468	深圳市国基视讯技术有限公司
3371	深圳松语信息科技有限公司	3420	深圳市威视特光电科技有限公司	3469	深圳市华力特起重机械设备有限公司
3372	深圳市蓝极星光电科技有限公司	3421	深圳市索飞翔科技有限公司	3470	深圳道汇环保科技有限公司
3373	深圳日耀世纪照明科技有限公司	3422	深圳市惠康电机制造有限公司	3471	深圳前海橙色魔方信息技术有限公司
3374	深圳市汇杰芯科技有限公司	3423	深圳市火焱激光科技有限公司	3472	深圳市志腾永盛科技有限公司
3375	深圳航天科技创新研究院	3424	深圳领域天马网络有限公司	3473	深圳市定军山科技有限公司
3376	深圳市锦锐科技有限公司	3425	深圳市厚物科技有限公司	3474	深圳市优尔数控软件有限公司
3377	深圳市斯康达电子有限公司	3426	深圳索信达数据技术股份有限公司	3475	深圳市艾宝莉时尚设计有限公司
3378	深圳市欧恩德技术有限公司	3427	深圳市鑫航盛科技有限公司	3476	格林美股份有限公司
3379	深圳市视高电子技术有限公司	3428	深圳市富视科技有限公司	3477	深圳市柏尔智能科技股份有限公司
3380	深圳市顺盟科技有限公司	3429	深圳市国电科技通信有限公司	3478	深圳市普云智能科技有限公司
3381	深圳卓领科技股份有限公司	3430	深圳市鸿辉盈科电子发展有限公司	3479	深圳市合泰文化发展有限公司
3382	深圳市金旺达机电有限公司	3431	深圳市斯灯达电子有限公司	3480	深圳市国人射频通信有限公司
3383	深圳市飞速精密模具有限公司	3432	深圳市好利时实业有限公司	3481	深圳市润唐发明电器有限公司
3384	深圳市中科华工科技有限公司	3433	深圳市威兆半导体有限公司	3482	深圳市派沃新能源科技股份有限公司
3385	深圳融信网金信息科技有限公司	3434	深圳市欣华兴节能科技有限公司	3483	深圳市忠信塑料科技有限公司
3386	核讯联合软件科技（深圳）有限公司	3435	深圳市一九智能电子科技有限公司	3484	深圳市景新浩科技有限公司
3387	深圳安信网络系统有限公司	3436	深圳市馨园网络信息科技有限公司	3485	深圳市联程商旅有限公司
3388	深圳力合信息技术有限公司	3437	晶门科技（深圳）有限公司	3486	深圳市鑫晨丰电子有限公司
3389	深圳市魅动智能股份有限公司	3438	深圳市豪科园林有限公司	3487	威盛电子（深圳）有限公司
3390	深圳市骏普科技开发有限公司	3439	深圳市圭石南方科技发展有限公司	3488	深圳市华佗在线网络有限公司
3391	深圳市中手游网络科技有限公司	3440	深圳市夸克生物科技有限公司	3489	凯达威尔创新科技（深圳）有限公司
3392	深圳市贝利斯科技发展有限公司	3441	深圳朗拓新能源有限公司	3490	深圳华远微电科技有限公司
3393	深圳市小欧工品电子商务有限公司	3442	深圳市贝特康科技有限公司	3491	深圳市富盛电子有限公司
3394	深圳市博安通科技股份有限公司	3443	中华商务联合印刷（广东）有限公司	3492	深圳市麦克斯精密机电有限公司
3395	深圳市神尔科技股份有限公司	3444	深圳风月科技有限公司	3493	深圳市易仓科技有限公司
3396	深圳市迈德威视科技有限公司	3445	深圳市金峰环保科技有限公司	3494	深圳领络科技有限公司
3397	置富科技（深圳）股份有限公司	3446	深圳市恒明星照明有限公司	3495	深圳市博仕博科技有限公司

序号	单位名称	序号	单位名称	序号	单位名称
3496	深圳市安泰盛达科技有限公司	3545	迅兴精密工业（深圳）股份有限公司	3594	深圳市车安达汽保设备有限公司
3497	深圳瑞信达科技术有限公司	3546	普联技术有限公司	3595	深圳市星火电子工程公司
3498	深圳市科通能科技有限公司	3547	深圳市五一五游戏网络有限公司	3596	深圳市铁创科技发展有限公司
3499	深圳市慧鼎创科技有限公司	3548	深圳市屹智科技开发有限公司	3597	深圳市捷福欣实业有限公司
3500	深圳市轴心自控技术有限公司	3549	深圳市泓源林计算机软件有限公司	3598	深圳市力马微科技有限公司
3501	深圳市展红机电设备有限公司	3550	奇诺光瑞电子（深圳）有限公司	3599	深圳市展恒电子有限公司
3502	深圳市锦鸿光电有限责任公司	3551	深圳市三一显示设备有限公司	3600	深圳市欣普斯科技有限公司
3503	深圳市中诺同创科技有限公司	3552	深圳市创卓为科技有限公司	3601	深圳市洁驰科技有限公司
3504	深圳市艾科赛龙科技股份有限公司	3553	百度国际科技（深圳）有限公司	3602	天下支付科技有限公司
3505	深圳市世纪福科技有限公司	3554	深圳市维德营养饲料有限公司	3603	深圳翔成电子科技有限公司
3506	云幻教育科技股份有限公司	3555	深圳市深一龙电子有限公司	3604	深圳安迪尔智能技术有限公司
3507	深圳市华第时代科技有限公司	3556	深圳北控丰泰投资有限公司	3605	深圳市凌登科技有限公司
3508	深圳盛显科技有限公司	3557	深圳晨美颜料色母粒有限公司	3606	深圳市宇讯达电子有限公司
3509	深圳天鹰兄弟无人机创新有限公司	3558	深圳华迅光通技术有限公司	3607	深圳中科拓达农业科技有限公司
3510	深圳市飞鸿光电子有限公司	3559	深圳市泰科智控科技有限公司	3608	深圳市盛德鑫自动化设备有限公司
3511	深圳惠众联合科技有限责任公司	3560	深圳市银河通信科技有限公司	3609	深圳润城生态环境科技股份有限公司
3512	深圳市美力机电安装有限公司	3561	深圳天使传媒有限公司	3610	深圳市佳士机器人自动化设备有限公司
3513	深圳市凯信光电有限公司	3562	深圳市小瑞科技股份有限公司	3611	深圳市宏瑞达环境技术有限公司
3514	深圳市鑫冠辉电子有限公司	3563	深圳力维信息技术有限公司	3612	深圳市晶台股份有限公司
3515	深圳市紫衡技术有限公司	3564	深圳市精捷能电子有限公司	3613	深圳市安科瑞仪器有限公司
3516	深圳市汇深网信息科技有限公司	3565	深圳市霆宝科技有限公司	3614	深圳市贝可科技有限公司
3517	稻兴科技（深圳）有限公司	3566	深圳澳特爱电子有限公司	3615	深圳市瑞成科讯实业有限公司
3518	深圳市任子行科技开发有限公司	3567	深圳市正荣电子有限公司	3616	深圳市同奥科技有限公司
3519	深圳市好写科技有限公司	3568	深圳市创通智能设备有限公司	3617	深圳微纳增材技术有限公司
3520	深圳市好一生电子科技有限公司	3569	深圳市丝路蓝创意展示有限公司	3618	深圳艾文普科技有限公司
3521	深圳格力浦电子有限公司	3570	深圳奥赛思科技有限公司	3619	深圳市拓日新能源科技股份有限公司
3522	深圳市研唐科技有限公司	3571	深圳捷工仪器制造有限公司	3620	深圳市信通恒昌科技有限公司
3523	中智科创机器人有限公司	3572	深圳市莱莉雅环保科技有限公司	3621	深圳科蓝金信科技发展有限公司
3524	深圳市大象视界科技有限公司	3573	深圳市深海瑞格科技有限公司	3622	深圳市正阳精密装备有限公司
3525	深圳市云中飞电子有限公司	3574	深圳市朗鑫智能科技有限公司	3623	深圳市伟安特电子有限公司
3526	深圳市德春水电工程有限公司	3575	深圳市万通网通信技术有限公司	3624	深圳市飞凡尔科技有限公司
3527	深圳市协昌科技有限公司	3576	深圳云联讯数据科技有限公司	3625	深圳市七善科技有限公司
3528	深圳市标顶科技有限公司	3577	深圳市国康健康管理服务有限公司	3626	深圳朗光科技有限公司
3529	深圳市冠凯科技有限公司	3578	深圳市隆客色电子技术有限公司	3627	深圳市声辉电子有限公司
3530	深圳市深圳通电子商务有限公司	3579	深圳市兴海物联科技有限公司	3628	竞华电子（深圳）有限公司
3531	深圳市赛柏敦自动化设备有限公司	3580	深圳市尚维高科电子科技有限公司	3629	深圳市博辉特科技有限公司
3532	深圳市腾远智拓电子有限公司	3581	深圳维普世科技有限公司	3630	深圳市业丰科技有限公司
3533	深圳市辉英信电子有限公司	3582	深圳市祖科光源科技有限公司	3631	深圳市邦克仕科技有限公司
3534	深圳市大道至简信息技术有限公司	3583	深圳齐牛互联网金融服务有限公司	3632	深圳市大族元亨光电股份有限公司
3535	深圳市中燃科技有限公司	3584	深圳市光至美科技有限公司	3633	深圳市立人电脑制品有限公司
3536	深圳裕策生物科技有限公司	3585	深圳市深联创展科技开发有限公司	3634	深圳市鸿瑞传感仪器有限公司
3537	深圳市汇宇朗景科技有限公司	3586	深圳市华夏协众网络科技有限公司	3635	深圳拓能达科技有限公司
3538	深圳市和奕光电有限公司	3587	深圳市商之杰电子商务有限公司	3636	深圳深博自动化有限公司
3539	深圳市锋瑞佳实业发展有限公司	3588	深圳市科艺嘉电子有限公司	3637	深圳超能电路板有限公司
3540	深圳北林地景园林生态有限公司	3589	深圳市和宏实业股份有限公司	3638	深圳市领航欣科技有限公司
3541	深圳市杰升达机械有限公司	3590	深圳市宝腾互联科技有限公司	3639	深圳中航金鼎股份公司
3542	深圳可思美科技有限公司	3591	深圳市大梦龙途文化传播有限公司	3640	深圳市艾威视数码科技有限公司
3543	深圳市贝特尔机器人有限公司	3592	深圳市金典电子科技有限公司	3641	深圳市宇波智能工程技术有限公司
3544	深圳市万信达生态环境股份有限公司	3593	深圳市中锂能源技术有限公司	3642	游晟印染（深圳）有限公司

序号	单位名称	序号	单位名称	序号	单位名称
3643	深圳市宏顺达塑胶制品有限公司	3692	深圳市博奥特科技有限公司	3741	深圳市通商宝科技有限公司
3644	深圳市艾特航空科技股份有限公司	3693	深圳市通力信科技有限公司	3742	深圳市群晖智能科技股份有限公司
3645	深圳市东宁数控设备有限公司	3694	深圳市洲旭电路科技有限公司	3743	深圳市中光光电有限公司
3646	深圳市音视汇科技有限公司	3695	深圳市安华计算机有限公司	3744	深圳市瑞龙祥电子有限公司
3647	永曜电机（深圳）有限公司	3696	深圳市鹏达金电子设备有限公司	3745	深圳市泰江生物医疗科技有限公司
3648	深圳市诺德斯特科技有限公司	3697	深圳市飞盈佳乐电子有限公司	3746	深圳立欧实业有限公司
3649	深圳市英威腾智能控制有限公司	3698	深圳市时代高科信息技术有限公司	3747	深圳市瑞沃德生命科技有限公司
3650	深圳市乐百特新材料技术有限公司	3699	宇星科技发展（深圳）有限公司	3748	深圳市江胜科技有限公司
3651	深圳市联科科技有限公司	3700	深圳市中检检测设备有限公司	3749	深圳柏睿网络科技有限公司
3652	深圳市金誉田电子有限公司	3701	深圳锐取电子有限公司	3750	深圳瑞博商务有限公司
3653	深圳市安马特科技有限公司	3702	深圳市企企通科技有限公司	3751	深圳市云屋科技有限公司
3654	深圳市明鑫成建设工程有限公司	3703	深圳市航盛电子股份有限公司	3752	深圳市双基智控科技有限公司
3655	深圳市正天伟科技有限公司	3704	深圳市小智星科技有限公司	3753	深圳市互联立方技术服务有限公司
3656	深圳市金鸿桦烨电子科技有限公司	3705	深圳卓锐思创科技有限公司	3754	深圳市御奇智能工程有限公司
3657	深圳市凯奥斯卡多媒体科技有限公司	3706	深圳市西沃智能科技有限公司	3755	深圳市吉百顺科技有限公司
3658	深圳市翌日科技有限公司	3707	深圳市矩阵室内装饰设计有限公司	3756	深圳市胜航精密连接器有限公司
3659	深圳传奇无限网络有限公司	3708	深圳市国电赛思科技有限公司	3757	深圳市新兴达科技发展有限公司
3660	深圳市中鼎源科技有限公司	3709	深圳勤本电子有限公司	3758	深圳市德捷力冷冻科技有限公司
3661	深圳市南航电子工业有限公司	3710	深圳点猫科技有限公司	3759	深圳市宝测达科技有限公司
3662	深圳市好博译翻译有限公司	3711	深圳市中亿远环保科技有限责任公司	3760	深圳创能恒电科技有限公司
3663	深圳市蘑菇兄弟科技有限公司	3712	深圳市振华通信设备有限公司	3761	深圳市芭田生态工程股份有限公司
3664	深圳市恒诺泰科技有限公司	3713	深圳市因尚网络科技股份有限公司	3762	深圳达人高科电子有限公司
3665	深圳市默赛尔生物医学科技发展有限公司	3714	深圳市精锐兄弟机床有限公司	3763	深圳高速工程信息有限公司
3666	深圳锐取信息技术股份有限公司	3715	深圳市齐鲁通电子有限公司	3764	深圳市众所周知传媒有限公司
3667	春源科技（深圳）有限公司	3716	深圳市朗琴音响技术有限公司	3765	深圳市猛犸世纪科技有限公司
3668	深圳市嘉纳通讯技术有限公司	3717	深圳市晟碟半导体有限公司	3766	光宏光电技术（深圳）有限公司
3669	深圳市迈迪杰电子科技有限公司	3718	深圳市鸿锦泰电子科技有限公司	3767	深圳市中联讯科技有限公司
3670	深圳市中测计量检测技术有限公司	3719	深圳市古方中药饮片有限公司	3768	深圳市银之杰科技股份有限公司
3671	深圳市基础工程有限公司	3720	深圳市斐畅佳实业有限公司	3769	航天网安技术（深圳）有限公司
3672	深圳市晶进科技有限公司	3721	深圳市合川科技有限公司	3770	深圳市信息大成网络有限公司
3673	深圳前瞻资讯股份有限公司	3722	深圳凯吉星农产品检测认证有限公司	3771	深圳市瑞康宏业科技开发有限公司
3674	深圳市晶东伟业科技有限公司	3723	深圳市拓特电子有限公司	3772	深圳市乐有家网络科技有限公司
3675	深圳市玛雅通讯设备有限公司	3724	深圳中铭勘测股份有限公司	3773	深圳南北互联网金融服务有限公司
3676	深圳犀牛之星信息股份有限公司	3725	深圳市朗奥洁净科技有限公司	3774	深圳市长江连接器有限公司
3677	深圳毅彩鸿翔新材料科技有限公司	3726	深圳信立泰药业股份有限公司	3775	深圳市洁王精细化工科技有限公司
3678	深圳市蓝盾环保科技有限公司	3727	深圳海外装饰工程有限公司	3776	深圳市新泽宇音响科技有限公司
3679	深圳市柏明胜医疗器械有限公司	3728	深圳市华佳慧科技有限公司	3777	深圳市融智兴科技有限公司
3680	深圳市耐特电路板有限公司	3729	深圳市福正达科技有限公司	3778	深圳市陶氏水处理设备技术开发有限公司
3681	深圳易方数码科技股份有限公司	3730	深圳市阳光之路生物材料科技有限公司	3779	深圳市华星源泰科技有限公司
3682	深圳市安立克电子有限公司	3731	深圳市纳泽光电有限公司	3780	深圳市天添光电科技有限公司
3683	深圳市新方略科技有限公司	3732	深圳市小禾科技有限公司	3781	深圳市慧川科技发展有限公司
3684	深圳市海科盛科技有限公司	3733	深圳市星嘉艺纸艺有限公司	3782	深圳市瑞锋仪器有限公司
3685	深圳鹏汇功能材料有限公司	3734	深圳市新劲力机械有限公司	3783	深圳市一诺威科技有限公司
3686	深圳市美联美客科技有限公司	3735	深圳广田智能科技有限公司	3784	深圳市吉村电子有限公司
3687	深圳市建滔科技有限公司	3736	深圳市海燕科技有限公司	3785	深圳建溢宝电子有限公司
3688	深圳市尚荣医疗股份有限公司	3737	深圳市中通创安科技有限公司	3786	深圳拓普科新能源科技有限公司
3689	深圳市轩仑科技有限公司	3738	深圳市深捷通管业发展有限公司	3787	英德（深圳）环保科技有限公司
3690	深圳市迈斯科技有限公司	3739	深圳市平驰实业有限公司	3788	深圳市百乐达精密模具有限公司
3691	深圳市全球通检测服务有限公司	3740	深圳市智创电机有限公司	3789	深圳坚朗海贝斯智能科技有限公司

序号	单位名称
3790	深圳市金麒麟软件有限公司
3791	深圳市矽创优科技有限公司
3792	深圳市轻码云科技有限公司
3793	深圳市双银科技有限公司
3794	艾仕达尔航空科技（深圳）有限公司
3795	深圳市兴丰元机电有限公司
3796	深圳市飞宇通视讯工程有限公司
3797	深圳创动科技有限公司
3798	深圳中科世界机器人有限公司
3799	深圳市辰多星电子科技有限公司
3800	深圳市贝斯沃科技有限公司
3801	深圳市铭洋兴业科技有限公司
3802	深圳市路盛达科技有限公司
3803	深圳市海拓华擎生物科技有限公司
3804	深圳市劳伦斯环保电器设备有限公司
3805	广东中安金狮科创有限公司
3806	深圳市百通利电子有限公司
3807	雷松科技（深圳）有限公司
3808	深圳市德利欧科技有限公司
3809	深圳市荣兴精密激光技术有限公司
3810	深圳市恒诺物联科技有限公司
3811	深圳鸿兴永利电子科技有限公司
3812	深圳市威文科技有限公司
3813	深圳市艾迪格科技有限公司
3814	深圳市金耀辉科技有限公司
3815	深圳市惠诚自动化科技有限公司
3816	深圳优特伟业科技有限公司
3817	深圳华拓明通科技有限公司
3818	深圳市博林达科技有限公司
3819	深圳市迪博企业风险管理技术有限公司
3820	深圳市佳创视讯技术股份有限公司
3821	深圳市逸云天电子有限公司
3822	深圳市民乐管业有限公司
3823	深圳市洋昊电器有限公司
3824	深圳智慧时空科技有限公司
3825	深圳真瑞生物科技有限公司
3826	深圳市锦丰包装科技有限公司
3827	深圳市德明微电子有限公司
3828	深圳市循州电子科技有限公司
3829	金森数码产品（深圳）有限公司
3830	深圳市飞康德电子科技有限公司
3831	深圳市卡的智能科技有限公司
3832	深圳市精科睿精密制品有限公司
3833	深圳市银河系科技有限公司
3834	深圳市思普达软件系统股份有限公司
3835	中航光电精密电子（深圳）有限公司
3836	深圳市亚然照明有限公司
3837	深圳市贝尔信科技有限公司
3838	深圳市众一贸泰电路板有限公司
3839	深圳市鑫明康精密电子有限公司
3840	深圳市心迪宝通信设备有限公司
3841	深圳市小白马能源科技有限公司
3842	深圳市伟创高科电子有限公司
3843	深圳东南创通智能科技有限公司
3844	深圳市云帆加速科技有限公司
3845	深圳市星百亿电子有限公司
3846	深圳市博尔思电子有限公司
3847	深圳市联翔电机有限公司
3848	深圳瑞丰恒激光技术有限公司
3849	深圳市宝泓微电子科技有限公司
3850	深圳市凯狮博电子有限公司
3851	深圳科装智能电子技术有限公司
3852	深圳市伟创源科技有限公司
3853	深圳市星商电子商务有限公司
3854	深圳市大百汇技术有限公司
3855	深圳市景阳科技股份有限公司
3856	深圳市壹零壹精密设备有限公司
3857	深圳市鸿广德科技有限公司
3858	深圳市晶影光技术有限公司
3859	深圳中科系统集成技术有限公司
3860	深圳市凌鑫电子有限公司
3861	深圳市欧谱雷科技有限公司
3862	深圳蒙发利科技有限公司
3863	深圳市麦瑞科林科技有限公司
3864	深圳市奥斯达新材料有限公司
3865	深圳市多门数字科技有限公司
3866	深圳市福英达工业技术有限公司
3867	深圳市隆科电子有限公司
3868	深圳市概念智慧科技有限公司
3869	深圳市合骏光电技术有限公司
3870	深圳市汇健医疗工程有限公司
3871	深圳市华科天信科技有限公司
3872	深圳星盘数据有限责任公司
3873	深圳市海源节能科技有限公司
3874	深圳市天诺泰科技有限公司
3875	深圳市思达仪表有限公司
3876	深圳超多维科技有限公司
3877	深圳市乐源时代科技有限公司
3878	深圳市海拓达电子技术有限公司
3879	深圳市华傲数据技术有限公司
3880	纬衡浩建科技（深圳）有限公司
3881	深圳市电王科技有限公司
3882	玛西普医学科技发展（深圳）有限公司
3883	深圳生溢快捷电路有限公司
3884	深圳瑞和建筑装饰股份有限公司
3885	深圳市福田区环境技术研究所有限公司
3886	深圳优旺特科技有限公司
3887	深圳市众恒世讯科技股份有限公司
3888	深圳市研辰科技有限公司
3889	深圳英伦科技股份有限公司
3890	深圳市英迈通信技术有限公司
3891	深圳市新国都技术股份有限公司
3892	深圳市龙岗远望软件技术有限公司
3893	深圳市卓朗微电子有限公司
3894	深圳市润地机械设备有限公司
3895	深圳迈瑞生物医疗电子股份有限公司
3896	深圳市众谷智能科技有限公司
3897	深圳市橄榄叶科技有限公司
3898	深圳市特尔佳科技股份有限公司
3899	深圳市万国电器有限公司
3900	深圳市易赛通信技术有限公司
3901	深圳市畅娱天下科技有限公司
3902	深圳市航顺芯片技术研发有限公司
3903	深圳市三辰科技有限公司
3904	深圳市泰格华科技有限公司
3905	深圳市利市通科技有限公司
3906	深圳车发发科技有限公司
3907	深圳市昆仑环境事业发展有限公司
3908	深圳市诺林电子科技有限公司
3909	深圳市华星视界科技有限公司
3910	深圳市守正航空工业有限公司
3911	深圳联和热流道系统有限公司
3912	深圳市星辰互动科技有限公司
3913	深圳市悦星科技有限公司
3914	深圳华望技术有限公司
3915	深圳市布易科技有限公司
3916	深圳市安特计算机科技有限公司
3917	倍利得电子科技（深圳）有限公司
3918	深圳市艾华迪技术有限公司
3919	深圳市百为通科技有限公司
3920	深圳市克伦特印刷设备有限公司
3921	深圳易库易有限公司
3922	深圳小区宝网络技术有限公司
3923	深圳市多与少空间展示艺术有限公司
3924	深圳市远行科技股份有限公司
3925	深圳市锐迪智慧科技有限公司
3926	深圳市码市科技有限公司
3927	深圳市雷赛软件技术有限公司
3928	深圳市美茵技术检测有限公司
3929	深圳市讯美科技有限公司
3930	深圳前海小鸟云计算有限公司
3931	深圳市西陆光电技术有限公司
3932	深圳市康风环境科技发展有限公司
3933	深圳市中能制冷科技有限公司
3934	深圳金迈克精密科技有限公司
3935	深圳市富优科技有限公司
3936	深圳市海达克新能源材料有限公司

序号	单位名称	序号	单位名称	序号	单位名称
3937	深圳京科精密模型有限公司	3986	深圳市大德激光技术有限公司	4035	深圳市润东来科技有限公司
3938	深圳耐比科技股份有限公司	3987	深圳市博奥特智能科技有限公司	4036	深圳聚众创科技有限公司
3939	深圳市千百炼科技有限公司	3988	深圳市寰宇时代信息技术有限公司	4037	中禾生物种业集团有限公司
3940	深圳市昌鸿和协机械设备有限公司	3989	深圳市兴盛源电子有限公司	4038	深圳繁易电气有限公司
3941	深圳市鑫荣兴科技有限公司	3990	深圳市置辰海信科技有限公司	4039	深圳市美迪电子有限公司
3942	深圳万众创新科技有限公司	3991	深圳市中金恒泰互联网科技股份有限公司	4040	深圳市视清科技有限公司
3943	百强电子（深圳）有限公司	3992	深圳市知行智驱技术有限公司	4041	力工科技（深圳）有限公司
3944	深圳市皓祥光电有限公司	3993	欧朋达科技（深圳）有限公司	4042	深圳新锐芯科技有限公司
3945	深圳米唐科技有限公司	3994	深圳市欣视景科技股份有限公司	4043	深圳市盈达顺科技有限公司
3946	深圳市超音速电子科技有限公司	3995	深圳市非洗不可网络科技有限公司	4044	深圳亚力盛科技有限公司
3947	深圳市卓安时代科技有限公司	3996	深圳久凌软件技术有限公司	4045	深圳市神州龙资讯服务有限公司
3948	深圳市励研科技有限公司	3997	深圳市威创日新科技有限公司	4046	深圳博阳好易信息技术有限公司
3949	深圳市佰欧达科技有限公司	3998	深圳市泰格运控科技有限公司	4047	深圳市中科汉天下电子有限公司
3950	广东安普迪康电气技术有限公司	3999	雅致精密工业（深圳）有限公司	4048	深圳市润格莱电子有限公司
3951	深圳市利谱信息技术有限公司	4000	深圳市金科信软件开发有限公司	4049	深圳市敢为软件技术有限公司
3952	深圳科士达科技股份有限公司	4001	深圳市仙鱼环保科技有限公司	4050	深圳市莱必德电子材料有限公司
3953	深圳市龙江电路有限公司	4002	深圳市龙盾信息工程有限公司	4051	深圳市久巨工业设备有限公司
3954	深圳市思远半导体有限公司	4003	深圳市惠红兴光电科技有限公司	4052	深圳市思创斯克电子有限公司
3955	三和创精密模具（深圳）有限公司	4004	深圳市前海酷石科技有限公司	4053	深圳市凯奥模具技术有限公司
3956	深圳市蓝鲸工业设计有限公司	4005	深圳市科达超声自动化设备有限公司	4054	维达力实业（深圳）有限公司
3957	经方精密医疗（深圳）有限公司	4006	深圳市仁创艺电子有限公司	4055	深圳前海增信通信息服务有限公司
3958	耀晋科技（深圳）有限公司	4007	深圳市正大盈拓识别技术有限公司	4056	深圳市新宁现代物流有限公司
3959	深圳中青宝互动网络股份有限公司	4008	深圳市思博慧数据科技有限公司	4057	深圳市力量威科技有限公司
3960	深圳华博高科光电技术有限公司	4009	深圳市俊凯龙科技有限公司	4058	深圳市大鳄生物科技股份有限公司
3961	深圳市瑞驰信息技术有限公司	4010	深圳市小宝机器人有限公司	4059	深圳市车生活科技有限公司
3962	深圳宣顶实业有限公司	4011	深圳市迪丰能源科技有限公司	4060	深圳易联凯科技有限公司
3963	深圳方凯信科技有限公司	4012	深圳市互联在线信息技术有限公司	4061	深圳新创云计算机有限公司
3964	睿初科技（深圳）有限公司	4013	深圳市华磊移动设备科技有限公司	4062	奥仕达电器（深圳）有限公司
3965	亚瑞源科技（深圳）有限公司	4014	深圳市永利兴印刷有限公司	4063	深圳市穹顶工业照明技术有限公司
3966	深圳市绿得宝保健食品有限公司	4015	深圳市建筑科学研究院股份有限公司	4064	深圳乐途驱动技术有限公司
3967	深圳市庆丰科技有限公司	4016	深圳市美芯微电子有限公司	4065	深圳市凌通制冷机电有限公司
3968	深圳唯创知音电子有限公司	4017	深圳市旭龙昇电子有限公司	4066	深圳市君和睿通科技股份有限公司
3969	深圳市和心共创电子有限公司	4018	深圳市冠旭科技有限公司	4067	深圳市华智联科技有限公司
3970	深圳市旭感神州信息技术有限公司	4019	环胜电子（深圳）有限公司	4068	深圳市登峰网印设备有限公司
3971	深圳市小智成科技有限公司	4020	深圳市方宇鑫材料科技有限公司	4069	深圳市万骏兴科技有限公司
3972	深圳市南方源芯电气有限公司	4021	深圳市鑫宝达电机有限公司	4070	深圳市超力源科技有限公司
3973	深圳市汇滨净水科技有限公司	4022	深圳市方泰设备技术有限公司	4071	凡方数码设备有限公司
3974	深圳前海微众银行股份有限公司	4023	深圳市讯茂科技有限公司	4072	深圳市领德奥普电子有限公司
3975	深圳奥哲网络科技有限公司	4024	深圳市鸿效节能股份有限公司	4073	深圳市康时源科技有限公司
3976	深圳市强新鸿科技发展有限公司	4025	深圳市光彩凯宜电子开发有限公司	4074	深圳市迈翔科技有限公司
3977	深圳市建福科技有限公司	4026	深圳市碧绿天科技有限公司	4075	深圳市方腾光源技术有限公司
3978	深圳市小道科技有限公司	4027	深圳市鑫业智能卡有限公司	4076	深圳市毅丰光电科技有限公司
3979	深圳市捷达康精密模具有限公司	4028	深圳市东佳杰电子科技有限公司	4077	深圳市尚善循环治污有限公司
3980	昕亮科技（深圳）有限公司	4029	深圳橙子互动股份有限公司	4078	深圳市宇华艺光光电有限公司
3981	深圳市雷诺华科技实业有限公司	4030	深圳荟凝自动化有限公司	4079	深圳市拓速自动化有限公司
3982	深圳市雅昌科技股份有限公司	4031	深圳市宝凌电子股份有限公司	4080	深圳市晟视科技有限公司
3983	洋紫荆牙科器材（深圳）有限公司	4032	深圳市仁清卓越投资有限公司	4081	深圳市翰博景观及建筑规划设计有限公司
3984	多美科信息科技（深圳）有限公司	4033	深圳海拓尔自动化技术有限公司	4082	深圳钰湖电力有限公司
3985	深圳市百乐奇科技有限公司	4034	深圳市东明炬创电子有限公司	4083	欧迪斯自动化设备（深圳）有限公司

序号	单位名称
4084	深圳市德智欣科技有限公司
4085	深圳天源迪科信息技术股份有限公司
4086	深圳市恒瑞兴自动化设备有限公司
4087	深圳明阳电路科技股份有限公司
4088	深圳市大迈科技有限公司
4089	深圳中兴创新材料技术有限公司
4090	斯凯威技术（深圳）有限公司
4091	启阳明（深圳）科技有限公司
4092	深圳市深迈医疗设备有限公司
4093	深圳市道尔顿电子材料有限公司
4094	深圳天源锦合技术有限公司
4095	深圳早上科技有限公司
4096	深圳市华实精密工业有限公司
4097	深圳市创凌智联科技有限公司
4098	爱讯达科技（深圳）有限公司
4099	韩端科技（深圳）有限公司
4100	深圳市睿冠科技有限公司
4101	深圳市力维达光电有限公司
4102	深圳市帕思菲特科技有限公司
4103	深圳市汉拓科技有限公司
4104	深圳市宇驰达电子有限公司
4105	深圳市英莱合创电子有限公司
4106	深圳市费思泰克科技有限公司
4107	深圳市康奈特电子有限公司
4108	深圳游禧科技有限公司
4109	深圳市红软科技开发有限公司
4110	深圳华易智能科技有限公司
4111	深圳力电世纪科技有限公司
4112	深圳市大公检测技术有限公司
4113	深圳市鹏福创新五金有限公司
4114	深圳市美锐精密电子有限公司
4115	深圳市科宇电源科技有限公司
4116	深圳欧斯普瑞智能科技有限公司
4117	深圳市阳光晶玻科技有限公司
4118	深圳市智健自动化设备有限公司
4119	深圳市鹏信捷通科技有限公司
4120	深圳市诚峰智造有限公司
4121	深圳市天创进科技有限公司
4122	深圳市正易电子科技有限公司
4123	深圳市菲依雅科技有限公司
4124	深圳市瑞邦精密机械有限公司
4125	深圳市中基自动化有限公司
4126	深圳市嵘兴实业发展有限公司
4127	深圳市运泰利自动化设备有限公司
4128	深圳市博纳药包技术股份有限公司
4129	深圳市艾诺智能科技有限公司
4130	深圳市伟创电气有限公司
4131	深圳市正佳兴电子有限公司
4132	深圳中缆电缆集团有限公司

序号	单位名称
4133	深圳市大开实业发展有限公司
4134	广东天源环境科技有限公司
4135	深圳市鼎泰智能机械停车系统有限公司
4136	深圳力源共创通信科技有限公司
4137	深圳市金流明光电技术有限公司
4138	深圳市日月神生物科技股份有限公司
4139	无限光通讯（深圳）有限公司
4140	深圳市牧泰莱电路技术有限公司
4141	深圳市华源显控技术股份有限公司
4142	欧达可精机（深圳）有限公司
4143	深圳市亚奥克三维科技有限公司
4144	极品影视设备科技（深圳）有限公司
4145	深圳市恒赛实业有限公司
4146	深圳市雅瑞安光电有限公司
4147	深圳市星图智控科技有限公司
4148	深圳市鹏城电气有限公司
4149	深圳市万泊科技有限公司
4150	深圳市吉方工控有限公司
4151	工启机器人（深圳）有限公司
4152	深圳市信濠精密技术股份有限公司
4153	深圳凯思诚科技有限公司
4154	深圳市多氟多新能源科技有限公司
4155	深圳市四驾马车科技实业有限公司
4156	深圳市长征生物科技有限公司
4157	中新智擎科技有限公司
4158	深圳市迪欧迪科技有限公司
4159	深圳鎏信科技有限公司
4160	深圳市华兴达光电科技有限公司
4161	深圳市斌特科技有限公司
4162	深圳市展视光电技术有限公司
4163	深圳市盘古环保科技有限公司
4164	深圳市微达安计算机有限公司
4165	深圳市第一波网络科技有限公司
4166	深圳市广泰光电显示技术有限公司
4167	昂纳信息技术（深圳）有限公司
4168	深圳市长盈精密技术股份有限公司
4169	深圳市赞叹科技有限公司
4170	深圳市聚电新能源科技有限公司
4171	广东夏龙通信有限公司
4172	深圳一信泰质量技术有限公司
4173	深圳恒泰克科技有限公司
4174	深圳市雄韬电源科技股份有限公司
4175	深圳市云领天下科技有限公司
4176	深圳市大数据世纪科技有限公司
4177	深圳市众为创造科技有限公司
4178	深圳市大众通信技术有限公司
4179	深圳市一么么科技有限公司
4180	深圳市赛维斯光电有限公司
4181	深圳市贝特瑞新能源材料股份有限公司

序号	单位名称
4182	深圳市利路通电子科技有限公司
4183	深圳市中兴软件有限责任公司
4184	深圳市颐康力化工有限公司
4185	深圳市众望达光电有限公司
4186	深圳市大族电机科技有限公司
4187	深圳市汇恩电子有限公司
4188	深圳市海云天教育测评有限公司
4189	光大环保（中国）有限公司
4190	瑞声声学科技（深圳）有限公司
4191	深圳市华中实验室设备有限公司
4192	深圳市优讯信息技术有限公司
4193	深圳市瑞斯特实业股份有限公司
4194	深圳市华耀检测技术服务有限公司
4195	深圳市欧拓电子集团有限公司
4196	深圳市众软信息技术有限公司
4197	深圳数拓科技有限公司
4198	深圳市三义建筑系统有限公司
4199	深圳微健康基因科技有限公司
4200	深圳市金凌软件有限公司
4201	深圳朗特智能控制股份有限公司
4202	深圳市赛特罗生物医疗技术有限公司
4203	深圳市格瑞普电子科技有限公司
4204	深圳市林普世纪通信技术有限公司
4205	深圳市福流网络信息科技有限公司
4206	深圳市创互科技有限公司
4207	深圳高登电器有限公司
4208	深圳市赛伦北斗科技有限责任公司
4209	深圳互由科技有限公司
4210	深圳市贝尔太阳能技术有限公司
4211	深圳市比翼小蜜蜂科技有限公司
4212	业立全五金制品（深圳）有限公司
4213	深圳市大地动画传媒有限公司
4214	中科力函（深圳）热声技术有限公司
4215	深圳市科为卓越模具有限公司
4216	深圳市深大极光科技有限公司
4217	深圳市摩尔森电子有限公司
4218	深圳市佰泽电子有限公司
4219	深圳宇拓瑞科新能源科技有限公司
4220	深圳市神舟电脑股份有限公司
4221	深圳市中认联科检测技术有限公司
4222	深圳市久宸机电有限公司
4223	深圳池航科技有限公司
4224	深圳嘉润茂电子有限公司
4225	深圳市百亨电子有限公司
4226	深圳市利兴隆超声清洗设备有限公司
4227	深圳市亚特联科技有限公司
4228	科锐精密工业（深圳）有限公司
4229	深圳市九洲蓉胜科技有限公司
4230	深圳市拍档科技有限公司

序号	单位名称
4231	深圳市铁汉人居环境科技有限公司
4232	深圳市榕泽科技有限公司
4233	深圳市朗派电子科技有限公司
4234	深圳市科路迅电子有限公司
4235	深圳东道建设集团有限公司
4236	深圳兆鼎科技有限公司
4237	深圳市创维软件有限公司
4238	深圳市金畅兴精密五金有限公司
4239	深圳诺普信农化股份有限公司
4240	深圳市美泰材料科技有限公司
4241	深圳市联程共享电动汽车租赁有限公司
4242	深圳市海拓天城科技有限公司
4243	深圳绿恒环保科技有限公司
4244	深圳市珍爱网信息技术有限公司
4245	深圳海讯联盈实业有限公司
4246	深圳市安邦信电子有限公司
4247	深圳市韩安特科技有限公司
4248	深圳市创科达精密机电有限公司
4249	深圳市钜弘科技有限公司
4250	深圳市智扬通信技术有限公司
4251	深圳市彩虹奥特姆科技有限公司
4252	深圳华粤宝电池有限公司
4253	深圳市粤嘉鸿电子有限公司
4254	深圳市广慈生物科技有限公司
4255	深圳市迪安杰智能识别科技有限公司
4256	深圳市贝克影音数码科技有限公司
4257	深圳市泰力废旧电池回收技术有限公司
4258	深圳创维半导体设计中心有限公司
4259	深圳芯邦科技股份有限公司
4260	深圳市星嘉自动化设备有限公司
4261	深圳市益科光电技术有限公司
4262	深圳市佳贤通信设备有限公司
4263	深圳市北港高科技发展有限公司
4264	深圳市天宁达胶粘技术有限公司
4265	深圳市拓思科技有限公司
4266	深圳市中迈致远建设集团有限公司
4267	深圳市科利德光电材料股份有限公司
4268	深圳市诚之益电路有限公司
4269	深圳市金彩虹精密制造股份有限公司
4270	深圳市润杰明成照明科技有限公司
4271	深圳国民飞骧科技有限公司
4272	深圳市微润灌溉技术有限公司
4273	深圳微众税银信息服务有限公司
4274	深圳市萌蛋互动网络有限公司
4275	深圳市昂捷信息技术股份有限公司
4276	深圳融创新技术有限公司
4277	深圳市艾赛泰克科技有限公司
4278	深圳市英栢克电子有限公司
4279	深圳腾畅科技有限公司
4280	深圳市喻深鸿电气科技有限公司
4281	深圳市三人行动漫创作有限公司
4282	深圳市耀铭豪智能科技有限公司
4283	深圳市中关科技有限公司
4284	深圳市信诚佳业电子有限公司
4285	深圳市乐视播科技有限公司
4286	深圳卫宁中天软件有限公司
4287	深圳市鸿宇光电有限公司
4288	深圳市迈科智控科技实业有限公司
4289	深圳市美佳尼实业有限公司
4290	深圳市集美模具科技有限公司
4291	深圳市和谐号教育科技有限公司
4292	深圳市有芯电子有限公司
4293	深圳市兴海洋印刷实业有限公司
4294	深圳市乐曼科技有限公司
4295	深圳市优购时代科技有限公司
4296	深圳市广厦科技有限公司
4297	深圳市热丽泰和生命科技有限公司
4298	深圳市亚美达通讯设备有限公司
4299	深圳市贝诺光科技有限公司
4300	深圳市洪星宏电子科技有限公司
4301	深圳爱她他智能餐饮技术有限公司
4302	深圳市创想三维科技有限公司
4303	深圳智慧车联科技有限公司
4304	深圳万和制药有限公司
4305	深圳市快易典教育科技有限公司
4306	深圳市斯贝达电子有限公司
4307	深圳市大富科技股份有限公司
4308	深圳市勘察研究院有限公司
4309	深圳市海威机电有限公司
4310	深圳银狐游戏网络有限公司
4311	云印技术（深圳）有限公司
4312	深圳市鸿富胜科技有限公司
4313	深圳市威尔电器有限公司
4314	深圳市凯润科技有限公司
4315	深圳市瀚晖威视科技有限公司
4316	深圳市优讯通信息技术有限公司
4317	深圳市华兴四海机械设备有限公司
4318	深圳市锐劲宝能源电子有限公司
4319	莱尔德电子材料（深圳）有限公司
4320	深圳市佳科光电科技有限公司
4321	深圳市饶兴智能科技有限公司
4322	深圳市维加视讯技术有限公司
4323	深圳市丰瑞德机电技术有限公司
4324	深圳市中兴物联科技有限公司
4325	深圳东文传媒股份有限公司
4326	深圳市欧乐在线技术发展有限公司
4327	深圳市固源塑胶制品有限公司
4328	深圳市正亚激光设备有限公司
4329	深圳市路特斯网络技术有限公司
4330	深圳市视纬通科技有限公司
4331	深圳市双利达电子有限公司
4332	深圳市凡乐时代网络技术有限公司
4333	中兴仪器（深圳）有限公司
4334	深圳市美丽加互联网有限公司
4335	深中海医疗用品（深圳）有限公司
4336	深圳市中天锂电新材料有限公司
4337	深圳市钱海网络技术有限公司
4338	深圳市金蝶天燕中间件股份有限公司
4339	深圳市靶心配比科技有限公司
4340	深圳固邦科技有限公司
4341	深圳飓风传媒科技有限公司
4342	深圳市卓豪智能电器发展有限公司
4343	深圳市茵诺圣生物科技有限公司
4344	深圳市天易联科技有限公司
4345	深圳市雅乐电子有限公司
4346	深圳市科创力源电子有限公司
4347	深圳阿尔法商品检验有限公司
4348	深圳市北泰显示技术有限公司
4349	深圳市摩特威尔环境科技有限公司
4350	深圳市格瑞达电力连接器件有限公司
4351	深圳市汉华安道科技有限责任公司
4352	深圳市思为软件技术有限公司
4353	深圳市骏丰模具有限公司
4354	深圳市优闪科技有限公司
4355	深圳市欧拓斯电子有限公司
4356	深圳市天软科技开发有限公司
4357	深圳市三十天科技有限公司
4358	深圳市美林盛科技有限公司
4359	深圳市一面网络技术有限公司
4360	深圳众利创投信息技术有限公司
4361	深圳市华竣展览有限公司
4362	深圳市柳鑫实业股份有限公司
4363	卓度计量技术（深圳）有限公司
4364	深圳市宏泰达科技有限公司
4365	深圳市久恒通讯器材有限公司
4366	深圳市华鑫网安科技有限公司
4367	深圳市大帝科技发展有限公司
4368	深圳市鑫久泰精密电子有限公司
4369	深圳市爱世达资讯科技有限公司
4370	深圳市深特变电气设备有限公司
4371	深圳市信联征信有限公司
4372	深圳沸石智能技术有限公司
4373	深圳市声光行科技发展有限公司
4374	深圳中安高科电子有限公司
4375	深圳飞赛精密钣金技术有限公司
4376	深圳市美能数字技术有限公司
4377	深圳欧赛技术有限公司

序号	单位名称	序号	单位名称	序号	单位名称
4378	深圳市纳安特汽车电子有限公司	4427	深圳车小米智能网络科技有限公司	4476	深圳市中通视际实业有限公司
4379	深圳市中兴系统集成技术有限公司	4428	深圳市宇航未来防务有限公司	4477	深圳市华阳通机电有限公司
4380	肯特智能技术（深圳）股份有限公司	4429	深圳市力合创新科技有限公司	4478	深圳市尚荣医用工程有限公司
4381	深圳市冠旭电子股份有限公司	4430	深圳市泰能新材料有限公司	4479	深圳市浩源光电技术有限公司
4382	深圳麦逊电子有限公司	4431	深圳市凯博特科技有限公司	4480	深圳市华宇海诚科技有限公司
4383	深圳量子云科技有限公司	4432	深圳市鸿汉科技有限公司	4481	深圳市德润青华水下工程科技股份有限公司
4384	深圳市德仕勤科技有限公司	4433	深圳市魔力信息技术有限公司	4482	深圳市铭恒达精密五金有限公司
4385	深圳市朗坤环保股份有限公司	4434	深圳市贵鸿达电子有限公司	4483	安恩达科技（深圳）有限公司
4386	深圳市再丰达科技有限公司	4435	杰为软件系统（深圳）有限公司	4484	深圳市和芯电子有限公司
4387	行影通（深圳）科技有限公司	4436	深圳市鹏源电子有限公司	4485	骏材（深圳）科技工程有限公司
4388	深圳市艾立克电子有限公司	4437	深圳市诺然美泰科技股份有限公司	4486	深圳市迈拓铝设备技术有限公司
4389	深圳国投物联网络股份有限公司	4438	深圳市光屋照明有限公司	4487	深圳市耀星实业有限公司
4390	深圳市景立科技有限公司	4439	深圳智尚视讯科技有限公司	4488	深圳市希德威科技发展有限公司
4391	深圳市星航洋科技有限公司	4440	声海电子（深圳）有限公司	4489	深圳市捷佳伟创新能源装备股份有限公司
4392	深圳中科智航电子科技有限公司	4441	深圳市脉山龙信息技术股份有限公司	4490	深圳美联兴科技股份有限公司
4393	深圳市雅格朗照明科技有限公司	4442	深圳市菱泰能源科技有限公司	4491	深圳市优耐检测技术有限公司
4394	深圳市维可达精密科技有限公司	4443	优耐电子（深圳）有限公司	4492	深圳市金嵘达科技有限公司
4395	深圳市爱贝宝移动互联科技有限公司	4444	深圳市意普兴科技有限公司	4493	深圳市荣测捷科技有限公司
4396	深圳市朗迈新材料科技有限公司	4445	深圳市鼎泰富科技有限公司	4494	深圳市华科瑞科技有限公司
4397	深圳市利达泰克科技有限公司	4446	深圳市通产丽星股份有限公司	4495	深圳市奥拓普科技有限公司
4398	祐富百胜宝电器（深圳）有限公司	4447	深圳奥比中光科技有限公司	4496	深圳市胜盈新型建材有限公司
4399	深圳前海哈里王子供应链有限公司	4448	深圳特利丰电子有限公司	4497	深圳市华阳通达精密机械有限公司
4400	深圳市一体太赫兹科技有限公司	4449	深圳市创新智慧港有限公司	4498	深圳市中建南方设计顾问有限公司
4401	深圳元启智能技术有限公司	4450	深圳市奥迈和电子有限公司	4499	深圳市信合隆机电设备有限公司
4402	深圳市博贝特科技发展有限公司	4451	深圳市鑫巴斯信息技术有限公司	4500	深圳市星宝威视科技有限公司
4403	华宇金信（深圳）信息技术有限公司	4452	深圳市欣宏亚电子股份有限公司	4501	深圳捷力泰科技开发有限公司
4404	深圳市夏尔科技有限公司	4453	新安宝科技（深圳）有限公司	4502	深圳市美迅宝科技股份有限公司
4405	深圳市斯维尔科技股份有限公司	4454	深圳市柳溪机械设备有限公司	4503	深圳市彩力包装印刷有限公司
4406	深圳博耐飞特数字技术有限公司	4455	深圳市安盛模具有限公司	4504	深圳市奇虎智能科技有限公司
4407	深圳合创永安智能科技有限公司	4456	深圳市普达镭射科技有限公司	4505	深圳市思考力科技有限公司
4408	深圳泰科制冷设备有限公司	4457	深圳市菲菱科思通信技术股份有限公司	4506	深圳市深龙教学设备有限公司
4409	深圳无限能源科技有限公司	4458	深圳市东方拓宇科技有限公司	4507	中原建设有限公司
4410	深圳数睿广告科技有限公司	4459	深圳市天雄达科技有限公司	4508	深圳东科半导体有限公司
4411	深圳市喜信实业有限公司	4460	深圳市宏浩园林建设有限公司	4509	深圳市同启通讯技术有限公司
4412	深圳市前海迅销智慧科技有限公司	4461	深圳市时造电子科技有限公司	4510	深圳市迪尚智造科技有限公司
4413	深圳市中瀛鑫科技股份有限公司	4462	深圳日欣光电有限公司	4511	深圳市裕源欣电子科技有限公司
4414	深圳市汇晨电子股份有限公司	4463	深圳天丰泰科技股份有限公司	4512	深圳市家康科技有限公司
4415	深圳蚁巢网络科技有限公司	4464	深圳鱼羊美厨网络科技有限公司	4513	深圳市宙视达科技有限公司
4416	深圳未名新鹏生物医药有限公司	4465	深圳市维尚境界显示技术有限公司	4514	深圳市旭东数码科技有限公司
4417	深圳市迈创力科技有限公司	4466	深圳市华科精密组件有限公司	4515	深圳市维兴顺科技有限公司
4418	深圳市风谷信息技术有限公司	4467	深圳市广源兴实业发展有限公司	4516	深圳市卷积云计算机有限公司
4419	深圳市鸿利泰光电科技有限公司	4468	深圳纳德光学有限公司	4517	深圳市洲明科技股份有限公司
4420	深圳怡化电脑股份有限公司	4469	深圳沁鑫科技有限公司	4518	深圳市友恺通信技术有限公司
4421	深圳易通技术股份有限公司	4470	深圳老树开花网络科技有限公司	4519	深圳市昌宏微电子有限公司
4422	深圳市深智电科技有限公司	4471	深圳市百泉河实业有限公司	4520	深圳市宝德自动化精密设备有限公司
4423	深圳市前海宏景信息服务有限公司	4472	深圳市嘉豪馨溢科技有限公司	4521	深圳银剑科技有限公司
4424	深圳市极致兴通科技有限公司	4473	深圳市捷视飞通科技股份有限公司	4522	深圳市联尚通讯科技有限公司
4425	深圳市永兴元科技股份有限公司	4474	深圳市泰吉数字照明技术有限公司	4523	深圳大力神科技有限公司
4426	深圳市三瑞电源有限公司	4475	深圳深安阳光电子有限公司	4524	盛兴隆塑胶电子（深圳）有限公司

序号	单位名称
4525	深圳欧马新农科技有限公司
4526	深圳市爱普泰科电子有限公司
4527	深圳市易道规划设计有限公司
4528	深圳市数码人技术有限公司
4529	深圳八九科技有限公司
4530	深圳市自紧王科技有限公司
4531	深圳市三本机械有限公司
4532	深圳市国网迈腾电力科技股份有限公司
4533	摩比天线技术（深圳）有限公司
4534	前海桐联科技（深圳）有限公司
4535	深圳市惠宝纸制品有限公司
4536	深圳市车安科技发展有限公司
4537	丝路视觉科技股份有限公司
4538	深圳市宝锐视科技有限公司
4539	深圳市晟达真空钎焊技术有限公司
4540	深圳益创信息科技有限公司
4541	深圳市玖捌玖电子支付科技有限公司
4542	深圳市蛇口招商港湾工程有限公司
4543	深圳市托普科实业有限公司
4544	高精精密塑胶制品（深圳）有限公司
4545	深圳市天地和盈科技有限公司
4546	深圳市众易畅科技有限公司
4547	深圳市中源盛科技有限公司
4548	深圳市长亮科技股份有限公司
4549	深圳金尚展智能装备有限公司
4550	深圳市永盈电子有限公司
4551	深圳市荣电创新技术有限公司
4552	深圳市顶星科技有限公司
4553	深圳市绿巨能科技发展有限公司
4554	深圳市米尔迪克精密机械科技有限公司
4555	深圳图瑞交互信息技术有限公司
4556	深圳华力士文化传播有限公司
4557	深圳市云硕灯业有限公司
4558	深圳市昌豪微电子有限公司
4559	深圳微点生物技术股份有限公司
4560	深圳市创科信息技术有限公司
4561	深圳市时空数码科技有限公司
4562	深圳市桥博设计研究院有限公司
4563	深圳市典汉濠建筑工程有限公司
4564	深圳市百斯特电子有限公司
4565	深圳市迅享科技有限公司
4566	深圳市昱鑫共创科技发展有限公司
4567	深圳市业聚实业有限公司
4568	深圳市腾盛工业设备有限公司
4569	深圳市昱晟通讯设备有限公司
4570	深圳市信石传媒有限公司
4571	深圳汉弘图像技术有限公司
4572	深圳市龙方自动化科技有限公司
4573	深圳市欧盛创宇电子有限公司

序号	单位名称
4574	深圳市铭泽智能电力科技有限公司
4575	深圳市猎游科技有限公司
4576	深圳市华腾半导体设备有限公司
4577	深圳天度物联信息技术有限公司
4578	深圳市福祺斯电子有限公司
4579	深圳市欣安博电子开发科技有限公司
4580	深圳市英威腾光伏科技有限公司
4581	深圳市科安达轨道交通技术有限公司
4582	深圳市百洲半导体光电科技有限公司
4583	深圳市科泰超声自动化设备有限公司
4584	深圳市中地软件工程有限公司
4585	深圳市国人光速科技有限公司
4586	深圳市联华信智能科技有限公司
4587	深圳市海云天科技股份有限公司
4588	深圳市合力为科技有限公司
4589	深圳市科汇兴科技有限公司
4590	深圳市鉑励科技有限公司
4591	深圳市裕明鑫科技有限公司
4592	深圳市和芯润德科技有限公司
4593	深圳市长泰传媒有限公司
4594	任子行网络技术股份有限公司
4595	深圳市成烨精密模切制品有限公司
4596	深圳优思伟业通信科技有限公司
4597	深圳市首诺信电子有限公司
4598	深圳市骏嘉科技发展有限公司
4599	深圳市峰泳科技有限公司
4600	深圳市微联创智科技有限公司
4601	杰人软件（深圳）有限公司
4602	深圳市优泰克自动化设备有限公司
4603	深圳市三维机电设备有限公司
4604	深圳小厨科技有限公司
4605	深圳市脑立方科技有限公司
4606	深圳瑞欧光技术有限公司
4607	深圳市思柯赛光电科技有限公司
4608	深圳市盛利达数控设备有限公司
4609	深圳市海鹏信电子股份有限公司
4610	深圳市集美华太科技有限公司
4611	深圳市精诚达电路科技股份有限公司
4612	深圳大三体安全科技有限公司
4613	深圳市罗丹贝尔科技有限公司
4614	佳时达礼品（深圳）有限公司
4615	深圳市高登电路有限公司
4616	深圳市路普斯科技有限公司
4617	深圳市吉力电业有限公司
4618	深圳市晶荣光电科技有限公司
4619	深圳超多维光电子有限公司
4620	深圳菲思伦科技有限公司
4621	深圳市铭锐祥自动化设备有限公司
4622	深圳市金科特种材料股份有限公司

序号	单位名称
4623	英诺激光科技股份有限公司
4624	深圳微孚智能信息科技有限公司
4625	深圳市精实机电科技有限公司
4626	深圳市鸿圆机械电器设备有限公司
4627	深圳市明粤科技有限公司
4628	深圳市厂家网网络科技有限公司
4629	深圳市宇粹移动技术有限公司
4630	恒瑞源正（深圳）生物科技有限公司
4631	深圳市中车信息科技开发有限公司
4632	深圳市捷先数码科技股份有限公司
4633	深圳市臻轩科技有限公司
4634	深圳市星易航科技有限公司
4635	深圳市亚启科技有限公司
4636	深圳市旭生三益科技有限公司
4637	深圳科锐思敦宏电子有限公司
4638	深圳市奥软网络科技有限公司
4639	深圳市联畅精密电子有限公司
4640	深圳市赛特标识牌设计制作有限公司
4641	深圳市鑫源力劲科技有限公司
4642	深圳黎明镒清图像技术有限公司
4643	深圳前海玺康医疗科技有限公司
4644	中国长城科技集团股份有限公司
4645	深圳市欧克有机玻璃制品有限公司
4646	深圳市初旭新能源科技有限公司
4647	深圳市金照明实业有限公司
4648	深圳市星希兰光电有限公司
4649	深圳合众鹏派信息科技有限公司
4650	深圳市伟力低碳股份有限公司
4651	深圳市君海达科技有限公司
4652	深圳拓邦股份有限公司
4653	深圳白色产品设计有限公司
4654	深圳市先科讯半导体有限公司
4655	深圳市创品新媒体科技有限公司
4656	深圳市汇海达精密组件有限公司
4657	深圳正高金属制品有限公司
4658	深圳梦方文化旅游科技有限公司
4659	深圳市海卓联节能科技有限公司
4660	深圳市鹏城建筑集团有限公司
4661	深圳市创自技术有限公司
4662	深圳市宏济医疗技术开发有限公司
4663	深圳华美迪油墨有限公司
4664	深圳英之泰教育科技有限公司
4665	深圳市喂车科技有限公司
4666	深圳市启沛实业有限公司
4667	深圳市华鸣电子科技有限公司
4668	广东广玉源工程技术设计咨询有限公司
4669	深圳市正权科技发展有限公司
4670	深圳力盟智能科技有限公司
4671	深圳市速申企业管理咨询有限公司

序号	单位名称	序号	单位名称	序号	单位名称
4672	深圳麦格米特电气股份有限公司	4721	深圳市弘丰世纪科技有限公司	4770	深圳贝斯特机械电子有限公司
4673	深圳市信和领创信息技术有限公司	4722	深圳市向日葵科技有限公司	4771	深圳市国信合成科技有限公司
4674	深圳市全德力金属处理科技有限公司	4723	深圳市大族光电设备有限公司	4772	深圳鼎新融合科技有限公司
4675	深圳市雅鲁实业有限公司	4724	深圳市实锐泰科技有限公司	4773	深圳市精英光电有限公司
4676	深圳中集智能科技有限公司	4725	深圳市添力越科技有限公司	4774	深圳市麦格米特驱动技术有限公司
4677	深圳市豪富特自动化设备有限公司	4726	深圳宏瑞新材料股份有限公司	4775	深圳市一诺微特电机有限公司
4678	深圳市日升科技有限公司	4727	深圳市鼎科创达科技有限公司	4776	深圳市金晨翔机械设备有限公司
4679	深圳市捷源光通信有限公司	4728	深圳市雷能混合集成电路有限公司	4777	宏川达电子（深圳）有限公司
4680	中博联技术转移服务（深圳）有限公司	4729	深圳市海派通讯科技有限公司	4778	深圳市零壹移动互联系统有限公司
4681	深圳市软银赛富科技有限公司	4730	深圳市亿觅科技有限公司	4779	深圳市科佳达科技有限公司
4682	深圳市润富康实业有限公司	4731	深圳市勤实电力科技有限公司	4780	深圳市西伦土木结构有限公司
4683	深圳市朗尼科物联网技术开发有限公司	4732	深圳镜辉科技有限公司	4781	深圳市博彩新材料科技有限公司
4684	深圳市通程防伪科技有限公司	4733	深圳市洋浦科技有限公司	4782	深圳市销邦锋度科技有限公司
4685	深圳市瑞世兴科技有限公司	4734	深圳市志合传媒股份有限公司	4783	深圳市银方加博科技有限公司
4686	深圳市明博光电科技有限公司	4735	深圳市鑫立扬精密科技有限公司	4784	深圳市海视泰科技有限公司
4687	万魔声学科技有限公司	4736	深圳市凯木金科技有限公司	4785	深圳市恒哲科技有限公司
4688	深圳市吉祥达机械设备有限公司	4737	深圳市葙像科技有限公司	4786	深圳市云带网投资科技有限公司
4689	深圳市中戈科技有限公司	4738	努比亚技术有限公司	4787	深圳市新景环境技术有限公司
4690	深圳市鸿裕达半导体有限公司	4739	深圳朗晖展示有限公司	4788	深圳怡丰自动化科技有限公司
4691	深圳市信冠机电有限公司	4740	中广核中电能源服务（深圳）有限公司	4789	深圳市贝美互动科技有限公司
4692	深圳华兆科技有限公司	4741	深圳市亚特安科技有限公司	4790	深圳市银幕光电科技有限公司
4693	深圳四博智联科技有限公司	4742	深圳市致道景观有限公司	4791	深圳市易夏电子科技有限公司
4694	深圳艾特凡斯智能科技有限公司	4743	深圳市腾达丰实业有限公司	4792	深圳市莱特赛思电子有限公司
4695	平安壹钱包电子商务有限公司	4744	深圳市旺保利科技有限公司	4793	深圳市欧亚自动化机械有限公司
4696	深圳市雁联移动科技有限公司	4745	深圳市中安网域科技有限公司	4794	深圳市宇隆移动互联网有限公司
4697	深圳市中科信诚科技有限公司	4746	深圳市瓦伊机器人科技有限公司	4795	深圳宝嘉电子设备有限公司
4698	深圳市明辉达塑胶电子有限公司	4747	深圳市欣冠五金塑胶制品有限公司	4796	深圳进门财经科技股份有限公司
4699	深圳市灵韵先锋科技有限公司	4748	深圳泰源云景科技有限公司	4797	深圳市美创达诚安检设备有限公司
4700	生物源生物技术（深圳）股份有限公司	4749	深圳市新合富力科技有限公司	4798	深圳市龙芯世纪科技有限公司
4701	深圳优依购互娱科技有限公司	4750	深圳市莲花百川科技有限公司	4799	深圳市皇锐科技有限公司
4702	深圳市艾狄科技有限公司	4751	深圳市天熙科技开发有限公司	4800	深南电路股份有限公司
4703	深圳华意隆电气股份有限公司	4752	孚能集团有限公司	4801	深圳市顺鑫昌文化股份有限公司
4704	建泰橡胶（深圳）有限公司	4753	深圳市众行网科技有限公司	4802	深圳惟电创新科技有限公司
4705	深圳市乐途宝网络科技有限公司	4754	深圳市深蓝鼠飚科技有限公司	4803	深圳市安博臣科技有限公司
4706	深圳市锦红兴科技有限公司	4755	深圳华控赛格科技有限公司	4804	深圳市东辰科技有限公司
4707	深圳市桑协智能系统有限公司	4756	深圳市深南通讯设备有限公司	4805	深圳市创世智佳科技有限公司
4708	深圳市山禾乐科技开发有限公司	4757	深圳欧创芯半导体有限公司	4806	深圳市群芯科创电子有限公司
4709	深圳市有信网络技术有限公司	4758	深圳市富云帝科技有限公司	4807	深圳市欧龙优新材料科技有限公司
4710	深圳市兆广安科技有限公司	4759	深圳市腾创精密五金有限公司	4808	深圳文思海辉信息技术有限公司
4711	深圳市瑞蓝技术有限公司	4760	深圳市金鹏鸥科技有限公司	4809	深圳市同昌汇能科技发展有限公司
4712	深圳市飞比电子科技有限公司	4761	深圳市瑞亿科技电子有限公司	4810	深圳市卓粤电气有限公司
4713	深圳市佳城泰合办公设备有限公司	4762	深圳市华达兴机械设备有限公司	4811	深圳市百亿耳电器有限公司
4714	深圳市森树强电子科技有限公司	4763	深圳市乐华数码科技有限公司	4812	深圳市金百纳纳米科技有限公司
4715	深圳市柏图科技发展有限公司	4764	深圳市华懋环保节能设备有限公司	4813	深圳市世纪南方科技有限公司
4716	深圳市万凯达科技有限公司	4765	深圳欧华帝斯科技有限公司	4814	深圳市福大自动化科技有限公司
4717	深圳市龙澄高科技环保（集团）有限公司	4766	深圳市聚泉鑫科技有限公司	4815	深圳市云高信息技术股份有限公司
4718	深圳市绿洲生态科技有限公司	4767	深圳市斯达高瓷艺有限公司	4816	深圳市佰伦仕机电设备有限公司
4719	深圳市时尚发光科技有限公司	4768	深圳市奥成仪器科技有限公司	4817	深圳市金思成科技有限公司
4720	深圳德谱仪器有限公司	4769	深圳市星宇辉程科技有限公司	4818	深圳市斯普莱特激光科技有限公司

序号	单位名称
4819	丸一橡胶（深圳）有限公司
4820	雅昌文化（集团）有限公司
4821	深圳市康瑞通精密仪器有限公司
4822	深圳鑫华纳科技有限公司
4823	深圳市金凯富支付科技有限公司
4824	深圳平晨半导体科技有限公司
4825	深圳市盛世基业智能交通投资管理有限公司
4826	深圳斯特普科技有限公司
4827	深圳市金誉半导体有限公司
4828	深圳鼎识科技有限公司
4829	深圳嘉普通太阳能股份有限公司
4830	深圳创美佳精密制品有限公司
4831	深圳市施美乐科技股份有限公司
4832	深圳创维数字技术有限公司
4833	深圳驿普乐氏科技有限公司
4834	深圳市百诺信科技有限公司
4835	深圳市安彩华能源投资有限公司
4836	深圳西顺万合科技有限公司
4837	深圳市欧兰特智能控制系统有限公司
4838	深圳市寻材问料网络科技有限公司
4839	深圳市柯爱亚电子有限公司
4840	深圳市电精科技有限公司
4841	深圳市高展光电有限公司
4842	深圳市海特科阀门和控制有限公司
4843	深圳市森日有机硅材料股份有限公司
4844	深圳市亘强科技有限公司
4845	深圳市金世纪工程实业有限公司
4846	深圳市鑫华锋科技有限公司
4847	深圳市瑞康电子有限公司
4848	深圳市飞奥达科技有限公司
4849	深圳南天东华科技有限公司
4850	深圳市穗晶光电股份有限公司
4851	深圳市博尔创意文化发展有限公司
4852	深圳睿思精密制造有限公司
4853	深圳联辉科电子技术有限公司
4854	深圳奥萨医药有限公司
4855	深圳市中新力电子科技有限公司
4856	深圳市中电电力技术股份有限公司
4857	深圳市青青源科技有限公司
4858	深圳市协力拓展科技有限公司
4859	深圳市远望谷信息技术股份有限公司
4860	深圳市恒盛华泰塑胶电子科技有限公司
4861	深圳市昱为科技有限公司
4862	深圳市宇驰检测技术股份有限公司
4863	深圳市国民电子商务有限公司
4864	深圳市穗彩科技开发有限公司
4865	深圳市睿智威显示技术有限公司
4866	深圳市荣伟业电子有限公司
4867	深圳市成玉信息技术有限公司
4868	深圳市中惠伟业科技有限公司
4869	深圳市海得地实业有限公司
4870	深圳市明日网络科技有限公司
4871	深圳市极维度智能科技有限公司
4872	深圳市耐施菲信息科技有限公司
4873	深圳市三方科技有限公司
4874	深圳市三杰宜科技有限公司
4875	深圳市瑞鸿安科技有限公司
4876	深圳市雄方科技有限公司
4877	深圳市美好幸福生活安全系统有限公司
4878	赛尔康技术（深圳）有限公司
4879	深圳市杰维工业设备有限公司
4880	深圳市利宏微形电机有限公司
4881	深圳市威莱特科技有限公司
4882	深圳市瑞柏泰电子有限公司
4883	新月光电（深圳）股份有限公司
4884	深圳日上光电有限公司
4885	深圳市新天源电子有限公司
4886	深圳市立德通讯器材有限公司
4887	深圳市强达电路有限公司
4888	深圳华迈兴微医疗科技有限公司
4889	深圳市纳瑞自动化设备有限公司
4890	丽而康科技（深圳）有限公司
4891	深圳贯虹自动化有限公司
4892	深圳市美臣科科技有限公司
4893	深圳市海滨制药有限公司
4894	深圳市安泰伟业科技有限公司
4895	深圳市鼎点航模有限公司
4896	深圳市盛世华彩电子商务有限公司
4897	深圳市思捷创科技有限公司
4898	深圳市金达来精密科技股份有限公司
4899	深圳市中美欧光电科技有限公司
4900	深圳市迪威泰实业有限公司
4901	深圳市奥利信通讯设备有限公司
4902	深圳市善草科技有限公司
4903	深圳中软华泰信息技术有限公司
4904	深圳市威视创电子有限公司
4905	深圳乐行天下科技有限公司
4906	深圳市瑞视特科技有限公司
4907	深圳弘江军科技有限公司
4908	深圳华测国际认证有限公司
4909	深圳市和网零售有限公司
4910	深圳市鑫达辉软性电路科技有限公司
4911	深圳市圣瀚宇自动化设备有限公司
4912	深圳市楚兰科技有限公司
4913	深圳市博毅汽车电子有限公司
4914	深圳瑞波光电子有限公司
4915	深圳市创优冷冻机电设备有限公司
4916	深圳市杨森工业机器人股份有限公司
4917	深圳市岑科实业有限公司
4918	宇龙计算机通信科技（深圳）有限公司
4919	气派科技股份有限公司
4920	深圳市瑞宝电子有限公司
4921	巨福五金塑料（深圳）有限公司
4922	深圳市卓越海仪科技有限公司
4923	深圳市一生微电子有限公司
4924	深圳市同乐安防设备有限公司
4925	深圳市蓝海永兴实业有限公司
4926	深圳市奥博特科技有限公司
4927	深圳和轩科技有限公司
4928	深圳市国威通电子技术有限公司
4929	深圳市标美照明设计工程有限公司
4930	深圳市铭信精密模切制品有限公司
4931	深圳市销邦科技股份有限公司
4932	深圳市幸福商城科技股份有限公司
4933	深圳市坚丰电子有限公司
4934	深圳市墨优科技开发有限公司
4935	深圳市万联亿通科技有限公司
4936	深圳市天远通信科技有限公司
4937	深圳市富玉铭电子有限公司
4938	深圳芯力电子技术有限公司
4939	深圳运捷迅信息系统有限公司
4940	深圳市诺飞科技开发有限公司
4941	深圳易影视界广告有限公司
4942	深圳市安般科技有限公司
4943	深圳瀚飞科技开发有限公司
4944	深圳市晖飏科技有限公司
4945	深圳邦德瑞科技有限公司
4946	深圳市德沃先进自动化有限公司
4947	深圳市辰驹电子科技有限公司
4948	全成信电子（深圳）股份有限公司
4949	深圳市联英达科技有限公司
4950	深圳市佳音王科技股份有限公司
4951	深圳市谐振电子有限公司
4952	深圳市万兴锐科技有限公司
4953	深圳狐客科技发展有限公司
4954	深圳市华夏盛科技有限公司
4955	深圳市东丽华科技有限公司
4956	中广核环保产业有限公司
4957	深圳市中泰盛科技有限公司
4958	深圳市爱思诺制冷设备有限公司
4959	中燃宝电气（深圳）有限公司
4960	深圳市中拓天达环保科技有限公司
4961	立兴杨氏实业（深圳）有限公司
4962	深圳市威凯特科技有限公司
4963	深圳市众阳电路科技有限公司
4964	深圳市立宇体育用品有限公司
4965	深圳视融达科技有限公司

序号	单位名称
4966	深圳市百利铭科技有限公司
4967	深圳市华旭科技开发有限公司
4968	深圳市万维智联科技有限公司
4969	深圳市福瑞达显示技术有限公司
4970	深圳市荣盛合纵科技有限公司
4971	深圳市乐天互动科技有限公司
4972	深圳市深水水务咨询有限公司
4973	深圳市深普科技开发有限公司
4974	深圳市科陆电子科技股份有限公司
4975	深圳市恒基港建建筑工程管理有限公司
4976	深圳市和科达水处理设备有限公司
4977	亚太苹果卫浴科技（深圳）有限公司
4978	深圳市铭师堂教育科技有限公司
4979	深圳市华生元基因工程发展有限公司
4980	深圳市欧林精密模具塑胶有限公司

二、深圳市高新技术企业名单

序号	单位名称
1	深圳南云微电子有限公司
2	乐聚（深圳）机器人技术有限公司
3	深圳市佳奇机器人科技有限公司
4	华讯方舟智慧信息科技（深圳）有限公司
5	深圳市兴宏顺科技有限公司
6	深圳市绿发鹏程环保科技有限公司
7	深圳市山河动力电子有限公司
8	深圳市中微泽电子有限公司
9	捷奈斯科技（深圳）有限公司
10	深圳贝康瑞科技有限公司
11	深圳市正义网络技术有限公司
12	深圳市金发印刷有限公司
13	深圳市起业购网络技术有限公司
14	深圳航天智控科技有限公司
15	深圳华启科技有限公司
16	深圳轻昵科技有限公司
17	深圳市鑫合发机械设备有限公司
18	深圳消安科技有限公司
19	深圳风豹互联网科技有限公司
20	深圳市迪凯能科技有限公司
21	永升精密模具（深圳）有限公司
22	瑞安复合材料（深圳）有限公司
23	深圳市秀武电子有限公司
24	深圳市鹏城维信工业制品有限公司
25	深圳市全达高分子材料科技有限公司
26	深圳市瑞源祥橡塑制品有限公司
27	深圳市阿姆斯壮航空科技有限公司
28	深圳市研唐科技有限公司
29	深圳市晓风建筑环境科技有限公司
30	深圳富集新能源科技有限公司
31	深圳市佳能光学科技有限公司
32	深圳市朝阳辉电气设备有限公司
33	深圳市达晟科技发展有限公司
34	深圳市拓科智能科技有限公司
35	深圳市宏利泰精密科技有限公司
36	中电建水环境治理技术有限公司
37	前海初道科技（深圳）有限公司
38	深圳市海纳泰兴电子有限公司
39	深圳市魔样科技有限公司
40	深圳市精瑞机芯有限公司
41	深圳启润德管理咨询有限公司
42	深圳市欣达欣电子有限公司
43	深圳火星探索科技有限公司
44	深圳市佳维五金制品有限公司
45	深圳市冰润冷链科技有限公司
46	深圳市方斯精密科技有限公司
47	深圳市俊佳豪科技有限公司
48	深圳瑞科生物科技有限公司
49	深圳市亚米拉电子科技有限公司
50	深圳火眼智能有限公司
51	深圳市微分科技有限公司
52	深圳市荣龙精密模具有限公司
53	深圳市东凉制冷机电设备有限公司
54	深圳市美创骐电子科技有限公司
55	深圳市研创精密设备有限公司
56	深圳市锐劲宝能源电子有限公司
57	深圳市信电科技有限公司
58	深圳通源电线电缆有限公司
59	深圳市润泰供应链管理有限公司
60	深圳市锦昊源电子辅料实业有限公司
61	深圳市格瑞普电池有限公司
62	深圳市松记钮扣制品有限公司
63	深圳市奥斯恩净化技术有限公司
64	深圳市达创威视科技有限公司
65	深圳市丰进达电力设备有限公司
66	深圳市福洽科技有限公司
67	深圳众利创投信息技术有限公司
68	深圳市科伟奇精密技术有限公司
69	深圳市中识健康科技有限公司
70	深圳市金壤电子科技有限公司
71	深圳市恒大兴业环保科技有限公司
72	深圳市兰德玛水环境工程科技有限公司
73	深圳市永盛旺机械设备有限公司
74	渲美美健（深圳）科技股份有限公司
75	深圳市玛曲信息科技有限公司
76	深圳市微腾创科技有限公司
77	深圳市量宇科技有限公司
78	深圳市大开实业发展有限公司
79	深圳市艾吉森环保科技有限公司
80	深圳市易控迪智能家居科技有限公司
81	深圳赢新华科有限公司
82	深圳市亿量光电科技有限公司
83	深圳市冠瑞达能源装备有限公司
84	深圳宝耀科技有限公司
85	深圳市康盛光电科技有限公司
86	深圳长宝覆铜板科技有限公司
87	深圳市绿志新型建材研究院有限公司
88	深圳市亚鹰科技有限公司
89	深圳盟邦智创科技有限公司
90	深圳金三立视频科技股份有限公司
91	深圳市达泰丰科技有限公司
92	深圳市伊比精密科技有限公司
93	深圳市易迈迪森软件科技有限公司
94	深圳市信诺达机电设备有限公司
95	深圳市宝恒环保设备有限公司
96	深圳市裕维电子有限公司
97	深圳市辰美科技有限公司
98	深圳汉华工业数码设备有限公司
99	深圳市鲸仓科技有限公司
100	深圳市荣力精密组件有限公司
101	深圳市汇鑫垒刀模科技有限公司
102	深圳鹏开信息技术有限公司
103	深圳市佳视百科技有限责任公司
104	中盟科创（深圳）科技发展有限公司
105	深圳市卓派电子科技有限公司
106	深圳格诺致锦科技发展有限公司
107	天臣新能源（深圳）有限公司
108	立兴杨氏实业（深圳）有限公司
109	深圳市新潮电器有限公司
110	深圳市东精机电设备制造有限公司
111	深圳市格瑞斯达科技有限公司
112	深圳市瑞吉斯科技有限公司
113	深圳市潜力实业有限公司
114	深圳晶网科技控股有限公司
115	深圳市慧眼通科技有限公司
116	深圳市旋风实业有限公司
117	深圳市耀星实业有限公司
118	深圳海多嘉能源投资发展有限公司
119	深圳市光明创博生物制品发展有限公司
120	深圳市硕颖智联科技有限公司
121	深圳市金嵘达科技有限公司
122	深圳广昌达环境科学有限公司
123	深圳市旭东数字医学影像技术有限公司
124	深圳市迈格精密科技有限公司
125	深圳市智屏微科技有限公司
126	华宇金信（深圳）信息技术有限公司
127	深圳宇拓瑞科新能源科技有限公司
128	深圳市星嘉艺纸艺有限公司

序号	单位名称
129	深圳市华盾之星科技有限公司
130	深圳市荣兴精密激光技术有限公司
131	深圳市洁王精细化工科技有限公司
132	深圳市海亿达能源科技股份有限公司
133	深圳市良胜电子有限公司
134	深圳市非尔思网络科技有限公司
135	深圳正谱教育技术有限公司
136	深圳铁盒子文化科技发展有限公司
137	深圳市钜匠科技有限公司
138	深圳市诚品鲜智能科技股份有限公司
139	彩讯科技股份有限公司
140	深圳市安卓工控设备有限公司
141	深圳市布谷鸟科技有限公司
142	深圳市博众为客智能装备技术服务有限公司
143	深圳爱美适科技有限公司
144	深圳美亚美科技有限公司
145	深圳前海易连飞宇科技有限公司
146	深圳市麦瑞科林科技有限公司
147	深圳华杰智能电网科技有限公司
148	深圳马可孛罗科技有限公司
149	深圳市阿美特科技有限公司
150	深圳市久大轻工机械有限公司
151	深圳市森美协尔科技有限公司
152	深圳市迈头自动化有限公司
153	深圳市穹顶工业照明技术有限公司
154	深圳市悦众智合网络传媒有限公司
155	深圳市新海辉电子有限公司
156	云盒技术（深圳）有限公司
157	深圳市深南通讯设备有限公司
158	深圳市世清环保科技有限公司
159	深圳星空联盟文化科技有限公司
160	深圳市绿意之光科技有限公司
161	深圳市联博建筑工程技术有限公司
162	深圳市优卫光电设备有限公司
163	深圳市捷美奇电子五金有限公司
164	深圳市首道网络技术有限公司
165	深圳市迷你玩科技有限公司
166	深圳市融一凤巢设计发展有限公司
167	深圳市环球意科科技有限公司
168	深圳市宏盛佳电子设备有限公司
169	麒麟电子（深圳）有限公司
170	深圳市华元智能系统集成有限公司
171	深圳市源流科技有限公司
172	本康生物制药（深圳）有限公司
173	深圳市涂氏精怡科技有限公司
174	深圳真瑞生物科技有限公司
175	深圳市潜龙人软件有限公司
176	宇龙计算机通信科技（深圳）有限公司
177	深圳泰科制冷设备有限公司
178	深圳市深传互动科技有限公司
179	深圳华盛联信息科技有限公司
180	深圳市唯变科技开发有限公司
181	深圳慧能泰半导体科技有限公司
182	深圳市喂车科技有限公司
183	深圳市小道科技有限公司
184	深圳市曲速科技有限公司
185	深圳市猎芯科技有限公司
186	广东德上科技发展有限公司
187	深圳东南创通智能科技有限公司
188	深圳市安仕达管理软件有限公司
189	深圳市和芯电子有限公司
190	深圳市森川科技有限公司
191	深圳鑫华纳科技有限公司
192	深圳奇滨科技开发有限公司
193	深圳市松本先天下科技发展有限公司
194	深圳回收宝科技有限公司
195	深圳邦部科技有限公司
196	深圳市西研科技有限公司
197	深圳市安泊达元器件有限公司
198	深圳市优尔数控软件有限公司
199	深圳市安邦信电子有限公司
200	深圳市天翊瑞霖智能科技有限公司
201	深圳市轩宇车鼎科技有限公司
202	深圳市壹捌无限科技有限公司
203	深圳市众和正通科技发展有限公司
204	深圳市大数据世纪科技有限公司
205	深圳市方昕科技有限公司
206	深圳市盟博科技有限公司
207	深圳橙子互动股份有限公司
208	深圳市信心智能标签技术有限公司
209	易捷讯（深圳）科技有限公司
210	深圳宝兴电线电缆制造有限公司
211	深圳市海镭激光科技有限公司
212	深圳市深龙教学设备有限公司
213	深圳市零距离电子有限公司
214	深圳市忆捷创新科技有限公司
215	深圳市朗黛实业发展有限公司
216	深圳市英锐恩科技有限公司
217	深圳市贝美药业有限公司
218	深圳市中企怡华环保科技有限公司
219	深圳市威派文化传播有限公司
220	深圳长景视觉科技有限公司
221	深圳市华夏准测检测技术有限公司
222	深圳市五大湖新概念环保科技有限公司
223	深圳市路盛达科技有限公司
224	深圳腾畅科技有限公司
225	深圳华北工控股份有限公司
226	深圳市前海佳途互联视讯科技有限责任公司
227	深圳市勤实电力科技有限公司
228	深圳市海兴科技有限公司
229	深圳雷霆思创科技有限公司
230	深圳市优俊电子有限公司
231	深圳市乔瑞电子科技有限公司
232	深圳市星嘉自动化设备有限公司
233	深圳市耐美特工业设备有限公司
234	深圳市艾威视数码科技有限公司
235	深圳市天威赛利机电设备有限公司
236	深圳瑞丰恒激光技术有限公司
237	深圳德诚达光电材料有限公司
238	深圳贝尔创意科教有限公司
239	深圳市中和联创智能科技有限公司
240	深圳市伊视贝科技有限责任公司
241	深圳聚创致远科技有限公司
242	深圳市华信智达科技有限公司
243	深圳市星迅电子科技有限公司
244	深圳众合视觉科技有限公司
245	深圳市华兴四海机械设备有限公司
246	深圳市格通科技有限公司
247	深圳市有信网络技术有限公司
248	深圳市爱影互联文化传播有限公司
249	深圳市随拍科技有限公司
250	深圳斯坦普光生物科技有限公司
251	深圳市闲闲科技有限公司
252	深圳实习吧信息科技有限公司
253	深圳市科视连电子科技有限公司
254	深圳市奥德曼教育科技股份有限公司
255	深圳市纳泽科技有限公司
256	深圳市四海伽蓝电子科技有限公司
257	深圳高洁雅环保科技有限公司
258	深圳市车联讯网络科技服务有限公司
259	深圳市鼎典工业产品设计有限公司
260	深圳市喜邦新材料有限公司
261	深圳市兰江荣恒科技有限公司
262	万迅电脑软件（深圳）有限公司
263	深圳市创世智佳科技有限公司
264	深圳市思科创科技发展有限公司
265	深圳市点嘀互联网络有限公司
266	深圳市动力源电子有限公司
267	深圳雷迪时代网络科技有限公司
268	深圳市晶凌达科技有限公司
269	深圳市迈达普科技有限公司
270	康美健康云服务有限公司
271	深圳大美激光设备有限公司
272	深圳市一么么科技有限公司
273	深圳市合力精锐工业设备有限公司
274	深圳世通电脑有限公司
275	深圳驿普乐氏科技有限公司
276	深圳市传达科技有限公司
277	深圳市晟吉科技有限公司
278	深圳市鑫富晶电子有限公司
279	深圳市学立佳教育科技有限公司
280	深圳市鼎邦工程有限公司
281	深圳市利拓光电有限公司

序号	单位名称
282	深圳宝力建设集团有限公司
283	深圳市安达莲花科技有限公司
284	深圳市三正自动化有限公司
285	深圳杰众科技有限公司
286	深圳市众德祥科技有限公司
287	深圳市南睿信息科技有限公司
288	深圳市先亚生物科技有限公司
289	深圳市千贝科技有限公司
290	深圳市亘强科技有限公司
291	深圳市天英科技开发有限公司
292	深圳市正易龙科技有限公司
293	时代生物科技（深圳）有限公司
294	深圳市前海四方网络科技有限公司
295	克奥兹泵业（深圳）有限公司
296	深圳乐流致远网络科技有限公司
297	深圳市东华计量检测技术有限公司
298	深圳市明辉达塑胶电子有限公司
299	深圳市深层互联科技有限公司
300	深圳嘉特创世科技有限公司
301	深圳市广宁股份有限公司
302	深圳市酷凌时代科技有限公司
303	深圳市禾力科技股份有限公司
304	深圳市金致卓科技有限公司
305	深圳市神州动力数码有限公司
306	深圳市飞龙兆富科技有限公司
307	深圳市豪富特自动化设备有限公司
308	深圳市安特纳杰通信技术有限公司
309	深圳市凯晟科技有限公司
310	深圳市仁清科技有限公司
311	深圳市固废环保科技有限公司
312	深圳市循州电子科技有限公司
313	深圳好思维科技有限公司
314	深圳市安般科技有限公司
315	深圳市圭石南方科技发展有限公司
316	深圳市企企通科技有限公司
317	深圳市箫佳润之木包装有限公司
318	深圳市微联创智科技有限公司
319	深圳市恒运昌真空技术有限公司
320	深圳市卓科光电有限公司
321	深圳市立方体通讯工程技术有限公司
322	深圳市雅晶源科技有限公司
323	深圳市鹏讯网络科技有限公司
324	深圳市联畅精密电子有限公司
325	深圳市深视智能科技有限公司
326	深圳市杰美晟模具有限公司
327	未来汽车科技（深圳）有限公司
328	深圳市南方天元物联技术有限公司
329	深圳市中渤光电有限公司
330	深圳市英赛特机械科技有限公司
331	深圳市五谷网络科技有限公司
332	深圳市言必信科技有限公司
333	深圳市技领科技有限公司
334	深圳恒固防腐纳米科技有限公司
335	深圳市思考乐文化教育科技发展有限公司
336	深圳市华赢飞沃科技有限公司
337	深圳市国威通电子技术有限公司
338	深圳市克洛普斯科技有限公司
339	深圳市长兴达新能源有限公司
340	深圳市博瑞斯特科技有限公司
341	深圳市联欣检测设备有限公司
342	深圳市意林电锁有限公司
343	魔萌动漫文化传播（深圳）有限公司
344	深圳市励勤信息科技有限公司
345	深圳市润德博创科技有限公司
346	深圳市比尔达科技有限公司
347	深圳市上禾谷一科技有限公司
348	深圳市明德智控科技有限公司
349	深圳市卓特环保节能技术有限公司
350	云擎信息技术（深圳）有限公司
351	深圳市穹明科技有限公司
352	深圳市好成绩网络科技有限公司
353	深圳风向标教育资源股份有限公司
354	深圳市鼎科创达科技有限公司
355	深圳市佰欧达科技有限公司
356	深圳晶鼎科实业有限公司
357	深圳市启望科文技术有限公司
358	中广核检测技术有限公司
359	深圳帕格精密系统有限公司
360	深圳镭华科技有限公司
361	深圳市艾伟迪生物科技有限公司
362	深圳市富诺威电子科技有限公司
363	深圳市荣格保健品有限公司
364	深圳市雯罡电子有限公司
365	深圳中电瑞达智能技术有限公司
366	深圳市宙斯盾科技有限公司
367	深圳市优斯比科技有限公司
368	中航泰德（深圳）海洋工程有限公司
369	齐力制冷系统（深圳）有限公司
370	深圳宏鑫瑞特科技有限公司
371	深圳市彩虹奥特姆科技有限公司
372	深圳市万志宇科技有限公司
373	深圳市喻深鸿电气科技有限公司
374	深圳市晖飏科技有限公司
375	深圳市朗通网络科技有限公司
376	普宙飞行器科技（深圳）有限公司
377	深圳市一线天智能科技有限公司
378	深圳市智胜新电子技术有限公司
379	深圳市幻实科技有限公司
380	深圳市南航电子工业有限公司
381	深圳市明昌光电科技有限公司
382	广东中安金狮科创有限公司
383	深圳中青宝互动网络股份有限公司
384	深圳戴普森新能源技术有限公司
385	深圳市华怡丰科技有限公司
386	深圳鑫润世纪科技有限公司
387	深圳市华星视界科技有限公司
388	深圳锐取电子有限公司
389	深圳市瑞思冷链有限公司
390	深圳市瑞龙祥电子有限公司
391	深圳市鑫昊翔科技有限公司
392	深圳市智连众康科技有限公司
393	深圳市锦昊辉矿业发展有限公司
394	深圳市美格信测控技术有限公司
395	艾斯普节能技术（深圳）有限公司
396	深圳市晟大光电有限公司
397	深圳市三度软件有限公司
398	深圳万和制药有限公司
399	深圳卓锐思创科技有限公司
400	深圳市中电照明股份有限公司
401	深圳市盛邦尔科技有限公司
402	深圳市伟帆电子科技有限公司
403	深圳市麦士德福科技股份有限公司
404	深圳市云创分拣系统技术有限公司
405	深圳市莱创讯科技有限公司
406	深圳连硕三悠自动化科技有限公司
407	深圳市国信合成科技有限公司
408	深圳乐播科技有限公司
409	深圳市江胜科技有限公司
410	深圳市蚂蚁邦科技有限公司
411	深圳市海阔信息技术有限公司
412	深圳市物联锁科技有限公司
413	深圳市氧橙互动娱乐有限公司
414	深圳英鹏信息技术股份有限公司
415	深圳市睿谷思创科技有限公司
416	深圳市尚诚信息技术有限公司
417	深圳市润地机械设备有限公司
418	深圳市吉之礼文化股份有限公司
419	深圳英鹏互娱科技有限公司
420	深圳市新博电科技开发有限公司
421	南海油脂工业（赤湾）有限公司
422	深圳市全潮科技有限公司
423	深圳市环泰电器有限公司
424	深圳市华建工程项目管理有限公司
425	深圳市环阳通信息技术有限公司
426	深圳市万联亿通科技有限公司
427	深圳市中软易通科技有限公司
428	深圳市微校互联科技有限公司
429	深圳市闻尚通讯科技有限公司
430	深圳市乐途宝网络科技有限公司
431	深圳市宏科特电子科技有限公司
432	深圳市容方电子制造有限公司
433	深圳市繁维科技有限公司
434	深圳市汇源德实业有限公司

序号	单位名称
435	深圳阿尔泰克轻合金技术有限公司
436	深圳犀牛之星信息股份有限公司
437	深圳市蓝云软件有限公司
438	深圳市迈进科技有限公司
439	深圳市行之成电子有限公司
440	深圳车泰斗科技有限公司
441	深圳市雅尔典科技有限公司
442	深圳市超越激光技术有限公司
443	深圳市中科华工科技有限公司
444	深圳市大月缘科技有限公司
445	舒可士（深圳）科技有限公司
446	深圳市深超新能源科技有限公司
447	深圳市金鼎胜照明有限公司
448	深圳市中卫信息技术有限公司
449	乐刷科技有限公司
450	深圳市彩盛生态环境建设有限公司
451	深圳市大唐瑞昕科技有限公司
452	蓝疆创新（深圳）科技有限公司
453	深圳市全球通检测服务有限公司
454	深圳市南蒙物业服务数据发展有限公司
455	深圳才纳半导体设备有限公司
456	深圳市三恩时科技有限公司
457	深圳市兴海物联科技有限公司
458	深圳市长沛科技有限公司
459	深圳力策科技有限公司
460	深圳市阳光博睿教育技术有限公司
461	深圳实证可再生能源有限公司
462	深圳市梦祥林电子有限公司
463	深圳市海达唯赢科技有限公司
464	深圳市中则科创技术有限公司
465	深圳市福英达工业技术有限公司
466	深圳市蓝人科技有限公司
467	深圳市高亮光光电科技有限公司
468	深圳市靖邦电子有限公司
469	深圳市华兴鼎盛科技有限公司
470	深圳市三鑫科技发展有限公司
471	深圳市速普仪器有限公司
472	深圳市航迅达智能科技有限公司
473	深圳佑驾创新科技有限公司
474	深圳市世纪福科技有限公司
475	深圳市新诚旺彩纸品包装有限公司
476	深圳市银河通信科技有限公司
477	维尼健康（深圳）股份有限公司
478	深圳可思美科技有限公司
479	深圳市猎游科技有限公司
480	深圳市惠和缘科技有限公司
481	深圳维普世科技有限公司
482	深圳市红岩电控设备有限公司
483	深圳菲思伦科技有限公司
484	深圳市裕北科技有限公司
485	深圳市福正达科技有限公司
486	深圳市蓝畅科技有限公司
487	深圳市韦艾氏电子有限公司
488	深圳市零壹移动互联系统有限公司
489	深圳市德杰美格斯科技有限公司
490	深圳市海德智讯科技有限公司
491	深圳市绿雅园艺有限公司
492	深圳市胜捷消防器材工程有限公司
493	深圳市骑士隆电子科技有限公司
494	深圳市尚善循环治污有限公司
495	深圳市同奥科技有限公司
496	深圳市诺斯特化学材料有限公司
497	深圳派成铝业科技有限公司
498	深圳市欧凌镭射科技有限公司
499	深圳市欧唯科技有限公司
500	深圳市华阳通达精密机械有限公司
501	深圳市健元医药科技有限公司
502	深圳市芯思杰智慧传感技术有限公司
503	深圳市易信成科技股份有限公司
504	深圳市道通智能航空技术有限公司
505	广景视睿科技（深圳）有限公司
506	深圳市盛大林科技有限公司
507	深圳市绿力科技有限公司
508	深圳市坐标软件开发有限公司
509	深圳市兆方智能科技有限公司
510	深圳酷泰丰科技有限公司
511	深圳市正东兴通讯设备有限公司
512	深圳市时空数码科技有限公司
513	深圳市纳泽光电有限公司
514	深圳市钜人数控设备有限公司
515	深圳市好写科技有限公司
516	深圳市博纬智能识别科技有限公司
517	深圳市梵天管理咨询有限公司
518	深圳市天行云供应链有限公司
519	深圳市洋沃电子有限公司
520	深圳市东强精密塑胶电子有限公司
521	深圳市合越信息技术有限公司
522	深圳市雍邑科技有限公司
523	深圳市中科微光医疗器械技术有限公司
524	深圳市天利兴科技开发有限公司
525	深圳市鸿和达水利水环境有限公司
526	深圳前海微迅信息科技有限公司
527	深圳市明致集成股份有限公司
528	深圳市加金宝光电有限公司
529	深圳市华增科技有限公司
530	深圳众科神讯科技有限公司
531	深圳绿源轩电子技术有限公司
532	深圳市超简科技有限公司
533	深圳市凯润科技有限公司
534	深圳中科世界机器人有限公司
535	深圳四维集思技术服务有限公司
536	深圳市风驰计算机有限公司
537	深圳市金域文化传播有限公司
538	深圳市天源恒泰通讯设备有限公司
539	深圳市和奕光电有限公司
540	深圳市轩仑科技有限公司
541	深圳市微米生物技术有限公司
542	深圳市东方硅源科技有限公司
543	深圳天源锦合技术有限公司
544	深圳市新观点科技有限公司
545	广东铭凯医疗机器人有限公司
546	深圳市和普照明有限公司
547	深圳市一生微电子有限公司
548	深圳北斗国芯科技有限公司
549	深圳市勤新科技有限公司
550	深圳市大帝科技发展有限公司
551	深圳鑫金昊股份有限公司
552	深圳市鹏源电子有限公司
553	深圳市金光能太阳能有限公司
554	深圳市华联通信息系统有限公司
555	深圳市中天锂电新材料有限公司
556	深圳市鑫美幻想工程有限公司
557	深圳国投物联网络股份有限公司
558	深圳市海瑞洋科技有限公司
559	深圳市大族电机科技有限公司
560	深圳市众谷智能科技有限公司
561	深圳市豪恩光电照明股份有限公司
562	深圳市成像通科技有限公司
563	深圳市海科盛科技有限公司
564	深圳市罗丹贝尔科技有限公司
565	深圳市富发牌实业有限公司
566	深圳市君海达科技有限公司
567	深圳觉行科技有限公司
568	深圳盈天下视觉科技有限公司
569	深圳市米尔迪克精密机械科技有限公司
570	深圳市鑫金泉钻石刀具有限公司
571	深圳市幻境科技有限公司
572	深圳亚力盛科技有限公司
573	深圳市国新动力科技有限公司
574	深圳市东进银通电子有限公司
575	深圳市善时仪器有限公司
576	深圳信显光电科技有限公司
577	深圳南方立讯检测有限公司
578	深圳汉阳天线设计有限公司
579	深圳市莎朗科技股份有限公司
580	深圳市德士康科技有限公司
581	深圳市中易科技有限责任公司
582	深圳市赛诺威视科技有限公司
583	深圳市大华库仑科技有限公司
584	深圳市正易电子科技有限公司
585	深圳市国赛生物技术有限公司
586	深圳市电陶思创科技有限公司
587	深圳市海润信息科技有限公司

序号	单位名称	序号	单位名称	序号	单位名称
588	万魔声学科技有限公司	639	深圳市思为软件技术有限公司	690	深圳市艾特网能技术有限公司
589	深圳市万相源科技有限公司	640	深圳晋阳精密模具有限公司	691	深圳市建滔科技有限公司
590	深圳市深大检测有限公司	641	风纹物联（深圳）技术有限公司	692	深圳市菱泰能源科技有限公司
591	深圳市前海亿车科技有限公司	642	深圳市久久犇自动化设备股份有限公司	693	深圳市创世富尔电子有限公司
592	深圳市保华自动化设备有限公司	643	深圳市智享未来科技有限公司	694	深圳市轻生活科技有限公司
593	深圳市迈迪杰电子科技有限公司	644	深圳龙电电气股份有限公司	695	深圳普瑞赛思检测技术有限公司
594	深圳市多氟多新能源科技有限公司	645	深圳市仁天芯科技有限公司	696	深圳市振华通信设备有限公司
595	百富计算机技术（深圳）有限公司	646	深圳市格林兄弟科技有限公司	697	深圳市古方中药饮片有限公司
596	深圳市海通互动科技有限公司	647	深圳市精捷能电子有限公司	698	深圳太太药业有限公司
597	深圳市富源信息技术有限公司	648	深圳市升达康科技有限公司	699	深圳市港中现自动化设备有限公司
598	深圳市海卓联节能科技有限公司	649	中建河图建设有限公司	700	深圳富欣达自动化有限公司
599	深圳市泰能新材料有限公司	650	深圳市方胜瑞中科技有限公司	701	深圳西顺万合科技有限公司
600	深圳市金鹏建筑装饰工程有限公司	651	中惠创智（深圳）无线供电技术有限公司	702	深圳市基运机电设备有限公司
601	深圳华易智能科技有限公司	652	深圳市大白菜科技有限公司	703	深圳科诺威智能科技有限公司
602	深圳原动科技有限公司	653	深圳市博大建设集团有限公司	704	深圳市华亿丰包装制品有限公司
603	深圳市开博视数码科技有限公司	654	深圳市极客宝贝智能科技有限公司	705	深圳市亚的斯自动化设备有限公司
604	深圳市利运格电子有限公司	655	深圳加华微捷科技有限公司	706	深圳市克伦特印刷设备有限公司
605	深圳泰首智能技术有限公司	656	深圳市芯智科技有限公司	707	深圳海裕百特轧制设备有限公司
606	深圳市厂家网网络科技有限公司	657	深圳市满泰科技发展有限公司	708	深圳市正亚激光设备有限公司
607	深圳联辉科电子技术有限公司	658	深圳市捷创新材料有限公司	709	深圳兆迪技术有限公司
608	深圳纳德光学有限公司	659	海林电脑科技（深圳）有限公司	710	深圳市协联众创科技有限公司
609	深圳市凯利华电子有限公司	660	深圳市理才网信息技术有限公司	711	深圳市雅诺科技股份有限公司
610	深圳市铭恒达精密五金有限公司	661	深圳市鑫业智能卡有限公司	712	深圳市博辉特科技有限公司
611	深圳市旺生活互联网科技有限公司	662	深圳起源天下科技有限公司	713	深圳市万嘉科技有限公司
612	深圳市利谱信息技术有限公司	663	深圳玩智商科技有限公司	714	金钟电子传动与控制（深圳）有限公司
613	深圳市西伦土木结构有限公司	664	深圳朗光科技有限公司	715	深圳市广立进科技有限公司
614	深圳万乐药业有限公司	665	深圳市金锐显数码科技有限公司	716	深圳市宏朝阳除湿净化设备有限公司
615	深圳市华夏光彩股份有限公司	666	深圳国民飞骧科技有限公司	717	深圳市旗众智能自动化有限公司
616	深圳准诺检测有限公司	667	深圳中建集团有限公司	718	深圳市洋昊电器有限公司
617	深圳市魔力信息技术有限公司	668	深圳市索诺瑞科技有限公司	719	深圳海拓尔自动化技术有限公司
618	深圳市天合光电有限公司	669	深圳微星星科技股份有限公司	720	深圳市赫兹科技有限公司
619	深圳市原形信息技术有限公司	670	深圳市真屏科技发展有限公司	721	深圳市和龙电子有限公司
620	深圳市爱贝宝移动互联科技有限公司	671	深圳市科安数字有限公司	722	深圳华龙讯达信息技术股份有限公司
621	深圳市同为数码科技股份有限公司	672	深圳市靶心配比科技有限公司	723	深圳市恒升森林消防装备有限公司
622	深圳市英能达电子有限公司	673	深圳超群高科技有限公司	724	深圳市爱拓自动化设备有限公司
623	深圳市泰路科技有限公司	674	任子行网络技术股份有限公司	725	深圳市罗博威视科技有限公司
624	深圳市年年卡网络科技有限公司	675	深圳汉弘图像技术有限公司	726	深圳市创立宏科技有限公司
625	深圳市微创云启科技有限公司	676	深圳市中孚能电气设备有限公司	727	深圳市精锐兄弟机床有限公司
626	深圳市中金恒泰互联网科技股份有限公司	677	深圳市卓溢科技开发有限公司	728	深圳市鑫亚凯立科技有限公司
627	深圳市微众软件有限公司	678	深圳市益科光电技术有限公司	729	深圳欧斯普瑞智能科技有限公司
628	深圳市知穹科技有限公司	679	深圳市康泓威科技有限公司	730	深圳中集科技有限公司
629	深圳市华第时代科技有限公司	680	深圳市云海麒麟计算机系统有限公司	731	深圳市联程共享电动汽车租赁有限公司
630	深圳市海拓天城科技有限公司	681	长园深瑞继保自动化有限公司	732	深圳信通环球科技有限公司
631	深圳市拓维模型技术有限公司	682	深圳市瑞驰信息技术有限公司	733	深圳市元基科技开发有限公司
632	深圳市凯思特医疗科技股份有限公司	683	深圳前海橙色魔方信息技术有限公司	734	深圳移航通信技术有限公司
633	深圳市龙兴机械科技有限公司	684	深圳市口袋搜网络有限公司	735	深圳市智合六无线科技有限公司
634	深圳市中科研拓科技有限公司	685	深圳市金奥博科技股份有限公司	736	深圳华一汽车科技有限公司
635	深圳普捷利科技有限公司	686	卓望数码技术（深圳）有限公司	737	深圳市奥拓普科技有限公司
636	深圳市速嘉科技有限公司	687	深圳市兆农农业科技有限公司	738	深圳市云智易联科技有限公司
637	深圳市华鑫网安科技有限公司	688	深圳市创维群欣安防科技股份有限公司	739	深圳市城铭科技有限公司
638	华瑞同康生物技术（深圳）有限公司	689	深圳市合正汽车电子有限公司	740	深圳市空间智慧交通设计咨询有限公司

序号	单位名称
741	深圳市哈工大交通电子技术有限公司
742	深圳市凡骑绿畅技术有限公司
743	深圳科安达电子科技股份有限公司
744	深圳北斗应用技术研究院有限公司
745	深圳市宝视达科技有限公司
746	深圳亿维锐创科技股份有限公司
747	海格德生物科技（深圳）有限公司
748	深圳咖获生物科技有限公司
749	深圳市蓝韵实业有限公司
750	深圳瑞奥康晨生物科技有限公司
751	深圳鼎新融合科技有限公司
752	恒瑞源正（深圳）生物科技有限公司
753	深圳市易基因科技有限公司
754	深圳裕策生物科技有限公司
755	深圳市默赛尔生物医学科技发展有限公司
756	深圳未名新鹏生物医药有限公司
757	深圳市创谷科技发展有限公司
758	深圳市新奇境健康科技有限公司
759	深圳中科天悦科技有限公司
760	深圳市奥华美宇电子有限公司
761	深圳熙谷威生物医疗科技有限公司
762	深圳市普博科技有限公司
763	深圳市安科瑞仪器有限公司
764	深圳市康立生物医疗有限公司
765	深圳市一测医疗测试技术有限公司
766	深圳市捷美瑞医疗技术有限公司
767	深圳蓝韵生物工程有限公司
768	深圳市日酉辰科技有限公司
769	深圳华迈兴微医疗科技有限公司
770	深圳市金准生物医学工程有限公司
771	深圳邦普医疗设备系统有限公司
772	深圳市家康科技有限公司
773	深圳硅基仿生科技有限公司
774	深圳蒙发利科技有限公司
775	深圳市凯特生物医疗电子科技有限公司
776	深圳邦健生物医疗设备股份有限公司
777	深圳市贝斯达医疗股份有限公司
778	深圳安科高技术股份有限公司
779	深圳华润九新药业有限公司
780	深圳市蓝光机器人有限公司
781	报数信息技术（深圳）有限公司
782	深圳市韩安特科技有限公司
783	深圳市创世易明科技有限公司
784	深圳易信科技股份有限公司
785	深圳市蛟龙出海科技有限公司
786	深圳九河互联信息技术有限公司
787	深圳市紫色力腾科技发展有限公司
788	深圳市富裕顶科技有限公司
789	深圳市鑫塔科技有限公司
790	深圳市双繁科技有限公司
791	深圳市欧乐在线技术发展有限公司
792	深圳宝嘉电子设备有限公司
793	深圳市任子行科技开发有限公司
794	深圳市君思科技有限公司
795	深圳首金誉互联网金融服务有限公司
796	深圳市泉胜精密科技有限公司
797	深圳市先力精工科技有限公司
798	深圳市配天机器人技术有限公司
799	深圳康格瑞精密工业有限公司
800	业立全五金制品（深圳）有限公司
801	深圳市蓝海永兴实业有限公司
802	深圳市永顺通用机械有限公司
803	深圳市恒盛华泰塑胶电子科技有限公司
804	深圳市鼎泰智能机械停车系统有限公司
805	深圳天丰泰科技股份有限公司
806	深圳市鑫荣兴科技有限公司
807	艺诚机械（深圳）有限公司
808	深圳市合创佳精密科技有限公司
809	深圳市永联机械有限公司
810	深圳市纳瑞自动化设备有限公司
811	深圳市金誉宝科技有限公司
812	深圳森钢重型钢结构工程有限公司
813	国泰达鸣精密机件（深圳）有限公司
814	深圳市晶东伟业科技有限公司
815	深圳市深鸿海自动化设备有限公司
816	深圳市畅翔机电设备有限公司
817	深圳市星河科创智能自动化技术有限公司
818	深圳市高捷力科技有限公司
819	深圳市敏佳捷自动化科技有限公司
820	深圳市卓耀科技有限公司
821	深圳市日迅彩印股份有限公司
822	深圳市集美模具科技有限公司
823	深圳市美佳尼实业有限公司
824	深圳镜辉科技有限公司
825	深圳美克激光设备有限公司
826	深圳市凯奥模具技术有限公司
827	现代精密塑胶模具（深圳）有限公司
828	深圳黎明镒清图像技术有限公司
829	深圳市兴科瑞拓科技有限公司
830	深圳市斯普莱特激光科技有限公司
831	深圳光韵达光电科技股份有限公司
832	深圳市鑫宝成科技有限公司
833	北亚美亚电子科技（深圳）有限公司
834	深圳市汇创达科技股份有限公司
835	深圳市纳瑞科技有限公司
836	深圳市浩能科技有限公司
837	深圳市本荣科技有限公司
838	深圳市金鹏力电源科技有限公司
839	深圳市金诺威电子有限公司
840	深圳市首谷科技有限公司
841	深圳市首诺信电子有限公司
842	深圳市安托山技术有限公司
843	深圳市丰森科技有限公司
844	深圳市光瑞实业有限公司
845	深圳市赛航科技有限公司
846	深圳市迪丰能源科技有限公司
847	深圳市百冠电池有限公司
848	深圳市三瑞电源有限公司
849	深圳市储能电子有限公司
850	深圳市沃特玛电池有限公司
851	深圳市德秀科技有限公司
852	深圳市瀚鼎电路电子有限公司
853	深圳市港桐鑫光电科技有限公司
854	深圳市晶导电子有限公司
855	深圳市精诚达电路科技股份有限公司
856	深圳市和圣达光电有限公司
857	深圳市共安实业发展有限公司
858	深圳市南士科技股份有限公司
859	深圳市博敏电子有限公司
860	深圳英伦科技股份有限公司
861	深圳市晶影光技术有限公司
862	东之晖电子科技（深圳）有限公司
863	深圳市阿赛姆科技有限公司
864	全成信电子（深圳）股份有限公司
865	深圳市南方源芯电气有限公司
866	深圳成光兴光电技术股份有限公司
867	深圳市芯科诚成电子有限公司
868	深圳市睿智威显示技术有限公司
869	深圳市峰泳科技有限公司
870	深圳市中凯科技有限公司
871	深圳市龙晶微电子有限公司
872	深圳崇达多层线路板有限公司
873	深圳市万德和电子科技有限公司
874	深圳市洛丁光电有限公司
875	深圳市小智星科技有限公司
876	深圳市永尧电子科技有限公司
877	深圳市创丽科技有限公司
878	深圳市福信通光电有限公司
879	深圳市鑫晨丰电子有限公司
880	深圳市永裕光电有限公司
881	百强电子（深圳）有限公司
882	深圳市鸿裕达半导体有限公司
883	深圳市碧绿天科技有限公司
884	深圳新锐芯科技有限公司
885	升瑞泰科（深圳）有限公司
886	深圳可立克科技股份有限公司
887	深圳诚和电子实业有限公司
888	深圳日上光电有限公司
889	深圳市双环全新机电股份有限公司
890	深圳市福瑞达显示技术有限公司
891	深圳市宏懋电子有限公司
892	深圳市三通连接系统有限公司
893	深圳浩翔光电技术有限公司

序号	单位名称	序号	单位名称	序号	单位名称
894	深圳市软讯通电子有限公司	945	深圳市恒聚芯电子科技有限公司	996	深圳市优购时代科技有限公司
895	深圳市欧普罗科技有限公司	946	深圳市增上品科技有限公司	997	深圳市同乐安防设备有限公司
896	深圳市米吉科技股份有限公司	947	深圳市梓晶微科技有限公司	998	深圳市日升科技有限公司
897	深圳市天成照明有限公司	948	深圳市德睿创芯科技有限公司	999	深圳市智安天下科技有限公司
898	深圳市皓祥光电有限公司	949	亚芯电子（深圳）有限公司	1000	深圳市首欣通达科技有限公司
899	深圳市杰美康机电有限公司	950	深圳市宝泓微电子科技有限公司	1001	深圳市图瑞科技有限公司
900	深圳市耀铭豪智能科技有限公司	951	深圳市美迅宝科技股份有限公司	1002	深圳市网联天下科技有限公司
901	深圳市思强光电有限公司	952	深圳合一智控有限公司	1003	深圳市南方新氏科技发展有限公司
902	深圳海讯联盈实业有限公司	953	深圳集成微电子有限公司	1004	深圳市众望达光电有限公司
903	深圳市科利德光电材料股份有限公司	954	深圳市山本光电股份有限公司	1005	深圳市标顶科技有限公司
904	深圳市鑫冠辉电子有限公司	955	深圳市博巨兴实业发展有限公司	1006	深圳市中龙通电子科技有限公司
905	深圳市牧泰莱电路技术有限公司	956	深圳市明微电子股份有限公司	1007	深圳市比洋光通信科技股份有限公司
906	深圳民爆光电技术有限公司	957	深圳市福瑞新科技有限公司	1008	深圳市东明炬创电子有限公司
907	深圳市艾格斯特科技有限公司	958	深圳市永盈电子有限公司	1009	深圳市博力扬光电技术有限公司
908	深圳市科莱电子股份有限公司	959	深圳市科友电路技术有限公司	1010	深圳市华佳慧科技有限公司
909	深圳市极致兴通科技有限公司	960	深圳博芯科技股份有限公司	1011	深圳市恒宝通光电子股份有限公司
910	深圳市名家汇科技股份有限公司	961	深圳安博电子有限公司	1012	深圳市智通电子有限公司
911	深圳市信达德科技有限公司	962	深圳市彩易生活科技有限公司	1013	深圳中集智能科技有限公司
912	中广核中电能源服务（深圳）有限公司	963	深圳市宝晔威电子有限公司	1014	深圳市光通网络技术有限公司
913	深圳市汇能环保科技有限公司	964	深圳市必易微电子有限公司	1015	深圳昊达智能科技股份有限公司
914	深圳前海华深安信物联技术有限公司	965	深圳市唯锐科技有限公司	1016	深圳市凯狮博电子有限公司
915	深圳酷武供应链管理服务有限公司	966	深圳市中科汉天下电子有限公司	1017	深圳市飞凡尔科技有限公司
916	深圳市东泰国际物流有限公司	967	深圳中科系统集成技术有限公司	1018	深圳市佳贤通信设备有限公司
917	深圳市品质宝供应链管理有限公司	968	深圳市矽电半导体设备有限公司	1019	深圳市三旺通信技术有限公司
918	深圳中凝科技有限公司	969	芯海科技（深圳）股份有限公司	1020	深圳市中冀联合技术股份有限公司
919	深圳市安托山混凝土管桩有限公司	970	深圳市富联芯微科技有限公司	1021	深圳市翔通光电技术有限公司
920	新李英玻璃工艺（深圳）有限公司	971	深圳市宇视通技术有限公司	1022	深圳市物联光通创新科技发展有限公司
921	深圳恒泰克科技有限公司	972	深圳市三园科技有限公司	1023	深圳市双赢伟业科技股份有限公司
922	深圳市蓝博威科技有限公司	973	深圳市东宇科技有限公司	1024	深圳市星源空间环境技术有限公司
923	深圳市源驰科技有限公司	974	深圳臻云技术股份有限公司	1025	深圳市鹏翔汇星水处理技术有限公司
924	深圳市青青源科技有限公司	975	深圳市神武传感器有限公司	1026	深圳市万绿恒环保实业发展有限公司
925	深圳市天阳谷科技发展有限公司	976	深圳市网擎信通科技有限公司	1027	深圳市源禹环保科技有限公司
926	深圳市灿锐科技有限公司	977	深圳市紫峰通讯有限公司	1028	深圳市摩特威尔环境科技有限公司
927	广东华材实业股份有限公司	978	深圳市齐天创通科技有限公司	1029	深圳市盛远兴科技有限公司
928	深圳市贝特瑞纳米科技有限公司	979	深圳北斗位途信息科技有限公司	1030	深圳市尤佳环境科技有限公司
929	深圳市名游网络科技有限公司	980	深圳市锦昊安科技有限公司	1031	深圳安吉尔饮水产业集团有限公司
930	深圳市水体实业集团有限公司	981	深圳市远东华强导航定位有限公司	1032	深圳市盘古环保科技有限公司
931	深圳市博尔创意文化发展有限公司	982	深圳畅想云物联科技有限公司	1033	深圳谱元科技有限公司
932	深圳市云速信息科技有限公司	983	深圳市海通达电子科技有限公司	1034	深圳成果城镇环境发展有限公司
933	丝路视觉科技股份有限公司	984	深圳市博安通科技股份有限公司	1035	深圳市广信园林建设有限公司
934	深圳市丝路蓝创意展示有限公司	985	深圳市金汇马科技有限公司	1036	深圳市翰博景观及建筑规划设计有限公司
935	深圳市汉微科技有限公司	986	深圳市捷恩斯威科技有限公司	1037	东舟技术（深圳）有限公司
936	深圳市银鹏威电子有限公司	987	深圳市新智飞科技有限公司	1038	深圳猴彩科技有限公司
937	深圳市元维科技有限公司	988	深圳市东辰科技有限公司	1039	深圳市瑞立视多媒体科技有限公司
938	深圳市庆昌电子有限公司	989	深圳市创捷科技有限公司	1040	深圳市微视觉科技有限公司
939	深圳大成创安达电子科技发展有限公司	990	深圳市英迈通信技术有限公司	1041	深圳市华信智能科技股份有限公司
940	深圳市芯城联合半导体科技有限公司	991	深圳市智扬通信技术有限公司	1042	深圳市三巨网科技有限公司
941	深圳加都佳电子科技有限公司	992	深圳市视得安罗格朗电子有限公司	1043	深圳优创智慧科技有限公司
942	深圳市瑞通达精密线路板有限公司	993	深圳市中远达智能科技有限公司	1044	深圳市爱培科技术股份有限公司
943	深圳市量为科技有限公司	994	深圳市秦通科技有限公司	1045	深圳找哪科技有限公司
944	聚联视通（深圳）科技有限公司	995	深圳市博贝特科技发展有限公司	1046	深圳市华讯电子科技有限公司

序号	单位名称	序号	单位名称	序号	单位名称
1047	深圳乐葩科技有限公司	1098	深圳亿富网联科技发展有限公司	1149	深圳市恒诺泰科技有限公司
1048	深圳前海辅驾宝车联网有限公司	1099	深圳市荟友网络科技有限公司	1150	深圳市龙岗远望软件技术有限公司
1049	深圳市亿家网络有限公司	1100	深圳兆鼎科技有限公司	1151	深圳市捷高软件信息有限公司
1050	深圳市众游汇网络科技有限公司	1101	深圳市百果互动科技有限公司	1152	深圳市深讯数据科技股份有限公司
1051	深圳前海云汉金融科技有限公司	1102	捷利港信软件（深圳）有限公司	1153	深圳市诺尔王国科技有限公司
1052	深圳市南华数字科技有限公司	1103	深圳市中科信诚科技有限公司	1154	深圳掌心互动科技有限公司
1053	云数信息科技（深圳）有限公司	1104	深圳市曼勤科技有限公司	1155	深圳市弘迅信息技术有限公司
1054	深圳市城图科技有限公司	1105	深圳市华南天成科技有限公司	1156	深圳市华云中盛科技有限公司
1055	深圳市爱科赛科技股份有限公司	1106	深圳市深弈科技有限公司	1157	深圳沈鼓测控技术有限公司
1056	深圳市脉山龙信息技术股份有限公司	1107	深圳市深联创展科技开发有限公司	1158	深圳市芯强科技有限公司
1057	深圳市见康云科技有限公司	1108	深圳领络科技有限公司	1159	深圳市民德电子科技股份有限公司
1058	深圳市诚利德电力工程有限公司	1109	艺学汇（深圳）网络科技有限公司	1160	招联消费金融有限公司
1059	深圳方维网络科技有限公司	1110	深圳市立信创源科技有限公司	1161	深圳中大威科技有限公司
1060	深圳三为时代科技有限公司	1111	深圳市新运力科技开发有限公司	1162	深圳市游云龙科技有限公司
1061	深圳市中机华锦科技有限公司	1112	金科龙软件科技（深圳）有限公司	1163	深圳市思普达软件系统股份有限公司
1062	深圳拒马科技有限公司	1113	深圳市秦丝科技有限公司	1164	深圳市红狐狸智能科技有限公司
1063	深圳智汇创想科技有限责任公司	1114	深圳市汉华安道科技有限责任公司	1165	深圳市奥威尔控制技术有限公司
1064	深圳市盈和信息科技有限公司	1115	深圳市蓝云软件有限公司	1166	深圳技威时代科技有限公司
1065	深圳市发掘科技有限公司	1116	深圳中科华通信息服务有限公司	1167	奥琦玮信息科技（深圳）有限公司
1066	深圳市西戈软件技术有限公司	1117	深圳益邦阳光有限公司	1168	深圳市至爱空间网络科技有限公司
1067	深圳市华阳信通科技发展有限公司	1118	深圳市志航辉电子有限公司	1169	深圳市湖光山色智能科技有限公司
1068	深圳市安盾椒图科技有限公司	1119	深圳科诗特软件有限责任公司	1170	深圳市远创中星计算机系统技术有限公司
1069	深圳市善草科技有限公司	1120	深圳市函像科技有限公司	1171	行影通（深圳）科技有限公司
1070	深圳般若海科技有限公司	1121	深圳市瀚晖威视科技有限公司	1172	深圳市爱施德股份有限公司
1071	深圳市中图信息技术有限公司	1122	深圳市爱娃塔科技有限公司	1173	深圳市艾优威科技有限公司
1072	深圳市创享网络科技有限公司	1123	深圳市数港科技有限公司	1174	深圳弘范网络科技有限公司
1073	深圳市于易点科技有限公司	1124	深圳市雁联计算系统有限公司	1175	深圳市瑞尔时代科技有限公司
1074	深圳市普云智能科技有限公司	1125	深圳百迈技术有限公司	1176	深圳市智宇实业发展有限公司
1075	深圳市至佳生活网络科技有限公司	1126	深圳市广智发科技有限责任公司	1177	卫盈联信息技术（深圳）有限公司
1076	深圳市非零无限科技有限公司	1127	深圳市迈鸿汽车电子有限公司	1178	深圳市速申企业管理咨询有限公司
1077	深圳市中大信通科技有限公司	1128	深圳智慧园区信息技术有限公司	1179	深圳市浩能时代科技有限公司
1078	深圳市洛酷信息科技有限公司	1129	深圳金诚互动科技有限公司	1180	深圳市智百威科技发展有限公司
1079	深圳市商联软件开发有限公司	1130	深圳华强电子交易网络有限公司	1181	深圳市中科鼎创科技股份有限公司
1080	深圳雅活荟网络科技有限公司	1131	深圳市缘力胜科技有限公司	1182	纬衡浩建科技（深圳）有限公司
1081	深圳市陆海电子有限公司	1132	深圳创能恒电科技有限公司	1183	深圳市雄帝科技股份有限公司
1082	深圳市柯美创新科技有限公司	1133	深圳市经纬纵横科技有限公司	1184	深圳云天励飞技术有限公司
1083	深圳风月科技有限公司	1134	深圳飓风传媒科技有限公司	1185	深圳元启智能技术有限公司
1084	深圳市益网赢华科技有限公司	1135	深圳百胜扬工业电子商务平台发展有限公司	1186	深圳市鹏港运数字物流有限公司
1085	深圳市智绘科技有限公司	1136	深圳市诺金环保技术有限公司	1187	深圳市爱瑞古德科技有限公司
1086	深圳市亿睿诚科技有限公司	1137	深圳市一帆时空科技有限公司	1188	深圳赛盒科技有限公司
1087	深圳云停智能交通技术研究院有限公司	1138	深圳泰源云景科技有限公司	1189	深圳六滴科技有限公司
1088	深圳市馨园网络信息科技有限公司	1139	深圳旅通软件科技有限公司	1190	深圳市图敏智能视频股份有限公司
1089	深圳市有限元科技有限公司	1140	深圳和轩科技有限公司	1191	深圳比特耐特信息技术股份有限公司
1090	深圳市远景同程教育网络技术有限公司	1141	深圳市中联在线科技发展有限公司	1192	深圳天源迪科信息技术股份有限公司
1091	深圳市聚英达科技发展有限公司	1142	深圳市中地软件工程有限公司	1193	深圳市赢时胜信息技术股份有限公司
1092	深圳市易孚信息科技有限公司	1143	深圳市万人市场调查股份有限公司	1194	深圳市商汤科技有限公司
1093	深圳市顺恒利科技工程有限公司	1144	深圳市凯德亚科技有限公司	1195	深圳市道尔智控科技股份有限公司
1094	深圳市励拓致远科技有限公司	1145	深圳市大拿科技有限公司	1196	深圳市华傲数据技术有限公司
1095	深圳市晶讯软件通讯技术有限公司	1146	深圳市合富荣科技有限公司	1197	深圳市恒宝源环保科技有限公司
1096	深圳市华盛拓网络技术有限公司	1147	深圳市远行科技股份有限公司	1198	深圳市赛恩思特科技有限公司
1097	深圳云联万企科技有限公司	1148	深圳市微达安计算机有限公司	1199	深圳市正宇电动汽车技术有限公司

序号	单位名称	序号	单位名称	序号	单位名称
1200	深圳尼索科连接技术有限公司	1251	深圳市耀蓝科技有限公司	1302	深圳斯特普科技有限公司
1201	深圳市聚电新能源科技有限公司	1252	深圳市东华医疗技术有限公司	1303	深圳市艾珀尔电子科技有限公司
1202	深圳市大地和电气股份有限公司	1253	深圳市奇音电子有限公司	1304	深圳怡化电脑股份有限公司
1203	卒子科技（深圳）有限公司	1254	深圳市百思科电子科技有限公司	1305	深圳市云海易联电子有限公司
1204	华星环球（深圳）农业有限公司	1255	深圳市沃马驰电子科技有限公司	1306	深圳市丰景晟电子科技有限公司
1205	深圳比利美英伟营养饲料有限公司	1256	深圳市点石时代科技有限公司	1307	深圳泰山体育科技股份有限公司
1206	深圳百乐宝生物农业科技有限公司	1257	深圳市脸谱科技有限公司	1308	深圳市祈飞科技有限公司
1207	深圳市恒坤智慧科技有限公司	1258	深圳市冠群电子有限公司	1309	深圳市佳科智能工程有限公司
1208	深圳艺特珑信息科技有限公司	1259	深圳壹捌玖通讯科技有限公司	1310	深圳市凡诚智能装备有限公司
1209	深圳市海那边科技有限公司	1260	深圳市多度科技有限公司	1311	深圳市小智成科技有限公司
1210	深圳华制智能制造技术有限公司	1261	深圳市信华翰科技有限公司	1312	横川机器人（深圳）有限公司
1211	深圳星云极客科技孵化器有限公司	1262	深圳市美林盛科技有限公司	1313	深圳市华科天信科技有限公司
1212	深圳市新兴达科技发展有限公司	1263	深圳市百能达电子有限公司	1314	深圳市四驾马车科技实业有限公司
1213	深圳市今日投资数据科技有限公司	1264	深圳市安嘉科技有限公司	1315	深圳市联合创新实业有限公司
1214	深圳市悦好教育科技有限公司	1265	深圳市齐心同创电子有限公司	1316	深圳市小村机器人智能科技有限公司
1215	深圳市名仕达环境事业发展有限公司	1266	深圳市新美心实业有限公司	1317	欧迪斯自动化设备（深圳）有限公司
1216	深圳市邦士富科技有限公司	1267	深圳市一道科技有限公司	1318	深圳四博智联科技有限公司
1217	深圳市添金利新材料科技有限公司	1268	深圳市中芯键业科技有限公司	1319	深圳衡伟环境技术有限公司
1218	深圳市千里行新材料有限公司	1269	深圳市安特计算机科技有限公司	1320	深圳骏信科技有限公司
1219	深圳市天熙科技开发有限公司	1270	深圳市研色科技有限公司	1321	深圳市海滨制药有限公司
1220	创隆实业（深圳）有限公司	1271	深圳市宇航未来防务有限公司	1322	中广核（深圳）辐射监测技术有限公司
1221	深圳市好耐福建材有限公司	1272	深圳市深航华创汽车科技有限公司	1323	深圳市立刻创新科技有限公司
1222	深圳市昱科电子有限公司	1273	深圳市卓亚创联科技有限公司	1324	深圳市创客火科技有限公司
1223	深圳增强现实技术有限公司	1274	深圳市中惠伟业科技有限公司	1325	深圳市北航旭飞科技有限公司
1224	深圳华誉万安智能科技有限公司	1275	深圳市池古科技有限公司	1326	深圳市龙云创新航空科技有限公司
1225	深圳市魔眼科技有限公司	1276	深圳市欣安博电子开发科技有限公司	1327	深圳市聚芯影像有限公司
1226	深圳市海圣微电子有限公司	1277	深圳市厚物科技有限公司	1328	谷林电器（深圳）有限公司
1227	深圳市华英智联通信技术有限公司	1278	奇酷互联网络科技（深圳）有限公司	1329	深圳市深智电科技有限公司
1228	深圳市璞瑞达薄膜开关技术有限公司	1279	深圳市翰智煌电子有限公司	1330	深圳市山禾乐科技开发有限公司
1229	深圳市蓝宝石球显科技有限公司	1280	深圳市梅塞德斯科技有限公司	1331	深圳市玥芯通科技有限公司
1230	深圳市原道数码电子有限公司	1281	深圳市集朗科技有限公司	1332	深圳市安泰伟业科技有限公司
1231	深圳市立人电脑制品有限公司	1282	深圳市特伯雷电子有限公司	1333	深圳市嘉纳通讯技术有限公司
1232	深圳市惠康电机制造有限公司	1283	深圳市科思科技股份有限公司	1334	深圳市森安科技有限公司
1233	深圳市科通能科技有限公司	1284	深圳豪杰创新电子有限公司	1335	深圳市南方安创科技有限公司
1234	深圳市中柏电脑技术有限公司	1285	深圳市芯海互联技术有限公司	1336	深圳市佳创视讯技术股份有限公司
1235	深圳市天智伟业科技有限公司	1286	深圳市杰和科技发展有限公司	1337	深圳市维克多利荧幕自动化技术有限公司
1236	深圳市腾毅诚实业有限公司	1287	深圳市立天世纪教育装备有限公司	1338	深圳市同洲电子股份有限公司
1237	深圳市天锐祥通讯设备有限公司	1288	深圳市艾瑞捷电子有限公司	1339	深圳米唐科技有限公司
1238	深圳合悦丰科技有限公司	1289	深圳市恒达无限通信设备有限公司	1340	深圳澳特爱电子有限公司
1239	深圳市一九智能电子科技有限公司	1290	深圳市亘诺科技有限公司	1341	深圳市亿联智能有限公司
1240	深圳市同进共赢科技有限公司	1291	深圳市安博臣科技有限公司	1342	深圳市果酱时代科技有限公司
1241	深圳市快易典现代教育有限公司	1292	深圳市鑫卡立方智能科技有限公司	1343	深圳市思考力科技有限公司
1242	深圳灵江计算机技术有限公司	1293	深圳市嘉丰泰光电有限公司	1344	深圳市平方兆赫科技有限公司
1243	深圳市海纳时代电子有限公司	1294	深圳市明博光电科技有限公司	1345	深圳瑞赛尔环保股份有限公司
1244	深圳市宸电电子有限公司	1295	深圳市喜悦在线网络科技有限公司	1346	深圳市洁润环保科技有限公司
1245	深圳立欧实业有限公司	1296	深圳前海冰寒信息科技有限公司	1347	深圳市深博泰生物科技有限公司
1246	深圳市鹏腾柯赛电子科技有限公司	1297	深圳市雄方科技有限公司	1348	深圳市腾浪再生资源发展有限公司
1247	深圳市中视讯科技有限公司	1298	深圳市鑫益嘉科技股份有限公司	1349	深圳市昆仑环境事业发展有限公司
1248	深圳市欧阳麦乐科技有限公司	1299	深圳市瑞鸿安科技有限公司	1350	深圳市深投环保科技有限公司
1249	深圳市银达通科技有限公司	1300	深圳市朗科科技股份有限公司	1351	深圳市环源科技发展有限公司
1250	深圳市灏仁昕科技有限公司	1301	深圳市智微智能科技开发有限公司	1352	深圳市德立信环境工程有限公司

序号	单位名称	序号	单位名称	序号	单位名称
1353	深圳市英尔科技有限公司	1404	深圳市英大科特技术有限公司	1455	深圳鼎加弘思饮品科技有限公司
1354	深圳市龙澄高科技环保（集团）有限公司	1405	深圳市安亿达制冷设备有限公司	1456	深圳市阿特拉能源技术有限公司
1355	深圳市安康检测科技有限公司	1406	华远电气股份有限公司	1457	深圳中科德能科技有限公司
1356	深圳市一达捷通检测技术有限公司	1407	深圳市正奇事科技有限公司	1458	深圳市雄华光学有限公司
1357	深圳市宇冠检测有限公司	1408	深圳市森威尔科技开发有限公司	1459	深圳市飘飘宝贝有限公司
1358	悉地国际设计顾问（深圳）有限公司	1409	深圳博磊达新能源科技有限公司	1460	深圳市前海硕极科技有限公司
1359	深圳市清华环科检测技术有限公司	1410	亚瑞源科技（深圳）有限公司	1461	深圳奇滨电子有限公司
1360	深圳深态环境科技有限公司	1411	深圳市汇恩电子有限公司	1462	深圳羿龙电子有限公司
1361	深圳阿百资讯有限公司	1412	深圳市派沃新能源科技股份有限公司	1463	深圳融昕医疗科技有限公司
1362	深圳诺测检测技术有限公司	1413	深圳市安顺节能科技发展有限公司	1464	深圳市中科新业信息科技发展有限公司
1363	深圳市中测计量检测技术有限公司	1414	深圳市爱绿地能源环境科技有限公司	1465	国润生物科技（深圳）有限公司
1364	深圳市深测检测技术服务有限公司	1415	深圳市卓联电子有限公司	1466	深圳市尤搏思科技有限公司
1365	深圳市华耀检测技术服务有限公司	1416	深圳市华创威实业有限公司	1467	深圳无线便利互联网科技有限公司
1366	深圳瑞和建筑装饰股份有限公司	1417	深圳市德诚旺科技有限公司	1468	深圳市霍尔新风科技有限公司
1367	深圳天溯计量检测股份有限公司	1418	深圳市新华安包装制品有限公司	1469	深圳市通商宝科技有限公司
1368	广东南天司法鉴定所	1419	丸一橡胶（深圳）有限公司	1470	深圳市艾科林环保科技有限公司
1369	深圳市大典创新供应链有限公司	1420	深圳市长园特发科技有限公司	1471	深圳市华虹清源环保科技有限公司
1370	深圳市矩阵工业产品设计有限公司	1421	深圳市惠新锐电子有限公司	1472	深圳市圣格尔电子有限公司
1371	深圳白色产品设计有限公司	1422	雅致精密工业（深圳）有限公司	1473	深圳汇思诺科技有限公司
1372	深圳市艾狄科技有限公司	1423	深圳市东冠包装印刷纸品有限公司	1474	深圳一格信息服务有限公司
1373	深圳市恒基港建建筑工程管理有限公司	1424	昕亮科技（深圳）有限公司	1475	深圳市银河快车网络科技有限公司
1374	深圳前海建装网开发股份有限公司	1425	深圳光大同创新材料有限公司	1476	深圳中科卉尔立生物科技有限公司
1375	深圳市金世纪工程实业有限公司	1426	深圳市科洛德打印耗材有限公司	1477	深圳市量子引擎科技有限公司
1376	深圳市朋格幕墙设计咨询有限公司	1427	深圳鹏汇功能材料有限公司	1478	深圳市安厦重工有限公司
1377	深圳市金地楼宇工程有限公司	1428	深圳市道诚电子科技有限公司	1479	深圳捷仕科技有限公司
1378	深圳市深装总装饰股份有限公司	1429	深圳市惠程电气股份有限公司	1480	深圳市粤昆仑环保实业有限公司
1379	深圳市澳亚迪电子设备有限公司	1430	深圳市志邦科技有限公司	1481	深圳市嘉一达光电器材有限公司
1380	凯达威尔创新科技（深圳）有限公司	1431	深圳市巍特工程技术有限公司	1482	深圳市纽思曼科技有限公司
1381	深圳市欧视达自动化设备有限公司	1432	深圳全棉时代科技有限公司	1483	深圳市光网世纪科技有限公司
1382	深圳市捷帆智能科技有限公司	1433	深圳市江天包装材料有限公司	1484	深圳市怡化时代科技有限公司
1383	深圳市欧利德仪器仪表有限公司	1434	亚洲电力设备（深圳）股份有限公司	1485	慧讯软件（深圳）有限公司
1384	深圳市航天泰瑞捷电子有限公司	1435	深圳中缆电缆集团有限公司	1486	深圳市意科特实业有限公司
1385	深圳市瑞蓝技术有限公司	1436	深圳市德春水电工程有限公司	1487	深圳市润之汇实业有限公司
1386	深圳市普晟传感技术有限公司	1437	深圳市深电能售电有限公司	1488	深圳市先锋电力有限公司
1387	深圳市运泰利自动化设备有限公司	1438	深圳市井泰精密五金有限公司	1489	深圳市汇奇美科技有限公司
1388	深圳华越南方电子技术有限公司	1439	深圳市金凯博自动化测试有限公司	1490	深圳市雅安精密连接器有限公司
1389	深圳市智信精密仪器有限公司	1440	深圳深宝电器仪表有限公司	1491	深圳市索沃思数码有限公司
1390	深圳市艾依康仪器仪表科技有限公司	1441	广东环威电线电缆股份有限公司	1492	深圳市麦力西科技有限公司
1391	深圳市科泰超声自动化设备有限公司	1442	深圳市国电科技通信有限公司	1493	深圳市叉旗智能有限公司
1392	深圳市华唯计量技术开发有限公司	1443	深圳市铁汉人居环境科技有限公司	1494	深圳市台智伟业电子有限公司
1393	深圳市迈科智控科技实业有限公司	1444	深圳市中宸蓝天环保科技有限公司	1495	深圳市芭蕾数码科技有限公司
1394	深圳市鑫泰濠科技有限公司	1445	深圳市中建南方环境股份有限公司	1496	深圳市大地康恩生物科技有限公司
1395	深圳众恒电器有限公司	1446	深圳市康风环境科技发展有限公司	1497	深圳平晨半导体科技有限公司
1396	深圳一苇科技有限公司	1447	深圳市极光尔沃科技股份有限公司	1498	深圳市奥金瑞科技有限公司
1397	深圳市赛尔美电子科技有限公司	1448	深圳市精新精密科技有限公司	1499	深圳市三德大康电子有限公司
1398	深圳市湘津石仪器有限公司	1449	深圳市烯世传奇科技有限公司	1500	深圳市浪尖科技有限公司
1399	深圳安格锐电气有限公司	1450	深圳前海邻里乐科技服务有限公司	1501	深圳市前海松果互联网金融服务有限公司
1400	深圳麦逊电子有限公司	1451	深圳市问鼎资讯有限公司	1502	深圳市斯潽瑞电子科技有限公司
1401	深圳市中图仪器股份有限公司	1452	深圳市焱森巴巴科技有限公司	1503	深圳市福荫食品集团有限公司
1402	深圳市安世通科技有限公司	1453	深圳市山之田模型艺术设计有限公司	1504	深圳兴旺生物种业有限公司
1403	深圳华智测控技术有限公司	1454	深圳市润渤船舶与石油工程技术有限公司	1505	海信电子科技（深圳）有限公司

序号	单位名称
1506	深圳市工宇科技有限公司
1507	深圳市超微系统科技有限公司
1508	深圳市脉康仪科技有限公司
1509	圣码智能科技（深圳）有限公司
1510	深圳市金蝶妙想互联有限公司
1511	深圳申辰星科技有限公司
1512	深圳市鸿锐达科技有限公司
1513	深圳市科路迪机械设备有限公司
1514	深圳源兴基因技术有限公司
1515	深圳市恒平电子有限公司
1516	时代全球（深圳）科技有限公司
1517	深圳进化动力数码科技有限公司
1518	深圳优圣康医学检验实验室
1519	深圳可视科技有限公司
1520	深圳市普耐尔电子有限公司
1521	深圳市青蓝自动化科技有限公司
1522	深圳安盛生物医疗技术有限公司
1523	深圳市蓝晨科技股份有限公司
1524	深圳利孚生物科技有限公司
1525	深圳市立能威微电子有限公司
1526	深圳市前海乐贝尔电子商务有限公司
1527	深圳市元派科技有限公司
1528	深圳市国立旭振电气技术有限公司
1529	深圳市博乐信息技术有限公司
1530	深圳市博赛新材有限公司
1531	深圳市智物联网络有限公司
1532	深圳中泰智丰物联网科技有限公司
1533	深圳市方易通科技有限公司
1534	深圳市依崇微电子科技有限公司
1535	深圳平显光电设备有限公司
1536	深圳市星苑科技有限公司
1537	深圳市微网力合信息技术有限公司
1538	深圳市微讯科技有限公司
1539	深圳市纷彩电子有限公司
1540	深圳市奇境信息技术有限公司
1541	深圳市畅格光电有限公司
1542	深圳市途锐科技有限公司
1543	深圳南粤药业有限公司
1544	深圳市盛达荣实业有限公司
1545	深圳第一创想电子商务有限公司
1546	深圳市灵感智慧科技有限公司
1547	深圳市瑞霖医药有限公司
1548	深圳市布塔娱乐科技有限公司
1549	深圳市维特世嘉科技有限公司
1550	深圳市帅航户外照明科技股份有限公司
1551	深圳市圆周率软件科技有限责任公司
1552	深圳有极信息科技有限公司
1553	深圳市前海中电新能源科技有限公司
1554	华强方特（深圳）智能技术有限公司
1555	深圳市富德康电子有限公司
1556	深圳市金美泰生物科技有限公司
1557	深圳市同行者科技有限公司
1558	深圳市声艺宝科技有限公司
1559	深圳市永霖科技有限公司
1560	深圳市诺威达科技有限公司
1561	深圳市金瑞铭科技有限公司
1562	深圳市腾达智慧信息技术有限公司
1563	凯茂科技（深圳）有限公司
1564	深圳众乐智府科技有限公司
1565	深圳市快印客电子商务有限公司
1566	深圳市科力尔电机有限公司
1567	深圳市深群电子科技有限公司
1568	深圳市雅诗卡洛科技有限公司
1569	深圳理邦实验生物电子有限公司
1570	深圳市互联时空科技有限公司
1571	深圳市镭煜科技有限公司
1572	深圳市佳康捷科技有限公司
1573	深圳市中鼎空调净化有限公司
1574	深圳市创客智趣通信技术有限公司
1575	深圳市思百德科技有限公司
1576	深圳市维尔晶科技有限公司
1577	深圳市力沃信息科技有限公司
1578	深圳市欧力克斯科技有限公司
1579	深圳奥统平技术有限公司
1580	深圳明心科技有限公司
1581	深圳市蓝色贝壳科技有限公司
1582	深圳市普伦特科技有限公司
1583	深圳市大生体育有限公司
1584	深圳市佛瑞斯科技有限公司
1585	深圳中科传感科技有限公司
1586	深圳科力迩科技有限公司
1587	深圳市公路交通工程试验检测中心
1588	深圳市金控科技有限公司
1589	深圳华云新创科技有限公司
1590	深圳正品创想科技有限公司
1591	深圳市辰翔新能源技术有限公司
1592	深圳市微雕科技有限公司
1593	深圳市泰特斯电力科技有限公司
1594	深圳思凯微电子有限公司
1595	深圳容一电动科技有限公司
1596	深圳市艾特软件有限公司
1597	深圳市正冠科技有限公司
1598	深圳市创火科技有限公司
1599	深圳橙果医疗科技有限公司
1600	深圳四方精创资讯股份有限公司
1601	深圳市天圆科技有限公司
1602	深圳市镱豪金属有限公司
1603	深圳采集云数据科技有限公司
1604	深圳市华讯方舟微电子科技有限公司
1605	深圳市众汉科技有限公司
1606	广东新视野信息科技股份有限公司
1607	福瑞莱环保科技（深圳）股份有限公司
1608	深圳中创华安科技有限公司
1609	深圳市井微网络科技有限公司
1610	深圳市金威士得科技有限公司
1611	深圳市大创科技信息有限公司
1612	深圳市港源微键技术有限公司
1613	深圳中清环境科技有限公司
1614	深圳市是源医学科技有限公司
1615	深圳市鑫宇鹏电子科技有限公司
1616	深圳市晶点致胜科技有限公司
1617	深圳市蓝希望电子有限公司
1618	深圳康佳通信科技有限公司
1619	深圳盈达信息科技有限公司
1620	深圳市易电能源互联网科技有限公司
1621	微位（深圳）网络科技有限公司
1622	深圳市庆美珠宝首饰有限公司
1623	深圳市中鑫创科科技有限公司
1624	深圳市深海捷科技有限公司
1625	深圳华中行检测校准科技有限公司
1626	深圳市高士达精密机械有限公司
1627	深圳亿上光科技有限公司
1628	深圳市利华美科技有限公司
1629	深圳市恒创智达信息技术有限公司
1630	深圳市招科智控科技有限公司
1631	深圳市富邦新科技有限公司
1632	深圳市深蓝宇科技有限公司
1633	深圳市众创立科技有限公司
1634	深圳海迈德科技有限公司
1635	深圳市格莱特印刷材料有限公司
1636	深圳市英威腾自动控制技术有限公司
1637	深圳市万家照明有限公司
1638	深圳市未林森科技有限公司
1639	深圳市英特源电子有限公司
1640	深圳市福华特精密技术有限公司
1641	深圳市奥圣科技发展有限公司
1642	深圳市汇思科电子科技有限公司
1643	深圳市康捷登科技有限公司
1644	新鼎电子（深圳）有限公司
1645	深圳市广昌达石油添加剂有限公司
1646	深圳市汇川技术股份有限公司
1647	深圳市旗云智能科技有限公司
1648	深圳市摩士龙实业有限公司
1649	深圳市对接平台科技发展有限公司
1650	深圳芯启航科技有限公司
1651	深圳大道半导体有限公司
1652	深圳市富世达通讯有限公司
1653	深圳市诺赛特系统有限公司
1654	华强方特（深圳）动漫有限公司
1655	深圳效率科技有限公司
1656	深圳市凌云视迅科技有限责任公司
1657	东洋通信技术（深圳）有限公司
1658	深圳市数聚能源科技有限公司

序号	单位名称	序号	单位名称	序号	单位名称
1659	深圳市杰矽科技有限公司	1693	深圳市棁鑫新能源有限公司	1727	深圳市中兴创智科技有限公司
1660	深圳市成晟新能源技术有限公司	1694	深圳市智豪信通讯有限公司	1728	深圳市易安诺科技有限公司
1661	深圳市朗宇芯科技有限公司	1695	深圳市安信可科技有限公司	1729	深圳市兴万联电子有限公司
1662	深圳市展杰文达电子有限公司	1696	永德利硅橡胶科技（深圳）有限公司	1730	深圳桥通通信技术有限公司
1663	深圳市井智高科机器人有限公司	1697	深圳市金鹰达文化科技有限公司	1731	深圳市三角鑫科技有限公司
1664	深圳市康英科技有限公司	1698	深圳市安瑞科科技有限公司	1732	深圳易嘉恩科技有限公司
1665	深圳市源茂升科技有限公司	1699	深圳欣锐科技股份有限公司	1733	深圳万维博通信息技术有限公司
1666	慧投科技（深圳）有限公司	1700	深圳市酷维智联科技有限公司	1734	深圳市盛邦科技有限公司
1667	深圳市华宇无线电子技术有限公司	1701	深圳云网联合手机通讯有限公司	1735	深圳信炜科技有限公司
1668	深圳市一只蘑菇科技有限公司	1702	深圳市中科云科技开发有限公司	1736	深圳迈森自动化设备有限公司
1669	宜创富科技（深圳）有限公司	1703	深圳市鑫君特智能医疗器械有限公司	1737	深圳市松柏实业发展有限公司
1670	深圳市弘南科通信设备有限公司	1704	深圳前海大数金融服务有限公司	1738	深圳市中络电子有限公司
1671	深圳市合元科技有限公司	1705	深圳市微蜂创联科技有限公司	1739	高利通科技（深圳）有限公司
1672	深圳市智慧享联网络技术有限公司	1706	深圳市搜了网络科技股份有限公司	1740	深圳市华浩德电子有限公司
1673	深圳市盛迪瑞科技有限公司	1707	深圳市云际通科技有限公司	1741	深圳市未来工场科技有限公司
1674	东江模具（深圳）有限公司	1708	深圳市龙吉顺实业发展有限公司	1742	深圳市聚电网络科技有限公司
1675	深圳市鼎盛智能科技有限公司	1709	深圳市智兴盛电子有限公司	1743	深圳市神州云海智能科技有限公司
1676	深圳市安泽智能工程有限公司	1710	深圳市音随我动科技有限公司	1744	深圳市创美实业有限公司
1677	深圳市卡诺注塑系统有限公司	1711	华强方特（深圳）电影有限公司	1745	深圳市眼界科技有限公司
1678	深圳市原图光电科技有限公司	1712	深圳市海之景科技有限公司	1746	深圳市卓宝科技股份有限公司
1679	深圳长飞智连技术有限公司	1713	深圳市威柯特太阳能科技有限公司	1747	深圳市美亚迪光电有限公司
1680	深圳市小樱桃实业有限公司	1714	深圳市艾昕宸电子有限公司	1748	烯旺新材料科技股份有限公司
1681	深圳智能表芯科技有限公司	1715	深圳市烽茂鸿科技有限公司	1749	深圳市汇川控制技术有限公司
1682	深圳熙卓科技有限公司	1716	深圳市升昊科技有限公司	1750	深圳市浩丰科技股份有限公司
1683	深圳市多翼创新科技有限公司	1717	深圳粤通新能源环保技术有限公司	1751	深圳市科奈信科技有限公司
1684	深圳市路通网络技术有限公司	1718	深圳睿云智合科技有限公司	1752	德兴璞电子（深圳）有限公司
1685	深圳市锐智明建筑工程有限公司	1719	深圳中科金证科技有限公司	1753	深圳纽斯声学系统有限公司
1686	深圳市华讯方舟卫星通信有限公司	1720	深圳市泰利电源有限公司	1754	深圳神盾卫民警用设备有限公司
1687	深圳纵横电子商务有限公司	1721	深圳市前海七号网络科技有限公司	1755	深圳市永联科技股份有限公司
1688	深圳市安富利信息技术有限公司	1722	深圳市鼎盛科电子有限公司	1756	深圳市美可达科技有限公司
1689	深圳市汉亿科技有限公司	1723	深圳市易飞行科技有限公司	1757	深圳市金刚蚁机器人技术有限公司
1690	深圳市朝阳光科技有限公司	1724	深圳市深大云伴健康科技有限公司	1758	深圳市越疆科技有限公司
1691	UT 斯达康（深圳）技术有限公司	1725	深圳市丰兆新材料股份有限公司	1759	深圳市异度信息产业有限公司
1692	深圳市拓保软件有限公司	1726	深圳市聚成华企科技有限公司		

更多国家高新技术
企业名单在线查询通道

深圳市高新技术
企业名单在线查询通道

第二节 2018年度深圳市科学技术奖拟奖名单

一、市长奖 2 名

姓名	所在单位及职务
杨 震	北京大学深圳研究生院化学生物学与生物技术学院院长、教授
袁建成	深圳翰宇药业股份有限公司董事、总裁

二、自然科学奖 5 项

序号	项目名称	主要完成人	所在单位	等级
1	国际鸟类生命之树研究计划	张国捷 杨焕明 李启业 李 彩 王宗吉	深圳华大基因研究院	一等奖
2	基于仿生质子迁移的绿色合成	黄 湧 赵 劲 陈杰安 汪兆丰 殷韦玉 王成明	北京大学深圳研究生院	一等奖
3	高时空精准细胞调控技术对脑疾病干预的应用基础研究	王立平 杨 帆 刘运辉 屠 洁 鲁 艺 蔚鹏飞	中国科学院深圳先进技术研究院	一等奖
4	光纤微结构器件的制备方法及传感机理研究	王义平 廖常锐 何 俊 王东宁 靳 伟	深圳大学 香港理工大学	一等奖
5	膀胱癌发生机制、特异性识别和干预研究	黄卫人 刘宇辰 蔡志明 孙小娟 韩永华 李泽松	深圳市第二人民医院	二等奖
6	藏族中国人高原适应性的遗传基础研究	汪 建 金 鑫 阿 叁（藏族）	深圳华大基因研究院	二等奖
7	情绪与认知的相互作用及其脑机制	罗跃嘉 徐鹏飞 罗文波 古若雷 张丹丹	深圳大学 北京师范大学 辽宁师范大学 中国科学院心理研究所 重庆文理学院	二等奖
8	分解水和还原二氧化碳的高效光 / 电催化体系研发及机理研究	刘大铸 文伟伦 陈 贵 马 丽 陈灵晶 刘赢瀛	香港城市大学深圳研究院	二等奖
9	热电材料结构与性能的关联性研究	何佳清 吴 笛 武海军	南方科技大学	二等奖
10	微量元素（硒、钼、铜）的生物效应及生物信息学分析	倪嘉缵 张 焱 刘 琼 都秀波 姜 亮	深圳大学 中国科学院长春应用化学研究所 中国科学院上海生命科学研究院	二等奖

三、技术发明奖 2 项

序号	项目名称	主要完成人	完成单位	等级
1	一种聚丙烯微孔膜的制备方法、聚丙烯微孔膜及其应用	胡达文 王 哲 曹志锋	深圳中兴创新材料技术有限公司	一等奖
2	反射式激光荧光多色时序光源技术	李屹 胡飞 许颜正 田梓峰 李 乾 杨佳翼	深圳市光峰光电技术有限公司	二等奖
3	穿戴式人体传感器网络	王 磊 赵国如 聂泽东 张金勇 颜 延 刘秋华	中国科学院深圳先进技术研究院	二等奖

四、科技进步奖 49 项

（一）技术开发类 40 项

序号	项目名称	主要完成人	完成单位	等级
1	N×100G 密集波分复用设备研制及产业化	崔秀国 张筑虹 李传东 向 晖 陈 俊 谢长松 祝焕军 司明钢 梁伟光 肖治宇 汪永忠 崔 岩 万 金 汪 进 李 林	华为技术有限公司	一等奖
2	工业级高功率三倍频紫外激光器	吕启涛 阮双琛 郭 丽 杜晨林 何柏林 钟木荣 高云峰	大族激光科技产业集团股份有限公司 深圳大学	一等奖
3	大规模天线阵列系统关键技术研究及应用	王喜瑜 鲁照华 柏 钢 朱伏生 李 刚 胡留军 郁光辉 高旭昇 陈艺戬 李 军 顾 翔 王瑜新 吴 枫 李儒岳 王 宁	中兴通讯股份有限公司	一等奖
4	高效节能大功率 UPS 电源系统研发与产业应用	尤 勇 杨成林 刘兆燊 夏小荣 徐 辉 曾志刚 刘 琴 尚亚婷 张 廉 胡 彪 任中福 黄政中 贾庆原	深圳市英威腾电源有限公司	一等奖
5	超材料空间调制技术研究与产业化应用	刘若鹏 赵治亚 张洋洋 周 添 邓存喜 熊 伟 刘光烜 王今金 刘京京 杨松涛 金 曦 李 波 黄新政 邢明军 张从会	深圳光启高等理工研究院 深圳光启创新技术有限公司 深圳光启尖端技术有限责任公司	一等奖
6	窄带数据增强集群通信系统	崔 巍 王 程 明卫军 刘 洋 陈 涛 于 洋 李春颖 骆守权 耿少伟 陈 勇 罗正华 徐 燕 杨 帆	海能达通信股份有限公司	一等奖
7	S3R 架构高压大功率电源控制器的研制与应用	吕晓明 张东来 邢浩江 朱洪雨 王 超 付 明 王 骞 刘 青 佟 强 陈 红 张博温 刘锡洋	深圳市航天新源科技有限公司 深圳航天科技创新研究院 哈尔滨工业大学深圳研究生院	一等奖
8	移动互联网应用审计与综合数据处理平台	杨 强 张东升 黄洪发 胡文鹏 唐新民 朱生尊 杜大帅 潘 广 钟 鸣 彭 威	任子行网络技术股份有限公司	一等奖
9	下一代融合通信（RCS）关键技术研究及工程应用	黄小兵 孙立波 李 毅 方 晖 龚晓东 陈建婷 晏志敏 陈世忠 周小军 李冠军	中兴通讯股份有限公司	一等奖
10	新型高功率锂离子动力电池的研究与应用	陶芝勇 胡清平 李 进 刘 焱 吴吉强 刁 胜 曹丽君 周艳兵 乔三刚 郭永兴 唐道平 曾纪术 吴 南 黄启祥	深圳市海盈科技股份有限公司	一等奖
11	基于矢量处理的多模基带芯片	龙志军 石义军 梁敏超 盛武斌 李 闯 彭 亮 王文楠 黄 健 郑学进 张为松 韩晟晨 刘 星 洪思华 刘新良 孙 昊	深圳市中兴微电子技术有限公司	一等奖

续表

序号	项目名称	主要完成人	完成单位	等级
12	600 万门级国产 FPGA 研发与产业化	王佩宁 包朝伟 傅启攀 陈燕生 温长清	深圳市国微电子有限公司	一等奖
13	基于时空大数据的网格化城市管理系统	吴晓琳 杜 恒 李 烨 李家宝 谭 光 曾德熹 彭楚谦 樊小毛	深圳市金证科技股份有限公司 中国科学院深圳先进技术研究院	二等奖
14	高性能云计算数据中心交换机	陈志伟 夏迎春 申春升 王 宇 李新双 郑 炎 牛广平 邢海龙	中兴通讯股份有限公司	二等奖
15	BAC-P 高分子交叉层压膜双面自粘防水卷材的研发	林旭涛 谭 武 殷 敏 王振文 张志强 周 明 邓 缤 于 哲	深圳市卓宝科技股份有限公司	二等奖
16	无氰环保镀金工艺项目	邓 川 王 彤	深圳市联合蓝海科技开发有限公司	二等奖
17	全身螺旋 CT	谢 涛 杨 勇 徐宇君 丁汝波 王亚飞 李茂聪 谢 婉 熊爱辉	深圳安科高技术股份有限公司	二等奖
18	高速光接入网关键技术与规模应用	许 明 纪越峰 黄新刚 顾仁涛 史伟强 陈 雪 孙砚峰 王 磊	中兴通讯股份有限公司 北京邮电大学	二等奖
19	基于电动车（EV）用 BMS 虚拟电池系统的研究开发	毛广甫 尹建明 周传纯 唐润平 李海鹏 郑 伟 赖炬书 谢兆夏	深圳市瑞能实业股份有限公司	二等奖
20	电动汽车充电机产业化技术攻关	吴壬华 张 瑾 李 英 胡峻凡 胡定高 刘鹏飞 赵德琦 陈丽君	深圳欣锐科技股份有限公司 中国科学院电工研究所	二等奖
21	高端便携彩色多普勒超声成像系统	何绪金 杨 波 吴 飞 李 雷 朱 磊 王建永 陈玉鑫 董永强	深圳迈瑞生物医疗电子股份有限公司	二等奖
22	基于国产 SOC 芯片的智能电视研发及产业化	吴 伟 侯志龙 徐遥令 洪文生 李 坚 江 润 张曼华 郭明海	深圳创维 -RGB 电子有限公司	二等奖
23	低成本室内机器人导航研发及应用	欧勇盛 刘 明 江国来	中国科学院深圳先进技术研究院 香港科技大学深圳研究院	二等奖
24	精密挤压涂布机	潘昱凡 关敬党 王光岩 宁 鹏 谢 礼 欧阳锴 吴国俊 廖小龙	深圳市善营自动化股份有限公司	二等奖
25	新型感应电机变频调速系统	胡 杰 石 超 潘胜和 曾宪金 熊 文 段 捷 宁德胜 王 佳	深圳市英威腾电气股份有限公司	二等奖
26	无线 MESH 网在用电信息采集系统中技术创新与产业化	崔 涛 舒杰红 吴金明 何晓奎 董银锋 郭晓柳 刘 柱 刘文兵	深圳友讯达科技股份有限公司	二等奖
27	基于背光模组的大尺寸直下式液晶电视的创新与应用	何胜斌 吴钊剑 熊立畅 张海波 金观镇 陈坤涌 刘 飞 佟晓龙	深圳市兆驰股份有限公司	二等奖
28	HD 系列高性能节能高压变频器	陈 实 冷严冬 刘东平 张 源 刘永钦 蔡 准 翁翔羿 闫 飞	深圳市汇川技术股份有限公司	二等奖
29	小功率智能化焊接装备研究开发和产业化	陈 捷 张利华 白 宁 蒋 明 陈 刚 贺 维 聂菊华 徐 雄	深圳市瑞凌实业股份有限公司	二等奖
30	FusionStorage 全融合分布式存储系统	伍华涛 王 锋 李 斐 方 新 曹 宇 周 驰 王道辉 胡 波	华为技术有限公司	二等奖
31	核电站汽轮机高压缸全通流改造技术研究与管理实践	杨 武 熊颖峰 周富涛 黄祥君 原 帅 贾凯利 冯伟岗 于庆斌	大亚湾核电运营管理有限责任公司 中广核核电运营有限公司 苏州热工研究院有限公司	二等奖

续表

序号	项目名称	主要完成人	完成单位	等级
32	华为 FusionCompute 企业虚拟化平台	张磊强 陈 锟 尚海峰 罗 浩 刘振兴 高君华 张 波 李 珺	华为技术有限公司	二等奖
33	高速高精钻铣加工中心的研发及应用	罗育银 高银华 刘海生 李 强 程永平 吴坤勇 周红军 李 立	深圳市创世纪机械有限公司	二等奖
34	复杂建筑结构弹塑性分析技术研究与应用	郭 明 尧国皇 欧阳宇峰 于 清 赵群昌 董桔灿 方映平 易小纬	深圳市市政设计研究院有限公司 清华大学 深圳信息职业技术学院	二等奖
35	深色超极清体育场馆 LED 显示系统研制技术	吴振志 谢明璞 李选中 赵丽红 刘 玲 梁德斌 邵衍胜 黄永忠	深圳市奥拓电子股份有限公司	二等奖
36	分布式轨道交通车辆轴温监测系统研究与产业化	于 波 闫泽涛 刘瑞涛 冯汉炯 刘志斌 刘静林 呼 铭 杨正明	深圳市航天华拓科技有限公司	二等奖
37	基于新型生物传感器技术的 POCT 血气生化分析仪的研制及产业化	林 朝 赵志翔 梅 林 李国霞 谢瑛瑛 黄高祥 周川川 陈智伟	深圳市理邦精密仪器股份有限公司	二等奖
38	立体绿化新技术研发及产业化应用	戴耀良 温庚金 赵 亮 王 佳 罗旭荣 裴福云 黎修东 王玲玲	深圳市铁汉生态环境股份有限公司 深圳市铁汉一方环境科技有限公司 深圳市仙湖植物园管理处	二等奖
39	轻薄精密复合功能结构材料的研发	伍冬瑞 陈明建 秦战红 李 峰 王光模 郑庆通 吴 明 胡 莫	深圳市联懋塑胶有限公司	二等奖
40	高温耐油 TPEE 弹性体改性材料系列产品产业化	冯雪雁 康树峰 魏立东 王志勇 肖扬华 申晓华 夏春亮 张增果	深圳市沃尔核材股份有限公司	二等奖

（二）社会公益类 7 项

序号	项目名称	主要完成人	完成单位	等级
41	深圳市空气质量改善关键支撑技术研究	黄晓锋 尹魁浩 何凌燕 邹北冰 颜 敏 兰紫娟 曾立武 冯 凝 郑卓云 梁永贤 朱 波 张 彬	北京大学深圳研究生院 深圳市环境科学研究院	一等奖
42	移植免疫耐受诱导的新途径和机制	李富荣 邓绍平 邓春艳 周汉新 齐 晖 廖玉婷 叶 剑 郭伟坚	深圳市人民医院	二等奖
43	超级稻深优 9516 的培育与推广应用	武小金 田继微 孟祥伦 韦飞严 陈远谋 霍二伟 杨晓怀 陈明春	清华大学深圳研究生院 深圳市农业科技促进中心 深圳市兆农农业科技有限公司 广东省种子管理总站 广东现代耕耘种业有限公司 广西恒茂农业科技有限公司	二等奖
44	以非编码核糖核苷酸为中心调控作用及作为部分重大疾病标志物的发现与应用	戴 勇 眭维国 汤冬娥 徐 勇 欧明林 黄远帅 陈洁晶 薛 雯	深圳市人民医院 中国人民解放军第一八一医院	二等奖
45	食品中高风险生物毒性元素形态分析方法体系的构建及应用	王丙涛 赵琼晖 颜 治 肖亚兵 林燕奎 刘霁欣 李 勇 谢宗良	深圳出入境检验检疫局食品检验检疫技术中心 天津出入境检验检疫局动植物与食品检测中心 北京吉天仪器有限公司	二等奖

续表

序号	项目名称	主要完成人	完成单位	等级
46	有害物质全程溯源与实时监控关键技术及其供港食品中的应用	陈枝楠 包先雨 陈 新 仲建忠 李 军 常会友 王 岢 曹 庸	深圳市检验检疫科学研究院 中山大学 哈尔滨工业大学 深圳研究生院 华南农业大学	二等奖
47	牙列缺损的数字化精准种植修复系列研究	高永波 黄盛兴 林臻彦 吴熙凤 赵静辉 刘云峰 盛立远 游 嘉	深圳市龙岗中心医院 深圳市人民医院 深圳市龙岗区人民医院 吉林大学口腔医院 北京大学深圳研究院 浙江工业大学 杭州六维齿科医疗技术有限公司	二等奖

（三）重大工程类 1 项

序号	项目名称	完成单位	等级
48	宽幅（1490mm）TFT 型偏光片产业化	深圳市三利谱光电科技股份有限公司	二等奖

五、青年科技奖 8 名

序号	姓名	所在单位	职务 / 职称
1	伍楷舜	深圳大学	教授
2	张 晗	深圳大学	教授
3	陈树明	南方科技大学	副教授
4	龚建贤	北京大学深圳研究生院	副教授
5	陈湘宇	深圳市创梦天地科技股份有限公司	董事长兼 CEO
6	万 涛	深圳市仙湖植物园管理处	高级工程师
7	俞 露	深圳市城市规划设计研究院有限公司	高级工程师
8	郑 嵩	深圳市雄帝科技股份有限公司	常务副总经理

六、专利奖 25 项

序号	专利号	专利名称	单位名称	发明人 / 设计人
1	ZL200910216924.4	无线基站中公共通用无线接口数据的传送方法及无线基站	华为技术有限公司	余卫东
2	ZL201310119396.7	一种文件扫描方法、系统及客户端和服务器	腾讯科技（深圳）有限公司	聂子潇
3	ZL03139760.3	具有分化和抗增殖活性的苯甲酰胺类组蛋白去乙酰化酶抑制剂及其药用制剂	深圳微芯生物科技有限责任公司	鲁先平 李志斌 谢爱华 石乐明 李伯玉 宁志强 山 松 邓 沱 胡伟明

续表

序号	专利号	专利名称	单位名称	发明人 / 设计人
4	ZL200810172303.6	上行发射功率控制方法和系统、以及基站	中兴通讯股份有限公司	鲁照华 郝 鹏 薛 妍 刘 颖 刘 锟
5	ZL201380048477.0	可变形飞行器	深圳市大疆创新科技有限公司	汪 滔 赵 涛 杜 昊 王铭熙
6	ZL201210589854.9	电动汽车的充电系统及具有其的电动汽车	比亚迪股份有限公司	汤哲晴 杜智勇 唐 甫
7	ZL201010234446.2	基于紫外发光二极管的二氧化硫分析仪及分析方法	宇星科技发展（深圳）有限公司	王富生 马光明
8	ZL201110419630.9	凝血酶直接抑制剂多肽水合盐及合成方法	深圳信立泰药业股份有限公司	范业梅 梅世昌
9	ZL201410197097.X	图像的显示方法以及显示系统	深圳市华星光电技术有限公司	陈黎暄 康志聪
10	ZL201310262627.X	一种锂离子电池用非水电解液及使用该非水电解液的锂离子电池	深圳新宙邦科技股份有限公司	石 桥 胡时光
11	ZL201310671834.0	一种微孔隔膜的制备方法及微孔隔膜	深圳市星源材质科技股份有限公司	杨雪梅 王今刚 王永国 杨佳富 陈秀峰
12	ZL201210241945.3	一种联动控制装置及采用其的血气分析仪	深圳市理邦精密仪器股份有限公司	黄高祥 赵志翔
13	ZL201330081207.2	机器人（娱乐型）	深圳市优必选科技有限公司	刘乐峰
14	ZL201410024018.5	一种 VCI 设备程序升级方法、装置和系统	深圳市道通科技股份有限公司	余世均 李红京
15	ZL201330212506.5	耳机（一）	万魔声学科技有限公司	谢冠宏 林柏青 于世璿 陈运亮 袁 瑒
16	ZL201310163357.7	远程应用接口的缓存方法及装置	深信服科技股份有限公司	吴楚伟 林 彦 姜正文
17	ZL201510221431.5	路灯组网的控制方法及路灯	深圳市斯派克光电科技有限公司	吴 峰 王贤辰 黄国梁 李喜明
18	ZL201210508798.1	路灯控制方法	深圳华智测控技术有限公司	毛周明 詹文平 毛秀国 吴钟晓
19	ZL201210016281.0	白光 LED 测量系统及方法	深圳市聚飞光电股份有限公司	周春生 韦建华 苏宏波 刘汉林
20	ZL201210360648.0	一种压控振荡器电压补偿电路	深圳市振华微电子有限公司	李旋球 丁晓鸿 冯雁军 孙元鹏
21	ZL201110293865.8	一种全自动免疫分析仪及其检测方法	深圳市亚辉龙生物科技股份有限公司	胡德明 刘清波 何 林 阳 辉
22	ZL200910258615.3	一种绝缘栅器件控制方法及其电路	深圳青铜剑科技股份有限公司	汪之涵 和巍巍
23	ZL201410077255.8	一种隐藏应用程序的方法及终端	深圳市金立通信设备有限公司	李利童 王延毅
24	ZL201010525397.8	基于数字证书的通讯加密安全控制方法、服务器及系统	深圳市爱贝信息技术有限公司	丘越崑 勾祖勇 王春龙 陈伟 林伟军 杨 丰 方益明 吕秋明 蔡先周
25	ZL200810065520.5	超早期断奶仔猪料	深圳市金新农科技股份有限公司	陈俊海

七、标准奖 15 项

序号	标准编号	标准名称	单位名称
1	IETF RFC 7357	终端地址分发协议	中兴通讯股份有限公司
2	oneM2M TS-0001-V1.6.1	物联网功能架构	中兴通讯股份有限公司
3	GB/T 30989-2014	高通量基因测序技术规程	深圳华因康基因科技有限公司
4	GB/T 29752-2013	集装箱安全智能锁通用技术规范	中国国际海运集装箱（集团）股份有限公司
5	SZDB/Z 120-2014	安全防范视频监控联网系统信息传输、交换、控制应用规范	深圳市信义科技有限公司
6	ISO/IEC 14543-5-7：2015	信息技术 信息设备资料共享协同服务 远程访问系统架构	深圳市闪联信息技术有限公司
7	JB/T 11333-2013	核电站用 1E 级低压热收缩管	长园集团股份有限公司
8	YD/T 2799.1 ～ 2-2015	集成相干光接收器技术条件系列标准	深圳新飞通光电子技术有限公司
9	JGJ/T 285-2014	公共建筑能耗远程监测系统技术规程	深圳市建筑科学研究院股份有限公司
10	NB/T 20259.1 ～ 6-2014	核电厂建设项目工程量清单计价规范系列标准	中广核工程有限公司
11	GB/T 29876-2013	非发酵豆制品生产管理规范	深圳市福荫食品集团有限公司
12	GB/T 30150-2013	辐射防护仪器 气载氚监测设备	深圳市计量质量检测研究院
13	GB/T 30596-2014	温拌沥青混凝土	深圳市海川实业股份有限公司
14	GB/T 30850.3-2014	电子政务标准化指南 第 3 部分：网络建设	深圳市标准技术研究院
15	SN/T 3612-2013	家具弹性填充材料燃烧试验方法 垂直燃烧法	深圳市检验检疫科学研究院

第三节 科技成果

2017 年科技成果登记一览表

序号	地方部门登记号	所在区域	项目名称	完成单位	完成人	登记日期
1	2016Y0191	福田区	宫颈鳞状上皮低度病变转归、影响因素及干预的研究	北京大学深圳医院	杜辉 张薇 陈晴 沈兢兢 沈媛媛 王纯 程德敏 刘志红 罗红学 刘莹 刘冲 柳双燕 张礼婕 周艳秋 吴瑞芳	2017/1/6
2	2016Y0192	福田区	阴道镜下隐匿型宫颈鳞状上皮高级别病变管理的研究	北京大学深圳医院	杜辉 陈晴 王纯 张凌 王国萍 张艳萍 张薇 鲍俊翠 刘志红 李环 张礼婕 周艳秋 吴瑞芳	2017/1/6
3	2017J0001	福田区	几种重大疾病中西医结合分子诊断与精准干预系列研究	深圳市第二人民医院（深圳大学第一附属医院）、深圳市老年医学研究所	吴正治 谢妮 曹美群 许蕴 姚永超 丁峰 范大华 孙珂焕 昊安民	2017/6/13
4	2017R0001	南山区	深圳诺如病毒的网络监测及分子流行病学研究	深圳市疾病预防控制中心、中国疾病预防控制中心病毒病预防控制所	何雅青 靳淼 杨洪 李慧莹 张海龙 吴微 刘娜 姚相杰	2017/7/24
5	2017R0002	罗湖区	电梯超载保护自动校正装置	深圳市特种设备安全检验研究院、深圳联合电气有限公司、深圳市特种设备行业协会	姚永红 陈照 强成健 汪青根 肖演锋	2017/12/13
6	2017R0003	罗湖区	流动式起重机液压油缸回缩量测量装置研究	深圳市特种设备安全检验研究院	李军 杨先顺 刘敬东 程红星 陈青林	2017/12/13
7	2017R0004	罗湖区	电梯轿厢和对重量称取装置的开发	深圳市特种设备安全检验研究院	陈珍春 鲍献华 肖演锋 黄东凌 王保卫 王军泉	2017/12/13
8	2017R0005	罗湖区	自动扶梯扶手带防卷装置的开发	深圳市特种设备安全检验研究院	黄东凌 肖演锋 陈珍春 刘文锋	2017/12/13
9	2017Y0001	宝安区	一种双组分有机硅灌封胶	深圳市欧普特工业材料有限公司	刘诚	2017/1/9
10	2017Y0002	福田区	红树林鸟类及食物资源调查与保护对策研究	广东内伶仃福田国家级自然保护区管理局	胡柳柳 黎双飞 陈里娥 杜欢 杨琼 昝启杰 徐华林 吴苑玲 刘赞锋 曾立强 邓利 汪安泰	2017/1/9
11	2017Y0003	福田区	深圳湾海桑与无瓣海桑的生态扩散与演替研究	广东内伶仃福田国家级自然保护区管理局	陈里娥 廖文波 凡强 昝启杰 杜欢 杨琼 吴苑玲 胡柳柳 刘赞锋 曾立强 孙键 关开朗 吴荣恩	2017/1/9

续表

序号	地方部门登记号	所在区域	项目名称	完成单位	完成人	登记日期
12	2017Y0004	福田区	深圳湾红树林湿地沉积物氮磷形态研究	广东内伶仃福田国家级自然保护区管理局	吴苑玲 赵建刚 乔永民 杜欢 杨琼 陈里娥 徐华林 肖林 胡柳柳 刘赞锋 曾立强 欧阳珺 张安弘 刘俊 谭键滨	2017/1/9
13	2017Y0005	罗湖区	深圳轻纺消费品面对"一带一路"的绿色贸易技术及合规性研究	深圳市检验检疫科学研究院	谢堂堂 李丽霞 褚乃清 刘彩明 李燕华 林君峰 涂琨英 叶欣 张娜 李小燕 刘闽 施钦元	2017/1/10
14	2017Y0006	南山区	ADMS 与 GIS 关联模拟技术在垃圾填埋场臭气污染控制中的应用	深圳市环境工程科学技术中心有限公司	张彦敏 叶志敏 李领民 周海霞 陈石 吴斌 梁顺文 陈泽龙 李晓明 张领 单双	2017/1/17
15	2017Y0007	宝安区	亚太赫兹（毫米波）人体安检仪	华讯方舟科技有限公司	祁春超 陈寒江 王荣 张天生 黄雄伟 李玉鹏 李志权 刘艳丽 郭令霞 陈伟 孙超 贾成艳 阮嘉祺 谢俊忠 高飞 张家立 冯智辉 刘俊成 谭信辉 钟义晖 袁弧 肖千 申晓龙 唐建敏 朱娴玲 袁欢欢	2017/1/17
16	2017Y0008	南山区	满泰低压机组计算机监控软件 V1.0	深圳市满泰科技发展有限公司	付万林 唐燚 余敏洁 李信林 梁昌盛 李海洋 何雪华 沈立明 叶年机 刘小丽 葛冲	2017/1/18
17	2017Y0009	南山区	满泰 OA 办公系统软件 V1.0	深圳市满泰科技发展有限公司	穆松 余敏洁 付万林 唐燚 汪顺 殷凯旋 周居斌 葛冲 李貌 郭小峰	2017/1/18
18	2017Y0010	南山区	安全隐患与风险管理系统	招商局国际信息技术有限公司	梁锦雄 吴少聪 李晓鹏 胡建华 王宏 白景涛 余世新 万臻 万彤 徐渊弢 李甲申 黄维祥 王福长 张化樑 柳红钢 万文明 梁增城 枉波 金海龙 杨玉林 钟四杰 安春华 俞红瑛 方来华 江柳 马春艳 赵红丽 金泽润	2017/1/19
19	2017Y0011	福田区	城市土地生态管理关键技术与应用	深圳市规划国土发展研究中心	杨成韫 陈柳新 洪武扬 黄伟坚 张健 邹兵 沈利强 邓金杰 苏墨 严震宇 廖琦 唐豪 朱丽萍	2017/2/7
20	2017Y0012	罗湖区	电梯缓冲器可靠性试验方法的研究	深圳市特种设备安全检验研究院	丘彬 黄剑灵 张怀继 陈桂洲 李灌辉	2017/2/9
21	2017Y0013	罗湖区	安全阀阀座结构形式对排放性能影响的研究	深圳市特种设备安全检验研究院	谢常欢 孙琦 吴继权 谢青延 丁二喜 程静	2017/2/9
22	2017Y0014	南山区	微电子级高性能聚酰亚胺研发与产业化	深圳丹邦科技股份有限公司	刘萍 谢凡 张双庆 殷鹰 舒克义 唐文超 周鸾斌 康飞 刘文魁 陈文彬	2017/2/17

续表

序号	地方部门登记号	所在区域	项目名称	完成单位	完成人	登记日期
23	2017Y0015	福田区	基于GIS技术的深圳市公园特色营造研究	深圳市公园管理中心	王芳 王晓明 王定跃 王辉 余淑莲 孙延军 邹卓辉 李婕 唐志蕴 朱丽颖 钟子杰 朱鹏 郑丽凡 周兰平 战国强 薛冬冬 姜杰	2017/2/17
24	2017Y0016	南山区	西丽水库大坝安全监测信息分析评价系统研究与示范	深圳市西丽水库管理处	吕海强 沈振中 陈锦庆 徐建民 江婷 张剑华 潘世峰 何建宁 林波	2017/2/20
25	2017Y0017	南山区	智能家居Wi/Fi模组的关键技术研究	美的智慧家居科技有限公司	鲜志雄 卢伟山 付新 陈挺 梁海浪 刘复鑫 罗伟民 陈东成 叶楚汉 邹伟 李明松 张耀儒 雷贵州 周子航 吴晓东	2017/3/1
26	2017Y0018	龙华区	汽车用近红外主动夜视与诊断预警系统	深圳市保千里电子有限公司	鹿鹏 庄敏 龙刚 林宋伟 魏国 刘湘 孙勇 孙森林	2017/5/31
27	2017Y0019	罗湖区	深圳河湾生态健康改善工程系统集成与示范	深圳市水务规划设计院有限公司	朱闻博 胡本雄 张锡辉 王健 黄奕龙 平扬 胡仁贵 陶益 刘雪朋 郭晓玮 杨海军 景瑞瑛 盛盈 王国栋 卢巧慧	2017/5/31
28	2017Y0020	罗湖区	广东省大鹏半岛资源环境承载力监测预警应急技术研究与应用	深圳市环境科学研究院	叶有华 韩宙 孙芳芳 陈礼 孙延军 李鑫 张原 罗飞 桂子凡 黄涛 陈龙 冒祉祥 尹雪 付岚 杨梦婵	2017/5/31
29	2017Y0021	宝安区	新一代智能化仓储及物流处理系统	深圳中集天达物流系统工程有限公司	刘鑫堃 赵丹 许志旺	2017/6/1
30	2017Y0022	宝安区	NICE系列智能型电梯一体化控制器	深圳市汇川技术股份有限公司	孙义 张勇 黄鹿 邢久高 徐忆平 汪超 范轶华 雷道伟 路志刚 周本全 蔡日友 朱振华 任晓雷	2017/6/1
31	2017Y0023	福田区	信号监测防雷分线柜	深圳科安达电子科技股份有限公司	张海轩 郑捷曾 李泽沛 唐斌	2017/6/1
32	2017Y0024	南山区	基于食品药品安全性评价的规范化研究及应用	深圳市药品检验研究院（深圳市医疗器械检测中心）、中兴通讯股份有限公司、清华大学深圳研究生院	金毅 钟敏 王晓炜 李军 肖巧清 刘远平 谢天柱 陈润桦 甘玉玺 吴志勇 吴少勇 杨瑾 万邦睿 刘涛 郑新宇 王红玉	2017/6/5
33	2017Y0025	罗湖区	北斗卫星实时监测水库群坝体变形技术研究	深圳市水务规划设计院有限公司、武汉大学、深圳市西丽水库管理处	陈凯 熊寻安 龚春龙 李陶 吉海 陈锦庆 刘小玲 曹梦成 曹志德 闫海龙 张伟 叶世榕 刘晓莉 王明洲 周威	2017/6/5
34	2017Y0026	宝安区	高寿命低温升电动汽车充电桩供电插座	深圳市华鸿贤精密技术有限公司	韦芳华 程显跃 田志刚 黄诞枫 熊磷	2017/6/5
35	2017Y0027	罗湖区	贷款系统	深圳市众诚品业科技有限公司、试金石信用服务有限公司	周勇 杨春霞 曾达德 黄嘉荣 韦金刚	2017/6/6

续表

序号	地方部门登记号	所在区域	项目名称	完成单位	完成人	登记日期
36	2017Y0028	罗湖区	支票系统	深圳市众诚品业科技有限公司、中国银行（香港）有限公司	胡晓春 韦金刚 梁桂祥 宋亚云	2017/6/6
37	2017Y0029	罗湖区	贷后监控系统	深圳市众诚品业科技有限公司、永隆银行有限公司深圳分行	刘健 刘圣海 林盛斌 谭志杰 胡永昶	2017/6/6
38	2017Y0030	罗湖区	银行贷款系统	深圳市众诚品业科技有限公司、深圳四方精创资讯股份有限公司	刘健 韦金刚 林盛斌 刘圣海 杨春霞	2017/6/6
39	2017Y0031	罗湖区	跨作业连接系统	深圳市众诚品业科技有限公司、永隆银行有限公司深圳分行	刘健 胡永昶 梁于冰	2017/6/6
40	2017Y0032	罗湖区	银行承诺费系统	深圳市众诚品业科技有限公司、深圳四方精创资讯股份有限公司	周勇 杨春霞 梁于冰 李浩亮	2017/6/6
41	2017Y0033	罗湖区	企业作业整合系统	深圳市众诚品业科技有限公司、深圳四方精创资讯股份有限公司	周勇 李浩亮	2017/6/6
42	2017Y0034	罗湖区	银行承兑汇票软件	深圳市众诚品业科技有限公司、中国银行（香港）有限公司	刘健 刘圣海 林盛斌	2017/6/6
43	2017Y0035	罗湖区	银行进口押汇系统	深圳市众诚品业科技有限公司、永隆银行有限公司深圳分行	周勇 杨春霞 梁于冰 李浩亮	2017/6/6
44	2017Y0036	罗湖区	批处理终端控制系统	深圳市众诚品业科技有限公司、试金石信用服务有限公司	胡晓春 黄仁将 刘圣海 梁桂祥	2017/6/6
45	2017Y0037	罗湖区	新股认购及管理系统	深圳市众诚品业科技有限公司、深圳四方精创资讯股份有限公司	韦武 宋亚云 胡永昶 谭志杰 李浩亮	2017/6/6
46	2017Y0038	罗湖区	外贸电子商务运营系统	深圳市众诚品业科技有限公司、永隆银行有限公司深圳分行	胡晓春 胡永昶 梁于冰 宋亚云	2017/6/6
47	2017Y0039	罗湖区	防欺诈交易监控报表软件	深圳市众诚品业科技有限公司、试金石信用服务有限公司	韦武 梁桂祥 杨春霞	2017/6/6
48	2017Y0040	罗湖区	零存整取本利和试算软件	深圳市众诚品业科技有限公司、试金石信用服务有限公司	韦武 黎法友 李浩亮 谢晨曦 黄侨辉	2017/6/6
49	2017Y0041	罗湖区	定期存款利率利差管理系统	深圳市众诚品业科技有限公司、中国银行（香港）有限公司	刘健 韦金刚 林盛斌 梁桂祥	2017/6/6

续表

序号	地方部门登记号	所在区域	项目名称	完成单位	完成人	登记日期
50	2017Y0042	南山区	400G超大容量核心路由器印制电路板	深南电路股份有限公司	杨之诚 周进群 崔荣 韩雪川 杨中瑞 缪桦 丁大舟 卓世波 吴庆 曹磊 武凤伍 陈利 陈于春 张利华 陆敏菲	2017/6/8
51	2017Y0043	南山区	适用于无人驾驶汽车用（雷达天线）印制电路板	深南电路股份有限公司	杨之诚 周进群 王成勇 崔荣 张学平 郭长峰 周平剑 陈冲 李杰 蔡冠华 叶晓菁 武凤伍 缪桦 陈利 陈于春 张利华	2017/6/8
52	2017Y0044	南山区	双嵌合抗原受体T淋巴细胞及其制备方法	深圳市茵冠生物科技有限公司	姜舒 张芸 罗朝霞 纪惜銮	2017/6/8
53	2017Y0045	南山区	微量元素硒、铜、钼的生物效应及生物信息学分析	深圳大学	倪嘉缵 张焱 刘琼 都秀波 姜亮	2017/6/14
54	2017Y0046	宝安区	半刚挠印制板技术开发	深圳市景旺电子股份有限公司	王俊 曾平 张霞 李文冠 马奕 付凤奇 陆玉婷 康国庆	2017/6/15
55	2017Y0047	福田区	基于显微分光光度检测系统	广东南天司法鉴定所	徐期林 张海山 徐代化 周永芳 孙威 关彦君 徐期勇 黄旭 龚应健 丘欢欢 葛姣菊 陈垚翰	2017/6/15
56	2017Y0048	福田区	海量墨迹数据库的文件检验系统	广东南天司法鉴定所	徐期林 周永芳 徐代化 张海山 孙威 关彦君 徐期勇 黄旭 龚应健 丘欢欢 葛姣菊 陈垚翰	2017/6/15
57	2017Y0049	龙华新区	高精密半导体微细丝动态键合拉力检测系统	深圳市德瑞茵精密科技有限公司	宾伟雄 唐声灿 张伟 宾利文 罗贝 廖建尚 邹牟标 巨晓军 符新光 崔伟 冯会 王晓莉	2017/6/15
58	2017Y0050	南山区	矿山废弃地植被恢复的处理方法	深圳市如茵生态环境建设有限公司	程睿 章梦涛 陈振峰	2017/6/15
59	2017Y0051	南山区	金属矿山露采边坡植物护坡及植被恢复技术	深圳市如茵生态环境建设有限公司	程睿 章梦涛 陈增香 陈振峰 吴卫文	2017/6/15
60	2017Y0052	南山区	利用生物技术处理城市废弃物并生产生物有机肥关键技术	深圳市如茵生态环境建设有限公司	陈增香 程睿 章梦涛 陈振峰 吴卫文	2017/6/15
61	2017Y0053	福田区	基于大数据的进出口食品质量信息监测及应用研究	深圳市检验检疫科学研究院、清华大学深圳研究生院	包先雨 吴绍精 陈新 李军 仲建忠 王超 邢军 蔡伊娜 杨余久 王飞	2017/6/16
62	2017Y0054	福田区	SF2014—07.RFID技术在输港食品安全监控的应用示范	深圳市检验检疫科学研究院、深圳市金津农产品有限公司	仲建忠 包先雨 陈枝楠 陈新 李军 王超 蔡伊娜 王飞 吴生辉 邢军	2017/6/16
63	2017Y0055	罗湖区	基于REACH法规的有害物质合规性管理系统研究与应用	深圳市检验检疫科学研究院、深圳市世纪鸿威科技有限公司	李军 孙宗林 郭云 仲建忠 吴绍精	2017/6/16
64	2017Y0056	罗湖区	糖尿病综合防控适宜技术研究与应用	深圳市慢性病防治中心	刘小立 王俊 徐健 杨慧 余卫业 周继昌 于微 刘烈刚 杨丽琛 倪文庆 李艳艳 袁雪丽 许佳章 朴建华 谭洪兴 龚春梅	2017/6/20

续表

序号	地方部门登记号	所在区域	项目名称	完成单位	完成人	登记日期
65	2017Y0057	福田区	原水水质变化情况下的深圳饮用水中消毒副产物成因与控制技术研究	深圳市水务（集团）有限公司	刘丽君 尤作亮 卢小艳 蔡广强 王春 范爱丽 刘茜 黄河洵 李悦 安娜 杨群 关腾飞 易娟 张庆珮 曾力 孙文深 熊晔 王长平 卢益新 刘波 张德明 林细萍 徐荣 张凌云 王劲松 颜浩 梁明 唐业梅 曾慧娜 朱卫方 刘文彬 王秋生 廖岚 吴伟健 易利翔 傅学敏 蒋旗军 吴思宇 周书平 刘伟	2017/6/27
66	2017Y0058	罗湖区	基于多组学分子检测和多模态影像技术的多种恶性肿瘤诊断和治疗策略优化与应用	暨南大学第二临床学院深圳市人民医院	戴勇 马捷 谭文勇 雎维国 周冬仙 曹华 欧明林 陈亦欣 黄远帅 邙建波 赵乐勇 胡丽霞 朱进 吴明详 杨忠	2017/6/28
67	2017Y0059	南山区	慢性病管理系统研发与产业化	深圳市前海安测信息技术有限公司	张贯京 葛新科 高伟明 张红治 陈琦 周亮 梁昊原 邢烁 纪经海 王海荣 季雪剑 付大楚	2017/6/28
68	2017Y0060	宝安区	膜生物反应器（MBR）/ 超滤 - 反渗透耦合深度处理工艺	深圳市宝安东江环保技术有限公司、东江环保股份有限公司	余雅旋 彭运辉 吴仁智 何伟铭 龙雯 王彦杰 胡娜 胡玖坤 谢亨华	2017/7/3
69	2017Y0061	宝安区	废乳化液处理新工艺	深圳市宝安东江环保技术有限公司、东江环保股份有限公司	吴仁智 许世爱 余雅旋 岳洪涛 李春明 张琳 陈飞云 王彦杰 胡娜 胡玖坤 谢亨华	2017/7/3
70	2017Y0062	福田区	深圳市鸟类禽流感疫情监测关键技术研究与应用	深圳市野生动物救护中心、深圳市真和丽生态环境建设有限公司	曾志燎 刘莉娜 邓福生 尹玉柱 钟任资 陈丹 赵晴 茹开卓 盛志国 黄培源 庞绮玲 叶嘉敏	2017/7/3
71	2017Y0063	南山区	粤港澳大湾区滨海湿地生态修复关键技术	香港城市大学深圳研究院、广东内伶仃福田国家级自然保护区管理局、香港城市大学、广东中绿园林集团有限公司、深圳市铁汉生态环境股份有限公司、中国市政工程西北设计研究院有限公司、深圳市绿九洲园林绿化有限公司、中国城市建设研究院有限公司、广东中沃生态环境有限公司	昝启杰 谭凤仪 黄玉山 黄鹄 王旭光 许建新 李瑞成 杨琼 张肇坚 李凤兰 韦萍萍 宁天竹 伍娥 黄文良 昝欣 刘莉娜 宋雪 黄捷 田婷婷 许会敏 曾琳 樊蓓莉	2017/7/3
72	2017Y0064	罗湖区	深圳交通大数据共享开放平台建设及应用	深圳市城市交通规划设计研究中心有限公司	张晓春 段仲渊 丘建栋 林涛 李锋 邵源 庄立坚 何流 孙超 郑又伦 李强 江捷 蒋雨薇 周勇 黄泽	2017/7/4
73	2017Y0065	龙岗区	JGD-TSC-ZK3S 自适应交通信号控制机	深圳市金光道交通技术有限公司	杜锦周 梁长精 王康华 杨建伟 欧阳春 曾维富	2017/7/19
74	2017Y0066	南山区	高功率高重复频率紫外金属切割设备	大族激光科技产业集团股份有限公司	吕启涛 曹洪涛 杨柯 郭丽 刘亮 代雨成 刘振强 胡述旭	2017/7/19

续表

序号	地方部门登记号	所在区域	项目名称	完成单位	完成人	登记日期
75	2017Y0067	南山区	面向半导体行业的高精度紫外微加工系统	大族激光科技产业集团股份有限公司	谢圣君 吕启涛 郭丽 王昌焱 徐新峰 于彩娜	2017/7/19
76	2017Y0068	宝安区	基本职业卫生服务模式构建及其关键技术研究与应用	深圳市宝安区疾病预防控制中心、深圳市宝安区西乡预防保健所、深圳市职业病防治院、广东省职业病防治院、深圳市宝安区福永预防保健所、深圳市宝安区沙井预防保健所、深圳市宝安区松岗预防保健所、深圳市宝安区石岩预防保健所、深圳市龙华区疾病预防控制中心	吴礼康 朱志良 田亚锋 鲜敏 彭巨成 徐新云 黄先青 刘开钳 吴传安 尹江伟 于淑江 蔡日东 陈嘉斌 林炳杰 何家禧 江志荣 边寰锋 邱星元 袁青 张胜 叶伟国 钟学飘 王永 林启辉 陈金茹 吕惠中 张靖 张新东 戴志腾 贺中汉	2017/7/27
77	2017Y0069	龙华区	双 PWM 高性能绿色能量回馈型变频器的研发	深圳市安邦信电子有限公司	陈鹏程 王旭 陈鹏翔 邓文杰 王武君 林洁 李勇 何辉 张彪 章良 王文婷	2017/8/1
78	2017Y0070	龙岗区	印制电路板加工用 MAC 涂层硬质合金微型钻头	深圳市金洲精工科技股份有限公司	屈建国 罗春峰 陈成 张贺勇 黄盈盈 王骏 张辉 付连宇 金哲峰 卢成	2017/8/2
79	2017Y0071	南山区	4G 网络智能化关键技术及应用	中兴通讯股份有限公司	朱晓光 王喜瑜 钟宏 刘焕勇 袁泉 田学锋 黄树强 祝伟宏 高音 倪华 彭海清 王彬 方亚东	2017/8/17
80	2017Y0072	南山区	掌上车行系统 V1.0	深圳多多益善电子商务有限公司	王乐 曹钊焱 孔卫新 何鹏飞 羊小平 陈霞	2017/8/21
81	2017Y0073	南山区	保险积分兑换平台 V1.0	深圳多多益善电子商务有限公司	王乐 羊小平	2017/8/21
82	2017Y0074	南山区	联盟商家管理系统 V1.0	深圳多多益善电子商务有限公司	曹钊焱 孔卫新 何鹏飞 羊小平 陈霞	2017/8/21
83	2017Y0075	南山区	实时商家竞价系统 V1.0	深圳多多益善电子商务有限公司	王乐 曹钊焱 孔卫新 何鹏飞 羊小平 陈霞	2017/8/21
84	2017Y0076	南山区	撬装式蒸汽压缩再蒸发系统	深圳市捷晶能源科技有限公司	代超 秦小兵 张鹤龙 周丽岗 杨克 叶翔 赵凯 李嘉豪 张国媚	2017/9/1
85	2017Y0077	宝安区	分级联控无人值守智能监控系统	深圳英飞拓科技股份有限公司	刘军 曹伟丽 林小晖 张海彬 何堤森 周玉龙 魏国波 苏小清 沈键 张自明 雷云龙	2017/9/1
86	2017Y0078	宝安区	基于海量监控视频的低成本快速检索存储系统	深圳英飞拓科技股份有限公司	王维治 曾珍 王维治 叶笋 李军 陈耀沃 张雷 毛金花 高志勇 陈毛毛 陈芳芳 陈春华 李慧 曹礼英	2017/9/1
87	2017Y0079	光明新区	阳光乙女葡萄浓红色芽变新品种选育	普罗米绿色能源（深圳）有限公司	车旭涛 田晶 杨宾	2017/9/1

续表

序号	地方部门登记号	所在区域	项目名称	完成单位	完成人	登记日期
88	2017Y0080	龙岗区	龙岗区安全监督管理信息系统——移动巡查执法终端系统项目	深圳市龙岗区安全生产监督管理局	高健 鲁海文 杨兴华 李莉 王志刚 周锟 周腾 野文赟 罗敏 周建波 赖超	2017/9/1
89	2017Y0081	南山区	国际人才大数据中心平台	深圳前海智库国际人才大数据中心有限公司	刘孛 谢可 艾波 王同刚 褥善尧 黄金宝 程锋	2017/9/12
90	2017Y0082	光明新区	喷雾推进通风冷却塔	深圳市辰诺节能科技有限公司	史仲文 史栋 田磊 杨方圆 张清清	2017/9/18
91	2017Y0083	南山区	道路广场花卉布置技术规程	研祥智能科技股份有限公司		2017/9/19
92	2017Y0084	南山区	一种宽温控制电路及主板以及控制主板宽温的方法	研祥智能科技股份有限公司	陈志列 薛英仪 沈航	2017/9/19
93	2017Y0085	南山区	减振构件、具有该减振构件的减振装置和电子设备	研祥智能科技股份有限公司	庞观士 薛英仪 阮逊	2017/9/19
94	2017Y0086	南山区	VPX 平台上背板拓扑结构的修改方法及 VPX 平台	研祥智能科技股份有限公司	陈志列 王玉章 陈超	2017/9/19
95	2017Y0087	南山区	一种基于 MTCA 平台的热插拔方法及 MTCA 平台	研祥智能科技股份有限公司	庞观士 薛英仪 王玉章	2017/9/19
96	2017Y0088	南山区	一种编程接口技术实现方法及计算机系统	研祥智能科技股份有限公司	陈志列 修惠文 马先明	2017/9/19
97	2017Y0089	南山区	一种计算机及其浮地设计结构	研祥智能科技股份有限公司	庞观士 陈志列 邹建红	2017/9/19
98	2017Y0090	南山区	一种拓展互连组件	研祥智能科技股份有限公司	陈志列 陈超 薛英仪 戴仁林	2017/9/19
99	2017Y0091	福田区	社区健康服务综合评估、经费分配体系构建与应用研究	深圳市福田区社区健康服务管理中心	黄继宏 张校辉 叶明喻 康鹏 卢龙贵 郑名烺	2017/9/25
100	2017Y0092	龙岗区	面向闪存介质的新一代高端存储关键技术及应用	华为技术有限公司	孟广斌 项飞 程卓 严华兵 邓誉春 庞鑫 黄克骥 何杰 孙凌翔 纪元杰 毕云峰 刘林超 谢黎明 龚涛 张祎 刘华伟 陈灿 唐鲲 周江鲤 张鹏 何益	2017/9/25
101	2017Y0093	宝安区	基于高端服务器的高频高速 PCB 制作技术及产品	深圳崇达多层线路板有限公司	彭卫红 刘东 宋建远 宋清 周文涛 张盼盼 翟青霞 王海燕 杜明星 柯鲜红 孙保玉 刘丽娟 季辉 周洁峰	2017/9/25
102	2017Y0094	宝安区	物品自动识别商用条码电子秤及物品自动识别方法	深圳仪普生科技有限公司、哈尔滨工业大学深圳研究生院	陈顺 陈文 孙向森 龙炬泉 宁相希 付强	2017/9/27

续表

序号	地方部门登记号	所在区域	项目名称	完成单位	完成人	登记日期
103	2017Y0095	罗湖区	信用卡额度提升分析软件	深圳四方精创资讯股份有限公司、深圳市众诚品业科技有限公司	周勇 刘圣海 杨春霞 林盛斌	2017/9/27
104	2017Y0096	罗湖区	贷款额度评估及管理系统	试金石信用服务有限公司、深圳市众诚品业科技有限公司	韦武 胡晓春 兰炳清 梁于冰 李浩亮	2017/9/27
105	2017Y0097	罗湖区	综合结单服务软件	深圳市众诚品业科技有限公司、试金石信用服务有限公司	刘健 韦金刚 梁桂祥 宋亚云	2017/9/27
106	2017Y0098	罗湖区	企业假期管理系统	深圳市众诚品业科技有限公司、永隆银行有限公司深圳分行	周勇 王安 陈志伟 兰炳清 宋亚云 吴世磊 彭晓丽 王富家	2017/9/27
107	2017Y0099	罗湖区	境外投资平台软件	深圳市众诚品业科技有限公司、中国银行（香港）有限公司	刘圣海 刘健 李浩亮 梁于冰 梁桂祥 林盛斌	2017/9/27
108	2017Y0100	罗湖区	金融机构网银系统	深圳市众诚品业科技有限公司、深圳四方精创资讯股份有限公司	胡晓春 韦武 杨春霞 韦金刚 梁桂祥 翟达钊	2017/9/27
109	2017Y0101	龙岗区	牙列缺损与缺失数字化种植修复的临床与基础研究	深圳市龙岗中心医院、深圳市人民医院、龙岗区人民医院、吉林大学口腔医院、北京大学深圳研究院	高永波 黄盛兴 林臻彦 吴熙凤 赵静辉 盛立远 周延民 石磊 万林子 李阳 林璇 向子云	2017/9/29
110	2017Y0102	罗湖区	结核病控制集成研究及应用	深圳市慢性病防治中心、深圳市宝安区慢性病防治院	余卫业 杨应周 谭卫国 陆普选 管红云 赵梅桂 王峰 吴清芳	2017/9/29
111	2017Y0103	南山区	天源迪科沃看景摄系统软件	深圳天源迪科信息技术股份有限公司	高伟 陈家德 刘华印 张帅 胡竑 徐张华	2017/9/30
112	2017Y0104	南山区	天源迪科出入库实物管理软件	深圳天源迪科信息技术股份有限公司	翟永波 陈家德 穆涛 付东亮 周亚亚 刘华印 张帅 徐张华 徐莎莎	2017/9/30
113	2017Y0105	南山区	天源迪科二维码应用系统软件	深圳天源迪科信息技术股份有限公司	陈起 周发军 严君平 魏林波 翟如辉 张道国 刘磊	2017/9/30
114	2017Y0106	南山区	天源迪科检测管理信息系统软件	深圳天源迪科信息技术股份有限公司	翟永波 陈家德 穆涛 付东亮 钱巧玲 叶鹏飞 张帅 徐张华 徐莎莎	2017/9/30
115	2017Y0107	南山区	天源迪科 ITV 统一业务管理平台软件	深圳天源迪科信息技术股份有限公司	李威 向书龙 刘艺 王运娇 高扬 张侠 张艳 胡闽 王西侠 郭济玮	2017/9/30
116	2017Y0108	光明新区	（DDH5266W）GPRS 智慧安全用电监控探测器	深圳市德派森科技发展有限公司	陈达前 王金龙 王勇来 蔡剑彬 向东 卢炜	2017/10/12
117	2017Y0109	南山区	新型臭氧 / 陶瓷膜 - 生物活性炭工艺在水处理中的应用	清华大学深圳研究生院	张锡辉 范小江 张正华 谭钰 李佳洋 彭义 唐升引 张家兴 任宝玉 刘京	2017/10/17

续表

序号	地方部门登记号	所在区域	项目名称	完成单位	完成人	登记日期
118	2017Y0110	罗湖区	多频段 RFID 标签一致性评价指标及其测试方法的研究	深圳市检验检疫科学研究院	李军 郭云 邢军 包先雨 王超	2017/10/25
119	2017Y0111	光明新区	锂电全自动制片卷绕一体机	深圳市诚捷智能装备股份有限公司	呙德红 詹守义 时志强 王静 张进 吴泽喜 谭国彪 刘一勇 黄本夫 董虎	2017/10/31
120	2017Y0112	宝安区	高精度指纹识别挠性电路板技术开发	深圳市景旺电子股份有限公司	王俊 吴卫钟 汪明 张霞 刘文 房彦飞 康国庆 尚凤娇 孙也 蒋威林 宋翔宇	2017/11/8
121	2017Y0113	福田区	乌苯美司原料药的研究开发与产业化	深圳万乐药业有限公司	袁庆 于玉根 钱建彬 秦怀伟 朱勇 王庆秋 钟祥章 吴子强 杨流宽 张蜜 何艳	2017/11/10
122	2017Y0114	南山区	积分管理系统 V1.0	深圳市君仁科技发展有限公司	周传志 任重涌 兰洋 王羽菲	2017/11/21
123	2017Y0115	南山区	下一代高性能多业务路由器平台	中兴通讯股份有限公司	胡龙斌 刘嵘 李光 朱超国 刘兴铨 卢贤军 韩俊杰 洪先进 肖伟 张超峰 冯健 朱彤 范成法 崔英 朱海东	2017/11/23
124	2017Y0116	南山区	新一代紧凑型全业务光传送技术及其应用	中兴通讯股份有限公司	汪林峰 刘杨广 罗来荣 孙志勇 孙剑锋 马光沛 代航 陈宇飞 赵志勇 王泰立 韦玉线 李汉宇 杜凯 战伟东 陈强	2017/11/23
125	2017Y0117	南山区	自热蒸发液相合成纳米磷酸铁锂	深圳市德方纳米科技股份有限公司	孔令涌 吉学文 王允实 何艳艳 任诚 尚伟丽 徐浩 赵学伟	2017/12/1
126	2017Y0118	福田区	深圳广播电影电视集团融合新闻中心项目	深圳广播电影电视集团	傅峰春 周汝文 赵为纲 张培仕	2017/12/11
127	2017Y0119	福田区	深圳市排水防涝系统中低影响开发设施的效能与应用研究	深圳市城市规划设计研究院有限公司	任心欣 丁年 刘应明 俞露 汤伟真 梁骞 胡爱兵 丁淑芳 杨晨 陈世杰 符韵 周俊宏 玉磊 吴亚男 杨少平	2017/12/12
128	2017Y0120	南山区	基于电致塑性与超声冲击耦合效应的金属表面强化新技术	清华大学深圳研究生院	唐国翌 王海波 宋国林 叶泳达 黎小辉 刘涛 姜雁斌 李晓沛 徐卓辉 匡杰 官磊 钱理敬	2017/12/18
129	2017Y0121	福田区	桂花种质资源创新与繁育技术研究	深圳文科园林股份有限公司	蔡金术 王迅 曹莉 张春爱 谢云军 李从文 程智鹏 王业春 曹华英 朱江丽 许诺	2017/12/18
130	2017Y0122	龙华区	全光网络的 Mini 型低损耗光纤活动连接器	深圳日海通讯技术股份有限公司	丁深根 邓强标 邵海波 周震 王冰 蔡江平 张钊涛 杨娟 张烨 刘毅 朱雪锋 陈新军 刘正华 林俊楠 刘华干	2017/12/7

续表

序号	地方部门登记号	所在区域	项目名称	完成单位	完成人	登记日期
131	2017Y0123	福田区	复合促腐微生物技术在生态环境治理上的应用研究	深圳市万信达生态环境股份有限公司、深圳市万信达生态研究开发院有限公司（深圳市万信达生态环境股份有限公司全资子公司）	朱兆华 陈晓蓉 徐国钢 崔晓宇	2017/12/15
132	2017Y0124	福田区	稀土尾砂生态植被恢复技术开发及应用示范	深圳市万信达生态环境股份有限公司、深圳市万信达生态研究开发院有限公司（深圳市万信达生态环境股份有限公司全资子公司）	朱兆华 陈晓蓉 徐国钢 崔晓宇	2017/12/15
133	2017Y0125	坪山区	一模 192 穴光学透镜超精密模具与成型技术	深圳市明智塑胶制品有限公司	张志才 张洪才 宋保国 张锦标 彭泳鑫 陈富达 盘海夏 江洪深	2017/12/29
134	2017Y0126	南山区	四方精创电子化交易操作手册制作及查询工具系统 V1.0	深圳四方精创资讯股份有限公司	万康康 刘娜 Sindy 戚仕彪 桑慧 宋焘 苏坤志	2017/12/29
135	2017Y0127	南山区	四方精创区块链积分发行应用系统 V1.0	深圳四方精创资讯股份有限公司	陈小龙 陈灼 姚红霞 李成 李文明 刘恒 熊可知 张崇凌 冉乔美 洪毅钧 马翠翠 陈旭 赵新 方晓林 贺贤亮 孔贝 廖少梅	2017/12/29
136	2017Y0128	南山区	四方精创商业银行抵押品区块链系统 V1.0	深圳四方精创资讯股份有限公司	谢粮海 曹名雄 车静文 陈冬东	2017/12/29
137	2017Y0129	南山区	四方精创商业银行跨境汇款区块链系统 V1.0	深圳四方精创资讯股份有限公司	甄欣 韩兆容 余永胜 何挺 刘耀 董新新	2017/12/29
138	2017Y0130	南山区	四方精创分行系统 Server 交易平台 V1.0	深圳四方精创资讯股份有限公司	黄超 姚龙 杨丹 古谋 桂北京 郭春燕 郭庆莲 郭少龙 郭威 郭泳洪 郭志云 韩涛 洪敏明 侯超鑫 胡光 胡惠娴	2017/12/29

2017 年科技成果登记在线一览表

第四节 科技计划项目

一、2017 年第 1 批市科技计划项目验收结果

序号	项目编号	项目名称	项目承担单位	验收结论
1	CYZZ20140508155637398	基于柔性织物纤维的接触力阵列传感器	安德润普科技开发（深圳）有限公司	通过
2	GJHS20150908145604392	基于视觉感知的视频信息安全评价与预警系统关键技术研究及产业化	安科智慧城市技术（中国）有限公司	通过
3	CXZZ20140528152525749	电动汽车智能充电系统	安科智慧城市技术（中国）有限公司	通过
4	JSGG20130922154541520	重 2013—047：40G/100G 智能化多波长集成光收发模块关键技术研发	昂纳信息技术（深圳）有限公司	通过
5	JSGG20150331143511161	重 20150008：新型服务器关键技术研发	宝德科技集团股份有限公司	通过
6	CXZZ20140818143800159	新型集成光器件技术研发	北极光电（深圳）有限公司	通过
7	JCYJ20140710093758499	功率 LED 封装中的低热阻固晶技术及界面可靠性研究	北京大学深圳研究生院	通过
8	JSGG20140516162852628	重 2014—015：大数据平台信息安全关键技术研发	北京大学深圳研究生院	通过
9	JCYJ20150626111057728	基于二部图映射的位置社交网络（LBSN）建模分析及推荐技术研究	北京大学深圳研究生院	通过
10	KQCX20130628093909155	应用于新型柔性显示的纳米材料及器件研究	北京大学深圳研究生院	通过
11	GJHZ20140417144118026	用于水土中重金属离子吸附的金属蛋白纳米复合固载技术研究	北京大学深圳研究生院	通过
12	JCYJ20140417144423198	三维集成芯片设计中的电网络模型研究	北京大学深圳研究生院	通过
13	JCYJ20140509093817690	基于螺二芴的新型钙钛矿敏化固态太阳能电池空穴传输材料的合成及其性能研究	北京大学深圳研究生院	通过
14	JCYJ20140903102638021	深圳大气复合污染中挥发性有机物 (VOCs) 光化学反应潜势研究	北京大学深圳研究生院	通过
15	CXZZ20140509093608290	远程非接触话者身份确认系统开发	北京大学深圳研究生院	通过
16	JCYJ20130331145009386	视频分析算法的可重构算子研究与应用（重点实验室提升计划）	北京大学深圳研究生院	通过
17	JCYJ20140509093817680	血管平滑肌细胞 IP3 受体对高血压形成与发展的作用与机制	北京大学深圳研究生院	通过
18	JCYJ20140417144423192	基于身份的未来网络体系结构研究	北京大学深圳研究生院	通过
19	JCYJ20140419114548513	等离子改性可降解 WE43 镁合金的降解、力学和生物学行为	北京大学深圳研究院	通过

续表

序号	项目编号	项目名称	项目承担单位	验收结论
20	GJHZ20140419114548516	新型染料敏化太阳能电池的关键技术研发及其环境耐受性研究	北京大学深圳研究院	复议
21	JCYJ20140415162542975	MRI 引导的聚焦超声联合微泡靶向移植 BDNF 基因转染的 NSCs 治疗 AD 的研究	北京大学深圳医院	通过
22	JCYJ20130402113131202	雄激素及其受体调控精子发生的分子机制(重点实验室提升)	北京大学深圳医院	通过
23	JCYJ20140415162542992	前列腺癌中核内不均一核糖核蛋白 L 相关 lncRNA 的鉴定及其作用机制研究	北京大学深圳医院	通过
24	JCYJ20140415162543029	一种新型牙齿漂白专用比色板的研制	北京大学深圳医院	通过
25	JCYJ20130402114702122	高复发乳腺癌的个体化诊疗研究	北京大学深圳医院	通过
26	JCYJ20140415162543017	CCDC62 调控精子顶体形成的分子机制及其临床意义	北京大学深圳医院	通过
27	JCYJ20140415162338866	深圳市女性对 HPV 自取样宫颈癌筛查认知状况调查与干预	北京大学深圳医院	通过
28	JCYJ20130402113131201	膀胱癌特异高表达基因 BCA7 的筛选、鉴定和相关研究	北京大学深圳医院	通过
29	JCYJ20140415162543014	脂肪组织工程技术构建软组织填充材料的实验研究	北京大学深圳医院	通过
30	JCYJ20140415162338779	白藜芦延缓卵子老化的机制研究	北京大学深圳医院	通过
31	JCYJ20140415162338838	糖化血红蛋白检测系统的综合评估	北京大学深圳医院	通过
32	JCYJ20140415162543043	超声造影评价颈动脉易损斑块内新生血管与血浆脂联素水平的相关性研究	北京大学深圳医院	通过
33	JCYJ20140415162338860	线粒体 DNA 表观遗传学改变在子宫内膜异位症的发生机制研究	北京大学深圳医院	通过
34	JCYJ20130402114431528	管电流调制技术降低患者 CT 辐射剂量的临床应用研究	北京大学深圳医院	通过
35	JCYJ20140415162542984	C 型凝集素样受体识别在真菌性足菌肿发病中的作用	北京大学深圳医院	通过
36	JCYJ20140415162338774	靶向超声微泡携带 βFGF 基因预防肌腱损伤术后粘连的研究	北京大学深圳医院	通过
37	JCYJ20140415162543009	阿托伐他汀干预颈动脉软斑的效果与斑块超声造影增强特点的关系研究	北京大学深圳医院	通过
38	JCYJ20140415162338855	以端粒酶为靶点的 miRNA 抗 EPC 衰老的机制探讨及其与 NSC 共移植治疗 VD 的研究	北京大学深圳医院	通过
39	JCYJ20130402114702124	前列腺癌特异新基因 PCAG1 的功能、转录调控机制和临床应用研究	北京大学深圳医院	通过
40	JCYJ20130402114019656	深圳青年高同型半胱氨酸血症 MTHFR C677T 基因无创纳米筛查及基因多态性研究	北京大学深圳医院	通过
41	JCYJ20140415162338784	内观认知疗法在首次行体外受精—胚胎移植助孕患者中的应用研究	北京大学深圳医院	通过
42	CXZZ20130321143332954	FITC 标记抗 Sip 抗体检测 B 群链球菌试剂研发	北京大学深圳医院	通过
43	JCYJ20140415162542993	天然淋巴样细胞在尘螨抗原诱发的“皮炎→哮喘”特应性进程中的作用及机制研究	北京大学深圳医院	通过
44	JCYJ20130402112459390	新护士个性化培训路径的研究与应用	北京大学深圳医院	通过

续表

序号	项目编号	项目名称	项目承担单位	验收结论
45	JCYJ20140415162338788	血管腔内治疗联合外周血干细胞移植治疗糖尿病足疗效分析	北京大学深圳医院	通过
46	JCYJ20140415162543003	品管圈活动在肝胆外科术后早期下床活动的应用及效果观察	北京大学深圳医院	通过
47	JCYJ20140415162543010	肾脏局部肾素—血管紧张素系统活性在非高血压 IgA 肾病中的研究	北京大学深圳医院	通过
48	JCYJ20140415162338809	糖尿病足病防治管理模式与预后的前瞻性研究	北京大学深圳医院	通过
49	JCYJ20120616144719076	伴胰岛素抵抗的多囊卵巢综合征对卵母细胞内质网的影响	北京大学深圳医院	通过
50	JCYJ20120620171433431	危重病人液体平衡管理临床研究	北京大学深圳医院	通过
51	JCYJ20140415162543023	条件性噪声听觉保护作用的频率特异性及耳蜗形态学研究	北京大学深圳医院	通过
52	JCYJ20120831144704366	基于外周血基因表达谱的肝癌早期诊断技术研发和应用	北京大学深圳医院	通过
53	JCYJ20140415162543033	整合素 αvβ3 靶向抑制剂 LXW7 联合趋化性纳米氧化铈在急性脑缺血中的神经保护研究	北京大学深圳医院	通过
54	JCYJ20140415162543001	感染性腹泻细菌学病原谱及耐药监测的研究	北京大学深圳医院	通过
55	JCYJ20140415162338813	外阴阴道念珠菌病发病的关键问题研究	北京大学深圳医院	通过
56	JCYJ20140415162543039	BRAF 基因突变结合超声造影、细胞病理学提高甲状腺结节良恶性术前诊断	北京大学深圳医院	通过
57	JCYJ20140415162338837	平台迁移技术在美学区即刻种植即刻修复中的应用研究	北京大学深圳医院	通过
58	JCYJ20140415162338840	nesfatin-1 在 2 型糖尿病伴非酒精性脂肪肝病发病中的影响	北京大学深圳医院	通过
59	JCYJ20120831144704365	丙肝病毒 6a 型细胞感染模型的构建和非结构基因 5A 对抗病毒应答的影响	北京大学深圳医院	通过
60	JCYJ20140415162542983	新生儿败血症中基于病原菌 16S rRNA 基因的核酸诊断传感装置的研发与应用研究	北京大学深圳医院	通过
61	JCYJ20140415162338844	急性心源性脑梗死静脉溶栓后侧支循环评估平台的建立	北京大学深圳医院	通过
62	JCYJ20140415162543026	NADPH 氧化酶信号网络：大黄䗪虫丸调控肝星状细胞生物学特性的靶点？	北京大学深圳医院	通过
63	JCYJ20140415162338816	他克莫司血药浓度监测与器官移植个体化治疗的相关性研究	北京大学深圳医院	通过
64	JCYJ20140415162338776	经直肠声辐射力脉冲成像（ARFI）技术在前列腺良恶性病变中的诊断价值研究	北京大学深圳医院	通过
65	JCYJ20140415162542998	高压蒸汽灭菌参数变量与牙科手机性能影响的关系	北京大学深圳医院	通过
66	JCYJ20140415162542973	基于植物果蔬发酵液研究肠道菌群在 IBS 中的作用及 IBS 发病机理	北京大学深圳医院	通过
67	JCYJ20140415162338808	Cobas ® HPV test 和 Seq HPV test 检测自取样标本高危型 HPV 用于宫颈癌初筛评价	北京大学深圳医院	通过
68	JCYJ20140417163706294	西甲硅油与山莨菪碱对提高胃超声造影诊断率的研究	北京大学深圳医院	通过
69	JCYJ20140415162542989	新型口腔检查软件在口腔专科诊疗管理中的应用	北京大学深圳医院	通过
70	JCYJ20140415162338864	早期高渗盐水液体复苏对急性胰腺炎的临床价值	北京大学深圳医院	通过
71	JCYJ20130402112843373	膳食诱导肥胖大鼠的胆汁酸和肠道菌群结构之间关系的研究	北京大学深圳医院	通过

续表

序号	项目编号	项目名称	项目承担单位	验收结论
72	JCYJ20120618092558280	应用条件基因敲除小鼠研究 GM130 对卵母细胞不对称减数分裂的影响	北京大学深圳医院	通过
73	JCYJ20140415162338851	健康促进与代谢综合征的相关性研究	北京大学深圳医院	通过
74	JCYJ20130402113615042	抑制髂骨钉松动并提高腰—髂固定结构稳定的髂骨钉垫片的研制	北京大学深圳医院	通过
75	JCYJ20120616143846889	遗传性并指（趾）多指（趾）症致病基因的筛选与功能研究	北京大学深圳医院	通过
76	JCYJ20140415162338811	术前血清抗胆碱能活性和其他风险因子对心脏术后认知功能障碍的影响	北京大学深圳医院	通过
77	JCYJ20140415162338868	高敏 C 反应蛋白和经颅多普勒超声在高血压脑出血中的应用	北京大学深圳医院	通过
78	JCYJ20130402115054517	慢性阻塞性肺疾病病理机制研究	北京大学深圳医院	复议
79	JCYJ20140415162338806	尿路上皮癌胚抗原 1(UCA1) 与 wnt/catenin 信号通路在口腔癌进展中的作用及机制	北京大学深圳医院	复议
80	JCYJ20140421102206026	基于 BSP 树结合 LiDAR 和影像数据的复杂建筑物模型提取	测绘遥感信息工程国家重点实验室深圳研发中心	通过
81	CYZZ20140418111532225	具有实时监测的智能平衡动力锂电池组管理系统	德龙伟创科技（深圳）有限公司	复议
82	CYZZ20150828155937463	PV200 光伏水泵逆变器的开发及产业化	孚瑞肯电气（深圳）有限公司	复议
83	CXZZ20130517141043891	大气环境点污染源治理技术开发及产业化	广东浩元环保科技发展有限公司	通过
84	JSGG20130918153404812	重 2013—061：城市污泥资源化能源化技术研发	广东浩元环保科技发展有限公司	复议
85	FWCX20140728112121251	基于显微分光光度检测及海量墨迹数据库的文件检验服务平台	广东南天司法鉴定所	通过
86	CYZZ20140801155253213	光学透镜变焦 LED 新能源节能照明关键技术研发及产业化	广东裕鑫丰智造电子科技有限公司	复议
87	CXZZ20140904154910774	高通量基因测序数据的分析、处理及基因与疾病关联分析	哈尔滨工业大学深圳研究生院	通过
88	KQCX20140521144416706	基于倾斜光纤布拉格光栅	哈尔滨工业大学深圳研究生院	通过
89	JCYJ20140627163809422	移动化、社交化网络恶意代码传播模型研究	哈尔滨工业大学深圳研究生院	通过
90	SGLH20131010144128266	用于加工超硬材料的超精密机械及等离子体混合抛光技术与装备	哈尔滨工业大学深圳研究生院	通过
91	JCYJ20140417172620447	用于大功率器件导热结构的陶瓷连接新机制研究	哈尔滨工业大学深圳研究生院	通过
92	KQCX20140521144358003	动力电池用高容量富锂层状正极材料的核壳结构和复合改性研究	哈尔滨工业大学深圳研究生院	通过
93	JCYJ20140417172417144	基于纯硅 ZSM-5 沸石合成锂离子电池用高比容量多孔硅基负极材料的研究	哈尔滨工业大学深圳研究生院	通过

续表

序号	项目编号	项目名称	项目承担单位	验收结论
94	JCYJ20140417172417160	纳米无机盐掺杂改性制备抑菌抗污染型超滤膜及其在水处理中的应用	哈尔滨工业大学深圳研究生院	通过
95	JCYJ20140417172417110	蓝紫光面发射激光二极管的研制	哈尔滨工业大学深圳研究生院	通过
96	JSGG20141017150830428	重 2014—134：海洋立体剖面在线监测系统关键技术研发	哈尔滨工业大学深圳研究生院	通过
97	JCYJ20130329153918121	电动乘用车多自由智能换电机器人关键技术研究	哈尔滨工业大学深圳研究生院	通过
98	GJHZ20140419142750948	基于声表面波原理的无线无源脑颅压 MEMS 传感器关键技术研究	哈尔滨工业大学深圳研究生院	通过
99	JCYJ20140904154741850	基于变密度的海洋动力学模型及其并行数值算法的研究	哈尔滨工业大学深圳研究生院	通过
100	JCYJ20140417172417166	深海环境中物体高精度三维建模与测量方法研究	哈尔滨工业大学深圳研究生院	通过
101	KQCX20130627094615410	片上光互连低能耗微型激光光源的基础研究	哈尔滨工业大学深圳研究生院	通过
102	JCYJ20140417172417123	热、力载荷对热电材料结构与性能影响的研究	哈尔滨工业大学深圳研究生院	通过
103	JCYJ20130329160901934	太阳能光伏转换过程中的热力学分析	哈尔滨工业大学深圳研究生院	通过
104	JCYJ20140417172620449	航空航天发动机中金属—陶瓷功能梯度材料电火花加工新方法及关键技术研究	哈尔滨工业大学深圳研究生院	复议
105	JCYJ20140508160910917	新型脉象仪设计及脉象信号分析模型研究	哈尔滨工业大学深圳研究生院	复议
106	JSGG20140516170605315	重 2014—021：TEDS 数字集群通信系统关键技术研发	海能达通信股份有限公司	通过
107	GJHS20140508151924161	专业数字通信终端及其关键芯片的研发与产业化	海能达通信股份有限公司	通过
108	GJHS20140508151714306	警用数字集群（PDT 与 D—SCDMA）通信系统关键技术研究与应用示范	海能达通信股份有限公司	通过
109	GJHS20150403152947646	警用数字集群（PDT 与 D-SCDMA）通信系统关键技术研究与应用示范	海能达通信股份有限公司	通过
110	JSGG20150512155809870	重 20150100：高效节能超大功率模块化不间断电源系统关键技术的研发	华为技术有限公司	通过
111	JSGG20140519145815628	重 2014—018：40T 高速光传输调制编码技术及工程化关键技术研发	华为技术有限公司	通过
112	GJHS20120820164024280	全 IP 宽带移动网络架构及关键技术研究	华为技术有限公司	通过
113	GJHS20120820164024281	TD-LTE 组网技术研究	华为技术有限公司	通过
114	GJHS20120820164024282	面向 IMT-Advanced 多小区多用户干扰抑制和抵消技术	华为技术有限公司	通过
115	GJHS20120820164024283	IMT-Advanced 频谱聚合技术研发	华为技术有限公司	通过
116	GJHS20120820164024284	高效节能的有源一体化天线	华为技术有限公司	通过

续表

序号	项目编号	项目名称	项目承担单位	验收结论
117	GJHS20120820164024279	高效率、线性宽带功放模块	华为技术有限公司	通过
118	JSGG20141017165000116	重 2014—091：温度湿度压力一体化传感器关键技术研发	精量电子（深圳）有限公司	复议
119	FWCX20140725150839313	医疗器械国际认证检测创新服务平台	莱茵技术监护（深圳）有限公司	通过
120	FWCX20140725171737407	中央兰开夏大学中英技术创新服务体系建设	兰开夏科技（深圳）有限公司	通过
121	JC201104210132A	骨智能修复形状记忆高分子生物医用材料的机理研究	理在产学研基地（深圳）有限公司	通过
122	CXZZ20140903144655536	高性能胶印机润版液智能过滤净化系统的研发与应用	力嘉包装（深圳）有限公司	通过
123	KQCX20140522150815065	含重金属工业污水治理与新能源材料制备一体化关键技术研发	南方科技大学	通过
124	JCYJ20140417105742709	创建复合型脑卒中动物模型来探讨神经损伤新分子机制	南方科技大学	通过
125	JCYJ20140417105742705	促神经发育因子 liprin-α 的分子机理研究	南方科技大学	通过
126	ZDSYS20140509142721429	深圳细胞微环境重点实验室	南方科技大学	通过
127	GJHS20120702112942330	再生水生态储存的水质变化机制与调控原理	清华大学深圳研究生院	通过
128	GJHS20120702113359427	面向服务过程的异常事件分析、管理及服务流程优化技术	清华大学深圳研究生院	通过
129	KQCX20140521161756230	超高清视频的低功耗编码、全局功率率失真优化及系统原型	清华大学深圳研究生院	通过
130	JCYJ20140417115840259	基于移动云平台的无线社交媒体服务部署策略	清华大学深圳研究生院	通过
131	JCYJ20140902110354245	特高压直流瓷和玻璃绝缘子金属附件腐蚀机理及抑制措施研究	清华大学深圳研究生院	通过
132	CXZZ20140509172959978	定量偏振光成像标准模块及软件系统	清华大学深圳研究生院	通过
133	JCYJ20140417115840287	铜交换小孔分子筛的制备、结构及脱硝性能研究	清华大学深圳研究生院	通过
134	GJHS20150331151358158	广东省应急平台技术研究中心	清华大学深圳研究生院	通过
135	GJHS20150331151358157	广东容灾云服务中心建设与应用示范	清华大学深圳研究生院	通过
136	GJHZ20140416153558957	细胞模型的 OCT 及 SPR 原位实时检测研究	清华大学深圳研究生院	通过
137	JCYJ20140509172959960	宽温度应用范围的全钒液流电池电解液研究	清华大学深圳研究生院	通过
138	GJHS20120702112942334	南海海啸实时预测非线性反问题模式研究	清华大学深圳研究生院	通过
139	JSGG20140519113458237	重 2014—027：海湾生态系统生物修复关键技术研发	清华大学深圳研究生院	通过
140	JCYJ20140827160129762	钇钡铜氧超导膜 CSD 法制备的低氟调控机理研究	清华大学深圳研究生院	通过
141	JCYJ20140417115840245	氮化硅增强相变储能微胶囊的制备及其导热强化机理研究	清华大学深圳研究生院	通过
142	JCYJ20140417115840246	高能量密度锂离子动力电池碳 / 非碳复合负极材料的微纳结构设计、制备及关键应用技术研究	清华大学深圳研究生院	通过
143	JCYJ20140417115840235	储能钒电池用高功率密度碳基复合电极的研究	清华大学深圳研究生院	通过
144	JCYJ20140417115840280	金属表面纳米梯度结构层制备的新方法	清华大学深圳研究生院	通过

续表

序号	项目编号	项目名称	项目承担单位	验收结论
145	JCYJ20140417115840229	增韧聚乳酸的反应共混技术及其性能调控研究	清华大学深圳研究生院	通过
146	GJHS20120702113359428	高压脉冲电场食品加工过程中的介质击穿问题研究	清华大学深圳研究生院	通过
147	CXZZ20140416155802785	多旋翼无人飞行器三维实景还原系统	清华大学深圳研究生院	通过
148	JCYJ20140902110354246	比率型荧光探针的 Stocks 位移与选择性的相关性研究	清华大学深圳研究生院	通过
149	JCYJ20140417115840269	海洋微藻生物能源的研发及质子泵对其油脂代谢的分子机制研究	清华大学深圳研究生院	通过
150	JCYJ20140709145631545	微型集成化表面等离子体共振（SPR）生化传感器研究	清华大学深圳研究生院	通过
151	KQCX20130628155525050	基于 MEMS 抛弃型分样板的生物微喷点样仪研究	清华大学深圳研究生院	通过
152	CXZZ20130322164541915	三维打印成型技术制备生物陶瓷骨修复材料及产业化	清华大学深圳研究生院	通过
153	JCYJ20140509172959966	面向疾病诊断中多模态复合纳米组装体系影像探针的研究	清华大学深圳研究生院	通过
154	JCYJ20140417115840279	仿生多肽纳米材料构建干细胞皮肤再生微环境研发	清华大学深圳研究生院	通过
155	JCYJ20140417115840281	藤黄属化合物通过靶向自噬溶酶体抑制肿瘤的机制研究	清华大学深圳研究生院	通过
156	ZDSYS20140509172959974	多视角人体运动捕捉和手势识别方法研究（重点实验室提升项目）	清华大学深圳研究生院	通过
157	JCYJ20130402164027386	基于化学生物学和系统药理学的多靶点药物研发（省部共建重点实验室提升）	清华大学深圳研究生院	通过
158	GJHS20120702113257115	立体手机研发及其产业化	清华大学深圳研究生院	通过
159	JSGG20141118164748453	重 2014—165：石墨烯的规模化制备和电池应用技术研发	清华大学深圳研究生院	复议
160	CXZZ20140415101354582	低功耗微功率人机定位无线通讯技术研发及产业化	锐拔科技（深圳）有限公司	通过
161	JSGG20140519111205065	重 2014—010：高性能 MEMS 麦克风关键技术研发	瑞声声学科技（深圳）有限公司	通过
162	JSGG20141017094948178	重 2014—099：基于 G3 国际标准 OFDM 载波通信芯片关键技术研发	瑞斯康微电子（深圳）有限公司	通过
163	JCYJ20140417162429675	车辆冷却系统的 NVH 多源与多场耦合作用研究	厦门大学深圳研究院	通过
164	JCYJ20120615161239998	一株有害藻华生防功能菌的研究与利用	厦门大学深圳研究院	通过
165	CYZZ20150810111659622	深圳市新生儿遗传代谢病多病种筛查、检测及服务平台	深圳爱湾医学检验所有限公司	通过
166	GJHS20150417112144760	依那普利叶酸片预防脑卒中的上市后临床研究	深圳奥萨制药有限公司	通过
167	GJHS20120820143406045	依那普利叶酸片预防脑卒中的上市后临床研究	深圳奥萨制药有限公司	通过
168	CYZZ20130830095551279	基于移动互联网的下一代 IP 通信技术研究	深圳百科信息技术有限公司	通过
169	GJHZ20150313150617330	基于昆虫利它素的小菜蛾新型绿色生物防治系统的研发及产业化	深圳百乐宝生物农业科技有限公司	通过
170	CYZZ20140828145701824	具有增强蜜蜂对目标作物的授粉频率和效率的“保丽蕊”产品	深圳百乐宝生物农业科技有限公司	通过
171	CXZZ20140419135012022	一体化封装无线充电系统的设计与实现	深圳佰维存储科技股份有限公司	通过

续表

序号	项目编号	项目名称	项目承担单位	验收结论
172	CYZZ20140417170946504	内源微生物修复设施农业土壤次生盐渍化污染技术研究	深圳柏施泰环境科技有限公司	通过
173	JCYJ20130329110752142	MIR-233 在特应性皮炎中的作用机制研究	深圳北京大学香港科技大学医学中心	通过
174	JCYJ20120618172119166	蛋白激酶 Pip5K1a 在骨骼肌干细胞分化和迁移过程中的功能和机理研究	深圳北京大学香港科技大学医学中心	通过
175	GJHS20130403105222792	中小尺寸电容式触摸屏控制芯片的研发及产业化	深圳贝特莱电子科技股份有限公司	通过
176	KJYY20140901154922474	国产芯片的应用示范	深圳贝特莱电子科技股份有限公司	复议
177	CXZZ20130517102226811	常见香辛料品质鉴别及其安全应用研究	深圳波顿香料有限公司	通过
178	CYZZ20140418160641241	基于物联网技术的智能物流平台	深圳博雅前沿科技有限公司	复议
179	CYZZ20140401142914357	低成本高集成度的教育芯片及配套云计算软件的研发与产业化推广	深圳驰芯微电子有限公司	通过
180	JCYJ20140509172719309	基于物理层信息的无线节点协同与管理关键理论方法研究及应用	深圳大学	通过
181	JCYJ20140418091413566	面向大规模阵列天线的信源定位技术研究	深圳大学	通过
182	GJHZ20140418191518323	图像与音视频内容取证关键技术	深圳大学	通过
183	JCYJ20140418095735608	基于智能感知的差异化安全研究及其在移动互联网中的应用	深圳大学	通过
184	JCYJ20140509172609162	大规模社会媒体动态舆情内容检测关键技术研究	深圳大学	通过
185	JCYJ20140418193546110	ZnO 基纳米异质结在优化紫外 LED 及 LD 中的应用研究	深圳大学	通过
186	SGLH20120926161415785	建筑废弃物资源化利用关键技术及其产业化研究	深圳大学	通过
187	JCYJ20140509172609164	产前超声诊断质量控制的全自动定量化方法研究	深圳大学	通过
188	JCYJ20140418095735583	高分辨率 1.5 维医用超声单晶相控阵关键科学问题研究	深圳大学	通过
189	JCYJ20140418095735550	负载双功能纳米链的智能纤维制备及其对水体重金属污染预警并修复的特性研究	深圳大学	通过
190	JCYJ20120613172559904	A20 调控肠道免疫及抑制食物过敏反应的分子机理研究	深圳大学	通过
191	KQCX20140519105122378	高温质子交换膜燃料电池关键组件的研究开发	深圳大学	通过
192	JCYJ20140828163634002	大电流高容量超循环锂空气电池的制备及机理研究	深圳大学	通过
193	JCYJ20140418091413514	基于软件无线电的短程通信射频信号数字化芯片关键技术研究	深圳大学	通过
194	ZDSYS20140508141148477	新一代个人医疗监护网络中射频通信关键技术研究	深圳大学	通过
195	JCYJ20140509172609171	基于变化字典学习和迁移的单样本人脸识别算法研究	深圳大学	通过
196	JCYJ20140828163633996	超材料复合周期性结构的带隙调控、新效应及其应用	深圳大学	通过
197	JCYJ20140418193546106	高效、易降解绿色磺酰脲类除草剂的研制	深圳大学	通过
198	JCYJ20140418095735590	绿色 IP over WDM 网络的流量疏导关键技术研究	深圳大学	通过

续表

序号	项目编号	项目名称	项目承担单位	验收结论
199	JCYJ20140828163633999	高精度真实感人脸三维数字化方法与系统	深圳大学	通过
200	JCYJ20140418182819158	氮硫共掺杂石墨烯担载纳米钯钨合金电催化剂的可控合成及其在锂空气电池中的性能研究	深圳大学	通过
201	KQCX20140509172719305	面向生物无损非标记成像的新型高亮度上转换纳米探针工作机制及合成研究	深圳大学	通过
202	JCYJ20140418095735599	满足群速度匹配的中红外飞秒光参量振荡器的设计与研究	深圳大学	通过
203	KQCX20140509172609163	软件定义网络平台上基于网络编码和演化博弈的车载自组通信网	深圳大学	通过
204	JCYJ20140418095735618	基于有限集统计学的多目标跟踪理论与算法研究	深圳大学	通过
205	JCYJ20140418181958481	高精度宽测量范围的超短脉冲激光时间 / 光谱特性测量仪研究	深圳大学	通过
206	ZDSYS20140430164957663	面向生物及新能源应用的纳米光子学新技术研究	深圳大学	通过
207	JCYJ20140418091413583	微波定向催化裂解污泥原位制得轻质生物燃料的演化机理研究	深圳大学	通过
208	KQCX20140512172532195	超快激光高效制备光纤光栅技术及其在氢气检测中的应用	深圳大学	通过
209	JCYJ20140509172609158	基于光场照明和采集的高精度三维成像	深圳大学	通过
210	JCYJ20140828163633985	MCG 古菌在滨海红树林湿地的种群结构、功能及其生态效应研究	深圳大学	通过
211	JCYJ20140418182819155	锂空气电池阴极电催化剂纳米 Pd-Cu 合金 / 氮硫共掺杂介孔碳的可控制备及性能研究	深圳大学	通过
212	JCYJ20140418091413507	反铁电膜材料的相变特性及储能行为研究	深圳大学	通过
213	JCYJ20140418091413562	CD36 基因单核苷酸多态性及其交互作用与汉族人群代谢综合征的遗传关联研究	深圳大学	通过
214	JCYJ20140418091413493	ZnO/SiO2/Si 三层结构声表面波血糖传感器及关键材料研究	深圳大学	通过
215	JCYJ20140418193546111	高安全性、高环境适应性锂电池电解液的研究	深圳大学	通过
216	JCYJ20140711144809545	用于纳米线光源的单晶铌酸盐纳米线的控制合成及光学性能的研究	深圳大学	通过
217	JCYJ20140418181958489	W(Mo) 掺杂 Li3PO4 靶材的烧结及其电解质薄膜的制备与性能研究	深圳大学	通过
218	JCYJ20140509172609160	快速水体重金属离子荧光检测材料	深圳大学	通过
219	JCYJ20140418182819128	基于信息融合的四轮驱动轮毂电动车关键技术研究	深圳大学	通过
220	JCYJ20130329110735981	尘螨疫苗免疫治疗哮喘患者抗氧化应激损伤的机制研究	深圳大学	通过
221	JCYJ20140418095735605	多维语音质量客观评估方法研究及其在言语沟通障碍康复领域的应用	深圳大学	通过
222	JCYJ20140418182819143	时间展宽的 X 射线皮秒分幅技术研究	深圳大学	通过
223	JCYJ20140418091413515	复合式毛细吸液芯烧结成形机理及性能分析	深圳大学	通过
224	JCYJ20140418095735587	基于智能手机的室内行人导航系统关键技术研究	深圳大学	通过

续表

序号	项目编号	项目名称	项目承担单位	验收结论
225	JCYJ20140509172609153	模板法和化学修饰法构筑发光纳米结构	深圳大学	通过
226	JCYJ20140418095735540	基于可压缩堆积模型（CPM）的低碳生态自密实水泥基复合材料设计关键技术研究	深圳大学	通过
227	JCYJ20140509172609151	环境友好生物质高分子材料的化学修饰及其在重金属污染治理中的应用研究	深圳大学	通过
228	JCYJ20140418095735561	度量空间索引支撑点选取问题的深入研究	深圳大学	通过
229	JCYJ20140418091413543	新型表面增强拉曼纳米分辨光学成像研究	深圳大学	通过
230	JCYJ20140509172609174	支持“内存计算”的众核操作系统关键技术研究	深圳大学	通过
231	JCYJ20140418181958500	高效柔性薄膜热电发电器的基础研究	深圳大学	通过
232	JCYJ20140418181958498	超声波微体积成形机理及若干基础问题研究	深圳大学	通过
233	JCYJ20140418095735600	燃料电池用高效非晶态合金的设计合成和催化性能研究	深圳大学	通过
234	JCYJ20140418095735604	我国常见吸入性过敏原标准化研究	深圳大学	通过
235	JCYJ20140418091413497	小叶苦丁茶苯丙素苷对胰脂肪酶和 α- 淀粉酶抑制活性及作用机制研究	深圳大学	通过
236	JCYJ20140418095735562	二硫化钼场效应晶体管的电输运性质研究	深圳大学	通过
237	JCYJ20140418193546112	用于 LCD 背光源的氢键自组装发光液晶：合成、性能及器件	深圳大学	通过
238	JCYJ20140418091413568	基于多芯光子晶体光纤的高相干超连续谱光源研究	深圳大学	通过
239	JCYJ20140418091413550	AMPK/mTOR 介导的自噬在糖尿病大鼠早期视网膜神经病变中的作用	深圳大学	通过
240	KQCX20140519103821737	基于有机电化学晶体管的新型无创唾液血糖仪	深圳大学	通过
241	JCYJ20140828163634004	低频聚焦超声联合微泡递送 AD 多肽药物安全入脑的基础研究	深圳大学	通过
242	JCYJ20140418091413556	大规模互联电力系统功率振荡同调性类噪声识别研究	深圳大学	通过
243	JCYJ20140418095735629	三维微电极叠层拟合制备及其成形磨削	深圳大学	通过
244	JCYJ20140828163633992	粉尘螨新过敏原诱导 DC 表达 TIM4 的机制研究	深圳大学	通过
245	ZDSYS20140430164957660	云平台中计算服务安全技术研究	深圳大学	通过
246	JCYJ20140418193546100	多扰动暂态电能质量检测分析的关键技术与系统	深圳大学	通过
247	GJHS20140418183120414	基于 RFID 导引的 AGV 研究	深圳大学	通过
248	JCYJ20140617104848154	基于多模信息的肢体运动功能评估与康复机制的研究	深圳大学	通过
249	JCYJ20140509135949790	环境响应型螺噁嗪类化合物的合成及在光致变色薄膜的应用	深圳大学	通过
250	JCYJ20140418193546109	纳米钙钛矿型 La1-xSrxMnO3 催化剂的制备及电催化特性研究	深圳大学	通过
251	JCYJ20140418091413559	高超声速飞行器气动布局多学科设计优化中的耦合分析与处理研究	深圳大学	通过

续表

序号	项目编号	项目名称	项目承担单位	验收结论
252	JCYJ20140418193546118	乳腺癌易感基因 BRCA1 参与 DNA 损伤修复的抑癌机制研究	深圳大学	通过
253	JCYJ20140418182819164	CdSe /ZnS 量子点免疫毒性效应与机制研究	深圳大学	通过
254	JCYJ20140418182819168	大倍率高性能氧化镍 / 氢氧化镍超级电容薄膜电极材料阳极氧化一水热制备技术基础研究	深圳大学	通过
255	JCYJ20140418095735627	PS 微球法图形衬底上 A 面 GaN 外延生长及 LED 器件研究	深圳大学	通过
256	JCYJ20140418182819190	基于三维打印技术构建羟基磷灰石 / 聚醚醚酮表面复合载药体系及性能优化研究	深圳大学	通过
257	JCYJ20140418095735542	孤独症儿童血清诊断生物标志物研究	深圳大学	通过
258	JCYJ20140418095735595	纳米 CMOS 器件单粒子瞬态辐射效应机理研究	深圳大学	通过
259	JCYJ20140509172719306	高介电常数纳米复合材料的制备及其性能研究	深圳大学	通过
260	KQCX20130621101141669	miRNA-194 调控胃癌细胞生物学功能的分子机理研究	深圳大学	通过
261	JCYJ20120613173233810	哮喘表观遗传学的跨代遗传规律及致病机制研究	深圳大学	通过
262	JCYJ20140418091413498	面向微电子封装的在线三维视觉测量技术研究	深圳大学	通过
263	JCYJ20140418095735556	软黏土中水平多向受荷桩的承载力退化研究	深圳大学	通过
264	JCYJ20140418193546102	超级动态电压调节技术下的串扰控制关键技术研究	深圳大学	通过
265	GJHS20120621142054337	聚丙烯腈原丝高效、快速预氧化	深圳大学	通过
266	JCYJ20140828163634005	液芯光子晶体光纤中 3~5 微米超连续谱产生机理和控制机制研究	深圳大学	通过
267	JCYJ20140416180300394	糖尿病心肌病大鼠心脏雷尼丁受体舒张期功能异常在心功能损害发生中作用及机制研究	深圳大学	通过
268	JCYJ20140418181958475	出行信息服务 APP 的节能减排效益评价研究	深圳大学	通过
269	JCYJ20140418095735610	非极性面氮化铝晶体材料的制备及光电特性研究	深圳大学	通过
270	JCYJ20140418182819136	MG53 对疾病心脏心律失常发生中的作用及作为心律失常治疗新靶点的研究	深圳大学	通过
271	JCYJ20140418182819150	基于 CFRP 双重性能的混凝土耐久性保障策略研究	深圳大学	通过
272	CXZZ20140418182638757	基于双目摄像的皮下静脉显影成像关键技术及系统的研制	深圳大学	通过
273	JCYJ20140418091413553	对位芳纶高性能化及其关键技术研究	深圳大学	通过
274	JCYJ20140418182819159	多种机制新型微胶囊混凝土的关键问题研究	深圳大学	通过
275	KQCX20140519103756206	基于智能接入点构建分布式内容分发服务	深圳大学	通过
276	JCYJ20140711144858545	IL-37 对类风湿关节炎炎症反应的调节机制	深圳大学	通过
277	JCYJ20140418095735538	食物、药材调节肠道微生物菌群稳态及黏膜免疫的研究	深圳大学	通过
278	JCYJ20140418091413506	钛酸铜钙薄膜的制备及其在非挥发性阻变存储器中的应用研究	深圳大学	通过
279	JCYJ20140418095735549	用于高频通讯的 FeCo 基软磁纳米阵列的制备与高频磁性研究	深圳大学	通过

续表

序号	项目编号	项目名称	项目承担单位	验收结论
280	GJHS20120621143529697	高性能低成本碳纤维低制备及结构研究	深圳大学	通过
281	JCYJ20140418091413509	功能化石墨烯 / 聚硅氧烷复合材料的制备和性能研究	深圳大学	通过
282	JCYJ20140509172609175	透明光学材料高深宽比微纳结构激光加工关键技术研究	深圳大学	通过
283	JCYJ20130329115524512	多激子效应在有机太阳能电池中的应用研究	深圳大学	通过
284	JSGG20120614151715670	重 2012—006：基于 Toll 样受体 7（TLR7）的肿瘤疫苗研究	深圳大学	通过
285	ZDSYS20140430164957664	深圳物联网光子器件与传感系统重点实验室	深圳大学	通过
286	ZDSYS20140430164834187	深圳媒体信息内容安全重点实验室	深圳大学	通过
287	ZDSY20130329101130496	深圳市肿瘤转化医学重点实验室	深圳大学	通过
288	JCYJ20140509172719312	硫系玻璃陶瓷光伏性能的机理与应用研究	深圳大学	复议
289	JCYJ20140418182819153	带宽受限网络控制系统的建模、有限时间随机稳定及镇定研究	深圳大学	复议
290	JCYJ20140418091413563	免疫修饰 OCT4 偶联糖苷脂抗原对睾丸癌杀伤效应机制研究	深圳大学	复议
291	JCYJ20130329103213543	集成光学拉曼传感器的研究	深圳大学	复议
292	JCYJ20130329112752059	沼气总能系统（IES）、净化和厌氧处理关键技术研究	深圳大学	复议
293	JCYJ20140418193546107	利用多头绒泡菌快速检测纳米材料对细胞的毒性作用剂量	深圳大学	复议
294	JCYJ20130329142338934	基于性能的矩形钢管混凝土组合框架结构抗震性能评估方法研究	深圳大学	复议
295	CXZZ20140807160407667	Delta 并联机器人	深圳大宇精雕科技有限公司	通过
296	CXZZ20140416144741676	全自动视觉高精密光电显示丝网印刷机研究	深圳德森精密设备有限公司	通过
297	CXZZ20140416153801566	北斗 /GPS 双模车载智能导航终端及管理系统	深圳迪恩杰科技有限公司	通过
298	CXZZ20140509111856851	OM-ONE 全媒体虚拟演播室系统的研发	深圳迪乐普数码科技有限公司	通过
299	FHQ20140520161045440	深圳市高新奇战略新兴产业园	深圳高新奇战略新兴产业园区管理有限公司	复议
300	GJHS20150417171917854	超材料空间调制技术研究与产业化	深圳光启高等理工研究院	通过
301	CXZZ20140509173557821	空天飞行器升力体特种功能蒙皮材料技术	深圳光启高等理工研究院	通过
302	CXZZ20140730162626313	硬脆性材料超快激光精密切割装备关键技术研发	深圳光韵达激光应用技术有限公司	通过
303	CXZZ20150429144230073	普 20150184：胰高血糖素样肽 -1（GLP-1）类似物的研发	深圳翰宇药业股份有限公司	通过
304	ZDSYS20140509151953007	电动汽车智能高效充电关键技术研究（重点实验室提升项目）	深圳航天科技创新研究院	通过
305	CXZZ20140421172110522	纳米强化高性能混凝土应用技术研究	深圳航天科技创新研究院	通过

续表

序号	项目编号	项目名称	项目承担单位	验收结论
306	CXZZ20140905171241499	超平彩色自流平砂浆应用技术研究	深圳航天科技创新研究院	通过
307	CXZZ20130322165234702	新型三维软体防护织物制品的开发与应用	深圳航天科技创新研究院	通过
308	JCYJ20140421172318585	高性能吸水性聚丙烯酸 / 丙烯酸钠树脂的基础开发及应用	深圳航天科技创新研究院	通过
309	JCYJ20140425113426030	高重复频率脉冲功率电源技术的研究	深圳航天科技创新研究院	复议
310	JCYJ20140425113637530	航天器锂电池的剩余寿命预测与健康管理方法研究	深圳航天科技创新研究院	复议
311	CYZZ20140415155114973	新能源电池用高性能复合集流体的制备研究与产业化	深圳好电科技有限公司	通过
312	CYZZ20150601112913432	基于分散式污水处理的一体化设备脱氮除磷技术研究与应用	深圳合续环境科技有限公司	复议
313	CYZZ20140902104722364	风电功率预测系统的研制	深圳合纵能源技术有限公司	通过
314	CYZZ20140422175017928	赛隆陶瓷治理油气尾气装置开发	深圳和泰源材料科技有限公司	通过
315	JSGG20140703145428318	重 2014—先 13：污废水反渗透脱盐工艺关键技术研发	深圳恒通源环保科技有限公司	通过
316	JCYJ20120618172523025	抗旱节水作物谷子重要性状相关基因的定位研究	深圳华大基因研究院	通过
317	CYZZ20130830110526144	基于云技术的 Halis 物流云公共服务平台	深圳华力士物联网科技有限公司	通过
318	CXZZ20140626114901869	射频声表面波滤波器芯片小型化倒装焊技术	深圳华远微电科技有限公司	通过
319	JCYJ20120618100557119	新型全固态硫化锂电池组关键技术研发	深圳华中科技大学研究院	通过
320	CXZZ20140626111840316	节能型锂电池检测设备	深圳吉阳智能科技有限公司	复议
321	FHQ20130427161644856	国家集成电路设计深圳产业化基地孵化器	深圳集成电路设计产业化基地管理中心	通过
322	CXZZ20140506104741593	新一代智能交通高清视频监控平台的开发	深圳金三立视频科技股份有限公司	通过
323	CXZZ20140731152238700	基于 Sn-1,3 特异性脂肪酶催化酯交换的人类母乳脂肪替代品（OPO）生产的研究	深圳精益油脂技术有限公司	通过
324	CXZZ20140418115831132	磁组合电抗器研发及产业化	深圳可立克科技股份有限公司	通过
325	CYZZ20140904155710473	重组型润滑油粘度指数改进剂研发	深圳昆油石化技术有限公司	通过
326	CXZZ20140812092800940	纳米光触媒涂层 LED 照明器件技术研发及产业化	深圳莱特光电股份有限公司	复议
327	CYZZ20140410150954988	可吸收口腔修复材料成套产品的关键技术研发	深圳兰度生物材料有限公司	通过
328	KQCX20130620153735231	亚纳秒，皮秒光纤激光器的研发和产业化	深圳镭射微视科技有限公司	复议

续表

序号	项目编号	项目名称	项目承担单位	验收结论
329	CYZZ20130827092231874	短脉冲高功率光纤激光器的研发和产业化	深圳镭射微视科技有限公司	复议
330	ZD201111070100A	抗体药物大规模高效细胞培养技术平台及重组人单克隆抗体中试制造和临床研究	深圳龙瑞药业有限公司	通过
331	GJHS20140623151321138	高端全数字彩色多普勒超声诊断设备的研发	深圳迈瑞生物医疗电子股份有限公司	通过
332	GJHS20140627103507109	自动体外除颤仪及远程管理维护系统	深圳迈瑞生物医疗电子股份有限公司	通过
333	JSGG20150330143637622	重 20150031：糖尿病并发症创新药物的临床前研究	深圳明赛瑞霖药业有限公司	通过
334	JSGG20140519100029722	重 2014—007：新型纳米银透明导电薄膜触摸屏关键技术研发	深圳欧菲光科技股份有限公司	通过
335	CXZZ20140508103712258	空压机 ERS 热能回收再利用节能控制系统	深圳普鲁士特空压系统有限公司	通过
336	GJHS20150916170434180	新型人工椎间盘	深圳清华大学研究院	通过
337	ZD201111070101A	高频医学超声成像关键技术研发及产业化	深圳清华大学研究院	通过
338	JCYJ20140419122040620	锂离子电池碳纳米管 / 石墨烯三维复合负极材料的研究	深圳清华大学研究院	通过
339	JCYJ20140419122040610	3D 多孔纳米材料与导电聚合物复合材料基柔性电极性能研究	深圳清华大学研究院	通过
340	JCYJ20140419122040606	锂离子电容器用新型微晶炭材料的制备及其电化学活化机理研究	深圳清华大学研究院	通过
341	KQC201105310018A	基于故障点精确定位的高效业务连续性研发	深圳清华大学研究院	通过
342	CXZZ20130322165836774	温敏型可注射原位成骨骨修复材料产品的技术开发	深圳清华大学研究院	通过
343	JCYJ20130401174000417	高储能密度聚丙烯基柔性薄膜电容材料的制备与性能研究	深圳清华大学研究院	通过
344	FHQ20130427143443200	深圳高新区生物孵化器	深圳软件园管理中心	通过
345	KJYY20140829092048271	SF2014—26. 生物降解技术在餐厨垃圾处理中的应用示范	深圳瑞赛尔环保股份有限公司	复议
346	CXZZ20140418091717569	基于费控技术智能电网用电高级量测系统	深圳深宝电器仪表有限公司	通过
347	CYZZ20130319150453376	三维数字乳腺 X 射线层析成像系统	深圳圣诺医疗设备股份有限公司	通过
348	CYZZ20140509140837726	高清高速高变倍网络摄像机的研发	深圳市阿格斯科技有限公司	通过
349	CYZZ20140414152044879	金属氧化物 TFT AMOLED 驱动 SOC 芯片的研发	深圳市爱协生科技有限公司	复议
350	CYZZ20130827151447545	数字化电磁辐射污染动态监测系统的建设	深圳市安鑫宝新环保技术有限公司	复议
351	CXZZ20140421113050241	用于 PCB 行业的智能邮箱系统技术研发	深圳市百能信息技术有限公司	通过

续表

序号	项目编号	项目名称	项目承担单位	验收结论
352	CXZZ20140416144852801	应用于 LED 驱动电源的高电压固态电容的研发	深圳市柏瑞凯电子科技有限公司	通过
353	JCYJ20140415092909531	他克莫司调控 Th17 细胞在银屑病治疗中作用的相关研究	深圳市宝安区福永人民医院	通过
354	JCYJ20140414154847275	Nrf2 信号通路和内质网应激在镉毒作用过程中的调控机制研究	深圳市宝安区疾病预防控制中心	通过
355	JCYJ20140414154847277	中国人群冠心病相关遗传基础研究	深圳市宝安区疾病预防控制中心	复议
356	JCYJ20140414104644191	医院社区一体化随访护理对儿童川崎病患儿预后影响研究	深圳市宝安区人民医院	通过
357	JCYJ20140414103850879	肌间隔远端皮穿支近端皮瓣切取成活机制的解剖研究及临床应用	深圳市宝安区人民医院	通过
358	JCYJ20140414110230332	构建医院社区一体化延续护理工作体系的探讨与实践	深圳市宝安区人民医院	通过
359	JCYJ20140414110526098	Jagged-1 与 TERT 共转染内皮祖细胞后对其增殖、定位的影响	深圳市宝安区人民医院	通过
360	JCYJ20140414160300592	RNA 聚合酶 II 重组双启动子调控针对 IG-IR 基因的 siRNA 治疗肝癌实验研究	深圳市宝安区沙井人民医院	通过
361	CYZZ20140723144429795	基于智能手机操作系统的体检应用与健康管理系统	深圳市宝凯仑科技有限公司	通过
362	FHQ20140930155907473	宝联低碳产业创新园（孵化器）	深圳市宝联达实业有限公司	通过
363	CYZZ20150610164133838	基于消防安全的三维空间温度分布监测技术研发	深圳市贝莱光电科技有限公司	复议
364	GJHS20130402150804042	永磁型磁共振成像系统产业化	深圳市贝斯达医疗股份有限公司	通过
365	CXZZ20140704153241750	高能量密度圆柱 18650-3.0AH 动力电池的开发	深圳市比克电池有限公司	通过
366	CXZZ20140828140911484	高频低损耗非晶磁粉芯材料研发	深圳市铂科新材料股份有限公司	通过
367	CXZZ20140612094819400	高性能电磁屏蔽复合材料	深圳市博恩实业有限公司	通过
368	GJHS20140709160225764	智能式可互换轮转数码印刷系统的研发及产业化	深圳市博泰印刷设备有限公司	通过
369	CXZZ20140403105521452	应用于高端设备空心杯电机的研发与产业化	深圳市仓兴达科技有限公司	通过
370	CXZZ20130515141452876	可调节智能喷漆机	深圳市朝阳辉电气设备有限公司	通过
371	CXZZ20140820091752737	交通大数据环境下多源信息整合的定向诱导平台体系研究及试点开发	深圳市城市交通规划设计研究中心有限公司	复议
372	CXZZ20140901103401474	闪存元数据的逆向识别取证技术研究	深圳市创世达实业有限公司	通过
373	CYZZ20140829171236755	超大超重无人全自动气动真空吸盘式搬运机械手	深圳市创思泰科技有限公司	复议

续表

序号	项目编号	项目名称	项目承担单位	验收结论
374	FWCX20140725145550813	“一站式”创新创业技术服务体系建设项目	深圳市创新企业育成研究院有限公司	通过
375	CYZZ20140418094627725	超快脉冲激光蓝宝石切割系统开发	深圳市大德激光技术有限公司	通过
376	FHQ20140519151350222	深圳国际生物产业基地大鹏海洋生物产业园企业孵化器	深圳市大鹏新区海洋生物产业服务中心	通过
377	CYZZ20140620093541904	中央空调整体 COP 优化节能方案研发	深圳市大众新源节能科技有限公司	通过
378	JSGG20141015153303491	重 2014—108：大推力潜油直线电机关键技术研究	深圳市大族电机科技有限公司	复议
379	CXZZ20130322165248108	SMT—PCB UV 激光切割成型机	深圳市大族数控科技有限公司	通过
380	CXZZ20140829115644208	大容量、高功率、高安全动力钴酸锂离子电池关键技术研究	深圳市迪比科电子科技有限公司	复议
381	GJHS20150908120034642	基于远程实时监测的 UPS 铅酸蓄电池组在线修复与维护技术	深圳市迪迪美环保科技有限公司	通过
382	JSGG20140519105550503	重 2014—024：个体化组织工程软骨治疗关节软骨缺损的关键技术研发	深圳市第二人民医院	通过
383	CXZZ20140414170821148	基于 SLM-3D 打印的个性化仿生脊柱椎体重建的关键技术研究与应用	深圳市第二人民医院	通过
384	JCYJ20140414170821200	骨关节炎中 TGF-β-miRNA- 靶基因相互作用关系研究	深圳市第二人民医院	通过
385	JCYJ20140414170821160	BMP-2 基因维持软骨细胞表型的表观调控机制研究	深圳市第二人民医院	通过
386	JCYJ20130401113135245	DNA 的 5 - 羟甲基化胞嘧啶修饰在成年脊髓神经再生过程中调节机制的研究	深圳市第二人民医院	通过
387	KQCX20140521101427034	缺血早期血脑屏障损伤的分子机制及其与 tPA 溶栓后脑出血的关系	深圳市第二人民医院	通过
388	JCYJ20140414170821309	Wnt4 基因通过非经典通路调控垂体瘤侵袭的作用和机制研究	深圳市第二人民医院	通过
389	JCYJ20140414170821183	鲍曼不动杆菌药物外排泵和通透蛋白系统功能基因表达谱与碳青霉烯类抗生素耐药机制研究	深圳市第二人民医院	通过
390	JCYJ20140414170821320	PIK3CA 基因变异与子宫内膜异位症相关性卵巢癌易感性及临床预后的相关性研究	深圳市第二人民医院	通过
391	JCYJ20140414170821291	血浆 Lp—PLA2 和 sPLA2 水平预测颈动脉斑块稳定性及颈动脉内膜剥脱术手术疗效研究	深圳市第二人民医院	通过
392	JCYJ20140414170821187	CFTR/ENac 上皮离子通道在子宫内膜异位症中发病机制的研究	深圳市第二人民医院	通过
393	JCYJ20140414170821145	EPO 基因多态性与早产儿脑白质损伤的关系及其机制研究	深圳市第二人民医院	通过
394	JCYJ20130401112820839	缺氧诱导因子—1α 转染兔骨髓间充质干细胞治疗股骨头坏死的机制研究	深圳市第二人民医院	通过

续表

序号	项目编号	项目名称	项目承担单位	验收结论
395	JCYJ20130401113259980	基于中医“肾在液为唾”理论运用 iTRAQ 技术研究肾癌早期肿瘤标志物的筛选与验证	深圳市第二人民医院	通过
396	CXZZ20130321163655111	腰椎间盘突出症数字化评估及康复指导系统的研发	深圳市第二人民医院	通过
397	JCYJ20130401113946478	痔血栓形成与局部内环境变化相关因素的基础研究	深圳市第二人民医院	通过
398	JCYJ20140414170821338	前列腺干细胞抗原对前列腺癌细胞生物学行为及致瘤作用的影响	深圳市第二人民医院	通过
399	JCYJ20130401112724306	乙型肝炎病毒相关性肾炎新的诊断标准的探讨	深圳市第二人民医院	通过
400	JCYJ20130401111543808	椎间盘的退化机制及基因治疗的研究	深圳市第二人民医院	通过
401	ZDSY20130531165409949	深圳细胞生物技术转化医学重点实验室	深圳市第二人民医院	通过
402	JCYJ20140411113637598	乙胺丁醇药敏表型与耐多药结核分枝杆菌 embB 基因相关性的研究	深圳市第三人民医院	通过
403	JCYJ20140411111718169	新型艾滋病黏膜疫苗免疫保护机制的研究	深圳市第三人民医院	通过
404	JCYJ20140411112047888	IL23/IL23R 基因多态性 / 单倍体型与重症 EV71 手足口病相关性研究	深圳市第三人民医院	通过
405	JCYJ20140411111718162	抗原呈递细胞表面受体与疫苗作用的机制研究	深圳市第三人民医院	通过
406	JCYJ20130401164750003	HPPCn 修饰的骨髓间充质干细胞治疗四氯化碳所致肝纤维化的实验研究	深圳市第三人民医院	复议
407	CYZZ20140812152842596	高效节能电焊机老化负载系统的研发	深圳市鼎泰佳创科技有限公司	复议
408	CYZZ20140721155445311	智能调光导光管采光系统的研究与设计	深圳市东方风光新能源技术有限公司	通过
409	CXZZ20140429140648671	高强度高铝硅酸盐超薄平板玻璃的研制技术	深圳市东丽华科技有限公司	通过
410	CYZZ20140901113003239	一种高油压控制多级快调试的水轮机桨叶电液调节装置	深圳市恩莱吉能源科技有限公司	通过
411	CXZZ20130320172336579	低免疫原性全能干细胞向造血干 / 祖细胞的关键技术研究	深圳市儿童医院	通过
412	JCYJ20140416141331510	3.0T 磁共振波谱成像和弥散张量成像对白血病儿童的脑功能研究	深圳市儿童医院	通过
413	JCYJ20130401114111457	急性淋巴细胞白血病分子标志物的转录组研究	深圳市儿童医院	通过
414	JCYJ20130401114111453	孤独症遗传资源库的建立及表观遗传学发病机制	深圳市儿童医院	通过
415	JCYJ20130401114111460	探讨 ADC 值对学龄前儿童肾脏疾病及肾功能的研究价值	深圳市儿童医院	通过
416	JCYJ20130401114111461	先天性肌性斜颈病变组织中纤维组织、脂肪组织与肌组织的异常分化发育	深圳市儿童医院	通过
417	JCYJ20130401114111456	儿童急性白血病化疗药物敏感性表观遗传学机制研究	深圳市儿童医院	通过
418	JCYJ20130401114111455	转化生长因子 - β 和白细胞介素 17 与变应性结膜炎的相关研究	深圳市儿童医院	通过
419	JCYJ20130401114111459	多囊卵巢综合征与特发性中枢性性早熟关系的回顾性队列研究	深圳市儿童医院	通过

续表

序号	项目编号	项目名称	项目承担单位	验收结论
420	JCYJ20130401114111468	趋化因子受体 CXCR4 在人视网膜血管内皮细胞中表达的研究	深圳市儿童医院	通过
421	JCYJ20130401114111449	基于 TLR4/NF-κB 及 TGF-β/Smads 信号通路研究天灸防治哮喘的机制	深圳市儿童医院	通过
422	JCYJ20130401114111452	生酮饮食辅助治疗神经胶质瘤	深圳市儿童医院	通过
423	JCYJ20130401114111469	先天性喉畸形诊疗系统的建立与规范化治疗的研究	深圳市儿童医院	通过
424	JCYJ20130401154709166	SDF-1 抗体抑制早产儿视网膜病变新生血管形成的实验研究	深圳市儿童医院	通过
425	JCYJ20130401114111448	中国儿童心电图正常参考值与正常儿童心电图数据库的建立	深圳市儿童医院	复议
426	JSGG20141118151510124	重 2014—154：基于 Wi-Fi 的智能家居安防系统开放互联关键技术研发	深圳市泛海三江电子股份有限公司	通过
427	CYZZ20140414152404379	垃圾渗滤液亚硝酸硝化系统的研发与应用	深圳市丰润环保科技有限公司	复议
428	JCYJ20140414100411116	新型绿色纳米涂层材料高效检测疾病相关碱性蛋白质的研究	深圳市福田区疾病预防控制中心	通过
429	JCYJ20130328152541724	腹泻病人 12 种致病性弧菌感染状况分析	深圳市福田区疾病预防控制中心	通过
430	JCYJ20140416094330198	脑动脉磁共振血管壁成像的临床研究	深圳市福田区人民医院	通过
431	JCYJ20140414145007216	六味地黄丸对糖尿病血管硬化综合征治疗作用机理研究	深圳市福田区中医院	通过
432	JCYJ20140414145007219	针灸联合中药干预输卵管阻塞炎性不孕症的作用影响机制	深圳市福田区中医院	通过
433	JCYJ20140414145007212	健商管理结合中医护理方案在 COPD 患者中的应用研究	深圳市福田区中医院	通过
434	JCYJ20140414145007218	B 超引导下胸 2、3 椎旁间隙置管连续泵注阻滞治疗冠心病的研究	深圳市福田区中医院	通过
435	JCYJ20140414145007224	Prx Ⅱ 与 PCOS 代谢紊乱的相关性研究及补充维生素 D 后 PCOS 患者血清 Prx Ⅱ 水平变化的研究	深圳市福田区中医院	复议
436	JCYJ20140414145007211	补肾生髓法联合骨髓间充质干细胞移植延缓衰老的机理研究	深圳市福田区中医院	复议
437	JCYJ20140414144755473	磁共振扩散张量成像对足月新生儿缺氧缺血性脑病早期预后的评估价值	深圳市妇幼保健院	通过
438	JCYJ20140414153700881	孕产妇心理健康干预模式的建立与评价	深圳市妇幼保健院	通过
439	JCYJ20140414153916122	正畸托槽对口腔微生物基因型的影响	深圳市妇幼保健院	通过
440	JCYJ20130402093356214	不同基因型地中海贫血孕妇铁代谢差异及其补铁策略的相关性研究	深圳市妇幼保健院	通过
441	JCYJ20130402093356215	儿童血清 25 羟基维生素 D 水平与哮喘相关性及其机制研究	深圳市妇幼保健院	通过
442	CXZZ20140903143249802	利用建筑废弃物制备生态砂浆关键技术及应用研究	深圳市富诚幕墙装饰工程有限公司	通过
443	CXZZ20140703162114380	应用于多核处理器的智能电源管理和 HI-FI 音频 CODEC 芯片	深圳市富满电子集团股份有限公司	复议

续表

序号	项目编号	项目名称	项目承担单位	验收结论
444	CXZZ20140903141030552	高效羟基发生器研发及其应用	深圳市高斯宝电气技术有限公司	通过
445	CXZZ20140421173246069	高效有机废气降解菌和生物过滤法成套净化设备研发	深圳市格瑞斯特环保技术有限公司	通过
446	JSGG20140701142025265	重 2014—先 12：生物制氢成套设备关键技术研发	深圳市格瑞斯特环保技术有限公司	复议
447	RKX20150921142316805	深圳公立医院管理体系改革研究	深圳市公共管理学会	通过
448	CXZZ20140421110912507	新一代智慧数据中心研发	深圳市共济科技股份有限公司	复议
449	CYZZ20140822154046526	一种 LTCC 叠层片式大电流电感器的研发	深圳市固电电子有限公司	通过
450	JSGG20130922112354765	重 2013—043：彩色视频电子纸关键技术研发	深圳市国华光电科技有限公司	通过
451	JCYJ20140417110601162	面向电润湿显示技术的流—固界面运行机理及涂层材料研究	深圳市国华光电研究院	通过
452	CXZZ20130321160543517	旭感和诚食品防伪及食品追溯系统研发	深圳市国码信息技术有限公司	不通过
453	CXZZ20140811100454034	智能交通信息系统图像处理技术研发	深圳市哈工大交通电子技术有限公司	通过
454	CXZZ20140416104115582	风冷式 12W 紫外激光发生器及其标记设备研发与产业化	深圳市海目星激光科技有限公司	复议
455	JSGG20130918150446437	重 2013—071：胰岛新生多肽用于移植胰岛保存新技术的研发	深圳市海普瑞药业股份有限公司	通过
456	CXZZ20130517152012474	图像数据云计算及高速光纤传输技术在数码印刷中的应用	深圳市汉拓数码有限公司	复议
457	GJHS20130401162300245	基于 3G.SDI 的广播级 LED 显示控制器	深圳市皓明佳科技有限公司	通过
458	CXZZ20140421100433647	新能源汽车的高压大功率 DC/DC 变流充电技术的研发	深圳市皓文电子有限公司	通过
459	GJHS20130327143153999	光伏能不间断供电电源	深圳市禾力科技股份有限公司	通过
460	CYZZ20130830165622169	高度仿真高尔夫模拟器	深圳市衡泰信科技有限公司	通过
461	GJHS20140422105613850	DSP 高频逆变悬挂直流点焊机	深圳市鸿栢科技实业有限公司	通过
462	CXZZ20140415153125660	基于 IPv6 多协议混合组网和归一化技术的智能家居网关	深圳市华百安智能技术有限公司	通过
463	RKX20150924111606586	深圳市科技创新发展报告（2015）	深圳市华鼎科技发展战略研究院	通过
464	JSGG20141017093744210	重 2014—130：蔬菜抗逆减灾关键技术研发	深圳市华盛实业股份有限公司	通过
465	CXZZ20140508154657870	药食同源作物组培技术的研究	深圳市华盛实业股份有限公司	通过

续表

序号	项目编号	项目名称	项目承担单位	验收结论
466	JSGG20140703150312118	重 2014—先 14：建筑废弃物再生建筑砂浆关键技术研发	深圳市华威环保建材有限公司	通过
467	CXZZ20140417160923696	高可靠性电子系统保护专用集成电路的研制	深圳市华曦达科技股份有限公司	通过
468	CXZZ20140415101711254	一体化高效分散式污水处理技术及成套设备开发与示范	深圳市环境科学研究院	复议
469	CXZZ20140527172356968	低功耗高安全人机交互体感 SOC 芯片研发	深圳市汇春科技股份有限公司	通过
470	JSGG20130923093329343	重 2013—065：数字化复合手术室关键技术研发	深圳市汇健医疗工程有限公司	通过
471	GJHS20160302102736779	三网合一的终端产品核心软件平台及整机解决方案	深圳市汇智成科技有限公司	通过
472	GJHS20120627155035613	基于 PACS 技术的泌尿外科医疗影像系统	深圳市慧康软件科技有限公司	通过
473	CXZZ20140616162424607	冲击波美容治疗仪	深圳市慧康医疗器械有限公司	通过
474	CXZZ20140508092926993	高安全性锂离子动力电池的成组研发	深圳市慧通天下科技股份有限公司	通过
475	ZDSYS20140509101335476	苯并芘致癌过程中组蛋白 ADP- 核糖基化修饰模式的分析	深圳市疾病预防控制中心	通过
476	JCYJ20140415091352816	深圳市普通人群对羟基苯甲酸酯暴露水平、污染特征及其与 DNA 氧化应激损伤关系研究	深圳市疾病预防控制中心	通过
477	JCYJ20140410164217365	环境污染物生态毒理学安全性评价方法的建立与应用	深圳市疾病预防控制中心	通过
478	CXZZ20140411105534816	硒蛋白 K(SelK) 用于预防病毒性疾病的亚临床研究	深圳市疾病预防控制中心	通过
479	JCYJ20140410170519151	SIRT1-NF-κB 信号调控通路在抗流感病毒感染中的调节机制研究	深圳市疾病预防控制中心	通过
480	JCYJ20140410170519145	深圳市居民膳食中新型污染物氯丙醇酯的暴露状况研究	深圳市疾病预防控制中心	通过
481	JCYJ20140410164811661	麻疹病毒基因变异与成人 / 小月龄婴儿发病病因学研究	深圳市疾病预防控制中心	通过
482	KJYY20140530142700108	SF2014—07.RFID 技术在输港食品安全监控的应用示范	深圳市检验检疫科学研究院	通过
483	CXZZ20140419150802007	基于大数据的进出口食品质量信息监测及应用研究	深圳市检验检疫科学研究院	通过
484	CXZZ20140509163643038	智能控制器中的压缩机变频技术研究与应用	深圳市建滔科技有限公司	通过
485	GJHS20140903152243522	绿色建筑规划预评估与诊断技术研究	深圳市建筑科学研究院股份有限公司	通过
486	GJHS20130403100041169	绿色建筑规划预评估与诊断技术研究	深圳市建筑科学研究院股份有限公司	通过
487	GJHS20130403100041167	城市社区绿色化综合改造技术研究与工程示范	深圳市建筑科学研究院股份有限公司	通过

续表

序号	项目编号	项目名称	项目承担单位	验收结论
488	GJHS20140903152243523	城市社区绿色化综合改造技术研究与工程示范	深圳市建筑科学研究院股份有限公司	通过
489	GJHS20130403100041168	建筑节能基础数据采集与分析及节能技术适宜性分析	深圳市建筑科学研究院股份有限公司	通过
490	GJHS20140903152243521	建筑节能基础数据采集与分析及节能技术适宜性分析	深圳市建筑科学研究院股份有限公司	通过
491	GJHS20130403100041170	夏热冬暖地区建筑节能共性技术整体优化研究	深圳市建筑科学研究院股份有限公司	通过
492	JCYJ20130402143754855	健康素养监测体系构建及循环反馈机制研究	深圳市健康教育与促进中心	通过
493	RKX20141128150728569	深圳市教育国际合作发展战略研究	深圳市教育科学研究院	通过
494	CYZZ20140417155037347	一种基于 SDS 技术的虚拟存储集群系统的研发	深圳市杰云科技有限公司	复议
495	JSGG20141017092243397	重 2014—114：云视频实时交互与统一通信中间件关键技术研发	深圳市捷视飞通科技股份有限公司	通过
496	CXZZ20140613112215341	双燃料发电机组关键技术的研发	深圳市金动科力实业有限公司	通过
497	CXZZ20140401143609670	时序功能性血管支架设计及体内研究	深圳市金瑞凯利生物科技有限公司	通过
498	CXZZ20140805145527213	基于电子监管码的生物制品管理系统的研发	深圳市金卫信信息技术有限公司	通过
499	GJHS20130312162441792	基于车联网的智能交通信息服务及其示范应用	深圳市金溢科技股份有限公司	通过
500	GJHS20140411161542129	面向智慧交通的车联网高安全性内容保障技术研究与核心产品研发	深圳市金溢科技股份有限公司	通过
501	GJHS20120813161532620	面向国际标准的车联网通信平台及核心产品研发与示范应用	深圳市金溢科技股份有限公司	通过
502	GJHS20130315111026768	面向智慧城市的智能交通车路感知网络管理平台及自由流技术研究与核心产品开发	深圳市金溢科技股份有限公司	通过
503	GJHS20140411161650988	面向智慧交通的停车收费管理与信息服务应用系统研发及示范应用	深圳市金溢科技股份有限公司	通过
504	JSGG20140519141854753	重 2014—013：基于内存计算的分布式实时高可靠事务管理关键技术研发	深圳市金证科技股份有限公司	通过
505	CXZZ20140819153742440	堆叠式 3D 封装芯片的研发	深圳市劲升迪龙科技发展有限公司	复议
506	CXZZ20140526154036608	基于新型驱动一体化 MLCOB 封装的高效 LED 光源开发及产业化	深圳市晶台股份有限公司	通过
507	CXZZ20140509163400882	超薄化、宽视角液晶模组的技术开发	深圳市晶泰液晶显示技术有限公司	通过
508	CXZZ20140721094719124	新型高安全高容量轻型电动车锂离子动力电池	深圳市巨兆数码股份有限公司	通过

续表

序号	项目编号	项目名称	项目承担单位	验收结论
509	GJHS20140527101524031	基于掩膜工艺的高精度电容式触摸屏	深圳市骏达光电股份有限公司	通过
510	CXZZ20140419123800475	基于 On-cell 技术的电容触控技术的研究与开发	深圳市骏达光电股份有限公司	复议
511	CXZZ20140827093437386	P2-LED 多种环境照明控制系统	深圳市凯铭电气照明有限公司	通过
512	CXZZ20140509173717038	新能源领域的铝电解电容器纳米技术的应用开发	深圳市凯琦佳科技股份有限公司	通过
513	JSGG20140516112337659	恶性肿瘤 gp96 个体化治疗性疫苗关键技术研发	深圳市康尔诺生物技术有限公司	通过
514	KQA201109050086A	新型免疫激动剂和高效疫苗研究开发	深圳市康居正医药科技有限公司	通过
515	GJHS20120820153614732	新型脑靶向可生物降解非病毒基因载体的构建及介导 siRNA 沉默 BACE1 基因表达治疗 Alzheimer 病的研究	深圳市康宁医院	通过
516	GJHS20120820153655341	MiR-132 过表达、miR-134 基因沉默对双相障碍的影响及机制研究	深圳市康宁医院	通过
517	JCYJ20130401155103442	移民老人抑郁障碍和自杀病理的流行病学研究	深圳市康宁医院	通过
518	FHQ20140929092739598	深圳电子支付与电子商务产业园	深圳市科技企业孵化器协会	通过
519	CYZZ20140404155947301	标准型监护硬件平台及专科专用监护仪系列化开发	深圳市科曼医疗设备有限公司	通过
520	GJHS20150408151926651	十二道数字式同步心向量心电图机	深圳市科曼医疗设备有限公司	通过
521	CXZZ20140507160704233	新型高性能金属陶瓷复合材料研发与产业	深圳市可瑞电子实业有限公司	复议
522	JCYJ20140509151735023	异体 T 淋巴细胞免疫治疗乳腺癌分子机制的研究	深圳市坤健创新药物研究院	通过
523	JCYJ20140827150509058	肝癌转移细胞突出中 mRNA 定位与翻译调控机制	深圳市坤健创新药物研究院	通过
524	CXZZ20140904165246337	基于位置服务（LBS）的气象防灾应用系统平台	深圳市昆特科技有限公司	通过
525	CXZZ20140414153441457	基于移动物联网的新一代胎儿监护网络系统	深圳市莱康宁医用科技股份有限公司	通过
526	CXZZ20140404140514754	基于餐厨垃圾资源化处理技术的研发及应用	深圳市朗坤环保股份有限公司	通过
527	CXZZ20140509112608148	高低温超高倍率镍氢动力电池的研发	深圳市朗泰通电子有限公司	通过
528	JSGG20140519152141972	重 2014—035：工业机器人专用伺服驱动器的关键技术研发	深圳市雷赛智能控制股份有限公司	通过
529	GCZX20140506161125608	电力线通信 SoC 工程技术研究开发中心	深圳市力合微电子股份有限公司	通过

续表

序号	项目编号	项目名称	项目承担单位	验收结论
530	CXZZ20140710111014311	新型超高倍率低自放电镍氢电池的研发	深圳市力可兴电池有限公司	通过
531	CXZZ20140418111107194	一种新型 GCLE 法制备盐酸头孢唑兰的研发	深圳市立国药物研究有限公司	通过
532	CXZZ20140718163731811	On-cell 全自动 FOG 邦定设备的研发	深圳市联得自动化装备股份有限公司	通过
533	CXZZ20140418094315257	基于开源技术的内外网数据安全可信交换管理平台	深圳市联软科技股份有限公司	通过
534	CYZZ20140801100426025	支持 IPV4/IPV6 双协议栈的高密度全万兆路由交换机	深圳市联天通信技术有限公司	通过
535	GQYCZZ20150911164139814	新一代慢病云数据分析系统及家庭智能医疗检测系统	深圳市领治医学科技有限公司	通过
536	CXZZ20140418182457225	适用于敞开式场所恶臭处理控制技术开发与应用	深圳市龙澄高科技环保（集团）有限公司	通过
537	JCYJ20140415133340848	VLBW 婴儿血浆 Uu-DNA 拷贝数和 IL-6、IL-8 检测的临床意义探讨	深圳市龙岗区妇幼保健院	通过
538	JCYJ20140414123607244	槐角染料木素对哮喘小鼠蛋白酪氨酸激酶 JAK1 和白介素 -5、白介素—13 表达的影响	深圳市龙岗区人民医院	通过
539	JCYJ20140411150916749	TIM4 介导过敏性鼻腔黏膜 Th2 细胞活化诱导死亡功能障碍的机制研究	深圳市龙岗中心医院	通过
540	JCYJ20140411150717065	内镜下经鼻入路至斜坡区的局部微侵袭解剖学研究与临床应用	深圳市龙岗中心医院	通过
541	JCYJ20140411150717056	应用自体听骨行听骨链功能重建的可行性分析及疗效观察	深圳市龙岗中心医院	通过
542	CXZZ20130322110626487	创道损伤的彩色高频超声实时检查及法医学应用	深圳市龙岗中心医院	通过
543	JCYJ20140411150309468	640 层容积 CT 双低剂量心肌灌注成像显示心肌缺血的研究	深圳市龙岗中心医院	通过
544	JCYJ20140411150717058	新参数网织红细胞血红蛋白在地中海贫血诊疗中的应用	深圳市龙岗中心医院	通过
545	JCYJ20140411150159429	精神分裂症高发家系全基因组外显子测序法检测易感位点和 de novo 基因突变	深圳市龙岗中心医院	复议
546	JCYJ20140415134523332	结直肠癌胎源性诊断生物标志物 miRNA 和蛋白质组学研究	深圳市龙华新区人民医院	通过
547	CYZZ20140509174930929	光纤熔接太阳能供电系统	深圳市伦琴科技有限公司	通过
548	JCYJ20140416144808974	新型抗炎因子 IL-37 在儿童哮喘中的作用	深圳市罗湖区妇幼保健院	通过
549	JCYJ20140416104959068	深圳市男性性工作者（男公关）艾滋病传播模式及其影响因素研究	深圳市罗湖区疾病预防控制中心	通过
550	CXZZ20140507172936452	面向养老院的老年人集中监护系统的研发	深圳市迈迪加科技发展有限公司	通过
551	CYZZ20160428161157001	麦步智能可穿戴设备系统研究与开发	深圳市麦步科技有限公司	通过
552	JCYJ20140416103315868	VD 补充对 2 型糖尿病发生发展影响的代谢组学研究	深圳市慢性病防治中心	通过
553	JCYJ20140416103315869	深圳市学校结核病流行特征及结核分枝杆菌基因分型的研究	深圳市慢性病防治中心	通过

续表

序号	项目编号	项目名称	项目承担单位	验收结论
554	JCYJ20140416103315870	城市社区老年跌倒干预模式研究	深圳市慢性病防治中心	通过
555	JCYJ20140416103315864	IRF4 和 IL-21 在梅毒血清固定中对 Th17 细胞的调控及作用机制的研究	深圳市慢性病防治中心	通过
556	GJHS20140404155808208	高精度低功耗原边反馈离线式开关电源芯片	深圳市明微电子股份有限公司	通过
557	CXZZ20140826140821136	超薄玻璃激光切割技术——高速触屏激光分版机	深圳市木森科技有限公司	通过
558	JCYJ20130402151227187	激光预备牙体用双液型粘接组合物的研究和开发	深圳市南山区人民医院	通过
559	JCYJ20130402151227178	数字化虚拟脑血管介入手术及临床应用研究	深圳市南山区人民医院	通过
560	JCYJ20140411093600193	社康中心集约式性病防治服务运行方式的试点对照研究	深圳市南山区人民医院	通过
561	JCYJ20140415093608948	超声破裂载基因微泡介导 ANG 转染改善左室重构的研究	深圳市南山区人民医院	通过
562	JCYJ20140411095040441	白黎芦醇联合厄贝沙坦对肾间质纤维化大鼠的影响	深圳市南山区西丽人民医院	通过
563	CYZZ20140603161357217	新型磷酸铁锂电池组管理系统	深圳市诺比邻科技有限公司	通过
564	RKX20150909113420017	深圳新型显示技术与产业发展分析研究（2015）	深圳市平板显示行业协会	通过
565	CYZZ20140624105153372	磁共振无线充电及无线电力传输	深圳市普林泰克科技有限公司	复议
566	CYZZ20120828152958239	可视化芯片仪器及配套试剂的研发	深圳市普瑞康生物技术有限公司	通过
567	GJHS20140627165700953	基于云技术的城市物流配送 EaaS 服务平台	深圳市普盛实业有限公司	通过
568	GJHS20150416173249823	基于云技术的城市物流配送 EaaS 服务平台研发	深圳市普盛实业有限公司	通过
569	GJHS20140627144004468	城市物流配送服务关键技术研发	深圳市普盛实业有限公司	通过
570	GJHS20150416173423807	城市物流配送服务关键技术研发	深圳市普盛实业有限公司	通过
571	CYZZ20140415161353644	基于大型制造业 “ 两化 ” 融合生产技术智能管理平台的研发	深圳市求卓迈思科技有限公司	通过
572	CXZZ20130517143111780	新型遗传性耳聋基因检测试剂盒研发	深圳市人民医院	通过
573	JCYJ20140416122812049	血重金属水平与脑梗死后抑郁关系及护理对策	深圳市人民医院	通过
574	JCYJ20130402092657775	类风湿关节炎的发病机制及治疗干预研究	深圳市人民医院	通过
575	JCYJ20140416122812053	行为干预疗法对小儿原发性夜间遗尿症生活质量影响的研究	深圳市人民医院	通过
576	GJHS20120627090225378	胎儿心脏畸形的超声诊断和微阵比较基因组杂交对比研究	深圳市人民医院	通过
577	JCYJ20140416122811973	抽动障碍儿童脑功能改变及免疫损伤机制研究	深圳市人民医院	通过
578	JCYJ20130402101926971	超声引导缓释化疗药多模乳腺癌植入 Mark 的基础研究	深圳市人民医院	通过
579	JCYJ20130402111858730	PEAR-1 基因多态性与肺血栓栓塞症关系的家系及病例对照研究	深圳市人民医院	通过
580	JCYJ20130402101926970	修饰间充质干细胞与软骨细胞共培养诱导椎间盘再生的研究	深圳市人民医院	通过

续表

序号	项目编号	项目名称	项目承担单位	验收结论
581	JCYJ20120830162655505	TPGS-b-(PCL-ran-PGA) 载 HIF1siRNA 靶向治疗鼻咽癌的研究	深圳市人民医院	通过
582	CXZZ20140421164024569	新型一体化无线电频谱监测专用设备	深圳市嵘兴实业发展有限公司	通过
583	RKX20150921144906148	深圳软件行业发展研究报告（2015）	深圳市软件行业协会	通过
584	CYZZ20140905162401686	贴片机平行取贴系统高速图像识别技术	深圳市睿勤科技有限公司	通过
585	CYZZ20150730101729689	基于陶瓷基座球头 LED 测试分选设备的研发	深圳市三一联光智能设备股份有限公司	通过
586	GJHS20140418204240522	车用锂离子动力电池大规模产业化及全产业链技术创新	深圳市善营自动化股份有限公司	通过
587	CXZZ20140415155139629	城市污水处理厂尾水深度脱氮处理及回用技术研究与应用	深圳市深港产学研环保工程技术股份有限公司	通过
588	CXZZ20130322154547325	面向行业应用的 3D 数据快速生成和动态分析平台	深圳市神州龙资讯服务有限公司	通过
589	CYZZ20130829143113874	基于量子点和纳米抗体技术的新型食品安全检测试剂的开发	深圳市生医联盟生物科技有限公司	通过
590	CXZZ20130319162207329	硅晶太阳能电池正电极用铜浆料替代传统银浆料的关键制备技术及工艺的研究开发	深圳市圣龙特电子有限公司	通过
591	CYZZ20140827093858792	光波导 LED 日光灯	深圳市圣诺光电科技有限公司	复议
592	CXZZ20140411164911566	盛凯基于大数据云搜索平台	深圳市盛凯信息科技有限公司	通过
593	CXZZ20140421152607272	一种新型 600V 静电屏蔽效应晶体管的开发	深圳市盛元半导体有限公司	通过
594	CXZZ20140419145654975	偏振式巨幕影院 3D 放映系统	深圳市时代华影科技股份有限公司	通过
595	CYZZ20140903091626864	关于高密度柔性电路板的关键技术研发及应用	深圳市实锐泰科技有限公司	复议
596	CYZZ20130827151853811	挥发性有机物 PID 检测器关键技术研究及其产业化	深圳市世纪龙晟科技发展有限公司	通过
597	CYZZ20140509150402616	ETS 智能敏捷测试与图像场景还原技术的研发	深圳市世纪协同科技有限公司	通过
598	CXZZ20130515095707972	新型组合结构桥梁技术的应用研究	深圳市市政设计研究院有限公司	通过
599	JCYJ20120831163432230	大跨度波形钢腹板 PC 组合箱梁桥关键技术研究	深圳市市政设计研究院有限公司	通过
600	GJHZ20140403155233869	关于低延时远距离的无线高清视频传输项目的开发与产业化	深圳市视晶无线技术有限公司	通过
601	CXZZ20140903161225943	基于生理信息的心理健康综合管理系统	深圳市是源医学科技有限公司	通过

续表

序号	项目编号	项目名称	项目承担单位	验收结论
602	KJYY20130621101739088	优课堂联合教育云计算项目	深圳市书城电子出版物有限责任公司	通过
603	CYZZ20140605092707733	SPLEBO 系列智能工业机器人研发	深圳市斯普雷博科技有限公司	通过
604	CXZZ20140730150809626	基于 WIFI 模块的数字智能家居控制系统	深圳市松本先天下科技发展有限公司	通过
605	RKX20150327144206307	深圳太阳能光伏技术与产业发展研究报告 (2015)	深圳市太阳能学会	通过
606	CXZZ20140818102236206	超薄环保无卤阻燃 PC 薄膜的研发与应用	深圳市天常科技有限公司	通过
607	GJHS20120614101043310	基因治疗抗肿瘤新药“重组腺病毒—胸苷激酶基因制剂”III 期临床研究	深圳市天达康基因工程有限公司	不通过
608	JSGG20141020101313147	重 2014—128：低挥发性有机化合物 (VOCs) 排放的水性清洗剂关键技术研发	深圳市天得一环境科技有限公司	通过
609	CYZZ20140605163846046	一种树脂吸附法处理电镀综合废水的新工艺	深圳市天净环境科技发展有限公司	复议
610	CXZZ20140828170926960	高性能环保型超细纤维合成革的研发	深圳市天之一科技开发有限公司	通过
611	CXZZ20140418095501460	基于 LTE 移动终端的智能测试应用方案的关键技术研发	深圳市万福达仪器有限公司	通过
612	CXZZ20151015154125079	普 20150474：视频内容互动系统研发	深圳市万佳安物联科技股份有限公司	通过
613	GJHS20140419135056178	36 人才行业人力资源共享服务中心平台	深圳市万泉河科技股份有限公司	通过
614	CXZZ20140822142400964	21% 以上转换效率的高效低成本异质结太阳电池技术开发	深圳市万业隆太阳能科技有限公司	通过
615	CXZZ20140419134905632	基于云计算的大型 3D 网页游戏《封神战》研发	深圳市万游引力科技有限公司	复议
616	JSGG20140516174824487	重 2014—020：基于移动通信的多网协同优化关键技术研发	深圳市网信联动通信技术股份有限公司	通过
617	CXZZ20140505140344968	多功用高纯度纳米二硫化钨的制备研发	深圳市威勒科技股份有限公司	复议
618	JCYJ20140515170128155	基于机器视觉的人机交互技术关键模块与基础算法研究	深圳市微纳集成电路与系统应用研究院	通过
619	CXZZ20140903110229458	多模高精度导航天线模组	深圳市维力谷无线技术股份有限公司	通过
620	CXZZ20140903162936630	基于水泵系统能效管理的节能控制关键技术研发	深圳市纬度节能服务有限公司	通过
621	CXZZ20140418112124678	高效率大功率 40A/600V 快速 IGBT 研发	深圳市稳先微电子有限公司	通过
622	FWCX20140725162815110	智能终端产品检验检测信息化技术服务	深圳市沃特测试技术服务有限公司	通过

续表

序号	项目编号	项目名称	项目承担单位	验收结论
623	RKX20160526143015116	软 20160003 深圳港口大气污染管控对策研究	深圳市新迪能源科技有限公司	通过
624	CYZZ20140903101448193	一种高显色 LED 模组的无电源高压驱动的研发	深圳市新月光电有限公司	通过
625	CXZZ20140509152944804	变频电磁加热技术在平板硫化机上的应用	深圳市鑫汇科股份有限公司	复议
626	CXZZ20140901155434849	基于建筑应用的多元合金板材料和制备的技术研发	深圳市鑫明光建筑科技有限公司	复议
627	JCYJ20140403093211510	献血者 HCV 筛查新指标——循环 microRNA	深圳市血液中心	通过
628	CXZZ20140418141719132	25GHz 高频材料阶梯厚软金工艺电路板的研发	深圳市迅捷兴科技股份有限公司	复议
629	CXZZ20130516154704050	IHD080 新型智能化工程机械车载信息	深圳市研慧科技有限公司	通过
630	CXZZ20140904090845362	多抗原靶向性细胞免疫治疗技术的肿瘤治疗平台	深圳市衍生生物科技有限公司	通过
631	JCYJ20140415174819504	视网膜新生血管性疾病患者来源的 iPSc 再分化为神经干细胞过程中相关 miRNA 表达的变化	深圳市眼科医院	通过
632	CXZZ20130516161815191	深圳市重大致盲眼病防治管理体系的技术开发	深圳市眼科医院	通过
633	JCYJ20130401152829829	糖尿病视网膜病变治疗方案战略调整的研究	深圳市眼科医院	通过
634	JCYJ20140414114853649	鼻窦黏膜间充质细胞对眼眶骨折修复的实验研究	深圳市眼科医院	通过
635	JCYJ20130401143657823	国家基本药物安全性评价模式研究	深圳市药品不良反应监测中心	通过
636	JCYJ20130402144215888	小鼠隐藏管状线虫烯醇化酶基因的鉴定及功能研究	深圳市药品检验研究院（深圳市医疗器械检测中心）	通过
637	FHQ20140520110909081	深圳市一本电子商务产业园	深圳市一本电子商务产业园管理有限公司	通过
638	JCYJ20130329164302637	深圳市地理流行病学研究	深圳市医学信息中心	通过
639	JCYJ20140408164112910	深圳市公共卫生服务投入与居民健康水平的量效关系研究	深圳市医学信息中心	通过
640	CYZZ20140721154132405	血管内微创介入治疗用超滑导丝的研制和产业化的可行性研究报告	深圳市依微迪科技开发有限公司	通过
641	CYZZ20140825102855980	光纤连接器陶瓷插芯的研发	深圳市亿达光电技术有限公司	通过
642	KJYY20140901110911474	SF2014—27. 新型环保可循环展示系统的应用示范	深圳市易尚展示股份有限公司	通过
643	CXZZ20140509153943445	深圳 51 房 APP 移动应用平台的关键技术研发及应用	深圳市易图资讯股份有限公司	通过
644	CXZZ20140417154952920	靶向治疗恶性胶质瘤的 GDC-CTL 关键技术开发	深圳市茵冠生物科技有限公司	通过
645	CYZZ20140815165739706	硅钢片与铁硅材料混用技术在新能源用电抗器产品中的应用	深圳市英大科特技术有限公司	通过
646	CYZZ20140718100139655	高性能柱状晶永磁合金的研制与量产技术的开发	深圳市英族科技有限公司	通过

续表

序号	项目编号	项目名称	项目承担单位	验收结论
647	CXZZ20140902113416693	面向国家重要信息系统的新一代智能安全管控技术平台研制	深圳市永达电子信息股份有限公司	通过
648	CYZZ20140829101401708	基于 SOA 架构的 IMCC 在线客服系统研发	深圳市云软信息技术有限公司	通过
649	CXZZ20140620151557419	一种法线型低惯量圆柱体双螺旋线切纸工艺及设备研发	深圳市长江机械设备有限公司	复议
650	CXZZ20140403160648825	基于安全支付的新一代金融 IC 卡信息系统软件 V2.0 研发及产业化	深圳市长亮科技股份有限公司	通过
651	CXZZ20140418113726694	移动终端用超微型射频开关连接器	深圳市长盈精密技术股份有限公司	通过
652	CYZZ20140626145508102	基于真三维图形渲染引擎技术的虚拟演播室系统	深圳市兆通影视科技有限公司	通过
653	JCYJ20140414110951757	职业性慢性苯中毒血清生物标志筛选及鉴定	深圳市职业病防治院	通过
654	CYZZ20140604102022796	低温高装饰性丙烯酸电泳涂料专用树脂及相关技术	深圳市志邦科技有限公司	通过
655	FHQ20130425160657121	深圳市智恒战略性新兴产业园	深圳市智恒新兴产业园管理有限公司	通过
656	CXZZ20140421152228366	基于移动互联网智能交付平台的研发	深圳市智莱科技股份有限公司	通过
657	GJHS20140612142957773	超高压海底电缆路由监控系统	深圳市置辰海信科技有限公司	通过
658	RKX20150324163658713	深圳节能减排技术与产业发展研究报告（2015）	深圳市中孵产业园发展中心	通过
659	CYZZ20140902144837193	防水防触电防打火花安全电插座的研发和推广	深圳市中科电工科技有限公司	通过
660	CYZZ20140419124244163	三闭环步进伺服驱动器的研发及产业化	深圳市中科伺服科技有限公司	复议
661	CYZZ20140415103135254	3D 实时超高图像分辨率光学相干断层影像系统	深圳市中科微光医疗器械技术有限公司	通过
662	GJHS20150416152905589	FDD LTE-Advanced 终端基带芯片工程样片研发（2015 年度）	深圳市中兴微电子技术有限公司	通过
663	KJYY20140901103904693	SF2014—17. 国产芯片的应用示范	深圳市中兴物联科技股份有限公司	通过
664	JCYJ20140408153331811	超声导航技术辅助经皮穿刺胆管置管引流术治疗的研究	深圳市中医院	通过
665	JCYJ20140408152909288	视网膜图像跟踪不同中医证型脑梗死二级预防效果的研究	深圳市中医院	通过
666	JCYJ20130328154513640	从 Wnt/β-catenin 通路研究滋肾降糖丸对糖尿病大鼠骨质疏松的防治机制	深圳市中医院	通过
667	JCYJ20140408152909289	前痛定方对 III 型 CP 疼痛模型大鼠小胶质细胞及 P38MAPK 表达的影响	深圳市中医院	通过
668	CYZZ20140509111459445	基于 SDN 架构的医患信息交互系统	深圳市众艾美科技有限公司	通过

续表

序号	项目编号	项目名称	项目承担单位	验收结论
669	CYZZ20140419123736163	城市化车载定位防盗信息管理终端	深圳市众寻通信科技有限公司	通过
670	CYZZ20140826162625386	基于 SOA 的云聚合应用服务与快速构建平台的研发	深圳市卓讯信息技术有限公司	通过
671	JSGG20141118150656406	重 2014—153：动态可重构多模高速接口芯片关键技术研发	深圳市紫光同创电子有限公司	通过
672	CXZZ20140411140647863	利用智能不育技术开发培育水稻新型不育系	深圳市作物分子设计育种研究院	通过
673	KJYY20140828173257564	SF2014—18. 3D 显示技术的应用示范	深圳水晶石数字科技有限公司	复议
674	CYZZ20140901155323521	移动支付 NFC 智能终端的研发	深圳思路名扬通讯技术股份有限公司	通过
675	CXZZ20140612152136258	图像面额识别、吸尘、双显示复点机	深圳速度技术有限公司	通过
676	GJHS20140827155522730	光纤电流传感系统研制	深圳太辰光通信股份有限公司	通过
677	CXZZ20140828161918141	高性能超支化树状大分子聚合物防水剂技术研发	深圳天鼎精细化工制造有限公司	通过
678	GJHS20130328143630156	面向现代商业银行的多维度，多视图金融产品管理软件	深圳维恩贝特科技股份有限公司	通过
679	GJHZ20140417113430584	密码芯片的信息安全量化评估研究	深圳先进技术研究院	通过
680	GJHS20120703154424378	网络媒体内容服务安全理论与关键技术	深圳先进技术研究院	通过
681	JCYJ20140718102705295	基于学习的组装调试控制技术研究	深圳先进技术研究院	通过
682	JCYJ20140417113430639	实现人机智能协同的机器人辅助柔性针软组织穿刺系统研究	深圳先进技术研究院	通过
683	JCYJ20140417113430736	面向可穿戴设备的人体行为识别关键技术研究	深圳先进技术研究院	通过
684	JCYJ20140417113430613	肌腱病的生物力学致病机理研究	深圳先进技术研究院	通过
685	JCYJ20140901003939038	移动服务机器人操作规划与安全控制	深圳先进技术研究院	通过
686	JCYJ20140417113430650	脊柱手术机器人安全控制方法研究	深圳先进技术研究院	通过
687	JCYJ20140417113430608	近红外光热 / 荧光双功能复合纳米粒子的构筑及其在肿瘤光热治疗中的应用研究	深圳先进技术研究院	通过
688	JCYJ20140417113430607	“点击化学”纳米探针用于病毒活体示踪研究	深圳先进技术研究院	通过
689	GJHS20130402135334996	大型医疗装备核心部件及重大产品研发之专用超声诊断探头部件及系统研发	深圳先进技术研究院	通过
690	JCYJ20140901003939008	鱼鳞胶原蛋白基控释抗菌膜的构建及其在深海鱼保鲜中的应用（海洋生物深加工）	深圳先进技术研究院	通过
691	KQCX20140520154115025	靶向树突状细胞的肿瘤免疫治疗关键技术	深圳先进技术研究院	通过
692	GJHZ20140417113430615	基于高分辨率超声的内窥胶囊成像技术研究	深圳先进技术研究院	通过
693	JCYJ20140610151856728	从大规模手机定位数据中挖掘居民出行特征的关键技术研究	深圳先进技术研究院	通过

续表

序号	项目编号	项目名称	项目承担单位	验收结论
694	JCYJ20140417113430695	用于穿戴式设备的人体通信动态信道传播机制的理论研究与建模分析	深圳先进技术研究院	通过
695	GJHZ20140417113430592	快速扫描太赫兹时域光谱生物传感技术研究	深圳先进技术研究院	通过
696	JCYJ20140417113430660	面向人体医学成像的多谱复眼视觉系统的研究	深圳先进技术研究院	通过
697	JCYJ20140610151856738	类风湿关节炎模型的骨折愈合模式研究	深圳先进技术研究院	通过
698	GJHS20120702090340038	基于智能化多糖纳米凝胶的肿瘤疫苗及抗肿瘤作用研究	深圳先进技术研究院	通过
699	JCYJ20140417113430681	一种基于脑皮层信息处理机制和深度学习理论的新型人工智能模型	深圳先进技术研究院	通过
700	JCYJ20140901003939025	计算建模关键技术研究及其在心脑血管疾病智能诊疗中的应用	深圳先进技术研究院	通过
701	JCYJ20140610151856737	基于 MEMS 技术的 F-P 腔可调谐滤波器研究	深圳先进技术研究院	通过
702	CXZZ20140509164800929	增强型双核智能家居产品控制芯片研发及产业化	深圳芯邦科技股份有限公司	通过
703	CXZZ20140828110927130	TFT-LCD 高世代生产线用 Cu 蚀刻液的研究与开发	深圳新宙邦科技股份有限公司	复议
704	JCYJ20120615101640639	基于计算机视觉的空间机器人粒子群轨迹规划算法研究	深圳信息职业技术学院	通过
705	JCYJ20140418100633642	CMOS 工艺下锁相电路电源噪声分析及建模研究	深圳信息职业技术学院	通过
706	JCYJ20130401095947227	电容器重用可靠性及寿命预测研究	深圳信息职业技术学院	通过
707	JCYJ20130401095559825	大规模动态多目标 TSP 的智能演化算法研究	深圳信息职业技术学院	通过
708	GJHS20120627094053224	不完备信息条件下反射面天线概率分析与优化设计研究	深圳信息职业技术学院	通过
709	JCYJ20140418100633644	Al_2O_3特殊结构纳米材料的廉价制备与可控合成	深圳信息职业技术学院	通过
710	JCYJ20140418100633634	微型高精度气压传感器基础研究	深圳信息职业技术学院	复议
711	JCYJ20140418100633638	基于 SVPWM 的直流无刷电机无传感器控制技术研究	深圳信息职业技术学院	复议
712	CYZZ20140421141521053	多靶点抗原肽 DC-CTL 技术治疗肝外肿瘤的临床应用研究及产业化试点	深圳源正细胞医疗技术有限公司	通过
713	JCYJ20140416151506444	数字化干预在自闭症儿童治疗领域中的研究	深圳远东妇儿科医院	通过
714	CYZZ20140509162414851	节能高效环保锅炉燃烧系统的研发	深圳粤通新能源环保技术有限公司	通过
715	CYZZ20140509114726976	公斤级单层石墨烯量产技术	深圳粤网节能技术服务有限公司	复议
716	CYZZ20140620145236325	基于一种光学引擎的物联网 DPM 标识感知识别技术	深圳云合科技有限公司	通过
717	GJHS20120702152016271	新能源汽车大功率动力电池化成检测系统的研制	深圳职业技术学院	通过
718	CXZZ20130517145458599	中华鳖性别调控技术研究	深圳职业技术学院	通过
719	JCYJ20140508155916418	全基质工况下水质透析器共代谢降解 WBD 及调控机制研究	深圳职业技术学院	通过
720	JCYJ20130331151255011	基于知识工程的快速可重构精密模具智能化制造系统研究	深圳职业技术学院	通过

续表

序号	项目编号	项目名称	项目承担单位	验收结论
721	JCYJ20130331151531198	月季花器官发育基因 Agamous 响应低温导致花朵过度重瓣化的机制	深圳职业技术学院	通过
722	JCYJ20130331151204151	重组降血压肽纳米胶囊的制备及其小肠靶向控释性能的研究	深圳职业技术学院	通过
723	JCYJ20120617135709296	高灵敏度抗菌肽电致化学发光免疫传感方法研究	深圳职业技术学院	通过
724	JCYJ20130331152422011	分布式智能电网电能质量信息采集与处理关键技术研究	深圳职业技术学院	通过
725	JCYJ20140702172029937	复合材料熔融加工过程中氧化石墨烯的原位还原及应用研究	深圳职业技术学院	通过
726	CXZZ20130517145458596	大米蛋白酸奶产业化关键技术研发	深圳职业技术学院	通过
727	JC201105201191A	饲用芽孢杆菌先天抗鲎素筛选及后天抗鲎素选育	深圳职业技术学院	通过
728	RKX20150922151716820	“新常态”下深圳创业环境评价与优化研究	深圳职业技术学院	通过
729	CYZZ20140509152503460	基于企业社交、云计算和 SAAS 应用的移动微商务管理系统	深圳中琛源科技股份有限公司	通过
730	CXZZ20130321145336439	卡车车联网与物流电子交易平台关键技术与应用	深圳中集智能科技有限公司	通过
731	JCYJ20140415114504394	Treg 在种植窗期活化迁移的调控因素及其信号通路	深圳中山泌尿外科医院	通过
732	JCYJ20140415114532535	无精子症患者血清和精浆抑制素 B 水平与睾丸精子发生的关系及其调控机制	深圳中山泌尿外科医院	通过
733	JSGG20150331155819036	重 20150050：六轴联动机器人关键技术研发	深圳众为兴技术股份有限公司	通过
734	CXZZ20140418101933991	重组微生物（角蛋白）酶在毕赤酵母中表达以及羽毛废弃物资源化应用研究	生物源生物技术（深圳）股份有限公司	复议
735	CYZZ20140417142017036	基于智能视频识别的行车安全带检测系统研发	同观科技（深圳）有限公司	通过
736	JCYJ20140419141154246	基于石墨烯应变 - 能带调控效应的纳米发电机：理论与器件	武汉大学深圳研究院	通过
737	JCYJ20140419141154250	hsa—miR—638 在造血细胞分化发育和白血病发生发展过程中的功能及其分子机制研究	武汉大学深圳研究院	通过
738	JCYJ20140419141154244	基于 3D 培养的条件重编程人正常细胞病毒感染模型	武汉大学深圳研究院	通过
739	JCYJ20130329154416562	固定翼微型飞行器设计中的关键共性技术问题研究	西北工业大学深圳研究院	通过
740	ZDSY20120618165920276	深圳市微型仿生无人飞行器设计重点实验室	西北工业大学深圳研究院	通过
741	JCYJ20140419115614350	大数据评论中基于典型性评论挖掘技术的研究及应用	香港城市大学深圳研究院	通过
742	GJHS20120702140546190	多级纳米结构的稳定性研究及部分多级纳米金属材料的工业应用探索	香港城市大学深圳研究院	通过
743	KQC201109050074A	基于丝氨酸 / 苏氨酸残基的化学选择性多肽连接反应	香港大学深圳研究院	通过
744	JCYJ20130402140954339	低成本细菌性脑膜炎病原体微流控检测芯片的研制	香港大学深圳医院	通过
745	ZDSY20130402140954343	深圳骨科创伤修复新技术重点实验室	香港大学深圳医院	通过
746	GJHZ20140422173104241	新型混合不对称多肽载体用于蟾蜍灵在体内的转运和肿瘤靶向释放的研究	香港理工大学深圳研究院	通过

续表

序号	项目编号	项目名称	项目承担单位	验收结论
747	GJHS20120702105445381	课外辅导与家庭背景对人力资本的影响：基于中国农村	香港中文大学深圳研究院	通过
748	GJHS20120702105523306	异柠檬酸脱氢酶（IDH）突变缺乏型弥漫性星型细胞瘤的综合基因组分析	香港中文大学深圳研究院	通过
749	GJHS20120702105445386	黑河流域典型荒漠植物耐旱机理的基因组学研究	香港中文大学深圳研究院	通过
750	GJHS20120702105523309	新的抑癌基因 DLEC1 在头颈肿瘤中的表观遗传异常、肿瘤抑制功能及作为肿瘤分子标志物的研究	香港中文大学深圳研究院	通过
751	GJHS20120702105445377	用胸腺嘧啶激酶基因修饰的间充质干细胞治疗肿瘤的研究	香港中文大学深圳研究院	通过
752	GJHS20120702105445378	离子通道 TRPM2 在血管壁内膜增生中的作用	香港中文大学深圳研究院	通过
753	GJHS20120702105523299	亚洲人群的新基因和剪接外显子的发现— 通过分析和验证 HapMap 其他人群的转录组测序 (RNA—seq) 数据	香港中文大学深圳研究院	通过
754	JCYJ20130401172046453	多自主驾驶车辆协同理论与技术研究	香港中文大学深圳研究院	复议
755	CXZZ20140828100434019	微创介入治疗球囊扩张导管关键技术研发	业聚医疗器械（深圳）有限公司	通过
756	CXZZ20140902150642083	一种石英晶体高频器件生产的技术装置及其方法	应达利电子股份有限公司	通过
757	CXZZ20140904104336050	基于高压水射流的船舶除锈清洗爬壁机器人技术及成套装备研制	友联船厂（蛇口）有限公司	通过
758	JSGG20130923140147562	重 2013—063：生物膜法处理市政恶臭废气关键技术研发	宇星科技发展（深圳）有限公司	通过
759	JSGG20141020140204585	重 2014—095：面向智能终端的 Wifi/Bluetooth/FM 三合一 SoC 芯片关键技术研发	展讯通信（深圳）有限公司	复议
760	GJHS20150909093334048	无卤无红磷阻燃环保热收缩材料的关键技术研发与产业化	长园集团股份有限公司	通过
761	SGLH20131010110119871	基于 FPGA 的肌体形变医学信息快速实现平台及其在超声诊断设备上的应用	浙江大学深圳研究院	通过
762	GJHZ20140415152115754	个性化的三维心脏电生理建模的关键技术研究	浙江大学深圳研究院	通过
763	CXZZ20140428163711546	基于智能电池管理与主动热管理技术的高效动力电池包	智慧城市系统服务（中国）有限公司	通过
764	GJHS20140605161536764	核反应堆专用机器人技术与应用	中广核研究院有限公司	通过
765	CXZZ20140504105105077	多基因定点整合转基因猪重大代谢性疾病模型研发及新品系培育	中国农业科学院深圳农业基因组研究所	通过
766	JCYJ20140504111101999	水稻高产和优质基因功能标记的挖掘和利用	中国农业科学院深圳农业基因组研究所	通过
767	RKX20150331104502161	深圳基础研究发展研究报告（2015）	中国农业科学院深圳农业基因组研究所	通过
768	CXZZ20140612141920933	先进民用飞机发电机测控系统的研制及产业化	中航工业南航（深圳）测控技术有限公司	复议
769	GJHS20150416154553010	警用数字集群（PDT 与 TD-SCDMA）通信系统关键技术研究与应用示范（2015 年度）	中兴通讯股份有限公司	通过

续表

序号	项目编号	项目名称	项目承担单位	验收结论
770	GJHS20140429093437749	面向行业专网应用的带宽可变频点可变无线宽带射频芯片研发	中兴通讯股份有限公司	通过
771	GJHS20140429093437760	警用数字集群（PDT与TD-SCDMA）通信系统关键技术研究与应用示范（2014年度）	中兴通讯股份有限公司	通过
772	JSGG20140702110230422	重2014—先04：基于偏振光测量的大气气溶胶源辨识设备关键技术研发	中兴仪器（深圳）有限公司	通过

二、2017年第2批市科技计划项目验收结果

序号	项目编号	项目名称	项目承担单位	验收结论
1	GJHS20120628101219316	WD40重复蛋白家族的结构与热点氨基酸预测与药物设计	北京大学深圳研究生院	通过
2	GJHS20120628101219319	可重构基础网络的寻址及路由交换	北京大学深圳研究生院	通过
3	KQCX20140521150255300	用于生物燃料生产的光合微生物细胞工厂研究	北京大学深圳研究生院	通过
4	JCYJ20140417144423187	深圳城市热环境、植被蒸腾及其降温效果的实验研究	北京大学深圳研究生院	通过
5	JCYJ20140417144423201	含铁钴镍的原子层沉积前驱体的设计、合成及其镀膜工艺的开发	北京大学深圳研究生院	通过
6	JCYJ20140627145302109	原位实时监测脑部硫化氢的近红外荧光探针的开发及其于阿尔茨海默病早期诊断的应用	北京大学深圳研究生院	通过
7	JCYJ20150331102721193	基于数字标准单元实现关键模拟集成电路模块的研究	北京大学深圳研究生院	通过
8	JCYJ20140415162338852	GnRHa对化疗损伤年轻女性肿瘤患者卵巢功能的保护研究	北京大学深圳医院	通过
9	JCYJ20140415162338798	采用不同取样器实施子宫内膜微活检的影响因素研究	北京大学深圳医院	通过
10	JCYJ20140415162338797	新型结构和功能融合影像在烟雾病围手术期应用及手术疗效评价的研究	北京大学深圳医院	通过
11	JCYJ20140415162338812	早期肝硬化和肝硬化分期的双能量CT定量研究	北京大学深圳医院	通过
12	JCYJ20140415162338793	医康护一体化模式在全膝关节置换术临床路径中的应用研究	北京大学深圳医院	通过
13	JCYJ20140415162542986	灯盏花对肠缺血再灌注损伤的保护作用及其机制研究	北京大学深圳医院	通过
14	JCYJ20130402114702121	多系统萎缩的3.0T磁共振弥散张量成像研究	北京大学深圳医院	通过
15	JCYJ20140415162338821	阴道自取样本HPV检测用于宫颈癌筛查的相关影响因素	北京大学深圳医院	通过
16	JCYJ20140415162543027	图像导航系统的研发及其在脾功能亢进定量化射频消融治疗中的应用研究	北京大学深圳医院	通过
17	JCYJ20130402114702128	成人EB病毒相关淋巴细胞增殖病克隆性转化的分子鉴定	北京大学深圳医院	通过
18	JCYJ20130402113131200	骨组织工程化培养中流体剪切力对脂肪基质细胞成骨分化的影响	北京大学深圳医院	通过
19	JCYJ20140415162543021	深圳市三甲医院4个病组营养风险、营养不足及营养支持调查	北京大学深圳医院	通过
20	JCYJ20130402114019655	学习训练与脑微观结构变化的DTI研究	北京大学深圳医院	通过

续表

序号	项目编号	项目名称	项目承担单位	验收结论
21	JCYJ20120831143255567	肝纤维化无创伤性 MR 诊断模型的动物实验和初步临床研究	北京大学深圳医院	通过
22	JCYJ20120616144140857	慢性乙型肝炎 HBV-DNA 免疫清除机制的临床研究	北京大学深圳医院	通过
23	JCYJ20140415162338819	视网膜厚度及视盘不对称参数在原发性开角型青光眼早期诊断中的应用研究	北京大学深圳医院	复议
24	JSGG20121029174145752	重 2012—026：胰岛移植新方法治疗糖尿病的研究	北京大学深圳医院	复议
25	GJHS20130402095854161	景观生态—活性污泥复合处理系统的构建及稳定运行机制研究	哈尔滨工业大学深圳研究生院	通过
26	ZDSYS20140508161622508	深圳市垃圾焚烧厂烟气选择性脱硝关键技术研究（重点实验室提升项目）	哈尔滨工业大学深圳研究生院	通过
27	GJHS20130402095854154	典型行业排水特征污染物脱除成套技术研究与示范	哈尔滨工业大学深圳研究生院	通过
28	GJHS20130402095854160	南方低影响开发示范区和示范工程监测与评估	哈尔滨工业大学深圳研究生院	通过
29	JCYJ20140904154645958	新一代基因测序中快速基因拼接方法的研究与应用	哈尔滨工业大学深圳研究生院	通过
30	JCYJ20140417172417125	基于城市污水资源化的高油脂微藻诱变筛选及培养优化	哈尔滨工业大学深圳研究生院	通过
31	KQCX20140521144102503	面向肿瘤治疗的超声波自驱动微颗粒的制备与体外研究	哈尔滨工业大学深圳研究生院	通过
32	JCYJ20140417172417138	流化态下 Ru 基催化剂去除柴油车尾气中 NOx 和碳烟的研究	哈尔滨工业大学深圳研究生院	通过
33	CXZZ20140904154839135	基于临界折射纵波法的在役钢结构构件应力检测关键技术	哈尔滨工业大学深圳研究生院	通过
34	JCYJ20140417172417097	乐甫波生物芯片研发及其在重金属离子检测的应用	哈尔滨工业大学深圳研究生院	通过
35	JCYJ20140707165922509	多麦克人耳语音助听增强技术的研究	哈尔滨工业大学深圳研究生院	通过
36	GJHS20130402095030111	医用 CT 机锥束三维成像的计算机软硬件系统研制	哈尔滨工业大学深圳研究生院	通过
37	JCYJ20140904154630436	基于单样本的人脸图像识别与应用	哈尔滨工业大学深圳研究生院	通过
38	JCYJ20140417172417161	用于高效稳定聚合物太阳能电池的阴极界面材料与器件研究	哈尔滨工业大学深圳研究生院	通过
39	KQCX20140521144301394	纳米碳管壁面空气摩擦力测量系统研发	哈尔滨工业大学深圳研究生院	通过
40	GJHS20120627112816555	腐蚀钢筋混凝土材料应变率效应、机理及其多尺度模型研究	哈尔滨工业大学深圳研究生院	通过
41	GJHS20120627112429507	分布式条件下基于 IR-UWB 信号的协作成像机理研究	哈尔滨工业大学深圳研究生院	通过

续表

序号	项目编号	项目名称	项目承担单位	验收结论
42	JCYJ20140417172417154	相位光栅干涉型触针式粗糙度轮廓仪的研制	哈尔滨工业大学深圳研究生院	通过
43	JCYJ20140606094908124	一种新型动力锂电池正极材料二氧化钒纳米线的制备与性能研究	哈尔滨工业大学深圳研究生院	通过
44	GJHS20120627113219607	泡沫材料的高温本构及泡沫夹芯结构的热冲击阻力	哈尔滨工业大学深圳研究生院	通过
45	JCYJ20150513151706572	ZAO 平面式异质结钙钛矿太阳能电池的制备与性能研究	哈尔滨工业大学深圳研究生院	通过
46	JCYJ20140704172618811	基于绿色环保的再生骨料混凝土研制及耐久性能研究	哈尔滨工业大学深圳研究生院	通过
47	JCYJ20130329141705731	DMFC 用亚微米 H-X 沸石掺杂 Nafion 膜提升质子导电性机理研究	哈尔滨工业大学深圳研究生院	通过
48	JCYJ20140417172417171	水力压裂页岩气增产技术中的岩体渗流损伤耦合研究	哈尔滨工业大学深圳研究生院	通过
49	GJHS20130402095030112	新一代宽带无线移动通信网——移动互联网智能终端应用中间件开发	哈尔滨工业大学深圳研究生院	通过
50	GJHZ20130411141529167	全钒液流储能电池复合 Nafion 与 Sperk 隔膜的制备与性能研究	哈尔滨工业大学深圳研究生院	通过
51	GJHS20130402095854162	新型移动多媒体音视频编解码关键技术研发	哈尔滨工业大学深圳研究生院	复议
52	CXZZ20140409143213895	多视点高清晰裸眼 3D 智能液晶电视	康佳集团股份有限公司	通过
53	JCYJ20150630145302239	八甲基金属酞菁合成与高性能无掺杂钙钛矿太阳电池空穴传输应用研究	南方科技大学	通过
54	JCYJ20140417105816347	糖尿病前期胰岛素信号传导变化之动力学刻画	南方科技大学	通过
55	JCYJ20140417105742711	新型紫外固化和热塑协同纳米压印技术	南方科技大学	通过
56	JCYJ20140612140151890	从关节软骨微纳米生物组织力学角度探究骨关节炎发病机理	南方科技大学	通过
57	KQCX20140522150857838	用于中耳功能无创检测的近红外相干干涉光学成像及振动测量系统的开发	南方科技大学	通过
58	KQCX20140522151322948	基于磁性传动技术的能量回馈制动型飞轮储能器	南方科技大学	通过
59	JCYJ20140714151604592	石墨烯复合材料制备低功耗柔性晶体管存储器	南方科技大学	复议
60	KQCX20140522151322944	新型商业化电卡制冷核心装备的研制	南方科技大学	复议
61	JCYJ20140417105742706	负泊松比钙钛矿材料的结构 - 性能研究	南方科技大学	复议
62	ZDSYS20140512091043835	深圳市空间机器人技术及遥科学重点实验室	清华大学深圳研究生院	通过
63	JCYJ20140902110354239	聚丙烯酸在纳米磷酸铁锂表面碳化的形态发生及结构调控研究	清华大学深圳研究生院	通过
64	JCYJ20140902110354241	藻类水华风险早期检测与预防性控制技术及装置	清华大学深圳研究生院	通过
65	KQCX20140521161756231	数字影像质量提高关键技术研究	清华大学深圳研究生院	通过

续表

序号	项目编号	项目名称	项目承担单位	验收结论
66	JCYJ20140417115840249	碱金属掺杂 BiCuSeO 电热传输性能的协同调控	清华大学深圳研究生院	通过
67	JCYJ20140509172959988	基于细胞 3D 打印技术癌症模型的构建研究	清华大学深圳研究生院	通过
68	GJHS20120702113126024	新型飞秒激光跟踪仪研发	清华大学深圳研究生院	通过
69	JCYJ20140417115840285	抑癌蛋白 PHF6 在白血病发生和发展中的作用及其分子机制研究	清华大学深圳研究生院	通过
70	GJHS20120702112902853	中小企业云制造服务平台共性关键技术研究	清华大学深圳研究生院	通过
71	JCYJ20140418115449187	亚热带复合污染浅水海湾组合式生物修复技术研究	山东大学深圳研究院	通过
72	RKX20160526163121573	软 20160001：深圳与国内其他主要城市创业成本比较研究	上海交通大学深圳研究院	复议
73	JCYJ20140703164828240	高压脉冲电场对饮用水中藻类生物灭活效能与机理研究	深港产学研基地	通过
74	JSGG20140519100946831	重 2014—012：软件定义数据中心关键技术研发	深信服科技股份有限公司	复议
75	CXZZ20130517092840389	陶瓷电容式压力传感器研发	深圳安培龙科技股份有限公司	通过
76	CXZZ20130322154335929	35kV 高压直挂式 STATCOM 关键技术研究	深圳奥特迅电力设备股份有限公司	通过
77	FWCX20150803160304638	功能薄膜检测开发创新服务体系	深圳八六二计划材料表面技术研发中心（深圳市材料表面分析检测中心）	通过
78	JCYJ20140509150917445	自适应车辆密度的车载网多车协同数据管理技术	深圳北航新兴产业技术研究院	通过
79	GJHS20120616152729093	EndophilinB1 对 APP 及 A-beta 的调控作用在阿尔茨海默病中的机制性研究	深圳北京大学香港科技大学医学中心	通过
80	GJHS20120702090222170	Spata16 基因在小鼠精子发生中的作用机制研究	深圳北京大学香港科技大学医学中心	通过
81	JCYJ20140416144209741	应用 UCA1 长链非编码 RNA 的为舌癌转移标记物的分子机制研究	深圳北京大学香港科技大学医学中心	通过
82	GJHS20120616152729094	携带 HSV—1TK 和 CD 融合基因溶瘤性腺病毒体内分子成像和抑瘤作用	深圳北京大学香港科技大学医学中心	通过
83	JCYJ20130329110752141	ARF-ankrd1 通路在肿瘤发生中的调控作用和机制研究	深圳北京大学香港科技大学医学中心	通过
84	JCYJ20130329110752138	Cdc14p 分两步去磷酸化 DNA 复制激活与许可蛋白而重置复制原点的功能和机理研究	深圳北京大学香港科技大学医学中心	复议
85	JCYJ20130325105212218	动物标本制作和保存的环保安全新材料研究	深圳博物馆	通过
86	CXZZ20140509142152007	全自动高精度超声波焊线机	深圳翠涛自动化设备股份有限公司	通过
87	JCYJ20140418193546101	源自重金属污染海域海洋微生物的高重金属抗性机制及选择性富集行为的研究	深圳大学	通过

续表

序号	项目编号	项目名称	项目承担单位	验收结论
88	JCYJ20140418091413578	采用硅通孔 (TSV) 技术的 3D 集成电路电磁兼容 (EMC) 计算机建模与仿真关键问题研究	深圳大学	通过
89	GJHS20120621153807056	恶劣环境与荷载作用下 FRP 约束混凝土柱的应力 - 应变本构关系研究	深圳大学	通过
90	GJHS20120621153930337	睾丸特异性新基因 TSC29 的表达调控机制及其功能研究	深圳大学	通过
91	JCYJ20140828163633988	基于光子晶体的新型磁光环行器的关键技术研究	深圳大学	通过
92	JCYJ20140418091413576	通过异丁香酚单加氧酶的定向进化提高生物香草醛产量	深圳大学	通过
93	GJHZ20130408173747552	海上风力发电系统驱动、控制及直流输电并网的关键技术研究	深圳大学	通过
94	GJHS20120621142719228	珠江河口红树林区多环芳烃（PAHs）污染环境的生物修复	深圳大学	通过
95	GJHS20120621154733197	滨海腐蚀环境自修复混凝土体系基础性研究	深圳大学	通过
96	JCYJ20140416180323426	STAG2 基因在膀胱癌细胞侵袭转移中的分子机制研究	深圳大学	通过
97	GJHS20120621154824666	微胶囊储能建筑材料的工程应用	深圳大学	通过
98	JCYJ20140418095735546	新型高稳定宽谱掺铒光子晶体光纤光源	深圳大学	通过
99	GJHS20120621154845791	近海重大交通工程结构抗震性能劣化机理与时变规律	深圳大学	通过
100	GJHS20120621154702650	微型腔叠层滑焊成形方法及其沉积效应机理研究	深圳大学	通过
101	JCYJ20140418095735624	新一代智能 CMOS 单片偏振成像系统的设计与实现	深圳大学	通过
102	JCYJ20140418182819141	深圳滨海盐雾区混凝土结构表层氯离子沉积量的调查及传输模型研究	深圳大学	通过
103	JCYJ20140418091413577	磷酸铝纳米复合材料的非线性光学特性研究	深圳大学	通过
104	JCYJ20140418095735543	基于三维动态超分辨成像技术研究活体卵母细胞减数分裂过程	深圳大学	通过
105	JCYJ20120613161724279	鼻咽癌中 VEGF 对 CD4+C25+ 调节性 T 细胞的调控在肿瘤免疫逃逸中的作用	深圳大学	通过
106	JCYJ20140418095735617	超高显色指数和色温可调 LED 白光光源的研究	深圳大学	通过
107	JCYJ20140418182819121	心电数据库与心电分析算法研究	深圳大学	复议
108	CXB201105100093A	深圳市超高折射率结构性材料重点实验室	深圳光启高等理工研究院	通过
109	FHQ20130428172427888	深圳航天科技创新研究院	深圳航天科技创新研究院	通过
110	JSGG20141020113728803	重 2014—133：海洋鱼类分子育种关键、共性技术研发	深圳华大基因研究院	通过
111	GJHS20140905113440283	复杂工业微生物基因组测序与分析	深圳华大基因研究院	通过
112	KJYY20140530141443717	SF2014—06. 乳腺癌高发人群基因筛查技术应用示范	深圳华大基因研究院	通过
113	JCYJ20140729163604313	优质甜瓜“金密 6 号”重要性状相关基因的定位研究	深圳华大三生园科技有限公司	通过

续表

序号	项目编号	项目名称	项目承担单位	验收结论
114	JCYJ20140729163716079	全基因组指导的水稻抗白背飞虱基因 /QTL 定位	深圳华大三生园科技有限公司	通过
115	JSGG20140519105124128	重 2014—011：基于芯片级封装的 LED 光源模组技术研发	深圳雷曼光电科技股份有限公司	通过
116	CXZZ20140419133029569	新一代最大功率点跟踪关键技术研发	深圳美凯电子股份有限公司	通过
117	CXZZ20140901150012583	基于 CFD 的集装箱生产线烘房系统节能研究	深圳南方中集东部物流装备制造有限公司	复议
118	CYZZ20140729113357141	高能量密度动力锂离子电池技术研究	深圳普益电池科技有限公司	通过
119	GJHS20150417160854182	超硬衬底低缺陷、高效去除平坦化新原理与装备实现	深圳清华大学研究院	通过
120	CXZZ20140419121218107	适用微创手术的植入一体式全腰椎间盘假体（民生科技）	深圳清华大学研究院	通过
121	JCYJ20140419122040611	超级电容器用混合电极材料的研究	深圳清华大学研究院	通过
122	SGLH20131010153555326	新型超低阻大容量超级电容及分布式发电功率平衡系统的研发	深圳清华大学研究院	复议
123	JCYJ20140419122040602	LED 芯片碳化硅超硬衬底高效高精度平坦化关键材料的研发	深圳清华大学研究院	复议
124	GCZX20140508161900099	深圳交通控制与仿真工程中心	深圳榕亨实业集团有限公司	通过
125	GJHZ20140422155920647	智能移动互联医疗终端关键技术研发及产业化	深圳桑菲消费通信有限公司	复议
126	CXZZ20140509142009116	新生儿全自动同步置换输血设备研制	深圳圣诺医疗设备股份有限公司	复议
127	CXZZ20140409151547613	双 PWM 高性能绿色能量回馈型变频器	深圳市安邦信电子有限公司	通过
128	CYZZ20140828141336705	Sonte 电控液晶调光玻璃	深圳市奥普利斯光电有限公司	通过
129	KJYY20141015164122678	智慧社区一体化解决方案应用示范	深圳市百思智能科技有限公司	通过
130	JCYJ20140416085544657	孕产妇沙眼衣原体感染及基因型分布与母婴传播的关系研究	深圳市宝安区妇幼保健院	通过
131	JCYJ20140416085544636	双靶点抑制卵巢癌血管新生的肿瘤多肽疫苗的研究	深圳市宝安区妇幼保健院	通过
132	JCYJ20130402151000859	β 地中海贫血 LncRNA 差异表达的作用及机制研究	深圳市宝安区妇幼保健院	通过
133	JCYJ20140416085544658	极低出生体重儿肠道 16S rDNA 宏基因组及与 Th1/Th2 免疫平衡的相关性研究	深圳市宝安区妇幼保健院	通过
134	JCYJ20140416085544653	小儿外科品质管理圈模式研究及其应用	深圳市宝安区妇幼保健院	通过
135	JCYJ20140416085544654	同时检测儿童侵袭性肺炎链球菌血清型、耐药基因的方法研究及应用	深圳市宝安区妇幼保健院	通过
136	JCYJ20140414112004473	银杏叶提取物对氯吡格雷人体内药代动力学的影响及其机制研究	深圳市宝安区人民医院	通过

续表

序号	项目编号	项目名称	项目承担单位	验收结论
137	JCYJ20140414103937769	miRNA-223 在胰腺癌发生中的作用及相关分子机制研究	深圳市宝安区人民医院	通过
138	JCYJ20140414093858910	青光眼家系的分子遗传学研究	深圳市宝安区人民医院	通过
139	JCYJ20140414103602832	腓骨肌萎缩症新致病基因的鉴定及致病机制的初步研究	深圳市宝安区人民医院	通过
140	JCYJ20140414105950473	PICC 置管后血栓形成危险因素分析及早期检测、早期干预	深圳市宝安区人民医院	通过
141	JCYJ20140414112101551	雌激素受体 α 和 β 活化对弥漫性毒性甲状腺肿发生发展的影响及应用香豆雌酚治疗的机制研究	深圳市宝安区人民医院	通过
142	JCYJ20140414111512394	基于 Micro-CT 图像的成人鼓室三维重建	深圳市宝安区人民医院	通过
143	JCYJ20140414111244488	组合 HMGB1、PA-1、Cc16、SPD、sRAGE 和 Ang-2 检测建立 ARDS 生物标记物评分的临床研究	深圳市宝安区人民医院	通过
144	JCYJ20140414105820176	EGFP 基因标记人羊膜上皮细胞治疗兔角膜缘干细胞缺损的实验研究	深圳市宝安区人民医院	通过
145	JCYJ20140414160300581	多株南海海绵抑制变形链球菌生物膜活性物质研究	深圳市宝安区沙井人民医院	通过
146	JCYJ20140414160300578	膀胱癌中 PTEN 甲基化与 PI3K/AKT/mTOR 信号传导通路关系的研究	深圳市宝安区沙井人民医院	通过
147	JCYJ20140414214831063	减少旁中心离焦镜片对屈光度和调节灵活度影响的研究	深圳市宝安区松岗人民医院	通过
148	JCYJ20140414214831048	超声引导下臂丛神经阻滞入路的选择	深圳市宝安区松岗人民医院	通过
149	JCYJ20140414214831050	窄带成像技术、碘染色结合超声内镜在早期食管癌及癌前病变诊治中的价值	深圳市宝安区松岗人民医院	通过
150	JCYJ20140414214831049	临床护理路径结合快速康复外科理念在甲状腺良性肿瘤手术患者围术期中的应用	深圳市宝安区松岗人民医院	通过
151	JCYJ20140411115728021	知柏地黄汤治疗 T2DM 及对 HOMA-IR 影响的临床研究	深圳市宝安区中医院	通过
152	JCYJ20140411140525307	扶元乳膏穴位敷贴对妇女围绝经期骨量减少者骨代谢影响的防治作用研究	深圳市宝安区中医院	通过
153	JCYJ20140411135954555	中医周期疗法联合热敏灸治疗高催乳素血症性不孕症的临床研究	深圳市宝安区中医院	通过
154	JCYJ20140411140052582	肝肾、脾胃养护干预慢性疲劳综合征的临床研究	深圳市宝安区中医院	通过
155	JCYJ20140411140525305	四君子合小柴胡汤对原发性肝癌抑瘤和抗转移的实验研究	深圳市宝安区中医院	通过
156	JCYJ20140411140217477	川芎嗪离子导入对 VDT 干眼症的泪膜稳定性影响的临床研究	深圳市宝安区中医院	通过
157	JCYJ20140411140525303	肝郁脾虚证 D-IBS 内脏感觉高敏化机制及中药干预研究	深圳市宝安区中医院	复议
158	JCYJ20140411115535004	不同剂量瑞芬太尼复合依托咪酯全麻对老年患者血糖的影响	深圳市宝安区中医院	复议
159	FHQ20140930155414411	深圳市北大方正科技高端孵化创新园（科技孵化器）	深圳市北大方正数码科技有限公司	通过

续表

序号	项目编号	项目名称	项目承担单位	验收结论
160	CXZZ20140509140534038	200~700W LED 照明灯散热套件研发及产业化应用	深圳市超频三科技股份有限公司	通过
161	CYZZ20140903154807161	TD-LTE 多频多模移动通信模块的研发及产业化	深圳市传佳音科技有限公司	通过
162	CXZZ20140826153433745	20000 转、伺服刀库高速高精密钻铣攻牙机关键技术的研发及应用	深圳市创世纪机械有限公司	通过
163	GJHS20140402173936420	消防物联网智能声像识别信息采集终端	深圳市达士科技股份有限公司	通过
164	GJHS20140402173910232	城市消防远程智能监控与信息服务平台关键技术研究	深圳市达士科技股份有限公司	通过
165	JCYJ20140414170821332	实测经络针灸疗法治疗多囊卵巢综合征患者的胰岛素抵抗综合征的临床疗效观察	深圳市第二人民医院	通过
166	JCYJ20140414170821157	ACL 损伤及生物重建的实验及临床研究	深圳市第二人民医院	通过
167	JCYJ20140414170821262	缺血性脑卒中超急性期的磁共振成像溶栓决策与临床实践	深圳市第二人民医院	通过
168	JCYJ20140414170821162	地中海贫血患者输血治疗的免疫反应风险研究	深圳市第二人民医院	通过
169	JCYJ20140414170821285	超声指标应用于甲状腺结节 TI-RADS 分级数学模型的探讨	深圳市第二人民医院	通过
170	JCYJ20140414170821224	唇腭裂鼻畸形矫正的临床试验研究	深圳市第二人民医院	通过
171	JCYJ20140414170821281	经颅超声早期诊断及鉴别诊断帕金森病的临床研究	深圳市第二人民医院	通过
172	JCYJ20140414170821241	慢性肾炎“肾络—内质网”关联病理新假说的物质基础及中药干预研究	深圳市第二人民医院	通过
173	JCYJ20140414170821323	超声新技术评估颈动脉斑块稳定性联合 MTHFR 基因多态性对缺血性卒中的预测价值研究	深圳市第二人民医院	通过
174	GJHZ20140414170821180	新治疗靶点 CSPG4 在三阴性乳腺癌细胞中的功能及机制研究	深圳市第二人民医院	通过
175	JCYJ20140414170821283	慢阻肺病人血维生素 D 和维生素 D 结合蛋白联合测定的临床意义探讨	深圳市第二人民医院	通过
176	JCYJ20140414170821276	青阳参总甙对癫痫发作后脑损伤的神经保护作用的研究	深圳市第二人民医院	通过
177	JCYJ20140414170821221	地贫患者配型输血方案的建立和初步应用	深圳市第二人民医院	通过
178	JCYJ20140414170821168	小青龙汤合玉屏风散治疗过敏性鼻炎免疫机理的研究	深圳市第二人民医院	通过
179	GJHZ20140414170821201	吸入麻醉药物影响术后认知功能的信号通路研究——NF-kappaB 的作用	深圳市第二人民医院	通过
180	JCYJ20140414170821196	瘦素基因甲基化与妊娠期糖尿病相关性研究	深圳市第二人民医院	通过
181	JCYJ20140414170821311	子宫内膜异位症合并不孕患者 microRNA 表达分析及其与内膜容受性的相关性研究	深圳市第二人民医院	通过
182	JCYJ20140414170821253	联合应用 ox-LDL 和 Lp-PLA2 对缺血性卒中 TOAST 分型及颈动脉斑块性质评判的研究	深圳市第二人民医院	通过

续表

序号	项目编号	项目名称	项目承担单位	验收结论
183	JCYJ20140414170821182	粪便 miR-221 及 miR-18a 在大肠癌早期诊断和筛查中的作用研究	深圳市第二人民医院	通过
184	JCYJ20140414170821242	颈动脉内脉冲式低温对缺血性卒中的保护时间窗及机理研究	深圳市第二人民医院	通过
185	JCYJ20140414170821213	基于健侧前交叉韧带多模态医学图像的前交叉韧带个体化重建相关问题研究	深圳市第二人民医院	通过
186	JCYJ20140415090443270	联合血浆 miRNA、功能磁共振检测早期诊断痴呆及认知障碍的研究	深圳市第二人民医院	通过
187	JCYJ20140414170821326	乳腺癌组织中 Suvivin 抑凋亡蛋白及 P- 糖蛋白表达与化疗耐药性关系的研究	深圳市第二人民医院	通过
188	JCYJ20140414170821146	叶酸对高同型半胱氨酸血症冠心病患者心肌缺血总负荷的作用机制研究	深圳市第二人民医院	通过
189	JCYJ20140414170821259	肿瘤微血管状态对瘤内化疗药物浓度的影响	深圳市第二人民医院	通过
190	JCYJ20140414170821261	改良式负压引流技术应用于Ⅲ、Ⅳ期压疮的临床基础研究	深圳市第二人民医院	通过
191	JCYJ20140414170821154	IL-33 基因单核苷酸多态性及血清水平与系统性红斑狼疮的相关性研究	深圳市第二人民医院	通过
192	JCYJ20140414170821307	姜黄素联合黄芪多糖修复 Treg/Th17 细胞失衡对精子损伤的免疫分子机制研究	深圳市第二人民医院	复议
193	JCYJ20140414170821217	脂酰辅酶 A 合成酶 5 的表达及对大肠癌细胞增殖和凋亡的影响	深圳市第二人民医院	复议
194	CXZZ20140414170821163	构建乳腺癌的中国人群基因组学精准治疗模型技术研究	深圳市第二人民医院	复议
195	JCYJ20140415090443271	Th17 细胞对慢性鼻窦炎、鼻息肉发病的免疫病理作用机制研究	深圳市第二人民医院	复议
196	JCYJ20140414170821327	离院病友个性化疾病健康服务系统	深圳市第二人民医院	复议
197	JCYJ20140414170821302	影像导航神经内镜经鼻颅底微创外科技术的解剖基础和临床应用研究	深圳市第二人民医院	复议
198	JCYJ20130401113354230	ER 阳性乳腺癌预测预后芯片模型（MKS/ERS）的基础研究	深圳市第二人民医院	复议
199	JCYJ20140414170821172	膀胱癌肿瘤微环境免疫逃逸的机理及临床相关性的研究	深圳市第二人民医院	复议
200	JCYJ20140414170821270	异基因造血干细胞移植后 anti-miR-155 早期靶向治疗急性移植物抗宿主病的研究	深圳市第二人民医院	复议
201	JCYJ20140411112813010	T 细胞抑制 aCD40 诱导的炎症性肠病的作用机制研究	深圳市第三人民医院	通过
202	JCYJ20140411114324363	自噬在 T 细胞发育和 Th 细胞分化及稳定性作用机制的研究	深圳市第三人民医院	复议
203	GJHS20140414143608301	用于机器视觉的嵌入式图像处理平台的研究与应用	深圳市鼎为科技有限公司	通过
204	JCYJ20140416141331514	婴儿胆汁淤积症肠道菌群研究	深圳市儿童医院	通过
205	JCYJ20140416141331540	儿童嗅觉功能评估体系的建立与临床应用研究	深圳市儿童医院	通过

续表

序号	项目编号	项目名称	项目承担单位	验收结论
206	JCYJ20140416141331467	高通量测序对新生儿 NEC 肠道菌群结构与功能的研究	深圳市儿童医院	通过
207	JCYJ20140416141331490	P15 基因甲基化异常与儿童 ALL 发病和预后研究	深圳市儿童医院	通过
208	JCYJ20140416141331532	EV71 型手足口病合并脑干脑炎后认知功能及神经网络改变的研究	深圳市儿童医院	通过
209	JCYJ20140416141331545	先天性肺表面活性物质代谢缺陷病的基因检测	深圳市儿童医院	通过
210	JCYJ20140416141331552	Treg 在儿童急性淋巴细胞白血病发病中作用的研究	深圳市儿童医院	通过
211	JCYJ20140416141331476	儿科高危病房 MRSA 感染的分子特征及感染控制策略	深圳市儿童医院	通过
212	JCYJ20140416141331501	儿童髓母细胞瘤的分子分型研究	深圳市儿童医院	通过
213	JCYJ20140416141331555	高功能孤独症儿童汉语普通话语言感知与处理能力研究	深圳市儿童医院	通过
214	JCYJ20140416141331468	深圳儿童 MRSA 感染的分子流行病学研究	深圳市儿童医院	通过
215	JCYJ20140416141331498	利用全外显子测序筛查生酮饮食治疗难治性癫痫敏感基因	深圳市儿童医院	通过
216	JCYJ20140416141331504	特发性中枢性性早熟女童 EEDs 暴露及表观遗传学发病机制研究	深圳市儿童医院	通过
217	JCYJ20140416141331544	小檗碱对川崎病小鼠内皮细胞 PI3K/Akt/eNOS 轴的表观遗传学调节研究	深圳市儿童医院	通过
218	JCYJ20140416141331494	建立儿童脑积水 MRI 扫描规范及功能成像对治疗前后的评价	深圳市儿童医院	通过
219	JCYJ20140416141331488	诱导型一氧化氮合酶基因在神经源性膀胱中的表达调控	深圳市儿童医院	通过
220	JCYJ20140416141331523	miRNA 在脓毒症患儿单核 / 巨噬细胞的表达及其对 Toll 样受体调控机制的研究	深圳市儿童医院	通过
221	JCYJ20140416141331480	PVL 患儿视觉和运动相关的 BOLD-fMRI 和 DTI 联合研究	深圳市儿童医院	通过
222	JCYJ20140416141331529	HSP47、HSP72 在小儿胆道闭锁中的表达及其与肝纤维化和预后的关系	深圳市儿童医院	通过
223	JCYJ20140416141331478	循环内皮祖细胞水平对儿童继发性肺动脉高压的预测价值	深圳市儿童医院	通过
224	JCYJ20140416141331496	NICU 耐甲氧西林金葡菌基因型及耐药性研究	深圳市儿童医院	通过
225	JCYJ20140416141331541	应用 USCOM 技术监测新生儿心力衰竭的血液动力学及心肌收缩力研究	深圳市儿童医院	通过
226	JCYJ20140416141331508	三种麻醉深度指数在学龄前儿童腹腔镜手术中的比较	深圳市儿童医院	通过
227	JCYJ20140416141331460	Cosmc 基因 DNA 甲基化修饰在 HSP 患儿 Gd-IgA1 增高中的作用及机制研究	深圳市儿童医院	通过
228	JCYJ20140416141331464	川崎病 IVIG 敏感性相关的免疫遗传学标志及临床应用研究	深圳市儿童医院	通过
229	JCYJ20140416141331483	全外显子测序对儿童髓母细胞瘤基因变异的研究	深圳市儿童医院	复议
230	JCYJ20140416141331469	LAIR 在儿童免疫性血小板减少症的表达	深圳市儿童医院	复议

续表

序号	项目编号	项目名称	项目承担单位	验收结论
231	JCYJ20140416141331487	假肥大型肌营养不良骨骼肌的病理与再生、修复调控因素的相关研究	深圳市儿童医院	复议
232	JCYJ20140415164758445	平行对照重组人脑利钠肽联合硝普钠对比米力农治疗难治性心力衰竭的分析研究	深圳市福田区第二人民医院	通过
233	JCYJ20140415164758446	结直肠癌早期预警特异性分子标志物的筛选及鉴定	深圳市福田区第二人民医院	复议
234	JCYJ20140414155132004	胎盘功能评价方法研究	深圳市妇幼保健院	通过
235	JCYJ20140414141608113	胎盘植入的磁共振征象与病理类型相关性研究	深圳市妇幼保健院	通过
236	JCYJ20140414153700889	耳针配合足三里穴位注射对妇科腹腔镜术后肩痛及细胞因子的影响	深圳市妇幼保健院	通过
237	JCYJ20140414153700884	深圳市 5 岁以下儿童致死性意外伤害的流行病学现况及影响因素研究	深圳市妇幼保健院	通过
238	JCYJ20140414145551269	DHEA 对卵巢储备功能下降患者颗粒细胞 WNT/CTNNB1 通路及 IVF 结果的影响	深圳市妇幼保健院	通过
239	JCYJ20140414145349582	多重耐药菌（MDROs）目标性监测及集束化干预措施的效果研究	深圳市妇幼保健院	通过
240	JCYJ20140414153700882	深圳市医疗保健机构开展流产后保健服务（PAC）现况研究	深圳市妇幼保健院	通过
241	JCYJ20140414145707316	早产儿膳食对早产儿远期生长发育的影响	深圳市妇幼保健院	通过
242	JCYJ20140414145619894	深圳市新型 HEVs 在小儿 ARTI 中的临床及分子流行病学特征	深圳市妇幼保健院	通过
243	JCYJ20140414144440754	微小型早期乳腺癌的智能超声诊断系统研究	深圳市妇幼保健院	通过
244	JCYJ20140414153916119	ICP 胎儿脐血流量骤减和多器官功能失代偿：ICP 胎儿宫内猝死新机制探讨	深圳市妇幼保健院	通过
245	JCYJ20140414153916120	提高极 / 超低出生体重儿住院期间母乳喂养率的实践研究	深圳市妇幼保健院	通过
246	JCYJ20130402094702481	子宫颈癌防治体系建设与运转模式研究	深圳市妇幼保健院	通过
247	JCYJ20140414153916116	Treg 细胞及相关细胞因子 IL-10、TGF-β 与宫颈上皮内瘤变转归的相关性研究	深圳市妇幼保健院	复议
248	JCYJ20140414142131617	规模化超早产儿高质量宫外生存救护方略和精细技术的突破性研究和国际跟踪	深圳市妇幼保健院	复议
249	CXZZ20140820151319424	水性环氧树脂改性半柔性路面材料研究与应用	深圳市公路交通工程试验检测中心	通过
250	JCYJ20140415093052190	基于双色量子点标记技术快速检测全血样本中炎性标志物的研究	深圳市光明新区人民医院	通过
251	JCYJ20140415093052189	局部氧疗对压疮组织重建的精细调控机制	深圳市光明新区人民医院	复议
252	CYZZ20140805161156494	新型高效聚光太阳能发电系统的技术研究和开发	深圳市海纳通太阳能机器人有限公司	通过
253	CYZZ20140818110845956	乳腺癌基因芯片的研发和产业化应用	深圳市瀚海基因生物科技有限公司	通过

续表

序号	项目编号	项目名称	项目承担单位	验收结论
254	CXZZ20150814100906466	普 20150386：道路地质状况雷达探测系统的研发	深圳市航天华拓科技有限公司	通过
255	CYZZ20140528113247499	航空地面无线降噪耳机	深圳市航信科技有限公司	通过
256	JCYJ20120618154913166	深圳市饮用水源水体微量有机污染物 分布状况、生态效应及健康风险研究	深圳市环境科学研究院	通过
257	JSGG20140519165708159	重 2014—002：基于电容感应的近场通讯技术与芯片设计	深圳市汇顶科技股份有限公司	通过
258	GJHS20120628151107034	焚烧烟气二噁英类监测及风险评估技术	深圳市疾病预防控制中心	通过
259	GJHS20120628150832769	我国乙型病毒性肝炎免疫预防策略研究——乙肝疫苗卫生经济学	深圳市疾病预防控制中心	通过
260	GJHS20120628151029800	广东省艾滋病、病毒性肝炎社区综合防治研究	深圳市疾病预防控制中心	通过
261	JCYJ20140410171018510	雾霾细颗粒物（PM2.5）生殖发育毒性效应及表遗传机制研究	深圳市疾病预防控制中心	通过
262	JCYJ20140410164217367	食品发泡剂偶氮二甲酰胺及其代谢产物检测技术及深圳居民膳食暴露量研究	深圳市疾病预防控制中心	通过
263	JCYJ20140410171018515	深圳市男男性接触人群 HIV-1 病毒进化及传播动力学的研究	深圳市疾病预防控制中心	通过
264	GJHS20120628151507113	伤寒、痢疾等病原体诊断试剂盒研制	深圳市疾病预防控制中心	通过
265	GJHS20120628151341097	肠道传染病病原体的快速筛查方法研究	深圳市疾病预防控制中心	通过
266	GJHS20120628151149066	DNA 氧化与 DNA 甲基化的关系及其交互作用效应研究	深圳市疾病预防控制中心	通过
267	JCYJ20140905102930343	深圳市售婴幼儿配方食品中钼含量监测及摄入水平研究	深圳市计量质量检测研究院	通过
268	GJHS20140723164327795	保温阻燃材料表面处理及装饰成套技术研究	深圳市嘉达高科产业发展有限公司	通过
269	GJHS20150915162016976	保温阻燃材料表面处理及装饰成套技术研究	深圳市嘉达高科产业发展有限公司	通过
270	CXZZ20140829142714786	电动汽车用圆柱锂电池 PTC 过流保护片的开发	深圳市金瑞电子材料有限公司	通过
271	CXZZ20140723111526655	新型 LED 晶片结构技术（电子 .LED）	深圳市凯信光电有限公司	通过
272	JCYJ20140415092628036	基于高通量测序技术筛选抑郁症患者特异的肠道微生物	深圳市康宁医院	通过
273	CYZZ20140826152206589	超高透反转式 PDLC 液晶显示材料及显示技术的研发	深圳市科乐智能科技有限公司	通过
274	JSGG20141017171951991	重 2014—149：基于高电压大功率 IGBT 在变频驱动系统中应用的关键技术研发	深圳市库马克新技术股份有限公司	通过
275	CXZZ20140829160215161	OTT 多屏应用技术平台	深圳市宽宏科技有限公司	通过
276	JCYJ20140414123738256	氯霉素治疗多发性骨髓瘤独特机制研究	深圳市龙岗区人民医院	通过
277	JCYJ20140414124037446	泪道逆行植管临床优化研究	深圳市龙岗区人民医院	通过
278	JCYJ20140414124506131	NELL-1 基因修饰脂肪干细胞膜片构建组织工程化骨的研究	深圳市龙岗区人民医院	通过

续表

序号	项目编号	项目名称	项目承担单位	验收结论
279	JCYJ20140414123738261	乌司他丁联合粉防己碱对大鼠肝缺血再灌注损伤的保护作用	深圳市龙岗区人民医院	通过
280	JCYJ20140414124420355	局麻纤支镜胸交感神经链切断术治疗手汗症的临床研究项目	深圳市龙岗区人民医院	通过
281	JCYJ20140411150916744	KIF1B 基因拷贝数变异 CNV-31599 与肝癌发病的关联研究	深圳市龙岗中心医院	通过
282	JCYJ20140411150717068	不同黏结剂间隙对 CAD-CAM 嵌体边缘适合性影响的实验分析	深圳市龙岗中心医院	通过
283	JCYJ20140411150309465	额嘴进路额窦手术临床研究	深圳市龙岗中心医院	通过
284	JCYJ20140414111150461	不同体位对经膀胱内途径间接测定腹内压的影响	深圳市龙华区人民医院	通过
285	JCYJ20140414095444910	气管切开术后患者呼吸道感染与口咽细菌定植及环境的相关性研究	深圳市龙华区人民医院	复议
286	JCYJ20140415134407035	阻生第三磨牙联合生物材料移植修复第一磨牙的临床研究	深圳市龙华区人民医院	复议
287	JCYJ20140416144808975	维生素 D3 及其受体与稽留流产免疫学相关性的研究	深圳市罗湖区妇幼保健院	通过
288	JCYJ20130402161226917	RNA 干扰阻断巨噬细胞集落刺激因子基因表达抑制子宫内膜异位症侵袭生长的研究	深圳市罗湖区人民医院	复议
289	JCYJ20140414165143054	T4K 矫治器治疗儿童安氏 II 类 1 分类错牙合的应用基础研究	深圳市罗湖区人民医院	复议
290	JCYJ20140414165143061	前列腺癌特异性循环肿瘤细胞的检测及和单细胞分析的研究	深圳市罗湖区人民医院	复议
291	JCYJ20140414165143058	颈围与非酒精性脂肪性肝病的关联及其预测价值的初步研究	深圳市罗湖区人民医院	复议
292	JCYJ20140414165143068	" 主动静脉治疗模式 " 在临床应用现状调查及 CQI 策略实施研究	深圳市罗湖区人民医院	复议
293	JCYJ20140415114003332	肺炎支原体抗原量子点免疫层析法快速检测试剂的研制	深圳市罗湖区中医院	复议
294	GJHS20120628145552144	硒调控、RNA 干扰与基因转染超表达研究睾丸硒蛋白 V 功能及亚细胞定位	深圳市慢性病防治中心	通过
295	GJHS20120628145434909	糖尿病特异性抗氧化应激蛋白标志物的筛选及其分子诊断的探索	深圳市慢性病防治中心	通过
296	GJHS20120628145518722	过量碘致高密度脂蛋白胆固醇降低的验证和易感基因筛选	深圳市慢性病防治中心	通过
297	GJHS20140404155808207	内置有源 PFC 的原边反馈控制照明驱动芯片	深圳市明微电子股份有限公司	通过
298	CXZZ20140418192700085	基于地产行业采购管理的企业招投标平台	深圳市明源软件股份有限公司	通过
299	JCYJ20130402151227186	单病种临床路径管理的医疗质量绩效评价研究	深圳市南山区人民医院	通过
300	JCYJ20140416143548113	南山区公众急救知识和技能的普及现状与培训需求调查分析	深圳市南山区蛇口人民医院	通过

续表

序号	项目编号	项目名称	项目承担单位	验收结论
301	JCYJ20140416143548104	心律失常射频消融术后焦虑状态的脑磁共振波谱相关性研究	深圳市南山区蛇口人民医院	通过
302	JCYJ20140414095122973	新生儿缺氧缺血性脑病与 HSP70、HIF-1a 表达水平的相关性研究	深圳市南山区西丽人民医院	通过
303	CXZZ20140418145524773	微创立体内镜影像系统	深圳市鹏瑞智能技术应用研究院	通过
304	JCYJ20140415114640316	miRNA let-7a、let-7f 在肝癌早期诊断的价值研究	深圳市坪山新区妇幼保健院	通过
305	JCYJ20140415114652629	基于黏多糖贮积症致病基因的鉴定及其产前诊断的初步探索	深圳市坪山新区妇幼保健院	通过
306	JCYJ20140416095712714	应用复制缺陷单纯疱疹病毒 -1 介导 IGF-1 基因治疗糖尿病勃起功能障碍	深圳市坪山新区人民医院	通过
307	JCYJ20140416122811921	MicroRNA-375 调控人类诱导多能性干细胞向胰岛素分泌细胞分化的机制研究	深圳市人民医院	通过
308	JCYJ20130402101926968	MicroRNA-140 调节软骨代谢治疗骨性关节炎的实验研究	深圳市人民医院	通过
309	JCYJ20130402103240486	导管相关血流感染机制及临床防控意义	深圳市人民医院	通过
310	JCYJ20140416122812003	Smad7 修饰的间充质干细胞对肝硬化的治疗及其机制研究	深圳市人民医院	通过
311	JCYJ20140416122811967	3.0 T MR T2 和 T2* mapping 对腰椎间盘变性的定量研究	深圳市人民医院	通过
312	JCYJ20140416122811998	肿瘤标记物联合检测在视网膜母细胞瘤化疗中的意义	深圳市人民医院	通过
313	JCYJ20140416122811975	Notch 信号介导的 MTA 促牙髓干细胞分化作用机制研究	深圳市人民医院	通过
314	JCYJ20130402092657770	内源性硫化氢对哮喘气道平滑肌 ATP 敏感性钾通道功能的影响及靶向干预研究	深圳市人民医院	通过
315	JCYJ20120830141745692	新型支气管胸膜瘘封堵器的研制与应用基础研究	深圳市人民医院	复议
316	KQCY20140526171355828	基于物联网技术的“智慧环境监控保护系统”	深圳市睿海智电子科技有限公司	通过
317	CXZZ20140509160159913	新型微波 / 毫米波通信平板天线系统	深圳市三极天线技术有限公司	复议
318	KJYY20150528150156062	SF2015—21. 建筑节能技术的应用示范——制冷机组能效监控与电力基本需量降低项目	深圳市善能科技有限公司	通过
319	JSGG20140519163053581	重 2014—006：偏光片用光学补偿膜关键技术研发	深圳市盛波光电科技有限公司	通过
320	CYZZ20140417161454343	“智慧引路人”系统	深圳市盛世任我行科技有限公司	复议
321	JSGG20141118110444062	重 2014—162：优质石斛新品种选育及其关键技术研究	深圳市双晖农业科技有限公司	复议
322	GJHS20140404153344567	基于多普勒 OCT 技术的心脑眼血管病变早期无创预警设备	深圳市斯尔顿科技有限公司	通过

续表

序号	项目编号	项目名称	项目承担单位	验收结论
323	GJHS20140404153459113	眼科光学断层无损检测仪	深圳市斯尔顿科技有限公司	通过
324	CXZZ20140410163747363	新型纯电动汽车电机驱动器研究与开发	深圳市四方电气技术有限公司	复议
325	GJHS20140704113620233	基于磁共振成像系统射频线圈技术的研发及产业化	深圳市特深电气有限公司	通过
326	CXZZ20140422142833835	复合促腐微生物技术在生态环境治理上的应用研究	深圳市万信达生态环境股份有限公司	通过
327	CXZZ20140731163447595	立体电路型 3D 打印功能粉体材料的研制	深圳市微航磁电技术有限公司	复议
328	CXZZ20140902103617224	基于 WEB 开发的多媒体信息发布云平台	深圳市协力拓展科技有限公司	通过
329	GJHS20140401172259795	高性能铝钛硼中间合金（Al-5Ti-1B）	深圳市新星轻合金材料股份有限公司	通过
330	GJHS20140402141700139	广东省新星轻合金院士工作站	深圳市新星轻合金材料股份有限公司	通过
331	CXZZ20130508105318972	基于注射用五水头孢唑林钠关键生产参数过程控制的技术研究	深圳市药品检验研究院（深圳市医疗器械检测中心）	通过
332	JCYJ20130402144215891	中药丹参质量的化学模式识别研究	深圳市药品检验研究院（深圳市医疗器械检测中心）	通过
333	JCYJ20130402144215892	功能性共加工药用辅料的设计和评价体系的构建	深圳市药品检验研究院（深圳市医疗器械检测中心）	通过
334	CYZZ20140829114431255	一种双向大功率高精度可编程直流电源系统	深圳市伊力科电源有限公司	复议
335	JSGG20140702163347172	重 2014—先 01：高精度三维裁衣系统技术研发	深圳市易尚展示股份有限公司	复议
336	GJHS20140707162859811	基于 TFT 全自动偏光片贴合设备的研发及产业化	深圳市易天自动化设备股份有限公司	通过
337	CXZZ20140418091249600	高效节能电动客车空调系统关键技术研发	深圳市英维克科技股份有限公司	通过
338	CYZZ20140718101130983	新型全自动服药监测设备及智能化管理系统的研发	深圳市盈佳信息动力技术有限公司	复议
339	CXZZ20140507143834343	水性纯天然无机粉末功能化健康涂料的研制	深圳市永安正能生态科技有限公司	通过
340	CXZZ20140619150805044	基于智能功率平衡无功补偿装置的研发与产业化	深圳市友邦怡电气技术有限公司	通过
341	CXZZ20140829112813271	生活垃圾碳化热解并再利用的技术研发	深圳市粤昆仑环保实业有限公司	复议
342	JCYJ20140414110951765	基于传感器网络技术的正己烷职业中毒防控模型的研究及其应用	深圳市职业病防治院	通过
343	RKX20160527173555075	软 20160005 深圳创建国际科技产业创新中心战略研究	深圳市中创创业研究院	通过

续表

序号	项目编号	项目名称	项目承担单位	验收结论
344	JCYJ20140408152909279	天花粉凝集素对糖尿病大鼠肾小管上皮细胞损伤的保护作用机制研究	深圳市中医院	复议
345	GJHS20140703141940023	全自动高速在线式非接触底部填充机	深圳市轴心自控技术有限公司	通过
346	CXZZ20140630161642640	基于物联网、云计算等技术的智能家居管理系统的研发	深圳拓邦股份有限公司	通过
347	SGLH20131009154139588	面向下一代移动通信网络的大规模天线系统设计	深圳无线电检测技术研究院	复议
348	KQCX20140521115045447	抗肿瘤纳米光敏剂的研制及应用	深圳先进技术研究院	通过
349	CXZZ20140417113430629	手持式高分辨率超宽带生命探测雷达	深圳先进技术研究院	通过
350	JCYJ20140509174140680	面向动态无线自组网络的多信息传播算法研究	深圳先进技术研究院	通过
351	JCYJ20140417113430596	三维打印常态构建海洋生物材料—硼酸盐生物活性玻璃复合骨仿生修复支架的研究	深圳先进技术研究院	通过
352	JCYJ20140610151856729	大数据环境下医学弥散张量成像数据分析方法研究	深圳先进技术研究院	通过
353	SGLH20131010151755080	智能医学超声测量、诊断和术中引导系统开发平台	深圳先进技术研究院	通过
354	GJHS20130402135334943	防治骨质疏松中药“仙灵骨葆胶囊”的二次开发	深圳先进技术研究院	通过
355	CXZZ20140901004122091	一种含海藻油的功能乳制品的研发	深圳先进技术研究院	通过
356	JCYJ20140610151856705	靶向 c-Rel 治疗类风湿性关节炎的研究	深圳先进技术研究院	通过
357	JCYJ20140417113430642	功率受限的高效能众核系统芯片设计方法研究	深圳先进技术研究院	通过
358	JCYJ20140417113430574	基于广义需求侧资源的微网负载优化控制策略	深圳先进技术研究院	通过
359	CXZZ20140829110211771	面向智能建筑的物联管理平台	深圳新基点智能股份有限公司	复议
360	JCYJ20140418100633659	城市污水生物除磷系统中聚磷菌和聚糖菌的竞争机制研究	深圳信息职业技术学院	通过
361	GJHS20120627094053228	基于视觉显著计算的可视媒体语义关联的研究	深圳信息职业技术学院	通过
362	GJHS20120627094053227	基于内容感知的视频流媒体播出质量服务的研究	深圳信息职业技术学院	通过
363	GJHS20120627094240003	置信机器学习方法研究	深圳信息职业技术学院	通过
364	GJHS20120627094053225	人群聚集场所智能监控中的语音频信号处理研究	深圳信息职业技术学院	通过
365	GJHS20120627094600050	大规模多目标优化智能算法研究	深圳信息职业技术学院	通过
366	JCYJ20140418100633654	高空平台站通信系统智能天线多波束覆盖与形成技术研究	深圳信息职业技术学院	通过
367	GJHS20120627094053223	C2C 交易市场电子服务质量、信任对顾客忠诚的影响	深圳信息职业技术学院	通过
368	GJHS20120627094240005	面向云计算的 QoE 评价模型研究	深圳信息职业技术学院	通过
369	GJHS20120627094053226	基于仿生智能的黏附阵列设计及其特性耦合仿真	深圳信息职业技术学院	通过
370	GJHS20120627094053230	大规模无线传感器网络的定位系统研究	深圳信息职业技术学院	通过
371	CXZZ20120821162452310	8 位半数字多用表智能校验系统	深圳信息职业技术学院	通过
372	GJHS20120627094053229	基于轮廓语义分析比对的 PCB 裸板缺陷检测算法研究	深圳信息职业技术学院	通过

续表

序号	项目编号	项目名称	项目承担单位	验收结论
373	CXZZ20140505102554030	油菜新一代杂交育种技术的研发	深圳兴旺生物种业有限公司	通过
374	JCYJ20140718171752670	分泌表达人神经细胞生长因子（rhNGF）的体系建立	深圳职业技术学院	通过
375	GJHS20120702152016267	基于 HF—LPME 传质过程的动力学校正及其在生物样品快速分析的应用研究	深圳职业技术学院	通过
376	GJHS20120702152016270	大规模微阵列数据组的 meta—analysis 方法研究	深圳职业技术学院	通过
377	GJHS20120702152016269	基于含水率和应变率效应的纸蜂窝结构能量吸收模型研究	深圳职业技术学院	通过
378	GJHS20120702152016273	纸质瓦楞夹层结构缓冲吸能模型构建	深圳职业技术学院	通过
379	JCYJ20140508155916428	一种数字化影像识别诊断人眼屈光不正的技术研究	深圳职业技术学院	通过
380	JCYJ20140508155916426	超耐磨 (Ti,Al)N 薄膜的制备及其残余应力的研究	深圳职业技术学院	通过
381	GJHS20120702152016274	色彩复制领域中光谱反射率模型的研究	深圳职业技术学院	通过
382	GJHS20120702152016268	基于压缩传感理论的超声成像无损检测关键技术研究	深圳职业技术学院	通过
383	JCYJ20140724154731551	无人机编队飞行算法与技术方案	西北工业大学深圳研究院	通过
384	JCYJ20140630144136828	智能车仿真平台建立及关键技术建模研究	香港城市大学深圳研究院	通过
385	JCYJ20140419115507575	基于微流控芯片技术的癌症干细胞在肿瘤微环境下的行为特征的定量研究	香港城市大学深圳研究院	通过
386	JCYJ20140509155229810	适用于人体中心网络的毫米波天线研究与设计	香港城市大学深圳研究院	通过
387	JCYJ20140813161522549	基于无线传感器网络室内环境监测系统的核心技术	香港城市大学深圳研究院	通过
388	JCYJ20130401141412387	ADAM15 和 MT1-MMP 相互作用对 FGF2 诱导血管新生的调控	香港大学深圳研究院	通过
389	JCYJ20140414092023238	微创腹壁疝外科多中心临床研究	香港大学深圳医院	通过
390	JCYJ20140411175241066	外显子组测序鉴定多重感染免疫缺陷患儿基因突变	香港大学深圳医院	通过
391	JCYJ20140414090541803	应用基因组学技术评价早孕期胎儿颈项透明层筛查的附加价值	香港大学深圳医院	通过
392	JCYJ20140414092023250	深圳市代谢综合征患者就医选择及其影响因素的质性研究	香港大学深圳医院	通过
393	JCYJ20140414092023240	基于改善麻醉恢复舒适指数的腹部腔镜微创手术麻醉优化方案之探讨	香港大学深圳医院	通过
394	JCYJ20140414092023239	以 DRK1 基因感受信号为靶点开发孢子丝菌病治疗的新方法	香港大学深圳医院	通过
395	JCYJ20140414092023248	肿瘤临床路径的规划及其应用与管理系统之研发	香港大学深圳医院	通过
396	JCYJ20140414092023245	还原型谷胱甘肽作为乙酰氨基酚中毒解毒剂临床研究	香港大学深圳医院	通过
397	JCYJ20140414090541809	勺型与非勺型高血压并糖尿病患者心功能评估的研究	香港大学深圳医院	复议
398	JCYJ20140414092558961	深圳市青少年脊柱侧弯患病率的调查研究	香港大学深圳医院	复议
399	JCYJ20130401171812113	提高生物检测荧光灵敏度的新型纳米柱材料	香港浸会大学深圳研究院	复议
400	JCYJ20140425170011516	高效率 AIE 型红色荧光探针的制备及其在无损生物检测和诊断方面的应用	香港科技大学深圳研究院	通过

续表

序号	项目编号	项目名称	项目承担单位	验收结论
401	GJHS20140425165746765	广东省脑科学及疾病与药物研究重点实验室	香港科技大学深圳研究院	通过
402	GJHS20120702105523303	协作式输出调节问题及其应用	香港中文大学深圳研究院	通过
403	GJHS20120702105445380	自组装制备 NaYF4:YbTm/TiO2/Graphene 纳米异质结构及其在高效光催化中的应用研究	香港中文大学深圳研究院	通过
404	JCYJ20130401160614378	海底多金属硫化物4广切削破碎2亍采集理论及方法的基础研究	中南大学深圳研究院	通过
405	JCYJ20140814173042940	国标新增物质水合三氯乙醛的浓度水平、生成及控制研究	中山大学深圳研究院	通过
406	JCYJ20140419130210757	生物农药防治褐飞虱效果评价体系研究	中山大学深圳研究院	通过
407	GJHS20120628100156738	移动多媒体广播接收终端技术集成和设备开发	中兴通讯股份有限公司	通过

三、2017 年第 3 批市科技计划项目验收结果

序号	项目编号	项目名称	项目承担单位	验收结论
1	JCYJ20140509093817684	适用于业务多样化的网络传输协议可重构机制的研究	北京大学深圳研究生院	通过
2	JCYJ20140509093817685	无结纳米 FinFFT 器件物理及工艺波动模型研究	北京大学深圳研究生院	通过
3	JCYJ20140717102743108	极低功耗新器件与工艺关键技术研究（重大基础研究计划）	北京大学深圳研究生院	通过
4	JCYJ20140903102215536	基于锂镍锰钴氧三元材料的高性能锂电池复合电极设计与研究	北京大学深圳研究生院	通过
5	JCYJ20140509093817689	基于 WD40 重复蛋白结构预测的新靶点发现和药物设计	北京大学深圳研究生院	通过
6	JCYJ20140415162338820	非小细胞肺癌中 CD22 作用机制研究	北京大学深圳医院	通过
7	JCYJ20150403091443332	丙泊酚与依托咪酯全麻诱导期间在不同年龄患者体内相互作用的研究	北京大学深圳医院	通过
8	JCYJ20130402114317402	急性缺血性脑卒中 rt-PA 静脉溶栓规范化管理的多中心研究	北京大学深圳医院	通过
9	CXB201104220045A	四种雄性不育小鼠致病基因的定位克隆及功能研究	北京大学深圳医院	通过
10	JCYJ20130402115054517	慢性阻塞性肺疾病病理机制研究	北京大学深圳医院	通过
11	JCYJ20120830161804257	螺内酯治疗慢性房颤及其机制的可行性研究	北京大学深圳医院	复议
12	ZDSYS20140507144215327	深圳市汽车用电路嵌入式高分子材料实验室	比亚迪汽车工业有限公司	通过
13	CYZZ20140418111532225	具有实时监测的智能平衡动力锂电池组管理系统	德龙伟创科技（深圳）有限公司	通过
14	KQCX20120807153132791	孔雀创新	高精度高效率型液压伺服控制系统的研发与产业化	不通过
15	JSGG20130918153404812	重 2013—061：城市污泥资源化能源化技术研发	广东浩元环保科技发展有限公司	通过
16	JCYJ20140417172417145	基于协同感知的灾难现场多无人机协作搬运研究	哈尔滨工业大学深圳研究生院	通过
17	JCYJ20150625142543464	基于深度学习的视链优化技术研究	哈尔滨工业大学深圳研究生院	通过

续表

序号	项目编号	项目名称	项目承担单位	验收结论
18	JCYJ20150330155220591	基于字典原子相关性约束的字典学习算法研究	哈尔滨工业大学深圳研究生院	通过
19	JCYJ20140417173156099	基于角膜反射的非接触式视线追踪技术	哈尔滨工业大学深圳研究生院	通过
20	JCYJ20140417172417119	基于高聚物添加剂的水下运动物体的减阻及减振研究	哈尔滨工业大学深圳研究生院	通过
21	JCYJ20140508161040764	临床医学文本实体时序化关键技术研究	哈尔滨工业大学深圳研究生院	通过
22	JCYJ20140417172417159	纳米银膏的低温快速烧结机制及其在电子封装中的应用基础	哈尔滨工业大学深圳研究生院	通过
23	GJHZ20140422173959303	面向金融信息安全的数据隐私保护系统	哈尔滨工业大学深圳研究生院	通过
24	KQCX20140521144238675	风雨激振内在机理之研究	哈尔滨工业大学深圳研究生院	通过
25	JCYJ20140417172417146	基于微纳光纤的三光子态下转换量子光源产生机理研究	哈尔滨工业大学深圳研究生院	通过
26	JCYJ20140417172417169	高铁移动通信超高频率宽带通信信道测量系统研发与应用	哈尔滨工业大学深圳研究生院	复议
27	KQCX20140521144147315	光图形化实现全彩色有机发光显示的关键材料与器件技术	哈尔滨工业大学深圳研究生院	复议
28	JCYJ20140417172417135	抑制电迁移的电子封装微互连焊点制备及其可靠性研究	哈尔滨工业大学深圳研究生院	复议
29	JCYJ20140417172417172	超细晶铁酸铋多铁性材料的放电等离子体烧结制备及磁电性能研究	哈尔滨工业大学深圳研究生院	复议
30	JCYJ20140417173156101	基于高频数据的证券市场动力学及其应用研究	哈尔滨工业大学深圳研究生院	复议
31	JCYJ20130329161054965	网络环境非完备机器博弈的信息模型与搜索策略研究	哈尔滨工业大学深圳研究生院	复议
32	JCYJ20150513151706569	PVT 法生长碳化硅单晶中钒掺杂行为研究	哈尔滨工业大学深圳研究生院	复议
33	CXC201104220015A	深圳市城市废弃物能源再生公共服务平台	哈尔滨工业大学深圳研究生院	不通过
34	KJYY20140901093631396	SF2014—05. 智慧交通系统在深圳高新区的应用示范	华为技术有限公司	通过
35	CXZZ20140508102609602	AMOLED 高清单芯片 (SOC) 显示驱动芯片研发	晶门科技（深圳）有限公司	通过
36	CXZZ20140905110641155	0.40mm 间距 0.6 堆叠高度的电子板对板连接技术研发	连展科技（深圳）有限公司	复议
37	KQCX20140522151322946	高效节能硅基氮化镓功率器件	南方科技大学	通过
38	JCYJ20150630145302237	高效聚合物太阳能电池材料设计合成及其器件研究	南方科技大学	通过
39	KQCX20140522150842929	IPP 复合物作为治疗肺癌新靶标的机制研究及相关抗肿瘤药物的研发	南方科技大学	通过
40	ZDSYS20141118160434515	深圳市热电发电与制冷重点实验室	南方科技大学	通过
41	KQCX20140522151005146	新型的颜色可调的长发光寿命金属铑（Ⅲ）配合物的设计与合成	南方科技大学	复议
42	JCYJ20140612140151884	BiCuSeO 基热电材料制备、表征及性能增强机理研究	南方科技大学	复议
43	JCYJ20140417115840275	基于三维图像融合的心脏治疗术中导航与监测关键技术研究	清华大学深圳研究生院	通过
44	GJHZ20140418112751725	亚像素级快速立体匹配算法研究与实现	清华大学深圳研究生院	通过

续表

序号	项目编号	项目名称	项目承担单位	验收结论
45	CXZZ20140416160720723	现场藻类荧光分类分析仪	清华大学深圳研究生院	通过
46	JSGG20141118164748453	重 2014—165：石墨烯的规模化制备和电池应用技术研发	清华大学深圳研究生院	通过
47	ZDSYS20140509172959989	深圳软件定义网络技术重点实验室	清华大学深圳研究生院	通过
48	ZDSYS20140509172959981	深圳石墨烯重点实验室	清华大学深圳研究生院	通过
49	ZDSYS20140512114229398	深圳市可见光通信系统重点实验室	清华大学深圳研究生院	通过
50	ZDSYS20140509172959968	石墨基导热复合材料的研究（重点实验室提升项目）	清华大学深圳研究生院	复议
51	CXZZ20140508140740862	用于复杂钢筋混凝土结构无损探伤的智能钢筋系统的研究开发	上海交通大学深圳研究院	复议
52	JCYJ20140829093714177	深圳市海洋生态系统服务价值评估及应用研究	深港产学研基地	通过
53	CXZZ20140416144209739	尘螨过敏性疾病的基因工程疫苗开发	深圳北京大学香港科技大学医学中心	通过
54	KQC2011053000001A	APP 蛋白代谢调控及 microRNA 网络阿尔茨海默病中的分子机制研究	深圳北京大学香港科技大学医学中心	通过
55	KQCX20120803145850990	皮肤免疫过敏症新型分子标志物的筛选及其分子机制研究	深圳北京大学香港科技大学医学中心	不通过
56	FHQ20140926153730645	柴火创客空间	深圳柴火创客文化传播有限公司	通过
57	CYZZ20140814161640721	基于高速移动互联网污水处理监控管理信息系统的研发	深圳昌久信息工程技术有限公司	通过
58	CXZZ20150401105559687	普 20150010：高导热厚铜高密度互连（HDI）板新产品研发	深圳崇达多层线路板有限公司	通过
59	CYZZ20140419134448569	差分吸收光谱技术 (DOAS) 有毒有害污染气体检测仪的研发	深圳大舜激光技术有限公司	通过
60	JCYJ20140418182819153	带宽受限网络控制系统的建模、有限时间随机稳定及镇定研究	深圳大学	通过
61	JCYJ20140418095735631	纳米分辨率光学切片快速三维相衬成像及其关键微纳光学器件设计技术	深圳大学	通过
62	JCYJ20140509172609161	电网背景谐波情况下双馈风电机组的运行与控制研究	深圳大学	通过
63	JCYJ20140418182819179	面向眼底精准激光光凝术的无赤光 / 造影图像双模配准与 GPU 实现	深圳大学	通过
64	JCYJ20140416180228582	死亡诱骗受体 3 在肝癌发生发展过程中的作用机制研究	深圳大学	通过
65	JCYJ20140418091413574	人体口腔内牙齿 3D 扫描技术研究	深圳大学	通过
66	JCYJ20130329142338934	基于性能的矩形钢管混凝土组合框架结构抗震性能评估方法研究	深圳大学	通过
67	JCYJ20140416180149160	新基因 C8orf84 与膀胱癌关系的研究	深圳大学	通过
68	JCYJ20150324141711654	丹参饮抗动脉粥样硬化机制研究	深圳大学	通过

续表

序号	项目编号	项目名称	项目承担单位	验收结论
69	KQC201108300037A	不同病因肺动脉高压血清 microRNA 标记物的筛选、作用机理及治疗效用研究	深圳大学	通过
70	JCYJ20140418091413519	滨海混凝土自传感系统研究	深圳大学	复议
71	ZDSYS20140430164957665	液体丙烯腈低聚物制备石墨烯碳微米管及其负载非贵金属作为燃料电池还原催化剂的研究	深圳大学	复议
72	CXZZ20130329101949981	针对促进胰腺 β 细胞增殖和胰岛素分泌的多肽开发	深圳大学	不通过
73	CXZZ20140417140435818	高性能伺服电机研发	深圳东明机电股份有限公司	通过
74	JSGG20140729145956266	重 2014—084：硅基氮化镓功率器件关键技术开发	深圳方正微电子有限公司	通过
75	CXZZ20140522165527104	智能降噪枕产品的研发	深圳航天科技创新研究院	通过
76	CXZZ20140828120254654	高平整度高像素的摄像头模组超薄型软硬结合板的研发	深圳华麟电路技术有限公司	通过
77	GJHS20140414115906676	集成电路设计创新公共服务平台	深圳集成电路设计产业化基地管理中心	通过
78	CYZZ20140606145402092	基于移动互联网的智慧社区信息服务软件	深圳济嘉科技有限公司	复议
79	CXZZ20140902101221099	跨行移动支付清算平台	深圳金融电子结算中心有限公司	复议
80	CXZZ20130322105042961	高容量动力锂离子电池关键技术研究	深圳金山电池有限公司	不通过
81	CXZZ20140417145917540	五价口服轮状病毒疫苗临床前研究	深圳康泰生物制品股份有限公司	通过
82	CXZZ20140801143446275	大功率储能系统关键技术的研究开发	深圳科士达科技股份有限公司	通过
83	CYZZ20140613155807279	精密微流体控制系统	深圳垦拓流体控制有限公司	通过
84	CXZZ20140812092800940	纳米光触媒涂层 LED 照明器件技术研发及产业化	深圳莱特光电股份有限公司	通过
85	CYZZ20140708112748749	多磁极仪表步进电机技术开发	深圳乐途驱动技术有限公司	复议
86	CXZZ20140905104036343	电子制造行业机器人集成及物流系统	深圳雷柏科技股份有限公司	通过
87	CYZZ20140418142707694	基于移动互联网的肌肤健康检测系统和服务平台	深圳美立知科技有限公司	复议
88	CYZZ20140903163918693	大数据统一安全管理平台的研究	深圳前海信息技术有限公司	通过
89	CYZZ20150723150304830	含镍电镀废水治理及镍回收工艺和装置开发	深圳前海中盛环保科技有限公司	通过
90	CXZZ20130322170740736	MEMS 光学传感器芯片及成像仪工程样机研制	深圳清华大学研究院	通过
91	JCYJ20140905153253218	掺钴磷酸钙的研制及其在增强成血管化成骨中的意义研究	深圳清华大学研究院	通过
92	JCYJ20140419122040619	用于电阻应变计粘接的三元应变胶研发	深圳清华大学研究院	通过
93	CXZZ20140829151958193	便携式空气质量检测仪研发	深圳市艾姆生电气有限公司	通过
94	CXZZ20140526155413562	基于 ELISA 法的水生动物疫病快速诊断系统的研发	深圳市安鑫宝科技发展有限公司	通过
95	CYZZ20130827151447545	数字化电磁辐射污染动态监测系统的建设	深圳市安鑫宝新环保技术有限公司	通过
96	KJYY20150831105859020	深长城商务中心中央空调节能工程	深圳市奥宇节能技术股份有限公司	通过

续表

序号	项目编号	项目名称	项目承担单位	验收结论
97	NYKJ20140926152727644	环保型复合缓控释肥技术产业化及推广应用（农转项目）	深圳市芭田生态工程股份有限公司	通过
98	CYZZ20140415153821332	基于临床级慢病毒大规模制备技术的研发	深圳市百恩维生物科技有限公司	复议
99	JCYJ20140414160300566	深圳沙井街道户籍人口糖耐量减低 15 年转化及影响因素分析	深圳市宝安区沙井人民医院	通过
100	CYZZ20150410162839681	OBD 远程检测系统终端及云服务平台	深圳市北斗星车联信息技术有限公司	通过
101	CXZZ20140708141254499	大容量高倍率聚合物锂离子动力电池的开发	深圳市倍特力电池有限公司	复议
102	CXZZ20140410105557567	生态环境监测一体化管理系统	深圳市博安达信息技术股份有限公司	通过
103	JSGG20141118161353890	重 2014—163：荷斯坦牛优质高产品系培育及其关键技术研究	深圳市晨光乳业有限公司	通过
104	CYZZ20140829171236755	超大超重无人全自动气动真空吸盘式搬运机械手	深圳市创思泰科技有限公司	通过
105	CXZZ20140509112712991	水处理的关键技术——纳米陶瓷膜制备工艺的研究	深圳市纯水一号水处理科技有限公司	复议
106	CXZZ20140902155219302	特色菌类多糖提取及其功能性酸乳的开发	深圳市大百汇技术有限公司	通过
107	JSGG20141117164235140	重 2014—169：电动汽车轮毂电机及其控制器关键技术研发	深圳市大地和电气股份有限公司	通过
108	JCYJ20150401104212099	参蛭四逆汤对老年慢性心衰患者 LVEF 和 Lee 心衰计分的影响	深圳市大鹏新区南澳人民医院	通过
109	JSGG20141015153303491	重 2014—108：大推力潜油直线电机关键技术研究	深圳市大族电机科技有限公司	通过
110	CXZZ20140520113121144	基于裸视 3D 技术的新型 LED 全彩显示屏（电子 LED）	深圳市德彩光电有限公司	通过
111	CXZZ20140418151835069	锂离子电池用碳纳米管导电液的设计开发	深圳市德方纳米科技股份有限公司	通过
112	CXZZ20140829115644208	大容量、高功率、高安全动力钴酸锂离子电池关键技术研究	深圳市迪比科电子科技有限公司	通过
113	GJHZ20140415090907551	恶性肿瘤患者外周血中循环肿瘤细胞的检测及其临床意义	深圳市第二人民医院	通过
114	CXZZ20140411112047886	活动性结核病诊断性流式检测技术研发	深圳市第三人民医院	通过
115	JCYJ20140411114324363	自噬在 T 细胞发育和 Th 细胞分化及稳定性作用机制的研究	深圳市第三人民医院	不通过
116	CXZZ20140818100854784	利用石墨烯制备光伏太阳能电池透明导电浆料的研制	深圳市东方亮化学材料有限公司	复议
117	CXZZ20130515110642844	柱面圆环阵超声内窥镜探头和成像系统	深圳市恩普电子技术有限公司	不通过
118	GJHS20120626145838066	EphB4 基因甲基化异常与儿童急性淋巴细胞白血病发病的研究	深圳市儿童医院	通过
119	GJHS20120626145914253	川崎病血管损伤相关基因的遗传学评估及意义	深圳市儿童医院	通过
120	CXZZ20150402163246907	普 20150037：下一代接入层 GPON 局端设备技术研发	深圳市飞鸿光电子有限公司	通过

续表

序号	项目编号	项目名称	项目承担单位	验收结论
121	JCYJ20140415094713874	PCT、SAA、CRP 与肺部感染患者抗生素应用的相关性研究	深圳市福田区妇幼保健院	通过
122	JCYJ20140415094713878	mTOR 调控 LF 在早产肺损伤修复和发育肺中的作用及机制研究	深圳市福田区妇幼保健院	通过
123	JCYJ20140415094713835	孕妇学校对产妇盆底康复治疗依从性的影响	深圳市福田区妇幼保健院	通过
124	JCYJ20140416094256891	miR-29a 和 miR-335-5p 在骨关节炎患者外周血单个核细胞及关节液中的表达及其意义研究	深圳市福田区人民医院	通过
125	JCYJ20140416094330202	区域性消毒供应中心标准租赁器械包的优化与应用研究	深圳市福田区人民医院	通过
126	JCYJ20140416094256887	无创通气辅助内镜治疗伴低氧血症中央气道狭窄患者的研究	深圳市福田区人民医院	通过
127	JCYJ20140416094256880	七氟醚预处理结合血红素加氧酶 (HO)-1 腹腔注射对幼年大鼠认知功能的影响	深圳市福田区人民医院	复议
128	CXZZ20140703162114380	应用于多核处理器的智能电源管理和 HI-FI 音频 CODEC 芯片	深圳市富满电子集团股份有限公司	通过
129	JSGG20130922140410906	重 2013—058：太阳能光热宽幅带材选择性吸收涂层关键技术研发	深圳市海达克新能源材料有限公司	通过
130	CXZZ20140808172321018	基于三网融合多路高清信号自动交换远程传输系统及设备研发	深圳市汉科电子股份有限公司	复议
131	CXZZ20130517100310870	第三代 AP1000 核电站用核级辐射交联热收缩无卤环保型电缆附件的研发	深圳市宏商材料科技股份有限公司	复议
132	CYZZ20140829151348146	新型智能全封闭永磁式断路器技术开发	深圳市华诚电力设备有限公司	通过
133	CYZZ20140626170910721	大屏幕外置拼接处理器技术	深圳市华泰敏信息技术有限公司	复议
134	JSGG20150511145107995	重 20150064：低功耗传感网络片上系统（SoC）芯片关键技术研发	深圳市华芯邦科技有限公司	复议
135	CXZZ20140415101711254	一体化高效分散式污水处理技术及成套设备开发与示范	深圳市环境科学研究院	通过
136	FWCX20140728155611532	深圳机械行业信息服务	深圳市机械行业协会	通过
137	CXZZ20140411105636301	一种新的食源性病原体高通量分子诊断技术和试剂研发	深圳市疾病预防控制中心	通过
138	JSGG20140519114050315	重 2014—028：营养配餐标准数据库与营养保持关键技术研发	深圳市计量质量检测研究院	通过
139	FWCX20130829130836733	深圳市技术转移服务平台	深圳市技术转移促进中心	通过
140	CXZZ20140902155454724	全电碳纤维钢板反恐防暴装甲车的研发	深圳市加顺电动车辆制造有限公司	通过
141	CXZZ20140715152614811	油田加热炉炉况优化装置的研究	深圳市佳运通电子有限公司	复议
142	JCYJ20140419151618022	生物芯片载体表面化学的关键技术研究	深圳市检验检疫科学研究院	通过
143	CXZZ20140901111235068	电场感应传感式心电监护仪的研发	深圳市杰纳瑞医疗仪器股份有限公司	通过

续表

序号	项目编号	项目名称	项目承担单位	验收结论
144	CXZZ20140625103335638	基于组配菌剂技术的复合微生物除臭剂的研发及产业化	深圳市洁源生物工程有限公司	通过
145	CYZZ20140419135143757	高效机械式蒸汽再压缩节能蒸发系统	深圳市捷晶能源科技有限公司	复议
146	CXZZ20140828155745799	硬质合金立体旋转刀具表面金刚石形核技术研究	深圳市金洲精工科技股份有限公司	通过
147	CXZZ20140509145339616	基于高清晰度显示、无边框触摸屏的智能终端和穿戴产品用柔性连接 PCB 组件开发	深圳市景旺电子股份有限公司	通过
148	CXZZ20150323151850088	普 20150029：基于多系统服务器化智能终端（新一代机顶盒）的研发	深圳市九洲电器有限公司	通过
149	CXZZ20140419123800475	基于 On-cell 技术的电容触控技术的研究与开发	深圳市骏达光电股份有限公司	通过
150	GJHS20140905171652218	能源计量仪表光电传感器	深圳市骏普科技开发有限公司	通过
151	FHQ20140519141645362	深圳市新能源创新产业园	深圳市康和盛实业有限公司	通过
152	CYZZ20140611161118655	智能云血压远程监护系统的研发	深圳市莱尚科技有限公司	通过
153	CXZZ20140801140457869	湿法冶金重金属废水处理及含肟类有机物降解关键技术研究	深圳市兰科环境技术有限公司	通过
154	CXZZ20140416152844551	改性正极材料镍钴锰酸锂动力电池研发	深圳市朗能电池有限公司	通过
155	KJYY20140530162159842	SF2014—08. 生物质废弃物的减量化和资源化技术的应用示范	深圳市龙澄高科技环保（集团）有限公司	复议
156	JCYJ20140411150159441	奥马哈理论系统在直肠癌造瘘手术患者中的临床应用研究	深圳市龙岗中心医院	通过
157	JCYJ20140411150159437	白细胞介素 10 和 γ 干扰素基因表达在大鼠肝移植排斥反应诊断中意义	深圳市龙岗中心医院	通过
158	CXZZ20140505091419405	新型迭代重建技术提高低剂量 CT 成像质量的研究	深圳市龙岗中心医院	复议
159	JCYJ20140415091613069	纳米银复合物鼻腔应用促进难治性鼻窦炎术后恢复的研究	深圳市龙华区中心医院	通过
160	JCYJ20150325103202291	继发性肺结核病患者 Treg 细胞相关分子标志物的表达水平的研究	深圳市龙华新区慢性病防治中心（精神卫生中心）	通过
161	CYZZ20140423142714678	电子信息行业高端掩模版研发及产业化	深圳市龙图光电有限公司	通过
162	KJYY20140901113327552	SF2014—23. 智能交通技术的应用示范	深圳市路畅科技股份有限公司	通过
163	JCYJ20140414165143052	妊娠相关蛋白 A 及其基因多态性在妊娠不良结局作用的研究	深圳市罗湖区人民医院	通过
164	CYZZ20140716163604608	适用于工业领域的高精度测距传感器	深圳市迈测科技股份有限公司	通过
165	FHQ20140930155512520	美德科技孵化园	深圳市美德投资有限公司	通过
166	JCYJ20140415101642713	晚孕期妊娠期高血压疾病孕妇髂内动脉和胎儿主动脉峡部血流动力学研究	深圳市南山区妇幼保健院	通过
167	JCYJ20140415101642709	妊娠期糖尿病对子代 4~5 岁糖代谢及精神发育的远期影响	深圳市南山区妇幼保健院	通过

续表

序号	项目编号	项目名称	项目承担单位	验收结论
168	JCYJ20140411094353713	利用荧光光谱及双光子激发荧光寿命显微成像方法诊断早期皮肤癌	深圳市南山区人民医院	通过
169	CXZZ20130516153930222	区域中心医院危急重病管理体系研发与建设	深圳市南山区人民医院	通过
170	JCYJ20140411092959841	microRNA-92a 靶向调控 KLF4 和 Smad4 表达促进结直肠癌细胞增殖作用机制的研究	深圳市南山区人民医院	通过
171	JCYJ20140411091151446	肉毒毒素 A 抑制神经病理性疼痛中胶质细胞敏化的机制研究	深圳市南山区人民医院	通过
172	JCYJ20140411094549460	应用神经肽 Y 构建一种神经组织工程骨的实验研究	深圳市南山区人民医院	通过
173	JCYJ20140411094009914	应用 Syngo TWIST 超快速四维血管成像技术指导急性脑梗死溶栓治疗的临床研究	深圳市南山区人民医院	通过
174	JCYJ20140411092959835	MRA 在颅内动脉瘤栓塞术后随访中的应用研究	深圳市南山区人民医院	通过
175	JCYJ20130402151227168	微食复合物诱发类风湿关节炎作用机理的研究	深圳市南山区人民医院	通过
176	JCYJ20140411094009916	电针对脑缺血性大鼠 Notch 信号通路动态变化的调控作用	深圳市南山区人民医院	通过
177	JCYJ20140415093608943	腹腔镜联合胃镜手术治疗胃肿瘤效果研究	深圳市南山区人民医院	通过
178	JCYJ20140411094009912	新型生物材料—聚醚醚酮纳米羟基磷灰石—的研究与开发	深圳市南山区人民医院	通过
179	JCYJ20140411092959839	“医院—社区—家庭”延续性护理机制建模和质量评价研究	深圳市南山区人民医院	通过
180	JCYJ20140411094009910	3TMR 高分辨容积成像对冠心病 PCI 的疗效评价	深圳市南山区人民医院	通过
181	JCYJ20140411092351699	激光治疗甲真菌病机理的初步研究	深圳市南山区人民医院	通过
182	JCYJ20140411091643396	靶向体内树突状细胞 Clec9A+ 亚群的治疗性 PSMA 前列腺癌纳米疫苗的研究	深圳市南山区人民医院	通过
183	JCYJ20140411094353708	基于海量医疗数据的癫痫预警和机制研究	深圳市南山区人民医院	通过
184	JCYJ20140415094505082	二甲双胍联合多种抗骨髓瘤药物作用效果的研究	深圳市南山区人民医院	通过
185	JCYJ20140411094549459	血清反应因子—早期即刻基因 (SRF-IEG) 通路在内脏高敏感大鼠内脏初级传入神经元—背根神经节 (DRG) 中的作用	深圳市南山区人民医院	通过
186	JCYJ20140411094009917	足背内侧动脉网的显微解剖与皮支链皮瓣的设计应用研究	深圳市南山区人民医院	通过
187	JCYJ20140411091643395	吸入一氧化氮对高氧支气管肺发育不良大鼠巨噬细胞移动抑制因子的影响及意义	深圳市南山区人民医院	通过
188	JCYJ20140411094353719	Cordycepin 拮抗肾小管上皮间质化而治疗糖尿病肾病的机制研究	深圳市南山区人民医院	复议
189	JCYJ20140411094009911	基于多模生物信号融合的脑卒中后上肢肌肉痉挛机制研究	深圳市南山区人民医院	复议
190	JCYJ20140411092959833	microRNA145 调控黑色素瘤免疫应答的作用、机制及临床意义	深圳市南山区人民医院	复议
191	JCYJ20140411091151442	Perthes 病的致病基因研究	深圳市南山区人民医院	复议

续表

序号	项目编号	项目名称	项目承担单位	验收结论
192	JCYJ20140419145738522	输入性食用农产品中病原微生物与深圳本地流行株的分子相关性研究	深圳市农产品质量安全检验检测中心	通过
193	CXZZ20140804091929197	智能麻醉工作站核心技术研发	深圳市普博科技有限公司	通过
194	CYZZ20140624105153372	磁共振无线充电及无线电力传输	深圳市普林泰克科技有限公司	通过
195	ZDSYS20140715153957030	深圳南方强天气研究重点实验室	深圳市气象台	通过
196	KQCY20140522172534623	多酸 - 离子液体基的新型高温质子交换膜燃料电池的开发	深圳市氢动力科技有限公司	复议
197	CXZZ20140620092030325	全自动多层复合精滤机	深圳市群鹰环境工程设备有限公司	通过
198	JCYJ20140416122812045	诱导性多能干细胞水平 COL4A5 基因剪切突变修复并向足细胞定向分化的机制研究	深圳市人民医院	通过
199	JCYJ20140416122812031	七氟烷复合静脉诱导对脑动脉瘤栓塞术患者 ET、CGRP 及氧供需的影响	深圳市人民医院	通过
200	JCYJ20140416122812052	麝香酮辅助骨髓间充质干细胞治疗急性肾损伤作用及机制研究	深圳市人民医院	通过
201	JCYJ20140416122812017	华南汉族中青年脑梗死者血浆蛋白组学研究	深圳市人民医院	通过
202	JCYJ20130402092657779	知柏地黄汤治疗难治性肾病综合征的增效减毒作用	深圳市人民医院	通过
203	JCYJ20140416122811941	乳腺癌前驱病变——乳腺柱状细胞病变分子生物学研究	深圳市人民医院	通过
204	JCYJ20140416122812013	中药小分子淫羊藿素治疗骨质疏松的作用及机理研究	深圳市人民医院	通过
205	JCYJ20140416122811916	临终关怀护理准入、评估和实施对护患及家属三方影响效果的研究	深圳市人民医院	通过
206	CXZZ20140416123100280	三维超声自动成像系统的研发	深圳市人民医院	通过
207	JCYJ20140416122812046	miRNA 和 lncRNA 在支气管肺发育不良发病机制中的作用	深圳市人民医院	复议
208	JCYJ20140416122811923	靶向树突状细胞降低鼻咽癌发生率及复发率的研究	深圳市人民医院	复议
209	JCYJ20130402092657781	年轻宫颈癌患者卵巢自体移植不同术式的临床研究	深圳市人民医院	复议
210	JSGG20141118150152531	重 2014—155：高精度 X 射线发生器关键技术研发	深圳市日联科技有限公司	通过
211	CXZZ20140617104642060	高能石墨烯铅蓄电池的技术开发与应用研究	深圳市瑞达电源有限公司	通过
212	CXZZ20140904094755539	纺织面料喷墨印刷系统关键技术研发	深圳市润天智数字设备股份有限公司	复议
213	CXZZ20140804154424088	高安全高功率动力电池的研发	深圳市三讯电子有限公司	复议
214	CXZZ20140903170429739	新型高精密太阳能有机薄膜电池涂布机研发	深圳市善营自动化股份有限公司	通过
215	JSGG20141017143909100	重 2014—092：高音质低漏音骨传导振动扬声器组件关键技术研发	深圳市韶音科技有限公司	通过
216	CYZZ20140903091626864	关于高密度柔性电路板的关键技术研发及应用	深圳市实锐泰科技有限公司	通过
217	JCYJ20130402170211698	湖沥青在南方湿热地区的应用与技术规程编制研究	深圳市市政设计研究院有限公司	通过

续表

序号	项目编号	项目名称	项目承担单位	验收结论
218	JSGG20141016163234397	重 2014—144：晶体硅太阳能电池正面导电银浆关键技术研发	深圳市首骋新材料科技有限公司	通过
219	GJHS20130329100310402	常见眼病信息采集传输设备及眼内药物微创投放系统的研制	深圳市斯尔顿科技有限公司	通过
220	JCYJ20140415151845353	心血管专科医院构建护理专科门诊的研究	深圳市孙逸仙心血管医院	通过
221	KJYY20140530115258796	SF2014—11. 太阳能技术的综合应用示范	深圳市索阳新能源科技有限公司	通过
222	CXZZ20130516150942222	航空飞行器专用轻质量、高模量、高强度碳纤维复合材料结构件研发项目	深圳市泰格尔航天航空科技有限公司	通过
223	CYZZ20150826154018198	高帧率 360° 全景高速 WIFI 智能摄像机研发	深圳市泰吉通电子有限公司	通过
224	CYZZ20140605163846046	一种树脂吸附法处理电镀综合废水的新工艺	深圳市天净环境科技发展有限公司	通过
225	CXZZ20140812151135628	基于表面光波技术交互的远程同步教学技术的研究	深圳市天英联合教育股份有限公司	通过
226	CXZZ20140418150932460	基于数字电视数据挖掘的新一代电视电子商务系统平台	深圳市同洲电子股份有限公司	复议
227	CXZZ20140812143422956	基于 GaN 芯片技术的功率倍增模块研发及产业化	深圳市万和科技股份有限公司	通过
228	CXZZ20140505140344968	多功用高纯度纳米二硫化钨的制备研发	深圳市威勒科技股份有限公司	通过
229	CYZZ20140422114008913	新一代无谐波智能变频节电控制器	深圳市伟力低碳股份有限公司	通过
230	CXZZ20140418141032928	可有效清洗 CCD（燃烧室沉积物）的清洗型节能减排汽油添加剂	深圳市沃华汽车用品有限公司	通过
231	CXZZ20140903103458396	基于 48V 磷酸铁锂电池的高效便捷电动消防车研发	深圳市沃森电动车有限公司	复议
232	GJHS20140429150144499	多级智能交通信息管理系统	深圳市先创数字技术有限公司	通过
233	GJHS20130328152647296	基于 Procaspase-3 激活的 1.1 类抗肺癌新药 SM-1 的成药性研究	深圳市湘雅生物医药研究院	通过
234	GJHS20140410164930629	基于 Procaspase—3 激活的 1.1 类抗肺癌新药 SM—1 的成药性研究	深圳市湘雅生物医药研究院	复议
235	GJHS20130401111150198	智慧商务一体化管理平台	深圳市销邦科技股份有限公司	通过
236	NYKJ20140930154712348	基于物联网平台的农产品销售科技成果转化项目	深圳市新富财物联网科技有限公司	复议
237	CXZZ20140416154940519	高厚铜印制板制作技术的研发	深圳市星河电路股份有限公司	通过
238	CYZZ20150409171434839	面向网页游戏的“Coffe”图形处理技术的开发与应用	深圳市刑天科技开发有限公司	复议
239	CYZZ20150410102438387	基于云计算的 MOOC 开放型学习平台	深圳市学堂科技有限公司	通过
240	CXZZ20140609162846202	回转体激光精密对准仪的研发及应用	深圳市亚泰光电技术有限公司	通过
241	JCYJ20140415174819509	中国人 Leber 先天性黑蒙家系致病基因突变的研究	深圳市眼科医院	通过
242	JCYJ20120830153011458	广东道地中草药药效物质基础和质量标准研究	深圳市药品检验研究院（深圳市医疗器械检测中心）	通过

续表

序号	项目编号	项目名称	项目承担单位	验收结论
243	CYZZ20140506154218202	细分招聘网站一览英才网创新项目风险投资匹配资助	深圳市一览网络股份有限公司	复议
244	CXZZ20140611101903608	基于低成本 DGPS（差分 GPS）定位技术的智能割草机器人	深圳市银星智能科技股份有限公司	通过
245	CYZZ20140509152627835	展翼式海浪能发电设备的开发与海上中试	深圳市优美环境治理有限公司	通过
246	CXZZ20140826150204870	“一键式”智能化小型海水淡化设备	深圳市优美环境治理有限公司	通过
247	FHQ20140519103359706	新木盛低碳科技型企业孵化器	深圳市宇讯科技有限公司	通过
248	FHQ20140519164000628	深圳市粤深钢科技创新园（科技孵化器）	深圳市粤深钢投资集团有限公司	通过
249	CYZZ20140415151059660	医学影像远程诊断与培训云平台的研发	深圳市云帕斯科技开发有限公司	通过
250	CXZZ20140620151557419	一种法线型低惯量圆柱体双螺旋线切纸工艺及设备研发	深圳市长江机械设备有限公司	通过
251	CXZZ20140423112013475	基于安卓智能手机的锁屏广告平台研发及产业化项目	深圳市掌众信息技术有限公司	通过
252	JCYJ20140414110951772	医用诊断 X 射线低反向散射性屏蔽材料的研究	深圳市职业病防治院	通过
253	JCYJ20140414110951769	急性三氯乙烯中毒抢救中脂肪乳的应用研究	深圳市职业病防治院	通过
254	JCYJ20140414110951776	数据挖掘算法在职业健康监护数据中的应用研究	深圳市职业病防治院	通过
255	JCYJ20140414110951762	基于 CD4+CD25+ 调节性 T 细胞探讨骨髓间充质干细胞治疗不同阶段矽肺的效果及机制	深圳市职业病防治院	通过
256	JCYJ20140414110951779	核电站运行期对周围 50 公里居民健康影响的研究	深圳市职业病防治院	通过
257	JCYJ20140414110951761	慢性苯中毒患者医院感染风险管理体系的建立及其临床应用研究	深圳市职业病防治院	通过
258	CYZZ20140811151103596	基于 4G 网络传输的 PTZ 摄像控制系统技术研发	深圳市智安天下科技有限公司	复议
259	CYZZ20140617152754529	电动车用高能量密度和高安全性锂电池的研究与开发	深圳市中美通用科技有限公司	通过
260	JSGG20141017152950850	重 2014—136：海洋水声通信系统关键技术研发	深圳市中兴环境仪器有限公司	通过
261	FWCX20140728101414548	深圳知识产权服务体系建设	深圳市专利协会	通过
262	CYZZ20140430150755765	智能手机云服务平台的研发	深圳市紫米迅驰网络科技有限公司	复议
263	CYZZ20140606154059717	小微金融机构金融渠道云服务平台	深圳手付通科技股份有限公司	通过
264	KJYY20140828173257564	SF2014—18. 3D 显示技术的应用示范	深圳水晶石数字科技有限公司	通过
265	CXZZ20140716152446389	高带宽高效率无源光网络接入设备的研发	深圳特发东智科技有限公司	通过
266	JSGG20141117163744687	重 2014—157：新型抗肿瘤免疫治疗药物 PD-1 抗体的关键技术研究	深圳万乐药业有限公司	通过
267	FHQ20141124160326319	矽递 — 创客服务站	深圳矽递科技股份有限公司	通过
268	FHQ20140928174043832	智慧天使科技创业苗圃	深圳仙瞳智创投资有限公司	复议
269	ZDSYS20140509174140672	面向临床动态环境的脊柱手术模拟系统关键技术（提升）	深圳先进技术研究院	通过
270	JCYJ20140610151856710	碳纳米管静态数字乳腺断层摄影的基础研究	深圳先进技术研究院	通过
271	JCYJ20140901003939032	电 - 机械转换器的高频和快速响应特性及机理的研究	深圳先进技术研究院	通过

续表

序号	项目编号	项目名称	项目承担单位	验收结论
272	KQCX20130628112914289	多孔金属板材的制作及其弯曲成型	深圳先进技术研究院	通过
273	SGLH20131010151755082	治疗长者脑退化症的智能机器人技术	深圳先进技术研究院	通过
274	JCYJ20140617143643469	牙科种植体设计制造及表面处理的关键技术研究	深圳先进技术研究院	通过
275	JCYJ20140417113430655	面向电池友好特性的无线体域网 MAC 协议研究	深圳先进技术研究院	通过
276	JCYJ20140417113430707	下丘脑对骨代谢的调控机理研究	深圳先进技术研究院	通过
277	CXZZ20140610151856719	基于弥散加权成像自动分析的溶栓智能决策系统	深圳先进技术研究院	通过
278	JCYJ20140901003938992	自闭症调控的神经回路机制研究	深圳先进技术研究院	通过
279	JCYJ20140417113430585	针对珠三角地区多发性肾结石的三维超声引导经皮肾穿刺精准取石关键技术研究	深圳先进技术研究院	通过
280	CXZZ20140417113430663	靶向 c-Rel 阻断剂在多发性硬化症中的作用机制及临床前研究	深圳先进技术研究院	通过
281	JCYJ20140901003939034	数据驱动的植物变形运动物理建模研究	深圳先进技术研究院	通过
282	JCYJ20140509174140685	基于表面反射特性建模的高鲁棒性三维扫描技术关键问题研究	深圳先进技术研究院	通过
283	JCYJ20140417113430708	胶质细胞促进干细胞修复脑卒中受损神经环路的作用和机制研究	深圳先进技术研究院	通过
284	ZDSYS20140509174140674	阵发性神经精神疾病的环路干预机制研究（重点实验室提升）	深圳先进技术研究院	通过
285	JCYJ20140417113430735	可穿戴式柔性多传感器系统设计与制造的关键技术研究	深圳先进技术研究院	通过
286	JCYJ20140417113430665	超声射频信号应用于乳腺肿瘤定量分析关键问题研究	深圳先进技术研究院	通过
287	JCYJ20140610152828703	合成生物学高效脱氮工程菌群的设计与构建	深圳先进技术研究院	通过
288	JCYJ20140417113430591	针对车联网密码安全模块的算法安全与芯片安全	深圳先进技术研究院	通过
289	KJYY20140901153236739	基于 RFID 物联网技术的道路停车智能管理系统研发和应用示范	深圳先进技术研究院	通过
290	JCYJ20140417113430604	基于综合数据聚类的无线传感器网络入侵监测的研究	深圳先进技术研究院	通过
291	JCYJ20140417113430619	基于体表心电信号的心房颤动预测与特征提取方法研究	深圳先进技术研究院	通过
292	KQCX20140520154115027	基于目标决策与感知优化的高效三维视频编码方法	深圳先进技术研究院	通过
293	JCYJ20140417113430558	基于乳腺癌早期筛查的 X 射线三维层析成像方法研究	深圳先进技术研究院	通过
294	JCYJ20140617143643468	面向挥发性有机污染物控制的陶瓷中空纤维致密硅橡胶膜制备研究	深圳先进技术研究院	通过
295	ZDSYS20140509162754023	深圳市微纳尺度生物力学检测与技术重点实验室	深圳先进技术研究院	通过
296	JCYJ20140610152828697	FXR 调控磷脂酶 PLA2G12B 在高脂血症中的作用机理研究	深圳先进技术研究院	复议
297	JCYJ20140610151856733	基于光信号的新型室内定位技术	深圳先进技术研究院	复议

续表

序号	项目编号	项目名称	项目承担单位	验收结论
298	JCYJ20140417113430654	基于人源化 CD317 单克隆抗体改造的抗乙肝新药的研发及药效基础研究	深圳先进技术研究院	复议
299	JCYJ20140901003939026	海绵天然产物偶联抗体药物及抗乳腺癌活性的研究	深圳先进技术研究院	复议
300	JCYJ20140610153345808	快速高分辨共聚焦内窥成像技术研究	深圳先进技术研究院	复议
301	JCYJ20140509174140691	基于 Lux 型群体感应系统的新兴植物病原菌致病机制解析	深圳先进技术研究院	复议
302	KQCX20140521115045444	低成本可控降解 WE43 镁合金植入体的研发	深圳先进技术研究院	复议
303	CXZZ20140417113430716	活体细胞三维打印关键技术的开发应用研究	深圳先进技术研究院	复议
304	JCYJ20140509174140681	原发性肝癌多模态图像辅助诊疗自动化分析关键技术研究	深圳先进技术研究院	复议
305	KQCX20140520154115029	治疗儿童恶性肿瘤人源抗体药物的研发	深圳先进技术研究院	复议
306	JCYJ20140610152828698	海鞘纳米纤维素 / 硼酸盐多功能复合医用敷料的开发	深圳先进技术研究院	复议
307	JCYJ20140417113430623	光固化高强度水凝胶修复早期软骨损伤	深圳先进技术研究院	复议
308	GJHS20130402135334964	新一代 X 射线光子计数探测器与基于碳纳米 X 射线发射源的 CT 系统研发	深圳先进技术研究院	复议
309	ZDSYS20140509174237196	深圳市高密度电子封装与器件集成关键技术重点实验室	深圳先进技术研究院	复议
310	GJHS20130401100916858	3D 智能虚拟人行为模型关键技术研发	深圳信息职业技术学院	通过
311	JCYJ20130401095947234	基于稀疏编码的视频超分辨率技术研究	深圳信息职业技术学院	通过
312	GJHS20120627094240006	面向复杂类型数据的粒计算方法、模型及其多属性群决策分析	深圳信息职业技术学院	通过
313	JCYJ20140418100633633	新一代互联网视频 QoE 监测技术	深圳信息职业技术学院	通过
314	JCYJ20130401100512995	基于语义描述模型的食品安全物联网内容管理机制研究	深圳信息职业技术学院	通过
315	GJHS20120627094240004	被动双目立体视觉表情不敏感 3D 人脸识别技术研究	深圳信息职业技术学院	通过
316	NYKJ20140922151049440	抗除草剂黄华占直播栽培技术推广项目（农转项目）	深圳兴旺生物种业有限公司	通过
317	FHQ20140520105855112	桃花源科技创新园旭生分园	深圳旭生实业集团有限公司	通过
318	CXZZ20140418151637132	一分钟导药系统	深圳循证医学信息技术有限公司	通过
319	JSGG20141118110447437	重 2014—160：基于病毒载体的乳腺癌细胞免疫治疗关键技术研发	深圳益世康宁生物科技有限公司	通过
320	CXZZ20140902104607771	太阳能一体化 MBR（膜 - 生物反应器）污水处理系统	深圳英利新能源有限公司	通过
321	GJHS20120702152016272	流过式超声液体处理器若干问题研究	深圳职业技术学院	通过
322	CYZZ20140825153136823	企业社区项目	深圳智慧园区信息技术有限公司	通过
323	RKX20160526090547269	软 20160006：深圳开展供给侧结构性改革策略研究	深圳中观经济咨询有限公司	复议
324	CXZZ20140509160806366	硼回收系统新型脱气装置和蒸发装置研发	深圳中广核工程设计有限公司	通过
325	GCZX20140509165654491	深圳市智能集装箱工程技术研究开发中心	深圳中集智能科技有限公司	通过

续表

序号	项目编号	项目名称	项目承担单位	验收结论
326	GJHS20140418154020350	军政民安全盾移动智能终端安全隔离技术研究与产品开发	深圳中兴网信科技有限公司	通过
327	CYZZ20140904095023109	“三合一”智能箱变测控装置研究	深圳紫光继保测控技术有限公司	通过
328	JCYJ20140603152449639	面向绿色云数据中心的软件节能优化技术研究	武汉大学深圳研究院	复议
329	CXZZ20140813102720940	药物洗脱外周球囊导管的研制	先健科技（深圳）有限公司	通过
330	JCYJ20140813161522550	微纳米机器人在光诱导电动力学平台上的单细胞密度研究	香港城市大学深圳研究院	通过
331	JCYJ20140419115507588	高效柔性 InAsxSb1-x 纳米线阵列热电薄膜的制备及性能研究	香港城市大学深圳研究院	通过
332	FWCX20140724164936100	香港城市大学深圳研究院知识转移处组建项目	香港城市大学深圳研究院	通过
333	JCYJ20130401145617289	城市污水中抗生素的检测及其降解菌研究	香港城市大学深圳研究院	通过
334	JCYJ20140419115507579	高柔韧性热界面材料	香港城市大学深圳研究院	复议
335	KQTD201105	分子神经科学和创新药物研究团队	香港科技大学深圳研究院	通过
336	JCYJ20140819153305697	接骨木活性部位治疗骨质疏松症的成药性探讨及作用机理研究	香港理工大学深圳研究院	通过
337	JCYJ20140819153305700	研究过渡金属簇对于小分子活化的应用	香港理工大学深圳研究院	通过
338	JCYJ20130401152508657	石墨烯 - 铁电薄膜超薄复合结构中的去极化制冷效应	香港理工大学深圳研究院	复议
339	GJHS20120702105445379	胰岛素 / 胰岛素受体信号调控骨发育和损伤性糖尿病骨折愈合过程中软骨生成的细胞与分子学机理研究	香港中文大学深圳研究院	通过
340	GJHS20120702105523300	人类基因组人工重编程高效诱导因子筛查及其分子调控机理研究	香港中文大学深圳研究院	通过
341	GJHS20120702105523304	基于地理过程感知与动态决策行为模型的地理空间认知环境研究	香港中文大学深圳研究院	通过
342	JSGG20141017110852663	重 2014—122：CDMA/SCPC 多模卫星通信主站系统关键技术研发	协同通信技术有限公司	复议
343	KJYY20140530141916874	SF2014—14. 新型注塑智能机械的应用示范	震雄机械（深圳）有限公司	通过
344	CXZZ20140630162347531	新型大容量固体氧气发生器的研制与开发	中物功能材料研究院有限公司	通过
345	GJHS20160325151305870	超高速长距离光传输系统关键技术与测试方法研究（2016 年度）	中兴通讯股份有限公司	复议
346	CXZZ20150529164219390	普 20150368：柔性印刷线路板智能检测关键技术的研发	中源智人科技（深圳）股份有限公司	通过
347	JSGG20140703092631382	重 2014—先 06：面向智能制造的机器视觉关键技术研究	紫光日东科技（深圳）有限公司	复议

四、2017 年第 4 批市科技计划项目验收结果

序号	项目编号	项目名称	项目承担单位	验收结论
1	CXZZ20140704163824655	智慧科研分析服务平台	爱瑞思软件（深圳）有限公司	通过

续表

序号	项目编号	项目名称	项目承担单位	验收结论
2	JCYJ20140903101633318	基于新型锂离子电池正极材料高容量 Li_2FeSiO_4 的改性研究	北京大学深圳研究生院	通过
3	JCYJ20140903101847739	基于 XAFS 技术的红树植物根表铁膜吸收转运重金属的作用机制研究	北京大学深圳研究生院	通过
4	JCYJ20140509093817681	锌空气电池气体扩散电极的研究	北京大学深圳研究生院	通过
5	KQCX20140521150127440	用于眼科 OCT 的超连续谱光源的研究	北京大学深圳研究生院	通过
6	JCYJ20140903101648708	利用褐藻提取物治理蓝绿藻的研究	北京大学深圳研究生院	通过
7	JCYJ20140509093817686	非同义单核苷酸变异影响蛋白质功能的预测方法研究	北京大学深圳研究生院	通过
8	ZDSYS20140509094114168	海洋药物先导化合物的发现（重点实验室提升项目）	北京大学深圳研究生院	通过
9	GJHS20140417151050557	活性海洋萜类及类似物的全合成研究	北京大学深圳研究生院	通过
10	JCYJ20140903101617271	锂离子电池正极材料界面性质的计算与理论研究	北京大学深圳研究生院	通过
11	CXZZ20140903101756864	以斑马鱼模型研究亨廷顿（HD）的发病机制及治疗	北京大学深圳研究生院	通过
12	KQCX20140522143114399	新型钙钛矿太阳能电池的化学气相沉积制备工艺	北京大学深圳研究生院	通过
13	JCYJ20140627145346390	分等级孔碳球的研制及其作为电极材料的特性研究	北京大学深圳研究生院	通过
14	JCYJ20140903102042989	新型高载量离子交换分离纯化微球材料的制备	北京大学深圳研究生院	通过
15	GJHS20150918111107883	广东省纳米微米材料研究重点实验室	北京大学深圳研究生院	通过
16	JCYJ20140509093817688	淋巴瘤和白血病发生发展机制和新颖抗癌分子研究	北京大学深圳研究生院	通过
17	JCYJ20140419131807791	柔性纳米管增强摩擦发电薄膜的特性及应用研究	北京大学深圳研究生院	通过
18	GRCK20150925155034321	三维场景下的无人机航路规划系统	北京大学深圳研究生院	通过
19	JCYJ20140903102140989	二氧化锆微球色谱填料的研制及在血浆蛋白药物分离中的应用	北京大学深圳研究生院	通过
20	JCYJ20140417144423193	靶向 CDK2 的新型抗肿瘤药物的设计、多组分合成和斑马鱼筛选	北京大学深圳研究生院	通过
21	GRCK20150925155034458	智能分析个性化定制系统	北京大学深圳研究生院	通过
22	JSGG20141118144410953	重 2014—166：新型高性能低成本导电玻璃材料的关键技术研发	北京大学深圳研究生院	通过
23	JCYJ20140717102556889	可用 ASIC 实现的新一代视频智能分析基础算子研究与开发	北京大学深圳研究生院	通过
24	ZDSYS20140509094114164	深圳有机光电磁功能材料重点实验室	北京大学深圳研究生院	通过
25	KQCX20130628093909157	交通与土地一体化规划决策支持系统研究	北京大学深圳研究生院	复议
26	CXZZ20140903101810396	海水中重金属离子去除用磁性高分子复合微球的研发	北京大学深圳研究生院	复议
27	JCYJ20140419114548515	激光 3D 打印制备纳米陶瓷颗粒增强 Ni-Fe-Al 基复合材料及其磨损性能的研究	北京大学深圳研究院	通过
28	GJHZ20140419114548516	新型染料敏化太阳能电池的关键技术研发及其环境耐受性研究	北京大学深圳研究院	通过
29	GJHS20120702155016740	膀胱癌高表达基因 UPK3A 的筛选、鉴定和相关研究	北京大学深圳医院	通过

续表

序号	项目编号	项目名称	项目承担单位	验收结论
30	JCYJ20140415162338806	尿路上皮癌胚抗原 1(UCA1) 与 wnt/catenin 信号通路在口腔癌进展中的作用及机制	北京大学深圳医院	通过
31	GJHS20120702155016736	EZH2 在小鼠 iPS 细胞向 PGC 分化中的作用研究	北京大学深圳医院	通过
32	GJHS20120702155016735	CD147 调控精子发生的分子机制	北京大学深圳医院	通过
33	CXZZ20140609143358264	新型抗凝剂利伐沙班原料药及片剂技术开发	国药集团致君（深圳）制药有限公司	通过
34	JCYJ20140417172417105	认知构式语法的可计算模型与方法研究	哈尔滨工业大学深圳研究生院	通过
35	GRCK20150928160258183	水上智能救护手环的设计和研制	哈尔滨工业大学深圳研究生院	通过
36	GJHZ20150312114008636	中空微孔碳制备高性能锂硫电池的研究	哈尔滨工业大学深圳研究生院	通过
37	GRCK20150928161613521	居家老人智能监护系统的研制	哈尔滨工业大学深圳研究生院	通过
38	GRCK20150928160303657	智能开关研制	哈尔滨工业大学深圳研究生院	通过
39	GRCK20150928160259450	电子智能盲人拐杖研发	哈尔滨工业大学深圳研究生院	通过
40	GRCK20150928160258688	无直接位置测量的轨迹跟踪控制与自主导航平台技术研发	哈尔滨工业大学深圳研究生院	通过
41	GRCK20150928160304434	基于电渗析的净水及水质调节器的研发	哈尔滨工业大学深圳研究生院	通过
42	GRCK20150928160303786	一种可去除消毒副产物的自动搅拌型水杯设计	哈尔滨工业大学深圳研究生院	通过
43	JCYJ20140417172417103	微电网传导干扰随机特性统计预测及抑制的关键技术研究	哈尔滨工业大学深圳研究生院	通过
44	GRCK20150928160256764	智能移动儿童玩伴	哈尔滨工业大学深圳研究生院	通过
45	JCYJ20140616172915497	高端移动智能终端触摸屏用蓝宝石的表面抗反射与自清洁研究	哈尔滨工业大学深圳研究生院	通过
46	GRCK20150928161613647	面向旅游景区服务的低成本无人飞艇技术研发及应用	哈尔滨工业大学深圳研究生院	通过
47	GRCK20150928160258312	基于手势的人 - 智能机器人交互系统	哈尔滨工业大学深圳研究生院	通过
48	GRCK20150928160258943	棉花制备多孔碳及其用于锂硫电池的研究	哈尔滨工业大学深圳研究生院	通过
49	GRCK20150928160303919	专用图像处理器研制	哈尔滨工业大学深圳研究生院	通过
50	GRCK20150928160257667	“ShowU” 手势控制器	哈尔滨工业大学深圳研究生院	通过
51	GRCK20150928160258817	旋翼无人机抓取操作臂系统的设计与控制	哈尔滨工业大学深圳研究生院	通过
52	GRCK20150928160257796	四翼倾转旋翼机	哈尔滨工业大学深圳研究生院	通过
53	GRCK20150928160257405	定制出行——基于公共交通出行数据的智能化定制公交线路规划解决方案	哈尔滨工业大学深圳研究生院	通过
54	GRCK20150928160259070	用于结核杆菌检测的显微镜快速自动聚焦嵌入式系统设计	哈尔滨工业大学深圳研究生院	通过
55	GRCK20150928160257147	自动跟踪无人机	哈尔滨工业大学深圳研究生院	通过
56	GRCK20150928160257276	四旋翼飞行器机器人	哈尔滨工业大学深圳研究生院	通过
57	JCYJ20140417172620449	航空航天发动机中金属—陶瓷功能梯度材料电火花加工新方法及关键技术研究	哈尔滨工业大学深圳研究生院	通过

续表

序号	项目编号	项目名称	项目承担单位	验收结论
58	GRCK20150928160304047	基于 Android 平台的以太网远程控制及数据采集加密传输系统	哈尔滨工业大学深圳研究生院	通过
59	JCYJ20140417172417115	大气稳定度和海气交换作用对海上风力机疲劳特性影响研究	哈尔滨工业大学深圳研究生院	复议
60	JCYJ20140417172417151	电纺法低温制备银 / 环氧树脂复合纳米纤维及其导电性能研究	哈尔滨工业大学深圳研究生院	复议
61	GJHS20120702161359406	应对气候变化国际标准的相关问题研究	华测检测认证集团股份有限公司	通过
62	GJHS20140603145821858	新媒体资源管理关键技术研究与集成平台应用示范	华为技术有限公司	通过
63	CXZZ20140904144629554	超小型、高可靠、低成本、加密非挥发性电可擦除存储器研发	辉芒微电子（深圳）有限公司	不通过
64	CXZZ20140903164939458	高性能低成本 SSD 主控芯片 Puma 项目	记忆科技（深圳）有限公司	通过
65	KQCX20140522151322950	一种融合无线局域网和可见光通信的高速通信系统的研发	南方科技大学	通过
66	KQCX20140522151322951	宽禁带紫外光电传感器的外延生产系统研发	南方科技大学	通过
67	RKX20160531093952762	软 20160002 深圳高新技术企业涉外知识产权保护现状及对策研究	南京大学深圳研究院	通过
68	JCYJ20140418115815063	基于抗 Glypican-3 高亲和力抗体和 qPCR 的超高灵敏度肝癌早期诊断技术研究	山东大学深圳研究院	通过
69	JCYJ20140418115449178	儿童急性淋巴细胞白血病中转录因子 Helios 异常表达与 Treg 细胞功能异常相关性的研究	山东大学深圳研究院	通过
70	JCYJ20150331165212372	超大规模样例音频检索核心技术研究	深港产学研基地	复议
71	CXZZ20140730160842579	基于纳米晶须材料的新型无银抑菌活性炭	深圳安吉尔饮水产业集团有限公司	复议
72	KQCX20120816105958775	I 类新药马来酸依那普利叶酸片产业化项目	深圳奥萨制药有限公司	不通过
73	GJHS20130402155446073	物联网终端平台研发及产业化研究	深圳奥士达电子有限公司	通过
74	JCYJ20140828113329138	基于复杂网络的流行病与人类活动大数据融合建模研究	深圳北航新兴产业技术研究院	复议
75	GRCK20150831202341138	开源电动车	深圳博金创源网络技术有限公司（深圳豆芽创客空间）	通过
76	GRCK20150831202303592	微型潜水机器人	深圳博金创源网络技术有限公司（深圳豆芽创客空间）	通过
77	GRCK20150831202250095	智能迎宾机器人	深圳博金创源网络技术有限公司（深圳豆芽创客空间）	通过
78	GRCK20150831202214981	手机声波锁	深圳博金创源网络技术有限公司（深圳豆芽创客空间）	通过
79	GRCK20150831195921219	车载抬头显示器	深圳柴火创客文化传播有限公司	通过
80	GRCK20150831102245943	光感触控按键	深圳创客空间科技有限公司	通过

续表

序号	项目编号	项目名称	项目承担单位	验收结论
81	JCYJ20140828163633993	高效隔热反射聚合物中空微球的制备与结构性能研究	深圳大学	通过
82	JCYJ20140828163633977	基于社交网络的流媒体分发关键技术研究	深圳大学	通过
83	CXZZ20140828163951593	一种基于光谱及隐形编码技术的食品防伪溯源系统研发	深圳大学	通过
84	JCYJ20140418091413584	新抑癌基因 PRDM8 的功能和分子机制研究及其作为肿瘤分子标志物的探索	深圳大学	复议
85	CYZZ20140905144545358	简装式高效散热 LED 工矿灯的研发	深圳福凯半导体技术股份有限公司	通过
86	CYZZ20140902114616130	高效率低功耗集成封装大功率 LED 照明产品研发	深圳汉鼎绿能股份有限公司	通过
87	GJHS20140409092735974	新型无成瘾性多肽镇痛药物齐考诺肽的研究与开发	深圳翰宇药业股份有限公司	通过
88	JCYJ20140903102802052	面向在轨维护的多星与非合作目标编队飞行构型设计与轨迹规划	深圳航天东方红海特卫星有限公司	通过
89	JCYJ20140903102802053	基于软件无线电的一体化测控与数传技术研究	深圳航天东方红海特卫星有限公司	通过
90	JCYJ20140425113426030	高重复频率脉冲功率电源技术的研究	深圳航天科技创新研究院	通过
91	GJHS20120629164530269	兆瓦级光伏并网逆变关键技术研究	深圳航天科技创新研究院	通过
92	JCYJ20140425113637530	航天器锂电池的剩余寿命预测与健康管理方法研究	深圳航天科技创新研究院	通过
93	GJHS20140421172159100	化学键合海工及早强胶凝材料关键技术合作研究	深圳航天科技创新研究院	通过
94	GJHS20130403160305698	高性能生态友好胶凝材料及混凝土应用技术	深圳航天科技创新研究院	通过
95	GJHS20130403160326323	化学键合海工及早强胶凝材料关键技术合作研究	深圳航天科技创新研究院	通过
96	JCYJ20130319164732236	一种新型防治糖尿病早期血管病变的海洋生物活性肽的作用机制基础研究	深圳恒生医院	复议
97	JSGG20140702161403250	重 2014—先 18：人肠道元基因组在 2 型糖尿病、肥胖中发病作用及治疗中的初步应用	深圳华大基因研究院	通过
98	CXZZ20140626111840316	节能型锂电池检测设备	深圳吉阳智能科技有限公司	通过
99	CYZZ20140724113106091	高端彩超配套的高性能超声换能器	深圳嘉瑞电子科技有限公司	通过
100	GRCK20150831185107441	“0 飞线”电子开发套件	深圳开放创新科技有限公司	通过
101	GRCK20150831184726613	SmartNode	深圳开放创新科技有限公司	通过
102	GRCK20150831185158509	Edi 四旋翼无人机	深圳开放创新科技有限公司	通过
103	GRCK20150831184935550	移动通信终端的无线 SIM 卡数据传输技术及其智能穿戴设备	深圳开放创新科技有限公司	通过
104	CYZZ20140901152318364	一种电流模音频放大器	深圳旷世音响技术有限公司	通过
105	CXZZ20130516161621504	3D 效果高密度高清户内 1.5mmLED 显示屏的研发及产业化	深圳蓝普科技有限公司	不通过
106	CXZZ20130517163455280	基于纳米银线的电容式触控屏的印刷制作技术研究开发	深圳力合光电传感股份有限公司	通过

续表

序号	项目编号	项目名称	项目承担单位	验收结论
107	GJHS20150413161843495	新一代高性能五分类血细胞分析系统研制	深圳迈瑞生物医疗电子股份有限公司	通过
108	GJHS20140904170110242	新一代高性能五分类血细胞分析系统研制	深圳迈瑞生物医疗电子股份有限公司	通过
109	CXZZ20140828111639934	高效环保螺杆式风冷冷水（自然冷却）机组	深圳麦克维尔空调有限公司	复议
110	CXZZ20140829150253630	面向全自动高密度 PCB 板检测技术的研发	深圳麦逊电子有限公司	通过
111	GJHS20160329143706646	类风湿关节炎一类创新药的中国及国际临床申请	深圳明赛瑞霖药业有限公司	通过
112	JCYJ20140419122040605	自组装多肽快速止血材料	深圳清华大学研究院	通过
113	ZDSYS20140509173325385	大功率 LED 结温及界面热阻测量关键技术研制（重点实验室提升项目）	深圳清华大学研究院	通过
114	JCYJ20140419122040615	蒲葵苯并呋喃诱导 DNA 损伤和抑制 PARP 活性致耐药肿瘤细胞凋亡及机制研究	深圳清华大学研究院	通过
115	JCYJ20140419122040604	用于软骨组织修复的丝素蛋白 / 壳聚糖复合生物活性支架的研究	深圳清华大学研究院	通过
116	JCYJ20140419122040602	LED 芯片碳化硅超硬衬底高效高精度平坦化关键材料的研发	深圳清华大学研究院	通过
117	SGLH20131010153555326	新型超低阻大容量超级电容及分布式发电功率平衡系统的研发	深圳清华大学研究院	通过
118	KJYY20140829092048271	SF2014—26. 生物降解技术在餐厨垃圾处理中的应用示范	深圳瑞赛尔环保股份有限公司	不通过
119	CXZZ20140902145742255	全景式动态 DR 快速成像关键技术研发	深圳市安健科技股份有限公司	通过
120	GJHS20120627113540066	数字化医用 X 射线摄影系统	深圳市安健科技股份有限公司	通过
121	JSGG20140730095038782	重 2014—089：下一代 IDS 网络通信深度检测系统关键技术研发	深圳市安络科技有限公司	通过
122	JCYJ20140414154847277	中国人群冠心病相关遗传基础研究	深圳市宝安区疾病预防控制中心	通过
123	JCYJ20150402095058889	手部游离穿支皮瓣血管吻合方式的改良及吻合角度的研究	深圳市宝安区沙井人民医院	通过
124	GJHS20130403155955995	石墨烯开发及应用	深圳市贝特瑞纳米科技有限公司	通过
125	JSGG20140516145355534	锂离子动力电池软碳负极材料关键技术研发	深圳市贝特瑞新能源材料股份有限公司	通过
126	CXZZ20140619163206513	新型生理信号检测腕表关键技术研发	深圳市倍轻松科技股份有限公司	不通过
127	CXZZ20140903173557630	以人工湿地净化水质构建景观水体生态系统关键技术研究	深圳市碧园环保技术有限公司	复议
128	FHQ20140930145754614	深圳市创客工场创客空间	深圳市创客工场科技有限公司	复议
129	GRCK20150831100105591	神笔马良之 3D 打印画笔	深圳市创赛平台创业服务有限公司	通过

续表

序号	项目编号	项目名称	项目承担单位	验收结论
130	GRCK20150831095537503	基于大众健康的手机杀菌清洁多功能公众服务平台	深圳市创赛平台创业服务有限公司	通过
131	GRCK20150831095628746	触点通轻办公	深圳市创赛平台创业服务有限公司	通过
132	CXZZ20140714150121014	全自动液晶显示屏与触摸屏贴合机（全贴合）	深圳市创造机电有限公司	复议
133	JSGG20140701164558078	重 2014—先 16：全人源抗禽流感病毒广谱中和单克隆抗体的研发与应用	深圳市第三人民医院	复议
134	GRCK20150828141423338	RFID-Wi - Fi 智能巡检系统	深圳市丁责电子有限公司	通过
135	CYZZ20140812152842596	高效节能电焊机老化负载系统的研发	深圳市鼎泰佳创科技有限公司	通过
136	KJYY20140903155533943	SF2014—23. 智能交通技术的应用示范	深圳市东软软件有限公司	复议
137	JCYJ20150403100317067	基于人群和病人的肺表面活性物质相关蛋白基因突变研究	深圳市儿童医院	通过
138	JCYJ20130401114111448	中国儿童心电图正常参考值与正常儿童心电图数据库的建立	深圳市儿童医院	通过
139	CXZZ20120823162909810	产时胎儿手术治疗严重新生儿出生缺陷的临床研究	深圳市儿童医院	不通过
140	JCYJ20140415164758449	外阴鳞状细胞癌患者组蛋白 H3K27 三甲基化的高通量筛选及功能研究	深圳市福田区第二人民医院	通过
141	JCYJ20140414153916116	Treg 细胞及相关细胞因子 IL-10、TGF-β 与宫颈上皮内瘤变转归的相关性研究	深圳市妇幼保健院	通过
142	JSGG20141015154019100	重 2014—131：对虾养殖系统关键技术研发	深圳市富炜城投资有限公司	复议
143	FWCX20140728142229688	建设深圳市高新技术企业在线技术推广、培训学习平台	深圳市高新技术产业协会	通过
144	CXZZ20140901150556552	新材料在高端激光装备业的应用和产业化	深圳市光大激光科技股份有限公司	通过
145	CXZZ20140827150351417	集成太阳能热水器窗系统的研发及产业化	深圳市广田方特幕墙科技有限公司	复议
146	CYZZ20140818090028346	高导热低膨胀金属陶瓷基功能型复合材料研究与开发	深圳市国新晶材科技有限公司	通过
147	CXZZ20140416104115582	风冷式 12W 紫外激光发生器及其标记设备研发与产业化	深圳市海目星激光科技有限公司	通过
148	CXZZ20150330141732458	普 20150056：超低分子肝素生产用酶技术研发	深圳市海普瑞药业集团股份有限公司	通过
149	CXZZ20130321144925970	低功耗大带宽 900M /2.4GHz 多模 SOC 芯片研发及产业化	深圳市海泰康微电子有限公司	不通过
150	CYZZ20140702142338359	嵌入式高清智能安防消防摄像机系统及火焰检测算法研发	深圳市瀚晖威视科技有限公司	通过
151	GRCK20150831200948383	智能互联魔镜	深圳市毫米空间设计有限公司	通过
152	GRCK20150828173119384	数据视界	深圳市华大基因学院	通过

续表

序号	项目编号	项目名称	项目承担单位	验收结论
153	FWCX20140728110634813	LTE（MIMO）多天线终端 OTA 测试系统平台	深圳市华美纳检测技术有限公司	通过
154	CYZZ20150821143302982	LED SMD 倒封装芯片光源技术研发	深圳市华特光电科技有限公司	通过
155	KJYY20140901102810052	SF2014—21. 建筑信息模型（BIM）技术在政府建筑工程中的应用示范	深圳市华阳国际工程设计股份有限公司	复议
156	CXZZ20140815105223549	基于茶油的功能性保健精油的研究开发	深圳市华之粹生态科技有限公司	复议
157	CXZZ20140826110336276	高性能陶瓷支架技术开发项目	深圳市环基实业有限公司	通过
158	GJHS20120628152357269	基于 GIS 的城区水库型水源地污染监控、风险评估技术与方法	深圳市环境科学研究院	通过
159	GJHS20160302102841705	新一代三网融合终端和软件应用平台的研发	深圳市汇智成科技有限公司	通过
160	CYZZ20140904165212085	面向物业管理行业的社区 O2O 平台的研发及产业化	深圳市极致电子商务有限公司	复议
161	CXZZ20140828150950873	10G tunable XFP（波长调节的可插拔光模块）	深圳市极致兴通科技有限公司	复议
162	GJHS20150402143120970	主动医疗服务共性关键技术研发及应用示范——智能医疗急救系统研发及应用示范	深圳市急救中心	复议
163	GJHS20120628152055503	双酚 A 对胚胎干细胞定向分化的影响及其表观遗传学机制研究	深圳市疾病预防控制中心	通过
164	JCYJ20130401161330012	多频段 RFID 标签一致性评价指标及其测试方法的研究（重点实验室提升）	深圳市检验检疫科学研究院	通过
165	JCYJ20140722112616608	几种重要海洋弧菌作为海水水质污染指示菌的研究	深圳市检验检疫科学研究院	复议
166	CXZZ20140903152243524	复合生物质相变材料建筑围护结构的制备与性能研究	深圳市建筑科学研究院股份有限公司	复议
167	CXZZ20150402111908517	普 20150062：乳腺癌新型缓释制剂的技术研发	深圳市健元医药科技有限公司	复议
168	JSGG20140702112155203	重 2014—先 32：硝酸退镀液再生及铜回收的关键技术研究	深圳市洁驰科技有限公司	复议
169	GJHS20120628153435239	国产高效能云计算平台研发与产业化	深圳市金蝶天燕中间件股份有限公司	通过
170	GJHS20140418142223632	精密磨削装备核心部件和工艺关键技术及其在 PCB 微钻磨削装备中的应用	深圳市金洲精工科技股份有限公司	通过
171	CXZZ20140819153742440	堆叠式 3D 封装芯片的研发	深圳市劲升迪龙科技发展有限公司	通过
172	CYZZ20140605154742155	一体化基因诊断试剂盒的研制及其产业化应用	深圳市晋百慧生物有限公司	不通过
173	GRCK20150828145626406	呼吸式海浪发电装置	深圳市巨力科技开发有限公司	通过
174	CYZZ20150813102013294	瑞他帕林杂质制备方法的研究及应用	深圳市康立生生物科技有限公司	复议
175	CYZZ20140714152220592	关于 X 型乳房理疗专用仪器的研发	深圳市康美丽科技有限公司	通过
176	CXZZ20140826111442511	360 度全彩色 LED 球面显示技术研究及应用（电子-LED）	深圳市康硕展电子有限公司	通过

续表

序号	项目编号	项目名称	项目承担单位	验收结论
177	CXZZ20140422142343741	公路车辆智能动态称重系统	深圳市科尔达电气设备有限公司	通过
178	CXZZ20140820144225409	高性能聚醚酰亚胺（PEI）发泡粒子及片材制备技术开发	深圳市科聚新材料有限公司	复议
179	CXZZ20140815140206299	应用于风光互补 LED 路灯的微风高效风力发电机的研发	深圳市科瑞悦电气设备有限公司	通过
180	GRCK20150831172804560	智能网球运动伴侣	深圳市酷浪云计算有限公司	通过
181	CXZZ20130516151312269	基于 SOA 架构的 SAP 中间件产品研发及产业化	深圳市蓝凌软件股份有限公司	不通过
182	CXZZ20140623114224513	基于冷原子吸收分光光度法的在线水质总汞自动监测系统	深圳市朗石科学仪器有限公司	通过
183	GJHS20140423164331507	乐讯新一代移动信息平台	深圳市乐讯科技有限公司	通过
184	CXZZ20140701101558578	基于应变计封装的 PEEK 膜表面处理技术研发	深圳市力合测控技术有限公司	通过
185	CXZZ20140829112713583	AMM 系统架构下的多通道扩展型模块化智能电表及可实时计算线损的采集系统	深圳市龙电电气有限公司	通过
186	GRCK20150831180344086	无创血糖检测仪	深圳市南山科技事务所	通过
187	GRCK20150831180156074	lossless 光纤影像系统	深圳市南山科技事务所	通过
188	GRCK20150831180312766	keenbrace 智能护膝	深圳市南山科技事务所	通过
189	CXZZ20130517135908943	子宫颈癌新指示物——HPV 致癌基因 mRNA 检测技术的开发	深圳市南山区妇幼保健院	复议
190	FHQ20130427164655906	南山数字文化产业基地	深圳市南山区科技创业服务中心	通过
191	ZDSYS20140509150415945	深圳市慢性疼痛诊疗机理重点实验室	深圳市南山区人民医院	通过
192	FHQ20140520172424300	南山云谷创新产业园	深圳市南山云谷创新产业园管理有限公司	通过
193	CYZZ20150529144110281	基于最大功率点跟踪（MPPT）算法的太阳能变频器研发	深圳市欧科传动有限公司	通过
194	CXZZ20140701140645109	智能三维定位短距离无线通信芯片研发	深圳市欧克蓝科技有限公司	通过
195	JCYJ20140416095712709	SIRT1 在糖尿病视网膜病变中的神经保护作用及机制研究	深圳市坪山区人民医院	通过
196	JCYJ20140731143503817	基于城市综合观测的雷电发生机理研究及戒备服务应用	深圳市气象服务中心（深圳市气象公共安全技术支持中心）	通过
197	CXZZ20130515092016300	用于肺癌早期筛查的痰液 miRNA 液相芯片定量检测试剂盒的研发	深圳市人民医院	通过
198	CXZZ20140509151403304	DLC-1 表达影响下的鼻咽癌 MRI 动态增强参数及影像学特点	深圳市人民医院	通过
199	JCYJ20130402092657771	纳米靶向性色素上皮衍生因子防治视网膜脉络膜新生血管实验研究	深圳市人民医院	通过

续表

序号	项目编号	项目名称	项目承担单位	验收结论
200	JCYJ20140416122811970	上肢周围神经卡压征的微创治疗方法及器械研发	深圳市人民医院	通过
201	JCYJ20130402092657766	从 TAC 激动效应探究复方苹果酸林格氏液抗失血性休克作用机制	深圳市人民医院	通过
202	JCYJ20140416122812004	TGF—β 通路相关 miRNA 对弥漫大 B 细胞淋巴瘤的调控及其早期诊断和预后的研究	深圳市人民医院	通过
203	CXZZ20140508154016926	指端容积血流脉动波形图与子宫动脉多普勒预测子痫前期的对比研究	深圳市人民医院	通过
204	JCYJ20140416122812037	椎—基底动脉系统脑血流重建手术的显微解剖学研究	深圳市人民医院	通过
205	GJHZ20140416123146582	QCT 在骨质疏松症早期诊断及骨折风险评估的应用研究	深圳市人民医院	通过
206	JCYJ20140416122811976	内质网蛋白 29 在大鼠肾小管上皮细胞转分化中的作用机制	深圳市人民医院	通过
207	JCYJ20140416122812032	不同全麻方式下载脂蛋白 E ε 4 等位基因与老年人术后早期认知功能障碍的关系研究	深圳市人民医院	通过
208	JCYJ20140416122812042	腹主动脉球囊阻滞预防凶险型前置胎盘术中大出血的实验及临床研究	深圳市人民医院	通过
209	JCYJ20120830163410835	基于苦坚肾研究黄柏改善糖尿病肾病足细胞损伤的机制	深圳市人民医院	通过
210	JCYJ20140416122812036	IL-21 在免疫性血小板减少症中表达情况研究	深圳市人民医院	通过
211	JCYJ20140416122811965	动脉灌注脑低温治疗大鼠大面积脑梗死的实验研究	深圳市人民医院	通过
212	JCYJ20140416122811947	从肝论治卒中患者肠内营养胃肠道并发症的机理研究	深圳市人民医院	复议
213	JCYJ20140416122811914	胃癌浸润淋巴细胞受体深度测序及特性研究	深圳市人民医院	复议
214	JCYJ20140416122812024	基质 Caveolin-1 对肺腺癌侵袭转移的影响及其机制	深圳市人民医院	复议
215	JCYJ20140416122812008	Notch 信号在胶质瘤干细胞放疗抵抗性中的作用机制研究	深圳市人民医院	复议
216	GJHS20130401150324308	基于物联网的央行货币物流管理系统平台	深圳市融信软件技术有限公司	通过
217	JSGG20141117164838109	重 2014—152：皮秒级时距测量电路关键技术研发	深圳市锐能微科技股份有限公司	通过
218	CXZZ20140818143450643	多用途智能高端单元模块电池组的技术开发	深圳市瑞鼎电子有限公司	通过
219	CYZZ20140724114127303	基于 SoC 主控芯片技术的新一代 SSD 固态硬盘研发产业化	深圳市瑞耐斯技术有限公司	通过
220	JSGG20141118165624187	重 2014—156：超宽频高精度无线定位通讯模块关键技术的研发	深圳市润安科技发展有限公司	通过
221	JCYJ20150330170235646	尿失禁老人实施护理干预对机构照护的研究	深圳市社会福利中心	通过
222	CYZZ20140827093858792	光波导 LED 日光灯	深圳市圣诺光电科技有限公司	通过
223	JSGG20141118110444062	重 2014—162：优质石斛新品种选育及其关键技术研究	深圳市双晖农业科技有限公司	通过

续表

序号	项目编号	项目名称	项目承担单位	验收结论
224	CXZZ20140903150654161	思乐福利彩票统一账户平台管理系统的研发	深圳市思乐数据技术有限公司	通过
225	CXZZ20140410163747363	新型纯电动汽车电机驱动器研究与开发	深圳市四方电气技术有限公司	通过
226	GRCK20150828173943018	多麦克风消噪和智能语音的全自动测试系统	深圳市四方网盈孵化器管理有限公司	通过
227	GJHS20160311100453953	高精密智能扭矩测量工具	深圳市特力德精密工具有限公司	通过
228	FHQ20140930151346426	深圳市田心创意园企业孵化器	深圳市田心创意港文化产业投资有限公司	通过
229	CXZZ20140419134905632	基于云计算的大型 3D 网页游戏《封神战》研发	深圳市万游引力科技有限公司	通过
230	JSGG20141016141652366	重 2014—103：高效气冷涡轮叶片精密制造技术	深圳市万泽中南研究院有限公司	通过
231	GJHS20140527150755359	新一代移动通信网络优化与资源管理关键技术	深圳市网信联动通信技术股份有限公司	通过
232	JSGG20141020140305928	重 2014—139：基于离子注入和沉积技术的手机壳陶瓷涂层关键技术研发	深圳市旺鑫精密工业有限公司	通过
233	GRCK20150831195339460	互联网电器智能插座	深圳市微纳集成电路与系统应用研究院	通过
234	GRCK20150831171038270	自发电移动电源	深圳市微纳集成电路与系统应用研究院	通过
235	JSGG20141017102959272	重 2014—137：用于实现精准地下连续灌溉的新型半透膜材料关键技术研发	深圳市微润灌溉技术有限公司	通过
236	CXZZ20140903152826677	基于白光扫描干涉的超精细表面微观形貌三维轮廓检测器	深圳市维度科技有限公司	复议
237	CXZZ20140625161734122	广陈皮资源用于开发黄酮活性物质关键技术研究	深圳市味奇生物科技有限公司	通过
238	GRCK20150831185853053	高精度桌面多控交互四轴机械手	深圳市希格斯众创科技有限公司	通过
239	GRCK20150831185816432	iTENS 镇痛仪	深圳市希格斯众创科技有限公司	通过
240	GRCK20150831182315852	FAST 智能尾灯	深圳市希格斯众创科技有限公司	通过
241	GRCK20150831195556507	远程助理机器人	深圳市希格斯众创科技有限公司	通过
242	GRCK20150831183051337	卡图洛全息运动自行车	深圳市希格斯众创科技有限公司	通过
243	CYZZ20140813115444284	公共场所室内空气质量监控系统的研发	深圳市晓风建筑环境科技有限公司	通过
244	FWCX20140725165805844	新材料技术信息服务平台	深圳市新材料行业协会	通过
245	JSGG20140728153558376	重 2014—090：基于 SDN 技术的高速以太网交换机关键技术研发	深圳市新格林耐特通信技术有限公司	通过

续表

序号	项目编号	项目名称	项目承担单位	验收结论
246	CYZZ20140902102101989	地下停车场光伏 - LED 智能化照明系统	深圳市新环能科技有限公司	通过
247	CYZZ20140804104323353	一种新型电子材料——柔性铁氧体隔磁片的研发	深圳市新金瑞中核电子有限公司	通过
248	GJHS20130401112228308	高性能铝钛硼（碳）母铝合金研制及产业化	深圳市新星轻合金材料股份有限公司	通过
249	GJHS20130321151515454	环保型高性能低成本超薄变形镁合金板带材研发及产业化	深圳市新星轻合金材料股份有限公司	通过
250	CXZZ20140509152944804	变频电磁加热技术在平板硫化机上的应用	深圳市鑫汇科股份有限公司	通过
251	CXZZ20140901155434849	基于建筑应用的多元合金板材料和制备的技术研发	深圳市鑫明光建筑科技有限公司	通过
252	JSGG20141020100705788	重 2014—120：新一代 NFC(近场通信）天线关键技术研发	深圳市信维通信股份有限公司	通过
253	GRCK20150831192153843	自行车功率计及训练系统	深圳市星河博文创新创业创投研究院有限公司	通过
254	GRCK20150831192249772	城市居民米生活升级项目——家庭智能终端物联网应用	深圳市星河博文创新创业创投研究院有限公司	通过
255	CXZZ20140829152144802	高分辨率 UV 喷墨打印关键技术开发项目	深圳市雄帝科技股份有限公司	通过
256	CXZZ20140418141719132	25GHz 高频材料阶梯厚软金工艺电路板的研发	深圳市迅捷兴科技股份有限公司	通过
257	CXZZ20140512143633898	用于 4G 射频通信终端的小型宽带可变衰减器的研发	深圳市研通高频技术有限公司	复议
258	JCYJ20150402152130698	基于云服务的病案管理在老年黄斑变性患者随访中的应用研究	深圳市眼科医院	通过
259	CXZZ20140716102448655	高性能 TRIAC 调光 LED 驱动器的技术开发	深圳市易光科技有限公司	复议
260	CXZZ20140701154032172	新型高功率密度新能源汽车同步电机驱动控制器研发	深圳市易驱电气有限公司	通过
261	JSGG20140702163347172	重 2014—先 01：高精度三维裁衣系统技术研发	深圳市易尚展示股份有限公司	通过
262	CXZZ20140417150027469	智能太阳能电力计量管理系统	深圳市银河表计股份有限公司	通过
263	CXZZ20140509103150804	用于透明玻璃隔热的纳米涂料研发	深圳市兆新能源股份有限公司	通过
264	CYZZ20140604163539514	穿戴类个人基本体征检测系统	深圳市臻络科技有限公司	复议
265	CYZZ20140902141445286	多功能分布式光伏并网配电柜的研制	深圳市支上新能源有限公司	复议
266	CYZZ20140903120028974	为移动电子和可穿戴式设备充电的人体动能收集装置	深圳市智携科技有限公司	复议
267	GJHS20130326150836874	一体化医疗内窥镜摄像系统	深圳市中科康医疗科技有限公司	通过
268	CYDS20120614150033123	一体化医疗内窥镜摄像系统	深圳市中科康医疗科技有限公司	不通过
269	CYZZ20140419124244163	三闭环步进伺服驱动器的研发及产业化	深圳市中科伺服科技有限公司	通过

续表

序号	项目编号	项目名称	项目承担单位	验收结论
270	CXZZ20140723151251014	蝴蝶兰优良新品种快速繁育	深圳市中科园林花卉有限公司	通过
271	CXZZ20140827140608183	老垃圾填埋场原位修复治理技术开发	深圳市中兰环保科技股份有限公司	复议
272	JSGG20150529110028468	重 20150155：高精度激光干涉仪关键技术研发	深圳市中图仪器股份有限公司	通过
273	CXZZ20140828140723204	LED 裸眼 3D 立体显示的技术研究	深圳市洲明科技股份有限公司	通过
274	GRCK20150831172909135	全球最小 mini 投影微电脑——光棍 1 号	深圳市卓溢科技开发有限公司	通过
275	FHQ20140930163350551	卓溢科技创新开放式孵化器	深圳市卓溢科技开发有限公司	复议
276	CYZZ20130412113114877	胶囊式内窥镜系统研发项目	深圳市资福技术有限公司	不通过
277	NYKJ20140923091009424	农产品质量安全追溯与监管平台（农转项目）	深圳思创信息技术有限公司	通过
278	GRCK20150831185639992	基于 WiFi 技术的实时动态探测仪开发与商用解决方案	深圳四博智联科技有限公司	通过
279	CXZZ20140901151617958	基于 On-cell 一体化全贴合技术的液晶显示模组研发及产业化	深圳同兴达科技股份有限公司	复议
280	CXZZ20140904113407605	超薄触摸型显示屏电路板技术研发	深圳统信电路电子有限公司	通过
281	CXZZ20130322102314010	1.1 类抗肿瘤新药 CS2164 的临床前长期安全性及生殖毒性研究（工程中心提升）	深圳微芯生物科技有限责任公司	通过
282	GJHS20130402135334950	三维高密度基板及高性能 CPU 技术研发与产业化——材料开发	深圳先进技术研究院	通过
283	JCYJ20140901003938996	攀附式穿戴机器人技术研究	深圳先进技术研究院	通过
284	JCYJ20140901003938994	大尺度城市场景的多源感知与高维表达	深圳先进技术研究院	通过
285	JCYJ20140610152828678	基于字典学习的磁共振退化因素双校正快速成像技术研究	深圳先进技术研究院	通过
286	JCYJ20140901003939001	基于云计算的图像标注关键技术研究	深圳先进技术研究院	通过
287	JCYJ20140417113430732	基于强亲硫性的重金属细胞毒性产生机制研究	深圳先进技术研究院	通过
288	JCYJ20140610152828686	网络异质数据融合与知识发现的理论与方法研究	深圳先进技术研究院	通过
289	GJHS20120702090748641	快速高分辨率冠状动脉血管壁磁共振成像	深圳先进技术研究院	通过
290	JCYJ20140901003939020	基于 TSV 高密度三维集成众核系统中感知温度的片上通信系统研究	深圳先进技术研究院	通过
291	JCYJ20140901003939002	基于窄禁带铜铟镓硒和宽禁带钙钛矿材料的新型高效率双结光伏器件的实验研究	深圳先进技术研究院	通过
292	JCYJ20140417113430618	一维氮化铝纳米材料的合成及其在聚合物复合材料的应用探索	深圳先进技术研究院	通过
293	JCYJ20120615124830232	在限域空间内合成新型导电高分子材料	深圳先进技术研究院	通过
294	JCYJ20140417113430700	基于电磁谐振耦合的电动汽车无线充电技术研究	深圳先进技术研究院	通过
295	JCYJ20140417113430725	化学表面处理对铜锌锡硫薄膜晶界面能带结构的控制及其在太阳能电池工艺优化上的应用	深圳先进技术研究院	通过

续表

序号	项目编号	项目名称	项目承担单位	验收结论
296	JCYJ20140901003939013	动态交互场景三维建模中关键问题研究	深圳先进技术研究院	通过
297	JCYJ20140901003939022	基于深度感知动态手势预判的机器人自然交互方式的研究	深圳先进技术研究院	通过
298	JCYJ20140509174140687	基于双目视觉系统的视频监控技术的关键理论问题研究	深圳先进技术研究院	通过
299	GJHS20120702085605867	全科模块化箱房诊所	深圳先进技术研究院	通过
300	KQCX20140520154115028	CIGS 太阳能电池组件全激光刻蚀工艺的研究	深圳先进技术研究院	通过
301	JCYJ20140610151856732	基于 D2D 和协作中继的下一代移动通信系统能谱资源和路由管理	深圳先进技术研究院	通过
302	GJHS20120702090748638	实时高分辨磁共振成像的理论与方法研究	深圳先进技术研究院	通过
303	JCYJ20140417113430578	雪卡毒素及同系物影响乙酰胆碱酯酶及受体作用的机制研究	深圳先进技术研究院	通过
304	GJHS20120702091123905	新型铜基化合物薄膜太阳能电池相关材料和器件的关键科学问题研究	深圳先进技术研究院	通过
305	JCYJ20140610151856736	基于多层非线性稀疏表达模型的快速磁共振成像方法研究	深圳先进技术研究院	通过
306	GJHS20120702085918890	周围神经功能重建机理与神经信息解码研究	深圳先进技术研究院	通过
307	JCYJ20140417113430546	藻类有机质（AOM）氯化 DBPs 的毒理基因组学的研究	深圳先进技术研究院	通过
308	JCYJ20140417113430662	MRI/PAI 双模式影像纳米探针用于细胞治疗的可视化研究	深圳先进技术研究院	通过
309	JCYJ20140417113430673	高性能海水淡化反渗透膜抗生物污染的研究	深圳先进技术研究院	通过
310	GJHS20130402135334981	大型医疗装备核心部件及重大产品研发	深圳先进技术研究院	通过
311	JCYJ20140417113430589	三维黑血高分辨磁共振识别颅内血管斑块内出血的关键技术研究	深圳先进技术研究院	通过
312	JCYJ20140417113430693	基于光处理数字投影的太赫兹压缩传感成像关键技术研究	深圳先进技术研究院	通过
313	JCYJ20140610151856743	基于磁共振氨基质子转移成像的急性脑中风缺血半影区定量 pH 研究	深圳先进技术研究院	通过
314	JCYJ20140417113430580	血管早期病变超声无创检测方法研究	深圳先进技术研究院	通过
315	JCYJ20140417113430603	基于数据稀疏采集和局部双反转脉冲黑血原理的冠状动脉血管壁磁共振成像方法研究	深圳先进技术研究院	通过
316	KQCX20140521115045445	微流控循环肿瘤细胞检测芯片技术	深圳先进技术研究院	通过
317	JCYJ20140610151856726	均相多组分体外检测生物传感器新机理的研究	深圳先进技术研究院	通过
318	JCYJ20140610152828679	基于扫频耳声发射的听觉检测和听觉反馈机理研究	深圳先进技术研究院	通过
319	GJHS20130402135334935	基于压电复合材料的多功能超声换能器	深圳先进技术研究院	通过

续表

序号	项目编号	项目名称	项目承担单位	验收结论
320	GJHS20120702084840607	THz 内源光动力治疗仪	深圳先进技术研究院	通过
321	GJHS20120702085605866	全科模块化箱房乡镇卫生院—纳米比亚	深圳先进技术研究院	通过
322	JCYJ20140417113430647	三维石墨烯包裹 Si/SiC 杂化纳米线的制备及其锂离子电池负极应用研究	深圳先进技术研究院	复议
323	JCYJ20140617143643478	光聚合物 / 银纳米线导电复合材料的制备及其电、光性能研究	深圳先进技术研究院	复议
324	CXZZ20140828110927130	TFT-LCD 高世代生产线用 Cu 蚀刻液的研究与开发	深圳新宙邦科技股份有限公司	通过
325	CYZZ20140807160111436	基于轨道交通的移动互联网平台及系统研发	深圳英龙华通科技发展有限公司	通过
326	CXZZ20140731144729597	基于 HTML5 hybrid 技术的企业移动 ERP 系统研发	深圳盈诺德信息技术有限公司	复议
327	CYZZ20140826145023120	新醇燃料应用于工业锅炉项目	深圳源圭能源有限公司	通过
328	CYZZ20150723152516502	云安健康安全监测云平台	深圳云安智慧医疗科技有限公司	通过
329	GRCK20150831192350918	专业竞技类电动遥控赛车	深圳长虹科技有限责任公司	通过
330	GRCK20150831192413197	升降螺旋动系统	深圳长虹科技有限责任公司	通过
331	JCYJ20150430163657307	几种乔木落叶对蓝藻化感抑制作用及其成分的提取和鉴定	深圳职业技术学院	通过
332	JCYJ20140718172055170	基于分布式发电的储能监控与管理系统关键技术研究	深圳职业技术学院	通过
333	JCYJ20130331152159761	基于车联网信息感知的 GIS-T 时空数据分析关键技术研究	深圳职业技术学院	通过
334	GGJS20130331145358433	深圳市高分子材料改性与加工公共技术服务平台（续建）	深圳职业技术学院	不通过
335	CXZZ20140522140806809	应用于港口物流的分布式驱动结构纯电动牵引车头研究和开发	深圳中集天达空港设备有限公司	通过
336	GRCK20150828160939759	智能睡眠眼罩	深圳中科创客学院有限公司	通过
337	GRCK20150828161612699	陆空两用六足机器人	深圳中科创客学院有限公司	通过
338	GRCK20150828161646582	疲劳驾驶预警眼镜	深圳中科创客学院有限公司	通过
339	GRCK20150828160827974	生毛豆	深圳中科创客学院有限公司	通过
340	GRCK20150828161428921	桌面级多功能机器人	深圳中科创客学院有限公司	通过
341	CYZZ20140519142607159	穿戴式蓝牙通讯产品	万魔声学科技有限公司	通过
342	ZDSYS20140509165757632	深圳 3D 多媒体信息与数据分析处理重点实验室	武汉大学深圳研究院	通过
343	CXZZ20140902162618036	基于患者自身癌细胞的肺癌个体化治疗	武汉大学深圳研究院	复议
344	JSGG20140701161153656	重 2014—先 10：可吸收介入支架关键技术研究	先健科技（深圳）有限公司	通过
345	GJHS20130326144527718	基于脑深部电刺激的癫痫监测与治疗设备研究	先健科技（深圳）有限公司	通过
346	JCYJ20140827151540605	应用于新型储能装置——纳米多孔碳界面上离子液体分子结构和动态学的研究	香港城市大学深圳研究院	通过

续表

序号	项目编号	项目名称	项目承担单位	验收结论
347	ZDSYS20140509155229805	组建 EV/HEV 能源管理系统重点实验室	香港城市大学深圳研究院	复议
348	JCYJ20140903112827179	SIRT1 通过控制血管旁脂肪（PVAT）白色 / 棕色化表型调控肥胖引起的血管内皮功能障碍及动脉粥样硬化	香港大学深圳研究院	通过
349	JCYJ20140903112959964	小檗碱通过多靶点调节原发性肝癌肿瘤微环境的研究	香港大学深圳研究院	复议
350	JCYJ20140903112959961	基于丝氨酸 / 苏氨酸化学连接的肿瘤靶向性多肽树状分子合成与应用研究	香港大学深圳研究院	复议
351	JCYJ20140903112959960	EBV 病毒 microRNA BART7 通过抑制 GFPT1 和 TGF-β1 的表达增强鼻咽癌细胞对放疗的敏感度	香港大学深圳研究院	复议
352	ZDSYS20140509142430241	建立深圳食品生物污染与控制重点实验室	香港理工大学深圳研究院	通过
353	JCYJ20130401172046453	多自主驾驶车辆协同理论与技术研究	香港中文大学深圳研究院	通过
354	CXZZ20140904111205643	循环 ATM 机金融鉴假识别系统研发	新达通科技股份有限公司	通过
355	CXZZ20140902101459255	超薄高亮全视角触控一体化液晶显示器件研究	新辉开科技（深圳）有限公司	通过
356	GJHS20140610110519624	TD-LTE 面向多模单待的手机研发	宇龙计算机通信科技（深圳）有限公司	通过
357	GJHS20130401162431792	宇星科技发展（深圳）有限公司科技特派员工作站	宇星科技发展（深圳）有限公司	通过
358	KJYY20150601153115651	SF2015—11. 光伏发电或光热利用的应用示范	中广核太阳能（深圳）有限公司	复议
359	CXZZ20140716094331061	基于 BIM 的钢结构全生命周期物联网管理关键技术研究	中建钢构有限公司	通过
360	CXZZ20140731151227907	海洋绿色人居系统技术研发	中建钢构有限公司	通过
361	JCYJ20140416094256899	MicroRNA-181 家族调控骨桥蛋白和心力衰竭的作用机制研究	中山大学附属第八医院（深圳福田）	通过
362	JCYJ20140416094330204	急性心肌梗死患者 I 期心脏康复训练的临床应用研究	中山大学附属第八医院（深圳福田）	通过
363	JCYJ20140416094330206	专科 - 社康模式序贯治疗类风湿关节炎的研究	中山大学附属第八医院（深圳福田）	通过
364	JCYJ20140416094256893	晕痣和白癜风皮损浸润 T 细胞的免疫遗传学特性的对照研究	中山大学附属第八医院（深圳福田）	通过
365	GJHZ20140422151621632	vWF 结构域 A/C 区的自缔合分子效应及其对血小板信号传导的影响	中山大学深圳研究院	通过

五、2017 年第 5 批市科技计划项目验收结果

序号	项目编号	项目名称	项目承担单位	验收结论
1	JCYJ20140903101709818	血管内皮细胞 PFKFB3 对糖脂代谢的调控研究	北京大学深圳研究生院	通过
2	JCYJ20140419131807789	光纤中超高重复率超短光脉冲产生方法的研究	北京大学深圳研究生院	通过
3	JCYJ20130331144751105	智能电视新型开放系统平台与多终端耦合人机交互技术研究	北京大学深圳研究生院	通过

续表

序号	项目编号	项目名称	项目承担单位	验收结论
4	GRCK20150925155034599	自制深度感知器件及其快速 3D 建模系统	北京大学深圳研究生院	通过
5	GRCK20150925155033785	面向虚实融合的球屏互动装置及应用	北京大学深圳研究生院	通过
6	GRCK20150925155034731	基于蓝牙室内定位的微基站及智慧校园应用	北京大学深圳研究生院	通过
7	GRCK20150901140550375	电动助力智能自行车及基于 OBD 构架的电机数据解析手机应用	北京大学深圳研究生院	通过
8	JCYJ20140903101902349	深圳市 PM2.5 浓度的影响要素分析与健康效应评价	北京大学深圳研究生院	通过
9	GRCK20150925155034183	激发儿童趣味的智能牙刷套件及动作矫正	北京大学深圳研究生院	通过
10	JCYJ20140417144423188	荷电正渗透膜制备及正渗透技术在海水淡化中的应用研究	北京大学深圳研究生院	复议
11	JCYJ20150403091443334	低氧诱导 MGC45491 基因表达促进肾癌发生的分子机制研究	北京大学深圳医院	通过
12	JCYJ20140415162338822	强化互动教育模式对 2 型糖尿病骨质疏松患者干预效果的研究	北京大学深圳医院	通过
13	JCYJ20140415162338819	视网膜厚度及视盘不对称参数在原发性开角型青光眼早期诊断中的应用研究	北京大学深圳医院	通过
14	CYZZ20140605101709171	基于 3D 人体感知的智能家居控制系统	超节点创新科技（深圳）有限公司	通过
15	CYZZ20150828155937463	PV200 光伏水泵逆变器的开发及产业化	孚瑞肯电气（深圳）有限公司	通过
16	CYZZ20140801155253213	光学透镜变焦 LED 新能源节能照明关键技术研发及产业化	广东裕鑫丰智造电子科技有限公司	通过
17	CXZZ20140419141609644	基于智能手机运动感知的小型无人飞行器姿态控制	哈尔滨工业大学深圳研究生院	通过
18	KQCX20140521144507925	结合脑科学和深度学习的文本情绪计算研究及其在社会群体情绪分析的应用	哈尔滨工业大学深圳研究生院	通过
19	GRCK20150928160258440	新一代高效率散热器	哈尔滨工业大学深圳研究生院	通过
20	JCYJ20140417172417109	面向人体心脏健康监护的智能脉搏手表的研究	哈尔滨工业大学深圳研究生院	通过
21	GJHS20150403164532427	典型行业排水特征污染物脱除成套技术研究与示范（第二笔）	哈尔滨工业大学深圳研究生院	通过
22	GRCK20150928160257927	便携式膀胱理疗仪及医用 APP 的研发	哈尔滨工业大学深圳研究生院	通过
23	JCYJ20140417172417172	超细晶铁酸铋多铁性材料的放电等离子体烧结制备及磁电性能研究	哈尔滨工业大学深圳研究生院	通过
24	KQCX20140521144147315	光图形化实现全彩色有机发光显示的关键材料与器件技术	哈尔滨工业大学深圳研究生院	通过
25	JCYJ20130329161054965	网络环境非完备机器博弈的信息模型与搜索策略研究	哈尔滨工业大学深圳研究生院	通过
26	JCYJ20140417172417149	基于监控图像的停车场智能车位识别算法研究	哈尔滨工业大学深圳研究生院	复议
27	CXZZ20140509143651945	用于电源适配器的集成了光耦和电压基准的一体化芯片的研发	华润半导体（深圳）有限公司	通过
28	JSGG20141020145124600	重 2014—123：基于 5G（第五代移动通信）的 Polar 码编译关键技术研发	华为技术有限公司	通过

续表

序号	项目编号	项目名称	项目承担单位	验收结论
29	JSGG20141017165000116	重 2014—091：温度湿度压力一体化传感器关键技术研发	精量电子（深圳）有限公司	通过
30	JCYJ20140612140151887	无线信能同传系统传输策略研究	南方科技大学	通过
31	JCYJ20140714151402769	高性能有机太阳能电池半导体材料研发	南方科技大学	通过
32	JCYJ20140417105742706	负泊松比钙钛矿材料的结构——性能研究	南方科技大学	通过
33	KQCX20140522151005146	新型的颜色可调的长发光寿命金属铑（Ⅲ）配合物的设计与合成	南方科技大学	通过
34	JCYJ20140714151604592	石墨烯复合材料制备低功耗柔性晶体管存储器	南方科技大学	通过
35	KQCX20140522151322944	新型商业化电卡制冷核心装备的研制	南方科技大学	通过
36	GJHS20130403171036252	特异性识别肿瘤代谢物的人工合成荧光 DNA 酶分子探针的关键共性技术研究及其检测试剂盒开发	清华大学深圳研究生院	通过
37	JCYJ20140902110354248	微流控芯片技术在单细胞脂质组学分析中的研究与应用	清华大学深圳研究生院	通过
38	JCYJ20140509172959973	用于低温环境的锂离子电池关键技术研究	清华大学深圳研究生院	通过
39	JCYJ20150529164918738	靶向隐形纳米凝胶用于胰腺癌化疗研究	清华大学深圳研究生院	通过
40	GJHZ20150316160614842	间充质干细胞伤口移植支持材料研发	清华大学深圳研究生院	通过
41	JCYJ20140902110354242	铂合金纳米八面体的表面成分调控及其电催化性能研究	清华大学深圳研究生院	通过
42	JCYJ20150401112337177	基于可见光照明的室内高速大容量通信技术的研究	清华大学深圳研究生院	通过
43	JCYJ20150331151358130	低碳紧致型立体仓储系统应用技术研究	清华大学深圳研究生院	通过
44	GJHS20150416110328995	DDR3 动态随机存储器产品研发及产业化	清华大学深圳研究生院	通过
45	CXZZ20150504104106932	普 20150139：高效智能波长矫正、调色调光 LED 驱动芯片研发	泉芯电子技术（深圳）有限公司	通过
46	JCYJ20140417161915014	高性能微通道换热器内凹形多孔微通道加工及作用机理	厦门大学深圳研究院	通过
47	JCYJ20140418115815053	基于 NFAT2 上 DYRK1A 作用位点设计的多肽药物抗弥漫性大 B 细胞淋巴瘤的研究	山东大学深圳研究院	通过
48	CXZZ20140508140740862	用于复杂钢筋混凝土结构无损探伤的智能钢筋系统的研究开发	上海交通大学深圳研究院	通过
49	RKX20160526163121573	软 20160001：深圳与国内其他主要城市创业成本比较研究	上海交通大学深圳研究院	不通过
50	JSGG20140519100946831	重 2014—012：软件定义数据中心关键技术研发	深信服科技股份有限公司	通过
51	JSGG20130923110556312	重 2013—067：一种治疗伴有同型半胱氨酸升高的高胆固醇血症的新型药物研发	深圳奥萨制药有限公司	复议
52	KQCX20120803145850990	皮肤免疫过敏症新型分子标志物的筛选及其分子机制研究	深圳北京大学香港科技大学医学中心	通过
53	KJYY20140901154922474	国产芯片的应用示范	深圳贝特莱电子科技股份有限公司	通过

续表

序号	项目编号	项目名称	项目承担单位	验收结论
54	CYZZ20140418160641241	基于物联网技术的智能物流平台	深圳博雅前沿科技有限公司	通过
55	GRCK20150831200030540	立体空间智能货运机器人	深圳柴火创客文化传播有限公司	通过
56	GRCK20150831200048143	Ai.Frame 仿人机器人	深圳柴火创客文化传播有限公司	复议
57	CXZZ20130322141020190	基于人脸识别、AVS 视音频编解码技术的智能安全软硬件平台	深圳昌恩智能股份有限公司	复议
58	GRCK20150831102539701	goBirdie 智能消费级无人机	深圳创客空间科技有限公司	通过
59	GRCK20150831102309621	全球首创微信遥控超微固定翼无人机	深圳创客空间科技有限公司	通过
60	GRCK20150831102334662	一个基于 linux 的软件开发框架	深圳创客空间科技有限公司	复议
61	CXZZ20150401105754411	普 20150041：北斗智能车载网关技术研发	深圳创维汽车智能有限公司	通过
62	JCYJ20140418193546117	程序资源分析与验证理论与技术研究	深圳大学	通过
63	JCYJ20140828163633980	顾及时变不确定条件的多模态公共交通网络生长分析与优化改善	深圳大学	通过
64	JCYJ20140418182819160	纳米发电机的能量收集机理及输出特性研究	深圳大学	通过
65	JCYJ20140418182819134	光合微藻从生长向油脂积累转化过程中的调控机制	深圳大学	通过
66	JCYJ20140418091413530	滨海混凝土微生物自修复研究	深圳大学	通过
67	JCYJ20140418095735611	Gal-1/ 特异性抗原三联剂重建肠黏膜免疫耐受的机理和应用研究	深圳大学	通过
68	JCYJ20140418095735619	Sn-Sb-Zn 合金 @ 石墨烯 @ 碳复合纳米纤维制备及其嵌脱锂反应机制研究	深圳大学	通过
69	JCYJ20140418182819116	基于精细表面图案化技术制备三维功能化聚合物表面结构的研究	深圳大学	通过
70	CXZZ20140828163951592	肺癌循环非编码小 RNA 生物标记物的筛查及其临床直扩试剂盒的开发与应用	深圳大学	通过
71	JCYJ20140418095735582	基于偏振光散射的赤潮藻原位探测技术研究	深圳大学	通过
72	JCYJ20150525092940986	基于多模态和纵向信息的阿尔茨海默疾病诊断和预测的研究	深圳大学	通过
73	JCYJ20140418095735574	胃癌中 miRNAs 通过靶向调控 SUFU 参与 Hedgehog 及 Wnt 信号通路的分子机理	深圳大学	通过
74	JCYJ20140418182819151	基于新型复合纳米粒子构建肿瘤早期诊断传感器的研究	深圳大学	通过
75	JCYJ20140509172719312	硫系玻璃陶瓷光伏性能的机理与应用研究	深圳大学	通过
76	CXZZ20140418182638768	新型急危重症评估管理系统技术开发	深圳大学	通过
77	JCYJ20140418182819121	心电数据库与心电分析算法研究	深圳大学	通过
78	JCYJ20130329103213543	集成光学拉曼传感器的研究	深圳大学	通过
79	JCYJ20140418091413563	免疫修饰 OCT4 偶联糖苷脂抗原对睾丸癌杀伤效应机制研究	深圳大学	通过
80	CXZZ20140418182638764	视疲劳预防与康复研究	深圳大学	复议

续表

序号	项目编号	项目名称	项目承担单位	验收结论
81	GJHS20120621142423978	代谢组学中的生物启发式高维数据特征选择方法研究	深圳大学	复议
82	JCYJ20140418095735635	早老症中蛋白激酶 CK2 功能改变引发细胞衰老的研究	深圳大学	复议
83	KQCX20140519103243534	医学影像中的辐射风险评估及低辐射扫描方案研究	深圳大学	复议
84	JCYJ20140418181958501	基于信任感知与推理演化的可信计算模型关键技术研究	深圳大学	复议
85	CXZZ20140418182638776	基于间断化学分析技术的全自动海水营养盐在线分析仪	深圳大学	复议
86	CYZZ20160418150413675	射频自动化测试系统	深圳东昇射频技术有限公司	通过
87	FHQ20140520161045440	深圳市高新奇战略新兴产业园	深圳高新奇战略新兴产业园区管理有限公司	通过
88	CXZZ20150504113221026	普 20150243：3D 打印高品质金属模具技术的研发	深圳光韵达光电科技股份有限公司	通过
89	CXZZ20140414153851191	基于聚合物包覆改性的高性能天然纤维基超细粒料的开发与应用研究	深圳海川新材料科技股份有限公司	复议
90	JCYJ20140421172318586	航空航天用结构、功能一体化热防护复合材料的研究	深圳航天科技创新研究院	通过
91	CXZZ20150504150449729	普 20150209：水性镍基宽频电磁屏蔽复合涂料制备技术研发	深圳航天科技创新研究院	复议
92	CXZZ20140808170655268	血液中极微量疾病标记物分离以及在重要疾病检测中应用	深圳华大基因研究院	通过
93	JCYJ20140729163617829	应用基因组学技术选育三七新品种	深圳华大三生园科技有限公司	通过
94	JCYJ20140419131733975	固体氧化物燃料电池关键材料基础研究	深圳华中科技大学研究院	通过
95	JCYJ20140509162710494	太阳能建筑通风蓄热关键技术研究	深圳华中科技大学研究院	通过
96	JCYJ20140819154343380	深圳市垃圾焚烧烟气汞污染物深度脱除机理与关键技术研究	深圳华中科技大学研究院	通过
97	JCYJ20140903171444756	电子信息制造业中新型碳纳米管热界面材料的研发	深圳华中科技大学研究院	通过
98	JCYJ20140903171444755	超精密运动部件动态特性对加工质量的影响规律研究	深圳华中科技大学研究院	通过
99	JCYJ20140419131733976	高频超声相控阵技术与前列腺癌早期诊断研究	深圳华中科技大学研究院	通过
100	JCYJ20140419131733980	三维手性超材料光学不对称传输特性的研究	深圳华中科技大学研究院	通过
101	JCYJ20140819154343378	基于多视角学习的图像检索	深圳华中科技大学研究院	通过
102	JCYJ20140509162710496	基于忆阻的非线性系统动力学行为的信息动态存储方法	深圳华中科技大学研究院	通过
103	JCYJ20140509162710497	阿尔茨海默病的靶向纳米磁共振诊断对比剂的制备、优化与临床前开发研究	深圳华中科技大学研究院	复议
104	CXZZ20150814095951731	普 20150409：微纳颗粒改性复合材料在 LED 封装中的应用技术研究	深圳极光王科技股份有限公司	通过

续表

序号	项目编号	项目名称	项目承担单位	验收结论
105	GRCK20150831175833389	极视角—计算机视觉 PaaS 云平台	深圳极视角科技有限公司	复议
106	GRCK20150930112330800	云前台在线编程	深圳技师学院	复议
107	GRCK20150930112331296	云后台在线编程	深圳技师学院	复议
108	CXZZ20150504150840932	普 20150186：代谢综合征药物小檗碱有机酸复盐的研发	深圳君圣泰生物技术有限公司	通过
109	FHQ20141114143245468	开放制造空间（TechSpace）	深圳开放空间科技有限公司	通过
110	CXZZ20140507160704233	新型高性能金属陶瓷复合材料研发与产业	深圳可瑞高新材料股份有限公司	通过
111	CYZZ20130827092231874	短脉冲高功率光纤激光器的研发和产业化	深圳镭射微视科技有限公司	不通过
112	KQCX20130620153735231	亚纳秒、皮秒光纤激光器的研发和产业化	深圳镭射微视科技有限公司	不通过
113	CYZZ20160526153530664	高性能冠脉预扩及后扩球囊导管的研发	深圳脉动医学技术有限公司	通过
114	CXZZ20150505113000026	普 20150225：智能光伏功率优化器的研发	深圳茂硕电气有限公司	通过
115	GJHS20160309153741652	新型人工椎间盘	深圳清华大学研究院	通过
116	JCYJ20140419122040603	可视化医用海绵的研究	深圳清华大学研究院	通过
117	CYZZ20150915110116664	基于通讯协议加解密技术的 iOS 系统管理软件研发及产业化	深圳软牛科技有限公司	通过
118	GJHZ20140422155920647	智能移动互联医疗终端关键技术研发及产业化	深圳桑菲消费通信有限公司	通过
119	CYZZ20140414152044879	金属氧化物 TFT AMOLED 驱动 SOC 芯片的研发	深圳市爱协生科技有限公司	通过
120	JCYJ20140416085544656	益生菌预防纯配方奶喂养极低出生体重儿坏死性小肠结肠炎的作用及机制研究	深圳市宝安区妇幼保健院	复议
121	FHQ20130426151516696	宝安桃花源科技创新园	深圳市宝安区科技创新服务中心	通过
122	JCYJ20150403115305748	抗氧化剂葛根素对创伤性脑损伤的神经保护作用和机制的研究	深圳市宝安区松岗人民医院	通过
123	JCYJ20150403150555637	COX-2 和 PCNA 在膀胱白斑中表达的研究	深圳市宝安区中心医院	通过
124	JCYJ20140411115535004	不同剂量瑞芬太尼复合依托咪酯全麻对老年患者血糖的影响	深圳市宝安区中医院	通过
125	JCYJ20140411140525303	肝郁脾虚证 D-IBS 内脏感觉高敏化机制及中药干预研究	深圳市宝安区中医院	不通过
126	CXZZ20140708141254499	大容量高倍率聚合物锂离子动力电池的开发	深圳市倍特力电池有限公司	通过
127	CXZZ20140901153826411	柔性薄膜太阳能充气膜建筑供电系统的技术研发	深圳市博德维环境技术股份有限公司	通过
128	CYZZ20150327102352776	医用可崩解肠道吻合环的研发与产业化	深圳市博立生物材料有限公司	不通过
129	CYZZ20150508145054573	触摸屏制程用核心材料——OC 光阻剂	深圳市查科本显示材料有限公司	复议
130	CXZZ20140820091752737	交通大数据环境下多源信息整合的定向诱导平台体系研究及试点开发	深圳市城市交通规划设计研究中心有限公司	通过
131	CXZZ20140725092721985	微保姆——智能全方位排泄护理系统（民生科技）	深圳市创明利科技有限公司	不通过
132	GRCK20150828171610549	ybpoo 防近视智能笔	深圳市创赛平台创业服务有限公司	通过

续表

序号	项目编号	项目名称	项目承担单位	验收结论
133	GRCK20150831100447665	慧学宝	深圳市创赛平台创业服务有限公司	通过
134	CXZZ20140509112712991	水处理的关键技术——纳米陶瓷膜制备工艺的研究	深圳市纯水一号水处理科技有限公司	通过
135	JCYJ20150327153651104	高频超声引导下髌部滑囊炎的诊断与介入治疗研究	深圳市大鹏新区妇幼保健院	通过
136	GJHS20160324153552790	面向电子制造装备的高精度力矩电机及高性能伺服驱动器的研发和应用	深圳市大族电机科技有限公司	通过
137	CXZZ20130517162557905	中小尺寸高清超薄 TFT 显示模组研发项目	深圳市帝晶光电科技有限公司	通过
138	JCYJ20150330102720121	fMRI 对阿托伐他汀联合水化在预防对比剂诱导急性肾损伤的效果的评价	深圳市第二人民医院	通过
139	JCYJ20150330102720122	磁性 siRNA-CCMN 靶向调控乳腺癌细胞耐药蛋白基因 BCRP/ABCG2 的实验研究	深圳市第二人民医院	通过
140	JCYJ20140414170821313	中医体质与神经 - 内分泌 - 免疫网络的相关性研究	深圳市第二人民医院	通过
141	JCYJ20140414170821217	脂酰辅酶 A 合成酶 5 的表达及对大肠癌细胞增殖和凋亡的影响	深圳市第二人民医院	通过
142	JCYJ20140414170821172	膀胱癌肿瘤微环境免疫逃逸的机理及临床相关性的研究	深圳市第二人民医院	通过
143	CXZZ20140414170821163	构建乳腺癌的中国人群基因组学精准治疗模型技术研究	深圳市第二人民医院	通过
144	JCYJ20140414170821302	影像导航神经内镜经鼻颅底微创外科技术的解剖基础和临床应用研究	深圳市第二人民医院	通过
145	JCYJ20140414170821307	姜黄素联合黄芪多糖修复 Treg/Th17 细胞失衡对精子损伤的免疫分子机制研究	深圳市第二人民医院	通过
146	JCYJ20140414170821270	异基因造血干细胞移植后 anti—miR—155 早期靶向治疗急性移植物抗宿主病的研究	深圳市第二人民医院	通过
147	JCYJ20140415090443271	Th17 细胞对慢性鼻窦炎、鼻息肉发病的免疫病理作用机制研究	深圳市第二人民医院	通过
148	JCYJ20130401113354230	ER 阳性乳腺癌预测预后芯片模型（MKS/ERS）的基础研究	深圳市第二人民医院	通过
149	JCYJ20140414170821327	离院病友个性化疾病健康服务系统	深圳市第二人民医院	通过
150	CXZZ20130515110642844	柱面圆环阵超声内窥镜探头和成像系统	深圳市恩普电子技术有限公司	通过
151	JSGG20140702141529125	重 2014—先 11：新型乳腺 X 光与彩超三维成像有机集成与图像融合关键技术研究	深圳市恩普电子技术有限公司	复议
152	JCYJ20150403100317068	调节性 B 细胞在儿童哮喘中的变化和判断气道损伤及预后中价值的研究	深圳市儿童医院	通过
153	JCYJ20140416141331483	全外显子测序对儿童髓母细胞瘤基因变异的研究	深圳市儿童医院	通过
154	JCYJ20140416141331487	假肥大型肌营养不良骨骼肌的病理与再生、修复调控因素的相关研究	深圳市儿童医院	通过
155	CYZZ20140414152404379	垃圾渗滤液亚硝酸硝化系统的研发与应用	深圳市丰润环保科技有限公司	通过
156	JCYJ20140415164758446	结直肠癌早期预警特异性分子标志物的筛选及鉴定	深圳市福田区第二人民医院	通过

续表

序号	项目编号	项目名称	项目承担单位	验收结论
157	JCYJ20140415094713846	中药安胎汤干预先兆流产作用机制实验研究	深圳市福田区妇幼保健院	通过
158	JCYJ20140415094713834	深圳市福田区围绝经期妇女健康状况及激素替代治疗意愿的调查	深圳市福田区妇幼保健院	通过
159	JCYJ20150402144008782	同型半胱氨酸质控品的制备及性能评价	深圳市福田区慢性病防治院	通过
160	JCYJ20140414145007224	Prx II 与 PCOS 代谢紊乱的相关性研究及补充维生素 D 后 PCOS 患者血清 Prx II 水平变化的研究	深圳市福田区中医院	通过
161	JCYJ20140414145007211	补肾生髓法联合骨髓间充质干细胞移植延缓衰老的机理研究	深圳市福田区中医院	通过
162	CYZZ20140901143527896	穿戴式云视频服务	深圳市福云明网络科技有限公司	通过
163	JCYJ20140414142131617	规模化超早产儿高质量宫外生存救护方略和精细技术的突破性研究和国际跟踪	深圳市妇幼保健院	通过
164	GRCK20150828145710528	睡眠监测器	深圳市格兰莫尔寝室用品有限公司	通过
165	JSGG20140701142025265	重 2014—先 12：生物制氢成套设备关键技术研发	深圳市格瑞斯特环保技术有限公司	通过
166	CXZZ20140421110912507	新一代智慧数据中心研发	深圳市共济科技股份有限公司	通过
167	JCYJ20150403095530583	人群肺功能及相关危险因素监测与 CNV-4330 介导易感 loci 2q37.3 影响肺功能变化分子流行病学研究	深圳市光明新区疾病预防控制中心（深圳市光明新区检验中心）	通过
168	JCYJ20150402161136227	应用盆底超声研究全子宫切除术后盆底结构与功能变化	深圳市光明新区人民医院	通过
169	JCYJ20140415093052189	局部氧疗对压疮组织重建的精细调控机制	深圳市光明新区人民医院	通过
170	JCYJ20150403140300756	基于医患关系改善的医疗质量提升路径及策略研究	深圳市光明新区中心医院	通过
171	GRCK20150828143427970	3D 立体左右拍摄组架自动化、半自动化研发	深圳市国威科技创新服务有限公司	通过
172	GJHS20140418105827522	面向高性能逻辑处理的专用 FPGA 技术研究	深圳市国微电子有限公司	通过
173	GJHS20150417104232167	核心电子器件	深圳市国微电子有限公司	通过
174	GJHS20130403113532120	核心电子器件	深圳市国微电子有限公司	通过
175	GJHS20140418110107928	核心电子器件	深圳市国微电子有限公司	通过
176	GJHS20160826141012120	核心电子器件	深圳市国微电子有限公司	通过
177	GJHS20140418110034007	400 万门可重构阵列 IP 核	深圳市国微电子有限公司	通过
178	GJHS20150417104120010	400 万门可重构阵列 IP 核	深圳市国微电子有限公司	通过
179	CXZZ20140605095950264	抗真菌药卡泊芬净的工艺研究	深圳市海滨制药有限公司	通过
180	GJHS20160331112512488	图书馆自助服务系统	深圳市海恒智能技术有限公司	通过
181	CXZZ20130517152012474	图像数据云计算及高速光纤传输技术在数码印刷中的应用	深圳市汉拓数码有限公司	通过
182	CXZZ20140509160358820	电网友好型直驱风机变流器控制软件开发	深圳市禾望信息技术有限公司	通过
183	CXZZ20140419125214225	运动健康与情绪管理的可穿戴设备	深圳市宏电技术股份有限公司	通过

续表

序号	项目编号	项目名称	项目承担单位	验收结论
184	CXZZ20130517100310870	第三代 AP1000 核电站用核级辐射交联热收缩无卤环保型电缆附件的研发	深圳市宏商材料科技股份有限公司	通过
185	RKX20160523164755378	软 20160004：深圳市科技创新发展报告（2016）	深圳市华鼎科技发展战略研究院	通过
186	CXZZ20150401092533880	普 20150096：超高功率车用锂离子电池启动系统研发	深圳市华思旭科技有限公司	复议
187	CYZZ20140626170910721	大屏幕外置拼接处理器技术	深圳市华泰敏信息技术有限公司	通过
188	CXZZ20140902164357786	微波低损耗 LTCF 铁氧体材料研发	深圳市华扬通信技术有限公司	通过
189	CXZZ20140815105223549	基于茶油的功能性保健精油的研究开发	深圳市华之粹生态科技有限公司	通过
190	JCYJ20130402094730839	受污染饮用水源地水体硝化反硝化功能菌群与功能基因研究	深圳市环境科学研究院	通过
191	CXZZ20150529115536999	普 20150300：多模多频车载导航主板技术开发	深圳市慧视通科技股份有限公司	通过
192	CYZZ20150409141429573	移动游戏《跑到大》的技术研发及产业化项目	深圳市火星网络有限公司	复议
193	JCYJ20150402102135497	三氯乙烯药疹样皮炎 microRNAs 生物标志研究	深圳市疾病预防控制中心	通过
194	JCYJ20150402102135491	三氯乙烯致肝细胞毒性相关组蛋白修饰鉴别及基因调控研究	深圳市疾病预防控制中心	通过
195	CXZZ20140715152614811	油田加热炉炉况优化装置的研究	深圳市佳运通电子有限公司	通过
196	CXZZ20140509092225023	基于 AMI 高级计量架构的三相智能电表及用电信息采集系统	深圳市江机实业有限公司	通过
197	CYZZ20140417155037347	一种基于 SDS 技术的虚拟存储集群系统的研发	深圳市杰云科技有限公司	通过
198	CXZZ20150430115302057	普 20150221：基于高效率超薄铜铟镓硒（CIGS）太阳能电池及组件的研发	深圳市金光能太阳能有限公司	通过
199	CXZZ20140730095803548	太阳能及其他能源混合型离网逆变器	深圳市金三科电子有限公司	通过
200	CXZZ20150427102611073	普 20150215：电动汽车充电站旋转式多通路充电系统的研发	深圳市晶沛电子有限公司	通过
201	CXZZ20150423165515214	普 20150249：基于 DICOM 的医疗影像一站式自助打印机研发	深圳市巨鼎医疗设备有限公司	通过
202	JSGG20140717151534342	重 2014—069：柔性超薄触摸屏用纳米材料的研发	深圳市骏达光电股份有限公司	复议
203	GJHS20140508160830799	基于阳极溶出伏安法的水环境重金属在线自动监测系统	深圳市朗石科学仪器有限公司	通过
204	JCYJ20120618102107978	基于肝郁 - 内质网应激及海马神经重塑新观点探索肝气郁滞致病机理及其治疗新靶点	深圳市老年医学研究所	通过
205	GJHS20140822111402886	智能一体伺服驱动系统研发	深圳市雷赛智能控制股份有限公司	通过
206	CXZZ20140826101340776	绿色节能型裸眼 3D-LED 显示屏研制及产业化	深圳市立翔慧科光电科技有限公司	通过
207	CXZZ20150430152525370	普 20150149：面向智慧商务的 EB 量级非结构化数据管理云平台研发	深圳市连用科技有限公司	通过
208	CYZZ20150702162529189	基于计算机视觉原理的 3D 立体鸟瞰行车系统	深圳市灵动飞扬科技有限公司	通过
209	JCYJ20150403091931181	中药川芎含药血清对胚胎干细胞毒性的研究	深圳市龙岗中心医院	通过

续表

序号	项目编号	项目名称	项目承担单位	验收结论
210	CXZZ20140505091419405	新型迭代重建技术提高低剂量 CT 成像质量的研究	深圳市龙岗中心医院	通过
211	JCYJ20140411150159429	精神分裂症高发家系全基因组外显子测序法检测易感位点和 de novo 基因突变	深圳市龙岗中心医院	通过
212	JCYJ20150403091931177	调控 CD200/CD200R 表达及活性缓解重症中暑炎症反应的研究	深圳市龙岗中心医院	通过
213	JCYJ20140414093556723	新型 3D 打印个体化导向模板在颈椎弓根置钉可行性及实用性研究	深圳市龙华区人民医院	通过
214	JCYJ20140415134407035	阻生第三磨牙联合生物材料移植修复第一磨牙的临床研究	深圳市龙华区人民医院	通过
215	JCYJ20140414095444910	气管切开术后患者呼吸道感染与口咽细菌定植及环境的相关性研究	深圳市龙华区人民医院	通过
216	CXZZ20140701105139297	餐厨垃圾含油废水深度处理及资源化利用	深圳市龙吉顺实业发展有限公司	通过
217	GJHZ20160226170737726	基于互联网的汽车尾气环境监测大数据研发	深圳市龙桥科技发展有限公司	通过
218	JCYJ20120830091748817	登革病毒 NS1 蛋白表位特异性 T 细胞对血管的免疫损伤作用	深圳市罗湖区妇幼保健院	不通过
219	JCYJ20140415114003332	肺炎支原体抗原量子点免疫层析法快速检测试剂的研制	深圳市罗湖区中医院	通过
220	JCYJ20150402151501943	特应性皮炎小鼠的 miRNA 表达特征及其与硒 / 硒蛋白的关系	深圳市慢性病防治中心	通过
221	CYZZ20150729090417470	高速列车铝蜂窝吸能器的研制及产业化	深圳市乾行达科技有限公司	通过
222	GJHS20160331105411185	基于 LAN 的高性能 PCB 机床控制器研发及产业化	深圳市强华科技发展有限公司	通过
223	JCYJ20140416122812010	STAT3 基因多态性与子宫内膜异位症合并不孕相关性及其与 GnRHa 治疗效果关系的研究	深圳市人民医院	通过
224	JCYJ20140416122811958	抗返流输尿管支架管的研制与应用基础研究	深圳市人民医院	通过
225	JCYJ20140416122812034	脑出血后抗血小板药物预防缺血性卒中事件的多中心、随机、对照研究	深圳市人民医院	通过
226	JCYJ20140416122811966	HOX 基因在食管癌中的表达及对诊断治疗影响的研究	深圳市人民医院	通过
227	JCYJ20140416122811955	急性化脓坏疽性胆囊炎的判别分析及临床应用	深圳市人民医院	通过
228	JCYJ20140416122811964	深圳市围孕期及孕期妇女持续暴露环境激素与胎儿心脏缺陷的病因关联研究	深圳市人民医院	通过
229	JCYJ20120830141745692	新型支气管胸膜瘘封堵器的研制与应用基础研究	深圳市人民医院	通过
230	JCYJ20140416122812000	PPARγ 在妊娠期糖尿病脂肪及胎盘组织的表达	深圳市人民医院	复议
231	JCYJ20140416122811974	光声及弹性成像定量分析三阴性乳腺癌诊断系统	深圳市人民医院	复议
232	JCYJ20140416122811980	利用新型引导针进行三维适形射频消融的动物实验研究	深圳市人民医院	复议
233	CYZZ20140530102900139	多维化高智能计算机系统	深圳市睿极客科技有限公司	复议
234	GRCK20150831195930029	车联卫士智能高级驾驶辅助系统	深圳市赛格创业汇有限公司	通过

续表

序号	项目编号	项目名称	项目承担单位	验收结论
235	CXZZ20140509160159913	新型微波 / 毫米波通信平板天线系统	深圳市三极天线技术有限公司	不通过
236	CXZZ20140804154424088	高安全高功率动力电池的研发	深圳市三讯电子有限公司	通过
237	CXZZ20140902154210583	智能化多功能瘫痪护理病床的研发	深圳市尚荣医疗股份有限公司	通过
238	CXZZ20150331152554302	普 20150105：超声无损焊缝检测机器人的研发	深圳市神视检验有限公司	通过
239	CYZZ20140902154044661	裙带菜褐藻多酚抗骨质疏松原料的提取制备及应用	深圳市盛东华科技有限公司	通过
240	CYZZ20140417161454343	“智慧引路人”系统	深圳市盛世任我行科技有限公司	通过
241	CYZZ20150511150342151	高解析度低温固化感光银浆的研制及工艺技术研究	深圳市思迈科新材料有限公司	复议
242	CYZZ20150825103422854	基于网络存储技术的私有云智能存储设备的研发	深圳市四季宏胜科技有限公司	通过
243	CXZZ20140902160818443	加密监控摄像头的技术研发	深圳市天视通电子科技有限公司	复议
244	CYZZ20140418200007647	易通 4G 移动互联网手机广告媒体平台开发	深圳市天佑君成科技有限公司	通过
245	CXZZ20130321152701657	子宫肌瘤中药宫瘤消颗粒的 III 期临床研究	深圳市万欣医药科技开发有限公司	不通过
246	CXZZ20140731163447595	立体电路型 3D 打印功能粉体材料的研制	深圳市微航磁电技术有限公司	通过
247	CYZZ20150327144023278	机器人驱控一体智能伺服驱动器的研究与设计	深圳市微秒控制技术有限公司	通过
248	CXZZ20140903103458396	基于 48V 磷酸铁锂电池的高效便捷电动消防车研发	深圳市沃森电动车有限公司	通过
249	GJHS20140410164930629	基于 Procaspase-3 激活的 1.1 类抗肺癌新药 SM-1 的成药性研究	深圳市湘雅生物医药研究院	通过
250	CXZZ20150331160450786	普 20150070：节能环保油烟净化系统技术研发	深圳市新宝盈科技有限公司	复议
251	RKX20150906101909053	深圳新材料技术与产业发展研究报告（2015）	深圳市新材料行业协会	通过
252	JSGG20150324152813817	重 20150038: 高效低阻空气滤材关键技术研发	深圳市新纶科技股份有限公司	通过
253	CXZZ20140829110600849	可穿戴动态血压监护设备技术研发	深圳市新元素医疗技术开发有限公司	复议
254	JCYJ20140414114853648	慢病毒载体介导的短发夹 RNA 沉默 AdPLA 基因对小鼠眼眶脂肪水解的影响	深圳市眼科医院	复议
255	CYZZ20140829114431255	一种双向大功率高精度可编程直流电源系统	深圳市伊力科电源有限公司	通过
256	KQCY20150330165913318	精准 DNA 甲基化测序技术及其应用于恶性髓性血液病筛查 / 诊断产品研发项目	深圳市易基因科技有限公司	通过
257	JSGG20141118113131546	重 2014—161：新型均相定量生物传感器检测系统关键技术研究	深圳市易瑞生物技术有限公司	通过
258	CYZZ20130829145340155	音视频编解码芯片的研究开发	深圳市英锐芯电子科技有限公司	通过
259	CXZZ20140829112813271	生活垃圾碳化热解并再利用的技术研发	深圳市粤昆仑环保实业有限公司	通过
260	CYZZ20140905171904749	创新大赛资助	深圳市云智慧之光科技有限公司	不通过
261	CXZZ20140904102430339	曲面 3D 液晶电视一体机技术的研发	深圳市兆驰股份有限公司	复议
262	CXZZ20140903105424583	家用养生食材萃取仪的研究	深圳市兆福源科技有限公司	通过
263	CXZZ20150928174808341	普 20150444：焊接机器人伺服驱动器研发	深圳市振华兴科技有限公司	通过
264	CYZZ20140811151103596	基于 4G 网络传输的 PTZ 摄像控制系统技术研发	深圳市智安天下科技有限公司	通过

续表

序号	项目编号	项目名称	项目承担单位	验收结论
265	CYZZ20130830094729235	加工自动化系统开发应用	深圳市中科誉明机器人有限公司	通过
266	GJHS20140421161521288	FDD LTE-Advanced 终端基带芯片工程样片研发（2014 年度）	深圳市中兴微电子技术有限公司	通过
267	JCYJ20140408152909279	天花粉凝集素对糖尿病大鼠肾小管上皮细胞损伤的保护作用机制研究	深圳市中医院	通过
268	CXZZ20140508141712061	新型集成平面光波导传感器芯片的研制	深圳太辰光通信股份有限公司	通过
269	CYZZ20140826162221948	均一单分散固相合成树脂微球材料研发及产业化	深圳微球科技有限公司	复议
270	SGLH20131009154139588	面向下一代移动通信网络的大规模天线系统设计	深圳无线电检测技术研究院	通过
271	FHQ20140928174043832	智慧天使科技创业苗圃	深圳仙瞳智创投资有限公司	通过
272	JSGG20130624154940237	重 2013—020：用于 3D 打印选择性激光烧结（SLS）技术的激光扫描系统研制	深圳先进技术研究院	通过
273	JSGG20141020103440414	重 2014—127：脑中风和冠心病早期预警和诊断的关键技术研究	深圳先进技术研究院	通过
274	JCYJ20140901003939012	关于地磁导航的主地磁场模型	深圳先进技术研究院	通过
275	JCYJ20140610152828700	自诊断电弧光荧光光纤传感技术研究	深圳先进技术研究院	通过
276	KQCX20120816155352228	光学超分辨显微成像技术研究	深圳先进技术研究院	通过
277	CXZZ20140901004122089	海洋壳聚糖基多层纳米纤维止血抗菌膜的关键技术开发	深圳先进技术研究院	通过
278	KQCX20140520154115026	GPS/ 北斗接收机节能技术研究	深圳先进技术研究院	通过
279	KQCX20140521115045446	流式一批处理混合计算模型大数据分析工具研发及应用	深圳先进技术研究院	通过
280	JCYJ20140610152828685	结构可控金属纳米线的制备及其在透明导电薄膜、导电胶中的应用基础研究	深圳先进技术研究院	通过
281	JCYJ20140417113430726	术中立体内窥镜视频与超声图像增强现实系统关键技术研究	深圳先进技术研究院	通过
282	CXZZ20140417113430730	紫外诱导荧光海面溢油污染实时监测设备	深圳先进技术研究院	通过
283	JCYJ20140610152828698	海鞘纳米纤维素 / 硼酸盐多功能复合医用敷料的开发	深圳先进技术研究院	通过
284	JCYJ20140417113430623	光固化高强度水凝胶修复早期软骨损伤	深圳先进技术研究院	通过
285	KQCX20140521115045444	低成本可控降解 WE43 镁合金植入体的研发	深圳先进技术研究院	通过
286	CXZZ20140901004122088	一种用于海洋石油污水高效处理的合成生物菌剂开发	深圳先进技术研究院	通过
287	GJHS20140901004635687	基于实时 3D 超声图像非刚性配准的经皮肝穿刺胆道镜取石导航系统研究	深圳先进技术研究院	通过
288	CXZZ20140417113430716	活体细胞三维打印关键技术的开发应用研究	深圳先进技术研究院	通过
289	JCYJ20140417113430699	基于 IPv6 智能网关的中小型物联网无线传输理论和关键技术研究	深圳先进技术研究院	通过

续表

序号	项目编号	项目名称	项目承担单位	验收结论
290	JCYJ20140417113430581	基于超疏液表面的自清洁材料抗污机理和低成本批量制备	深圳先进技术研究院	通过
291	JCYJ20150521144320993	基于压力条件下菲作为有机超导材料的研究	深圳先进技术研究院	通过
292	JCYJ20140610151856707	基于超快超声的新一代脑功能成像方法与系统研究	深圳先进技术研究院	通过
293	JCYJ20140901003938993	用于海上大范围远距离海难搜救的高灵敏度光纤水听器技术研究	深圳先进技术研究院	通过
294	GJHS20130402135334959	信息汇聚传感器网络综合测试与验证评估环境	深圳先进技术研究院	通过
295	KQCX20140521115045441	动态全景式 3D 内镜引导的软组织微创治疗关键技术研究	深圳先进技术研究院	通过
296	JCYJ20140417113430710	肥胖症与相关生殖疾病中 chemerin 的桥梁及干预作用	深圳先进技术研究院	通过
297	JCYJ20140901003939036	宏基因组基因大数据高效分析方法研究	深圳先进技术研究院	通过
298	KQCX20140521115045448	基于 GPGPU 和 CPU 混合架构的大数据一体机关键技术研究	深圳先进技术研究院	通过
299	JCYJ20140901003939026	海绵天然产物偶联抗体药物及抗乳腺癌活性的研究	深圳先进技术研究院	通过
300	KQCX20140521115045442	CMKLR1 作为多囊卵巢综合征新靶点的研究与探索	深圳先进技术研究院	通过
301	JCYJ20140417113430654	基于人源化 CD317 单克隆抗体改造的抗乙肝新药的研发及药效基础研究	深圳先进技术研究院	通过
302	JCYJ20140509174140681	原发性肝癌多模态图像辅助诊疗自动化分析关键技术研究	深圳先进技术研究院	通过
303	JCYJ20140610153345808	快速高分辨共聚焦内窥成像技术研究	深圳先进技术研究院	通过
304	JCYJ20140610152828697	FXR 调控磷脂酶 PLA2G12B 在高脂血症中的作用机理研究	深圳先进技术研究院	通过
305	JSGG20141020103440413	重 2014—094：220kv 以上高压油浸变压器内部绕组温度传感及在线监测关键技术研发	深圳先进技术研究院	复议
306	JCYJ20140610152828673	基于超材料的新一代高场磁共振射频系统基础研究	深圳先进技术研究院	复议
307	JSGG20141020103523741	重 2014—145：功能膜层制备的线型蒸发器关键技术研究	深圳先进技术研究院	复议
308	CXZZ20140829111845989	集总式电源音频片上管理系统	深圳芯智汇科技有限公司	复议
309	CXZZ20140829110211771	面向智能建筑的物联管理平台	深圳新基点智能股份有限公司	通过
310	GRCK20150929141405943	五轴数控激光加工	深圳信息职业技术学院	通过
311	GRCK20150929141405814	无人机 APP 积木式组件开发	深圳信息职业技术学院	通过
312	JCYJ20140418100633634	微型高精度气压传感器基础研究	深圳信息职业技术学院	通过
313	GRCK20150929141405170	基于 wrtnode 系列主控板实现多功能智能小车	深圳信息职业技术学院	通过
314	JCYJ20140418100633638	基于 SVPWM 的直流无刷电机无传感器控制技术研究	深圳信息职业技术学院	通过
315	CXZZ20140904164236906	远程智能柜员系统	深圳怡化电脑股份有限公司	通过

续表

序号	项目编号	项目名称	项目承担单位	验收结论
316	CYZZ20150409154523557	全自动智能卡多芯铣槽封装关键技术与设备的研发	深圳源明杰科技股份有限公司	通过
317	CYZZ20140509114726976	公斤级单层石墨烯量产技术	深圳粤网节能技术服务有限公司	通过
318	GRCK20160415104427076	用于健身指导和反馈的模块化插件	深圳长虹科技有限责任公司	通过
319	CYZZ20150316092532869	高效节能新型工业加热全数字智能控制感应加热关键技术研发	深圳喆能电子技术有限公司	通过
320	JCYJ20140508155916423	基于 CAN 总线网络的线控电动汽车驱动转向电机一体化控制器的研究	深圳职业技术学院	通过
321	JCYJ20140718171607436	选择性高吸附量大孔吸附树脂设计及其用于前胡药材香豆素类成分的提取工艺研究	深圳职业技术学院	通过
322	GJHZ20140414100908676	可降解和吸液型发泡 PVOH 缓冲和隔热功能材料研究与开发	深圳职业技术学院	复议
323	CXZZ20140418101933991	重组微生物（角蛋白）酶在毕赤酵母中表达以及羽毛废弃物资源化应用研究	生物源生物技术（深圳）股份有限公司	通过
324	CXZZ20140813161214190	智能电网用小型智能化新型开关设备的开发	泰豪科技（深圳）电力技术有限公司	通过
325	JCYJ20150508152951667	有机污染土壤的淋洗修复及淋洗液再生技术研究	武汉大学深圳研究院	通过
326	JCYJ20140903112959959	用于食品安全检测的高效光谱信号增强芯片研究	香港大学深圳研究院	通过
327	JCYJ20140903112959965	脂肪细胞型脂肪酸结合蛋白在产热效应及白色脂肪棕色化中的作用及机制研究	香港大学深圳研究院	复议
328	JCYJ20140414090541811	基于三维打印聚己内酯—聚乙二醇 / 镁复合骨替代材料的构建与性能研究	香港大学深圳医院	通过
329	JCYJ20140414092558961	深圳市青少年脊柱侧弯患病率的调查研究	香港大学深圳医院	通过
330	JCYJ20140414090541809	勺型与非勺型高血压并糖尿病患者心功能评估的研究	香港大学深圳医院	通过
331	JCYJ20140419130444178	从组分 - 药效关系探讨麻子仁丸治疗便秘的药效物质基础	香港浸会大学深圳研究院	通过
332	JCYJ20140819153305696	应用计算机模拟靶点预测方法研究中药刺桐抗骨质疏松症活性成分的作用靶标和机理	香港理工大学深圳研究院	通过
333	JCYJ20140819153305695	直肠肿瘤临床样本中细胞自噬骨架蛋白 Beclin1 的磷酸化水平表征	香港理工大学深圳研究院	通过
334	JCYJ20140425184428455	罕见药用天然分子 Shizukaol A 和 Bolivianine 的全合成研究	香港中文大学深圳研究院	通过
335	JCYJ20140905151415999	微型机器人六自由度控制的实验装置设计制造及其路径跟踪的关键问题研究	香港中文大学深圳研究院	通过
336	GJHZ20140419120051680	老年人自体脂肪间充质干细胞移植在骨折愈合中的应用	香港中文大学深圳研究院	通过
337	JCYJ20140425184428469	FAT10 作用途径对肝癌干细胞生长的调控及其机理研究	香港中文大学深圳研究院	通过
338	JCYJ20150507154758604	高性能网络编码多址接入技术研究	香港中文大学深圳研究院	复议

续表

序号	项目编号	项目名称	项目承担单位	验收结论
339	JCYJ20140425184428464	基于聚苯胺的纳米金颗粒表面等离激元开关及其在智能窗 / 镜上的应用	香港中文大学深圳研究院	复议
340	KQCX20130628164008004	Algebraic Fabric 交换引擎关键技术及实现	香港中文大学深圳研究院	复议
341	GJHS20140522144520039	国家特种计算机工程技术研究中心	研祥智能科技股份有限公司	通过
342	GJHS20140508095510600	广东省工业控制系统信息安全技术企业重点实验室	研祥智能科技股份有限公司	通过
343	JSGG20141020140204585	重 2014—095：面向智能终端的 Wifi/Bluetooth/FM 三合一 SoC 芯片关键技术研发	展讯通信（深圳）有限公司	通过
344	CXZZ20140612141920933	先进民用飞机发电机测控系统的研制及产业化	中航工业南航（深圳）测控技术有限公司	不通过
345	KJYY20140901164135052	SF2014—23. 智能交通技术的应用示范	中盟科技有限公司	复议
346	JCYJ20140509142357196	氧化物弥散强化型合金原位制备技术与关键科学问题	中南大学深圳研究院	通过
347	GJHS20140429093437768	基站资源池虚拟化关键技术研究（2014 年度）	中兴通讯股份有限公司	通过
348	CYZZ20150410164152337	基于 MEMS 技术的热式气体质量流量计的研制	卓度计量技术（深圳）有限公司	通过

六、2017 年第 6 批市科技计划项目验收结果

序号	项目编号	项目名称	项目承担单位	验收结论
1	CYZZ20150706153601111	HAS 家庭智能化套装控制系统的研发	爱图智能（深圳）有限公司	复议
2	JCYJ20150629144231017	具有优秀抗肿瘤活性的 Antrocin 类天然药物分子探针的研发	北京大学深圳研究生院	通过
3	JCYJ20150331100628880	有机单晶薄膜生长方法研究及有机半导体材料传输性能与工艺数据库的建立	北京大学深圳研究生院	通过
4	KQCX20150327093155297	面向溶剂脱水分离的分子筛膜材料制备和应用研究	北京大学深圳研究生院	通过
5	JCYJ20150430162332418	无人机航拍视频图像处理关键技术研究	北京大学深圳研究生院	通过
6	JCYJ20150331100801849	CD38 信号转导调节胰岛素分泌的分子机制	北京大学深圳研究生院	通过
7	JCYJ20150331100658943	图像与视频增强关键技术研究	北京大学深圳研究生院	通过
8	JCYJ20150331100849958	乙型肝炎病毒 preS VLP 疫苗的研究	北京大学深圳研究生院	通过
9	JCYJ20150331100946599	针对富营养化海湾重金属污染的植物修复技术研究	北京大学深圳研究生院	通过
10	KQCX20150327093155293	应用于有机光电器件中的原子层沉积技术开发	北京大学深圳研究生院	通过
11	KQTD201103	多肽药物作用机理和口服多肽药物的开发	北京大学深圳研究生院	通过
12	JCYJ20150403091443329	肾癌相关 miRNA 的功能、作用机制和临床应用研究	北京大学深圳医院	通过
13	JSGG20121029174145752	重 2012—026：胰岛移植新方法治疗糖尿病的研究	北京大学深圳医院	通过
14	GRCK20160415101829872	基于目标对象三维重建的 app 应用开发	北京理工大学深圳研究院	通过
15	GRCK20160415101816651	光频域反射仪的设计与研发	北京理工大学深圳研究院	通过
16	GRCK20160415101843823	汽车辅助视觉抬头显示器系统的设计	北京理工大学深圳研究院	通过

续表

序号	项目编号	项目名称	项目承担单位	验收结论
17	GJHS20150914171512976	基于自然人机交互技术的安全驾驶映射系统	车音智能科技有限公司	通过
18	JSGG20150331171053333	重 20150011：柔性显示器件关键技术研究	创维液晶器件（深圳）有限公司	通过
19	GJHS20160316103527864	广东省云存储工程技术研究中心	创新科存储技术（深圳）有限公司	通过
20	JCYJ20150331091010278	姜黄素调控的线粒体自噬在抑制 HPV 阳性宫颈癌的体外研究	广州中医药大学深圳医院（福田）	通过
21	GGJS20150429172906635	深圳市工业设计云服务平台	国家超级计算深圳中心（深圳云计算中心）	通过
22	JCYJ20150403161923517	面向海洋事故救援的蛇形水下机器人关键技术研究	哈尔滨工业大学深圳研究生院	通过
23	JCYJ20140417172417169	高铁移动通信超高频率宽带通信信道测量系统研发与应用	哈尔滨工业大学深圳研究生院	通过
24	GJHZ20150312114457505	新一代小型无人机安全飞行控制系统的研究	哈尔滨工业大学深圳研究生院	通过
25	JCYJ20150403161923519	基于非线性调节器原理的风力机控制技术	哈尔滨工业大学深圳研究生院	通过
26	JCYJ20140417172417135	抑制电迁移的电子封装微互连焊点制备及其可靠性研究	哈尔滨工业大学深圳研究生院	通过
27	JCYJ20140417172417151	电纺法低温制备银 / 环氧树脂复合纳米纤维及其导电性能研究	哈尔滨工业大学深圳研究生院	通过
28	JCYJ20150513151706569	PVT 法生长碳化硅单晶中钒掺杂行为研究	哈尔滨工业大学深圳研究生院	通过
29	JCYJ20140417173156101	基于高频数据的证券市场动力学及其应用研究	哈尔滨工业大学深圳研究生院	通过
30	JSGG20141118114741062	重 2014—167：通讯基站铝合金天线局部表面改性关键技术研发	哈尔滨工业大学深圳研究生院	不通过
31	CXC201104220015A	深圳市城市废弃物能源再生公共服务平台	哈尔滨工业大学深圳研究生院	通过
32	CXZZ20150504140403120	普 20150182：基于北斗卫星地基增强的高精度导航技术研发	航天科技通信电子技术（深圳）有限公司	通过
33	FHQ20140519145243347	华南城网商创业园	华南国际工业原料城（深圳）有限公司	复议
34	JSGG20150512155947526	重 20150081：面向 5G 移动接入高频波束成型关键技术研究	华为技术有限公司	通过
35	JSGG20150529173013734	重 20150120：基于高集成终端架构的智能手表关键技术研发	华为终端有限公司	通过
36	CXZZ20130517110546401	基于云计算的多媒体虚拟化整体解决方案	惠科股份有限公司	复议
37	CXZZ20150430104051667	普 20150161：安全管理应用软件和系统开发项目	嘉联支付有限公司	通过

续表

序号	项目编号	项目名称	项目承担单位	验收结论
38	GJHZ20150316102740333	新一代 4G 白频谱无线接入系统的国际合作研发与产业化	宽兆科技（深圳）有限公司	通过
39	CXZZ20140905110641155	0.40mm 间距 0.6 堆叠高度的电子板对板连接技术研发	连展科技（深圳）有限公司	通过
40	JCYJ20150331101823694	具有刺激响应的超分子聚合物材料	南方科技大学	通过
41	JCYJ20140612140151884	BiCuSeO 基热电材料制备、表征及性能增强机理研究	南方科技大学	通过
42	JCYJ20150331101823691	Bruton agammaglobulinemia tyrosine kinase（BTK）在神经母细胞瘤发生过程中分子机制的研究	南方科技大学	通过
43	JCYJ20140714151402765	基于单层 MoS2 新材料之柔性铁电存储器研究	南方科技大学	通过
44	JCYJ20140417115840233	铁电纳米晶须增强的柔性热释电材料的制备及其性能研究	清华大学深圳研究生院	通过
45	JCYJ20150331151358140	基于石墨烯模板的新型二维复合材料制备及其储能性能研究	清华大学深圳研究生院	通过
46	JCYJ20150331151358143	面向钒液流电池的低成本磺化聚醚醚酮复合离子膜研究	清华大学深圳研究生院	通过
47	JSGG20150512162853495	重 20150084：面向未来网络的内容分发技术研究	清华大学深圳研究生院	通过
48	JCYJ20150430163009479	纳米载药系统对细胞自噬的影响和机制研究	清华大学深圳研究生院	通过
49	GJHZ20140416153844269	Ezrin 和 TRIP-1 互作在细胞迁移和肿瘤转移中的功能和机制研究	清华大学深圳研究生院	通过
50	JCYJ20150331151358149	基于物联网应用的超低功耗 CMOS 温度传感芯片的研究	清华大学深圳研究生院	通过
51	JCYJ20150331151358156	低氧间歇曝气强化脱氮工艺中 N2O 释放机理研究	清华大学深圳研究生院	通过
52	JCYJ20150331151358138	基于非局部像素选择和非线性编码系数映射的超分辨率方法	清华大学深圳研究生院	通过
53	KQCX20150331151358159	海洋高含气井间原油采出物智能化测量技术	清华大学深圳研究生院	通过
54	JCYJ20150331151358131	以 DNA 甲基转移酶与组蛋白去乙酰化酶为靶点的化合物的设计、合成与活性研究	清华大学深圳研究生院	通过
55	JCYJ20150331151358139	用于应急三维实景重建的多相机载荷装备	清华大学深圳研究生院	通过
56	CXZZ20150529165045063	普 20150286：快速检测海洋赤潮藻膜分类芯片技术研发	清华大学深圳研究生院	通过
57	JCYJ20150331151358150	引入学习机制的稠密光流计算方法研究	清华大学深圳研究生院	通过
58	JCYJ20150331151358154	高压直流非线性复合材料研究	清华大学深圳研究生院	通过
59	JCYJ20150529164918737	基于衍射光学元件的自由立体大屏幕显示效果增强	清华大学深圳研究生院	通过
60	GRCK20160414164151451	科研帮在线工厂	清华大学深圳研究生院	通过
61	JCYJ20150630170146831	下一代跨平台移动应用的安全问题研究	清华大学深圳研究生院	通过
62	JCYJ20150331151358142	全钒液流电池的容量自动恢复技术的研究	清华大学深圳研究生院	通过
63	JCYJ20140827160046745	频率跟随响应对音调的跟随表征及其临床应用的关键技术研究	清华大学深圳研究生院	通过

续表

序号	项目编号	项目名称	项目承担单位	验收结论
64	JCYJ20150320154458994	污水微藻的高效富集与强化产沼耦合技术	清华大学深圳研究生院	通过
65	JCYJ20150331151536445	基于近场微波的材料交界面缺陷无损检测技术及装置	清华大学深圳研究生院	通过
66	ZDSYS20140509172959968	石墨基导热复合材料的研究（重点实验室提升项目）	清华大学深圳研究生院	通过
67	GRCK20160414164240768	实用化钠离子电池的研发	清华大学深圳研究生院	通过
68	JCYJ20150331151358136	大面积柔性石墨烯导热薄膜的微波加热自组装可控制备	清华大学深圳研究生院	复议
69	CXB201104210014A	深圳市化学生物学重点实验室—省部共建国家重点实验室培育基地	清华大学深圳研究生院	通过
70	JCYJ20150331165212372	超大规模样例音频检索核心技术研究	深港产学研基地	通过
71	JSGG20150331093653325	传感芯片系统级封装（SIP）测试关键技术研发	深圳安博电子有限公司	通过
72	CXZZ20140730160842579	基于纳米晶须材料的新型无银抑菌活性炭	深圳安吉尔饮水产业集团有限公司	通过
73	KQCX20120816105958775	I 类新药马来酸依那普利叶酸片产业化项目	深圳奥萨制药有限公司	通过
74	JCYJ20140419151733569	微小型无人机智能仿生避撞关键技术研究	深圳北航新兴产业技术研究院	通过
75	JCYJ20140828113329138	基于复杂网络的流行病与人类活动大数据融合建模研究	深圳北航新兴产业技术研究院	通过
76	JCYJ20150403110829621	转录因子 microRNA 调控环路在药物成瘾中的作用机制研究	深圳北京大学香港科技大学医学中心	通过
77	JCYJ20150403110829614	Endophilin B1 调控 EGFR 蛋白的内吞与转运在前列腺癌中作用机制的研究	深圳北京大学香港科技大学医学中心	通过
78	JCYJ20150403110829622	miR-151a 通过调控 Th 细胞分化参与特应性皮炎发病的作用机制研究	深圳北京大学香港科技大学医学中心	通过
79	ZDSY20120616152601623	深圳神经结构生物学重点实验室	深圳北京大学香港科技大学医学中心	通过
80	JSGG20150327170947541	重 20150009：连续视点高清晰度裸眼 3D 显示终端关键技术研发	深圳创维—RGB 电子有限公司	通过
81	JSGG20150327170848166	重 20150027：下一代智能电视操作系统关键技术研发	深圳创维—RGB 电子有限公司	通过
82	JCYJ20150324141711667	石墨烯双曲超材料基本光学特性研究和主动器件的设计	深圳大学	通过
83	JCYJ20150324141711627	有机体异质结—电解质溶液界面处电荷定域态的光谱特性研究	深圳大学	通过
84	JCYJ20150324141711674	基于贝叶斯压缩感知的无线传感器网络数据压缩理论研究	深圳大学	通过
85	JCYJ20150525092941043	高效立体视频编码资源分配优化研究	深圳大学	通过
86	JCYJ20150324140036866	太阳电池用铜锌锡硫薄膜离子束溅射成膜机理及应用研究	深圳大学	通过
87	JCYJ20140418182819173	基于大尺度分布式深度学习框架的隐写分析研究	深圳大学	通过
88	JCYJ20150525092941026	UHMWPE 微塑件超声模压粉末成型工艺及其塑化机理	深圳大学	通过

续表

序号	项目编号	项目名称	项目承担单位	验收结论
89	JCYJ20150525092941041	海上风电多端直流混接海岸交流的联合系统协同调控	深圳大学	通过
90	JCYJ20150625102923775	金属薄板高分子粉末介质软模微成形工艺与应用基础研究	深圳大学	通过
91	JCYJ20140418091413534	可用于无源射频器件或超低电压芯片的亚阈值数字模块研究	深圳大学	通过
92	GJHZ20150313093836007	基于级联逆变器的光伏并网发电系统设计及原型系统开发	深圳大学	通过
93	JCYJ20150525092941019	低成本高灵敏度 X 射线相衬成像技术研究	深圳大学	通过
94	GJHS20120621143334884	基于 CMOS 图像传感器的新型粒子轨迹追踪器关键技术研究	深圳大学	通过
95	JCYJ20150324141711621	基于协议签名的无线网络性能优化关键理论方法研究及应用	深圳大学	通过
96	JCYJ20150324141711651	基于微波光子学的低频太赫兹波功率提升及合成研究	深圳大学	通过
97	JCYJ20150324140036830	H.264/AVC 数字视频取证关键技术研究	深圳大学	通过
98	GRCK20160307110720391	“Sooner”人人速递研发	深圳大学	通过
99	JCYJ20150525092941059	面向嵌入式应用的三维 NAND 闪存存储系统优化技术研究	深圳大学	通过
100	JCYJ20150324140036835	大规模分布式 MIMO 移动通信系统的能效技术研究	深圳大学	通过
101	JCYJ20150324141711640	基于情境线索的深度学习视觉注意模型的研究	深圳大学	通过
102	JCYJ20150324141711616	石墨烯基碳催化氧化反应性能与原理研究	深圳大学	通过
103	JCYJ20150324141711665	量子安全两方计算协议研究	深圳大学	通过
104	JCYJ20140418095735626	PPAR β / δ 在糖尿病肾病发生发展中的作用及其机制	深圳大学	通过
105	JCYJ20150324140036868	基于多目非接触式指纹的用户认证系统	深圳大学	通过
106	JCYJ20140418095735603	神经形态学视觉芯片模型研究及其仿真	深圳大学	通过
107	JCYJ20140418091413584	新抑癌基因 PRDM8 的功能和分子机制研究及其作为肿瘤分子标志物的探索	深圳大学	通过
108	JCYJ20150324140036872	硫系玻璃陶瓷固态电解质高性能化及其输运机理研究	深圳大学	通过
109	JCYJ20140828163633995	诱导多能干细胞用于结晶状视网膜色素变性的疾病模型和基因修复的研究	深圳大学	通过
110	JCYJ20150324141711645	锂离子电池金属氧化物薄膜电极基础研究及其改性技术	深圳大学	复议
111	JCYJ20140724165855348	细胞壁中的 AtRD22 蛋白在植物耐受 Cu2+ 胁迫中的作用机理	深圳大学	复议
112	KQCX20140522111508785	阿克苷诱导内源 IFN-γ 抗甲型 H1N1 流感病毒活性及其靶效机制研究	深圳大学	复议
113	JCYJ20120613101917373	去分化来源皮肤干细胞的安全性评价	深圳大学	不通过

续表

序号	项目编号	项目名称	项目承担单位	验收结论
114	CXZZ20150430150056589	普 20150180：融合视频与射频识别的智能交通监控设备研发	深圳鼎识科技有限公司	通过
115	CYZZ20140905164452843	新型医学材料生物活性玻璃的产业化开发	深圳飞翔世纪生物科技有限公司	复议
116	FHQ20150529161228624	深圳飞扬科技创新园	深圳飞扬兴业科技有限公司	通过
117	CXZZ20150401162958161	普 20150044：基于车联网技术的汽车后服务 O2O 云系统研发	深圳广联赛讯有限公司	通过
118	KQCX20150331094239271	多肽新药醋酸格拉替雷的研究与开发	深圳翰宇药业股份有限公司	通过
119	CXZZ20140718154349249	航天软件通用虚拟验证系统	深圳航天科技创新研究院	通过
120	JSGG20150512105331885	基于国标 / 军标的高灵敏度 RFID 关键技术研究	深圳航天科技创新研究院	复议
121	CYZZ20150601112913432	基于分散式污水处理的一体化设备脱氮除磷技术研究与应用	深圳合续环境科技有限公司	通过
122	CXZZ20150330171838997	普 20150051: 基于高通量测序的单细胞分析技术的研发及应用	深圳华大基因研究院	通过
123	CXZZ20150330171521403	普 20150053: 新型个性化干预人肠道菌群益生元的研发	深圳华大基因研究院	通过
124	KQCX20150330171652450	基于二代测序技术的乳腺癌特异性免疫多肽库的建立及在个体化疫苗中的应用研究	深圳华大基因研究院	通过
125	CYZZ20150527161937437	新能源汽车动力电池高速全自动精密激光焊接设备	深圳华工激光设备有限公司	通过
126	CXZZ20150331162027240	普 20150083：高流动增强高温尼龙新型复合材料制备技术研发	深圳华力兴新材料股份有限公司	通过
127	CXZZ20140903163326552	高精度高分辨率红外热像仪	深圳华盛昌机械实业有限公司	复议
128	CYZZ20140606145402092	基于移动互联网的智慧社区信息服务软件	深圳济嘉科技有限公司	通过
129	CYZZ20140724113106091	高端彩超配套的高性能超声换能器	深圳嘉瑞电子科技有限公司	通过
130	CXZZ20140902101221099	跨行移动支付清算平台	深圳金融电子结算中心有限公司	通过
131	CXZZ20140718104103233	加氢装置专用系列新型阻垢缓蚀剂的研发	深圳凯奇化工有限公司	通过
132	CYZZ20150612145402619	可调阻抗、高填充性电磁屏蔽膜的研发及产业化	深圳科诺桥科技股份有限公司	通过
133	CYZZ20140708112748749	多磁极仪表步进电机技术开发	深圳乐途驱动技术有限公司	通过
134	CYZZ20150702153708970	一种采用仿生与滑翔混合推进方式水下机器人的研发	深圳乐智机器人有限公司	通过
135	GJHS20140419125551085	影视舞台用大功率 LED 混光灯具开发与示范 (电子 .LED)	深圳雷曼光电科技股份有限公司	通过
136	CYZZ20140418142707694	基于移动互联网的肌肤健康检测系统和服务平台	深圳美立知科技有限公司	通过
137	CYZZ20150518115311109	人体工学健康智能办公系统	深圳米乔科技有限公司	通过
138	GJHS20160329143456160	糖尿病并发症国际领先创新药研发	深圳明赛瑞霖药业有限公司	通过

续表

序号	项目编号	项目名称	项目承担单位	验收结论
139	CXZZ20150401162148062	普 20150054: 智能睡眠监控与调节系统关键技术研发	深圳诺康医疗设备股份有限公司	复议
140	GRCK20160415164853017	农业植保无人机	深圳启迪深龙科技园运营管理有限公司	通过
141	CXZZ20140508145419468	应用于电力电子系统的高精度高可靠性电流传感器	深圳青铜剑科技股份有限公司	通过
142	JCYJ20150402103811554	大尺度复杂环境下单频网广播的信道特征和性能预测研究	深圳清华大学研究院	通过
143	JCYJ20150630153033409	长距离、大视场水下无线光通信研究	深圳清华大学研究院	通过
144	CXZZ20140509142009116	新生儿全自动同步置换输血设备研制	深圳圣诺医疗设备股份有限公司	通过
145	CXZZ20150430094448464	普 20150247：面向柔性制造高性能交流伺服系统的研发	深圳市阿尔法电气技术有限公司	通过
146	CYZZ20150820161416998	基于 IP 组播的融合多媒体教学平台的研发与推广	深圳市艾迪思特信息技术有限公司	通过
147	CXZZ20140902144333146	中老年神经系统康复仪的研发与应用	深圳市艾尔曼医疗电子仪器有限公司	复议
148	CYZZ20150609163047681	全方位船载数字卫星电视接收天线关键技术研发	深圳市安拓浦科技有限公司	通过
149	CYZZ20140415153821332	基于临床级慢病毒大规模制备技术的研发	深圳市百恩维生物科技有限公司	通过
150	CYZZ20150618140723369	用于智能家居的嵌入式强弱电组件	深圳市邦悦科技有限公司	通过
151	JCYJ20150402152005637	步态诱发功能性电刺激同步减重平板训练对脑卒中患者下肢表面肌电信号的影响	深圳市宝安区人民医院	通过
152	CXZZ20140902102350474	胎儿窘迫远程智能预测预警监护平台研发	深圳市宝安区沙井人民医院	通过
153	JCYJ20150402095058890	靶向体内树突状细胞的人乳头瘤病毒蛋白疫苗的研发	深圳市宝安区沙井人民医院	通过
154	CXZZ20150330170959122	普 20150089：基于联网控制的能量转换与储存系统研发	深圳市宝安任达电器实业有限公司	通过
155	JSGG20130923101120671	重 2013—039：智能家居控制 SoC（片上系统）芯片组关键技术研发	深圳市博巨兴实业发展有限公司	通过
156	CYZZ20140805113232713	鼻用高分子凝胶填充材料的产业化	深圳市博立生物材料有限公司	复议
157	CYZZ20150623154816228	多功能地下管道检测机器人	深圳市博铭维智能科技有限公司	通过
158	GJHS20150414100047760	诱发精子顶体反应试剂盒 - 种用于检测受精能力项目的研发与产业化	深圳市博锐德生物科技有限公司	通过
159	GJHS20140408170100193	移动互联网精准营销系统	深圳市博瑞得科技有限公司	通过
160	CXZZ20150812142855809	普 20150415：可调角度的 LED 发光模组的研发	深圳市灿明科技有限公司	通过
161	CYZZ20150623152030322	优生活网络服务平台	深圳市创富通云科技有限公司	复议

续表

序号	项目编号	项目名称	项目承担单位	验收结论
162	JSGG20150508154448745	重 20150076：新一代国产移动 3D 游戏引擎关键技术研究	深圳市创梦天地科技股份有限公司	通过
163	CKCY20160429161359155	基于飞行视觉的智能检测机器人关键技术研究	深圳市德富强机器人有限公司	通过
164	CYZZ20150831143237553	植物工厂 LED 高效节能照明系统的研发	深圳市德润达光电股份有限公司	通过
165	CYZZ20150409094420042	CRP 检测系统 + 三维散点图的五分类血细胞分析仪研发	深圳市帝迈生物技术有限公司	通过
166	CXZZ20150529102555468	普 20150347：高性能环保无毒聚氯乙烯电缆的研发	深圳市帝源新材料科技股份有限公司	复议
167	JCYJ20150330102401102	患者自主协调训练式新型踝关节智能康复机器人研发	深圳市第二人民医院	通过
168	CXZZ20140813160132596	双相诱导磁性纳米复合支架材料修复兔关节骨软骨缺损研究	深圳市第二人民医院	通过
169	JCYJ20140414170821174	临床压疮多发部位生物力学机理及防治系统研究	深圳市第二人民医院	通过
170	JCYJ20150330102401097	Nrdp1 介导 Enoph1 降解参与缺血性脑卒中的分子机制	深圳市第二人民医院	通过
171	JCYJ20150330102720167	多模态图像融合虚拟导航技术在射频热凝治疗三叉神经痛中的应用	深圳市第二人民医院	通过
172	JCYJ20150330102720146	优化肺癌化疗临床路径的综合护理模式研究	深圳市第二人民医院	通过
173	JCYJ20140414170821185	IgA 肾病患者的扁桃体组织相关 microRNA 提取及黏膜免疫在其发病机制中的作用研究	深圳市第二人民医院	通过
174	GJHZ20160301163138685	低氧诱导 URG11 基因表达的分子机制及其在“三阴性”乳腺癌靶向治疗中的作用研究	深圳市第二人民医院	复议
175	ZDSYS20140509173142601	深圳脑损伤与修复转化医学重点实验室	深圳市第二人民医院	通过
176	CXZZ20150430152151495	普 20150260：便携式高灵敏度频谱分析仪的研发	深圳市鼎阳科技有限公司	通过
177	CXZZ20140818100854784	利用石墨烯制备光伏太阳能电池透明导电浆料的研制	深圳市东方亮化学材料有限公司	不通过
178	GCZX20141118101356718	深圳市高端彩超工程技术研究开发中心	深圳市恩普电子技术有限公司	通过
179	JCYJ20140416141331469	LAIR 在儿童免疫性血小板减少症的表达	深圳市儿童医院	通过
180	GJHS20160331102300591	帆泰检测科技创新服务中心建设	深圳市帆泰检测技术有限公司	通过
181	JCYJ20130402145506089	人参皂苷 Rg 对大鼠心肌梗死后心肌血管再生的影响	深圳市福田区第二人民医院	通过
182	CXZZ20150813160839388	普 20150396：低熔点合金粉末制备关键技术研发	深圳市福英达工业技术有限公司	通过
183	JCYJ20150402090413002	超声多普勒评估子痫前期胎儿肺成熟度	深圳市妇幼保健院	通过
184	JSGG20141015154019100	重 2014—131：对虾养殖系统关键技术研发	深圳市富炜城投资有限公司	通过
185	CYZZ20150529154648249	可实现近零排放的高效深度脱硫技术的研发	深圳市格瑞斯达科技有限公司	复议

续表

序号	项目编号	项目名称	项目承担单位	验收结论
186	JCYJ20150403095347286	职业接触三氯乙烯致肝脏毒性的分子机制研究	深圳市光明新区疾病预防控制中心（深圳市光明新区检验中心）	通过
187	JCYJ20150402161136235	社区家庭病床护理安全风险评估指标体系的研究	深圳市光明新区人民医院	通过
188	JCYJ20150403140300757	深圳市社区健康服务机构	深圳市光明新区中心医院	通过
189	CYZZ20150527094142656	面向（非标 / 异型）电子元器件的智能插件机器人研发	深圳市广晟德科技发展有限公司	通过
190	CXZZ20140827150351417	集成太阳能热水器窗系统的研发及产业化	深圳市广田方特幕墙科技有限公司	通过
191	JSGG20150508105153651	超高速嵌入式存储控制芯片关键技术研发	深圳市硅格半导体股份有限公司	通过
192	FHQ20140929160133067	海科兴生命健康科技孵化器	深圳市海科兴留学生产业基地投资有限公司	通过
193	JSGG20150331160821349	重 20150010：基于电力线通信（PLC）的智能家居解决方案关键技术研发	深圳市海思半导体有限公司	通过
194	CYZZ20140901111137568	侧面夹送式电子玻璃清洗机	深圳市汉东电子玻璃清洗设备有限公司	通过
195	CXZZ20150529142434562	普 20150292：移动护理终端技术研发	深圳市汉普电子技术开发有限公司	通过
196	CXZZ20150529103210406	普 20150302：基于石墨烯透明导电膜的电容式触摸屏技术研发	深圳市航泰光电有限公司	不通过
197	CXZZ20150504150620995	普 20150212：微型风力发电系统的研发	深圳市航天新源科技有限公司	复议
198	GRCK20150831091037511	一种腕带式的无人机飞行控制器	深圳市浩瀚卓越科技有限公司	通过
199	CXZZ20140616163855607	G6 代线显影蚀刻玻璃清洗机的研发及产业化	深圳市和科达精密清洗设备股份有限公司	通过
200	CXZZ20150422105948245	普 20150233：湿法冶金工业废水资源化治理工艺的研发	深圳市和科达水处理设备有限公司	通过
201	CXZZ20150504141847339	普 20150208：基于盐浴法的金属表面热扩散（TD）处理技术与工艺研发	深圳市和胜金属技术有限公司	通过
202	CYZZ20160229151256863	生化耗氧量在线监测仪研发	深圳市衡兴安全检测技术有限公司	通过
203	GJHS20160328150335010	基于大数据的科技创新创业人才服务信息平台建设	深圳市华傲数据技术有限公司	通过
204	CYZZ20150330141306099	交流覆晶智能 LED COB 模组核心技术研发与产业化	深圳市华高光电科技有限公司	通过
205	CXZZ20150930113537810	普 20150471：寻血猎犬纯种繁育技术研发	深圳市华南犬类管理服务有限公司	复议
206	JSGG20150511145107995	重 20150064：低功耗传感网络片上系统（SoC）芯片关键技术研发	深圳市华芯邦科技有限公司	通过

续表

序号	项目编号	项目名称	项目承担单位	验收结论
207	GJHS20160329160828696	社区银行自助终端管理软件 v1.2	深圳市华信智能科技股份有限公司	通过
208	CYZZ20150410102240512	远程缺血预适应训练仪脑心健的研发及产业化	深圳市华盈泰智能技术有限公司	通过
209	CXZZ20150331172610474	普 20150048：SaaS 应用快速开发平台研发	深圳市华运国际物流有限公司	复议
210	CYZZ20150529153453171	基于高清投影技术的智能家庭影院终端的研发	深圳市火乐科技发展有限公司	复议
211	CYZZ20150409141429573	移动游戏《跑到大》的技术研发及产业化项目	深圳市火星网络有限公司	通过
212	CYZZ20140508151358827	模具平台——汉字种用于冲压模具的、具有互换性和可持续性的外置压卸料工艺装备	深圳市基石通用科技有限公司	通过
213	CXZZ20140828150950873	10G tunable XFP（波长调节的可插拔光模块）	深圳市极致兴通科技有限公司	通过
214	JCYJ20150402102135509	塑化剂 DEHP 致生殖内分泌毒性及其基因调控分子机制研究	深圳市疾病预防控制中心	通过
215	CYZZ20150629165705954	微型精密射频同轴连接器的技术创新	深圳市佳沃通信技术有限公司	复议
216	CYZZ20150731104922548	84 英寸超高清多通道医用液晶显示器研发	深圳市嘉利达专显科技有限公司	通过
217	GJHZ20150316155421411	鱼类传染性造血器官坏死病病原分子进化和 DNA 疫苗的研究	深圳市检验检疫科学研究院	通过
218	JCYJ20140722112616608	几种重要海洋弧菌作为海水水质污染指示菌的研究	深圳市检验检疫科学研究院	通过
219	JSGG20150529160945187	重 20150131：快响应、高动态超声波流量计核心芯片关键技术研发	深圳市建恒测控股份有限公司	通过
220	JSGG20140702112155203	重 2014—先 32：硝酸退镀液再生及铜回收的关键技术研究	深圳市洁驰科技有限公司	通过
221	JSGG20140704152248655	重 2014—先 35：太阳能电池管式等离子体增强化学气相沉积设备关键技术研发	深圳市捷佳伟创新能源装备股份有限公司	通过
222	CYZZ20140419135143757	高效机械式蒸汽再压缩节能蒸发系统	深圳市捷晶能源科技有限公司	通过
223	CYZZ20150331151345677	基于智能机器人自动插弯管机技术的研发	深圳市捷牛智能装备有限公司	通过
224	JSGG20150505155325573	重 20150097：城市轻轨用超级电容储能系统关键技术研发	深圳市今朝时代股份有限公司	不通过
225	GCZX20130402174038995	深圳市仓储智能化工程技术研究开发中心	深圳市今天国际物流技术股份有限公司	不通过
226	CYZZ20150605162315776	高效能 LED 广告灯箱照明系统的研发	深圳市金叶光线发展有限公司	复议
227	KJYY20140901164135052	SF2014—23. 智能交通技术的应用示范	深圳市金溢科技股份有限公司	复议

续表

序号	项目编号	项目名称	项目承担单位	验收结论
228	CYZZ20150527155808421	金智交易所大宗商品混合交易平台	深圳市金智软件有限公司	通过
229	CXZZ20150529175410640	普 20150344：医疗牙科精密微型刀具研发	深圳市金洲精工科技股份有限公司	复议
230	CYZZ20140605154742155	一体化基因诊断试剂盒的研制及其产业化应用	深圳市晋百慧生物有限公司	通过
231	KQCY20150326150654026	用于医学领域 3D 打印 Fe-Mn-Pd 系金属材料的研发	深圳市晶莱新材料科技有限公司	复议
232	CYZZ20150330162808825	双 Z 轴双 CCD OGS 玻璃雕刻机	深圳市久久犇自动化设备股份有限公司	复议
233	CYZZ20150616114409009	带有源功率因数校正技术的大功率高频智能快速充电桩研发	深圳市菊水皇家科技有限公司	通过
234	CYZZ20150813102013294	瑞他帕林杂质制备方法的研究及应用	深圳市康立生生物科技有限公司	通过
235	JCYJ20140415092628050	早期应激对成年期抑郁症的影响机制研究	深圳市康宁医院	通过
236	JCYJ20140415092628048	综合干预降低住院精神病患者约束使用率的效果研究	深圳市康宁医院	通过
237	JCYJ20140415092628043	深圳市重性精神障碍监测质量评估方法的研究	深圳市康宁医院	通过
238	JCYJ20150402093137759	抑郁症药物治疗依从行为与态度研究	深圳市康宁医院	通过
239	JCYJ20150402093137766	抗精神病药物引起的体重增加与下丘脑食欲调节系统的关联及药物基因组学研究	深圳市康宁医院	通过
240	CYZZ20150728144503595	一种实现标准化的垛叠式降噪设备研发	深圳市科德声学技术有限公司	通过
241	JSGG20150508162540151	重 20150098：高性能动力电池组管理系统关键技术开发	深圳市科列技术股份有限公司	复议
242	CXZZ20140904160602356	基于社会化的客户关系管理集成平台研发及产业化	深圳市蓝凌软件股份有限公司	通过
243	CXZZ20140902111751427	基于多传感器融合的农用无人机	深圳市莲花百川科技有限公司	通过
244	JSGG20150527104648078	重 20150124：户外 LED 透明显示关键技术研发	深圳市联建光电股份有限公司	通过
245	CYZZ20150818143547967	侧发光器件高速测试分选机的研发	深圳市良机自动化设备有限公司	通过
246	FHQ20130428094156075	深圳市留学生创业园有限公司	深圳市留学生创业园有限公司	通过
247	KJYY20140530162159842	SF2014—08. 生物质废弃物的减量化和资源化技术的应用示范	深圳市龙澄高科技环保（集团）有限公司	通过
248	JCYJ20150402142648142	腔镜辅助小切口与完全腔镜甲状腺切除术对患者免疫功能及生活质量的影响	深圳市龙岗区第七人民医院	通过
249	KQCX20120814150420241	人乳腺癌 MCF7 细胞在 DDR 反应中 ERK 激酶与 ATR 蛋白相互作用位点和靶蛋白的鉴定及功能分析	深圳市龙岗区妇幼保健院	通过
250	JCYJ20150403091931191	紫芝抗过敏活性成分和作用机制研究	深圳市龙岗中心医院	通过

续表

序号	项目编号	项目名称	项目承担单位	验收结论
251	JCYJ20150402140827354	宫内细菌真菌感染与新生儿早期败血症的关系	深圳市龙华区中心医院	通过
252	KJYY20141016144038772	基于海洋养殖技术的应用示范	深圳市龙科源水产养殖有限公司	通过
253	JSGG20150529175127078	重 20150002：低温多晶硅（LTPS）液晶面板制造用掩模版关键技术研发	深圳市路维光电股份有限公司	复议
254	JCYJ20150402102519532	深圳地区新发虫媒病 SFTS 的流行风险评估研究	深圳市罗湖区疾病预防控制中心	通过
255	JCYJ20140414165143058	颈围与非酒精性脂肪性肝病的关联及其预测价值的初步研究	深圳市罗湖区人民医院	通过
256	JCYJ20140414165143068	" 主动静脉治疗模式 " 在临床应用现状调查及 CQI 策略实施研究	深圳市罗湖区人民医院	通过
257	JCYJ20140414165143054	T4K 矫治器治疗儿童安氏 II 类 1 分类错牙合的应用基础研究	深圳市罗湖区人民医院	通过
258	CXZZ20140402165027029	螺旋藻鲜食保健技术的研发	深圳市绿得宝保健食品有限公司	复议
259	CYZZ20150512101537292	双盘摩擦压力机智能节电器的研发及产业化	深圳市迈凯诺电气股份有限公司	通过
260	CYZZ20150629155605283	NFC 无源电子墨水屏标签的研发	深圳市迈圈信息技术有限公司	通过
261	FHQ20150529152534390	深圳市美生创谷科技创新园（科技孵化器）	深圳市美生置业有限公司	通过
262	CYZZ20150603151336792	高性能智能化生物病理组织脱水机研发	深圳市美雅洁技术股份有限公司	通过
263	CXZZ20130517135908943	子宫颈癌新指示物——HPV 致癌基因 mRNA 检测技术的开发	深圳市南山区妇幼保健院	通过
264	JCYJ20150402152130173	粪肠球菌通透酶蛋白基因变异对利奈唑胺药物敏感性的影响及机制研究	深圳市南山区人民医院	通过
265	JCYJ20150402152130167	金黄色葡萄球菌诱导利奈唑胺耐药相关突变基因的筛选、鉴定和机制研究	深圳市南山区人民医院	通过
266	JCYJ20140411093600199	miR-873 的下调促结直肠癌细胞增殖的生物学功能及其分子机制	深圳市南山区人民医院	通过
267	CXZZ20130516151903472	椎间盘退变性疾病的早期预防与微创治疗	深圳市南山区人民医院	通过
268	JCYJ20140411094353719	Cordycepin 拮抗肾小管上皮间质化而治疗糖尿病肾病的机制研究	深圳市南山区人民医院	通过
269	JCYJ20130322154529556	心房颤动病因研究及治疗方法	深圳市南山区人民医院	通过
270	JCYJ20140411092959833	microRNA145 调控黑色素瘤免疫应答的作用、机制及临床意义	深圳市南山区人民医院	通过
271	JCYJ20140411094009911	基于多模生物信号融合的脑卒中后上肢肌肉痉挛机制研究	深圳市南山区人民医院	通过
272	JCYJ20140411091151447	淫羊藿苷调控 PI3K/Akt/eNOS 信号改善薄型子宫内膜厚度的分子机制研究	深圳市南山区人民医院	通过

续表

序号	项目编号	项目名称	项目承担单位	验收结论
273	JCYJ20140411091151442	Perthes 病的致病基因研究	深圳市南山区人民医院	通过
274	CXZZ20150402111317568	普 20150094：新能源汽车电池管理系统的研发	深圳市沛城电子科技有限公司	通过
275	FHQ20150330175656458	思微 SimplyWork	深圳市前海思微投资管理有限公司	通过
276	KQCY20140522172534623	多酸 - 离子液体基的新型高温质子交换膜燃料电池的开发	深圳市氢动力科技有限公司	不通过
277	JCYJ20150403101146292	自主研发皮肤保温装置在冷冻消融术中防治低温并发症的护理研究	深圳市人民医院	通过
278	JCYJ20150403101028210	高血压基底节区脑出血单纯神经内镜下（内镜内）血肿清除的应用研究	深圳市人民医院	通过
279	JCYJ20150403101028181	声脉冲辐射力成像早期评估糖尿病肾病患者肾功能的研究	深圳市人民医院	通过
280	JCYJ20140416122812046	miRNA 和 lncRNA 在支气管肺发育不良发病机制中的作用	深圳市人民医院	通过
281	JCYJ20150403101146276	真空超声波清洗技术对手术室腔镜器械消毒效果的综合评价	深圳市人民医院	通过
282	JCYJ20140416122811923	靶向树突状细胞降低鼻咽癌发生率及复发率的研究	深圳市人民医院	通过
283	JCYJ20140416122812008	Notch 信号在胶质瘤干细胞放疗抵抗性中的作用机制研究	深圳市人民医院	通过
284	CXZZ20140523105549765	颈动脉三维超声联合计算机自动分析评价缺血性脑血管病发生风险的技术研发	深圳市人民医院	复议
285	JSGG20130922173053177	重 2013—057：智能型蒸汽机械再压缩蒸发（MVR）技术研发	深圳市瑞升华科技股份有限公司	复议
286	CYZZ20150416174656245	用于建筑建造的 3D 打印热熔水泥材料的研发	深圳市三帝梦工场科技开发有限公司	复议
287	CYZZ20150410165310822	带有智能控制系统的 LED 自行车灯	深圳市山人技术有限公司	复议
288	CYZZ20150428110810089	面向云数据中心的 Server SAN 集群的研发	深圳市杉岩数据技术有限公司	通过
289	CYZZ20150331150615083	一种用于微创血管介入的股动脉电子压迫止血器	深圳市升昊科技有限公司	复议
290	CXZZ20150402141350255	普 20150030：面向全媒体聚合的数字智能家庭网关研发	深圳市双翼科技股份有限公司	通过
291	CYZZ20150410171900634	T-LINX 智能云服务系统	深圳市淘淘谷信息技术有限公司	复议
292	FHQ20130506105136425	信息技术专业园	深圳市特发信息股份有限公司	通过
293	JSGG20150508092011292	重 20150086：卫星载波监控与分析系统关键技术的研究	深圳市统先科技股份有限公司	通过
294	CXZZ20150422161208604	普 20150219：分布式光伏电站智能并网关键技术的研发	深圳市拓邦自动化技术有限公司	通过

续表

序号	项目编号	项目名称	项目承担单位	验收结论
295	CXZZ20150430164444026	普 20150121：可穿戴设备的微能量收集及存储技术研发	深圳市微纳集成电路与系统应用研究院	通过
296	FHQ20150330164333341	微游汇孵化器（深圳）	深圳市微游汇孵化器管理有限公司	通过
297	CXZZ20150812114521575	普 20150399：电子工业用环保型清洗剂关键技术研发	深圳市唯特偶新材料股份有限公司	通过
298	CXZZ20150401140411411	普 20150116：新型涂布机关键技术开发	深圳市新嘉拓自动化技术有限公司	通过
299	GJHS20160308110232960	高端铝中间合金关键技术装备升级改造项目	深圳市新星轻合金材料股份有限公司	通过
300	GJHS20160308105947715	广东省铝镁钛工程技术研究中心	深圳市新星轻合金材料股份有限公司	通过
301	CXZZ20140829110600849	可穿戴动态血压监护设备技术研发	深圳市新元素医疗技术开发有限公司	通过
302	CYZZ20150409171434839	面向网页游戏的“Coffe”图形处理技术的开发与应用	深圳市刑天科技开发有限公司	通过
303	CXZZ20150331161014990	普 20150113：基于微亮测试的 COB 光源全自动分光机的开发	深圳市炫硕智造技术有限公司	通过
304	CXZZ20150430114455245	普 20150231：农作物温室环境智能控制系统的研发	深圳市讯方技术股份有限公司	复议
305	CYZZ20150401114658062	基于互联网安全通讯的移动桌面系统	深圳市研唐科技有限公司	通过
306	CYZZ20140506154218202	细分招聘网站一览英才网创新项目风险投资匹配资助	深圳市一览网络股份有限公司	通过
307	CXZZ20140716102448655	高性能 TRIAC 调光 LED 驱动器的技术开发	深圳市易光科技有限公司	通过
308	CXZZ20140610093552389	基于小尺寸大分辨率超高清 LED 显示屏的研发及产业化	深圳市易事达电子有限公司	通过
309	CYZZ20150330160127919	移动互联网人工智能游戏引擎	深圳市逸风网络科技有限公司	复议
310	JSGG20150331155950716	重 20150045: 高压防爆变频器关键技术研发	深圳市英威腾电气股份有限公司	通过
311	GCZX20141118112610812	深圳市工业移动智能终端及应用工程技术研究开发中心	深圳市优博讯科技股份有限公司	复议
312	CYZZ20150813095745809	基于 ACHV 技术的高性能 LED 泛光灯研发	深圳市友亿成智能照明股份有限公司	通过
313	CYZZ20150515111703495	基于网络医院创新服务模式的佑康源云健康管理平台	深圳市佑康健康管理股份有限公司	通过
314	CYZZ20150529092952562	一种新型高端音箱喇叭材料——环保羊皮喇叭膜技术研发	深圳市禹欣鑫电子有限公司	通过
315	GJHS20160331093646967	防伪防转移标签材料和近场抗电磁干扰材料技术	深圳市远望谷信息技术股份有限公司	通过

续表

序号	项目编号	项目名称	项目承担单位	验收结论
316	CYZZ20140902141445286	多功能分布式光伏并网配电柜的研制	深圳市支上新能源有限公司	通过
317	CXZZ20150430160424495	普 20150145：三维地质自动建模技术研发	深圳市中地软件工程有限公司	复议
318	GJHS20160329151403052	GEPON 塑料光纤三网融合系统	深圳市中技源专利城有限公司	通过
319	CXZZ20140508111528071	微孔金属箔在锂离子储能器件中的应用技术研究	深圳市中金高能电池材料有限公司	复议
320	CXZZ20140827140608183	老垃圾填埋场原位修复治理技术开发	深圳市中兰环保科技股份有限公司	通过
321	CXZZ20150401102455724	普 20150047：基于 SaaS 方式的互联网直销银行业务系统研发	深圳市中软创新信息系统有限公司	通过
322	CYZZ20150331100708013	基于用电安全领域故障电弧快速检测及有效处置的关键技术研发	深圳市中智盛安安全技术有限公司	通过
323	GRCK20160415092707417	中国时尚网	深圳市众扬汇科技股份有限公司	通过
324	CYZZ20140430150755765	智能手机云服务平台的研发	深圳市紫米迅驰网络科技有限公司	通过
325	CXZZ20150504141759839	普 20150200：新型聚乳酸生物降解气珠缓冲膜开发与应用	深圳王子新材料股份有限公司	不通过
326	JCYJ20150401145529023	癫痫诱发情绪障碍的神经环路机制研究	深圳先进技术研究院	通过
327	JCYJ20140509174140668	航空结构件装夹布局的性能评估及其规划方法研究	深圳先进技术研究院	通过
328	JCYJ20140417113430647	三维石墨烯包裹 Si/SiC 杂化纳米线的制备及其锂离子电池负极应用研究	深圳先进技术研究院	通过
329	JCYJ20150316143416083	高效抗肿瘤活性环肽 Coibamide A 的合成与生物活性研究	深圳先进技术研究院	通过
330	JCYJ20140617143643478	光聚合物 / 银纳米线导电复合材料的制备及其电、光性能研究	深圳先进技术研究院	通过
331	JCYJ20140610151856733	基于光信号的新型室内定位技术	深圳先进技术研究院	通过
332	ZDSYS20140509174237196	深圳市高密度电子封装与器件集成关键技术重点实验室	深圳先进技术研究院	通过
333	CXZZ20140901004122087	基于可穿戴式生物反馈技术的超声科患者及亚健康人群实时情绪预警系统	深圳先进技术研究院	通过
334	JCYJ20150401145529014	NUMB 在乳腺癌中的作用和分子机制研究	深圳先进技术研究院	通过
335	KQCX20140520154115029	治疗儿童恶性肿瘤人源抗体药物的研发	深圳先进技术研究院	通过
336	JCYJ20140417113430641	假交替单胞菌的群体行为特征与抗海洋生物污损活性研究	深圳先进技术研究院	通过
337	GJHS20130402135334964	新一代 X 射线光子计数探测器与基于碳纳 米 X 射线发射源的 CT 系统研发	深圳先进技术研究院	通过

续表

序号	项目编号	项目名称	项目承担单位	验收结论
338	JCYJ20140509174140691	基于 Lux 型群体感应系统的新兴植物病原菌致病机制解析	深圳先进技术研究院	通过
339	JCYJ20140901003939019	膀胱癌关键基因的定量生物学研究	深圳先进技术研究院	复议
340	JSGG20150327114133026	重 20150036: 4.35V 高电压三元材料电池电解液键技术研发	深圳新宙邦科技股份有限公司	通过
341	CYZZ20150626164425212	基于智能装备步进电机驱动器总线控制技术的研发	深圳星火自动化科技有限公司	通过
342	CYZZ20150410151851301	可穿戴智能动态血压监测仪的研发	深圳星脉医疗仪器有限公司	通过
343	FHQ20150327144334263	移盟移动互联网创业孵化中心	深圳移盟产业园运营有限公司	复议
344	CXZZ20140731144729597	基于 HTML5 hybrid 技术的企业移动 ERP 系统研发	深圳盈诺德信息技术有限公司	通过
345	GRCK20160415104555671	小松果视力宝	深圳长虹科技有限责任公司	通过
346	GRCK20160415104336183	空气质量实时监测智能插座	深圳长虹科技有限责任公司	通过
347	GRCK20160415104525756	基于便携式运动手机的运动社交平台	深圳长虹科技有限责任公司	通过
348	JSGG20141016095906397	重 2014—093：微型高集成片式抗电磁干扰滤波器关键技术研发	深圳振华富电子有限公司	通过
349	CYZZ20150528104641890	基于移动互联网云学习运营平台的技术研发及应用	深圳知学云科技有限公司	通过
350	JCYJ20150430163643495	含硫高折光双重固化树脂的合成及其应用基础研究	深圳职业技术学院	通过
351	JCYJ20140508155916424	新一代无线宽带接入系统关键技术研究	深圳职业技术学院	通过
352	CKSJS20150925170431883	纸品创意设计与制作实践室	深圳职业技术学院	通过
353	CYZZ20150609154001400	中创华安通讯侦查分析平台软件	深圳中创华安科技有限公司	通过
354	CXZZ20150529144919093	普 20150352：耐热无气味复合牙胶材料的研发	盛嘉伦橡塑（深圳）股份有限公司	复议
355	JCYJ20150417142356651	锂空电池介孔碳电极材料的制备及其电化学性能研究	武汉大学深圳研究院	通过
356	JCYJ20150422150029095	基于无人机的城市重点区域人群智能监控研究	武汉大学深圳研究院	通过
357	JCYJ20140603152449639	面向绿色云数据中心的软件节能优化技术研究	武汉大学深圳研究院	通过
358	CXZZ20140902162618036	基于患者自身癌细胞的肺癌个体化治疗	武汉大学深圳研究院	通过
359	JCYJ20140419115507579	高柔韧性热界面材料	香港城市大学深圳研究院	通过
360	JCYJ20140509155229804	应用于 3D 打印的具有超强玻璃形成能力大块金属玻璃的液态相变研究	香港城市大学深圳研究院	复议
361	ZDSYS20140508092746456	深圳市生育调控重点实验室	香港大学深圳医院	通过
362	JCYJ20140819153305694	自噬途径在喹啉类衍生物改善高脂饮食和脂肪酸诱导的非酒精性肝损伤中的作用及机制研究	香港理工大学深圳研究院	通过
363	JCYJ20130401152508657	石墨烯 - 铁电薄膜超薄复合结构中的去极化制冷效应	香港理工大学深圳研究院	通过
364	JCYJ20140606164105360	体外反搏结合 TCD 技术建立研究脑卒中急性期脑血流动力学的无创性动态模型	香港中文大学深圳研究院	通过

续表

序号	项目编号	项目名称	项目承担单位	验收结论
365	JSGG20141017110852663	重 2014—122：CDMA/SCPC 多模卫星通信主站系统关键技术研发	协同通信技术有限公司	通过
366	KQCX20150330164511724	循环肿瘤细胞检测技术开发及在卵巢癌诊治中的应用	亚能生物技术（深圳）有限公司	通过
367	ZDSYS20141118170111640	农业基因大数据的存储与利用	中国农业科学院深圳农业基因组研究所	通过
368	KJYY20140901164135052	SF2014—23. 智能交通技术的应用示范	中盟科技有限公司	通过
369	JCYJ20140416094256880	七氟醚预处理结合血红素加氧酶 (HO)-1 腹腔注射对幼年大鼠认知功能的影响	中山大学附属第八医院（深圳福田）	通过
370	JCYJ20140416094330210	DLL4/Notch1 调控胶质母细胞瘤拟态血管向肿瘤源性血管过渡及其分子机制研究	中山大学附属第八医院（深圳福田）	复议
371	GJHS20140429093437762	移动互联网 IPv6 应用示范（TDD 系统）（2014 年度）	中兴通讯股份有限公司	通过
372	GJHS20160325151305870	超高速长距离光传输系统关键技术与测试方法研究（2016 年度）	中兴通讯股份有限公司	通过
373	JSGG20150511161226135	重 20150107：固定污染源在线监测系统的研发	中兴仪器（深圳）有限公司	通过

七、2017 年第 7 批市科技计划项目验收结果

序号	项目编号	项目名称	承担单位	验收结论
1	GRCK20160411152153174	高分子功能材料新视界	北京大学深圳研究生院	通过
2	JCYJ20150626110958181	质子交换膜燃料电池用柔性碳纸的开发	北京大学深圳研究生院	通过
3	JCYJ20150629144006876	碳纳米管材料在碲化镉太阳能电池背电极中的应用	北京大学深圳研究生院	通过
4	JCYJ20150331101121646	原子层沉积氧化铝钝化碲化镉太阳电池的研究	北京大学深圳研究生院	通过
5	JCYJ20150626110741712	基于金属催化碳氢键活化策略合成开发新型荧光探针	北京大学深圳研究生院	通过
6	JCYJ20150616144948853	功率 LED 封装中新型高导热率热界面材料的制备以及应用研究	北京大学深圳研究生院	通过
7	JCYJ20150331100723974	基于二元纠删码的分布式存储系统研究	北京大学深圳研究生院	通过
8	JCYJ20150518092933435	颗粒物捕集器的多孔陶瓷及催化剂技术	北京大学深圳研究生院	通过
9	JCYJ20150629144328079	钙钛矿量子点敏化二氧化钛纳米管全固态光热耦合太阳能电池研究	北京大学深圳研究生院	通过
10	JCYJ20150806112326712	节能变频曝气技术提高有机垃圾能源转化效率的研究	北京大学深圳研究生院	通过
11	JCYJ20150331100341865	海水中锂离子微生物吸附的分子机理研究	北京大学深圳研究生院	通过
12	JCYJ20150616145013931	市政污泥热解制备生物质炭关键技术研究	北京大学深圳研究生院	通过
13	CXZZ20140903101810396	海水中重金属离子去除用磁性高分子复合微球的研发	北京大学深圳研究生院	通过
14	KQCX20130628093909157	交通与土地一体化规划决策支持系统研究	北京大学深圳研究生院	通过
15	JCYJ20150629144612861	新型低成本功能化石墨烯材料的调控与制备	北京大学深圳研究生院	复议

续表

序号	项目编号	项目名称	承担单位	验收结论
16	JCYJ20150331171116474	基于词义的文档主题模型研究	北京大学深圳研究院	通过
17	JCYJ20150403091443322	C 反应蛋白在类风湿关节炎发病中的作用机制及信号传导通路	北京大学深圳医院	通过
18	JCYJ20150331090820169	补肾活血中药调控 NF—κB 信号通路抑制骨吸收及抗骨质疏松的生物学机制	广州中医药大学深圳医院（福田）	通过
19	JSGG20150512153730823	重 20150071：基于云平台的电子政务系统快速开发平台关键技术研究	国家超级计算深圳中心（深圳云计算中心）	通过
20	GJHZ20150312114346635	智慧城市基础设施监控网络关键技术开发研究	哈尔滨工业大学深圳研究生院	通过
21	JCYJ20150805142729431	含缺陷热电材料的断裂力学行为及热电转换效率特征研究	哈尔滨工业大学深圳研究生院	通过
22	JCYJ20140417172417096	有增益超透镜的实现和应用研究	哈尔滨工业大学深圳研究生院	通过
23	JCYJ20140417172417131	认知无线网络中结合网络编码与机会路由的传输技术研究	哈尔滨工业大学深圳研究生院	通过
24	JCYJ20150513151706577	面向大规模 MIMO 的极化空间调制系统设计与性能评估	哈尔滨工业大学深圳研究生院	通过
25	JCYJ20150513151706573	基于人工电磁表面的光学相干作用机理与应用研究	哈尔滨工业大学深圳研究生院	通过
26	JCYJ20140417172417115	大气稳定度和海气交换作用对海上风力机疲劳特性影响研究	哈尔滨工业大学深圳研究生院	通过
27	JCYJ20140508160910917	新型脉象仪设计及脉象信号分析模型研究	哈尔滨工业大学深圳研究生院	通过
28	JCYJ20150513155231754	基于工程渣土的节能环保型泡沫砖标准化生产的关键技术研究	哈尔滨工业大学深圳研究生院	通过
29	JCYJ20150403161923540	康复病人数据监测系统关键技术研究	哈尔滨工业大学深圳研究生院	通过
30	JSGG20150511163900354	重 20150101：智能固体绝缘环网柜关键技术的研发	航天科工深圳（集团）有限公司	通过
31	JSGG20150331160845693	重 20150021：面向未来的 SDN 光接入网关键技术研发	华为技术有限公司	通过
32	CXZZ20140902140738552	基于剪切增稠流体技术的自适应型轮胎	建泰橡胶（深圳）有限公司	复议
33	CXZZ20140821162633611	通信用高频印制电路关键技术研发及产业化	竞华电子（深圳）有限公司	通过
34	CKCY20160429165153521	海洋工程智能化设备	孔雀团队依托单位	复议
35	JSGG20150330154316849	重 20150020：4G TD LTE 高铁通信网络系统关键技术研发	宽兆科技（深圳）有限公司	通过
36	GRCK20150930160632606	第一视角人车互动赛车	南方科技大学	通过
37	GRCK20150930160632733	适应无人航行器应用的高性能光电 / 红外载荷	南方科技大学	通过
38	GRCK20150930160633117	基于半导体工艺的甲烷传感器的制作以及利用该传感器制作燃气报警模块	南方科技大学	通过
39	GRCK20150930160633372	基于离子液体的新型二氧化碳传感器的研发以及模组制作	南方科技大学	通过
40	JCYJ20150331101823686	ATF4 调节骨组织血管形成和骨折愈合的作用与机制	南方科技大学	通过

续表

序号	项目编号	项目名称	承担单位	验收结论
41	JCYJ20150430160022511	创建一种用于有机合成研究中能平衡高氧化态过渡金属催化剂的 σ 与 π- 酸度的方法	南方科技大学	通过
42	JCYJ20150331101823695	超薄钒氧化物二维材料的制备及其在柔性储能器件上的研究	南方科技大学	通过
43	JCYJ20150601155130435	高反射率胆甾相液晶反射式显示器件研究	南方科技大学	通过
44	JCYJ20150529152146477	Anillin 调控肿瘤细胞分裂及迁移的分子机理研究	南方科技大学	通过
45	JCYJ20140901153335318	运用量子限制效应提高硅量子点太阳能电池效率的研究	南方科技大学	通过
46	JCYJ20140417105742715	用于电子封装的金属基复合材料的粉末注射成型	南方科技大学	通过
47	JCYJ20140714151402764	二氧化碳固化转化及氢气制备、储存与释放的理论探究	南方科技大学	通过
48	JCYJ20150331101823678	基于微分器的 UWB 任意波形发生器的研究与综合	南方科技大学	通过
49	ZDSYS20140509142721431	深圳纳米压印技术重点实验室（组建）	南方科技大学	通过
50	JCYJ20140714151402768	荔枝和龙眼中天然酚类化合物激活 COX 酶催化活性的分子机理研究	南方科技大学	复议
51	GRCK20160415093711358	可用于基因分型定量检测的液相基因芯片仪器开发	清华一伯克利深圳学院筹备办公室	通过
52	GJHZ20150316160614844	偏振内窥及临床应用研究	清华大学深圳研究生院	通过
53	GJHZ20150316160614839	基于三维打印技术的新型医用聚乳酸复合材料开发及其制备人工骨支架成型工艺研究	清华大学深圳研究生院	通过
54	JCYJ20150518162144944	城市给水管网余压发电技术开发	清华大学深圳研究生院	通过
55	JCYJ20140418112611757	RHAMM 与 Merlin 相互作用作为抗癌新靶点的机制研究	清华大学深圳研究生院	通过
56	JCYJ20140509172959972	低成本、高延展性超薄稀土镁合金板变形机理研究	清华大学深圳研究生院	通过
57	JCYJ20140902110354247	基于偏振光成像的海洋水下微型生物识别与监测技术	清华大学深圳研究生院	通过
58	JCYJ20140417115840264	基于智能手表心电信号采集与处理的生物特征身份识别系统	清华大学深圳研究生院	通过
59	JCYJ20150331151358137	电动汽车 SOC 精确实时估算技术研究	清华大学深圳研究生院	通过
60	CXZZ20150529165045064	普 20150266：新靶点及多靶点组合抗肿瘤药物技术研发	清华大学深圳研究生院	通过
61	ZDSYS20140509172959975	钙离子和 CaN 调控细胞自噬和神经退行性疾病的机理研究（重点实验室提升项目）	清华大学深圳研究生院	通过
62	ZDSYS20140509172959971	胃癌早期筛查免疫荧光诊断试剂的研发（重点实验室提升项目）	清华大学深圳研究生院	通过
63	JCYJ20120618155655087	基于云计算的大规模 Web Usage 数据实时挖掘研究	厦门大学深圳研究院	不通过
64	JCYJ20150402105524052	基于大气自清洁原理的 VOCs 污染控制技术研究	山东大学深圳研究院	通过
65	CXZZ20150814151558528	普 20150412：大功率高效率不间断电源系统的研发	山特电子（深圳）有限公司	复议

续表

序号	项目编号	项目名称	承担单位	验收结论
66	CXZZ20140902141250786	基于环境模拟箱系统开展口腔科诊疗过程中的感控技术研究	深港产学研基地	通过
67	GRCK20160415112845082	基于人脸识别的移动通讯手持终端	深港产学研基地产业发展中心	通过
68	GRCK20160415112738842	基于安卓系统的多终端控制智能服务机器人	深港产学研基地产业发展中心	通过
69	GRCK20160415112900655	新型纳米漆面保护涂料	深港产学研基地产业发展中心	通过
70	FWCX20150728163056877	新能源电池检测认证创新服务平台	深圳安博检测股份有限公司	通过
71	CXZZ20150813140635622	普 20150370：新型片式氧传感器技术开发	深圳安培龙科技股份有限公司	通过
72	CKCY20160427142216633	国内首款桌面级一体机具有 3D 打印、激光雕刻与 PCB 制板功能	深圳奥松机器人科技有限公司	通过
73	CXZZ20150331170603505	普 20150064：手足口病毒实时荧光核酸检测技术研发	深圳澳东检验检测科技有限公司	通过
74	CXZZ20130322141020190	基于人脸识别、AVS 视音频编解码技术的智能安全软硬件平台	深圳昌恩智能股份有限公司	通过
75	CYZZ20150723145528798	基于高精度分子诊断的精准医疗应用云平台研发	深圳承启生物科技有限公司	通过
76	CYZZ20150615144315916	跨平台软件开发引擎关键技术研发	深圳橙子互动股份有限公司	通过
77	CXZZ20140828115934838	高效动态物理屏蔽油烟净化机项目	深圳厨之道空气净化设备有限公司	复议
78	CYZZ20150917095421930	脑电采集算法的互联网智能可穿戴应用	深圳创达云睿智能科技有限公司	通过
79	GRCK20160412165920736	LeDetect 智能环境监测器	深圳创客空间科技有限公司	通过
80	GRCK20160412165722424	智能鱼漂	深圳创客空间科技有限公司	通过
81	GRCK20160412170359748	智能行李箱	深圳创客空间科技有限公司	通过
82	KJYY20150430103150495	国产芯片的应用示范	深圳创维数字技术有限公司	通过
83	CYZZ20150507110352698	电力配网在线监视、分析和取证系统研发	深圳大成智能电气科技有限公司	通过
84	GRCK20160413145625963	面向易燃易爆环境的液位传感器	深圳大学	通过
85	GRCK20160413153958624	海洋真菌高效合成 DHA 机理及关键技术研发	深圳大学	通过
86	GRCK20160413153603025	室内固态激光雷达及室内定位	深圳大学	通过
87	GRCK20160413150436359	小型环境水体智能化修复技术	深圳大学	通过
88	GRCK20160413153744305	一站式 C2B 服装定制平台系统	深圳大学	通过
89	GRCK20160413144422446	智慧行李箱	深圳大学	通过
90	GRCK20160413144658294	基于固体传播的声波室内定位系统	深圳大学	通过
91	GRCK20160413143926437	基于大众羽毛球技术等级的测试与评价系统	深圳大学	通过
92	GJHS20160328145558586	基于北斗卫星系统的海上导航与搜救用户终端	深圳大学	通过
93	GJHS20120621155804681	三倍频强激光薄膜元件的离子后处理机理研究	深圳大学	通过
94	GJHS20120621142423978	代谢组学中的生物启发式高维数据特征选择方法研究	深圳大学	通过

续表

序号	项目编号	项目名称	承担单位	验收结论
95	GJHS20120621160652931	制造类企业评估和选择绿色可持续性发展策略：基于仿真的综合决策优化与风险分析	深圳大学	通过
96	GJHS20120621150255775	基于顾客选择行为的可拆分配送车辆路径问题研究	深圳大学	通过
97	JCYJ20140418095735591	基于二元光学矢量理论的三色光变防伪技术与应用研究	深圳大学	通过
98	JCYJ20150625101524056	面向大数据的复杂网络中信息挖掘研究	深圳大学	通过
99	JCYJ20150324141711558	新型超级 hTERTC27 抗肿瘤细胞免疫治疗的效用及分子机制	深圳大学	通过
100	JCYJ20140418091413510	淋巴造血系统恶性肿瘤的免疫综合疗法研究	深圳大学	通过
101	JCYJ20150525092941006	盐霉素通过阻断 Wnt 信号通路来抑制乳腺癌转移的研究	深圳大学	通过
102	JCYJ20140418181958501	基于信任感知与推理演化的可信计算模型关键技术研究	深圳大学	通过
103	JCYJ20150324140036823	褐藻酸寡糖通过调控巨噬细胞受体循环和吞噬功能抗细胞衰老的机制研究	深圳大学	通过
104	JCYJ20140418095735601	ZnO 基异质结构中二维电子气特性及应用的研究	深圳大学	通过
105	JCYJ20150625103501697	城市道路交通对苯系物累积分布规律影响的研究	深圳大学	通过
106	JCYJ20150324141711693	改性二氧化钛在锂空气电池中的催化机理与应用研究	深圳大学	通过
107	JCYJ20150625102603853	CNT 改性水泥基复合材料耐久性能的关键技术及强化机理	深圳大学	通过
108	JCYJ20150324140036825	大数据上的复杂关系与类分布结构发现	深圳大学	通过
109	JCYJ20150324141711690	基于 MIMO 雷达系统的快速相位同步算法研究	深圳大学	通过
110	JCYJ20150625102943103	基于合金纳米结构的光电存储器件的制备与研究	深圳大学	通过
111	JCYJ20150324141711592	石墨烯场效应管应用于老年痴呆症标记物淀粉样多肽的检测	深圳大学	通过
112	JCYJ20140418091413491	SDN 高层抽象编程模型及流表控制原型研究	深圳大学	通过
113	JCYJ20140418091413526	跨语言环境下外语说话人声纹识别的动态模型研究和应用	深圳大学	通过
114	JCYJ20140711144824858	用于癌症光热治疗的石墨烯基超晶格材料的光热效应研究	深圳大学	通过
115	JCYJ20150324140036846	基于带标记线核磁共振成像的高精度心脏运动重建技术研究	深圳大学	通过
116	JCYJ20150324141711698	大景深三维纳米分辨单分子成像和示踪研究	深圳大学	通过
117	JCYJ20150324140036861	聚酯纤维表面的仿生修饰及其对水体中重金属的吸附	深圳大学	通过
118	JCYJ20150324141711562	基于格的完全同态加密理论研究	深圳大学	通过
119	JCYJ20150525092940973	MAL 在食管癌中的表达特征及其在细胞凋亡中的作用机制研究	深圳大学	通过

续表

序号	项目编号	项目名称	承担单位	验收结论
120	JCYJ20140509172719310	代谢性炎症与脂代谢紊乱性疾病的基础研究	深圳大学	通过
121	JCYJ20140828165255312	高尔基磷蛋白3促进肺癌转移机制研究及小分子调节剂研发	深圳大学	通过
122	JCYJ20150324141711629	糖尿病肾病治疗新型靶标——Cyp4a14的发现与验证	深圳大学	通过
123	JCYJ20150525092941049	亚微米级电火花加工	深圳大学	通过
124	JCYJ20150324141711637	基于L21范数的子空间学习理论	深圳大学	通过
125	JCYJ20150525092941055	铂配合物作为端粒酶阴性肿瘤化学治疗药物的应用基础研究	深圳大学	通过
126	JCYJ20150324141711655	贵金属表面修饰ZnO纳米线垂直阵列薄膜型气敏传感器制备及其气敏性研究	深圳大学	通过
127	JCYJ20140828163633987	高效型抗胶质母细胞瘤过继性嵌合抗原受体(CAR)-T细胞免疫治疗方法的研究	深圳大学	通过
128	JCYJ20150525092941016	石墨烯及其功能化材料的THz波段三阶非线性响应研究	深圳大学	通过
129	JCYJ20130329113322731	污泥高效低污染气化焚烧机理及关键技术研究	深圳大学	通过
130	JCYJ20140418091413528	OD行程时间约束的轨道交通乘客出行时空路径推定建模及仿真研究	深圳大学	通过
131	JCYJ20150324141711630	基于视觉模式对视频场景进行地理位置标注与分割研究	深圳大学	通过
132	JCYJ20150525092941042	深圳市交通运输业碳排放动态估算模型与优化研究	深圳大学	通过
133	JCYJ20150324141711583	莱茵衣藻E3泛素连接酶CrPrp19参与细胞油脂代谢调控的研究	深圳大学	通过
134	JCYJ20130326105637578	基于镜头层面视觉描述子的无地理标签的视频地理定位	深圳大学	通过
135	JCYJ20140828163633997	基于整体变分模型的稀疏角度CT重建问题研究	深圳大学	通过
136	JCYJ20150324141711694	大数据环境下安全与隐私保护技术研究	深圳大学	通过
137	JCYJ20150525092940984	人工全椎间盘组织工程构建的实验研究	深圳大学	通过
138	JCYJ20150324141711578	IL-10调控IL-33/ST2通路在类风湿性关节炎中的作用及机制的研究	深圳大学	通过
139	JCYJ20140509172609165	空气弹簧在直线往复驱动机构中的节能助推机理研究	深圳大学	通过
140	JCYJ20150324141711664	低温荧光玻璃涂层及其发光效率的研究	深圳大学	通过
141	JCYJ20150324141711561	Nd掺杂$NaYF_4$:Yb/Ho上转换纳米颗粒的机理和生物成像研究	深圳大学	通过
142	JCYJ20130326111836781	石墨烯场效应管暂态输运性质研究	深圳大学	通过
143	JSGG20140519104809878	激光微纳模具先进制造关键技术研发	深圳大学	通过
144	CXZZ20150529165110750	普20150274:药食同源天然物质基础及其活性功能技术研发	深圳大学	通过

续表

序号	项目编号	项目名称	承担单位	验收结论
145	CXZZ20150430093131635	普 20150185：磷酸肌酸生物催化合成技术的研发	深圳大学	通过
146	CXZZ20140418182638776	基于间断化学分析技术的全自动海水营养盐在线分析仪	深圳大学	通过
147	CXZZ20140418182638764	视疲劳预防与康复研究	深圳大学	通过
148	KQCX20150324160536457	智能可穿戴计算的关键技术研究	深圳大学	通过
149	KQCX20150324160536465	无机活性氮超负荷下的深圳湾微生物氮循环的生态机制及环境效应	深圳大学	通过
150	KQCX20140519104925300	CDK3 的调控网络及其与肿瘤的相关性研究	深圳大学	通过
151	KQCX20140519103908550	可选择性去除有毒重金属并回收贵金属的新型中空纤维吸附膜的研究开发	深圳大学	通过
152	RKX20140603152808836	深圳市	深圳大学	通过
153	SGLH20150206152559032	基于 MT-nSAR 的多态城市地质灾害监测研究	深圳大学	通过
154	ZDSYS20150603161758229	深圳市新型天然保健品研究重点实验室	深圳大学	通过
155	JCYJ20130408172903817	新型柔性显示技术研究（重点实验室提升）	深圳大学	复议
156	JCYJ20140418091413575	基于分水岭变换的 PCB 缺陷机器视觉检测算法研究	深圳大学	复议
157	JCYJ20140509172719311	氧化石墨烯 / 聚合物复合水凝胶的流变性、电性能及其构效关系研究	深圳大学	复议
158	JCYJ20150324141711684	CoCrFeNi 基高熵合金热电效应基础研究	深圳大学	复议
159	JCYJ20140418181958477	基于亚毫米级解剖数据集构建数字化脑血流动力学模型	深圳大学	复议
160	JCYJ20150626090430369	气溶胶喷墨 3D 打印锂离子电池系统及工艺研发	深圳大学	复议
161	JCYJ20150324140036843	荧光钌配合物功能化金纳米粒子用于肿瘤细胞成像的研究	深圳大学	复议
162	JCYJ20140418091413560	薄膜太阳能电池吸收层铜铟硒的离子注入效应及性能研究	深圳大学	复议
163	JCYJ20150625103619275	二维原子晶体材料黑磷的非线性超快光学研究	深圳大学	复议
164	JCYJ20150324140036829	登革病毒与伊蚊宿主的遗传相关性分析及登革病毒传播机制的研究	深圳大学	复议
165	JCYJ20150324141711692	高容量大倍率锂离子电池负极材料的可控制备及性能研究	深圳大学	复议
166	CXZZ20150601110000604	普 20150065：中药金线莲治疗糖尿病技术研发	深圳大学	复议
167	CXZZ20140418182638770	心脑血管突发事件预警诊断试剂 LP-PLA2 产业化	深圳大学	复议
168	CYZZ20140421172656382	RFID 协同感知与定位智能系统关键技术研究与应用	深圳德创投科技有限公司	通过
169	KQTD201102	基于异质集成技术的自感知复合智能材料	深圳光启高等理工研究院	复议
170	CXZZ20140414153851191	基于聚合物包覆改性的高性能天然纤维基超细粒料的开发与应用研究	深圳海川新材料科技股份有限公司	通过

续表

序号	项目编号	项目名称	承担单位	验收结论
171	JCYJ20150402151049782	航天器交会对接电源系统仿真关键问题研究	深圳航天科技创新研究院	通过
172	JSGG20150512105331885	基于国标 / 军标的高灵敏度 RFID 关键技术研究	深圳航天科技创新研究院	通过
173	CXZZ20150331175211786	普 20150079：高纯高分散 SiO_2 微球的规模可控制备技术和装备研发	深圳航天科技创新研究院	通过
174	CXZZ20150504150427057	普 20150155：新型图形驱动的嵌入式软件技术研发	深圳航天科技创新研究院	通过
175	CXZZ20150402151225345	普 20150091：风电并网系统中高压直流电源的研发	深圳航天科技创新研究院	通过
176	CYZZ20150513150104385	MMI 一体式自动化测试设备的研发	深圳鸿泽自动化科技有限公司	通过
177	JSGG20130918102805062	重 2013—072：水稻拒镉基因挖掘及其分子育种技术研发	深圳华大生命科学研究院	复议
178	GRCK20160415162352579	beenass 智能语音云音箱	深圳华强电子交易网络有限公司	通过
179	CXZZ20140903163326552	高精度高分辨率红外热像仪	深圳华盛昌机械实业有限公司	通过
180	CXZZ20150430103121979	普 20150142：亚微米级抗静电声表面波滤波器（SAW）射频芯片研发	深圳华远微电科技有限公司	通过
181	JCYJ20150616144425387	基于高钠普鲁士蓝和低电压钛酸盐的钠离子全电池体系研究	深圳华中科技大学研究院	通过
182	JCYJ20150630155150201	基于 C—H 键活化合成含 C—N 键药物分子的新方法研究	深圳华中科技大学研究院	通过
183	JCYJ20150630155150208	柔性钙钛矿太阳能电池的电化学原子层外延制备及其基础研究	深圳华中科技大学研究院	通过
184	JCYJ20150616144425376	乳腺癌多标志物联合早期检测的微纳器件研究	深圳华中科技大学研究院	通过
185	JCYJ20150616144425386	高级持续性威胁（APT）检测技术研究	深圳华中科技大学研究院	通过
186	JCYJ20150630155150194	基于结构色的聚合物光学防伪材料制备与应用	深圳华中科技大学研究院	通过
187	JCYJ20150616144425374	球磨机械化学处置溴代阻燃剂电子垃圾固废	深圳华中科技大学研究院	通过
188	JCYJ20150630155150209	基于 SEM-DIC 的纳米尺度全场三维应变测量技术	深圳华中科技大学研究院	复议
189	JCYJ20150630155150203	基于激光选区烧结的多孔 Si_3N_4 陶瓷的增材制造及其性能研究	深圳华中科技大学研究院	复议
190	GJHZ20150316103012552	先进锂离子电池极片激光切割工艺及设备研究	深圳吉阳智能科技有限公司	通过
191	CKSJS20150930112330926	产品创新设计与制造实践室	深圳技师学院	通过
192	JSGG20150528142940171	重 20150125：车载新型高可靠性液晶显示屏关键技术研发	深圳晶华显示器材有限公司	通过
193	GJHS20140402150542389	国产化汽车电子芯片关键技术研究	深圳开阳电子股份有限公司	通过
194	GJHS20150403155025052	国产化汽车电子关键技术研究	深圳开阳电子股份有限公司	通过
195	GJHS20120809143142226	国产化汽车电子芯片关键技术研究	深圳开阳电子股份有限公司	通过
196	JSGG20150331112609802	重 20150013：高清广角图像处理器芯片关键技术研发	深圳开阳电子股份有限公司	通过
197	CYZZ20150916161825320	移动智能微网雾化器研发	深圳来福士医疗器械有限公司	通过

续表

序号	项目编号	项目名称	承担单位	验收结论
198	CYZZ20150630150008267	焦化含酚废水处理技术的研发及应用	深圳力合环保技术有限公司	通过
199	CXZZ20150401143126927	普 20150118：电子元件编带机配套用全自动分装设备技术开发	深圳连硕自动化科技有限公司	通过
200	JSGG20150506161851417	重 20150105：消化道高清电子内窥镜关键技术的研发	深圳迈瑞生物医疗电子股份有限公司	通过
201	KQTD201201	血液细胞分析系统核心技术产业化	深圳迈瑞生物医疗电子股份有限公司	通过
202	CXZZ20140828111639934	高效环保螺杆式风冷冷水（自然冷却）机组	深圳麦克维尔空调有限公司	通过
203	JSKF20150828110446458	新型智能高效 LED 灯技术开发	深圳民爆光电技术有限公司	通过
204	FWCX20150730145655642	互联网 + 研发设计公共服务平台服务能力创新项目	深圳品网科技有限公司	通过
205	JSGG20150330154527536	重 20150006：三电平光伏逆变器专用驱动电路的关键技术研发	深圳青铜剑科技股份有限公司	通过
206	CYZZ20150403111603771	面向传统桶装水行业的新一代高效管理服务系统平台的开发	深圳青云蓝海科技股份有限公司	通过
207	JCYJ20150630153033410	面向 5G 的大规模 MIMO 基础理论与应用技术研究	深圳清华大学研究院	通过
208	JCYJ20150504170335651	高性能 LDPC 编解码器设计	深圳清华大学研究院	通过
209	JCYJ20150402103811550	基于全数字阵列雷达的通信一体化理论及关键技术研究	深圳清华大学研究院	通过
210	CXZZ20140419121218106	电吸附法处理重金属废水的工艺及其设备研究	深圳清华大学研究院	通过
211	CXZZ20150427140532370	普 20150230：通信机柜节能关键技术的研发	深圳日海通讯技术股份有限公司	复议
212	CKCY20160429090543459	基于智能通气与云计算技术的呼吸健康管理系统的研发	深圳融昕医疗科技有限公司	复议
213	CYZZ20150824155243916	全自动六色异形玻璃瓶智能印刷机的研究	深圳圣鑫自动化设备有限公司	通过
214	CYZZ20140813095622096	低剂量数字化乳腺 X 线 3D 成像及诊断系统	深圳市安健医疗设备有限公司	复议
215	CYZZ20150729161400720	居家养老综合信息服务系统的设计与实施	深圳市翱海科技有限公司	通过
216	CXZZ20150529153301343	普 20150350：新型导电热塑性弹性体材料的研发	深圳市百事达卓越科技股份有限公司	通过
217	CYZZ20150331100835153	高增效抗摩擦生物陶瓷自修复材料的研究与应用	深圳市百顺源节能科技有限公司	复议
218	JCYJ20140415105244236	人参皂苷 Rg3 对结肠癌细胞迁移和侵袭的影响及其分子机制	深圳市宝安区中心医院	通过
219	KQCX20150327150555513	面向 4G 智能车载终端的音乐搜索系统研发及产业化	深圳市北科瑞声科技股份有限公司	通过
220	CYZZ20150820095759420	LED 底部高速测试装带系统的研发	深圳市标谱半导体科技有限公司	通过
221	CXZZ20150430140316370	普 20150134：集成陶瓷气体放电管技术研发	深圳市槟城电子有限公司	通过
222	CYZZ20150731101840408	新型智能无线一体化载荷位移传感器的研发	深圳市博海粤能科技开发有限公司	通过
223	JSGG20150331111405685	重 20150035: 芯片封装专用固晶锡膏关键技术研发	深圳市晨日科技股份有限公司	通过

续表

序号	项目编号	项目名称	承担单位	验收结论
224	FWCX20150731140930611	诚锦鹏海石油设施资产完整性检测管理中心	深圳市诚锦鹏实业有限公司	通过
225	JCYJ20140905115404015	深圳市排水防涝系统中低影响开发设施的效能与应用研究	深圳市城市规划设计研究院有限公司	通过
226	CYZZ20150623152030322	优生活网络服务平台	深圳市创富通云科技有限公司	通过
227	FHQ20140930145754614	深圳市创客工场创客空间	深圳市创客工场科技有限公司	通过
228	GRCK20160415095448119	一种基于数易原理的以太码编程方法——“数易项目”	深圳市创赛平台创业服务有限公司	通过
229	CXZZ20150331171958435	普 20150018：任意弧形大尺寸全彩 LED 显示屏研发	深圳市创显光电有限公司	通过
230	CXZZ20140714150121014	全自动液晶显示屏与触摸屏贴合机（全贴合）	深圳市创造机电有限公司	通过
231	GRCK20160415150657454	网络麦克风	深圳市大典创新供应链有限公司	复议
232	CXZZ20140403161048170	多级平衡瓦斯热力系统研究开发项目	深圳市大能节能技术有限公司	通过
233	FHQ20140519154922534	国际生物谷 ——生命科学产业园孵化器	深圳市大鹏新区投资控股有限公司	通过
234	CYZZ20150522140214703	一种选择性激光烧结技术使用的增强材料的研究与开发	深圳市大业激光成型技术有限公司	通过
235	CYZZ20150723103502705	工业机器人的局部绝对精度标定与优化系统	深圳市得意自动化科技有限公司	通过
236	CYZZ20150618152649197	移动智能全媒体车载系统的关键技术研发	深圳市德传技术有限公司	通过
237	CYZZ20150601105221229	薄型化高亮度 LED 背光源模组的开发	深圳市帝狼光电有限公司	通过
238	JCYJ20150330102720136	内镜口内径路颈椎椎体病变切除术应用解剖及临床研究	深圳市第二人民医院	通过
239	JCYJ20140414170821293	下咽癌肿瘤干细胞相关信号通路间相互作用的实验研究	深圳市第二人民医院	通过
240	JCYJ20150330102720149	应用 CRISPR/Cas9 慢病毒文库研究猪—人异种移植排斥相关的异种抗原及其作用机制	深圳市第二人民医院	通过
241	JCYJ20150330102720160	从 CD14/TLR-4-NF-κB 通路研究白虎汤改变肠道菌群结构后对糖尿病脂肪组织慢性炎症影响的机制	深圳市第二人民医院	通过
242	JCYJ20150330102401084	基于 DTI 丘脑分割识别帕金森立体定向手术靶点的新方法	深圳市第二人民医院	通过
243	JCYJ20150330102401101	羟基红花黄色素 A 对人源化脓毒症小鼠外周血 CD4+T 淋巴细胞凋亡的影响	深圳市第二人民医院	通过
244	JCYJ20150330102720177	骨折愈合过程中关键 miRNA 和蛋白筛选及其相互调控关系研究	深圳市第二人民医院	通过
245	JCYJ20150330102720117	通过数据挖掘创建乳腺磁共振新型强化曲线	深圳市第二人民医院	通过
246	JCYJ20140414170821166	c-fos、c-jun 基因表达在 TBI 加速四肢骨折愈合中作用的实验研究	深圳市第二人民医院	通过
247	JC201105180813A	葡萄糖毒性对 GLP-1 促胰岛素分泌作用影响及机制研究	深圳市第二人民医院	通过
248	JCYJ20150402111430650	Δ42PD1 在核酸疫苗中发挥分子佐剂作用的机制研究	深圳市第三人民医院	通过

续表

序号	项目编号	项目名称	承担单位	验收结论
249	JCYJ20150402111430627	肠道归巢T淋巴细胞在男男性接触人群HIV-1早期感染中的作用研究	深圳市第三人民医院	通过
250	JCYJ20140411112047879	麻醉对结核菌感染小鼠细胞免疫功能的影响及其机制研究	深圳市第三人民医院	通过
251	JCYJ20150402111430657	个案管理模式的构建及其对艾滋病患者抗病毒治疗服药依从性的影响	深圳市第三人民医院	通过
252	JSGG20140701164558078	重2014—先16：全人源抗禽流感病毒广谱中和单克隆抗体的研发与应用	深圳市第三人民医院	通过
253	CXZZ20140814142212956	往复逆推式垃圾焚烧炉研发项目	深圳市鼎铸环保技术有限公司	复议
254	KJYY20140903155533943	SF2014—23. 智能交通技术的应用示范	深圳市东软软件有限公司	通过
255	CYZZ20150804161459044	基于大数据的跨界O2O互联网+商务平台研发及产业化	深圳市嘟嘟牛科技有限公司	通过
256	CXZZ20150529161917156	普20150321：基于移动应用的加密安全支付软件研发	深圳市对接平台科技发展有限公司	通过
257	JCYJ20150403100317055	MMP-9/TIMP-1免疫遗传学改变介导川崎病血管损伤的机制及临床应用研究	深圳市儿童医院	通过
258	JCYJ20150403100317080	扩增子深度测序对儿童非酒精性脂肪肝相关基因多态性研究	深圳市儿童医院	通过
259	JCYJ20150403100317071	生酮饮食对难治性癫痫儿童肠道菌群的影响	深圳市儿童医院	通过
260	JCYJ20150403100317060	不同襁褓方式影响婴幼儿发育性髋关节发育不良自然转归过程的随机对照研究	深圳市儿童医院	通过
261	GRCK2016041116295614	基于智能终端的可定制控制方案	深圳市蜂群物联产业服务有限公司	通过
262	JCYJ20140415094713838	深圳市育龄妇女子宫颈癌筛查卫生经济学评价研究	深圳市福田区妇幼保健院	通过
263	JCYJ20150402090413006	基于高通量测序技术滋养细胞全基因组测序的子痫前期发病机制研究	深圳市妇幼保健院	复议
264	CYZZ20150828104724588	低碳高效升压模块的研发	深圳市高尔夫飞煌科技有限公司	通过
265	CXZZ20150529144350062	普20150303：LED产品可靠性检测技术研发	深圳市格天光电有限公司	通过
266	GJHS20160329140319987	智能降噪健康感知终端核心技术科技特派员工作站	深圳市冠旭电子股份有限公司	通过
267	KJYY20150601110357245	SF2015—16. 可穿戴技术的应用示范——基于人体脉搏波管理的可穿戴式健康智能手表	深圳市光聚通讯技术开发有限公司	通过
268	CYZZ20150507152922026	高密度低功耗存储系统关键技术的研发	深圳市国鑫恒宇科技有限公司	通过
269	CXZZ20150529150858937	普20150324：新一代低功耗物联网通用WiFi接口模组研发	深圳市海派通讯科技有限公司	通过
270	CYZZ20150401102949435	应用于电子打击乐器中激光传感器及其检测算法研究	深圳市海星王科技有限公司	复议
271	CYZZ20150623143135494	108000CPH全自动在线30头双臂独立高清视觉贴片机的关键技术研发	深圳市汉诚通科技有限公司	通过
272	CXZZ20150728144526892	普20150387：单分子测序技术及研发	深圳市瀚海基因生物科技有限公司	复议

续表

序号	项目编号	项目名称	承担单位	验收结论
273	CYZZ20150528091717406	结核分枝杆菌荧光定量检测试剂盒的研发及产业化	深圳市浩鼎生物科技有限公司	通过
274	CYZZ20150828174404416	基于大数据智能化跨境电子商务平台的研发	深圳市浩方电子商务有限公司	通过
275	CXZZ20150504152812448	普 20150229：高效节能水基超声波清洗系统的研发	深圳市和科达超声设备有限公司	通过
276	CYZZ20150827093232729	工业机器人运动控制和驱控一体化产品	深圳市恒科通机器人有限公司	复议
277	CYZZ20150330102516443	多旋翼无人飞行器飞行控制系统	深圳市红狐狸智能科技有限公司	通过
278	CXZZ20150430141253432	普 20150222：新型太阳能电池片（无主栅）汇流装置技术的研发	深圳市华光达科技有限公司	通过
279	CXZZ20150401092533880	普 20150096：超高功率车用锂离子电池启动系统研发	深圳市华思旭科技有限公司	通过
280	GCZX20150319152204691	深圳市建筑废弃物资源化利用工程技术研究开发中心	深圳市华威环保建材有限公司	通过
281	CXZZ20150430142254604	普 20150255：龙门铣数控加工中心的研发	深圳市华亚数控机床有限公司	通过
282	KJYY20140901102810052	SF2014—21. 建筑信息模型（BIM）技术在政府建筑工程中的应用示范	深圳市华阳国际工程设计股份有限公司	通过
283	CXZZ20150331172610474	普 20150048：SaaS 应用快速开发平台研发	深圳市华运国际物流有限公司	通过
284	CXZZ20150330151321966	普 20150076：污水处理厂污泥脱水滤液中磷去除与利用关键技术研发	深圳市环境科学研究院	通过
285	GJHS20150402143120970	主动医疗服务共性关键技术研发及应用示范——智能医疗急救系统研发及应用示范	深圳市急救中心	通过
286	JCYJ20150402102135502	SYK 相关调控 miRNA 与缺血性脑卒中关联性研究及机制探讨	深圳市疾病预防控制中心	通过
287	CXZZ20150327152212604	普 20150009：高性能细线路柔性电路板的研发	深圳市嘉之宏电子有限公司	通过
288	CYZZ20150601115419370	基于物联网技术的新一代锂离子电池管理系统	深圳市金宏电子有限公司	通过
289	CYZZ20150605162315776	高效能 LED 广告灯箱照明系统的研发	深圳市金叶光线发展有限公司	通过
290	CXZZ20150810151327544	普 20150403：高导热复合材料及散热器件研发	深圳市京信通科技有限公司	通过
291	CXZZ20150327153501026	普 20150020：超薄高亮 LED 闪光灯光源技术研发	深圳市聚飞光电股份有限公司	通过
292	FHQ20140520143129472	龙岗互联网企业培育中心	深圳市骏业科技产业集群发展有限公司	通过
293	CYZZ20150722140434548	基于 LTE/CDN 的新农村融合通信信息系统	深圳市凯迪启新科技有限公司	通过
294	CYZZ20150831144207193	BH20 系列高可靠超小体积铝电解电容器的研发	深圳市凯琦佳科技股份有限公司	通过
295	CXZZ20150811140350809	普 20150417：抽油机节电智能变频器研发	深圳市康元电气技术有限公司	复议
296	CXZZ20140820144225409	高性能聚醚酰亚胺（PEI）发泡粒子及片材制备技术开发	深圳市科聚新材料有限公司	通过
297	CYZZ20150831162814412	汇通影像质量管理系统	深圳市科联汇通科技有限公司	复议
298	CYZZ20150831095539756	基于以太网通信技术的软 PLC 系统平台技术的研究	深圳市科为源自动化技术有限公司	通过
299	CYZZ20150604111341338	人体特定蛋白临床智能化诊断分析设备研发	深圳市库贝尔生物科技股份有限公司	通过

续表

序号	项目编号	项目名称	承担单位	验收结论
300	JCYJ20150401171152771	一种新型经鼻脑靶向抗 AD 壳聚糖纳米载药体系研究	深圳市老年医学研究所	通过
301	SGLH20150211093607169	偏瘫患者下肢康复智能机器人的开发及其应用研究	深圳市老年医学研究所	通过
302	CYZZ20150428105353432	理才网人力资源管理信息系统开发与应用	深圳市理才网信息技术有限公司	通过
303	CXZZ20150401165655359	普 20150087：电动车快速充电专用电缆关键技术研发	深圳市联嘉祥科技股份有限公司	通过
304	CYZZ20150826105105401	基于手机 APP 控制智能音乐灯的应用研发	深圳市领芯者科技有限公司	通过
305	JCYJ20150402112934552	Bcl-2 及 Beclin 1 在老年肝外伤术后缺血再灌注损伤的调控机制研究	深圳市龙岗区第六人民医院	通过
306	JCYJ20150402164314700	靶向型纳米载体传输多西他赛对前列腺癌细胞特异性杀伤效应研究	深圳市龙岗区人民医院	通过
307	JCYJ20150402164314693	超声引导罗哌卡因肋间神经阻滞在乳腺手术中半数有效剂量研究	深圳市龙岗区人民医院	通过
308	JCYJ20150403091931194	维生素 D 对糖尿病周围神经病变 MMP-9 表达的影响	深圳市龙岗中心医院	通过
309	JCYJ20150403091931201	腰椎间盘突出靶点瞄准仪研发运用与椎间孔镜个性化手术入路应用解剖研究	深圳市龙岗中心医院	通过
310	JCYJ20140415093749223	基于互信息的早期子宫内膜癌多模态 MRI 研究	深圳市龙华区中心医院	通过
311	JCYJ20140415091613073	高频超声联合钼靶对乳腺微小癌的早期诊断及病理分型研究	深圳市龙华区中心医院	通过
312	CXZZ20140902102805396	轨道交通客车 LED 平面光源恒照度系统的研发	深圳市珑运照明电器有限公司	通过
313	JCYJ20140414165143061	前列腺癌特异性循环肿瘤细胞的检测及和单细胞分析的研究	深圳市罗湖区人民医院	通过
314	JCYJ20140415163543959	组蛋白去乙酰化酶抑制剂 SAHA 与宫颈癌细胞增殖和凋亡的实验研究	深圳市罗湖区人民医院	通过
315	CXZZ20150812143227950	普 20150278：挥发性有机物处理技术研发	深圳市绿恩环保技术有限公司	通过
316	CYZZ20150330163717958	基于车联网和移动互联网技术的汽车共享平台	深圳市麦谷科技有限公司	通过
317	CKCY20160429101401008	智能餐饮管理系统	深圳市每食如意智能科技有限公司	复议
318	CXZZ20150529150809562	普 20150295：数码热转印真彩图像打印技术研发	深圳市美松科技有限公司	通过
319	CXZZ20150929145155748	普 20150454：在线教育用高清感知视觉技术研发	深圳市明日实业股份有限公司	通过
320	JCYJ20140416095154395	深圳居民日常饮用水中双酚 A 的污染状况调查及定量风险评估	深圳市南山区疾病预防控制中心	通过
321	CKCY20160428153930630	线性多点式 3D 打印机的研发及产业化	深圳市普伦特科技有限公司	通过
322	CYZZ20140819111019674	海上搜救终端示位器可行性研究报告	深圳市启航明科技有限公司	复议
323	CXZZ20140416144536566	高频埋入电容式多层印制板批量制造技术	深圳市强达电路有限公司	通过
324	JCYJ20150403101028172	HMGB1 基因调控前列腺癌细胞自噬的实验研究	深圳市人民医院	通过
325	JCYJ20140416122811911	卵巢癌侵袭转移潜能与 snail 表达水平相关性研究	深圳市人民医院	通过

续表

序号	项目编号	项目名称	承担单位	验收结论
326	JCYJ20140416122811924	不同分娩及喂养方式对乙肝孕妇 HBV 垂直传播影响的前瞻性研究	深圳市人民医院	通过
327	JCYJ20140416122811947	从肝论治卒中患者肠内营养胃肠道并发症的机理研究	深圳市人民医院	通过
328	JCYJ20160422162900408	非小细胞肺癌患者循环内皮细胞亚型的检测与意义的研究	深圳市人民医院	通过
329	JCYJ20140416122811949	microRNA-506 在卵巢上皮性癌上皮间质转化过程中的作用及其机制研究	深圳市人民医院	通过
330	JCYJ20150403101146314	从炎症水平研究薏苡附子败酱散调节糖尿病小鼠肠道菌群改善糖脂代谢紊乱的作用及机制	深圳市人民医院	通过
331	JCYJ20140416122812021	子宫内膜癌的血清多肽谱模型建立及早期检测的应用研究	深圳市人民医院	通过
332	JCYJ20140416122811926	中心体蛋白 Nlp 与子宫颈癌新辅助化疗敏感性的相关性研究	深圳市人民医院	通过
333	JCYJ20140416122811918	间充质干细胞修复剖宫产术子宫疤痕的实验研究	深圳市人民医院	通过
334	JCYJ20140416122812012	严重脓毒症病原学 PCR 快速检测的临床价值研究	深圳市人民医院	通过
335	JCYJ20140416122812024	基质 Caveolin-1 对肺腺癌侵袭转移的影响及其机制	深圳市人民医院	通过
336	JCYJ20140416122812041	限制性液体复苏对改善脓毒性休克后多器官功能障碍综合征（MODS）的作用机制探讨	深圳市人民医院	通过
337	JCYJ20140416122811939	射频治疗肝癌后肺转移的危险因素回归分析及分子靶向药物索拉菲尼的治疗作用	深圳市人民医院	通过
338	JCYJ20140416122811920	乳腺癌患者免疫细胞蛋白质组学及抑制乳腺癌种植及促凋亡研究	深圳市人民医院	复议
339	JCYJ20140416122811971	β - 受体拮抗剂对脓毒症心肌线粒体功能的影响	深圳市人民医院	复议
340	CYZZ20150605095528323	“互联网 + 金融” P2P 立体风险控制管理系统研发	深圳市人人聚财金融信息服务有限公司	通过
341	CYZZ20150525101139562	基于 Linux 系统的嵌入式一体化动环监控系统研发	深圳市瑞尔时代科技有限公司	通过
342	CYZZ20150423102205729	基于国际标准“AATCC”的纺织品干燥速率测试仪的研发	深圳市瑞锋仪器有限公司	通过
343	CYZZ20150826155156588	特异性 CTL 治疗结肠癌技术的研发	深圳市赛欧细胞生物科技有限公司	通过
344	CXZZ20150325140421385	普 20150059：多能干细胞技术治疗老年痴呆症和帕金森病的药物筛选技术研发	深圳市三启生物技术有限公司	复议
345	CXZZ20150428161434745	普 20150211：高功率高能量锂离子电池用新型碳纳米导电剂的研发	深圳市三顺纳米新材料股份有限公司	复议
346	FHQ20150331115749646	伞友咖啡生命健康产业创业服务平台	深圳市伞螺旋创业服务有限公司	通过
347	CYZZ20150515102641464	CMOS 晶圆防尘耐高温芯片级封装技术的研发及其应用	深圳市森邦半导体有限公司	通过
348	FWCX20150730142339408	深圳技术创新标准与知识产权服务建设	深圳市深标知识产权促进中心	通过
349	CYZZ20140509144440445	自动化太阳能地下节水渗灌系统	深圳市神达太阳能科技有限公司	通过

续表

序号	项目编号	项目名称	承担单位	验收结论
350	GJHS20170313143542080	神盾社会信息资源整合平台的研发与应用	深圳市神盾信息技术有限公司	通过
351	JSGG20150528113950171	重 20150137：多视角航摄空间数据流在 HTML5 环境下的快速浏览关键技术研究	深圳市神州龙资讯服务有限公司	通过
352	CYZZ20150824144428995	四旋翼无人机关键技术的研究与产业化	深圳市盛祥科技开发有限公司	通过
353	JCYJ20140902162220208	波形钢腹板 PC 组合箱梁桥抗震性能研究	深圳市市政设计研究院有限公司	通过
354	CXZZ20140904150302015	一种无须编程的新型机器视觉系统的研发	深圳市视觉龙科技有限公司	通过
355	CYZZ20150626153745775	中端单片 DLP 激光工程投影机的研发	深圳市帅映科技股份有限公司	通过
356	CXZZ20140519092337800	基于智能化控制的高浓度氨氮废水 SHARON-ANAMMOX 处理工艺研发	深圳市水务（集团）有限公司	通过
357	CYZZ20150731105919908	8 轴纵切车铣复合机床的研发	深圳市硕方精密机械有限公司	通过
358	CYZZ20150827152447385	模块化智能机器人喷涂系统的研发	深圳市泰达机器人有限公司	通过
359	GJHS20130401103741823	智能折叠式升降脚手架	深圳市特辰科技股份有限公司	通过
360	JSGG20150602142648620	重 20150083：新一代热应力光纤传感及通信技术研究	深圳市特发信息股份有限公司	通过
361	GCZX20150605103830120	载 20150026：深圳市大气污染监控与防治工程技术研究开发中心	深圳市天得一环境科技有限公司	通过
362	GJHZ20150316141540802	铱星 Iridium、萨拉亚星 Thuraya 移动卫星通信战术侦察系统	深圳市统先科技股份有限公司	通过
363	CXZZ20150529142029906	普 20150329：数据中心级 40G 多层以太网路由交换技术研发	深圳市万网博通科技有限公司	复议
364	JSGG20141016141652366	重 2014—103：高效气冷涡轮叶片精密制造技术	深圳市万泽中南研究院有限公司	通过
365	CYZZ20150807155528231	分布式餐厨垃圾无害化减量化生物降解处理技术的研究	深圳市微米生物技术有限公司	通过
366	CXZZ20140903152826677	基于白光扫描干涉的超精细表面微观形貌三维轮廓检测器	深圳市维度科技有限公司	通过
367	CYZZ20150410142912629	基于多网融合的云智能终端关键技术的研发	深圳市维度新创实业有限公司	通过
368	CXZZ20150430111141667	普 20150241：智能型高精度伺服驱动器的研发	深圳市伟创电气有限公司	通过
369	CXZZ20150528141008015	普 20150364：基于柴油机余热回收的船用海水淡化装置技术研发	深圳市沃尔奔达新能源股份有限公司	通过
370	CYZZ20150522093832749	多功能同步整流移动电源集成电路的研发	深圳市矽硕电子科技有限公司	复议
371	JCYJ20140905095624296	基于 tetrahydroanthraquinone 类天然产物分子探针研发高效、低毒抗肿瘤先导化合物	深圳市仙湖植物园管理处	通过
372	CYZZ20150410155850441	原边反馈恒流 LED 驱动芯片技术研发	深圳市芯飞凌半导体有限公司	通过
373	CYZZ20150730150328158	高效智能手机无线充电系统的研发	深圳市新迪恒通讯科技有限公司	通过
374	CKCY20160429141836206	高效节能污水除砂清淤装置	深圳市新开创环境技术有限公司	通过
375	CXZZ20140520163507456	基于可穿戴设备的云智能健康管理平台	深圳市新前途网络技术有限公司	通过
376	CYZZ20150713101123252	高配版手游部落安卓模拟器	深圳市星策网络科技有限公司	通过

续表

序号	项目编号	项目名称	承担单位	验收结论
377	CXZZ20140509154250507	高精度和复杂形状的三维微型陶瓷零部件的研究开发	深圳市星迪伟业科技有限公司	复议
378	CXZZ20140416153554801	新一代 4 路并行 100Gbs 光发射接收核心器件	深圳市亚派光电器件有限公司	复议
379	CXZZ20140512143633898	用于 4G 射频通信终端的小型宽带可变衰减器的研发	深圳市研通高频技术有限公司	通过
380	JCYJ20140414114853648	慢病毒载体介导的短发夹 RNA 沉默 AdPLA 基因对小鼠眼眶脂肪水解的影响	深圳市眼科医院	通过
381	JSGG20130918143735546	重 2013—064：深圳市医院中药制剂标准提升技术研发	深圳市药品检验研究院（深圳市医疗器械检测中心）	通过
382	JCYJ20130402144215893	两面针中药材物质基础研究及质量标准制定	深圳市药品检验研究院（深圳市医疗器械检测中心）	复议
383	CXZZ20150330144424732	普 20150026：标准化智能一体机技术研发	深圳市亿威尔信息技术股份有限公司	通过
384	FWCX20150731145907705	基于云服务的 4G~5G 手机通讯方案服务能力创新项目	深圳市易连汇通科技有限公司	通过
385	CXZZ20150428104841448	普 20150157：基于北斗 /GPS 云的物流大数据分析及交易推送平台技术研发	深圳市易流科技股份有限公司	通过
386	CYZZ20150330155751825	基于虚拟仪器技术的新一代 ICT 全自动分析测试系统研发	深圳市因特伟科技有限公司	通过
387	CYZZ20150320152555325	基于物联网云计算的数字化社区垃圾分类智能系统研发	深圳市英尔科技有限公司	通过
388	CYZZ20160428115538701	数字化高性能电池管理芯片研发及产业化	深圳市英特源电子有限公司	通过
389	JSGG20150508140237229	重 20150077：基于云计算的 P2P 金融理财服务平台关键技术研究	深圳市赢时胜信息技术股份有限公司	复议
390	CYZZ20150706140548329	基于六轴传感器技术的无线智能球拍传感器的研发	深圳市优宝创科技有限公司	通过
391	CXZZ20150529145117078	普 20150015：40GHz 大功率同轴负载的研发	深圳市禹龙通电子有限公司	复议
392	CXZZ20140606144430983	车联网大数据获取与分析平台关键技术研发	深圳市元征科技股份有限公司	通过
393	CYZZ20150508104457698	全数控高浓度氨氮废水深度处理与氨回收技术研发	深圳市源禹环保科技有限公司	通过
394	JSGG20140730102102438	重 2014—082：可配置多模无源 RFID 芯片与系统应用关键技术研发	深圳市远望谷信息技术股份有限公司	通过
395	CYZZ20150821155606310	一种基于数据统计的网络音频同步输出的方法	深圳市云动创想科技有限公司	通过
396	CXZZ20150327144320979	普 20150088：辐射交联聚乙烯彩色防静电发泡材料研发	深圳市长园特发科技有限公司	通过
397	CXZZ20140904102430339	曲面 3D 液晶电视一体机技术的研发	深圳市兆驰股份有限公司	通过
398	KQCX20150327154213573	婚恋型社交网络中大数据挖掘与推荐系统关键算法研发	深圳市珍爱网信息技术有限公司	通过
399	CXZZ20150430105402792	普 20150194：楠木类树种育苗与园林绿化应用技术研发	深圳市真和丽生态环境股份有限公司	通过
400	CYZZ20140604163539514	穿戴类个人基本体征检测系统	深圳市臻络科技有限公司	通过
401	JCYJ20140414110951758	聚 ADP- 核糖化蛋白的筛选及其在氢醌所致细胞损害中的作用	深圳市职业病防治院	通过
402	CYZZ20140902151732974	无线传感器传输模块	深圳市志奋领科技有限公司	通过

续表

序号	项目编号	项目名称	承担单位	验收结论
403	CYZZ20150831105137599	Android 智能终端系统级移动广告平台开发	深圳市智汇云商科技有限公司	通过
404	CXZZ20150814095042731	普 20150374：基于互联网技术的智能物流柜研发	深圳市智莱科技股份有限公司	通过
405	CYZZ20150831143431678	激光喷锡球焊接项目	深圳市智立方自动化设备有限公司	通过
406	CYZZ20140903120028974	为移动电子和可穿戴式设备充电的人体动能收集装置	深圳市智携科技有限公司	通过
407	CYZZ20150709142622486	新型 CCD 自动定位 PCB 板打标机的研发	深圳市智源鹏发科技有限公司	通过
408	CXZZ20150504172000651	普 20150154：水面小目标三方联动雷达监控系统的技术研发	深圳市置辰海信科技有限公司	复议
409	GJHS20160331154842304	面向大数据的安全高效集群存储系统的研发及产业化	深圳市中博科创信息技术有限公司	通过
410	CXZZ20150504105232823	普 20150262：智能电网终端数据采集与处理关键技术的研发	深圳市中电电力技术股份有限公司	通过
411	CXZZ20130510160626960	面向电信运营商的物联网智能维护控制系统架构、关键技术研究及示范	深圳市中佳讯科技有限公司	不通过
412	GJHS20140507150607296	互联网智能机器人开放应用开台	深圳市中科睿成智能科技有限公司	通过
413	CYZZ20150807154215950	基于逆变并网技术的能源回馈系统研发	深圳市中科源电子有限公司	通过
414	GJHS20140421161521293	基于 40 纳米的高清多媒体机顶盒芯片的研发及商用（2014 年度）	深圳市中兴微电子技术有限公司	通过
415	JCYJ20150401163841054	鼻肺咳方(肺鼻同治法)治疗上气道咳嗽综合征的实验、临床研究及产业化开发初探	深圳市中医院	通过
416	JCYJ20150401163247240	基于单病例随机对照的证候类中药疗效评价综合模型构建研究	深圳市中医院	通过
417	JCYJ20150401163247219	基于调节 ERS 标志蛋白 GRP78/CHOP 抗凋亡的红花注射液治疗脑梗死机制研究	深圳市中医院	通过
418	JCYJ20140411142408816	从流体动力学角度论血压的临床应用	深圳市中医院	通过
419	CYZZ20150529151417296	基于云的软件自动化测试工厂	深圳市中易科技有限责任公司	通过
420	JSGG20150602101831448	重 20150123：高速大容量智能 LED 路灯控制系统关键技术研发	深圳市洲明科技股份有限公司	通过
421	FHQ20140930163350551	卓溢科技创新开放式孵化器	深圳市卓溢科技开发有限公司	通过
422	JSGG20150601144539417	重 20150122：新型超细电极低温共烧叠层共模扼流器开发	深圳顺络电子股份有限公司	复议
423	JSGG20150331110715052	重 20150026：跨平台互联网移动应用开发平台关键技术研发	深圳天源迪科信息技术股份有限公司	通过
424	CXZZ20140901151617958	基于 On-cell 一体化全贴合技术的液晶显示模组研发及产业化	深圳同兴达科技股份有限公司	通过
425	JSA201105090126A	治疗特异性皮炎的一类新药 DHMEQ(NF-kB 抑制剂）的临床前研究	深圳万和制药有限公司	通过

续表

序号	项目编号	项目名称	承担单位	验收结论
426	JCYJ20150401145529017	等离子体新技术的化学 / 形貌双重改性作用对高分子生物材料表面的促成骨性能研究	深圳先进技术研究院	通过
427	JCYJ20150401150223634	基于多通道动态肌电的吞咽功能评估及吞咽障碍康复方法研究	深圳先进技术研究院	通过
428	JCYJ20150521094519466	硅酸钙 / 聚 β 氨基酯纳米基因载体用于淋巴瘤的免疫治疗研究	深圳先进技术研究院	通过
429	JCYJ20150401145529020	RIP1 对胰岛 β 细胞自噬及凋亡调节作用及分子机制研究	深圳先进技术研究院	通过
430	JCYJ20150401150223643	用于膀胱癌热灌注化疗的磁性温敏微凝胶药物载体的研发	深圳先进技术研究院	通过
431	JCYJ20150630114942306	学龄前健康儿童脑认知功能的年龄发展研究	深圳先进技术研究院	通过
432	JCYJ20150316144639927	高径比对超临界水氧化水膜反应器性能的影响机制及优化	深圳先进技术研究院	通过
433	JCYJ20150401150223630	基于人体通信的可穿戴设备身份认证的关键技术研究	深圳先进技术研究院	通过
434	JCYJ20150521144321011	糖尿病体征下可降解骨替代支架与机体相互作用研究及促成骨修饰	深圳先进技术研究院	通过
435	CXZZ20150401152251212	普 20150039：基于环境电磁波的无源传感网络关键技术研发	深圳先进技术研究院	通过
436	KQCX20150331173541536	精神分裂症变异神经回路调控的创新研究	深圳先进技术研究院	通过
437	CXZZ20140829111845989	集总式电源音频片上管理系统	深圳芯智汇科技有限公司	通过
438	JSGG20150330161454349	重 20150046: 建筑废弃物就地处理一体化系统关键技术研发	深圳信息职业技术学院	通过
439	GRCK20160415105913954	PONNY 智能冲奶机研发	深圳星云极客科技孵化器有限公司	通过
440	JSGG20150508105340526	重 20150090：杂交水稻育种关键技术研发	深圳兴旺生物种业有限公司	通过
441	FHQ20130428163954265	深圳虚拟大学园	深圳虚拟大学园管理服务中心	通过
442	JSGG20140519150341550	重 2014—008：移动终端用玻璃面板高硬度镀层的技术研发	深圳业际光电有限公司	通过
443	CYZZ20150708154236142	智能车牌识别新型广告道闸一体机	深圳一道通科技股份有限公司	复议
444	CYZZ20140710112232233	面向家庭成员定位及安全服务的智能终端	深圳真品信息技术有限公司	通过
445	KQCX20150316151141677	用于功率叠层电感器的 NiCuZn 铁氧体材料的研制及应用	深圳振华富电子有限公司	通过
446	GJHZ20140414100908676	可降解和吸液型发泡 PVOH 缓冲和隔热功能材料研究与开发	深圳职业技术学院	通过
447	JCYJ20130331150226792	模块式冷 - 热 - 电三效太阳能光热梯级利用关键技术研究	深圳职业技术学院	通过
448	JCYJ20140718170548592	发泡 Nylon-6 用发泡剂的研制及发泡工艺研究	深圳职业技术学院	通过
449	JCYJ20150617155357681	面向移动应用的位置隐私隐匿保护关键技术研究	深圳职业技术学院	通过

续表

序号	项目编号	项目名称	承担单位	验收结论
450	JCYJ20140901141243646	基于磁富集多重 PCR 和化学发光的铜绿假单胞菌耐药基因超灵敏快速分型方法研究	深圳职业技术学院	通过
451	JCYJ20140702172114468	基于车载测试技术的装配 SCR 系统柴油车颗粒物排放特性研究	深圳职业技术学院	通过
452	JCYJ20140508155916417	MOFs- 核酸探针荧光传感器高灵敏检测食源性致病菌的研究	深圳职业技术学院	通过
453	JCYJ20150327145230372	LED 用无卤阻燃高折射率光学树脂的设计合成	深圳职业技术学院	通过
454	GRCK20160414112927165	helloear 定制耳机	深圳智造众创智能硬件孵化服务有限公司	通过
455	GRCK20160414112841113	医移笔	深圳智造众创智能硬件孵化服务有限公司	通过
456	GRCK20160414112853604	小馒头机器人	深圳智造众创智能硬件孵化服务有限公司	通过
457	GRCK20160414112816857	Dr.YaYa 儿童智能牙刷	深圳智造众创智能硬件孵化服务有限公司	通过
458	CXZZ20140418150630397	基于光感节能技术的 3D 高清互动一体机	深圳中电数码显示有限公司	通过
459	CYZZ20140509105117851	一种高效节能荧光灯关键技术的研发	深圳中光能科技有限公司	通过
460	CKCY20160429152122898	群防群治塔式管理系统研发及应用	深圳中科华通信息服务有限公司	复议
461	KJYY20140901143831146	SF2014—17. 国产芯片的应用示范	深圳中微电科技有限公司	通过
462	FWCX20140728161747798	中兴微贷金融行业信息管理平台	深圳中兴飞贷金融科技有限公司	通过
463	CXZZ20150504102203307	普 20150138：一体化高反射率板上芯片封装（COB）LED 光源器件研发	伟兴鑫光电（深圳）股份有限公司	通过
464	JCYJ20150422150029096	甲基化转移酶 SETD3 的生物学功能及肝癌发生中的分子机制	武汉大学深圳研究院	通过
465	JCYJ20150422150029090	基于判别模版的监控视频事件检测关键技术研究	武汉大学深圳研究院	通过
466	JCYJ20140903112959961	基于丝氨酸 / 苏氨酸化学连接的肿瘤靶向性多肽树状分子合成与应用研究	香港大学深圳研究院	通过
467	JCYJ20140903112959960	EBV 病毒 microRNA BART7 通过抑制 GFPT1 和 TGF-β1 的表达增强鼻咽癌细胞对放疗的敏感度	香港大学深圳研究院	通过
468	JCYJ20150331142757389	强直性脊柱炎间充质干细胞成骨分化与信号通路的关系研究	香港大学深圳医院	通过
469	JCYJ20140414092023246	CA125 联合 VEGF、IL-6 和 sICAM-1 用于子宫内膜异位症诊治的研究	香港大学深圳医院	通过
470	JCYJ20140807091945050	白蔹抗结直肠癌的分子机制研究	香港浸会大学深圳研究院	通过
471	JCYJ20140425184428456	等离子体技术诱变培育新型环保用微生物的研究	香港中文大学深圳研究院	通过
472	JSGG20150330144816974	重 20150033: 重金属污染场地修复关键技术研发	宇星科技发展（深圳）有限公司	通过
473	FWCX20150731142902564	进出口企业快速消费品综合技术检测中心	誉标检测（深圳）有限公司	通过
474	KJYY20150601153115651	SF2015—11. 光伏发电或光热利用的应用示范	中广核太阳能（深圳）有限公司	通过

续表

序号	项目编号	项目名称	承担单位	验收结论
475	CXZZ20150811153216856	普 20150408：纯水性环氧地坪漆的研发	中华制漆（深圳）有限公司	通过
476	CXZZ20150327172141870	普 20150095：液化天然气储运环节紧凑型液化设备的研发	中科力函（深圳）热声技术有限公司	复议
477	CYZZ20150331112945075	新型纳米银浆开发	中科纳通（深圳）光电新材料有限公司	复议
478	JCYJ20140416094330191	营养干预与抗阻运动训练在肌肉减少症中的研究	中山大学附属第八医院（深圳福田）	通过
479	JCYJ20140416094330192	CCR7 对结肠癌细胞增殖、侵袭转移的影响及其机制研究	中山大学附属第八医院（深圳福田）	通过
480	JCYJ20140416094256879	藏线缝合修补术治疗中低位直肠阴道瘘的临床疗效研究	中山大学附属第八医院（深圳福田）	通过
481	JCYJ20140416094256882	颈动脉内中膜厚度预测 2 型糖尿病无症状性冠心病的研究	中山大学附属第八医院（深圳福田）	通过
482	GJHS20160325150853430	BBU-RRU 接口数据压缩方案研究（2016 年度）	中兴通讯股份有限公司	通过
483	GJHS20160322112118441	大规模复杂网络动态仿真验证平台 (2016 年度)	中兴通讯股份有限公司	通过

深圳市 2017 年第 1 批科技计划项目验收结果

深圳市 2017 年第 2 批科技计划项目验收结果

深圳市 2017 年第 3 批科技计划项目验收结果

深圳市 2017 年第 4 批科技计划项目验收结果

深圳市 2017 年第 5 批科技计划项目验收结果

深圳市 2017 年第 6 批科技计划项目验收结果

深圳市 2017 年第 7 批科技计划项目验收结果

第十三章
创新载体

第一节 重点实验室
第二节 工程中心
第三节 重大基础设施
第四节 公共技术服务平台
第五节 技术中心
第六节 工程实验室
第七节 深圳市科技企业孵化器
第八节 国家级平台

第一节 重点实验室

2017 年深圳市新增重点实验室

序号	创新载体名称	级别	主管部门	依托单位	立项年度
1	深圳市先进薄膜与应用重点实验室	市级	市科技创新委	深圳大学	2017 年
2	深圳市高机能材料增材制造重点实验室	市级	市科技创新委	南方科技大学	2017 年
3	深圳市航空航天机构与控制重点实验室	市级	市科技创新委	哈尔滨工业大学深圳研究生院	2017 年
4	深圳市民用小型无人机可靠性重点实验室	市级	市科技创新委	深圳市大疆创新科技有限公司	2017 年
5	深圳市计算智能重点实验室	市级	市科技创新委	南方科技大学	2017 年
6	深圳市先进电子器件与集成应用重点实验室	市级	市科技创新委	北京大学深圳研究生院	2017 年
7	深圳市智能多媒体与虚拟现实重点实验室	市级	市科技创新委	北京大学深圳研究生院	2017 年
8	微尺度光信息技术重点实验室	市级	市科技创新委	深圳大学	2017 年
9	深圳市量子科学与工程重点实验室	市级	市科技创新委	南方科技大学	2017 年
10	高性能分组交换平台重点实验室	市级	市科技创新委	中兴通讯股份有限公司	2017 年
11	深圳市 E 级工程与科学计算重点实验室	市级	市科技创新委	深圳先进技术研究院	2017 年
12	核电厂近海安全实验室（深圳市核电厂近海安全重点实验室）	市级	市科技创新委	中广核研究院有限公司	2017 年

2017 年深圳市重点实验室一览表

第二节 工程中心

2017 年深圳市新增工程中心

序号	创新载体名称	级别	主管部门	依托单位	立项年度
1	深圳市医用高分子植入材料工程技术研究中心	市级	市科技创新委	深圳兰度生物材料有限公司	2017 年
2	载 20170003 深圳市智能装配与检测工程技术研究中心	市级	市科技创新委	深圳市大族电机科技有限公司	2017 年
3	载 20170005 深圳市自身免疫实验诊断产品工程技术研究中心	市级	市科技创新委	深圳市亚辉龙生物科技股份有限公司	2017 年
4	载 20170020 仿生智能视像工程技术研究中心	市级	市科技创新委	深圳市保千里电子有限公司	2017 年
5	载 20170014 陶瓷介质无线通信射频部件工程技术研究中心	市级	市科技创新委	深圳市大富科技股份有限公司	2017 年
6	载 20170015 南海网络工程技术研究中心	市级	市科技创新委	中海油信息科技有限公司	2017 年
7	载 20170051 深圳市基于云平台架构的全自动化智慧码头 信息技术研究开发中心	市级	市科技创新委	招商局国际信息技术有限公司	2017 年
8	载 20170017 光电子半导体器件技术与应用工程技术研究中心	市级	市科技创新委	华润半导体（深圳）有限公司	2017 年
9	载 20170027 深圳市玻璃幕墙绿色节能智能化工程技术研究中心	市级	市科技创新委	深圳市奇信建设集团股份有限公司	2017 年
10	载 20170031 OLED 显示工程技术研究中心	市级	市科技创新委	深圳创维—RGB 电子有限公司	2017 年
11	载 20170016 深圳市基站天线与射频工程技术研究中心	市级	市科技创新委	摩比天线技术（深圳）有限公司	2017 年

2017 年深圳市工程中心一览表

第三节 重大基础设施

深圳市重大基础设施

序号	创新载体名称	级别	主管部门	依托单位	立项年度
1	深圳国家基因库	国家级	市发展改革委	深圳华大基因研究院	2011 年
2	国家超级计算深圳中心（深圳云计算中心）	国家级	市科技创新委	深圳市科技创新委员会	2009 年

深圳市重大基础设施一览表

第四节 公共技术服务平台

2017 年新增公共技术服务平台

序号	创新载体名称	载体类型	级别	主管部门	依托单位	立项年度
1	载 20170001 深圳市多波段五轴数控激光加工公共技术服务平台	公共技术服务平台	市级	市科技创新委	深圳信息职业技术学院	2017 年
2	载 20170048 视频编解码公共技术服务平台	公共技术服务平台	市级	市科技创新委	北京大学深圳研究生院	2017 年
3	载 20170024 智能交通无线信息服务设备检测认证公共服务平台	公共技术服务平台	市级	市科技创新委	深圳无线电检测技术研究院	2017 年
4	载 20170040 基于物联网的智慧农产品安全追溯公共技术服务平台	公共技术服务平台	市级	市科技创新委	深圳思创信息技术有限公司	2017 年
5	载 20170025 深圳市立体视频公共技术服务平台	公共技术服务平台	市级	市科技创新委	深圳市未来媒体技术研究院	2017 年
6	载 20170047 深圳航空材料检测及可靠性分析公共技术服务平台	公共技术服务平台	市级	市科技创新委	深圳市美信检测技术股份有限公司	2017 年
7	载 20170035 深圳市电动平衡车公共检测和技术咨询公共技术服务平台	公共技术服务平台	市级	市科技创新委	深圳市检验检疫科学研究院	2017 年
8	载 20170023 深圳市电动汽车及充电设施仿真公共技术服务平台	公共技术服务平台	市级	市科技创新委	深圳市计量质量检测研究院	2017 年
9	载 20170043 新能源汽车电源系统检测公共技术服务平台	公共技术服务平台	市级	市科技创新委	深圳安博检测股份有限公司	2017 年
10	载 20170039 动力电池检测公共技术服务平台	公共技术服务平台	市级	市科技创新委	中检集团南方电子产品测试（深圳）股份有限公司	2017 年
11	载 20170064 深圳市非人灵长类脑疾病模式动物公共技术服务平台	公共技术服务平台	市级	市科技创新委	深圳先进技术研究院	2017 年
12	载 20160027 绿色制造检测公共技术服务平台	公共技术服务平台	市级	市科技创新委	深圳市北测检测技术有限公司	2017 年
13	载 20160026 深圳市创新经济数据挖掘和分析公共服务平台	公共技术服务平台	市级	市科技创新委	哈尔滨工业大学深圳研究生院	2017 年

2017 年深圳市公共技术服务平台一览表

第五节 技术中心

2016 年新增技术中心

序号	创新载体名称	载体类型	级别	主管部门	依托单位	立项年度
1	华润三九医药股份有限公司技术中心	技术中心	国家级	市经贸信息委	华润三九医药股份有限公司	2016 年
2	深圳迈瑞生物医疗电子股份有限公司技术中心	技术中心	国家级	市经贸信息委	深圳迈瑞生物医疗电子股份有限公司	2016 年
3	深圳科士达科技股份有限公司技术中心	技术中心	国家级	市经贸信息委	深圳科士达科技股份有限公司	2016 年
4	深圳市贝特瑞新能源材料股份有限公司技术中心	技术中心	国家级	市经贸信息委	深圳市贝特瑞新能源材料股份有限公司	2016 年
5	深圳市科陆电子科技股份有限公司技术中心	技术中心	国家级	市经贸信息委	深圳市科陆电子科技股份有限公司	2016 年
6	深圳市华讯方舟科技有限公司技术中心	技术中心	市级	市经贸信息委	深圳市华讯方舟科技有限公司	2016 年
7	深圳市华信天线技术有限公司技术中心	技术中心	市级	市经贸信息委	深圳市华信天线技术有限公司	2016 年
8	深圳市维力谷无线技术有限公司技术中心	技术中心	市级	市经贸信息委	深圳市维力谷无线技术有限公司	2016 年
9	先健科技（深圳）有限公司技术中心	技术中心	市级	市经贸信息委	先健科技（深圳）有限公司	2016 年
10	深圳市飞荣达科技股份有限公司技术中心	技术中心	市级	市经贸信息委	深圳市飞荣达科技股份有限公司	2016 年
11	深圳市华加日西林实业有限公司技术中心	技术中心	市级	市经贸信息委	深圳市华加日西林实业有限公司	2016 年
12	禾望电气股份有限公司技术中心	技术中心	市级	市经贸信息委	禾望电气股份有限公司	2016 年
13	深圳中电电力技术股份有限公司技术中心	技术中心	市级	市经贸信息委	深圳中电电力技术股份有限公司	2016 年
14	山特电子（深圳）有限公司技术中心	技术中心	市级	市经贸信息委	山特电子（深圳）有限公司	2016 年
15	深圳市科信通信技术有限公司技术中心	技术中心	市级	市经贸信息委	深圳市科信通信技术有限公司	2016 年
16	深圳市道通科技股份有限公司技术中心	技术中心	市级	市经贸信息委	深圳市道通科技股份有限公司	2016 年
17	深圳市新国都技术股份有限公司技术中心	技术中心	市级	市经贸信息委	深圳市新国都技术股份有限公司	2016 年
18	创维液晶器件（深圳）有限公司技术中心	技术中心	市级	市经贸信息委	创维液晶器件（深圳）有限公司	2016 年
19	深圳市德仓科技有限公司技术中心	技术中心	市级	市经贸信息委	深圳市德仓科技有限公司	2016 年
20	深圳市汇顶科技股份有限公司技术中心	技术中心	市级	市经贸信息委	深圳市汇顶科技股份有限公司	2016 年

续表

序号	创新载体名称	载体类型	级别	主管部门	依托单位	立项年度
21	深圳市深越光电技术有限公司技术中心	技术中心	市级	市经贸信息委	深圳市深越光电技术有限公司	2016 年
22	深圳市冠为印务有限公司技术中心	技术中心	市级	市经贸信息委	深圳市冠为印务有限公司	2016 年
23	恩斯迈电子（深圳）有限公司技术中心	技术中心	市级	市经贸信息委	恩斯迈电子（深圳）有限公司	2016 年

2017 年深圳市技术中心一览表

第六节 工程实验室

2017 年新增工程实验室

序号	创新载体名称	载体类型	级别	主管部门	依托单位	立项年度
1	大数据系统计算技术国家工程实验室	工程实验室	国家级	市发展改革委	深圳大学	2017
2	工业控制网络和智能设备开发技术国家地方联合工程实验室（深圳）	工程实验室	国家级	市发展改革委	研祥智能科技股份有限公司	2017
3	铝镁钛合金材料制备技术国家地方联合工程实验室	工程实验室	国家级	市发展改革委	深圳市新星轻合金材料股份有限公司	2017
4	先进电子封装材料国家地方联合工程实验室	工程实验室	国家级	市发展改革委	中国科学院深圳先进技术研究院	2017
5	下一代互联网信息安全技术国家地方联合工程实验室（深圳）	工程实验室	国家级	市发展改革委	深信服科技股份有限公司	2017
6	深圳智能精雕关键技术工程实验室	工程实验室	市级	市发展改革委	深圳大宇精雕科技有限公司	2017
7	智能激光精密制造技术工程实验室	工程实验室	市级	市发展改革委	深圳光韵达光电科技股份有限公司	2017
8	双臂协作机器人智能化技术工程实验室	工程实验室	市级	市发展改革委	深圳市祈飞科技有限公司	2017
9	工业物联网异构网络控制技术工程实验室	工程实验室	市级	市发展改革委	深圳职业技术学院	2017
10	虚拟现实显示技术工程实验室	工程实验室	市级	市发展改革委	深圳创维—RGB 电子有限公司	2017
11	深圳低碳城市大数据工程实验室	工程实验室	市级	市发展改革委	哈尔滨工业大学深圳研究生院	2017
12	深圳铝电解引线电容器研究工程实验室	工程实验室	市级	市发展改革委	深圳江浩电子有限公司	2017
13	深圳建筑废弃物综合利用工程实验室	工程实验室	市级	市发展改革委	深圳市为海建材有限公司	2017
14	深圳汽车轻量化新型复合材料研究工程实验室	工程实验室	市级	市发展改革委	深圳市银宝山新科技股份有限公司	2017
15	深圳分散跟踪集中逆变光伏技术工程实验室	工程实验室	市级	市发展改革委	深圳市禾望电气有限公司	2017
16	深圳车用燃料电池电堆工程实验室	工程实验室	市级	市发展改革委	南方科技大学	2017
17	深圳互联网金融证券交易结算处理技术工程实验室	工程实验室	市级	市发展改革委	深圳市金证科技股份有限公司	2017
18	深圳无人驾驶感知决策与执行技术工程实验室	工程实验室	市级	市发展改革委	中国科学院深圳先进技术研究院	2017
19	深圳纳米特殊制剂工程实验室	工程实验室	市级	市发展改革委	中国科学院深圳先进技术研究院	2017

续表

序号	创新载体名称	载体类型	级别	主管部门	依托单位	立项年度
20	深圳纳米药物缓释材料工程实验室	工程实验室	市级	市发展改革委	北京大学深圳研究生院	2017
21	深圳高精度 SCARA 机器人关键技术及应用工程实验室	工程实验室	市级	市发展改革委	深圳众为兴技术股份有限公司	2017
22	深圳 5G 网络切片技术工程实验室	工程实验室	市级	市发展改革委	中兴通讯股份有限公司	2017
23	深圳市高通量卫星多模接入工程实验室	工程实验室	市级	市发展改革委	深圳航天科技创新研究院	2017
24	深圳海洋油气钻采装备与管缆工程实验室	工程实验室	市级	市发展改革委	南方科技大学	2017
25	深圳复杂滨海环境电力装备可靠性工程实验室	工程实验室	市级	市发展改革委	清华大学深圳研究生院	2017
26	深圳市交通碳排放工程实验室项目	工程实验室	市级	市发展改革委	深圳市城市交通规划设计研究中心有限公司	2017
27	深圳地质灾害监控工程实验室	工程实验室	市级	市发展改革委	中国铁道科学研究院深圳研究设计院	2017
28	深圳污泥及厨余协同处置与资源化技术工程实验室	工程实验室	市级	市发展改革委	清华大学深圳研究生院	2017
29	深圳城市污水处理与再生利用工程实验室	工程实验室	市级	市发展改革委	深圳市水务（集团）有限公司	2017
30	深圳微藻生物能源工程实验室	工程实验室	市级	市发展改革委	哈尔滨工业大学深圳研究生院	2017

2017 年深圳市工程实验室一览表

第七节 深圳市科技企业孵化器

2017 年深圳市科技企业新增孵化器

序号	创新载体名称	载体类型	级别	主管部门	依托单位	立项年度
1	松禾创新基地孵化器	孵化器	市级	深圳市科技创新委	深圳市松禾创新投资管理有限公司	2017 年
2	创客小镇开放式创业服务社区	孵化器	市级	深圳市科技创新委	深圳市朋年投资有限公司	2017 年
3	七彩筑梦空间科技孵化器	孵化器	市级	深圳市科技创新委	深圳市汇智宏创投资管理有限公司	2017 年
4	微总部互联网创业基地	孵化器	市级	深圳市科技创新委	深圳市网谷融合投资有限公司	2017 年
5	前海瑞智互联网创业基地	孵化器	市级	深圳市科技创新委	深圳市前海瑞智资产管理投资有限公司	2017 年
6	众创智谷科技企业孵化器	孵化器	市级	深圳市科技创新委	深圳市众创孵化器有限公司	2017 年
7	茂硕互联网 + 大健康孵化器	孵化器	市级	深圳市科技创新委	茂硕电源科技股份有限公司	2017 年
8	青杉智慧孵化器	孵化器	市级	深圳市科技创新委	深圳市青杉智慧科技发展有限公司	2017 年
9	深圳光明—微软云暨移动应用孵化平台	孵化器	市级	深圳市科技创新委	深圳市创明盛投资发展有限公司	2017 年
10	蓝马创业中心	孵化器	市级	深圳市科技创新委	深圳市蓝马创业管理有限公司	2017 年

2017 年深圳市孵化器一览表

第八节 国家级平台

序号	创新载体名称	载体类型	级别	主管部门	依托单位	立项年度
1	国家数字电子产品监督检验中心	国家级平台	国家级	质检院	深圳市计量质量检测研究院	2008 年
2	国家体育产品监督检验中心	国家级平台	国家级	质检院	深圳市计量质量检测研究院	2010 年

2017 年深圳市国家级平台一览表

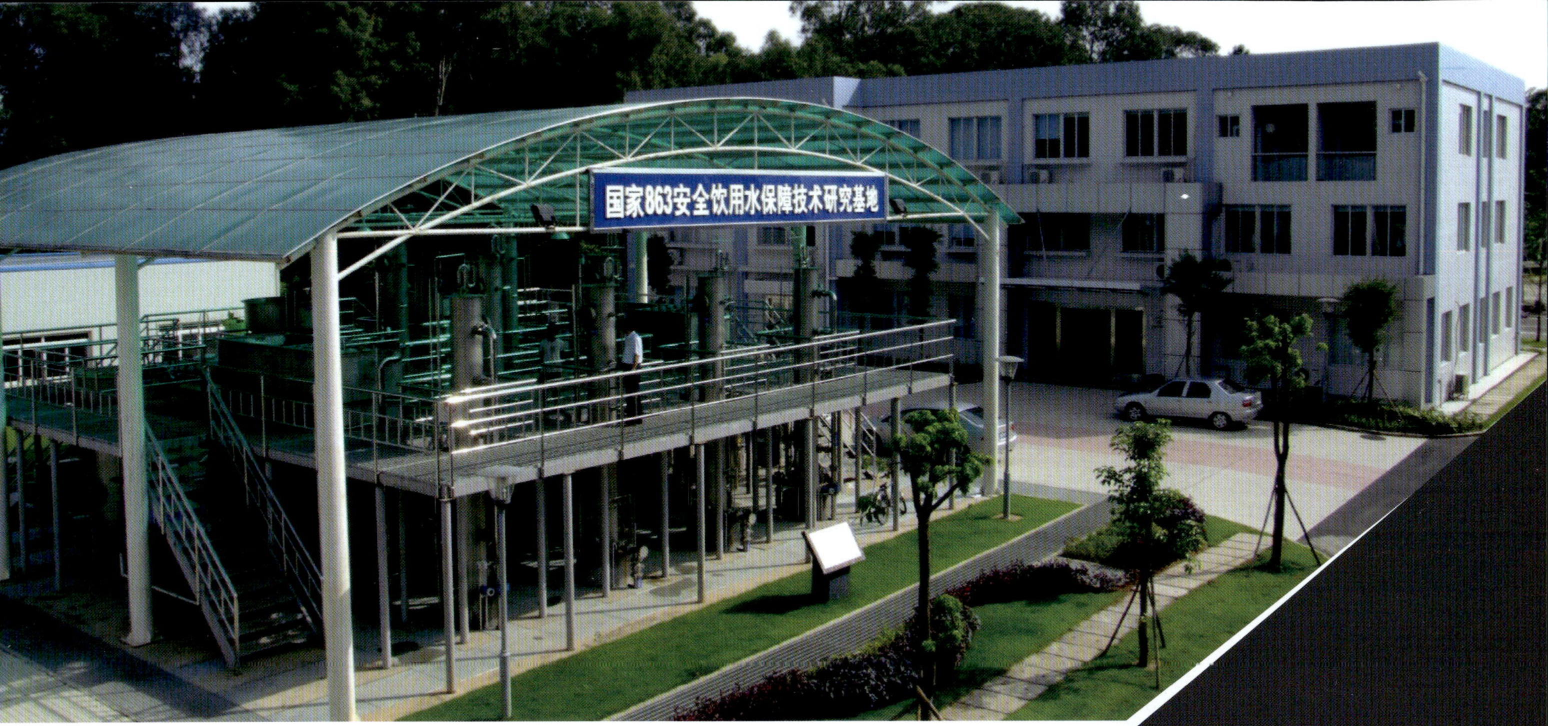

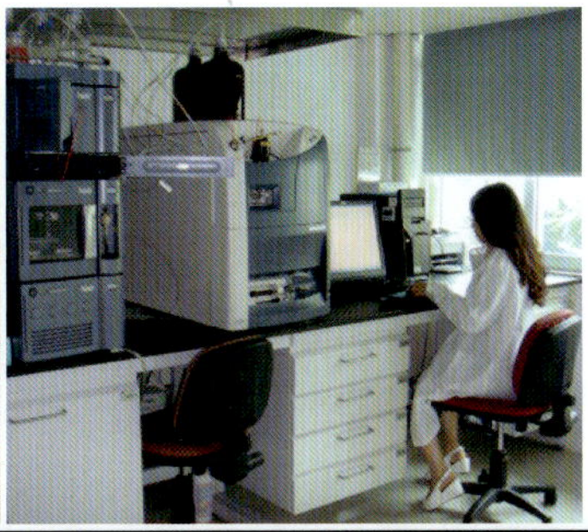

深圳市讯联智付网络有限公司

Shenzhen Sharelink Network Co.,Ltd.

公司简介

深圳市讯联智付网络有限公司（以下称“讯联智付”）于2013年6月在中国深圳市前海深港现代服务业合作区成立，实缴注册资本金2亿元人民币。2014年7月,讯联智付获发中国人民银行支付业务许可证，获准在全国范围内开展互联网支付、移动电话支付和数字电视支付服务，是行业内第一家同时获取上述第三方支付牌照的机构。同时讯联智付还是中国支付清算协会会员单位，也是央行指导下的北京移动金融产业联盟监事长单位。

讯联智付是证通股份有限公司（以下简称“证通公司”）全资控股子公司。讯联智付秉持敬畏、包容、开放、变革的企业核心价值观，以商业模式创新和产品技术创新为基石，以账户为核心、以数据为基础，致力于通过安全、可靠、低成本、定制化和快部署的支付服务，为证券行业内外的机构客户构建创新的互联网金融应用场景。

证通公司成立于 2015 年 1 月 8 日，由国内 72 家主流证券业机构及相关行业机构共同发起成立的金融综合服务企业。证通公司注册于中国（上海）自由贸易试验区，注册资本人民币25.19 亿元。证通公司面向以证券业机构为主的各类金融机构和互联网企业，积极提供集金融服务及科技创新为一体的综合服务解决方案。

发展历程

2013.6
讯联智付注册成立

2013.11
中国人民银行深圳市中心支行
正式受理讯联智付支付业务许可证申请

2014.7
获取互联网支付、移动电话支付、
数字电视支付业务许可证

2015.10
荣获“2015中国互金+支付产业发展大会–移动金融创新奖”

2015.10
荣获“中国移动支付产业年度创新应用奖”

2015.12
在京首发“中兴付”移动支付新品

2016.3
成为中国支付清算协会会员

2016.5
受聘为北京移动金融产业联盟监事长单位

2016.8
证通公司成为讯联智付控股股东

2017.12
实现网联接入

2018.1
证通公司增资讯联智付，
讯联智付注册资本达2 亿元

公司名称：深圳市讯联智付网络有限公司（Shenzhen Sharelink Network Co.,Ltd.）
公司官网：www.szsharelink.com
公司地址：深圳市南山区科技园高新南六道泰邦科技大厦13A
公司电话：0755-66631156

深圳港创建材股份有限公司

企业介绍

深圳港创建材股份有限公司成立于1995年，是深圳一家由国企控股的中外合作混凝土制品公司；2014年由深圳市招商港湾集团有限公司完成改制收购；从单一的混凝土制品生产销售业务，发展为新型混凝土材料研发、预制构件生产、住房产业化装配式建筑、混凝土外加剂的生产销售、物流运输等多元素创新型产业链公司。

公司拥有ISO9001、ISO14001、OHSAS18001等体系认证和香港QSPSC认证，产品可满足国标和英标技术要求。2008年、2017年分别参与起草国家标准GB/T 22082-2008、GB/T 22082—2017(预拌混凝土衬砌管片)的制定；2018年参与中国材料与试验团标准（CSTM）《透水混凝土试验方法》制定。

由于产品达到英标标准，成为了香港东铁预制管片产品的供应商；多年来干粉砂浆产品不断销往香港。在深圳的城市建设中，做为深圳地铁、西部通道、深圳湾跨海大桥、疏港大道、赤湾港、深圳湾休闲带、沿江高速、南坪快速、蛇口邮轮母港等民生工程的主要供应商，解决了多项技术难题。在北京，与北京市政合资建立的北京港创瑞博公司也是北京地铁管片的主要供应商。2017年在公司发展战略实施中，成立河南洛阳公司，2018年通过地铁公司严格的考察验收，成为洛阳地铁的重点供应商。

研发方面，与清华大学、济南大学、江南石墨烯研究院、香港混凝土学会等多家院校、科研机构合作研发50多个科研项目，拥有研发专利20余项；并成立济大·港创新材料工程技术研究院，聘请9位建筑材料领域著名学者，组建学术委员会，先后引进博士2名、硕士6名等组成了相关专业研发团队。2015年获得教育部颁发“产学合作协同育人项目合作奖”；2016年被认定为“国家高新技术企业”；2018年被深圳市南山区政府认定为“总部企业”。

目前公司以深圳为总部基地，辐射东莞、惠州、湛江、贵州、江西、河南、北京共设立10余家控股公司；展望未来，港创建材将继续加大科研机构合作力度，努力成为混凝土相关技术产业的领先者、绿色产业链的驱动者。

科研项目

- ★ 2004年度与深圳市地铁有限公司、清华大学合作“竹子林车辆段挡土墙工程高性能混凝土应用试验”项目获深圳市科技与信息局成果登记
- ★ 2007年度“液压摇动式全套管灌浆桩和钻孔咬合桩成套技术研究与开发”项目获云南省科技进步二等奖
- ★ 2016年度科技部重点研发项目——修补/防护用硫铝酸盐水泥基材料关键技术
- ★ 2016年度教育部——港创产学合作专业综合改革项目——无机非金属材料综合改革与课程体系建设
- ★ 2018年度深圳市科技创新委员会技术攻关项目——彩色高强透水混凝土
- ★ 2018年与江南石墨烯研究院联合研发——高性能石墨烯水泥混凝土外加剂
- ★ 目前已拥有19项专利、两项计算机软件著作权，发表学术论文20余篇

获得奖项

- ★ 2005年-2007年获得中国混凝土优秀行业企业
- ★ 2010年获得中国标准创新贡献奖
- ★ 2011年深圳市“工程建设标准化试点企业”
- ★ 2011年度深圳市混凝土行业先进企业
- ★ 2014年获得广东省行业AAA信用企业
- ★ 2014年广东省绿色搅拌站达标企业
- ★ 2017年获得广东省预拌混凝土绿色生产二星、三星评价

取得资质

- ★ 2010年获得深圳市政府投资项目预选承包商资格
- ★ 深圳预拌混凝土专业承包商

会员单位

- ★ 深圳市轨道交通协会会员单位
- ★ 深圳市水泥及制品协会常务理事
- ★ 深圳市建筑产业协会会员单位
- ★ 广东省建筑业协会会员单位
- ★ 广东省建筑业协会绿色建造与装配式建筑分会第一届工作委员会单位

ABLE

深圳安博电子有限公司

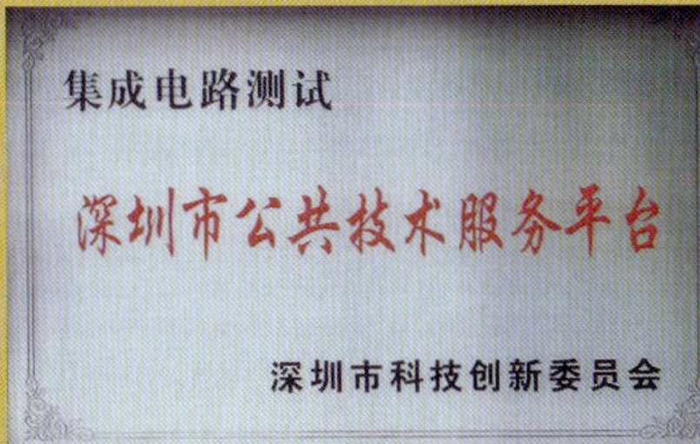

深圳安博电子有限公司（**www.ablesz.com**）是集成电路封装测试企业，是首批获得认证的国家级高新技术企业和深圳市高新技术企业、国家四部委认定的国家集成电路企业、深圳市科工贸信委批准的定点“深圳超大规模集成电路测试平台”。主营业务有4吋至12吋集成电路晶圆测试（CP）、晶圆减薄、切割分拣、贴膜划片、自动分拣装盒、IC硬封装、IC成品测试、COB封装、堆叠式IC软封装、SMT贴片、IC模块组装加工、为客户提供测试软件程序编程、探针卡制作及专用PCB设计等服务。安博电子可以提供从晶圆进来到模组出去的完整的一站式生产加工服务。

2005年至2014年，安博公司连续10年被全国外商投资协会评为“外商投资双优企业”。

安博电子宝龙生产研发基地项目占地4万平方米，总建筑面积10万平方米，总投资超过4亿元。

安博一期为3.5万平方米，主体为IC芯片封装测试超净厂房，已经于2014年8月竣工并投入使用。

安博二期为6.5万平方米的现代科技服务园区，已由深圳市科技创新委批准挂牌为“国家集成电路设计深圳产业化基地安博园（IC Park）”，在宝龙打造一个具有项目和资本对接平台；投行服务平台；物业服务平台；O2O互联网商务社区；政府政策支持平台等多种综合服务项目的现代科技服务园区。旨在吸引优秀的IC芯片设计企业以及相关的轻资产类研发企业进驻，以填补龙岗区IC产业链在芯片设计上的空白。

截至2016年12月，安博公司累计申请专利48项。其中发明专利9项；实用新型专利31项；外观设计专利4项，软件著作权4项。安博公司成功申报国家级、省级、深圳市级、龙岗区级平台类项目五个，科技创新类开发项目六个，同时，安博公司荣获了2009年—2011年度深圳市龙岗区科技创新奖。

安博公司非常重视与科研院校的产学合作，有过项目合作的科研院校有北大深圳研究生院、电子科技大学。2006年与电子科技大学共同创建“IC测试技术联合实验室”，产生诸多科技成果应用于各大项目，同时还培养了数批IC类专业研究人才。安博公司是深圳市微纳集成电路与系统应用研究院理事单位，参与专题研究与孵化，培育相关科技市场，进行产业对接，有效聚集和培养产业界高端创新科技人才等工作。

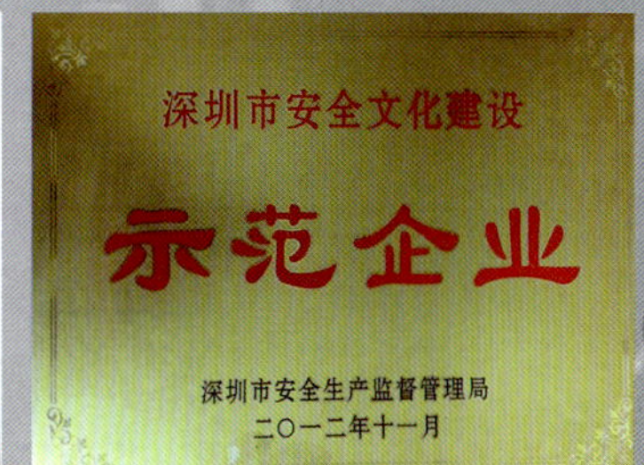

深圳市得可自动化设备有限公司

SHENZHEN DEKE AUTOMATION EQUIPMENT CO.,LTD

深圳市得可自动化设备有限公司成立于2013年，是国内大型丝网印刷设备制造商，集研发、生产、组装、销售、服务为一体的高科技综合型企业。公司拥有10000多平方米的无尘生产车间、先进的生产设备、完善的产品检测手段和品质保证体系，以及一批长期从事丝网印刷设备研发工作的专业技术人才。

公司自创立以来，主要生产高性能、高品质的丝网印刷设备，设备所选原材料及零配件都来源于业内顶级水准供应商，通过全球化的批量采购，确保了出货产品的性能和质量。公司凭借雄厚的技术实力，自有机加工车间5000平方米，大小CNC机床30余台，大型精密龙门磨床及龙门加工中心，有效保证了设备零件的精度和加工效率。聚焦客户需求，以一流的技术品质和完善的售后服务，为国内外客户提供有竞争力的丝网印刷解决方案和服务，持续为客户创造最大价值，通过锲而不舍的艰苦追求力争成为国际一流企业。

在手机行业火热发展的今天，现如今的丝网印刷行业在积极地适应科技和技术发展的脚步，全自动丝印机线市场的占有率正在逐渐增加,很多大公司已经投入使用,一些中小企业也正在逐步引进当中。目前，公司研发的部分自动化设备已经为东莞市华星镀膜科技有限公司、安徽智胜光学科技有限公司、郑州富士康等公司所采用，效果良好。公司目前与南昌欧菲光科技有限公司、富士康科技集团达成合作意向，并与深圳市能佳自动化设备有限公司合作配套使用全自动丝印线。

公司此次研发的"基于CCD高精度对位和高效转盘式全自动丝印机"项目已经获得了11项实用新型专利，该项目的发明专利正在申请中，该发明专利已经进入了实质审查阶段。公司成立至今很重视知识产权保护，近三年共申请了17项知识产权，其中15项实用新型，2项外观专利。

一、该项目丝印范围为3.5寸~6寸，兼顾性强，为了提高效率转盘分为四个工作位：上料区、对位区、丝印区、下料区。

二、该项目可达到从第一道丝印至最后一道丝印完成，中间环节不需要人手搬运，减少人工，提高工作效率。按自动化生产线设计制造流程，研究触摸屏产品的制作工艺、实现自动化设备机构的合理性与可靠性、生产时的稳定性，保证产品生产时的合格率。

三、转盘式CCD对位机构丝印机，通过XYC对位平台来矫正产品的位置，保证每片产品的精度。转盘4个工位式，自动上料方式采用Tray盘输送式上料。在激烈的市场竞争、人工及土地使用成本越来越高昂的环境下，对产能要求的提升上研发出设备体积小、占地少、效率高的全自动丝印机。

该项目研发团队共由8名软硬件工程师组成。全部为大专以上学历，其中主要项目负责人在本行业有着几十年的丰富经验。此项目从2015年8月研发至今，2018年进入量产阶段。该项目研发设计方案已与富士康获得共识，并成为富士康公司生产方式转型升级的重要合作伙伴。目前公司已经陆续获得安徽智胜光学、南昌欧菲光等公司的订单。

地址：深圳市光明新区公明街道上村社区冠城低碳产业园A栋一、三楼

电话：0755-23700976　直线：0755-23287016　传真：0755-23200276

邮箱: yuxiangrong@deke-ae.com　网址：www.szdeke.net

电连技术股份有限公司

电话：0755-81735688
传真：0755-81735699
地址：深圳市光明新区公明街道西田社区锦绣工业园
网址：http://www.ectsz.com/

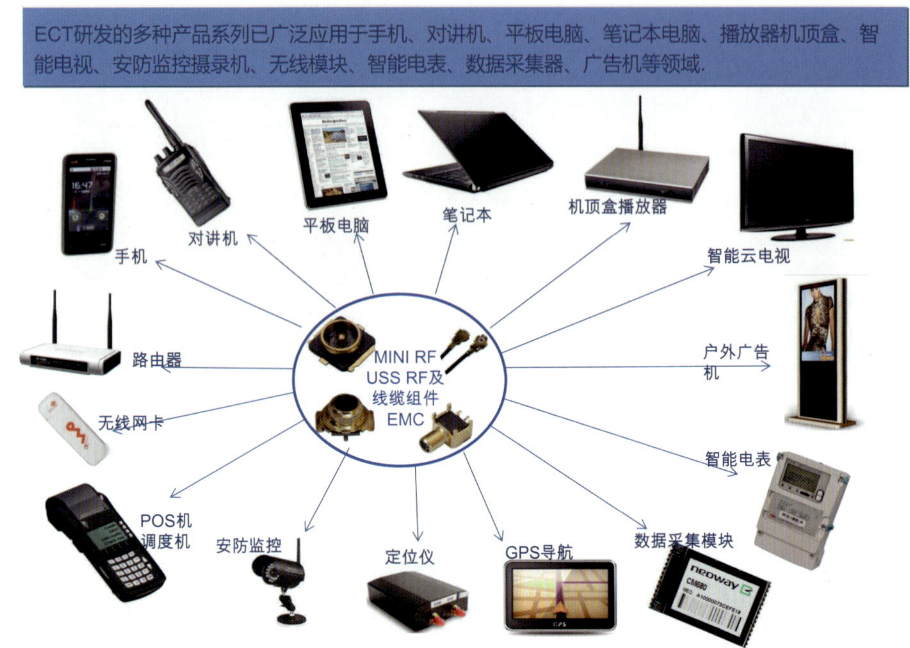

电连技术股份有限公司（股票代码:300679）创办于2006年，是一家集开发设计、制造、营销为一体的专业电子连接器制造企业。产品广泛应用于通信设备、电脑、数字家电等领域。

电连多年来秉持一贯创新的研发精神及对完美品质之坚持，针对日趋多样化的市场需求，不断开拓创新，成功开发出一系列新产品并推向市场，自成立以来已经和华为、联想、中兴、小米、OPPO、VIVO、朵唯、酷派、TCL、三星、HTC、TP-LINK等国内外知名企业建立了长期紧密的合作关系，拥有一批高素质的专业技术人才和管理人才，通过了ISO9001：2008质量管理体系、ISO14001：2004环境管理体系认证和ISO/TS16949:2002汽车行业质量管理体系认证。

电连已成为国内知名的微型射频连接器专业制造商，在射频连接器及互连系统的关键技术方面取得了众多国内领先及国际先进水平的科技成果，掌握了多项核心技术，包括应用同轴传输理论进行微型化结构设计及制作技术、高频信号传输特性仿真设计技术、低损耗信号传输技术、抗干扰EMI/EMC设计技术、高抗振及防雷技术、专用测试验证技术等。目前已申请国内外专利104项，授权84项，其中发明专利授权15项。

电连本着“尊重、敬业、创新、服务”的经营理念和“设计创新、制造严谨、管理依法、真诚服务”的品质承诺作为公司开拓市场的宗旨，为客户提供优质服务。

深厚的技术积累和商业经验，优秀的人才队伍和管理体制，使电连得到政府部门、行业协会和国内外知名厂商的认可，目前，电连已获得光明新区“成长型总部企业”“投资贡献奖”“十大爱心企业”“纳税十强企业”等资质或荣誉，连续五年被评为“中国电子元件百强企业”，在2017年获中国电子元件行业成长性十强企业第四名，被认定为“国家高新技术企业”“广东省创新型试点企业”“广东省守合同重信用企业”“广东省两化融合管理体系贯标试点企业”“深圳市企业技术中心”“深圳市质量强市骨干企业”“深圳市清洁生产企业”等荣誉或称号。

深圳电通纬创微电子股份有限公司

股票简称：电通微电　股票代码：830976　主营业务：IC封装调试　MEMS压力传感器

公司地址：深圳市龙岗区平湖平龙东路349号

邮　编：518111

网　址：www.szdtwcw.com

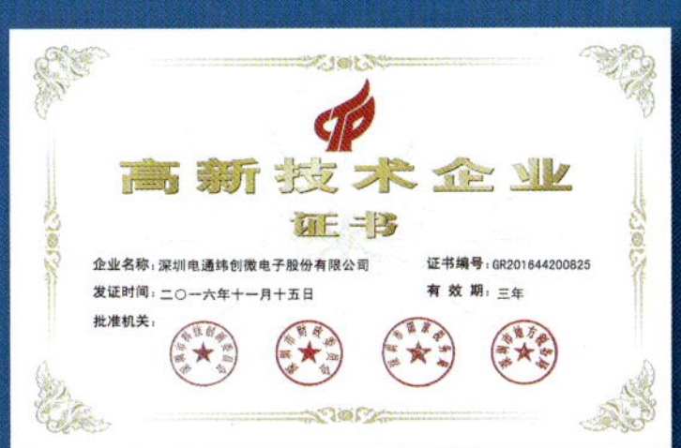

高新技术企业

证书

企业名称：深圳电通纬创微电子股份有限公司　证书编号：GR201644200825

发证时间：二〇一六年十一月十五日　有效期：三年

批准机关：

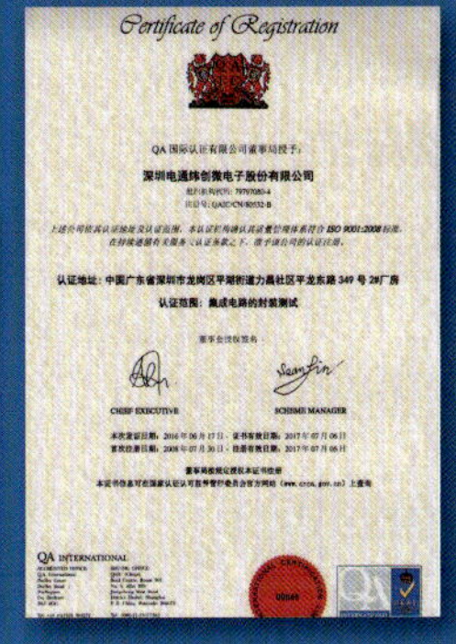

Certificate of Registration

深圳电通纬创微电子股份有限公司

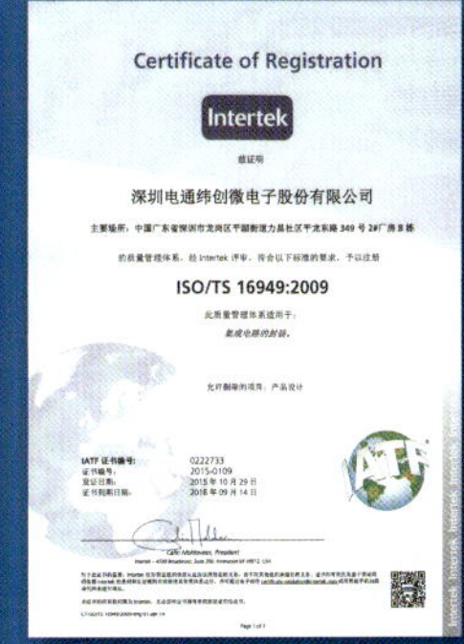

Certificate of Registration

Intertek

深圳电通纬创微电子股份有限公司

ISO/TS 16949:2009

公司成立于2007年2月，由电通集团在深圳投资成立的以集成电路（IC）封装测试及MEMS压力传感器研发、生产、销售为主营业务的国家高新技术企业。产品广泛应用于LED驱动、通信、计算机、消费类电子产品及汽车电子产品。固定资产投资9000余万元人民币，拥有先进的研制、生产、试验、检验设备和优秀的管理技术团队。

2008年7月公司通过了UKAS的ISO9001质量体系认证；2013年7月审核通过国家高新技术企业认证，2016年10月顺利通过国家高新技术企业的重新认定，11月份取得证书；2014年8月公司股票在“新三板”成功挂牌（股票代码：830976）；截至2017年，共拥有发明专利1项、实用新型专利16项，专利总数达17项。2015年10月通过TS16949质量体系认证。

公司始终致力于提升产品的生产加工过程品质，在封装、测试设备、封装工艺以及材料的选择上，与国际知名公司看齐，配备国际知名的相关设备；满足客户对各种不同线型的要求。目前IC封测业务主要封装产品类型包括SOP、SSOP、SOT、TSOT几大系列，20余种封装规格。为研发型企业客户提供快速芯片打样、封装测试编带等服务，为品牌客户提供全面代工服务；通过快速和灵活的服务，推动高新技术产品迅速走向市场。

公司在传感器业务上从无到有，从小到大实现了飞跃式发展。自2015年与美国ALL SENSORS 合资成立 ALLSENSORS CHINA MEMS 压力传感器公司以来，以具有核心技术和专有商标权的 COBEAM2技术为高起点跻身于传感器领域。

公司在微压差小量程压力传感器方面具有COBEAM2核心技术，是微压产品领域的知名品牌，得到众多客户的认可，并广泛地应用在健康医疗、智能家居和高精度测试测量等产品中。电通微电将积极开发以COBEAM2技术为基础的压力传感器和传感器模组。

IC封装测试事业部：伍江涛（总经理）

电话：0755-89903933

传真：0755-89903533

邮箱：wjtao@cn-dt.com.cn

传感器事业部：王海峰（总经理）

电话：0755-89903933

传真：0755-89903533

邮箱：whf@cn-dt.com.cn

深圳飞世尔新材料股份有限公司

地址：深圳市龙华区大浪街道华宁西路117号中安研发产业园B座1楼C区
网址：www.fisher-hk.com　http://www.acf.net.cn
TEL：0755-29675676
FAX：0755-29675676

深圳飞世尔新材料股份有限公司创立于1999年，是深圳市首批国家高新技术企业。2016年4月在全国中小企业股份转让系统（新三板）挂牌上市，证券代码：836541。

公司坚持“市场与研发双轮启动”，成功开发出应用于TFT、LCD、TP等领域的异方性导电材料（主要包括ACF等产品）、表面技术材料（主要包括环保清洗剂等产品）、高分子材料（主要包括UV胶、边框胶和PI胶等产品）等系列化产品。

2015年6月经深圳市政府批准，公司建立了深圳市导电材料工程技术。中心拥有一批硕士、博士、高工等专业人才，并且聘请“千人计划”的北大教授孟鸿先生为学术委员会主任。开放创新，承担了多项国家及市级科研项目，同时与北京大学、中国科学院、四川大学等科研院所开展广泛的科研合作。该中心设立有异方性导电材料、纳米材料、高分子材料、表面技术、辐射固化、检测与标准等六个研究室和一个对外服务部。公司拥有国内外发明专利40余项。配备了美国FEI扫描电镜、牛津能谱仪、DSC、FIIR等高端仪器设备。

公司一直致力于平板显示微电子化学品的研发生产和国产化替代，专注ACF的研究和产业化。ACF产品的成功开发，打破了国外公司的技术垄断，实现了高端微电子材料的国产化，推动了相关行业的进步。

2017年8月17日，公司取得深圳市科技创新委员会、深圳市财政委员会、深圳市国家税务局、深圳市地方税务局颁发的编号为GR201744201585的高新技术企业证书，认定为国家级高新技术企业，认定有效期为3年。

2017年公司获得市科创委技术攻关项目《重20170162柔性屏用单组分环氧封框胶关键技术研发》资助200万元。

该项目预期研发一种能够满足柔性屏工艺条件的无卤、低温固化、具有优异黏接强度、热膨胀系数低、柔韧性、耐热、耐水汽耐氧气渗透性能优异的单组分环氧封框胶，并批量进行该材料国产化。

本项目设计的单组分热固性环氧胶，通过有机硅等树脂与环氧树脂进行材料改性，从而避免了环氧胶材料固有的缺陷，提升环氧胶的黏接强度和韧性、耐热性，实现性能上的飞跃。通过设计选择合适的潜伏性固化剂、填料，降低固化后环氧胶热膨胀系数和极性基团含量和自由体积，实现环氧胶的耐氧气和耐水汽渗透，提升封框胶的可靠性。高性能单组分热固化环氧封框胶在柔性屏领域有着非常广阔的应用空间。

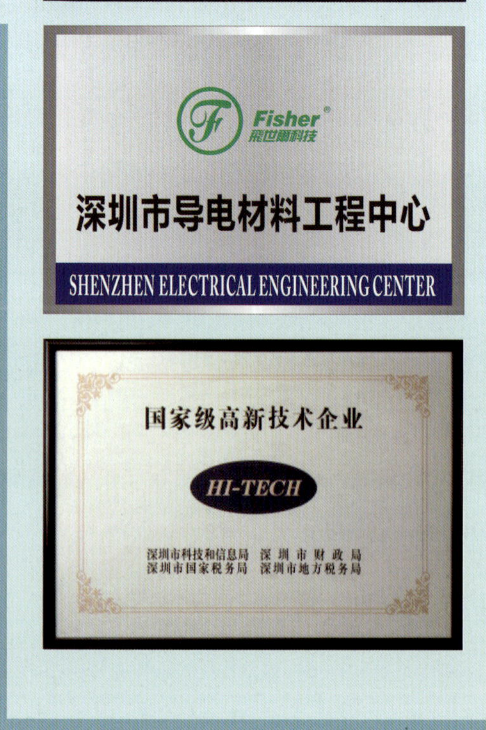

冠为科技
Glareway Technology

深圳市冠为科技股份有限公司创建于2005年5月，注册资金3540.23万元，位于深圳市地理中心和城市发展中轴的龙华新区观澜大布巷社区银星科技园丰和工业区内，厂区占地面积36000平方米，建筑面积80000平方米，员工食堂与宿舍建筑面积9000平方米，园林绿化面积为5000平方米。公司资产总值2.9亿元，2015年公司的销售额达3.3亿元。经过多年的发展，现已成为一家大型现代化并获得国家高新技术企业资质的包装印刷企业，2015年12月24日公司正式登陆中小企业股份转让系统（新三板）挂牌交易。公司已获得荣誉包括：深圳文化创意百强企业、国家高新技术企业、深圳市高新技术企业、市级企业技术中心、国家检测检验试验室、广东省守合同重信用企业、绿色企业等荣誉称号。

冠为科技致力于高档卷烟包装的设计开发与生产，并逐步拓展高端礼品盒设计开发与生产。公司拥有德国、日本等世界一流的印刷及印后加工生产设备，同时凝聚资深研发、设计、技术与管理人才近百人，生产技术员工近200多人，现有员工320人，目前卷烟包装生产能力已达到80万大箱。2016年卷烟包装产能达到100万大箱以上。

冠为科技秉承“技术创新”“务实进取”的经营理念，多年来，公司集人力、财力、物力，专注于烟标印刷业务，聘请精通高新印刷技术的设计与开发人员负责产品的创新设计和自主研发，同时聘请来自国内外一流企业的有着丰富管理经验的人员负责行政管理与财务运作，学习和引进先进的管理模式，实施自动化办公等科学高效管理，实现对物流、资金流、信息流的全电脑化控制，努力为客户提供高效、优质的服务。冠为科技坚持“精细管理，诚信服务，技术创新，质量创优”的质量管理方针，并顺利通过ISO9001质量体系、ISO14001环境管理体系、OHSAS18001职业健康安全管理体系认证和持续有效运行。公司极其强调品质的控制，不制造、不传递、不容忍次品。公司所有员工上岗前，均经过严格测试和岗前培训，并实现从来样核对、设计制版校对、产品IQC、IPQC、QC、QA及入仓核数、出货核单全套品质流程控制，力求每一件产品都完美无暇。

充满冠为特色的管理与服务，为公司的可持续发展带来了无限的活力和强大的动力。管理特色之一是目标管理（OTB）。即拟定目标、充分授权，严格监督与奖惩分明，强调项项有目标，事事有定额，人人有考核，如成本目标、技术创新目标和管理目标等。管理特色之二是极其严格的品质控制与管理。公司通过ISO质量管理体系，精益求精为客户生产每一件产品，真正让客户满意。管理特色之三是注重人性化管理。公司关注员工职业健康安全及工作生产环境，于2011年通过OHSAS18001职业健康安全管理体系认证与ISO14001环境管理体系认证，并按体系要求做好员工职业健康安全管理与环境管理工作，为员工创设安全、舒适、健康的工作生活条件。特别是公司秉承“道、实、丰、和”的企业文化精神，以员工为中心，积极组织企业文化活动，促进了团队的和谐发展。

深圳市国立智能电力科技有限公司

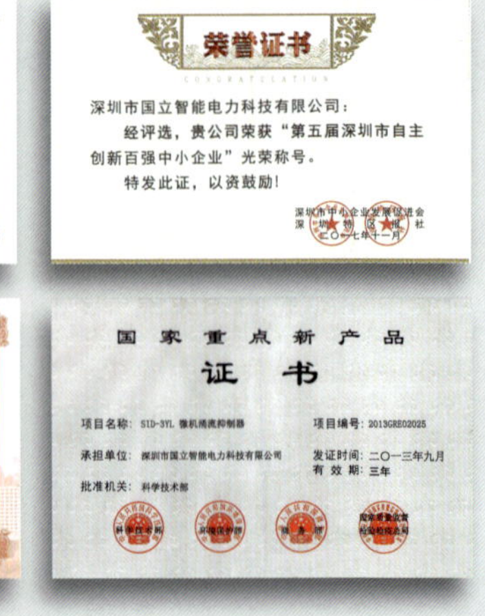

公司简介

深圳市国立智能电力科技有限公司（前身是深圳经济特区首家民营科技企业：深圳市智能设备开发有限公司）是专业从事电力系统及工业生产自动控制、一二次电力设备智能集成、电能质量治理等领域相关技术及设备的研发、生产与销售的国家级高新技术企业。产品涵盖"微机准同期装置""发电厂快切装置""工业无扰动快切装置""备用电源自投装置""微机涌流抑制器""智能相控开关""电力电子产品"等全部拥有自主知识产权，并获得多项国家发明专利，填补国内多项技术空白，已逐渐成长为电源投切安全控制及相控技术领域的领军企业。

30多年来，公司在我国著名电力专家叶念国教授的带领下，始终坚持"不人云亦云，不亦步亦趋，走自己的路"的开拓理念，我们优秀的研发团队不断地敏锐发掘及切中电力生产过程的关键需求，将一个个独具前瞻性的科研成果快速转换为生产力，大幅提升了电力生产的技术进步与安全保障水平。为国家电网和南方电网的特高压及超高压建设项目提供了先进的产品与优质的服务，产品更广泛应用于五大发电集团、中石油、中石化、中海油以及全球50多个国家和地区，得到广大用户的高度认可与赞誉，成为业内细分领域的领导品牌。

未来，国立智能将在智能电网、新能源及绿色节能环保领域不断开拓进取，以"用最先进的技术换取电力系统的更大安全"为己任，以核心技术为引领，致力将产品和服务应用于更广泛的领域，为推动世界电力科技的进步不断努力。

重点科研成果

我司与国网湖北省公司、湖北省电力勘测设计院共同承担2014年国网基建新技术应用研究项目"中压智能相控断路器在无功补偿回路中的应用研究"，智能相控技术已纳入《国家电网公司依托工程设计新技术推广应用实施目录（2015版）》的变电专业推广应用类（编号SXYM-TBA3-01）。于2017年底被纳入《南方电网公司新技术试点应用目录（2017-2018年版）》（编号YJJS-2017-0025）。

我司与香港城市大学深圳研究院合作开发的复合能源系统，重点针对电池和超级电容特性测试、硬件的研发及测试、控制模型及算法的验证及其在真实电动汽车上的应用等方面进行研究,基于最优控制算法来建立用于电动汽车的复合能源管理系统仿真及测试平台。该平台将高保真环境仿真技术、现代智能交通技术与电动汽车能源管理技术相结合，在实验室中建立3D道路模型，模拟驾驶环境和气候变化，来实现电动汽车速度预测和动态能量规划。

我司与多所科研院所、高校及国际知名厂商，进行技术探索及合作开发，在电力系统及其他相关领域，持续以技术革新和技术创造，为电力系统的安全运行及高效节能提供可靠而持续的技术及产品支撑。

重点产品介绍

同期类：1982年，叶念国教授带领其科研团队研制成功世界上首台微机自动准同期装置，一举将我国的发电机自动并网技术推向世界领先地位，为电力系统自动控制这一关键环节的安全运行和节能环保做出了巨大贡献，获得中央相关首长、国务院科技领导小组高度认可。截至目前，在国内大型机组的市场占有率达到80%以上，为核电机组唯一指定品牌。更广泛应用于国外五十多个国家和地区。

备用电源快速切换类：首创捕捉电动机耐受电压点切换准则的厂用电快切装置，彻底革新了行业内设计标准，将发电厂、工矿企业事故零停电的梦想由理论变成现实。

涌流抑制类：首创微机涌流抑制器，填补国内相控技术空白，结束相控技术由国外公司垄断的局面，创造性地提出"剩磁与偏磁互克原理"，获得两项发明专利，通过了国家电网公司的鉴定，为直流输电设备的国产化做出了巨大贡献，产品已广泛运用于两网的特高压及超高压输电系统，以及电力系统其他相关领域和工业领域。

电话：0755-89532683
邮箱：glzn@szidd.cn
网址：http://www.szidd.com
地址：深圳市龙岗中心城龙城工业园特发龙飞工业园D1栋

深圳市鸿栢科技实业有限公司是一家从事螺柱焊机、点焊机、弧焊机、工业机器人及其相关产品研发和生产的国家级高新技术企业。本公司是国家重点科技攻关项目和国家级火炬计划项目承担者、国家创新基金资助单位。公司的主要产品有轿车车身螺柱焊接自动化成套设备、种类齐全的普通螺柱焊机和机器人螺柱焊机、手工和自动逆变直流点焊机、手工和自动逆变弧焊机、电极修磨机以及电极修磨和自动更换一体机、中空电动缸、螺母送料机等。另外本公司还承接各种点焊、螺柱焊和弧焊等自动化焊接平台和机器人工作站业务。

公司产品在一汽大众、上海大众、北京奔驰、北汽集团、神龙汽车、一汽轿车、广汽丰田、广汽本田、东风日产、东风乘用车、长安雪铁龙、通用汽车、雷诺汽车、奇瑞汽车、长城汽车、一汽海马、吉利汽车等国内主要汽车生产厂家使用。

公司目前拥有科技成果两项、国内发明专利十七项、国际发明专利三项、实用新型专利五十九项、外观设计专利七项、软件著作权三十三项；还有国际、国内发明专利和实用新型专利等一大批专利申报待批。公司的“ 轿车车身螺柱焊接自动化成套设备 ”被评为深圳市自主创新重点新产品和广东省高新技术产品，并于 2015 年荣获广东省科技进步奖。次高频逆变直流点焊机被国家列为 2013 年度创新基金资助项目和国家火炬计划项目，2014 年荣获宝安区技术发明奖。

另外，公司正在开发 165 公斤以下多关节工业机器人，主要配套公司的点焊机、弧焊机和螺柱焊机；也可用于打磨、搬运等；其中机器人弧焊机系统已经开始对外销售。

本公司产品已通过 ISO9001：2008 国际质量管理体系认证；点焊机系列产品已通过国家 CCC 强制性产品认证。

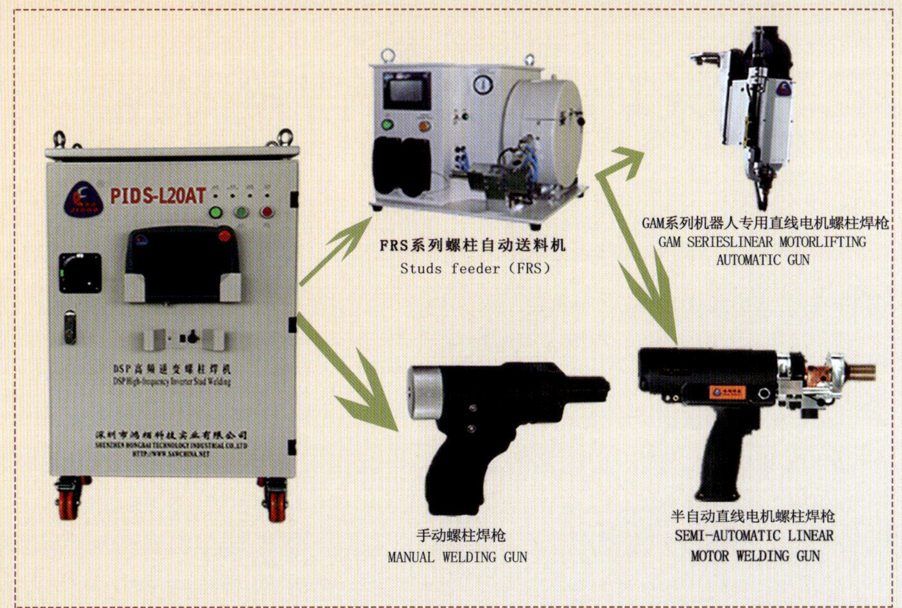

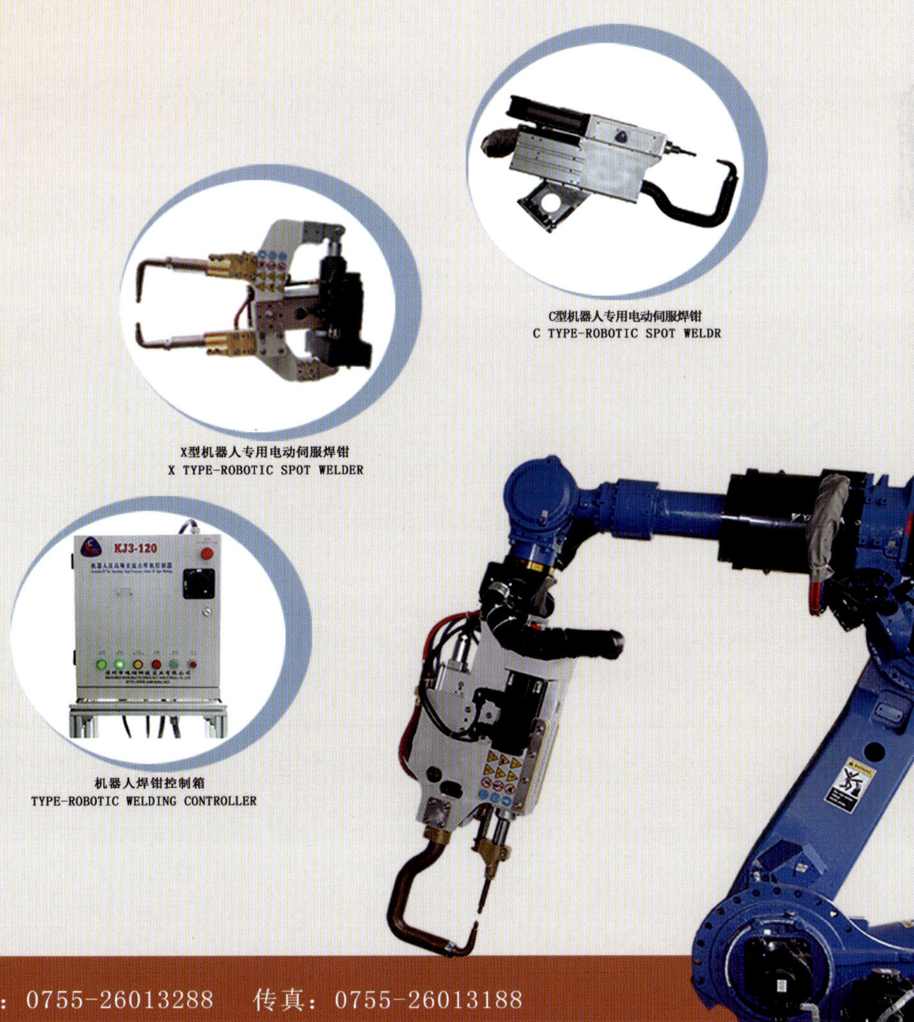

地址：深圳市宝安区塘头大道58号　电话：0755-26013288　传真：0755-26013188

邮编：518108　网址：www.sawchina.cn

深圳市佳顺智能机器人股份有限公司

深圳市佳顺智能机器人股份有限公司（以下简称“佳顺智能”）创立于2007年，是国内一家以AGV移动机器人为核心产品的新三板创新层上市企业；是国内专业的AGV移动机器人厂商之一。企业通过CE认证、ISO9001体系认证、武器装备质量管理体系认证，并在苏州、重庆、西安、武汉、北京、沈阳、广州等多地建有办事处、分公司。经过连续多年的快速发展，目前已成长为国内具有创新和研发能力的AGV移动机器人行业龙头企业。

佳顺智能经过十年的耕耘，聚焦移动机器人领域，致力于为客户提供更加智能的移动机器人产品及物流自动化解决方案。目前为止，佳顺智能已为客户设计提供AGV系统解决方案突破1000个，共生产各类型AGV产品突破5000台，应用于各类大型企业。客户涵盖汽车、汽车配件、电子、家电、化工、医疗、电力、航空等诸多行业。2015年佳顺智能产品远销东南亚，2016年佳顺智能产品进入欧美市场，全球市场已全面打开，为企业的持续发展打下了坚实的基础。

“十年磨一剑”佳顺智能自2007年成立之初，就坚持核心技术自有化，坚持自主研发，目前已拥有各项专利及软件著作权近100项，其中发明专利近10项；与清华大学、华南理工大学、中国科学院深圳先进技术研究院、哈工大等著名院校达成长期合作关系，并与华南理工大学共同成立“智能交通和物流技术产学研工程中心”和“华南理工大学研究生实习基地”，佳顺智能已经拥有一个国际水准的技术开发平台和一支近150名高级技术人员的一流研发团队。

佳顺智能坚持“以客户为中心，以奋斗者为本，以创新为魂”的价值观，致力于为全世界制造领域企业全面迈入“工业4.0时代”，提供更准确、更稳定的物流信息化及大数据服务！佳顺智能正在以最佳状态创造着工业移动机器人行业的奇迹。

一、二维码导航AGV

本项目采用基于二维码的图像识别技术用于惯性行走误差校正，其精度校原磁导航校正方式从理论上提高了一个数量级以上，同时本项目在算法与结构上进行更优化设计，从而保证本项目的可行性。

1.该二维码导航AGV不仅小巧灵活，而且精度高速度快;具有自动躲避障碍物，自由规划路线、姿态保持等强大功能集于一身的本领。

2.自动分拣机器人能根据指令，快速移动到待令区接收货物，并把货物运送到指定位置卸货；在运行过程中，能够自动规划路径，避让障碍；完成卸货后你能够自动移到待令区排队待令；在运行过程中，一旦发现自身电量不足，能自动运行到充电区自行充电，充电完毕，自行返回到待令区待令。

3.本项目配合分拣机器人（手）和中央管理系统，能够快速实现货物分拣以及货架移动，具有场地实施快、实用性强等特点。

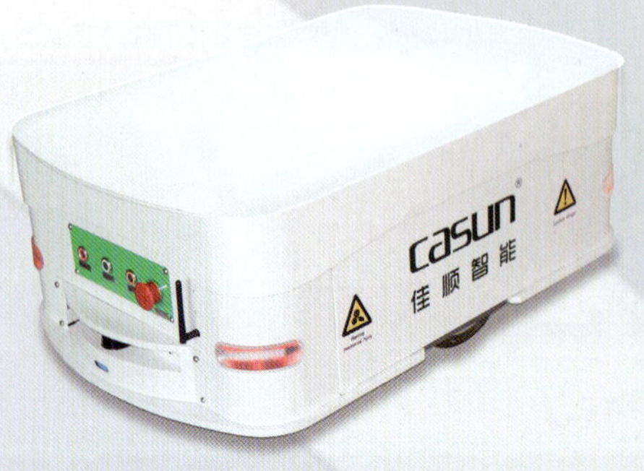

由于二维码识别的惯性导航移动分拣机器人（或移动分拣AGV）具有运行速度快，定位精确，智能化程度高，能够根据指令自行规划路径，自动避障，小巧灵活，能够实现物流行业货物的快速精确分拣；同时该产品具有维护简单、高回报、成本低、使用安全、实用性强及灵活部署等特点。因此，该产品的开发成功在物流行业具有广阔的应用前景和极大的经济效益和社会价值，符合深圳市战略性新兴产业的发展方向。

二、视觉导航AGV

本项目主要解决的关键技术问题是，第一个是视觉校正问题，因为校正算法得到的偏差量需要发到下位机的定位部分进行校正，从而解算出正确的坐标，供导航使用。第二个是算法问题:由于视觉图像信号识别范围广，信息量丰富，如何从海量的视觉图像中识别道路是影响移动机器人导航性能的一个最重要因素。传统的梯度法、二阶微分法、边缘锐化、特征提取等图像处理算法由于计算量大导致实时性较差。一种实时性比较强的基于统计预值、边缘提取结合HOUGH变换以及带滤波窗口区域扫描算法是我们所要解决的关键技术之一。

通过融入视觉校正来精度不稳定地替代磁钉校正，从而与惯性器件结合在一起来获取高精度的路径规划和定位走形。

因视觉导航技术能较好满足柔性制造系统对物流设备在导向柔性、空间利用、运行安全性以及成本等方面的要求，具有路径设置柔性高、信息识别速度快、导航稳定程度好、导航行走精度高和导向信息容量大等突出优点。目前基于视觉导引的AGV虽然还没有大规模产业化，但其潜在的市场前景使其成为近几年来国内外 AGV 研究的热点。

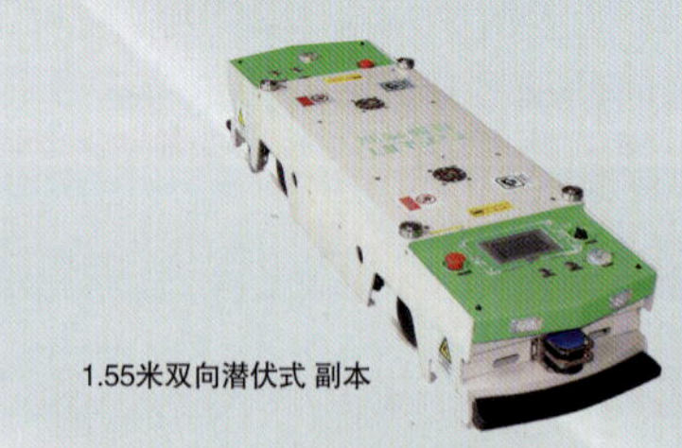
1.55米双向潜伏式 副本

激光叉车AGV

深圳市京信通科技有限公司
Shenzhen SAPAC Industry Co.

一、公司概况

深圳市京信通科技有限公司（简称“京信通”）是一家国营上市公司（深圳市通产丽星股份有限公司，A股票代码：002243）控股的股份制公司，成立于2003年。

京信通自成立以来一直致力于单、双色汽车零部件模具及注塑产品的研发、生产和销售，为全球知名零部件及整车厂商提供汽车模具及零部件开发、制造服务。经过十几年的发展，公司先后开拓了医疗器械塑胶部件模具和产品的开发、改性高分子材料的研究及生产。京信通通过引进先进的设备，采用先进的生产管理体系和工艺技术，迅速发展成为具有一定规模的改性高分子材料、汽车零部件以及医疗器械部件的生产企业。

京信通总公司位于深圳宝安区，随着公司规模的扩大，先后在江苏吴江、湖北孝感设立分厂。

华南-深圳厂区

华中-湖北孝感厂区

二、公司实力

京信通先后获得“国家级高新技术企业”“深圳市级工程技术中心”“深圳市双色模具高新技术项目”“深圳市材料协会会员单位”认定，成立“深圳市新材料重点实验室”“国家863检测实验室”，并获得100余项发明及实用新型专利，并通过新版IATF16949管理体系认证。京信通拥有863检测实验室和多功能实验室，大量的仪器设备满足了其研发、生产随时分析、检测的需求。

京信通拥有10年以上丰富经验的工程设计及项目团队以及具有10种以上各类汽车零部件模具（精密、高光、单双色模具）设计开发经验，采用数据化管理保证项目进度如期推进。公司拥有100余台注塑机，其中20台为双色成型机（最大吨位470吨），具备55T-1000T的注塑能力，并配套有自动化机械手。

制造能力

模具加工

部件制造

深圳　江苏吴江

湖北孝感

双色模具开发　高精密/高光模具开发

总部：深圳市宝安区沙井街道沙三帝堂工业区5-6栋
电话：0755-33861188
传真：0755-27324025
网址：www.sapac.net.cn

深圳市快易停智能科技有限公司致力于机械立体车库领域产品的研发、生产、销售和运营，APP控制系统的安装。

1.自主研发项目内容：

目前，在国内立体车库行业中，PSH升降横移类机械式停车设备的运行方式是，当上层载车板要下降时，其正下方的的载车板必须进行横移运动，让出升降通道，上层载车板方能进行下降动作。

当PSH升降横移类机械式停车设备的层数比较多时，设备在做升降运动前，需要有较多的载车板同时进行横移动作，此时所存在的问题是噪音较大。

由于PSH升降横移类机械式停车设备运行时的噪音大，所以安装在居民小区时，会因为噪音问题引起居民的反对，从而造成了很多安装于居民小区的此类停车设备不能正常运行。

传统的PSH升降横移类机械式停车设备，都是通过刷卡或按键操作车库，需要配备专门的管理员，运营成本高。

传统的PSH升降横移类车库没有视频监控系统，管理困难。

为了解决传统PSH升降横移类机械式停车设备存在的由多个载车板同时进行横移动作时所造成的噪音大以及钢制滚轮与钢轨产生的噪音大的问题，公司组织了专门的攻关团队，研发了新型智能高速低噪音型机械停车设备。在存取车辆时，通过电机带动链条链轮，驱动摩擦轮（包胶轮），通过摩擦力驱动单个载车单元运动，从源头上解决了设备噪音大的问题。

在本研发项目中，设计了载车板升降导向系统，较大地提升了升降的稳定性和安全性，基于导向系统的成功设计，加大了升降速度，大大提升了客户存取车的速度与效率。

在本研发项目中，车辆出入口处安装防护门，其他位置均为全封闭结构，有效地阻止了由于设备运行时产生的噪音扩散。

在本研发项目中，在车库顶部设置了摄像头，通过监控系统连接电脑，可保存最近30天的视频，并可实现车库的实时监控，便于管理。

在本研发项目中，车库为全封闭无人式机械车库，无须专门的管理员，客户可通过手机APP或指纹存取，方便快捷。

2.技术亮点：

1.立体车库运用了钢横梁载车板承载车辆放置台、采用了速度可调节型升降及横移机构、设备运用了防噪音技术、每个立柱设置光电传感器、每个车库独立配备电机等技术。

2.立体车库采用侧向停车，正方位停车，多层设计，停车面积大，占地面积少，有效地解决了小区、商业用地紧张的问题。

3.停车采取直进直出方式，全自动存取过程，存取速度快，存车时车辆直接驶入载车板，取车时车辆直接驶离载车板，不需要倒车，且同时可以存取多辆车，每个车位单独控制，互不干涉；操作人员可通过遥控器或者手机APP直接对车库的存取车进行控制。

4.侧方位升降通道采用悬臂方式，高度大于4米，不占用消防通道。

5.载车板采用可张开吊杆方式，载车板落地之后吊杆会张开，形成较大的空间，便于车辆的进出。

6.装置结构简单，使用方便，易于安装、保养和维护。

7.车库由主体钢结构、存车平台、载车板、升降机构、横移机构及控制系统组成。

8.升降机构及横移机构均采用带刹车的减速电机，定位准确。

9.减速电机通过变频器控制，启动及刹车平稳。

3.自主研发项目成果：

申请了以下专利：

高速低噪音型停车设备的升降横移系统，申请号：2017113929325

高速低噪音型停车设备的横移装置，申请号：2017218100450

多层停车装置的上层停车单元，申请号：ZL201621321583.9

多层停车装置，申请号：ZL201621321584.3

深圳联品激光技术有限公司

深圳联品激光技术有限公司成立于2014年11月，地址位于深圳市龙岗区龙城街道彩云路42号，是一家致力于激光器的研发、生产、销售、维修、技术支持及方案解决的国家高新技术企业，国内激光器行业的领军企业之一。

公司自2014年11月21日成立以来，一直致力于激光器的研发、生产、销售、维修、技术支持及方案解决。产品涵盖光纤激光器、高功率固体激光器、中低功率可见光激光器等不同类型的激光器；具体主要包括小功率脉冲光纤激光器、中高功率连续光纤激光器、主震荡功率放大光纤激光器（MOPA）、半导体泵浦固体激光器、固频固体激光器、紫外固体激光器、光电扫描振镜、激光器模块电源等周边产品。波长覆盖紫外线、可见光及红外波段的激光器，产品广泛应用于激光加工、激光演示、激光医疗、科研等领域。并为客户提供激光器领域的特殊研发定制服务；根据市场的发展需求，同时关注激光领域的最新学术研究成果，完美结合两者，逐步实现公司产品在市场上的引领地位。同时，基于联品对产品质量精益求精的不断追求，使得公司取得销售翻番的好成绩，在激光打标并激光金属切割行业占据不容小觑的地位。

注重公司研发人员的培养特别是高级技术人才的引进及高端设备等的投入是联品激光立足激光行业的基石；一直以来，公司本着"核心技术是关键"的研发宗旨，无论在研发设备还是人才引进培养方面的投入，在行业内都是屈指可数。

在设备投入方面：在过去短短的两年时间内，公司共投入了近800 万元的设备费用，引进了从日本、德国等发达国家进口的如光纤熔接机、光纤涂覆机、光纤拉锥机、光谱分析仪、真空可控气氛共晶炉等高端设备；为公司产品核心技术的研究开发提供了坚实的基础。

在研发团队的培养方面：公司组织架构下设有独立的技术中心，由一名在激光行业具有丰富经验的工程师带领的近 40 人的技术团队；除积极地带动公司内部的研发人员组织开展各项研发项目，公司还积极拓展产学研合作，目前已分别与"长春理工大学""中国科学院苏州纳米所"签订了互助互利的产学研合作协议，充分有效利用科研院所的研发成果，加速成果转化效率。另外，公司还专门聘请了来自中科院的檀慧明研究院作为公司的专家顾问，为公司的技术难点提供解决方案；据统计，仅过去两年时间，公司在研发队伍的培养投入即高达600 余万元，申请专利40多项。经过两年时间的研发投入壮大，现公司已掌握了在光纤激光器、固体激光器、半导体激光器领域的国内先进技术。

雄厚的研发实力使得联品激光实现了销售额每年呈成倍增长的态势，具体数据体现在16年公司销售额翻倍，连续两年保持销售过亿的好成绩。处于高新技术领域的联品激光，注定着要本着公司生命力与研发投入成正比的原则进行运营管理。因此，为实现更高的行业地位并销售收入，联品激光后期将持续注重研发的投入，以保持公司核心技术的不断革新并为行业注入新鲜活力。

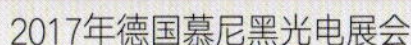
2017年德国慕尼黑光电展会

2017年上海慕尼黑光电展

2017年印度光电展

电话：+86-755-89568649　传真：+86-755-84195086　邮箱：sales@super-laser.com
网址：www.super-laser.com　地址：深圳市龙岗区龙城街道彩云路42号

SENMA 深圳市前海胜马科技有限公司

地 址：深圳市宝安区共和工业路华丰互联网创意园A座6楼　　电 话：0755-23597953

传 真：0755-29566799　　官网地址：www.vicnfc.com　　邮 箱：service@vicnfc.com

深圳市前海胜马科技有限公司是一家专门从事物联网产品研究、开发、销售和技术服务为一体的高科技企业。公司依托领先技术、行业经验和人才团队，专注于研发具有自主核心技术和知识产权的物联网智能AI硬件；同时也能够按照客户的要求，为其提供硬件设计、固件开发、云端系统、手机端APP、桌面应用程序的设计和开发等综合解决方案。

目前公司成功开发的物联网智能AI硬件包括：1.物联网健康硬件，智能护膝，智能护腰，智能护肩；2.AI智能音箱；3.车载物联网无线充电器。

公司于2016年荣获深圳市科创委创客创业计划50万元专项资助，并且资助项目已经成功验收通过。公司目前正在申请国家高新技术企业的认定，并已递交资料正在审核中。

胜马科技自成立以来就非常注重知识产权方面的工作，目前已经申请了2项国家发明专利，获得了2项实用新型专利，8项软件著作权，注册了2个商标。

中华人民共和国国家版权局
计算机软件著作权登记证书

部分产品介绍

胜马科技围绕物联网智能AI硬件为核心，目前成功开发了三大系列产品，具体如下：

一、物联网健康硬件

1.1智能护膝

目前很多都市白领都会面临身体亚健康的困扰，久坐办公室，缺乏运动，很容易造成身体的关节劳损。智能护膝可以对膝盖部分进行局部加热，它采用了远红外发热材料，不需要预先用电加热，开启智能护膝上的开关就会发热，并且可以通过调节档位来控制温度。

智能护膝连接充电宝即可使用，非常方便，而且人体感觉更加舒适。远红外加热功能具有促进和改善人体血液循环、增强新陈代谢、提高免疫能力等功效。

1.2智能护腰

智能护腰内置了蓝牙通信模块和NFC智能防伪芯片，打开手机蓝牙可以连接到腰带产品，随时调控腰带的温度，并且查看腰带的使用记录，监控自己的健康数据。

智能护腰内置了NFC智能防伪芯片，每个腰带都有了自己的“电子身份证”。用手机查验腰带真伪信息的同时，还可以查询到存储在云端的产品详细信息，包括产品介绍、产品图片、产地、生产商、生产日期等。

1.3智能护颈

对于经常坐在电脑面前办公的人群，头颈部位长时间保持一种姿势，很容易因肌肉僵硬、疲劳而引发颈椎疼痛。智能护颈插上充电宝就可以使用了，它能在10秒内瞬间加热，60秒达到55℃，直击颈部疼痛部位。智能护颈发热的同时，还能释放远红外光波，具有理疗作用。使用智能护颈，就等于随身携带了一台小型理疗仪。

智能护颈内置了蓝牙模块，连接手机后可以直接在手机上对温度进行调控，操作便利。另外还可以在手机上查看产品的使用记录，监督自己持续改善自己颈部的健康状况。

二、AI智能音箱

AI智能音箱，是一个音箱升级的产物。AI智能音箱支持智能语音交互，通过语音互动可以在线音乐播放、收听网络电台、快捷查询订单信息、获取日程资讯、查天气、听故事、百科问答等

目前AI智能音箱已经成为消费者用语音进行上网的一个工具，它与智能家居产品也能完美融合。通过AI智能音箱可以对智能家居设备进行控制，比如打开窗帘、设置冰箱温度、提前让热水器升温等。

三、车载物联网无线充电器

人们购车后基本都会添置一些车内用品，而车充基本成为车主的必备用品。伴随着越来越多的手机支持无线充电，传统的车载充电器已经无法完全满足车主的需求了。车载物联网无线充电器，一个结合手机支架与充电器功能全新产品已经进入了人们的视野。

车载物联网无线充电器支持快充，可以对手机进行快速充电。相比于传统的车充，车载物联网无线充电器在便利性上更胜一筹，省却上车插拔线头的步骤。结合手机支架功能，使得驾驶员给手机充电、中途查看手机更加方便。

为了确保技术的持续领先，胜马科技与211院校福州大学建立了“福州大学-胜马科技无线射频技术开发联合实验室”，双方将进一步发挥自身优势，将无线射频技术应用到更多的物联网智能硬件中去。而且将持续保持科研创新、技术领先，并将科技成果转化为市场化的产品。胜马科技已经聘请福州大学副教授陈俊博士为公司技术顾问，目前是福州大学物理与信息相关专业的实习基地。

在未来，胜马科技将秉承“诚信经营、持续创新、合作共赢”的经营理念，始终以创新为主导，致力为客户创造价值，努力把公司打造成为物联网智能AI硬件领域的顶级服务商。

深圳市顺安恒科技有限公司

核心价值观：修己达人
经营理念：创造价值 合作共享
企业使命：匠心制造 美好未来
核心竞争力： 量身定制 专业制造 持续创新 主动服务

地址:深圳市光明新区观光路星光华工业园C栋2楼
电话：0755-23243691
传真：0755-23243006
邮箱：fanny@szsah.com

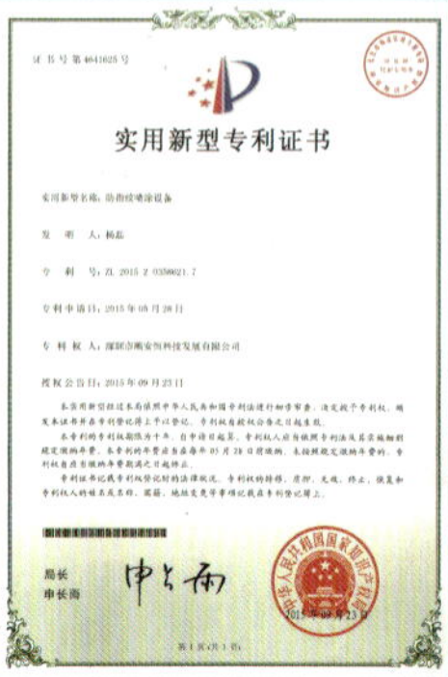

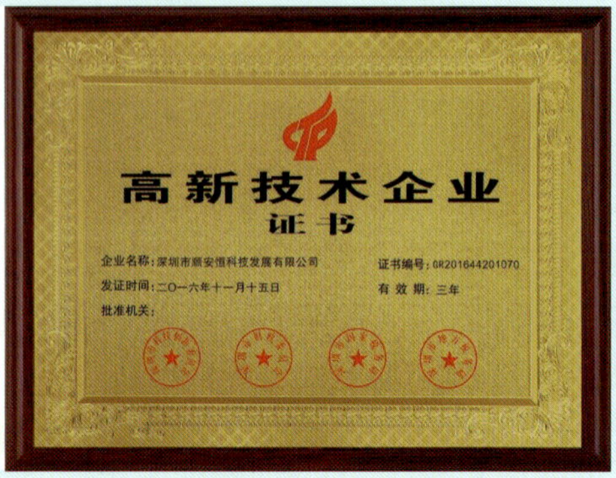

深圳市顺安恒科技有限公司是高端喷涂/表面处理设备解决方案提供商。公司通过为制造业客户提供设备创新技术与产品解决方案，让制造业客户获得优质的服务和享受高新的品质。公司成立于2006年，拥有设备制造厂和生产加工中心（无尘车间），是集研发、生产、销售、服务于一体的高新技术企业，是高端喷涂行业的引领者。

顺安恒以高端喷涂、精密智造为核心，与PPG、深圳航天等材料方案商深入合作，建立联合实验室，深入挖掘材料特性，以获得与材料最佳匹配的定制设备。我们拥有独立的生产加工线，这是对外展示我们设备加工能力与产品品质质量的窗口，同时该加工线也是实验线，随时监控和反馈设备的使用状况。除此之外，顺安恒可以在客户评估生产加工线前期，为客户提供加工服务和厂务建设方案，满足客户的加工需求。

高端AG喷涂镀膜机

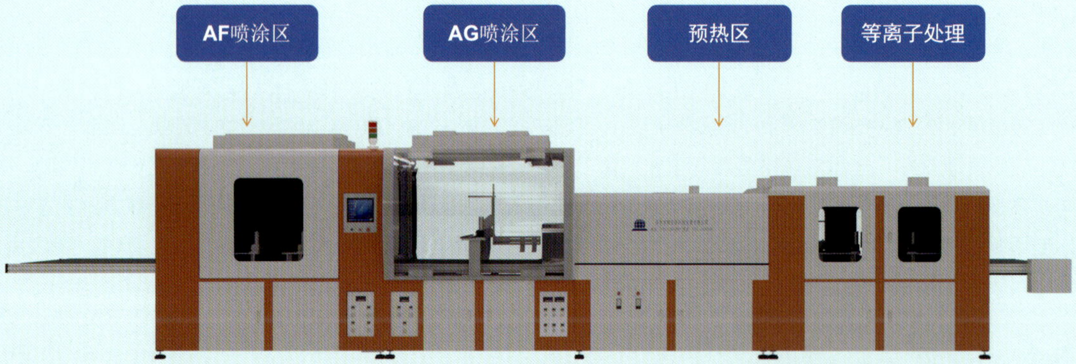

AF防指纹药液

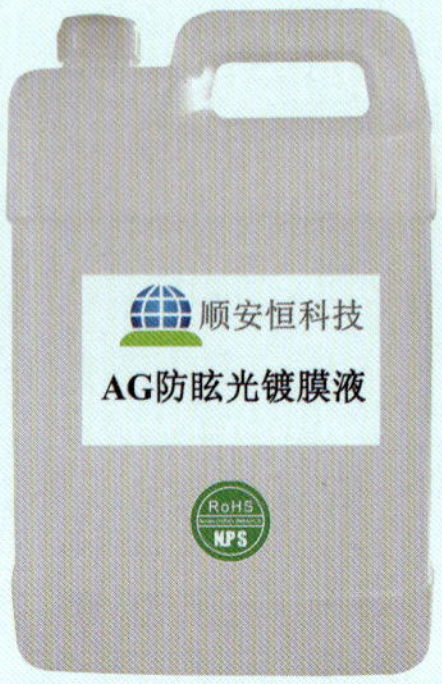

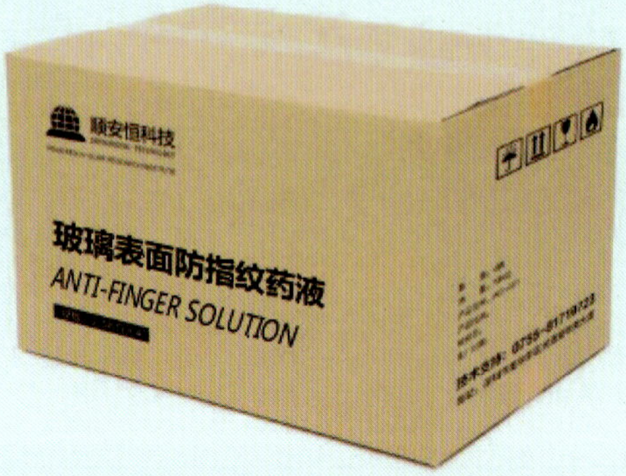

司亚乐无线通讯科技(深圳)有限公司

www.sierrawireless.com

1．企业的基本情况

司亚乐无线通讯科技(深圳)有限公司是一家专业从事无线通讯产品和数据连接软件的设计和开发，提供硬件/软件设计、测试、软件系统集成，以及相关的技术咨询和技术支持服务的高新技术企业，注册资本300万美元，司亚乐无线通讯科技（深圳）有限公司的产品是针对企业、消费者及物联网（IOT）应用提供的以数据为中心的产品。自2008年成立至今，司亚乐成功地研发出一系列采用全球最先进3G/4G/5G无线技术的无线数据产品。如USB上网卡、PCI数据卡和各种不同规格的嵌入式无线模块。 随着嵌入式模块在各种不同行业领域应用的增加，司亚乐自2012年起，为了帮助各系统整合商和OEM客户能以一种更安全、更低成本及更快速的方式将司亚乐的模块整合至他们的应用产品中，我们成功的创新出一系列可编程式的嵌入式无线模块。此种可编程的无线解决平台不仅能成功连接各种工业、网络、车载及智慧型家居产品，而且给数据云端服务提供更安全有效的解决方案。

2．企业提供服务、经营管理状况

司亚乐无线通讯科技(深圳)有限公司为各大企业提供服务外包、软件开发、软件服务等综合信息化服务。

自2008年成立以来，基于市场需求，司亚乐投入了大量资金进行最尖端无线通信技术研发及人员培训。至目前为止，已组建成一支具国际竞争优势之无线研发高科技团队，现有超过120名高级研发人员，30%以上具有硕士学历，其余研发人员90%以上具有大学本科学历。管理阶层人员具有平均10年以上国内外500强企业经历，并网罗数名国外高科技工程管理人员担任公司日常管理工作。

3．企业采用先进技术和研发活动情况

司亚乐无线通讯科技(深圳)有限公司基于以芯片为主的可编程式的第3/4/5代(3G/4G/5G)最新无线通信技术和软件平台来开发产品。目前已使用无线通信技术包括WCDMA，HSDPA/HSUPA，CDMA2000-1X/EVDO,和LTE。自2008年以来司亚乐主要针对北美、欧洲及亚太地区物联网（IOT）系统整合商及主要OEM客户之要求，设计出各种具有不同的外观及功能的产品，来满足快速成长的第3、第4代无线通信产品的市场需求。

2008年司亚乐成功推出全球首款第3.5代HSPA+42M带宽的无线网卡，且于2011年基于高通MDM9200平台继续研发出全球首款第4代LTE便携式无线网卡，同时加大在可编程式软件平台的研发， 并使三者结合，成功推出一系列以高通MDM6X00， MDM9X15/9x40/9x28等芯片为主的可编程式的第3/4代（LTE）嵌入式模块无线产品，并得到全球主要物联网（IOT）系统整合商及OEM客户的采用并广泛投入到各种智慧型工业、车载产品应用之中。

4．企业发展前景与规划

司亚乐无线通信科技(深圳)有限公司以自身的优势行业的发展并结合国家的政策制定以下规划：

近期规划：计划于2018年继续加大在全球第5代无线通信LTE技术及智慧型可编程式嵌入产品的投入及开发，并加大和全球最大运营商之合作，共同推广第5代LTE车载产品于全球最快速成长的智慧型车载市场中。研发人员计划由现有的120人增加至150人，尤其是在软件人员的配置方面。

长远规划：计划于2018年开始的3至5年中，投入第5代LTE-ADV无线通信产品开发及全球市场推广。研发人员增加至150~200人。

5．企业在行业中的地位与竞争优势

司亚乐无线通讯科技(深圳)有限公司在行业当中一直处于领先地位。

司亚乐无线通讯科技(深圳)有限公司拥有一支非常强大的研发团队和经验丰富的销售团队，在过去几年中持续领先全球3G/4G/5G无线嵌入式模块市场，并推出了一系列软件解决方案，为各行业客户量身订制各式特殊应用功能以增加其产品在市场中的竞争力。2012年12月司亚乐所设计的SL9090多模产品被全球电子设计杂志（Electronic Design Magazine）评选为年度全球最佳产品设计奖，至今并已销售出数十万片此系列产品。自2013年起，我司大力投入第4代LTE可编程式模块及云端服务产品的研发，一年出货量达2000万，在全球市场获得了极大的成功及赞誉。2014年初，我司研发的车载无线模块成功进入北美、日本及欧洲主流汽车市场。

我司所研发的第3代、第4代模块产品至今销售已达数百万片。2014年中，我司首款可编程式的第四代（LTE）车载模块为首支获得北美最大运营商（VZW）认证通过的产品，并成功地进入北美、欧洲及日本市场，为各大车厂联合采用。为保证于2020年前持续地领先我们的竞争对手，我司自2018年初已开始投入大量的人力、物力及资金，展开对下一代5G LTE无线模块产品的研发，并主要针对下一代物联网（IoT）市场及各种应用功能进行可持续的创新。

6．主要客户及其对服务增值性评价

司亚乐无线通讯科技(深圳)有限公司秉承着客户至上原则，细心聆听客户诉求，在品质、产品价值和及时回应方面努力超越客户的期望，以确保客户满意。

根据我司2015年9月份通过第三方所进行的全球客户满意度调研结果，绝大多数的全球客户均评选司亚乐为其最可靠信赖的合作伙伴，根据反馈，司亚乐所提供的模块和增值性软件平台，为他们在物联网行业中提供了最具增值性的服务。

深圳市中建南方环境股份有限公司

深圳市中建南方环境股份有限公司成立于2003年，于2017年2月成功挂牌新三板，是行业内首次提出空气微污染控制技术与治理解决方案的高科技企业。有着集研发、设计、制造、销售、服务及承接净化工程的设计、施工安装、维护一体化的专业，主要从事洁净室的设计与安装、空气中PM2.5、甲醛、苯类、VOC等有毒、有害物质的控制与处理。

公司始终以科技与创新为第一生产力，通过十多年的发展，取得了辉煌的成就。公司既是国家高新技术企业又是深圳市高新技术企业，在2004年就取得了ISO9001国际质量认证。公司已获得深圳市知名企业品牌证书，并拥有深圳市知识产权局颁发的《拥有自主知识产权》证书、拥有三十多项专利技术证书，享有中国电子学会洁净技术分会会员单位，广东省洁净行业的首届会员单位，深圳市净化行业协会第一届理事单位等众多头衔。建有华南唯一空气微污染检测及控制研究实验室。为光电子、半导体、电子信息、医疗器械、医药制造、食品饮料、化妆品、生物技术、精密仪器、航空航天等多个行业生产净化产品、设备与提供十至十万级标准洁净工程的设计安装服务。

公司主要产品及解决方案有空气净化工程系统、空气净化智能控制系统、净化产品与耗材。产品涵盖了工业用、商用、家用领域，具备净化厂房设计一级企业资质，在行业具有领导地位。

2017年6月，公司建立符合CNAS认证管理体系要求的实验室，面积约500平方米，投资约1000万元。该实验室拥有先进的检测仪器设备及一批专业检测人员，可提供全面的、权威的空气净化产品检测，是华南地区最具规模的空气微污染检测及控制研究实验室。

公司致力服务于精密电子、药品、医疗器械、实验室、印刷、涂装、食品、化妆品等行业。公司拥有一批从业十五年以上的高素质、专业技术的高端人才，凭着专业、细节、诚信的经营服务理念，近几年与世界500强及国内外知名企业保持着长期良好的合作关系，并且是富士康集团、比亚迪集团、三星电子、佳能、蓝思科技、伯恩光学、创维、TCL、中科院、日本大成、南玻集团、广西南宁人民医院、博恩医疗、五谷磨坊、卡士牛奶、澳雪化妆品的长期合作商。

公司在行业内具有良好的信誉和口碑，具有较高的满意度和认知度，产品销售市场具备较强的市场影响力和竞争力。本着成为中国微污染控制与治理的领军企业，还地球一个健康、清新的空气世界的远景与使命，深圳市中建南方环境股份有限公司凭着开拓、创新、拼博、进取精神，力争从产品、技术、服务上实现跨越式的发展，为中国环保及可持续发展事业贡献力量。

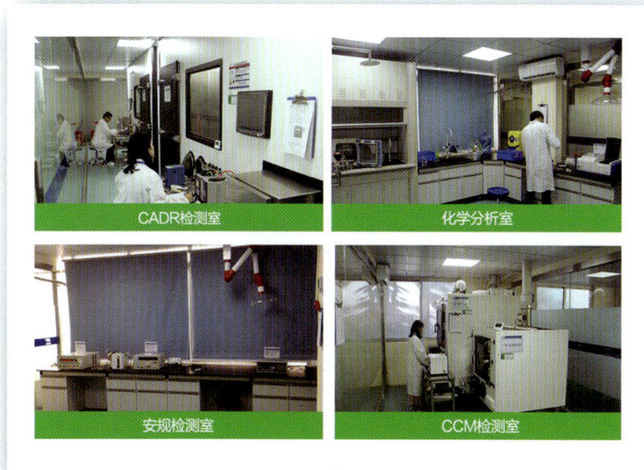

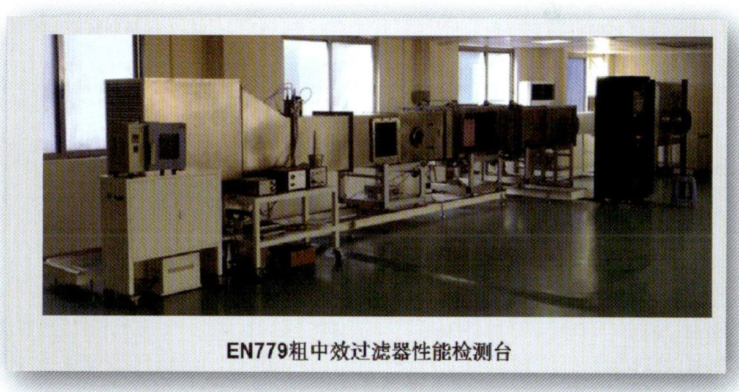

EN779粗中效过滤器性能检测台

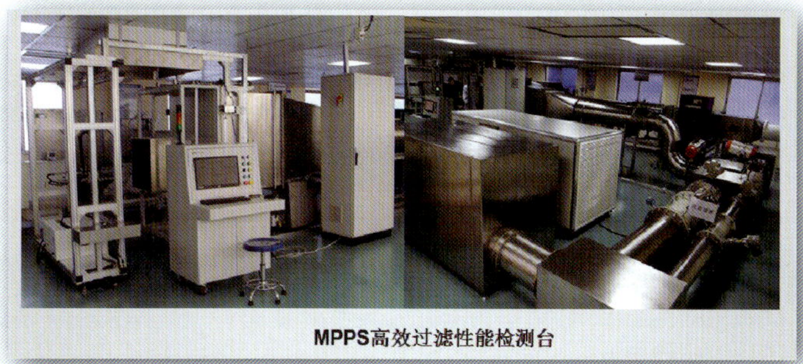

MPPS高效过滤性能检测台

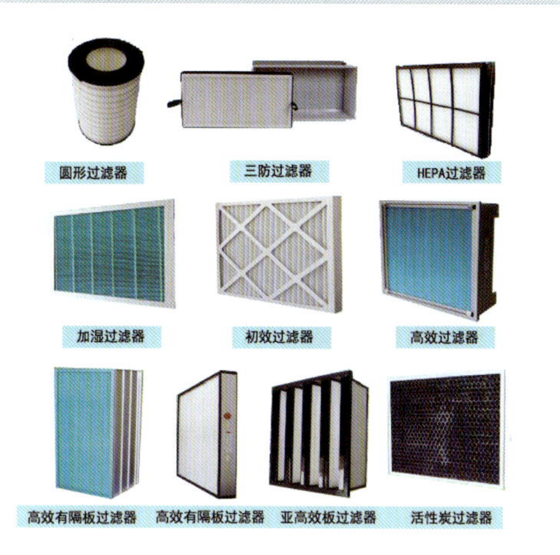

"青年之声·青春创客"系列活动简介

"青年之声·青春创客"系列活动是在深入贯彻党的十九大重要精神、全面落实党中央、国务院推进创新创业的大背景下，由共青团中央学校部、共青团中央网络影视中心、中国青年创业就业基金会、深圳市科技创新委员会、中国投资协会股权和创业投资专业委员会共同主办面向全国广大青年、学生的大型创新创业活动。活动举办三年来坚持聚焦垂直领域，以政府资源为保障、以创投机构为核心、以创客路演为载体，为广大青年创客提供项目指导、项目孵化、项目融资等创业服务，搭建并完善了青年创新创业融资对接平台，吸引了全国500多所高校、60多家孵化器的积极参与。累计征集项目1200余组，推荐近百个创业项目免费孵化，项目融资总额8600余万元，为青年创客项目实现市场化运营提供了有力的创业扶持和资金保障。

"青年之声·青春创客"以遴选垂直领域、整合投资机构、集聚众创空间、导入政府资源等几方面作为帮助青年学生创新创业的主要措施。

1.遴选垂直领域作为扶持服务青年创业的基础

在项目遴选过程中着重关注垂直领域的较成熟项目。以垂直领域为重点，充分依托各合作单位优势，聚合顶尖行业资源对项目进行专业、深入的扶持。同时，针对成熟项目亟需市场指导、加速孵化和资金支持的特点，向其提供投资机构、众创空间、创业导师等资源的服务，以此为基础保证对创业项目的扶持力度，也最大限度地促进项目的市场化。

2.整合投资机构作为扶持服务青年创业的核心

活动始终坚持以资本为导向，以市场为标准，注重对投资机构的整合。活动聘请了150余家投资机构负责人作为活动评委库成员。同时，还与老鹰基金、中鑫尚和等110余家机构合作，建立了青年创业项目库，定期将优质项目向各投资机构分发，为项目实现融资奠定良好的基础。

3.集聚众创空间作为扶持服务青年创业的依托

为促进创业项目的市场化，我们积极开展与各众创空间的合作，整合了全国60余家社会孵化器，并通过多方合作打造活动专属孵化器，基本实现优秀项目的免费、就近孵化，为初期创业者解决办公场地、税务、财务等方面的创业困难。

4.导入政府资源作为扶持服务青年创业的保障

为了更好地借助各类创业扶持政策帮助青年创新创业，我们积极寻求与各政府单位的合作，通过资源导入、优势互补的形式，完善、强化了活动的组织机构，充分利用组织优势，对创业青年提供大量的政策支持。2016年、2017年，系列活动被纳为国家发改委"第五届中国创业投资行业峰会"分论坛和深圳国际创客周重要活动之一。通过接入政府投资匹配政策、投资引导基金，进一步为创业青年提供成果展示平台，拓宽了项目推广渠道，增加了融资扶持力度。

"青年之声·青春创客"系列活动规划

第三届活动将聚焦"文化创意产业"领域，扩大活动范围、创新活动形式，在保留创客路演、创客沙龙、创客讲堂环节的基础上开展"创客培训""创客集市"等活动。

1.开展创客集市

活动将在全国二十个赛区中筛选200组优秀创意项目，集中开展4场创客集市活动。一是将"集市"作为青年创业项目的优秀成果展，二是作为创业者、投资方的线下交流会，每场活动将邀请20~30位投资人"逛大集"，以"玩"的形式为青年创业者提供与投资人面对面沟通的机会，为创业者提供产品创意、孵化经验的交流平台，促进创新思想的碰撞。

2.推进创客培训

以现有创客讲堂、创客沙龙为基础，设计系统化的创客培训，通过中国创投委、"青年之声"金融服务联盟的行业专家优势，定期邀请专业投资人，对创业青年进行项目设计、融资流程、政策申请等方面的创业指导和培训，进一步提高创业青年的理论知识及市场认知。

3.扩充专家团队

在现有评委库的基础上有针对性的聘请一批知名投资机构负责人、高校创业学院教授作为活动评审专家，进一步提高活动对创业青年的服务能力。以专业和市场角度从项目指导、项目孵化、项目投资等方面对创业青年进行全面指导与投资支持。

"青年之声·青春创客"，将在各主办方和社会机构的大力支持下积极做好服务青年创新创业的各项工作，培养青年树立"想创业、敢创业、去创业"的理念。

深圳市华科创智技术有限公司（以下简称华科创智）成立于2014年9月，位于中国高新技术产业最活跃的国际都市——深圳，孵化于香港科技大学深圳产学研基地，是一家以银纳米线技术为核心的集研发、生产及销售为一体的战略新材料领域的国家级高新技术企业，并提供基于银纳米线技术的柔性透明导体全套解决方案，致力于打造以全新柔性透明电极为核心的全产业链，华科创智现已在深圳市龙岗区及江苏省宿迁市布局了60000㎡的研发及生产基地。

华科创智是国家工信部重点支持的新材料企业，是深圳市市委常委挂点单位，是2016年深圳市海外高层次人才第一批“孔雀团队”。公司联合创始人温维佳为香港科技大学终身教授、首席科学家、国家自然科学二等奖获得者；联合创始人兼CEO喻东旭原为联想集团、比亚迪公司高管，2017年深圳市龙岗区“深龙英才”管理B类人才及专家、深圳市龙岗区第六届人大代表，具有深厚的行业背景和丰富的运营管理经验。

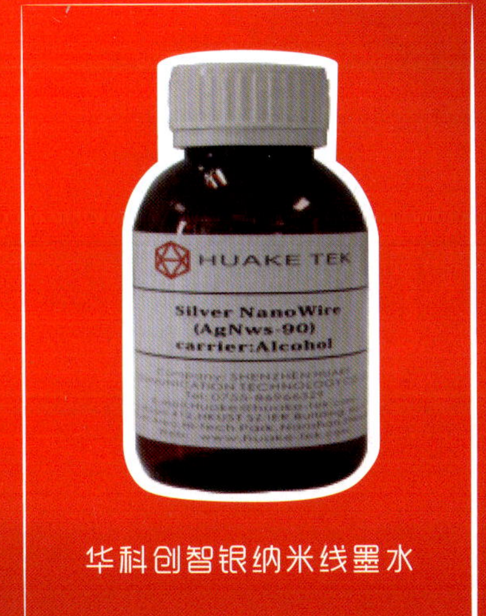

华科创智银纳米线墨水

华科创智合成的银纳米线平均直径小于20纳米，长度30微米，柔性透明导电膜表面电阻最低小于10Ω/sq，相比目前国际同行通常30纳米直径量产标准，华科创智银纳米线合成技术处于全球领先地位，成为新材料行业的“独角兽”；银纳米电容式触控屏产品从10寸至110寸全线覆盖，其中65寸、75寸、86寸产品全球首家实现大批量出货，由于灵敏、精准的触控体验获得客户的高度认可，稳居大尺寸电容屏“一哥”地位；PDLC智能液晶调光膜透过率突破85%，远超过同行产品，性能稳定，质量最优。

华科创智的银纳米线具有导电性好、透光性佳、弯曲性优异、成本低、稳定性好、无摩尔纹等特点，是新一代人机交互的关键材料。目前，华科创智正在积极投入银纳米柔性触控产品的研发，抢占亿万级OLED 折叠手机市场的高地。

深圳市华科创智技术有限公司

地　址：深圳市龙岗区宝龙街道宝龙工业区
清风大道39号精密达数字文化产业园8楼
网　址：www.huake-tek.com
电　话：0755-89901008
传　真：0755-86938361
邮　编：518116

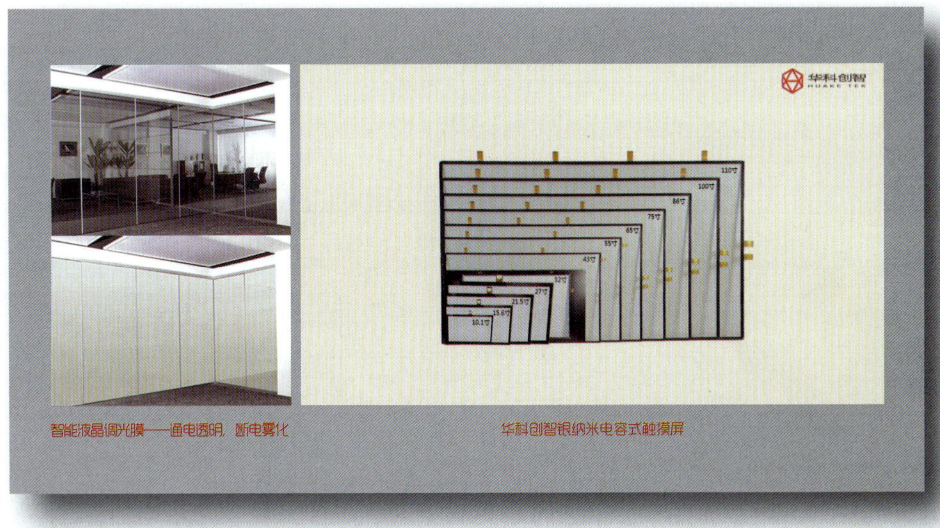

智能液晶调光膜——通电透明，断电雾化

华科创智银纳米电容式触摸屏

深圳英飞源技术有限公司

深圳英飞源技术有限公司（www.infypower.com）是专业从事新能源行业电源及系统解决方案的高科技公司，以电力电子技术为核心，专注于电动汽车电源解决方案、储能电源解决方案。产品包括充电电源模块、充电监控管理系统、双向逆变电源模块、储能监控管理系统等。英飞源公司聚焦被集成战略，聚焦解决方案，愿意做行业的铺路石，为客户发展提供无忧后盾。

英飞源具有强大的研发团队，研发团队几乎都有在世界500强企业中工作的经验，积累了深厚的电力电子技术基础，英飞源产品的质量口碑得益于研发团队二十年电源行业历经无数产品的全生命周期的锤炼，也得益于二十年来世界500强企业工作的严谨和沉淀。

凭借多年的技术创新和积累，不断结合实际应用，英飞源从成立开始，始终坚持自主研发，持续加大在研发方面的投入力度，每年研发经费占总销售额的10%以上，注重知识产权的保护，英飞源从成立至今，已申请专利近100项，其中核心发明专利24项。从2014年成立至今，公司的销售额及市场占有率也逐年快速增长，一直在引领市场的潮流。

英飞源公司秉持匠心精神，将产品做到极致，推行全面质量管理，注重设计质量，强化制造管控，保持锐意创新，聚焦行业痛点，在学习中成长，在创新中超越。

英飞源立志作为匠人精神的守护者，无论世道如何浮华，始终坚持匠人的本真。

重20180016低压交直流复合电能路由器关键技术研发项目

本项目主要研究可并联低压交直流复合电能路由器及其在系统中的应用以及相应的控制策略：

1.多端口交直流复合变换器技术研究；

2.高效率变换器拓扑技术研究；

3.电能路由器控制策略技术研究。

本项目的电能路由器将采用全新器件和全新技术，同时实现高转换效率与高功率密度。一方面直接降低电能转换时的损耗，另一方面减少系统的体积和材料的应用，多维度实现节能减排。

本项目创新点如下：

1.多类型交直流复合端口的检测与控制策略；

2.双向交直流复合-直流变换电路及控制策略；

3.高效宽电压范围双向直流-直流变换电路及控制策略；

4.充电与放电的快速切换与控制技术；

5.SiC开关器件在双向交流-直流变换中的应用；

6.电能路由器控制算法。

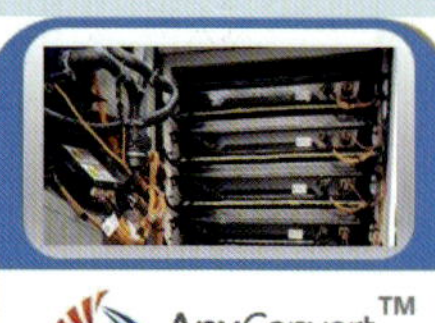

明于心|锐于眼

深圳明锐理想科技有限公司

办公地址：深圳市南山区西丽平山一路云谷二期5栋B座4楼

联系电话：+86-755-86625291

传真号码：+86-755-86317052

销售邮箱：sales@magic-ray.com

海外销售邮箱：marketing@magic-ray.com

销售及服务热线：400 888 6295

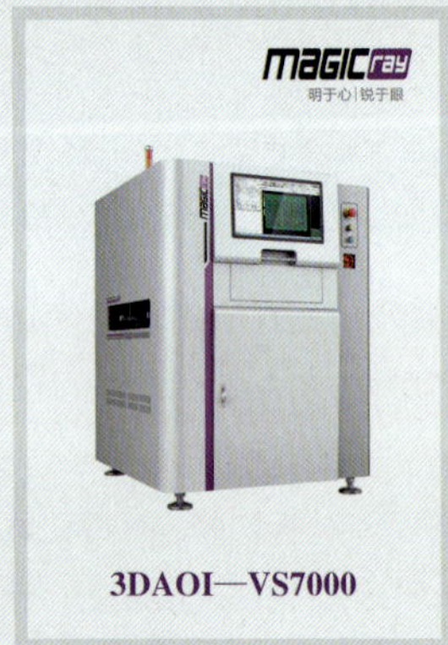

3DAOI—VS7000

明锐理想科技是致力于自动视觉检查系统研发、生产、销售及服务于一体的高新技术企业。“创新与品质”被视为企业的核心，明锐成功研发了PCBA板级组装领域及半导体芯片级封装领域的自动光学检查机（AOI），产品广泛应用于智能终端、可穿戴设备、电信网络、航空航天、汽车电子、军工等各个领域，为客户提供高检出、低误报、简单易用、功能强大的视觉检查系统。凭着优秀的设备性能、完善的售后服务以及全球化视野，明锐理想成功与国际及国内知名企业如富士康、伟创力、捷普、开发、光宝、台达、技嘉、英华达、IMI、UMC、KaGa、海尔、比亚迪、美的、康佳、中航电器、川仪等建立了长期的合作关系，成功进入台湾、东南亚、欧洲、南美洲、北美洲、非洲的众多国家和地区。

明锐非常注重自主研发，所有软件都拥有自主知识产权：

序号	知识产权名称	类别	授权日期	专利登记号
1	明锐视觉检查软件 V6.08	软件著作权	2011-05-10	2011SR027014
2	台式 AOI 操作系统软件 V3.5	软件著作权	2013-05-10	2013SR043164
3	离线 AOI 维修站软件 V3.5	软件著作权	2013-05-10	2013SR043168
4	AOI 离线编程软件 V3.5	软件著作权	2013-05-10	2013SR043173
5	在线 AOI 操作系统软件 V3.5	软件著作权	2013-07-27	2013SR075819
6	在线 AOI 维修站软件 V3.5	软件著作权	2013-07-27	2013SR075821

在新一代信息技术及先进制造的浪潮下，明锐也从未停止过创新自主研发的脚步，因而基于特征定位算法的新一代智能光学检查系统（AOI）的研发及产业化项目也获得了深圳市政府的大力支持。明锐开发的新一代智能光学检查系统，主要应用于SMT或波峰焊在线检查PCB板上元器件的缺陷，防止不良流入最终客户端，监控具体生产状况，并为工艺的调整提供必要的依据。其技术创新特点及优势体现在如下几个方面：

（1）该系统采用了独特的特征定量定位分析算法，弥补了简单的图像对比方法的缺陷，能有效地克服光影变化导致的干扰，使判定标准更容易设置，从而减少了漏报和误报的产生（误报率在0.8%以下）。

（2）智能精密定位技术：采用智能定位算法，不管是PCB板的微小变形，还是元件的微小偏移，都能确保每个元件的每一个位置的定位检查精准。

（3）抗干扰处理：采用断点检索技术，能够有效滤除丝印干扰，确保定位精准。

（4）虚焊检测技术：在精准定位焊盘的基础上，分析焊盘的细节部位，提取最多的特征点进行分析，无论是CHIP还是IC的假焊都能很好地进行检出。

（5）自由组合算法：针对生产中的特殊状况，提供给客户二次开发手段，以对应常规算法无法处理的情况。

（6）01005/03015及密脚IC检查，最高采用10um分辨率，高精度工业相机，从图像上保证了01005/03015及密脚IC的检查，基于精准的焊盘和元件本体定位技术，能够搜索到01005/03015及密脚IC的微小焊盘，并且能够准确找到IC的引脚根部，因此能够应对来料导致的IC引脚长短的变化。

（7）柔性电路板检查技术：柔性电路板容易翘曲变形，使检查窗位置更容易发生偏移。且检查面不是一个平面，明锐采用独有的软件补偿定位技术配合专业镜头，能够轻松应对柔性电路板的检查。

深圳市崧盛电子股份有限公司

网址:http://www.szsosen.cn/　　电话:0755-29358800　　证券代码:871785

深圳市崧盛电子股份有限公司成立于2011年，总部位于深圳市宝安区沙井街道崧盛创新园内，注册资本2188万元，工业园生产占地近20000多平方米，现有员工700多人,是一家集LED电源研发、生产、销售、服务于一体的国家高新技术企业，公司专注于LED驱动电源，致力于LED照明事业的发展。公司产品广泛应用于路灯、景观、工业照明、广告媒体、交通、体育、娱乐、展会等重要工程项目中，现已销往全球100多个国家和地区。

公司坚持以科技为依托，以人才为资本，推行现代管理模式，以优质的产品、优良的服务、创新的意识，使公司在电源行业有较高的品牌知名度和美誉度。2014年荣获“中国照明灯饰行业优秀LED驱动品牌”，2015年荣获“中国LED户外照明驱动电源十强企业”“中国照明学会团体会员单位”“2015年中国LED首创奖金奖”，2016年度获得“国家高新技术企业”“深圳市高新技术企业”资格，2017年8月14日崧盛股份成功在“中小企业股转系统”挂牌、2017年度“崧盛电源”获得“深圳知名品牌”殊荣。

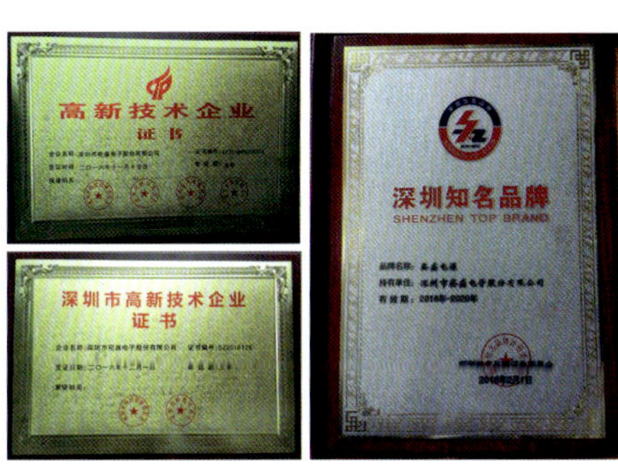

粤港澳大湾区以打造世界级湾区为目标，科技创新是未来主攻方向，发展潜力巨大，实力丰厚，前景无限，公司位于湾区的发展腹地、前沿阵地，紧握湾区发展机遇，致力成为湾区发展的实业标兵。科技创新是公司发展壮大的核心竞争力。我们拥有一支经验丰富、高度专业化、高素质的技术研发和管理团队，建立了国内领先的技术研发实验室。目前已获得授权专利35项，发明公布5项，公司将持续加大研发团队投入和技术人才引进，提高技术创新能力，以保持行业内技术领先的优势，为不断提升企业竞争力提供有力支撑。

公司始终坚持“高质量的产品，专业化的服务”的质量方针，以品质求生存，产品通过CE、UL、CUL、TUV、FCC、GS、CB、CCC等多项认证，公司通过了ISO9001：2008质量管理体系认证。全系列产品实行符合RoHs标准的无铅化生产，并定期将产品、原材料送第三方权威机构（SGS）测试，以确保产品符合RoHs标准。每年通过客户审核，第三方认证机构的监督审核及公司自身的内部审核、管理评审等质量活动发现问题，并对其实施相应的纠正、预防措施。2017年投入重金完成传导和辐射实验室的建设，EMI实验室达到UL官方资质认证级别，为测试数据的权威性提供有力的保障，为客户提供可靠稳定的高质量产品，对产品的质量保证只有始点，没有终点，是对客户最好的产品质量承诺。

崧盛电源作为一家年轻高成长的企业，公司本着以卓越的品质、快捷供货和优质服务的经营理念，赢得社会各界人士的广泛认可和信赖。随着智慧城市和物联网的发展，城市景观照明和户外功能性照明将迎来更好的机遇和增长，崧盛人将秉持“提供稳定可靠、高效节能的产品，为客户创造价值”的使命，以“创驱动电源卓越品牌”为愿景，服务客户，成就员工，回报股东，造福社会，不懈追求，不断超越。

简　介

聚飞光电专业从事SMD LED器件的研发、生产与销售，主要生产背光LED、照明LED、灯条产品、小间距显示LED及车用LED等全系列LED器件，产品广泛应用于移动通信、液晶显示、显示屏及汽车电子等领域。多年来公司始终是国内背光LED封装行业的龙头企业。

公司现有员工2000多人，拥有深圳总部、惠州聚飞、芜湖聚飞三大基地。目前惠州、芜湖工业园均已顺利开工建设，其中惠州工业园一期工程已于2018年Q2顺利投产，芜湖工业园配租厂房已实现投产。依托这三大基地，聚飞光电实现全国生产基地布局，更好地支撑公司国际化战略的实施。

公司始终秉承“内生外延、双轮驱动”的发展战略，在做精做强现有LED业务的基础上，向关联产业进行拓展。目前已形成了以背光LED、照明LED为依托，积极拓展小间距显示LED、车用LED、光学膜、光器件及其他高端封装等新业务的良好发展局面，努力实现“成为令人尊敬的世界级优秀企业”的伟大愿景。

发展历程

2005.09 聚飞光电成立

2006.06 推出0603、335侧发光产品

2009.10 深圳聚飞光电被认定为国家高新技术企业、国家火炬计划重点高新技术企业

2010.06 产业扩大，公司搬迁至龙华厂区

2012.03 在深圳证券交易所创业板成功挂牌上市，股票代码：300303

2013.08 聚飞光学材料有限公司成立

2014.06 平湖新工业园投入使用

2015.05 成立惠州聚飞光电、芜湖聚飞光电、聚飞（香港）发展有限公司

2016.06 公司实验室获中国合格评定国家认可委员会（CNAS）认证

2017.04 聚飞获全国五一劳动奖状

2018.06 惠州聚飞光电正式投产

2018.07 芜湖聚飞光电被认定为国家高新技术企业

发展理念

》**企业愿景**：成为令人尊敬的世界级优秀企业。

》**企业使命**：聚飞人共同奋斗，以LED产业为依托，做精做强，为客户创造价值，为股东、社会多做贡献。

》**企业精神**：关注目标、关注贡献、关注成果；直面困难、乐观进取，追求卓越。

》**核心价值观**：互相尊重、团队协作、精益管理、拼搏创新、客户导向、合作共赢。

GOLDEN CULTURE
金版文化

深圳市金版文化发展股份有限公司

深圳市金版文化发展股份有限公司
联系地址：深圳市八卦路众鑫科技大厦901室
联系电话：0755-82313074 传真：0755-83475911
网址：www.ch-jinban.com
邮箱：jinban@ch-jinban.com

深圳市金版文化发展股份有限公司（简称“金版文化”，股票代码：835126）成立于2001年，是深圳市重点文化企业、中国出版协会第六届理事会会员单位，在生活类图书领域精耕细作，市场占有率与影响力在全国均居前列（生活类图书的市场占有率为2.5%左右，排名遥遥领先），并荣获2014年度最佳数字出版机构、2015年度民营书业最具影响力机构、2016民营书业年度实力渠道商、2017年度民营书业新技术影响力企业、2017年度全球卓越成就奖最佳创新科技奖等多项行业大奖。

创新项目：“掌厨”内容云服务平台

金版文化设计了美食内容云服务平台。高质量且丰富的美食数据内容是该平台的核心资源，平台运用了“内容数据+云数据库+云储存+API+APP”的技术逻辑，电商平台及智能厨电控制系统根据各自的服务需求，在权限范围内从本平台提取基础的美食数据内容，再经过各自的系统为终端用户提供智能化的美食服务。本项目通过内容授权、流量分成、内容定制等方式实现变现，已经开始为智能生态服务，与智能云平台、AI语音交互、智能硬件、电商、物流服务商等一起打造智能生态圈，共享生态红利。本项目美食内容云平台先进性具体表现如下：

（1）中国最大的并在数量及格式上满足相关应用需求的原创美食内容数据库
（2）API数据库及网关技术提供灵活的权限管理
（3）所有视频及图片均具有自主知识版权
（4）视频加密解密转码技术保护平台数据内容版权
（5）APP中引入知名美食IP及健康IP美食数据定时更新

一、互联网云平台：
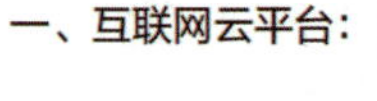

二、智能家电厂家：

三、集　成　商：

深圳市奇迅新游科技股份有限公司

公司地址：广东省深圳市南山区科苑路科兴科学园B栋2单元7层01号单位
公司网址：http://www.qxplay.cn/index.html　　公司邮箱：contact@game7.cc
公司电话：0755-86716196　　公司传真：0755-86934221

深圳市奇迅新游科技股份有限公司（以下简称公司）成立于2013年1月，是一家面向全球运营的移动互联网信息服务提供商。公司主营业务为移动网络下的泛娱乐产品的开发、运营、大数据平台的建设。经过持续的迭代，形成了产品研运与移动大数据双驱动的经营模式。

公司秉承“以人为本，持续创新”的理念，经历艰苦创业发展至今，已经取得文化部颁发的《网络文化经营许可证》、信息产业部颁发的《中华人民共和国增值电信业务经营许可证》。公司被认定为深圳市高新技术企业、国家高新技术企业。

公司在深圳、成都、西安、郑州设立多家控股子公司及参股公司，公司及控股子公司员工300多人，其中研发技术人员占总人数的90%，拥有硕士研究生学历的员工占比11%；拥有本科学历的员工占比70%，公司同时引进了多位高学历、高层次美术及研发外籍人员，公司团队是一支年轻的、多元的、充满活力的队伍。

公司研发并成功上线的产品100款以上。根据第三方权威统计平台数据显示，截至2017年12月31日累计用户规模超过10亿。核心产品在Google Play, Appstore等2个全球最主要移动软件商店排名中，多次进入了分类下载榜单的前5，并屡次获得了移动软件商店官方给予的产品全球推荐荣誉。公司研发的产品已取得85项国家软件著作权,18项美国商标著作权,尚有12款产品的商标权正在美国官网公示中。

公司逐步构建移动大数据的处理和预测平台，为本公司和合作商提供更好的数据驱动服务。包括自主开发的多维度模型移动终端标签应用交叉DSP平台、广告聚合系统、用户群分析和预测系统等。基于海量数据来进行建模和分析，在符合用户隐私条例的前提下，重点针对用户对产品的使用数据、用户产品喜好度预测、国际主流移动广告平台的聚合和优化等。基于相关平台和系统的持续建设能为公司提供长期稳定发展基础和不断提升的动能，以及创新业务的孵化能力。

公司2017年上缴税金600多万元，投入研发费用2700多万元，努力为社会发展和行业创新贡献力量。

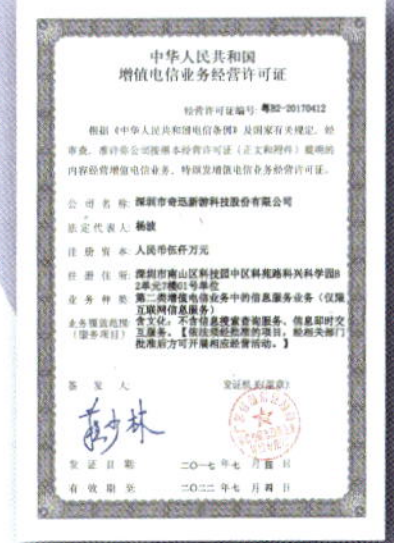

深圳市新一代信息技术研究院有限公司
走非一般的路
就在创业之路

SUI 随手 深圳市随手科技有限公司

网址：www.sui.com　电话：0755-86078889　地址：深圳市南山区高新区南区科技南十二路 金蝶软件园B栋8楼801室

深圳市随手科技有限公司（简称随手科技）成立于2011年，注册资本10000万元。作为国内领先的财务金融科技企业，开发运营以个人记账投资为主要服务内容的随手记品牌，以及信用卡账单管理为主要服务内容的卡牛信用管家品牌，覆盖Web网站、移动APP等服务渠道。截至2017年底公司员工已逾1000人。

随手科技是中国领先的财务金融科技企业，旗下拥有随手记、卡牛信用管家等旗舰品牌，累计下载用户超过3亿。通过提供手机记账、账单管理等个人财务工具服务，成为天然的在线金融流量聚集地和场景入口，并于2015年开始衍生出互联网投资、信用卡信息服务、信用贷款介绍等业务版图，合作伙伴包括大型银行、持牌消费金融机构、知名金融科技企业等上百家。

其中，随手记品牌是公司开发运营的集手机记账、财务规划、金融服务、社区投资者教育等功能于一体的个人财务管理和金融服务品牌。秉承“多赚会花每一天”的品牌理念，随手记自2010年推出（产品上线早于公司创立）以来，先后推出“记一笔”、情景账本、多人记账等耳目一新的功能，一路引领行业创新风尚，截至目前累计下载用户超过2.2亿，并于2015年开始规模上线投资服务，为用户提供从个人财务管理到金融服务的完整解决方案。

卡牛信用管家是公司开发运营的一站式综合信用管理品牌，业务涵括智能账单管理、信用卡信息服务、信用科技服务三大板块，致力于帮助用户全方位地管理、维护和提升个人信用。自2012年创立以来，卡牛信用管家不断创新，先后推出账单模板智能解析、自动生成账户与流水、账单“一键清”等特色功能，截至目前累计下载用户规模超过8000万，并帮助1500万用户获得授信额度。

随手科技庞大的用户规模和领先的发展模式，获得了来自金蝶集团董事局主席徐少春，以及红杉资本、复星锐正资本、源码资本、美国KKR等众多全球知名投资集团的青睐。

随手科技的产品和技术全部由公司自主研发，并形成了相应的自主知识产权库和相关标准，截至目前，公司已获授权专利10项、软件著作权13项、商标73项，均系原始创新取得。同时，公司积极参加行业论坛活动，通过雄厚的经验技术和良好的用户口碑获得行业内外认可，在互联网金融领域积累了数项专有技术，现已形成一套较为完备的知识产权保护体系。

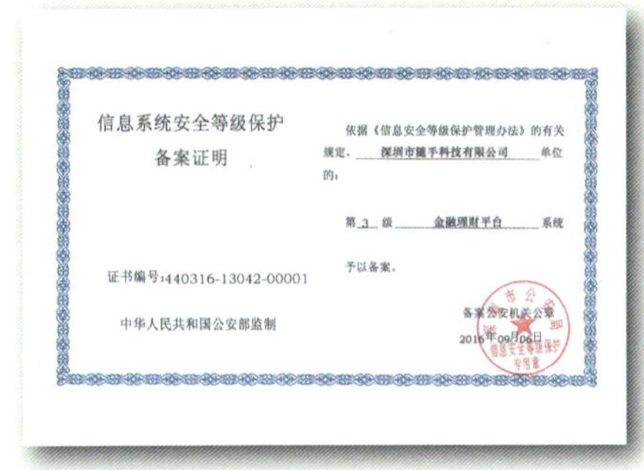

信息安全等级保护三级认证

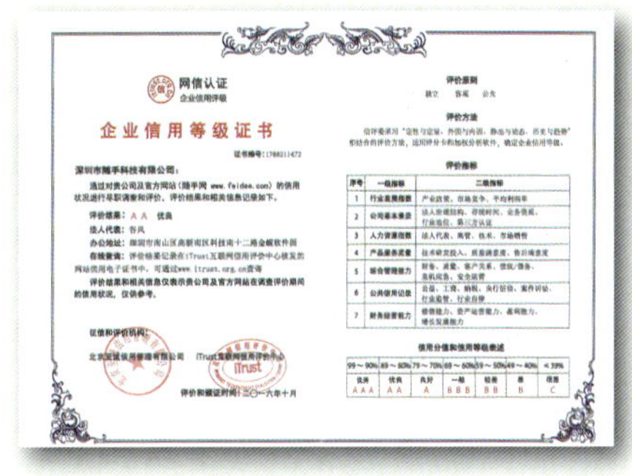

AA级企业信用评级

信息安全管理体系认证

深圳云盈网络科技有限公司

公司网址：www.cloudwinner.cn　　公司电话：0755-86706326

1.公司简介

深圳云盈网络科技有限公司，由被誉为“网络应用审计专家”的任子行领投，专注于可审计的无线网络设备和可运营的无线特性产品，致力于为政府、企业、商业等行业客户提供全方位的可上网和可运营的软硬件无线解决方案。公司核心成员均拥有多年WiFi行业经验，同时具有敏捷开发、灵活创新等互联网服务理念。经过多年的发展，公司积累丰富的项目合作经验，研发极具竞争力的解决方案，具备多元化的产品研发能力。

2.公司产品

3.研发项目

“基于WiFi探针单元的新商业大数据盈客管理系统的开发”，本项目主要研究的方向是基于无线探针单元的新商业软硬件解决方案，是由无线的技术特性衍生出的新产品类型，在同其他第三方技术整合的过程中，形成自有的生态圈，进而促进无线WiFi技术健康和持续的发展。

本项目研发的内容包含前端设备无线探针单元、后端服务云盈盈客管理系统和第三方平台的支持。其中无线探针单元是基于公司无线网络设备衍生而出的产品，所具有功能的实现是基于驱动层的数据拦截和处理，保证了设备在同行业中的采集效率和处理速度，同时借鉴合作伙伴任子行在公安行业相类似产品的经验。

云盈盈客管理系统依托前端无线探针设备采集到的线下数据，结合百度的大数据服务和任子行的网络安全服务进行大数据的应用。基于无线探针单元自身的技术特点和优势，锁定线下用户与门店间的顾客到访行为，结合百度线上的行业数据，整合线上线下数据，为客户商家提供客流分析、客群画像、商圈分析、竞品分析、轨迹分析等功能，为商家提供运营成本的有效分配以及管理建议和业务转化率，最终实现传统商业领域同互联网化结合。

4.科研成果

本项目研究结果可为金融、零售、商超等各行业客户提供准确高效的数据营销转化，为商户提升销售业绩和服务水平提供坚实的数据基础，同时也使企业在其行业中更具备竞争优势，在推动多元化消费的同时为拉动内需做出积极的、有益的贡献。

根据无线探针单元线下采集顾客到访行为，结合线上用户属性特征，帮助商家掌握用户的到访轨迹、用户画像等，为实现商家精准营销提供数据支撑。预计可为商家的单周流水提升42%，广告投放转化率提升2倍。

通过无线探针单元的智能优化算法，提高了数据采集的准确性和完整性，解决了传统算法的脏数据的占比过高的问题，有利于新商业服务方案的推广和成效，在同类产品中具有很大的技术优势和市场竞争力。

无线探针单元支持全信道轮询检测，支持主被动扫描，同时配合智能信道优化算法，可以精准快速获取更加完整的数据信息，为云盈盈客管理系统提供准确的基础数据。可实现数据信息的海量采集，突破了视频、红外线等产品的数据采集限制。

公司地址：深圳市福田保税区市花路5号长富金茂大厦1101-1102室
邮政编码：518038　电　话：（0755）25331200　传　真：（0755）25331201
E-MAIL：chinobot@chinobot.com.cn　网　址：www.chinobot.com.cn

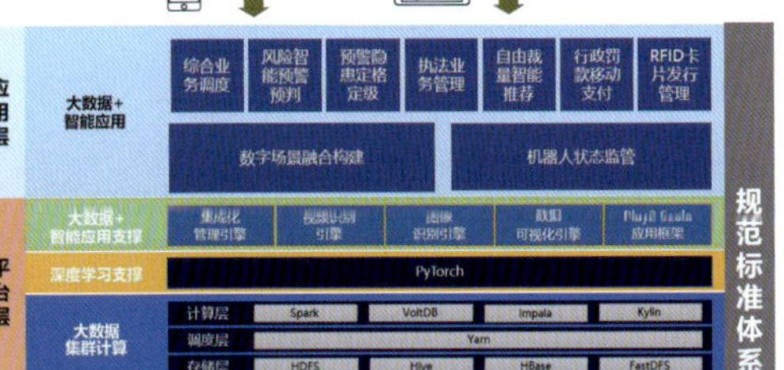

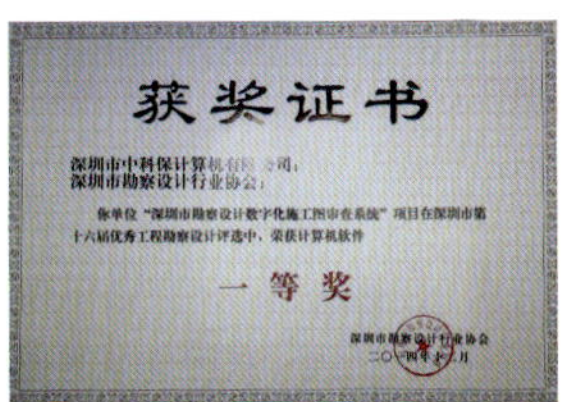

深圳中科保泰科技有限公司（ShenZhen Chinobot Technology Co.,LTD）是一家专注于“互联网+电子政务”、大数据平台和云应用的独立软件开发商。

公司成立于1998年，历经了近20年的发展，公司规模100多人，在深圳、佛山、长沙、珠海拥有研发基地近千平方米。公司汇聚了资深政府专家3名，归国人员2名，IT职业经理人10人，40多人的专职研发队伍，90%以上人员具有本科以上学历，80%的技术工程师拥有5年以上的项目开发工作经验，公司大数据部专注于大数据平台、模型与算法研究及云应用产品研发。

公司具有独立的C_Reg构件化开发平台（获得深圳市“科技三项费用”资助），500多个基础和公共复用组件，100多个成型的服务组件，90多个著作权产品软件，累计承接软件开发项目500多个。公司拥有国家级高新技术企业、国家级系统集成资质，在项目建设、产品开发中严格遵照国际通行的CMMI 3软件开发体系和ISO9001质量体系认证标准，有完整科学的软件过程开发规范和软件安全开发规范，并有专职的团队负责规范制定、指导和监督，保证项目质量，同时还拥有《广东省安全技术防范系统设计、施工、维修资格证》《知识产权管理体系认证证书》《企业信用等级证书AAA级》等证书。

中科保泰先后为深圳市人力资源和社会保障局、深圳市发展和改革委员会、深圳市规划和国土资源委员会、深圳市住房和建设局、深圳市国税局、深圳市民政局等单位成功实施了政务系统信息化建设，多个建设或参与建设的项目获深圳市科技进步奖及广东省科技进步奖，多个项目获得深圳市科技研发资金及福田区产业发展专项资金资助。

“专业创造价值”，专业是中科保的核心，是实现价值的基础、客户成功的保证，打造“中科保泰”品牌，实现为客户终身服务。

“空地机器人智能协同行政执法平台”项目

公司与深圳大学计算机与软件学院、大数据系统计算技术国家工程实验室联合开发的“空地机器人智能协同行政执法平台”项目，该项目被评选为2018年深圳市技术攻关项目。项目结合了深圳大学的理论创新、机器人领域算法研究方面的优势和中科保泰多年行政执法行业经验以及技术攻关、产品研发的优势，通过联合创新，推动空地机器人在行政执法领域落地应用。执法平台主要包括多异构机器人协同模型、空中视觉和地面视觉融合构图、城市级行政执法管控平台、大数据风险预警模型。

该项目主要创新点是：基于有限时间切换混合系统的多层次模型，基于视觉/惯性导航的UAV/UGV的定位和多数据融合地图构建，高动态环境下网络高可靠、高效率传输机制，多异构机器人混合智能分布式协同规划，以及采用机器深度学习构建风险预警模型及全异步非阻塞IO的Scala协同执法平台。本项目实现国内异构机器人行政执法首创、填补多混合任务机器人协同技术空白、催化深圳机器人应用的产业发展。

该项目平台通过对多异构机器人的协同控制，实现多混合任务安监巡查功能，通过机器深度学习的风险预警模型，实现自动从海量数据信息中完成识别、智能分析和分级预警功能。快速启动执法程序，执法过程中支持自由裁量智能推荐和行政罚款移动支付，实现精准执法、规范执法。项目通过不断完善和叠加行业行政执法服务，最终实现城市级别行政执法资源的统一调度、巡查及执法，切实提升城市行政执法整体水平，为行政执法信息化发展提供新的支撑点。除此社会效益外，还能带动上下游相关产业发展，在扩大内需上产生连锁效应，创造就业机会，扩大信息流通，增加物流和交易，对深圳市及其周边市、省的地区发展产生经济效益，并带来产业结构调整的积极影响。

深圳太极云软技术股份有限公司

公司简介

深圳太极云软技术股份有限公司成立于1990年，国家级高新技术企业，是在原国家机械电子工业部支持下成立的高科技软件企业。公司注册资金8000万元，现有员工500余人。公司总部位于深圳高新技术产业园区，在广州、武汉、杭州、重庆、沈阳、郑州、贵阳设有分公司，在惠州仲恺建有云计算中心。公司通过了系统集成二级、CMMI5级评估认定。

深圳太极云软技术股份有限公司已具有“互联网+政务服务”平台、“互联网+基础教育”平台、“互联网+监督”平台等五大类产品和服务。

一、“互联网+政务服务平台”，即“一门式、一网式、一证式”政务服务平台及配套产品

“一门式、一网式、一证式”政务服务平台包括一网式多渠道网上申报平台（PC、APP、自助终端等多渠道）、一门式政务服务平台（自然人、法人）、电子审批平台、身份认证平台、智能终端平台、共享服务平台、政务大数据平台（监察、绩效、分析等）、综合管理平台8大产品序列，是互联网+政务服务的综合解决方案，可满足省、市州、区县、镇街、村居多级应用部署和服务延伸。先后在宝安、佛山、长春、开封、新乡等地试点和推进应用，取得了良好的效果。

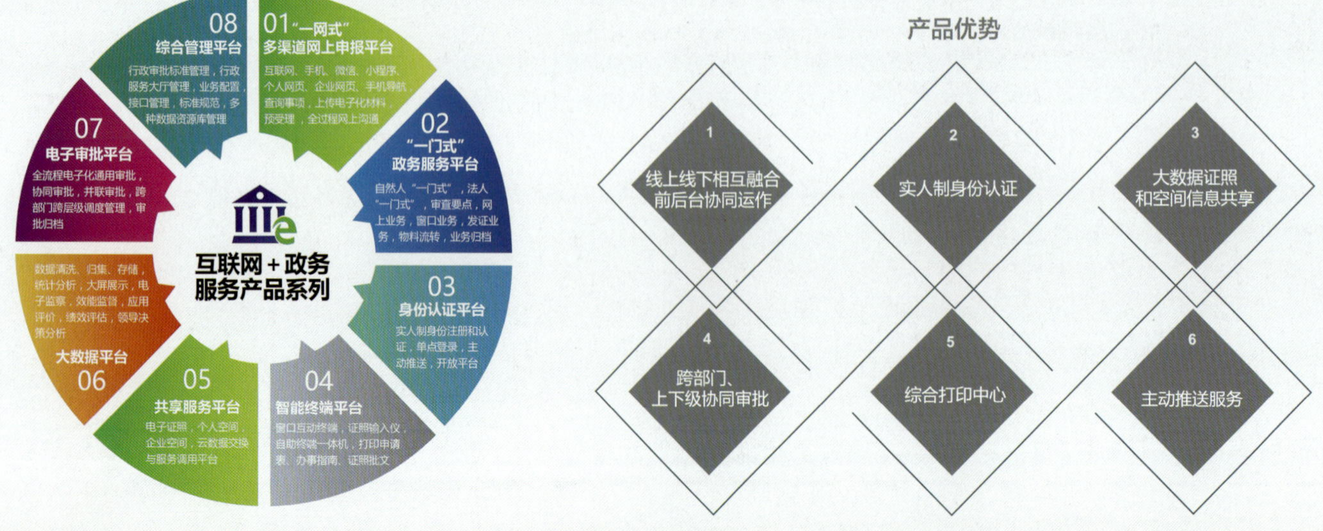

二、“互联网+监督”等多种政务应用软件（智慧政务）

公司在多种重要政务应用软件方面具有相当高的技术及市场优势，能够满足几乎所有政务信息化需求，实现智慧政务。包括：

1.“互联网+监督”平台；

2.投资项目在线审批监管平台；

3.政务信息资源共享平台；

4.综合纪检监察与科技防腐平台；

5.政府绩效管理与评估平台；

6.行政执法服务平台；

7.智慧社区服务云。

三、“互联网+基础教育云”即“云课堂和网络学习空间”服务平台及中小学优质教学资源服务

太极云软在原有基础教育信息化成果基础上，秉承“以服务于教学为中心”，以“扩大优质资源覆盖面，推动教育均衡发展”为宗旨，借助互联网、移动互联网、云计算等最新信息技术，实现基础教育教师课堂教学和学生自主学习模式和手段的全面创新，我司开发了“云课堂和网络学习空间”大型服务平台，提供区域型、普适性、全学段优质资源推送服务和视频公开课等新教学模式服务。切实使“优质资源班班通”、“网络学习空间人人通”落地到所有班级和广大师生。云课堂和网络学习空间服务平台主要包括云课堂资源推送服务平台、网络学习空间服务平台及教学资源服务平台和同步课程优质资源库等。

1.全面提高学校网络化电子化教学资源服务水平

2.为每位教师提供功能丰富的教师空间，作为其从事教学工作的综合信息化平台

3.为学生和家长提供功能丰富的“资源通”“校视通”“校讯通”“安全通”等云服务

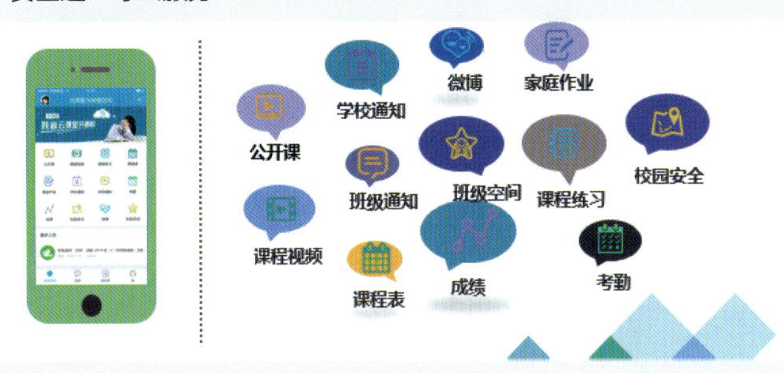

四、以数据交换为基础的大数据分析处理展示和开放平台

面向“大数据在中国”的迅猛发展，我司提供以先进的嵌入式数据和服务调用整套产品为基础的大数据采集、汇聚、建库以及分析、处理、展示和开放的大数据服务平台，提供智慧城市以数据流动、数据存储、数据提纯、价值发现的整个数据生态产品。包括：

1.整套嵌入式云数据交换与服务调用产品组；

2.和大户数据分析处理、治理、脱敏、开放平台。

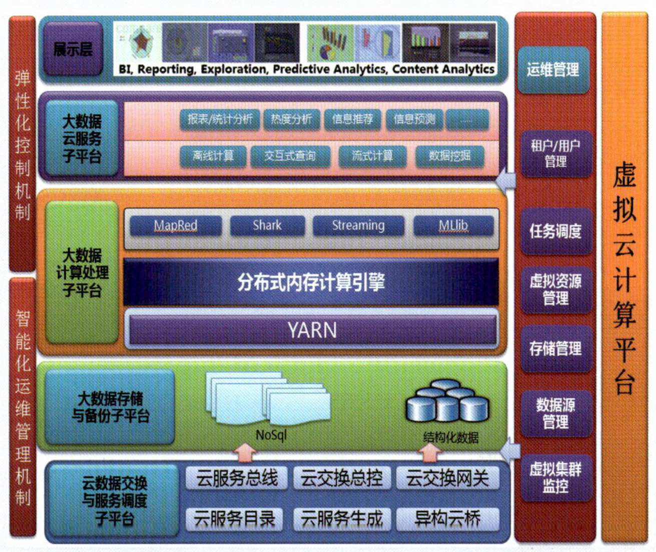

五、智慧服务终端和手机APP及区域医疗云等其他产品

太极云软利用“云+端”的模式，配套建设政务服务云应用终端，公司将云计算、大数据技术应用于平台及云端设备上，开发了一系列自主知识产权产品，产品包括：

1.智慧政务自助办事终端机

智慧自助服务终端不仅能实现传统自助设备类支持的查询、缴费、凭条打印等功能，还能实现业务自助申报、自助资料上传、自助打印批文、自助便民打印、自助金融服务等。

2.窗口多功能输入仪

窗口多功能输入仪，是一款主要应用、部署于行政服务大厅综合服务窗口，辅助窗口人员为申办人完成事项申报过程中实人制身份注册认证、纸质材料电子化录入，创建电子表单并提供窗口互动功能的新型智能终端设备。它是国内首款也是唯一一款智能化集成型窗口专用设备，它专门针对服务窗口设计，是实现窗口业务全流程电子化网上办理的重要办事渠道端。

深圳市智绘科技有限公司
Shenzhen Intelligence Ally Technology Co,Ltd.

办公地址：深圳市南山区威盛科技大厦2802
电话号码：0755-86571078
传真：0755-86571078
邮编：518052
公司网站：http://www.iskyfly.com/
邮箱：zhkj@iskyfly.com

公司理念：

智绘科技秉持“合聚智慧，创造美好”的理念。

聚集优秀人才，创造一流科技产品，提供高品质技术服务，以我们的智慧建设新时代！

公司使命：赋时空以生命，赋机器以智慧！

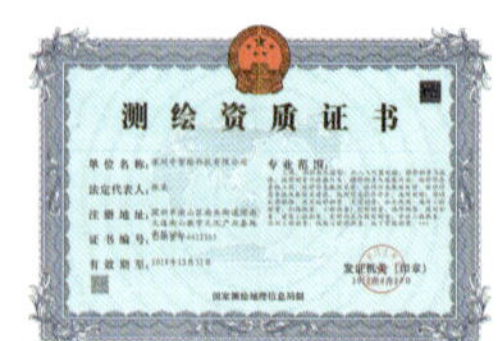

2018年10月30日获中国·莫干山
第二届全球高层次人才创新创业大赛 三等奖

公司简介

深圳市智绘科技有限公司成立于2015年，国家乙级测绘资质，是一家致力于机器智能、空间智能、无人系统、空间遥感等领域产品研发、技术服务的国家高新技术企业，公司以多传感器技术集成为基石，以人工智能为引擎，以时空大数据为动力，为客户提供一站式的空间智能和机器智能解决方案。

公司注册资金375万元，现有专业技术人员50人，其中注册测绘师3人，高级工程师5人，工程师13人，助理工程师27人。公司创建了完整的自主创新产品体系，会聚了一批国内外高级技术人才，包括博士3人，硕士20人，拥有国际领先的核心技术，与英国帝国理工、武汉大学、中山大学、上海交通大学、深圳大学等国内外多所著名高校签有合作协议，已累计获得数十项知识产权。

公司业务分为两大块：无人机城市动态监测应用服务和新一代群体智能无人驾驶超脑服务。

公司致力于打造全球领先的群体智能无人驾驶超脑，为每个家庭打造基于人工智能的“私家司机”。围绕群体智能无人驾驶超脑，基于多传感器深融合和群体智能两项全球领先的关键核心技术，智绘科技自主研发了国内首款乘用车L3/L4自动驾驶仪、高性能园区无人驾驶车两套主打产品，并将逐步打造“Driver As a Service”（驾驶即服务）的商业模式。

公司以自主知识产权的激光雷达（LIDAR）、计算机图像视觉与多传感器集成技术为主要核心，依托“GNSS、RS、GIS”集成技术，围绕无人机行业应用，形成了城市实体智能监控与管理（建筑物、企业等）、城市违法建筑智能监测、智慧安监、智慧城管、智慧消防、智慧水务、智慧环保等多套面向行业的智慧城市解决方案。目前，已为国土、规划、水利、电力、城市执法及海洋管理等相关机构提供了系列产品与服务。目前，已成长为深圳市测绘地理信息专业应用行业领跑者。

产品介绍

1、标准化的全功能自动驾驶仪

产品特点：

1）国内首款量产型自动驾驶仪+操作系统；

2）实测最高可达100公里/小时无人驾驶；

3）异构多传感器元件级超紧融合；

4）只需三天时间即可实现车辆无人驾驶。

关键核心技术之一：机器智能平台

基于公司核心成员在无人系统领域多年的研发积累，研发了全球首款无人驾驶标准机器智能平台Aurora-I，通过CAN总线控制就可以实现对任何车辆的无人驾驶，成本不到Google方案的1/10。

关键核心技术之一：群体智能平台

基于公司核心顾问和成员在群体智能算法上的全球领先地位，研发了全球首套板载群体智能平台，实现去中心化的多无人驾驶车辆间群体共识、行为协同及知识共享。

2、高性能园区无人驾驶车

产品特点：

1）特定场景下的L4无人驾驶

2）基于自组织网络的群体智能车协同

3）成本最优的无人驾驶方案

4）基于网络的车辆调度

3、时空物联感知服务平台

基于时空大数据、传感物联网、智能分析引擎等新型高科技技术，实现海量空间大数据的有效管理、智能分析、信息挖掘及可视化展示，目前已应用于智慧城市、智慧水务等多个领域。

深圳开立生物医疗科技股份有限公司

开立医疗地址：深圳市南山区科技中二路软件园二期12栋2楼　　电话：0755-26722890
传真：0755-26722850　　网址：http://www.sonoscape.com.cn

公司介绍

深圳开立生物医疗科技股份有限公司（以下简称“开立医疗”）自2002年成立以来一直致力于医疗设备的研发和制造，产品涵盖超声诊断系统、电子内镜系统和体外诊断系列三大产品线。目前公司全球员工超过1700人，在硅谷、西雅图、东京以及深圳、上海、哈尔滨、武汉设有七大研发中心，研发人员近600人。近三年公司每年将销售收入18%左右投入自主研发，坚持每年推出不少于3-4款新产品，拥有超过230项专利技术。开立医疗以持续的科技创新、卓越的产品性能及贴心的售后服务，向全球医疗市场提供全方位、多样化的临床解决方案，成为全球医疗器械行业一支重要的中国力量。

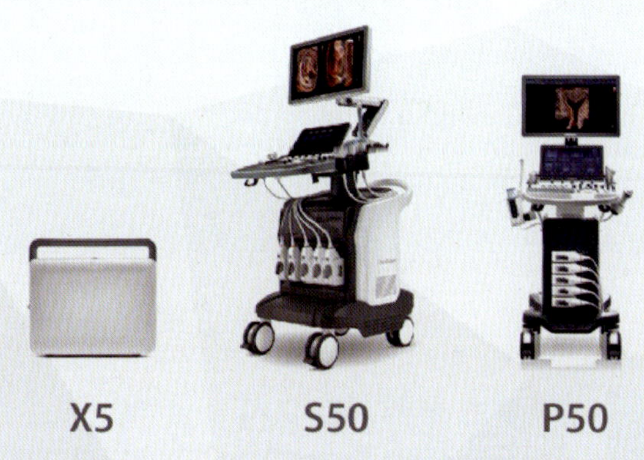

在超声诊断领域，开立医疗所拥有超声影像产品30余款，配以领先工艺、具有自主知识产权的各类探头，几乎覆盖所有适合超声影像诊断的医疗领域。开立医疗不仅是国内超声领域中独立掌握彩超核心技术与探头核心技术的厂家，而且产品数量多、种类全、应用范围广，一直保持着行业领先地位。如今开立超声已经跨入全球十强行列；自主研发的高端彩超产品获得市场广泛认可，进入高端市场与国际品牌同台竞技。

在电子内镜领域，开立自主研发的国产高清电子内镜进入市场后异军突起，不仅进入多家三甲医疗机构，同时还拓展覆盖到基层医院，让更多医院都能开展高清内镜检查，获得众多业界专家认可。开立内镜在国内开拓市场的同时还积极拓展国际市场。2018年9月获得美国FDA认证，这是民族高清内镜首次通过FDA认证，吹响了进军美国及相关市场的号角。

2017年4月6日开立医疗正式在深圳证券交易所创业板挂牌上市（股票代码：300633）。此次上市给开立开辟了新的发展思路，站在新的平台上开立将更加努力，回报广大客户及投资者对开立的信赖与支持。

在AI人工智能越来越成为精准医疗辅助工具的今天，开立医疗洞察行业需求，结合自身医学影像大数据优势，汇聚各方智慧，构建人工智能一体化，不断为医生和患者提供更优质的诊断新体验。2018年10月底，开立医疗“智引未来”暨2018新品发布会展示了公司全新研发成果——搭载了智能Wis+平台的高端智能彩超S60和运行内窥镜智能辅助诊断平台iEndo的高清电子内镜HD-550。在人工智能与医疗紧密结合的落地场景中，如何精准把握客户需求和时代趋势，开立医疗“智引未来”交出了一份靓丽的答卷。

荣誉奖项

2017年内镜诊断领域获得中国专利奖
2017年X5再次获得素有工业设计奥斯卡奖之称的”IF工业设计大奖”
2016年超声诊断领域获得中国专利奖
2016年获Frost＆Sullivan颁发“年度电子内镜市场产品创新奖 ”
2015年荣获中国医药行业“十二五国际化之星”
2014年获Frost＆Sullivan颁发“超声市场年度卓越公司奖”
2014年S9获得有“工业设计奥斯卡奖”之称IF工业设计大奖
2013年获Frost＆Sullivan颁发“超声市场卓越增长奖”
2011年S20获“德国红点设计大奖”
2009年获得Frost＆Sullivan“欧洲产品质量领先奖”
2009年认定为“国家级高新技术企业”
2008年获世界权威机构Frost＆Sullivan颁“欧洲超声市场企业成就奖”

菲鹏生物股份有限公司

菲鹏生物股份有限公司（以下简称菲鹏生物）2001年成立于深圳南山，是一家以体外诊断试剂活性原材料的研发、生产、销售为切入点，为全球体外诊断试剂生产厂家开发核心原材料并提供整体解决方案的国家高新技术企业。

菲鹏生物以强大的研发实力，持续推出优质产品，逐渐树立行业民族品牌，打破了国内生物活性蛋白依赖进口的局面，已发展为行业独角兽企业，也是全球研发及应用平台最全面的综合性生物公司。正是因为其市场地位及行业影响力，菲鹏生物被行业推选为中国医疗器械行业协会检测器材原料及元部件专委会副理事长（单位），在自身发展的同时，不断推进行业的整体发展。

菲鹏生物在体外诊断试剂原材料领域专注研发，凭借自建的专业化原料筛选和优化平台，建有化学发光、酶联免疫、荧光POCT、荧光实时PCR、基因测序、生化比浊等一系列科学全面的检测平台，所开发的产品包括抗原（原核、真核重组抗原和天然抗原）、抗体（单抗、多抗）、诊断酶和其他产品（底物、dNTP和标准品等），共计700余个小类，主要应用于酶联免疫检测、时间分辨检测、化学发光检测、胶体金免疫检测、荧光快诊检测，可检查疾病种类包括传染疾病诊断、优生优育诊断、肿瘤标志物诊断、心血管疾病诊断、食品安全检测、免疫效果检测和自身免疫疾病诊断等众多领域。在近年来生物产业快速发展的趋势下，菲鹏生物抓住发展契机，以市场、客户需求为导向持续增加研发投入，在国内率先采用细胞发酵方式研发制备诊断抗体，并将抗体药物开发的技术和标准引入到诊断原料的开发中，将会使诊断抗体的生产向着操作自动化、分离纯化高效化、过程经济化的方向发展，对单抗来源、质量、稳定性、纯度、产量等均有不同于以往制备方法的突出优势，这将大大推动国内诊断行业单抗开发和市场普及。

菲鹏生物基于在体外诊断试剂原材料领域多年的行业深耕以及对行业发展趋势的深入理解，凭借资深的研发与技术团队和丰富的项目经验，对于当今行业发展痛点，提出了菲鹏独特的发展思路，在行业内创新推出了整体解决方案，为客户提供适用于多种应用平台的多样化产品与服务组合，包括化学发光解决方案，POCT解决方案，免疫胶乳比浊解决方案，NGS定制开发、升级与优化等。菲鹏生物首创的平台化的运营模式和系列解决方案，将可直接连接国内IVD公司与海外领先技术平台，减少技术转换过程的时间成本和重复资源投入，降低了诊断企业对接高技术平台的门槛，使得产业化的对接过程更简便和直接，这将带来行业革命性的发展，促进国内医疗水平的提升，菲鹏生物解决方案的发展可惠及更多中国民众，让更多人可以更快享受到全球医疗发展的成果。

深圳市新产业生物医学工程股份有限公司
Shenzhen New Industries Biomedical Engineering Co., Ltd.
中国第一台全自动化学发光免疫分析仪生产商

公司地址：深圳市坪山区坑梓街道金沙社区金辉路16号
邮编：518122　**电话：**0755-86540750/ 26637437
传真：0755-26654800　**Web：**www.snibe.com

深圳市新产业生物医学工程股份有限公司成立于1995年12月，是专业从事研发、生产“化学发光免疫分析仪器及体外诊断试剂”的国家级高新技术企业，注册资本37040万元。公司自成立以来，一直专注于化学发光免疫分析领域的研究，经过15年的潜心努力，于2010年2月将中国第一台全自动化学发光免疫分析仪及配套试剂成功推上市场。通过不断的技术创新，公司于2016年将智能化的“模块化生化免疫分析系统”成功推上市场，丰富了公司产品线。2017年7月，新产业生物通过美国FDA的510(k)认证，正式成为中国第一家通过美国FDA认证的化学发光厂家。

公司是中国第一家采用最先进的“纳米免疫磁性微珠”作为系统的关键分离材料的公司、中国第一家采用目前该领域最先进的“人工合成的小分子有机化合物”代替传统的酶作为发光标记物的公司、中国第一家应用直接化学发光免疫分析技术并实现批量生产全自动化学发光免疫分析仪器及配套试剂的公司。公司的研发成果，填补了国内在体外诊断领域的空白，打破了该领域长期被国外厂家产品垄断和技术封锁的局面，已成为中国化学发光免疫定量分析领域的领导者。

截至2017年12月31日，公司拥有所属技术领域关键技术专利共61项，其中发明专利31项，此外，还有8项PCT国际发明专利正在审核当中，这些专利保证了公司在该领域保持与国际先进水平同步，研发生产的产品具有核心竞争力。

新产业生物将一如既往践行公司的使命：以客户为中心，以市场为导向，通过持续不断的产品和技术创新，为人类生命健康事业不断创造价值。

公司主营业务：

研发和生产“MAGLUMI磁分离全自动化学发光免疫分析仪器及配套化学发光试剂” Maglumi 800、Maglumi 1000 、Maglumi 2000、Maglumi 2000 Plus 、Maglumi 4000 、Maglumi 4000 Plus全自动化学发光免疫分析仪，配套试剂102项：肿瘤标志物、心肌标志物、肝纤维化、激素、糖代谢、骨代谢等检测项目，是全球提供化学发光免疫诊断试剂种类最多的供应商之一。

研发和生产模块化生化免疫分析系统：Biolumi 8000及配套试剂。

研发和生产全自动生化分析仪器：Biossays BC1200 、Biossays BC2200及生化试剂。

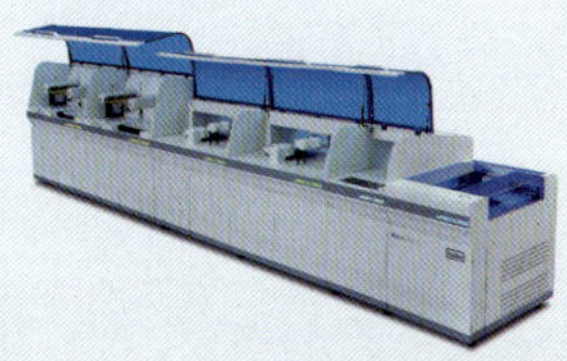

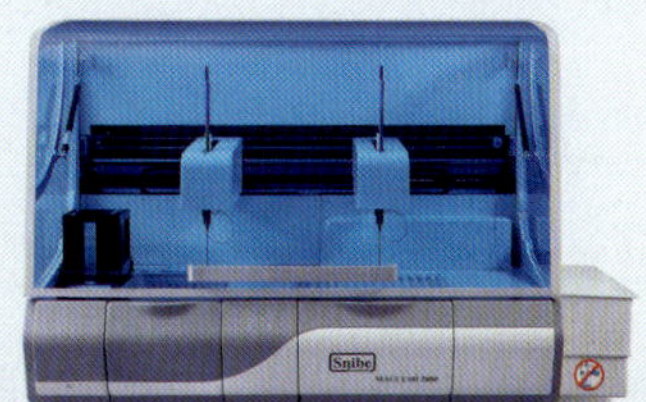

资质证书：

新产业生物科技项目列表：

序号	年份	部委	类型	项目名称
1	2017	深圳市科创委	技术攻关	阿尔茨海默病相关检测关键技术的研发
2	2016	深圳市科创委	技术攻关	心血管疾病标志物化学发光检测关键技术研发
3	2016	深圳市发改委	2016 年生物产业专项	免疫生化电解质一体化检测系统工程实验室
4	2014	深圳市发改委	2014 年第三批生物产业专项	全自动化学发光免疫分析仪产业链建设
5	2014	深圳市发改委	2014 年重大项目	全自动临床检验分析系统研发生产基地项目
6	2013	深圳市发改委	2013 年第三批生物产业专项	同型半胱氨酸等 25 种生化分析测定试剂盒
7	2013	国家发改委	2013 年国家高性能医学诊疗设备专项	全自动化学发光免疫分析仪及其配套试剂创新发展能力建设方案
8	2013	深圳市科创委	国际科技合作	用于高血压疾病诊断的醛固酮（ALD）化学发光免疫定量分析试剂盒的研制
9	2013	深圳市科创委	技术开发	Maglumi 600 全自动化学发光测定仪

深圳市星银医药有限公司

深圳市星银医药有限公司（下称“星银医药”）创业二十四年来，始终坚持“兴药为民”的神圣使命，心系大众健康，热心支持公益，讲诚信、重发展。与此同时，星银医药成立了研发中心，在科研创新领域一直走在行业前沿。

星银医药研发中心自成立以来，确立了与项目相结合的短、中、长期发展策略，研发的产品多为国内外市场较为前沿的生物产品，技术水平处于国际先进、国内领先地位。经过坚持不懈地自主研发，研发中心已经在中药现代化和多肽领域取得了重大的突破。目前已经涉及的产品包括中药质量标准提刀、中药现代化、多肽原料药及其缓释制剂等。这些药物在治疗作用上涉及肿瘤、糖尿病、心血管等多个重要领域，并根据这些项目申请了相应的专利保护。

研发中心与国内外多所高校院校和科研院所建立了长期的合作关系，拥有一支高素质的项目管理和研究开发团队及一流的专家顾问队伍。目前，在深圳南山的生物孵化器拥有实验室，同时在深圳坪山新区生物加速器内拥有一个约5千平方米符合国家级工程技术中心要求的新药开发研究平台，另外还在湖北咸宁拥有占地600亩的生物制药配套厂区。星银医药通过持续不断的研发投入，在研发中心的基础上初步建成了天然药物结构修饰研究开发技术平台与多肽缓释制剂研究开发技术平台。

星银医药为提高研发中心的管理，建立健全了研发中心管理制度，其中包括项目立项管理制度，规范产品研发流程，并对新产品进行立项与计划。对新项目投入进行预算管理，对研发项目过程中产生的人员工资、材料、仪器设备等研发费用实行转账核算制度。星银医药还制定了主管绩效考核制度，以激励研发人员致力于产品研发及技术提升，不断强化产品的市场竞争力与科技创新能力。公司重视科学管理与人员综合能力提升，每年都会投入经费用于核心技术人员培训学习，不断提高员工的专业知识，促进高等教育人才培养目标的实现和企业生产技术的进步，更好地利用高等学校和企业在人才资源、科学研究和生产实践的优势。

研祥智能科技股份有限公司

联系人：林诗美　　联系电话：0755-86335153/18025395183

研祥智能科技股份有限公司（以下简称“研祥”），成立于1993年，注册资本12331.44万元，是中国最大的特种计算机研究、开发、制造、销售和系统整合于一体的高科技企业。2003年于香港联交所上市，在全球设立49个直属分支机构、3个研发中心和1个欧洲技术中心。

研祥致力于特种计算机、智能工控设备、智能检测设备、工业控制系统、嵌入式软件等技术和产品的研发，业务涵盖工业控制、新一代信息技术、智能制造、高端装备、新材料、新能源、物联网、节能环保等《中国制造2025》和《“十三五”国家科技创新规划》的战略性新兴产业和重点领域，并建立了集关键技术、整机、平台、系统开发等为一体的自主创新技术体系。这些技术和成果的规模化应用，对保障应用系统的稳定性和安全性，对推动行业向自动化、信息化、智能化发展，带动传统产业转型升级和技术进步具有重要的意义和作用。

研祥组建了国家特种计算机工程技术研究中心、国家企业技术中心、国家地方联合工程实验室、博士后工作站等科技创新平台，通过不断自主创新，提供国内领先、国际先进的科技创新产品和服务。研祥开发出安全自主可控特种计算机、国内首个VPX特种计算机、首个液晶电视机器视觉检测装备、国内首款拥有自主知识产权的加固笔记本电脑、加固服务器、CompactPCI架构的冗余控制系统、MicroTCA高性能通信控制平台等先进产品，广泛应用于科技装备、国防、航空航天、能源、电子、交通、电信、金融、网络安全、监控等各个行业。产品获得国家、省、市科技奖励50余项，包括广东省科技进步一等奖、全国工商联科技进步一等奖、深圳科技进步一等奖、中国自主创新优秀产品等多项科技荣誉。

研祥承担多项国家、省市级科研项目，如国家核高基重大专项“基于安全可控CPU的工控计算机规模化应用”，工信部工业转型升级重点项目“安全可靠工业控制计算机和系统安全防护产品”，工信部智能制造专项“电子行业定制化智能制造建设项目”，深圳市科技应用示范项目“基于国产CPU工业控制计算机应用示范”，广东省科技计划项目“开放式工业机器人智能控制器研发和产业化”等。

在改革开放创新土壤的培育下，研祥获得国家创新型企业、国家高新技术企业、国家火炬计划重点高新技术企业、制造业单项冠军示范企业、全国“质量标杆”、中国AAA级信用企业等荣誉，2007年被中宣部、全国工商联评定为重点表彰的全国民营企业自主创新的十大典型之一。

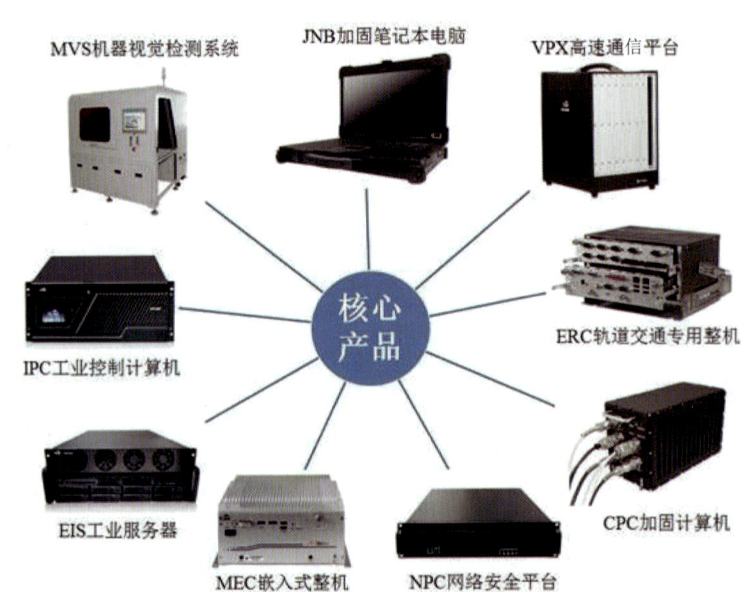

深圳市中电电力技术股份有限公司

深圳市中电电力技术股份有限公司（以下简称“深圳中电技术公司”）成立于1993年，聚焦工业与能源、建筑与市政、电力系统、交通基础设施、数据中心与电信运营商等客户，深刻理解各类客户对安全、可靠、节能、环保用电管理的需求。

根据不同客户的具体需求，提供专业的解决方案：智慧能源云平台、智能电力运维及智慧安全用电云平台，智能用电及能源管理、综合自动化、智能化马达控制、电气火灾监控及消防设备电源监控、电能质量监测与管理、数据中心供配电智能管控等系统解决方案等。

深圳中电技术公司已经稳步发展成为由1000余名员工组成的员工持股的国家级高新技术企业、深圳市重点软件企业，组建成由深圳总部、深圳盐田生产基地、武汉研发中心及生产基地、30多个销售办事处、20多个区域性用户服务及技术支持中心组成的全国性营销服务管理体系，在电力智能装置研发、软件产品研发、系统集成、生产制造、用户现场服务、市场营销等方面，已经构建了领先的整体优势。

技术与市场已处于中国领先地位，以“智能用电及能源管理领域的中国的世界级企业”为愿景，正在积极拓展全球化经营，在德国开发了Bender公司为代理商，并在欧洲、亚洲、大洋洲等地发展了多家代理商，以高质量的装置产品和功能全面、运行安全可靠的软件，赢得了客户的信赖。

服务领域

测量、保护、控制及解决方案

电力系统客户群
- 电能质量监测与管理
- 电压质量监测与管理
- 综合能源服务

第二产业客户群

工业客户群
- 工业企业能源管理
- 工业智能用电管理
- 工业变电站（发电厂）自动化
- 工业低压电动机智能化保护监控
- 工业电力需求侧管理
- 工业电气火灾监控

第三产业客户群

建筑客户群
- 建筑电气综合监控
- 建筑智能用电管理
- 建筑能效管理
- 综合计费管理
- 管廊环境与设备智能化监控
- 电气火灾监控
- 消防设备电源监控

交通客户群
- 城市轨道交通电力及综合能源监控
- 机场电力及综合能源监控

数据中心客户群
- 数据中心供配电智能管控

发电　输电　供电　配电　　用电

供、配电　发电　输电

第二产业用电：工业客户群　第三产业用电：建筑客户群　第三产业用电：数据中心客户群　第三产业用电：交通客户群

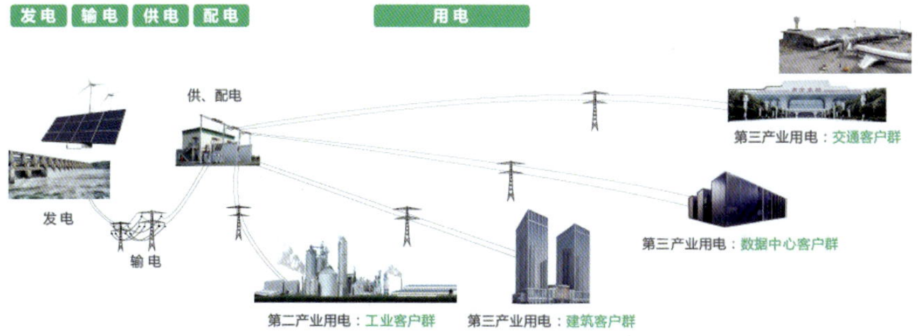

资质证书

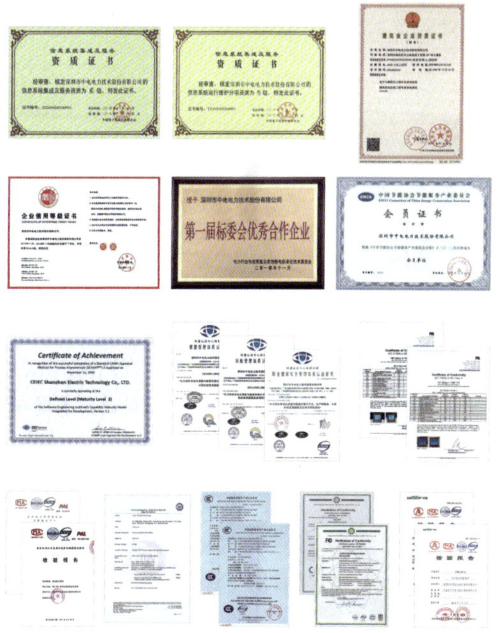

TIAN WANG
天王表
30th
since1988